CW01645371

FASTUEUSES CITÉS ANTIQUES

Sous la direction de Maria Teresa GUAITOLI
et Simone RAMBALDI

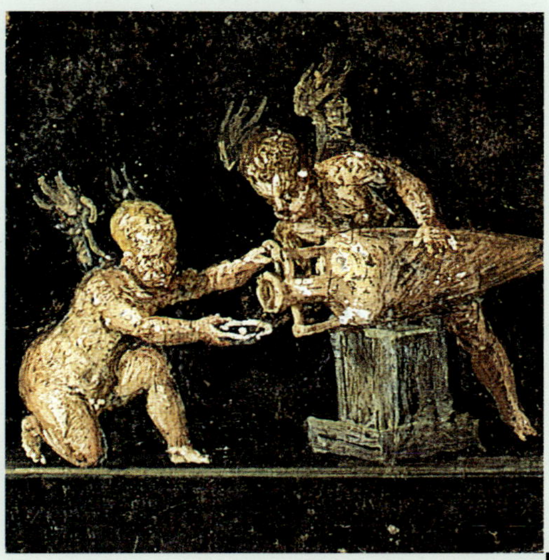

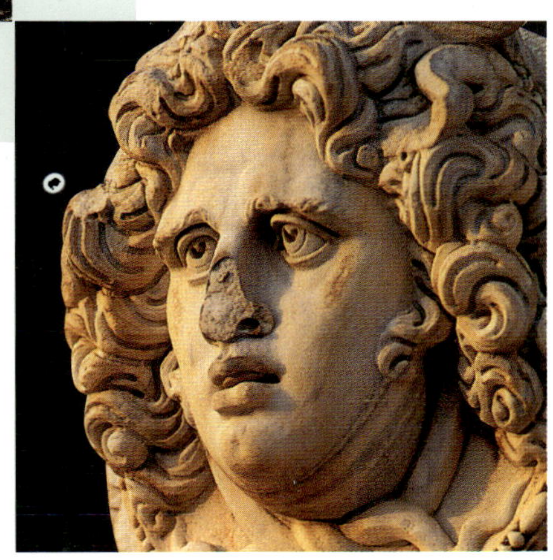

Sélection du Reader's Digest

Fastueuses Cités antiques est l'adaptation française de *Le citta'perdute*, réalisé par White Star.

ÉDITION ORIGINALE
Sous la direction de Maria Teresa Guaitoli et Simone Rambaldi
Textes de Marco Ceresa, Antonella Coralini, Davide Domenici, Maria Teresa Guaitoli, Antonella Mezzolani, Cinzia Pieruccini, Marco Podini, Simone Rambaldi, Riccardo Villicich, Marco Zecchi
Réalisation éditoriale : Valeria Manferto de Fabianis et Laura Accomazzo
Conception graphique : Clara Zanotti
Réalisation graphique : Maria Cucchi

ÉDITION FRANÇAISE
Réalisée par Sarbacane, Paris
Traduction : Stéphane Berthois, Claire Breton, Michael Fusaro, Bernadette Imbert, Florence Leroy

Sous la direction de l'équipe éditoriale de Sélection du Reader's Digest
Direction éditoriale : Gérard Chenuet
Responsable de l'ouvrage : Christine de Colombel
Suivi éditorial : Bénédicte Robbe
Lecture-correction : Béatrice Argentier, Emmanuelle Dunoyer
Couverture : Irène de Moucheron
Suivi technique : Olpan

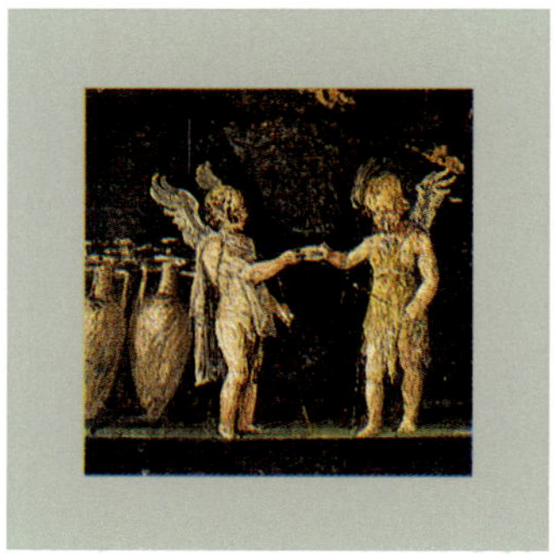

Édition originale
© 2002 Edizioni White Star, Italia

Édition française
© 2002 Sélection du Reader's Digest, SA : 212, boulevard Saint-Germain, 75007 Paris
© 2002 Sélection du Reader's Digest, SA : 20, boulevard Paepsem, 1070 Bruxelles
© 2002 Sélection du Reader's Digest, SA : Räffelstrasse 11, « Gallushof », 8021 Zurich
© 2002 Sélection du Reader's Digest (Canada), Ltée : 1100, boulevard René-Lévesque Ouest, Montréal, Québec H3B 5H5

ISBN : 2-7098-1358-0

Tous droits de traduction, d'adaptation et de reproduction,
sous quelque forme que ce soit, réservés pour tout pays

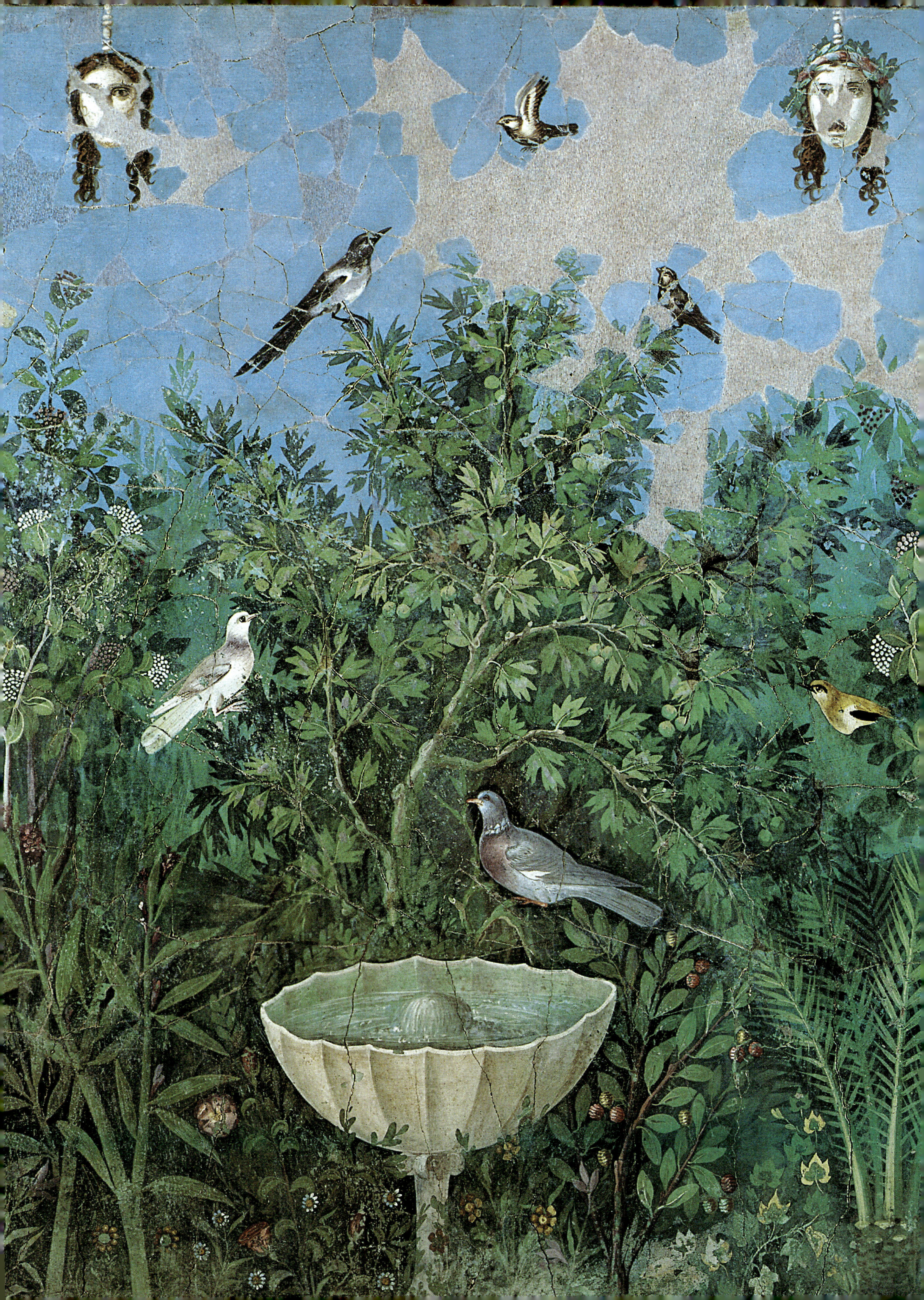

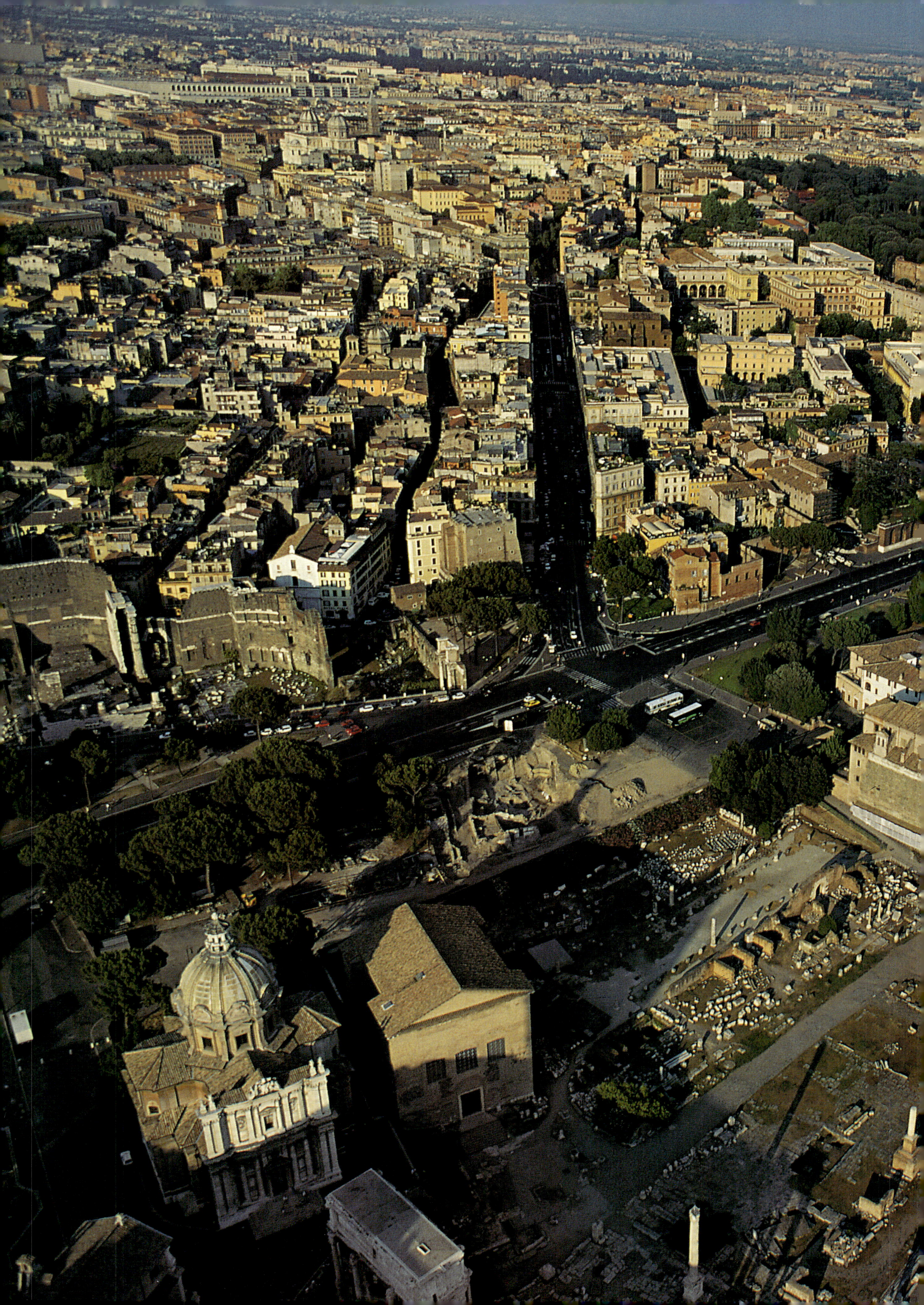

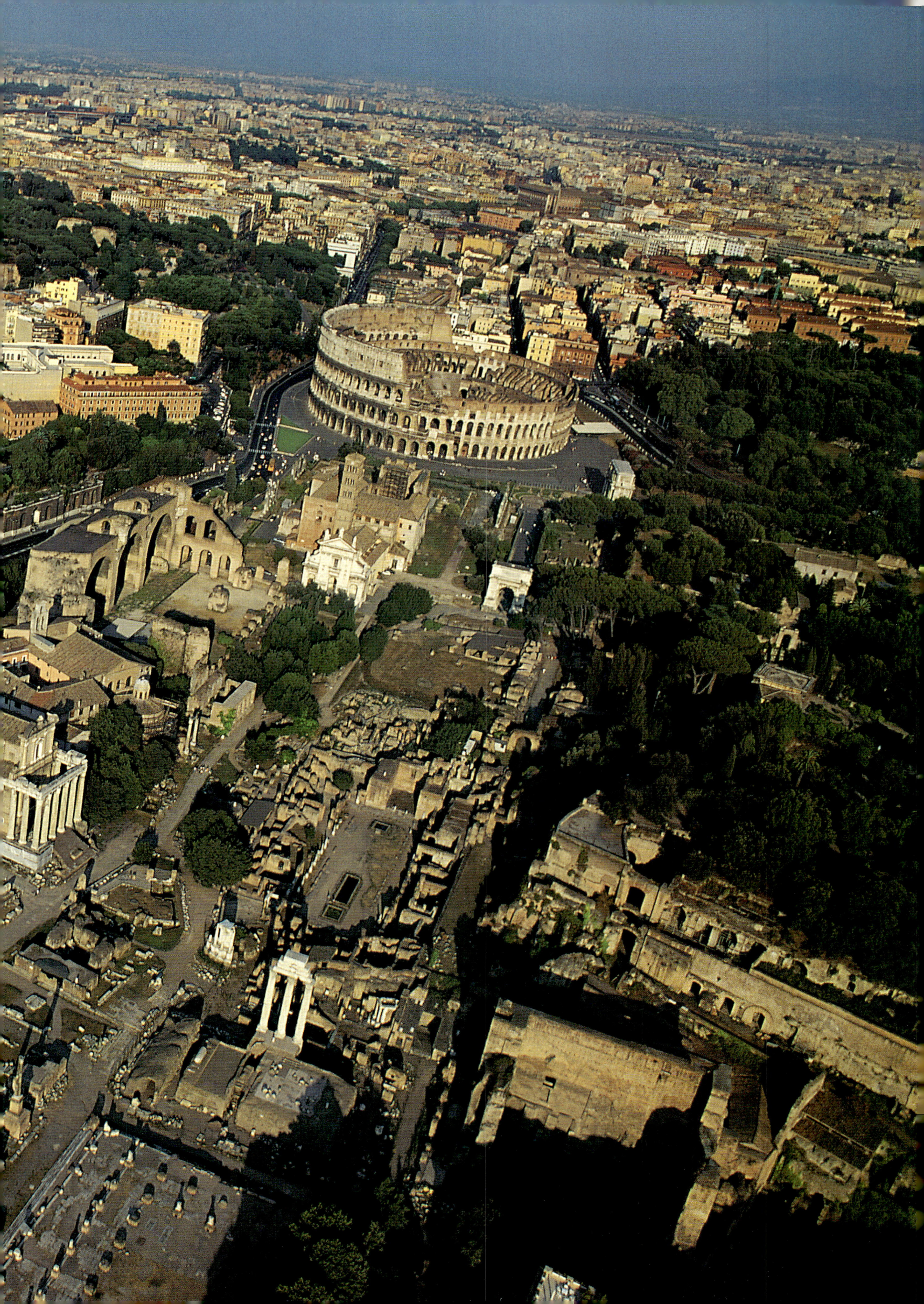

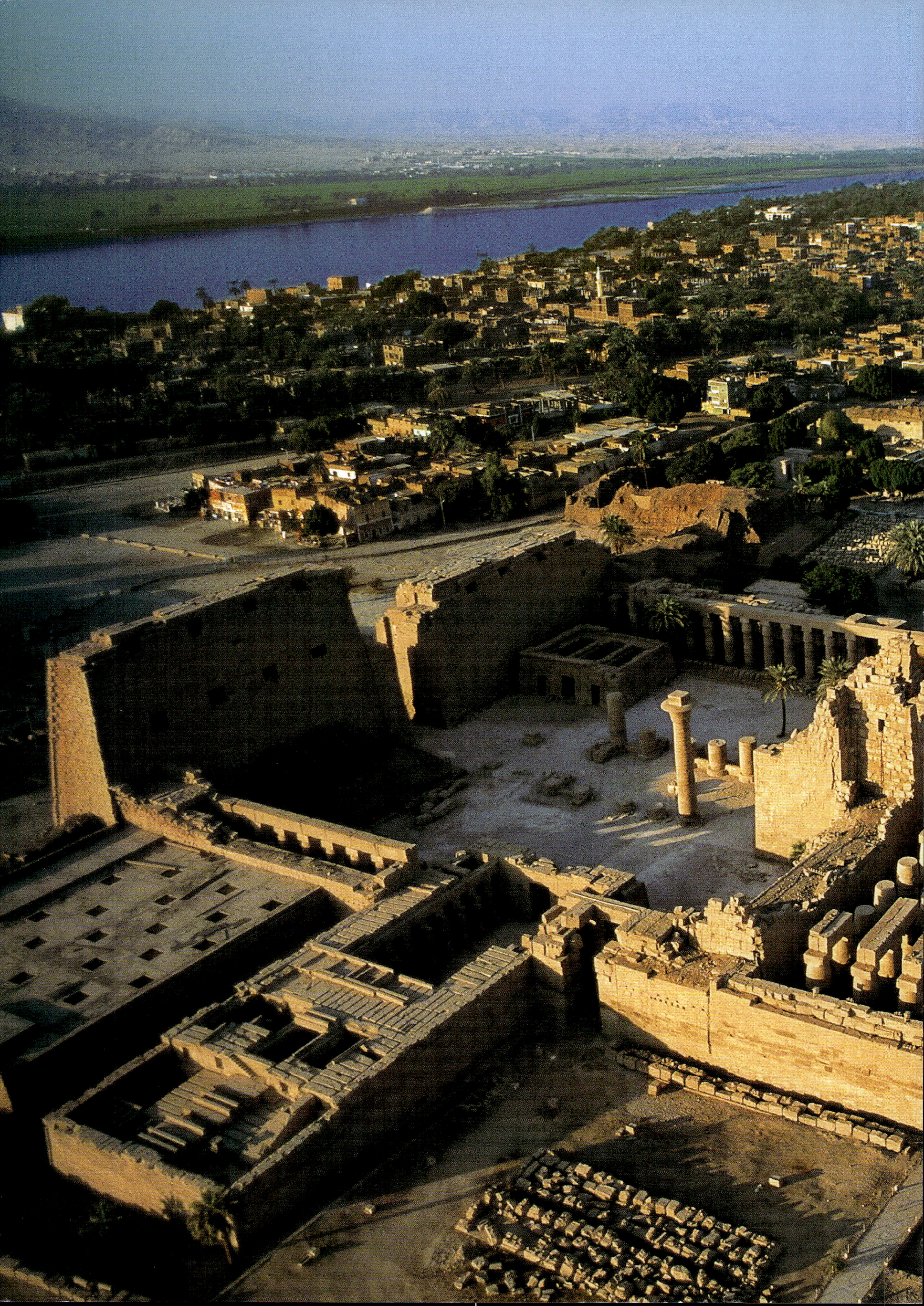

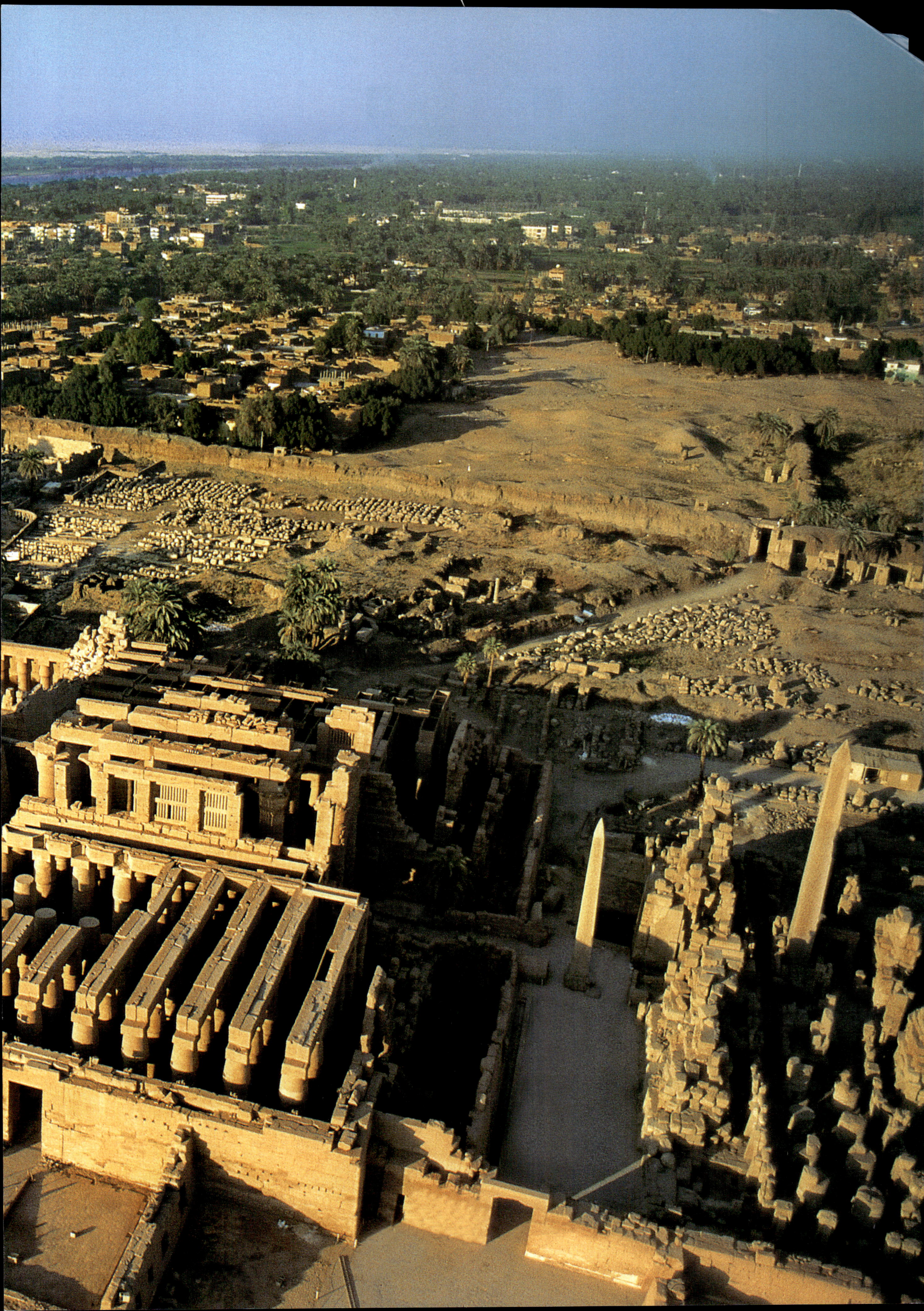

SOMMAIRE

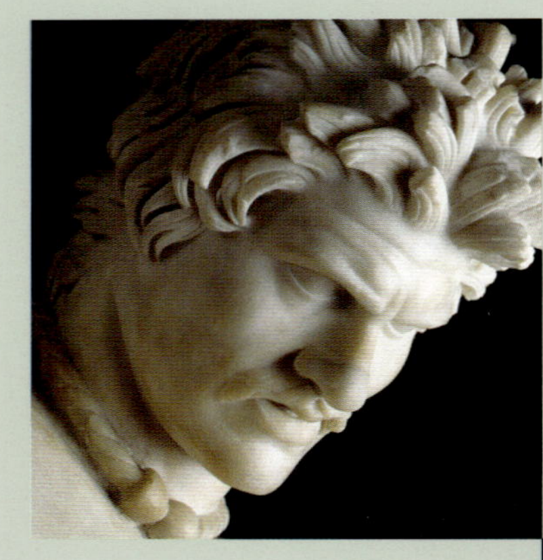

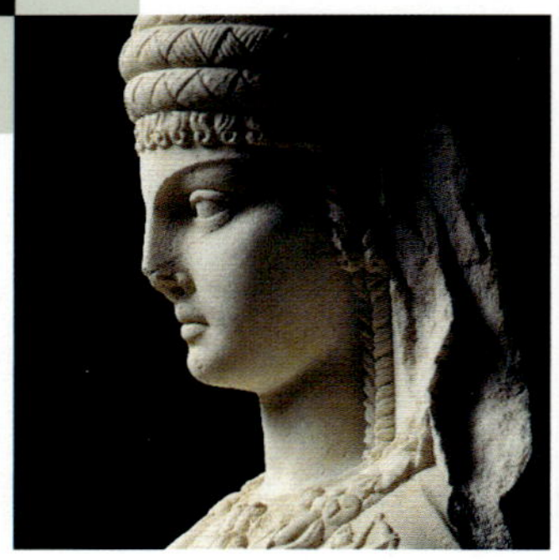

1 En haut : Fresque de la maison des Vettii, à Pompéi.

1 En bas : Médaillon en marbre de la basilique de Septime Sévère, à Leptis Magna.

2 Fresque de la maison des Vettii, à Pompéi.

3 Fresque représentant un jardin de la maison VI-17-42, à Pompéi.

4-5 Le forum et le Colisée, à Rome.

6-7 Temple de Karnak, à Louxor.

8 En haut : Galatée mourant (Rome).

8 En bas : Artémis d'Éphèse (Sabratha).

9 Reliefs du temple d'Angkor Vat.

SOMMAIRE

PRÉFACE
de Maria Teresa Guaitoli PAGE 10

INTRODUCTION GÉNÉRALE
par Maria Teresa Guaitoli et Simone Rambaldi PAGE 20

EUROPE *INTRODUCTION*
par Marco Podini PAGE 24
- CNOSSOS
  par Marco Podini PAGE 28
- MYCÈNES
  par Marco Podini PAGE 40
- ATHÈNES
  par Marco Podini PAGE 48
- ROME
  par Marco Podini PAGE 62
- POMPÉI
  par Antonella Coralini PAGE 82

AFRIQUE *INTRODUCTION*
par Simone Rambaldi et Marco Zecchi PAGE 100
- THÈBES
  par Marco Zecchi PAGE 102
- LEPTIS MAGNA
  par Simone Rambaldi PAGE 112
- SABRATHA
  par Simone Rambaldi PAGE 120
- THUGGA
  par Simone Rambaldi PAGE 130
- VOLUBILIS
  par Simone Rambaldi PAGE 138

PROCHE- ET MOYEN-ORIENT *INTRODUCTION*
par Antonella Mezzolani et Riccardo Villicich PAGE 144
- UR
  par Antonella Mezzolani PAGE 148
- NINIVE
  par Antonella Mezzolani PAGE 156
- BABYLONE
  par Antonella Mezzolani PAGE 164
- PERSÉPOLIS
  par Antonella Mezzolani PAGE 170
- ÉPHÈSE
  par Riccardo Villicich PAGE 182
- GERASA
  par Riccardo Villicich PAGE 190
- PALMYRE
  par Riccardo Villicich PAGE 196
- BAALBEK
  par Riccardo Villicich PAGE 204

EXTRÊME-ORIENT
INTRODUCTION
par Marco Ceresa PAGE 210
- HAMPI
  par Cinzia Pieruccini PAGE 214
- ANGKOR
  par Marco Ceresa PAGE 220
- PAGAN
  par Marco Ceresa PAGE 232
- AYUTTHAYA
  par Marco Ceresa PAGE 240

AMÉRIQUE *INTRODUCTION*
par Davide Domenici PAGE 246
- TEOTIHUACAN PAGE 252
- PALENQUE PAGE 262
- TIKAL PAGE 274
- CHICHÉN ITZÁ PAGE 282
- TIAHUANACO PAGE 294
- CHANCHÁN PAGE 300
- MACHU PICCHU PAGE 306

INDEX PAGE 314

BIOGRAPHIES, CRÉDITS ET BIBLIOGRAPHIE PAGE 317

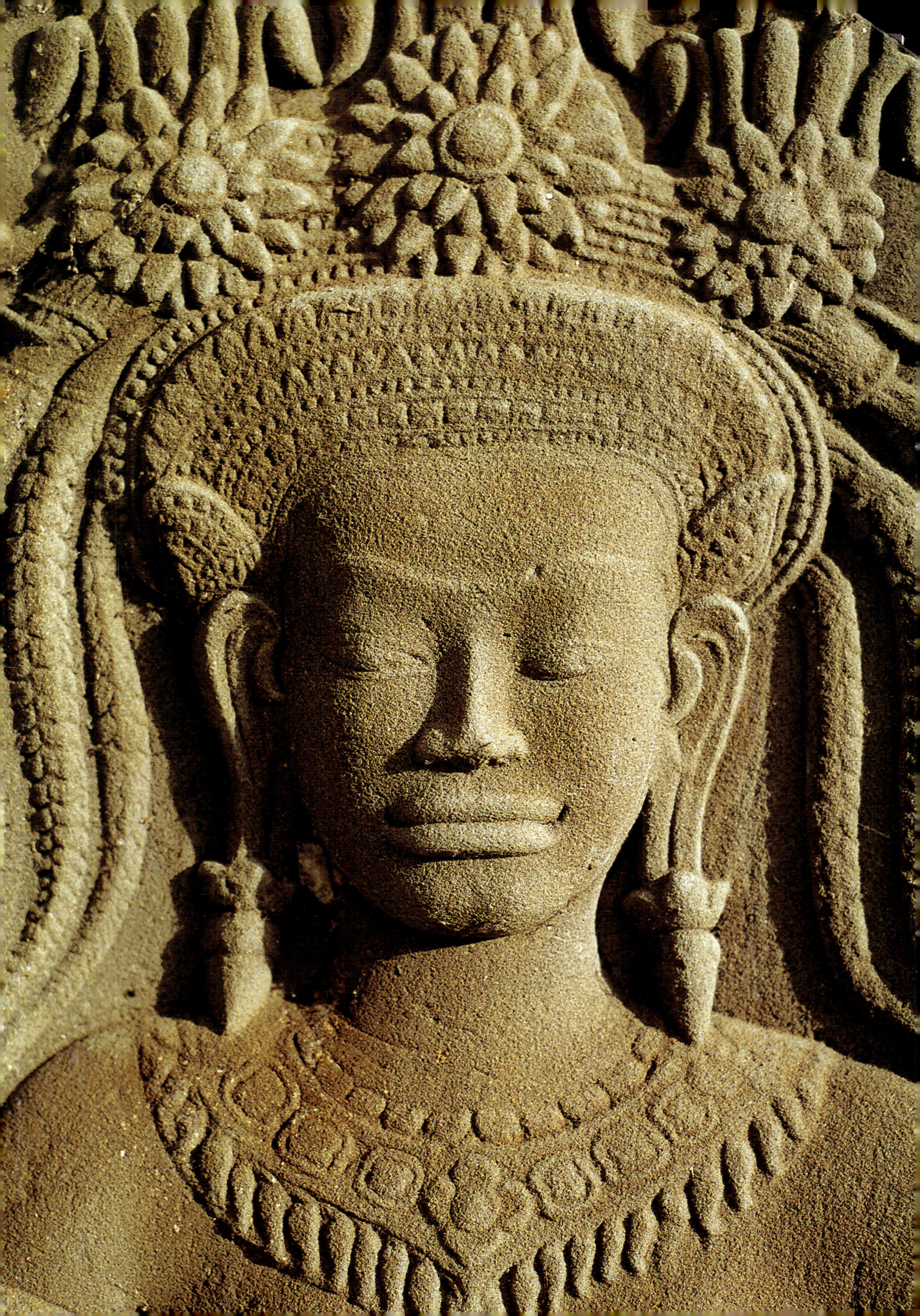

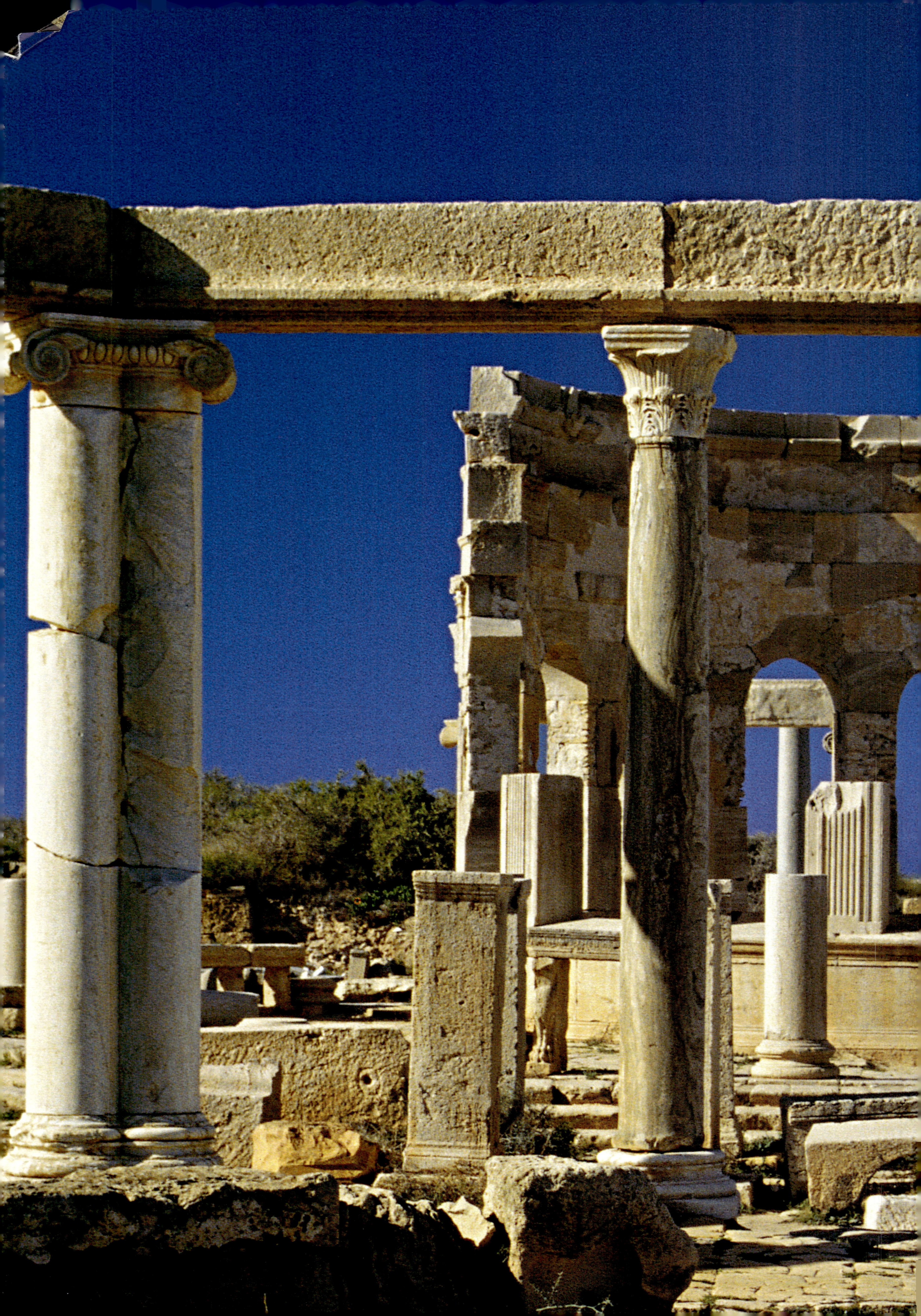

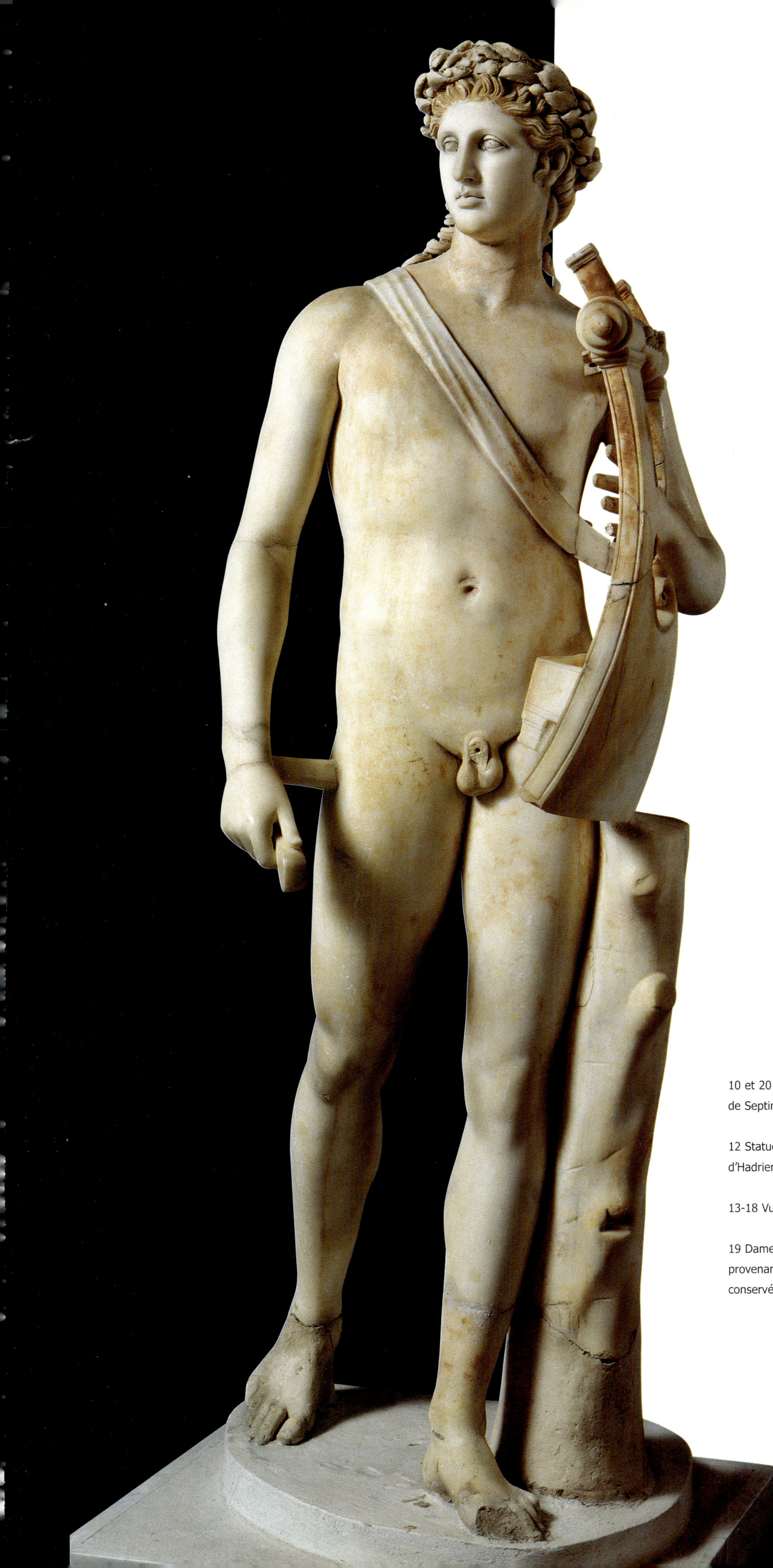

10 et 20 haut : Détail de la basilique
de Septime Sévère, à Leptis Magna.

12 Statue d'Apollon provenant des thermes
d'Hadrien à Leptis Magna.

13-18 Vue du forum de Leptis Magna.

19 Dame de l'époque Julio-Claudienne
provenant des fouilles de Leptis Magna,
conservée au musée de Tripoli.

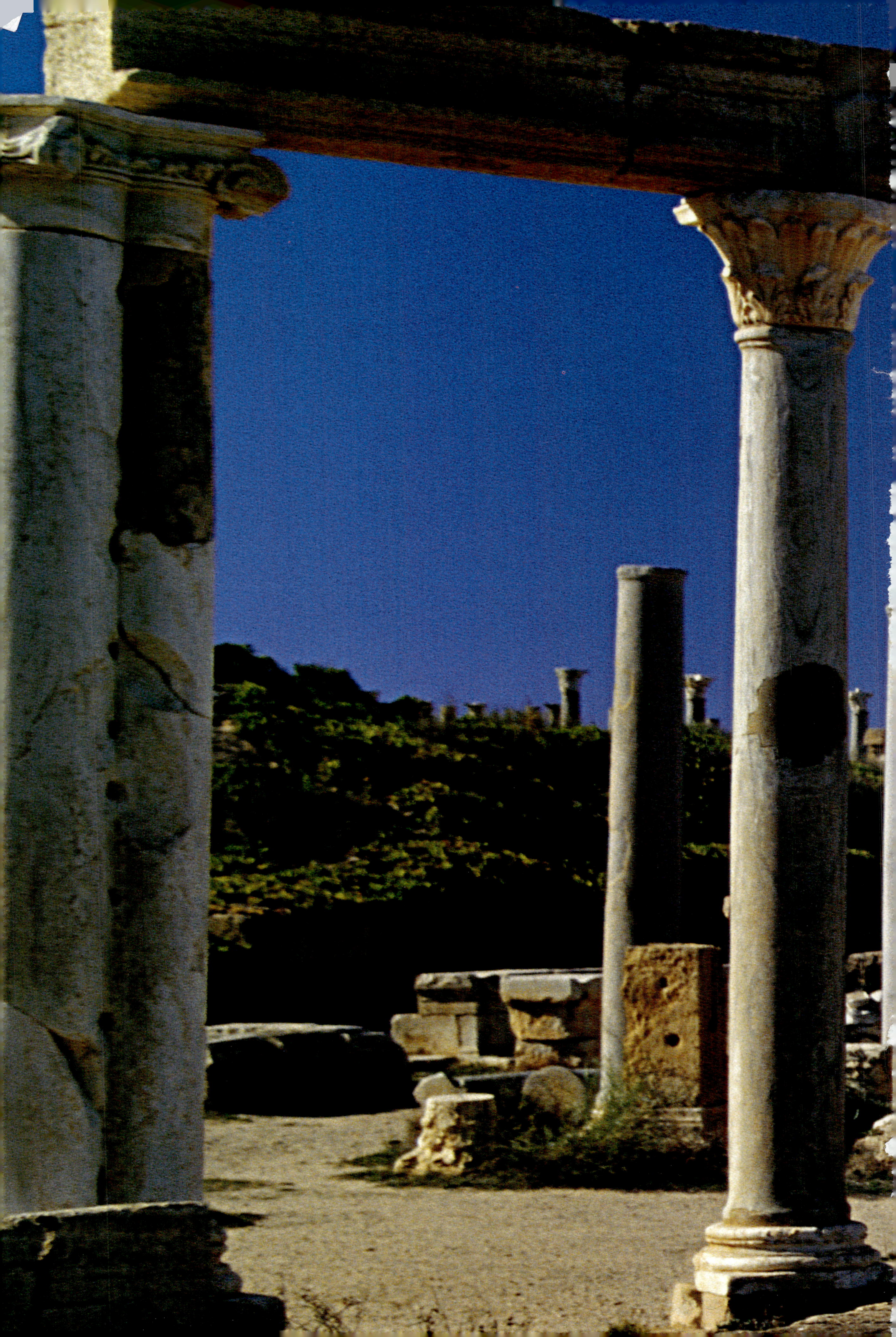

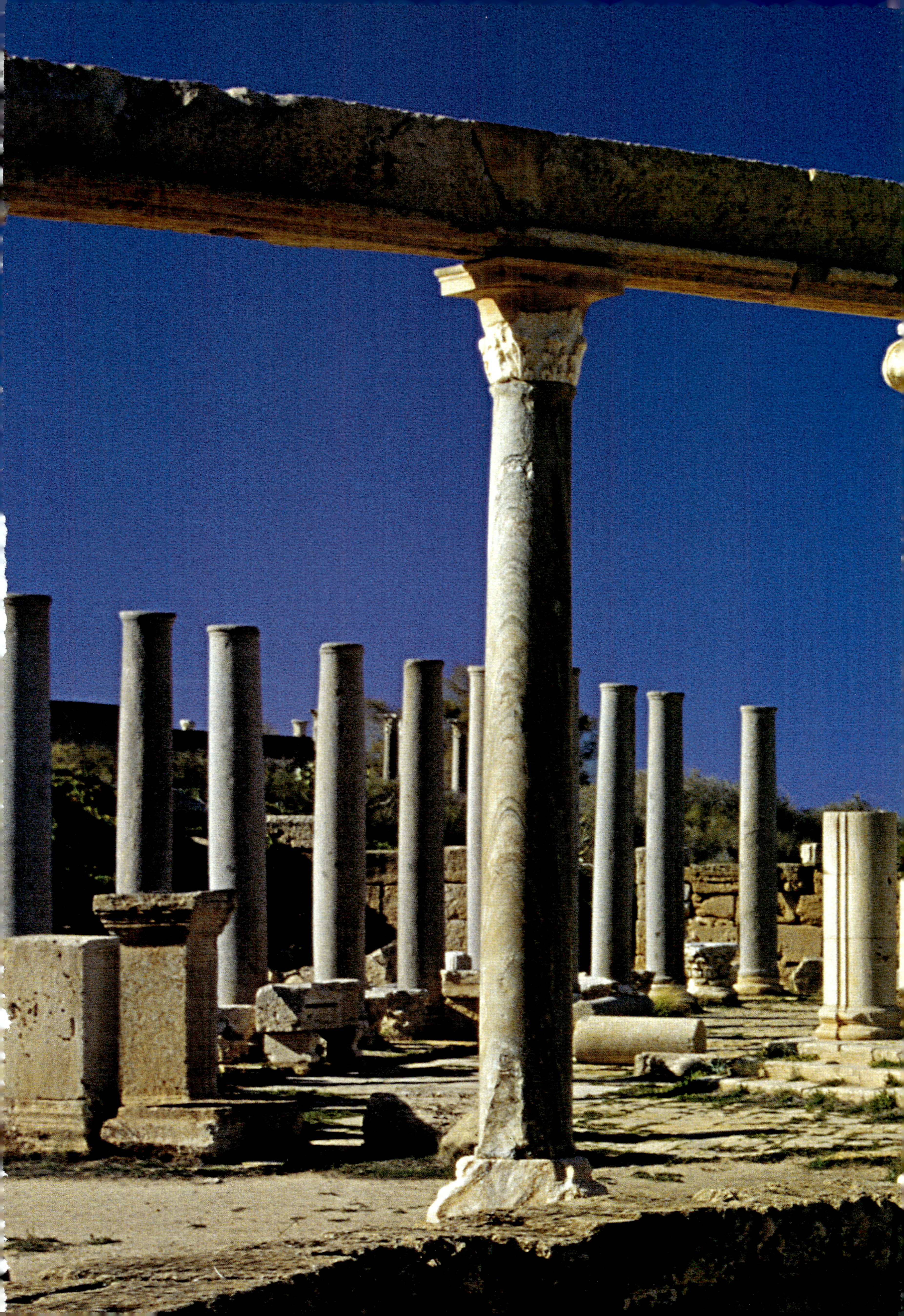

PRÉFACE

PRÉFACE

La ville, dans le sens d'agglomération urbaine, a toujours été caractéristique de la civilisation qui l'a bâtie, dont elle exprime à la fois la culture, l'idéologie et les activités. La cité est le miroir des articulations d'une société, de ses principes culturels et idéologiques fondamentaux – et ce, de l'Antiquité à nos jours. Au cours des siècles, le phénomène urbain, dans sa permanence en tant qu'habitat et dans son désir de conserver les traces du passé, a revêtu une infinie variété de formes. Mais on remarque toujours la volonté fondamentale de créer une sorte de trait d'union entre passé et présent, afin de perpétuer l'héritage légué par les grandes civilisations de l'Antiquité. Au cours d'un voyage jalonné par les *mirabilia urbium* du monde antique, nous allons donc visiter le tissu urbain des principales métropoles d'alors et tenter de faire revivre les processus historiques qui les ont générées.

L'itinéraire s'articule autour des grandes étapes des civilisations occidentales et orientales. En Europe, nous irons d'abord à la rencontre des civilisations minoenne et mycénienne – dont les emblèmes, Cnossos et Mycènes, tout empreintes de mémoire historique et héroïque, symbolisent également une certaine forme d'avant-garde dans la recherche archéologique. De là, nous passerons aux deux cités considérées comme les grandes capitales de l'Antiquité : Athènes, mère de la démocratie et prototype d'un ambitieux programme de structuration urbaine ; et Rome, qui – tout en y incorporant son esprit latin original – scelle l'héritage culturel grec et s'en fait la promotrice et la divulgatrice dans l'ensemble du monde alors connu. Puis, au travers des cités de l'Afrique romaine et du Proche- et Moyen-Orient, on complétera la synthèse du phénomène urbain individualisé dans les plus anciens vestiges de Mésopotamie et d'Égypte : les magnifiques Ur, Babylone, Persépolis, Ninive et Thèbes, berceaux

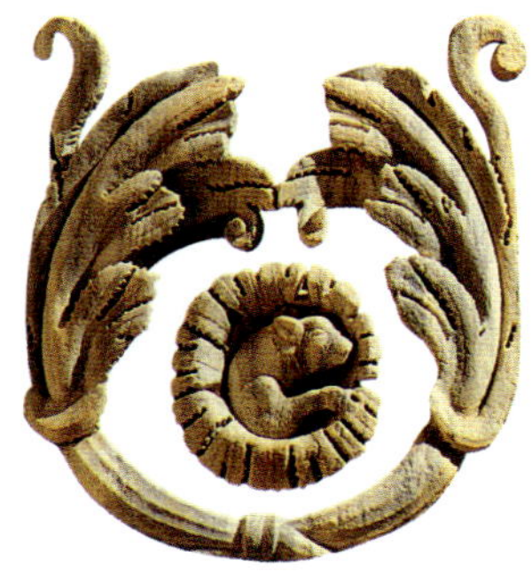

de MARIA TERESA GUAITOLI

et véritables archétypes de ce phénomène. Il ne restera plus ensuite qu'à se pencher sur les vestiges des cités plus lointaines d'Orient et des Amériques, reflets de civilisations complexes et fort différentes de nos cultures occidentales, et dont l'architecture illustre leur conception du monde.

Ce parcours recouvre des réalités qui, bien qu'aussi diverses dans le temps que dans l'espace, présentent toutes un aménagement urbain monumental conservé presque sans altération dans ses lignes – ou du moins parfaitement lisible. Les critères de sélection des cités évoquées ici privilégient précisément la lisibilité actuelle des monuments et du tissu urbain. D'autres centres, tout aussi célèbres, ont été écartés car ils n'ont pas conservé de nos jours la trace de leur splendeur passée – ou l'ont peu à peu étouffée à l'intérieur de constructions et d'aménagements modernes. Concernant l'Égypte antique, le choix s'est limité aux seuls sites de Thèbes et du village voisin de Deir el-Medineh, le village des artisans. Cette restriction a été dictée par le fait que, si l'Égypte nous a rapporté une mine d'informations funéraires et sacrées, elle offre en revanche très peu de restes archéologiques propres aux véritables implantations urbaines. Or le grand voyageur de l'Antiquité Pausanias le Périégète n'affirmait-il pas, dès le IIe siècle de notre ère, que nulle agglomération urbaine ne peut être considérée comme telle en l'absence des structures à caractère public – l'agora, le théâtre, les édifices officiels – qui en sous-tendent la validité politique et judiciaire ?

Cet ouvrage est divisé en régions géographiques, à l'intérieur desquelles on s'attardera sur les sites qui ont constitué le cœur de la vie politique et sociale de chaque époque historique et qui, à l'évidence, représentent encore, en ce début de IIIe millénaire, quelques-unes des étapes fondamentales de l'humanité.

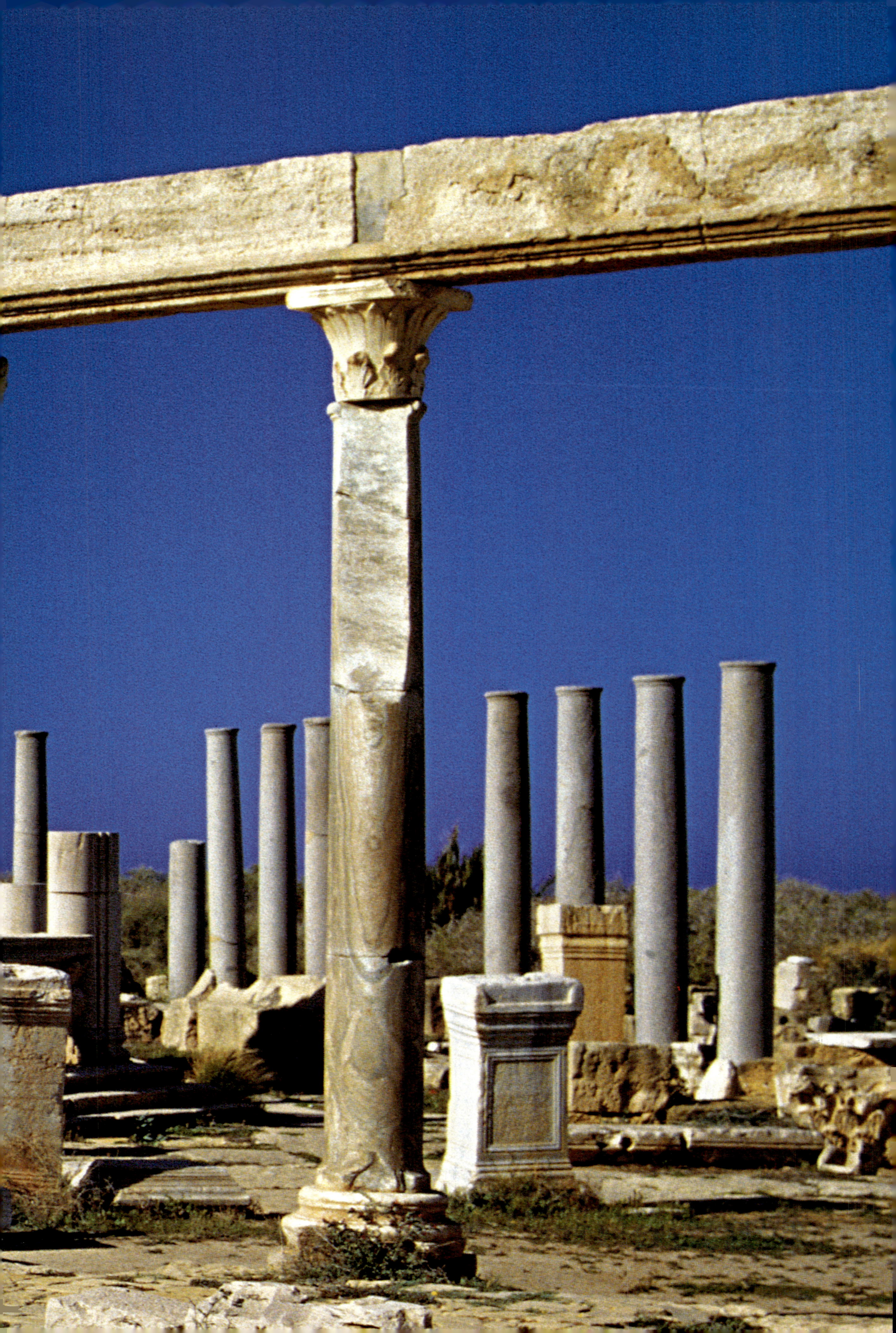

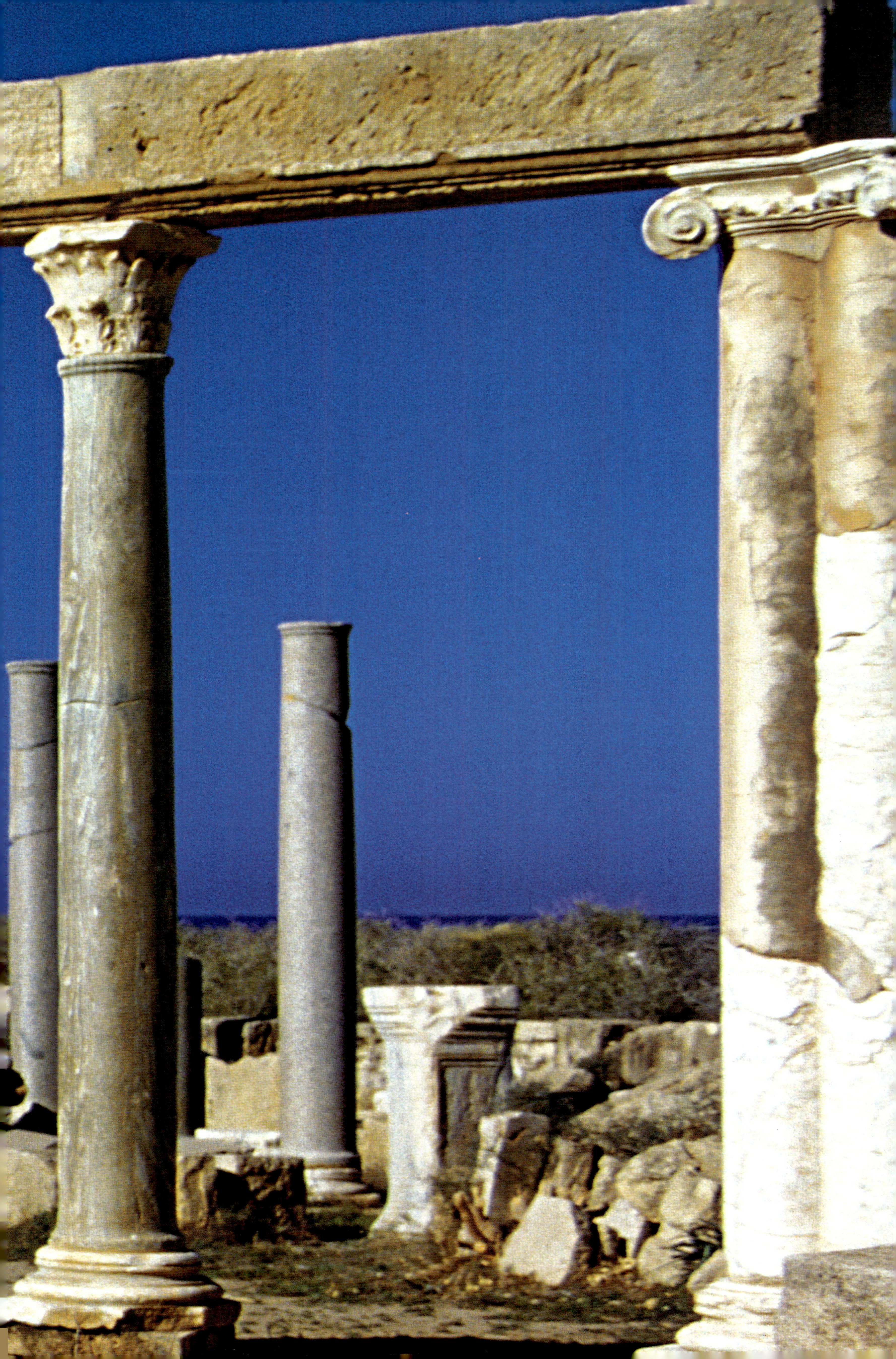

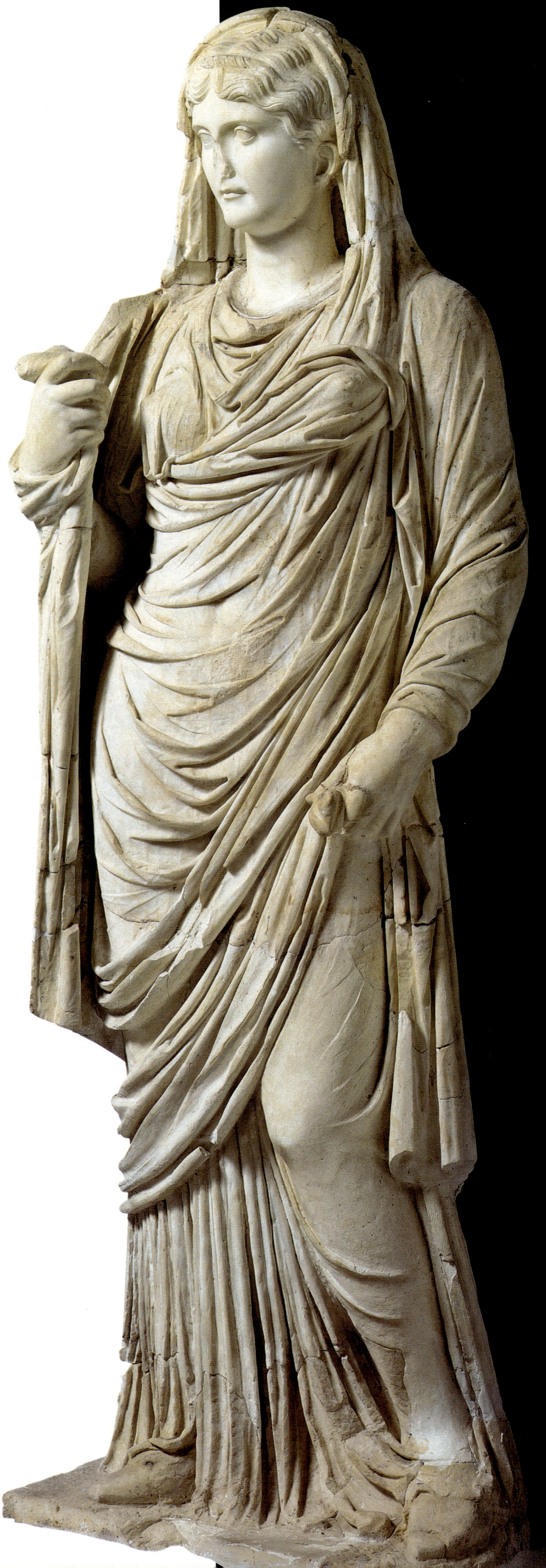

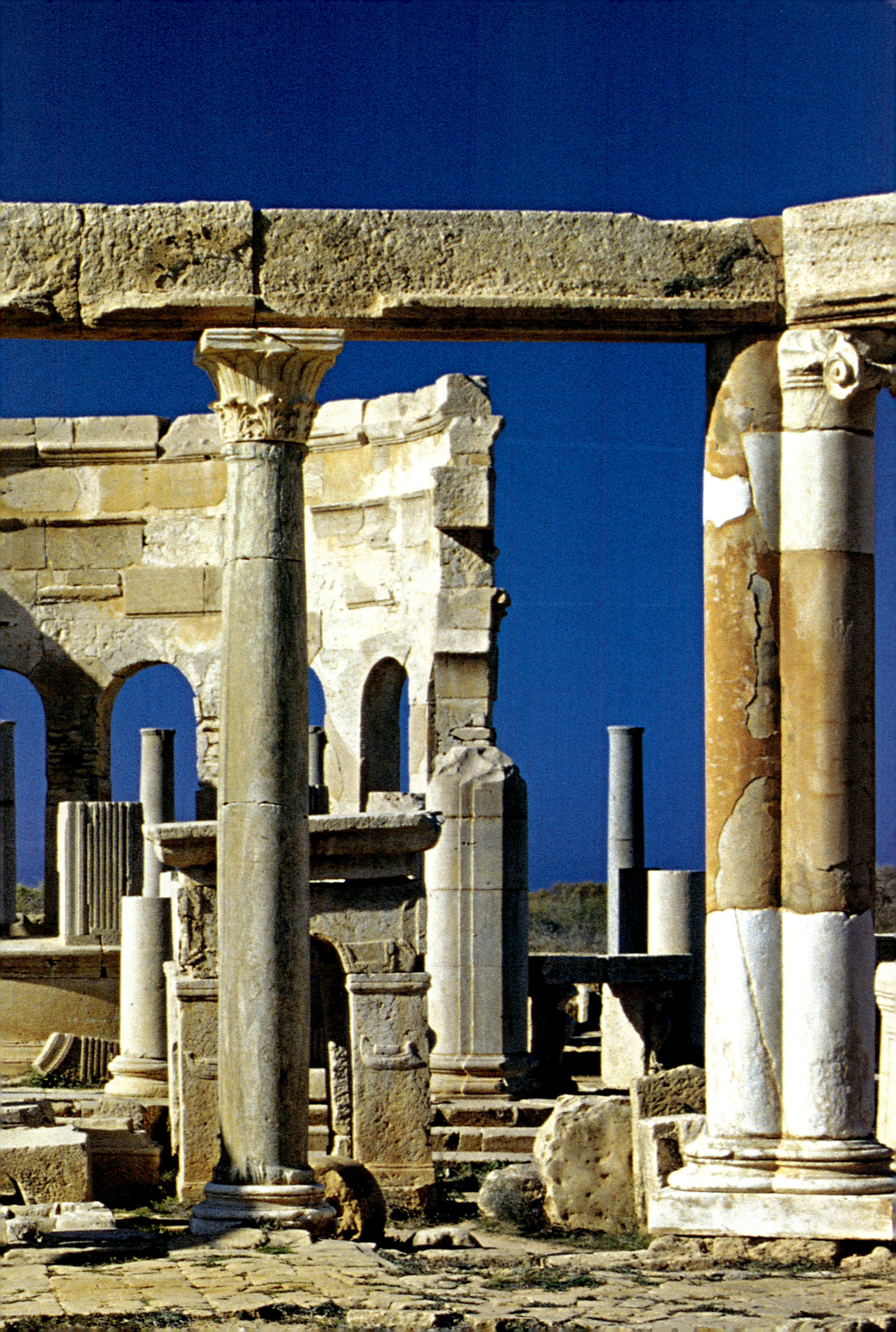

INTRODUCTION

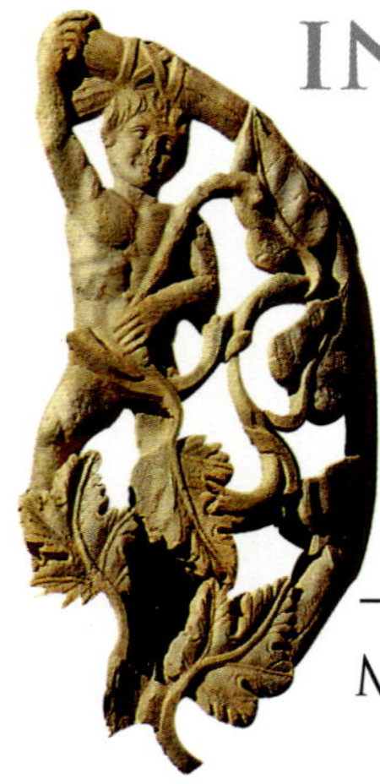

INTRODUCTION

de

MARIA TERESA GUAITOLI
ET SIMONE RAMBALDI

Le phénomène d'urbanisation appartient au monde moderne : il naît de l'étude du tissu urbain qui s'est imposé au rythme du peuplement à la suite de la révolution industrielle. Du concept d'urbanisation vient l'idée de la ville dans le sens contemporain : métropoles et mégalopoles liées aux exigences d'un nouveau modèle de société. Mais, abstraction faite des évidentes différences idéologiques, une autre révolution, bien antérieure, avait déjà généré un phénomène analogue. Venue de Mésopotamie, la « révolution urbaine » marque, entre le IVe et le IIIe millénaire avant notre ère, la naissance de la ville et sa propagation dans l'ensemble du monde antique. C'est ainsi que commencent à se former des agglomérations capables de répondre aux différentes exigences économiques et sociales d'un milieu culturel. La ville devient donc la clé de voûte et le point central de toutes les activités (primaires et secondaires) qui lui donnent vie. Activités qui sont à leur tour, au sein de la cité, réélaborées et redistribuées. Bien souvent, la nécessité de fonctionnaliser rôles et besoins tient à une volonté de construction monumentale et semble – mais ce n'est qu'une apparence – détachée de la naissance du véritable centre urbain. En réalité, l'élément fondateur, bien que différent en fonction des conditions topographiques et climatiques, est toujours un complexe monumental – qu'il s'agisse d'un sanctuaire (comme c'est le cas à Thèbes) ou d'un palais (pour les sociétés minoenne et mycénienne). Souvent sacré, ce complexe fait office de catalyseur des différentes activités qui s'organisent autour de lui. Ainsi, en périphérie de ce centre du pouvoir religieux ou politique, se développent des noyaux de toutes les activités contribuant à donner au centre urbain les caractéristiques qui lui sont propres : habitations, bureaux, commerces ou nécropole. L'organisation d'une société s'exprime d'un point de vue architectural et urbanistique par la répartition, l'articulation et la fonctionnalité des espaces. Et ce sont précisément ces vastes programmes de construction qui ont contribué à pérenniser certains centres antiques comme Athènes et Rome, et à en garantir la continuité jusqu'à nos jours.

Mais, dans l'Antiquité, la cité est également l'instrument indispensable de contrôle du territoire. C'est ainsi que s'explique, par exemple, le grand nombre de cités fondées par Alexandre le Grand lors de ses conquêtes. Ce phénomène apparaît avec plus d'évidence encore dans le monde romain : la cité, en effet, se présente toujours comme l'interlocuteur privilégié entre Rome et les régions auxquelles elle s'étend et impose sa domination – et cela dès la période républicaine, avec l'élaboration d'un système colonial. Lorsque le pouvoir romain instaurait des relations diplomatiques avec de « véritables cités », dotées d'une longue histoire et d'une organisation urbaine parfaitement développée, celles-ci devenaient des *civitates foederatae*. Elles contractaient avec Rome un pacte d'alliance, ou *foedus*, aux termes duquel elles devaient fournir à Rome des contingents militaires, tout en restant libres de maintenir leurs propres institutions et cultes religieux. En contrepartie, la République intervenait lorsque ces villes étaient menacées de l'extérieur. Dans d'autres cas, les agglomérations urbaines préexistantes étaient transformées en colonies, les *coloniae latinae*. Ces villes demeuraient alors largement indépendantes, tout en bénéficiant de quelques « privilèges » comme le droit de faire du commerce et de contracter mariage avec des citoyens romains. Les *coloniae romanae*, quant à elles, étaient fondées par des natifs bénéficiant de la pleine citoyenneté, dans des zones encore peu sûres requérant une forte présence militaire. Elles constituaient, dans des régions parfois très éloignées de la mère patrie, des villes dotées d'institutions et de traditions totalement romaines. Venait ensuite une catégorie à part, les *municipiae* : il

s'agissait de centres que Rome avait annexés à son territoire, donnant aux habitants la citoyenneté romaine tout en leur concédant une certaine autonomie. En réalité, les *municipiae* étaient gouvernées par des magistrats élus parmi les notables du lieu, lesquels administraient la vie citoyenne dans tous ses aspects, à l'exception de la justice et, bien sûr, de la politique étrangère, prérogatives inaliénables du pouvoir central. C'est en l'an 212, lorsque Caracalla octroie la pleine citoyenneté à tous les habitants de l'empire, que disparaissent ces différents statuts locaux. Mais l'urbanisation romaine n'est cependant pas uniquement un phénomène de nature politique. Certes, la nécessité d'imposer une nouvelle culture et d'appréhender différemment la vie publique et privée, même dans leurs aspects les plus quotidiens, exigeait une organisation réfléchie des espaces. Mais cela n'entraînait quasiment jamais la destruction des réalités urbaines éventuellement préexistantes. Au contraire, le gouvernement central – ou encore les autorités locales, qui pouvaient financer des interventions dès lors qu'elles étaient loyales ou positives envers Rome – agissait sur le tissu urbain pour en augmenter le potentiel et, dans un certain sens, le modernisait. De nouvelles implantations civiles et religieuses ne se justifiaient que comme instruments de consolidation du pouvoir politique, mais elles finissaient par s'imposer en tant que lieux fondamentaux pour le déroulement de la vie publique d'une cité romaine dans tous ses aspects. Non seulement temples et curies, mais aussi thermes, théâtres, amphithéâtres et cirques devinrent des composantes indispensables à la vie des citoyens à l'époque impériale.
Ainsi les phénomènes d'urbanisation sont-ils différents selon les conditions territoriales, climatiques et stratégiques des lieux, facteurs qui influencent également les choix urbanistiques, tels que les techniques de construction utilisées. Pourtant, bien qu'exprimés dans des mondes aussi éloignés géographiquement que culturellement – de l'Europe aux Amériques en passant par l'Afrique et l'Orient –, ces phénomènes reflètent invariablement une exigence bien présente dans chaque cycle de mutation du tissu social.

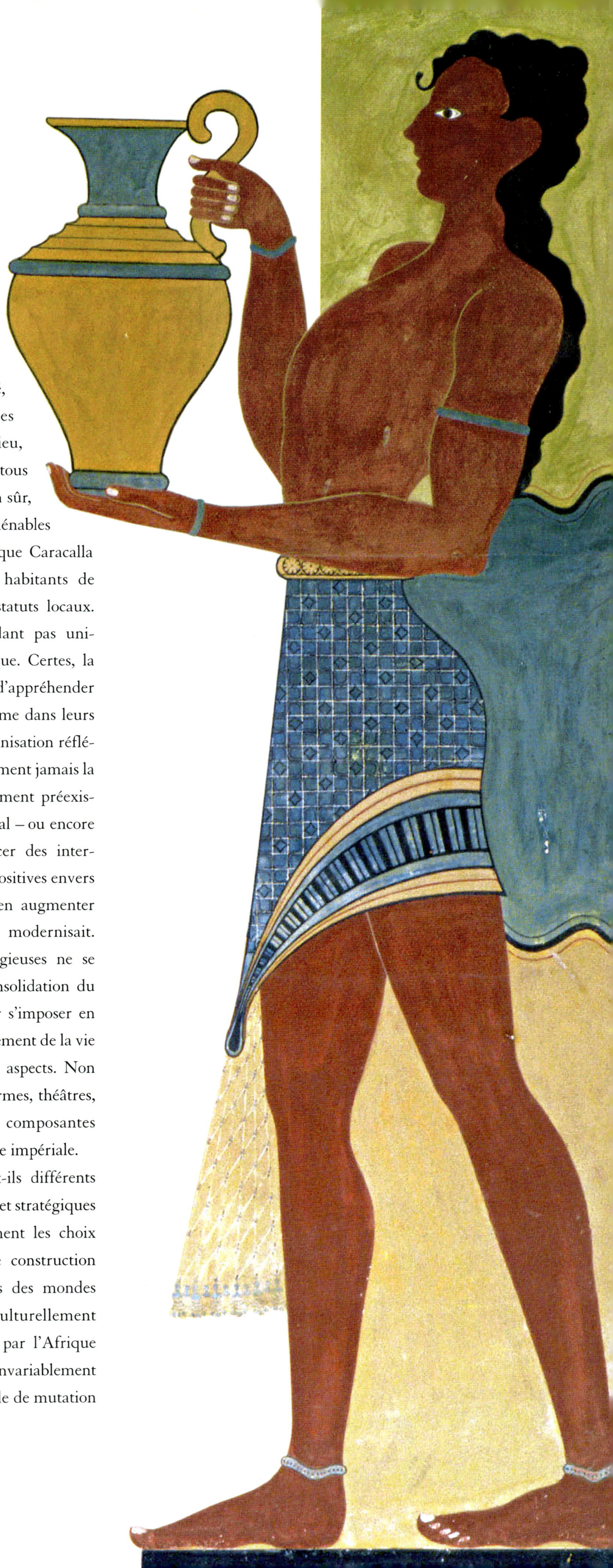

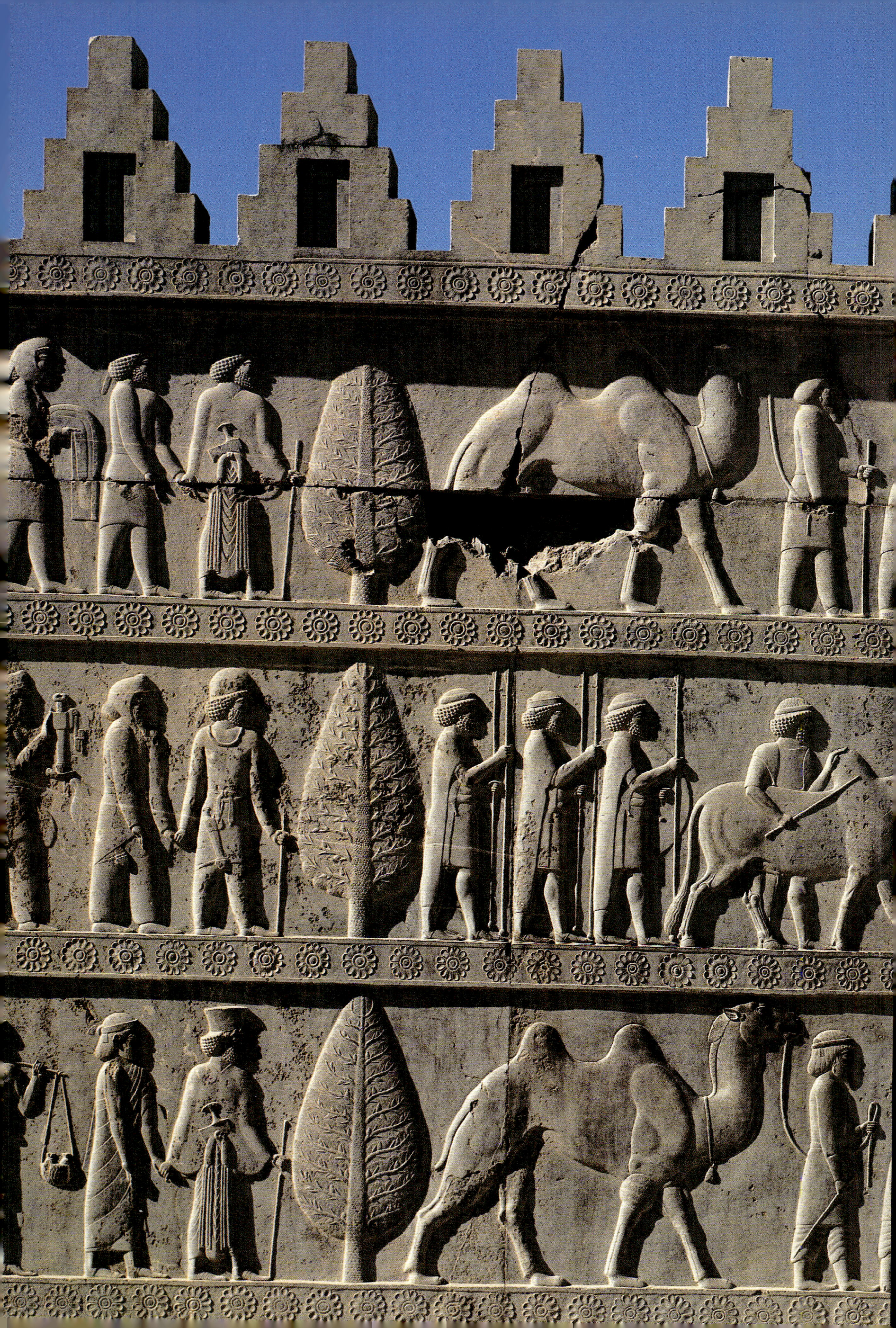

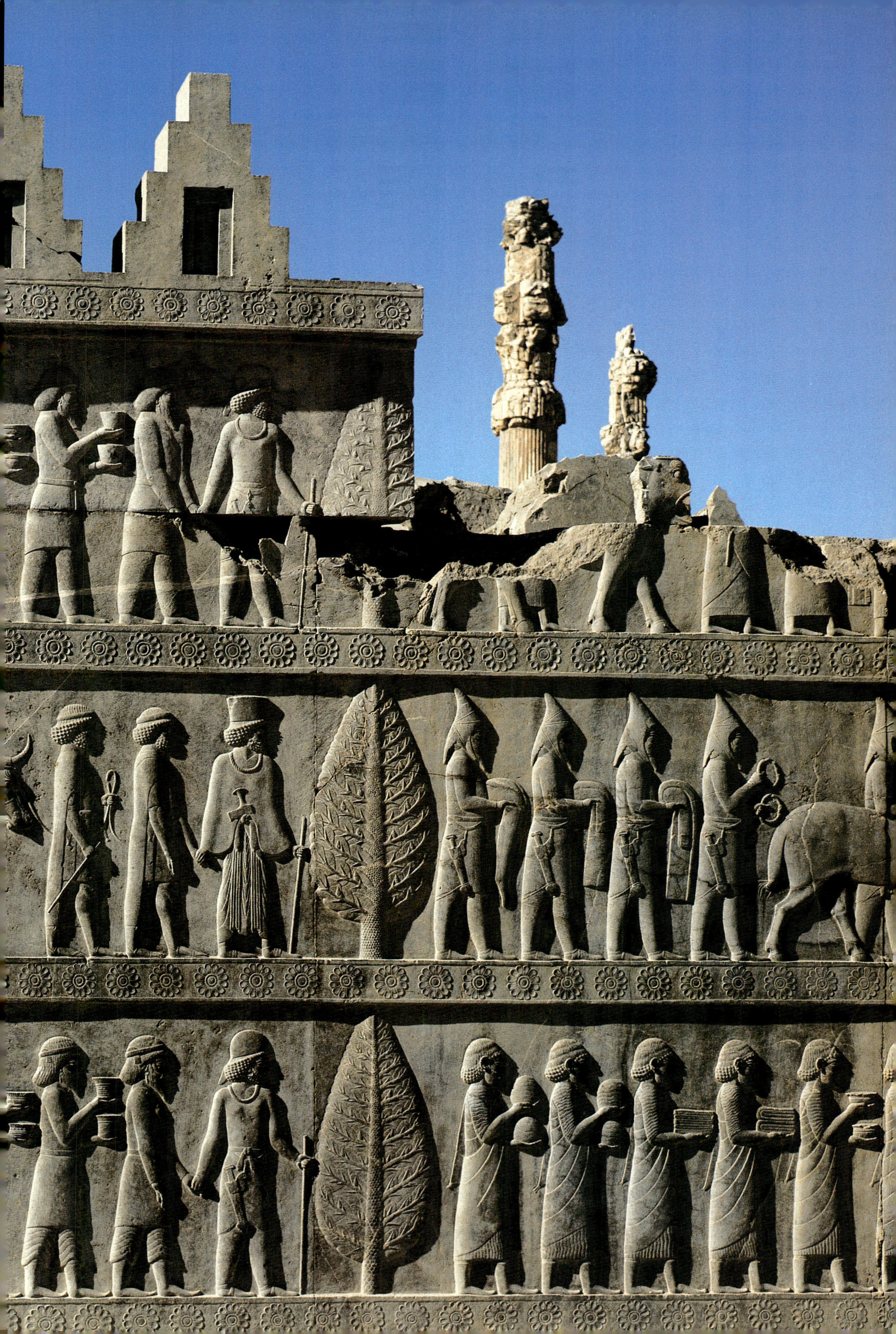

EUROPE

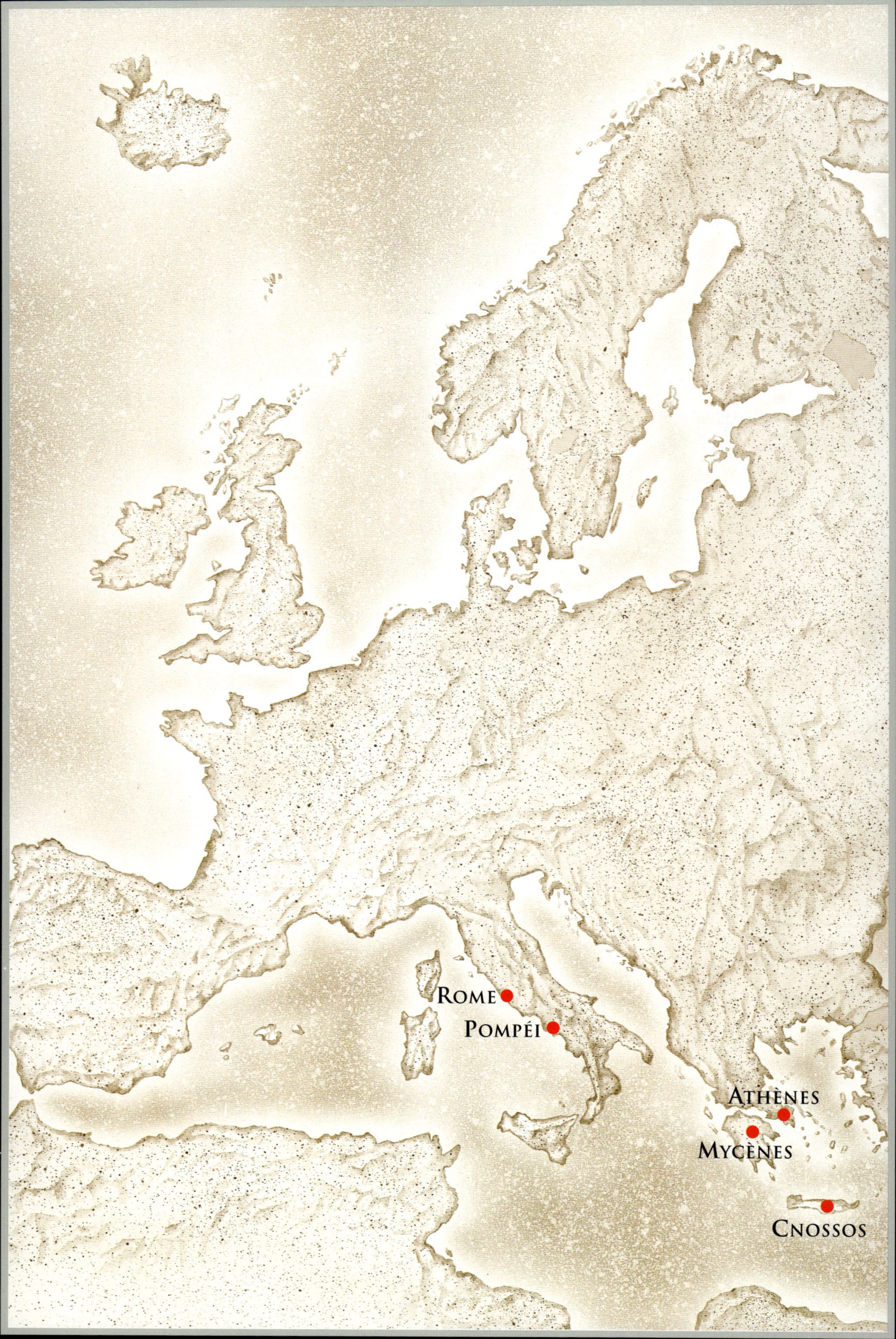

INTRODUCTION

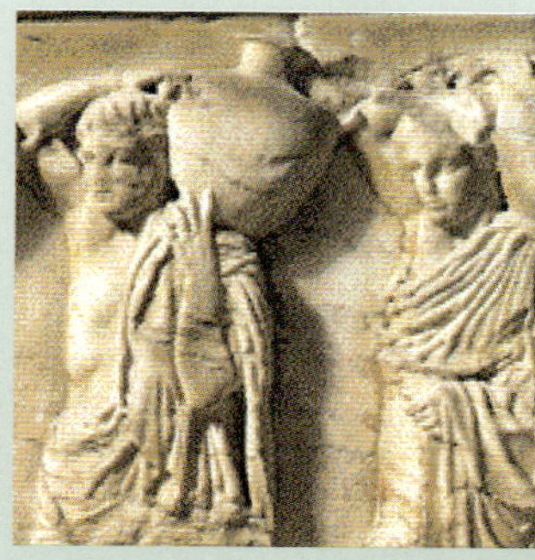

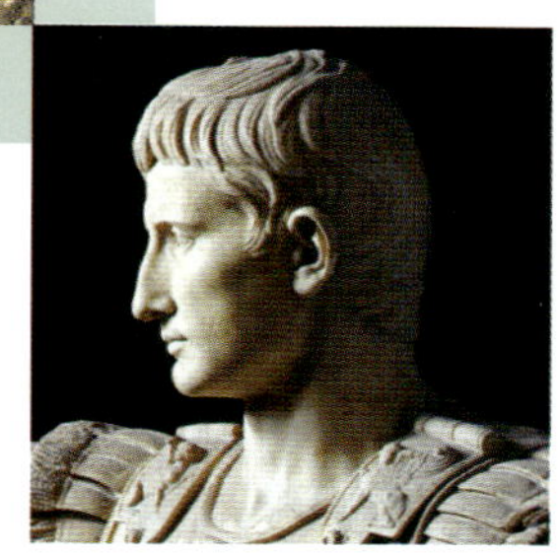

25 Ci-contre : Porteurs d'eau de la frise de la *cella* du Parthénon, à Athènes.

25 Ci-dessous : Statue d'Auguste, le fondateur de l'Empire romain.

LES CITÉS ANTIQUES DE L'EUROPE MÉDITERRANÉENNE

par

MARCO PODINI

Parler de l'Europe aujourd'hui, quelques mois après le passage à la monnaie unique, met en lumière avec plus d'évidence que jamais le contraste existant entre ce que nous entendons et percevons s'agissant de l'Europe actuelle et le chaos politique, social et culturel des premières civilisations installées sur ce continent. En effet, l'Empire romain lui-même n'a su effacer les différences majeures, soulignées par des contradictions immuables entre Orient et Occident, qui n'ont cessé de faire obstacle à l'obtention d'une réelle cohésion culturelle.

Première civilisation européenne, la civilisation minoenne se consolida en Crète au début de l'âge du bronze (environ 2800 av. J.-C.), à la suite de l'arrivée de peuplades venues des côtes de l'Anatolie nord-occidentale. Les premiers interlocuteurs des Crétois furent l'Égypte et la Syrie, qui entretinrent également par la suite des échanges privilégiés avec les Mycéniens lorsque ces derniers, vers la moitié du XVe siècle av. J.-C., se substituèrent à la puissance minoenne – même si les contacts commerciaux s'étendaient alors jusqu'aux côtes de la Sicile, de la Sardaigne et de l'Afrique du Nord. Ainsi la Grèce et l'Orient ont-ils noué d'étroites affinités culturelles, qui résistèrent même à la longue récession économique qui s'est emparée du bassin méditerranéen entre le XIIe et le VIIIe siècle avant notre ère. Mais c'est également au cours de ces périodes agitées que, entre le VIIIe et le VIIe siècle, se vérifièrent les postulats politiques et sociaux d'une expansion du monde grec. Celle-ci fut dirigée autant vers l'est – péninsule Chalcidique et mer Noire – que vers l'ouest – côtes de la Sicile et de l'Italie méridionale – jusqu'à atteindre la Gaule (avec la ville de Massalia, fondée par les colons phocéens) et l'Espagne (dotée du statut d'*emporium*). Le phénomène colonial présupposait la création de cellules urbaines autosuffisantes, mais non subordonnées à un projet de conquête unitaire des territoires envahis : pour cette raison, il n'a que très rarement rencontré une résistance chez les civilisations locales. Les colonies grecques étaient limitées aux côtes et à l'arrière-pays immédiat. Le processus d'expansion s'arrêta donc face à des peuples occupant de vastes unités territoriales (Étrusques, Latins, Osques, Messapiens, Sicules, Sicanes, etc.). En un deuxième temps, les apports coloniaux furent progressivement absorbés par les peuples autochtones, non sans conséquences importantes, en particulier sur le plan de la transmission d'une nouvelle culture urbaine. Cependant, la distance entre les Grecs, issus du bassin méditerranéen central, et les peuplades occidentales restait énorme – même pour les plus évoluées d'entre elles.

Les Étrusques, par exemple, établirent vers la fin du VIIIe et tout au long du VIIe siècle av. J.-C. (période orientaliste) des relations très étroites avec le monde oriental, puis avec le monde grec aux époques archaïque et classique. Ils n'en suivirent pas moins un parcours indépendant, auquel présidaient de substantielles différences religieuses, politiques et sociales. Les Romains, eux aussi, réagirent de manière autonome face au panorama culturel européen. En une dialectique constante entre respect des traditions et acquisition de styles de vie et de modèles urbains d'origine gréco-hellénistique, ils surent mettre en avant leurs propres traditions tout en se laissant pénétrer de nouvelles coutumes venues d'Orient – non sans susciter la réaction des citoyens les plus conservateurs. C'est dans cette dualité permanente entre attachement à son propre passé et ouverture à de nouvelles impulsions qu'apparaissent les apports les plus originaux de l'architecture et de l'urbanisme du monde latin ; notamment l'adoption massive du plan hippodamien pour les villes nouvellement fondées et son application jusque dans le secteur agraire par le biais de la centuriation.

L'aménagement de l'Empire romain, cependant, entérina jusqu'en termes linguistiques les contrastes et différences entre monde oriental et monde occidental. Si la langue parlée en Grèce et dans les territoires précédemment occupés par des royaumes hellénistiques

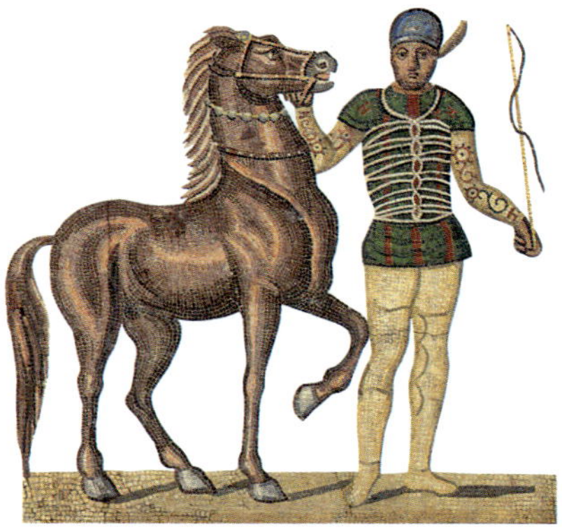

27 Ci-contre : Mosaïque figurant un aurige du cirque conservée au musée des Thermes, à Rome.

était le grec, le latin fut imposé en Occident. Car Rome était consciente qu'en Orient elle se mesurait à des réalités qui lui étaient culturellement supérieures, ou pour le moins égales. En Occident, au contraire, elle affrontait des peuples qui, abstraction faite de leur potentiel, lui demeuraient au mieux largement inférieurs. Le monde occidental offrait donc à Rome un terrain idéal pour transmettre et imposer ses modèles urbains prédéfinis afin de créer une solide unité politique, sociale et culturelle.

Cette partie consacrée à l'Europe ne prétend pas présenter un tableau exhaustif des civilisations qui l'ont occupée durant l'Antiquité – objectif peu réaliste s'il en est. Il s'agit, au contraire, de faire sentir à quel point les cultures et les peuples qui interagissaient entre eux à divers niveaux sur la scène européenne étaient hétérogènes et composites. Les cas étudiés constituent des exemples significatifs d'une importante présence culturelle à des périodes précises. La première civilisation d'Europe, comme on l'a dit, fut celle des Minoens, dont le centre le plus représentatif était sans conteste Cnossos. Ce n'est pas le fruit du hasard si cette dernière fut choisie comme capitale de la Crète après l'avènement des Mycéniens, peuple de langue grecque et d'origine indo-européenne qui tire son nom de la cité exprimant le mieux sa puissance et ses caractéristiques : Mycènes.

C'est dans le sillage de la culture et de la tradition mycéniennes que naquit Athènes – qui ne manqua d'ailleurs pas de revendiquer ses origines achéennes, alors expression suprême de l'« hellénité ». Celle-ci domina la scène politique et commerciale du bassin méditerranéen central au moins jusqu'au IVe siècle avant notre ère et demeura, jusqu'à l'époque romaine tardive, un point de référence culturel fondamental.

Il reviendra ensuite à Rome de circonscrire, au sein de son Empire, un ensemble de réalités hétérogènes pour constituer le pôle culturel le plus important d'Occident. La contribution la plus significative de la domination romaine au monde occidental, encore dépourvu de culture urbaine, sera bel et bien l'urbanisation. Ce n'est évidemment pas le cas des nombreux centres déjà imprégnés de culture grecque : par son extraordinaire état de conservation, la cité osque de Pompéi exprime de manière plus qu'évidente la proximité avec le monde gréco-hellénistique – proximité qui ne cesse de s'intensifier à partir du IIe siècle av. J.-C. La ville d'Italica, au contraire, en sa double qualité de *vetus* et de *nova urbs*, offre un magnifique exemple de transmission – voire d'imposition – d'un modèle urbain qui, en l'occurrence, porte les traces de l'intervention directe de l'empereur au service de certaines exigences idéologiques et cérémonielles.

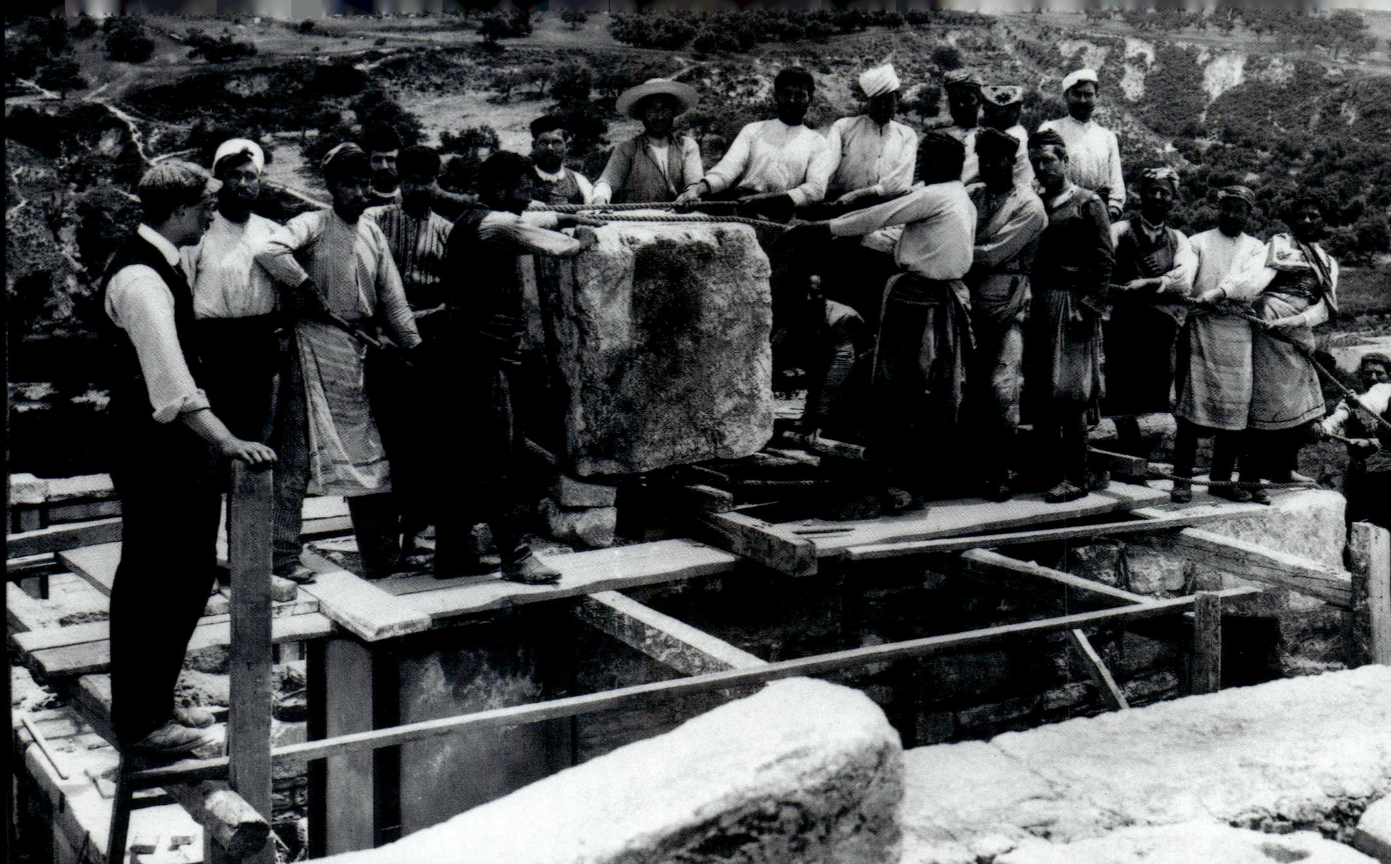

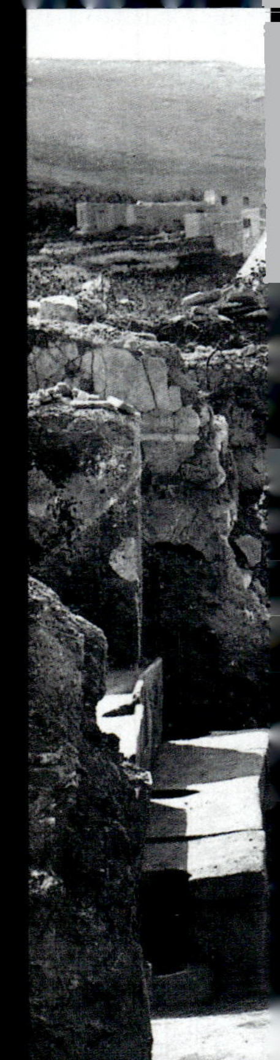

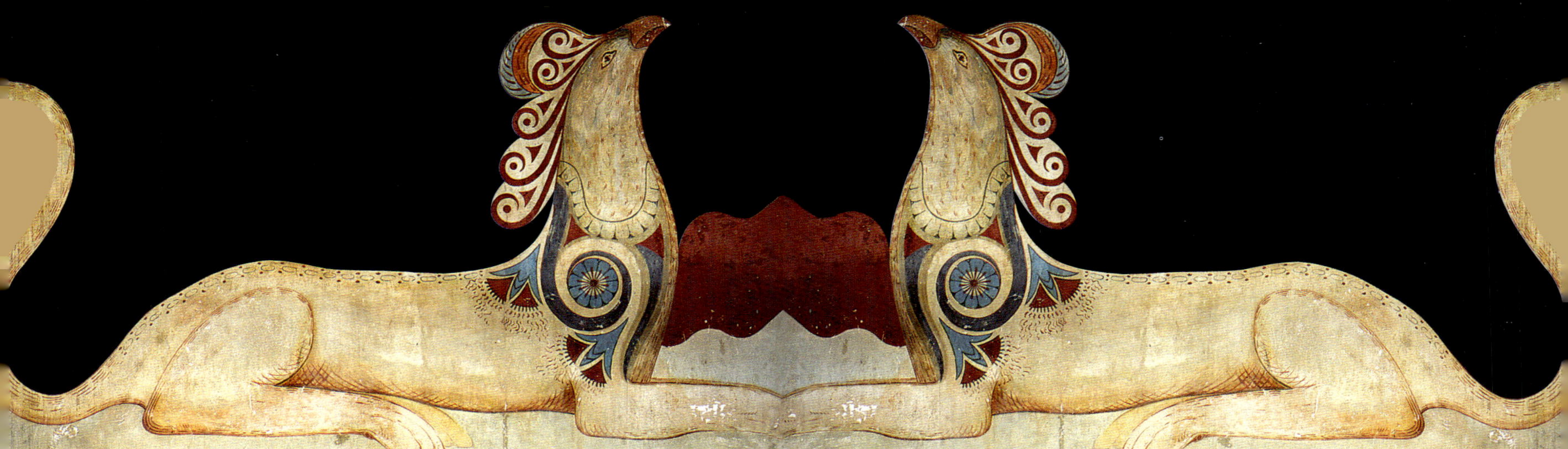

28 En haut : Sur cette photographie prise aux environs de 1905, on reconnaît Doll, l'un des membres de l'équipe de sir Arthur Evans, dirigeant les opérations de repositionnement d'un lourd bloc de pierre du grand escalier.

28 En bas : Le motif polychrome des griffons sans ailes se répète avec fluidité sur tout le pourtour de la salle du trône, évoquant tout à la fois majesté et dynamisme.

29 En haut à gauche : La salle du trône, vue de l'ouest, sur un cliché datant de 1900. Sur les murs, à côté du trône, demeuraient encore des fragments des fresques originales. En haut à droite, on aperçoit sir Arthur Evans.

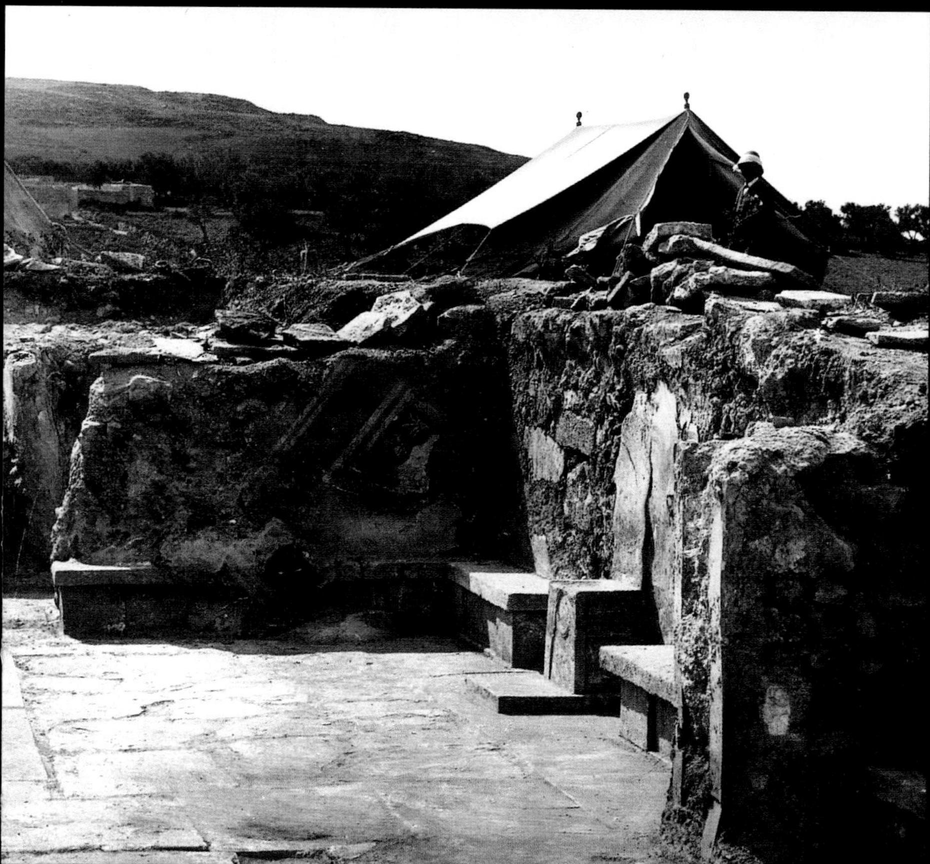

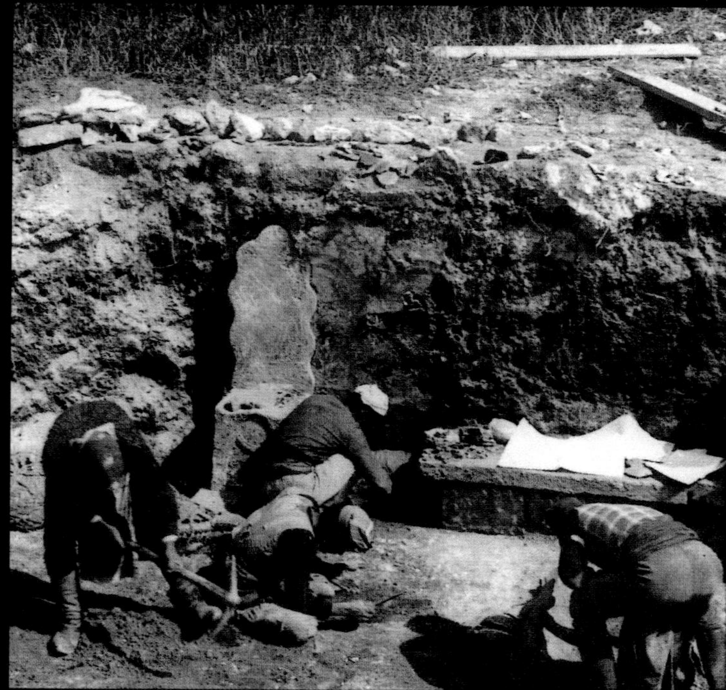

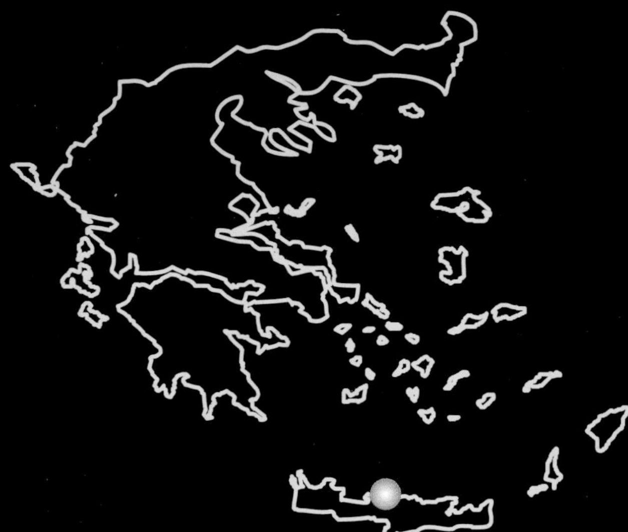

CNOSSOS

29 En haut à droite : Au cours des travaux entrepris par sir Evans, on voit bien que le seul élément préservé dans son intégralité était le trône, tandis que le reste s'était effondré. Ces images mettent en évidence le peu de précautions prises pendant la restauration.

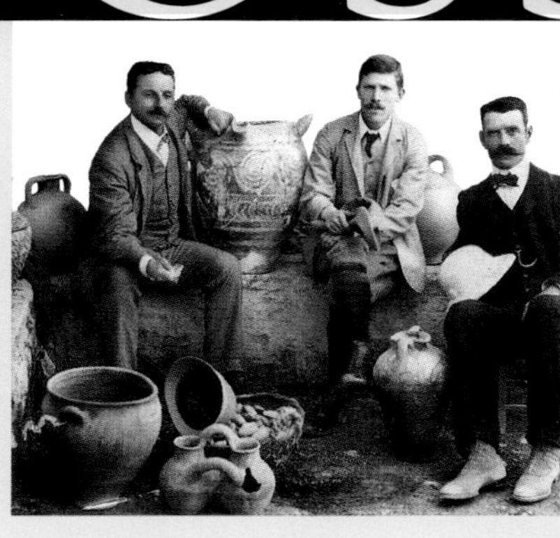

29 Ci-contre : Sir Arthur Evans (à gauche) et ses collaborateurs, l'architecte Théodore Fyfe (au centre) et le céramologue Duncan Mackenzie (à droite). L'équipe d'Evans apporta une remarquable contribution scientifique aux fouilles du site.

Par MARCO PODINI

Les ruines de l'antique Cnossos présentent le témoignage le plus significatif du processus de maturation urbanistique, architecturale et artistique de la première civilisation européenne : la civilisation minoenne, ainsi nommée par sir Arthur John Evans d'après le nom du célèbre Minos. Les origines de ce complexe se confondent avec l'histoire de ce roi mythique. Selon la tradition littéraire, c'est Minos, fils de Zeus, qui civilisa les habitants de la Crète. Il régna sur l'île avec justice et pondération, promulgant des lois et posant les fondements de la thalassocratie crétoise en faisant construire la première flotte connue. À Minos est

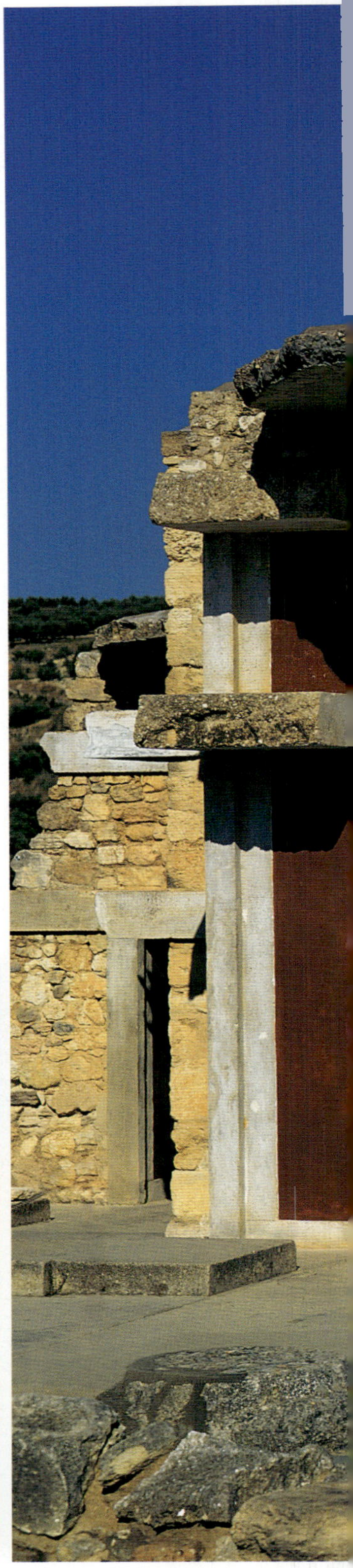

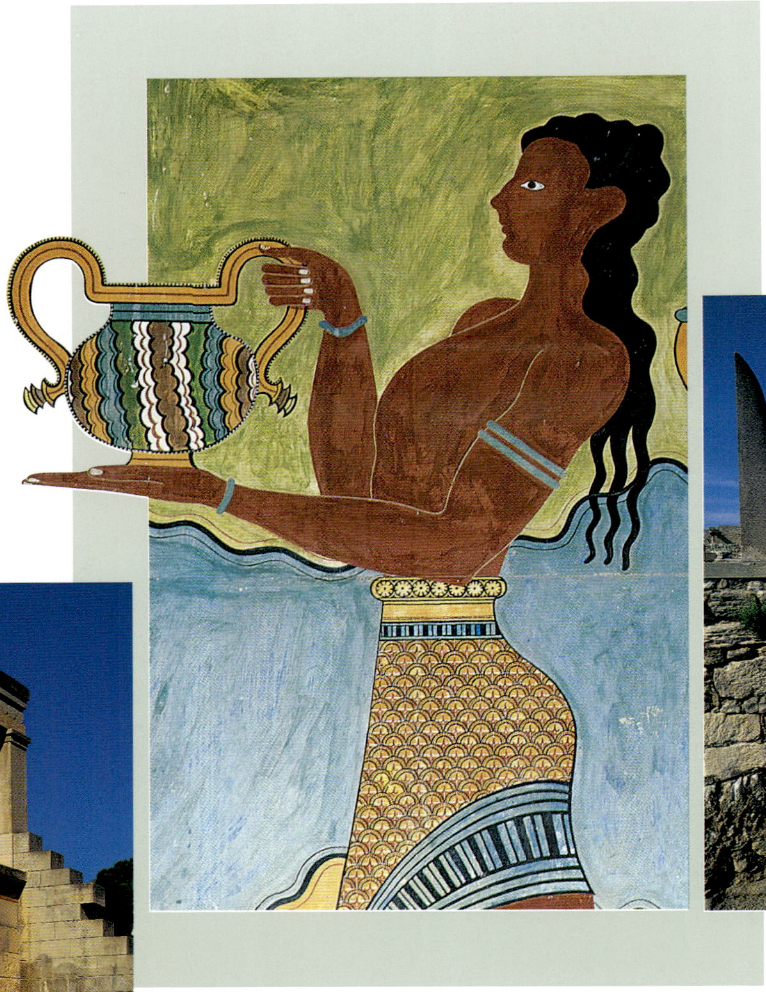

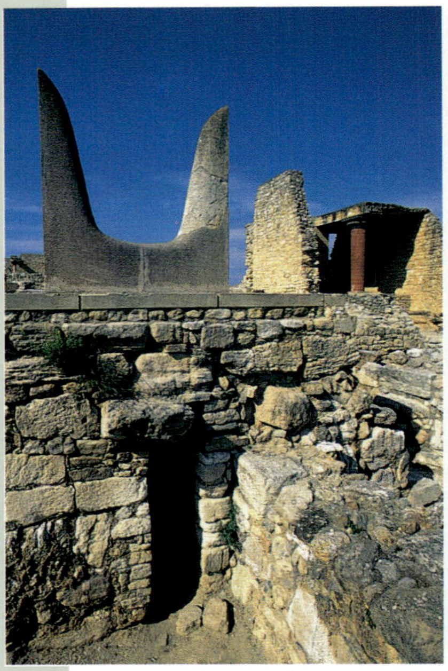

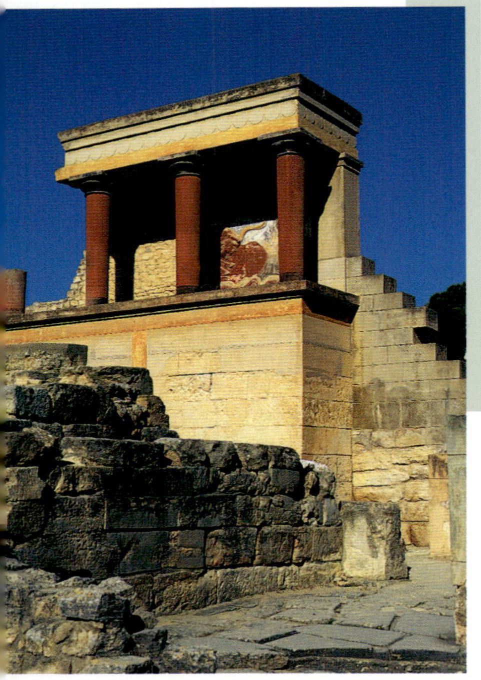

CNOSSOS

également associée la légende du Minotaure, hybride à corps humain et tête de taureau, fruit des amours adultères et contre nature de son épouse Pasiphaé. Rongé par la honte qu'il éprouvait devant ce monstre, le roi commanda à l'architecte Dédale la construction d'un immense palais – le fameux Labyrinthe – dans lequel il fit enfermer la terrifiante créature. Chaque année – ou peut-être tous les

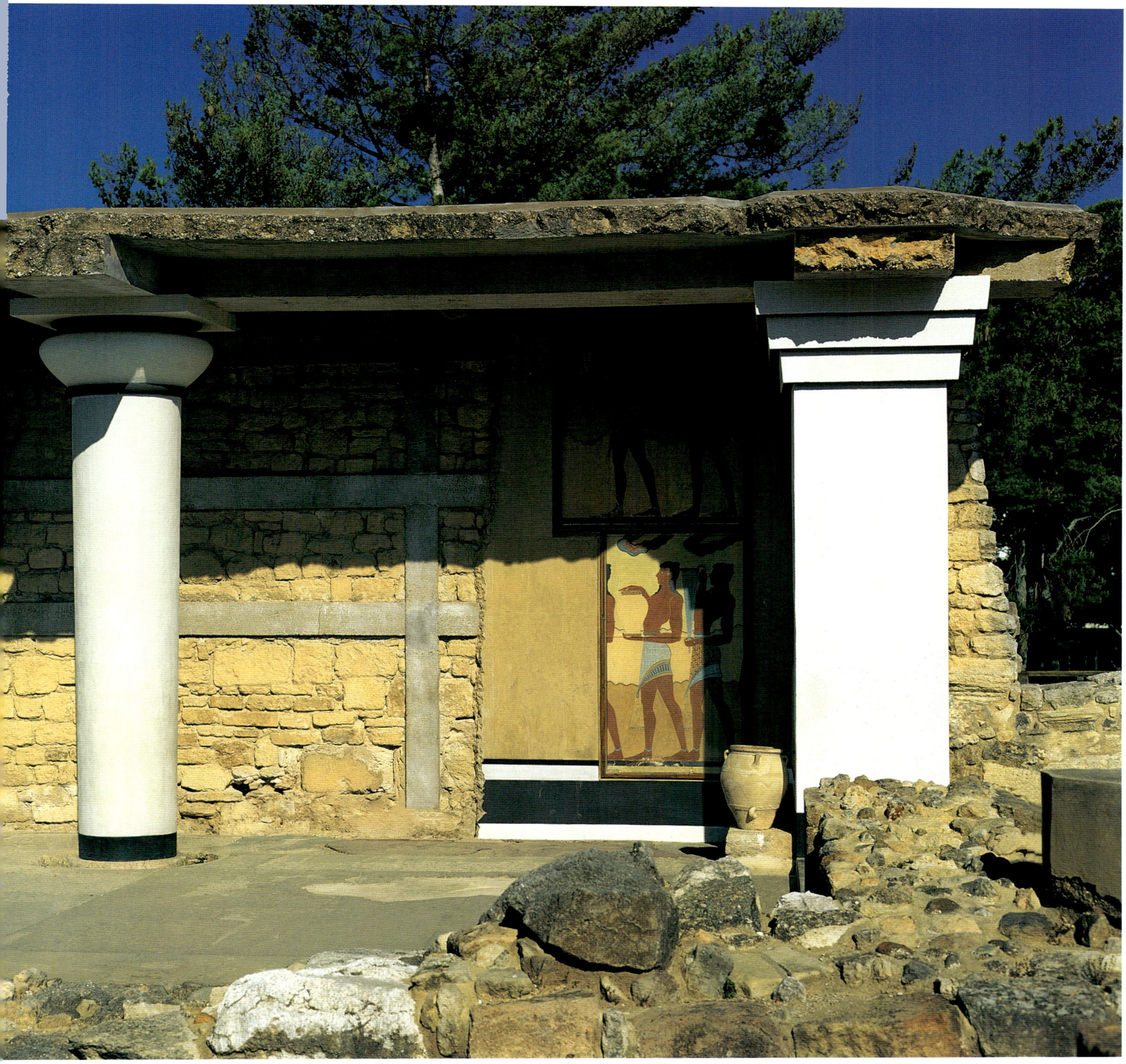

trois ou neuf ans –, Athènes, responsable de la mort d'un des fils de Minos, devait livrer sept jeunes gens et sept jeunes filles en pâture au Minotaure. Ce fut Thésée qui parvint à mettre un terme à ces sacrifices : il tua le Minotaure et, avec l'aide d'Ariane, fille de Minos, réussit à sortir du Labyrinthe. La situation géographique de la Crète, point de convergence d'importantes voies maritimes, tête de pont entre l'Europe, l'Asie et l'Afrique, suscita l'émergence, à partir de la fin du IIIe millénaire av. J.-C., de puissants centres économiques et politiques. Alimentés par les échanges commerciaux, ceux-ci se transformèrent en agglomérations urbaines au sein desquelles d'imposants et fastueux palais marquaient le siège du pouvoir. Parmi eux, Cnossos revêtit un rôle de première importance. Si la présence de l'homme

30 À gauche : Ce portique à véranda du palais de Cnossos se dresse près de l'entrée nord du site. À l'intérieur, on aperçoit sur le mur une fresque en relief figurant un taureau.

30 Au centre : Échanson, fragment de la fresque de la procession, qui ornait le corridor menant au propylée sud du palais de Cnossos. La restauration entreprise par deux peintres hollandais, collaborateurs d'Evans, suscita de nombreuses critiques, notamment parce qu'elle apparaissait fortement influencée par l'Art nouveau, très vivace en Europe à cette époque.

30 À droite : Dans cette zone sacrée composée de cryptes à piliers se pratiquait le culte de la déesse aux serpents.

30-31 Les propylées du palais de Cnossos témoignent du caractère quelque peu outré des restaurations effectuées sous la houlette de sir Evans dans les années 1920 : éléments en ciment, fresques originales repeintes, structures reconstruites et rehaussées.

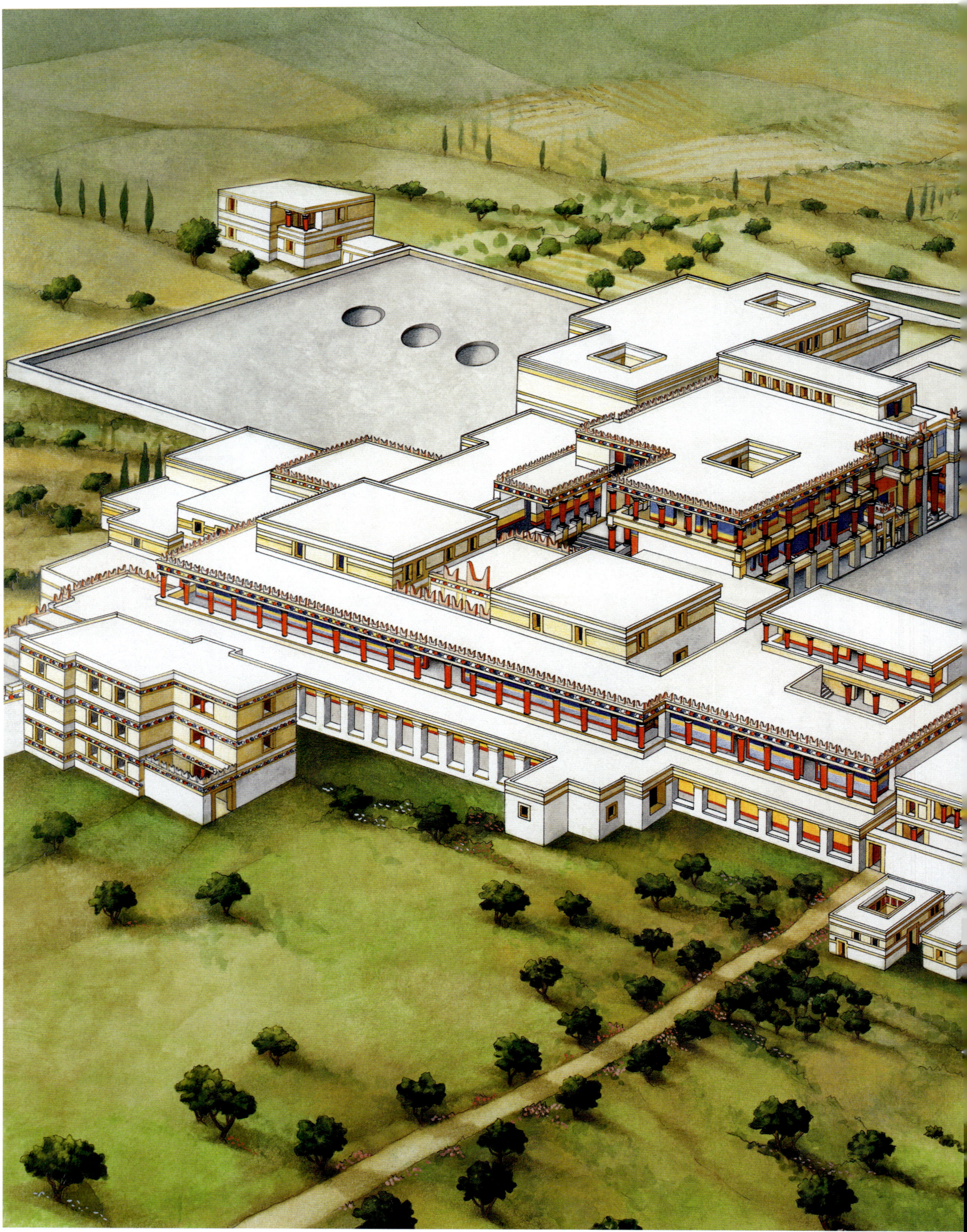

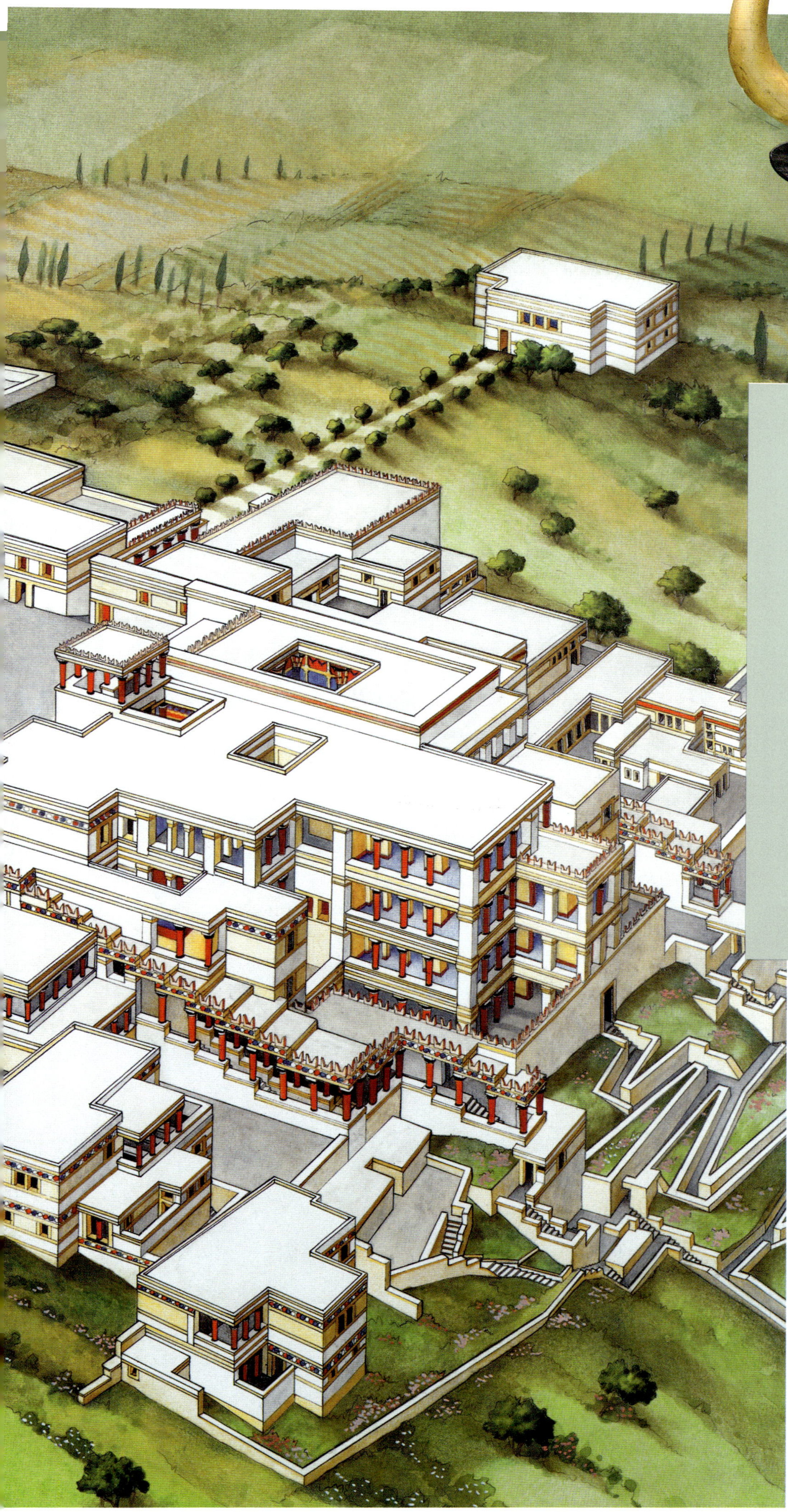

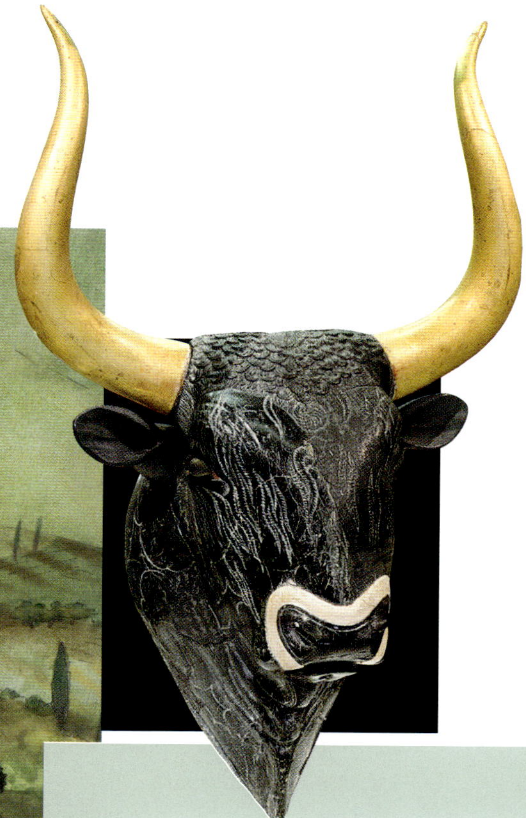

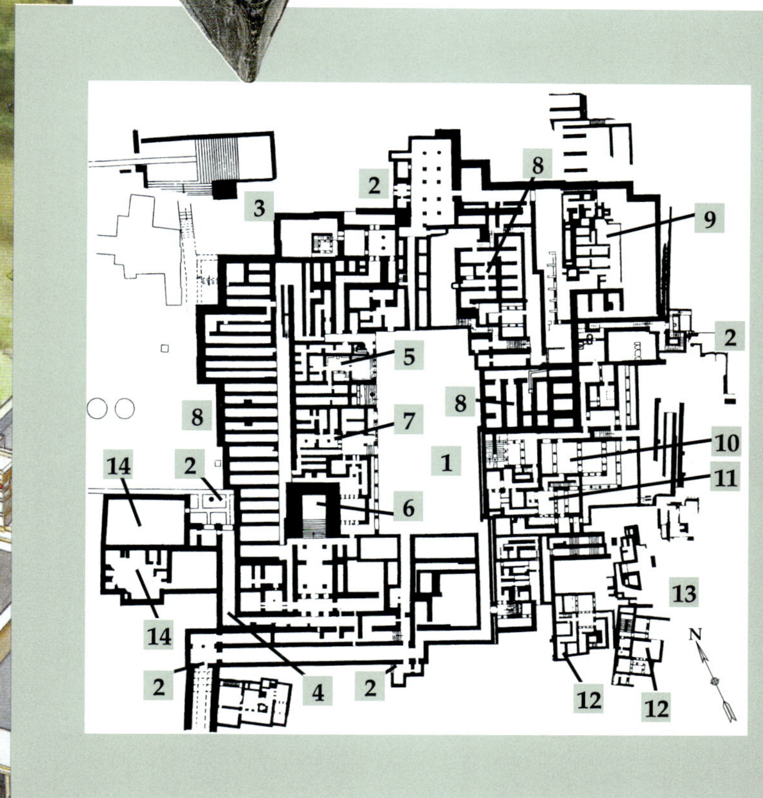

1) Grande cour centrale
2) Entrées et atrium
3) Théâtre
4) Corridor de la Procession
5) Salle du trône
6) Grand escalier
7) Cryptes à piliers
8) Magasins
9) Quartier domestique
10) Hall des Doubles Haches
11) Mégaron de la Reine
12) Maisons contemporaines au palais
13) Structures antérieures au palais
14) Structures postérieures au palais

CNOSSOS

32-33 L'axonométrie reproduit l'aspect que devait revêtir le palais de Cnossos vers 400 av. J.-C.

33 Le rhyton (vase à boire ou à libation) en forme de tête de taureau, est l'une des œuvres les plus remarquables retrouvées à Cnossos.

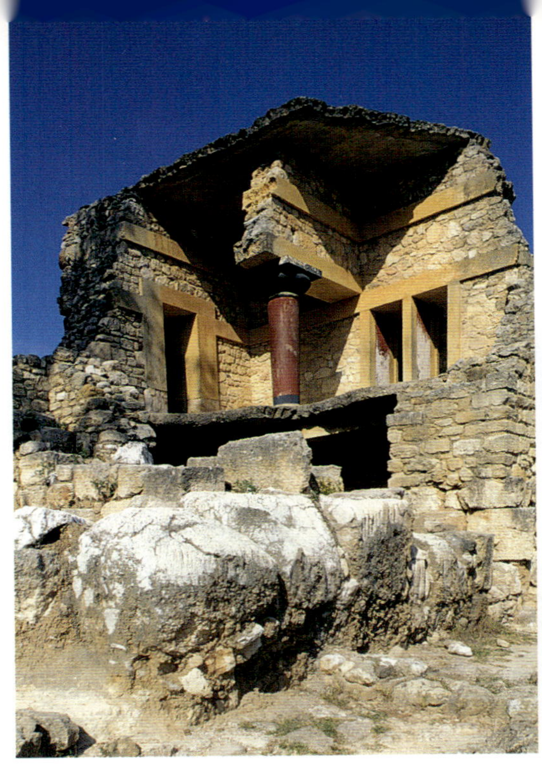

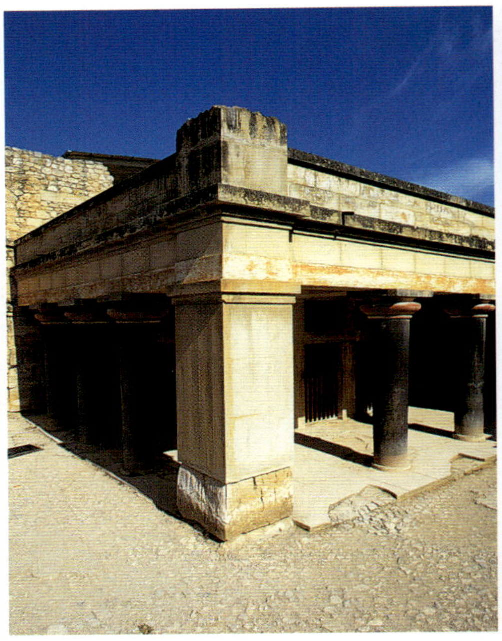

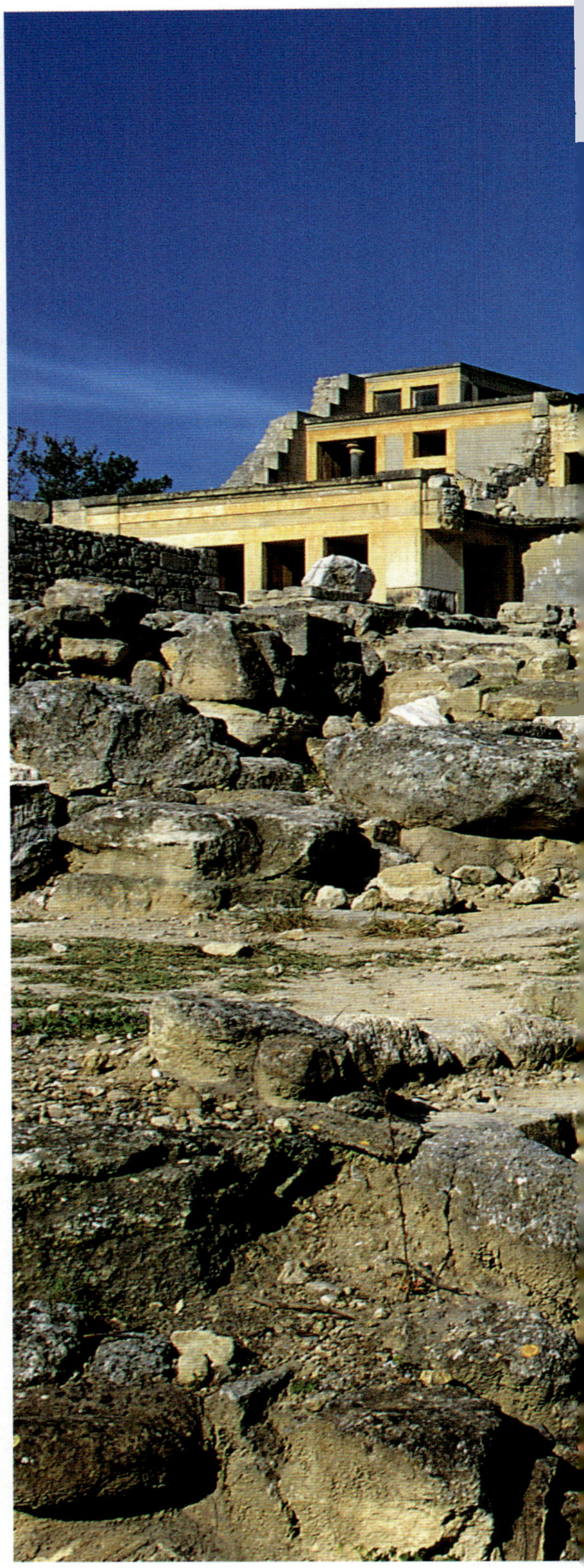

34 Ci-dessus : Dans l'aile est du palais de Cnossos, on reconnaît le vestibule du hall des Doubles Haches, ici vu de l'extérieur.

34 Ci-dessus à droite : Cette reconstruction partielle met en évidence, à l'intérieur du palais, un puits de lumière situé entre le propylée sud et le corridor de la Procession.

34 Ci-dessous : Cette fresque, d'inspiration naturaliste, remonte aux débuts du XIVe siècle av. J.-C. Représentant une scène marine avec poissons et dauphins, elle orne le mur supérieur du mégaron de la reine, dans la partie sud-est du palais.

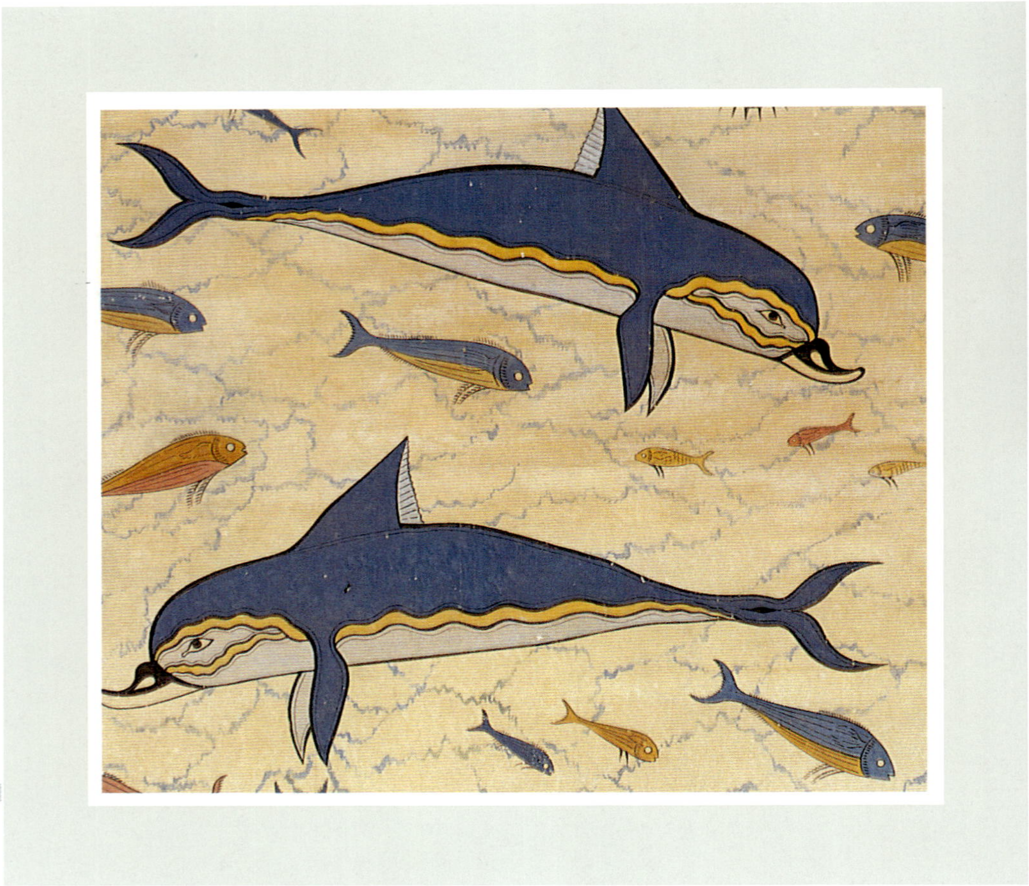

CNOSSOS

34-35 On distingue sur cette vue le pourtour extérieur nord du palais, à proximité de la porte nord. Au loin on reconnaît le portique, vu de l'est. À droite, les ruines de la grande salle hypostyle, qui conférait à l'entrée du site un aspect monumental.

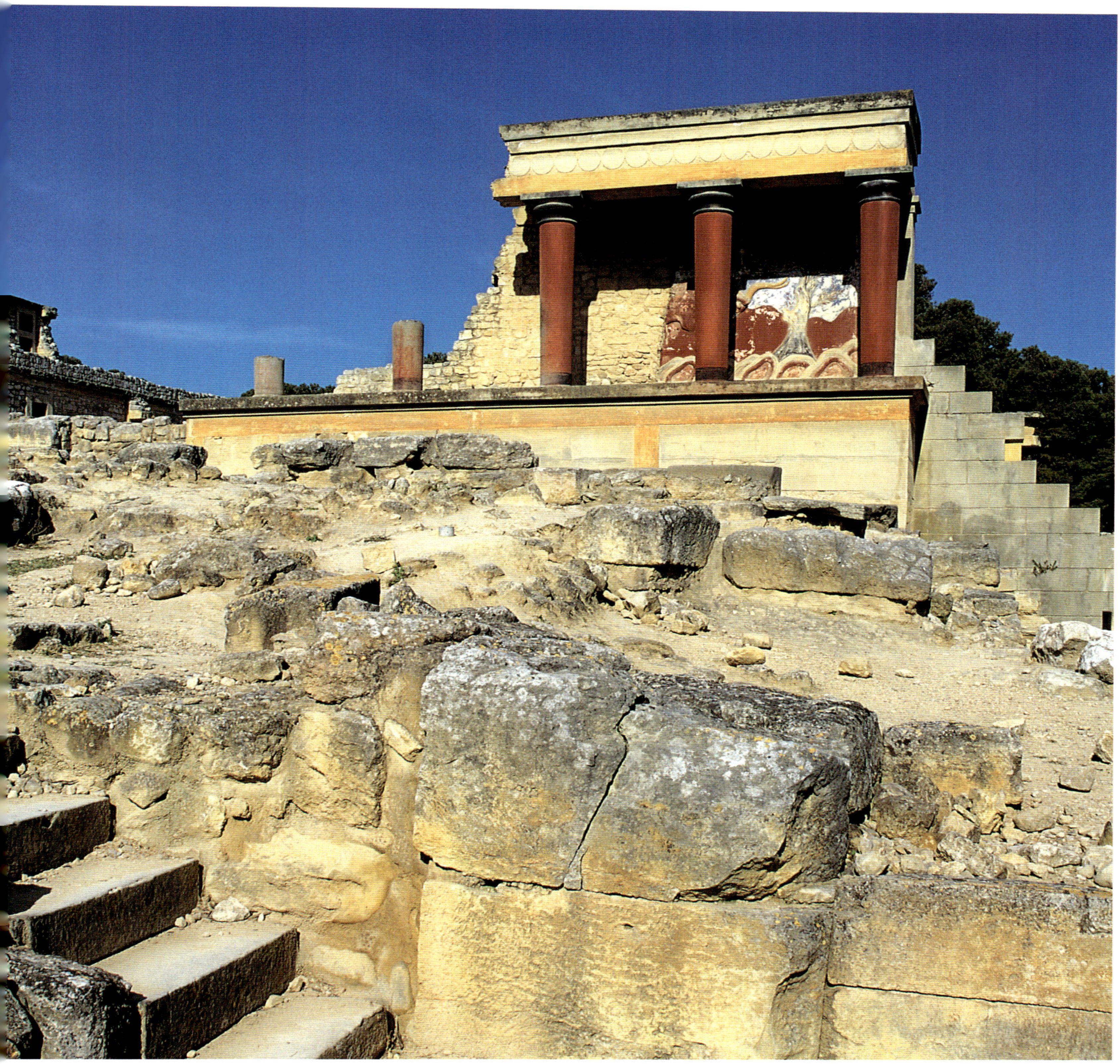

sur l'île est attestée depuis 6500 av. J.-C., ce n'est qu'au néolithique récent (4750-3000 av. J.-C.) que celle-ci fut occupée de manière uniforme, en termes tant de culture que de peuplement. Pour les spécialistes, cependant, la civilisation minoenne se compose d'un ensemble de peuplades qui, venues des côtes de l'Anatolie nord-occidentale, ont atteint la Crète au début de l'âge du bronze (2800 av. J.-C.) pour se fondre avec l'ancienne civilisation néolithique de l'île. Avec eux, les nouveaux venus apportèrent d'importantes transformations qui modifièrent sensiblement l'ordre social, culturel et économique des centres du pouvoir. Le développement de l'agriculture, concentré sur les terres à l'entour de Cnossos, fut tel que la production excéda largement les besoins locaux. Il s'ensuivit une réelle volonté d'exporter les produits de la terre en échange de matières premières, peu présentes sur l'île. Les principaux interlocuteurs de ces échanges furent les habitants des côtes syro-palestinienne et égyptienne, envers lesquels la Crète agit comme un trait d'union. En important des métaux, les Minoens développèrent les techniques de la métallurgie et du travail de la pierre, donnant naissance à un artisanat local caractérisé par un esprit créatif original et auto-

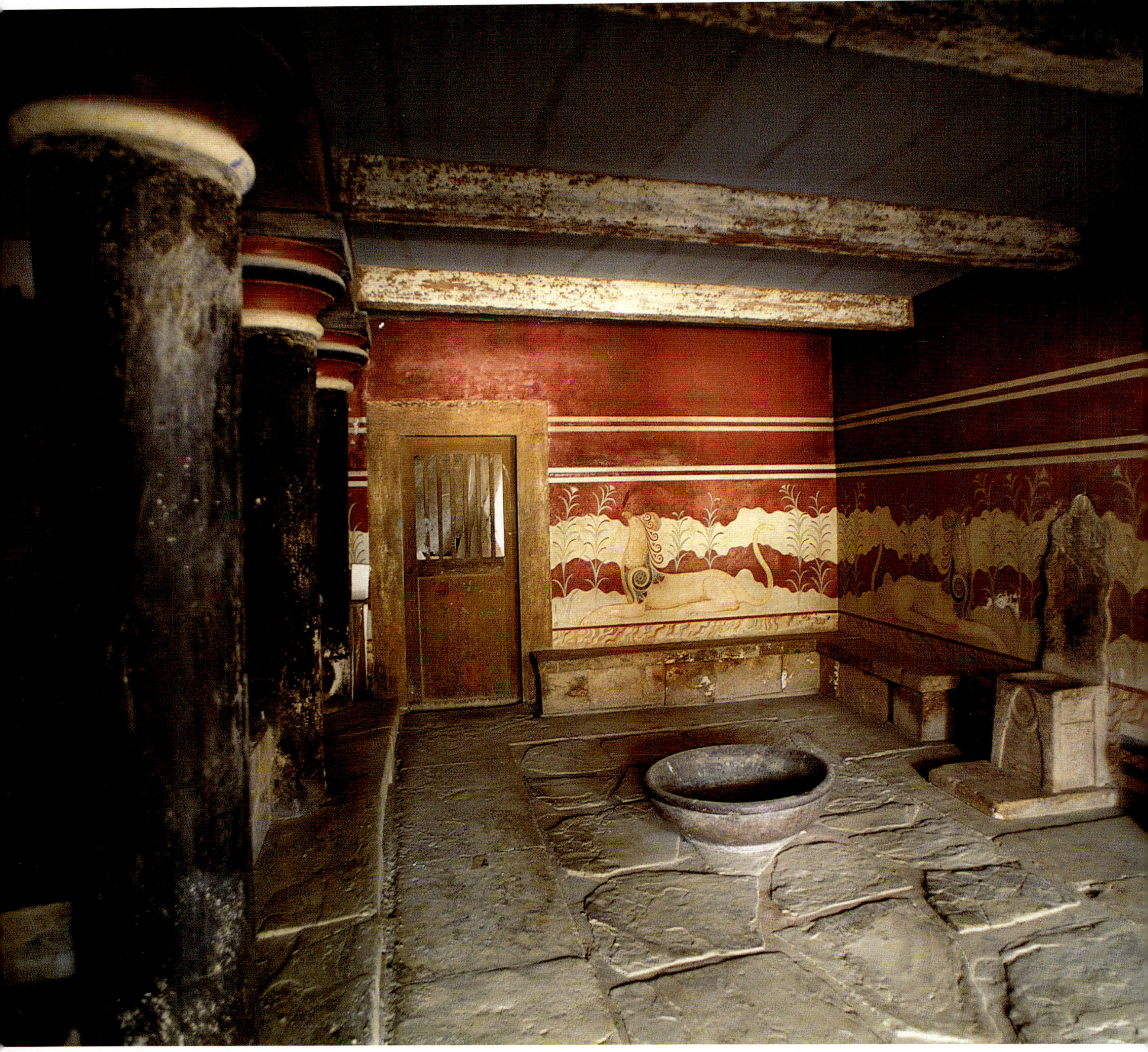

suffisant. Parallèlement à ces évolutions, la démographie augmentait sensiblement. Outre l'agrandissement de Cnossos et des principaux centres urbains, de nouveaux sites apparurent ainsi qu'un nouvel ordre social, complexe et hiérarchisé. À l'origine de ce phénomène, l'avènement de personnalités charismatiques, héritières de ceux qui, les premiers, s'étaient aventurés dans des entreprises commerciales, et s'étaient enrichis en devenant indispensables à la communauté : la fortune leur conférait un statut social supérieur. Ces nouveaux patrons avaient à présent les moyens de circonscrire et d'affirmer leur pouvoir dans d'imposants palais. C'est ainsi qu'à Cnossos, à partir de la fin du IIIe millénaire av. J.-C., se regroupèrent en un seul et même complexe de vastes unités architecturales différentes – quartiers résidentiels et d'apparat, magasins, zones de culte –, principalement destinées à remplir des fonctions d'ordre économique, politique, administratif et religieux, sous le commandement du roi. La disposition du tout premier palais est peu connue : seules quelques rares structures en proviennent avec certitude, de même que sa façade occidentale, construite au XXe siècle av. J.-C. Néanmoins, il semble probable que la réunion des différents noyaux architecturaux, tout d'abord séparés, en un seul complexe autour d'une grande cour centrale, remonte à l'âge protopalatial. Reconstituer le premier palais de Cnossos est malaisé : pendant trois siècles,

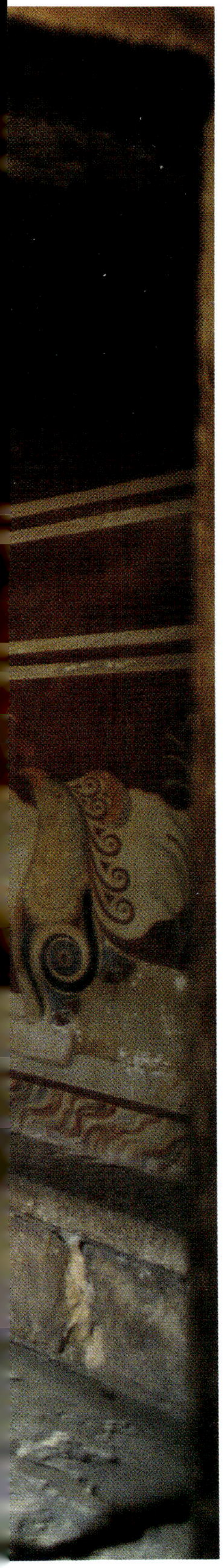

36-37 La salle du trône se situe dans la partie nord-ouest du palais. La fresque qui la décore remonte aux XVe et XIVe siècles av. J.-C. Elle figure des motifs de griffons et d'éléments végétaux. Au centre, le trône, qui a donné son nom à la salle.

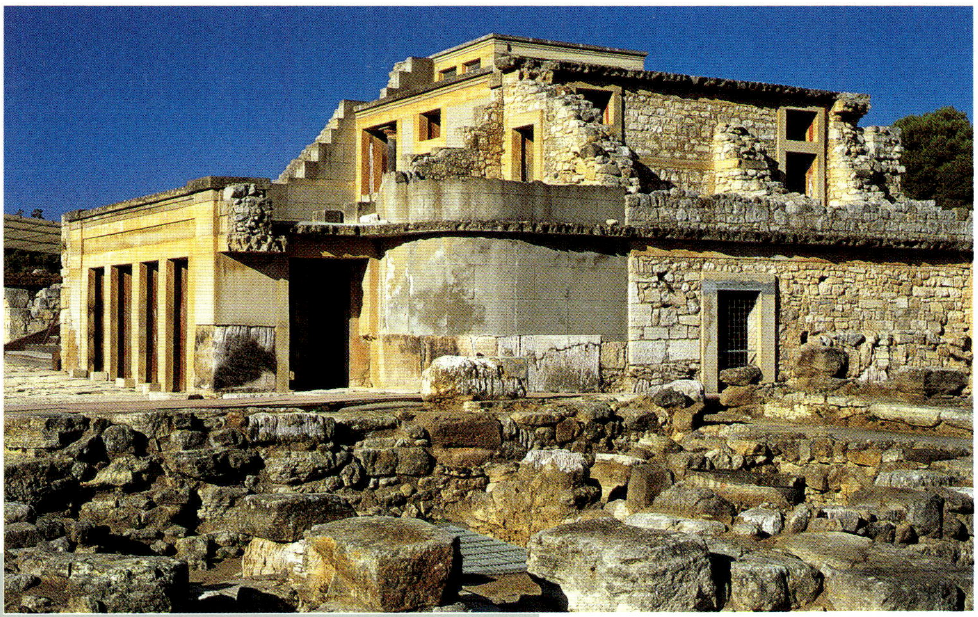

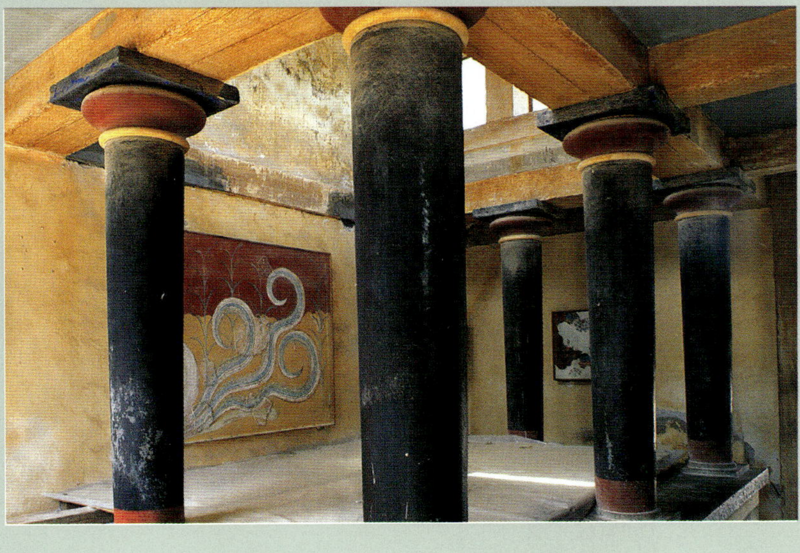

CNOSSOS

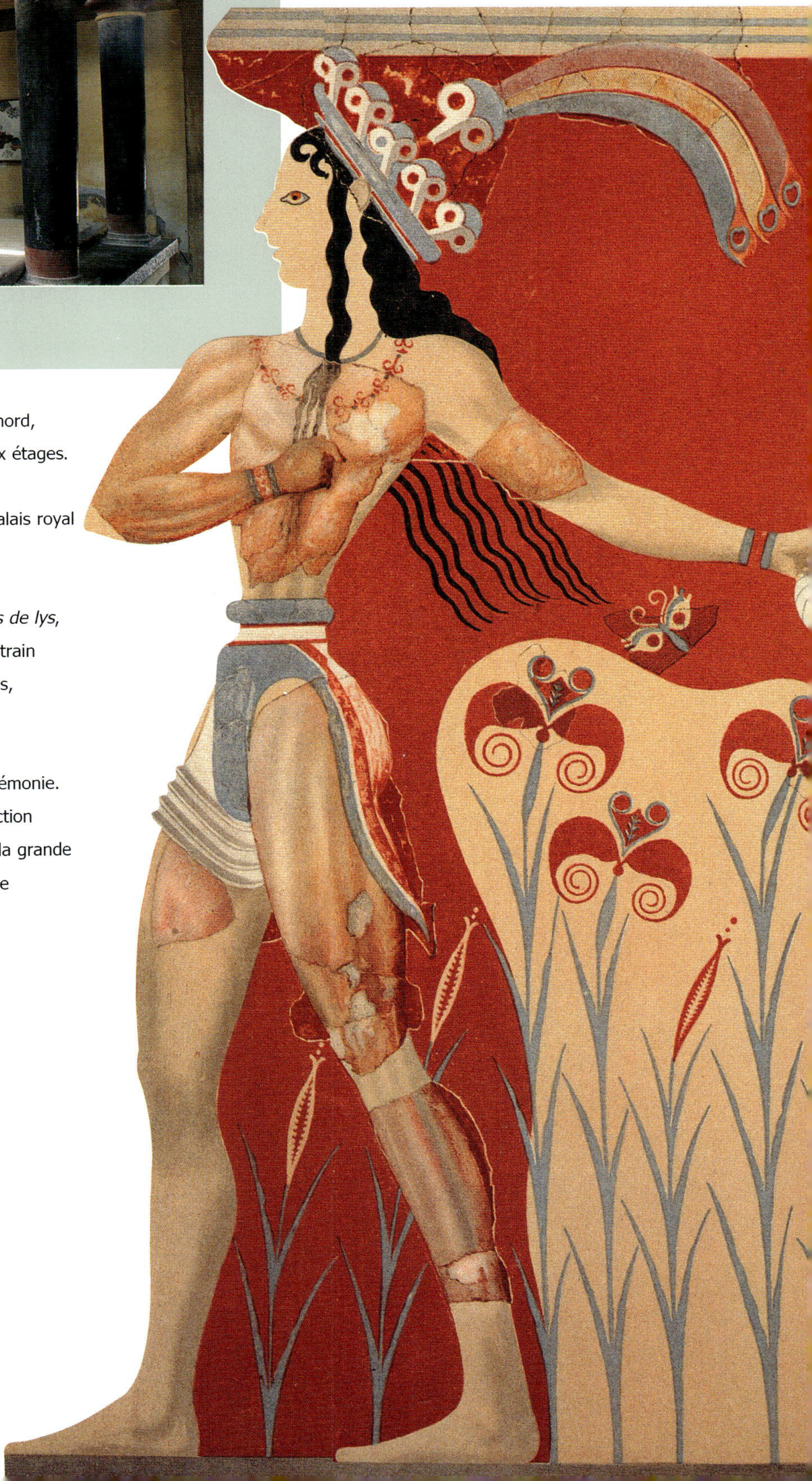

37 En haut à droite : Depuis les vérandas de l'aile ouest, ici vues du nord, on accède à la salle du trône. À l'arrière, un vaste escalier conduit aux étages.

37 Au centre : Le puits de lumière situé au centre de cette cour du palais royal exalte la polychromie des fresques qui en décorent les parois.

37 Ci-contre : Cette fresque, connue sous le nom de *Prince aux fleurs de lys*, remonte au XVe siècle av. J.-C. Elle représente peut-être un prêtre en train d'officier. Comme nombre des peintures murales retrouvées à Cnossos, elle est conservée au musée archéologique d'Héraklion.

37 Ci-dessous : *Les Dames en bleu*, trois femmes assistant à une cérémonie. Cette fresque date de la seconde moitié du XVe siècle av. J.-C. Abstraction faite des ajouts visibles dus à la restauration moderne, on remarque la grande attention portée aux détails ornementaux – coiffure, bijoux et broderie des vêtements.

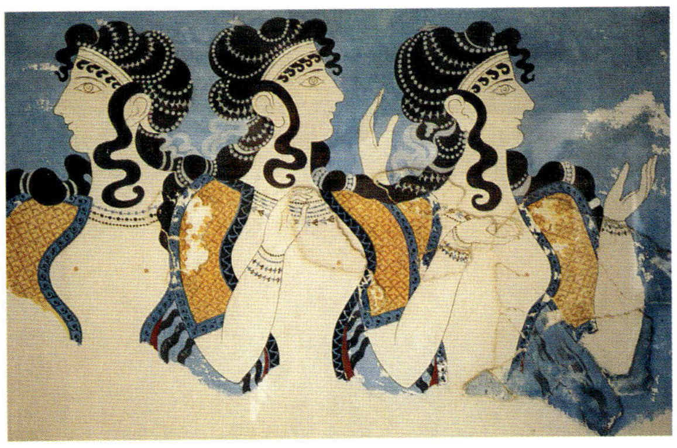

en effet, il n'a cessé d'être remanié et restauré. Vers 1700 av. J.-C., un violent séisme dévasta l'édifice ainsi que d'autres points névralgiques de l'île – Malia, Phaistos, Zakros.

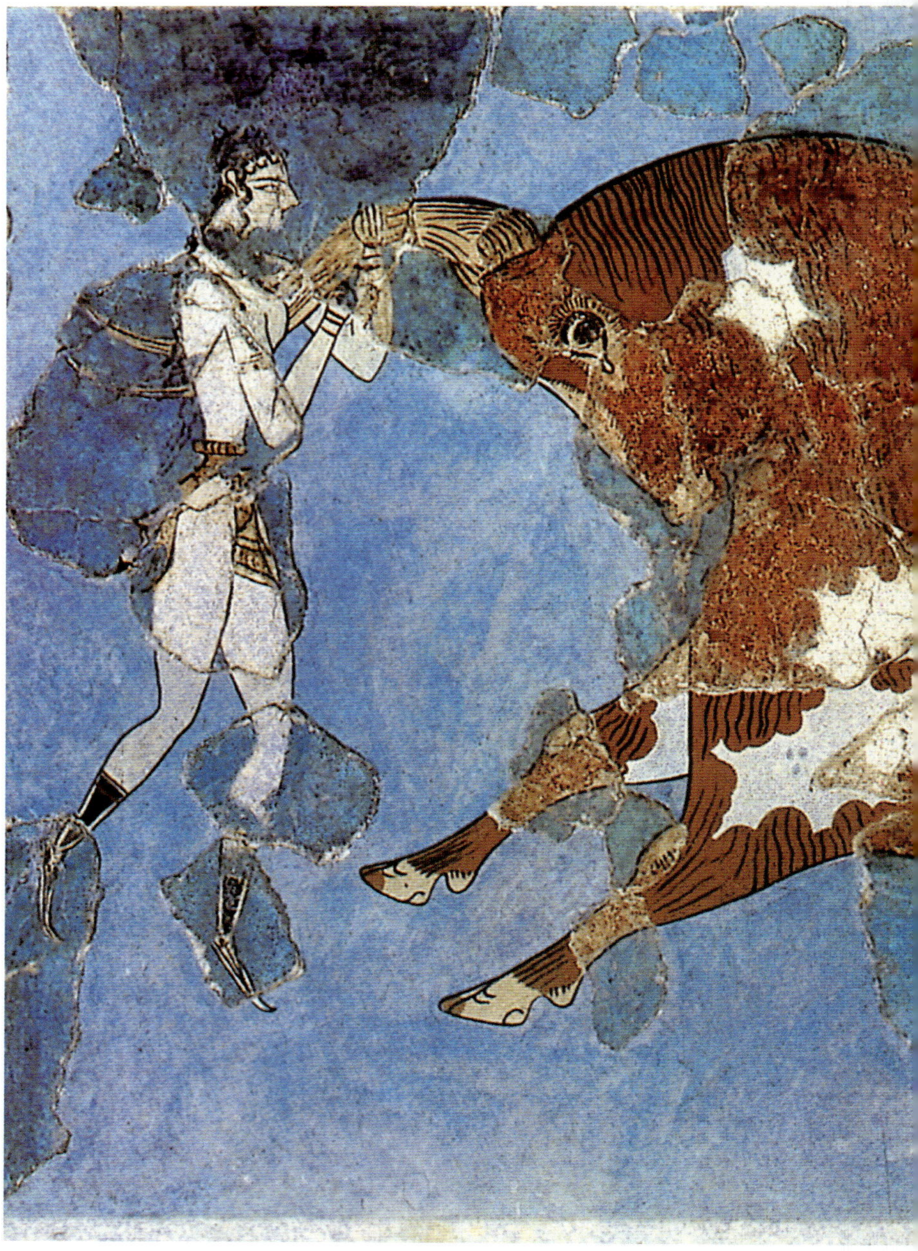

Après le cataclysme, les palais dévastés furent immédiatement reconstruits. Il n'existe donc pas d'interruption entre la fin de l'âge protopalatial et l'âge néopalatial, mais bien une évolution qui met à profit les innovations techniques et expériences commerciales passées. La conquête de toute la côte syrienne par les Égyptiens consolida le rôle des Minoens comme interlocuteurs privilégiés de l'Égypte et du littoral syro-palestinien. C'est pendant cette période de formidable enrichissement que fut entreprise à Cnossos la construction du gigantesque palais dont les ruines imposantes ont été mises au jour à partir de 1900, lors des fouilles menées par l'archéologue anglais sir Arthur Evans. Érigé sur une colline peu élevée dont les dénivellations furent exploitées pour structurer l'édifice sur plusieurs étages – au moins deux dans l'aile ouest et quatre pour l'aile est –, le palais s'articule autour d'une immense cour centrale presque parfaitement orientée nord-sud. La complexité de son agencement interne semble donner crédit à la légende du Labyrinthe. Le complexe disposait de plusieurs entrées, toutes convergeant vers la cour centrale par des voies monumentales. L'entrée ouest présente, aujourd'hui encore, un corridor d'accès recouvert de fresques représentant un cortège de donneurs d'offrandes disposés en deux files superposées (corridor de la Procession). L'entrée nord donnait sur une voie qui, un peu plus à l'ouest, menait à une esplanade bordée de deux volées de gradins, probablement destinée à des représentations théâtrales. L'aile ouest se caractérise pour sa part par la présence de pièces d'apparat (salle du trône, vastes corridors ou escaliers monumentaux qui conduisaient aux étages nobles aujourd'hui disparus) et de culte (cryptes à piliers et chambre de la Déesse aux serpents). À l'évidence, ce secteur était donc consacré à des fonctions publiques et religieuses. Toujours dans cette aile, le long d'un corridor nord-sud, étaient disposés des magasins, que l'on retrouve également dans la partie nord-est du palais avec un vaste quartier domestique. On attribue donc à ces deux secteurs une fonction de production et de réserve, par la présence de pithoi (grands récipients servant à stocker des denrées alimentaires). Les quartiers résidentiels occupaient l'aile sud-est du palais. Un escalier monumental, flanqué d'un puits de lumière, descendait sur quatre volées vers les appartements privés. On y remarque notammment, pour leur aménagement interne, leur décoration picturale et leur facture,

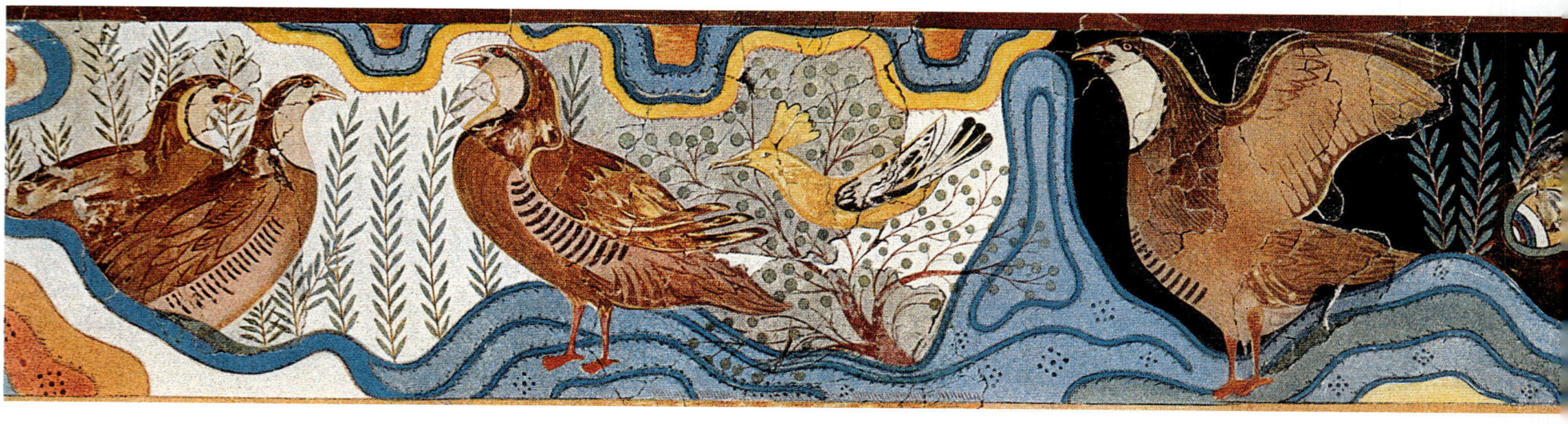

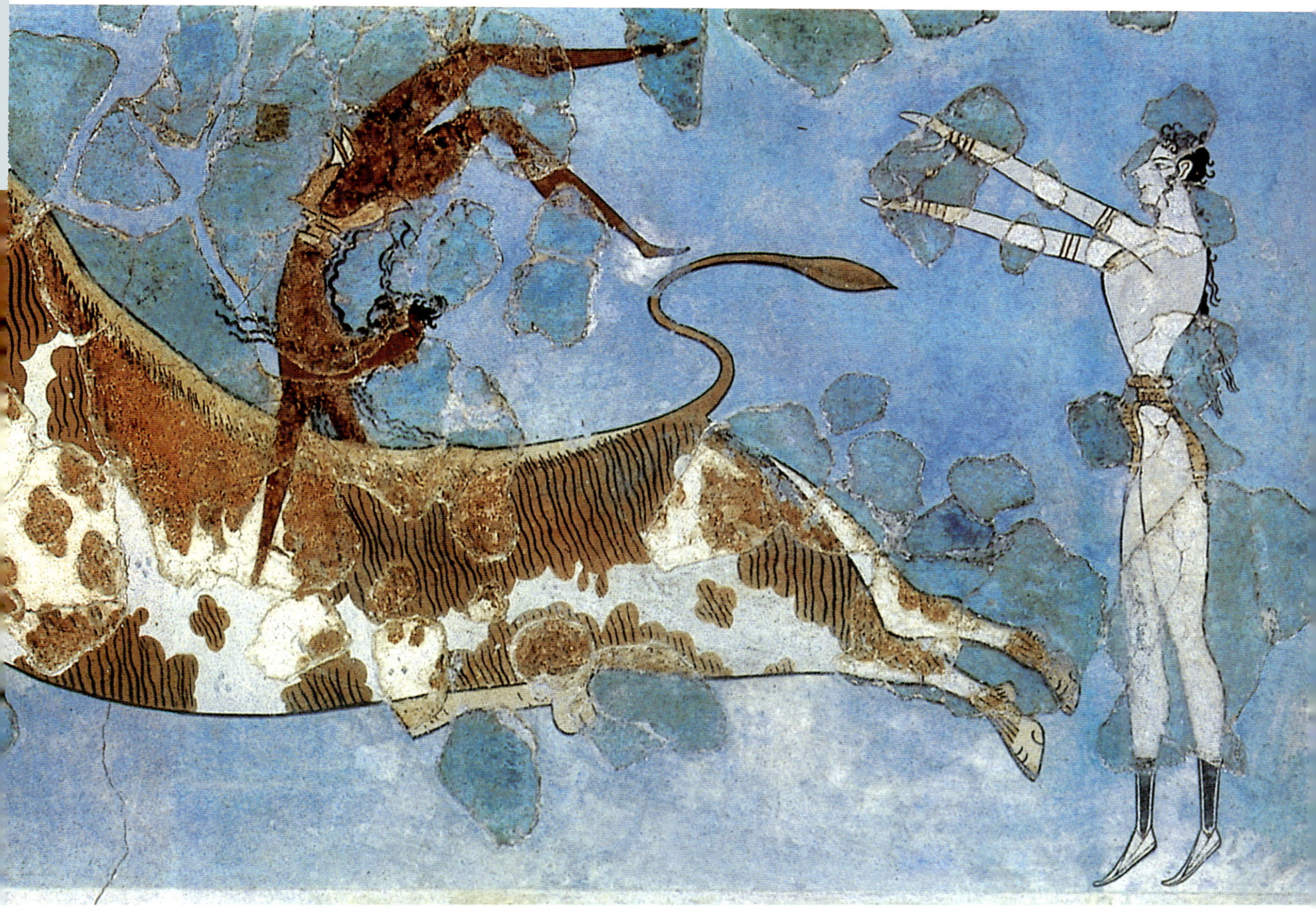

le hall des Doubles Haches – peut-être dédié à un culte domestique – et le mégaron de la Reine – luxueux et doté d'un système d'évacuation des eaux, évoquant une salle de bains. La majorité des maisons individualisées appartient à l'époque néopalatiale. De dimensions variées, elles suggèrent une hiérarchie sociale complexe. Les plus réduites devaient appartenir à la petite et moyenne bourgeoisie. D'autres, grandes et élaborées, sont assimilées à des dépendances du palais – domiciles de fonctionnaires de la Cour. On a estimé qu'à l'apogée de cette civilisation, la ville, le port et la résidence royale devaient compter quelque 100 000 habitants. Vers 1450 av. J.-C., profitant d'une crise qui fragilisait les Minoens, les Mycéniens venus du Péloponnèse conquirent la Crète et ravagèrent ses palais. Le rôle de l'île n'en demeura pas moins primordial. Cnossos devint le siège du nouveau monarque avant d'être détruite, en 1370 av. J.-C., par les Mycéniens du continent. Cette date marque la disparition de la légendaire cité de Minos de la scène méditerranéenne.

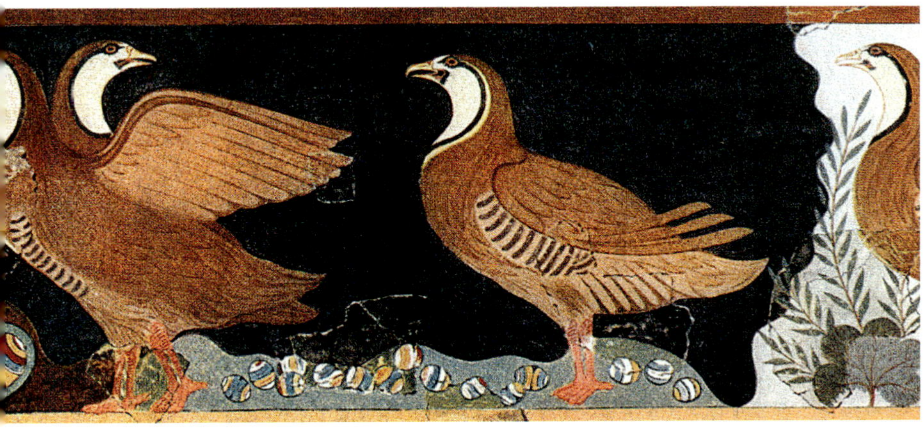

38-39 Ci-dessus : Cette fresque du XVe siècle av. J.-C. représente une scène de taurokathapsia (jeux de taureaux propres à la civilisation minoenne). Animal sacré dans la culture minoenne, le taureau était au centre d'exhibitions spectaculaires, véritables joutes acrobatiques entre l'homme et l'animal.

38-39 Ci-contre : Ce fragment fait partie d'une fresque reconstruite qui ornait le pavillon du caravansérail de Cnossos, situé en bordure du palais. Il représente un cortège d'oiseaux, parmi lesquels se reconnaissent des perdrix et des huppes, toujours soulignés d'une polychromie que l'on considère aujourd'hui comme relevant du réalisme figuratif.

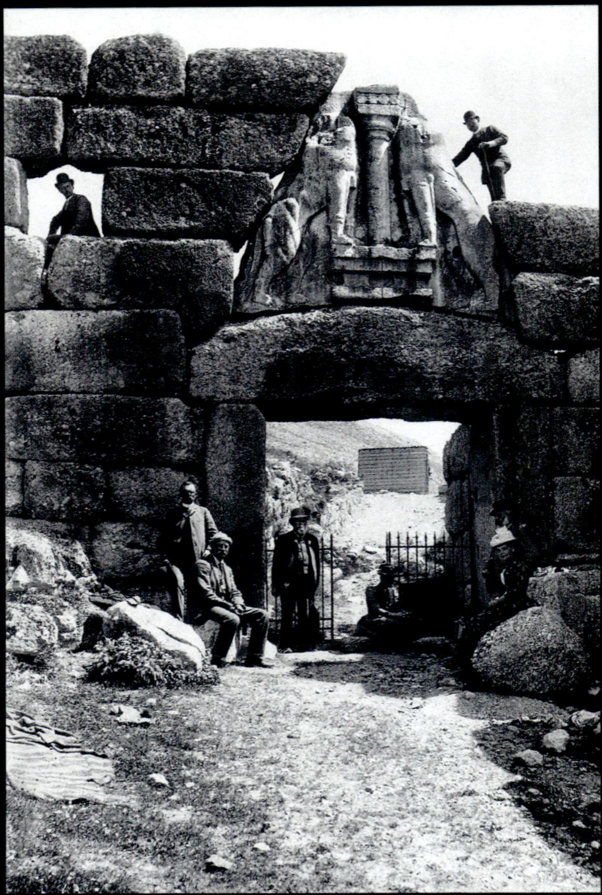

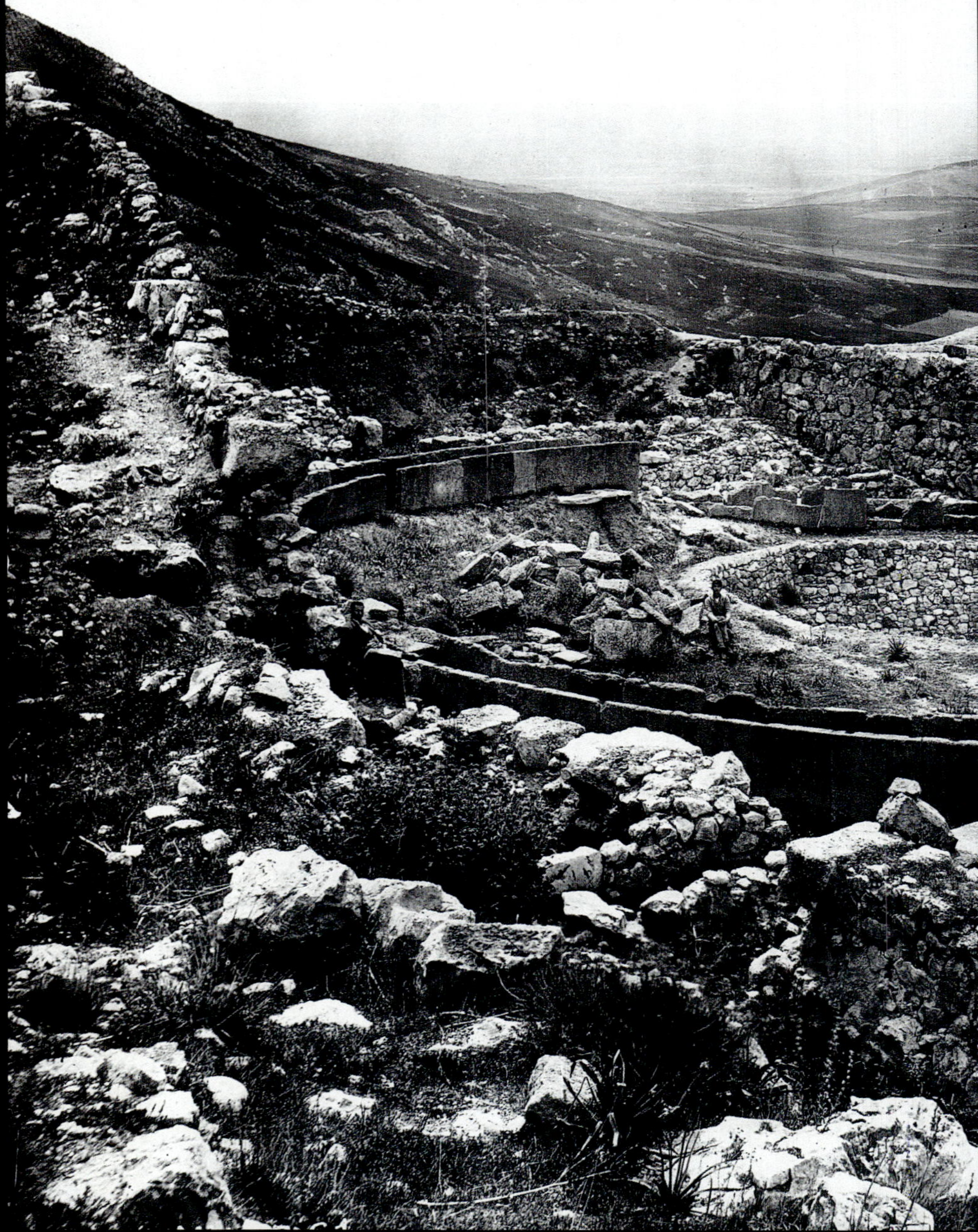

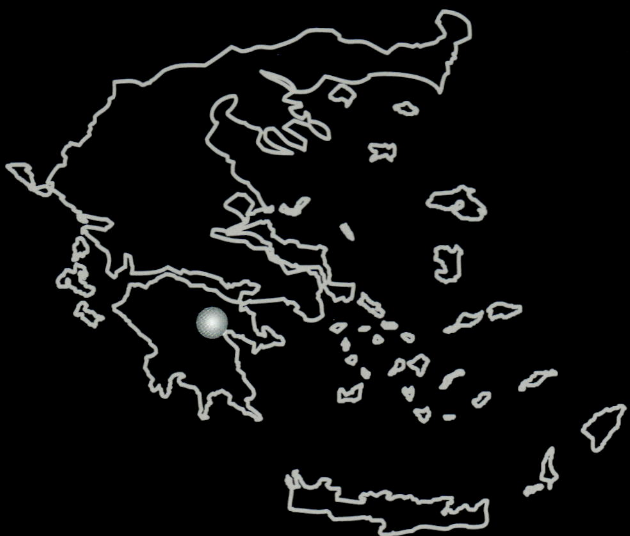

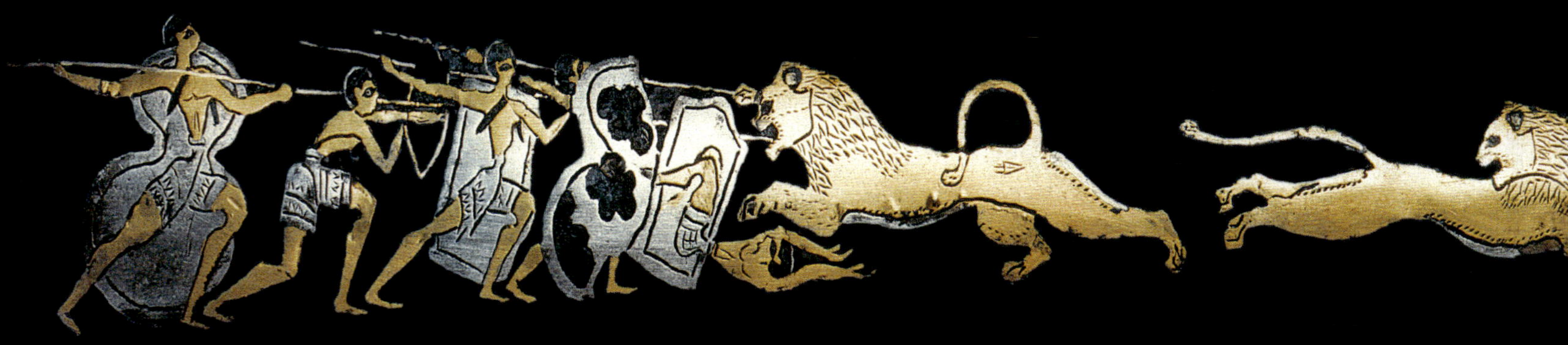

40 En haut : La porte des Lions, sur une photographie datant des premières fouilles effectuées à Mycènes.

40-41 En haut : À l'intérieur du cercle funéraire A furent retrouvées les tombes des rois qui occupèrent le premier palais.

40-41 En bas : Ce détail ornait la lame d'une dague de bronze incrustée d'or et d'argent.

41 À droite : Ces deux dessins représentent l'acropole au niveau des fouilles de Schliemann (en haut) et un plan des sépultures de l'agora (en bas).

41 En bas : Heinrich Schliemann. Célèbre pour ses campagnes de fouilles à Troie, il mit également au jour de véritables trésors à Mycènes. Ses découvertes permirent, entre autres, d'appréhender l'existence de la civilisation préhellénique.

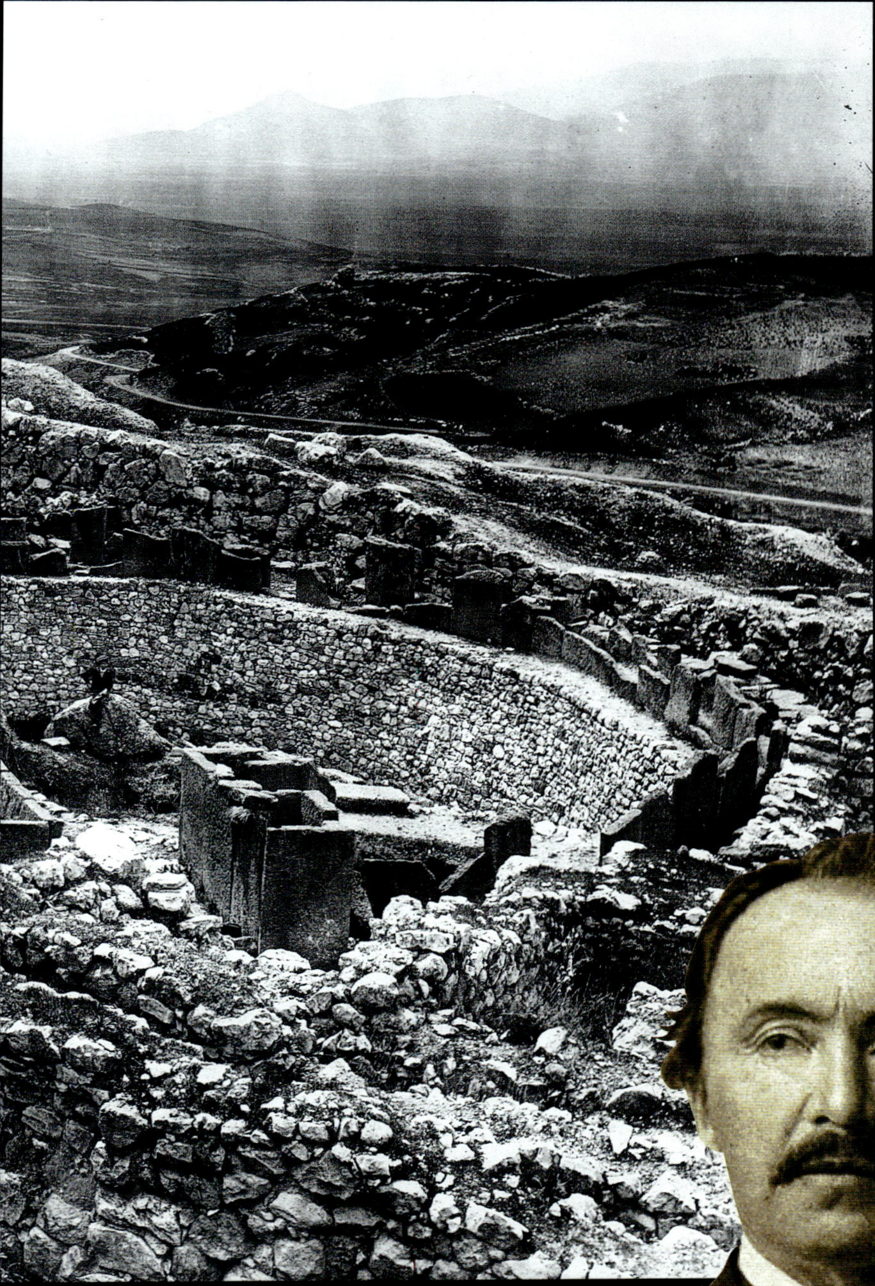

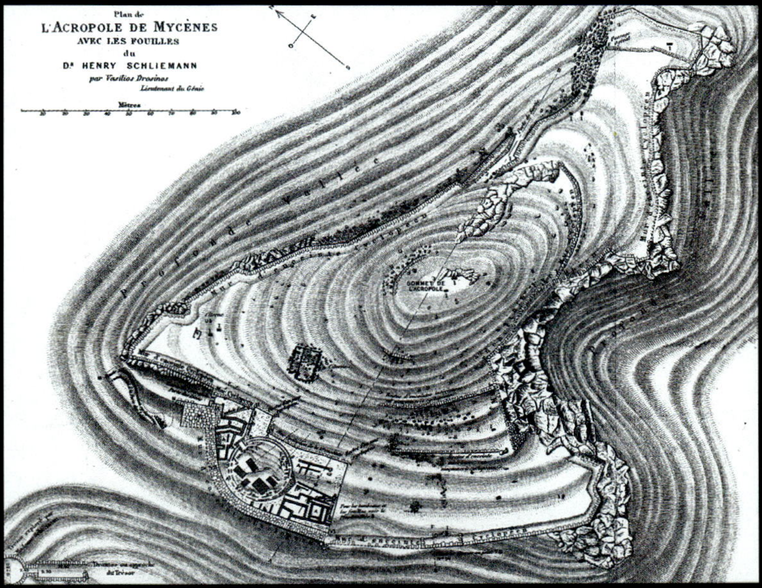
Plan de
L'ACROPOLE DE MYCÈNES
AVEC LES FOUILLES
du
Dr HENRY SCHLIEMANN
par Vasilios Drosinos
Lieutenant du Génie
Mètres

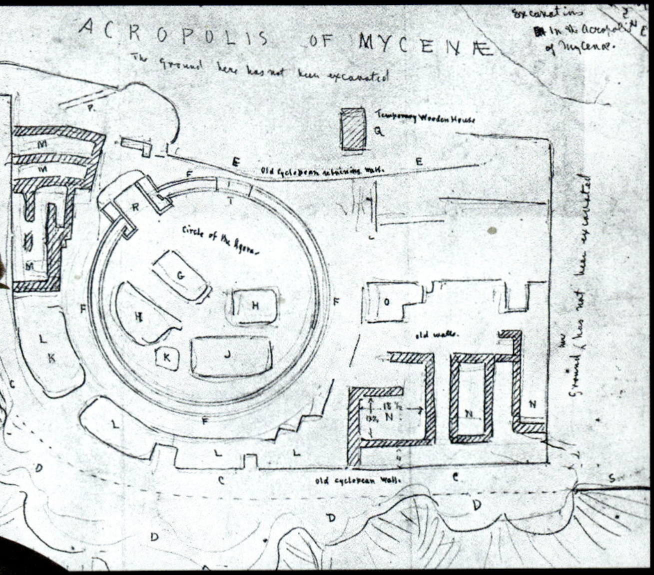
ACROPOLIS OF MYCENÆ
The Ground here has not been excavated
Temporary Wooden House
Old Cyclopean retaining wall
Circle of the Agora
old walls
old cyclopean wall

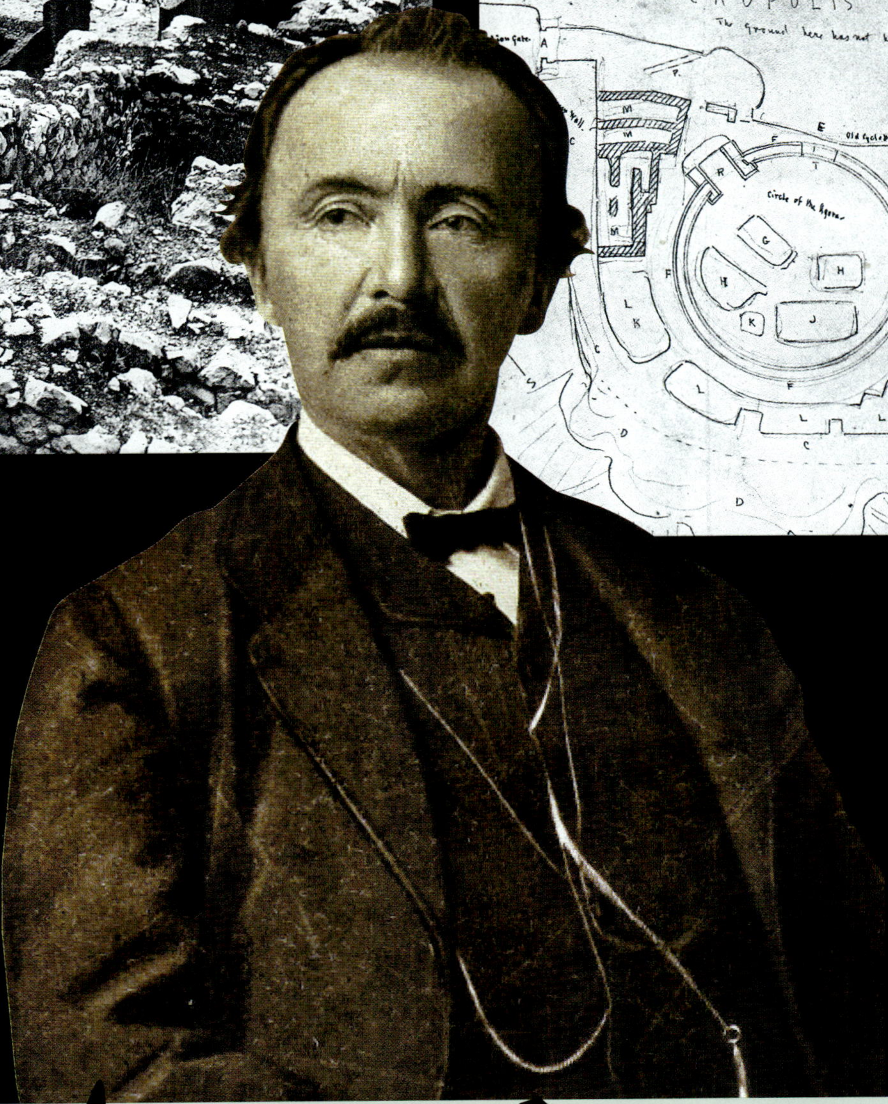

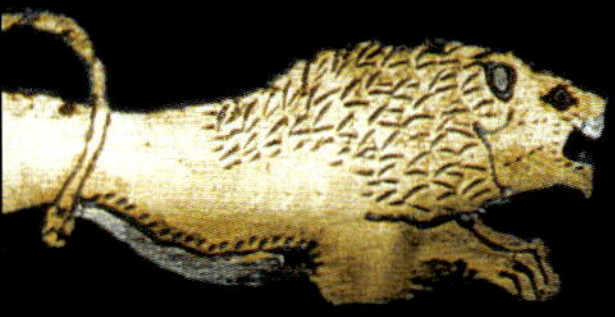

Mycènes

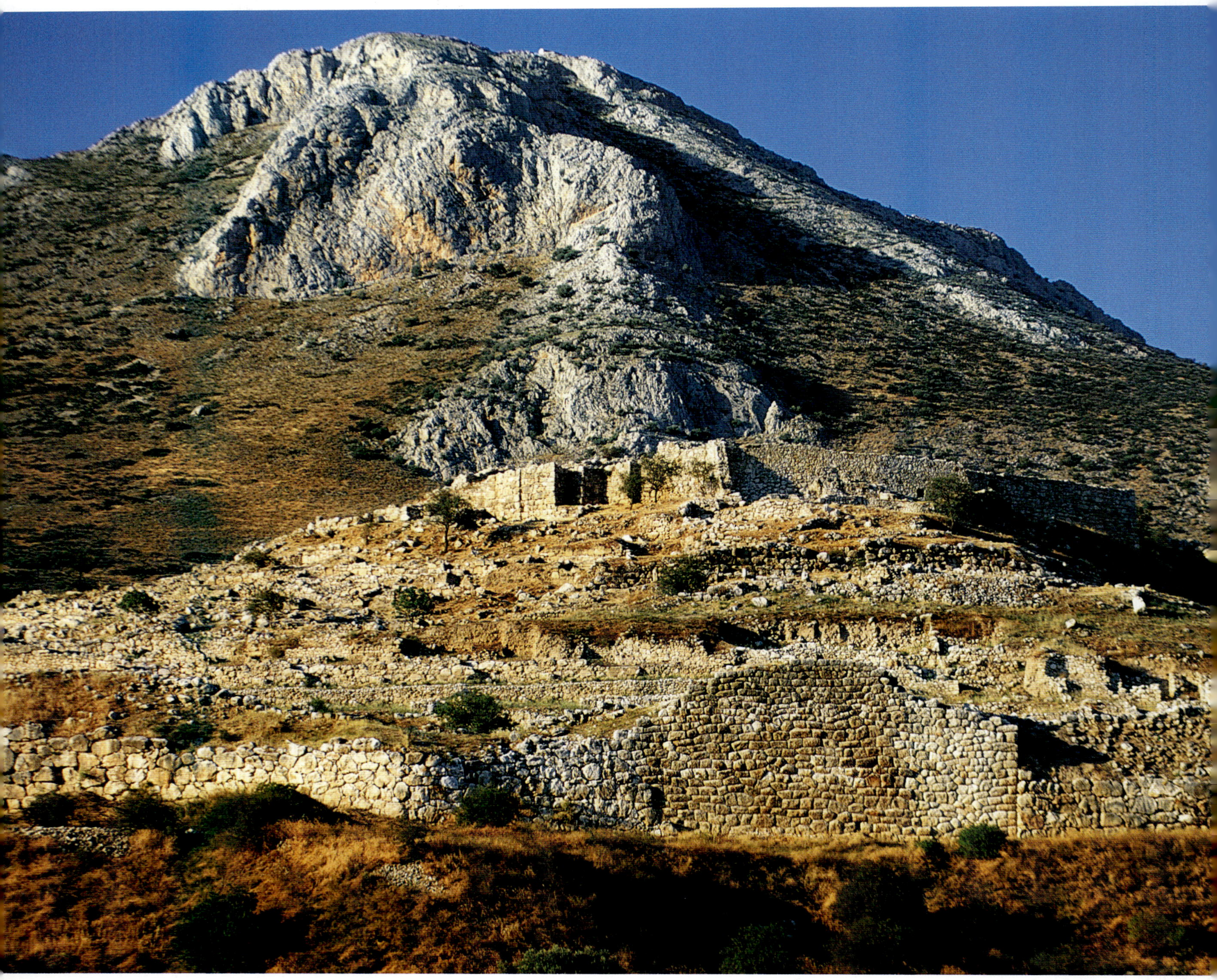

MYCÈNES

Par MARCO PODINI

Dans son guide de la Grèce, traçant un itinéraire de Corinthe à Argos, Pausanias le Périégète s'arrête à Mycènes. Il en décrit les ruines comme un ensemble de structures (murailles cyclopéennes, tombes de héros, cavernes souterraines recelant des trésors) que l'on peut voir lorsque l'on redescend vers la plaine argienne, une fois passé le mont Trétos. Grâce aux descriptions précises du Périégète, toujours attentif à préserver les vestiges des anciens, détenteurs du patrimoine culturel « grec », ces ruines sont encore reconnaissables de nos jours. Antiques et majestueuses, elles témoignent de l'importance de cette cité par le passé. Ce n'est pas le fruit du hasard si Mycènes demeure liée à des souvenirs d'épopées – et aux fouilles miraculeuses de Schliemann.

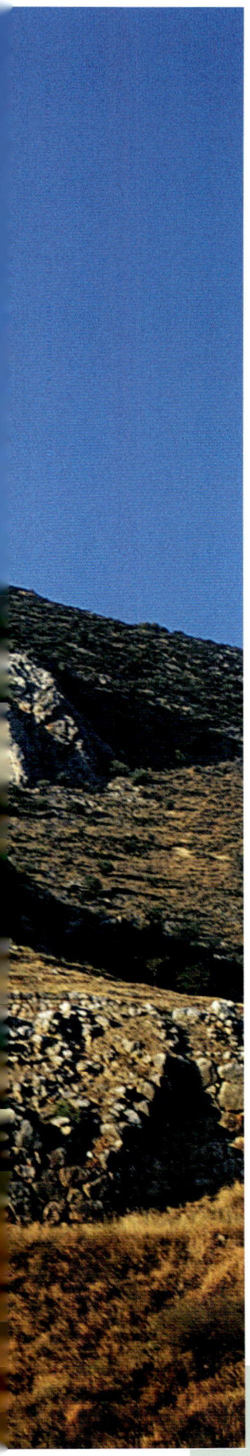

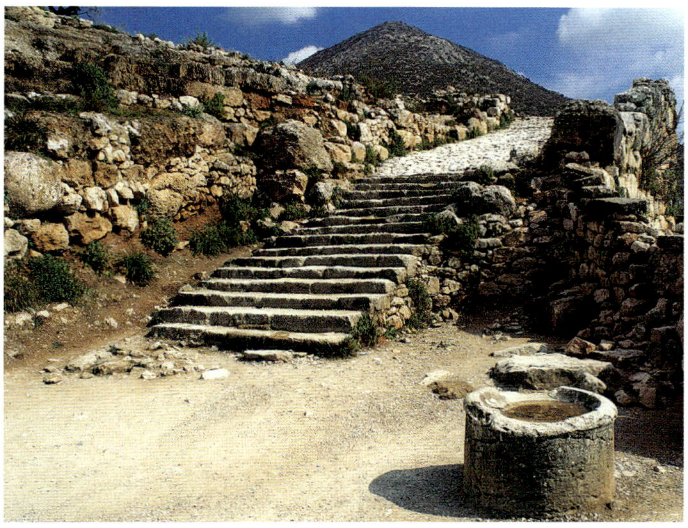

42-43 La citadelle de Mycènes s'étend sur les versants de l'hagios Elias. En bas, les imposantes fortifications de la ville, de forme polygonale. En haut, les ruines du palais.

43 Ci-contre : Ce grand escalier, au pied duquel se trouve un puits, donnait accès au sommet des murailles.

43 En bas à gauche : La ressemblance entre la structure de la porte des Lions, ici vue de l'extérieur, et l'entrée du trésor d'Atrée laisse supposer que ces deux monuments ont été commandés par le même monarque. Constituée de quatre grands blocs, la porte, probablement à double battant, soutient encore le fameux relief décrit par Pausanias. Le seuil, marqué des sillons de passage des chars, présente deux encoches pour les bêtes de somme.

Après le succès de la découverte de Troie, ce dernier, toujours dans les pas de Pausanias, s'aventura à Mycènes et à Tirynthe, sur les traces des rois mythiques Agamemnon et Ménélas pendant leur périple de retour vers la mère patrie. Si la recherche archéologique a fourni des preuves certaines d'une fréquentation du site depuis la fin du néolithique, ce dernier ne connut une occupation permanente qu'à partir de l'helladique ancien (2800-2100 av. J.-C.). Entre la fin du XVIe et le début du XVe siècle av. J.-C., Mycènes commença à émerger comme puissance politique et commerciale : des vestiges de céramiques mycéniennes sont attestés sur les côtes de Sicile, de Sardaigne, d'Afrique septentrionale et de Syrie. Ces transformations, qui modifièrent nécessairement l'ordre économique et social de la cité, doivent être considérées comme à la base du développement urbain, qui atteint son apogée durant l'helladique récent IIIA-IIIB (1400-1200 av. J.-C.). Si, au cours du XIIIe siècle av. J.-C., les structures palatiales furent frappées par diverses catastrophes, ce n'est qu'à partir du XIIe siècle av. J.-C. que s'amorça le déclin économique et politique définitif de Mycènes – marqué par d'importants incendies – dont elle ne se releva jamais. La longue période de crise et de récession économique qui a touché, entre 1200 et 800 av. J.-C., une grande partie du bassin méditerranéen, n'entraîna

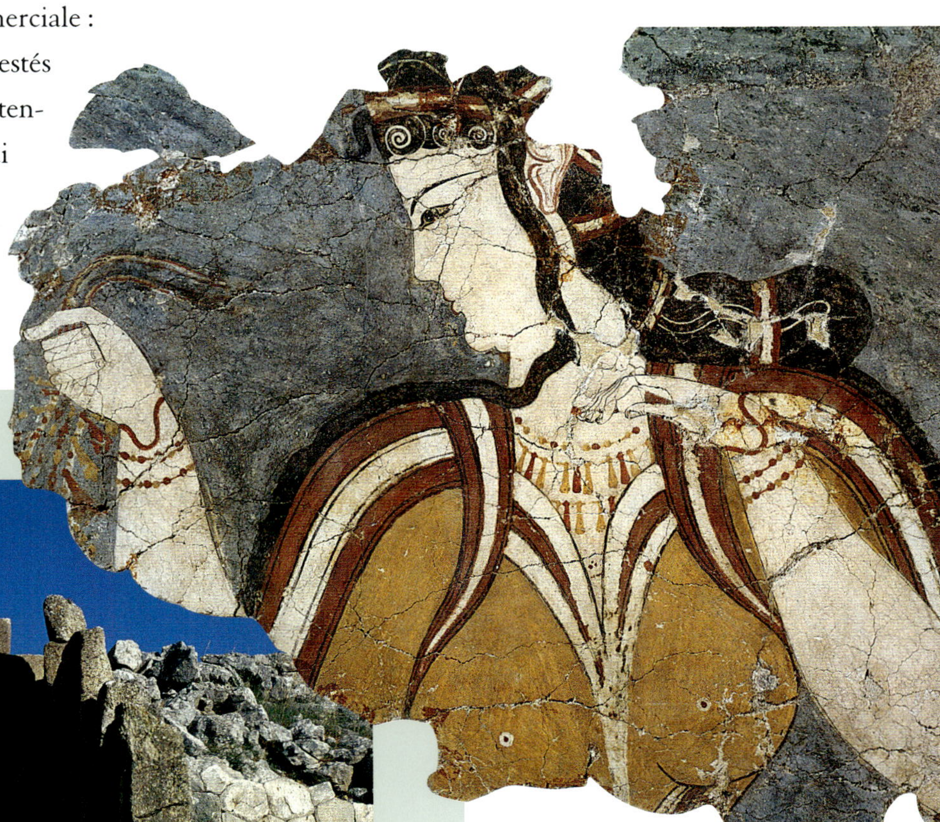

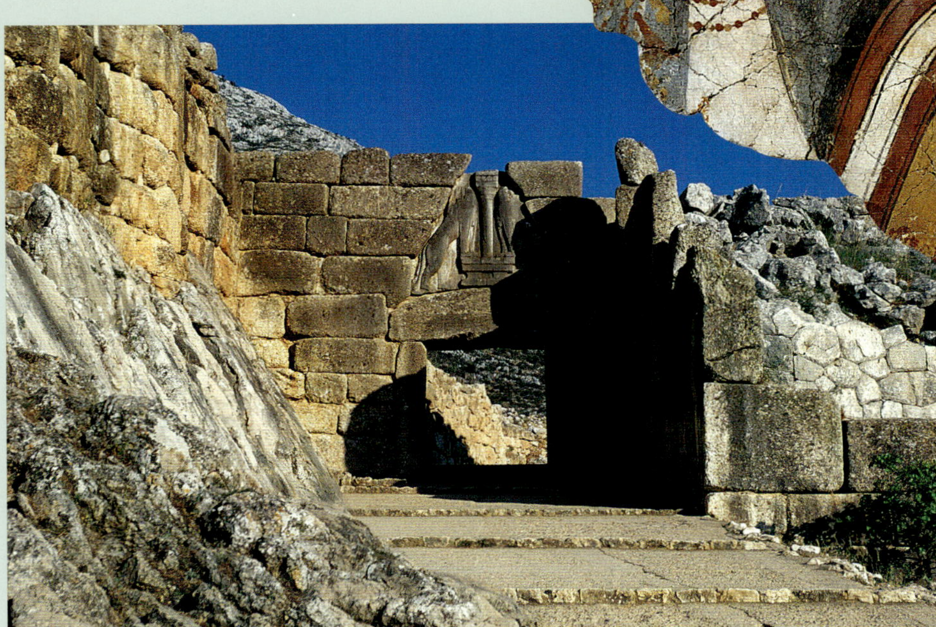

43 Ci-dessus : Fresque de la *Dame au collier*, conservée au musée national d'Athènes. Son style se rapproche de celui de la frise du *Défilé de femmes* du palais de Tirynthe, datée d'environ 1400 av. J.-C. Elle se distingue par le rendu détaillé de l'anatomie et de l'habillement.

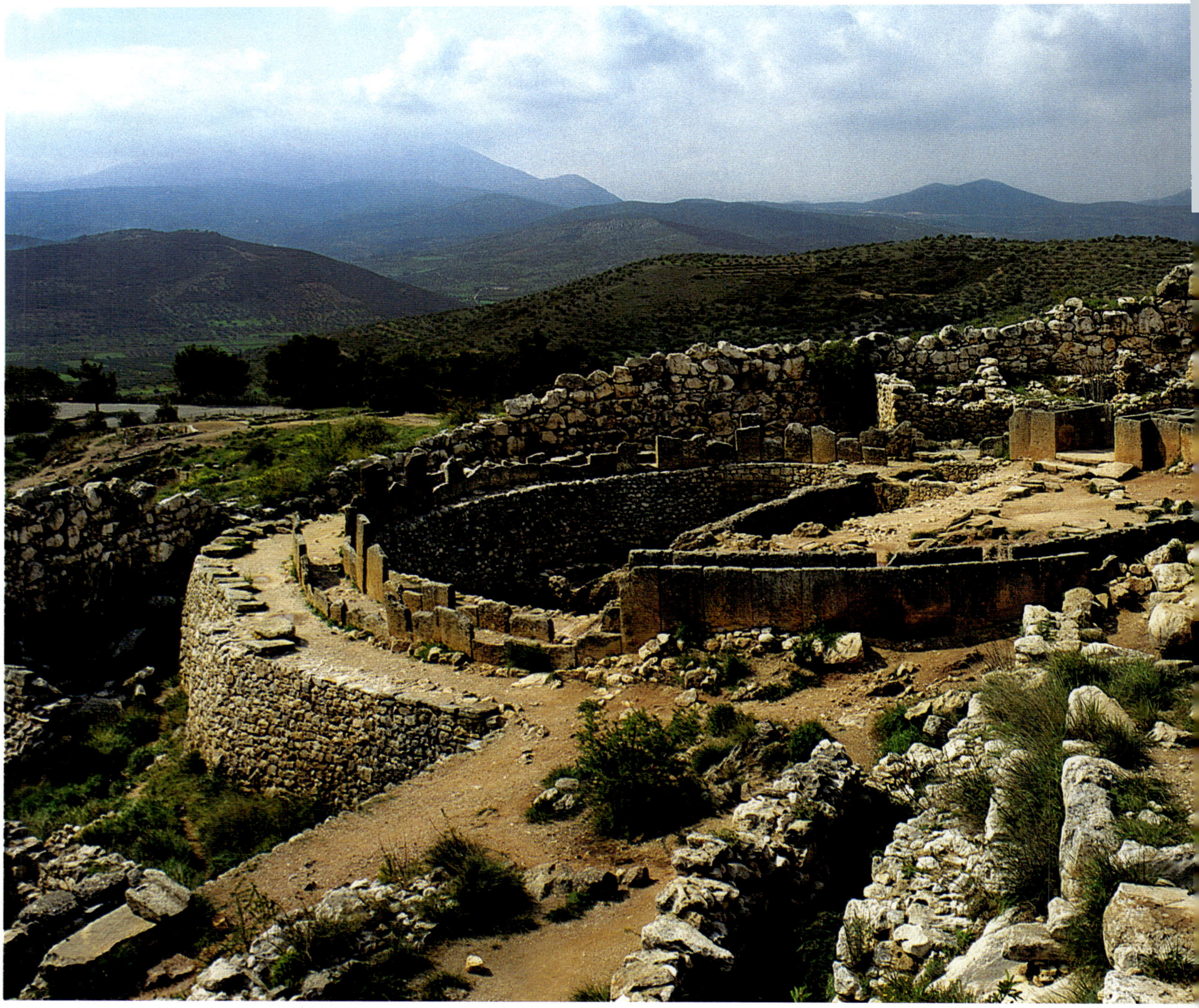

cependant pas l'abandon de la cité. Elle continua même à être habitée jusqu'à l'époque romaine : d'importantes structures imputables à diverses époques entre les périodes archaïque et hellénistique témoignent de cette continuité – ainsi que quelques rares autres signes transmis par la littérature.

Bâtie au sommet d'un petit relief rocheux, Mycènes était dotée d'une imposante ceinture de murailles encore bien conservée – à l'exception de la partie sud. La présence de hauteurs naturelles au nord et au sud de la ville rendait le système de fortifications plus efficace. Les recherches archéologiques menées sur les murailles ont permis de mettre en évidence trois phases de construction, entre la moitié du XIVe siècle et la fin du XIIIe siècle av. J.-C. Les fortifications les plus significatives remontent à environ 1250 av. J.-C. Parmi elles se détachent la tour sud-est et l'entrée monumentale sud, ainsi que la fameuse porte des Lions, décrite par Pausanias. Cette dernière présente les deux félins en une pose héraldique, de part et d'autre d'un pilier sacré, sculptés dans une dalle triangulaire posée directement sur l'architrave. Les blocs de pierre constituant les fortifications étaient si imposants que la tradition littéraire a vu dans cette construction l'intervention des Cyclopes. Le plan de la ville frappe par son agencement bipolaire : sur le pourtour de l'enceinte, on reconnaît de nombreuses structures destinées à remplir diverses fonctions (habitation, production, commerce, culte) ; au centre de l'acropole, le majestueux palais se détache par ses dimensions et sa complexité architecturale. On y distingue deux phases de construction. La première, aujourd'hui quasi indiscernable, correspond à l'époque où devaient vivre les rois enterrés dans le cercle funéraire A. Selon Pausanias, cette vaste zone – circonscrite à l'intérieur d'un périmètre

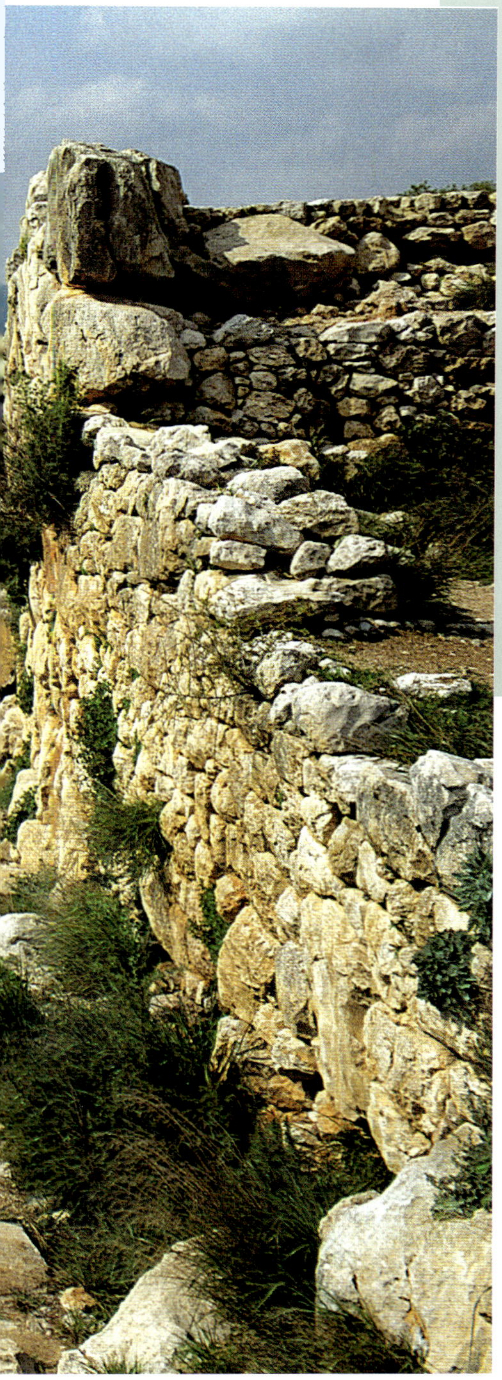

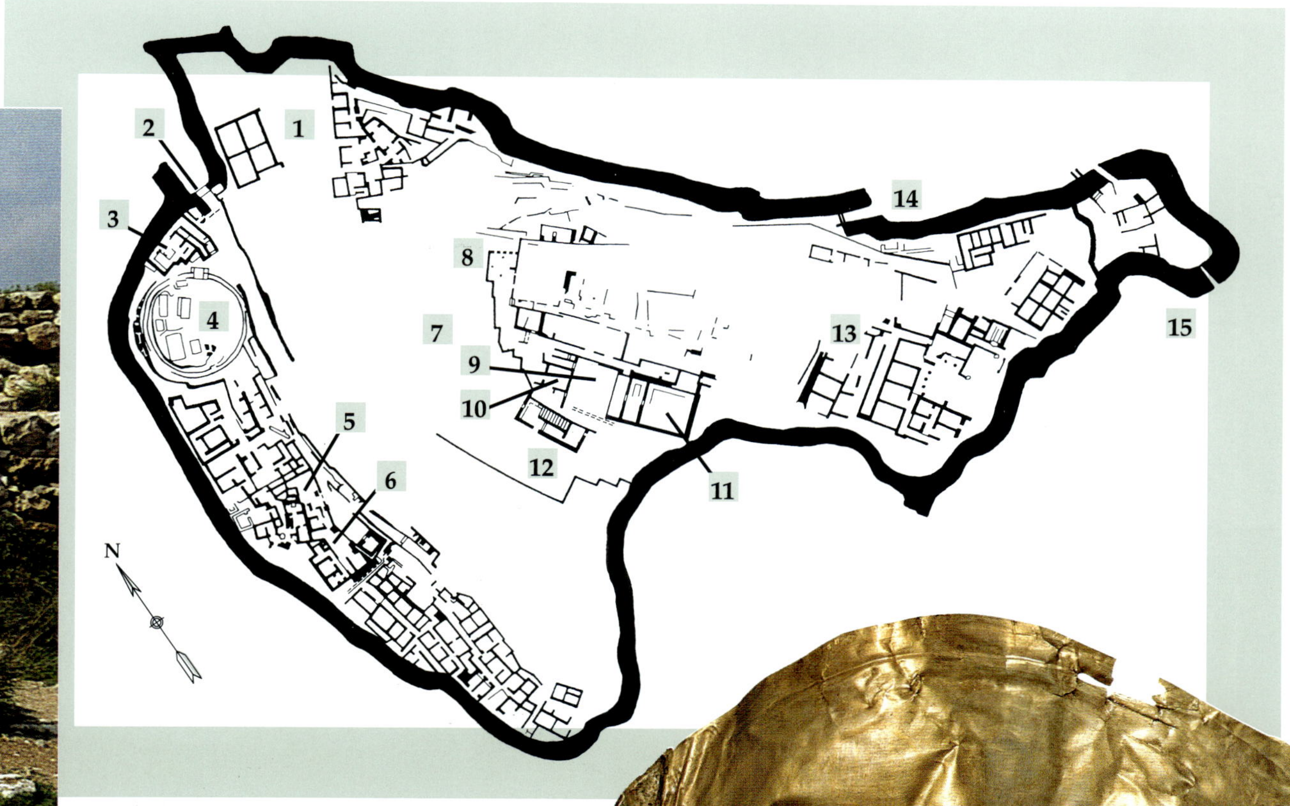

1) Magasins du secteur nord-ouest
2) Porte des Lions
3) Grenier
4) Cercle A
5) Maison de la Citadelle
6) Maison de Tsountas
7) Palais
8) Entrée nord-ouest
9) Grande cour
10) Salle du trône
11) Mégaron
12) Grand escalier
13) Maison aux Colonnes
14) Poterne du nord
15) Tour sud

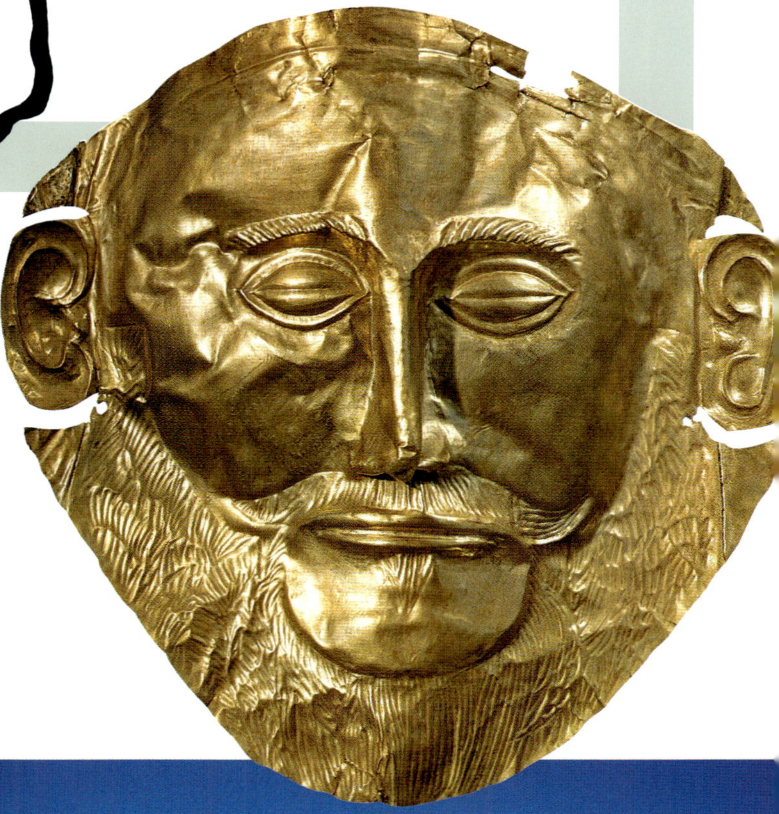

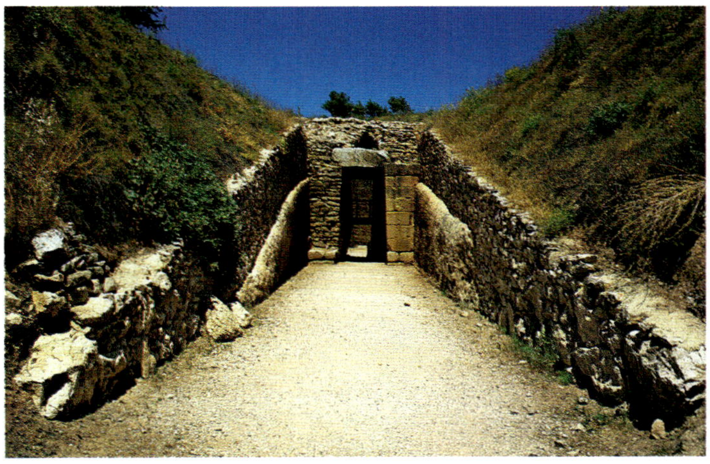

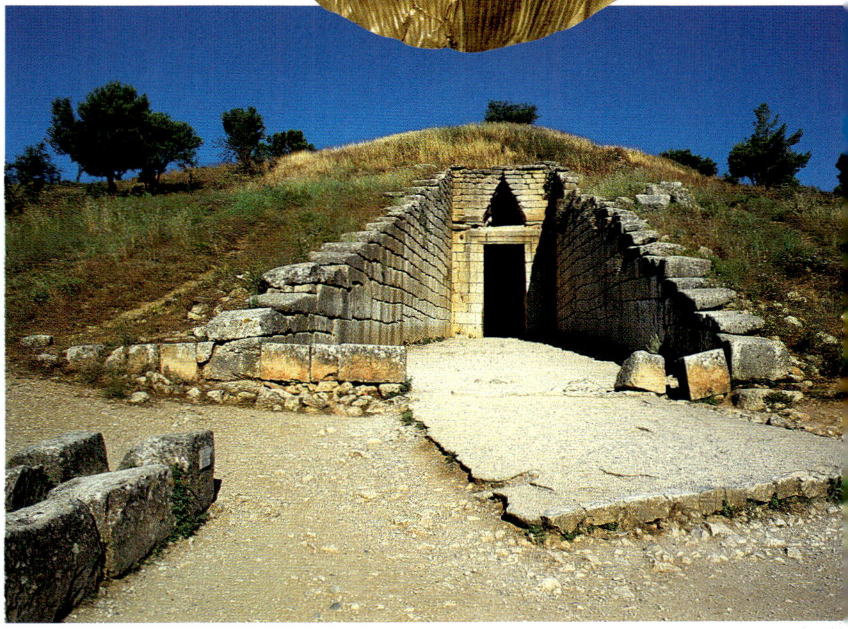

44-45 Dans le cercle A, ici vu de l'intérieur de la ville, Schliemann découvrit cinq des six tombes à fosse qui ont fourni des témoignages significatifs de l'art et de l'artisanat royal mycénien (masques d'or, épées, poignards, statues...).

45 Au centre : Ce masque d'Agamemnon est l'un des objets en or qui couvraient le visage de l'un des souverains de Mycènes, enterré dans la tombe V du cercle A.

45 Ci-dessus à gauche : La tombe à tholos d'Égisthe constitue, avec le trésor d'Atrée, l'un des neuf exemples de tombes monumentales avec *dromos* et chambre interne à fausse voûte.

45 Ci-dessus à droite : La tombe à tholos (temple à cella circulaire) du trésor d'Atrée, ainsi que Schliemann la dénomma, est une grande chambre sépulcrale à fausse voûte à laquelle on accède par un vestibule précédé d'une allée monumentale (*dromos*).

Mycènes

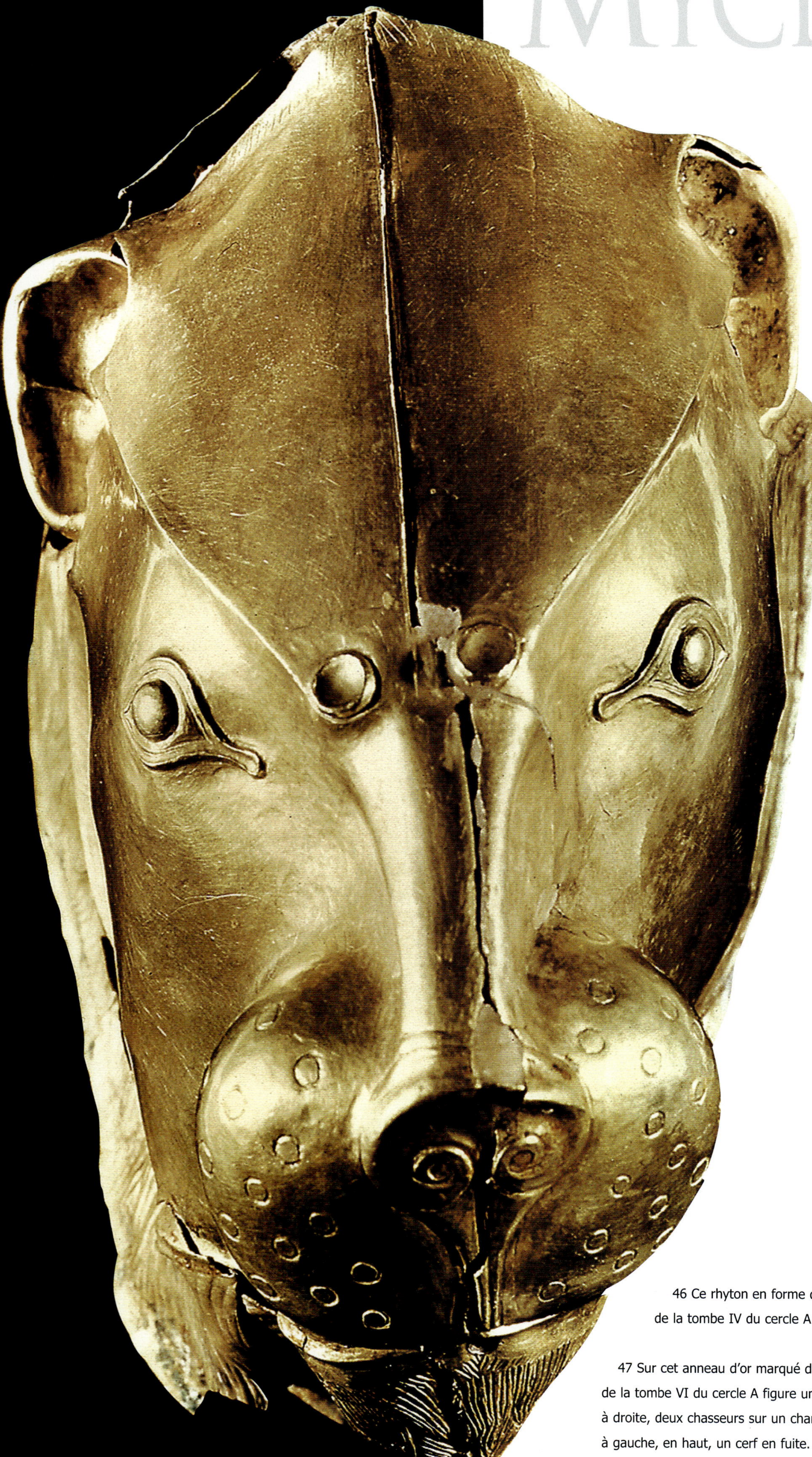

46 Ce rhyton en forme de tête de lion provient de la tombe IV du cercle A.

47 Sur cet anneau d'or marqué d'un sceau provenant de la tombe VI du cercle A figure une scène de chasse : à droite, deux chasseurs sur un char à chevaux ; à gauche, en haut, un cerf en fuite.

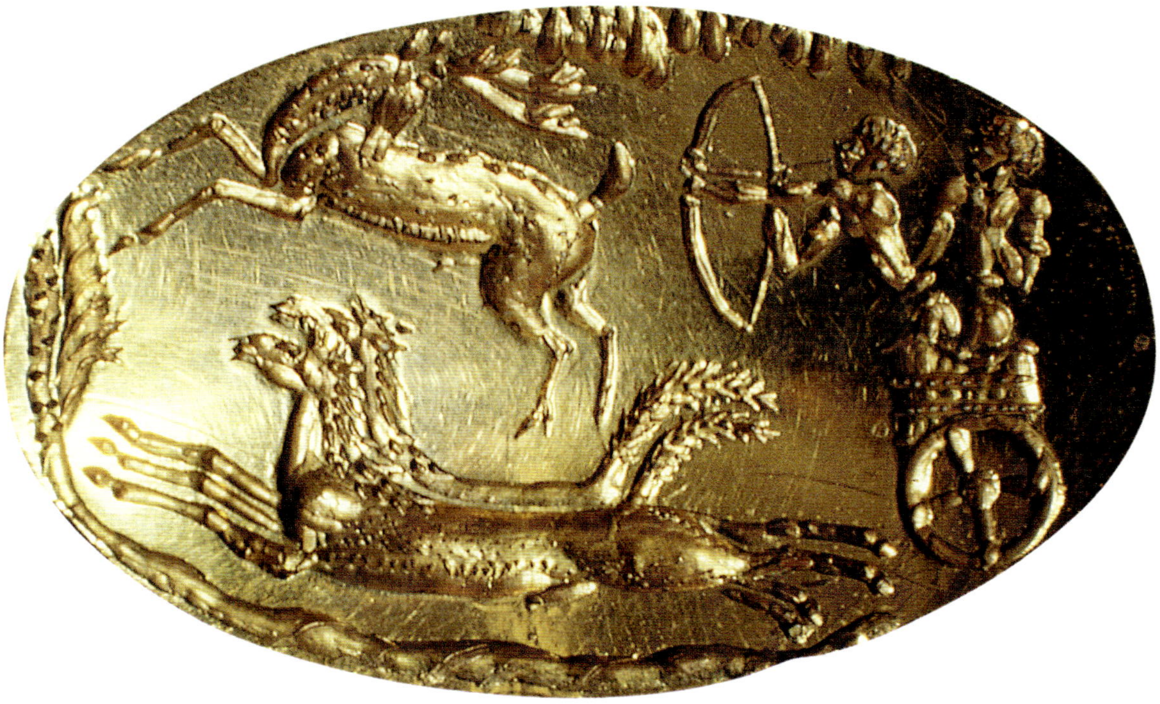

fortifié pour des raisons cultuelles – aurait abrité les tombes d'Agamemnon et de Cassandre. Pendant la seconde phase, l'édifice premier a visiblement été démantelé et un remarquable travail de nivellement du terrain a été accompli. Réparti en de nombreux noyaux résidentiels disposés sur plusieurs niveaux, le nouveau palais présente une articulation interne complexe. L'entrée d'origine se trouvait à proximité de l'angle nord-ouest. De là, de longs corridors permettaient d'accéder à la grande cour. De chaque côté de celle-ci se dressaient symétriquement les deux principaux corps résidentiels : le mégaron – cellule d'habitation autour de laquelle s'articule toute la structure palatiale mycénienne – et la salle du trône. Les produits de l'agriculture et de l'élevage issus de l'exploitation des terres du royaume, qui se subdivisait en provinces, districts et villages, étaient apportés au palais – lui-même centre artisanal – pour y être recensés, stockés et redistribués. Le reste de la ville s'étendait autour de l'enceinte, principalement concentré en trois points : le secteur est, le secteur nord-ouest et le secteur sud-ouest. Chacun de ces quartiers comportait des îlots d'habitations distribués de manière assez homogène. Certaines bâtisses, dotées de multiples pièces, de plusieurs étages et de magasins creusés en sous-sol pour mettre à profit les dénivellations, servaient probablement de résidence à des fonctionnaires du palais. Cependant, outre le caractère résidentiel commun à tous ces îlots, chacun d'entre eux semble se distinguer d'un trait qui lui est propre. Le quartier est, par exemple, se caractérise par la présence d'un vaste édifice, nommé maison aux Colonnes, probablement en rapport étroit avec le palais de Mycènes. La découverte, dans cette zone, de nombreux vestiges de matériaux de travail (fragments de céramique, bronze, ivoire, or et pierres précieuses) a conduit les spécialistes à localiser ici le secteur de production de la ville. La zone nord-ouest de la Mycènes antique, elle, devait remplir des fonctions de commerce et de stockage de produits alimentaires. Les fouilles ont en effet permis d'y découvrir une série de lieux faisant très probablement office de magasins, ainsi qu'un imposant grenier édifié à l'abri de la porte des Lions. Quant au quartier sud-ouest de la ville, sans doute le plus urbanisé, les recherches archéologiques les plus récentes ont soulevé de nouvelles hypothèses sur la fonction de certains de ses bâtiments. L'îlot où se trouvent la maison de la Citadelle et la maison de Tsountas, par exemple, aurait représenté un centre cultuel caractérisé par un parcours cérémoniel convergeant vers une cour avec un autel circulaire externe. Ainsi, chaque secteur, bien qu'autonome, devait interagir à plusieurs niveaux avec les autres, tous partageant une fonction résidentielle de manière homogène. Cette situation conférait à la ville une autonomie et une cohésion sociale se reflétant, tant symboliquement que sur le plan architectural, dans la majestueuse résidence palatiale.

Le quartier sépulcral demeure à l'extérieur des murs, de même que d'importantes bâtisses. L'aire funéraire la plus ancienne est le cercle B, abritant les tombes des princes et des nobles – et, pour cette raison, ceint d'une structure murale circulaire –, et le cimetière préhistorique, réservé au peuple. Le cercle A remonte au XVIe siècle av. J.-C. Il a livré une quantité considérable d'objets en or, parmi lesquels le fameux masque funéraire d'Agamemnon. C'est à partir d'environ 1510 av. J.-C. que commencent à apparaître les imposantes tombes à tholos – tombes circulaires à coupole ogivale à fausse voûte, parmi lesquelles le trésor d'Atrée, la tombe d'Égisthe et celle de Clytemnestre. La variété de l'architecture funéraire apparaît donc évidente au cours du temps, dans sa typologie comme dans son idéologie.

48-49 et 49 en haut : Cette reconstitution de l'Acropole, vue du côté ouest, recrée l'atmosphère qui régnait alors sur la colline. On peut admirer les reliefs polychromes de la décoration architecturale des temples principaux, notamment sur le fronton ouest du Parthénon. Le voyageur qui entrait par les propylées était frappé à la vue de la grande statue d'Athéna Promachos. En bas à droite, on entrevoit l'odéon de Périclès, dont le toit imite une tente perse.

49 En bas : Le moschophore (porteur de veau) est l'un des spécimens les plus célèbres de la statuaire grecque archaïque. La statue a été retrouvée durant les fouilles pratiquées en 1865 sur l'Acropole. On remarquera le chiasme formé par les bras du personnage (rhombos) et les pattes de l'animal qu'il porte.

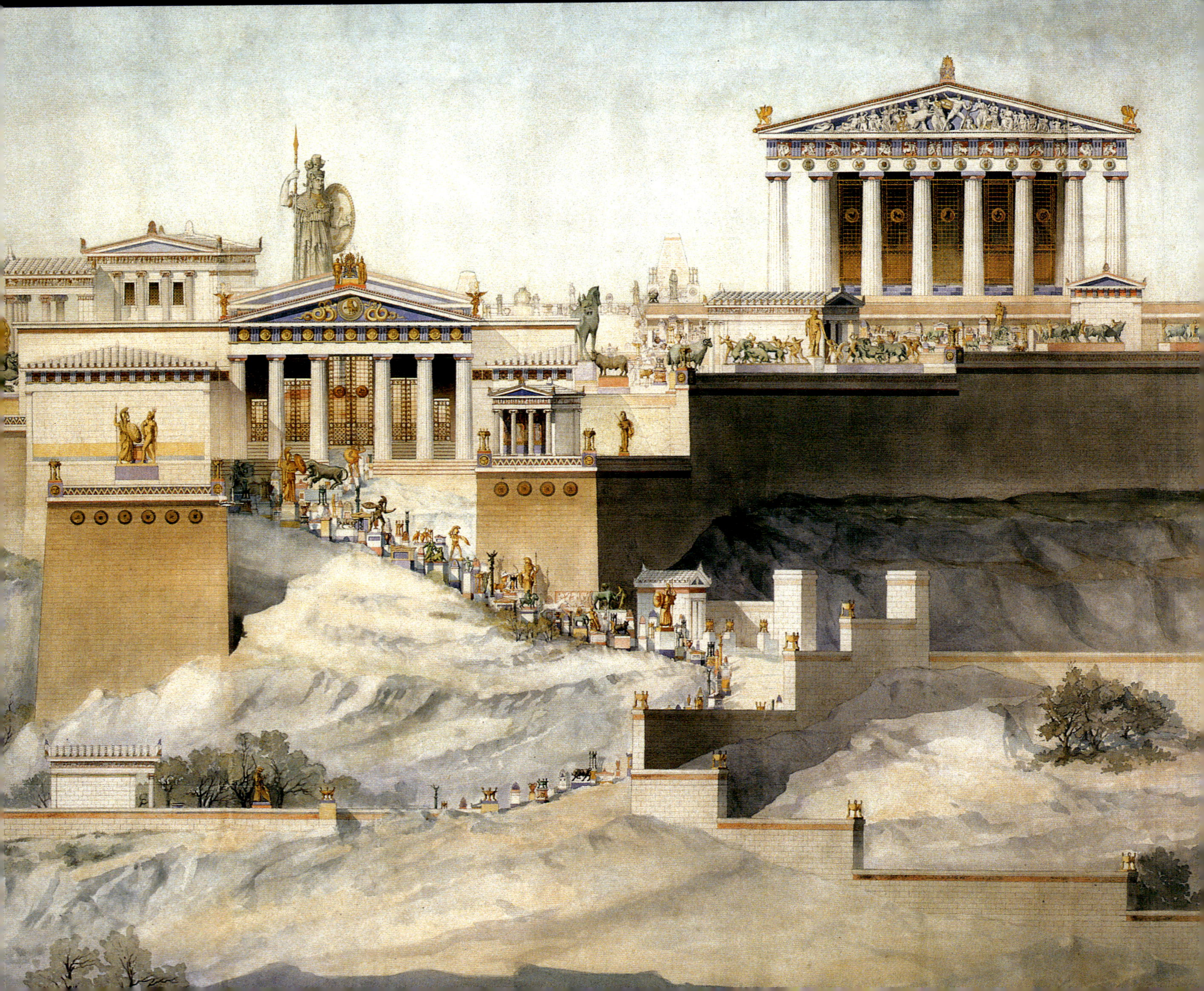

ATHÈNES

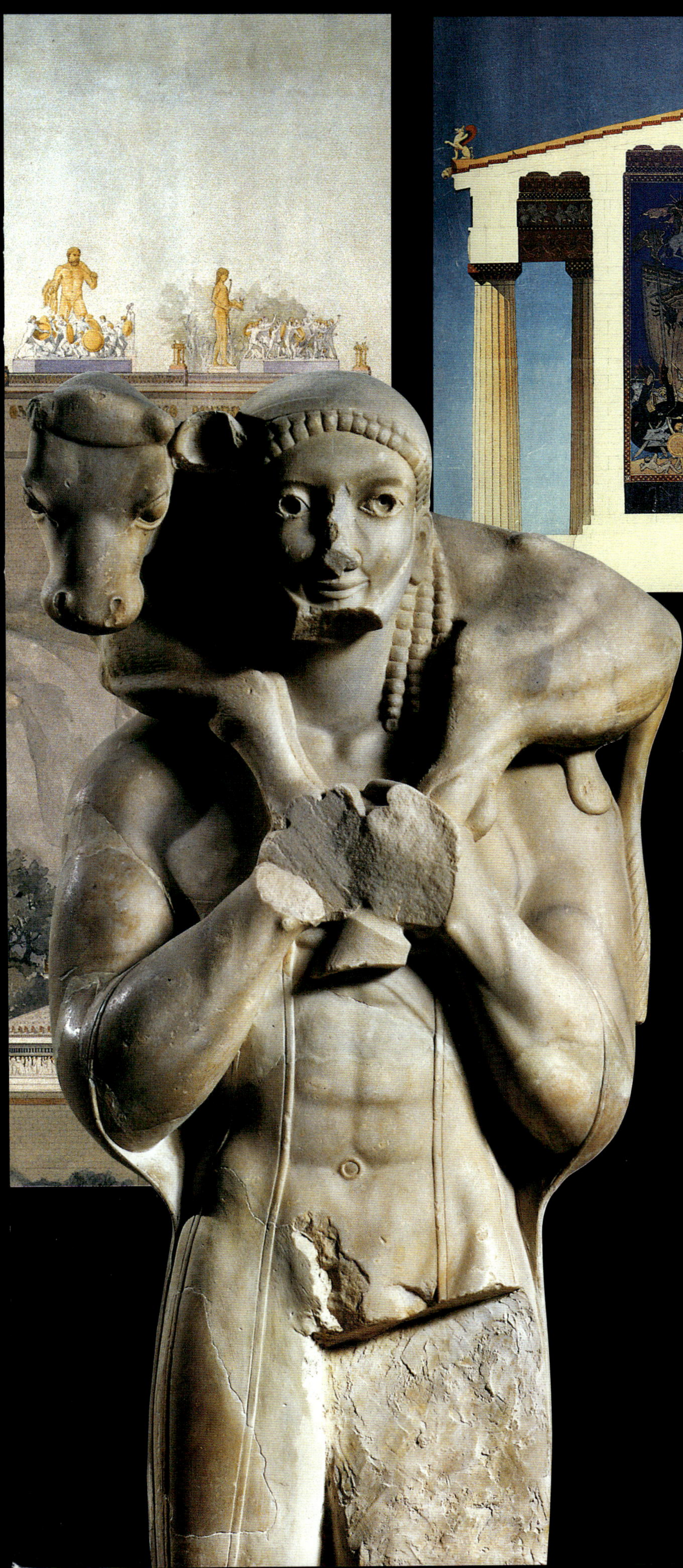

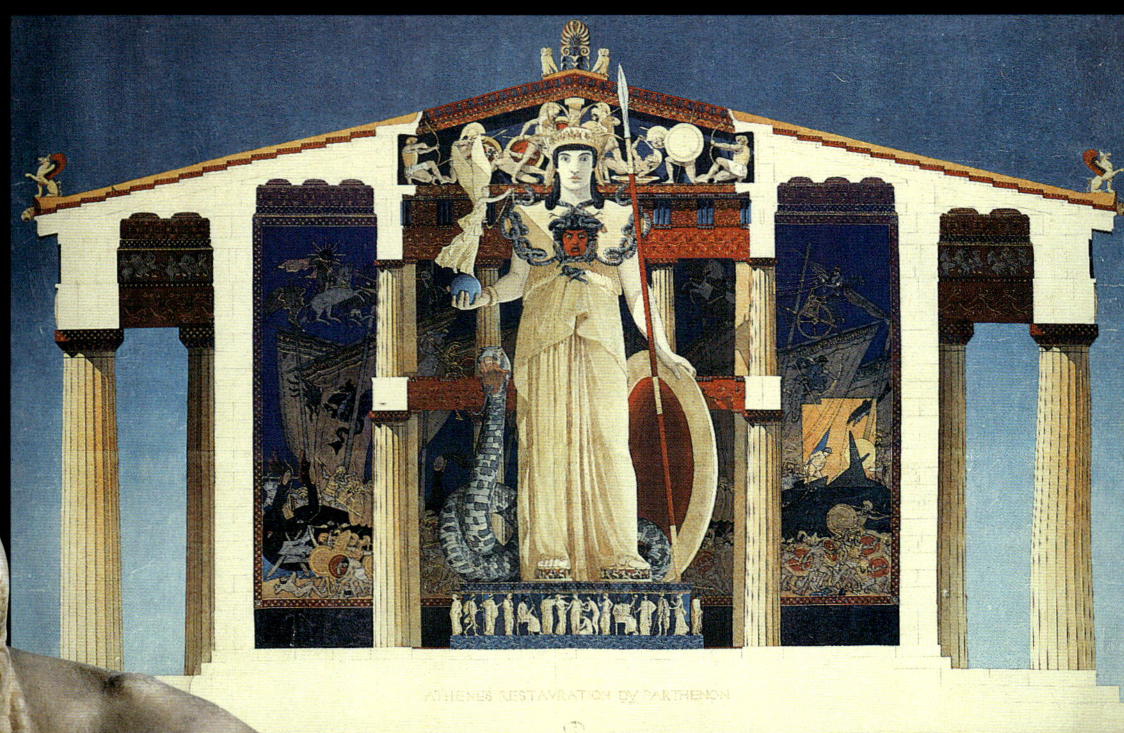

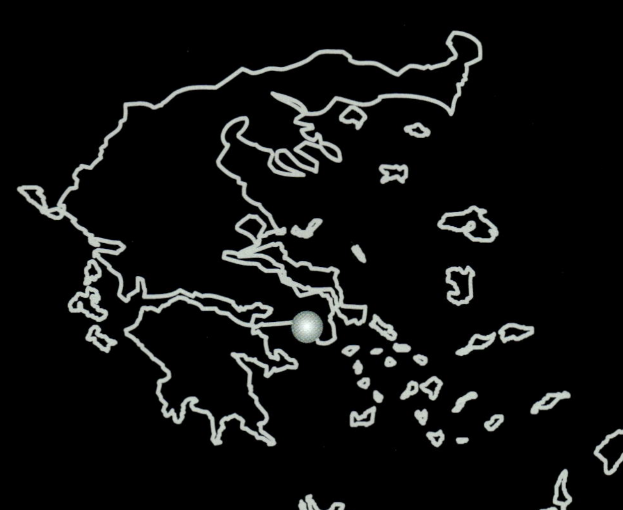

Athènes

Par MARCO PODINI

Si l'Athènes qui nous est le plus familière est la cité qui connut son apogée sous Périclès, au Ve siècle av. J.-C., le centre urbain naquit à l'époque mycénienne. Et c'est précisément au cœur de l'Athènes classique, sur l'Acropole, que sont situés les vestiges de l'ancienne citadelle. Le palais mycénien (1300-1200 av. J.-C.) occupait la zone entre l'Érechtéion et le Parthénon. Le site, choisi en raison de son caractère inaccessible, fut encore protégé par un puissant mur d'enceinte (Pelargikón) vers la moitié du XIIIe siècle av. J.-C. Dès l'origine, le lieu fut associé au culte d'Athéna Polias (protectrice de la cité). En l'honneur de la déesse, on érigea un sanctuaire qui fut remanié et déplacé à maintes reprises avant de prendre l'aspect définitif du Parthénon. On connaît trois constructions : le temple archaïque d'Athéna, édifié sous les Pisistratides (529-520 av. J.-C.), flanqué de six colonnes sur les côtés courts et de douze colonnes sur les côtés longs, fut incendié en 480-479 av. J.-C., durant les guerres médiques ; l'ancêtre du Parthénon, l'Hécatompédon, construit en calcaire tendre et décoré de marbre – consacré en 566 av. J.-C., fut abattu en 488 pour céder la place au « vieux Parthénon », détruit dans l'incendie de 480-479 av. J.-C. Enfin le Parthénon, édifice novateur et singulier, qui associe les deux ordres (dorique à l'extérieur, ionique à l'intérieur) et dont le périptère présente un plus grand nombre de colonnes (huit sur les côtés courts et dix-sept sur les côtés longs). Le temple fut édifié entre 447 et 438 av. J.-C., d'après le projet d'Ictinos et de Callicratès, et la décoration exécutée en 432. L'ensemble porte la marque du génie

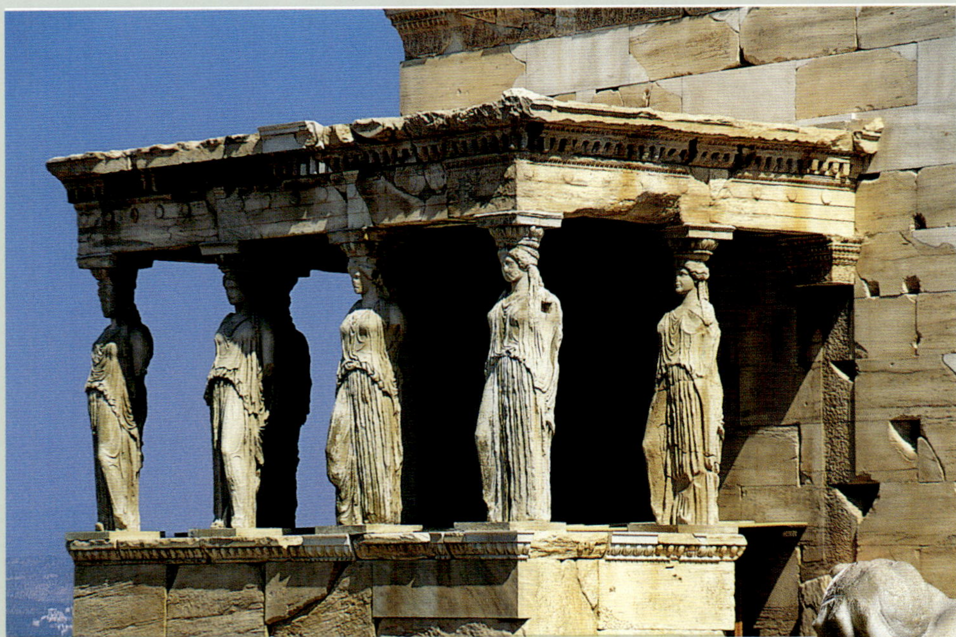

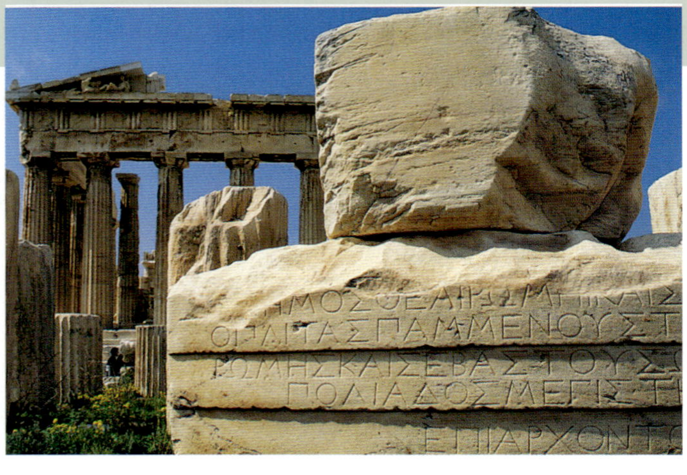

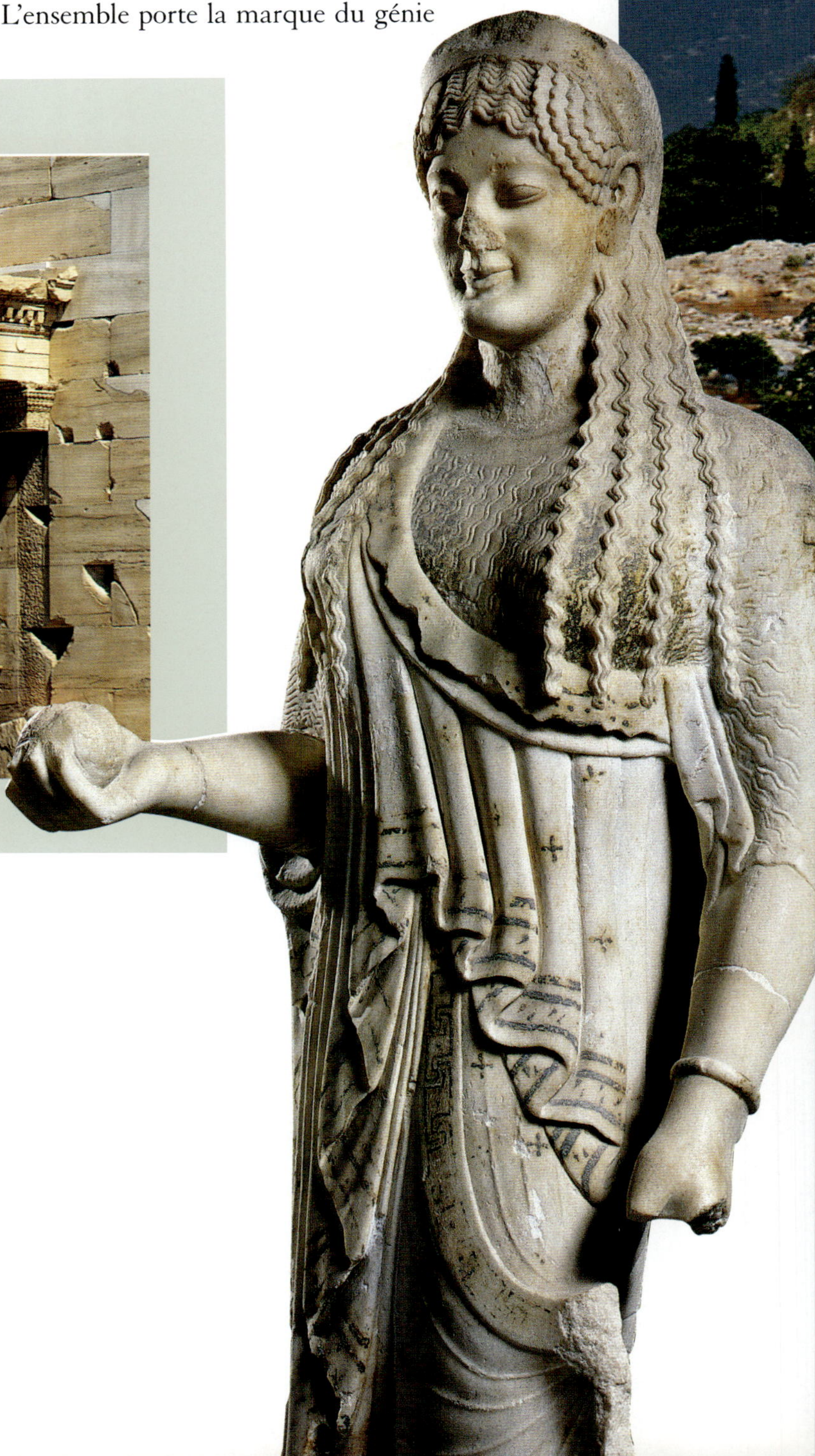

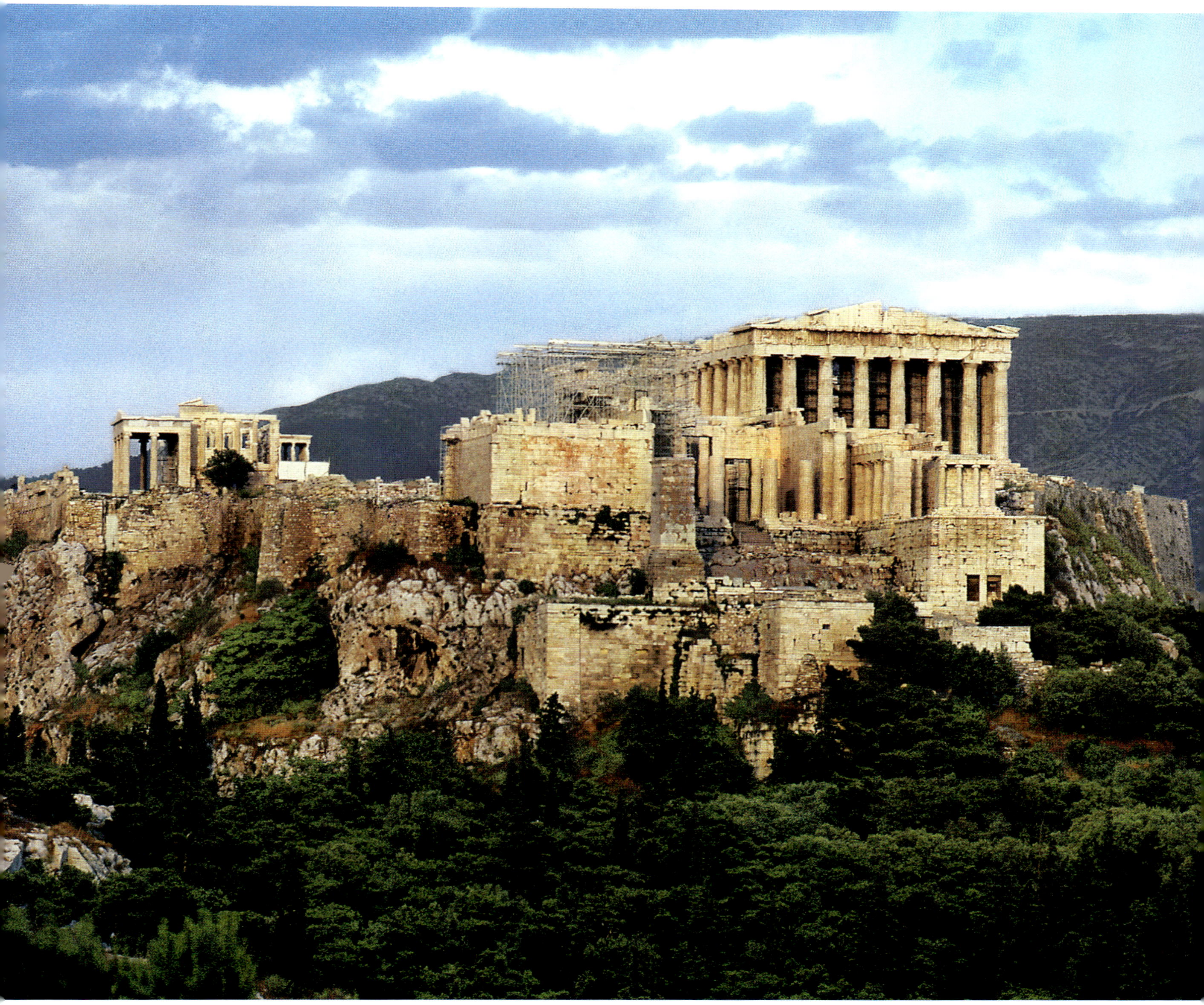

de Phidias, qui supervisa le projet et imposa ses vues originales aux architectes. Deux thèmes s'entrelacent dans la décoration : le thème panathénaïque (frise et frontons) et le thème, plus général, de l'affrontement entre la barbarie et la civilisation – réminiscence de la victoire sur les Perses. Ce dernier est illustré dans les scènes mythologiques des 92 métopes, consacrées à la gigantomachie (est), à l'amazonomachie (ouest), ainsi qu'à la centauromachie et au sac de Troie (Ilioupersis) sur les côtés nord et sud. La frise du naos (salle centrale) représente deux processions : le cortège des Panathénées et les défilés des concours organisés à cette occasion, en présence des dieux de l'Olympe et des héros éponymes de la cité. Ici, le réalisme et la religion se conjuguent pour célébrer le programme idéologique de Périclès.

50 Au centre à gauche : Le portique des Caryatides (409-407 av. J.-C.) s'élevait au-dessus du tombeau de Cécrops, roi mythique d'Athènes. Les colonnes ont été remplacées par des statues figurant des jeunes filles de la Carya. Celles-ci provenaient de l'atelier du sculpteur Alcamène, contemporain de Phidias.

50 En bas à gauche : L'une des nombreuses bases présentant des inscriptions, face au côté est du Parthénon. Celle-ci mentionne l'archonte-roi et le peuple d'Athènes.

50 À droite : La korê 680 est l'un des prototypes de la statuaire féminine archaïque. Le seul geste de la main tendue, tenant un fruit, suffit à l'animer.

51 Vue générale du côté nord-ouest de l'Acropole. L'imposant ensemble de sanctuaires domine la ville du haut de la citadelle, qui avait déjà été occupée par un palais mycénien ; la masse du Parthénon se dresse au-delà de l'entrée monumentale des Propylées ; au fond, l'élégante silhouette de l'Érechtéion.

52 En bas : Détail de la frise de 160 m qui ornait le naos du Parthénon. Réalisé par Phidias et son atelier, le relief fait partie de la parade des Cavaliers, sur le côté ouest.

52-53 Le côté est du Parthénon est décoré du cycle figuratif des métopes, consacré à la lutte entre les dieux de l'Olympe et les Géants, illustrant ainsi la victoire de la civilisation sur la force barbare. Sur le fronton, Athéna sort tout armée du crâne de Zeus.

53 En bas : La triade des divinité assises – Poséidon, Apollon et Artémis –, sur la frise est du naos du Parthénon.

Toutefois, c'est dans les frontons qu'est exaltée la grandeur d'Athènes : à l'est, avec la naissance d'Athéna, qui sort tout armée du crâne de Zeus, à l'ouest avec la victoire de la déesse sur Poséidon. La polychromie de l'ensemble attirait les pèlerins qui gravissaient l'Acropole ; de même, les navigateurs étaient guidés par la pointe dorée de la lance de la statue d'Athéna Promachos. À cette statue dédiée à la déesse s'en ajoutaient deux autres, l'Athéna Lemnia et l'Athéna Parthénos, située dans le naos du Parthénon. Cette dernière, œuvre de Phidias, était constituée d'une armature en bois et recouverte d'or et d'ivoire, figurant ses vêtements et ses chairs. La statue (haute de 10 m) était célèbre en raison de la richesse des matériaux employés et du coût élevé de sa réalisation, qui avait entraîné l'exil de Phidias et valu un procès à Périclès.

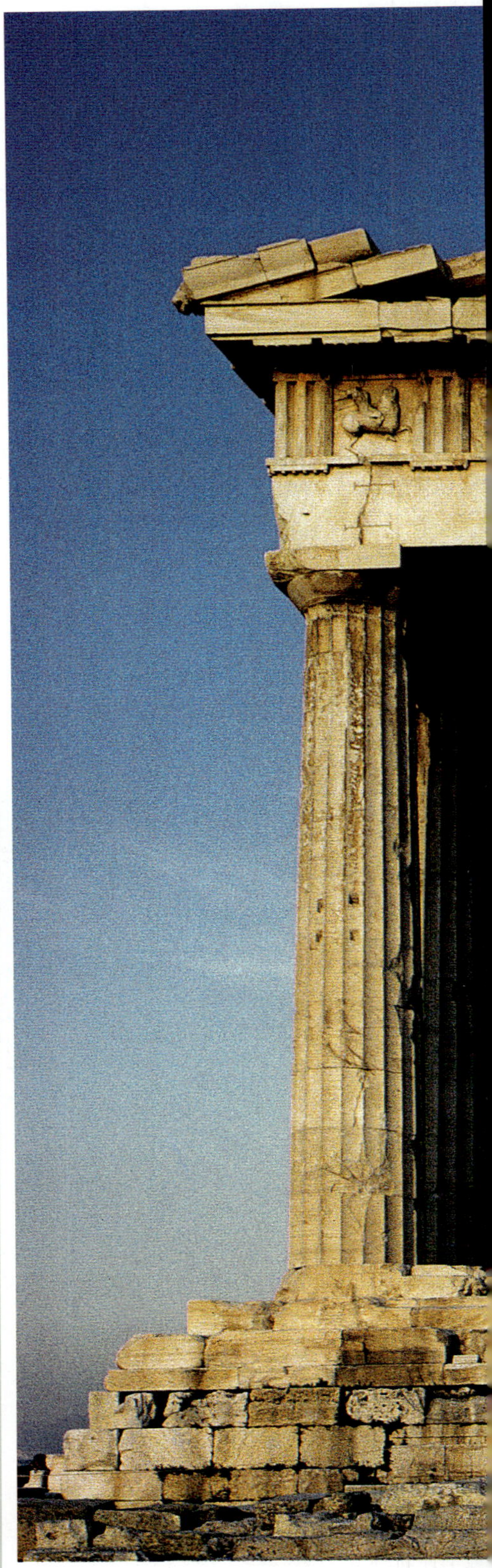

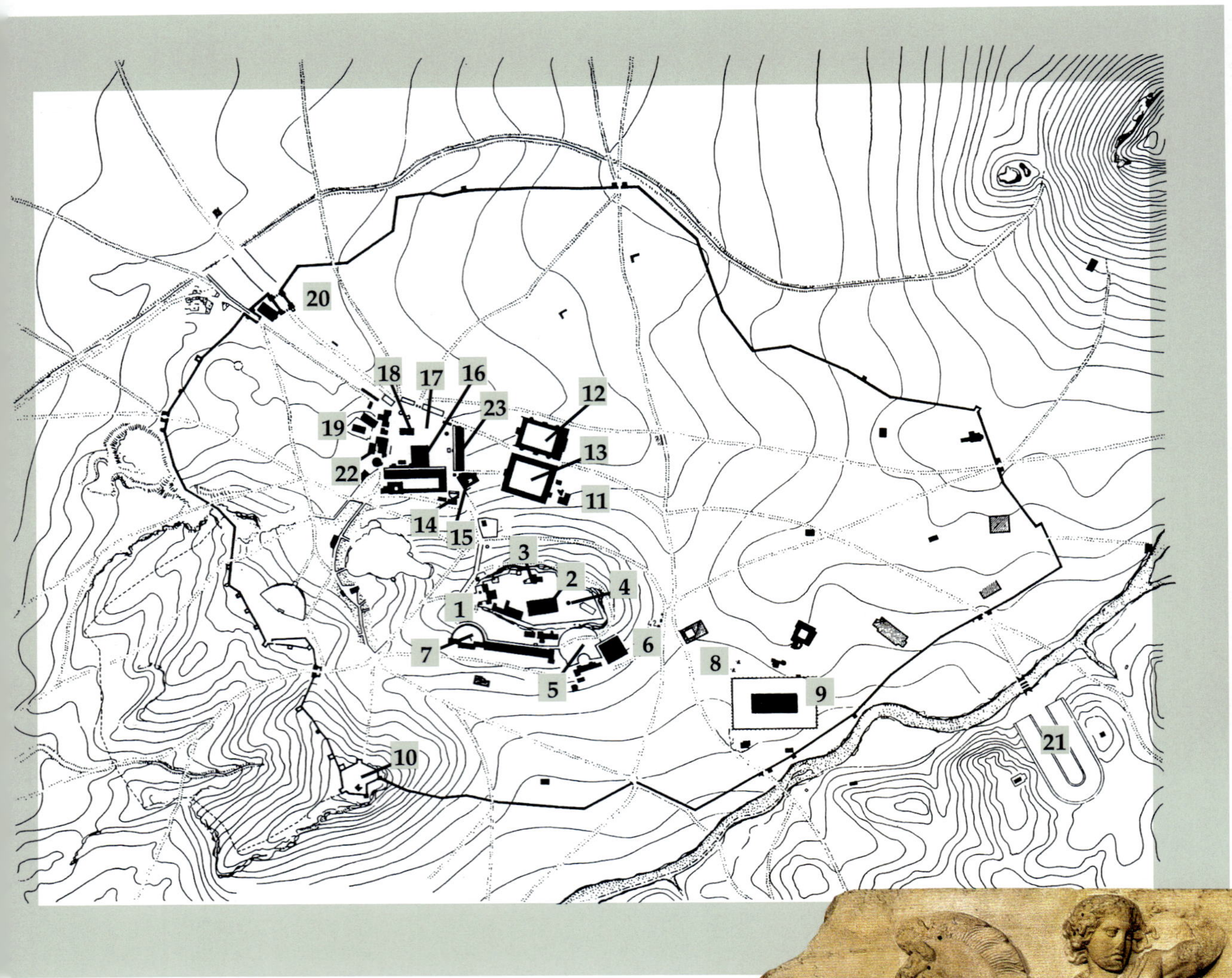

1) Propylées et temple d'Athéna Niké
2) Parthénon
3) Érechtéion
4) Temple de Rome et d'Auguste
5) Théâtre de Dionysos
6) Odéon de Périclès
7) Odéon d'Hérode Atticus
8) Porte d'Hadrien
9) Olympiéion
10) Monument de Philopappos
11) Tour des Vents (Horloge d'Andronicos)
12) Bibliothèque d'Hadrien
13) Agora romaine
14) Nymphée d'Hadrien
15) Bibliothèque de Pantanios
16) Odéon d'Agrippa
17) Palais d'Hadrien
18) Temple d'Arès
19) Temple d'Héphaïstos
20) Porte double ou dipylon
21) Stade
22) Bouleutérion
23) Portique d'Attale

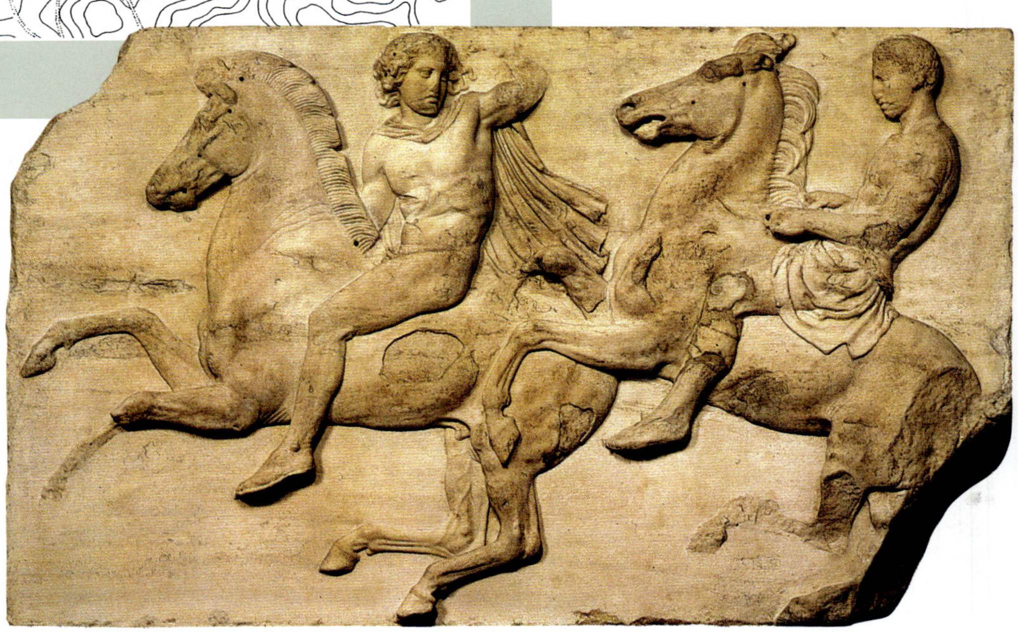

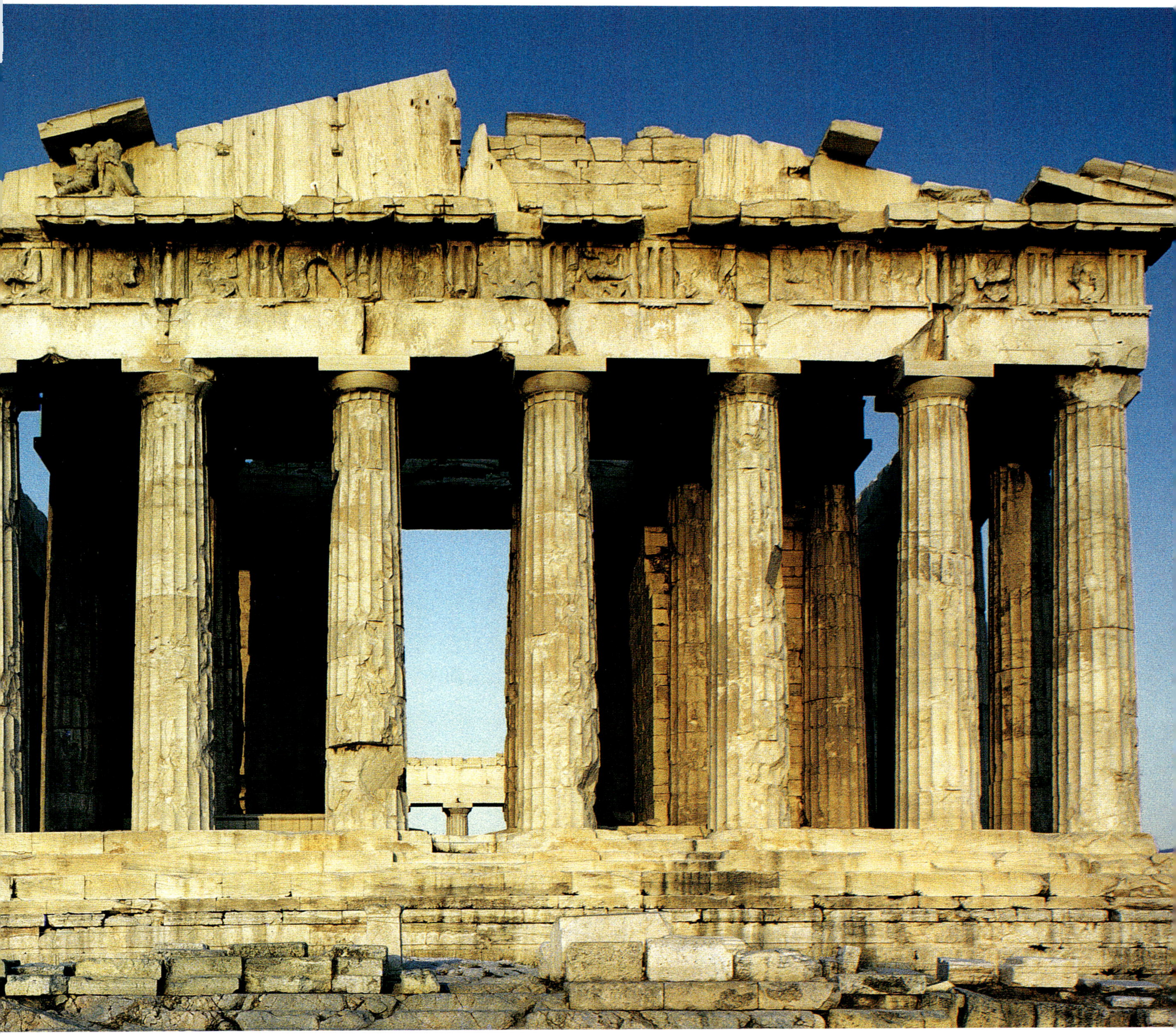

La décoration du bouclier, des sandales et du socle reprenait les thèmes illustrés dans les métopes et réaffirmait la supériorité de la civilisation sur la barbarie. L'entrée monumentale de l'Acropole, dite des Propylées, fut élevée par l'architecte Mnésiclès entre 437 et 432 av. J.-C. selon les canons de l'école parthénonienne. Le corps central de cette porte grandiose devait s'orner de deux ailes, mais seule l'aile nord fut réalisée ; sur le côté sud, en face de l'entrée, se dresse le temple d'Athéna Niké, également dédié à la déesse, merveilleux exemple d'architecture ionique composé d'une seule salle ; sa balustrade en marbre s'orne d'une série de Nikai (victoires ailées), dues au sculpteur Callimaque. Parmi les autres monuments élevés sur des lieux de culte antérieurs, on peut citer l'Érechtéion, bâti à l'emplacement de l'ancien temple d'Athéna et consacré à Athéna Polias et à Poséidon.

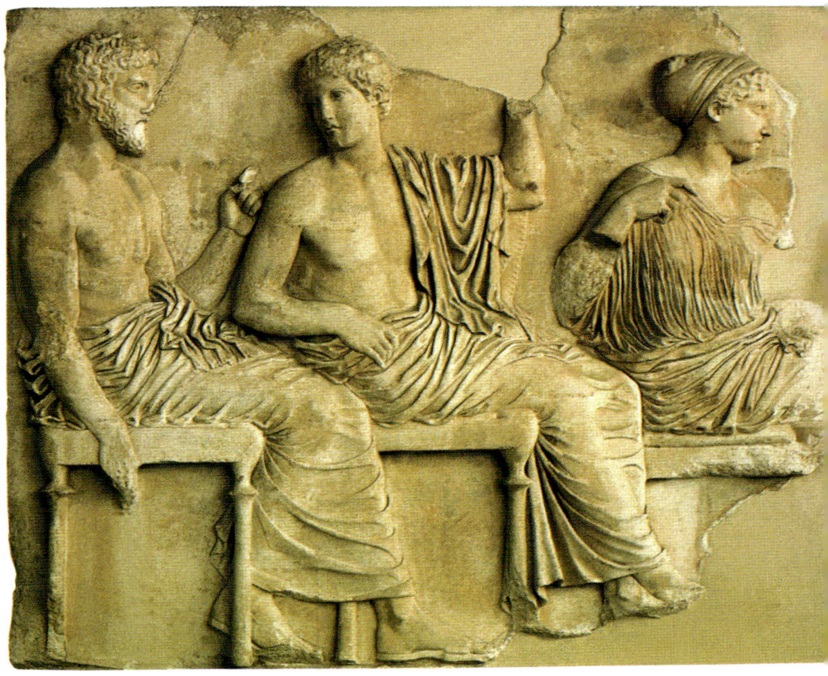

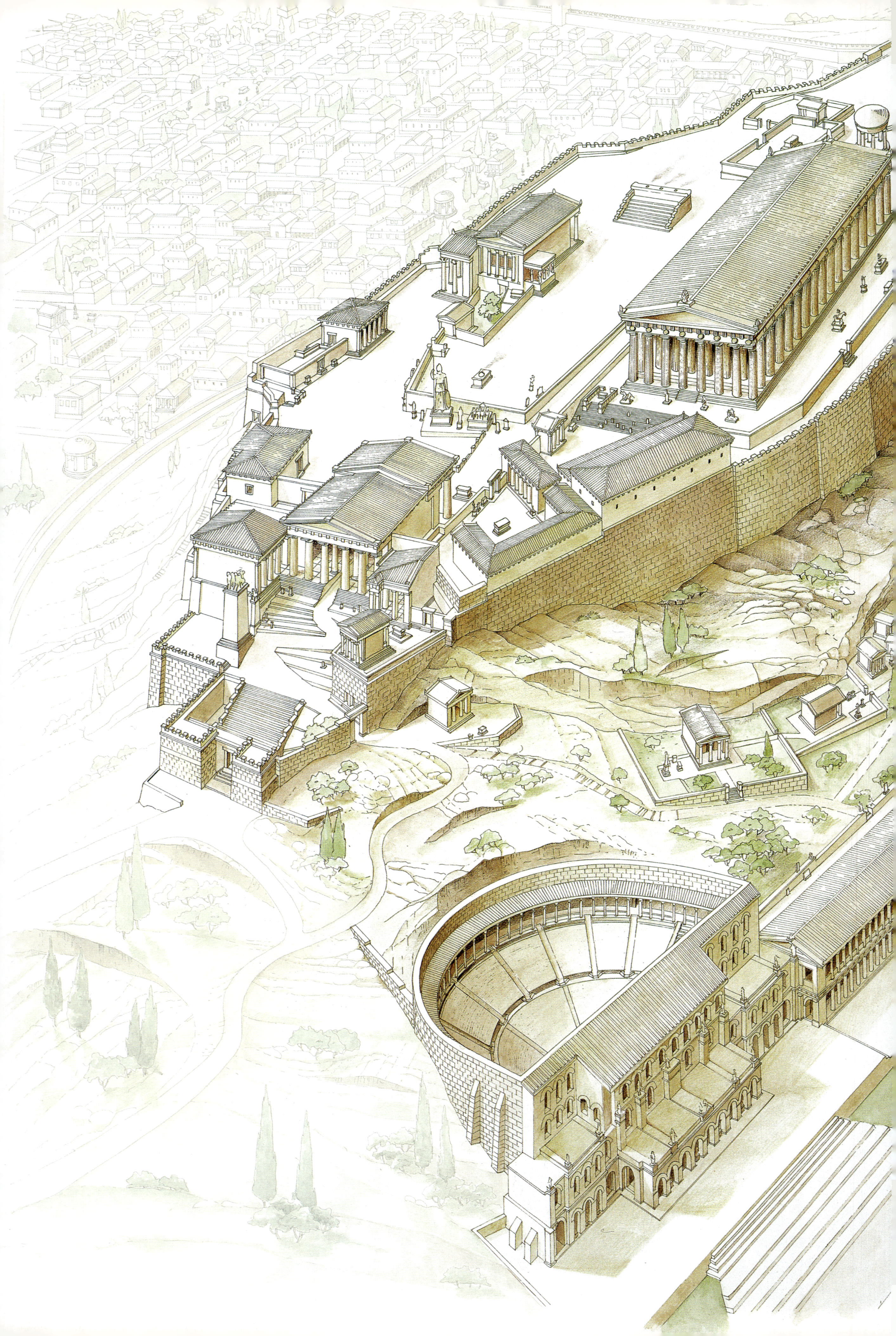

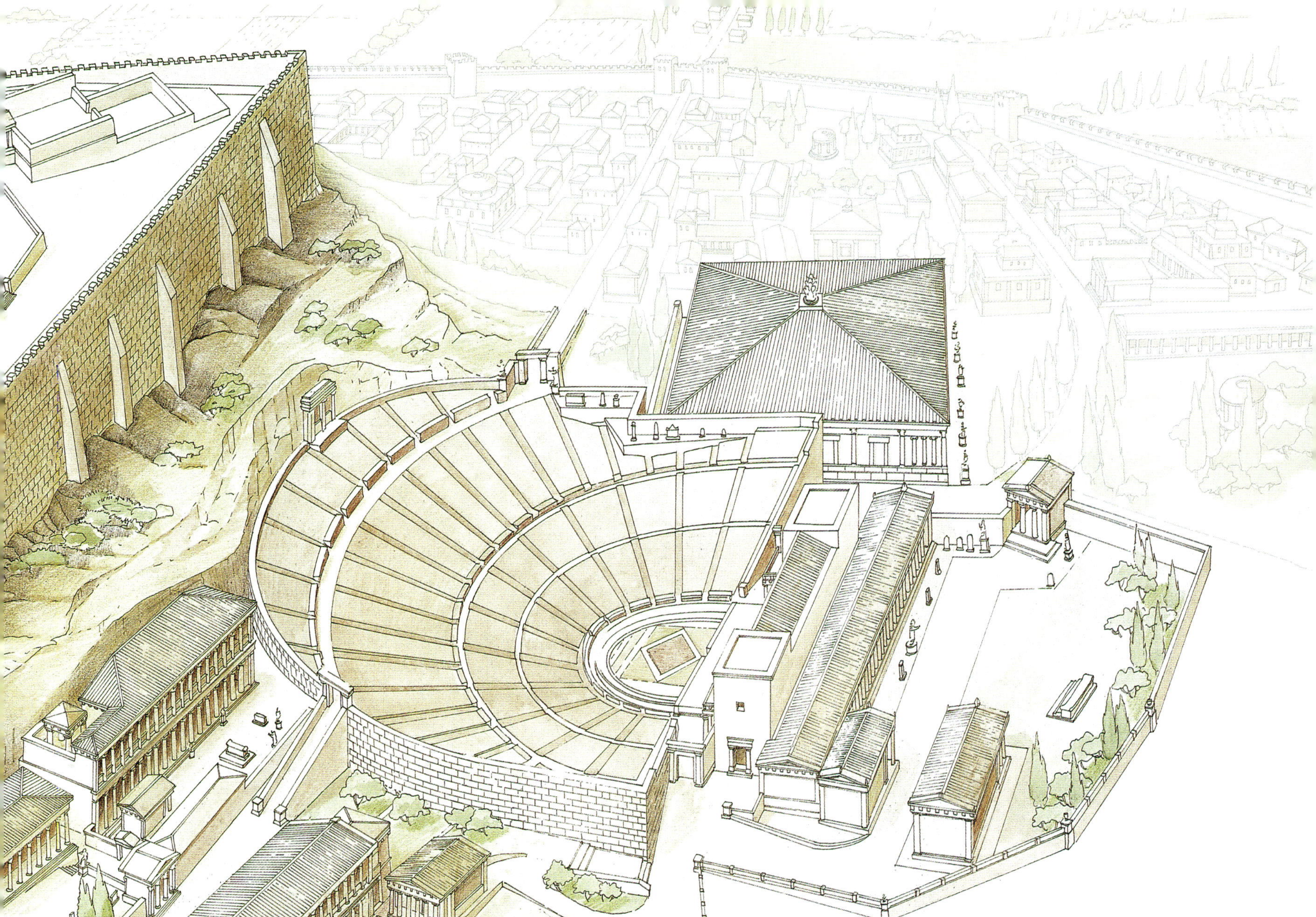

ATHÈNES

54-55 Les monuments de l'époque classique d'Athènes côtoient les édifices de l'Empire romain dans cette reconstitution de l'Acropole et de son versant méridional.

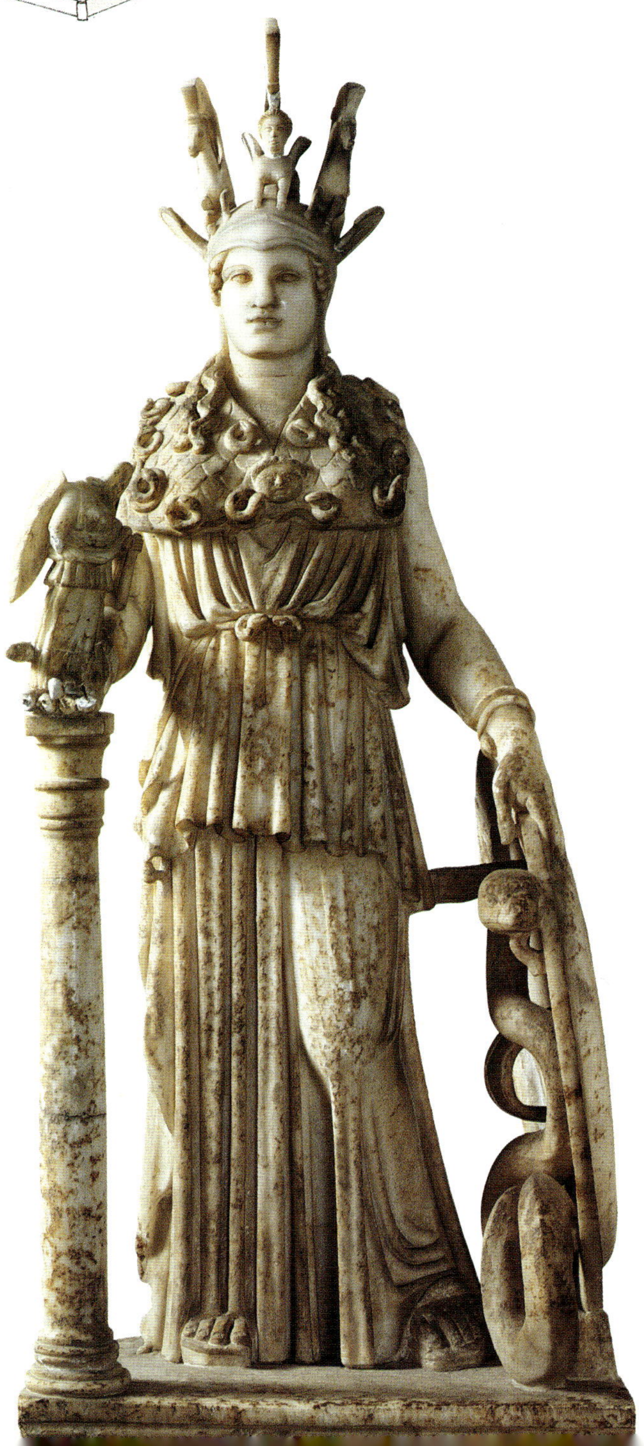

55 Cette copie de la statue d'Athéna Parthénos, exécutée sous le règne d'Hadrien, restitue l'iconographie de la statue chryséléphantine (en or et ivoire) sculptée par Phidias mais ne nous donne qu'une idée assez imprécise de la prodigieuse richesse de l'original.

Il se distingue par son architecture résolument différente des schémas classiques, puisque l'édifice est asymétrique, et par la présence (façade sud) du célèbre portique des Caryatides. Enfin, un édifice quadrangulaire surmonté d'un toit pointu imitant une tente perse, l'odéon de Périclès, fut édifié sur le versant sud-est de l'Acropole pour accueillir des concours de musique et de théâtre. Le théâtre de Dionysos, revu et corrigé selon les préceptes de Périclès, fut reconstruit en pierre et agrandi à la fin du Vᵉ siècle. La physionomie de l'ensemble ne fut pas altérée au IVᵉ siècle, la construction s'achevant sous le gouvernement de Lycurgue. À l'époque hellénistique, on y ajouta le donarium d'Attale (159-138 av. J.-C), roi de Pergame, où les représentations des combats mythiques habituels alternaient avec des scènes historiques.
L'agora, autre lieu public réagencé au Vᵉ siècle, était destinée à accueillir diverses assemblées. L'ensemble avait été créé sur une esplanade située sur le versant est de la colline du Kolonós Agoràios, qui servait autrefois à ensevelir les défunts. Le site était desservi par de nombreuses routes, et notamment la voie des Panathénées. La comparaison entre certaines sources littéraires (*Périégèse* de Pausanias) et des vestiges mis au jour lors des fouilles américaines des années 1930 ont permis de se faire une idée des premiers monuments qui y furent élevés. Les édifices n'étaient pas agencés suivant un plan rationnel : c'est durant la première moitié du VIᵉ siècle qu'une structure cohérente apparut. L'opération d'urbanisme atteignit son apogée au Vᵉ siècle, avec l'édification d'une série de portiques (côtés sud et nord) et la construction du portique de Zeus (côté ouest), qui dressaient leurs silhouettes au fond de la place. Les colonnades, de style

56 Au centre : Sur cette vue de la face ouest du Parthénon, on remarque les traces des déprédations qui ont, au fil des siècles, endommagé la décoration de l'entablement et du fronton : les métopes qui alternent avec les triglyphes sont détériorées, tout comme le tympan. Les vestiges, connus sous le nom de marbres de lord Elgin, sont aujourd'hui conservés au British Museum.

56 En bas : L'entrée de l'Acropole, avec les Propylées et le temple d'Athéna Niké, dû à l'architecte Callicrate, reflète la volonté politique d'urbanisation de Périclès.

56-57 Cette vue en perspective de la façade ouest de l'Érechtéion montre combien la structure, par son caractère hétérogène, s'éloigne des modèles classiques.

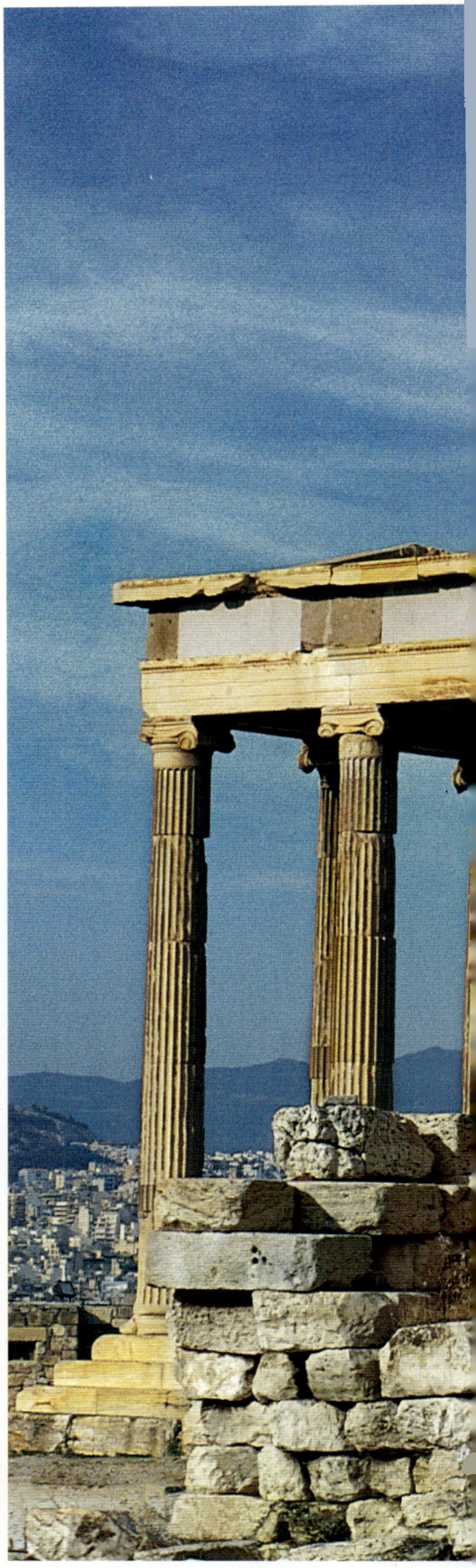

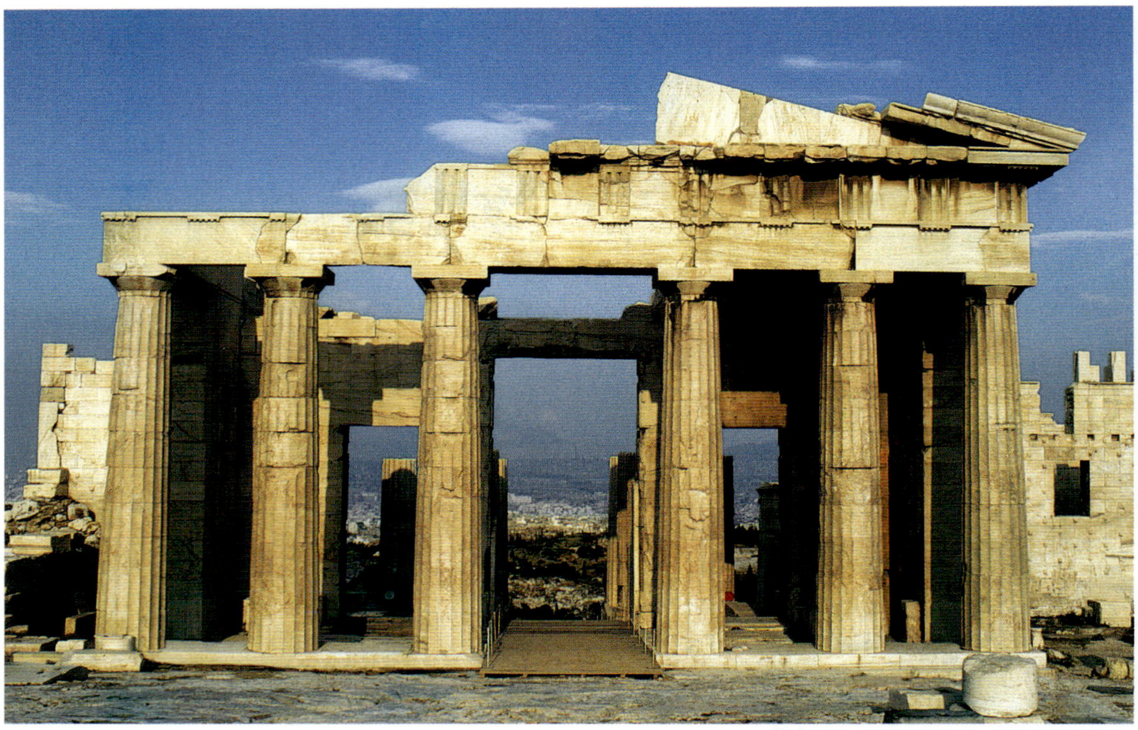

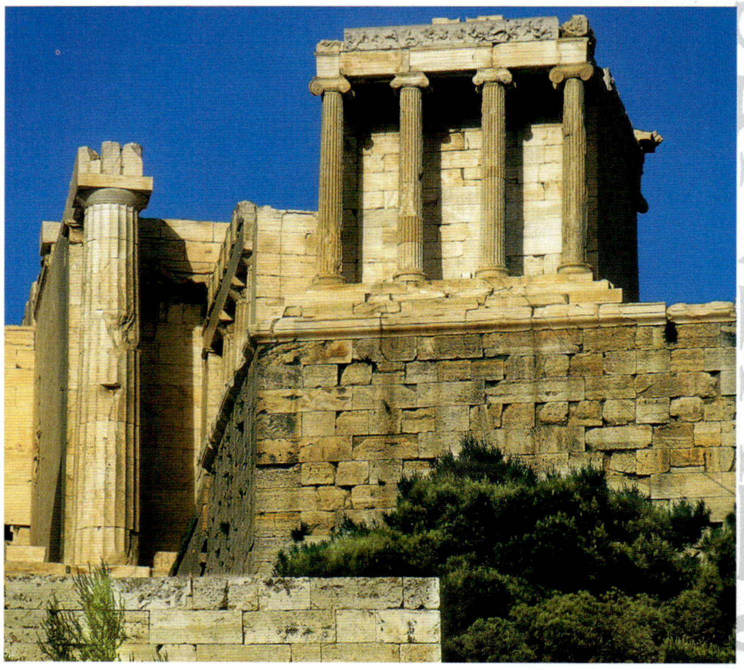

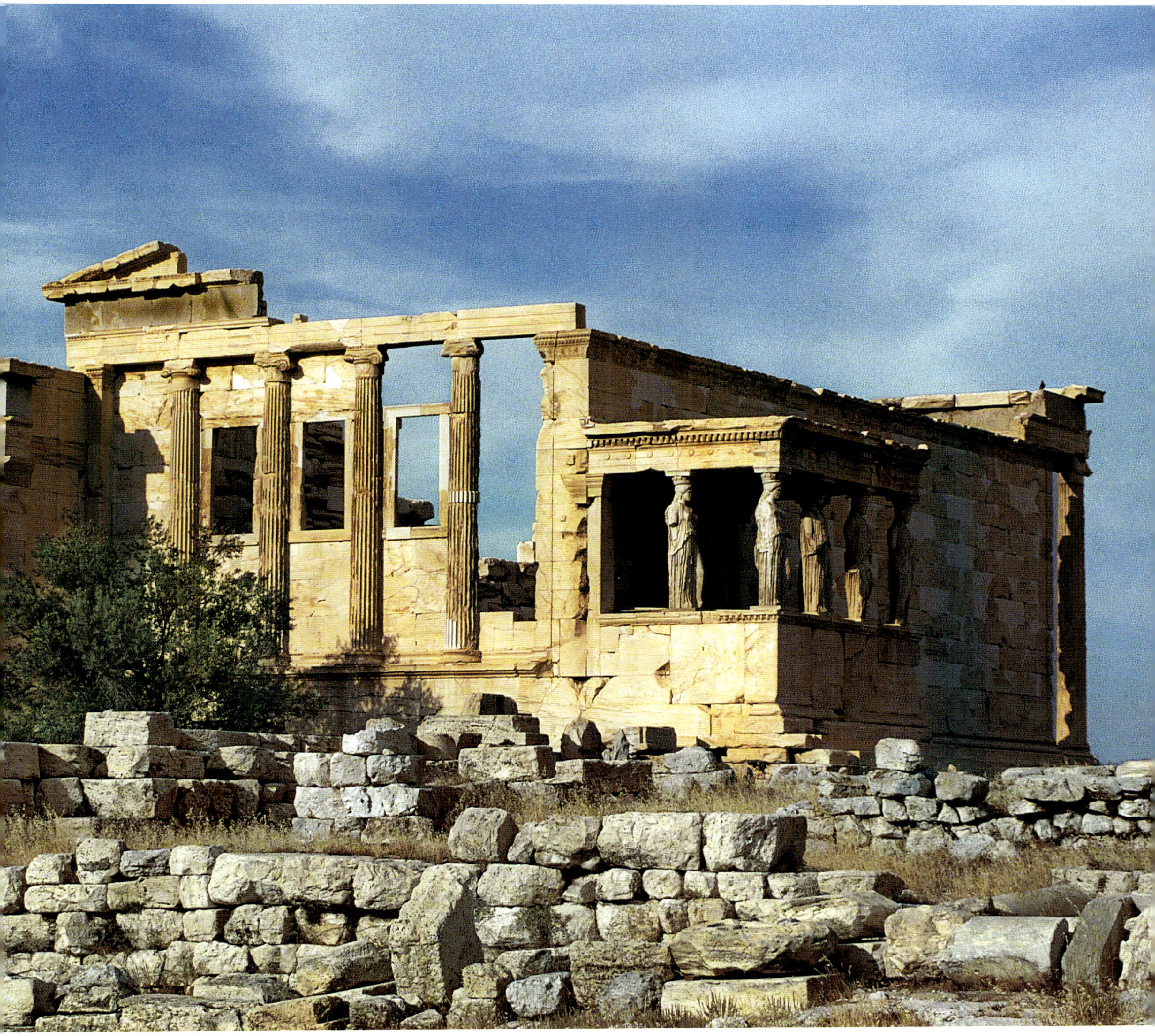

parthénonien (ordre dorique à l'extérieur et ionique à l'intérieur), servaient à délimiter l'espace et à donner une unité à des édifices disposés sans ordre précis. L'ancien bâtiment du Bouleutérion (salle du Conseil), deux petits sanctuaires dédiés à Apollon (et peut-être à Zeus), de même que le portique royal, où siégeait l'archonte-roi et où étaient conservés les anciens textes de loi, remontent à l'époque archaïque ; le portique royal fut agrémenté sous les Pisistratides d'une fontaine publique, l'Enneakroùnos, où l'on venait puiser l'eau du bain nuptial ; en 522-521, on lui adjoignit l'autel des Douze Dieux. Comme l'Acropole, l'agora se couvrit de nombreux monuments après 479 : la Tholos, édifice circulaire où s'assemblaient les prytanes, et la Stoa poikilé, célèbre pour ses peintures réalisées par des artistes comme Polygnote ou Micon. D'autres artistes se distinguèrent dans le domaine de la sculpture : Alcamène, notamment, exécuta des statues en bronze d'Athéna et d'Héphaïstos, placées dans le grand temple (Héphaïstéion) entrepris en 449 av. J.-C. On éleva également un nouveau Bouleutérion derrière l'ancien, qui abritait désormais le temple de la Mère des dieux (Métrôon) et servait de dépôt d'archives. On construisit enfin d'autres portiques et l'on dressa de nombreuses statues commémoratives, dont le groupe des *Tyrannoctones*, exécuté par les sculpteurs Critios et Nésiotès. L'aspect de l'agora demeurera pratiquement identique tout au long du IVe siècle. C'est à la largesse d'Attale II, roi de Pergame, qu'on doit la construction du célèbre portique du même nom (IIe siècle), qui abrite aujourd'hui le musée de l'Agora.

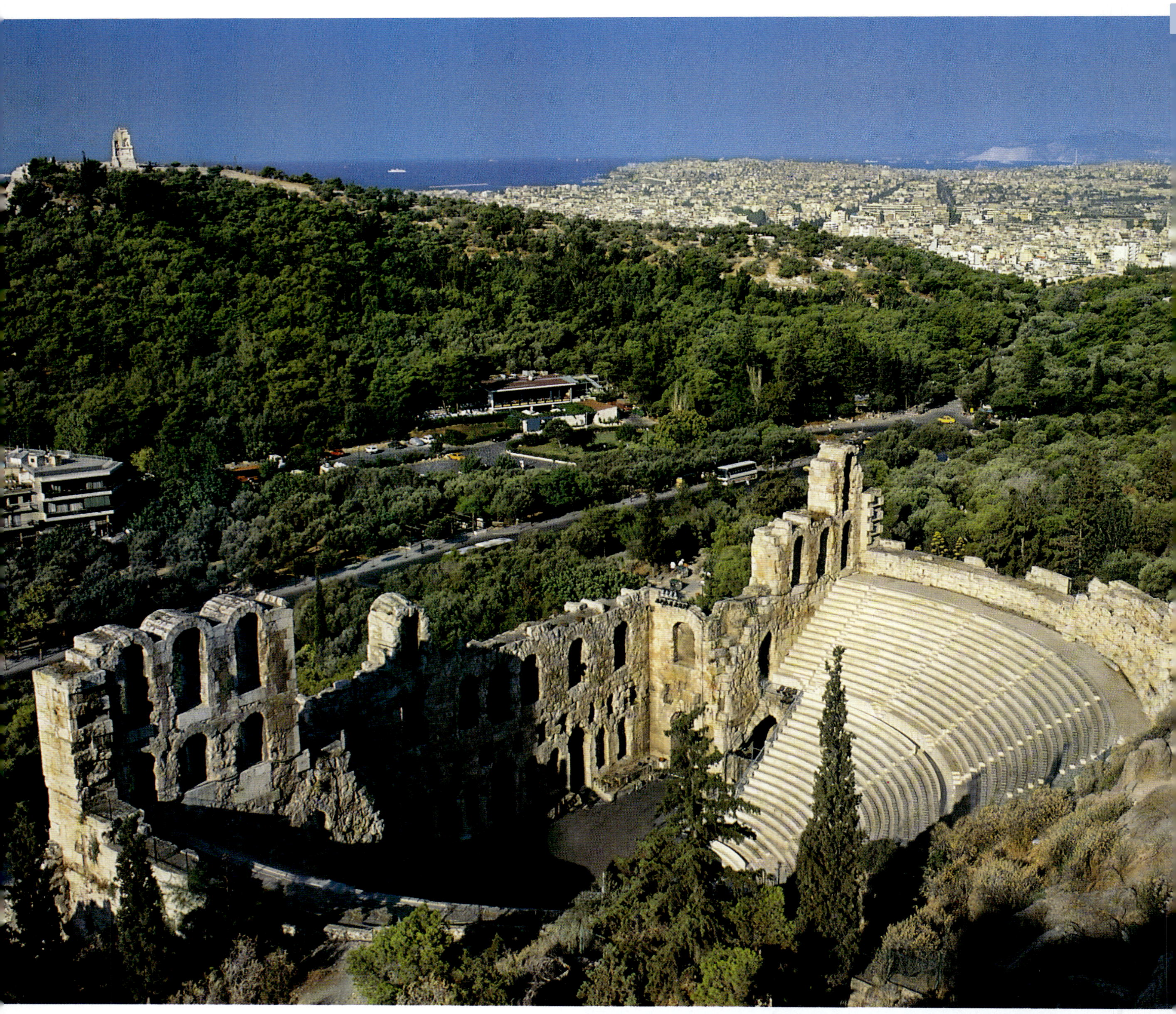

Le bâtiment se déploie sur deux étages en une série d'amples arcades dotées de colonnades doriques et ioniques. Il servait alors de centre commercial. L'époque romaine d'Athènes débuta en 86 av. J.-C., lorsque Sylla s'empara de la ville. L'agora fut alors saccagée… Les travaux de construction reprirent durant la seconde moitié du Ier siècle av. J.-C., avec l'édification de la tour des Vents, bâtiment octogonal qui abritait l'horloge d'Andronicos. Athènes dut néanmoins son salut à l'aristocratie de Rome, qui considérait la cité comme le berceau de la culture ; c'est ce sentiment de respect qui incita Auguste à financer la reconstruction urbaine, même s'il entendait par la même occasion affirmer la nouvelle puissance impériale. Les premiers travaux de l'époque

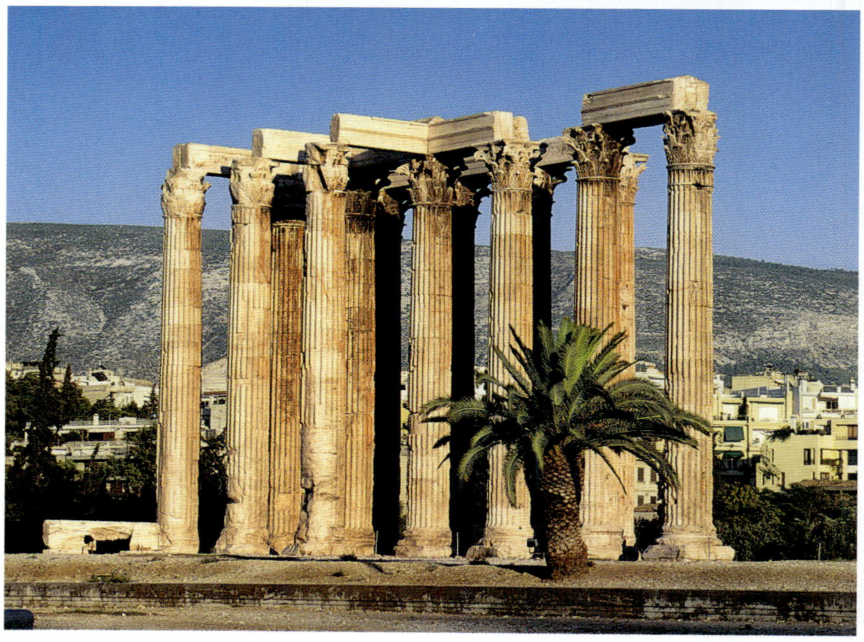

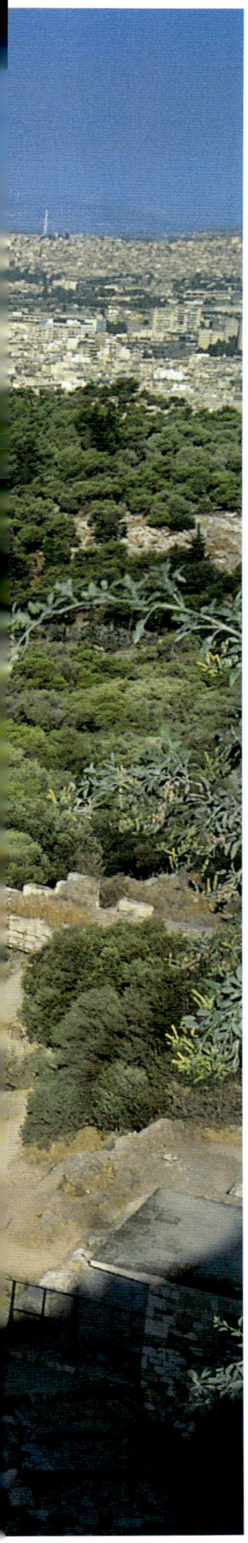

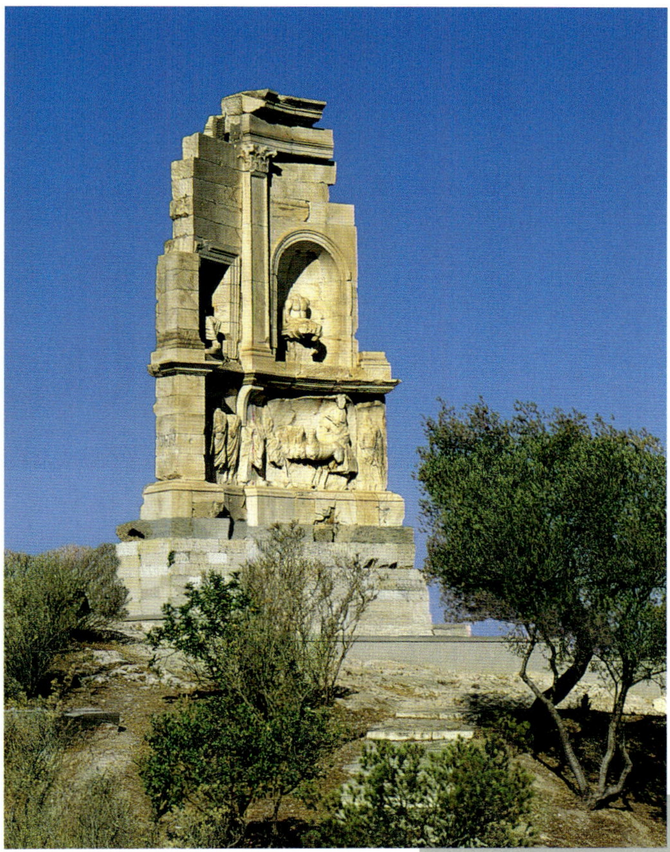

augustéenne furent entrepris sur l'Acropole. On éleva le temple circulaire de Rome et d'Auguste devant la façade est du Parthénon après 27 av. J.-C. ; le décor du monument imitait celui de l'Érechtéion : le programme d'Auguste adoptait le langage artistique des artistes athéniens des Ve et IVe siècles av. J.-C. Les monuments étaient associés au culte dynastique, relié à son tour au culte traditionnel des dieux de l'Olympe. L'agora fut également réaménagée et restaurée ; entre 11 et 9 av. J.-C., le grand portique en marbre à quatre arcades (agora romaine) conçu par César vit le jour : de nombreuses boutiques se cachaient derrière ses colonnes. Il était décoré de statues à la gloire de la dynastie impériale. Toutefois, c'est au centre de l'ancienne agora que fut construit l'édifice le plus novateur de cette période : l'odéon d'Agrippa (15 av. J.-C.), imposant théâtre couvert d'une structure rectangulaire à deux étages superposés. À l'intérieur, les étages en marbre, d'inspiration classique,

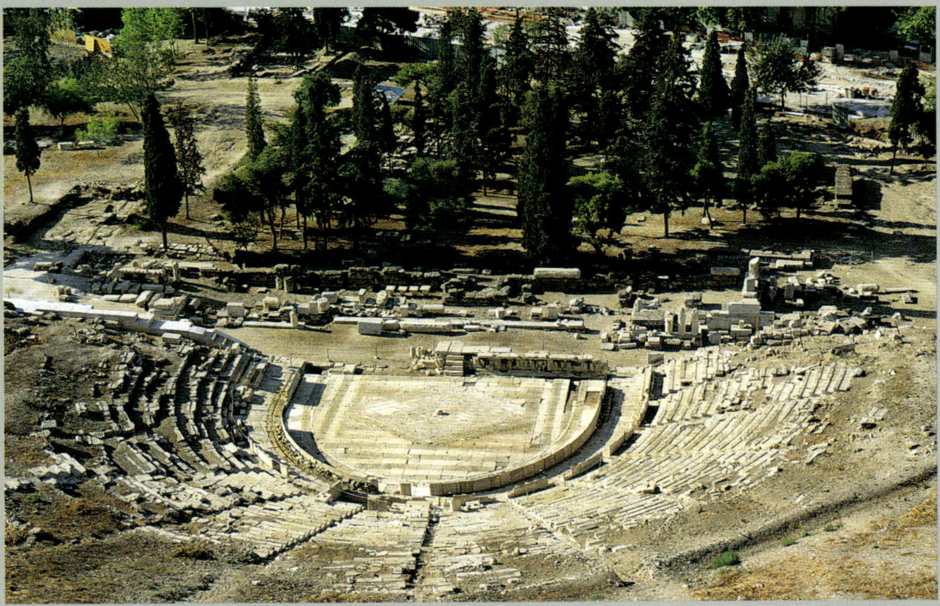

58-59 L'odéon d'Hérode Atticus s'élève au pied de l'Acropole : la scène est rectiligne, avec des niches et des fenêtres arquées de type romain.

58 En bas : L'Olympiéion, entrepris sous les Pisistratides, est achevé sous le règne d'Hadrien et devient le sanctuaire du culte impérial philhellénique.

59 En haut : Le monument de Philopappos, qui date de la fin de l'époque de Trajan (114-116), fut érigé en l'honneur du prince C. Julius Antiochos.

59 En bas : Le théâtre de Dionysos, vu de l'Acropole. Il a encore aujourd'hui l'aspect qui lui fut donné à l'époque romaine.

étaient caractérisés par une polychromie très vive. L'édifice associait une décoration de goût néoattique à certaines caractéristiques issues du modèle italico-hellénistique, à savoir le recours à la polychromie et à l'axialité. Avec l'odéon, Rome imposait sa présence au centre de la cité attique et rappelait que l'architecture publique était désormais sa prérogative exclusive. Pourtant dans ce domaine, le Ier siècle apr. J.-C. fut une période de stagnation. Seuls quelques travaux furent entrepris sous les règnes de Claude et de Néron. Les premiers signes de reprise remontent à l'époque de Trajan, qui nous a légué deux édifices importants : la bibliothèque de Pantanois, bâtie en 100, constituée d'un porche de 70 m et de boutiques, et le monument de Philopappos, édifice à vocation commémorative et funéraire, construit entre 114 et 116 et caractérisé par une importante décoration.

L'activité architecturale connut un nouvel essor sous la dynastie des Antonins. Sous le règne d'Antonin le Pieux, le théâtre de Dionysos fut transformé en théâtre romain et

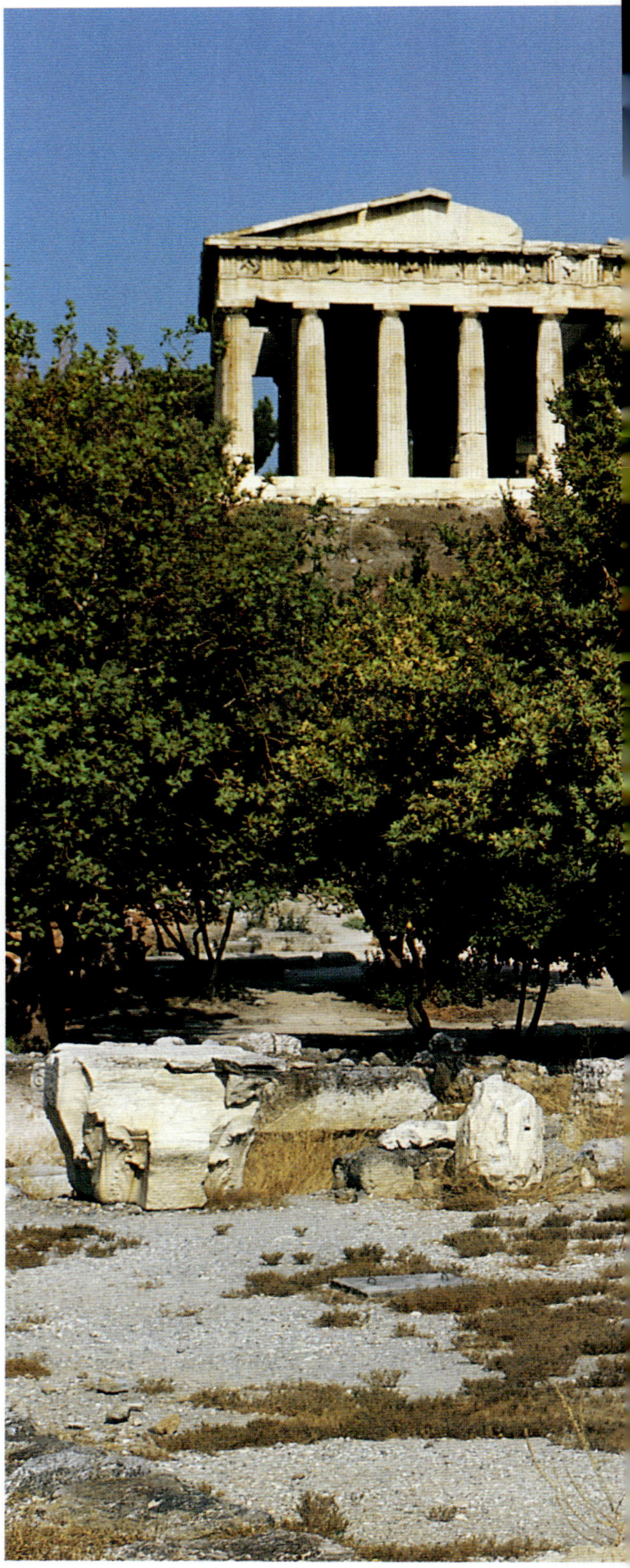

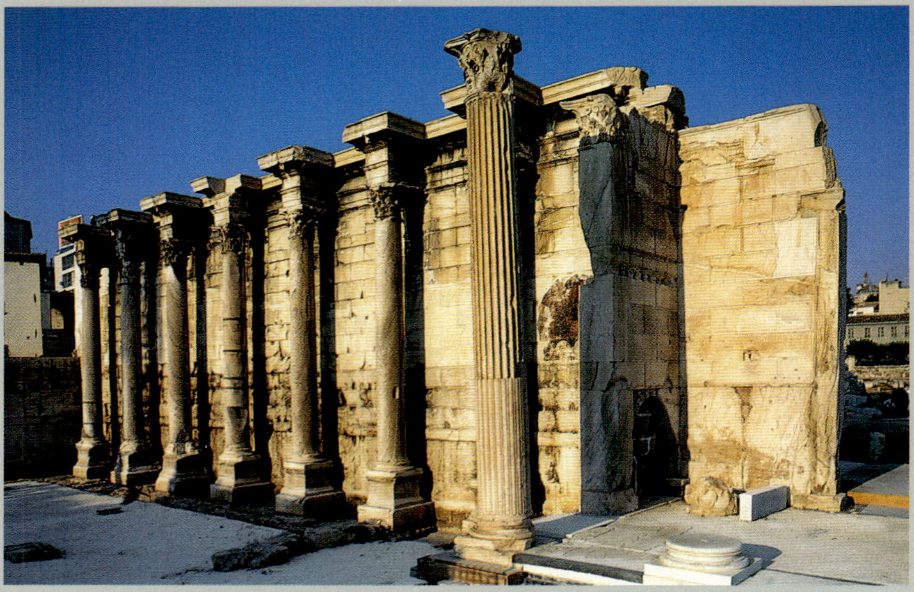

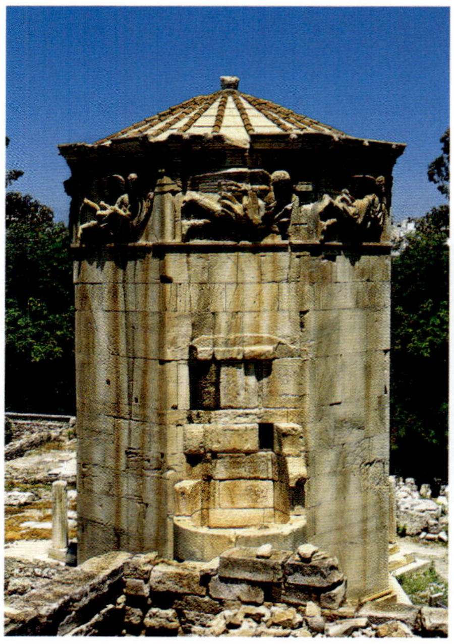

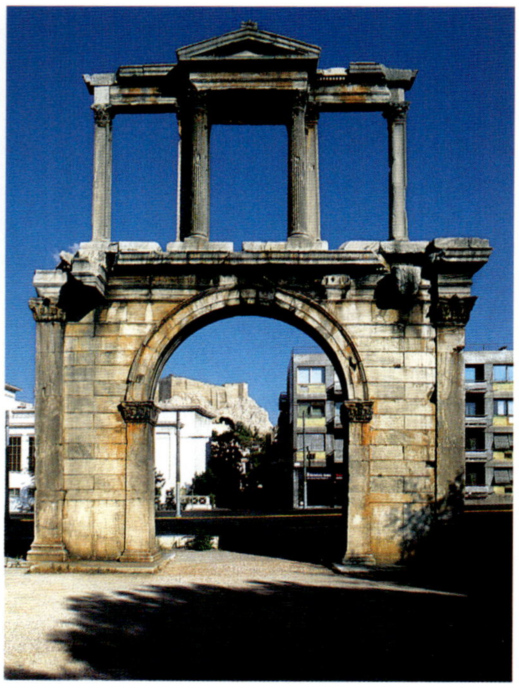

60 Ci-contre à gauche : La tour des Vents, horloge à eau également connue sous le nom d'horloge d'Andronicos, date du Ier siècle av. J.-C.

60 Ci-contre à droite : La porte d'Hadrien est un élément du programme d'urbanisme de l'empereur, soucieux de créer une cité d'Hadrien, symétrique de la cité de Thésée, et dont la porte constitue le lieu de passage idéal. Haute de 18 m, celle-ci se compose d'une arche romaine surmontée d'un deuxième étage ouvert de style corinthien.

60 En haut : La bibliothèque d'Hadrien, le plus grand édifice construit sur l'ordre de l'empereur, se distingue par une riche décoration : colonnes (au nombre de cent autrefois) en marbre phrygien et dallage aux incrustations polychromes.

60-61 Vue de l'ancienne agora. À l'arrière-plan, la silhouette de l'Héphaïstéion (improprement appelé Théséion) qui devait abriter les statues d'Athéna et d'Héphaïstos. Au premier plan, les vestiges de l'autel de Zeus Agoraios.

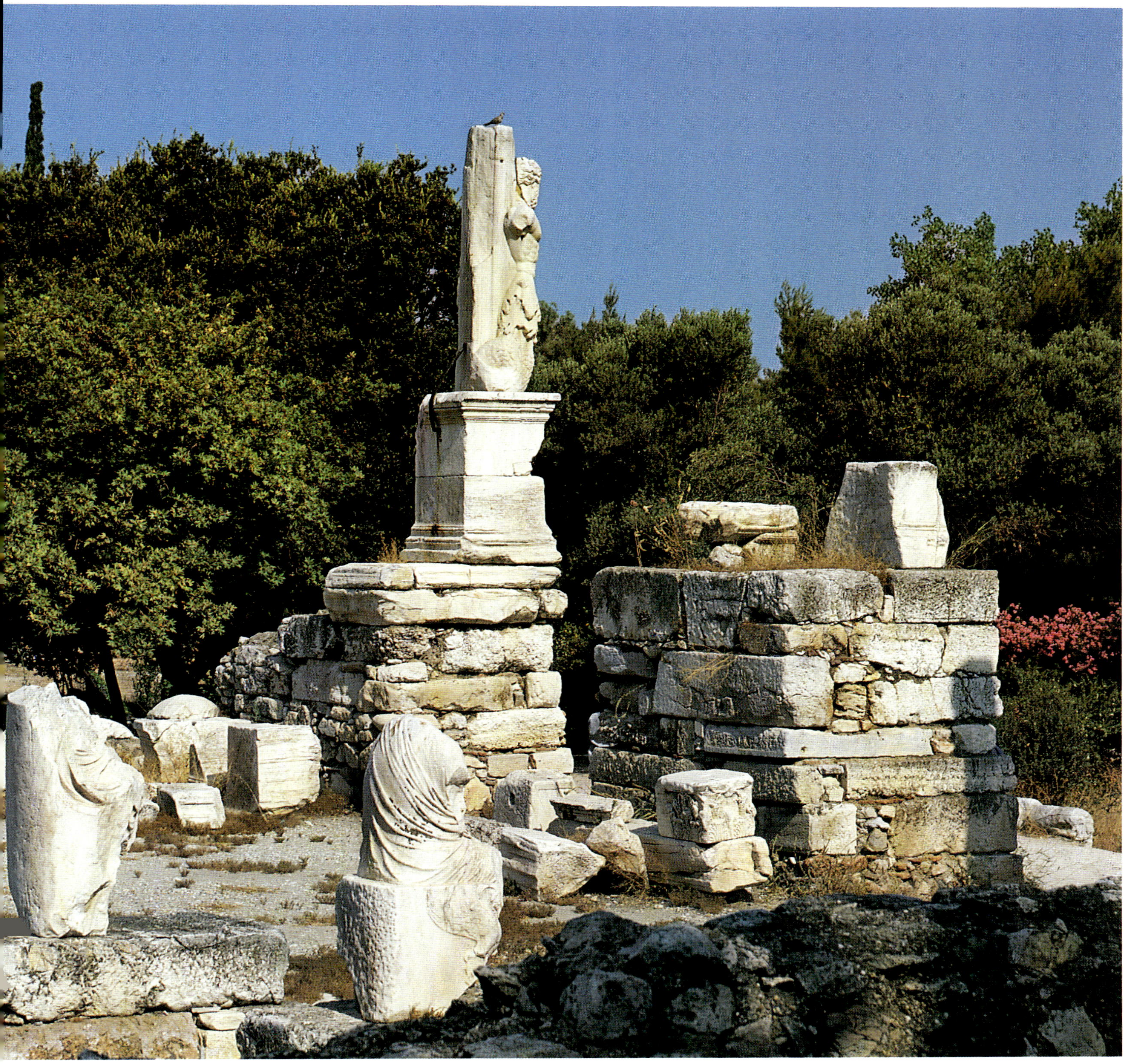

vers 164, Hérode Atticus édifia sur le versant sud de l'Acropole un odéon pouvant accueillir 5 000 spectateurs. Par la suite, Hadrien consacra des sommes considérables à l'aménagement d'une ville nouvelle, située à l'est de la cité antique. En 132, on acheva l'Olympiéion, sanctuaire du culte impérial associant Hadrien et Zeus. L'entrée en est marquée par une porte monumentale à deux étages. Hérode Atticus finança également la construction d'un stade sur la rive gauche de l'Illissos, et celle d'un pont qui donna son unité au nouvel ensemble urbain en réunissant les deux parties du quartier moderne.

Le projet le plus important fut néanmoins la bibliothèque d'Hadrien, située au nord de l'agora romaine et inspirée de deux monuments romains : le temple de la Paix et le forum Transitorium. C'était un grand portique à quatre arcades rythmé par des exèdres semi-circulaires ou rectangulaires (au nord et au sud) ; la bibliothèque proprement dite, dotée de salles de lecture latérales, se trouvait derrière l'arcade orientale. Un nymphée en demi-cercle et un autre édifice imposant, à savoir le palais de justice, furent édifiés l'agora traditionnelle. Grâce à ces nombreuses constructions, l'empereur entendait conférer à la cité un aspect monumental et « romanisé ».

Mais Athènes ne se remit pas de l'invasion des Hérules, en 267 ; l'Acropole, qui avait repris sa fonction défensive à cette époque, subit d'innombrables dommages au cours des siècles suivants. L'invasion slave de 582-583 porta un coup fatal à la cité antique.

ROME

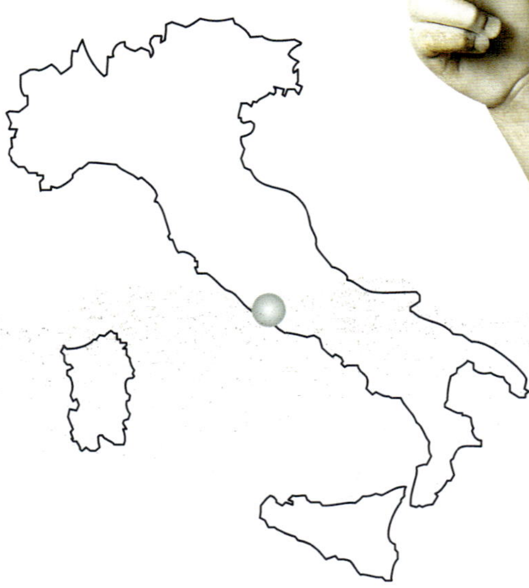

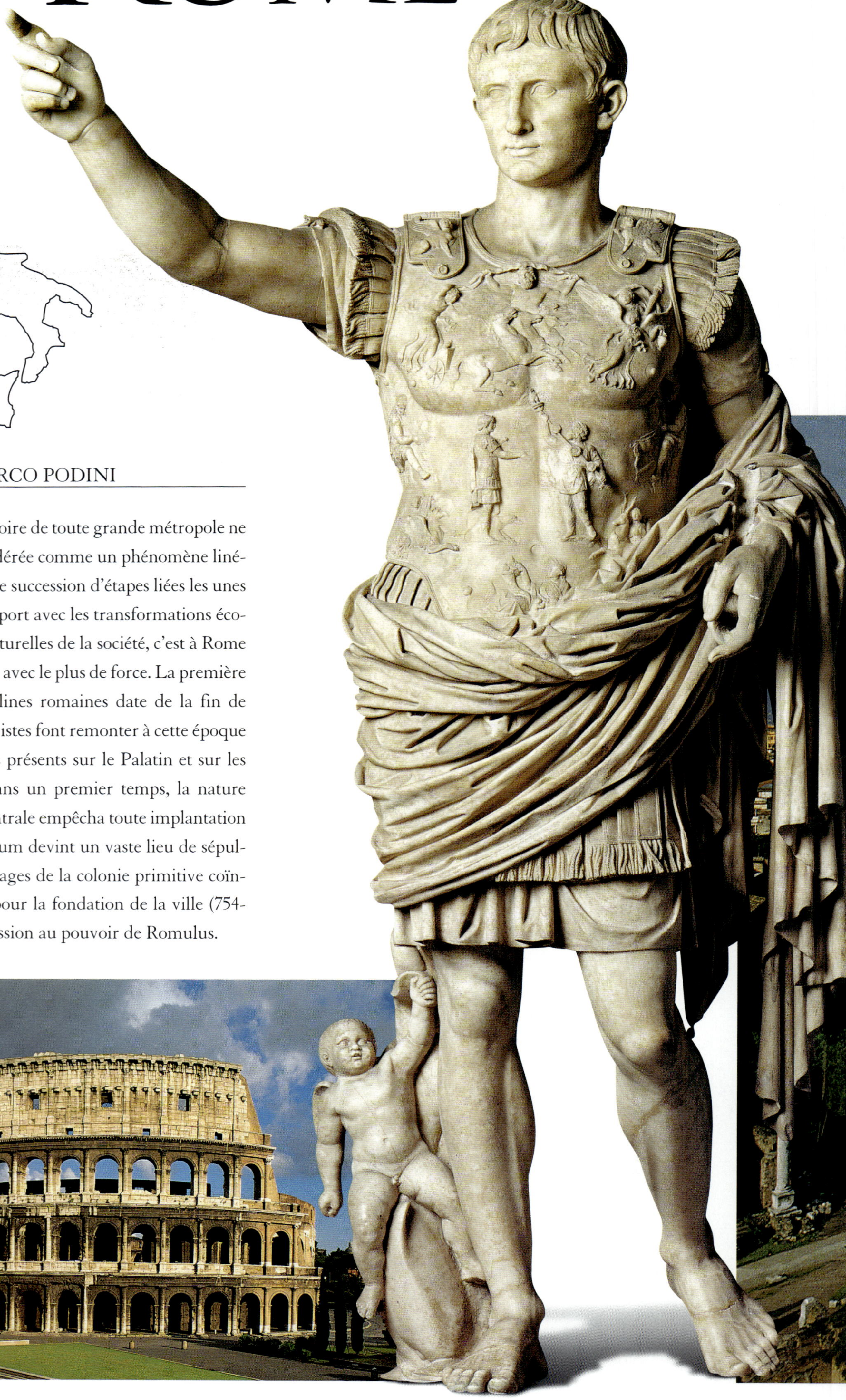

Par MARCO PODINI

S'il est vrai que l'histoire de toute grande métropole ne doit pas être considérée comme un phénomène linéaire mais plutôt comme une succession d'étapes liées les unes aux autres, à mettre en rapport avec les transformations économiques, politiques et culturelles de la société, c'est à Rome que cette assertion s'illustre avec le plus de force. La première colonisation stable des collines romaines date de la fin de l'âge du bronze. Les spécialistes font remonter à cette époque quelques fonds de cabanes présents sur le Palatin et sur les collines environnantes. Dans un premier temps, la nature marécageuse de la zone centrale empêcha toute implantation durable et la vallée du Forum devint un vaste lieu de sépulture. La fédération des villages de la colonie primitive coïncide avec la date retenue pour la fondation de la ville (754-753 av. J.-C.), et avec l'accession au pouvoir de Romulus.

62 En bas à gauche : Le Colisée, élevé par Vespasien en 79, est le plus grand amphithéâtre de l'Empire romain. Sa structure, en blocs de travertin, est constituée de trois étages d'arcades de différents ordres et d'un dernier étage rythmé par des pilastres corinthiens.

62 À droite : Statue d'Auguste provenant de la villa de Prima Porta. L'empereur est représenté au moment où il demande le silence avant de commencer son discours. On remarquera la décoration de la cuirasse, empreinte d'une forte signification idéologique : l'épisode de la restitution des insignes de Crassus par le roi des Parthes est représenté au centre d'une scène cosmique.

62-63 Vue du forum romain. On aperçoit, au fond, les arcades de la nef nord de la basilique de Maxence, au centre, une partie de la via Sacra, à gauche l'arc de Titus et, dans le lointain, à droite, le Colisée.

63 Ci-contre : *La Louve du Capitole* est une œuvre représentative de la sculpture archaïque qui remonte sans doute au début du Ve siècle av. J.-C.

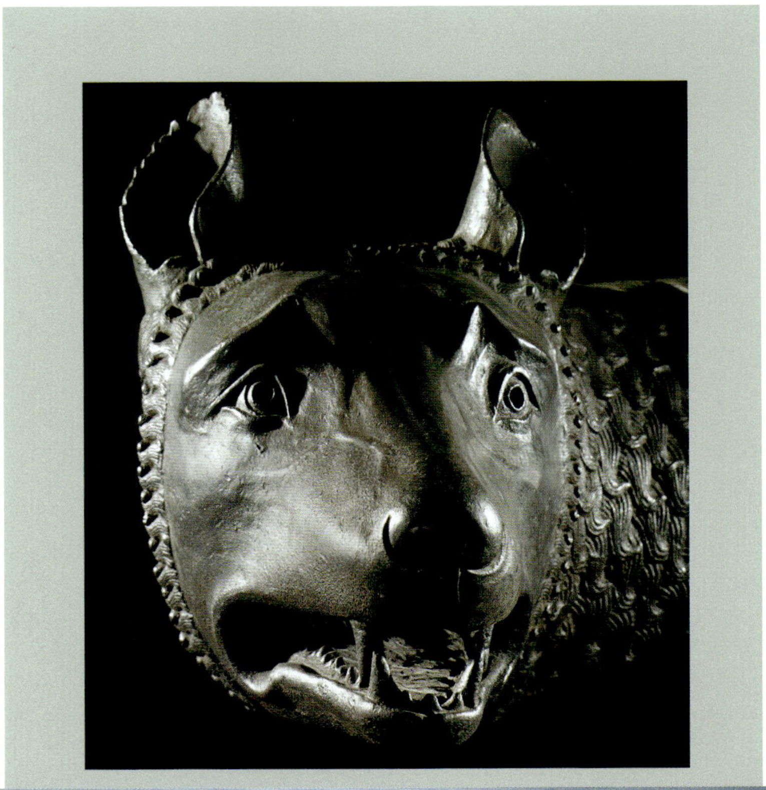

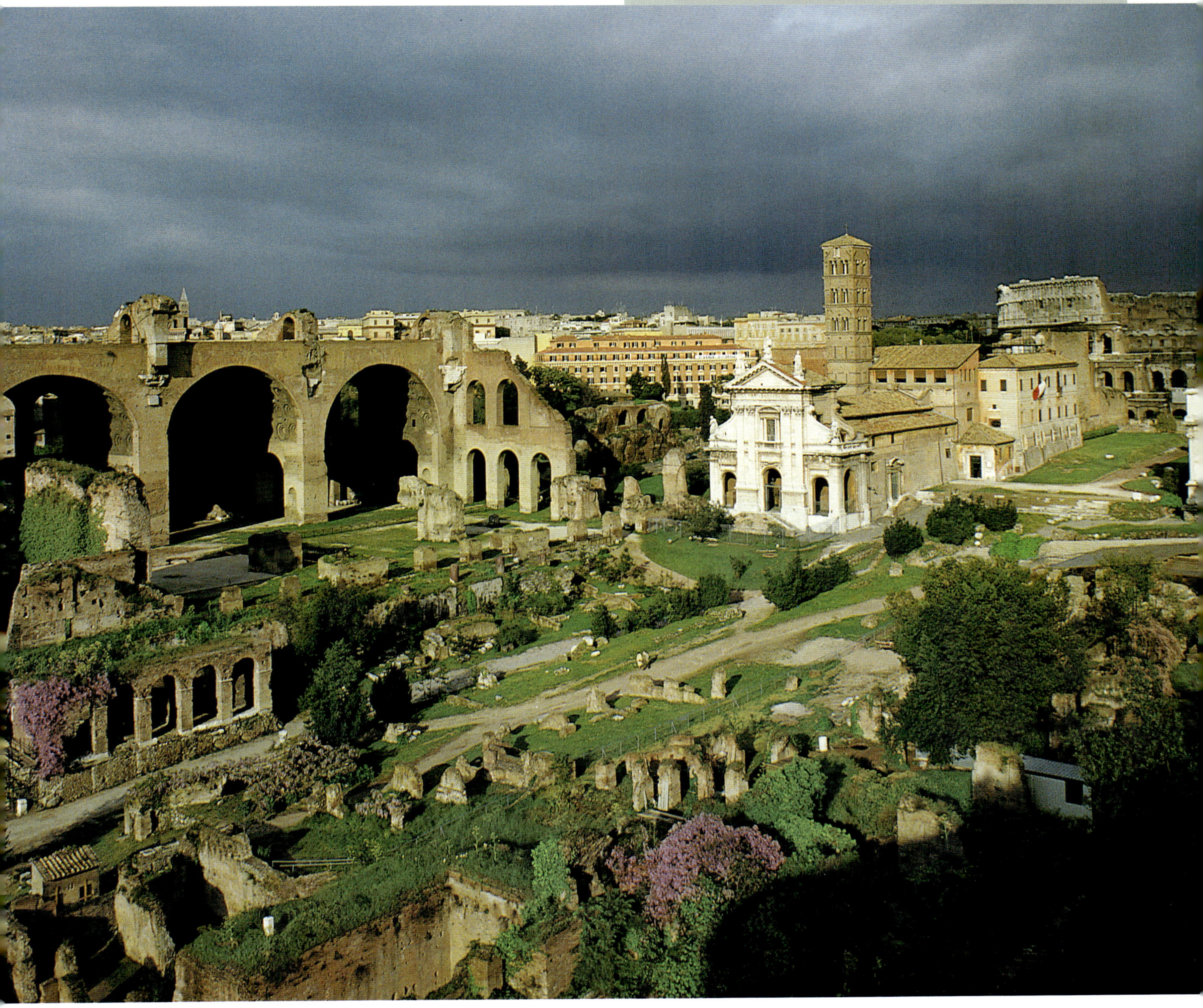

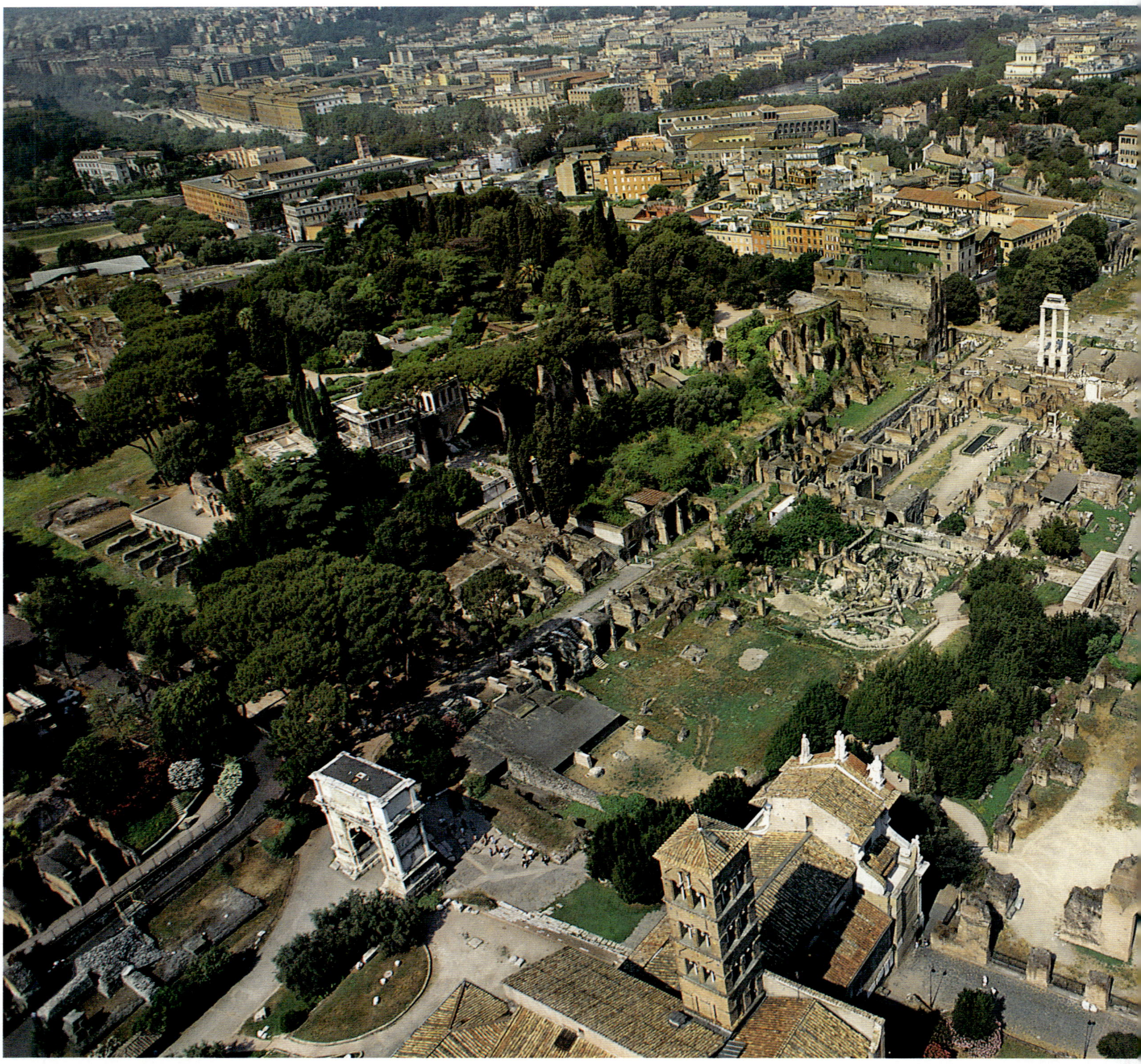

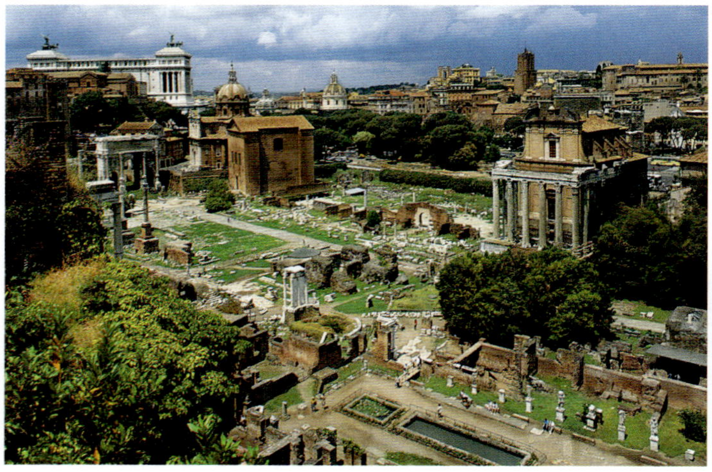

64 Ci-contre : La partie ouest du forum romain : on aperçoit, en bas à gauche, la maison des Vestales et les ruines du temple circulaire de Vesta ; en haut à droite, le temple d'Antonin et de Faustine ; au centre, les vestiges du temple de César divinisé, et enfin, au fond à gauche, l'arc de Septime Sévère et la curie.

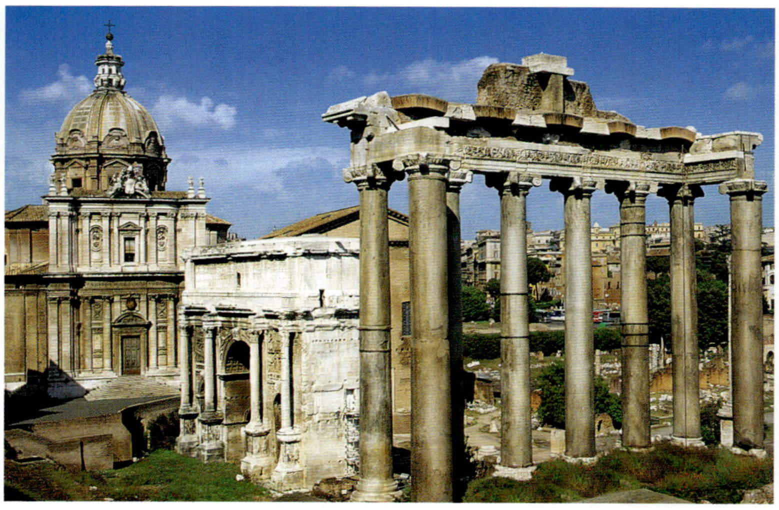

64-65 Le forum romain – à l'origine une vaste dépression marécageuse – accueillit des constructions monumentales dès l'époque monarchique.

64 Ci-contre : Symbole de la jeune République, le temple de Saturne, édifié au Ve siècle av. J.-C., abritait le trésor public. Un peu plus au nord, Septime Sévère fit construire un imposant monument à trois arcades pour commémorer sa victoire sur les Parthes au IIe siècle.

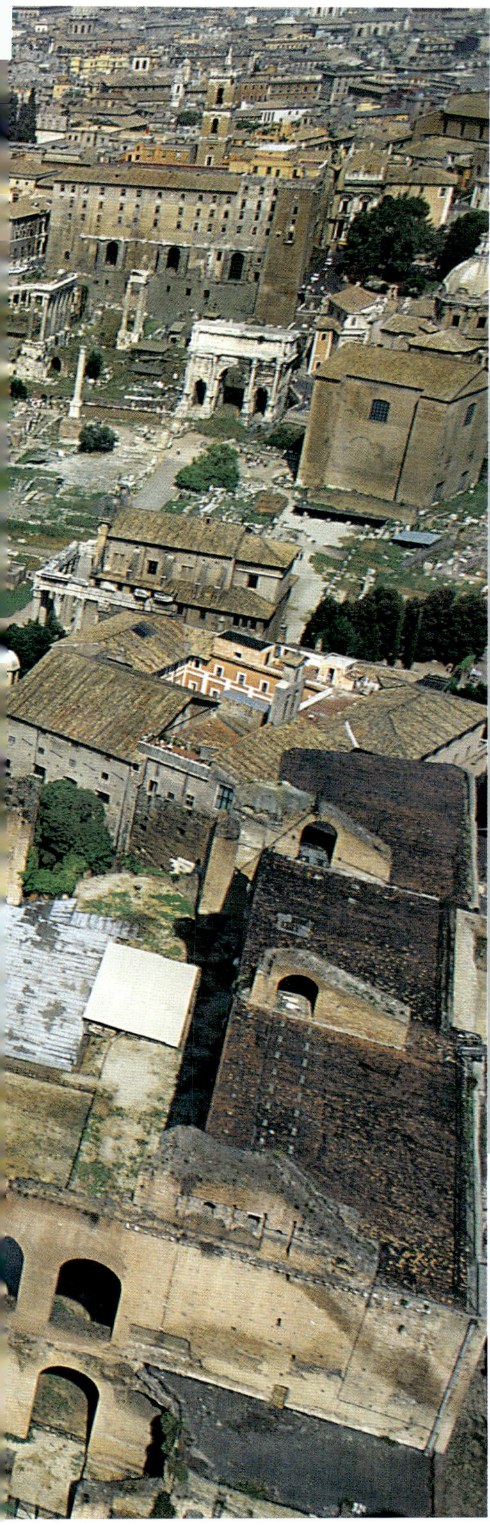

Rome

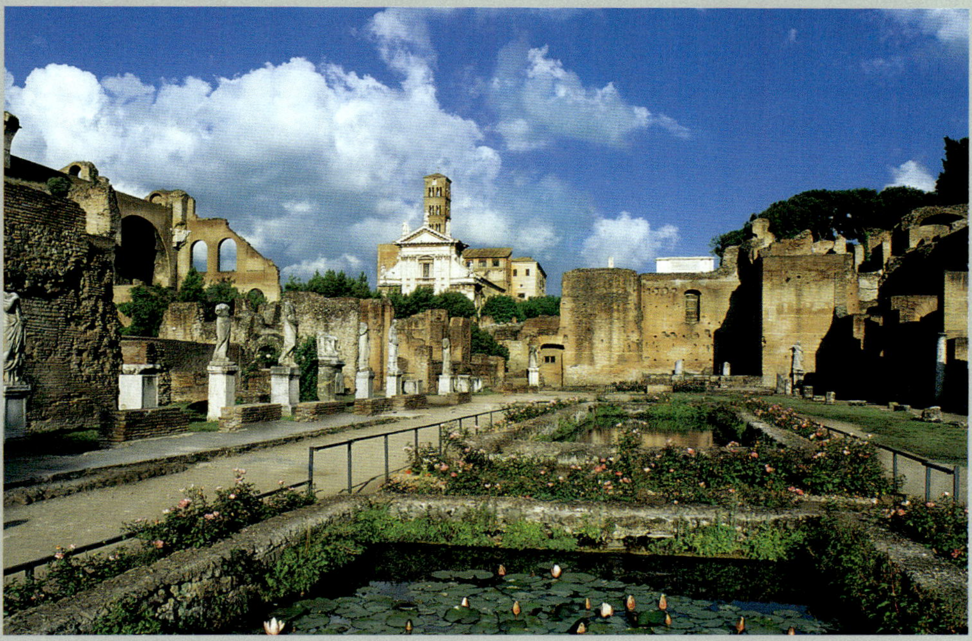

65 Ci-dessus : La maison des Vestales, qui s'ordonnait autour d'une cour ceinte de colonnes et agrémentée en son centre d'une série de fontaines, était la résidence des prêtresses du culte de Vesta. Le temple s'élevait derrière l'ensemble résidentiel où ont été identifiées différentes pièces destinées à des usages précis (four, cuisine, moulin, salle de réception et chambres des Vestales).

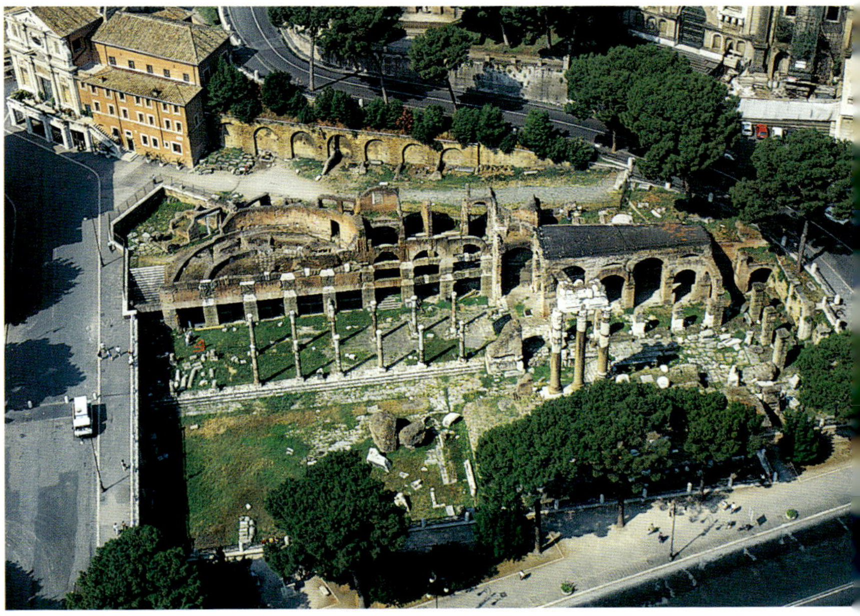

65 Ci-dessus : Le forum de César, vu du nord-est. Conçu en 54 av. J.-C. et inauguré en 46, le forum était une vaste place entourée de portiques et bordée au sud-ouest d'une série de boutiques construites sans ordre précis. Au nord-ouest s'élevait le temple de Vénus Genitrix. Ce sanctuaire, qui reposait sur six colonnes de style corinthien, abritait de précieuses œuvres d'art. Le forum de César servit de modèle à ceux construits par la suite, ce qui témoigne de l'importance que les Romains lui accordaient.

Vers 750 av. J.-C., la croissance démographique entraîna la révision de l'organisation urbaine, devenue incompatible avec les besoins d'une société en pleine expansion.

L'époque suivante fut marquée par une nouvelle dynastie de monarques d'origine étrusque : Tarquin l'Ancien, Servius Tullius et Tarquin le Superbe. Le premier roi étrusque entreprit des travaux de construction pour répondre à de nombreuses exigences : urbaines, avec la création d'un système d'égouts dans la vallée du forum (Cloaca maxima), sociales (Grand Cirque) et religieuses (temple de Jupiter Capitolin). Selon la tradition, son successeur Servius Tullius aurait élevé une grande enceinte (mur Servien) autour de la ville. Les vestiges archéologiques témoignent d'un important essor commercial au milieu du VIe siècle av. J.-C. ; parallèlement, les sources littéraires soulignent l'audace de la politique économique servienne et l'esprit d'entreprise du roi.

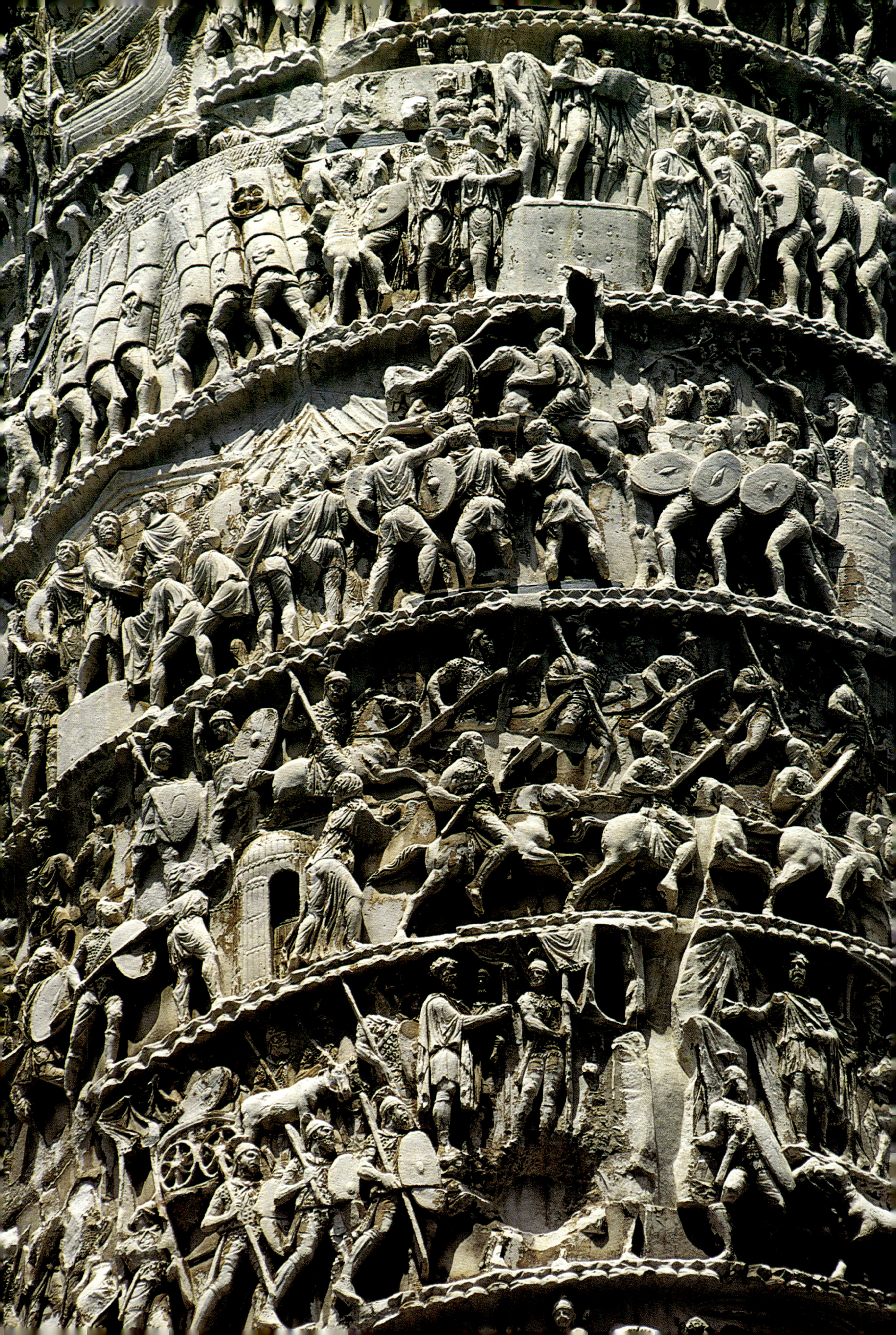

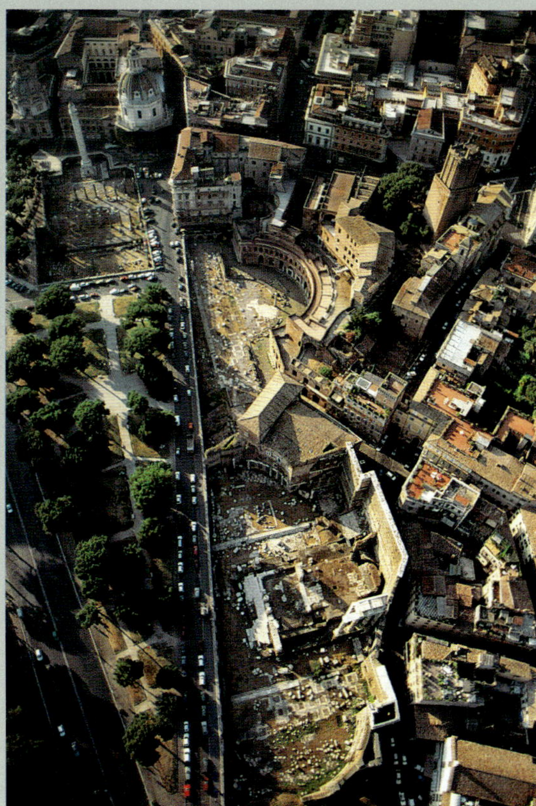

67 Ci-contre : Vue des forums impériaux. En bas, la partie encore visible du forum d'Auguste : on aperçoit les vestiges du temple de Mars Ultor (Vengeur) entre les deux grandes exèdres. On remarque l'ensemble monumental du marché de Trajan en haut à droite, à gauche une partie de la basilique Ulpia, et derrière, la célèbre colonne ceinte de spires.

67 Ci-dessous : Le vaste ensemble du marché de Trajan, adossé à l'imposant hémicycle, sur lequel se déroulait une voie bordée de boutiques.

ROME

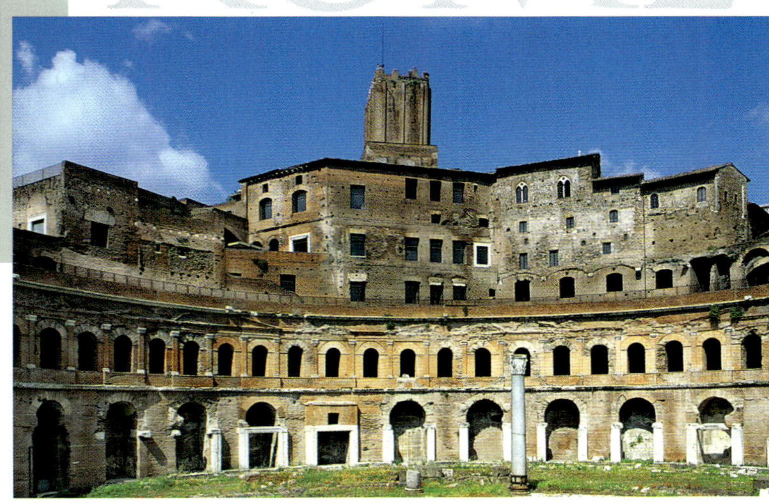

66 La frise qui entoure la colonne de Trajan comprend environ 2 500 figures et l'empereur y apparaît une soixantaine de fois. Les épisodes guerriers alternent avec les scènes de paix et les représentations des sacrifices offerts aux divinités pour s'assurer la victoire.

De nouvelles zones de circulation et des marchés (forum Holitorium et forum Boarium) furent aménagés. On construisit les deux édifices les plus emblématiques de cette période : la Regia, résidence du roi, et le Comitium, où se déroulaient les activités politiques. Selon la tradition, la république aurait été instaurée à Rome à la fin du VIe siècle av. J.-C. Conséquence de cet événement, un vaste terrain appartenant aux Tarquins et situé au nord-est du forum, le Champ de Mars, fut confisqué. Celui-ci sera le centre de l'architecture de prestige à partir de la moitié du IVe siècle av. J.-C. Après une période d'intense activité architecturale, qui donna notamment naissance au temple de Saturne et à celui de Castor et Pollux sur le côté sud du forum, les débuts de la république furent marqués par une récession économique en grande partie imputable au conflit entre patriciens et plébéiens. Les premiers signes de reprise apparurent au IVe siècle av. J.-C., lorsque les lois Licinia et Sextia accordèrent des droits identiques aux deux parties.

Jusqu'alors, l'élite républicaine était parvenue à empêcher que certains membres de l'oligarchie ne cherchent à se distinguer des autres en faisant ériger des monuments à leur propre gloire. Mais la conquête fulgurante de la péninsule, menée à terme durant les premières décennies du IIIe siècle, transforma profondément l'environnement politique et économique, favorisant ainsi l'ascension d'hommes neufs.

À partir de la fin des guerres puniques, la conquête de l'Orient ouvrit les portes du pays à la culture hellénistique et à un bien-être jusqu'alors inconnu, que la tradition assimila par la suite à la « luxure asiatique ». Les constructions de prestige se concentrèrent dans une zone englobant le cirque Flaminius (sur le Champ de Mars), le forum Holitorium et le forum Boarium. Au début du IIe siècle av. J.-C., des arcs de triomphe vinrent embellir le parcours emprunté par les généraux ; des entrepôts pour denrées alimentaires furent construits le long du Tibre (portique Aemilia, greniers Galbana et Lolliana).

La première basilique édifiée par Caton l'Ancien remonte à 184 av. J.-C. Ce type d'édifice deviendra l'un des éléments fondamentaux du paysage urbain. Du point de vue fonctionnel, la basilique remplaçait l'atrium du siècle précédent ; en revanche, sa forme s'inspirait d'un modèle radicalement inédit, d'origine hellénistique ou alexandrine. La construction de la basilique Porcia fut suivie de celle des basiliques Fulvia-Aemilia et Sempronia.

À cette époque, l'architecture religieuse connaît également un essor considérable. À la fin du IIe siècle av. J.-C.,

M. Minucius Rufus renferme les temples républicains du Largo Argentina à l'intérieur du portique Minucia. Le marbre fait son apparition à Rome avec la construction du temple de Jupiter Stator, conçu par l'architecte Hermodoros de Salamine. Le temple rond du forum Boarium, dédié à Hercule Vainqueur par un riche marchand de Tivoli, est également en marbre. Le Ier siècle vit l'avènement d'une série de fortes personnalités. Dans le domaine de l'urbanisme, le projet le plus ambitieux de l'époque de Sylla consista à uniformiser le versant sud-ouest du Capitole pour y construire l'imposant et sévère édifice du Tabularium, qui abritait les archives d'État.

Le troisième quart du Ier siècle av. J.-C. fut marqué par l'éclipse de l'aristocratie sénatoriale, écrasée par Pompée et César. Le conflit entre les deux hommes eut aussi des répercussions sur le plan architectural. Pompée fit édifier sur le Champ de Mars le premier théâtre de Rome, en l'associant à des structures civiques, résidentielles et religieuses. Son objectif était de réaliser un imposant ensemble, comparable au palais d'un dynaste hellénistique.

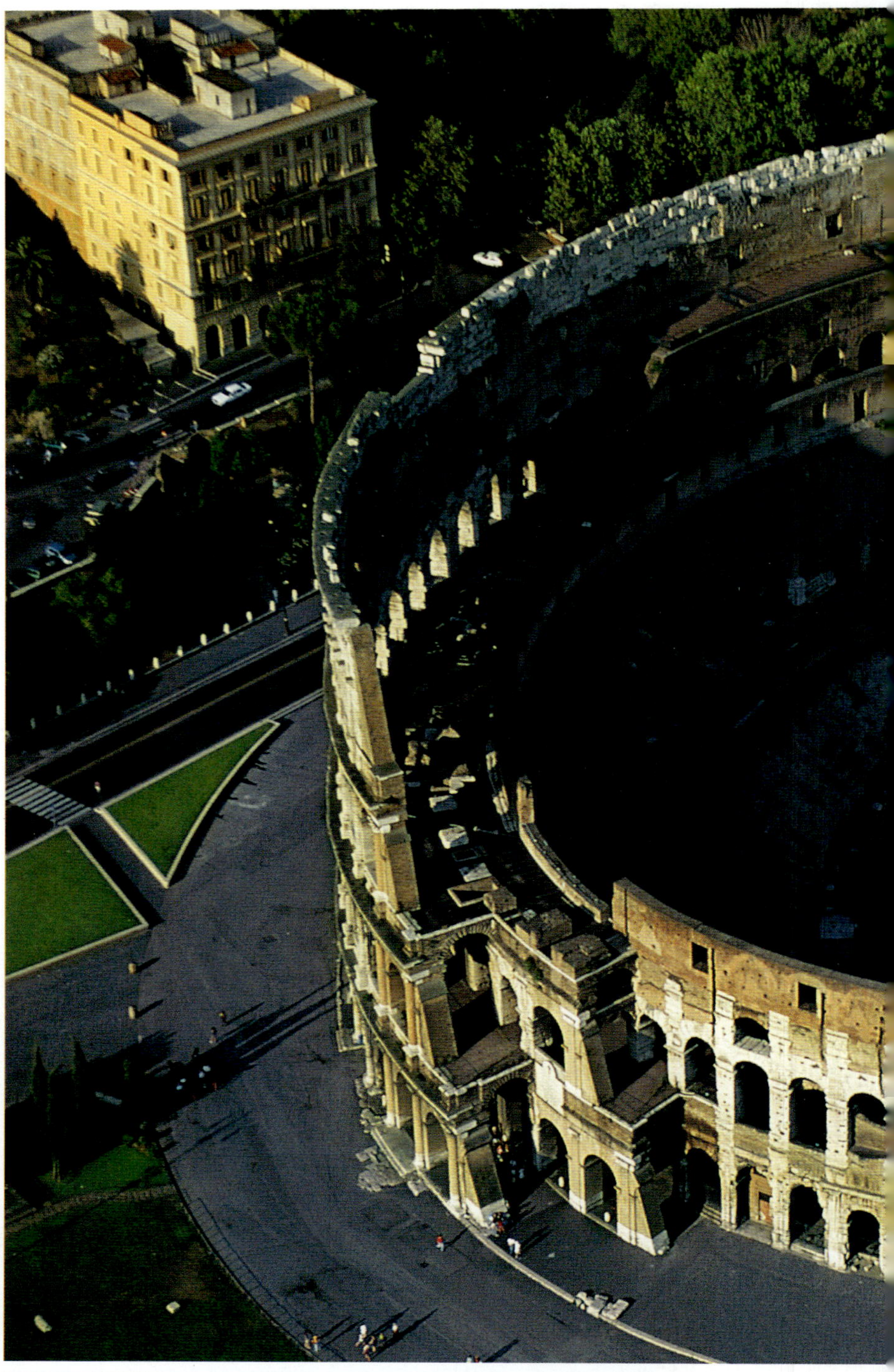

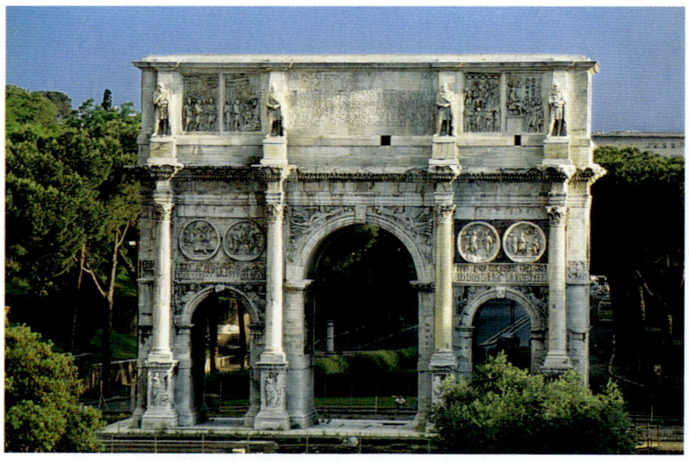

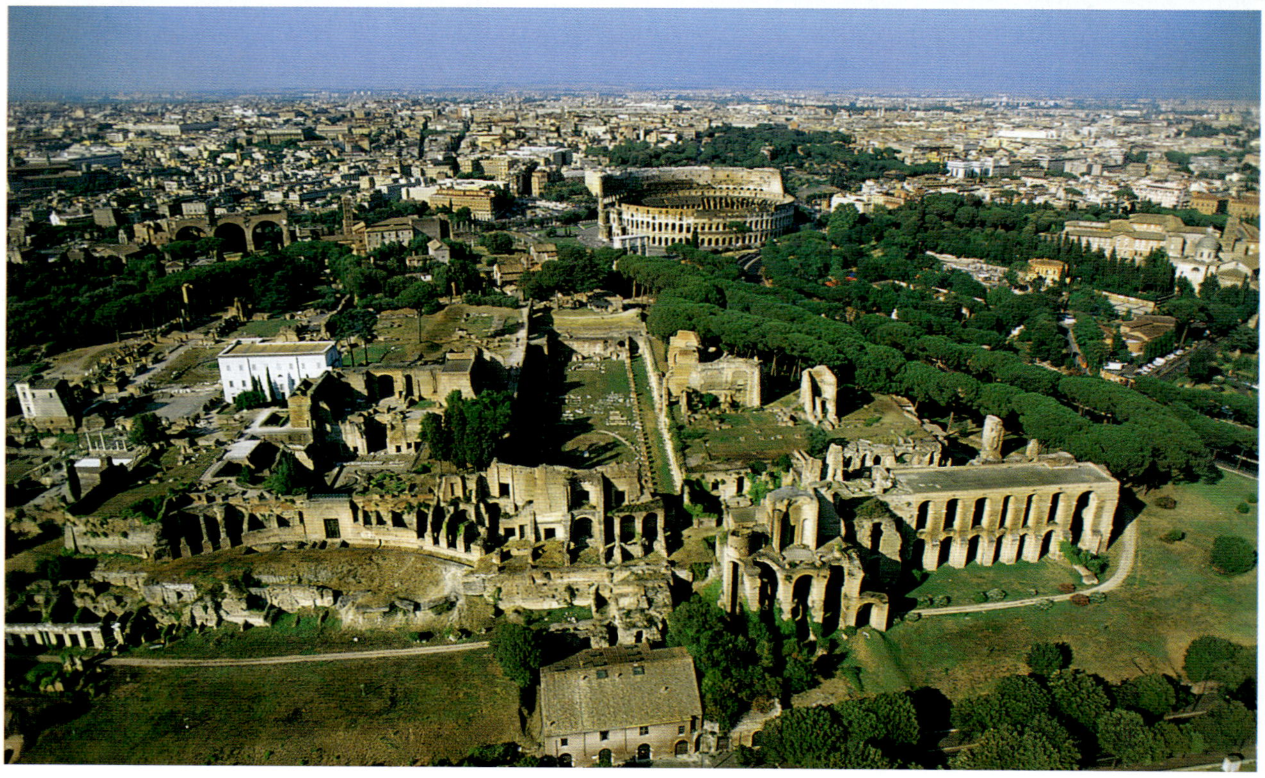

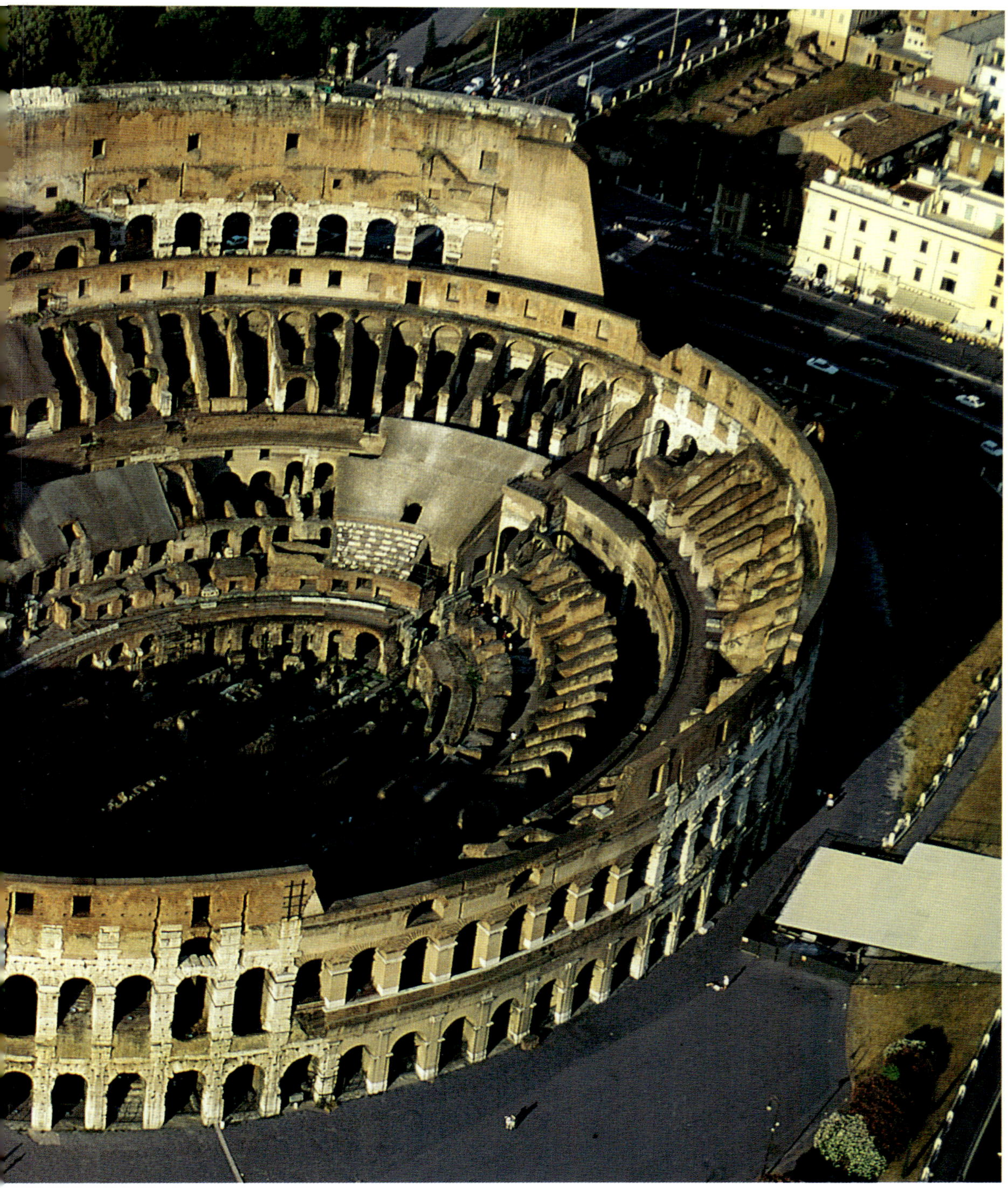

68 Au centre : L'arc de Constantin, érigé en 315, reprend dans sa décoration les épisodes marquants du règne de l'empereur.

68 En bas : Le palais impérial, dessiné par l'architecte Rabirius sous Domitien, fut élevé sur le Palatin. L'ensemble occupait presque toute la surface de la colline et comprenait une partie publique, avec des salles de réception, et une aile privée, qui fut agrémentée d'un jardin en forme de stade.

68-69 La structure du Colisée, ou amphithéâtre flavien, apparaît ici clairement : l'imposant hémicycle en ellipse était subdivisé en une série de gradins reproduisant la hiérarchie sociale.

69 Ci-dessous : Les fresques qui ornent les murs de la maison d'Auguste, sur le Palatin (exécutées vers 30 av. J.-C.), témoignent de la naissance d'un nouveau style décoratif pour les intérieurs : les surfaces vides sont dominées par de grands panneaux encadrés, au centre desquels les artistes représentaient des sujets précis.

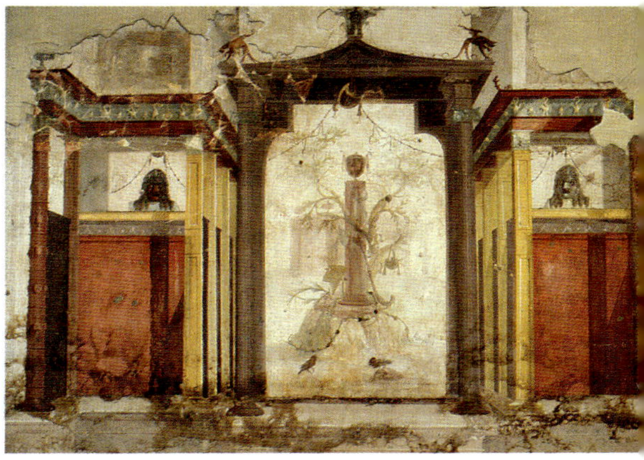

Après avoir vaincu son ennemi acharné, César décida d'entreprendre ses grands travaux sur le forum, siège traditionnel du pouvoir. Il y démantela la basilique Sempronia, reconstruite sous le nom de Julia, puis rebâtit la curie en lui donnant une nouvelle orientation et en la transformant en voie de passage monumentale entre la zone des forums, symbole de la Rome républicaine, et le forum de César, expression du nouveau pouvoir politique. La mort de César mettra un terme à d'autres projets colossaux.

L'époque impériale est rythmée par les transformations que les différents empereurs impriment à la physionomie de la ville. Si César avait inauguré l'avènement d'une nouvelle ère politique, c'est Auguste (31 av. J.-C.-14 apr. J.-C.) qui entreprit de légitimer de manière définitive le principat, notamment d'un point de vue idéologique. Ains, la construction d'une série d'édifices (horloge solaire, autel de la paix et mausolée) sur le Champ de Mars soulignait le caractère dynastique du nouveau pouvoir, déjà exalté par les travaux entrepris dans la ville.

Toutefois, la réaction la plus représentative à l'institution du principat fut la construction du forum d'Auguste, réponse emblématique à celui de César. La décoration sculptée de l'ensemble, qui comprenait un temple, une place et des portiques, retraçait l'histoire de Rome en suivant un parcours idéologique cohérent qui aboutissait à Auguste.

ROME

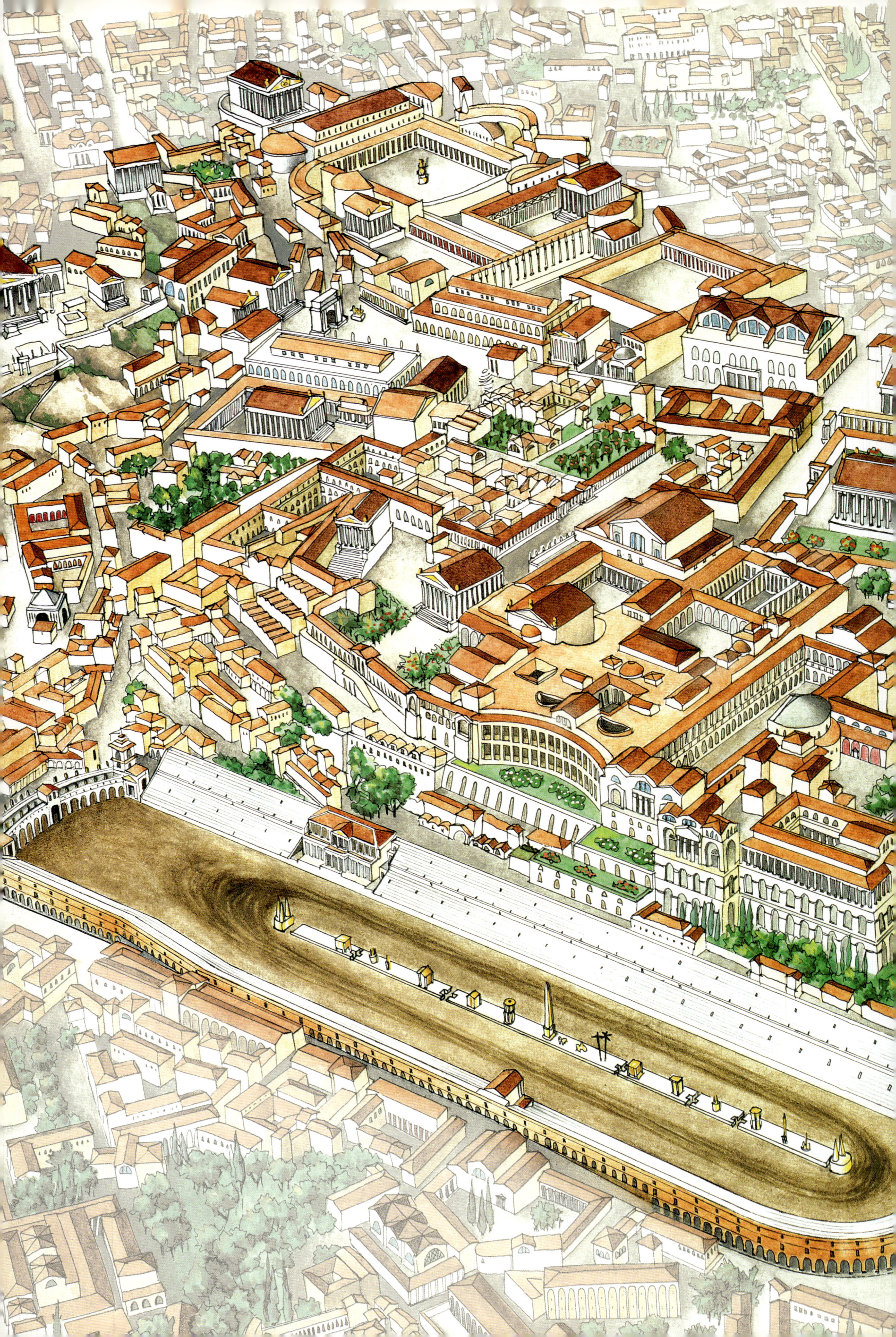

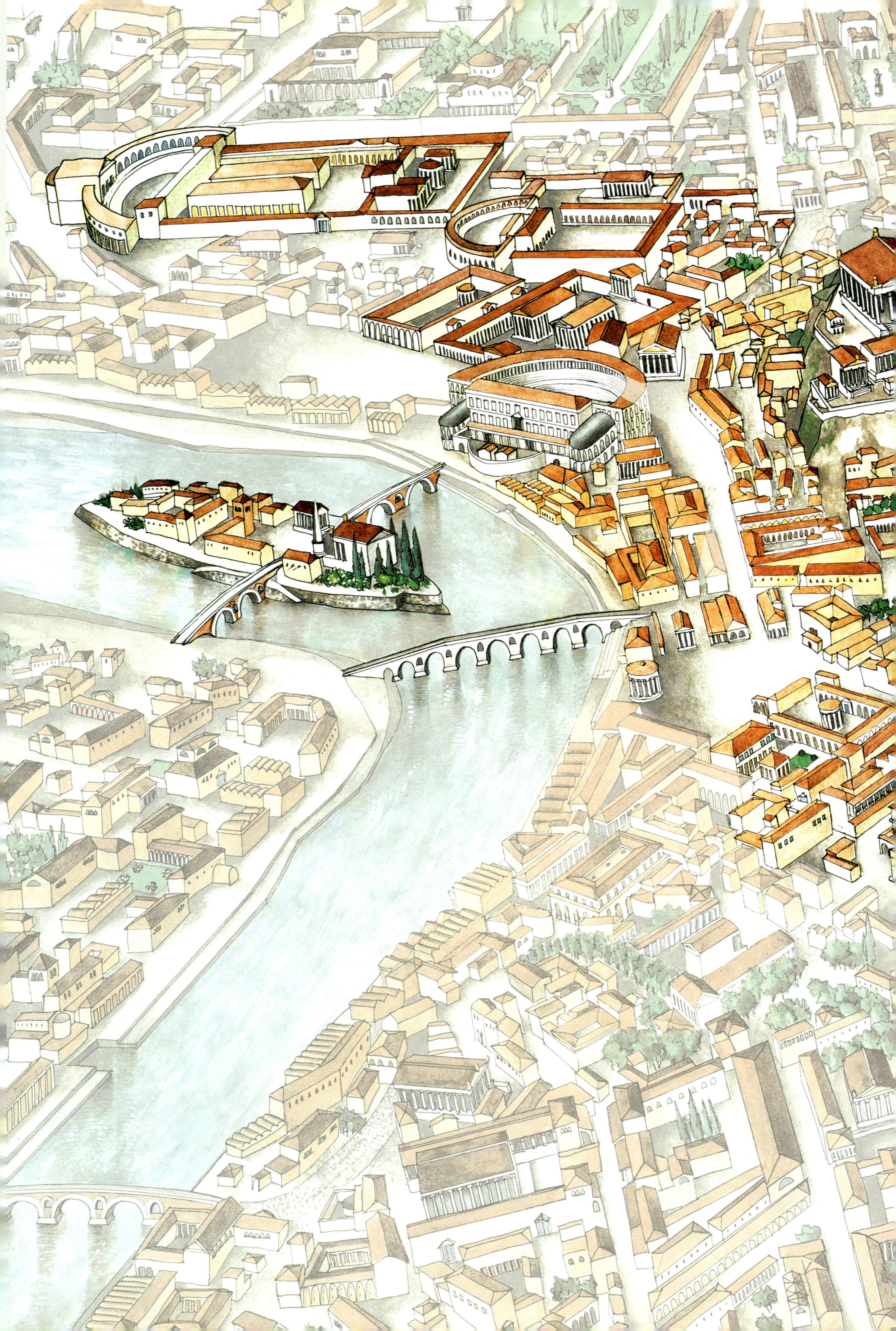

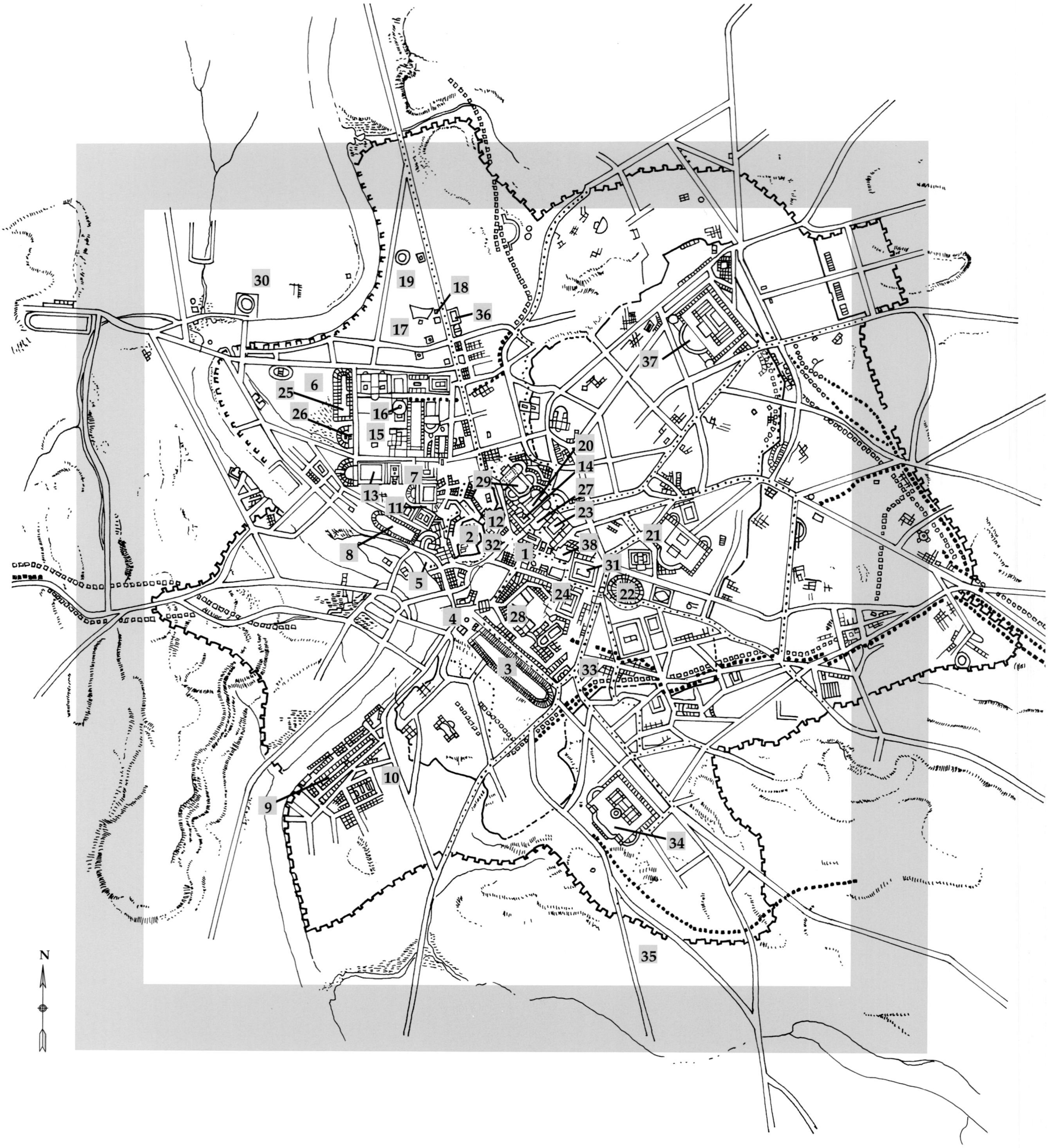

1) Forum romain
2) Temple de Jupiter Maximus
3) Grand Cirque
4) Forum Boarium
5) Forum Holitorium
6) Champ de Mars
7) Temples sacrés du Largo Argentina
8) Cirque Flaminius
9) Portique Aemilia
10) Greniers de Galbana
11) Portique d'Octavie
12) Tabularium
13) Théâtre de Pompée
14) Forum de César
15) Thermes d'Agrippa
16) Panthéon
17) Horloge solaire d'Auguste
18) Autel de la Paix (Ara Pacis Augustae)
19) Mausolée d'Auguste
20) Forum d'Auguste
21) Thermes de Trajan
22) Colisée
23) Temple de la Paix
24) Arc de Titus
25) Stade de Domitien
26) Odéon
27) Forum Transitorium
28) Domus Augustana et Domus Flavia
29) Forum de Trajan
30) Mausolée d'Hadrien
31) Temple de Vénus et Rome
32) Arc de Septime Sévère
33) Septizodium
34) Thermes de Caracalla
35) Mur d'Aurélien
36) Temple du Soleil
37) Thermes de Dioclétien
38) Basilique de Maxence

ROME

Les souverains de la dynastie julio-claudienne ne modifièrent pas en profondeur la physionomie de la cité qui leur avait été léguée par Auguste, se consacrant à des ouvrages d'utilité publique, à d'importants travaux de restauration et à la promotion d'une architecture commémorative et religieuse. Le règne de Néron (54-68), en revanche, marque une rupture définitive avec la politique architecturale d'Auguste. L'incendie de 64 offrit au tyran un prétexte pour reconstruire une nouvelle résidence impériale et pour dessiner et aménager de nouveaux quartiers résidentiels. La disposition cohérente des places et des rues reprenait le modèle hellénistique, en lui donnant pour centre le palais royal, ou Domus Aurea (maison Dorée). Blottie au cœur d'un immense espace vert situé au centre de Rome, la nouvelle résidence impériale était constituée de nombreux pavillons disposés autour d'un étang artificiel.

71-74 La grande planche en couleur présentée dans les pages précédentes s'inspire de la maquette réalisée par Italo Gismondi dans les années 1930. Cette vue à vol d'oiseau reconstitue avec une précision remarquable le centre de la ville éternelle à l'époque de Constantin, c'est-à-dire la zone des forums comprise entre le Capitole et le Colisée.

75 À la fin de l'empire, de nombreuses décorations en mosaïque étaient consacrées aux exploits des auriges, qui jouissaient d'une grande popularité et accumulaient souvent d'énormes fortunes.

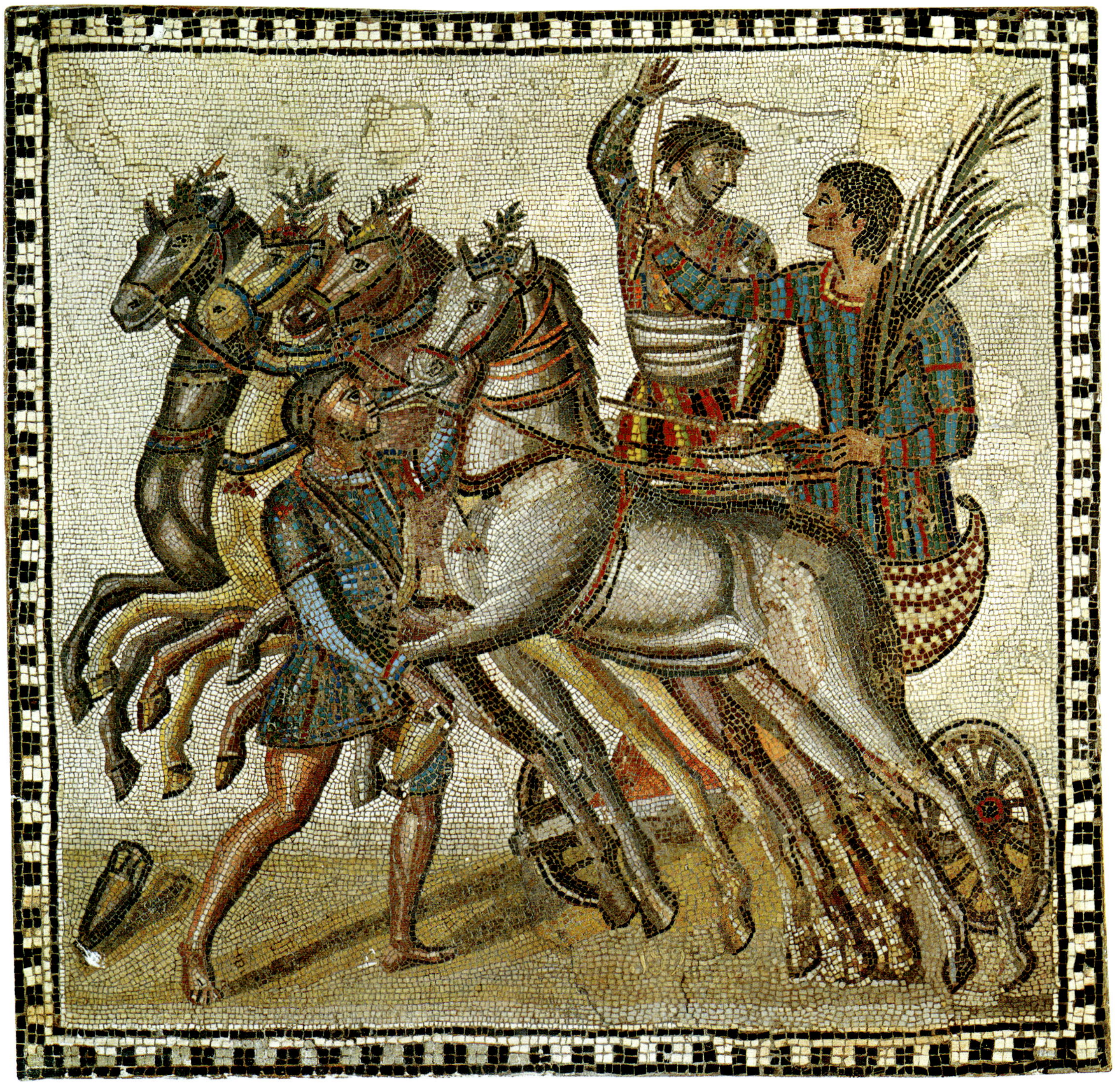

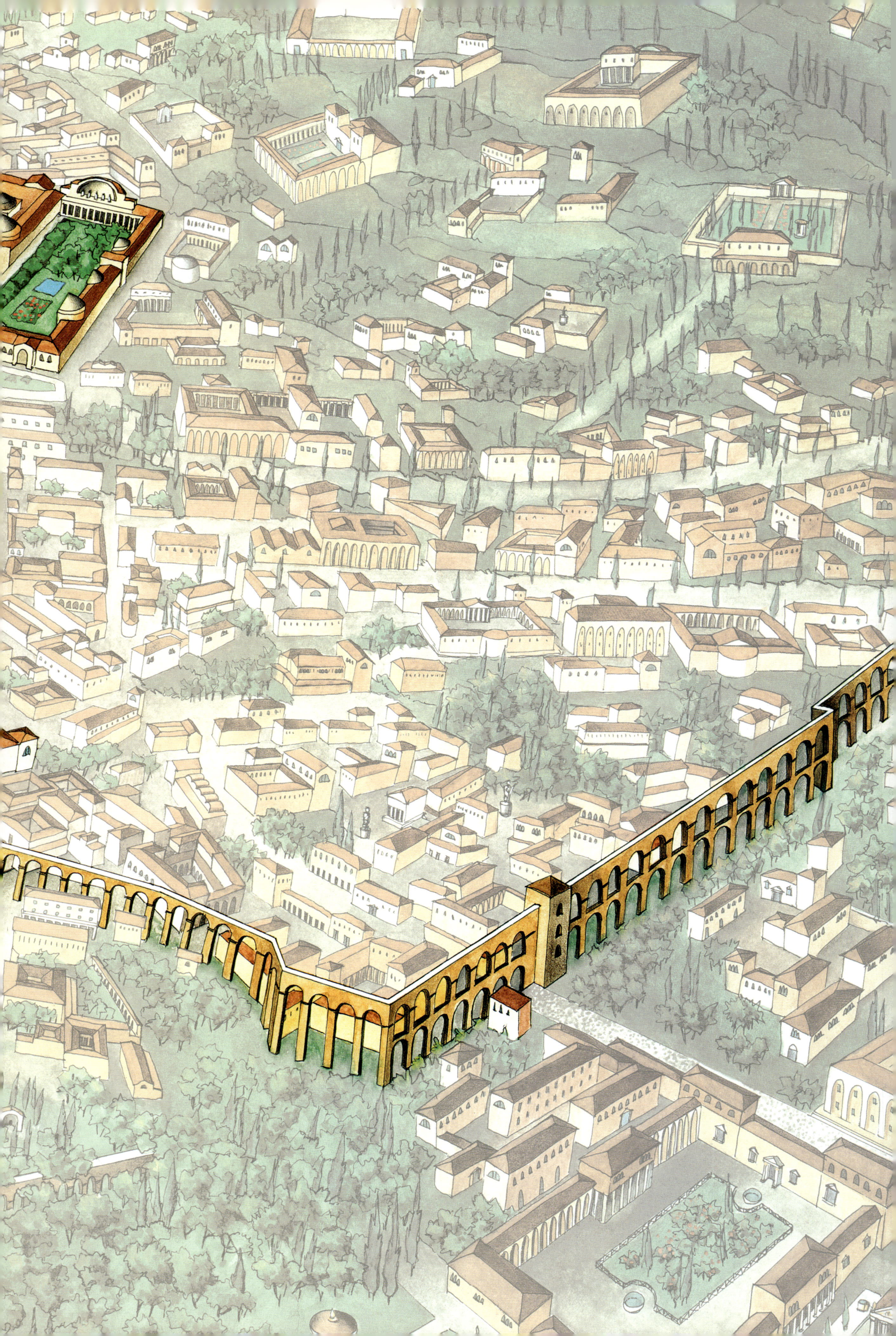

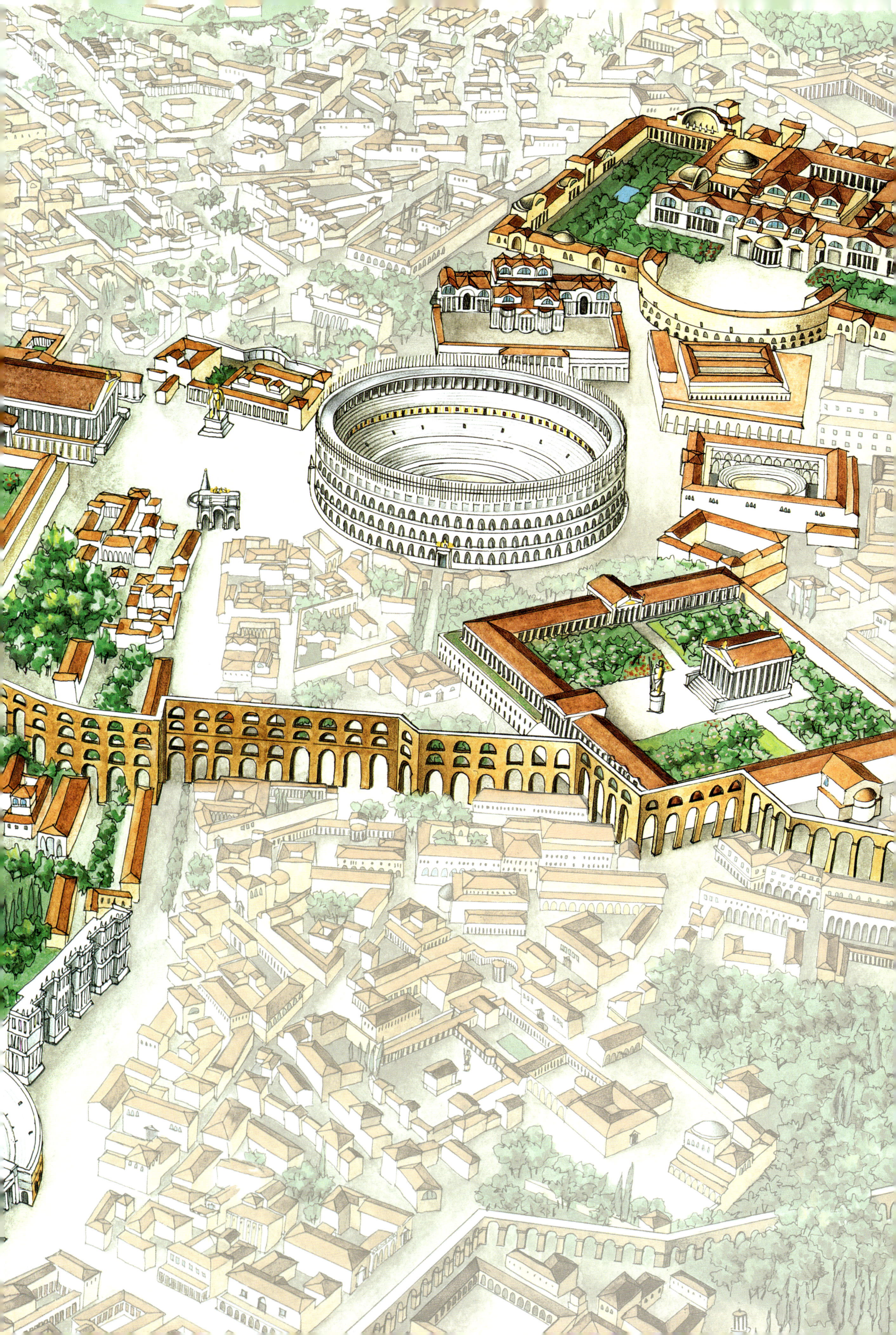

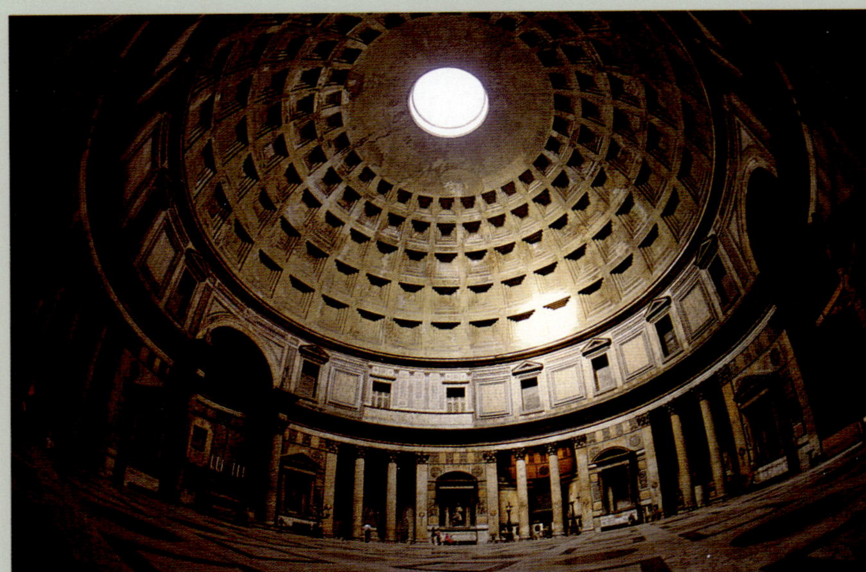

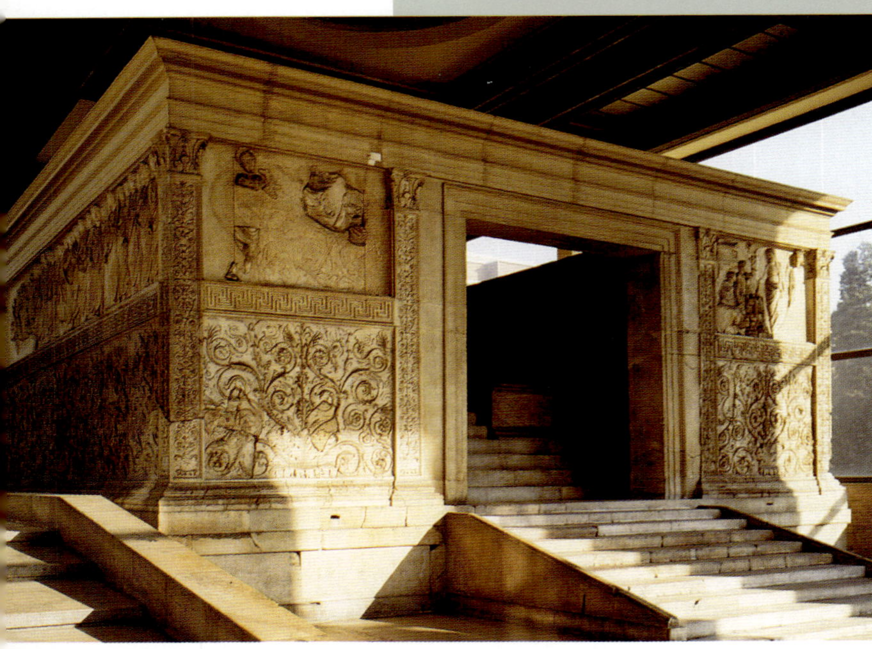

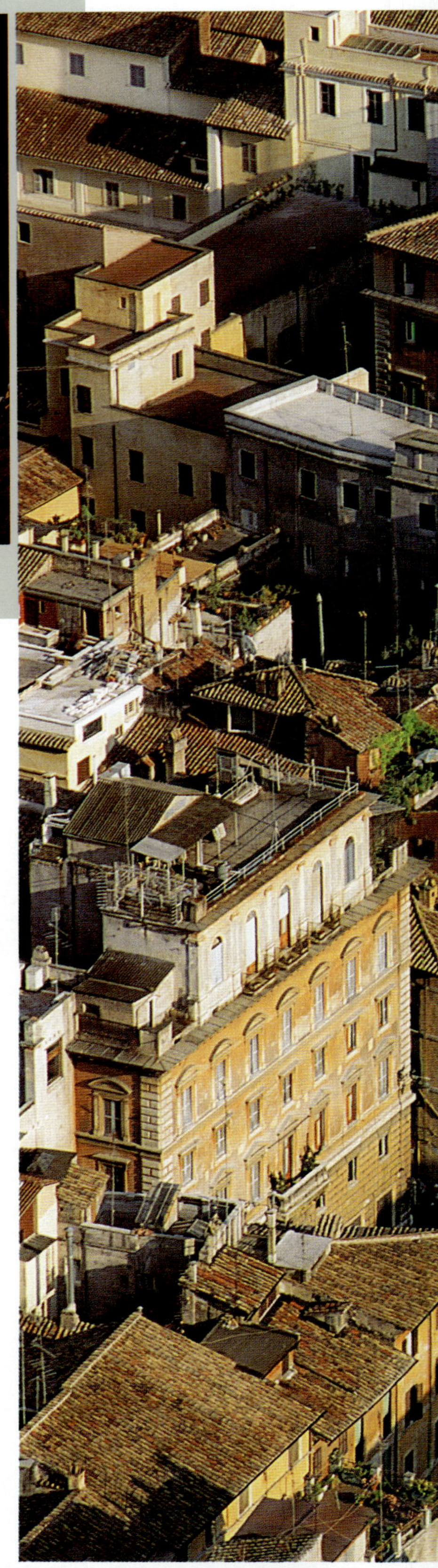

76-77 Le panthéon d'Agrippa (27 av. J.-C.) brûla au début du IIe siècle apr. J.-C. Il fut intégralement reconstruit sous le principat d'Hadrien, entre 118 et 128, et prit alors l'aspect que nous lui connaissons.

77 En bas : Octave fit ériger son propre mausolée entre 32 et 28 av. J.-C. L'édifice (87 m de large et 40 m de haut) était surmonté d'une statue colossale de l'empereur.

76 Ci-dessus : Le panthéon d'Hadrien est éclairé par une large ouverture (oculus) de 9 m de diamètre ménagée dans la coupole.

76 Ci-contre : L'Ara Pacis (autel de la Paix) est le symbole par excellence du principat d'Auguste. L'autel est situé dans une enceinte en marbre décorée de scènes mythologiques et de processions mettant en scène la famille impériale.

76 Ci-dessous : La colonne de Marc Aurèle fut achevée en 193, peu après sa mort. Elle retrace les principaux épisodes des guerres germaniques menées par l'empereur.

Les premiers travaux entrepris sous la dynastie flavienne servaient des objectifs démagogiques : les monuments de l'époque de Néron furent pour la plupart démantelés et les secteurs confisqués symboliquement rendus au peuple.

Vespasien (69-79) et Titus (79-81) firent abattre la Domus Aurea. À la place de l'étang artificiel, on éleva le premier amphithéâtre de Rome, le plus grand de tout l'empire. Le colosse de plus de 35 m de haut qui représentait Néron sous les traits d'un dieu fut remodelé de façon à offrir le visage du dieu Hélios et placé à proximité du gigantesque amphithéâtre, auquel il donna son nom. Au sud-est du forum d'Auguste, Vespasien fit élever le temple de la Paix, vaste zone entourée de portiques qui englobait, outre le temple de la Paix en soi, des jardins, des bibliothèques et des cabinets réservés à l'exposition des œuvres d'art. L'enceinte renfermait également les pièces les plus importantes du triomphe de l'empereur sur la Judée, immortalisé par les panneaux intérieurs de l'arc de Titus sur la Via Sacra. Non content d'avoir élevé un stade et un odéon sur le Champ de Mars, Domitien (81-96) s'intéressa également au temple de la

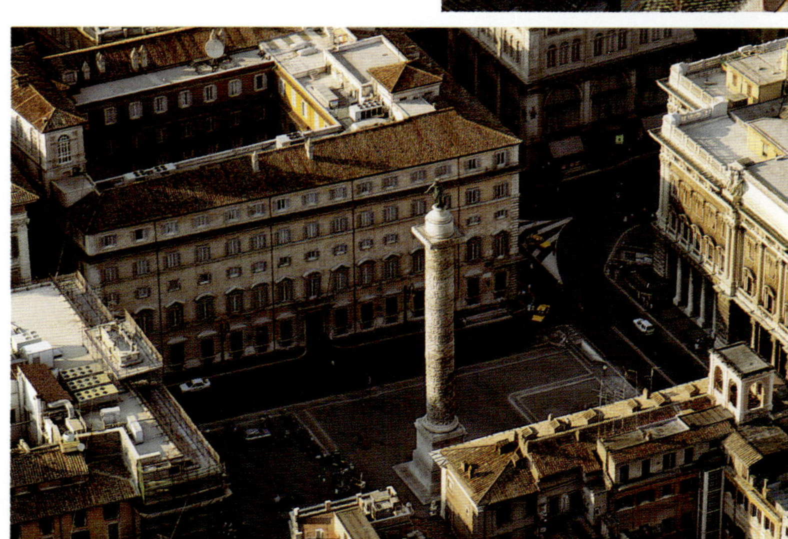

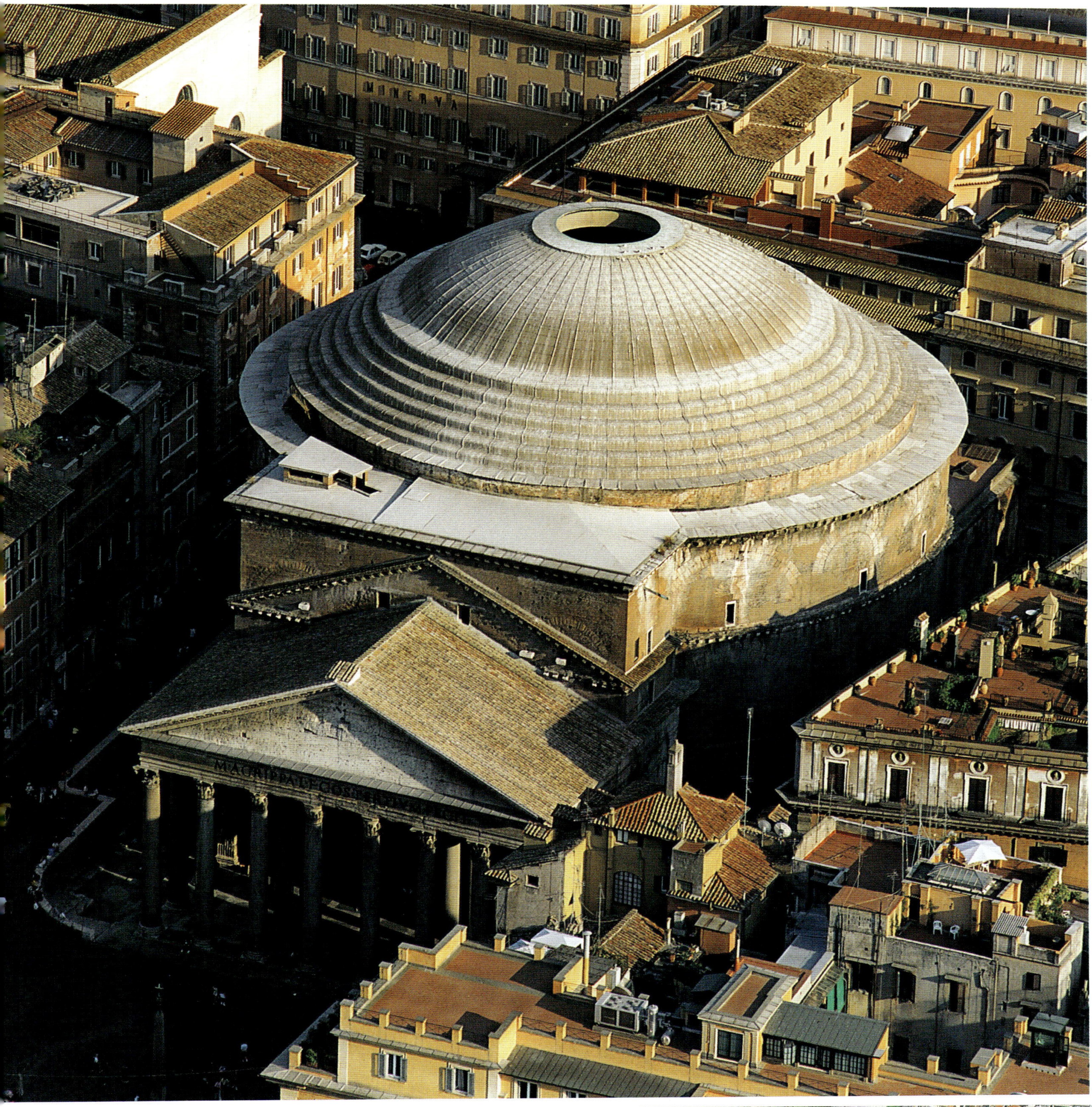

Paix, qui fut rattaché au forum d'Auguste par un nouveau forum, dit *transitorium*, car il reliait le secteur aux quartiers résidentiels. C'est également à cet empereur que l'on doit l'édification de la résidence impériale sur le Palatin : divisé en deux zones, l'une privée (Domus Augustana) et l'autre publique (Domus Flavia), le bâtiment allait accueillir les empereurs romains jusqu'au IIIe siècle.
Après le bref règne de Nerva (96-98), Trajan réalisa le plus imposant projet d'urbanisme jamais mené à Rome en bâtissant une série de monuments destinés à créer une continuité entre le quartier des forums et le Champ de Mars. À cet effet,

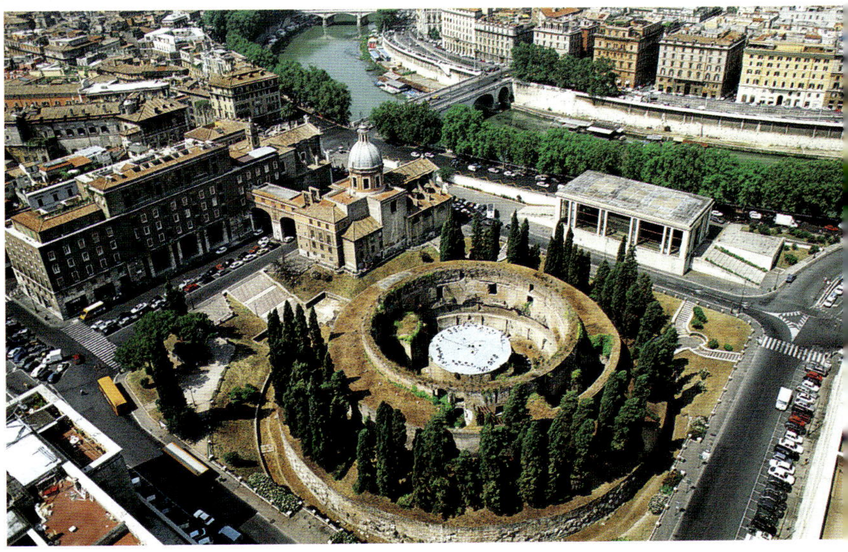

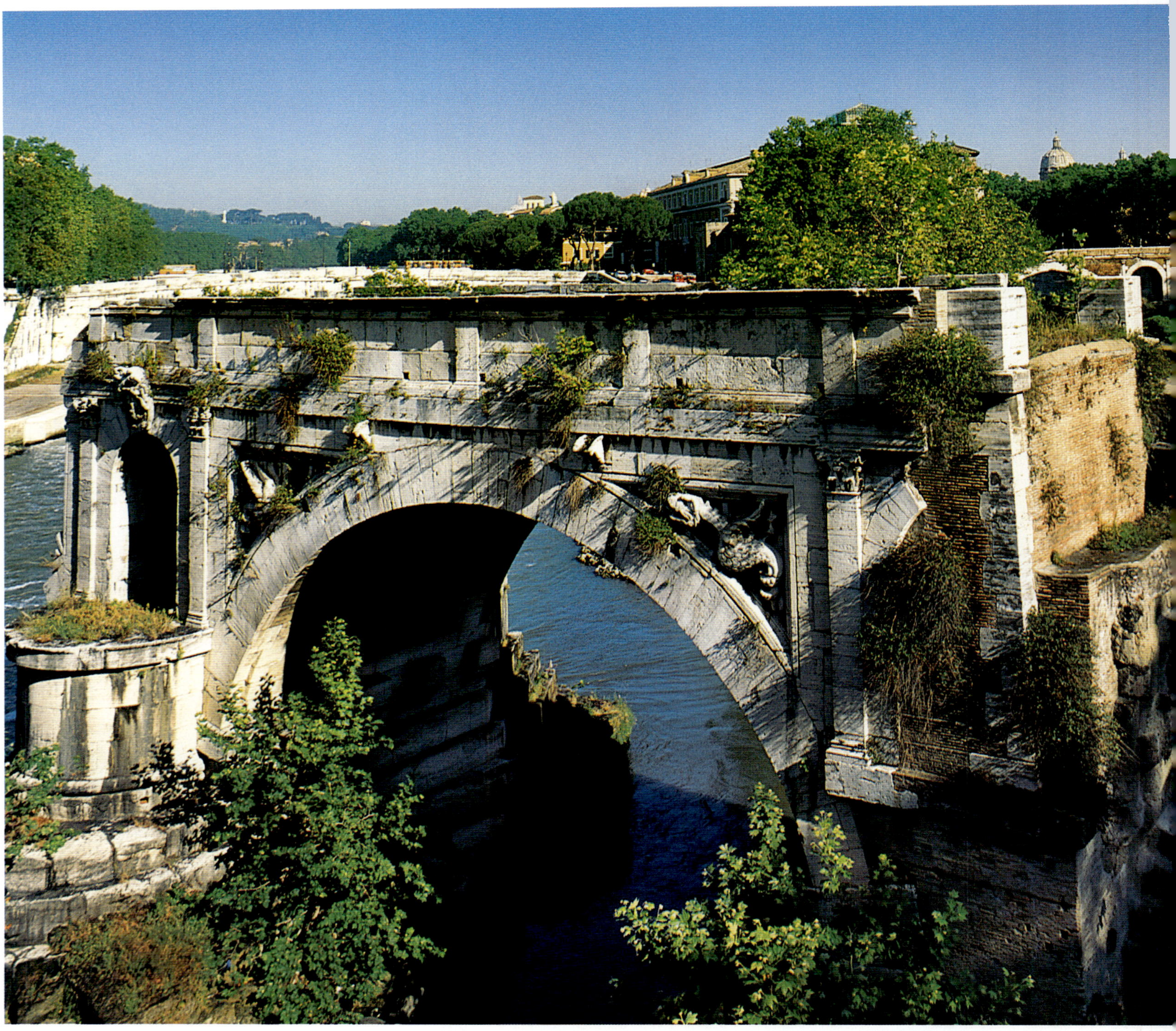

l'empereur fit aplanir le tertre qui reliait le Capitole au Quirinal. Le forum de Trajan, dont la construction fut financée par le produit des guerres contre la Dacie, exprimait cette continuité. Les fouilles récentes ont montré que l'entrée se situait au nord : elle donnait sur une cour ceinte d'un portique, où s'élevaient la colonne et les deux bibliothèques. De là on accédait à la basilique Ulpia, qui était suivie d'une grande place où se dressait la statue équestre de Trajan. Le programme décoratif et, peut-être, le plan même du forum glorifient de manière explicite les objectifs et la vocation guerrière de l'empereur.

Ayant renoncé aux objectifs expansionnistes de son prédécesseur, Hadrien (117-138) s'efforça de renouer avec la grande tradition augustéenne en entreprenant des travaux moins spectaculaires, mais percutants sur le plan idéologique. Parmi les plus importants, il convient de citer l'édifi-

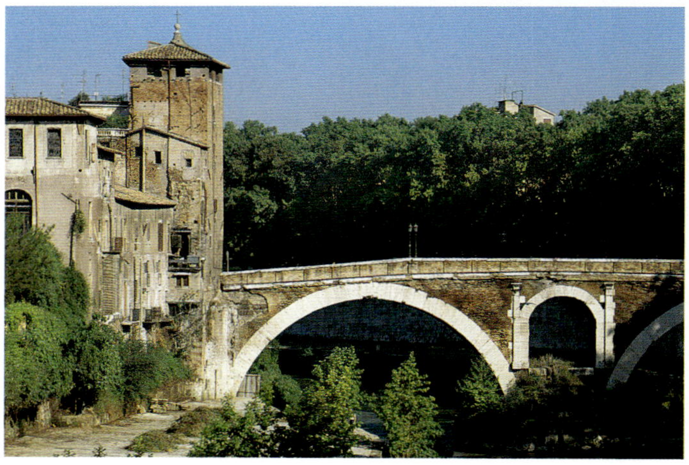

78-79 Le pont Aemilius, dit Ponte Rotto (pont rompu), fut construit au IIe siècle av. J.-C. L'arche qu'on peut observer aujourd'hui remonte à la deuxième moitié du XVIe siècle.

78 Ci-dessus : Le pont Fabricius fut construit en 62 av. J.-C. Long de 62 m, il possède encore deux grandes arcades qui s'appuient contre la pile centrale, également dédoublée pour mieux résister à la pression des eaux.

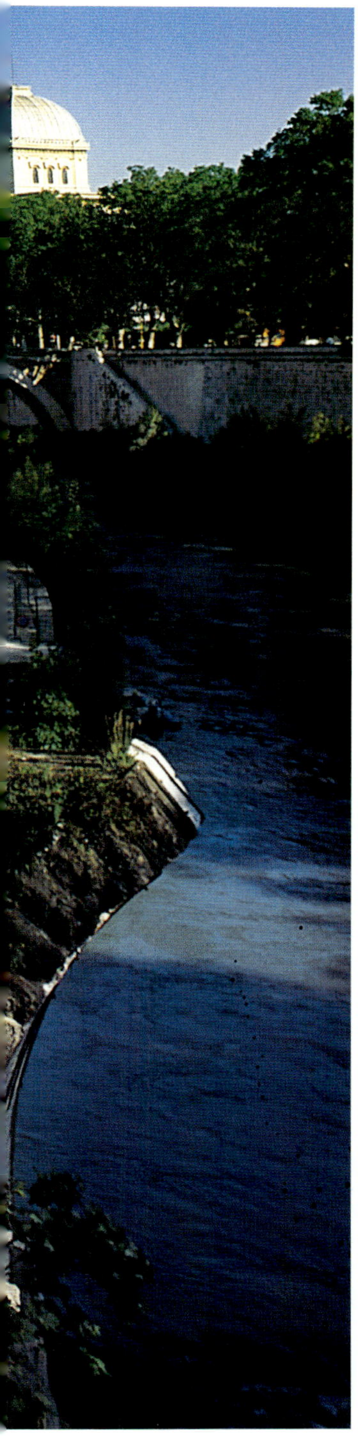

cation du mausolée (actuel château Saint-Ange) et la reconstruction du panthéon d'Agrippa, dont la projection verticale fut bouleversée par la construction d'une puissante coupole. Hadrien donna libre cours à ses inclinaisons philhelléniques en édifiant le colossal temple de Vénus et de Rome.

La période comprise entre la fin du règne d'Hadrien et l'avènement des Sévères (138-193) sera marquée par l'édification du temple d'Antonin le Pieux et de Faustine dans l'enceinte du forum romain et par quelques travaux importants sur le Champ de Mars. La première préoccupation des Sévères fut de légitimer leur règne en affirmant la continuité de leur dynastie par rapport à la précédente. Septime Sévère (193-211) répondit à cette exigence en élevant un arc sur les pentes du Capitole. La dynastie agrandit en outre le palais de Domitien en l'agrémentant, sur le versant sud-ouest du Palatin, d'une sorte d'avant-scène

79 Ci-dessous : Le temple de Portunus, doté d'une façade à quatre colonnes ioniques et d'une cella en travertin recouvert de stuc, fut restauré au Ier siècle av. J.-C. Son aspect est demeuré identique depuis.

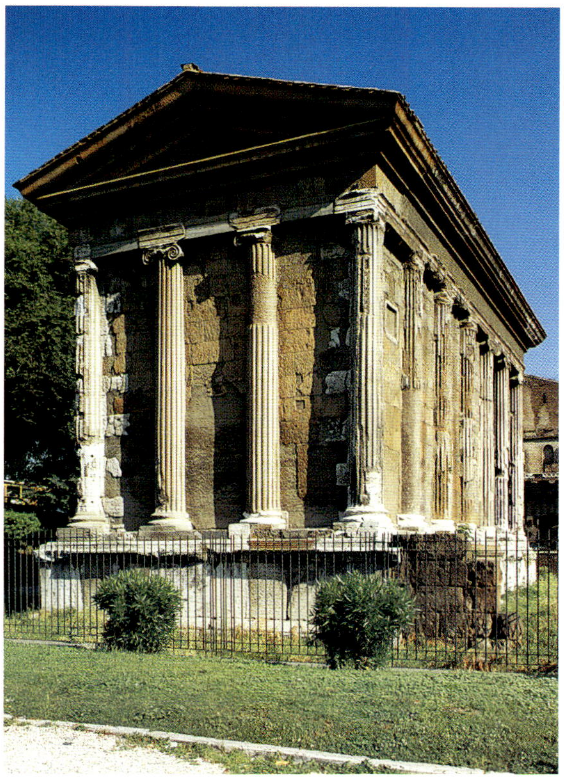

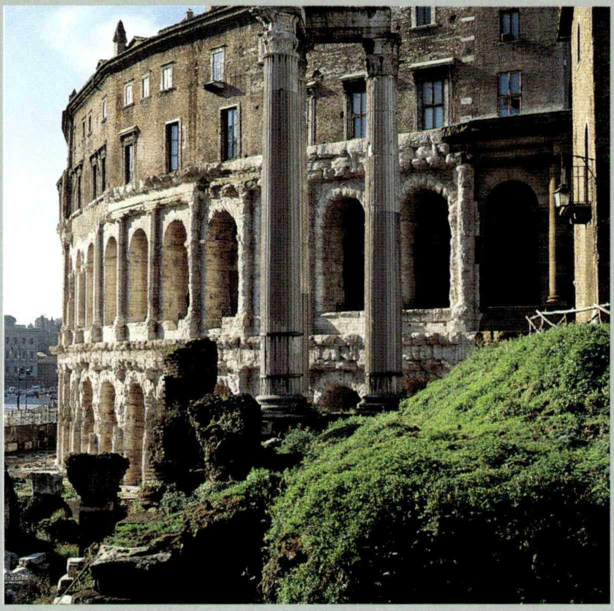

79 Ci-dessous : Le mausolée d'Hadrien fut inauguré après la mort de l'empereur, en 138 apr. J.-C. Sa structure, constituée d'une gigantesque rotonde reposant sur un soubassement carré, est particulièrement originale.

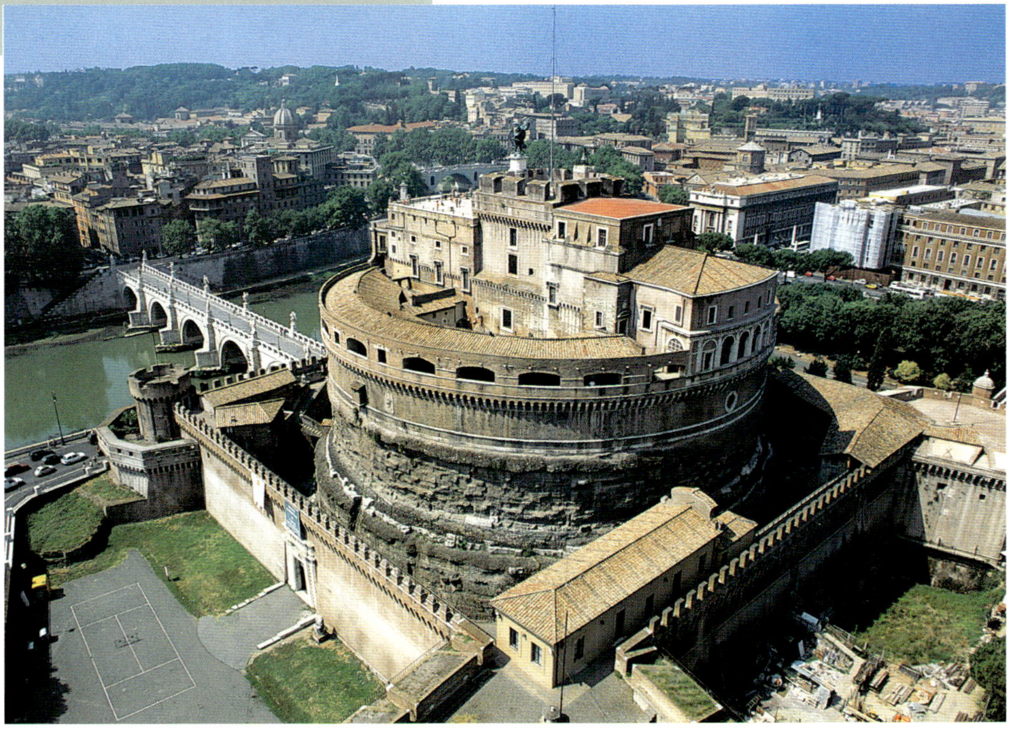

79 Ci-dessus : Le théâtre de Marcellus. En 13 av. J.-C., Auguste dédia ce monument à son neveu Marcellus, mort prématurément. C'est l'un des monuments ludiques les mieux conservés de Rome.

théâtrale : cette construction, appelée septizodium, était en réalité un nymphée d'imposantes proportions.

Les empereurs suivants se distinguèrent par leur goût pour les constructions monumentales : c'est notamment à Caracalla (211-217) que l'on doit un gigantesque ensemble thermal à la limite sud-ouest de la cité. La politique absolutiste pratiquée par cet empereur prit fin avec l'avènement d'Alexandre Sévère (222-235), qui restaura les infrastructures et s'efforça de pourvoir aux besoins immédiats de la cité. Après sa mort, Rome sombra dans une longue période d'anarchie militaire – vingt souverains se succédèrent à la tête de l'empire entre 235 et 284 – dont elle n'émergea qu'à la fin du IIIe siècle, lorsque Aurélien (270-275) entreprit de rétablir l'unité de l'empire. On assista alors à un processus de centralisation et de concentration des pouvoirs, qui se manifesta notamment par l'édification d'une puissante muraille défensive (mur d'Aurélien).

La réforme tétrarchique ordonnée par Dioclétien (284-305) favorisa une brève période de stabilité. Toutefois, la machine gouvernementale ne tarda pas à s'enrayer. Dès 305, l'empire fut déchiré par des luttes de succession qui finirent par opposer Maxence et Constantin. L'affrontement entre les deux hommes se soldera par la victoire de Constantin au pont de Milvius, en 312. Les réalisations architecturales entreprises par Maxence seront les dernières tentatives pour rendre son prestige à la capitale. Les témoignages les plus frappants en sont la basilique de Maxence et de Constantin et la résidence impériale qu'il fit construire le long de la via Appia.

80 Ci-dessous à gauche : L'édification du mur monumental d'Aurélien (construit entre 272 et 279 et aujourd'hui en excellent état de conservation) coïncida avec une reprise des activités de construction après la crise subie dans le secteur du bâtiment au IIIe siècle apr. J.-C.

80 Ci-dessous : *Laocoon et ses deux fils.* Ce groupe en marbre qui ornait le palais de Titus fut exécuté par les sculpteurs rhodiens Hagésandre, Polydore et Athanadore.

80-81 Les thermes de Caracalla (212 et 216) figurent parmi les témoignages les plus représentatifs de l'architecture sévérienne à Rome. Cette construction révolutionnait le plan habituel des établissements thermaux, puisqu'elle distinguait nettement le centre thermal proprement dit (bains, vestiaires et autres pièces fonctionnelles) du reste de l'enceinte (agrémenté de bibliothèques, de nymphées, de salles de repos et de conversation, de jardins, etc.).

81 En bas à gauche : La via Appia sortait de la ville à la hauteur de la porte Saint-Sébastien. Hors les murs, la voie était bordée de sépultures et de tombes monumentales.

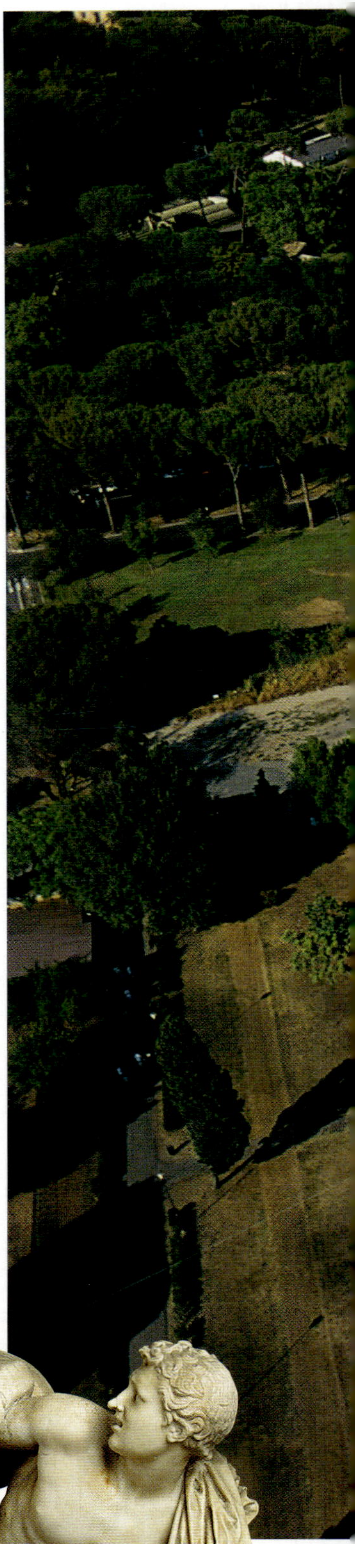

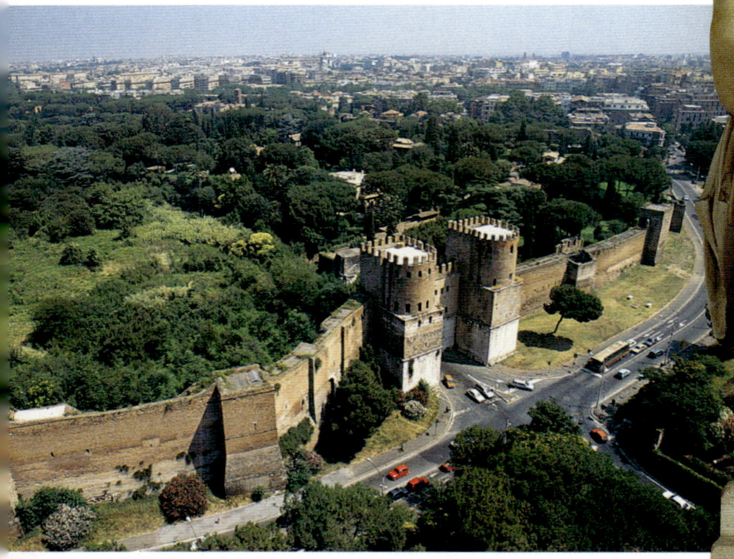

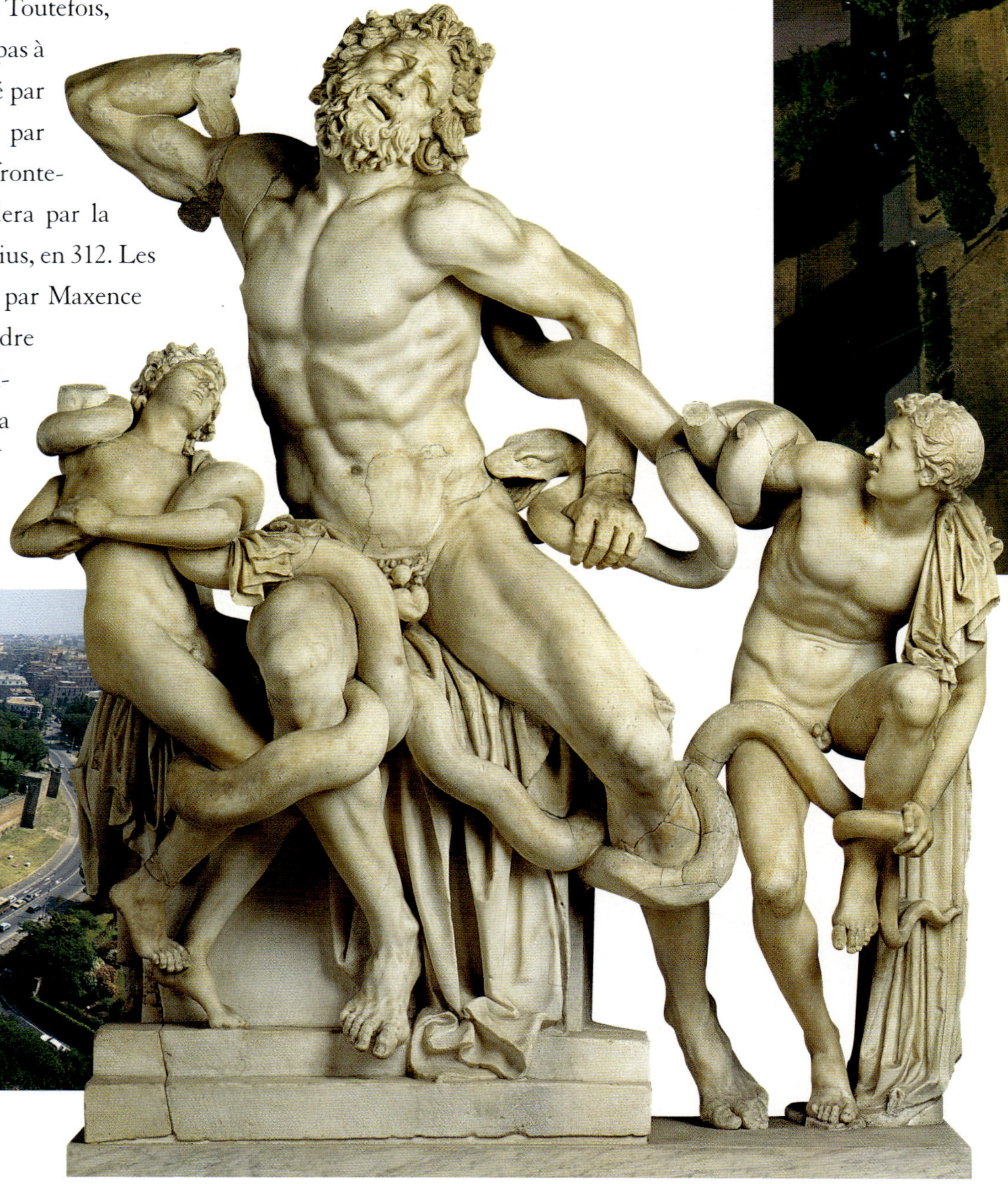

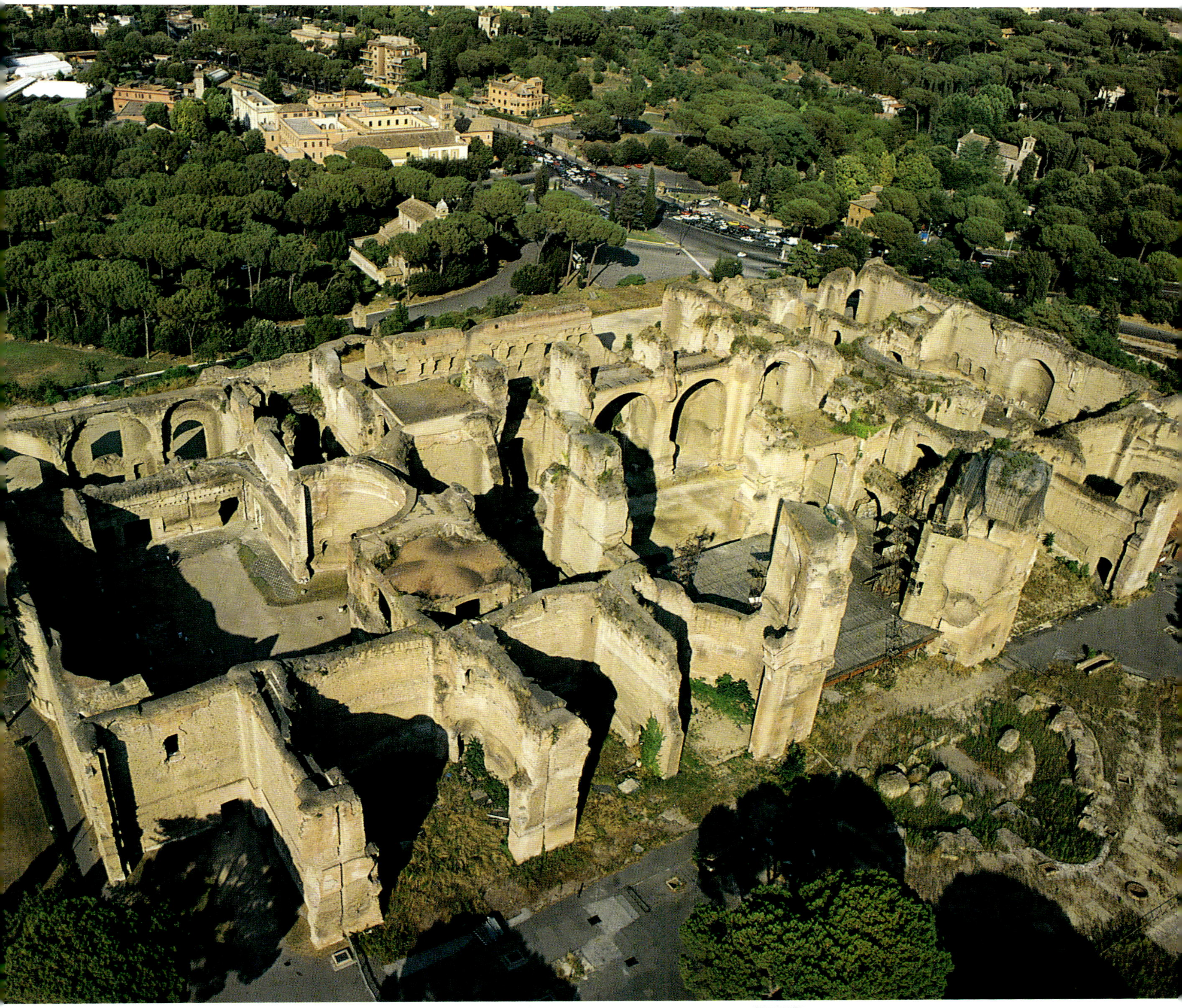

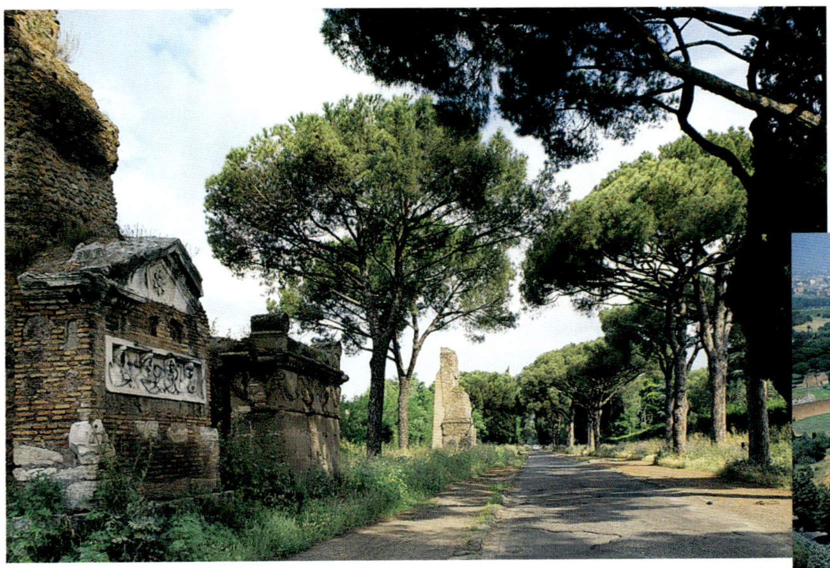

ROME

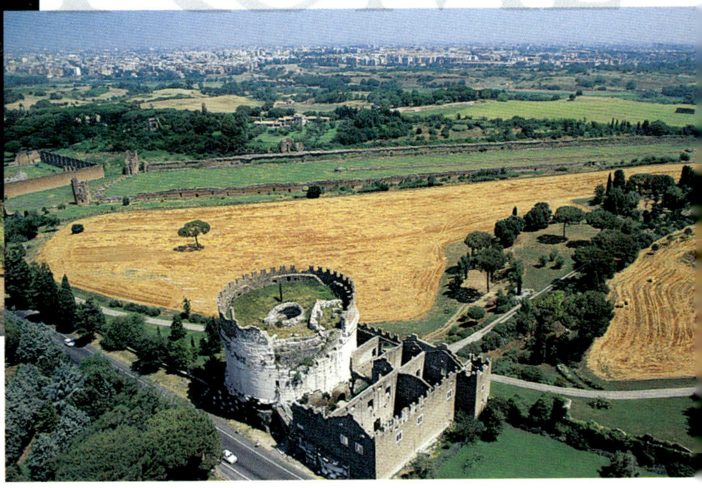

81 Ci-contre : Deux édifices romains imposants s'élevaient sur la via Appia Antica : le mausolée de Caecilia Metella, avec son grand tambour cylindrique, et la résidence impériale de Maxence, composée d'un palais, d'un mausolée et d'un cirque.

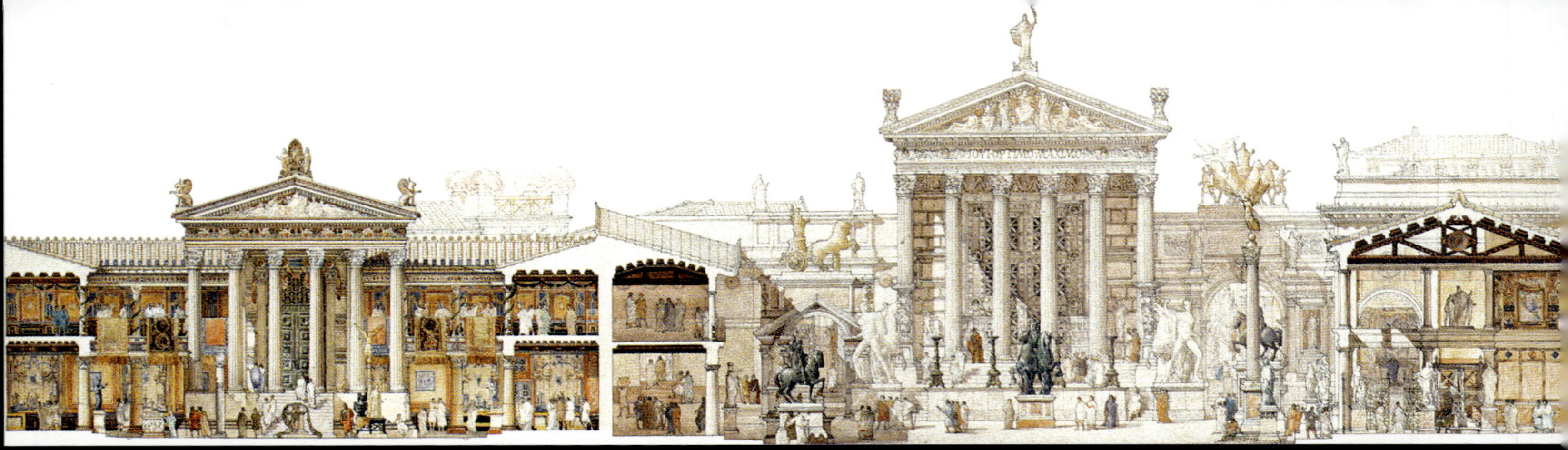

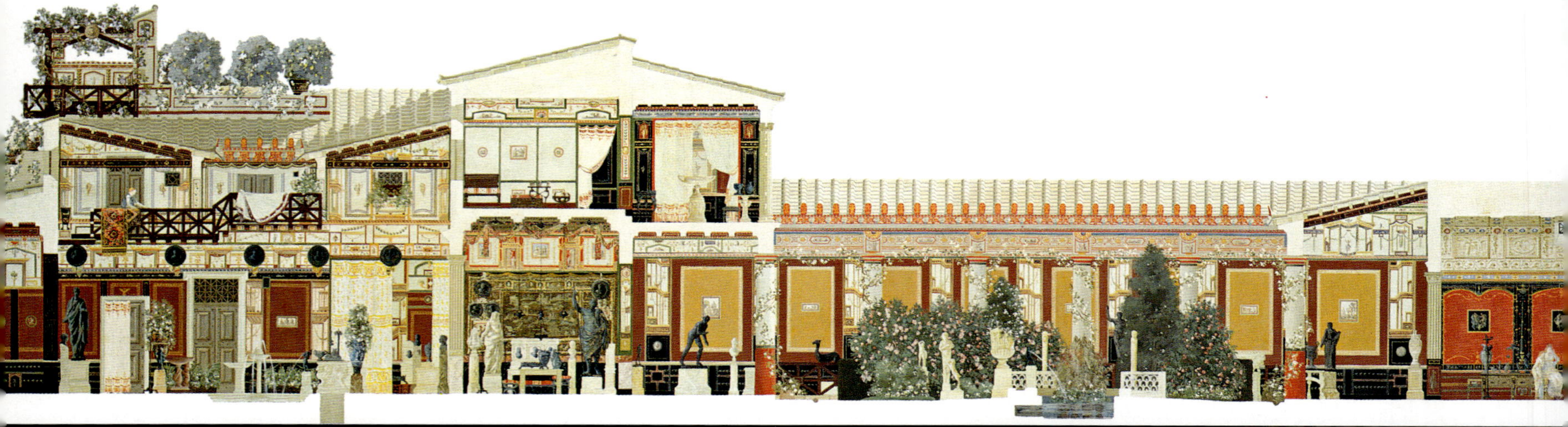

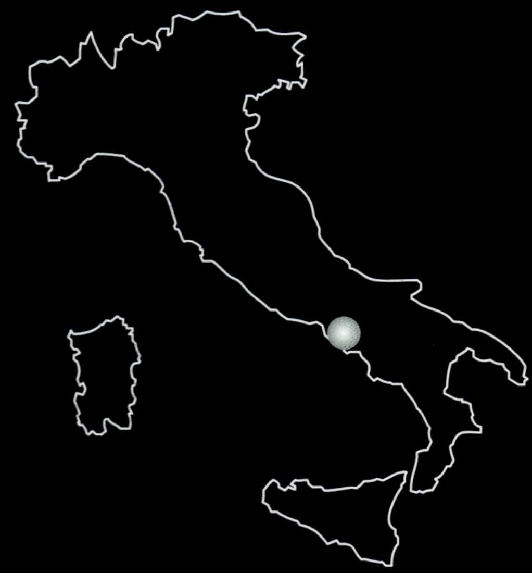

82-83 En haut : Ce plan, exécuté par l'architecte Léon Jaussely (1910), fait partie d'un projet de restauration du forum ; on reconnaît, en partant de la gauche, le temple d'Apollon, le Capitolium, le Double Portique et l'édifice d'Eumachia.

82-83 Au centre : Sur cette aquarelle, l'architecte J.-L. Chifflot propose un plan de restauration de la maison du Centenaire. La coupe longitudinale permet d'observer les pièces de la maison, de l'atrium au nymphée.

83 À la fin du XIXe et au début du XXe siècle, les fouilles étaient exécutées maison par maison. Une fois entrés dans l'édifice, les terrassiers rejoignaient le sol, puis évacuaient les déblais des autres pièces. Les structures mises au jour étaient restaurées sur-le-champ, les murs renforcés et les travées en bois remplacées.

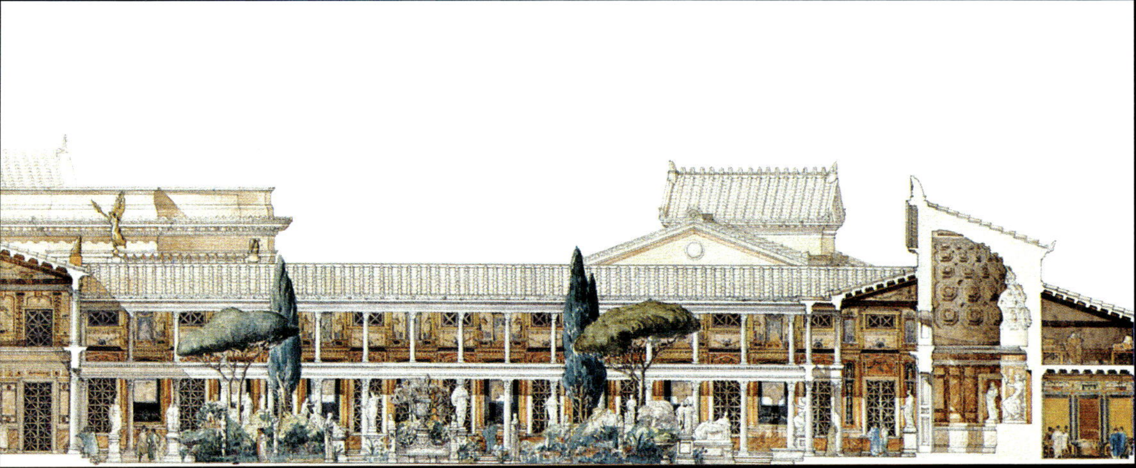

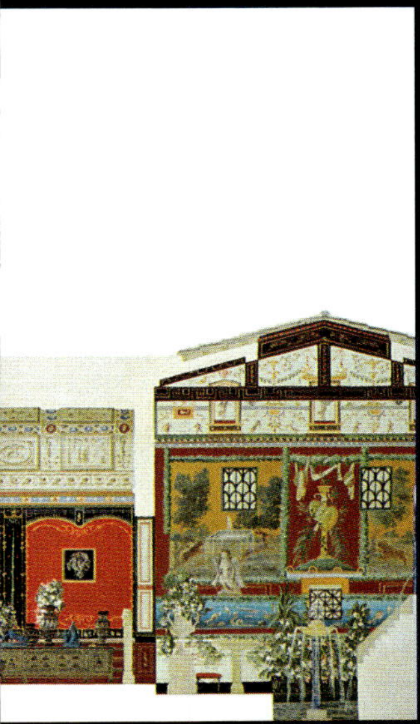

Pompéi

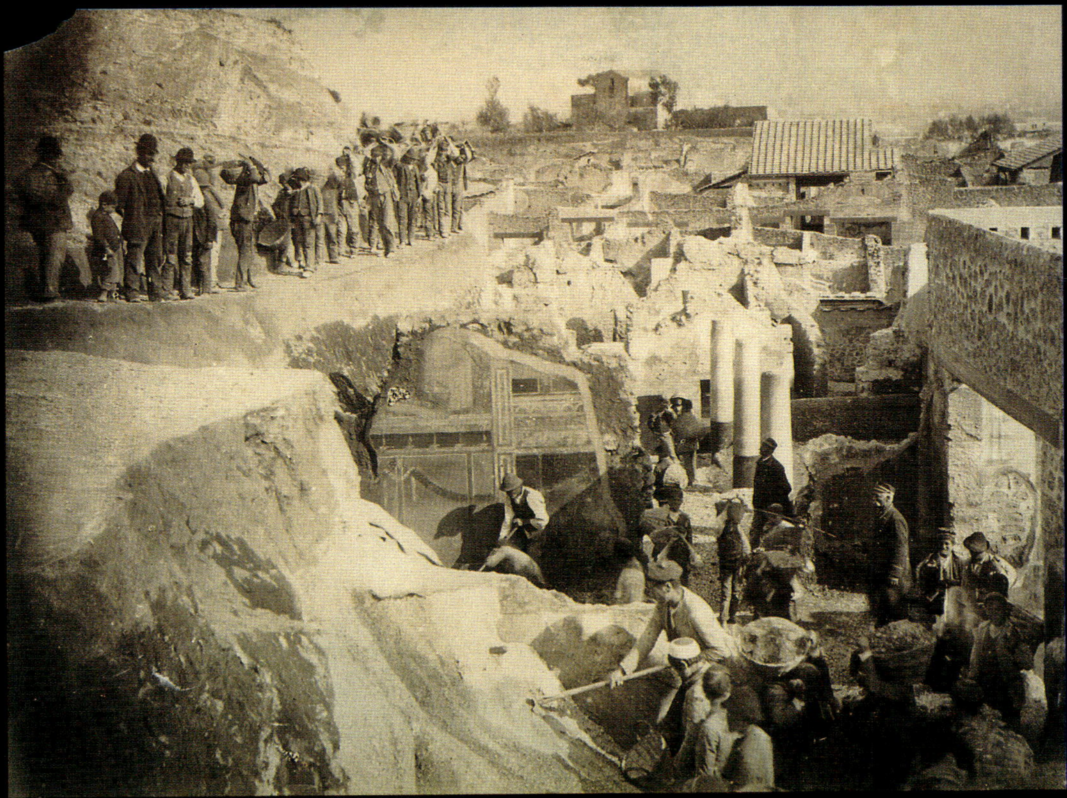

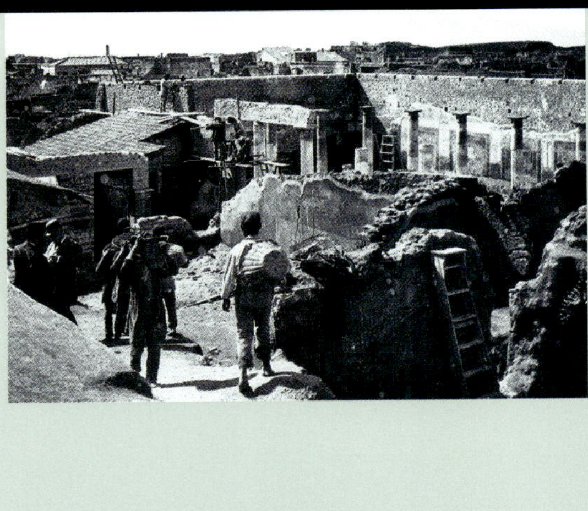

POMPÉI

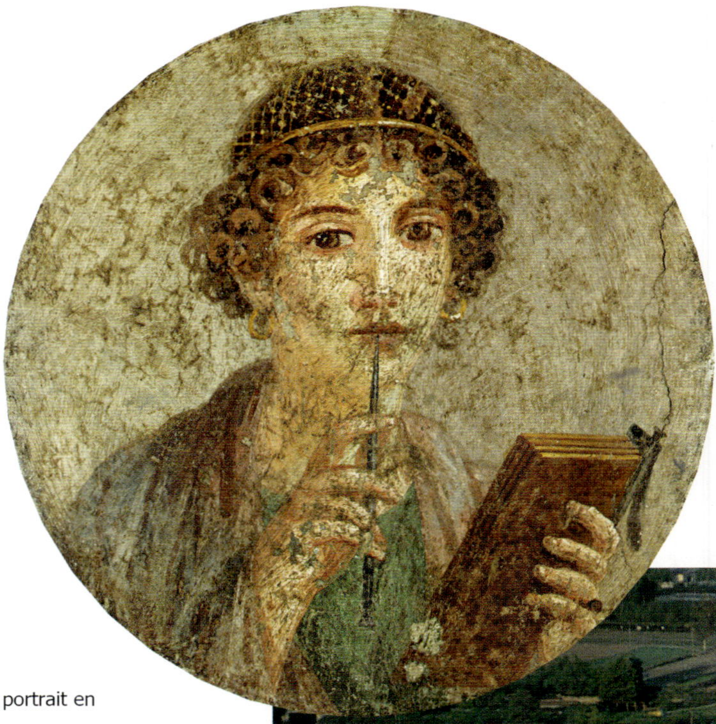

Par ANTONELLA CORALINI

Pompéi se développe sur un éperon qui domine l'embouchure du Sarno, à 30 m au-dessus du niveau de la mer, entre la fin du VIIe siècle et la première moitié du VIe siècle av. J.-C. Très vite, la ville s'entoure d'une muraille fortifiée en tuf. La surface délimitée par cette enceinte, supérieure à 70 ha, est presque aussi vaste que celle occupée par la cité en 79 apr. J.-C., lors de l'éruption du Vésuve. Née de la rencontre entre les peuplades indigènes (les Aurunces) et des éléments étrusques et grecs, Pompéi se caractérise d'emblée par un « métissage culturel », sensible dans les principaux sanctuaires construits dans la seconde moitié du VIe siècle : situé sur un promontoire, en position centrale, le temple d'Apollon (VII 7, 32), totalement reconstruit au IIe siècle, mêle des éléments italiques (haut podium avec escalier d'accès frontal) et grecs (colonnades

84 Ci-dessus : Le portrait en médaillon occupe une place importante dans la peinture murale pompéienne. Il n'était pas rare que les artistes choisissent le motif stéréotypé de la poétesse pour représenter les femmes.

84 En bas à gauche : Le laraire de la maison du Centenaire était décoré de peintures ; ici une représentation insolite de Bacchus, à côté du Vésuve couvert de vignes.

84 Ci-dessous : Cet amour en tenue dionysiaque avec un masque de théâtre faisait partie des sculptures du jardin de la maison de D. Octavius Quarto, où elle décorait probablement une fontaine.

84-85 Cette vue aérienne met en évidence la voie qui partait de l'actuelle porte Marine, longeait le temple de Vénus et la basilique pour rallier le forum et se prolongeait dans la rue de l'Abondance.

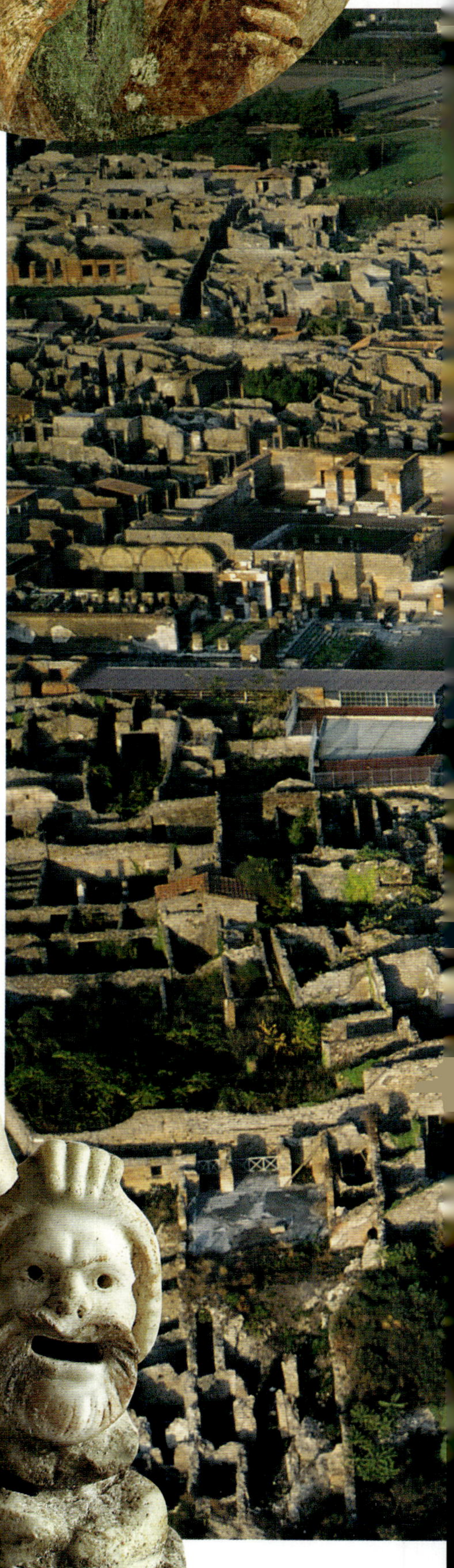

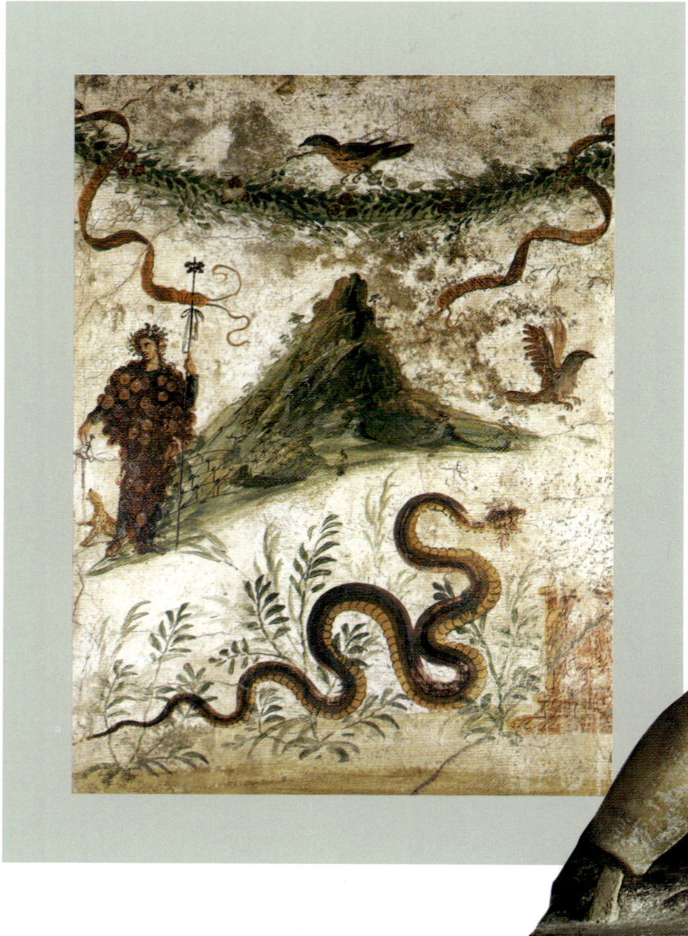

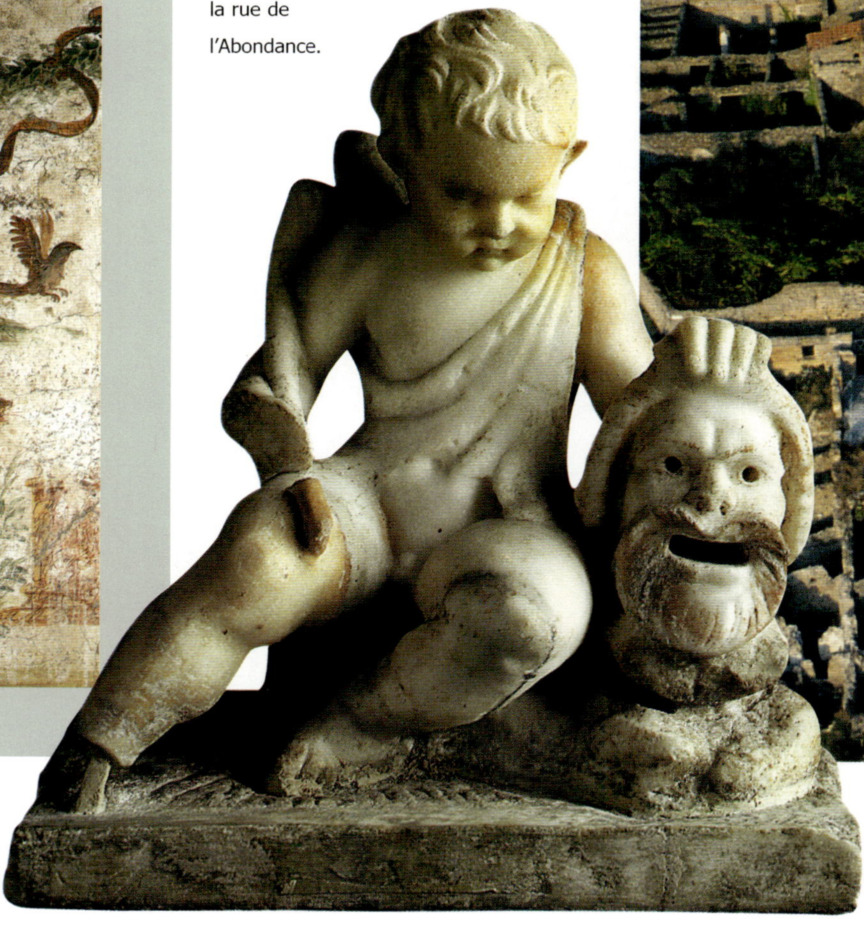

autour de la cella) ; il en va de même pour le temple Dorique (VIII 7, 30-34), situé au sud-est, dans une position plus marginale, sur la pente de la colline qui descend vers la mer ; peut-être consacré à Athéna et Héraclès à l'origine, le sanctuaire fut reconstruit à maintes reprises et désaffecté après le tremblement de terre de 62 apr. J.-C.

La physionomie urbaine de Pompéi se dessine entre le Vᵉ et le IVᵉ siècle, durant la période « samnite » de la ville. À cette époque, la cité s'entoure d'une deuxième enceinte fortifiée en calcaire, qui suit le tracé de la précédente et la renforce – elle sera remplacée par une autre muraille en calcaire un siècle plus tard, lorsque Pompéi deviendra l'alliée de Rome et sera englobée dans sa sphère d'influence. À la fin du IVᵉ siècle, les principales artères, encore visibles dans le tissu urbain de 79 apr. J.-C., sont aménagées.

Au IIᵉ siècle, on élève des monuments sur les espaces publics, en procédant de manière systématique. Les travaux sont entrepris dans le secteur du forum – avec la construction du

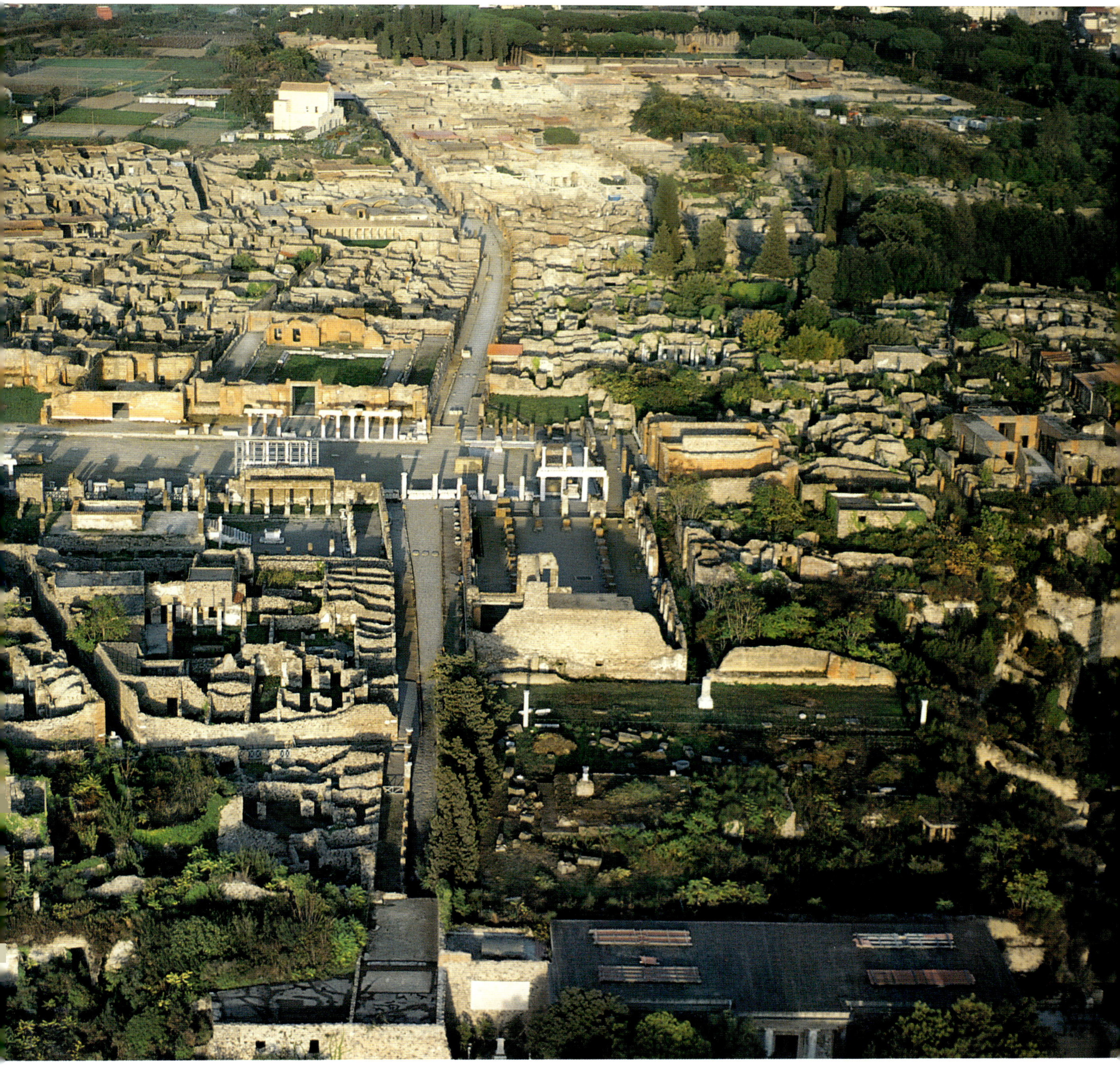

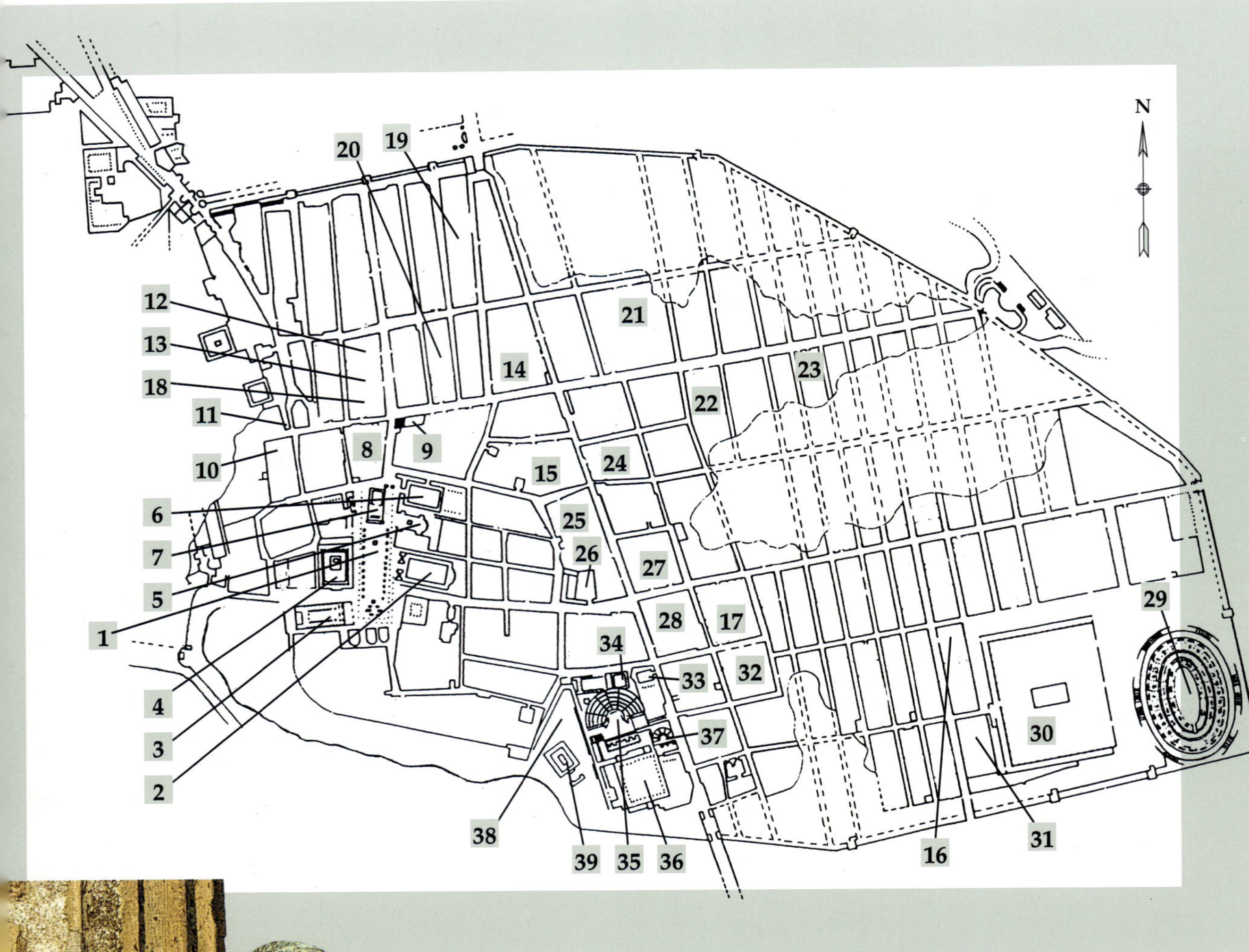

1) Forum
2) Édifice d'Eumachia
3) Basilique
4) Temple d'Apollon
5) Sanctuaire des Lares publics
6) Macellum
7) Temple de Jupiter
8) Thermes du forum
9) Temple de la Fortune Auguste
10) Maison de M. Fabius Rufus
11) Maison du Bracelet doré
12) Maison de la Petite Fontaine
13) Maison de la Grande Fontaine
14) Maison des Savants
15) Maison de l'Ours
16) Maison du Triclinium d'été
17) Maison des Ceii
18) Maison d'Adonis
19) Maison des Vettii
20) Maison du Faune
21) Maison des Noces d'argent
22) Maison du Centenaire
23) Maison d'Obellius Firmus
24) Maison de M. Lucretius
25) Maison de Siricus
26) Thermes de Stabies
27) Maison de M. Epidius Rufus
28) Maison du Cithariste
29) Amphithéâtre
30) Grande Palestre
31) Maison du Jardin d'Hercule
32) Maison de Ménandre
33) Temple de Zeus Meilichios
34) Temple d'Isis
35) Grand Théâtre
36) Quadriportique des Théâtres
37) Odéon
38) Forum triangulaire
39) Temple dorique

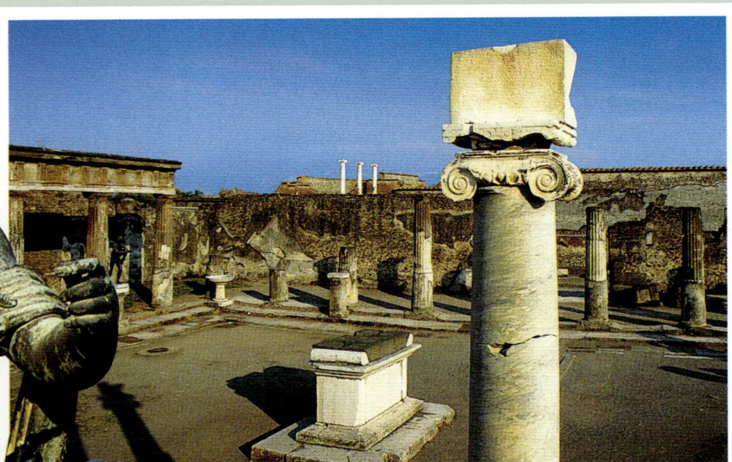

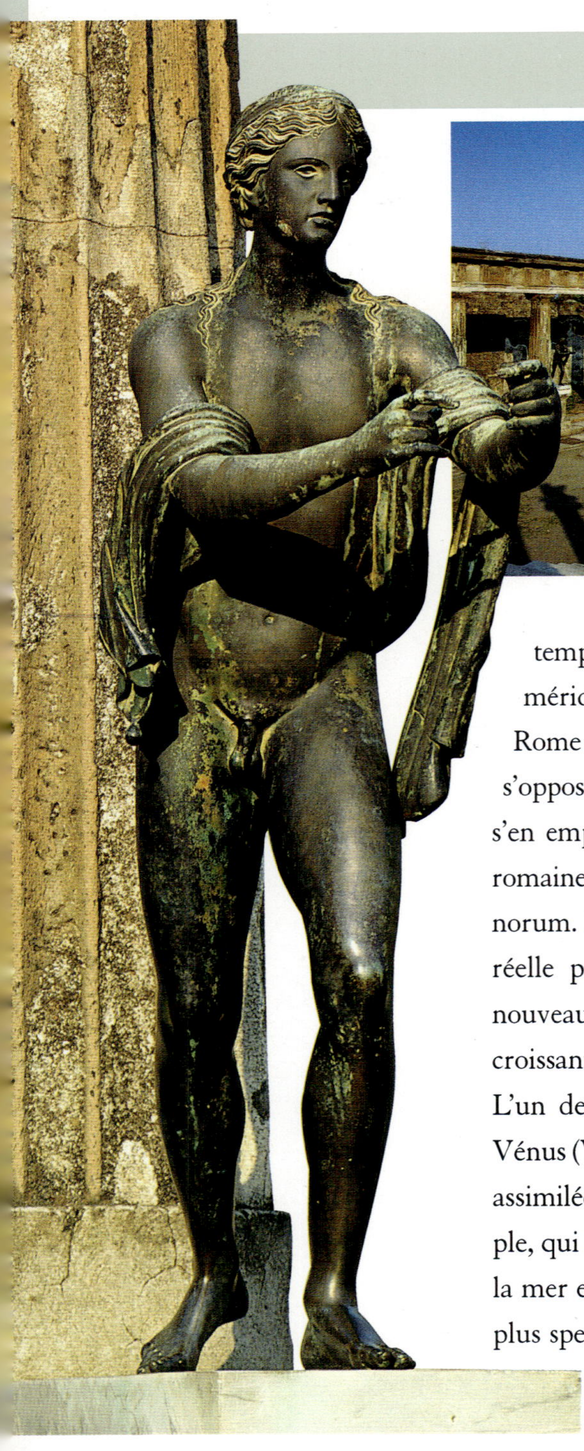

temple de Jupiter sur le côté ouest – et dans le secteur méridional, où l'on édifie le théâtre. Demeurée fidèle à Rome durant la Guerre sociale (90-89 av. J.-C.), Pompéi s'oppose en revanche à Sylla, qui fait le siège de la ville et s'en empare. En 80 av. J.-C., Pompéi devient une colonie romaine et prend le nom de Cornelia Venera Pompeianorum. La fondation de la colonie inaugure une période de réelle prospérité, qui se traduit par la construction de nouveaux édifices publics et se manifeste dans la richesse croissante des demeures privées.

L'un des premiers actes est l'édification d'un temple de Vénus (VII, 1, 3) en l'honneur de la déesse qui protège Sylla, assimilée à la Vénus Physica, gardienne de la ville. Le temple, qui se dressait sur l'éperon sud-est et dominait à la fois la mer et le Sarno, était sans doute le plus somptueux et le plus spectaculaire des édifices religieux de Pompéi. Toute-

86 À gauche : Cette statue d'Apollon provient sans doute d'un groupe sculpté en bronze figurant le massacre des Niobides, qui ornait le temple d'Apollon.

86 Au centre : Cette vue permet d'apercevoir l'intérieur de la basilique ; au fond, on entrevoit le tribunal.

87 La terrasse des théâtres, au bas de cette vue panoramique aérienne, comprend le Grand Théâtre, construit au IIe siècle av. J.-C., le petit théâtre couvert (Odéon) et le quadriportique, élevés peu de temps après que Pompéi fut devenu une colonie romaine (80 av. J.-C.).

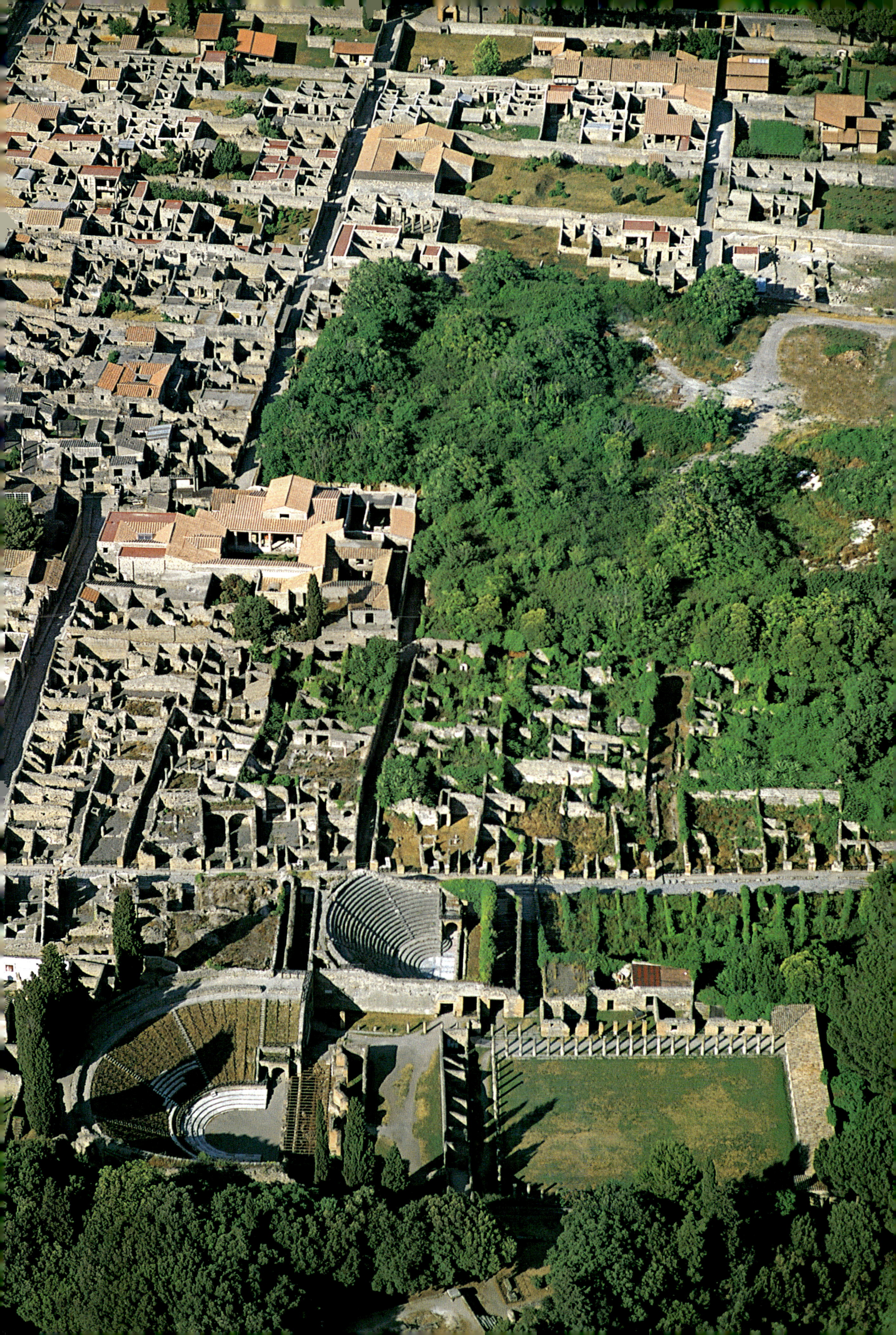

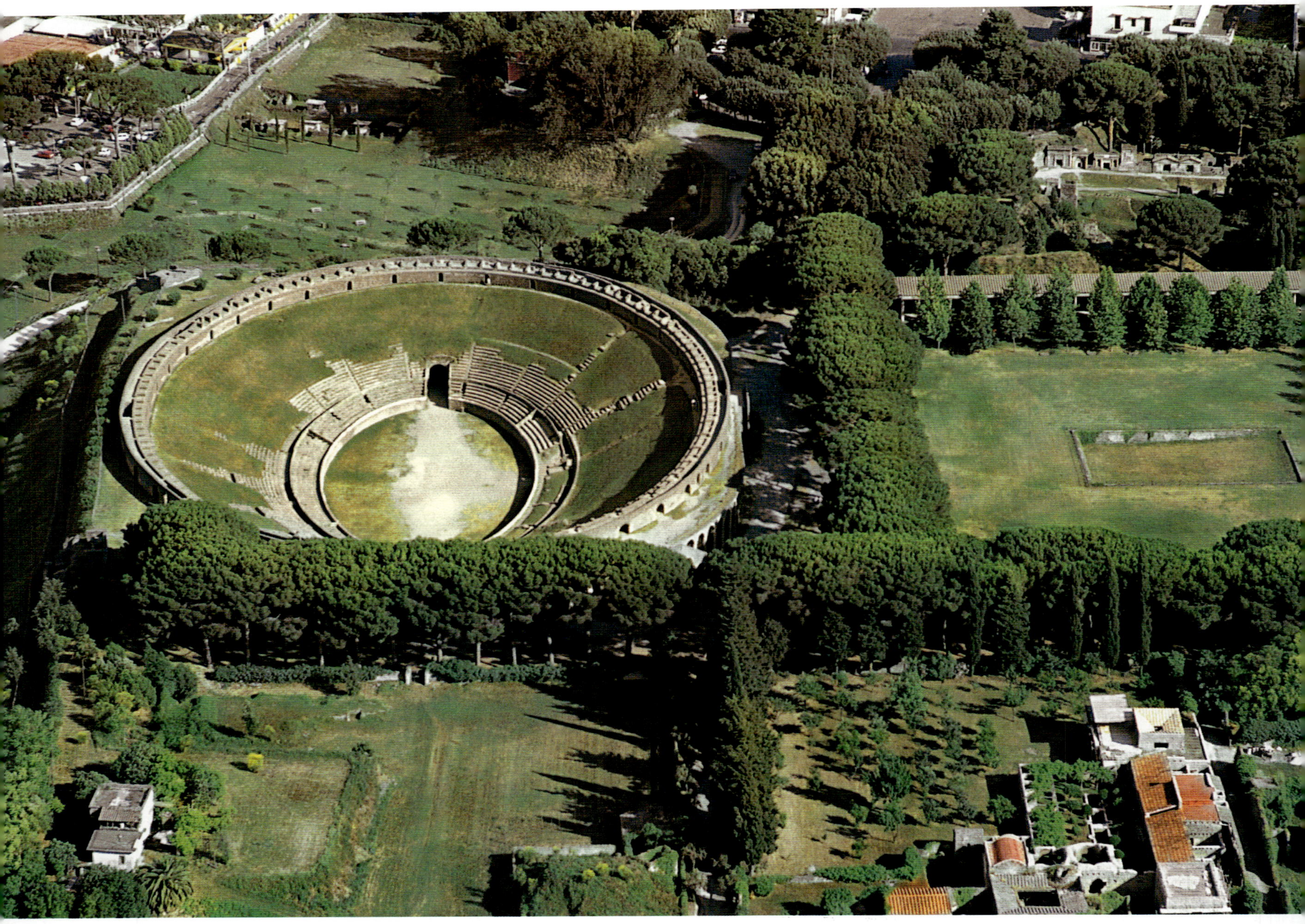

fois, les vestiges qui nous sont parvenus – un podium en tuf entouré d'un portique –, en fort mauvais état, ne permettent pas de se faire une idée de son aspect initial.

Le temple de Jupiter (VII 8, 1), situé sur le côté nord du forum, est transformé en capitole et voué au culte de la triade capitoline (Jupiter, Junon, Minerve). Le théâtre est agrémenté d'un théâtre plus modeste, ou odéon (VIII 7, 17-20), muni d'une couverture qui assure une acoustique parfaite, et d'une vaste place encadrée de portiques, dite « quadriportique des Théâtres » (VIII 7, 16-17), où se déroulaient des activités complémentaires et qui fut peut-être transformée en caserne de gladiateurs après le tremblement de terre de 62.

Les thermes publics de Stabies, aménagés à l'époque samnite, sont complétés par les thermes du forum. Les citoyens contribuent de manière non négligeable au développement accéléré de l'urbanisme. Ainsi, deux d'entre eux, C. Quinctius Valgus et M. Porcius, consacrent à leurs frais l'amphithéâtre vers 70 av. J.-C. Construit dans le secteur sud-est de la ville, l'édifice était réservé aux combats de gladiateurs et pouvait accueillir plus de 20 000 spectateurs. En 59 apr. J.-C., il fut le cadre d'une rixe sanglante entre les Pompéiens et les Nucériens. Ce massacre entraîna la fermeture de l'établissement pendant dix ans, sur ordre du Sénat. Le décret fut annulé après le séisme de 62.

L'ère augustéenne coïncide avec un processus de réorganisation systématique, destiné à transformer le visage public de la ville et visant à diffuser l'idéologie et le culte de l'empereur. L'étape la plus importante à cet égard est le chantier entrepris dans l'ensemble du forum, qui introduit une véritable révolution au cœur de la colonie romaine.

L'emploi massif des revêtements en marbre, l'agrandissement des portiques, la multiplication des statues et des inscriptions commémoratives sont emblématiques de cette démarche. Les lieux de culte impérial récemment aménagés bouleversent l'orientation de la place publique : la perspec-

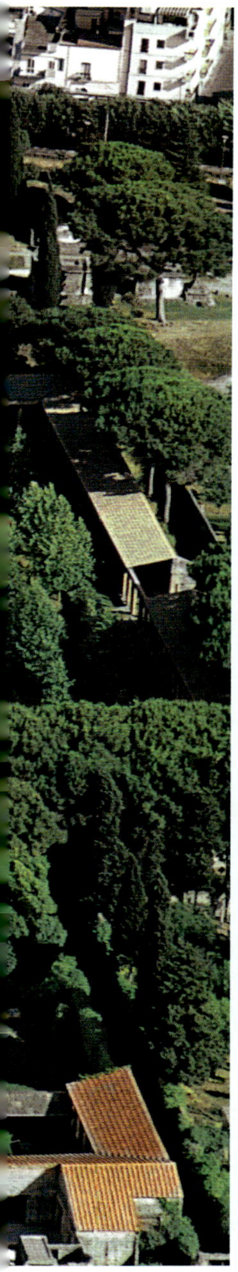

tive du forum n'est plus limitée par le capitole, sur l'axe longitudinal nord-sud, mais par le côté oriental de la place, où se succèdent les bâtiments voués au culte de l'empereur. En 79 apr. J.-C., cette série d'édifices débouchait, au nord, sur le macellum (VII 9, 7-8), principal marché de la ville, construit au IIe siècle av. J.-C. ; sous Auguste, la cour intérieure du bâtiment fut agrémentée d'arcades et d'un autel dédié au culte impérial. Le deuxième édifice était le sanctuaire des Lares publics (VII, 9, 3), sans doute construit à l'époque augustéenne – et non, comme le croient certains, pour apaiser les dieux après le tremblement de terre de 62. Venait ensuite le temple de Vespasien (ou Aedes Genii Augusti, VII, 9, 2), petit édifice élevé sur un podium orné d'une statue de l'empereur et situé au fond d'une cour découverte. Sans doute érigé à l'époque augustéenne, le sanctuaire a certainement été voué au culte du génie de l'empereur Vespasien en 79.

Au sud, la succession de bâtiments prenait fin dans la rue de l'Abondance, avec l'édifice d'Eumachia, grand bâtiment à arcades élevé à l'époque de Tibère

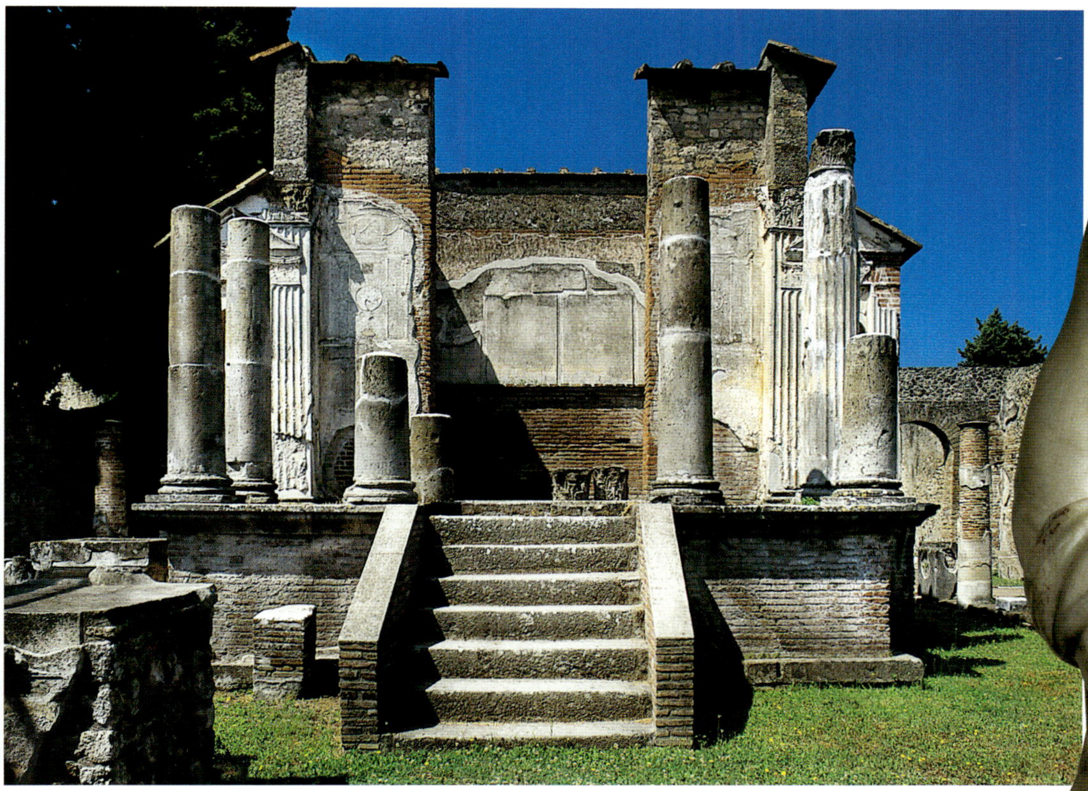

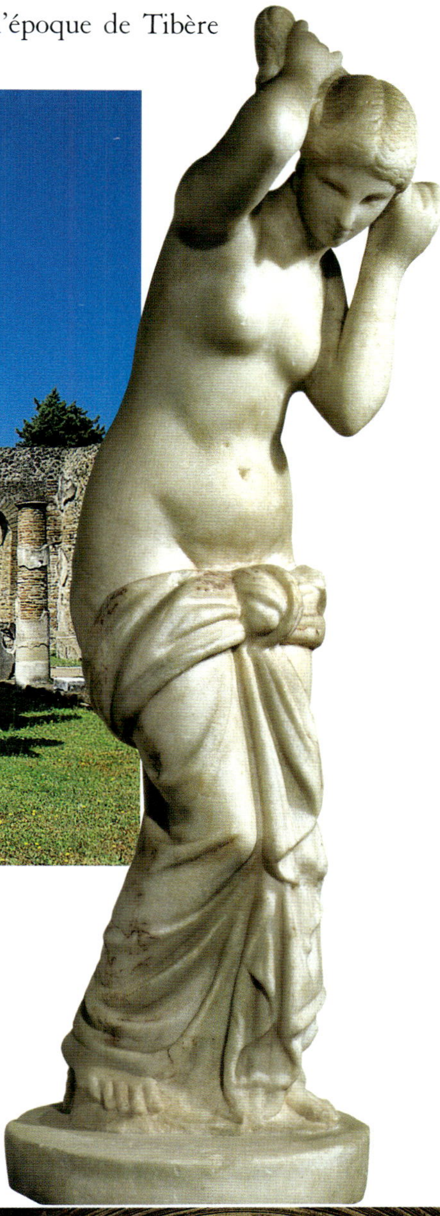

POMPÉI

87-88 L'amphithéâtre, construit vers 70 av. J.-C., s'élevait dans le secteur sud-est de la cité ; à l'époque augustéenne, on aménagea à proximité une vaste place quadrangulaire encadrée de portiques, aujourd'hui connue sous le nom de Grande Palestre, qui était peut-être réservée aux exercices d'athlétisme des associations de jeunes gens.

88 Ci-dessus : Après le tremblement de terre de 62, le temple d'Isis fut reconstruit aux frais d'un riche particulier, N. Popidius Ampliatus. Le temple, placé sur un podium au centre d'une cour bordée de portiques, fut décoré de nombreuses sculptures et peintures, parmi lesquelles figurait une statuette de Vénus anadyomène (au centre, à droite).

88 Ci-contre : Tous les thermes publics de Pompéi, à l'exception des thermes centraux, comportaient des secteurs réservés aux femmes et d'autres aux hommes. Ici, le caldarium des thermes du forum.

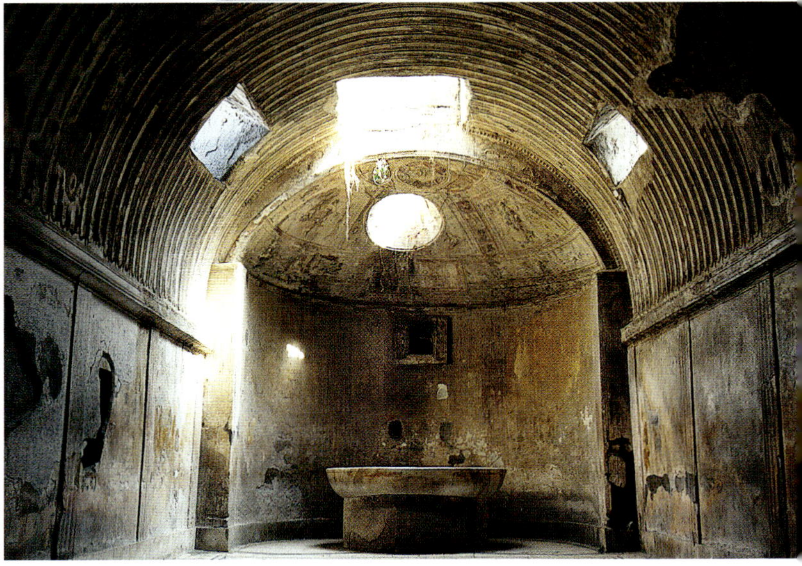

90 Ci-contre : Un double portique décoré de statues commémoratives, dont on voit ici les bases, s'élevait sur les côtés longs de la place du forum. À l'arrière-plan, le temple de Vespasien divinisé.

90 Ci-dessous : La rue de Mercure, vue du nord. Au premier plan, un passage pour piétons. Au fond, l'arc de Mercure, qui fut peut-être érigé en l'honneur de l'empereur Caligula.

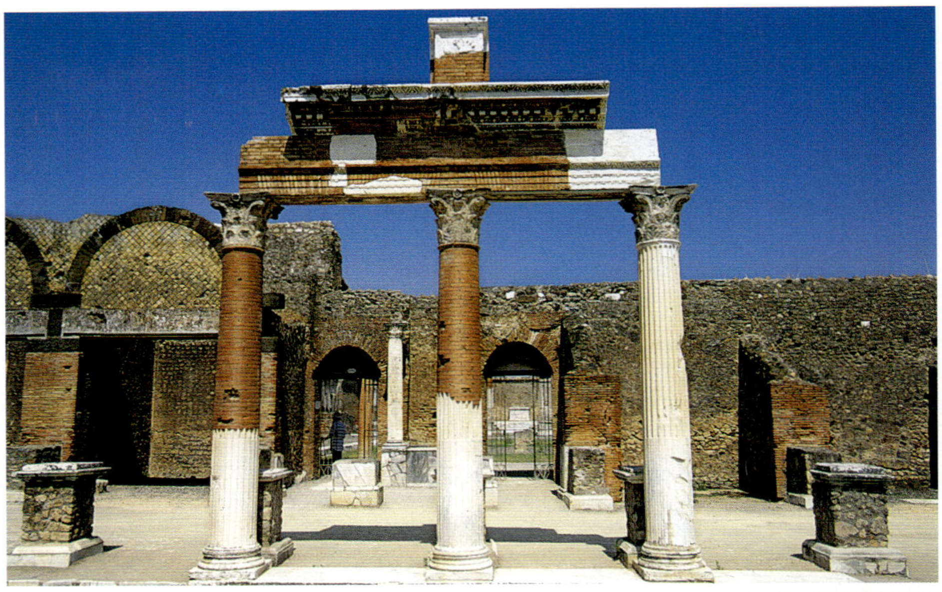

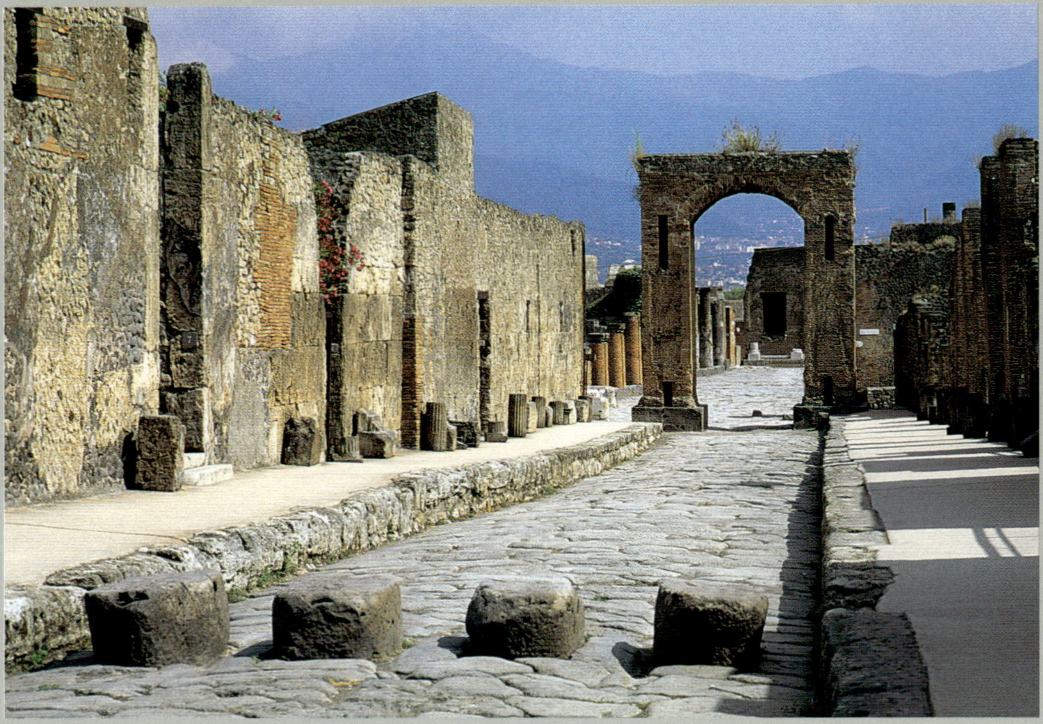

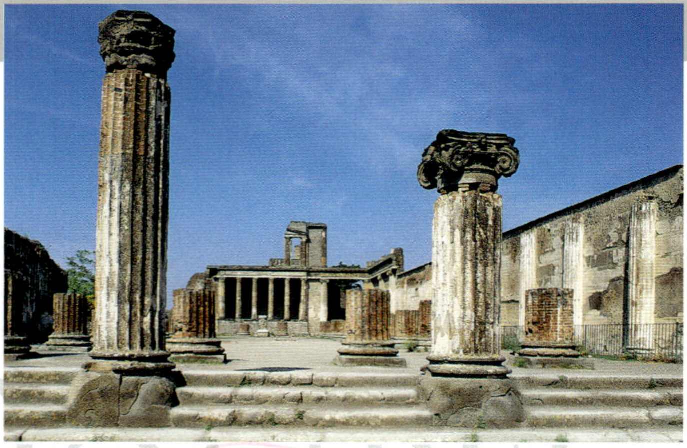

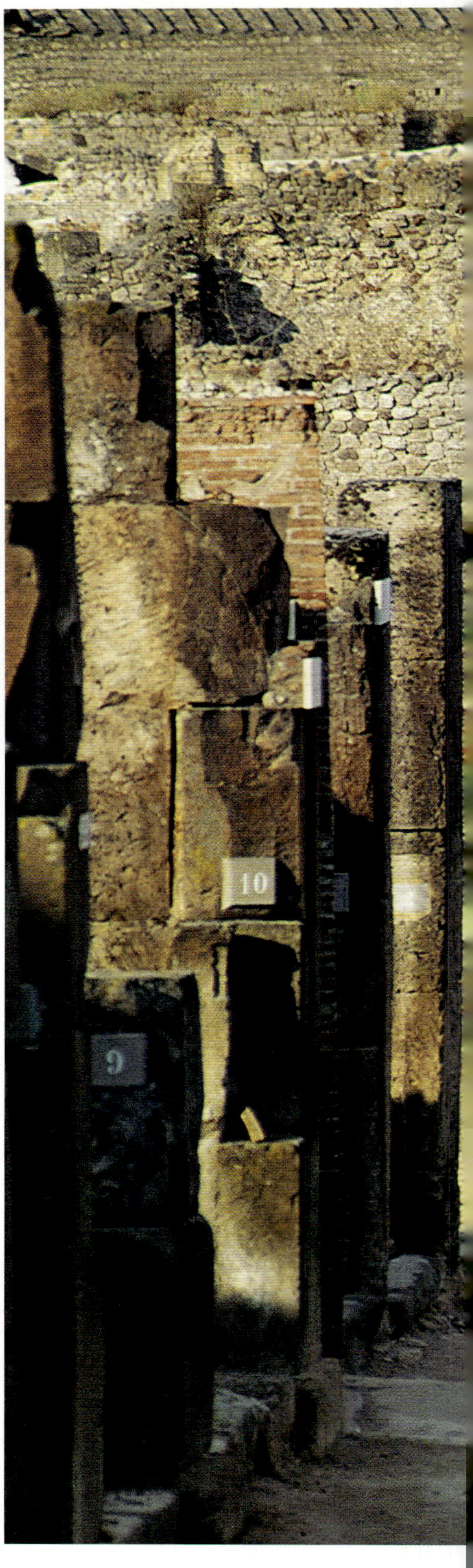

POMPEI

90 Ci-contre : Le temple de Vespasien divinisé, voué au culte impérial, se présentait au moment de l'éruption (79 apr. J.-C.) comme un petit temple sur podium, situé au fond d'une cour découverte et précédé par un autel (au centre de la photographie).

90-91 Comme la rue de Nocera, celle de l'Abondance (vue ici du forum) faisait partie du quartier sud de Pompéi, secteur urbain aujourd'hui bien restauré, qui donne une idée de la splendeur et de l'animation de la cité ancienne.

par Eumachia, prêtresse publique de Vénus, protectrice des foulons et héritière d'une dynastie de fabricants de tissus. Sous Tibère, le processus de réaménagement amorcé à l'époque augustéenne se poursuivit : le capitole fut modifié, deux arcs honorifiques furent élevés sur ses flancs et le forum se couvrit de statues commémoratives. Ces travaux étaient guidés par la volonté d'imiter Rome : ainsi, dans l'édifice d'Eumachia, des inscriptions célébraient les exploits d'Énée et de Romulus, rappelant les exèdres du forum d'Auguste à Rome. Dans le domaine de l'architecture privée, le quartier à plus forte vocation résidentielle était sans doute le secteur situé au nord-ouest, délimité au sud par l'axe du grand *decumanus* (rue de la Fortune) et à l'est par le tronçon du *cardo*, qui correspond aujourd'hui à la rue de Stabies. Les demeures les plus prestigieuses étaient concentrées dans cette zone. Parmi celles-ci, il convient de citer la villa-musée aujourd'hui connue sous le nom de villa du Faune (VI 12, 2), dont l'élégant décor, réalisé aux IIIe et IIe siècles av. J.-C., était en grande partie intact en 79 apr. J.-C. : cette ornementation comprenait des peintures du Ier style et des mosaïques de la même époque, dont une grande mosaïque de la bataille d'Alexandre. Cette villa du Faune avait un double atrium et présentait un double péristyle, ce qui était encore plus rare. La maison du Centenaire (IX, 8, 3.6.a) rentrait également

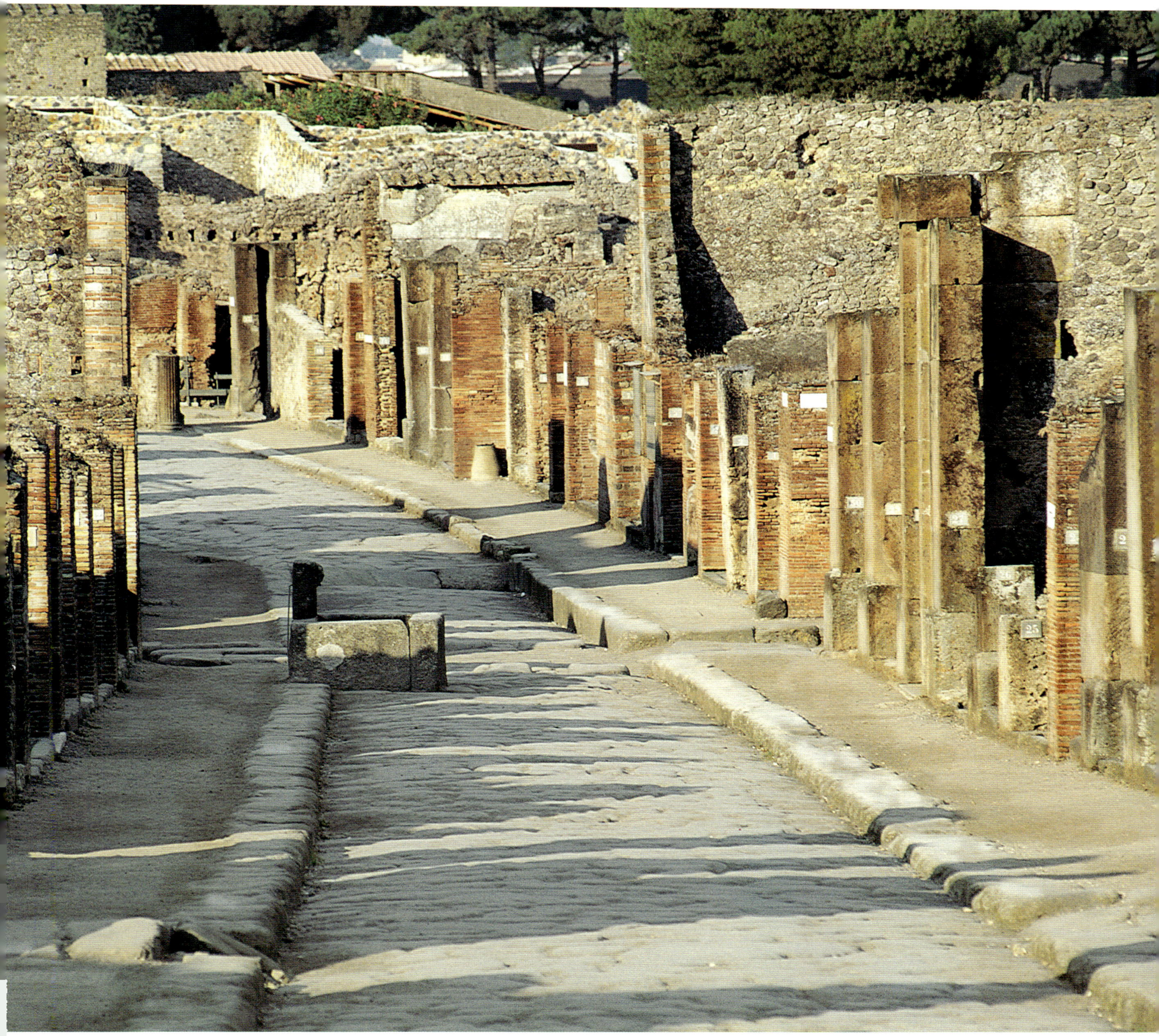

POMPÉI

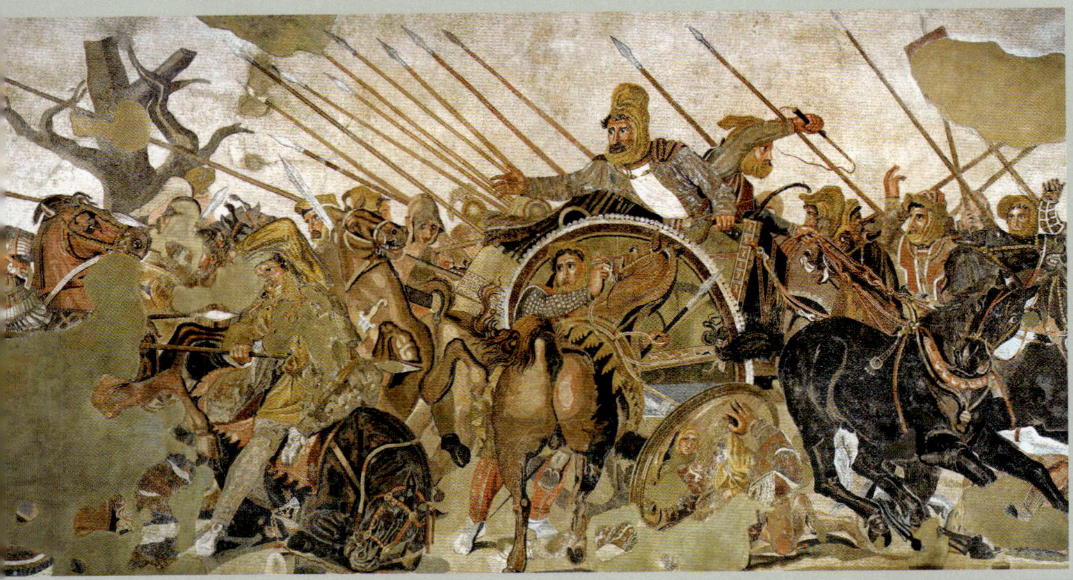

92 Ci-contre : Dans l'exèdre située au fond du premier péristyle de la villa du Faune, principale pièce de réception de la demeure, le sol était recouvert d'une grande mosaïque en opus vermiculatum représentant la bataille d'Issos entre Darius et Alexandre (333), réplique d'une célèbre peinture grecque.

92 Ci-dessous : Au moment de l'éruption, la décoration d'origine de la maison du Faune, exécutée plus de 150 ans auparavant, était intacte. Le luxe de la demeure était perceptible dès l'entrée, dans l'opus sectile raffiné de l'impluvium et dans le petit faune en bronze.

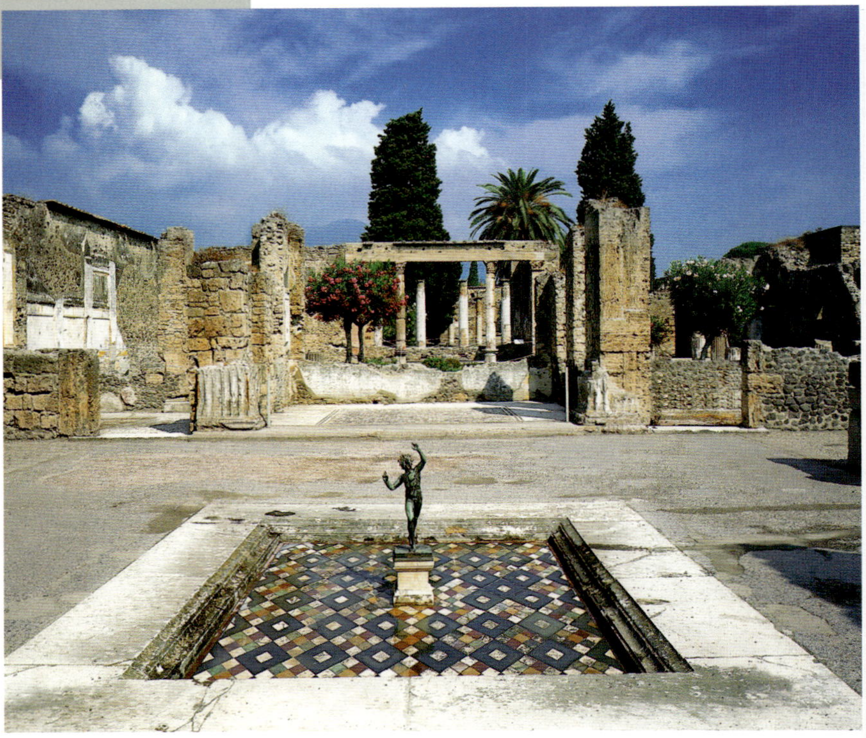

dans cette catégorie. La demeure s'était enrichie au dernier stade de la construction d'un *viridarium* peint (avec des scènes de jardin, un *paradeisos*, des spécimens de faune marine), d'un nymphée avec escalier et d'un singulier portrait de Bacchus, où le dieu est doté d'un corps en forme de grappe de raisin et placé à côté d'une montagne plantée de vignobles – figurant sans doute le Vésuve avant l'éruption. Cette peinture décorait le laraire, situé dans une pièce de service de la maison.

L'exiguïté des demeures interdisait dans certains cas de créer des péristyles-jardins (ou des espaces verts suffisamment grands et variés). Mais les occupants ne s'avouaient pas vaincus pour autant et optaient pour des solutions

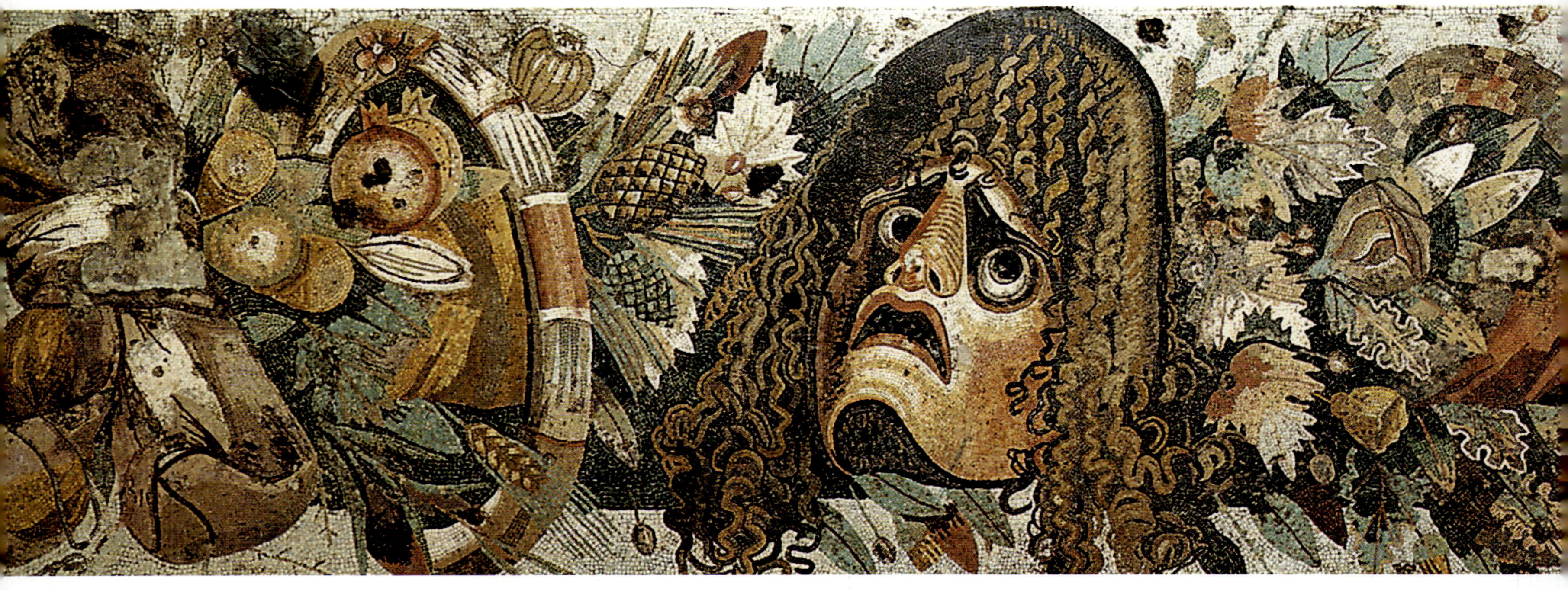

92-93 La maison du Faune est renommée pour la richesse et l'élégance des mosaïques en opus vermiculatum qui la décorent. Le seuil qui séparait le couloir (*fauces*) de l'atrium, décoré d'une guirlande végétale et de masques, avait également été réalisé à l'aide de cette technique issue de la tradition hellénistique.

93 Ci-contre : Après le tremblement de terre de 62, dans les années qui précédèrent la disparition de la ville, la décoration des jardins était souvent enrichie de peintures murales de grandes dimensions représentant des personnages mythiques (comme la Vénus à la coquille), des jardins ou des combats de fauves.

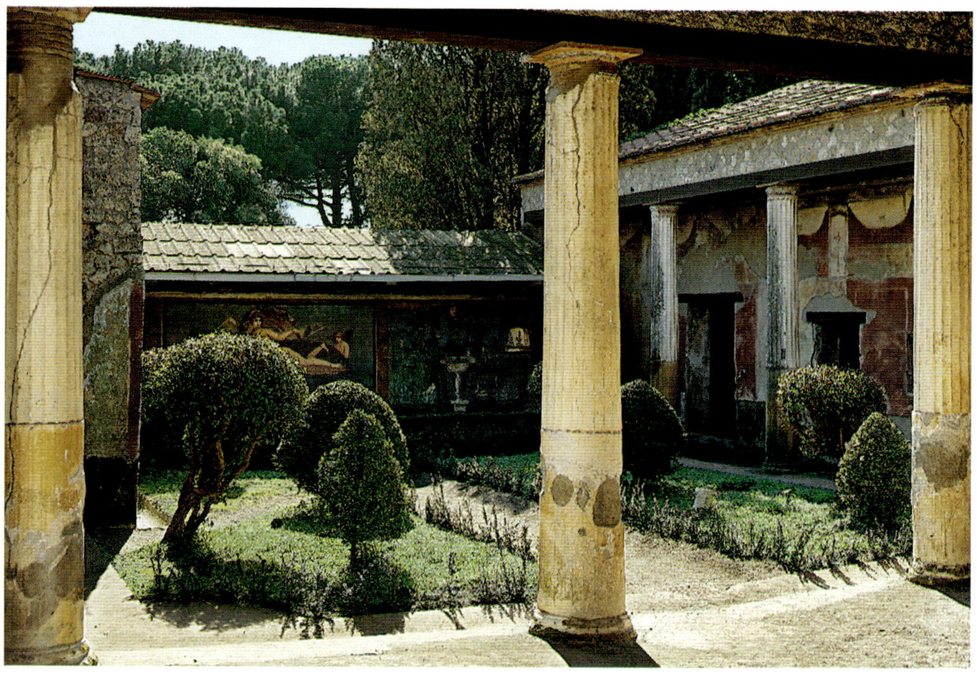

décoratives originales. Ainsi les murs de la petite cour qui fermait la maison des Ceii (I 3, 25) au nord étaient-ils entièrement recouverts de peintures représentant un jardin et un *paradeisos*. Il en allait de même dans la maison de l'Ours (VII 2, 44). Cette solution avait été utilisée aussi dans le petit pseudo-pérystile (péristyle présentant des colonnades sur un ou deux côtés seulement) de trois maisons donnant sur la rue de Mercure, à savoir les maisons d'Adonis (VI 7, 1), de la Grande Fontaine (VI 8, 22) et de la Petite Fontaine (VI 8, 23).

Bien souvent, l'élément central de ces jardins peints, du point de vue décoratif, était un nymphée revêtu de mosaïque polychrome, caractéristique de la culture résidentielle du Pompéi de la dernière époque. On retrouve en effet des nymphées revêtus de mosaïque dans quinze demeures pompéiennes aux dimensions les plus variées : maisons de la Grande Fontaine, de la Petite Fontaine, des Ceii et de l'Ours, maisons du Centenaire, du Bracelet doré (VI 17, 42), des Savants (VI 17, 42), et maison du Triclinium d'été, où deux nymphées se font face.

Les riches demeures des notables, avec leurs choix architecturaux et décoratifs, étaient à la fois des modèles et des sources d'inspiration pour les membres de la classe moyenne, qui cherchaient à reproduire ces réalisations dans leurs propres maisons, avec un moindre succès, du fait de la modestie de leurs ressources.

Les représentants des classes moyennes habitaient sans doute les maisons de type Hoffmann (du nom de l'érudit qui a les a décrites et identifiées), caractérisées par un plan d'une extrême simplicité : un vestibule d'entrée très étroit, encadré de deux chambres à coucher ; une cour centrale découverte, aux murs percés d'une ou de plusieurs ouvertures ; au fond, le jardin maraîcher, parfois agrémenté d'un petit portique. Ces habitations de taille modeste, mais souvent dotées de grands jardins (comme dans la maison du Jardin d'Hercule, II 8, 6) sont particulièrement nombreuses

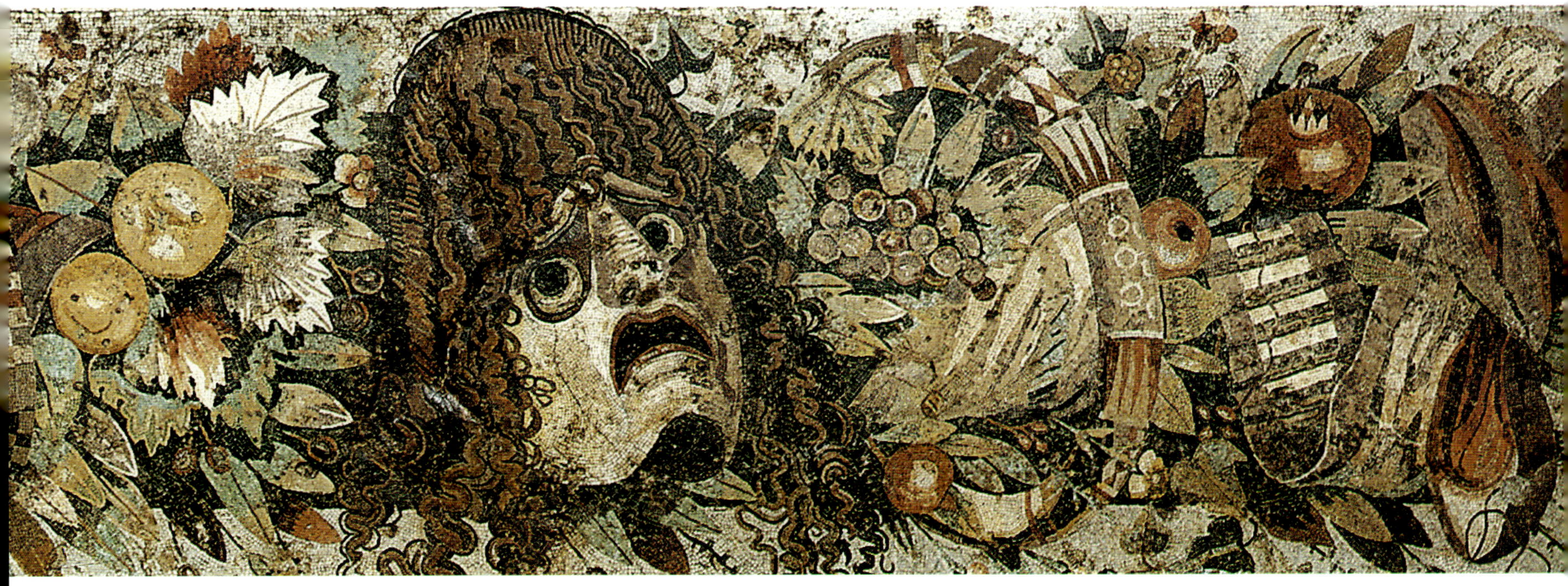

dans le secteur sud-est de la ville, entre la rue de l'Abondance et l'amphithéâtre. On a également retrouvé de nombreuses traces des logements occupés par les petites gens : boutiques munies d'une pièce habitable ou d'une *pergula* (soupente), pièces louées dans une maison, etc.
En 79 apr. J.-C., lorsqu'elle fut ensevelie sous une couche de lapilli et de cendres épaisse de 6 m vomie par le Vésuve, la ville de Pompéi occupait une surface d'une soixantaine d'hectares, dont quarante-quatre seulement ont été mis au jour. Les fouilles, qui ont débuté en 1748 et se poursuivent aujourd'hui encore, ont restitué l'image d'une ville romaine du début de l'empire, surprise et figée dans ses activités quotidiennes par l'éruption. Les édifices portent bien entendu la marque des dégâts provoqués par l'éruption ; ce qui est plus étonnant, c'est qu'ils sont dépourvus des éléments décoratifs (peintures, sculptures, éléments de mobilier, ustensiles) qu'on s'attendrait à trouver dans une ville dont l'existence a été interrompue un jour comme les autres, le 24 août de l'année 79 de notre ère. Décorations sculptées quasiment inexistantes, espaces publics et pièces

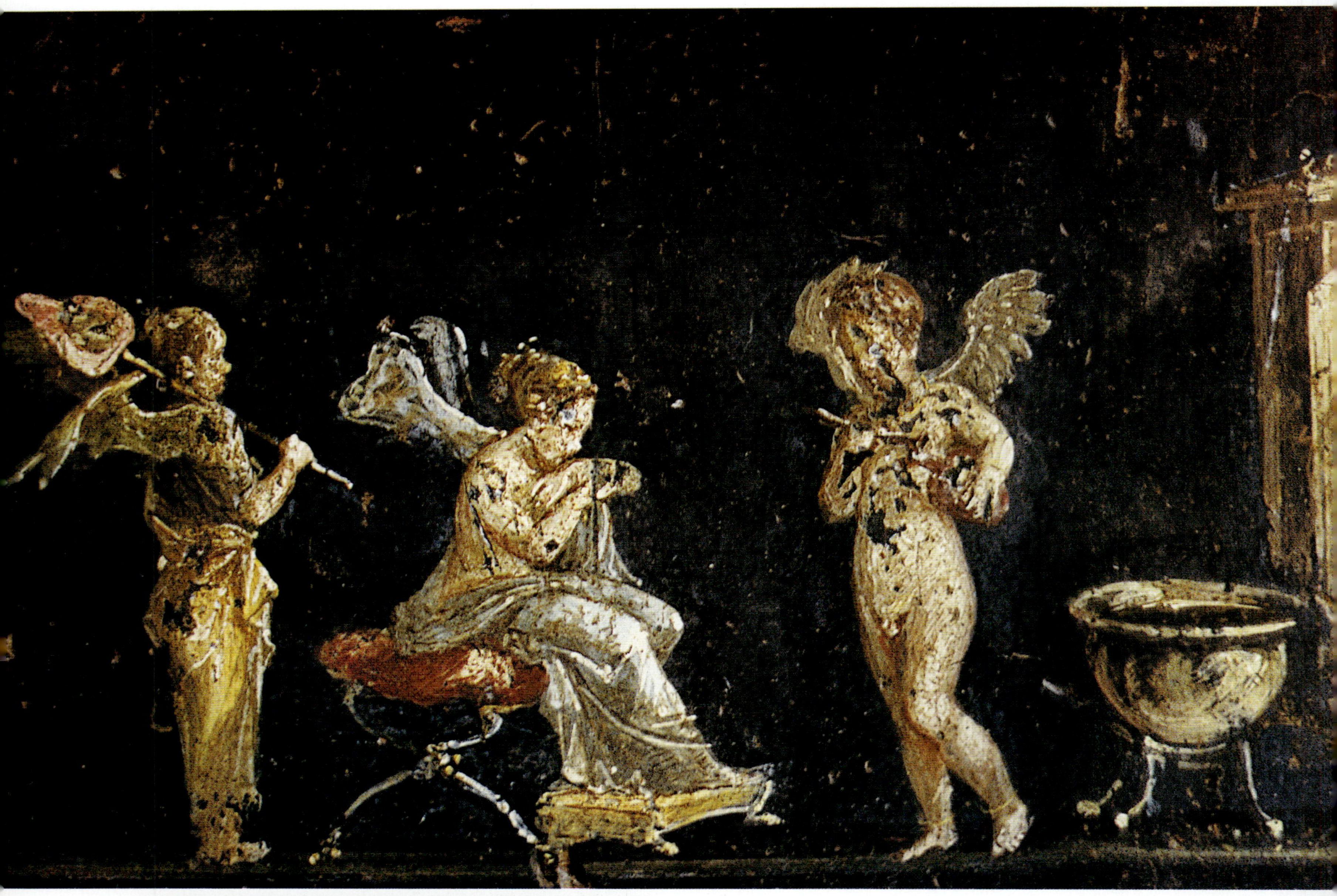

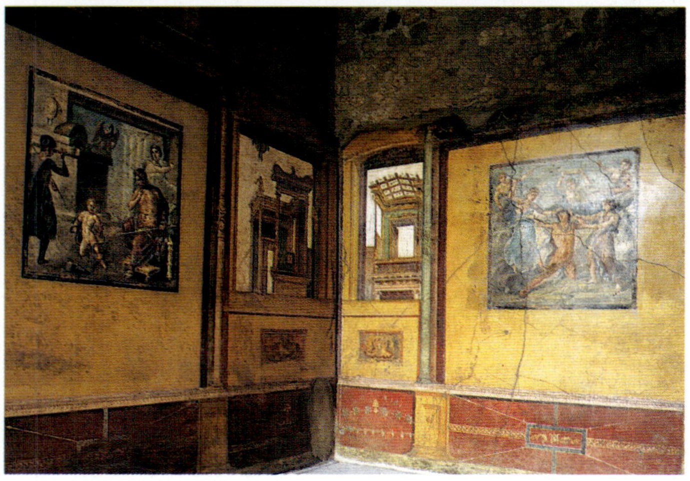

privées dépourvus de revêtements en marbre, peintures murales inachevées, matériaux de construction entassés dans une ou plusieurs pièces de nombreux bâtiments : la ville, ont conclu la plupart des spécialistes, n'était qu'un vaste chantier au moment de l'éruption, car le terrible séisme de 62 apr. J.-C. avait été suivi d'une série de tremblements de terre qui avaient gêné les travaux de restauration.

94-95 La décoration murale de la maison des Vettii offre l'exemple le plus complet de peinture du IVe style. Au cours de cette période (54-79), les thèmes de l'Éros s'imposent dans la décoration figurative : ainsi, la frise qui se déployait entre la plinthe et la partie médiane du mur de l'atrium mettait en scène de nombreux amours, symbolisant les activités des corps de métier pompéiens. Les prédelles sont décorées de scènes mythologiques.

94 en bas et 95 en haut : Les principales pièces de réception de la maison des Vettii donnaient sur le péristyle. Chaque pièce, agrémentée d'un décor du IVe style, comportait des tableaux figuratifs consacrés à un même thème : ainsi, les trois murs de l'*oecus* (salon) thébain illustraient trois épisodes mythiques se déroulant à Thèbes : Hercule enfant étranglant les serpents, le supplice de Penthée et le supplice de Dircé.

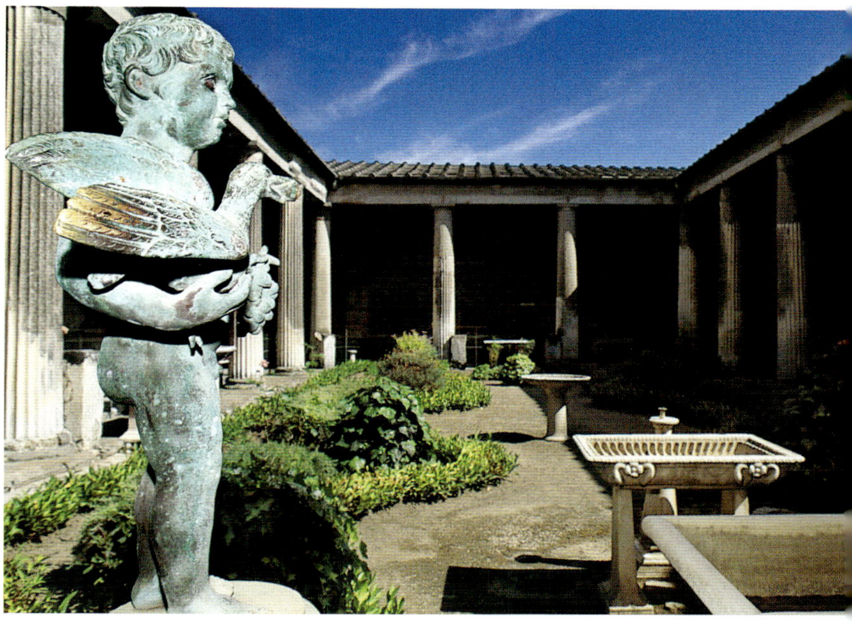

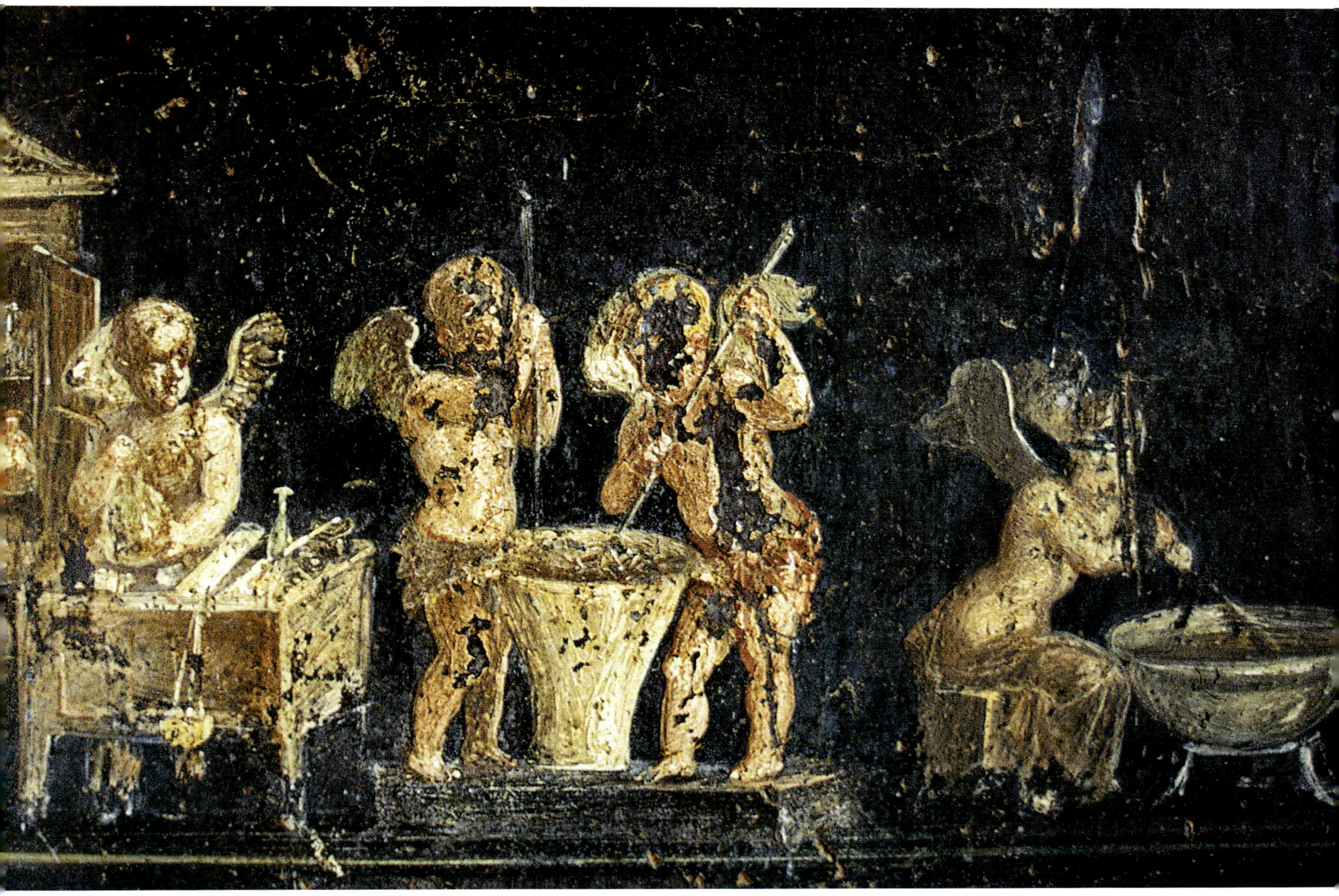

Le dynamisme du marché immobilier explique également pourquoi les habitations privées étaient souvent en plein chantier. En effet, les travaux de réaménagement ou de redécoration n'étaient pas rares et les propriétés changeaient fréquemment de mains, notamment en raison de la forte mobilité sociale observée au sein de la classe dominante de Pompéi à la fin de l'époque républicaine et sous l'empire.
L'aspect inachevé de certains bâtiments publics a plus souvent été expliqué par le retard des travaux de restauration : les activités de construction se seraient concentrées sur les édifices consacrés au spectacle et les bâtiments thermaux, nouveaux pôles de rencontre et de rassemblement de la communauté pompéienne. En 79, les thermes de Stabies, les plus anciens de la ville, les thermes du forum et les thermes suburbains étaient en service, alors que les nouveaux thermes centraux étaient en cours de construction. L'amphithéâtre, le théâtre (dont la scène et le mur de scène, ornés de marbres et de statues, avaient été restaurés après

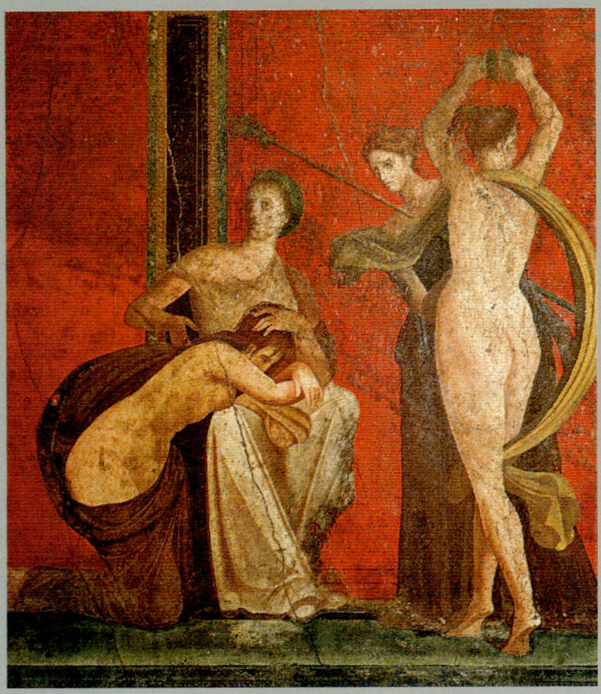

96 et 97 Les villas suburbaines de Pompéi se distinguaient par la richesse de leur architecture et de leur décoration. La villa des Mystères, qui dominait le paysage avec son imposante base à niches aveugles, est célèbre pour les grandes fresques auxquelles elle doit son nom. Cette frise peinte, décorée de personnages grandeur nature, décorait les murs de la salle la plus importante de la villa. L'origine et le sujet de cette œuvre exceptionnelle ont fait couler des flots d'encre : selon la thèse la plus reconnue, la frise ne serait pas la copie romaine d'une œuvre grecque, contrairement à ce que l'on a longtemps soutenu, mais un original romain du Ier siècle av. J.-C. représentant les rites dionysiaques associés à l'initiation d'une jeune femme.

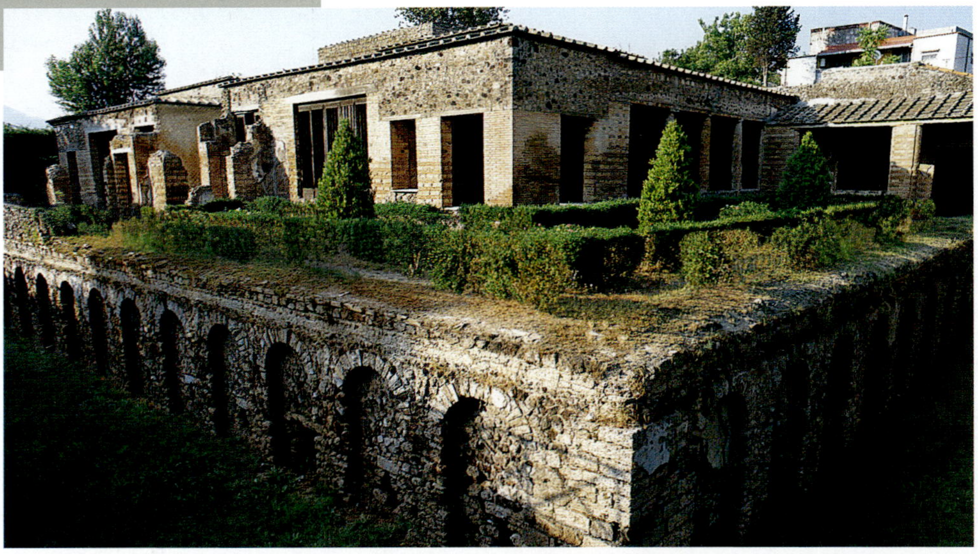

POMPÉI

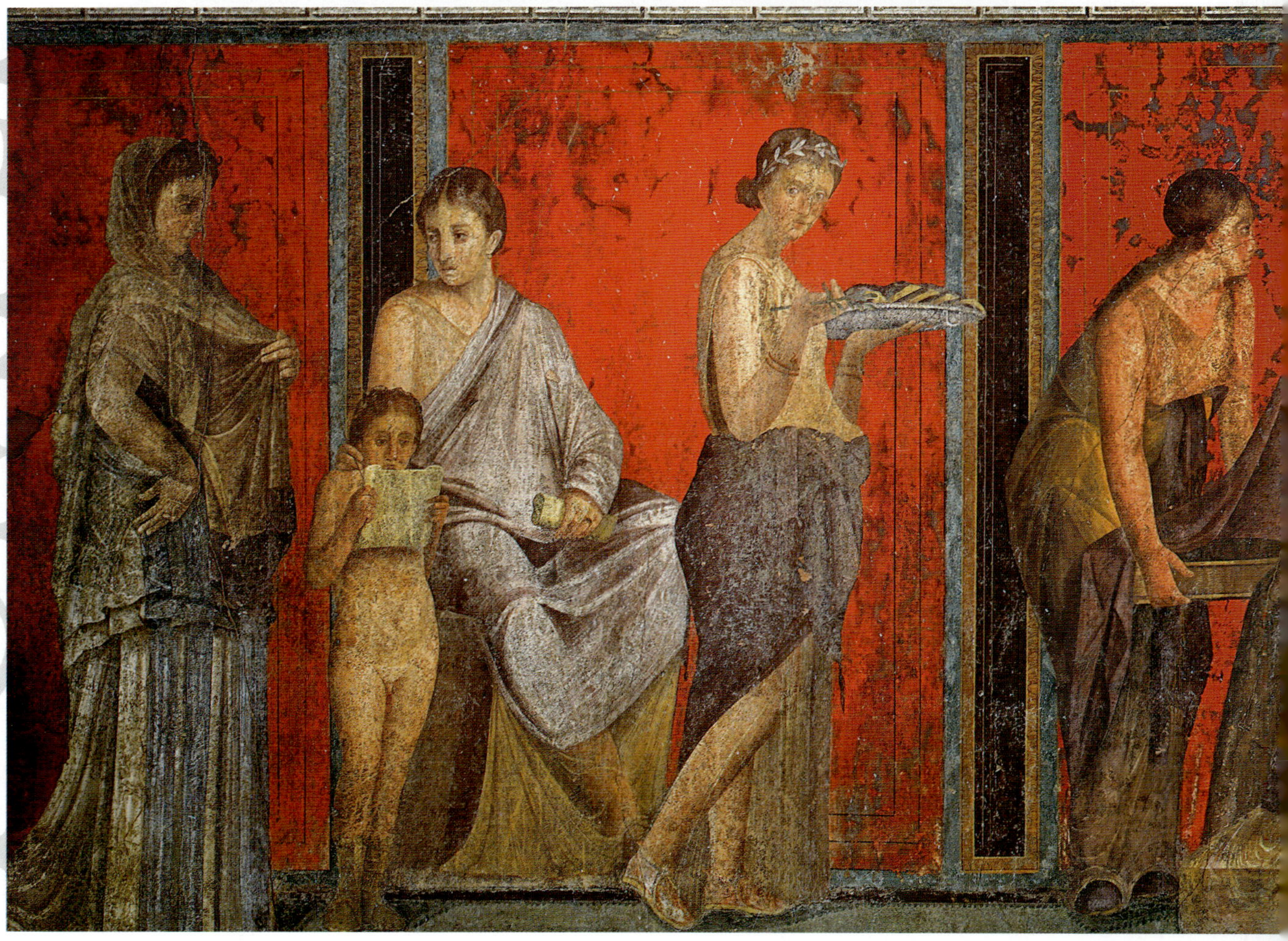

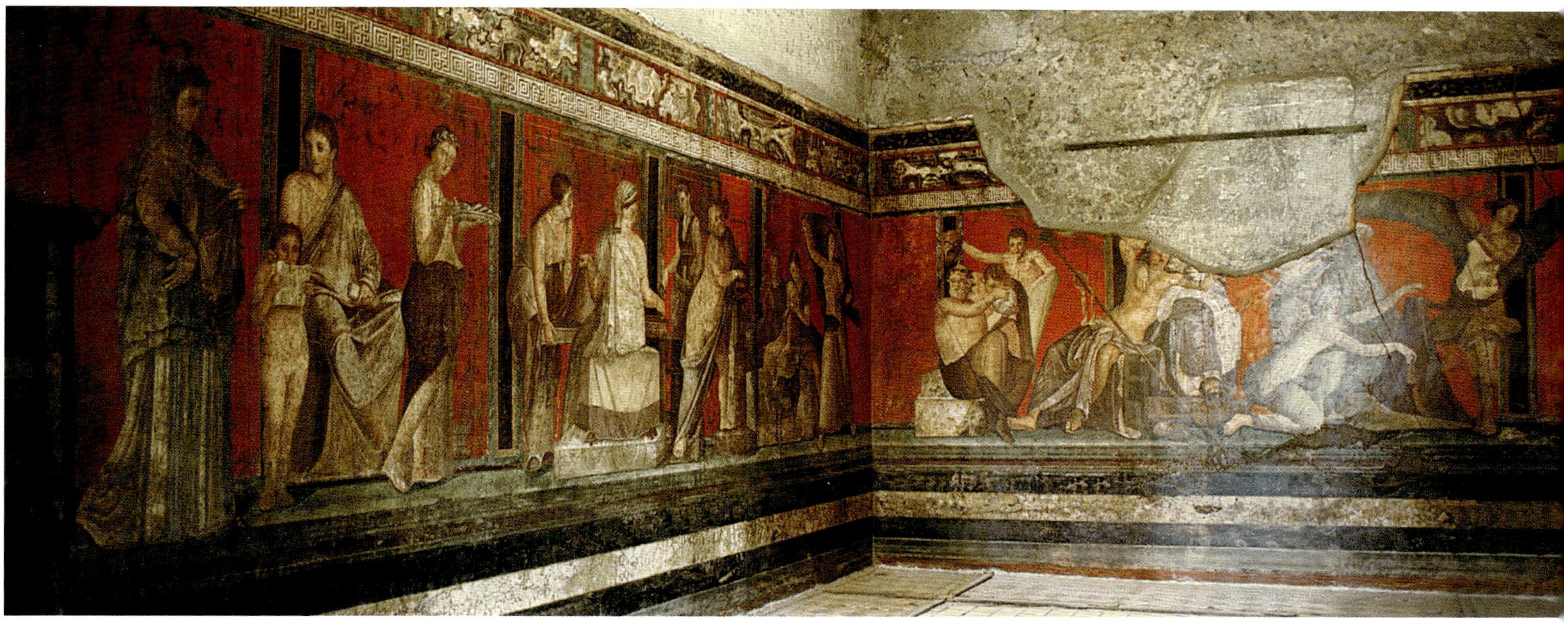

62) et l'odéon accueillaient des spectacles. Le macellum et le temple de Vénus avaient été reconstruits en partie. Le forum, de même que le capitole et ses annexes, partiellement ou intégralement détruits – comme le montrent les reliefs qui décoraient le laraire de la maison de Caecilius Jucundus, banquier – ne figuraient pas, semble-t-il, au nombre des priorités. Enfin, en 79, les travaux de restauration du temple d'Isis, entrepris sous le règne d'Auguste et poursuivis après le tremblement de terre de 62, étaient achevés. L'édifice avait repris sa forme primitive (temple sur un podium au centre d'une cour bordée de colonnes) et avait été richement décoré de peintures du IVe style. Les travaux avaient été financés par un affranchi, N. Popidius Ampliatus, qui les avait attribués avec beaucoup d'emphase à son fils, N. Popidius Celsinus, âgé de 6 ans à peine, sans doute pour faciliter l'accès de son héritier à la vie politique lorsque celui-ci serait devenu adulte.

Des études récentes ont attiré l'attention sur les pillages et les vols commis dans l'Antiquité ou à l'époque moderne. L'état d'abandon et de détérioration dans lequel une si grande partie de la ville a été retrouvée ne saurait en effet s'expliquer uniquement par la lenteur des travaux de restauration. Les vols auraient été organisés par le pouvoir central peu après l'éruption. Ainsi, le meilleur état de conservation du temple d'Isis serait dû au fait que ses peintures murales ne présentaient guère d'intérêt pour les explorateurs…

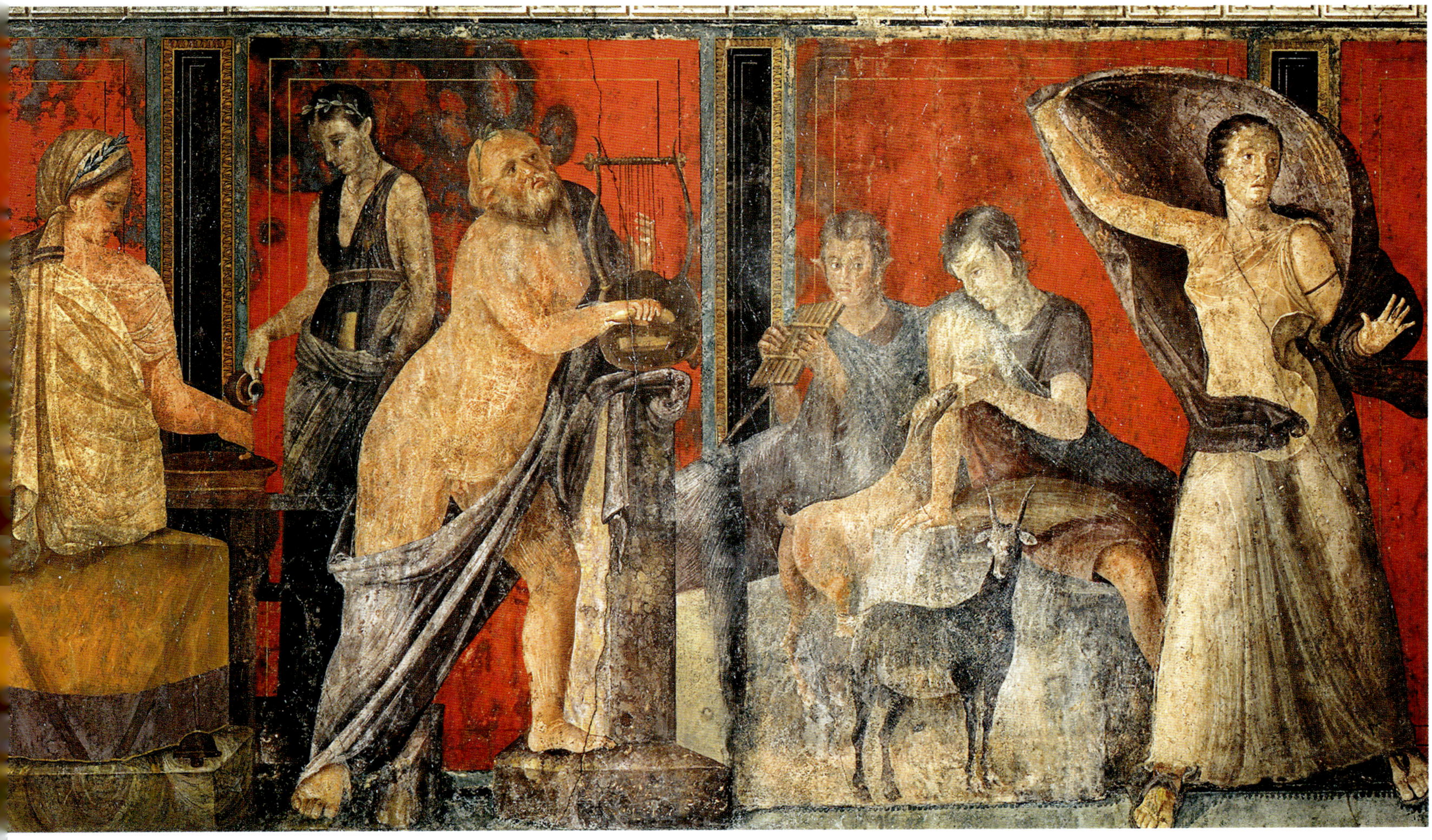

INTRODUCTION

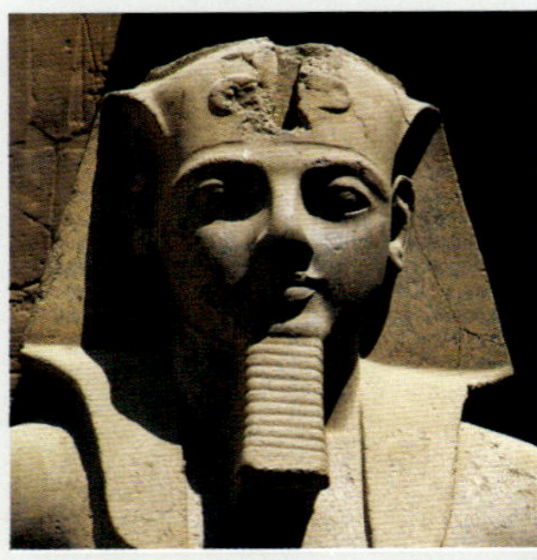

98 Ci-contre : Visage du pharaon Ramsès II au temple de Louxor.

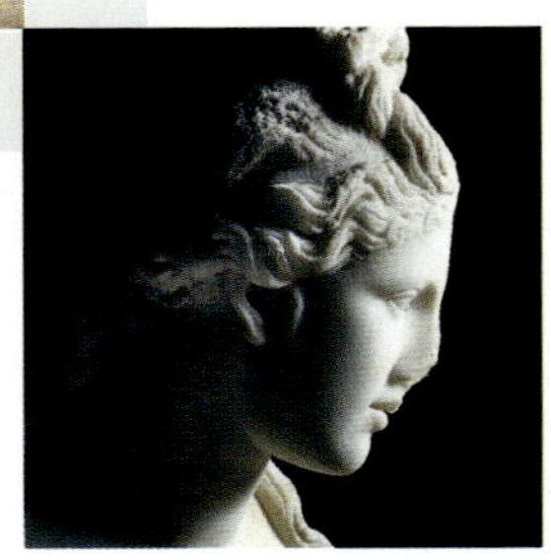

98 Ci-dessous : Statue romaine provenant de Leptis Magna, conservée au musée de Tripoli.

VILLES D'AFRIQUE, DE L'ÉGYPTE DYNASTIQUE À LA PROVINCE ROMAINE

PAR

SIMONE RAMBALDI ET MARCO ZECCHI

Avant la conquête romaine qui devait unifier les régions septentrionales du continent africain de Suez à l'océan Atlantique, l'expansion des villes s'est réalisée selon des modalités très diverses suivant les événements historiques qui en ont déterminé le peuplement et les traditions culturelles qui l'ont influencé. Sur certains des territoires qui font aujourd'hui partie de l'Égypte, de la Libye, de la Tunisie, de l'Algérie et du Maroc, de grandes civilisations s'étaient en effet développées, avec une importante composante urbaine. Dans d'autres régions, les villes en étaient restées à des stades moins évolués. L'ancienne Égypte était couverte de villes et de bourgs, nés pour certains à partir de quelques cabanes primitives. Nombreux étaient les villages de paysans, regroupements de maisons construites pour la plupart en limon du Nil. À côté, le pays comportait des centaines de cités. Sans parler des grandes capitales des différentes dynasties, comme Memphis et Thèbes, certaines de ces agglomérations devaient leur importance à leur statut de chef-lieu de province ou de lieu saint d'intérêt national. L'importance d'autres villes était marquée par l'activité économique de leur temple ou par leur position géographique. Par exemple, Saïs, dans le delta, était un grand centre textile réputé, alors que Silè était connue comme ville de garnison.

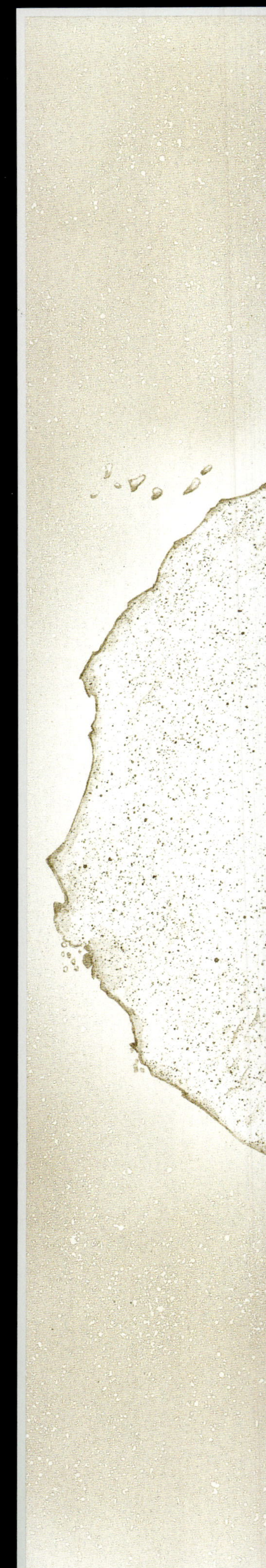

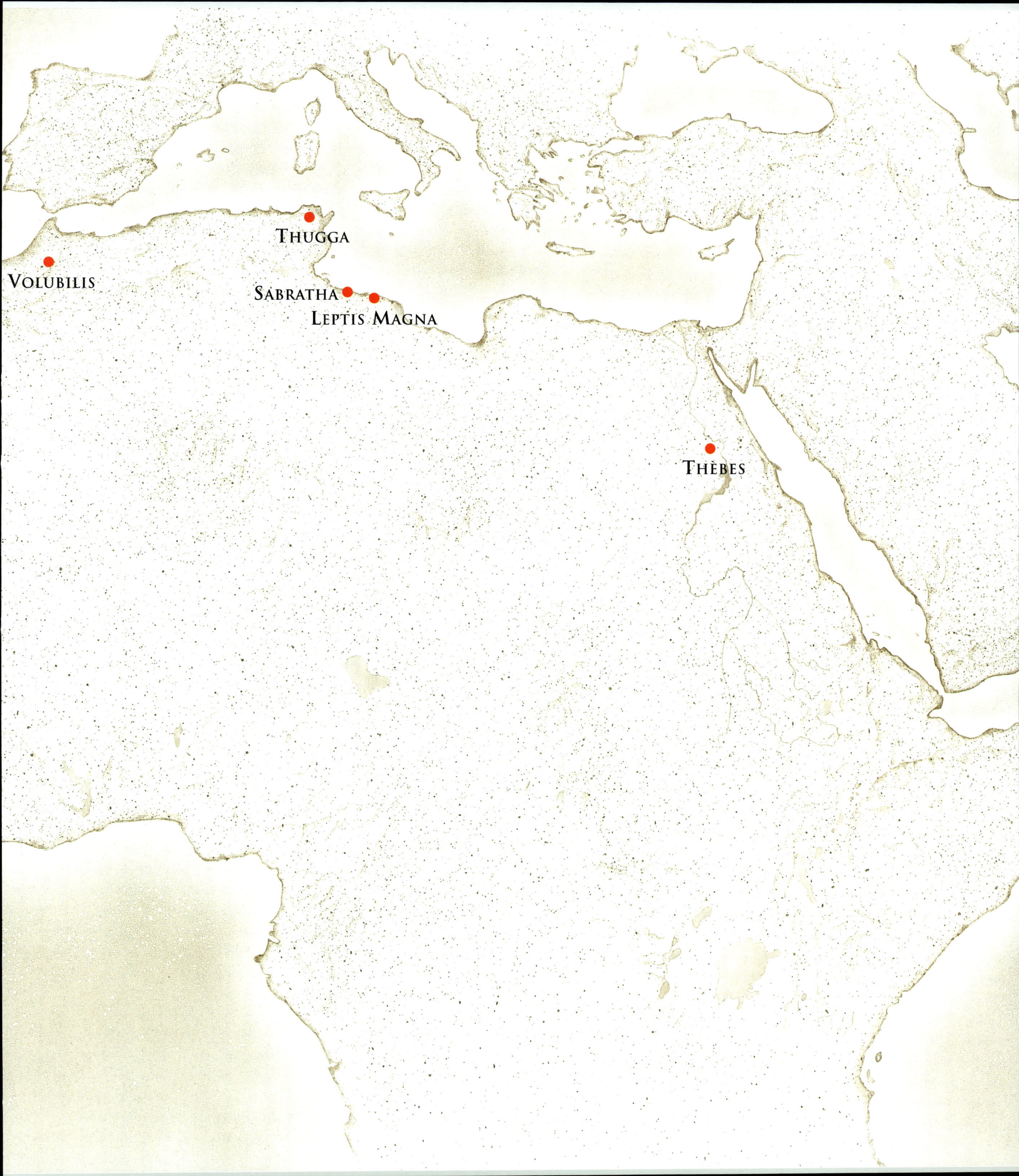

Afrique

AFRIQUE

INTRODUCTION

Que ce soit pour « économiser » du terrain agricole ou à cause de l'inondation du Nil, les centres d'habitat traditionnel étaient plutôt resserrés. Il faut en effet bien se représenter la situation géographique de l'Égypte : la terre cultivable y est limitée au delta, aux oasis, et à une mince bande de terre qui court le long du Nil. Au-delà de la zone périodiquement irriguée, c'est le désert. Les Égyptiens ont donc été pratiquement obligés d'établir leurs villages et leurs cités dans des zones désertiques aux limites des terres cultivées, sur des promontoires en hauteur le long du fleuve, ou encore sur les petites collines du delta, de façon à être à l'abri des eaux de l'inondation.

On construisait sans cesse de nouvelles maisons, entièrement en briques, sur les ruines détruites et compactées d'habitations plus anciennes. Dans les grandes villes comme dans les agglomérations plus petites, les rues et les édifices n'obéissaient pas à une organisation précise. Mais certains centres urbains créés de toutes pièces, et qui ont subsisté jusqu'à nos jours, présentent une structure ordonnée, avec des rues qui se croisent à angles droits et qui délimitent des îlots réguliers de maisons bâties selon des plans à peu près identiques. Il s'agit de « cités » comme Kahoun dans le Fayoum, Deir el-Medineh à Thèbes et Amarna en Moyenne-Égypte, édifiées afin d'accueillir, avec leur famille, les ouvriers qui travaillaient à la construction des tombes des nécropoles.

C'est sûrement dès avant 1000 av. J.-C. que les Phéniciens sont arrivés à l'ouest de la vallée du Nil, prélude à la fondation d'établissements commerciaux le long des côtes méditerranéennes du continent, dans des endroits d'accès facile et souvent au débouché de routes caravanières reliant le littoral à l'intérieur des terres. Le plus important de ces centres, Carthage, allait prendre le pas sur tous les autres. La cité devait en effet jeter les bases d'un empire dont les limites allaient déborder des côtes africaines, et étendre son influence jusqu'à l'Espagne, la Sardaigne et la Sicile occidentale. Ce grand territoire, déjà affaibli par l'affrontement avec la colonie grecque de Syracuse, allait finir par être plusieurs fois vaincu, puis complètement détruit par la puissance romaine.

La prise de Carthage, à la fin de la troisième guerre punique (146 av. J.-C.), marqua le début de l'occupation romaine en Afrique. Après la constitution de la province d'Afrique, avec Utique comme capitale, la présence de Rome ne cessa de se renforcer. L'Empire romain absorba des territoires qui avaient d'ailleurs déjà accueilli certains éléments de la civilisation classique. L'usurpation de Jugurtha et les conflits qui en étaient résultés avaient permis à Rome d'imposer plus directement son influence sur les régions situées à l'ouest du vieux territoire carthaginois et de démembrer le vieux royaume de Numidie, un allié important dans la difficile guerre contre Hannibal. La partie occidentale de la Numidie avait en effet été attribuée à Bocchus, souverain de l'antique Maurétanie, alors que la zone orientale avait été laissée à la vieille maison royale, qui avait désormais abandonné ses velléités de puissance. Mais

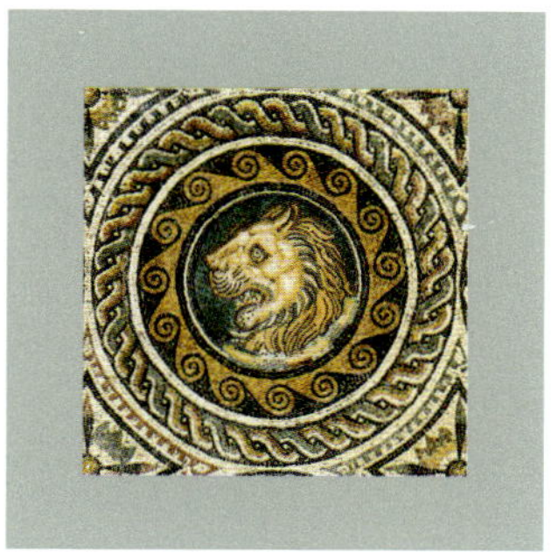

101 Ci-contre : Détail d'une mosaïque provenant de la maison de Liber Pater, à Sabratha.

Juba Ier eut le tort d'accorder son aide à Pompée pendant la guerre civile contre César. En conséquence, le territoire numide perdit définitivement sa liberté, et fut dès lors soumis au régime provincial. Dans un premier temps, Rome créa une nouvelle province que son nom d'*Africa Nova* distinguait de la précédente, désormais désignée par le qualificatif de *vetus*. Mais elle fut bientôt englobée dans la grande province d'*Africa Proconsularis*, qui comprenait aussi la Tripolitaine, où étaient établis de vieux comptoirs phéniciens depuis longtemps déjà passés sous le contrôle de Rome. Carthage, colonie recréée par Auguste obéissant à un vœu de César, en devint la nouvelle capitale.

La dynastie de Bocchus s'étant éteinte en Maurétanie, celle-ci fut attribuée à Juba II, héritier légitime du trône de Numidie, en compensation de la perte du royaume paternel. Le nouveau souverain donna au pays une coloration fortement hellénistique. Il ajouta au nom de sa capitale, Iol, le qualificatif de Caesarea, et la couvrit d'édifices qui s'inspiraient directement de modèles italiques – le théâtre, par exemple, ressemble beaucoup au théâtre de Pompée à Rome – et de copies de sculptures classiques, selon une formule depuis longtemps répandue dans les principales villes du monde méditerranéen. Ce remarquable épanouissement du royaume maurétanien fut brusquement interrompu par l'assassinat du fils de Juba, Ptolémée, traîtreusement exécuté par Caligula à Rome. Le territoire fut alors divisé par Claude en deux nouvelles provinces, la *Mauretania Tingitana*, dont la capitale était Tingis – la Tanger contemporaine –, et la *Mauretania Caesariensis* (capitale : Iol Caesarea). L'organisation des terres africaines au sein de l'Empire romain resta pratiquement inchangée – si l'on met à part le cas de la Numidie, qui redevint indépendante à la fin du IIe siècle apr. J.-C. – jusqu'à l'époque de Dioclétien, quand l'empire fut totalement restructuré et l'Afrique divisée en provinces encore plus nombreuses.

Certains centres urbains existaient déjà lorsque le pouvoir romain s'empara de toutes ces régions. C'est le cas par exemple d'agglomérations fondées par les Phéniciens, dont la vocation primitive était commerciale mais qui s'étaient souvent développées jusqu'à devenir de véritables villes, dans des territoires restés pourtant généralement très peu peuplés, comme la Tripolitaine : on peut en donner pour modèles Leptis Magna et Sabratha. Il pouvait s'agir également de localités très différentes les unes des autres sur le plan historique, surtout de places fortes accrochées en haut de collines abruptes comme Thugga, ou d'agglomérations ayant subi une forte influence hellénistique, telle Volubilis. Dans de nombreux cas, cependant, Rome décida de développer des localités qui n'avaient jamais véritablement atteint la dimension de villes. Un bon exemple en est le site de Thamugadi. La présence de Rome, ici comme dans toutes les provinces de l'empire, s'affirma non seulement par un renforcement de l'habitat là où celui-ci existait déjà, mais aussi par un accroissement significatif des structures et des espaces destinés à la vie de la communauté.

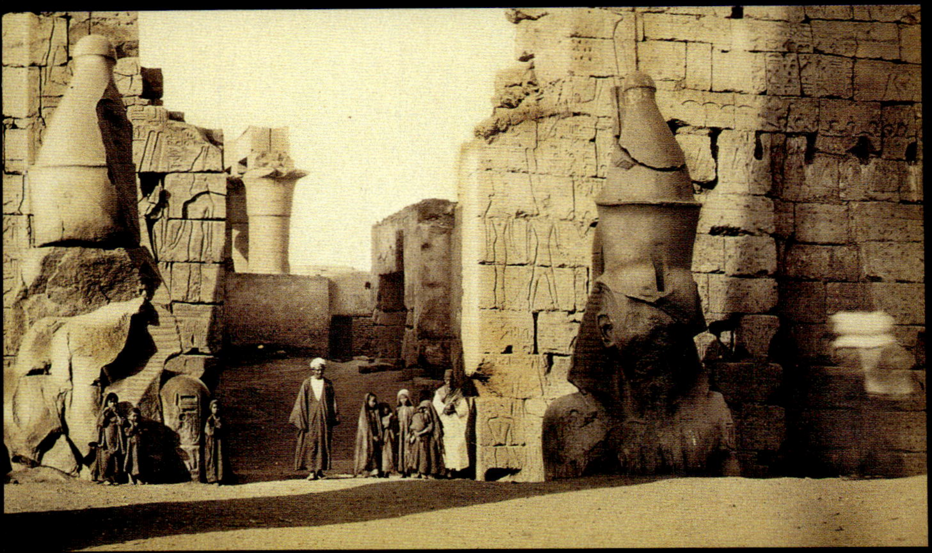

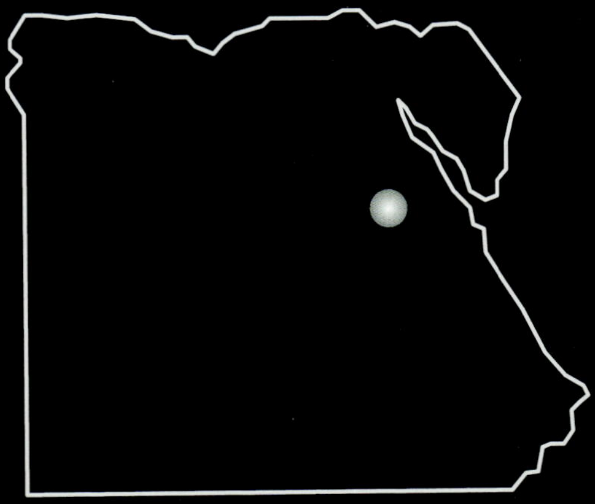

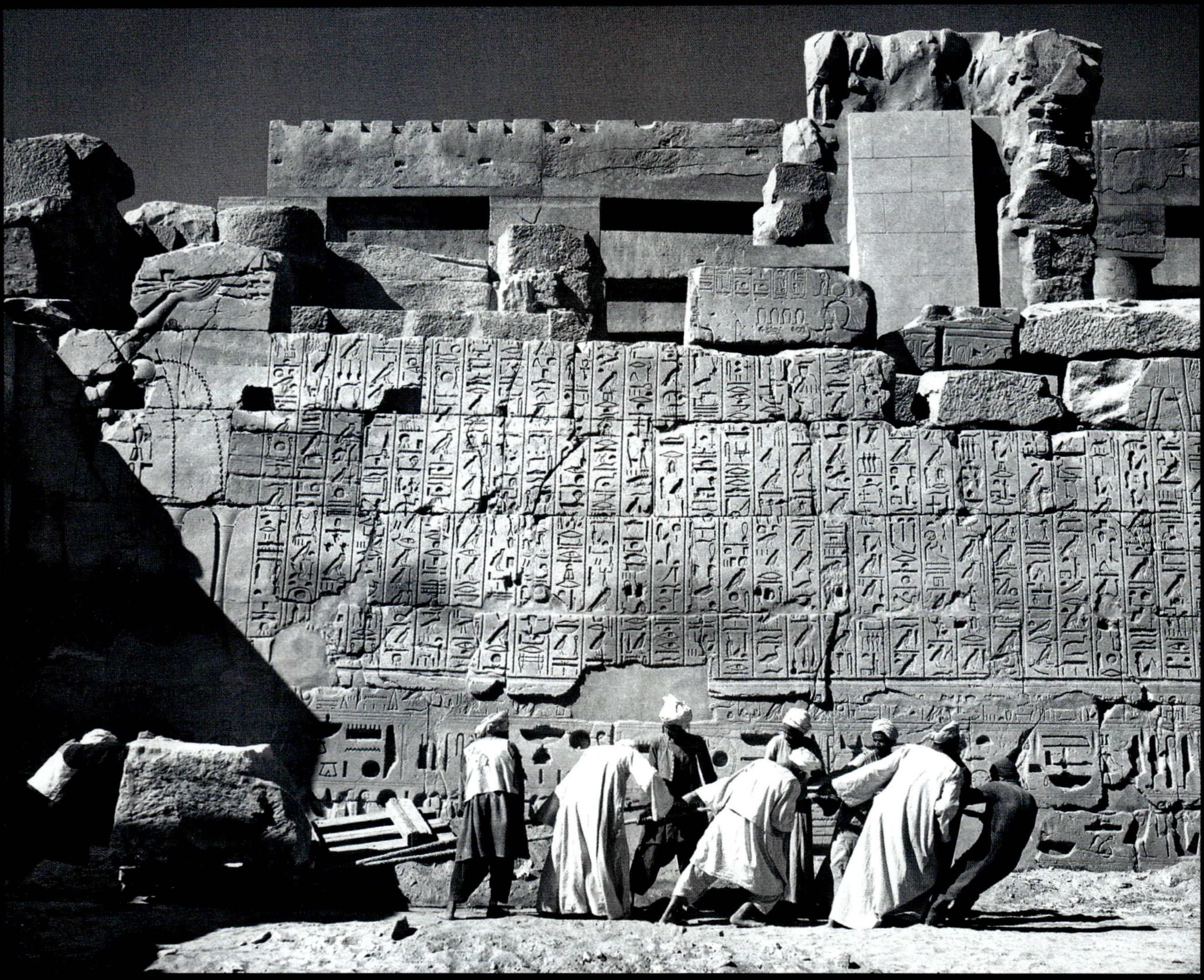

102 En haut : L'entrée du temple de Louxor au début du xxe siècle.

102 Ci-dessus : Vers 1950, ouvriers au travail entre le IIIe et le IVe pylône du temple de Karnak.

103 En haut : Travaux de restauration à l'intérieur de la salle hypostyle du temple de Karnak.

103 En bas à gauche : Au début du xxe siècle, une partie du temple de Louxor jonchée de détritus.

103 En bas à droite : 1904, Karnak, un immense dépôt de statues.

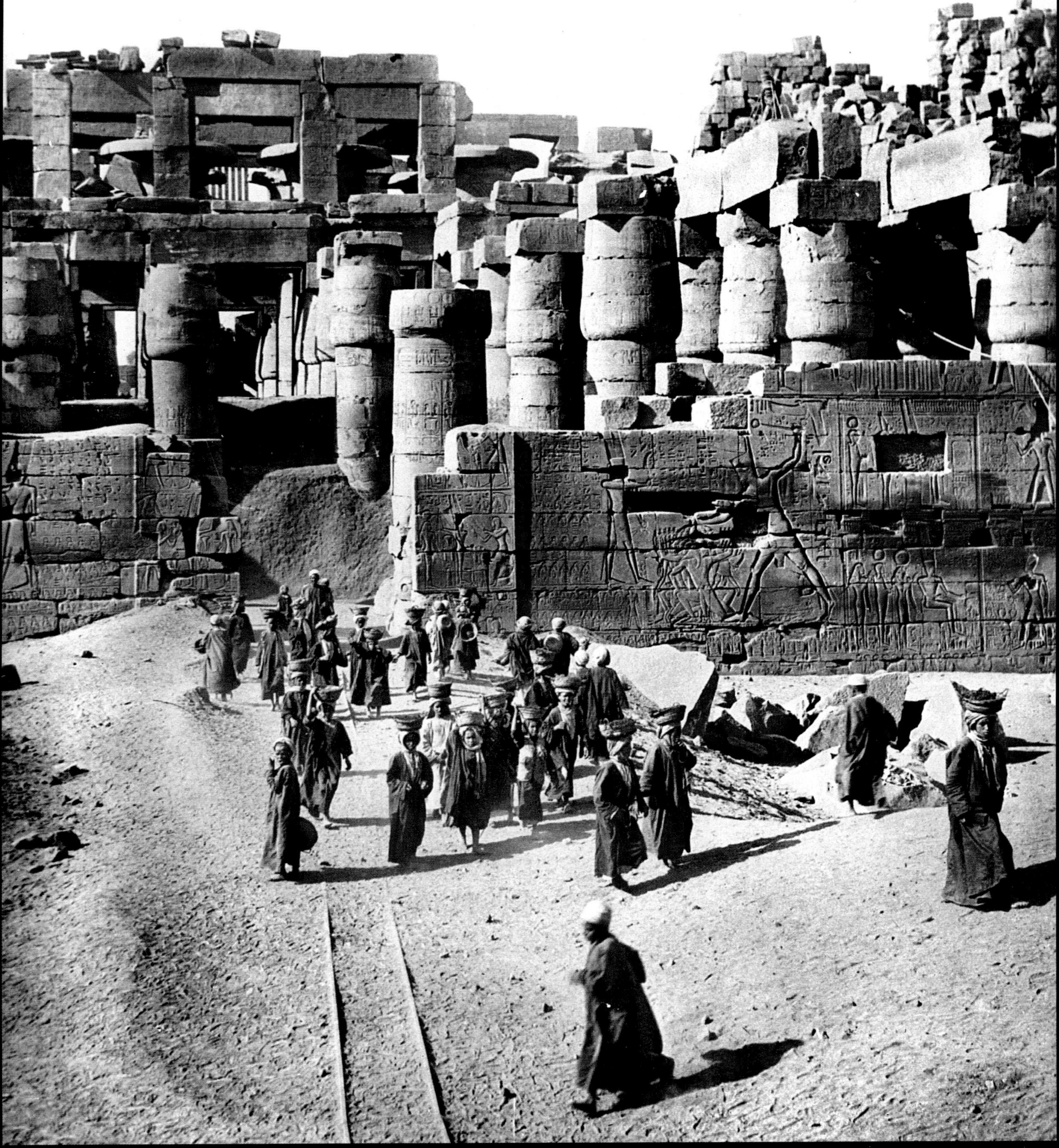

THÈBES

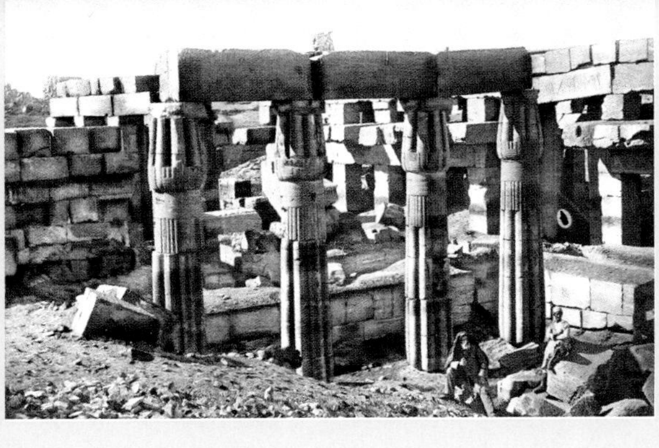

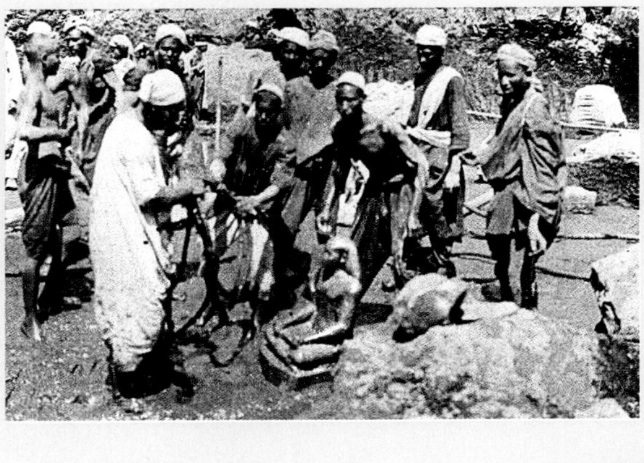

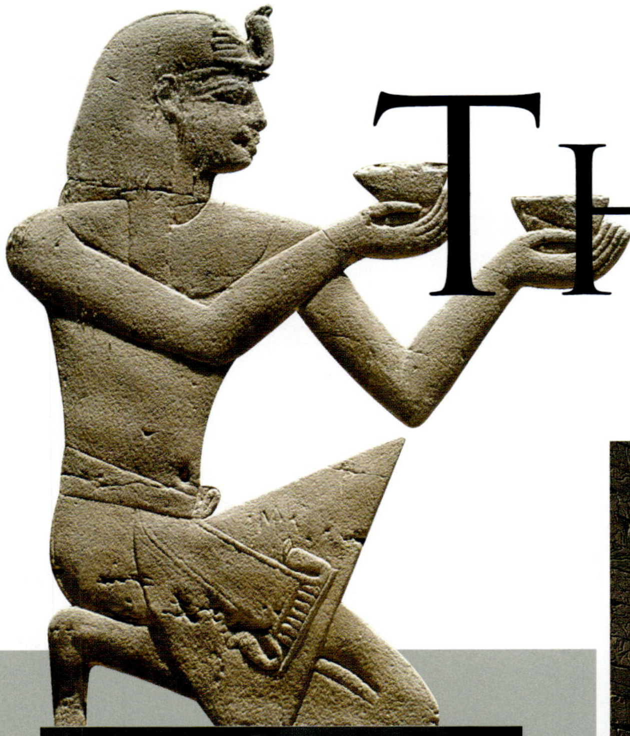

THÈBES

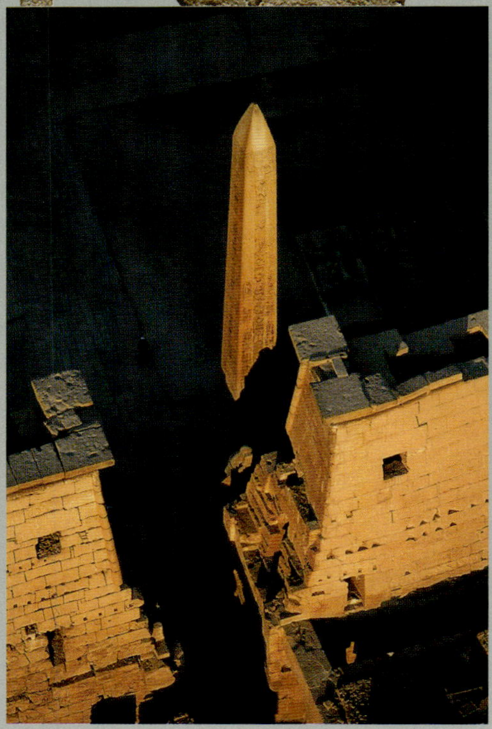

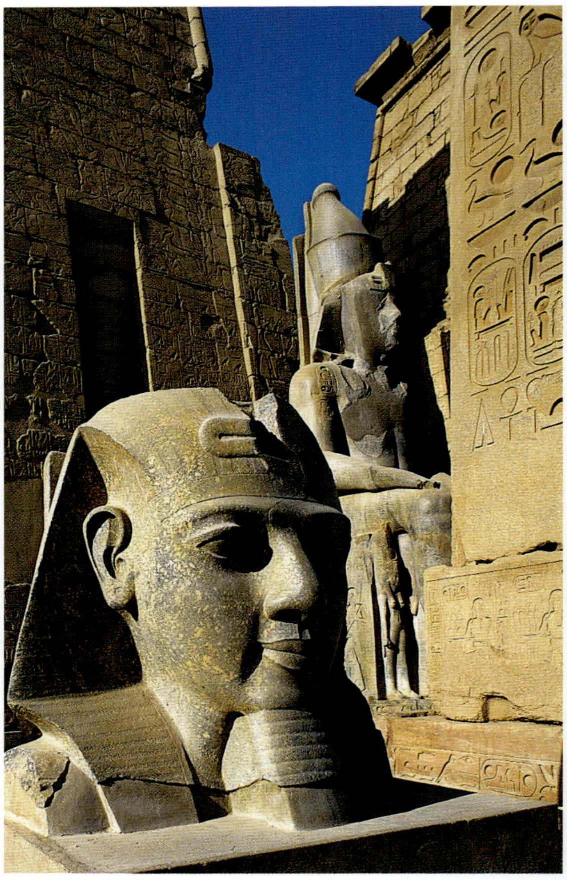

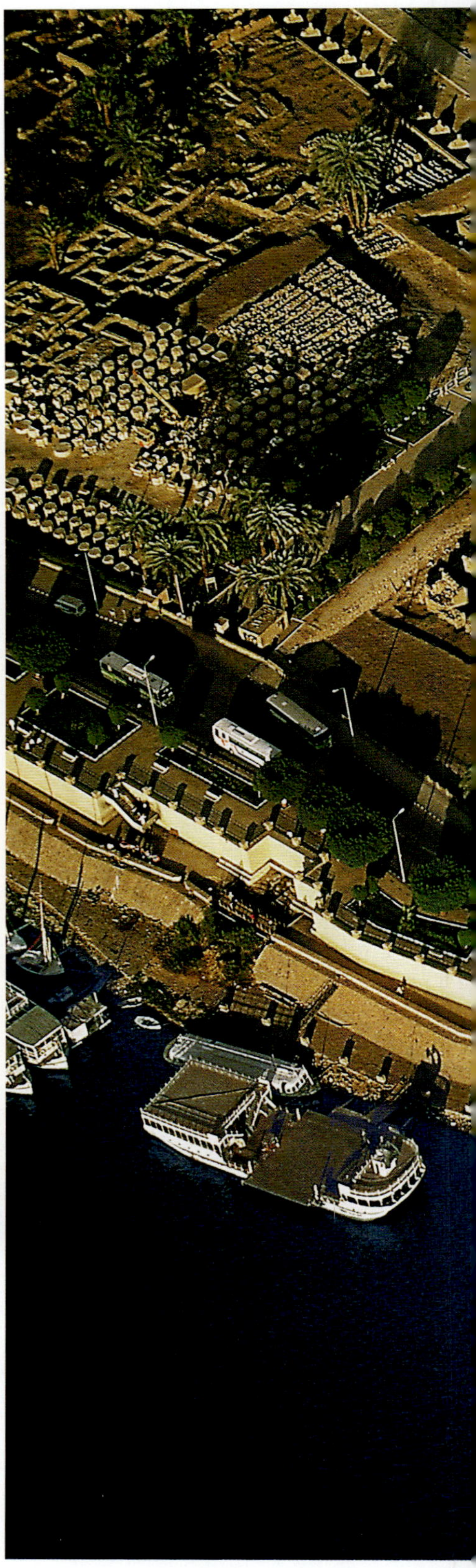

Par MARCO ZECCHI

La ville de Thèbes, en égyptien ancien Ouaset (« le sceptre Ouas »), était le chef-lieu du IVe nome (ou province) de la Haute-Égypte. Sa position géographique joua un rôle déterminant dans l'importance historique que devait acquérir la ville. Celle-ci était en effet située près de la Nubie et du désert oriental, riches en ressources minières. Elle doit toutefois sa place centrale dans l'histoire égyptienne à des facteurs politiques et religieux. À partir du Moyen Empire, elle vit son importance croître sans cesse, car elle était la ville natale de certains souverains de la XIe dynastie. C'est pendant cette dynastie qu'elle atteignit son apogée, quand elle acquit le statut de capitale de l'Égypte tout entière. Ses temples devinrent les plus riches et les plus importants, tandis que son dieu, Amon, accédait au statut de roi des dieux. Vers la fin de la XVIIIe dynastie et pendant la XIXe dynastie, la capitale du pays fut à nouveau déplacée. Thèbes, cependant, ne perdit pas son prestige, car elle continua à jouer un rôle dans l'administration du pays, et ses temples ne cessèrent de prospérer, grâce à l'intervention de nombreux souverains. Mais même le pouvoir de Thèbes était destiné à s'affaiblir. Dès l'époque tardive, le delta égyptien commença à occuper de plus en plus le devant de la scène politique et économique du pays, et Thèbes dut céder une bonne part de l'influence et du prestige dont elle avait joui pendant plusieurs siècles.

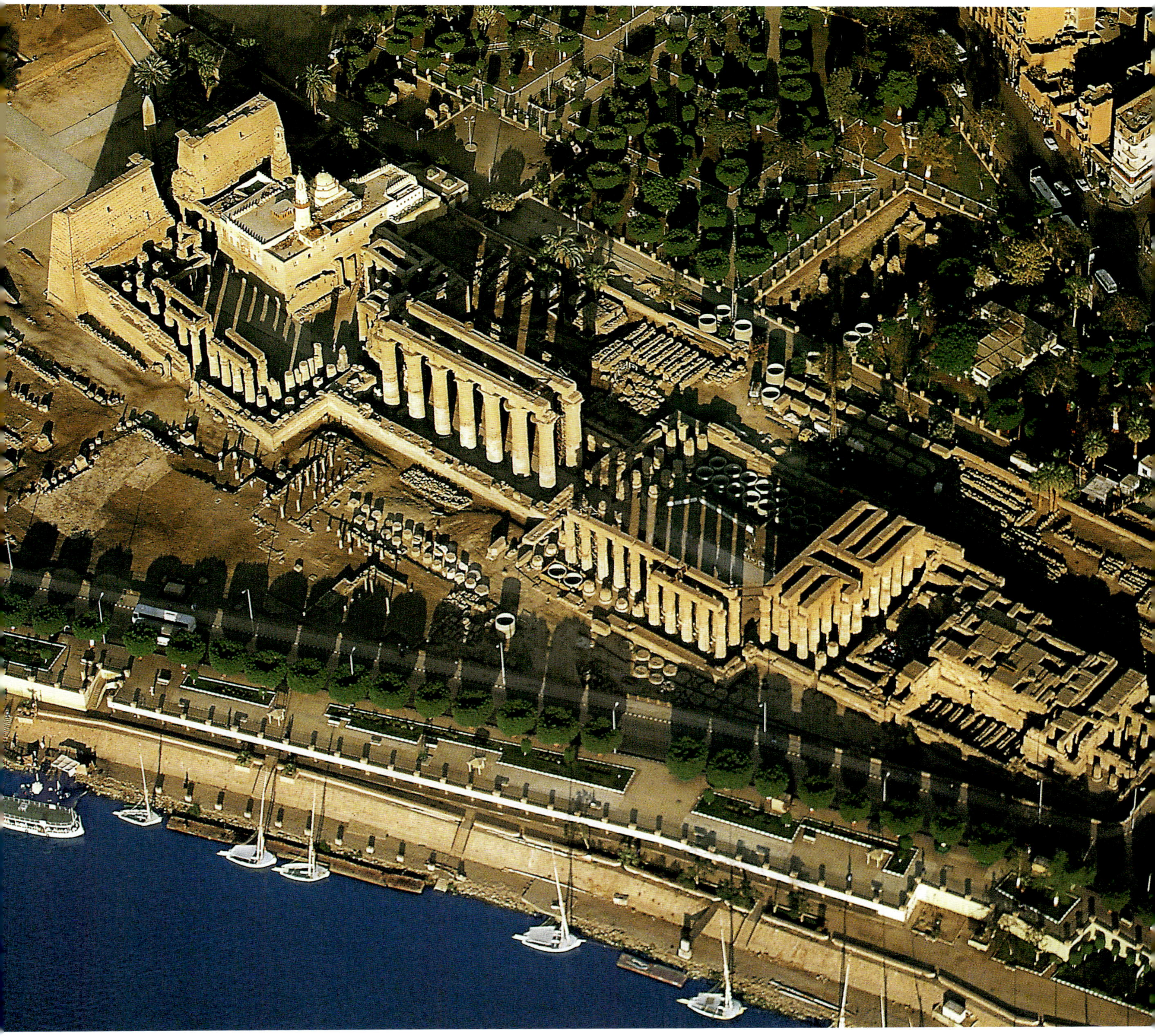

On sait peu de chose de la ville, située sur la rive est du Nil, car elle s'étend sous la moderne Louxor. La cité du Moyen Empire, construite autour du noyau central du temple de Karnak, fut d'ailleurs rasée de façon à pouvoir agrandir le temple lui-même, tandis que la ville s'étendait vers le sud, jusqu'au temple de Louxor. Deux groupes de temples s'élevaient sur la rive est du Nil : au sud, Louxor et, 3 km plus au nord, Karnak. Le temple de Louxor, appelé le harem du Sud, fut essentiellement l'œuvre de deux pharaons : Aménophis III, de la XVIIIe dynastie, et Ramsès II, de la XIXe dynastie. Plus tard, de nombreux souverains contribuèrent à l'embellir de reliefs décoratifs et d'inscriptions, y adjoignant d'autres édifices mineurs et apportant cer-

104 En haut à gauche : Ce relief, qui se trouve dans l'une des chambres intérieures du temple de Louxor, représente Aménophis III portant deux vases et en train d'accomplir le rituel de l'invocation des offrandes funéraires.

104 En bas à gauche : Le pylône d'entrée et l'obélisque de Ramsès II se détachent au nord du temple de Louxor.

104 À droite : Statue du pharaon Ramsès II portant la coiffure *nemes* ; on reconnaît à droite le détail d'un obélisque, tandis qu'à l'arrière-plan on aperçoit un des colosses assis représentant le pharaon lui-même.

104-105 Vue aérienne du site du temple de Louxor, le long des rives du Nil.

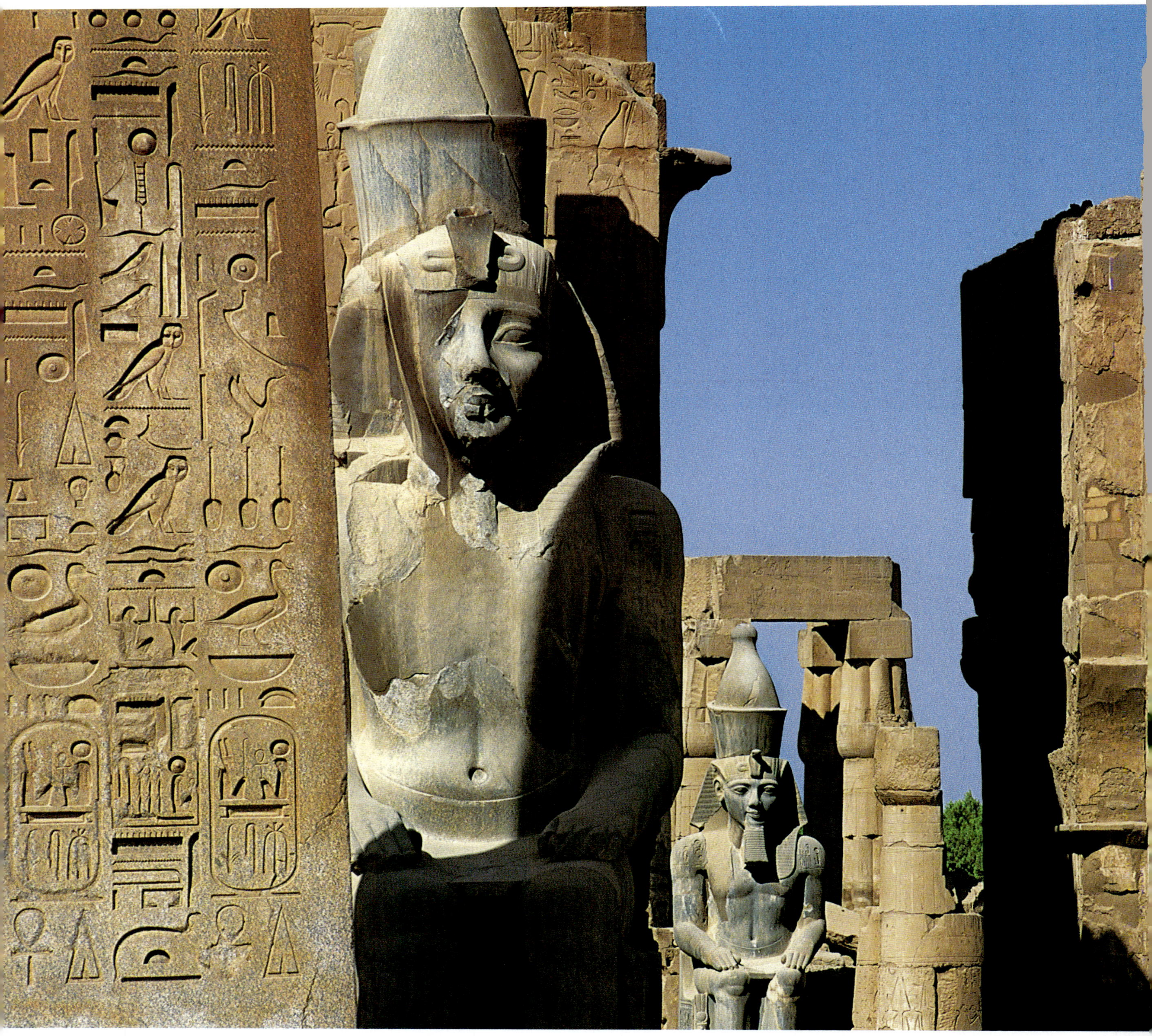

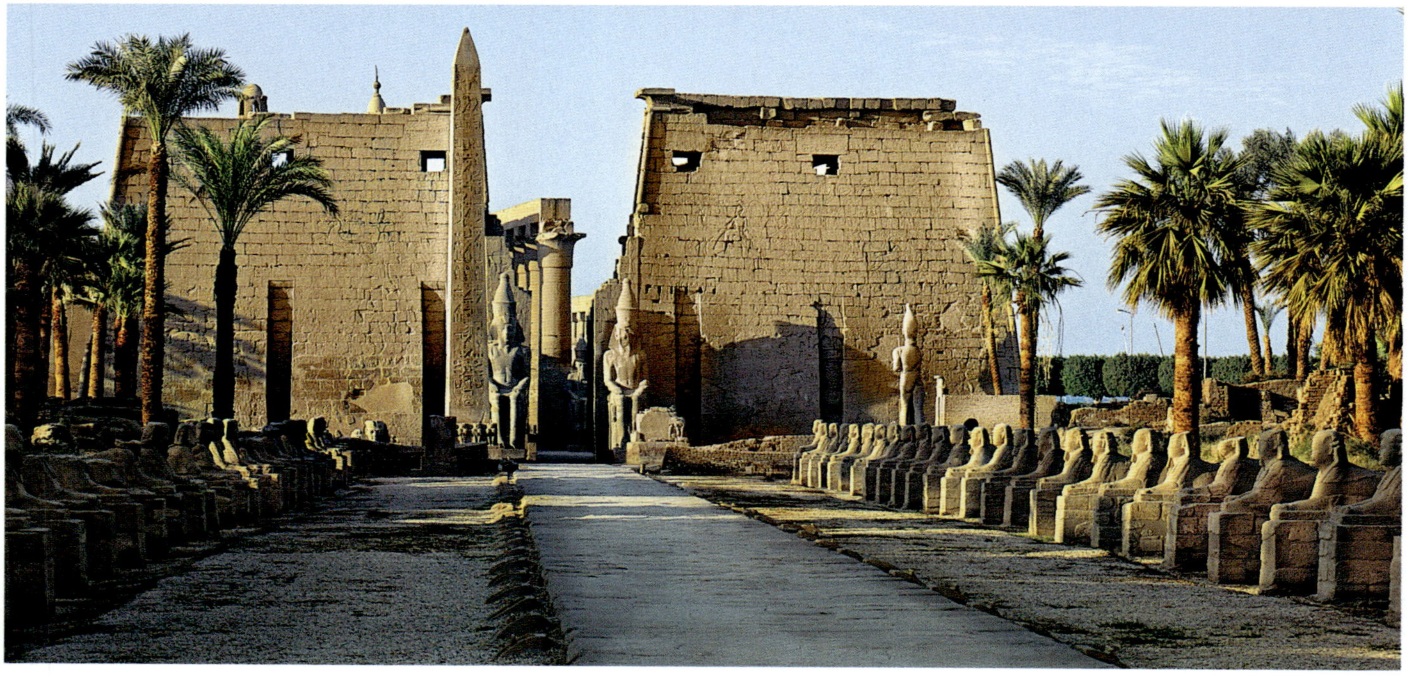

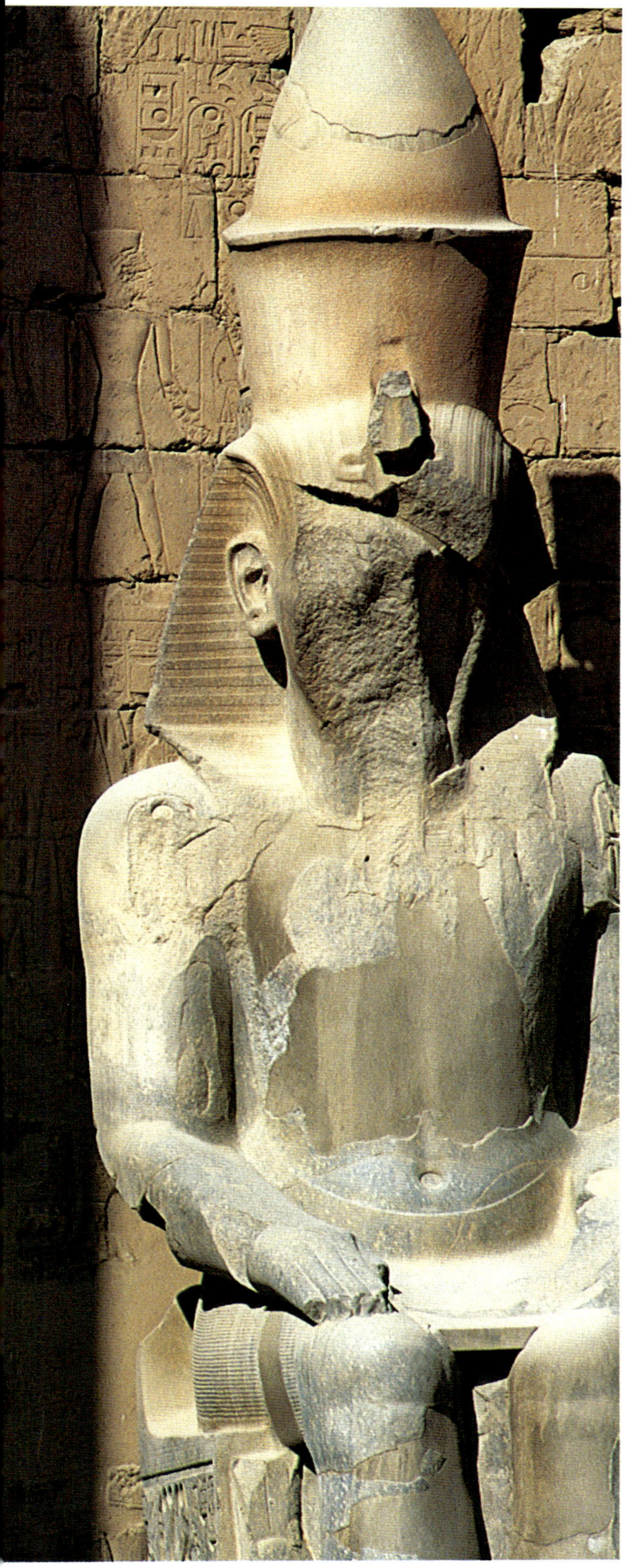

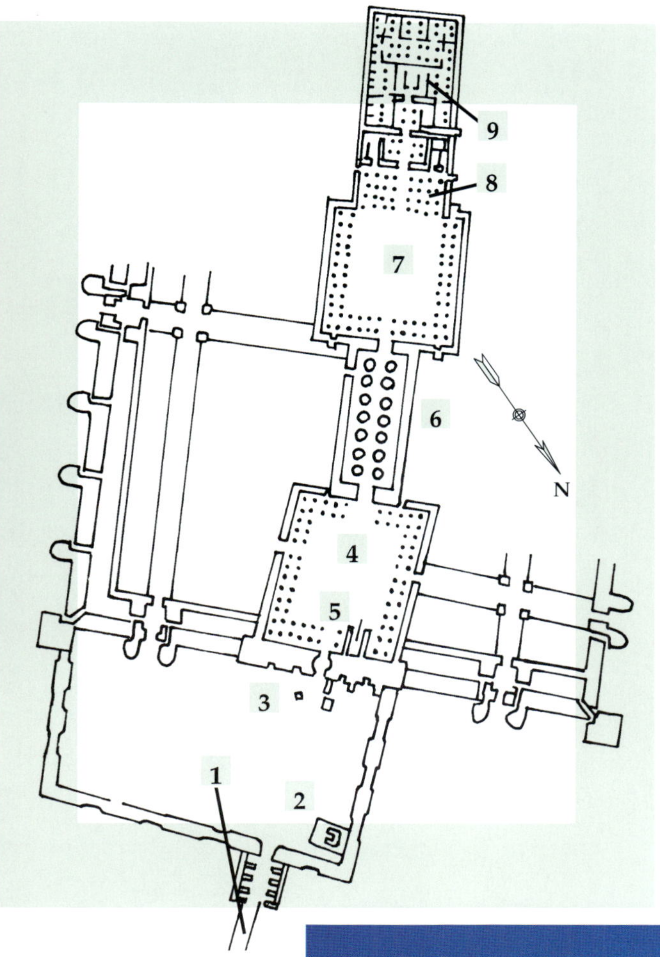

106-107 L'obélisque, au premier plan, et deux gigantesques statues assises accentuent la monumentalité de l'entrée du temple de Louxor. À l'intérieur du temple, on entrevoit une troisième statue assise, qui représente le pharaon.

106 En bas : Du pylône d'entrée de Louxor part une allée de sphinx à tête humaine, œuvre de Nectanebo Ier de la XXXe dynastie, qui réunissait le sanctuaire à celui de Karnak, distant d'environ 3 km.

107 Ramsès II décida la construction de la cour du temple, qui possède une statue assise du pharaon située immédiatement derrière le pylône d'entrée. De là partait la colonnade processionnelle d'Aménophis III.

Temple de Louxor
1) Allée des sphinx
2) Chapelle de Sérapis
3) Pylône de Ramsès II
4) Cour de Ramsès II
5) Chapelle de la triade thébaine
6) Colonnade d'Aménophis III
7) Cour antérieure d'Aménophis III
8) Atrium hypostyle
9) Sanctuaire

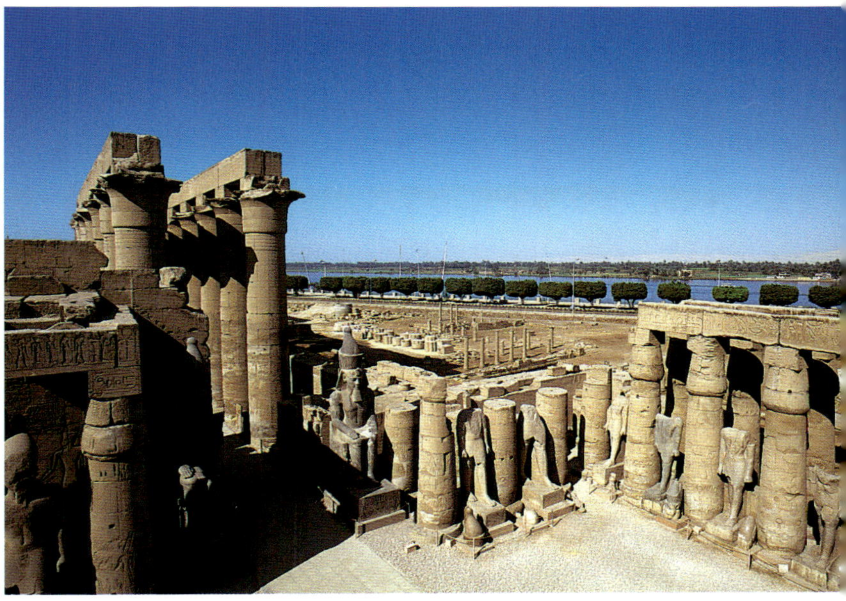

taines modifications. Devant le temple se trouve le pylône de Ramsès II, dont la face externe est ornée de reliefs et d'inscriptions qui racontent la fameuse bataille contre les Hittites à Qadesh. Des deux obélisques qui se dressaient à l'origine devant le pylône il n'en reste aujourd'hui qu'un seul. L'autre s'élève sur la place de la Concorde, à Paris. L'entrée est flanquée de plusieurs statues colossales de Ramsès II, dont deux du pharaon assis. Une fois passée la porte ménagée dans le pylône, on accède à la première cour, œuvre de Ramsès II, qui comprend 74 colonnes papyriformes gravées de scènes figurant le souverain face à différentes divinités. En continuant le long de l'axe du temple, on accède à la seconde cour, construite par Aménophis III. Cette cour, qui comporte sept colonnes des deux côtés, se fond dans la salle des colonnes, première salle interne du temple, qui était à l'origine recouverte d'un toit. De là on se à une succession de quatre antichambres situées l'une derrière l'autre et flanquées d'autres chambres annexes. Le cœur du temple renferme ce que l'on appelle le saint des saints, œuvre d'Aménophis III, formé d'un vestibule à douze colonnes qui précède trois chapelles. Dans la chapelle centrale, un tabernacle conservait la statue du dieu Amon.

Le temple de Louxor était relié à celui de Karnak par une allée ornée de rangées de sphinx à tête humaine.

Le nom de Karnak, en égyptien ancien Opet-Isout, désigne un ensemble de temples et d'édifices sacrés de différentes périodes. Le site archéologique peut être subdivisé en trois

108 À gauche : Dans la partie postérieure du grand temple d'Amon s'élève un obélisque dont la construction fut décrétée par la reine Hatchepsout.

108 En haut à droite : Les sphinx de la voie éponyme de Karnak ont une tête de bélier. Dans la symbolique égyptienne, cet animal consacré à Amon représentait la fertilité.

108 En bas à droite : Le premier pylône du grand temple d'Amon à Karnak est précédé de l'allée des sphinx à tête de bélier. Le pylône remonte probablement à la XXXe dynastie.

THÈBES

groupes, chacun délimité par les restes de murs de briques. L'enceinte de maçonnerie la plus grande, de forme trapézoïdale, était dédiée à Amon et renfermait le grand temple du dieu, un lac sacré et quelques temples mineurs, dont un dédié au dieu Ptah de Memphis et un autre érigé en l'honneur du dieu Khonsou, fils d'Amon et de Mout. Le plan du grand temple d'Amon est plutôt complexe. Il présente six pylônes, ou grands portails, et s'étend le long de l'axe est-ouest selon le schéma classique : une entrée monumentale, une grande cour, une salle des colonnes, une salle des offrandes, une salle réservée à la barque sacrée, enfin le saint des saints. Ce temple présente cependant une particularité : à travers quatre pylônes, il se développe le long de l'axe nord-sud, sur le côté droit. En outre, la salle des colonnes, située derrière le deuxième pylône, est la plus vaste au monde. Cette partie est sans doute la plus impressionnante de tout l'édifice. La salle est large de 103 m et profonde de 52 m. Le toit, aujourd'hui disparu, était soutenu par 134 colonnes, surchargées de scènes et d'inscriptions. Les reliefs qui décorent cette salle remontent

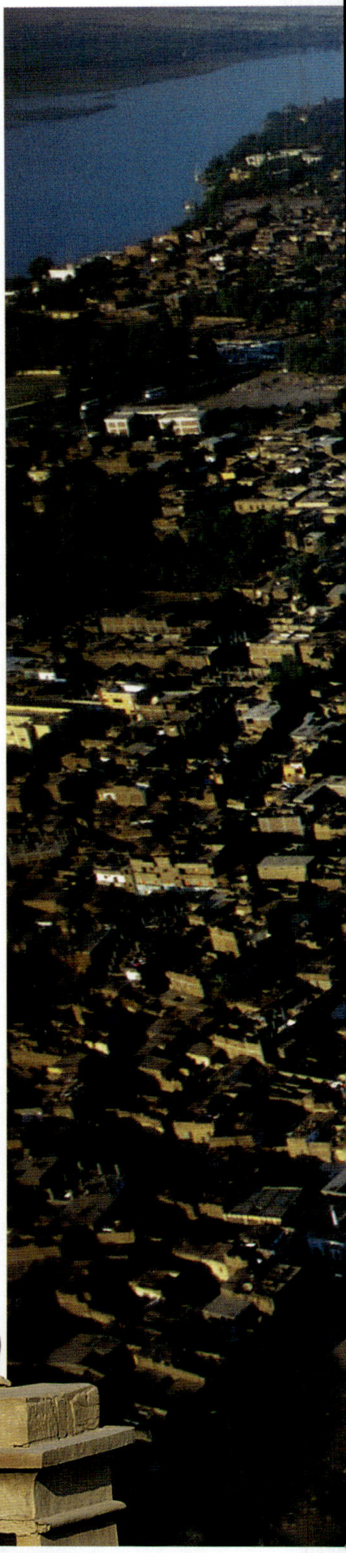

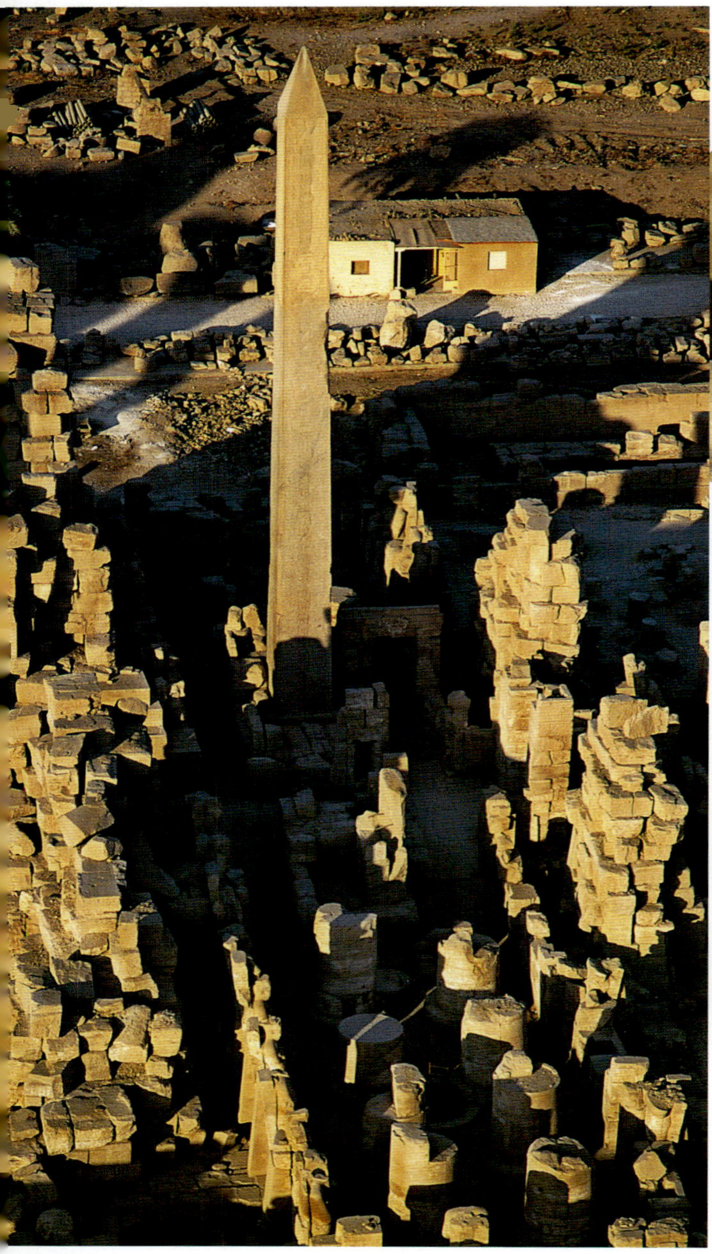

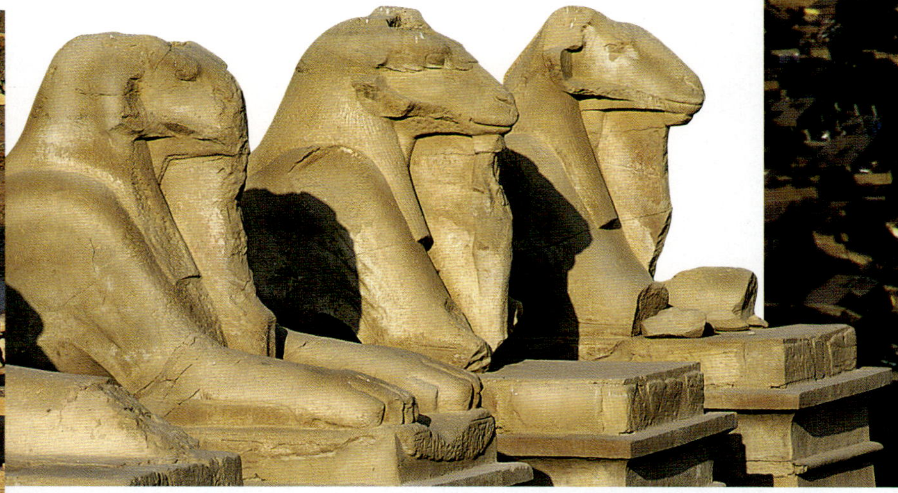

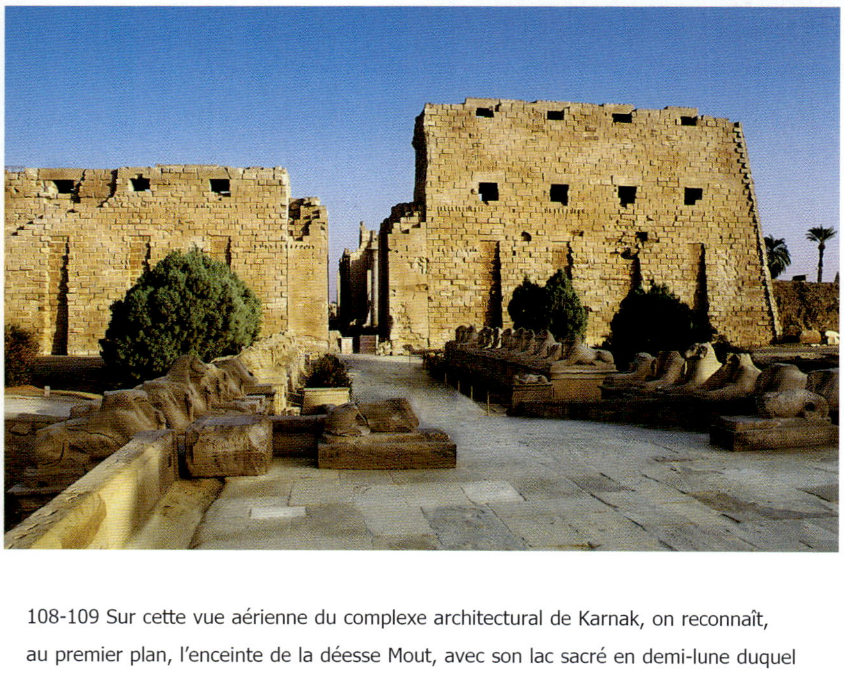

108-109 Sur cette vue aérienne du complexe architectural de Karnak, on reconnaît, au premier plan, l'enceinte de la déesse Mout, avec son lac sacré en demi-lune duquel part l'allée des sphinx à tête de bélier qui conduit à la grande enceinte du temple de son époux Amon.

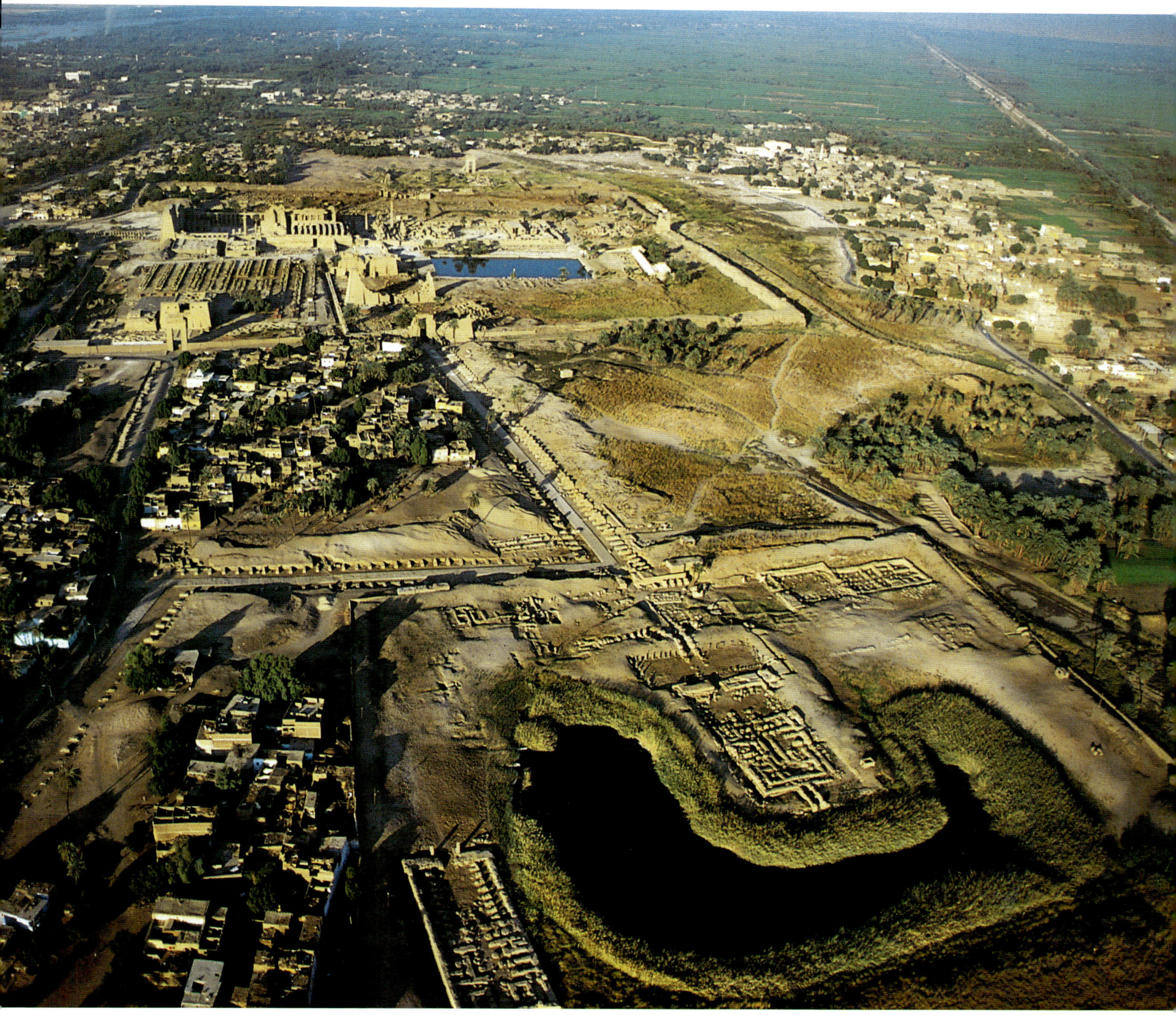

Temple de Karnak

1) Premier pylône
2) Première cour
3) Deuxième pylône
4) Atrium hypostyle
5) Troisième pylône
6) Quatrième pylône
7) Cinquième pylône
8) Sixième pylône
9) Sanctuaire
10) Temple des fêtes de Thoutmosis III
11) Lac sacré
12) Septième pylône
13) Huitième pylône
14) Neuvième pylône
15) Temple d'Opet
16) Temple de Khonsou
17) Temple de Ramsès III

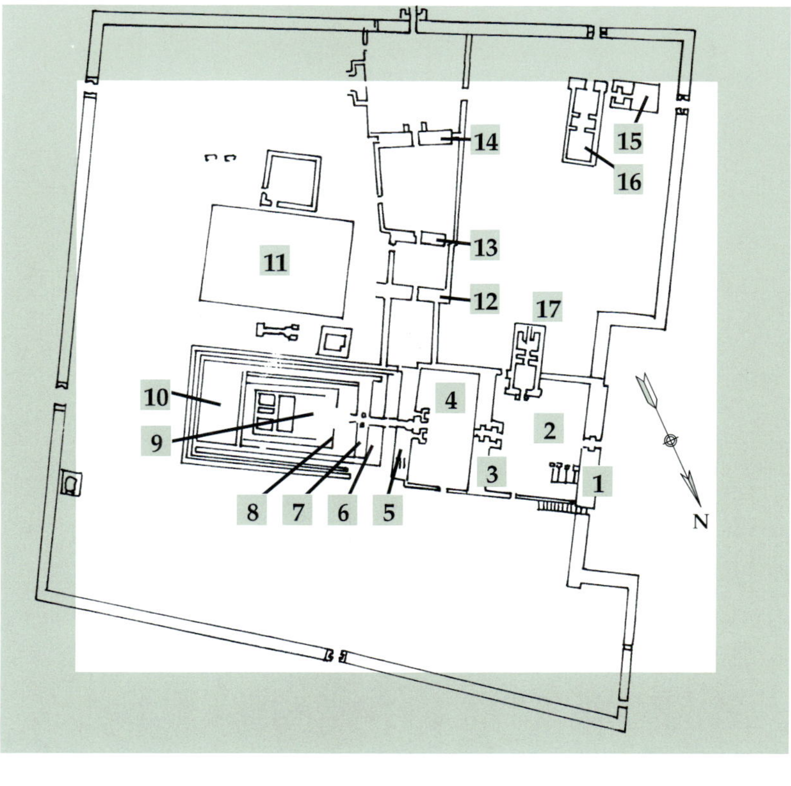

au règne de Séthi Ier et de Ramsès II. Nombreux furent d'ailleurs les pharaons qui contribuèrent à la construction du temple, l'agrandirent et l'embellirent : outre Séthi Ier et Ramsès II, il faut mentionner les souverains de la XVIIIe dynastie Thoutmosis Ier, Thoutmosis III, Horemheb, Aménophis II, Aménophis III et la reine Hatchepsout. Au nord de l'enceinte d'Amon se trouve celle dédiée à Montou, ancien dieu de la région thébaine généralement représenté avec une tête de faucon. Cette enceinte, la plus petite de toutes, comprend le temple de la divinité, un lac sacré et d'autres temples. Au sud de l'enceinte d'Amon s'élève celle de son épouse Mout, divinité souvent figurée sous la forme d'un vautour. Cette enceinte, qui était reliée à celle d'Amon par une allée monumentale flanquée de sphinx à tête de bélier, abrite le temple de la déesse, partiellement entouré – cas unique dans l'histoire égyptienne – d'un lac sacré en forme de demi-lune et d'autres édifices sacrés secondaires. Une fois par an, on célébrait à Thèbes une grande fête lors de laquelle la statue d'Amon était portée en procession depuis le temple de Karnak jusqu'à celui de Louxor.

Sur la rive ouest du Nil, en face de Karnak et de Louxor, se trouvaient les nécropoles de Thèbes. Le désert commençait au-delà d'une petite zone de terres cultivées. Juste au bord se dressaient les collines de la haute plaine libyenne, dont les vallées furent choisies par les souverains du Nouvel Empire pour cacher leurs tombes. D'autres zones étaient destinées à abriter les tombes des habitants de Thèbes, alors que la partie la plus méridionale des nécropoles thébaines était constituée de ce qu'on appelle la Vallée des Reines, où se trouvent les sépultures des épouses et des enfants des pharaons. Dans la zone comprise entre les terres cultivées et les montagnes étaient érigés des temples funéraires royaux, dont la fonction principale était de maintenir vivant le culte des pharaons enterrés dans la Vallée des Rois.

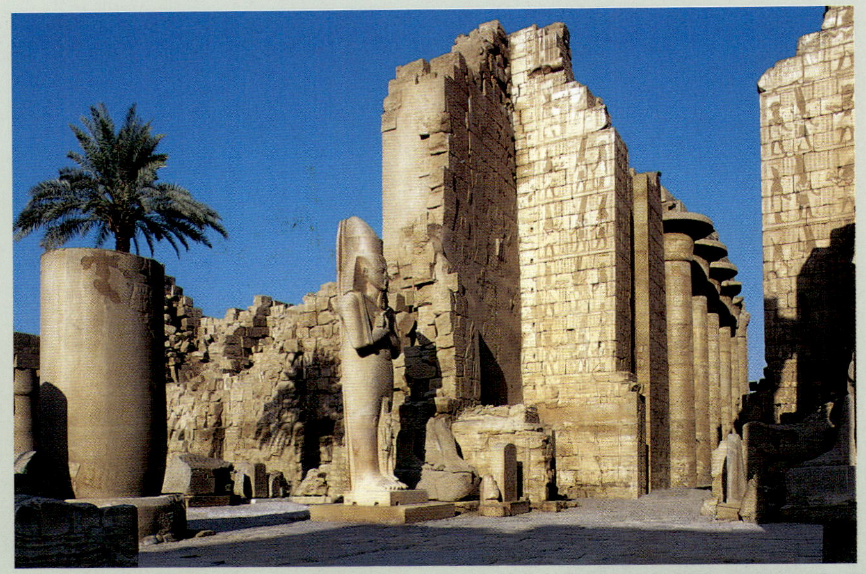

THÈBES

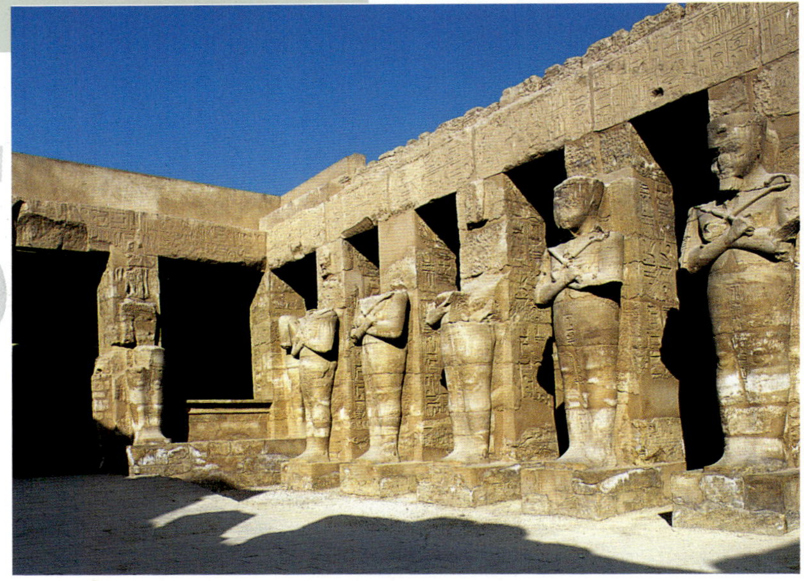

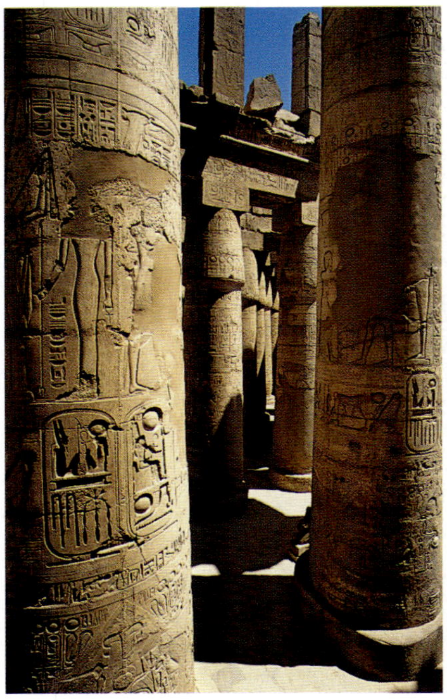

110 En haut : Le deuxième pylône, probablement érigé par Horemheb, de la XVIIIe dynastie, est précédé d'une statue colossale de Ramsès II en compagnie de sa fille Bentanta, debout entre les jambes du souverain.

110 En bas à gauche : La salle des colonnes de Karnak avec quelques-unes des 134 colonnes papyriformes à corolles fermées, dont l'aspect diffère de celui des 12 colonnes centrales, aux corolles ouvertes.

110 En bas à droite : Cette image du petit temple de Ramsès III, entre le premier et le deuxième pylône, met en évidence les pylônes osiriaques qui figurent le souverain sous l'aspect du dieu Osiris momifié.

111 Cette vue aérienne permet de reconnaître, dans l'ordre en partant du bas, le premier pylône, la première cour et le deuxième pylône suivi de la grande salle des colonnes.

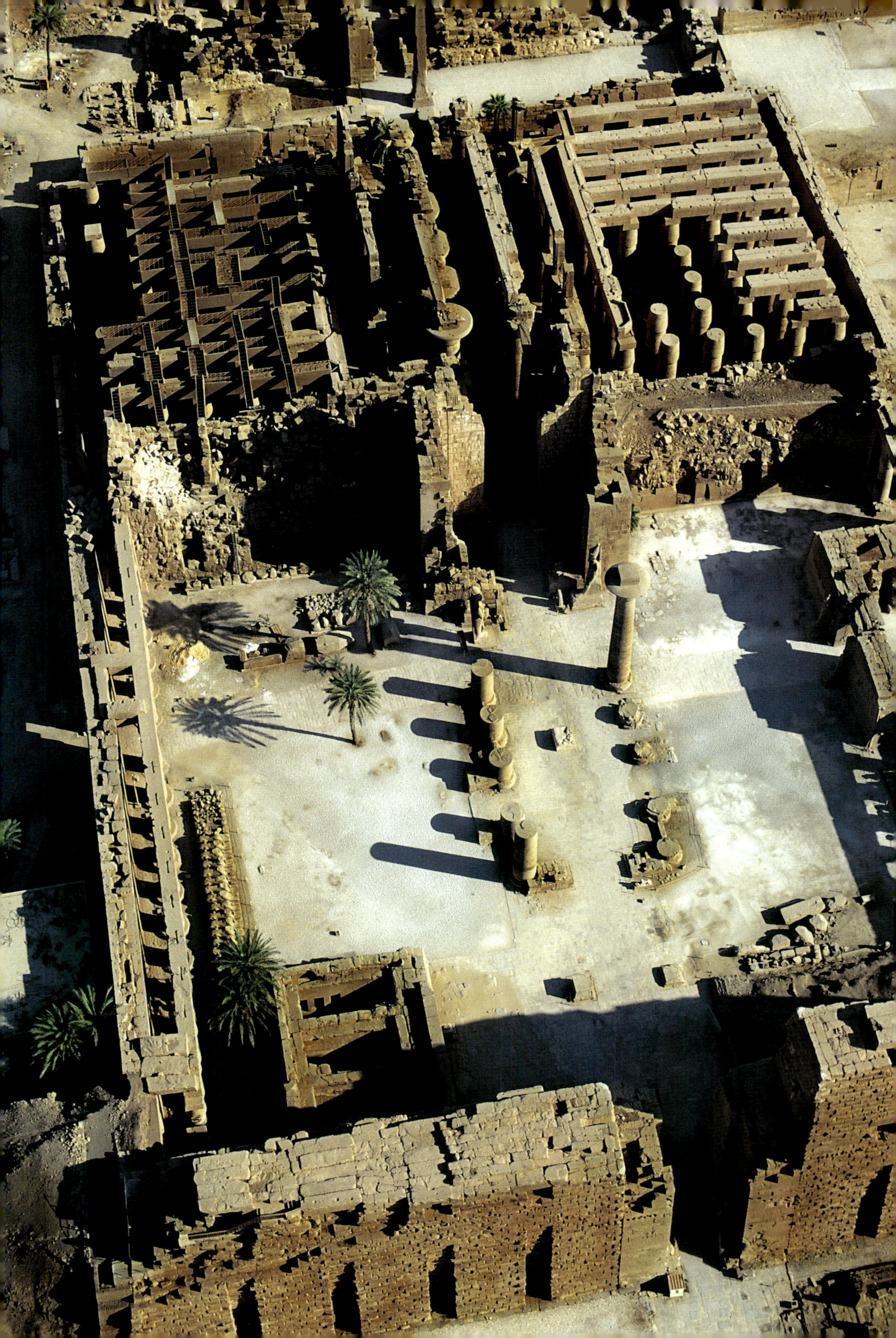

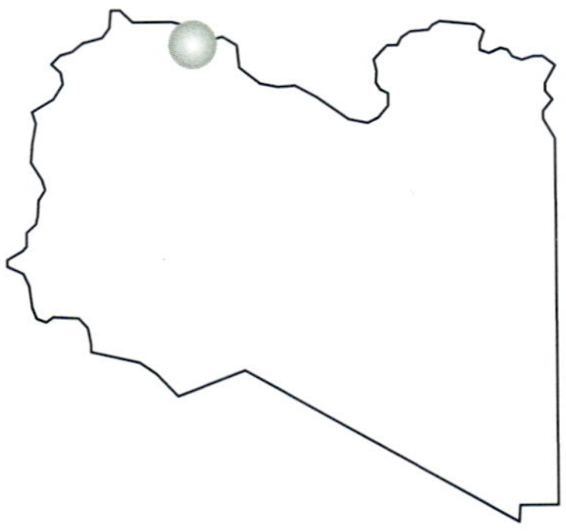

Par SIMONE RAMBALDI

Une agglomération phénicienne existait déjà à l'endroit où s'élève la ville romaine de Leptis, à laquelle fut accolé plus tard le qualificatif de Magna. L'endroit était propice au commerce, car plusieurs pistes caravanières passaient non loin de là et mettaient en communication la côte avec l'intérieur des terres. À l'origine, la ville, qui allait plus tard tomber dans la mouvance carthaginoise, était concentrée près de la mer, à l'ouest de l'oued Lebda. Le port allait se développer près de l'embouchure de ce torrent.

C'est à la fin du Ier siècle av. J.-C., après que le territoire de la Tripolitaine fut englobé dans la province de l'*Africa Proconsularis*, que la ville vit s'élever ses premiers bâtiments monumentaux au sens romain du terme. À cette époque, en effet, certains citoyens fortunés financèrent la cons-

LEPTIS MAGNA

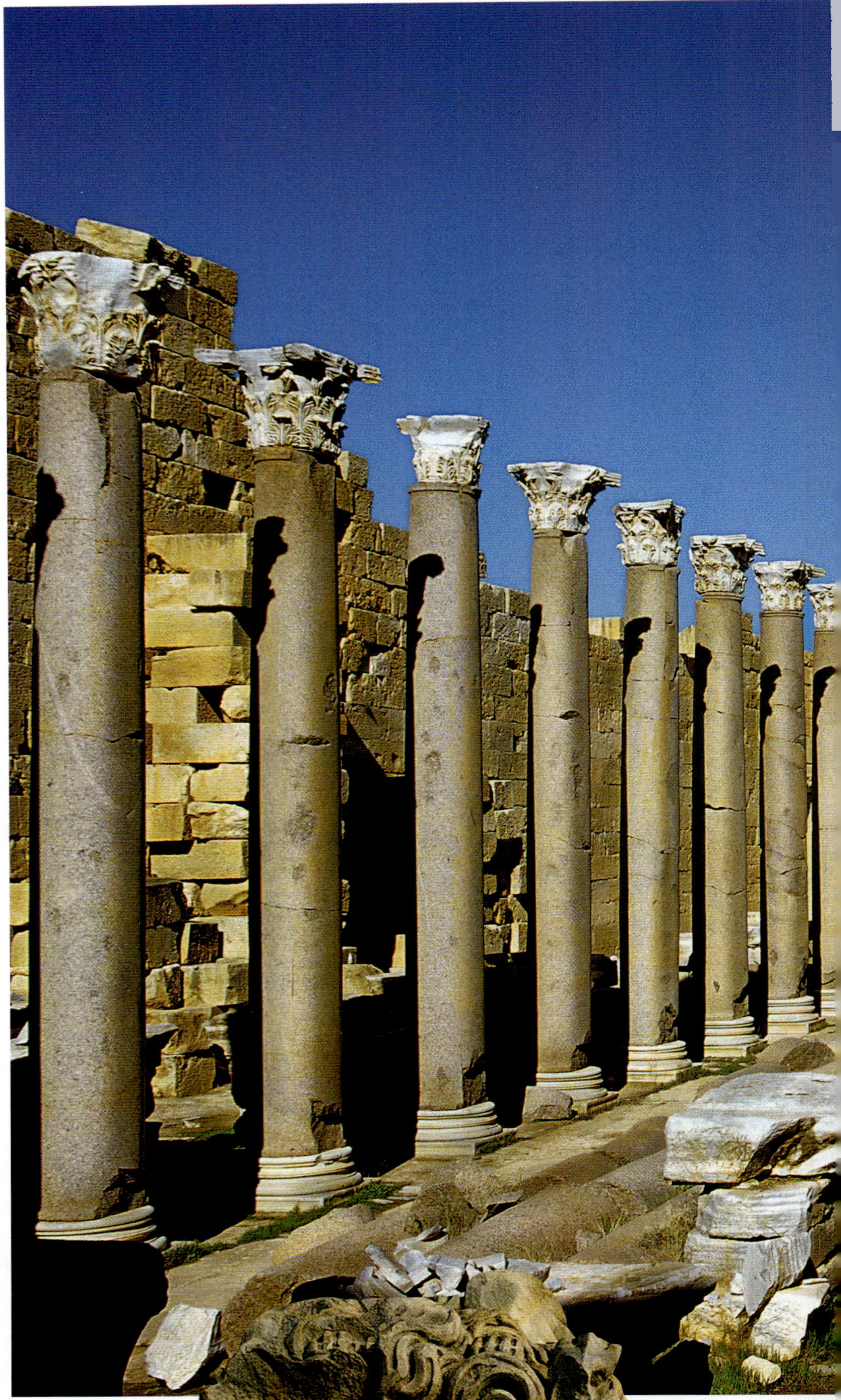

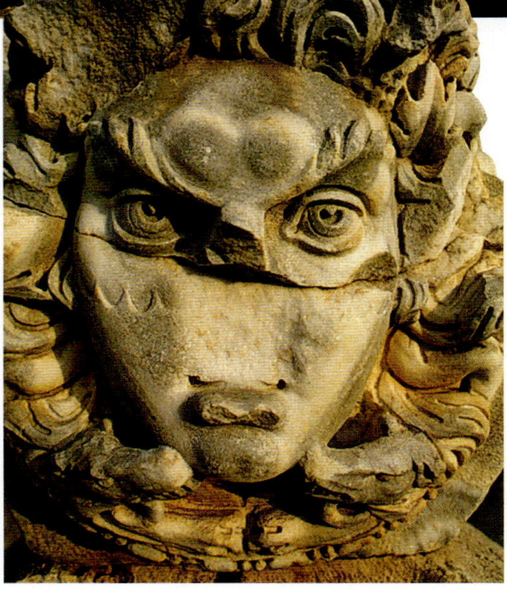

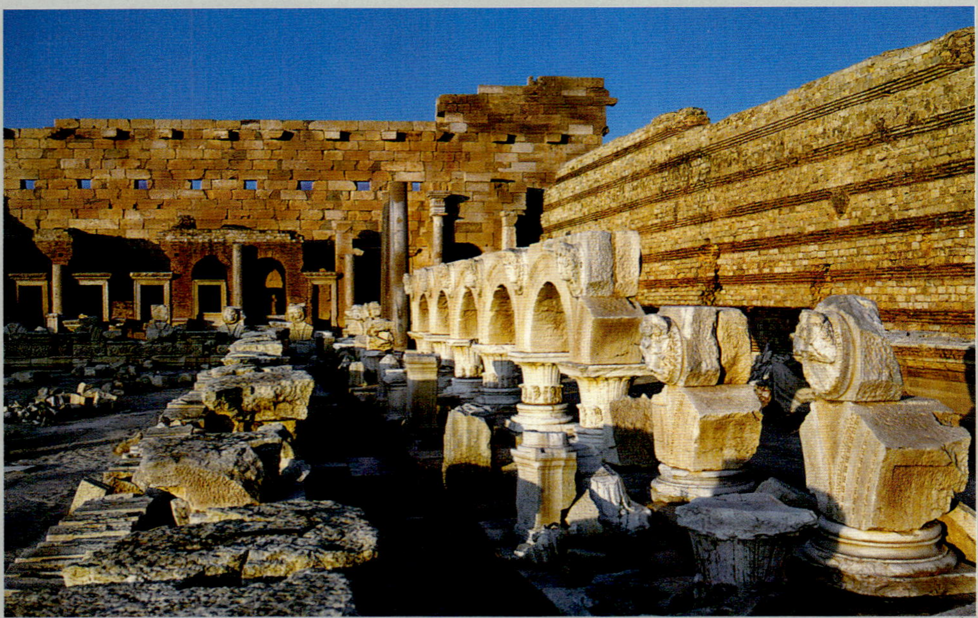

112 Ci-contre : Le forum des Sévère. À droite s'élèvent, partiellement reconstruites, les arcades du portique au sud de la place. Au fond, au-delà des boutiques, se dresse le mur de la basilique.

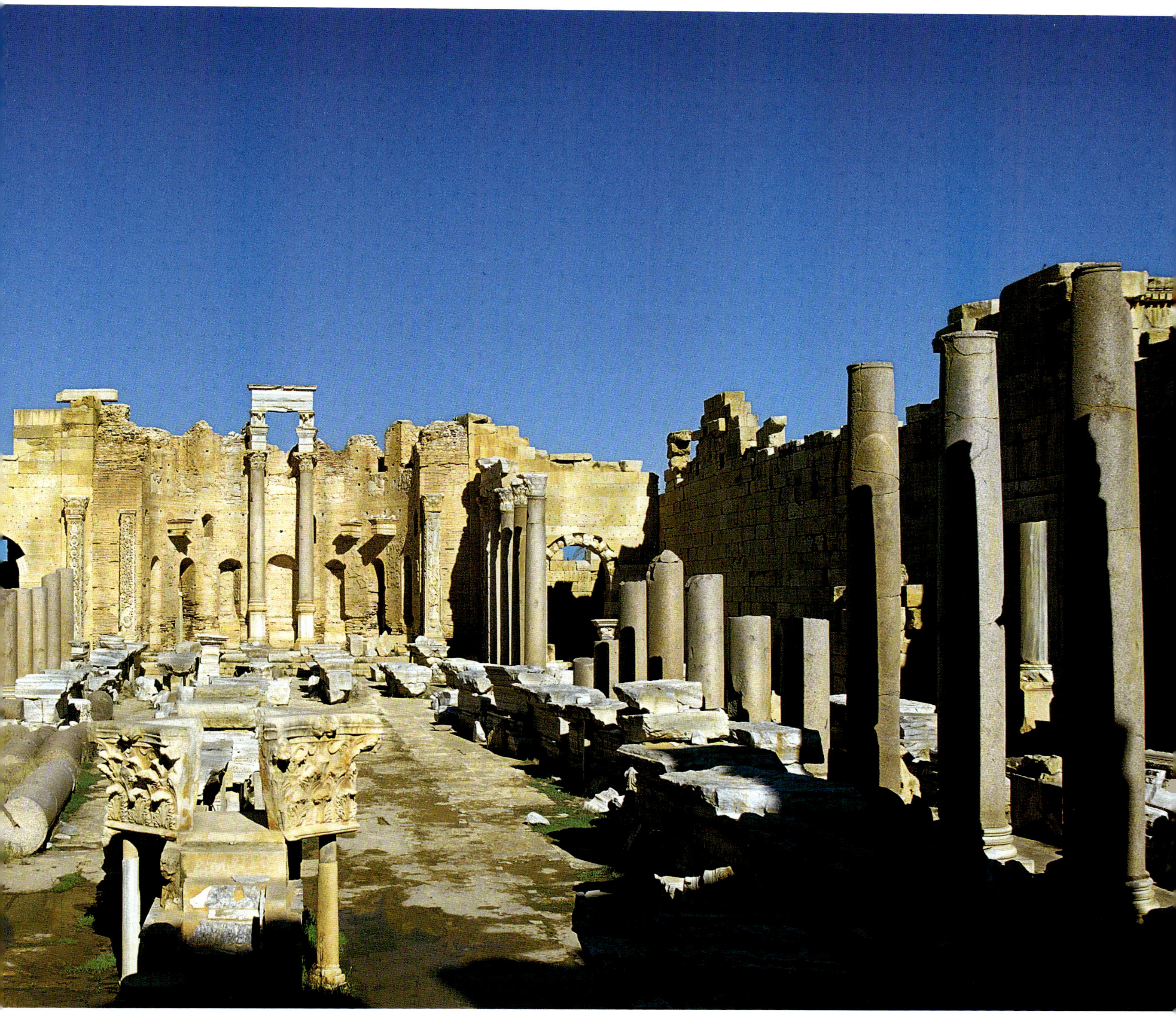

truction d'importants édifices, qui montraient clairement la volonté de se conformer aux modèles de la ville capitale de l'Empire. Pourtant, la culture locale n'était que superficiellement romanisée, et la langue couramment utilisée était encore le punique, ainsi que l'attestent des inscriptions officielles. Les noms propres eux-mêmes révèlent de façon évidente les racines ethniques de ces importants personnages, comme Annobal Tapapius Rufus, qui fit bâtir le *macellum* – le marché de la ville – et le théâtre, et Iddibal Caphada Aemilius, à qui l'on doit le *chalcidicum* – selon toute probabilité un autre édifice commercial. Un portrait de ce deuxième notable est parvenu jusqu'à nous. C'est un témoignage fondamental non seulement sur la sculpture tripolitaine de cette période, mais aussi sur le niveau d'assimilation culturelle atteint par la classe dominante. Même si cette dernière se faisait représenter selon les canons classiques, les détails du corps indiquent cependant une origine africaine nettement reconnaissable.

C'est encore à l'époque d'Auguste qu'eurent lieu d'importants travaux dans la zone de l'ancien forum, qui en vint à prendre une physionomie monumentale complètement nouvelle. Sur le côté nord de la place, un endroit déjà voué au culte des deux divinités protectrices de la ville,

112 En bas à droite : L'un des médaillons de marbre qui ornaient les arcs des portiques sur le forum construit par Septime Sévère. Il arbore le portrait de la déesse Atargatis.

112-113 L'ancienne basilique des Sévères fut transformée en église à l'époque de Justinien. On utilisa alors les deux chapiteaux corinthiens au premier plan pour former un pupitre. Au fond, l'abside occidentale.

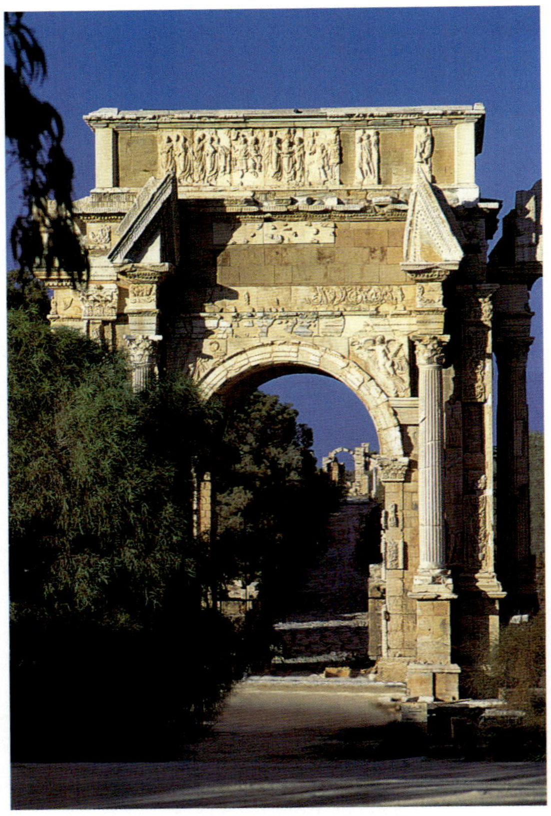

on construisit, sur le site d'un édifice antérieur dédié à Milk'Ashtart, un temple corinthien consacré à Rome et à Auguste. À côté, l'autre édifice sacré préexistant, dédié auparavant à Shadrapa, fut voué au culte du dieu romain correspondant, Liber Pater, c'est-à-dire Bacchus. L'ancien dieu Milk'Ashtart fut lui aussi réinterprété selon les critères romains, et on érigea pour son culte le nouveau temple d'Hercule, près de l'angle nord-ouest de la place, dont la forme devint de ce fait trapézoïdale. L'autre côté de la place fut entièrement occupé par une basilique, dont

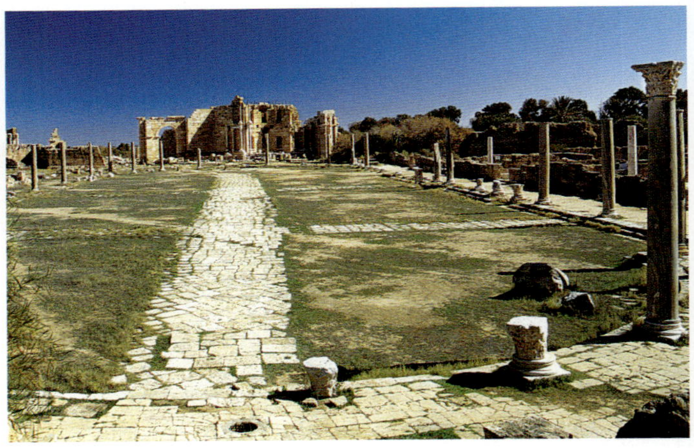

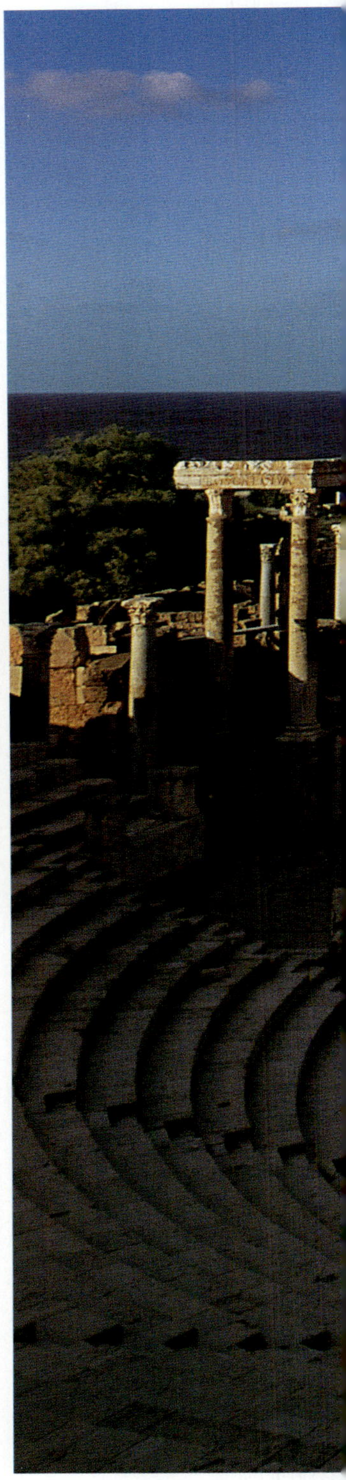

114 Ci-dessus : L'arc à quatre faces de Septime Sévère a été reconstruit dans toute sa splendeur d'origine. De ce côté, la riche décoration en relief montre sur l'attique une scène de concorde entre Septime Sévère et sa famille.

114 Ci-contre : Le grand gymnase était l'un des joyaux des thermes d'Hadrien. Grâce à eux, Leptis Magna fut dotée d'un établissement de bains moderne, capable de soutenir la comparaison avec les grandes réalisations de Rome.

114-115 Intérieur du théâtre, vu des gradins. Derrière les restes de la scène, on aperçoit les colonnes des portiques, selon une habitude courante dans les théâtres romains.

115 En bas : Ce qui reste du tétrapyle de Trajan, le long du *cardo maximus*, au croisement avec une route latérale qui conduisait au théâtre. À droite, derrière l'arc, s'élèvent les restes du *chalcidicum*.

l'axe principal était perpendiculaire à l'axe général du forum, selon un schéma bien connu qu'illustrent de nombreux exemples italiques. Enfin, la curie, siège des magistrats de la ville, vint compléter la série des édifices civils. Dressée à l'ouest de la basilique, elle avait l'aspect d'un temple hexastyle sur un podium, à l'intérieur d'une enceinte à portique. Dans la typologie planimétrique comme dans les solutions architecturales employées, toutes ces nouvelles réalisations révèlent une étroite dépendance aux modèles existant à Rome ou en tout cas en Italie. Cela ne vaut pas seulement pour les édifices à destination spécifiquement religieuse ou civile, mais aussi pour les

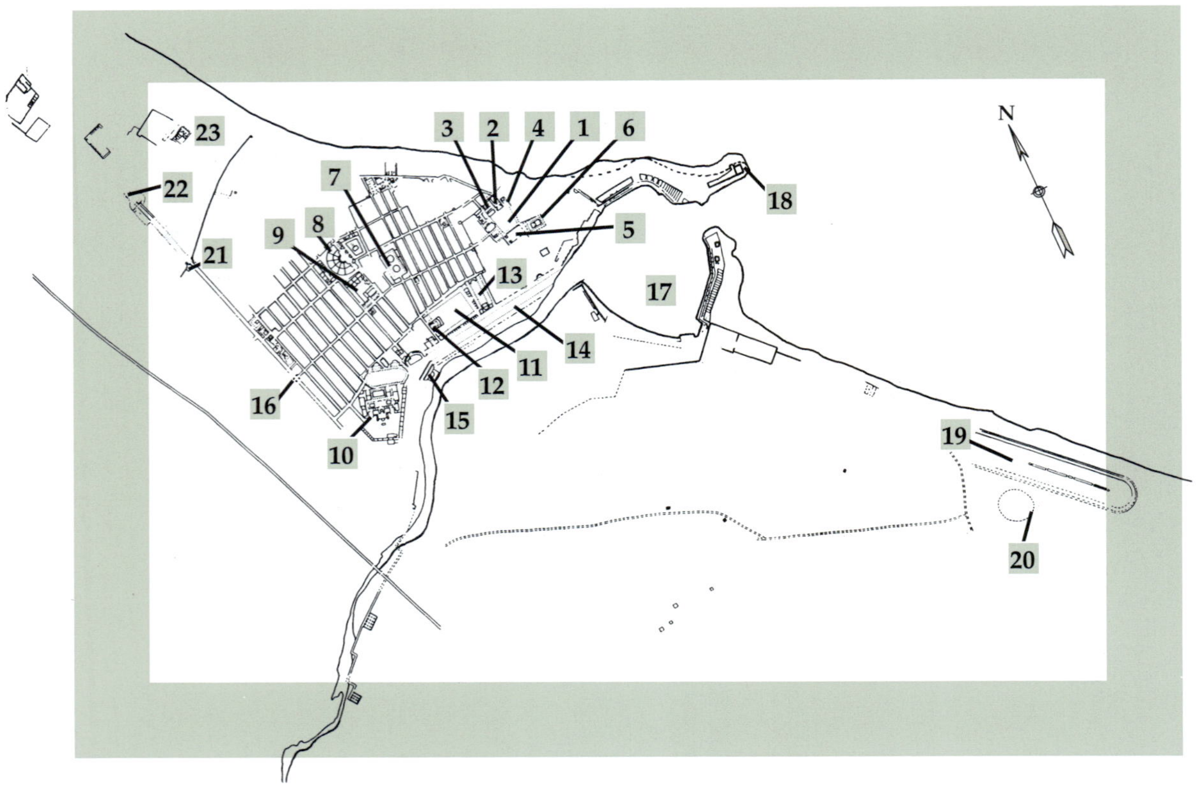

1) Ancien forum
2) Temple de Rome et d'Auguste
3) Temple de Liber Pater
4) Temple d'Hercule
5) Basilique
6) Curie
7) *Macellum*
8) Théâtre
9) *Chalcidicum*
10) Thermes d'Hadrien
11) Nouveau forum
12) Temple dynastique
13) Basilique des Sévères
14) Avenue à colonnes
15) Nymphée
16) Arc de Sévère
17) Port
18) Phare
19) Cirque
20) Amphithéâtre
21) Arc d'Antonin le Pieux
22) Arc de Marc Aurèle
23) Thermes de la Chasse

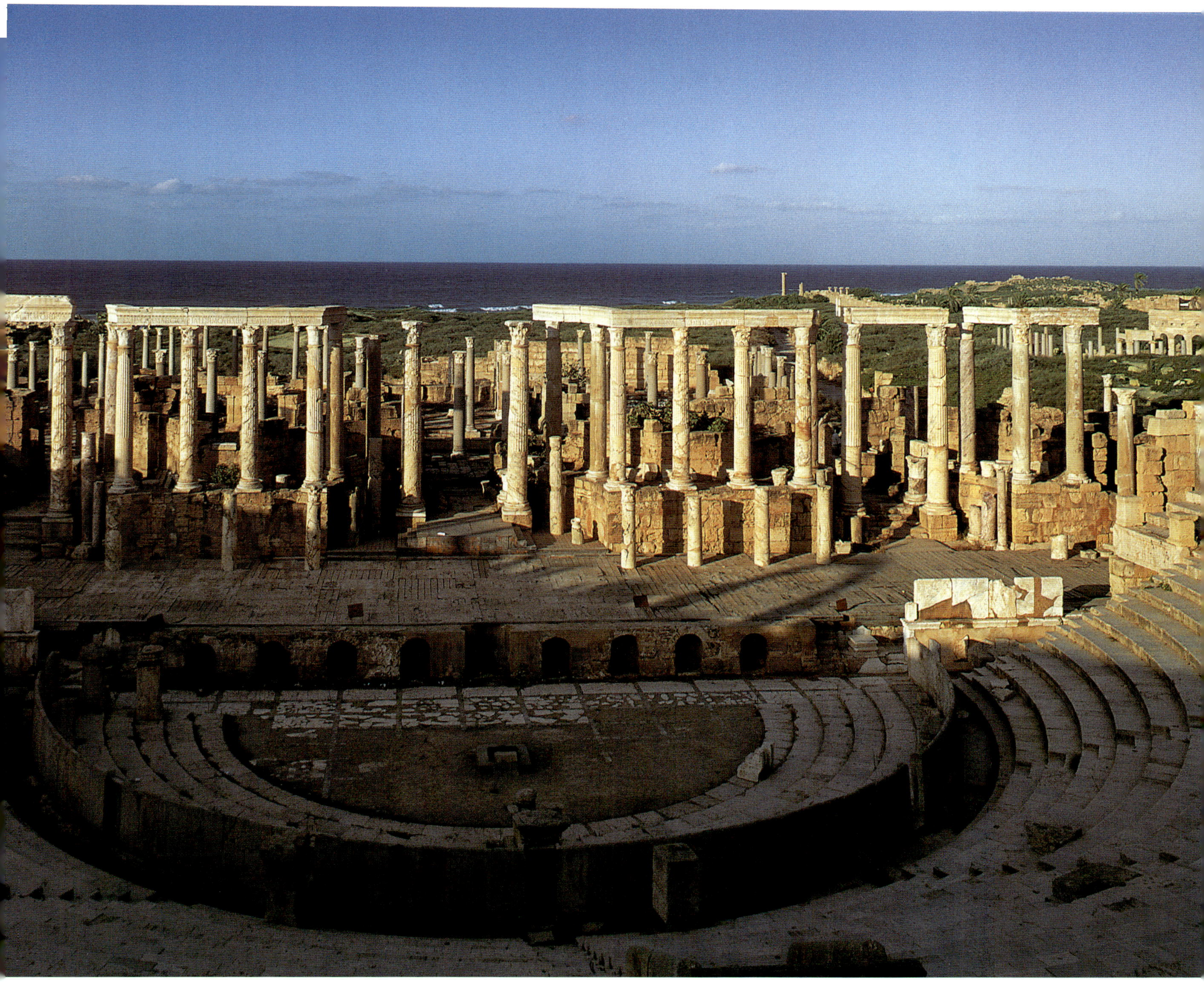

établissements d'une tout autre nature comme le théâtre, dont la *cavea* est couronnée d'un petit temple dédié à Cérès Augusta qui rappelle de très près la solution adoptée pour le théâtre de Pompée, construit à Rome en 55 av. J.-C. L'emplacement des monuments construits à cette époque fournit un indice important sur la façon dont le tissu urbain s'est organisé au fil du temps. L'orientation du *macellum*, en effet, n'est pas parfaitement alignée avec le réseau des rues qui l'entourent, alors que l'axe du théâtre et du *chalcidicum* voisin correspond à celui des îlots qui s'étendent vers le sud-ouest. Nous savons pourtant que ces îlots n'ont reçu leur forme définitive que quelques décennies plus tard. Il semble donc qu'à l'origine on construisit ces monuments dans une zone de la ville dont le développement avait déjà été décidé et planifié, mais dont

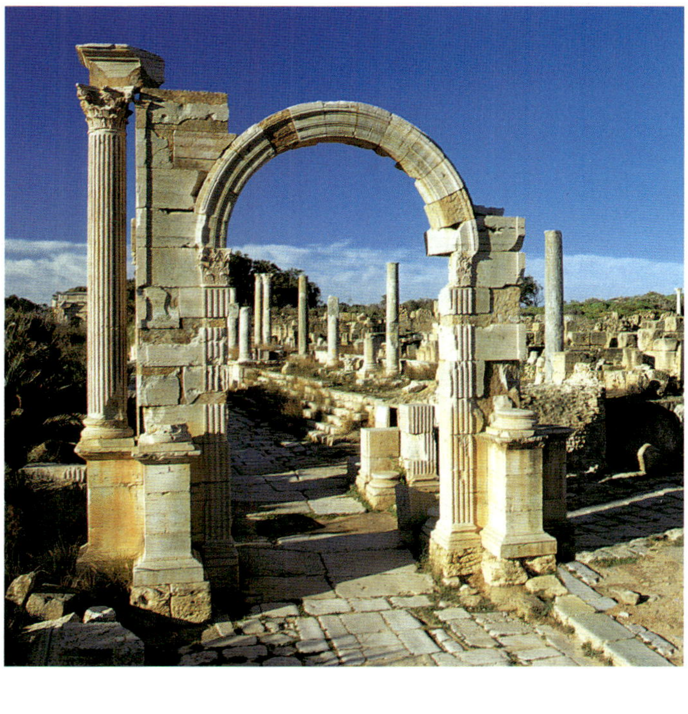

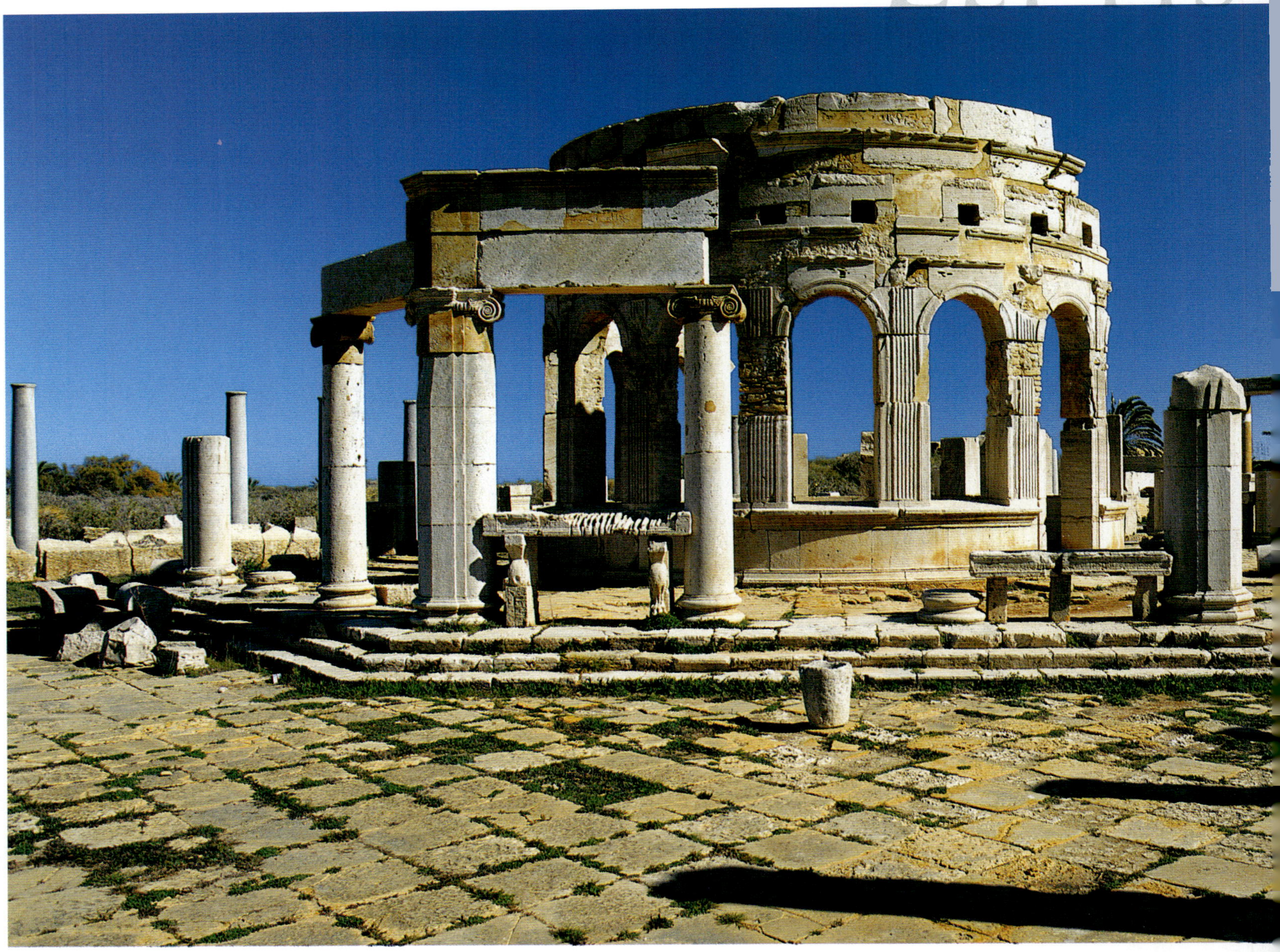

les îlots et le tracé des rues n'avaient pas encore été définitivement fixés. Le *cardo maximus* de la ville, qui passait à l'est de ces édifices, fait en effet un détour important à l'endroit où fut élevé un arc dédié à Tibère.

Au cours du IIe siècle apr. J.-C., outre l'érection d'autres arcs, comme l'arc tétrapyle de Trajan, toujours le long du *cardo*, et ceux d'Antonin le Pieux et de Marc Aurèle sur le *decumanus maximus*, le projet monumental le plus remarquable fut sans aucun doute la construction des grands thermes d'Hadrien, tout près de l'oued Lebda. Ils marquent aussi une étape importante dans l'utilisation des matériaux architecturaux, car, pour la première fois à Leptis, on y employa des éléments de marbre. Jusqu'alors, on avait toujours eu recours au calcaire local. Leur orientation est totalement différente de celle des îlots voisins, certes à cause de l'espace disponible, mais peut-être aussi par volonté de construire l'édifice selon un axe plus favorable à l'exposition solaire, comme c'était le cas pour les grands thermes de Rome.

L'empereur Septime Sévère est né à Leptis. Il n'est donc pas étonnant que l'âge d'or de la cité se situe à l'époque des Sévères, entre la fin du IIe siècle et les premières décennies du IIIe siècle apr. J.-C. C'est alors que fut construit un nouveau forum, plus grand, dans une zone située près de l'oued Lebda. On éleva un grandiose temple dynastique sur un haut podium au milieu d'un des petits côtés d'une place entourée d'un portique. En face, une énorme basilique à trois nefs fut érigée. La décoration architecturale de l'ensemble était particulièrement soignée : sur la place, une file de médaillons de marbre figurant des têtes, pour la plupart de gorgones, reliait entre eux les arcs du portique. Quant aux plinthes des colonnes du temple, elles étaient ornées de scènes de gigantomachie. L'intérieur de l'édifice basilical arborait également un élégant décor, surtout dans les absides semi-circulaires qui fermaient les petits côtés de la nef centrale. Ceux-ci étaient en effet encadrés de pilastres travaillés en relief de motifs végétaux et de scènes des travaux d'Hercule du côté est, de scènes dionysiaques du côté ouest. Les deux divinités principales de la ville étaient donc également honorées ici. Plus tard, cet hommage prit une signification de tribut honorifique envers la dynastie

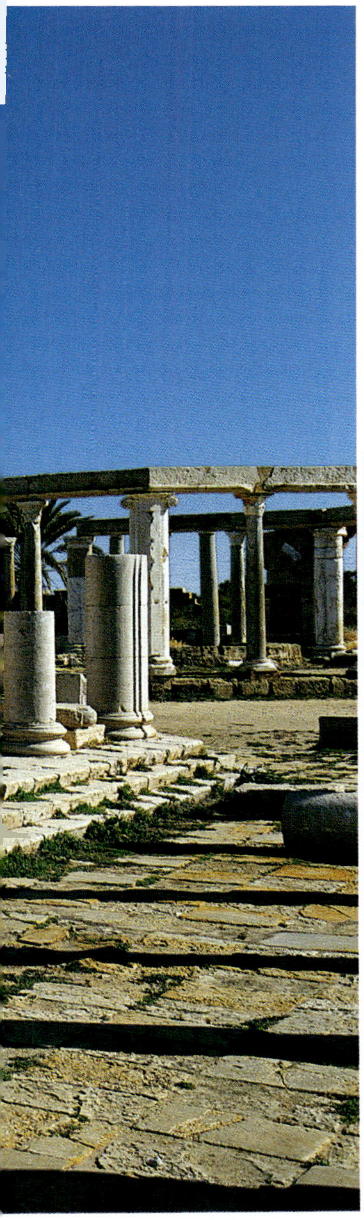

116-117 Au premier plan, l'une des deux *tholoi* qui s'élevaient à l'intérieur de la zone découverte du *macellum*. Elles avaient la forme de pavillons circulaires entourés de colonnes de plan octogonal.

117 Ci-dessous : L'entrée du *macellum* est vue ici depuis le *cardo maximus*. Né dans le contexte de la ferveur constructrice qui, à l'époque d'Auguste, renouvela les espaces publics, cet établissement constituait pour la cité un pôle d'activité commerciale important.

régnante, car la propagande impériale assimila Caracalla et Geta à Hercule et à Liber Pater. Il existe d'autres exemples, y compris à Rome, de ce rapprochement entre les fils de Septime Sévère et les deux personnages divins.

Les plans du nouveau forum furent déterminés par la situation urbanistique précédente : la basilique, en effet, n'est pas exactement perpendiculaire à l'axe majeur de la place, mais forme avec celle-ci un angle obtus. La place elle-même est également à angle obtus avec les îlots adjacents. Les coins ainsi créés entre les espaces divergents furent occupés par des rangées de boutiques au plan de plus en plus petit, ce qui permit très habilement de masquer les différentes orientations. Selon une hypothèse avancée il y a quelques années, la zone du forum devait être redoublée par une autre place de l'autre côté de la basilique. Mais la réalisation de cette deuxième place ne fut jamais menée à bien.

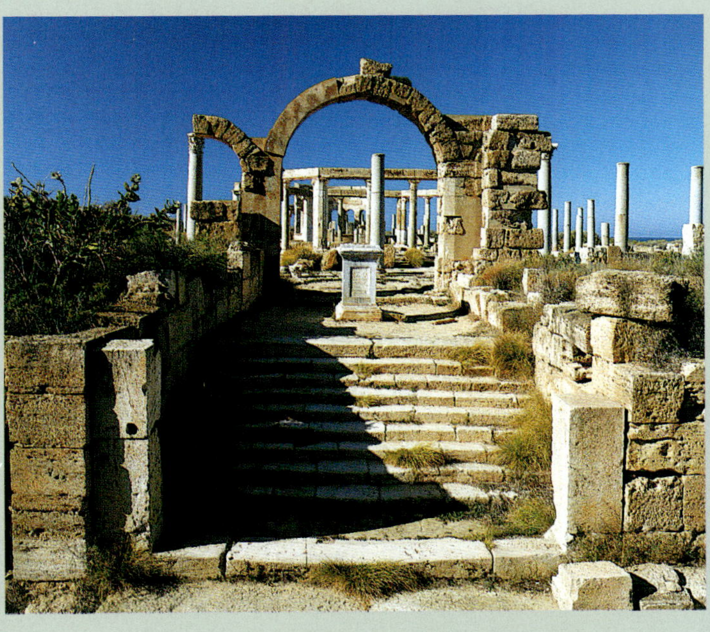

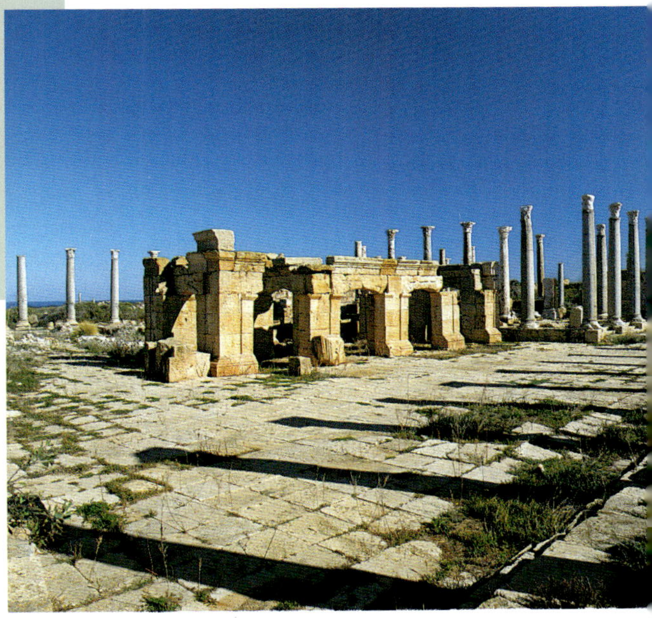

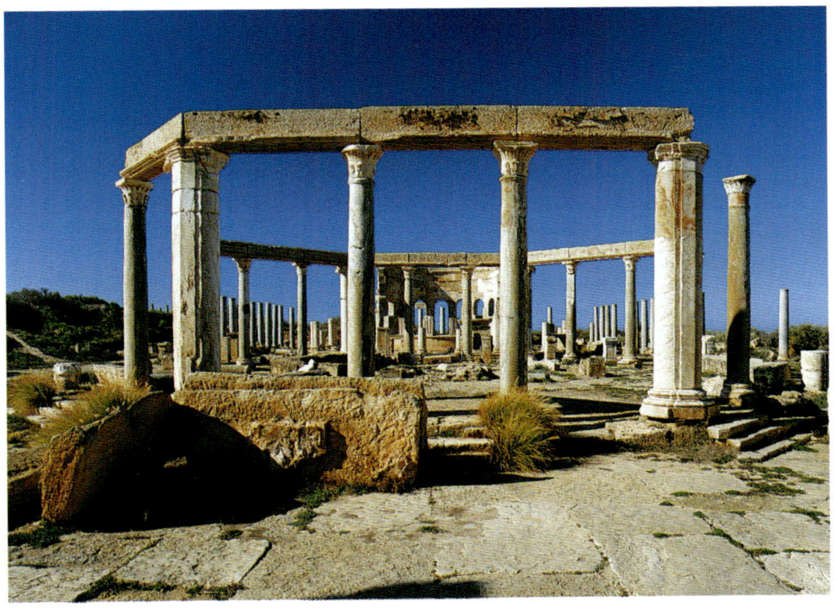

117 Ci-dessus : De la deuxième *tholos* à l'intérieur du *macellum* ne subsiste que la colonnade qui l'entourait. En effet, les arcades internes n'ont pas été restaurées.

117 Au milieu à droite : Ce temple, dont il reste quelques colonnes, était situé au centre du portique qui courait derrière le théâtre. Au premier plan, un tétrapyle ajouté par la suite pour supporter un groupe de statues de la famille des Sévères.

Une grande avenue ornée de colonnes fut encore édifiée le long de l'axe constitué par le cours de l'oued Lebda. Partant du port en direction du sud, elle passait près du forum de Sévère et, après une déviation pour éviter les thermes d'Hadrien, s'agrandissait pour devenir une place irrégulière ornée d'un magnifique nymphée. La richesse de l'époque est attestée en outre par la décoration des habitations privées, bien moins connues que les édifices publics. Des mosaïques comme celles retrouvées dans ce qu'on appelle la maison d'Orphée et dans la villa du Nil témoignent de manière éloquente du luxe de certains établissements résidentiels.

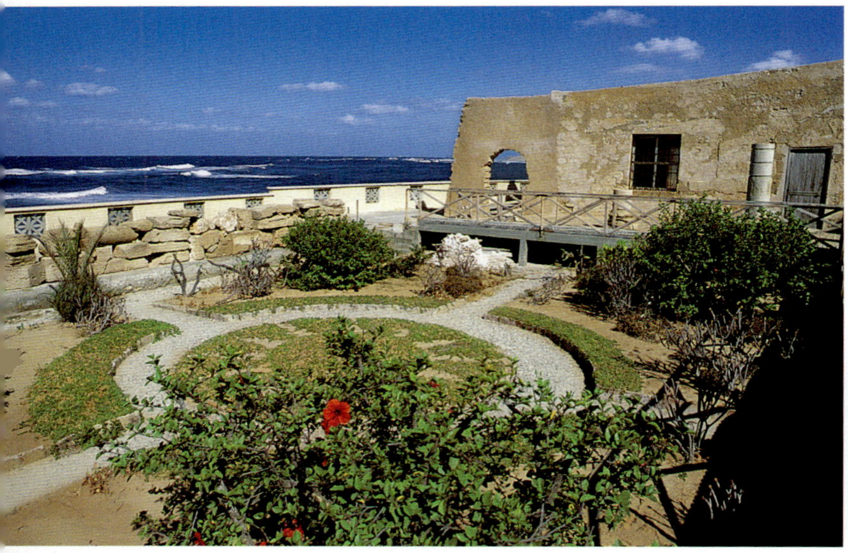

118 Ci-contre : Un jardin a été recréé dans cette villa maritime de Silin. Il s'agit d'un témoignage important du luxe de ces habitations, souvent situées dans un cadre naturel magnifique.

118 Ci-dessous : C'est aussi à l'époque des Sévères que furent construits ces thermes, dits « de la Chasse », situés loin du centre-ville. La forme des coupoles en béton romain semble annoncer l'architecture arabe.

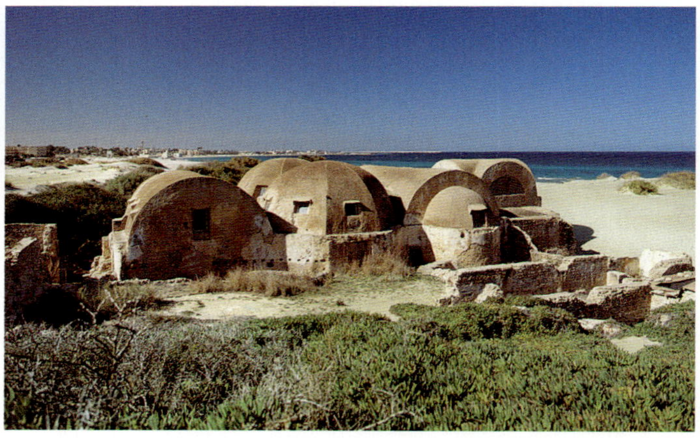

Dans le même temps, on accomplissait aussi d'importants travaux d'agrandissement du port. Celui-ci avait déjà été étendu à l'époque de Néron, lorsqu'avait été bâti l'amphithéâtre, à l'est du centre de la ville. Un phare fut érigé sur le promontoire formé par le bassin portuaire, aligné sur le même axe que l'avenue à colonnes, l'ensemble constituant ainsi une très belle perspective. Deux monuments datant de la période des Sévères, de nature complètement différente, méritent encore d'être mentionnés. Le premier est un arc à quatre faces, construit très probablement à l'emplacement où s'élevait auparavant un tétrapyle, au croisement du *cardo* et du *decumanus*. Objet récemment d'une nécessaire restauration, il était revêtu d'un riche appareil orné de reliefs qui non seulement sont un témoignage de premier ordre sur la sculpture de l'époque, mais constituent en outre un document important rappelant certains moments mémorables de l'activité publique des Sévères. Dans une scène particulièrement significative, Septime Sévère est représenté sur un char triomphal, accompagné de ses deux fils unis dans une concorde qui ne laisse pas présager les dramatiques événements qui allaient se produire à la mort de leur père : Caracalla, pour rester seul empereur, n'eut en effet aucun scrupule à assassiner son frère. Le second monument est ce qu'on appelle les thermes de la Chasse à cause d'une fresque encore visible qui représente des scènes de vénerie. Ce complexe architectural a un remarquable pouvoir d'évocation grâce à ses coupoles en béton romain, qui rappellent immanquablement au visiteur moderne l'architecture arabe. Après cette inoubliable époque de magnificence, la ville de Leptis Magna déclina très rapidement. Diverses invasions, d'abord celles des Asturiens et des Vandales, puis, après la domination byzantine, celle des Arabes, finirent par en provoquer la chute définitive et irrévocable. Ce n'est qu'à l'âge moderne, après un long oubli, que la ville connut une renaissance, surtout à partir des fouilles italiennes qui, au début du XXe siècle, en accélérèrent le sauvetage.

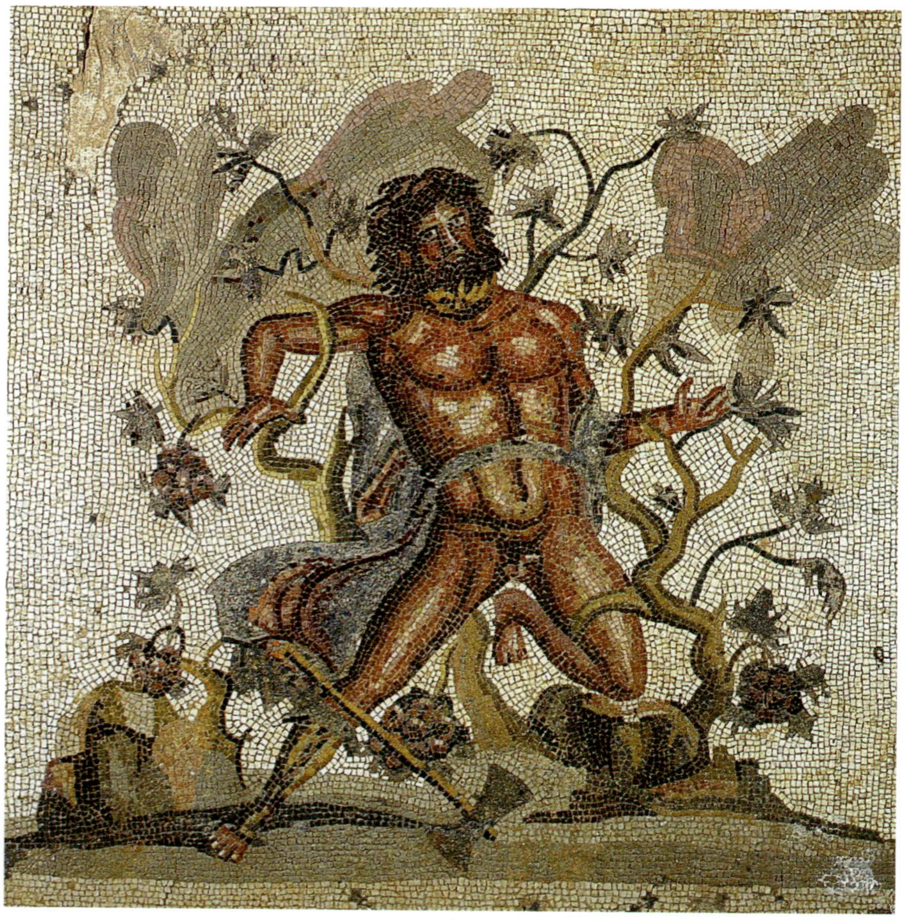

118 Ci-contre : Cette mosaïque qui provient de la villa de Silin illustre la punition de Lycurgue. Pour échapper à la fureur de ce dernier, la nymphe Ambrosia avait été transformée en vigne, dont les rameaux le retinrent prisonnier.

119 Le détail d'un faisceau qui borde le sol à damiers dans le péristyle de la villa de Silin figure une scène de lutte entre un Pygmée et une cigogne, thème récurrent dans l'art gréco-romain.

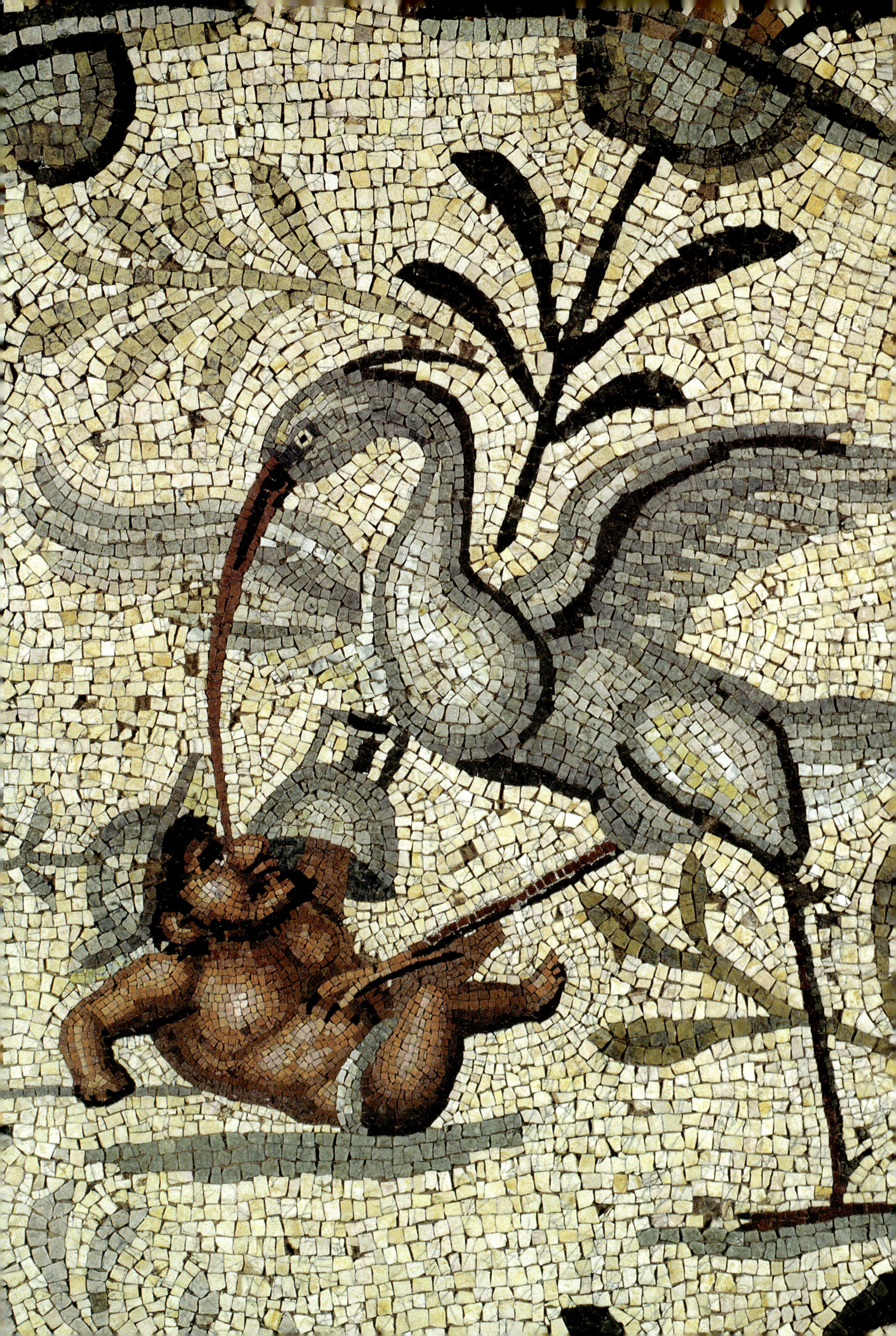

SABRATHA

Par SIMONE RAMBALDI

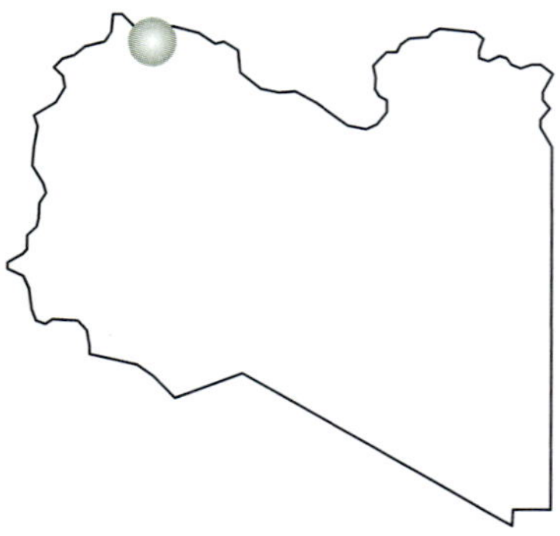

Avec Leptis Magna et Oea, Sabratha fut l'une des trois cités qui donnèrent leur nom à la Tripolitaine. Son histoire est semblable à celle des deux autres centres urbains : d'abord comptoir phénicien, la cité passa sous le contrôle de Carthage, puis fut annexée à la province proconsulaire d'Afrique en 46 av. J.-C, acquérant, à l'ère impériale, le rang de municipe, et enfin de colonie. Ayant atteint son apogée à l'époque des Antonins et des Sévères, elle amorça un rapide déclin dans l'Antiquité tardive, en raison des invasions des Asturiens et des Vandales. Après un redressement partiel – dans le sillage de la reconquête byzantine –, l'arrivée des Arabes entraîna sa chute définitive. Le centre de la vie civique résidait dans le forum, une place rectangulaire et bordée d'arcades, autour de laquelle

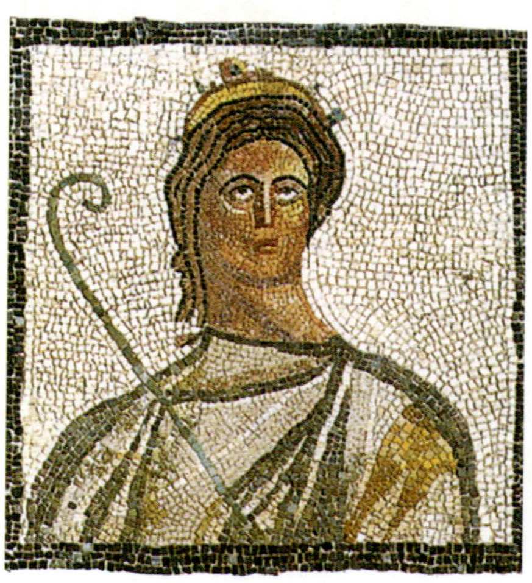

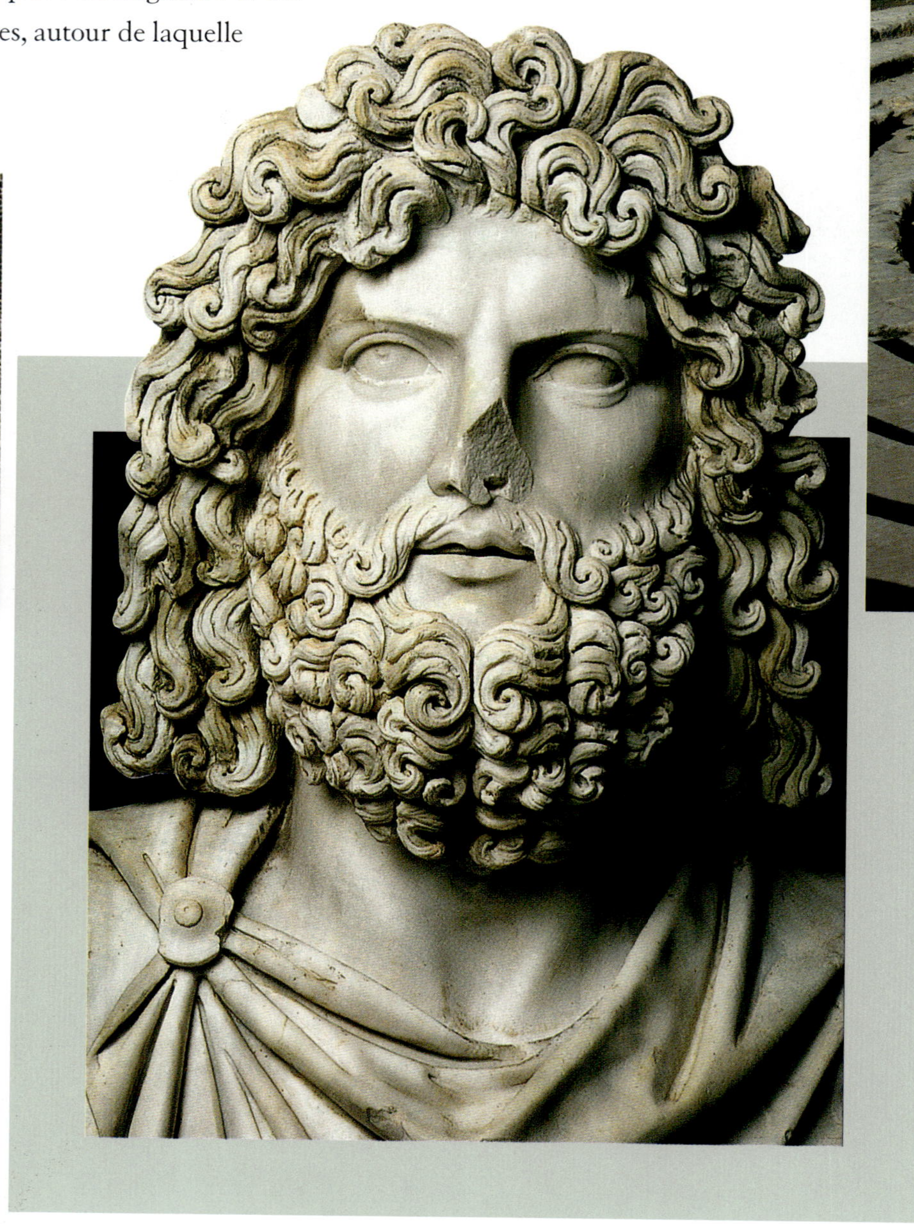

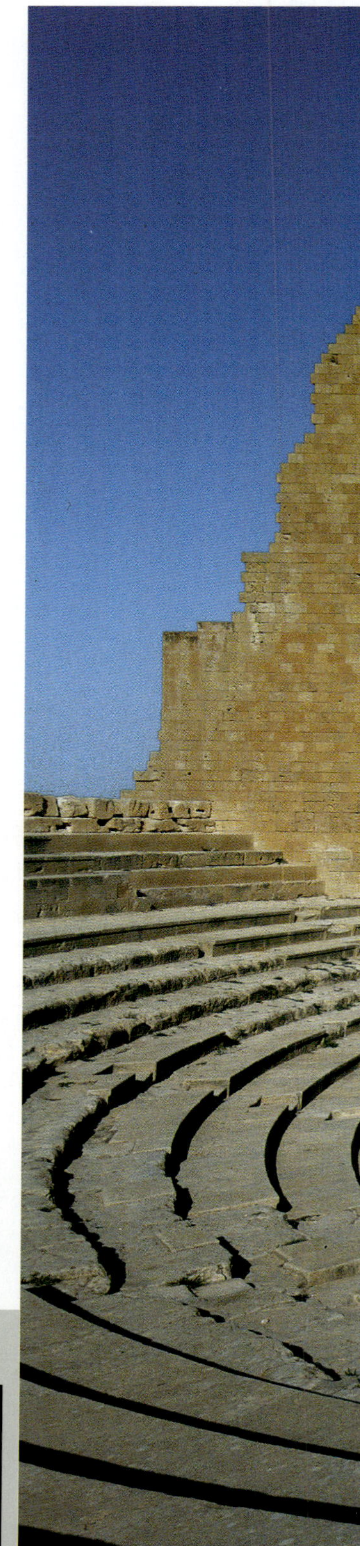

120 Ci-dessus : Mosaïque polychrome conservée au musée de Sabratha.

120 Ci-contre : Monumental buste en marbre de Jupiter provenant du capitole de la cité. On remarquera les masses ondulées de la chevelure et de la barbe, qui créent un contraste saisissant avec le modelé du visage.

120-121 : Le théâtre, construit entre la fin du IIe siècle et le début du IIIe siècle. Au premier plan : la *cavea* et les gradins ; à l'arrière-plan, au-delà de l'orchestra, se dresse le *frons scaenae*, avec ses trois rangs superposés de colonnes de marbre.

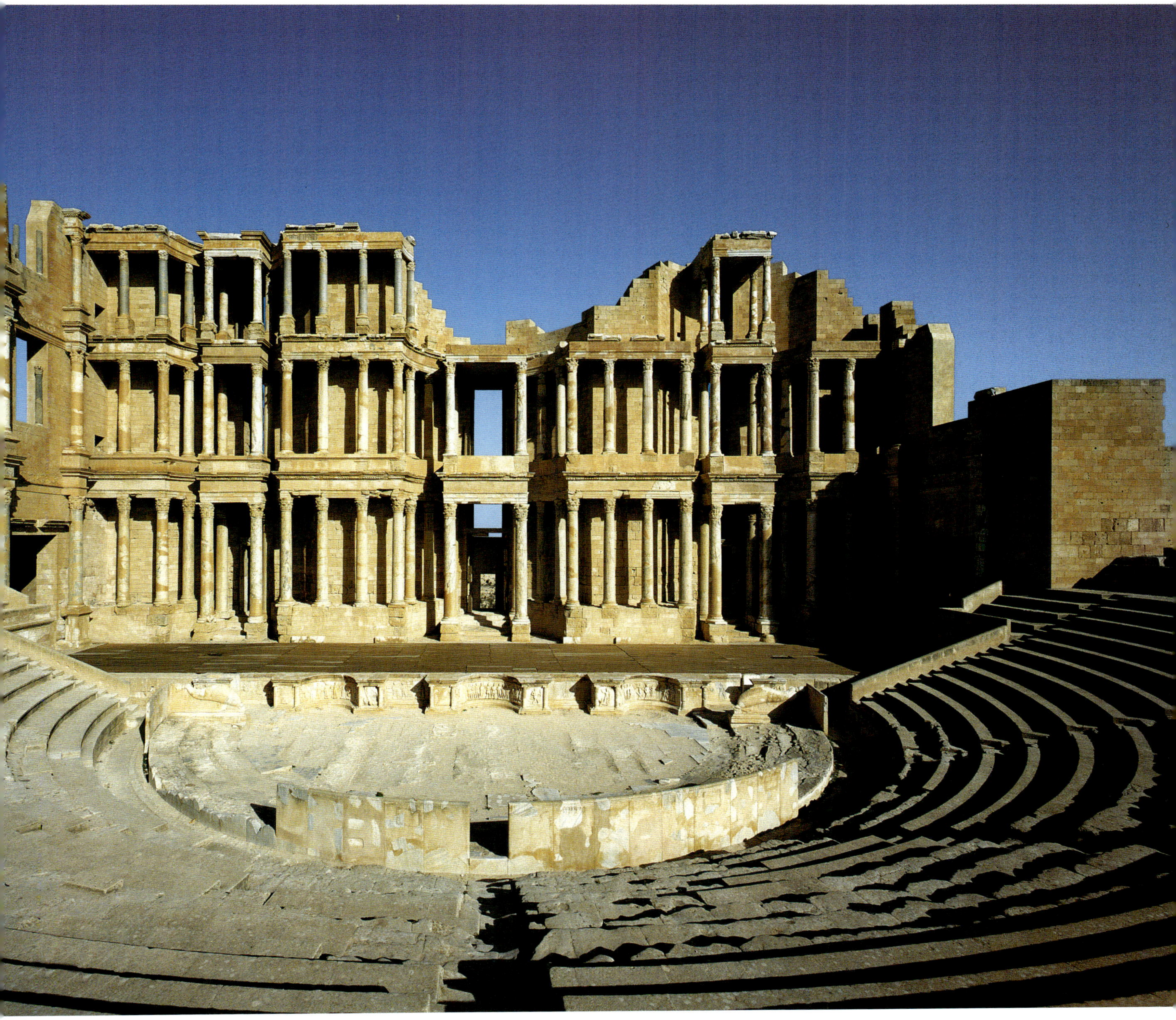

se concentraient les édifices dévolus aux principales activités publiques. Le complexe est aujourd'hui visible sous l'aspect qu'il revêtit au cours du IIe siècle apr. J.-C. À cette époque, il bénéficia en effet d'importants travaux de réfection, qui s'ajoutèrent aux restaurations déjà effectuées pour réparer les dommages d'un tremblement de terre survenu entre 65 et 70 apr. J.-C. Sur le côté occidental court se dressait le capitole, ouvert sur la place par le biais d'une vaste plate-forme dotée de deux escaliers latéraux. Sur le côté opposé, au centre d'une cour à arcades, se trouvait un autre temple qui, par sa dédicace à Liber Pater, maintenait vivace le lien avec l'ancienne religion romaine. L'ensemble des édifices civiques était complété par deux bâtiments implantés derrière les arcades des longs côtés : au nord, la curie, constituée d'une salle rectangulaire reliée à un espace découvert, et au sud, la basilique. Le plan à trois nefs de la basilique présente, sur le côté méridional, un espace qui devait abriter le tribunal du magistrat, mais dans lequel un *sacellum* semble avoir été aménagé pour célébrer le culte impérial. Dans l'Antiquité tardive, la basilique sera reconvertie en église chrétienne. La place à arcades ayant pour fonction d'encadrer un édifice religieux représente un schéma architectural bien connu. À Sabratha, cette solution ne se cantonne pas au temple de Liber Pater, mais s'appli-

1) Forum
2) Capitole
3) Temple de Liber Pater
4) Curie
5) Basilique
6) Temple de Marc Aurèle et Lucius Verus
7) Temple d'une divinité inconnue
8) Temple de Sérapis
9) Théâtre
10) Temple d'Isis

122 Ci-dessous, à gauche : L'atrium de la curie est situé à proximité de la place du forum. Au premier plan, une arcade reconstruite sur les chapiteaux corinthiens de la colonnade.

122 Ci-dessous, au centre : Aujourd'hui séparés des bâtiments auxquels ils appartenaient, ce chapiteau et cette corniche élégamment sculptés illustrent la richesse qui caractérisait l'ornementation architecturale des édifices publics.

122-123 : Au bord de la Méditerranée, ce grand champ de ruines témoigne des fastes de l'ancienne cité.

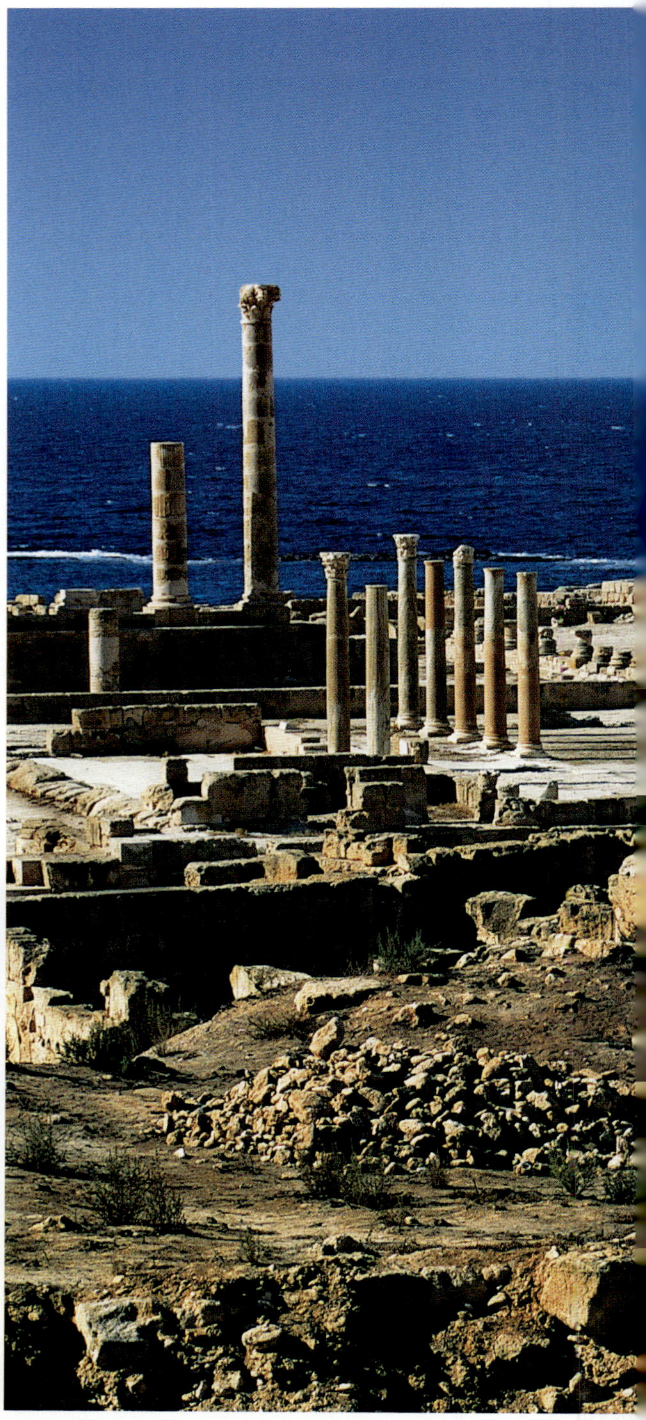

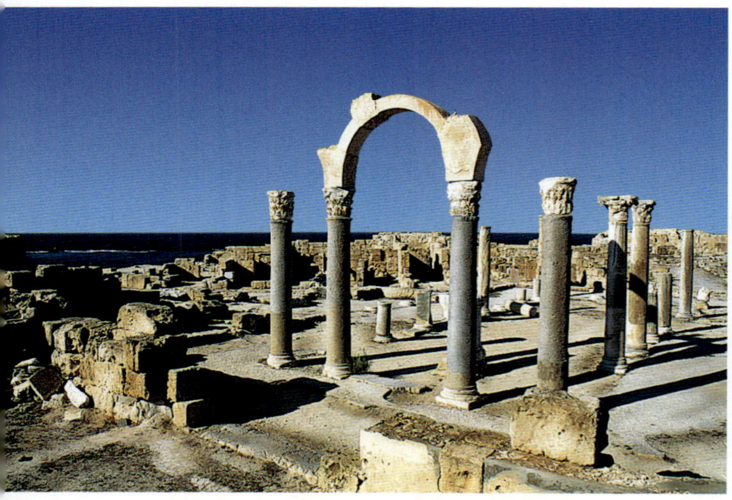

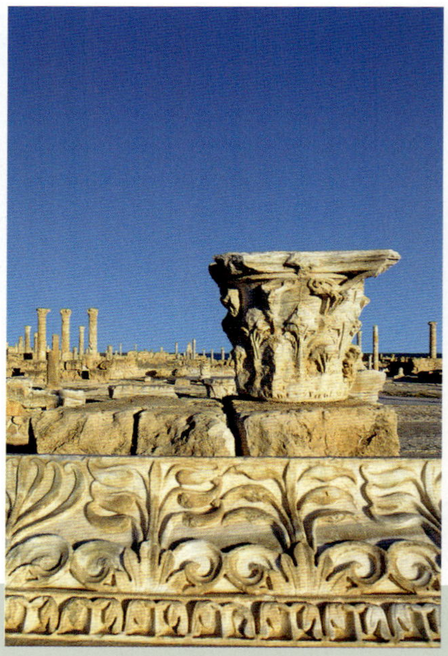

Sabratha

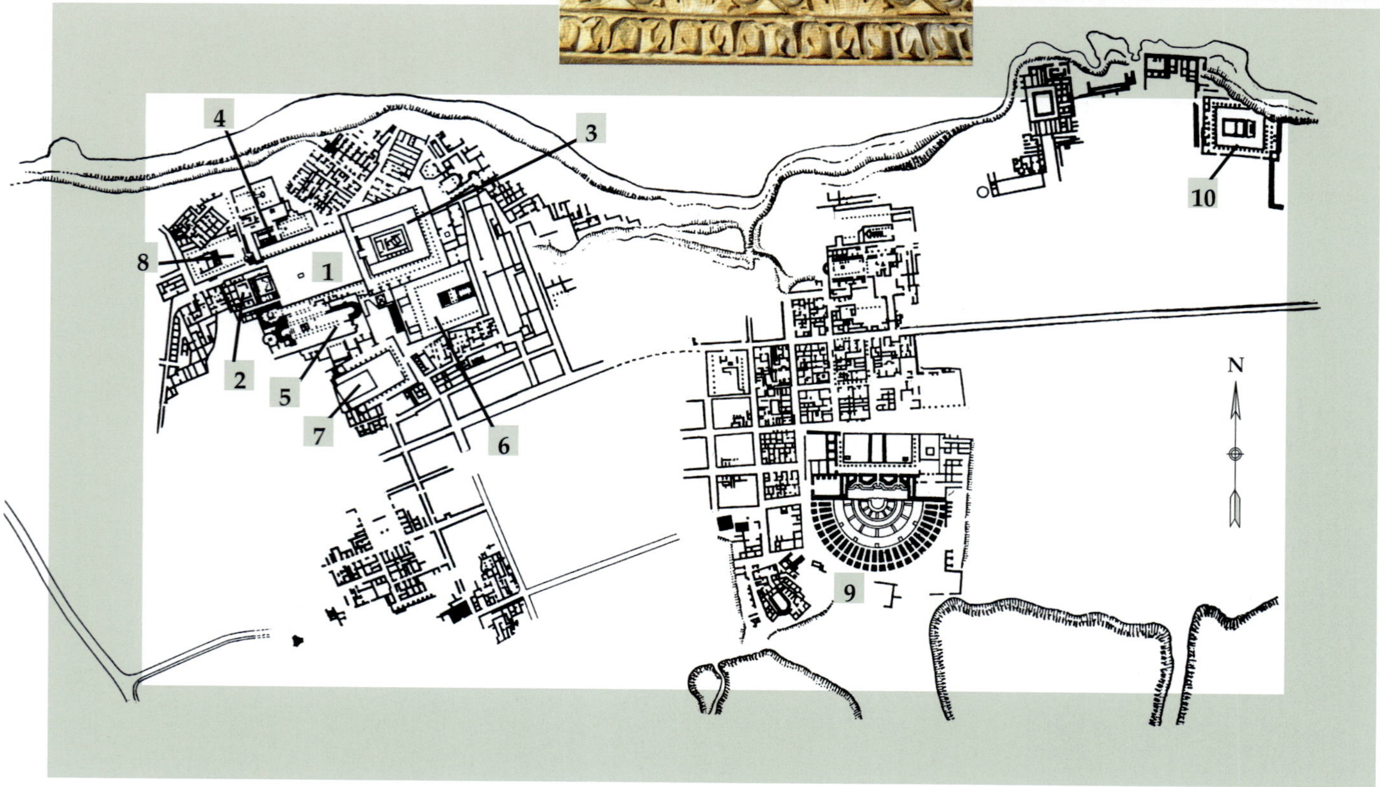

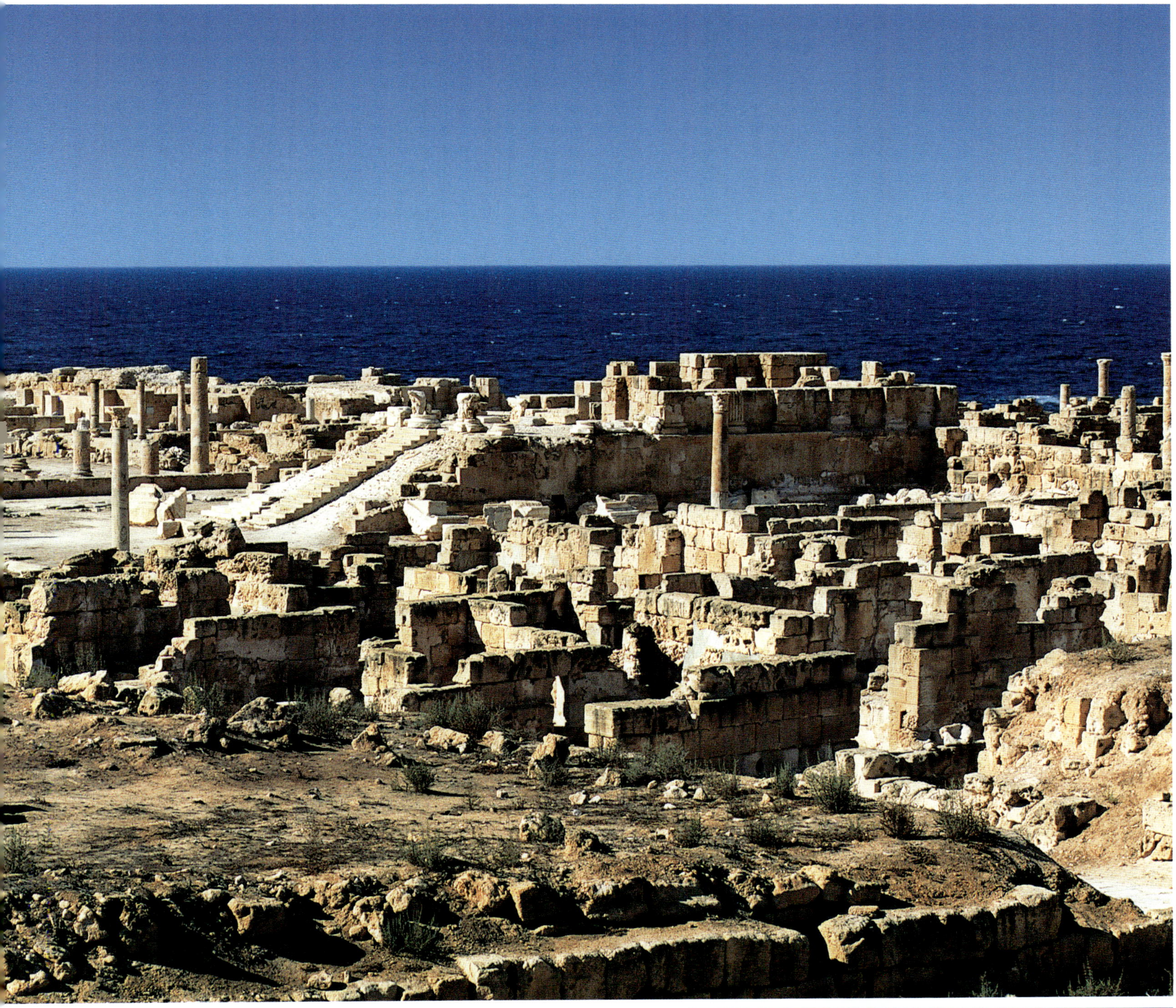

que à d'autres édifices sacrés, pour la plupart situés non loin du forum. À l'est de la basilique s'ouvrait en effet une petite zone découverte reliée à deux complexes religieux datant de l'époque des Antonins et présentant une disposition similaire. L'un était dédié à Marc Aurèle et à Lucius Verus, l'autre à une divinité inconnue. En face de l'angle nord-ouest du forum, un autre temple, voué à la vénération du dieu Sérapis, était également bordé d'arcades. Plus loin, au bord de la mer, une cour entourée d'arcades sur ses quatre côtés encadrait le temple d'Isis, auquel on accédait par un simple escalier. À l'intérieur de cet édifice, les archéologues ont mis au jour une crypte souterraine où était sans doute célébré le culte des mystères de la déesse, ainsi que d'autres cavités situées sur le côté postérieur du complexe, probablement dédiées à des divinités mineures. Le monument le plus important de Sabratha est certainement le théâtre, qui remonte à la fin du IIᵉ siècle apr. J.-C.,

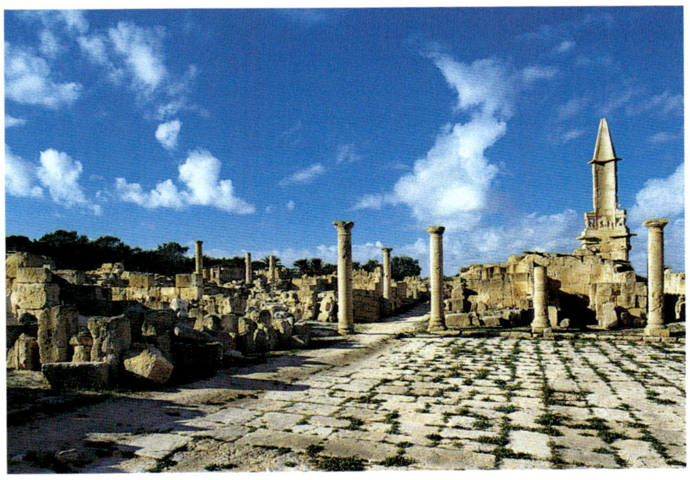

123 Ci-dessus : Parmi les vestiges, on reconnaît un mausolée punique, datable de la première moitié du IIᵉ siècle apr. J.-C. et entièrement restauré. Le monument démontre la prospérité dont jouissait déjà Sabratha avant l'occupation romaine.

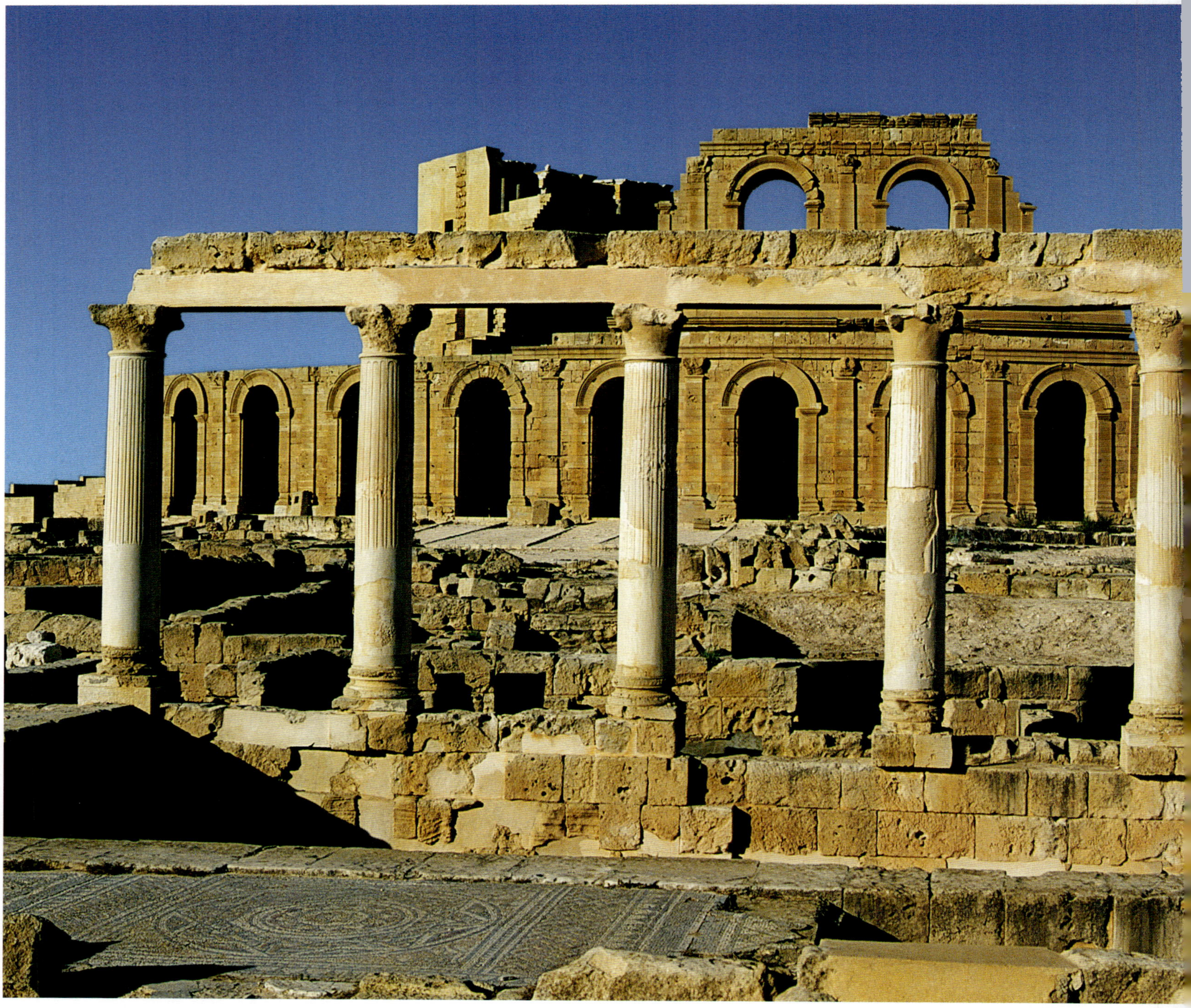

ou au plus tard, au début du IIIe siècle apr. J.-C. Il s'agit d'un des exemples les plus impressionnants du genre. Traversée à sa base par un double couloir, la *cavea* était soutenue par trois rangs d'arcades superposés, et couronnée par un portique supérieur. Le magnifique édifice scénique, restauré par les archéologues italiens, témoigne d'un grand faste architectural, qui se reflète dans les trois rangs superposés de colonnes de marbre, articulées selon un système d'échancrures et de saillies caractéristique des *frons scaenae* de l'époque. Un revêtement de marbre, aujourd'hui disparu, ornait également les murs de derrière. Une attention particulière doit être accordée, par ailleurs, au front de scène (en latin *pulpitum*), rythmé par des avant-corps et des niches, alternativement rectangulaires et semi-circulaires, et décoré d'une série de scènes en relief. La niche centrale abrite une représentation d'un sacrifice accompli par Septime Sévère, en présence des divinités personnifiant les cités de Rome et de Sabratha, qui se serrent la main. Dans les deux autres niches semi-circulaires apparaissent, à gauche, les neuf muses, et à droite, une représentation du jugement de Pâris, aux côtés des trois Grâces. Les avant-corps et les niches rectangulaires sont ornés d'autres figures, de nature parfois incertaine, parmi lesquelles on peut néanmoins reconnaître des divinités, des masques de théâtre et

124-125 Une rangée de colonnes masque légèrement le mur d'enceinte du théâtre, dont les arcades, encadrées par des demi-pilastres, se superposent sur deux niveaux (trois à l'origine) partiellement conservés.

125 En haut à droite : L'un des dauphins sculptés aux deux extrémités du mur d'enceinte qui délimitait la proédrie, la partie des gradins réservée aux notables.

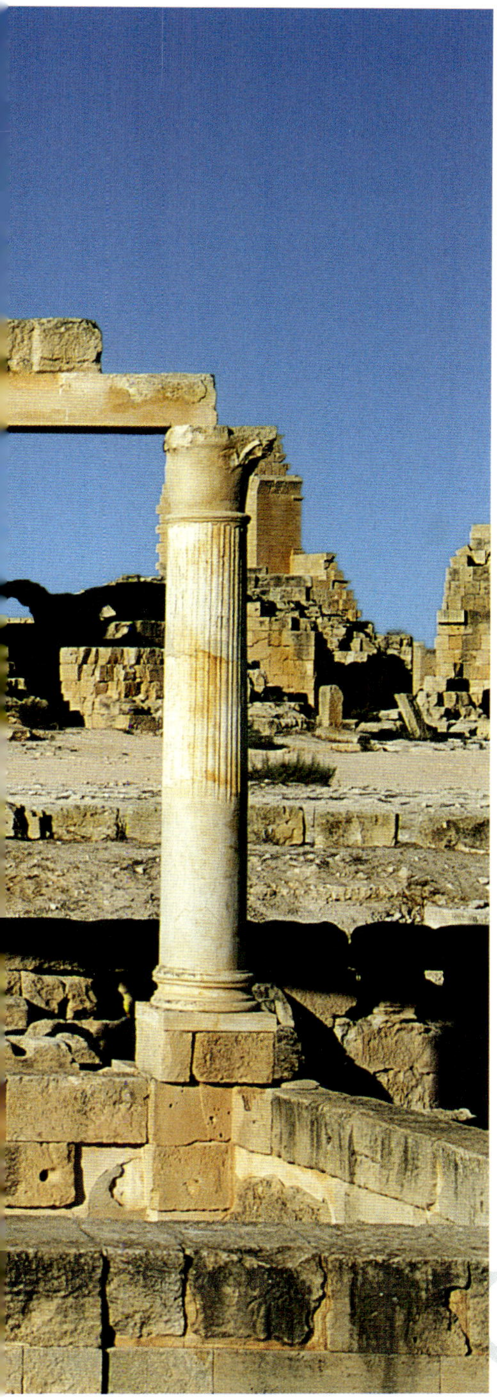

SABRATHA

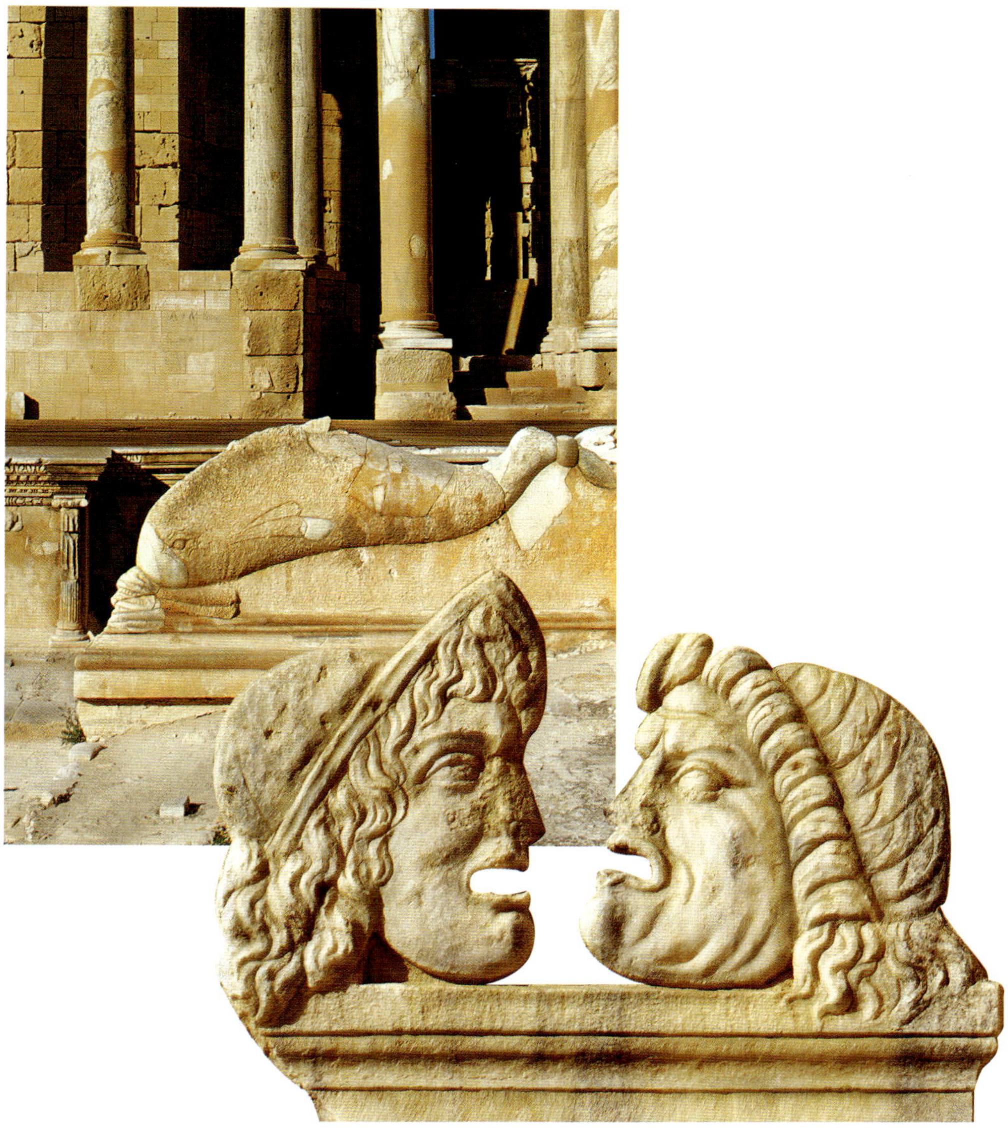

125 Au centre : Les sculptures ornementales de la scène recèlent des détails intéressants ; en l'occurrence, les masques théâtraux font explicitement référence aux fonctions dévolues à l'édifice.

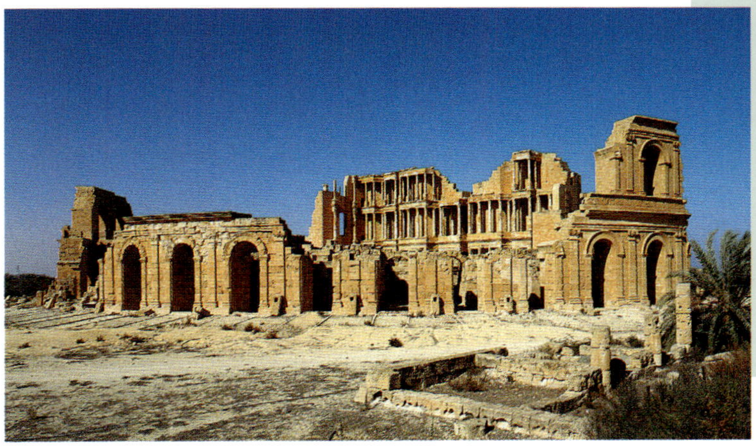

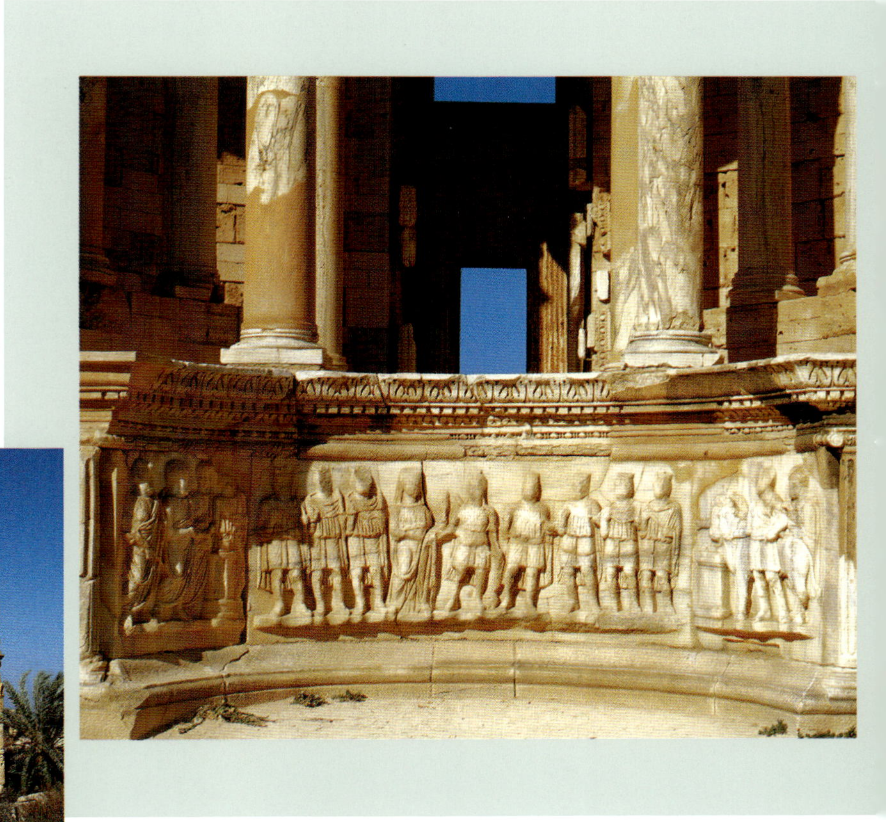

125 Ci-dessus : La maçonnerie externe du théâtre était à l'origine complétée par un portique supérieur. Au second plan se dresse le remarquable édifice scénique, qui a retrouvé sa splendeur passée grâce au travail des archéologues italiens.

125 Ci-dessus : La niche semi-circulaire qui s'ouvre au centre de la scène montre Septime Sévère accomplissant un sacrifice devant les divinités personnifiant Rome et Sabratha, et devant une figure qui pourrait être son fils Caracalla.

des acteurs exerçant leur art. Il convient également de noter le profil caractéristique – un dauphin aux galbes généreux – de chaque extrémité du mur d'enceinte qui délimitait la proédrie, la partie de la *cavea* réservée aux notables locaux. Édifié à la même période, l'amphitéâtre se situe près de la limite orientale de la cité. À l'instar du théâtre, il représente l'une des principales attractions des ruines de Sabratha. Partiellement mis au jour dans la roche, le monument a conservé des vestiges des gradins et des arcades qui l'entouraient. Le plan de l'arène, à l'origine dotée d'un plancher en bois recouvert de sable, est traversé en profondeur par deux galeries disposées en croix, qui étaient utilisées par le personnel des jeux pour leur organisation. Plus que dans la plupart des cités antiques africaines, les vestiges de l'architecture domestique sont présents à Sabratha. Souvent dotées d'arcades qui soutenaient les plans supérieurs, les maisons possédaient généralement une couverture plane, comme en témoigne le faible nombre de tuiles découvertes. Des espaces souterrains procuraient par ailleurs un peu de fraîcheur aux habitants durant les journées les plus chaudes.

126 Ci-dessous, au centre : Dans un édifice thermal situé à proximité de la plage, on peut admirer cette mosaïque de pavement polychrome, composée de plusieurs panneaux présentant des décorations distinctes et séparées les unes des autres par des motifs à tresses.

126 En bas, à gauche : Situé à la limite orientale de Sabratha, l'amphithéâtre a été découvert dans la dépression d'une carrière de pierre. Taillées dans le sol de l'arène, deux profondes galeries disposées en croix servaient à l'organisation des spectacles.

126-127 : Sur la côte, deux rangées de colonnes signalent l'ancien emplacement du temple d'Isis, qui était encadré par une cour à arcades sur les quatre côtés.

127 En haut, à gauche : Les ruines de la cité semblent ici léchées par les vagues de la Méditerranée.

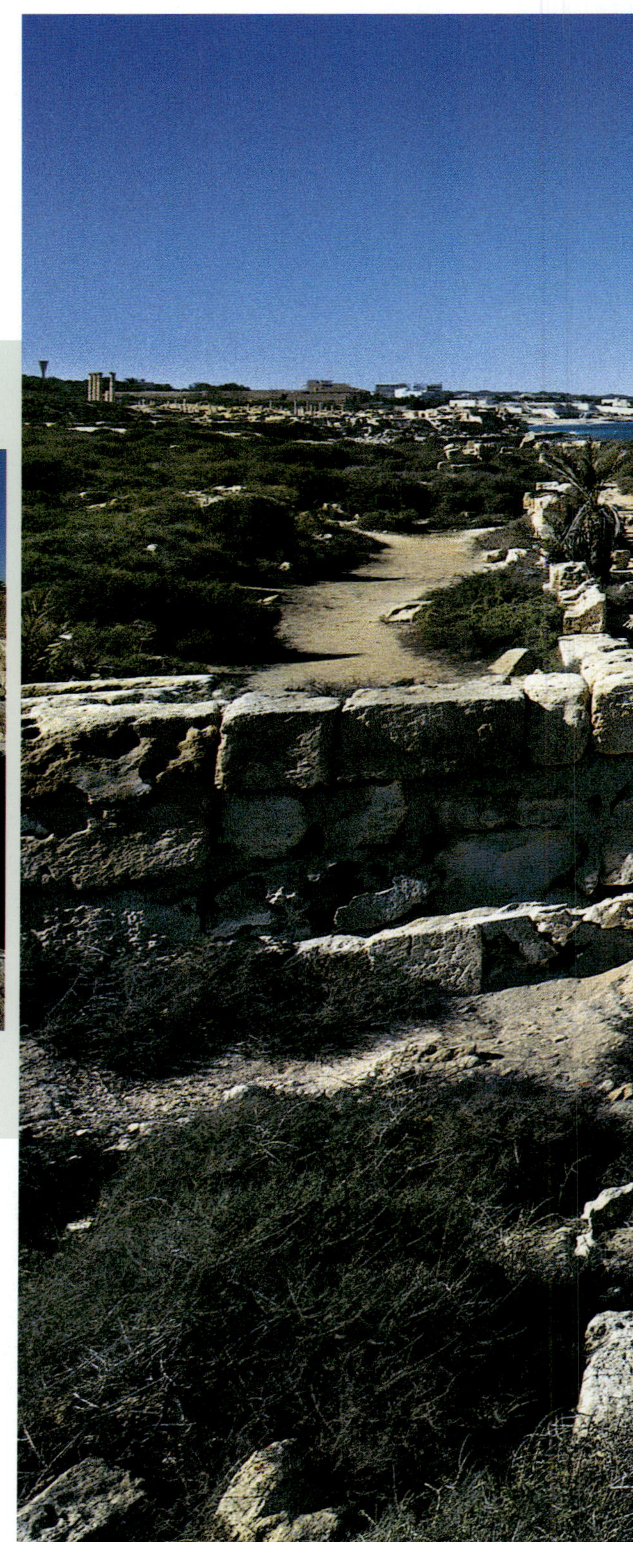

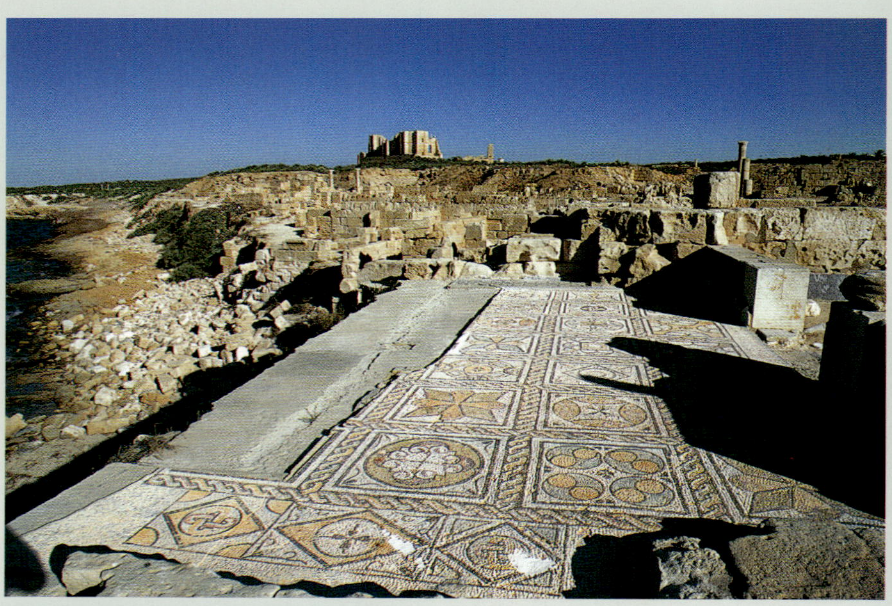

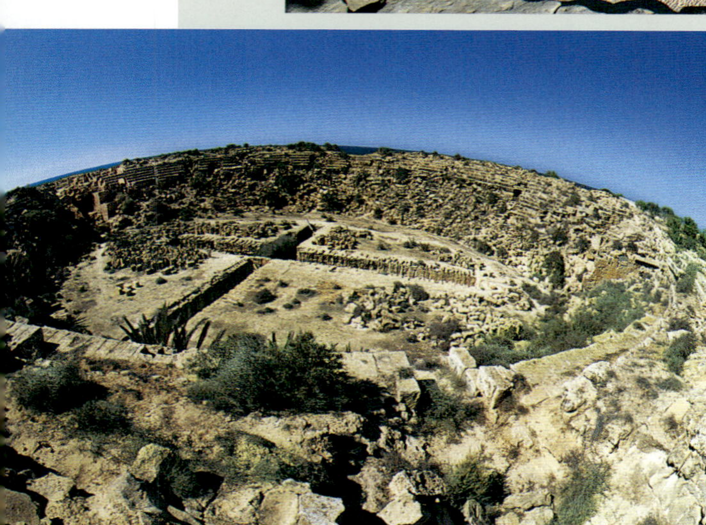

127 En haut, à droite : Peu de traces subsistent des plans supérieurs des habitations. En revanche, de vastes portions des mosaïques de pavement ont été préservées. Leurs somptueuses décorations témoignent de la richesse passée des lieux.

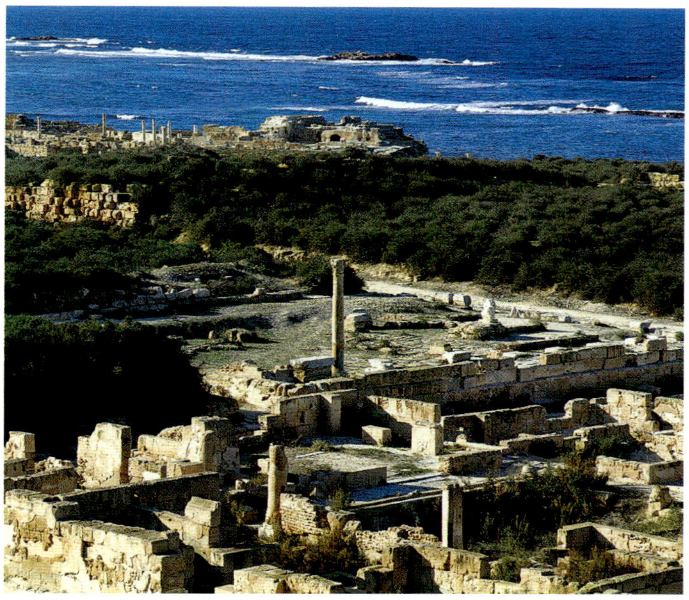

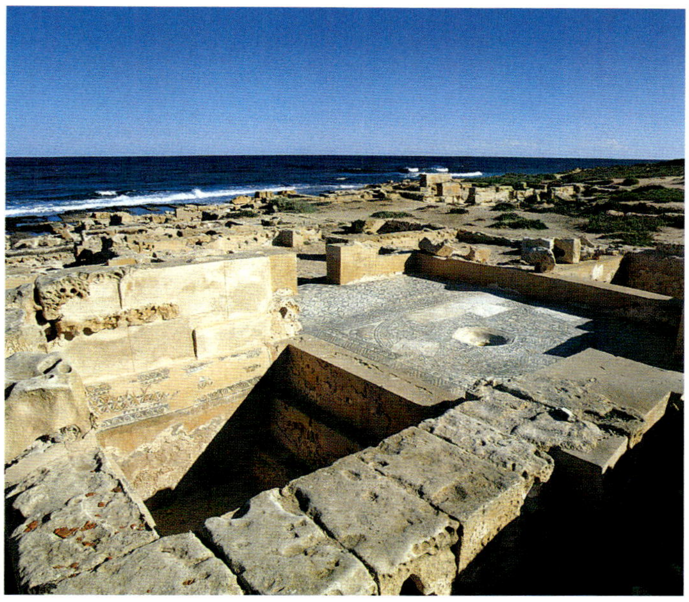

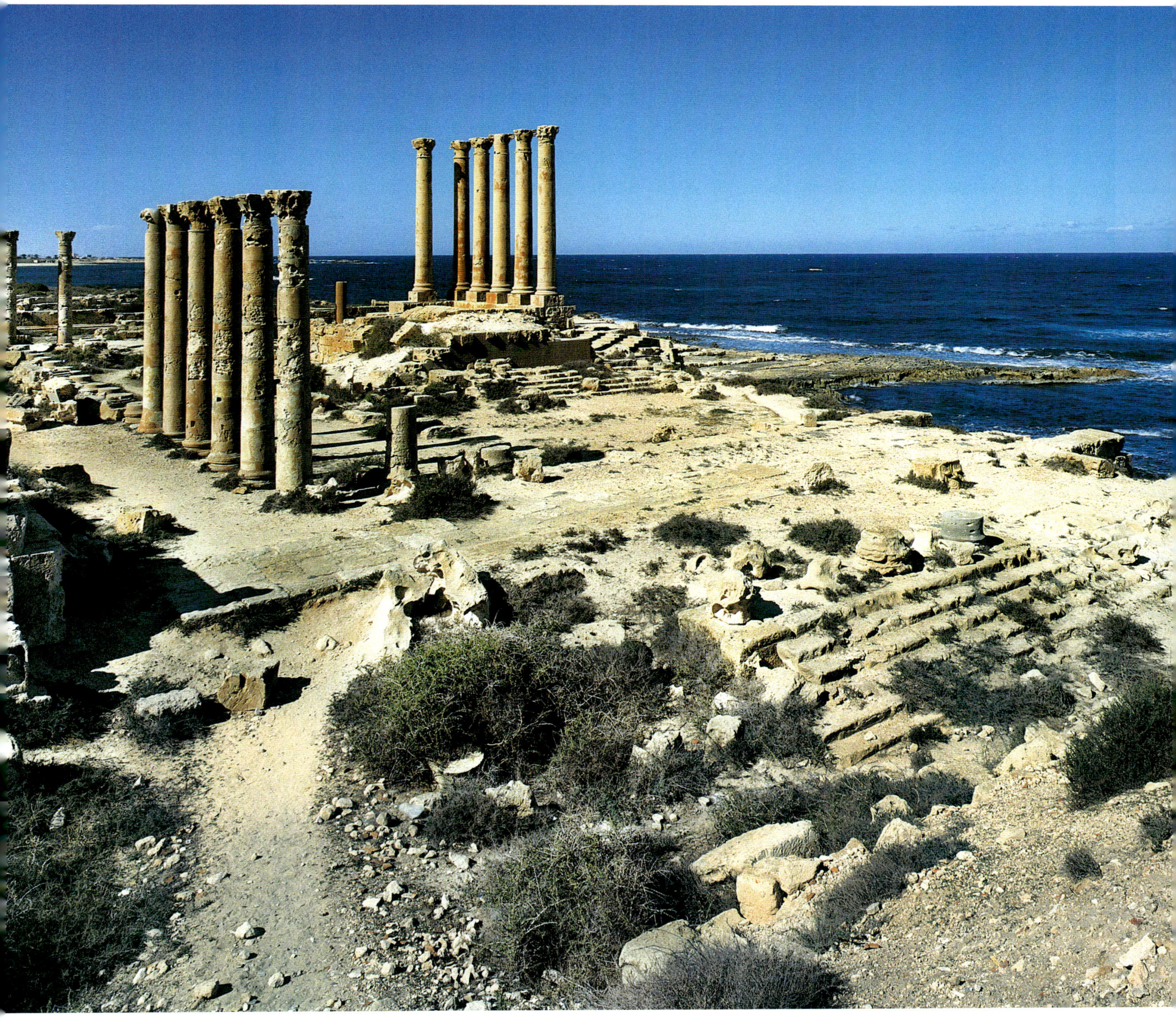

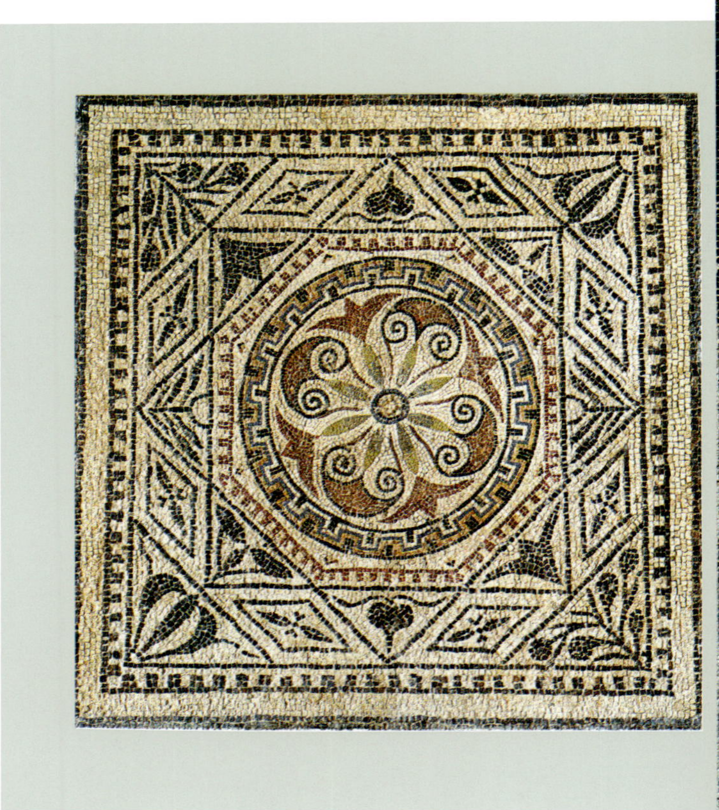

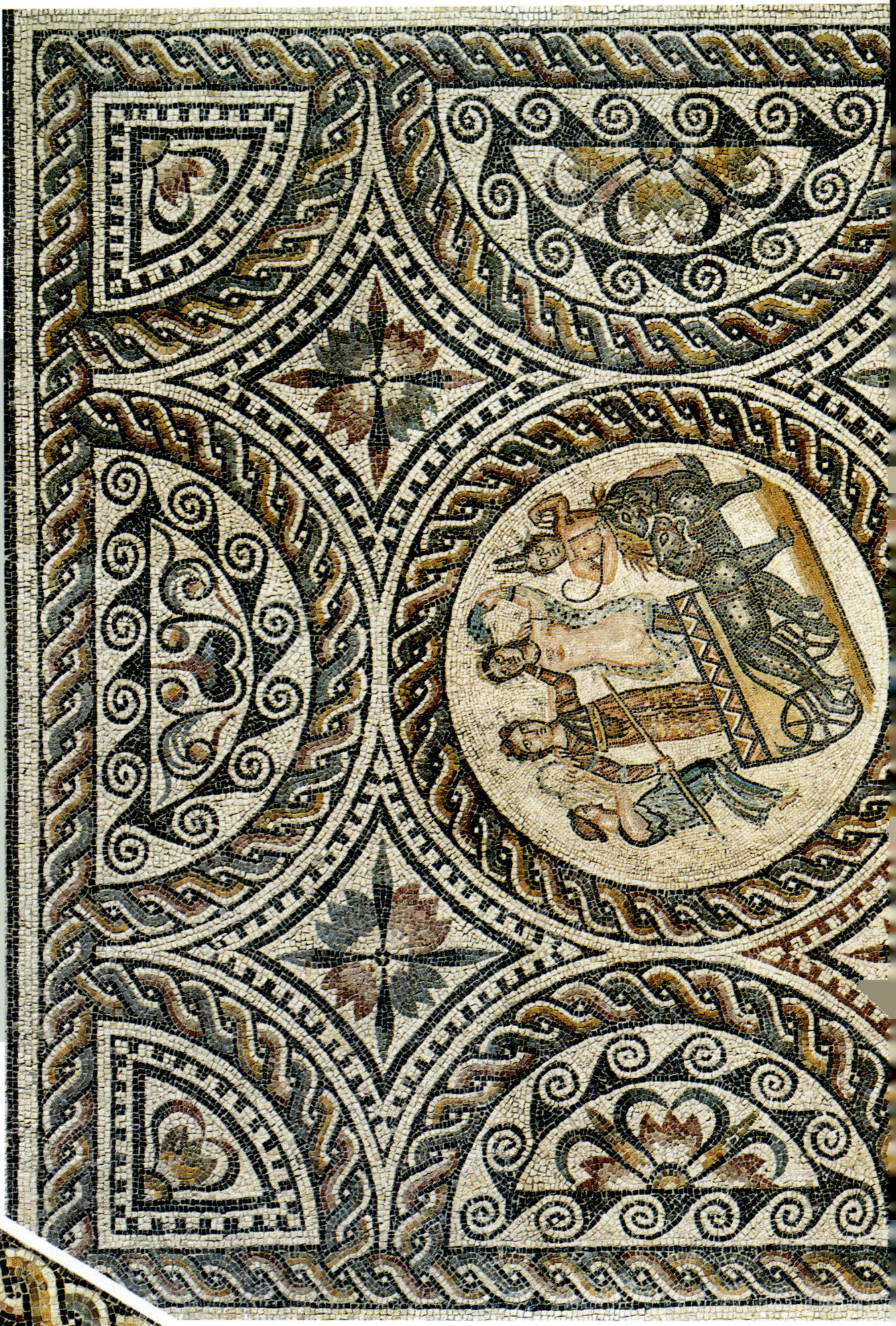

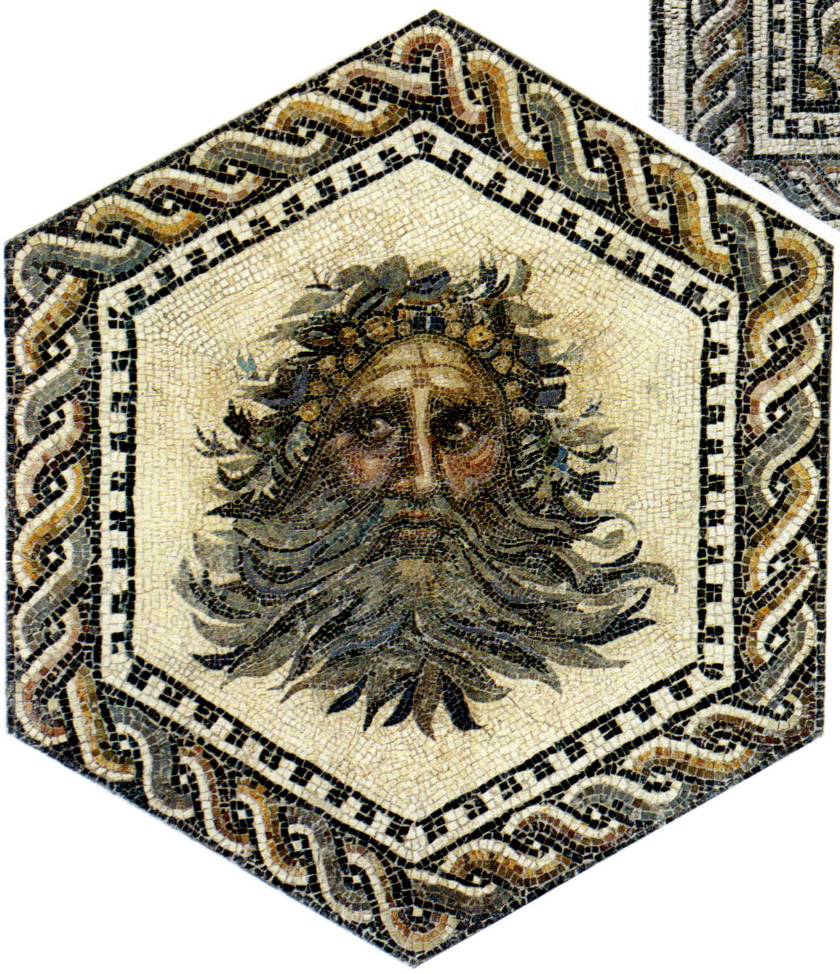

128 Ci-dessus, à gauche : Cette mosaïque de pavement du temple de Liber Pater privilégie la décoration géométrique. Au centre : une fleur encadrée par des formes diverses, qui contiennent elles-mêmes d'autres motifs.

128 Ci-contre : Bordé d'un motif à tresses, ce panneau hexagonal d'une mosaïque des thermes d'Océan présente une magnifique tête du dieu éponyme, doté d'une longue barbe et coiffé d'une couronne de feuilles et de fruits.

128-129 : Trois médaillons ornent le centre de cette mosaïque du temple de Liber Pater. Celui du haut représente le triomphe de Liber Pater et d'Ariane, dressés sur un char tiré par des panthères ; les deux autres figurent respectivement une tête de lion et une tête de panthère.

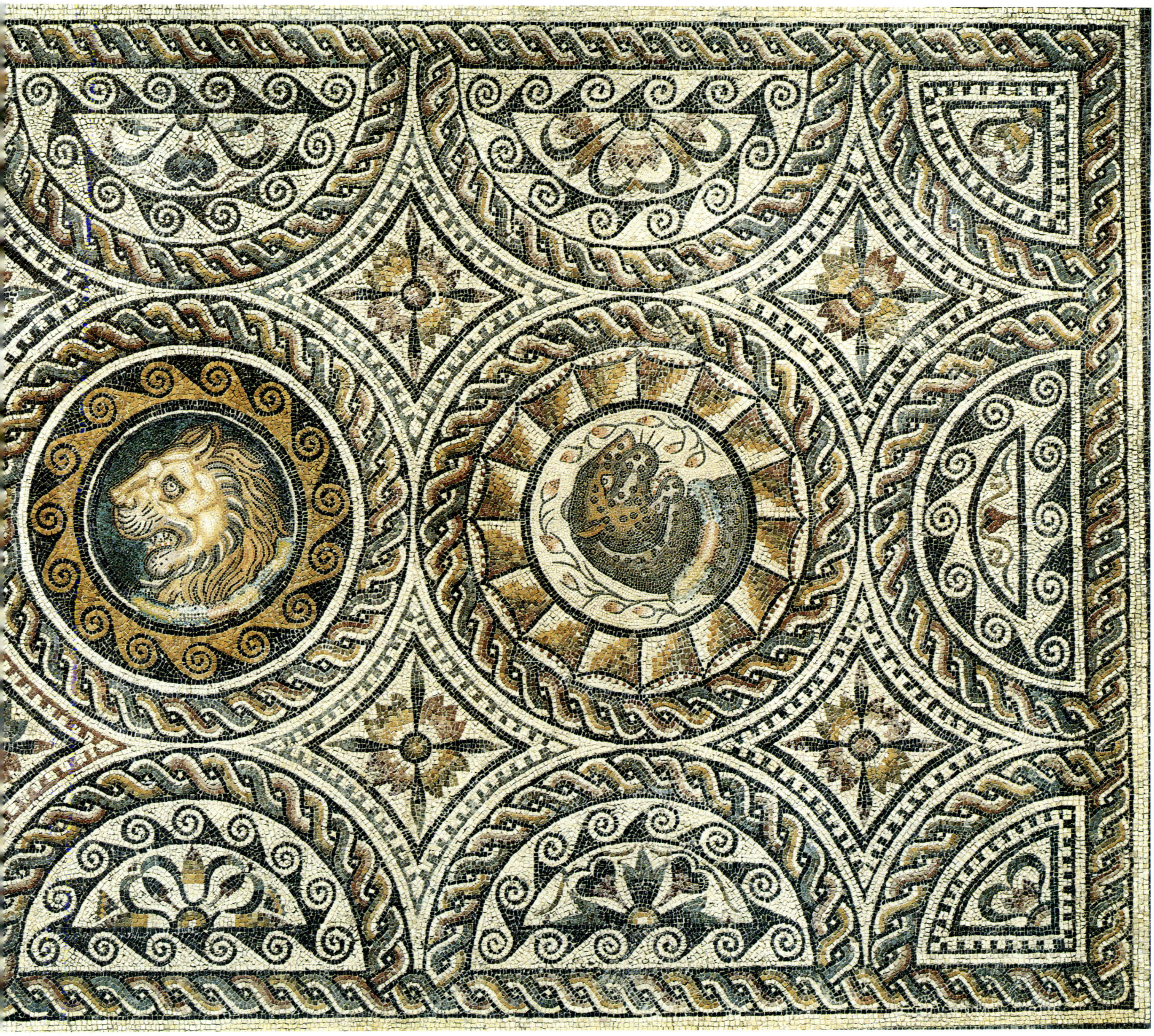

SABRATHA

129 Ci-contre, à gauche : Extrait d'une mosaïque polychrome, ce panneau se caractérise par un motif floral.

129 Ci-contre, à droite : Par sa monochromie et son motif floral stylisé, ce panneau de mosaïque se révèle plus sobre que le précédent.

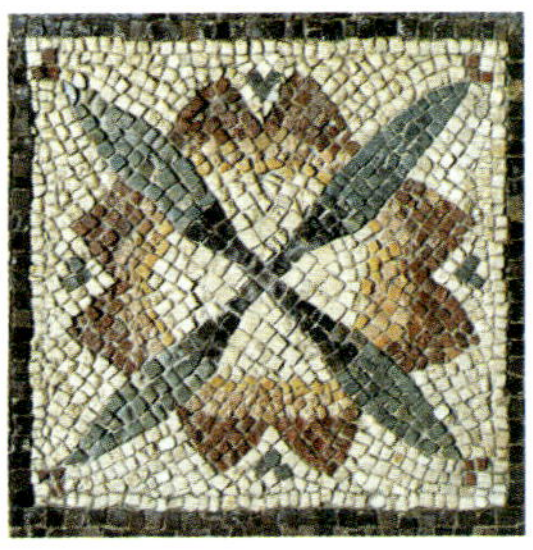

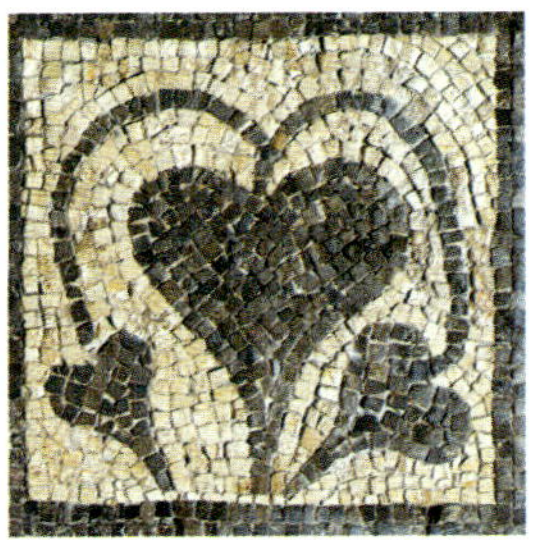

THUGGA

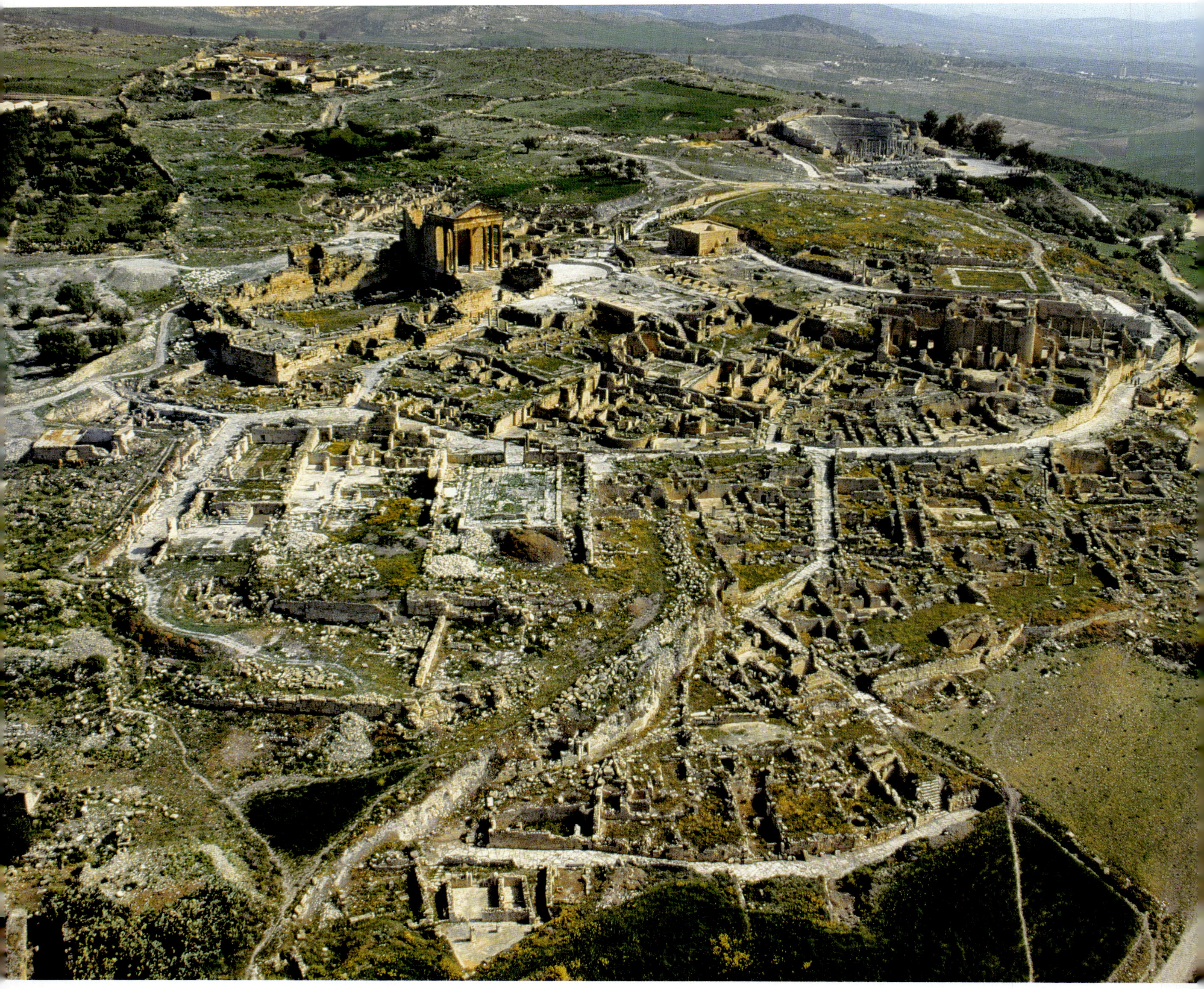

Par SIMONE RAMBALDI

La première cité indigène de Thugga – l'actuel village de Dougga, en Tunisie –, fut construite au sommet d'une colline. De l'époque préromaine datent des traces de monuments mégalithiques, parmi lesquels des vestiges de murs et de tombes, et l'important mausolée libyco-punique d'Ateban, qui remonte au IIe siècle av. J.-C. À cette époque, après la destruction de Carthage par les Romains, de nombreux Puniques s'installèrent dans la ville, qui appartenait au royaume de Numidie. La période de romanisation commença lorsque Jules César incorpora la cité dans la province d'*Africa nova*, devenue ensuite l'Afrique proconsulaire sous Auguste. Comme de nombreuses autres villes africaines, Thugga fut élevée au rang de municipe, puis de colonie, au cours de l'époque impériale. À partir du IIIe siècle apr. J.-C., elle connaîtra le déclin commun à toute la province romaine d'Afrique.

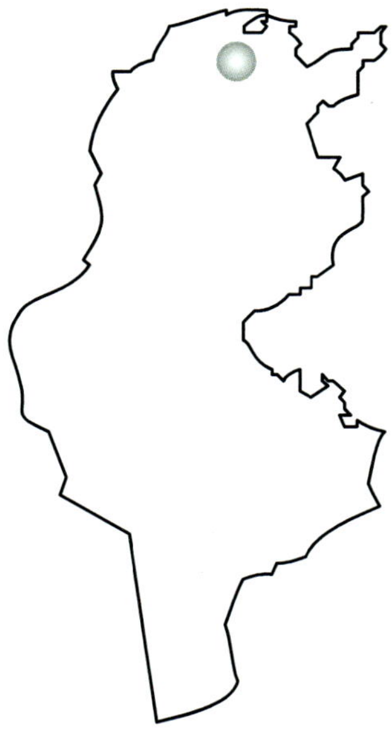

L'implantation de la cité romaine ne fut pas déterminée par des impératifs de défense militaire, mais par l'intérêt économique que représentait l'exploitation des terres agricoles environnantes. Établie au pied de la colline où s'était développé le centre urbain antérieur, la ville reçut, à l'époque des Sévères, deux arcs monumentaux, qui mirent en relief ses limites orientales et occidentales. Conçu au début de l'ère impériale, le forum constitua le point de rencontre entre les deux noyaux distincts. L'exiguïté de l'espace disponible fut à l'origine de sa physionomie atypique, qui s'illustre avant tout dans la forme irrégulière de la zone découverte, encadrée par trois rangées d'arcades. Cette

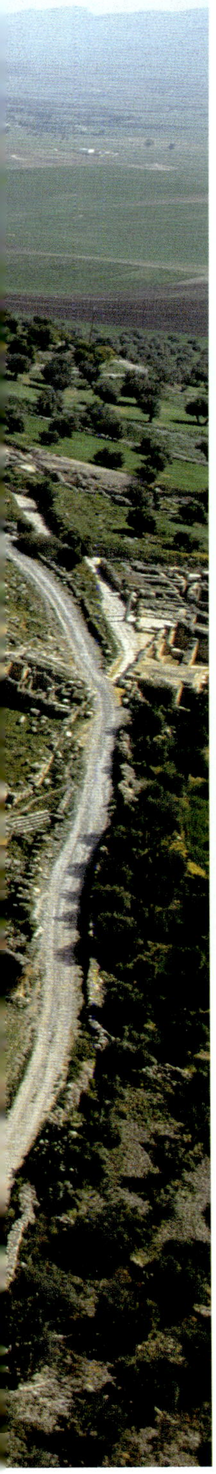

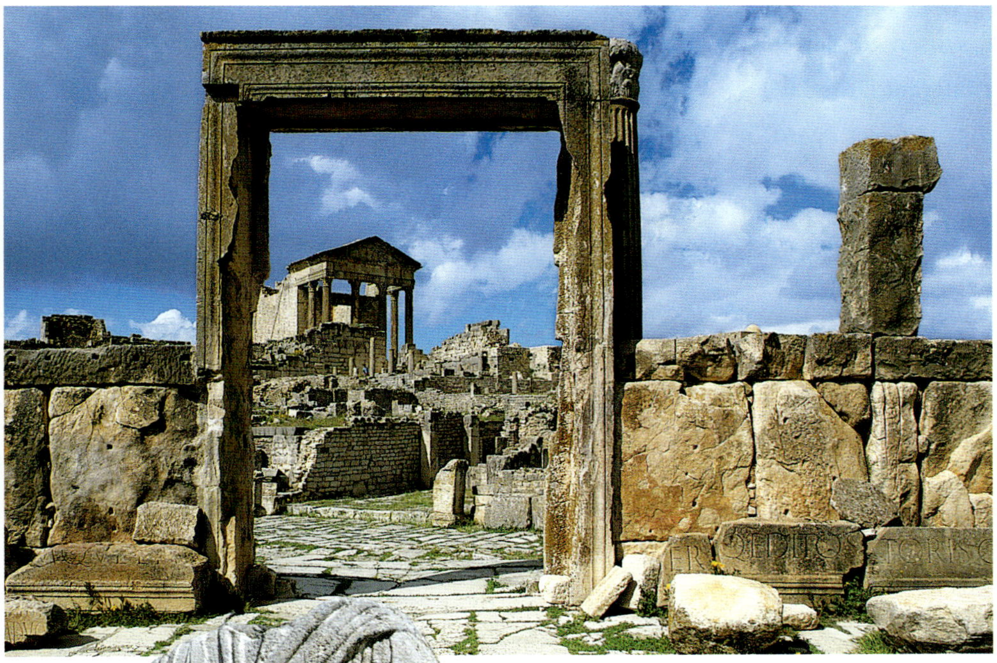

130-131 La cité romaine de Thugga s'étend au pied de la colline sur laquelle fut érigée la ville indigène antérieure. Sur cette vue aérienne, le capitole se détache nettement parmi les vestiges.

131 Ci-contre : À travers la porte finement travaillée d'un édifice de nature incertaine apparaît le *pronaos* du capitole. Celui-ci constituait une charnière monumentale entre deux zones distinctes à arcades.

131 Ci-dessous, à gauche : Cette statue retrouvée à proximité du forum se distingue par son riche drapé, qui dessine un creux profond dans le bas de la toge. L'ensemble crée un remarquable effet de clair-obscur.

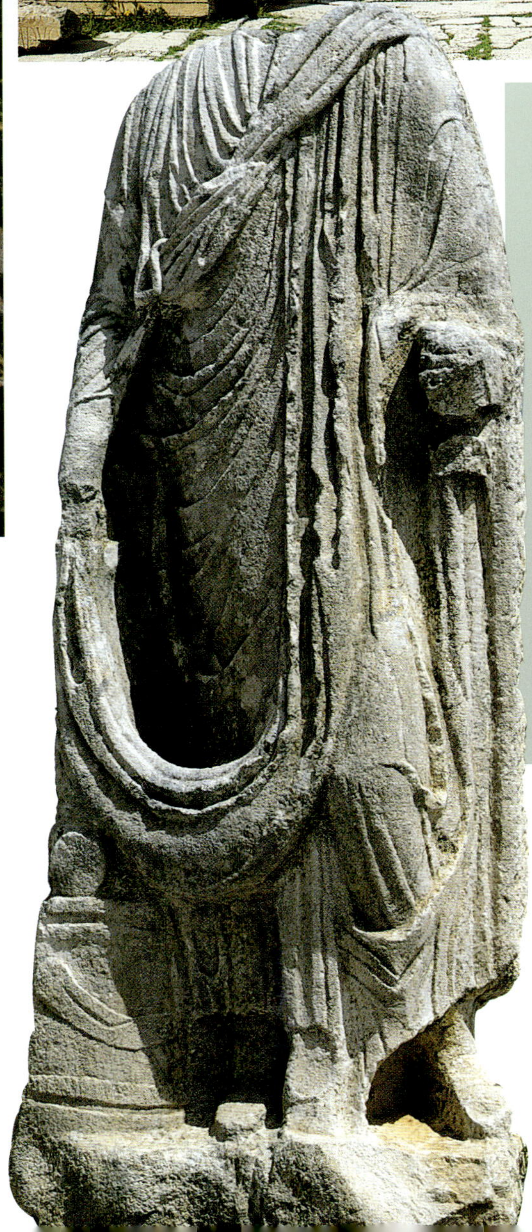

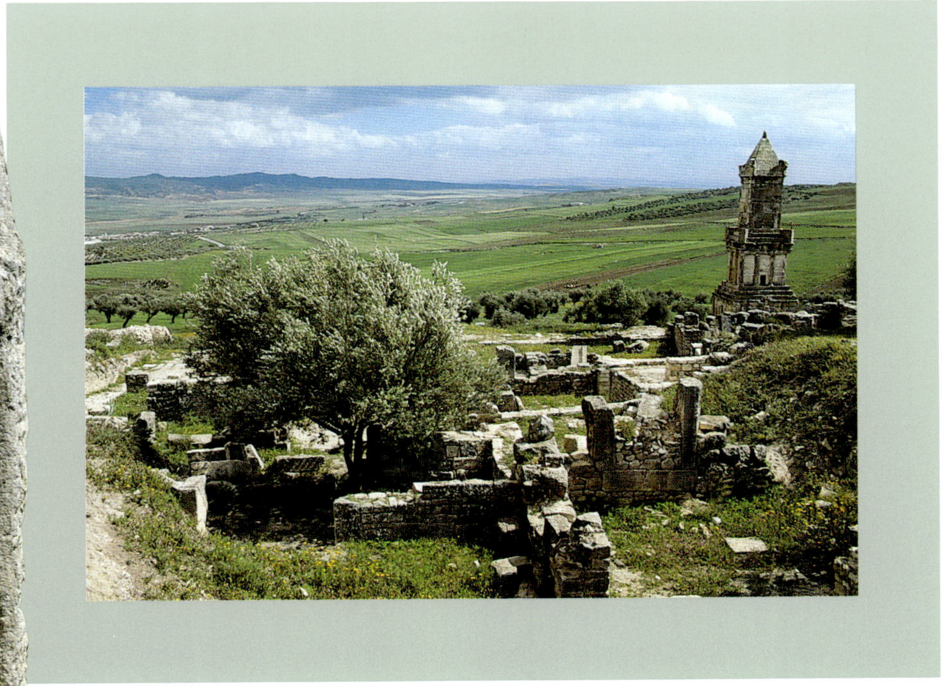

131 Ci-dessus : À la limite méridionale de la cité, aux confins de la campagne, se dresse le mausolée libyco-punique d'Ateban. Cet imposant monument funéraire, doté de plusieurs étages, remonte à l'époque où la ville appartenait au royaume numide.

singularité se vérifie par ailleurs dans la disposition apparemment anormale du capitole, dont la façade ne put être orientée vers la place, mais perpendiculairement à son axe principal. Le temple fut édifié par une riche famille locale, les Marcii, à l'époque de Marc Aurèle. La scène sculptée sur le fronton – un aigle emportant une silhouette humaine vers le ciel –, doit être interprétée comme une représentation de l'apothéose d'Antonin le Pieux, son prédécesseur. Le mécénat des Marcii, également maîtres d'œuvre et commanditaires du théâtre, s'inscrivait dans une série d'interventions privées qui contribuèrent largement à l'infrastructure monumentale de Thugga. À cet égard, il convient de souligner l'importante initiative des Pacuvii, qui financèrent, quelques années plus tard, la construction d'un nouveau complexe publique dont l'ampleur dépassait considérablement celle de l'espace civique antérieur. À l'est du capitole et en face du forum fut aménagée une nouvelle zone à arcades, aujourd'hui encore connue sous le nom de place de la Rose des Vents, en raison de la rose gravée sur son dallage, qui porte mention des principaux vents et de leur direction. Sur le côté méridional de cette place s'ouvre

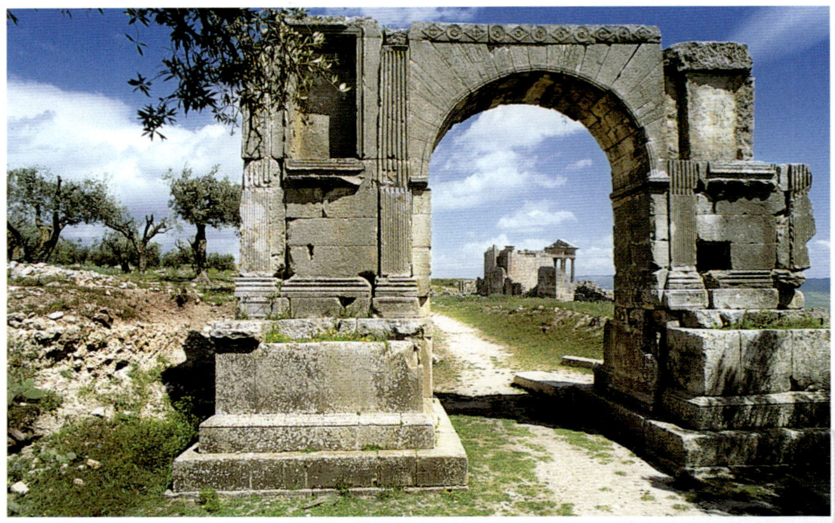

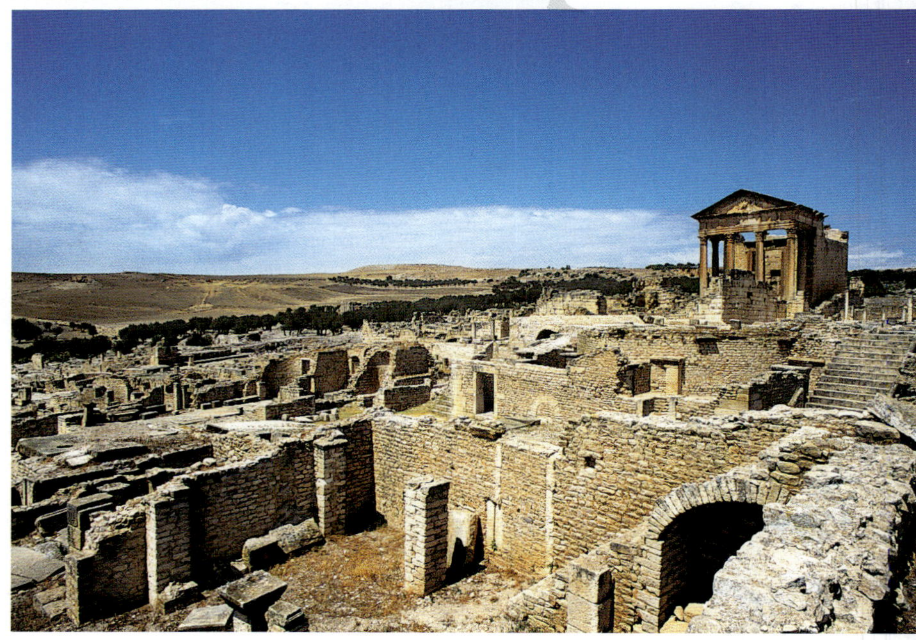

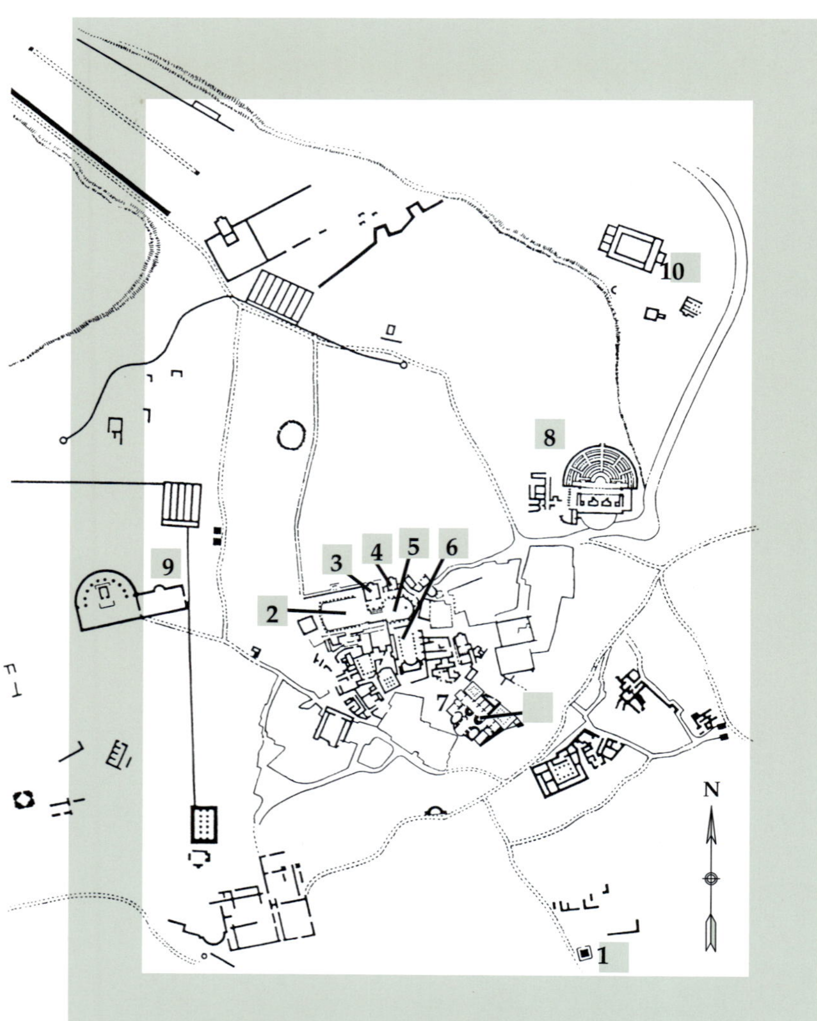

1) Mausolée d'Ateban
2) Forum
3) Capitole
4) Temple de Mercure
5) Place de la Rose des Vents
6) Marché
7) Thermes liciniens
8) Théâtre
9) Temple de Caelestis
10) Temple de Saturne

132 En haut : L'arc de l'empereur Sévère Alexandre marquait la limite occidentale de la cité romaine. Le monument ne possède qu'une seule arcade, encadrée de part et d'autre par quatre pilastres corinthiens à degrés.

132 Au centre : Le temple de Tellus fut érigé dans la seconde moitié du IIIe siècle apr. J.-C., près de l'angle sud-ouest du marché. Le lieu de culte comprenait trois *cellae* donnant sur un espace découvert.

133 : Quatre colonnes d'ordre corinthien bordent l'escalier d'accès au *pronaos*. À l'origine, le tympan possédait une décoration représentant peut-être l'apothéose d'Antonin le Pieux.

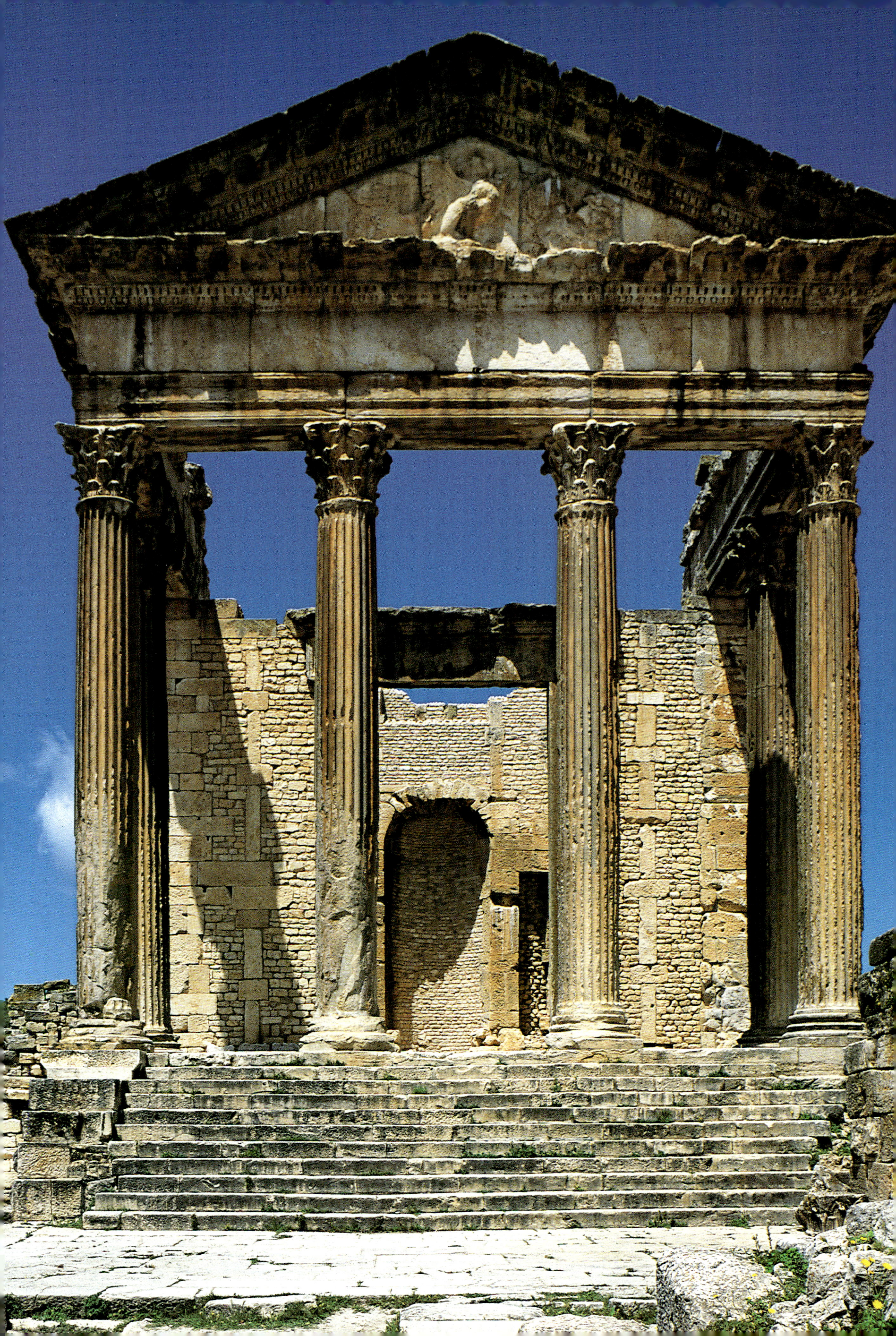

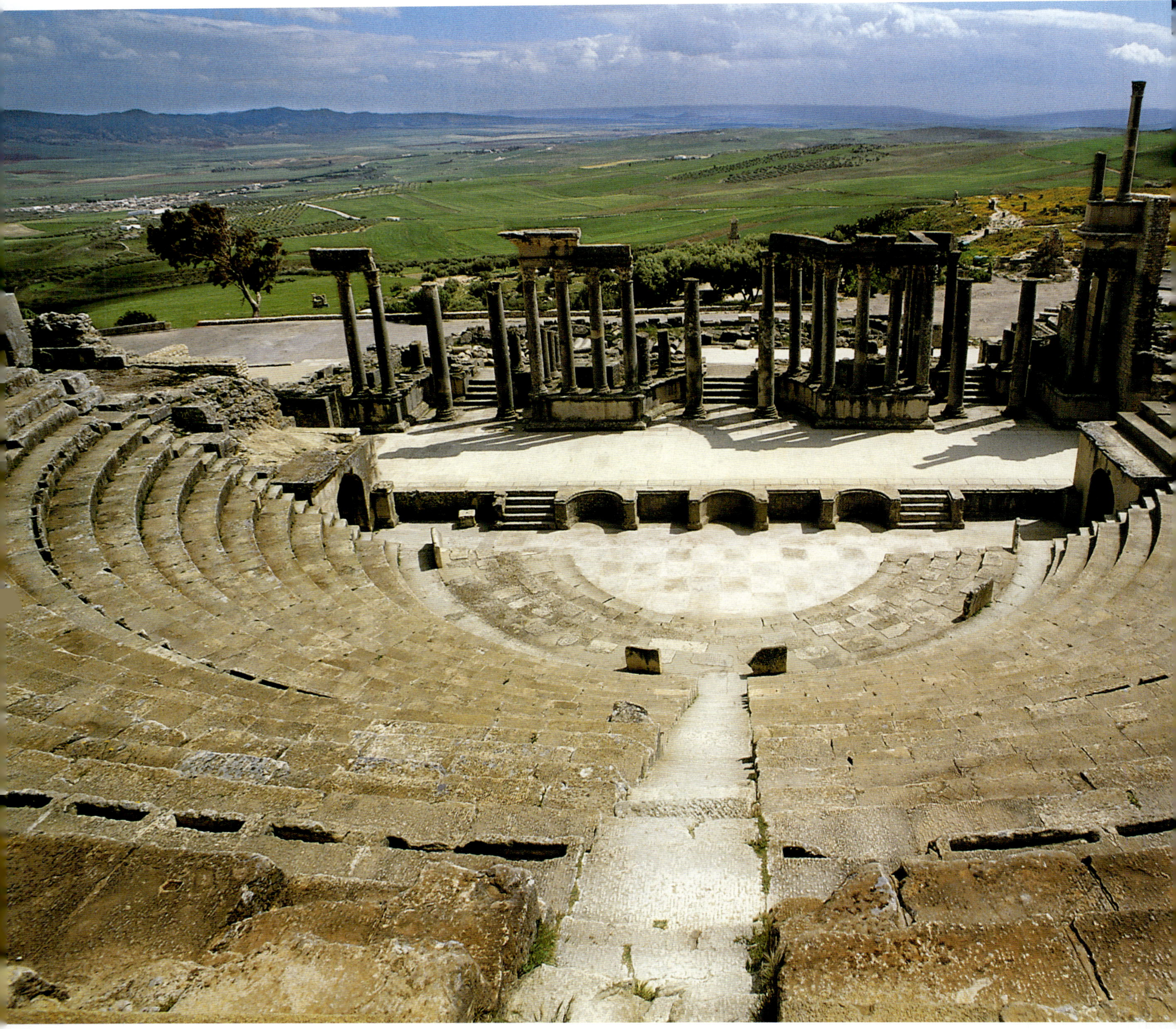

un marché, qui comprend une cour à arcades, le long de laquelle sont disposées les échoppes des boutiquiers. La cour est fermée au fond par une abside – une disposition qui rappelle celle du marché de Sertius à Thamugadi, mais à Thugga les boutiques sont absentes de l'espace absidal. Le côté oriental, donnant sur l'ancien forum, forme une sorte d'exèdre semi-circulaire. Sur le côté septentrional, au-delà du portique et à proximité du capitole, se dresse un autre temple, dédié à Mercure. Le plan de cet édifice constitue une variante intéressante du type à trois *cellae* : ici, seule la *cella* centrale, de forme rectangulaire, présente des dimensions importantes, tandis que les espaces latéraux sont réduits à de simples hémicycles. Thugga possède un nombre important d'édifices religieux, marqués par une organisation planimétrique d'une extrême diversité qui n'est probablement pas sans relation avec les cultes indigènes pratiqués dans les différents sanctuaires de la cité. Dans de nombreuses colonies, la célébration des divinités locales était en effet perpétuée par les Romains, qui se l'appropriaient et la réinterprétaient selon leur propre tradition religieuse. Ainsi la disposition du temple de Saturne sur le lieu d'un ancien sanctuaire voué à Baal-Hammon a-t-elle sans nul doute subi l'influence de la religion punique, dans laquelle les triades divines étaient récurrentes. Érigé à l'ère des Sévères, le lieu de culte se divise en trois *cellae*, reliées à l'extrémité d'une zone à arcades. Le sanctuaire de Caelestis, dans lequel était perpétué le culte de Tanit, déesse punique, présente une physionomie bien différente. Il se compose

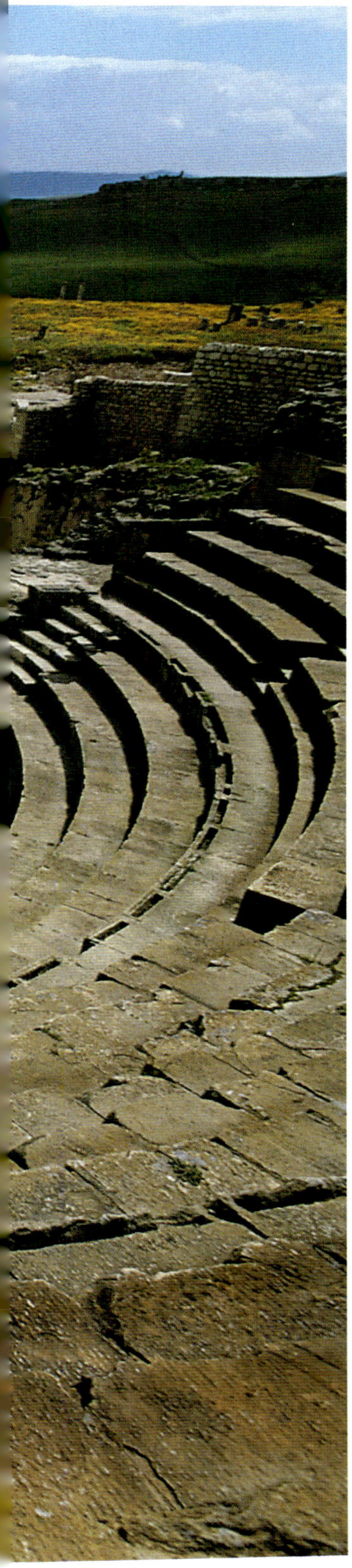

d'un temple périptère, disposé sur un podium, doté d'une *cella* unique et encadré par une grande colonnade semi-circulaire. À l'origine, le sommet de l'édifice était décoré de diverses statues. La forme de l'enceinte était peut-être destinée à représenter le croissant de lune, attribut de la divinité célébrée dans le temple.

La *cavea* du théâtre, complétée par un portique supérieur, fut partiellement posée sur le flanc de la colline qui surplombe la cité. Rappelons que la construction de l'édifice fut financée par la famille de notables qui édifia le capitole. Un certain nombre de colonnes a été préservé. À partir de ces éléments, les archéologues ont pu reconstituer sur plan le profil des niches qui rythmaient le *frons scaenae*. Il leur a été néanmoins impossible de restaurer l'édifice scénique dans sa totalité, comme ce fut le cas à Sabratha. À l'époque de l'empereur Gallien, dans la seconde moitié du IIIe siècle apr. J.-C., fut bâti un vaste complexe thermal, aujourd'hui connu sous le nom de thermes liciniens. Le *caldarium* (étuve) et les chambres chaudes avec lesquelles il communique sont orientés vers le sud-ouest afin de garantir une meilleure exposition au soleil. À l'inverse, le *frigidarium* (salle des bains froids), les pièces adjacentes et la palestre sont exposés au nord-est, contre le flanc de la colline, qui fut taillé pour dégager l'espace nécessaire à l'implantation du complexe. Les différentes pièces étaient ornées de mosaïques et de marbre.

134-135 L'intérieur du théâtre vu des gradins supérieurs de la *cavea*. L'édifice scénique est détruit, mais les archéologues ont relevé un nombre important de colonnes du niveau inférieur, ainsi qu'une modeste partie des colonnes du niveau supérieur (à l'extrême droite).

135 : Ci-dessous, à gauche : Érigé dans la région de Thugga, cet arc romain à une seule arcade présente deux colonnes d'ordre corinthien sur son frontispice.

135 Ci-dessous, à droite : La maison du Trifolium, dont on appréciera le péristyle, remonte au IIIe siècle apr. J.-C. C'est la plus grande demeure privée découverte sur le site de Thugga. Elle tire son nom d'une des pièces de séjour, qui se compose de trois absides disposées en trèfle.

THUGGA

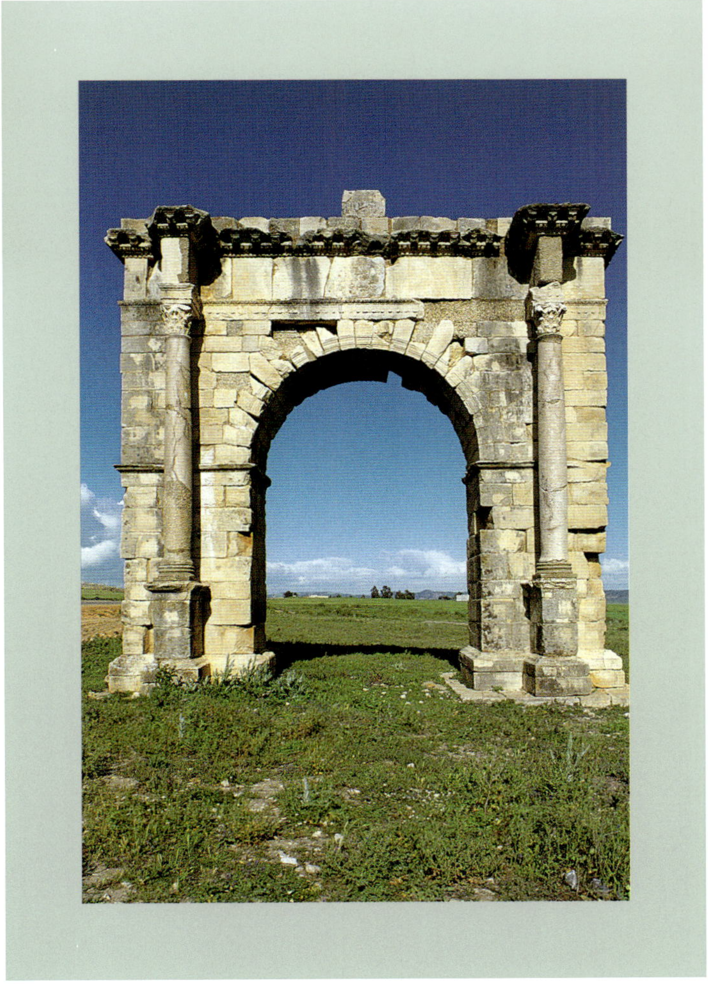

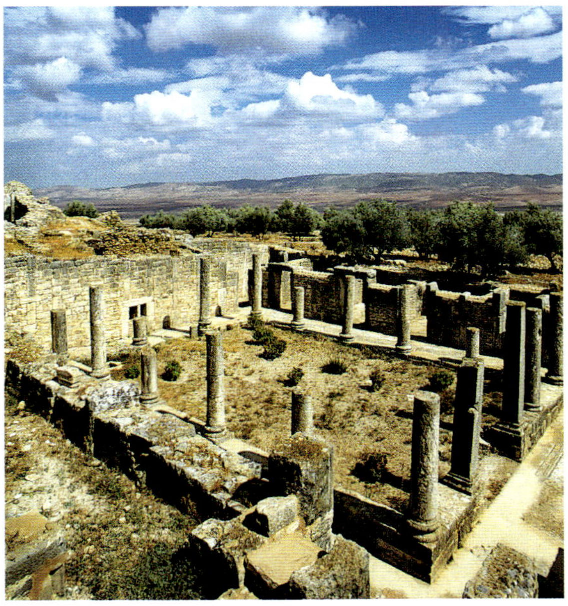

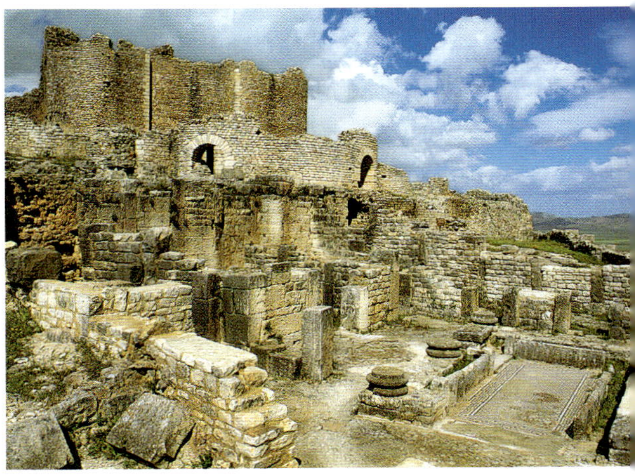

135 Ci-dessus : Au premier plan, on distingue les ruines d'une maison particulière. À l'arrière-plan apparaissent les murs imposants des thermes liciniens. Les architectes durent tailler dans le flanc de la colline pour dégager l'espace nécessaire à l'implantation du complexe thermal.

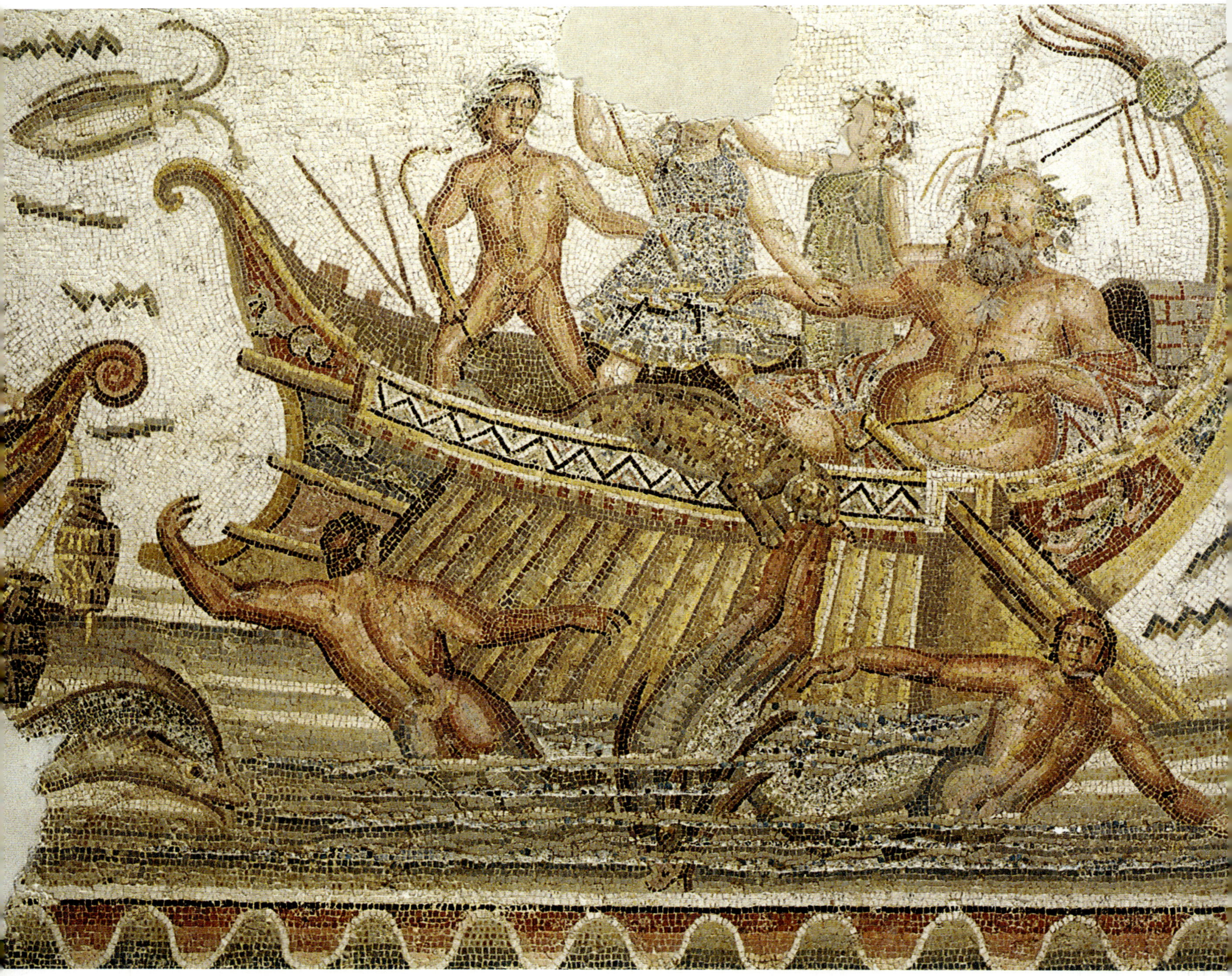

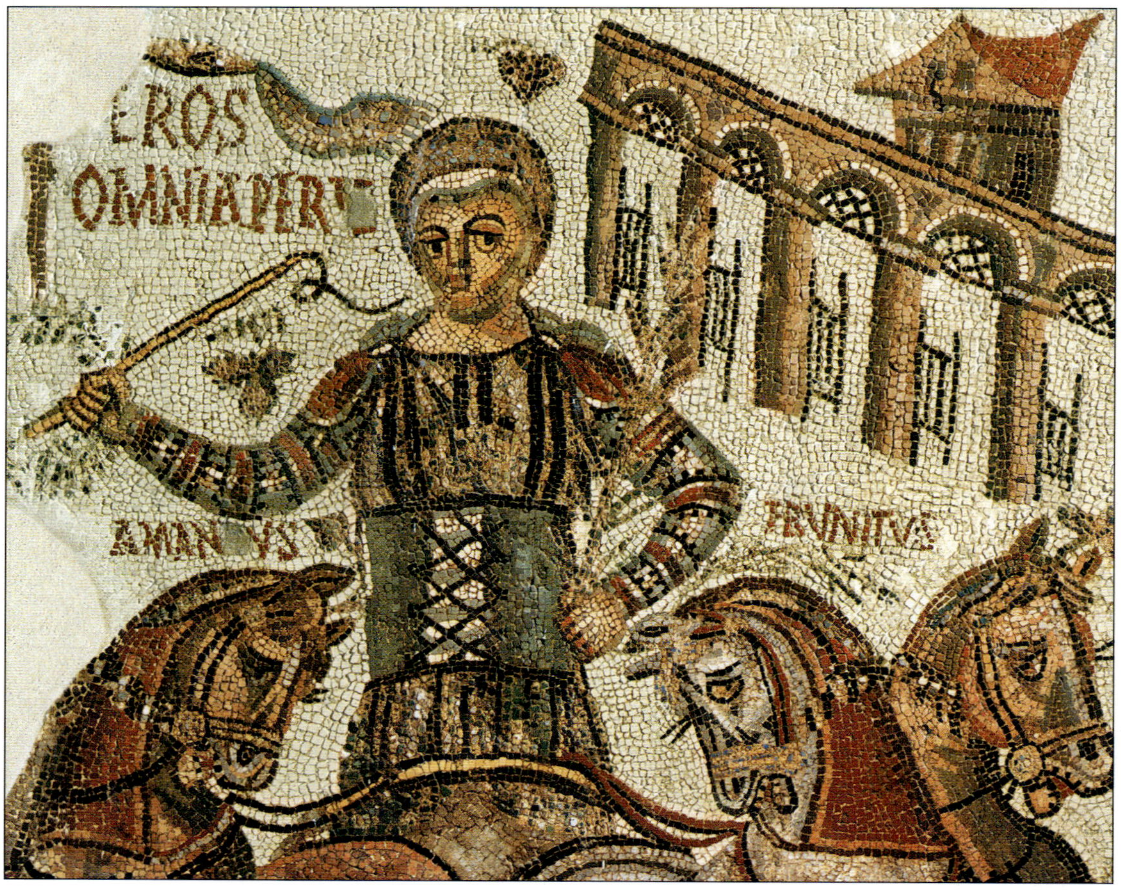

136-137 : Sur ce détail d'une mosaïque découverte à Thugga, Dionysos punit les pirates tyrrhéniens qui ont tenté de l'enlever. Terrifiés, les marins se jettent à l'eau, où ils sont changés en dauphins.

136 Ci-contre : Initialement située dans une maison des environs de Thugga, cette mosaïque de la fin du IVe siècle apr. J.-C. représente l'aurige Éros triomphant dans une course de cirque.

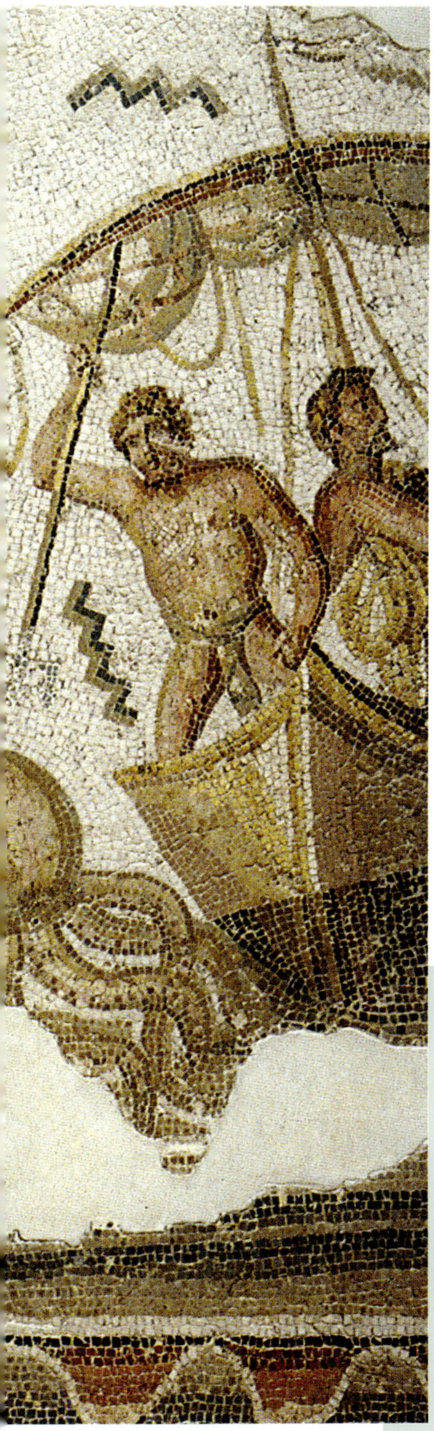

137 Ci-contre : Également issue de Thugga, cette mosaïque du IIIe siècle apr. J.-C. représente les forges de Vulcain, situées au fond d'une grotte.

137 Ci-dessous : Cette mosaïque du IIIe siècle apr. J.-C. provient du site de Thugga. On y reconnaît un épisode du récit de l'*Odyssée* : Ulysse attaché au mât de son navire, qui approche de l'île des sirènes.

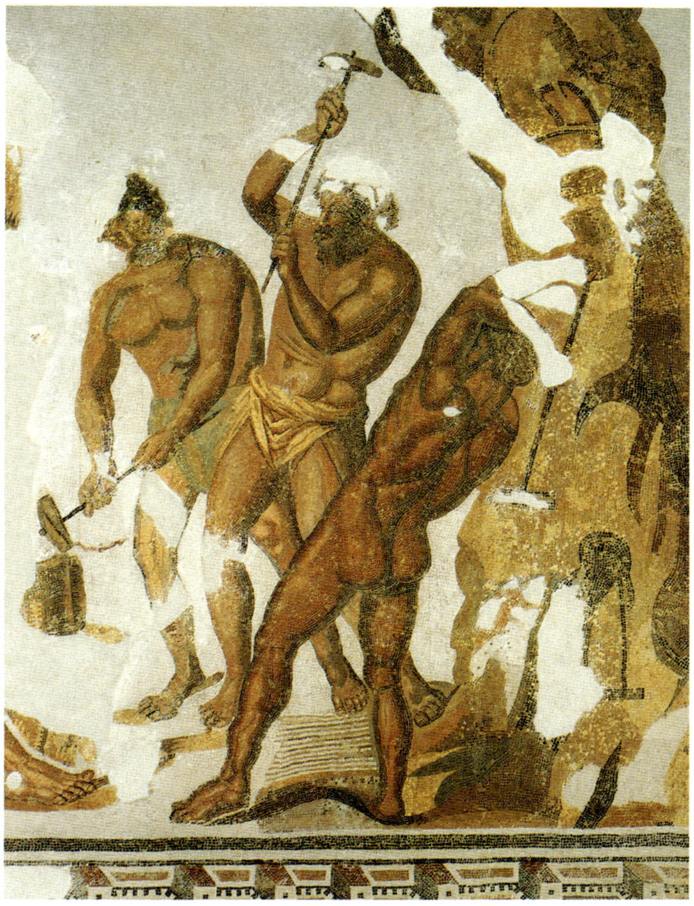

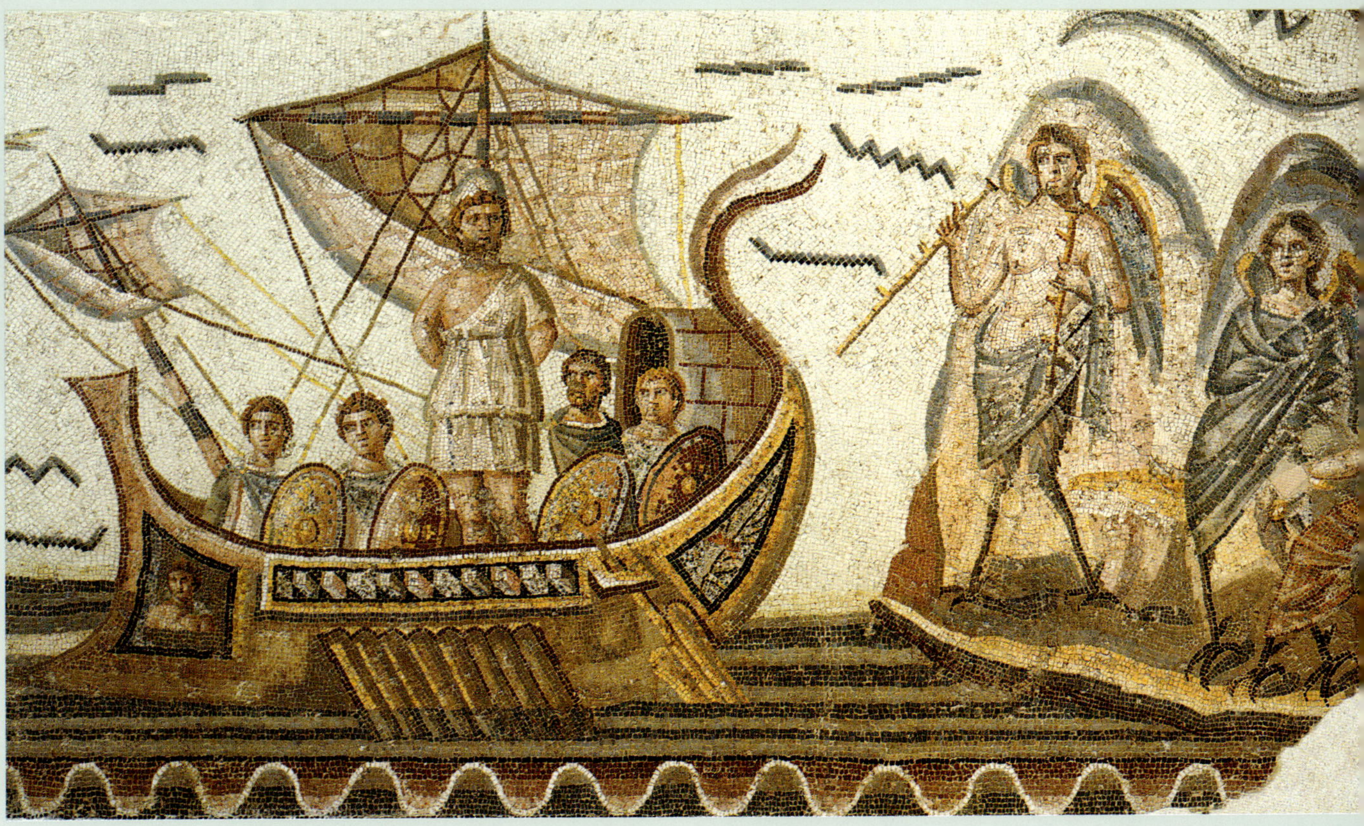

THUGGA

VOLUBILIS

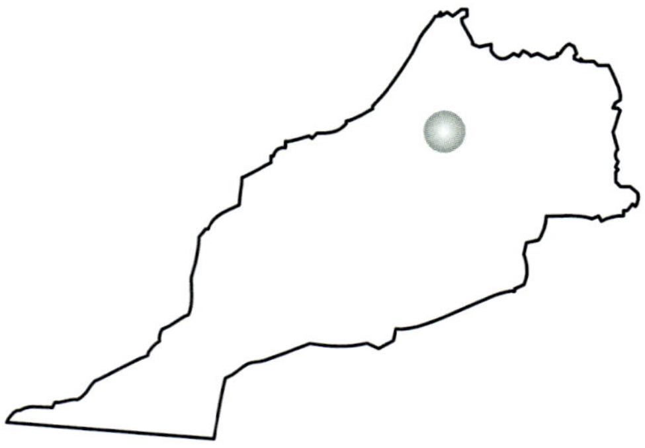

Par SIMONE RAMBALDI

Située au Maroc, la cité romaine de Volubilis (Oualili en arabe) fut édifiée en Maurétanie occidentale. Le site fut abord occupé par une population indigène, les Maures, mêlés à des colons phéniciens, qui fondèrent un important centre marchand. La ville acquit une importance considérable sous le règne de Juba II, installé sur le trône du royaume par l'empereur Auguste à la fin du Ier siècle av. J.-C. Après son incorporation à la Maurétanie Tingitane, la cité accéda au statut de municipe, octroyé par l'empereur Claude. Au IVe siècle apr. J.-C., la région fut soumise à de violents troubles, notamment à caractère religieux, parmi lesquels les révoltes de Firmus et de Gildon, qui ouvrirent la voie à l'invasion des Vandales au siècle suivant. Après une reconquête byzantine partielle, Volubilis fut occupée par les Arabes.

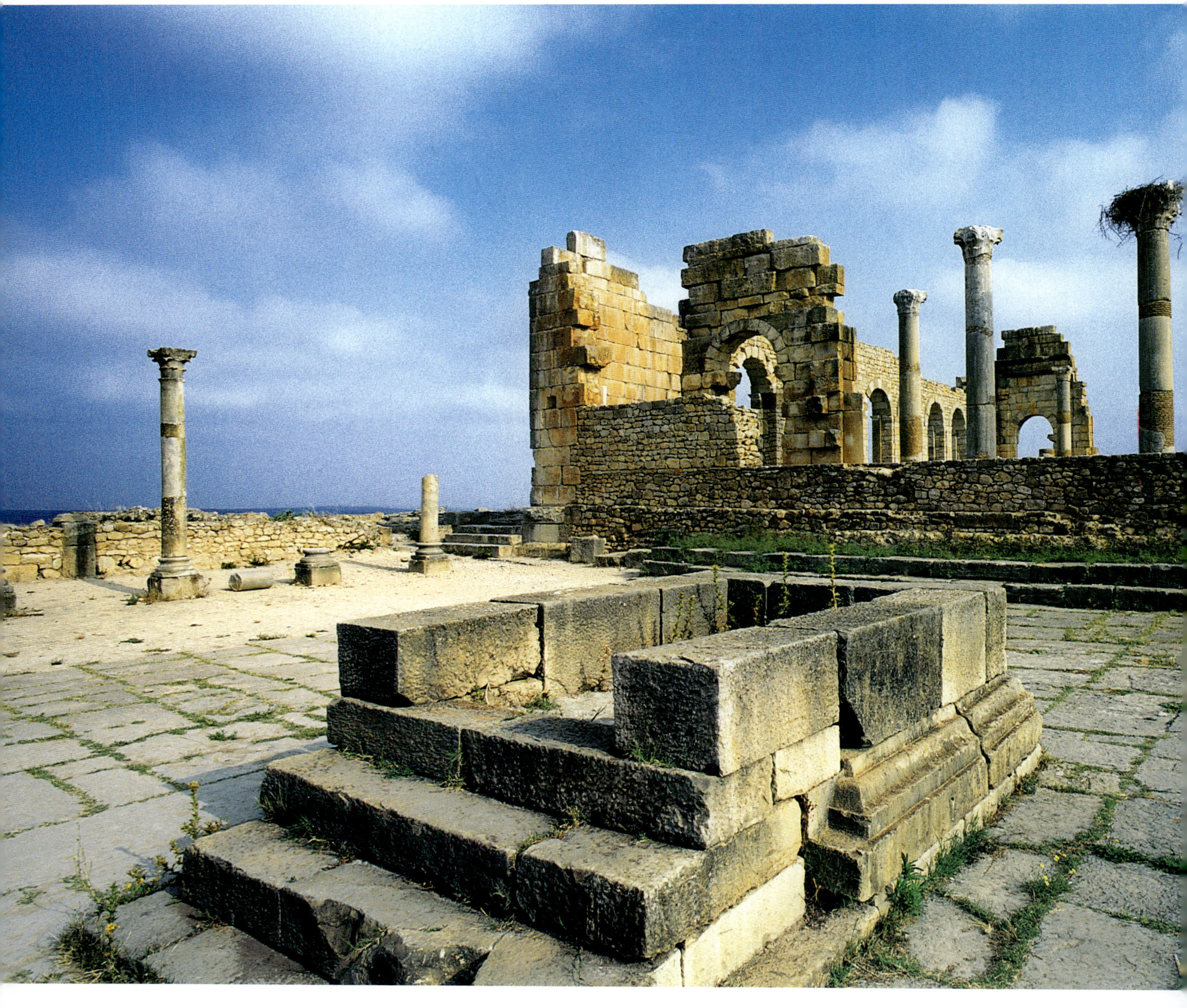

138-139 Dotée de deux absides et d'une colonnade interne, la basilique communiquait avec le forum par l'un de ses longs côtés. Non loin de là s'élevait le capitole, encadré par des arcades.

139 Ci-dessous : La décoration des pavements et des murs du péristyle de la maison aux Colonnes n'a pas été préservée. On peut en revanche admirer l'élégance des deux colonnes à cannelures torses, dont l'une a remarquablement résisté à l'épreuve du temps.

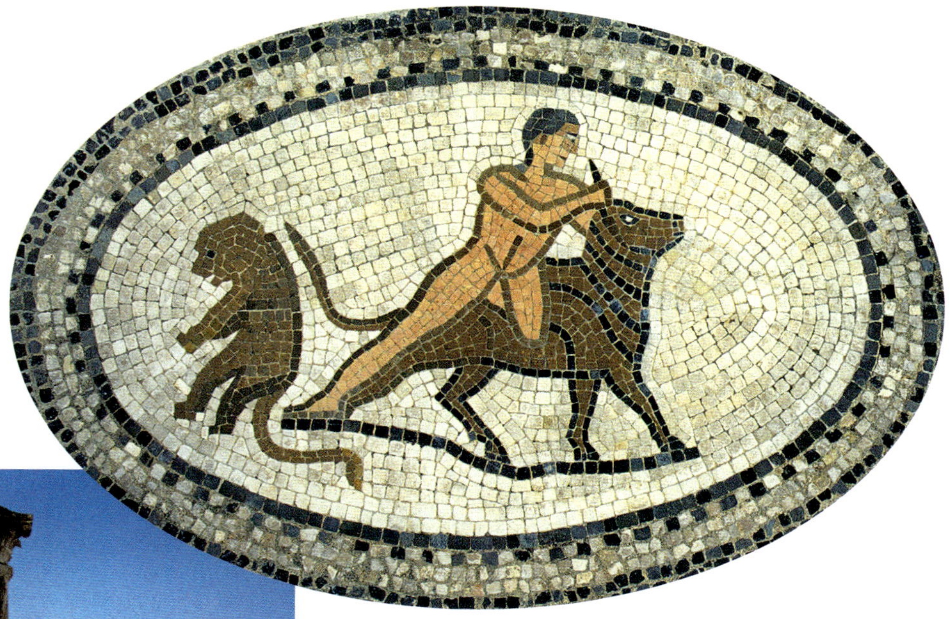

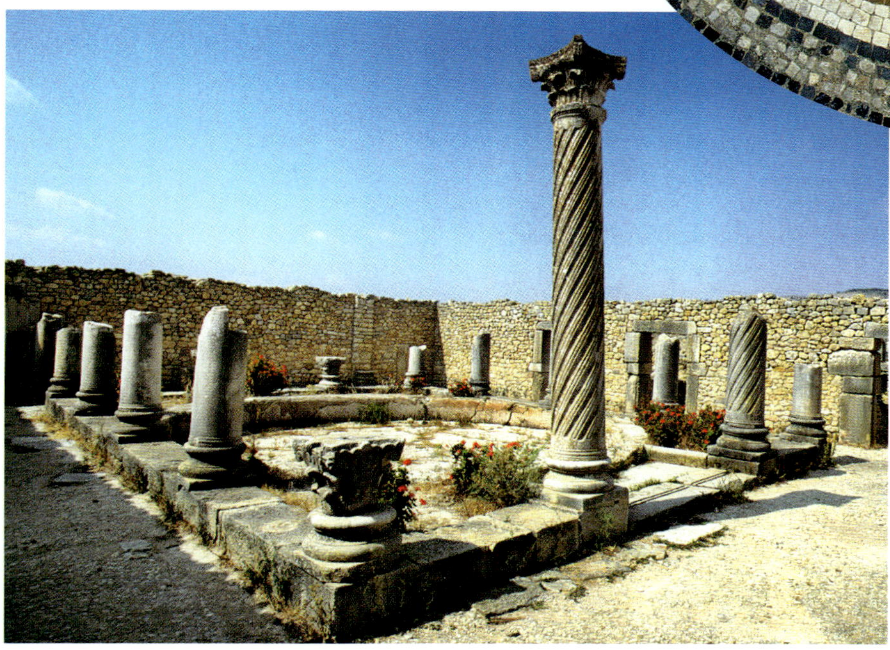

139 Ci-dessus : Cette mosaïque en forme de médaillon représente Hercule terrassant le taureau de Crète.

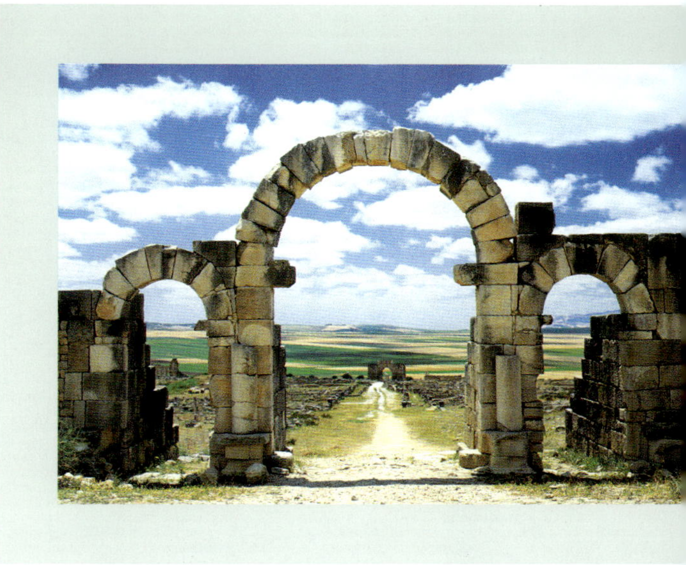

139 Ci-contre : Cette porte est constituée d'un arc central, qui se distingue par ses claveaux nus à l'extrados (surface extérieure de la voûte) et deux autres arcs plus bas sur les côtés. À l'arrière-plan, à l'extrémité opposée du *decumanus maximus*, on distingue l'arc de Caracalla.

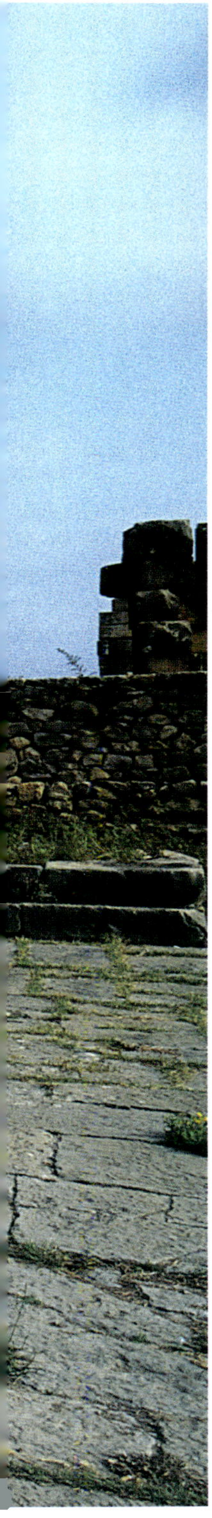

À proximité des implantations grecques, largement préservées, la cité romaine s'étendait vers le nord-est, ses pâtés de maisons orthogonaux étant disposés le long du *decumanus maximus* – voie principale orientée d'est en ouest. Le forum constituait une sorte de charnière monumentale entre les deux entités urbaines distinctes. À l'issue de plusieurs phases, dont la première se situe à l'époque du roi Juba II, le centre civique et religieux trouva son emplacement définitif au début du IIIe siècle apr. J.-C. Sur le côté nord-oriental s'élevait la basilique, dotée de deux absides et d'une colonnade interne, reliée à la place du forum par trois portes, qui s'ouvraient le long d'un de ses grands côtés. Bordant l'édifice au sud-est, une cour à arcades abritait le capitole, de style romano-italique. Particulièrement répandu parmi ce type de temples, il s'illustre par la présence d'un podium vaste et élevé et d'un large escalier d'accès. Il convient également de signaler la profondeur du *pronaos*, encadré par six colonnes sur les côtés et deux en façade.

Au centre d'une autre place, située au commencement du *decumanus maximus*, se dresse l'arc de Caracalla, l'un des monuments les plus impressionnants de la cité. L'arc est doté d'une seule arcade et de piédroits qui forment deux grands piliers dans lesquels sont percés, de chaque côté, deux niches surmontées d'un tympan et à l'origine encadrées de colonnes. Au-dessus des niches se trouvait une fontaine, tandis qu'au-dessous figuraient des bustes sculptés sur des boucliers ronds. L'ornementation sculpturale de l'édifice est aujourd'hui très dégradée. Il est par conséquent impossible de déterminer l'emplacement exact des représentations des trophées et des Victoires dont des fragments ont pu être retrouvés. Récurrents dans la décoration des arcs romains, ces motifs figuratifs sont rares parmi les vestiges d'Afrique. L'attique était surmonté d'un groupe en bronze qui représentait Caracalla sur un char tiré par quatre chevaux, comme le révèle la dédicace.

Dans le quartier nord-oriental, les archéologues ont mis au jour plusieurs maisons particulières, qui fournissent de précieux renseignements sur la vie quotidienne d'une cité d'Afrique occidentale à l'époque impériale. Si les premières fondations semblent pour la plupart remonter à l'ère de Flavien, des aménagements successifs ont modifié la physionomie des habitations, notamment au cours du IIIe siècle.

L'une des plus riches de toute la ville est la maison de Vénus, dotée d'un péristyle – une solution adoptée dans de nombreux sites de l'Afrique romaine, qui déclinent avec inventivité les subtiles variantes de ce schéma architectural. La *domus* (maison urbaine) est entièrement articulée autour de cette grande cour intérieure à colonnade, accessible par un atrium. Intégrée dans le corps de l'habitation, une partie de l'arcade antérieure fait office de vestibule.

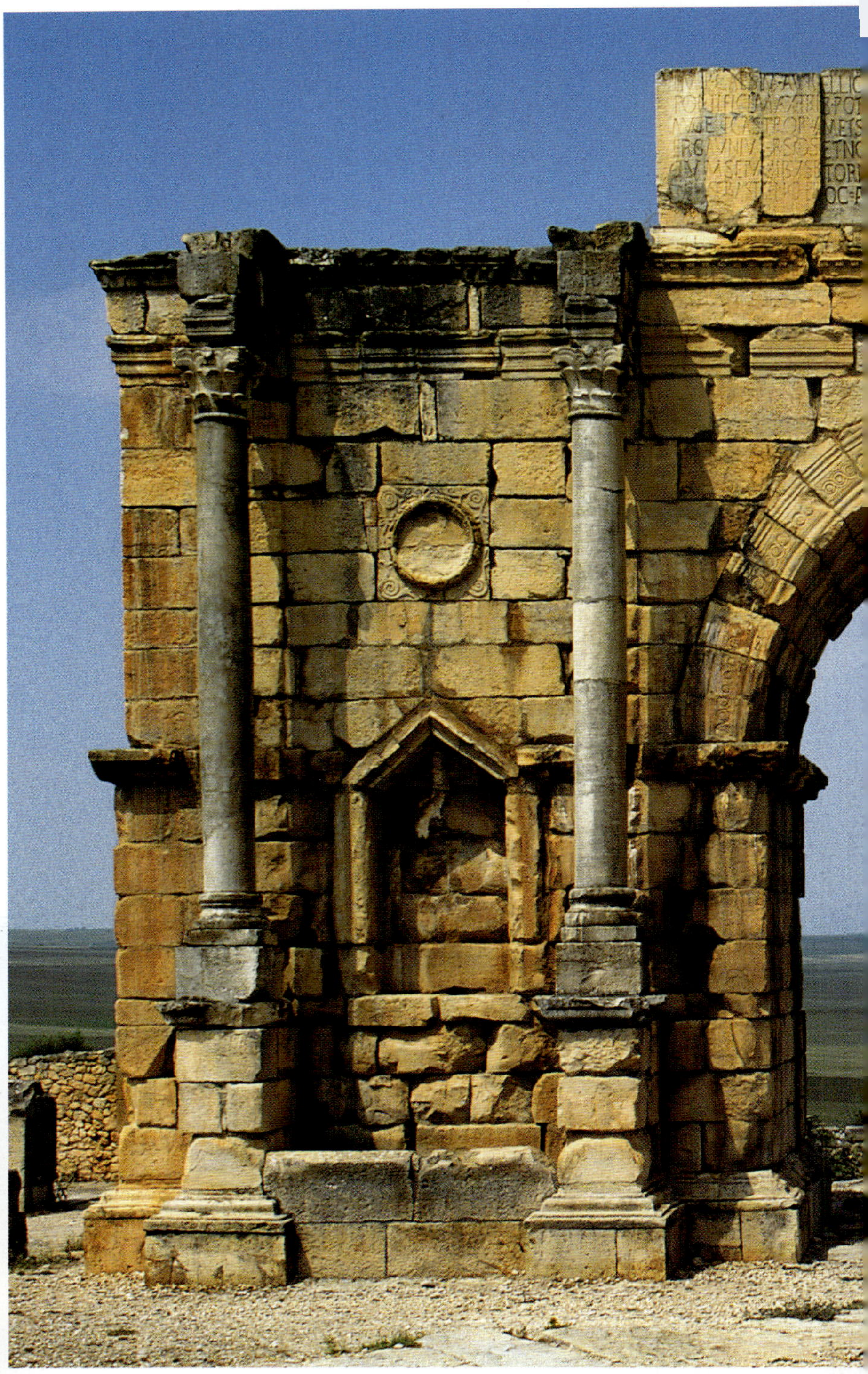

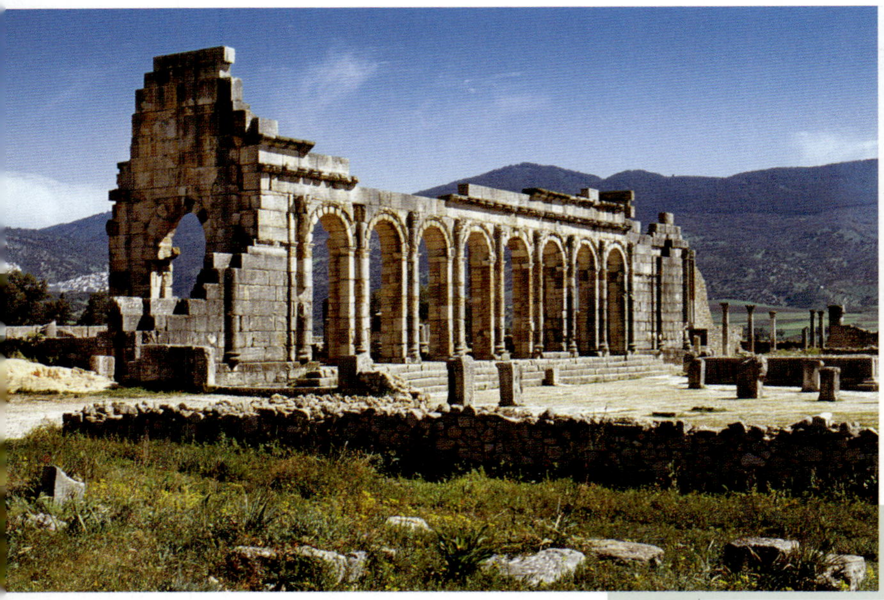

1) Forum
2) Basilique
3) Capitole
4) Arc de Caracalla
5) Quartier Nord-oriental

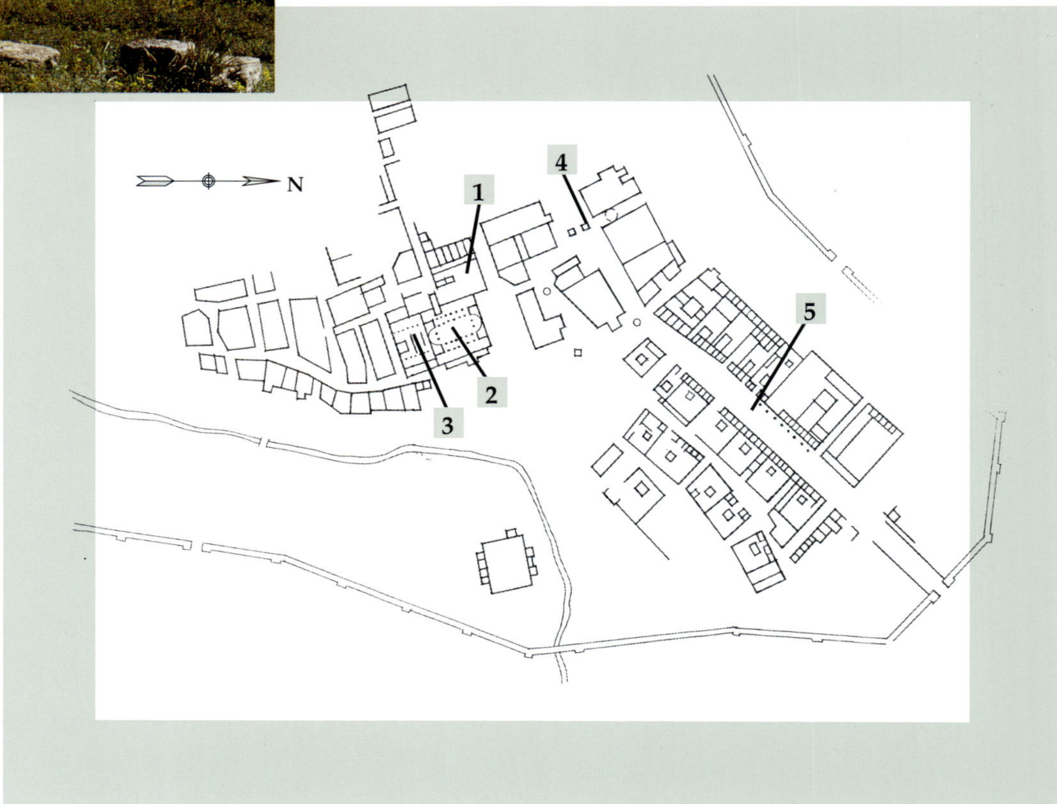

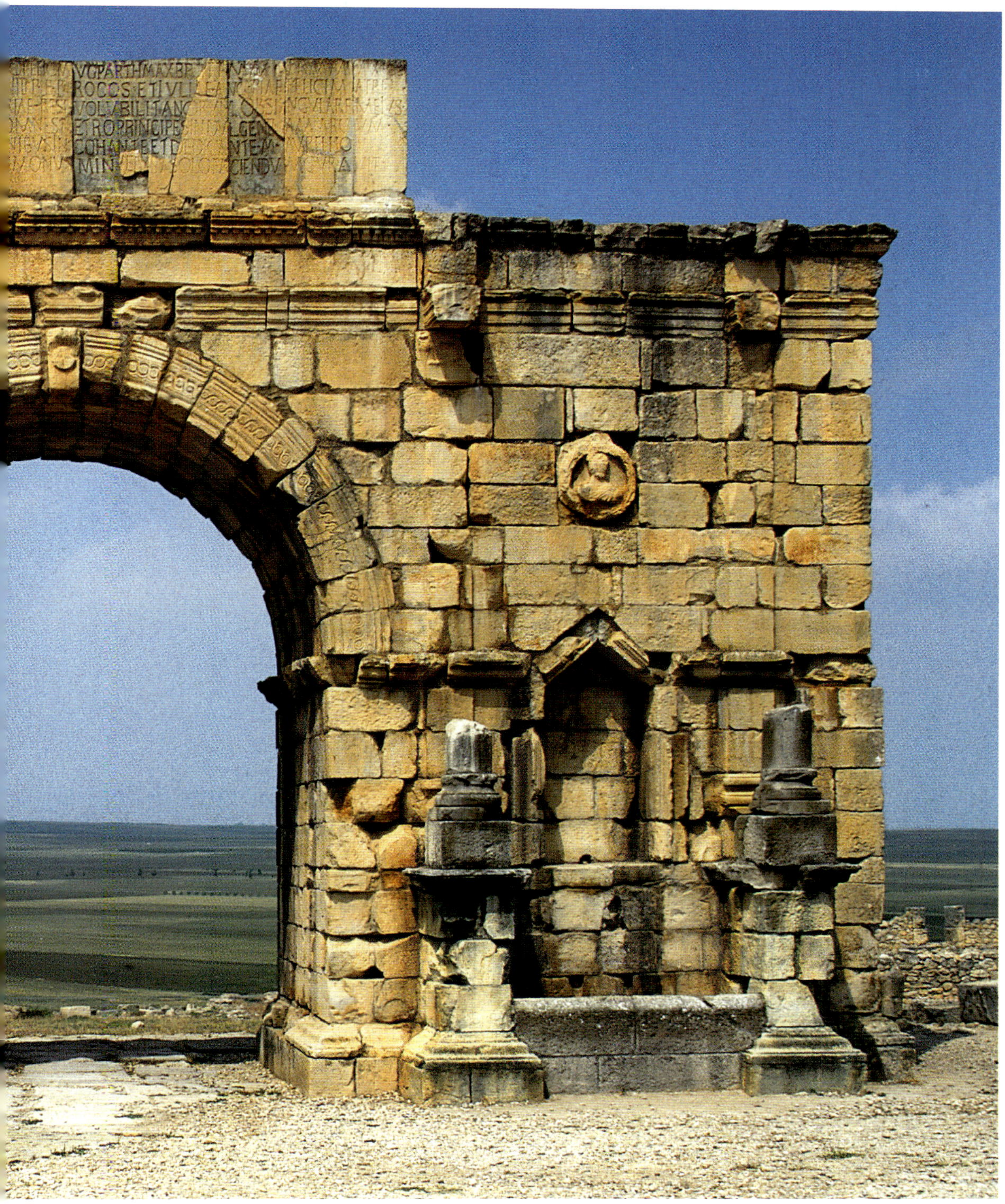

140 À gauche : De l'extérieur de la basilique, on remarque, sur le court escalier, la rangée d'arcades encadrées de demi-colonnes, qui rythment la surface architecturale.

140-141 Doté d'une seule arcade, l'arc de Caracalla possède deux grands piliers, dans lesquels sont percés, de chaque côté, deux niches surmontées d'un tympan. Les colonnes qui encadraient les niches à l'origine ne sont que partiellement préservées. De même, le décor sculpté du monument est aujourd'hui largement dégradé.

141 Ci-dessous : Une vue du *triclinium* de la maison de Dionysos et des Quatre Saisons. À l'horizon, on aperçoit l'arc de Caracalla.

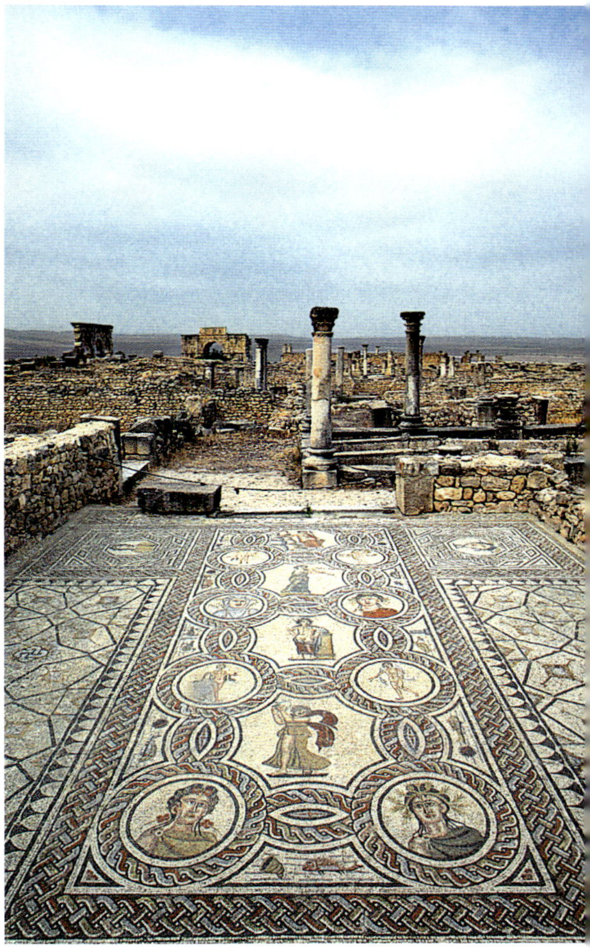

Cet agencement, qui n'est pas unique en son genre, n'a rien de surprenant. Il constitue un témoignage éclatant du pouvoir et de l'influence que certains notables pouvaient exercer sur la vie de la cité, s'accaparant des pans entiers de l'espace public. Dans une moindre mesure, cette volonté d'ostentation se retrouve dans les demeures privées qui bordent le *decumanus maximus*, doté d'arcades sur toute sa longueur. Dans leur souci d'apparat, les propriétaires de ces habitations allèrent jusqu'à changer la forme et la disposition des colonnes de la voie publique principale, dans l'unique but de signaler à leurs concitoyens l'emplacement de leur résidence.

En ce qui concerne la maison de Vénus, la continuité axiale que constitue la succession de l'entrée et du péristyle est renforcée par la position du *triclinium* (salle à manger), le principal espace de séjour, qui ouvre sur le côté opposé, à proximité d'un nymphée (grande fontaine ornementale). L'aile nord-occidentale de la demeure est occupée par un espace de bains accessible depuis le péristyle mais également pourvu d'une entrée indépendante donnant sur une rue transversale. Ornée de superbes mosaïques – qui, selon un usage répandu, lui ont donné son nom –, la maison de Vénus a notamment livré deux bustes en bronze issus d'époques différentes. Le premier, datant sans doute de Néron, représente Caton l'Utique, tandis que l'autre, d'époque grecque, figure un personnage qui semble être Juba II.

La maison aux Travaux d'Hercule présente un plan architectural identique à celui de la maison de Vénus.

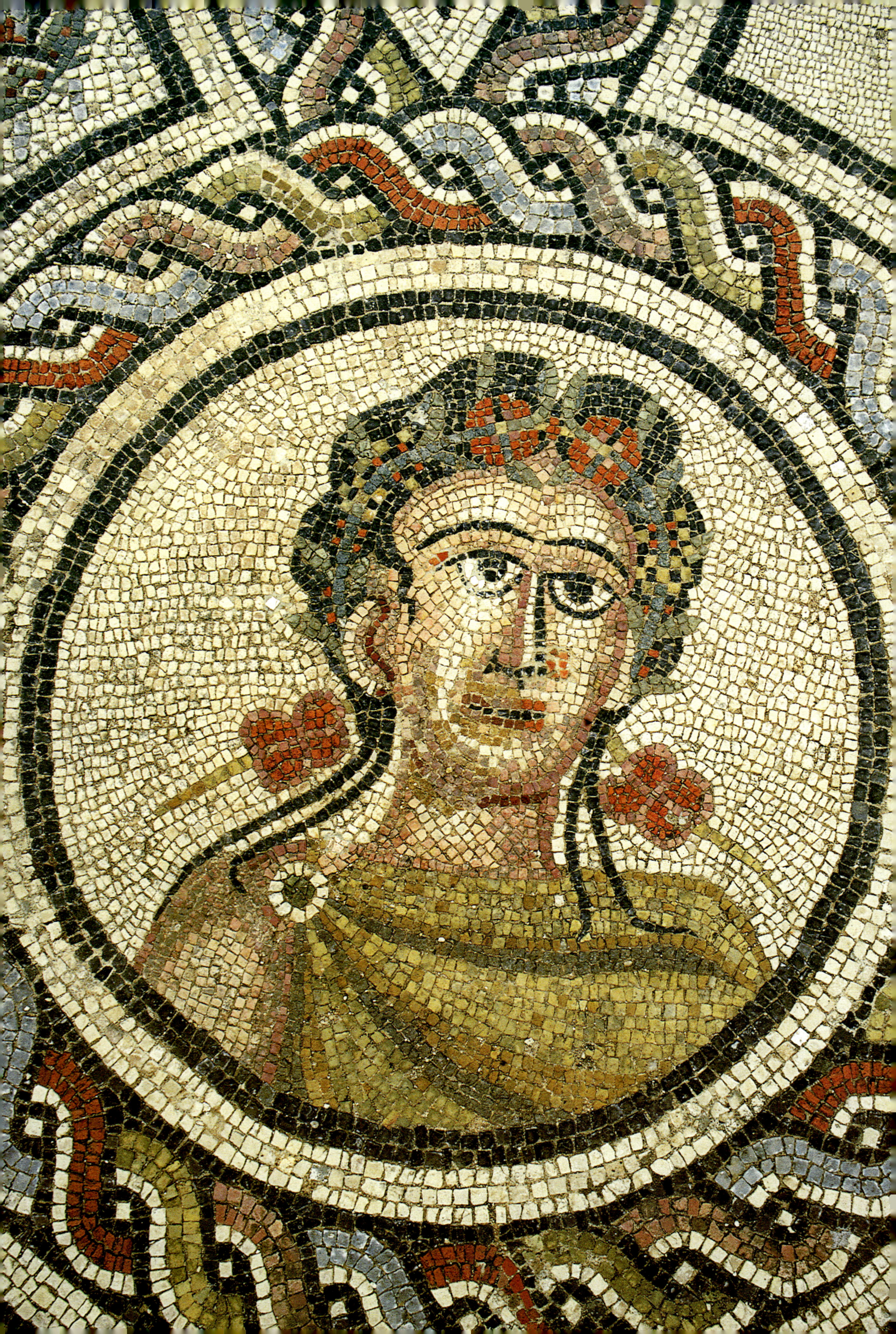

Autour du grand péristyle se distribuent un vaste *œcus* (luxueuse salle de réception) et toutes les autres pièces domestiques. Pourtant, contrairement à la maison de Vénus, l'accès à l'édifice ne se situe pas dans l'axe de la cour intérieure. En effet, la façade de l'*insula* qui abrite la *domus*, consiste en une succession de boutiques, totalement indépendantes les unes des autres et donnant sur le *decumanus maximus*. Le bâtiment est également doté d'une installation thermale, située dans le fond, et possède un vaste ensemble de mosaïques.

Les espaces voués aux activités productives et commerciales ne sont pas toujours rigoureusement séparés des appartements privés. Ainsi, dans la maison de Dionysos et des Quatre Saisons, l'espace de séjour, composé de différentes pièces, est relié par un couloir à une aile postérieure abritant boutiques et réserves.

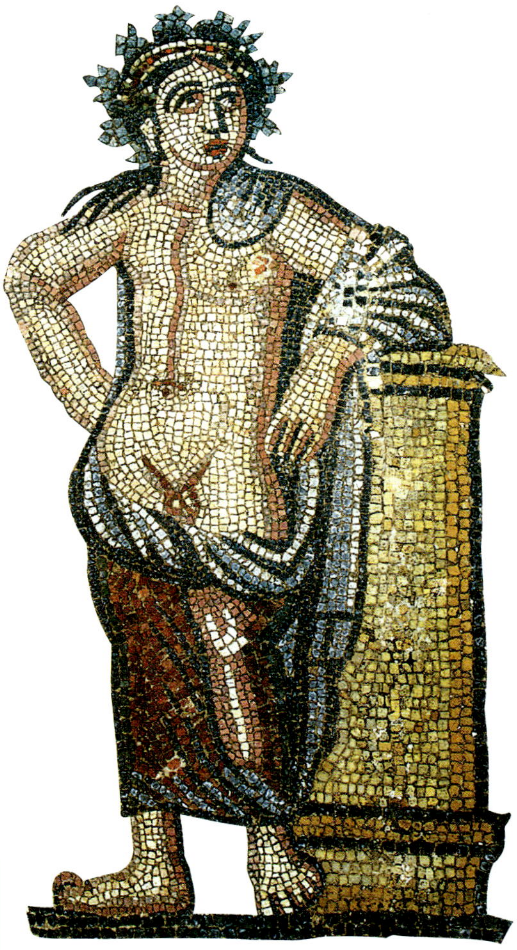

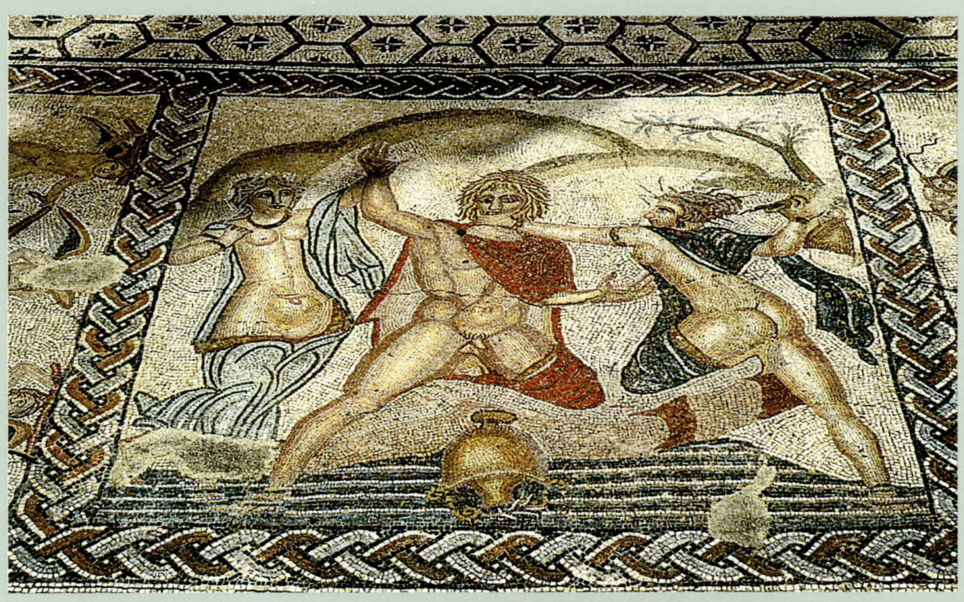

143 Ci-contre : Cette mosaïque de pavement représente, au centre, le jeune Hylas enlevé par les nymphes. L'ayant surpris en train de puiser de l'eau à une source, les divinités de la nature sont saisies par sa radieuse beauté.

143 Ci-dessous : Les sujets mythologiques sont récurrents dans la quasi-totalité des mosaïques découvertes à Volubilis. Ici, Diane, dont les armes sont suspendues aux branches d'un arbre, prend un bain dans le bassin d'une fontaine en compagnie de deux nymphes.

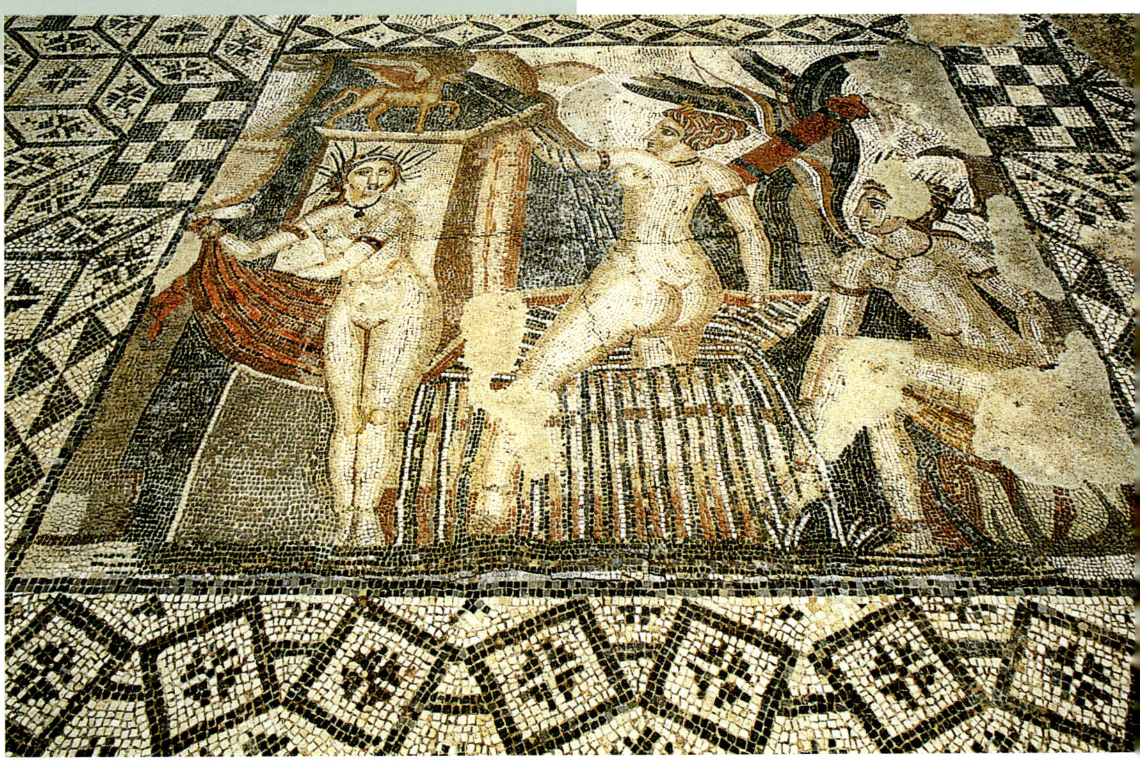

142 Ci-contre : Détail de la mosaïque de pavement du *triclinium* de la maison de Dionysos et des Quatre Saisons où sont figurés Dionysos, les Ménades et les Saisons, séparés entre eux par des motifs à tresse. Ce médaillon contient une représentation de l'Automne, coiffée d'une couronne de roses.

143 En haut, à droite : Issu du panneau central, cet autre détail de la même mosaïque montre un portrait en pied de Dionysos, couronné de pampres et accoudé à un pilier.

Proche- et Moyen-Orient

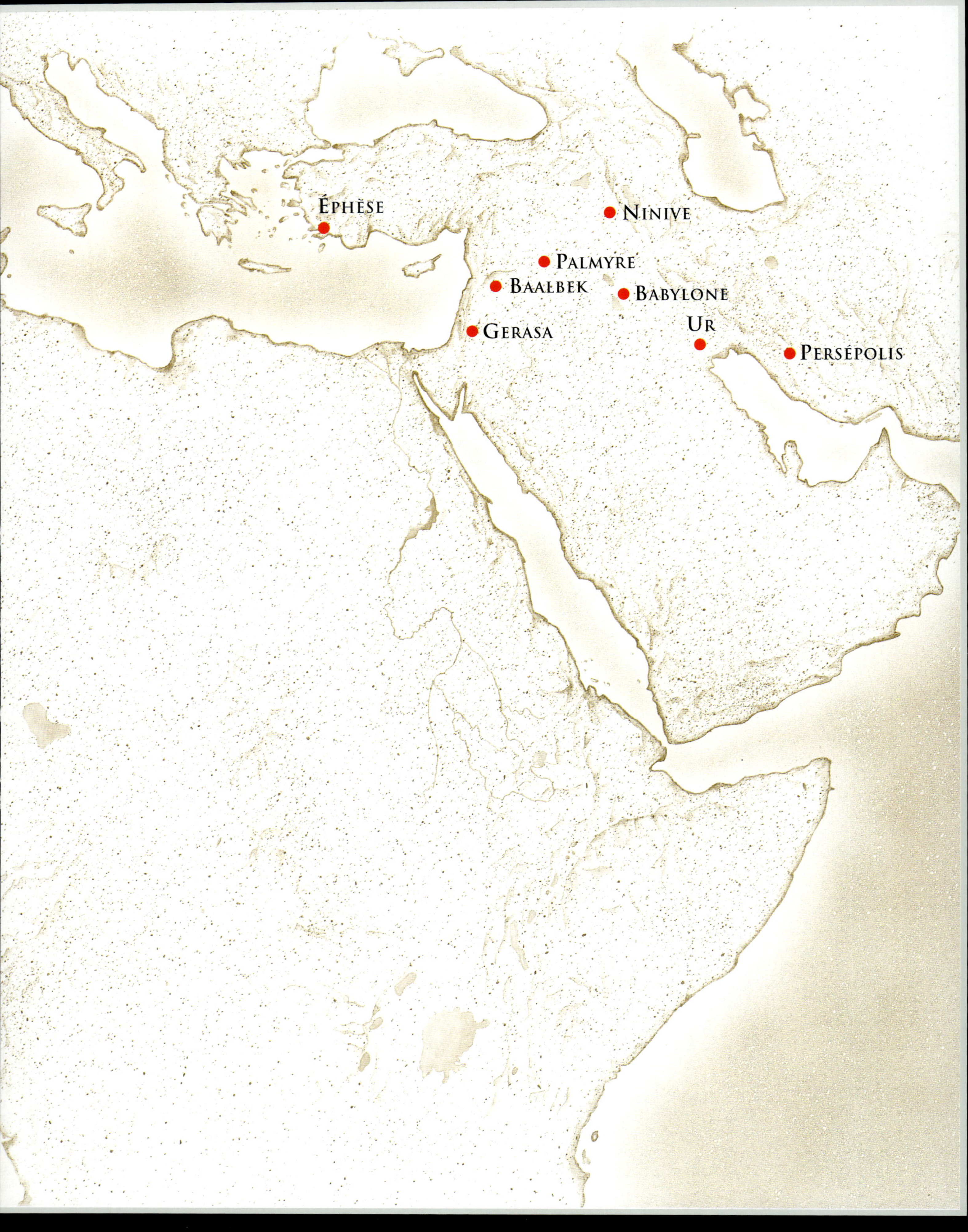

INTRODUCTION

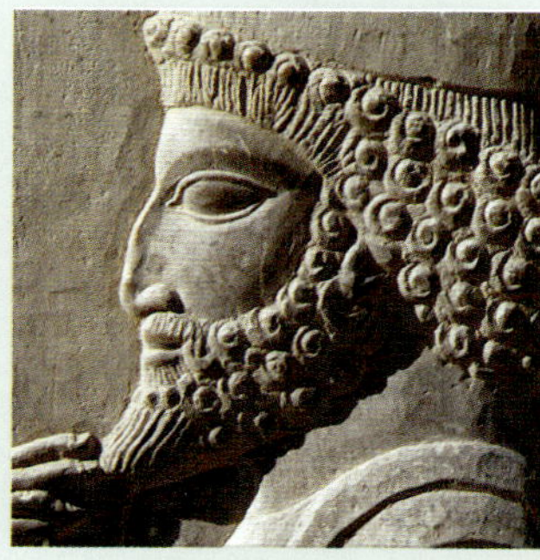

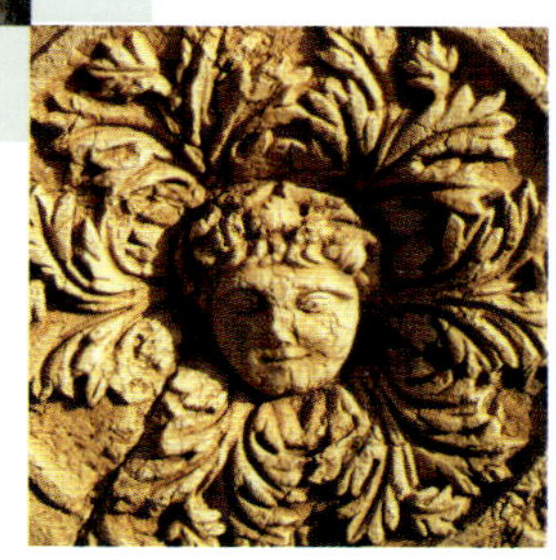

145 En haut : Détail d'un relief ornant le Tripylon de Persépolis.

145 En bas : Détail du décor architectural raffiné caractéristique de Baalbek.

LA VILLE EN MÉSOPOTAMIE ANTIQUE ET EN MÉDITERRANÉE MOYEN-ORIENTALE

PAR

ANTONELLA MEZZOLANI ET RICCARDO VILLICICH

Les premières expériences urbaines menées en Mésopotamie antique eurent des précédents dès le milieu du Ve millénaire av. J.-C., pendant la civilisation d'El-Obeid. On assista en effet à cette époque à un brusque essor de la construction publique, dans les limites du territoire de chaque village. Il semble que ce ne fut pourtant qu'au milieu du millénaire suivant, pendant la civilisation d'Uruk, qu'eut lieu ce que Gordon Childe a appelé la « révolution urbaine », déterminée par la nécessité d'une coordination territoriale, économique et politique centralisée. Le processus d'urbanisation qui s'amorça alors alla de pair avec le développement des techniques d'irrigation, et donc une meilleure exploitation du territoire, une plus grande spécialisation des tâches, la production d'excédents pouvant éventuellement être convertie en marchandises, et surtout le début d'une hiérarchisation de la communauté. Le développement de l'urbanisation ne concerna pas la seule région de la basse et de la moyenne Mésopotamie, mais aussi la haute Mésopotamie, l'Assyrie, le moyen Euphrate, avec des cités comme Habuba Kebira, dont on pense qu'elles étaient de véritables colonies d'Uruk. Le mouvement toucha également des régions plus lointaines comme le haut Euphrate et l'Iran occidental. À cette époque, les cités étaient structurées autour des temples. Ces derniers ne se contentaient pas d'exercer des fonctions cultuelles et religieuses, mais jouaient aussi un rôle actif dans l'organisation sociale de la ville à travers la gestion directe de terres cultivées et l'administration rigoureuse d'une partie de la production économique. C'est pendant la période la plus tardive de cette civilisation que l'on vit apparaître pour la première fois le modèle du palais, ce qui semble révéler un premier développement politique « laïque ».

Proche- et Moyen-Orient

INTRODUCTION

Pendant les phases II et III du dynastique archaïque (2750-2350 av. J.-C.), dans un environnement linguistique et ethnique métissé, le processus d'urbanisation fut entièrement mené à son terme, et aboutit à une configuration en îlots de population. Il est pratiquement sûr qu'il existait alors trois niveaux d'agglomérations – capitales, cités intermédiaires exerçant des fonctions administratives décentralisées et villages – et des zones non fertilisées, arides, sortes d'interstices entre les différentes cités-États dont l'étendue et la puissance étaient désormais comparables. Les temples continuèrent à remplir leurs fonctions cultuelles et économiques, mais leur architecture évolua selon des schémas typologiques diversifiés – structures tripartites, sanctuaires complexes, temples ovales, temples bâtis sur haute terrasse ; la structure du palais, qui était entre-temps devenu un élément caractéristique du panorama urbain, se fit de plus en plus compliquée ; les groupes de pièces étaient souvent organisés autour des pivots que constituaient les cours centrales. Il faut probablement voir un écho de l'effort communautaire dans la construction d'enceintes urbaines qui établissent une frontière, y compris idéologique, entre la ville intra muros et l'au-dehors. Les quartiers résidentiels, enfin, ne semblent obéir à aucune planification. Ils se développèrent en fait de manière spontanée, comme le montre clairement le réseau des rues. Une plus ou moins grande richesse décorative, un développement spatial plus ou moins important révèlent aussi un début de différenciation sociale.

À l'époque akkadienne, l'axe politique se déplaça progressivement vers le nord, mais la répartition des agglomérations urbaines dans la zone méridionale ne varia guère ; c'est aussi pendant cette période que l'on assista à une plus grande concentration des terres cultivables entre les mains de la famille royale, concentration qui se poursuivit à la période néosumérienne. Les agglomérations plus petites connurent alors une crise qui aboutit à une puissance renforcée des centres urbains, où était concentrée la population. L'activité de construction des dynasties d'Ur intéressa surtout les capitales. La ziggourat en est l'expression la plus monumentale. Les villes conservèrent en général un caractère très fortement traditionnel, mais nombreuses furent les expérimentations qui donnèrent naissance à des agglomérations urbaines planifiées à partir d'un réseau de rues régulier et ou à une dislocation volontaire des édifices publics – en particulier à Haradum, sur le moyen Euphrate.

L'intérêt des souverains pour la construction et l'urbanisation ne se relâcha pas pendant les phases suivantes, les périodes d'Isin et Larsa, et pendant la phase d'unification de la Mésopotamie sous l'impulsion d'Hammurabi, au cours de laquelle les simples villes devinrent des chefs-lieux, excepté Babylone à qui fut laissé le rôle de capitale. C'est à l'époque néoassyrienne que cette préoccupation urbanistique de la royauté s'exprima le plus amplement, alors que la fondation de nouvelles capitales devenait un instrument de propagande au service d'une idéologie royale qui opposait l'ordre cosmique (la ville planifiée) au chaos (le territoire non urbanisé). Pour la plupart, les initiatives concernèrent l'architecture – agrandissement ou construction de palais, rénovation de sanctuaires. Mais il faut aussi mentionner de nombreuses entreprises de génie hydraulique, souvent considérables. Les travaux de fondation et de remaniement des Achéménides semblent correspondre à une idéologie analogue. Leur architecture montre qu'ils célèbrent la dynastie régnante. C'est ainsi que, dans la région mésopotamienne annexée à l'Empire achéménide en 539 av. J.-C., l'édification d'une structure de type *apadana* à Babylone relève de toute évidence d'une intervention directe des souverains. Avec la décadence progressive des grands centres mésopotamiens, les villes de la région orientale et de l'Asie Mineure fondées par les Grecs et les Phéniciens se mirent à jouer un rôle de plus en plus important.

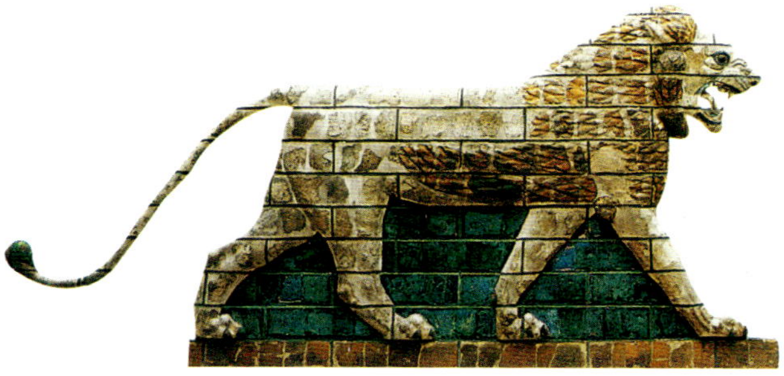

147 Ci-contre : Ce lion en marche faisait partie du décor de la voie processionnelle de Babylone (voir aussi p. 165).

En Asie Mineure, il faut noter l'importance du phénomène de colonisation par les Ioniens et les Éoliens, qui s'amorça vers 1000 av. J.-C. Au VIIIe siècle, les villes créées par les Grecs fondèrent à leur tour des colonies. Milet, par exemple, donna naissance à de nombreux établissements le long des côtes de la Méditerranée et de la mer Noire.

À partir du VIe siècle s'affirme dans cette région une architecture d'échelle colossale, avec le projet et la réalisation de sanctuaires ambitieux comme le Didymaion de Milet et l'Artemision d'Éphèse, considéré comme l'une des Sept Merveilles du monde antique. La culture grecque eut tendance à se fondre dans celle des vieilles provinces de la péninsule Anatolienne, comme la Phrygie, la Lydie, la Licie et la Carie. En 546 av. J.-C., avec la conquête du royaume de Lydie par Cyrus le Grand, la péninsule Anatolienne passa sous l'hégémonie perse. Celle-ci se prolongea jusqu'en 334 av. J.-C., quand Alexandre le Grand, après avoir franchi l'Hellespont, vainquit à plusieurs reprises les Perses de Darius, annexant l'Asie Mineure tout entière à son éphémère empire. À la mort du grand roi macédonien, son royaume universel s'effondra, tel un géant aux pieds d'argile, et fut démembré en de nombreux petits États pour lesquels ses généraux se livrèrent de terribles batailles. Des cendres du rêve d'Alexandre le Grand naquirent une série de royaumes gouvernés par des dynasties de tradition culturelle hellénique, comme les Ptolémées en Égypte ou les Séleucides en Syrie. C'est là que se développa et se diffusa le langage artistique de cette culture internationale qu'est l'hellénisme.

À l'époque hellénistique, on assiste au développement de centres culturels qui annoncent de nouveaux modèles d'urbanisme et bénéficient de travaux monumentaux grandioses : des villes comme Pergame, capitale du royaume des Attalides, mais aussi Éphèse, Sarde et Milet, des cités fondées par les Séleucides, telles Antioche, Apamée, Laodicée, ou des villes caravanières comme Pétra, capitale du royaume des Nabatéens, Gerasa, et enfin Palmyre, vieille cité marchande dont les origines remontent à l'aube du IIe millénaire.

L'annexion par l'Empire romain des régions d'Asie Mineure et de la zone moyen-orientale marque le début d'une longue phase de prospérité économique généralisée qui, en contrepartie de la perte d'autonomie politique, est synonyme de stabilité. Un orgueil civique renouvelé suscite un accroissement sans précédent des entreprises destinées à enrichir le patrimoine monumental des cités – souvent en compétition les unes avec les autres. On assiste alors, grâce aux largesses de particuliers ou de l'empereur, à une prolifération de nouveaux monuments publics, dont la caractéristique commune est la tendance au gigantisme ; une véritable floraison de temples, de théâtres, de grandes avenues à colonnades et de places. Au IIIe siècle apr. J.-C., les facteurs qui avaient déterminé cette situation favorable reculent peu à peu, en partie à cause d'événements dramatiques, comme la destruction de Palmyre, en 272 – décidée, en mesure de représailles, par l'empereur Aurélien –, mais aussi sous les continuelles attaques des populations locales, comme celles des Perses sassanides, qui causèrent en 256 la chute de Doura-Europos, ou même à cause d'événements naturels tel le tremblement de terre qui vers 526 frappa Antioche, définitivement conquise après l'invasion des Perses en 540. On observe pourtant une continuité avec la culture hellénico-romaine, au moins pendant tout le IVe siècle, alors même que cette culture commune était déjà minée par une assimilation progressive d'éléments de la culture byzantine naissante, puis de la culture orientale. Cette dernière deviendra prééminente avec la conquête arabe, qui mit fin à la période d'apogée de l'urbanisme hellénistico-romain des provinces de l'est de l'Empire.

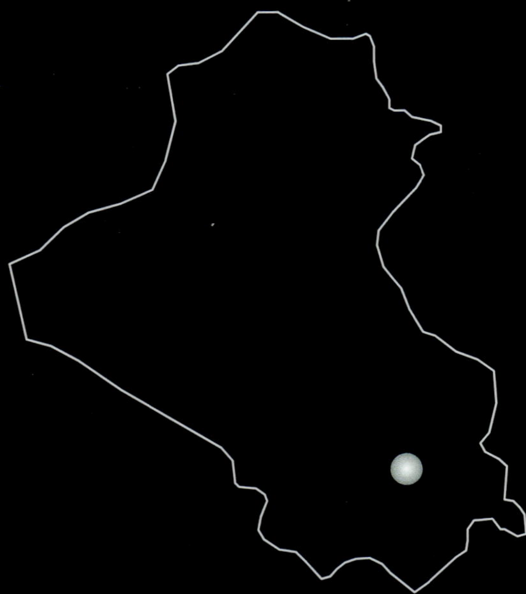

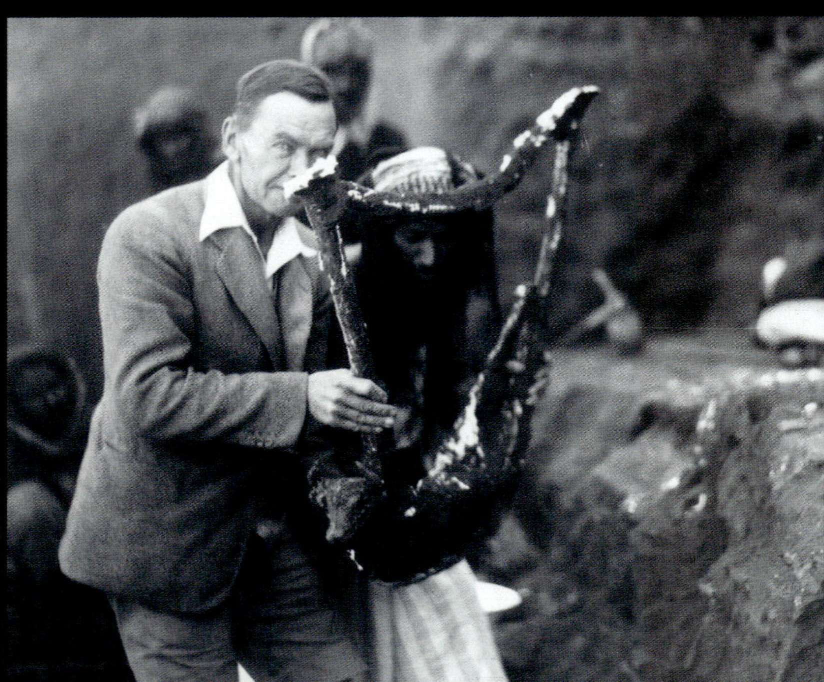

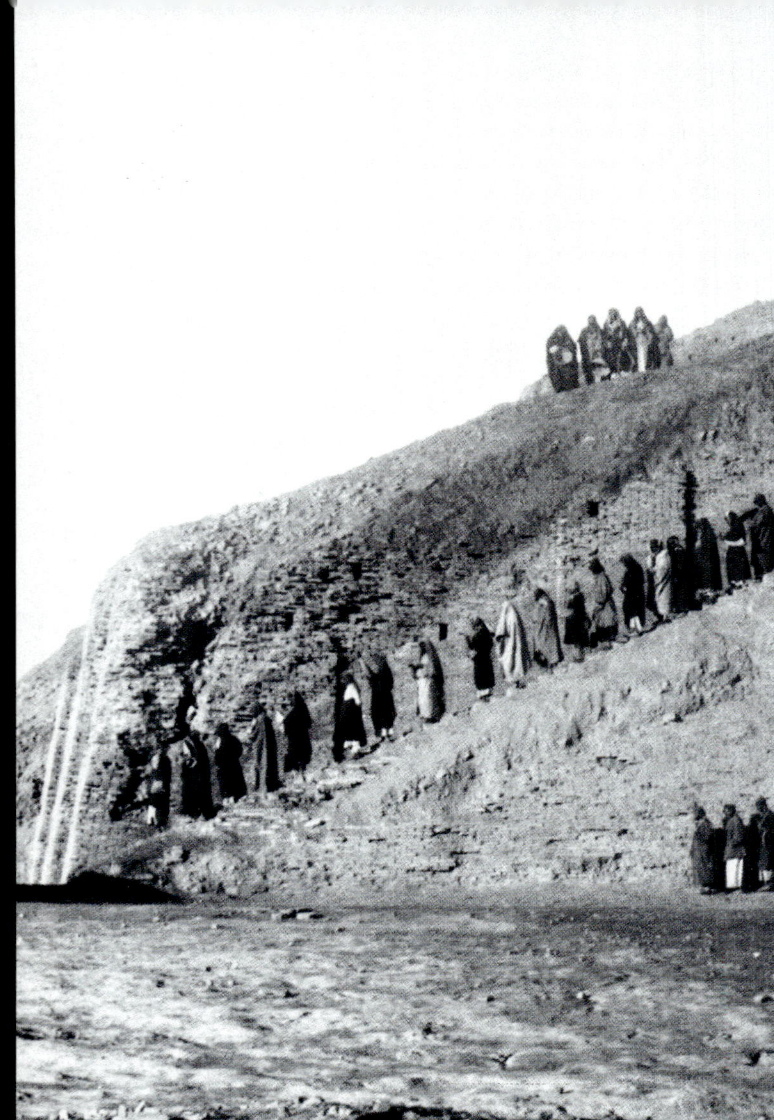

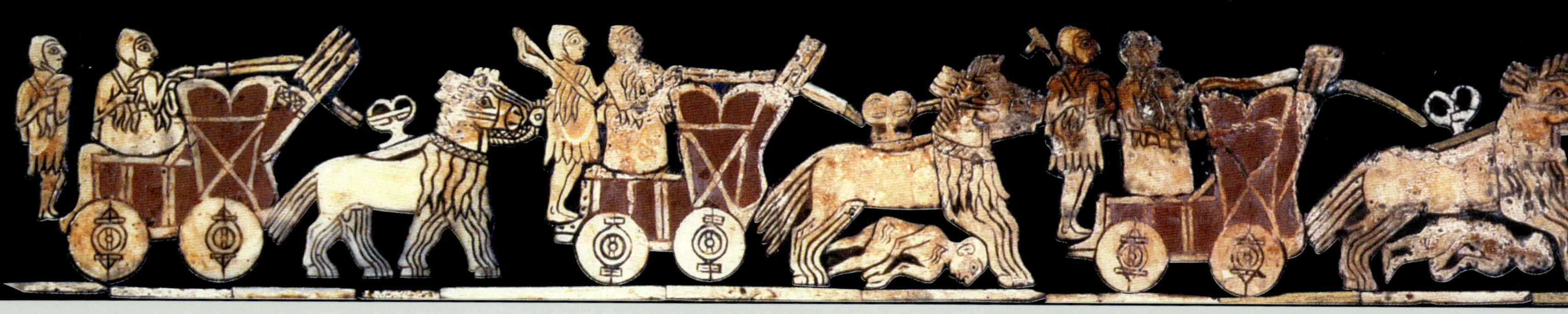

148 En haut : L. Woolley examine une lyre découverte dans l'une des tombes à fosse et chambre du cimetière royal.

148-149 En haut : Des ouvriers travaillent sur le chantier de fouilles de la ziggourat, vue ici du nord-est. On reconnaît la rampe d'accès principale. C'est en 1923 qu'ont commencé les fouilles sur ce monument. Plusieurs campagnes seront nécessaires.

148-149 En bas : L'étendard d'Ur provenant de la tombe PG 779 du cimetière royal, est conservé au British Museum.

149 En bas : Dans cette reconstitution de la ziggourat d'Ur proposée par L. Woolley, trois terrasses en étages sont décorées de pilastres qui soutiennent une chapelle cultuelle à laquelle on accède par une rampe frontale.

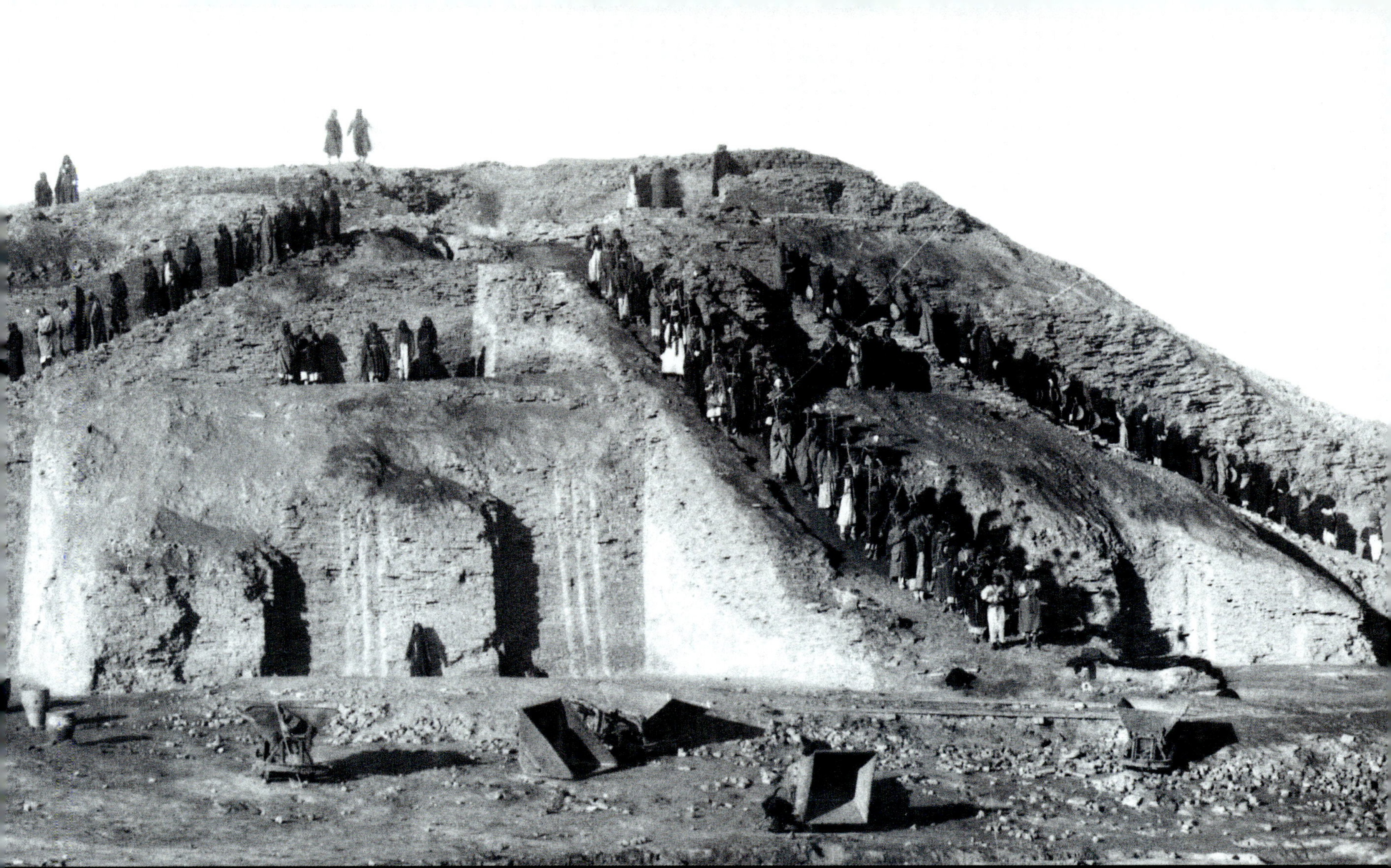

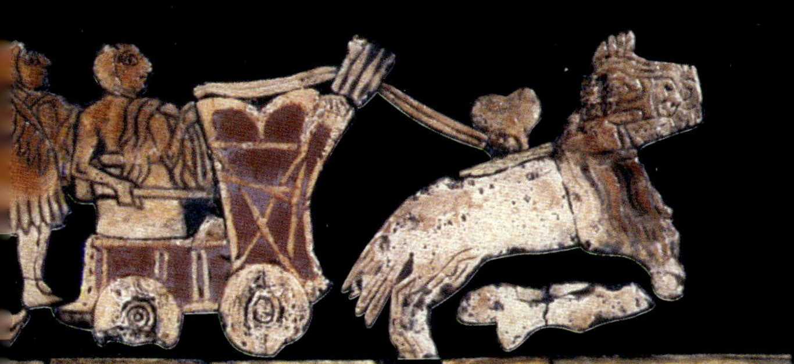

Ur

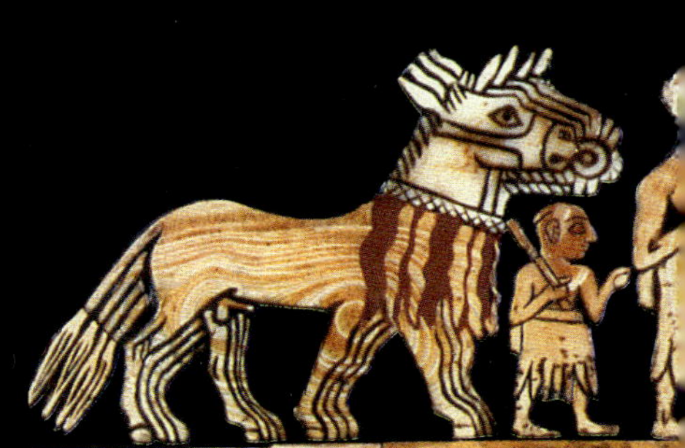

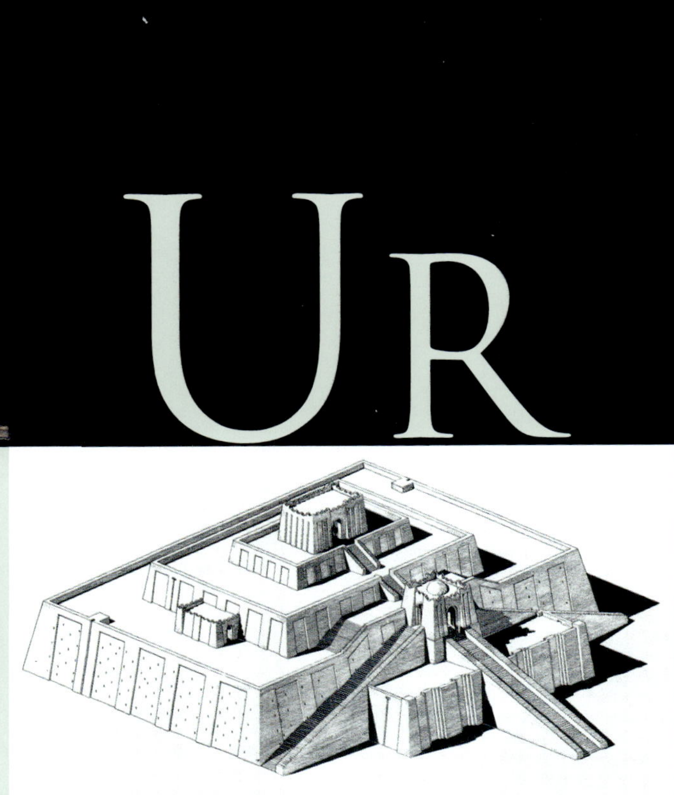

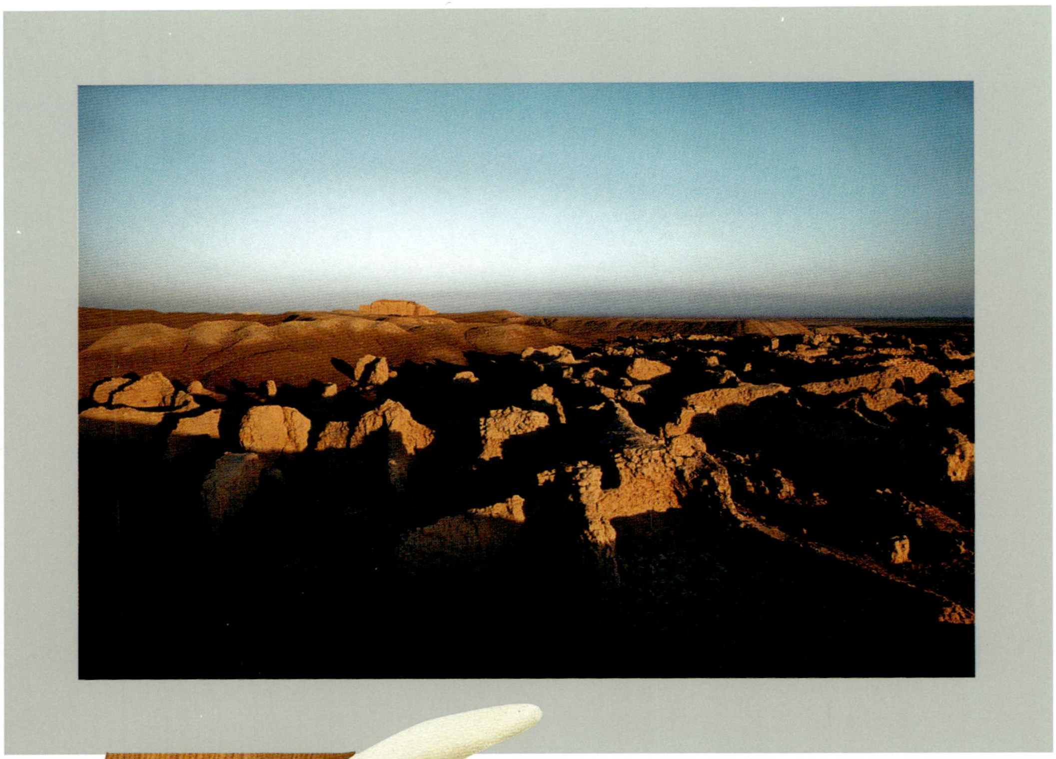

150 Ci-contre : Les ruines d'Ur sont visibles sur le site appelé aujourd'hui Tell el-Muqayyar : la ville, qui s'élève sur la plaine alluviale de Sumer, au bord de l'Euphrate, fut identifiée dès 1854.

151 La ziggourat d'Ur, avec son noyau en briques crues et ses parois de briques, fut édifiée par le roi Ur-Nammu, fondateur de la IIIe dynastie d'Ur, qui a beaucoup bâti sur le site antique.

UR

Par ANTONELLA MEZZOLANI

C'est en 1854 que le site de Tell el-Muqayyar, à environ 15 km à l'ouest du cours actuel de l'Euphrate, fut identifié avec la ville d'Ur par J.E. Taylor, consul britannique à Bassora, chargé par le British Museum d'effectuer des explorations archéologiques dans la Mésopotamie méridionale. Il y découvrit des tablettes cunéiformes qui permirent de connaître le nom de la ville et son histoire, et certains savants firent le rapprochement avec la célèbre « Ur en Chaldée » de la Bible. Après les premières recherches de Taylor, le site resta inexploré jusqu'à la fin du XIXe siècle, quand une mission envoyée par l'université de Pennsylvanie entreprit des fouilles dont les résultats sont restés inédits. Ce n'est qu'après la Première Guerre mondiale que R. Campbell Thomson commença à effectuer des sondages à Ur, ce qui encouragea le British Museum à reprendre l'exploration du site antique. La direction des opérations fut confiée d'abord à L. King, puis à H.R. Hall. Par manque de fonds, les travaux furent de nouveau suspendus jusqu'en 1922, date à laquelle le musée de l'Université de Pennsylvanie proposa au British Museum d'organiser une expédition archéologique conjointe. La direction en revint à L. Woolley, qui travailla pendant douze années consécutives à la redécouverte du site. Après

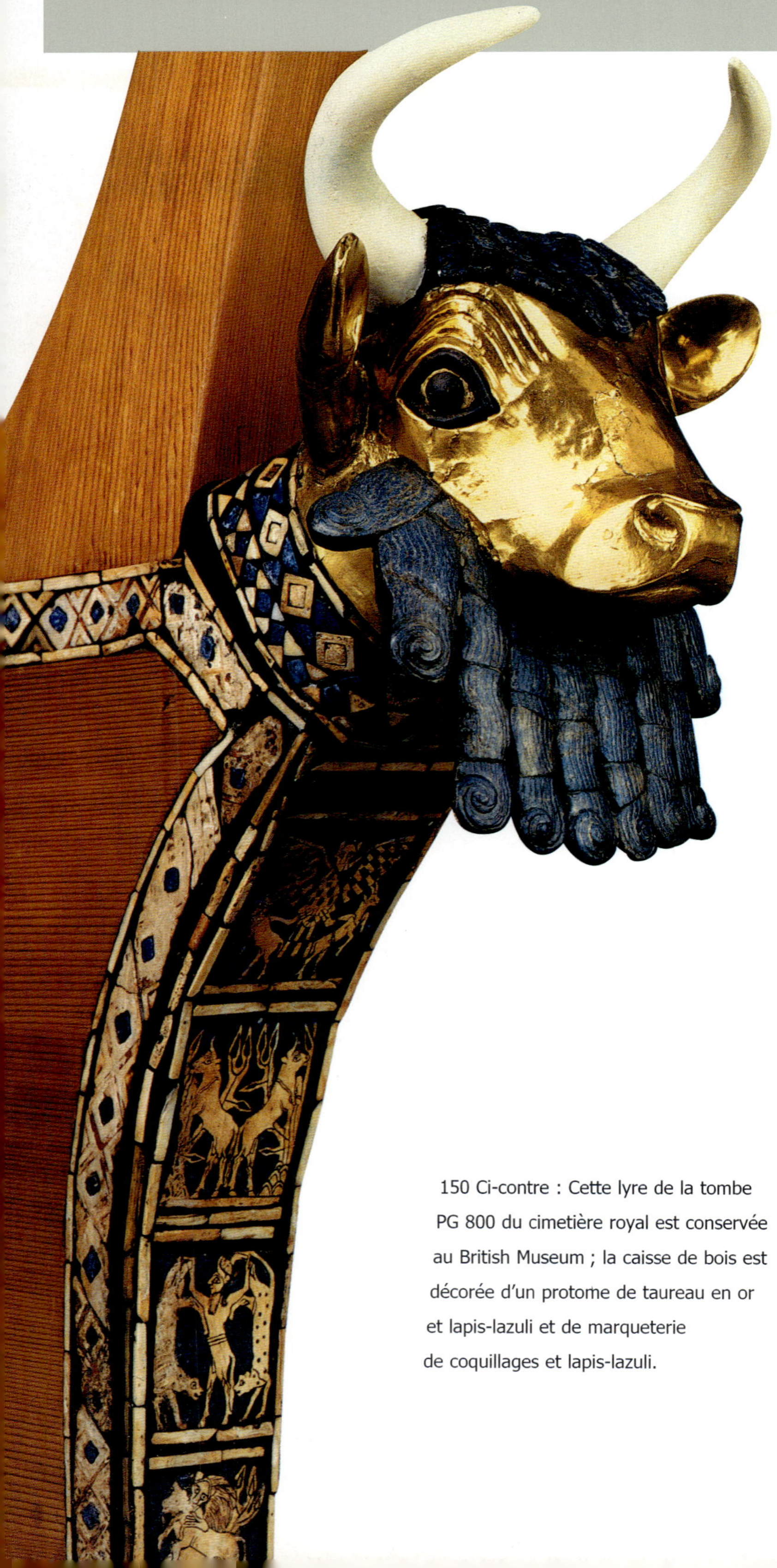

150 Ci-contre : Cette lyre de la tombe PG 800 du cimetière royal est conservée au British Museum ; la caisse de bois est décorée d'un protome de taureau en or et lapis-lazuli et de marqueterie de coquillages et lapis-lazuli.

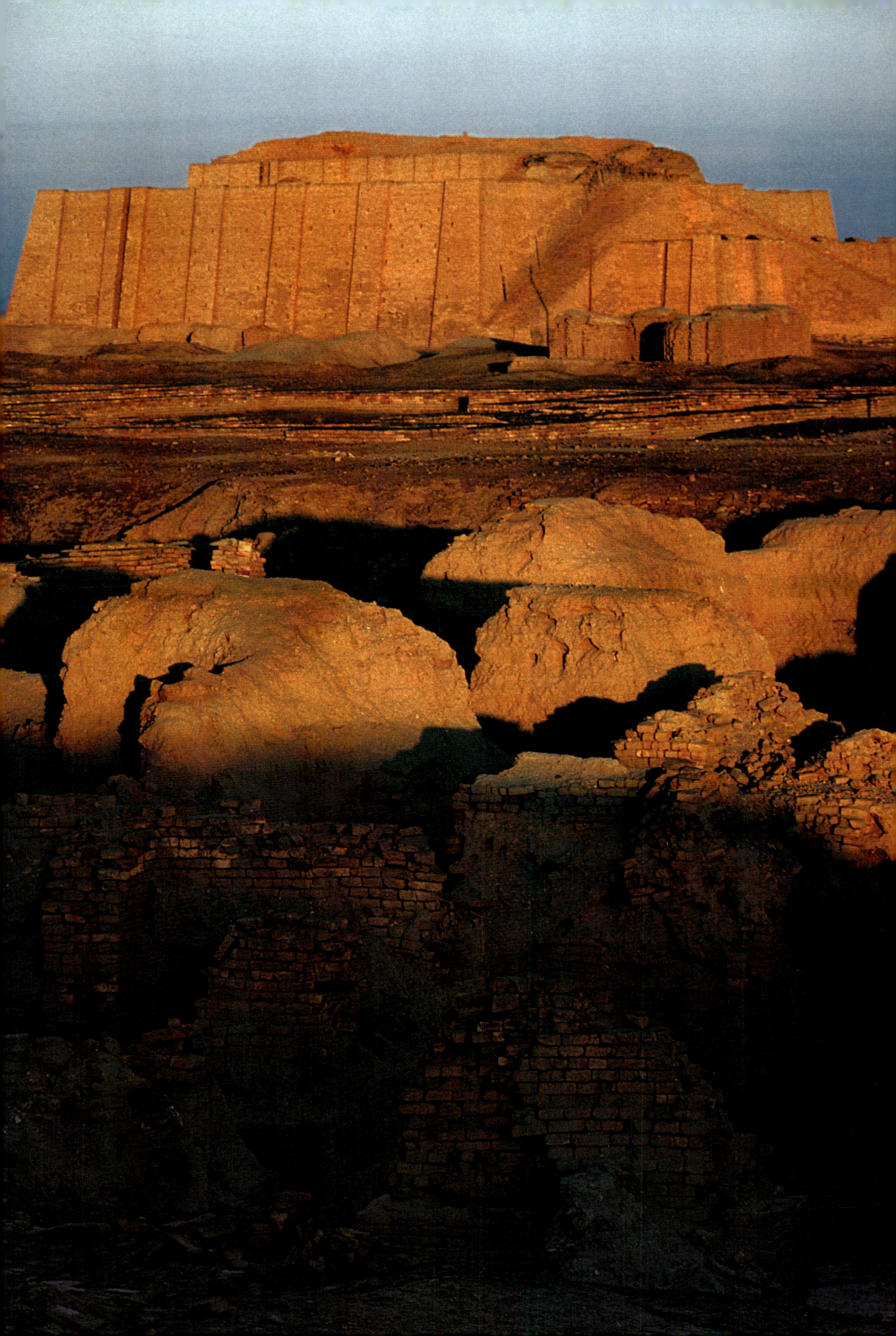

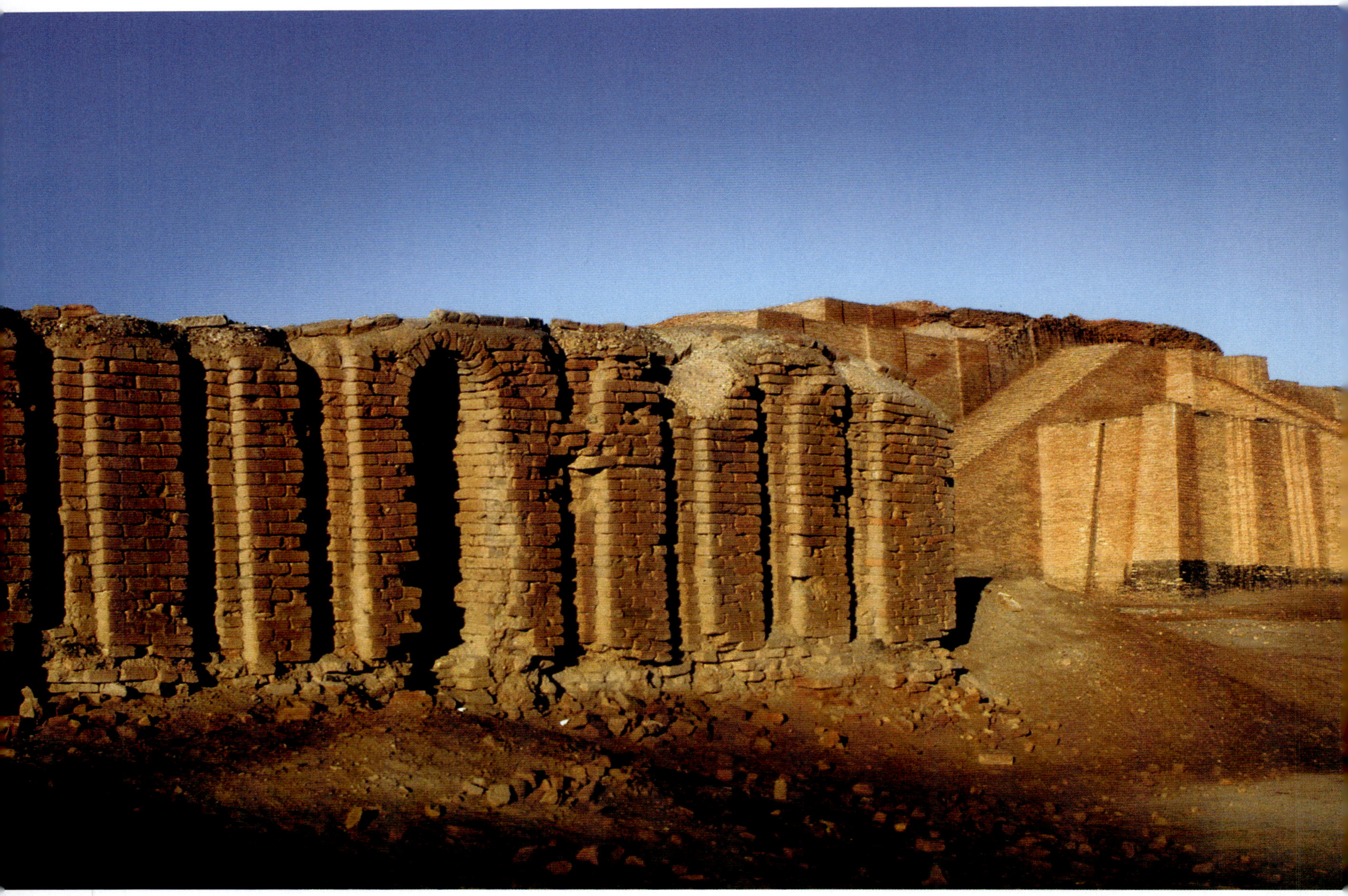

1934, les archéologues irakiens s'attachèrent à restaurer et à sauvegarder la ziggourat.

Ur fut occupée sans interruption depuis la période d'el-Obeid (Ve millénaire av. J.-C.) jusqu'au IVe siècle apr. J.-C. La période d'occupation la plus ancienne a laissé des traces au-dessous d'une épaisse couche d'alluvions que L. Woolley a interprétée comme un vestige du déluge universel décrit dans la Bible – on penche aujourd'hui pour l'hypothèse d'un épisode alluvial de portée locale –, de sorte que le grand sondage dans lequel ces découvertes avaient été faites fut appelé puits du Déluge. La céramique caractéristique découverte dans une couche de braises au fond du puits du Déluge atteste un épisode Uruk (3500-3000 av. J.-C.) à Ur. Pour la phase Jemdet Nasr (3000-2900 av. J.-C.), les témoignages sont encore plus nombreux : toujours dans le puits du Déluge, on a mis au jour de la vaisselle et plusieurs niveaux d'habitat, tandis qu'un mur de soutènement appartenant probablement à la même phase était dégagé dans l'angle ouest de la terrasse de la ziggourat.

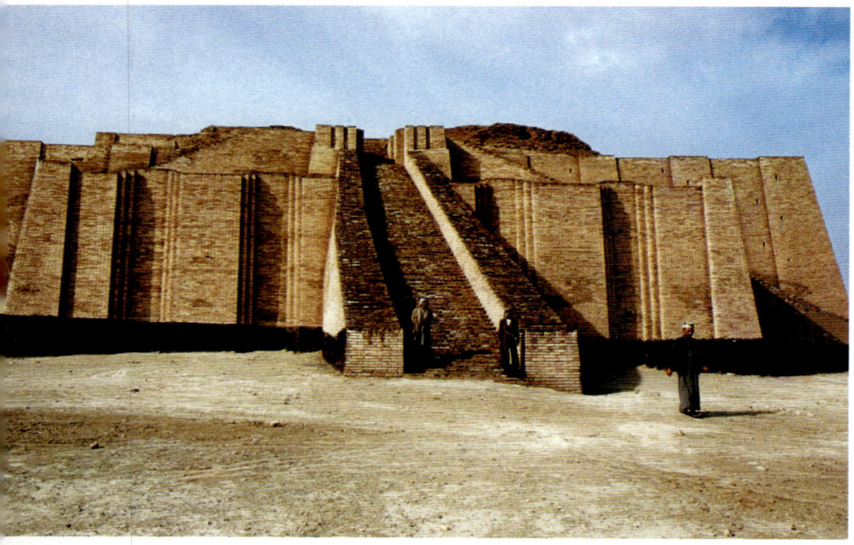

Bien plus riches encore sont les documents concernant la période dynastique archaïque (2900-2350 av. J.-C.). Il faut mentionner au moins deux secteurs de construction dans ce qui restera pendant toute la période l'aire sacrée : dans la zone des temples, plus tard englobée dans la ziggourat d'Ur-Nammu, il existait probablement une terrasse haute possédant deux dépendances, des bâtiments complétés par une cour, que l'on peut interpréter comme des cuisines du temple ; tandis que le secteur de ce qu'on appelle le cimetière royal renfermait les tombes les plus anciennes. Le cimetière royal comprenait au moins 2 000 tombes, qui couvraient toute la période allant du dynastique archaïque IIIa (2600-2450) à la période Ur III (2100-2000 av. J.-C.).

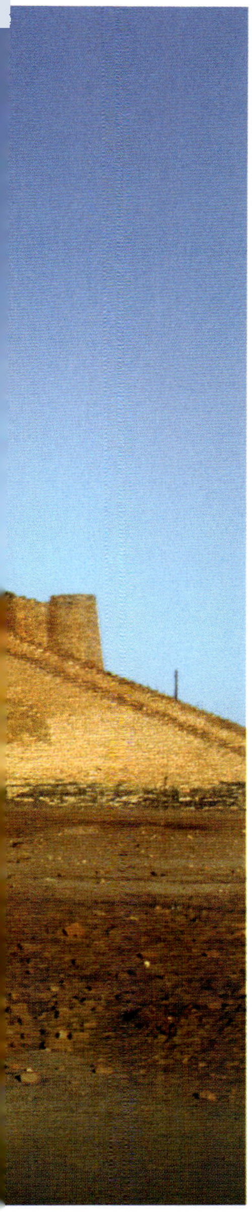

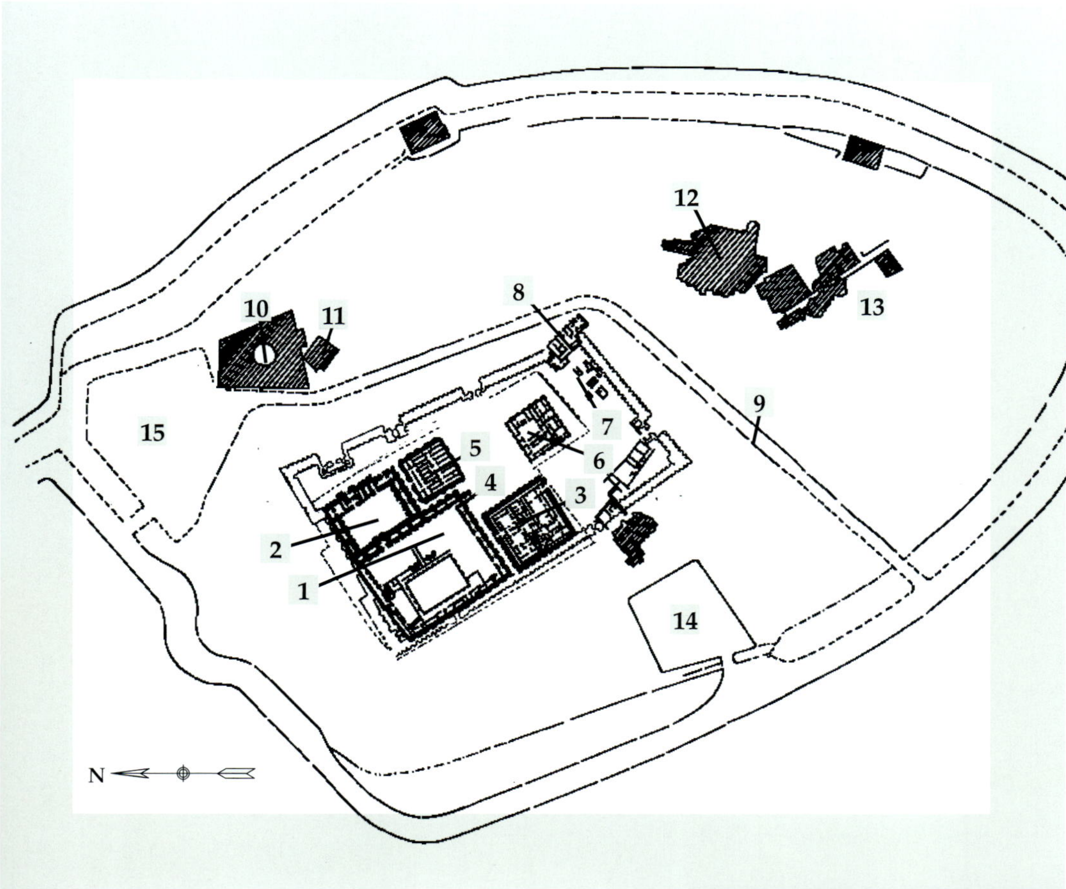

1) Enceinte de la ziggourat Etemennigur
2) Cour de Nanna
3) Gipar
4) Edublamakh
5) Enunmakh
6) Ekhursag ou palais d'Ur-Nammu
7) Cimetière royal
8) Mausolées de la IIIe dynastie
9) Enceinte de l'époque néo-babylonienne
10) Palais de la prêtresse-en-dieu Nanna
11) Temple du Port
12) Quartier résidentiel de l'époque Isin-Larsa
13) Quartier résidentiel de l'époque néo-babylonienne
14) Port ouest
15) Port nord

152-153 Vue panoramique des ruines d'Ur avec, au fond, la ziggourat.

152 En bas : La ziggourat fut reconstruite à l'époque moderne par le département des Antiquités d'Irak, qui a restauré le premier étage entre 1960 et 1970.

153 Ci-contre : Vue du côté sud, la ziggourat a une silhouette massive et semble inexpugnable.

Ur

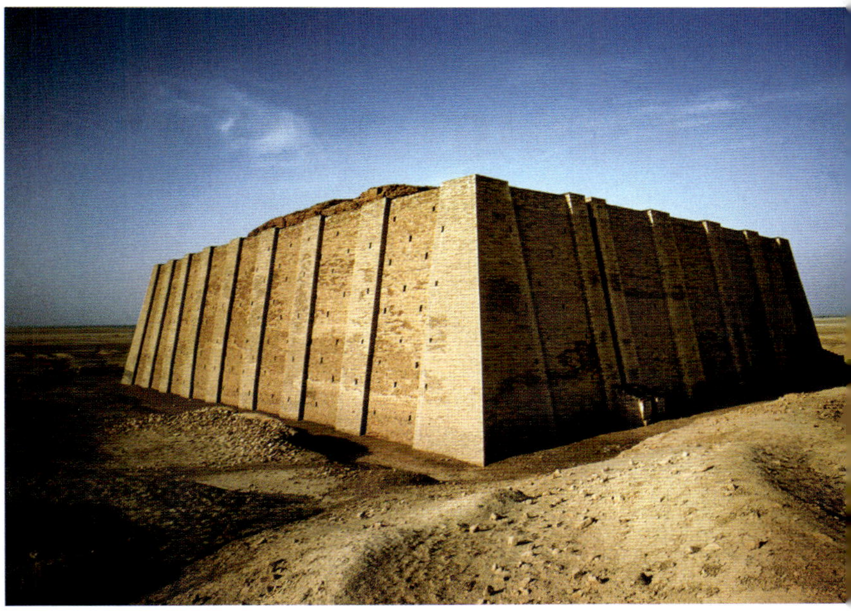

Il tire son nom de la présence de seize tombes que l'on suppose être des sépultures de personnages de haut rang, et qui appartiennent à la phase la plus ancienne. Cette série de tombes présente des caractères spécifiques : une rampe y donnait accès à une fosse funéraire abritant une chambre de briques ou de pierres devant laquelle s'arrêtait le cortège funèbre. L'aspect rituel a beaucoup frappé l'imagination du public ; en effet, il est à peu près certain que l'on pratiquait dans ces sépultures des sacrifices soit d'animaux, soit de personnages appartenant à la suite du défunt, qui pouvait comprendre jusqu'à 70 individus. Le mobilier funéraire de ces tombes était stupéfiant, comme le montrent ce qu'on appelle l'étendard d'Ur (une caisse de bois ornée d'un décor figuratif en coquillages et lapis-lazuli sur fond de bitume), des instruments de musique finement décorés et une extraordinaire profusion de joyaux en métaux précieux et pierres importées de contrées lointaines. Dans d'autres tombes, qui ne semblent pourtant pas pouvoir être interprétées comme des tombes royales à cause de différences typologiques et rituelles, on a aussi trouvé du mobilier funéraire d'une richesse remarquable.

Avec la IIIe dynastie d'Ur (2112-2004 av. J.-C.), la ville devint véritablement la capitale d'un royaume vaste et puissant grâce à l'action progressive d'expansion et de centralisation menée par les souverains : le fondateur de la dynastie, Ur-Nammu, et son fils Shulgi firent preuve d'une

154 Trouvé dans la tombe PG 1237 du cimetière royal et conservé au British Museum, cet objet figure, sur un socle en argent et marqueterie de pierres de couleur, un caprin, avec une âme de bois et un revêtement d'argent pour le ventre, d'or pour les pattes et le museau, de lapis-lazuli et de coquillages pour la toison et certains autres détails. Il s'appuie à un arbre de rosettes en bois et feuilles d'or.

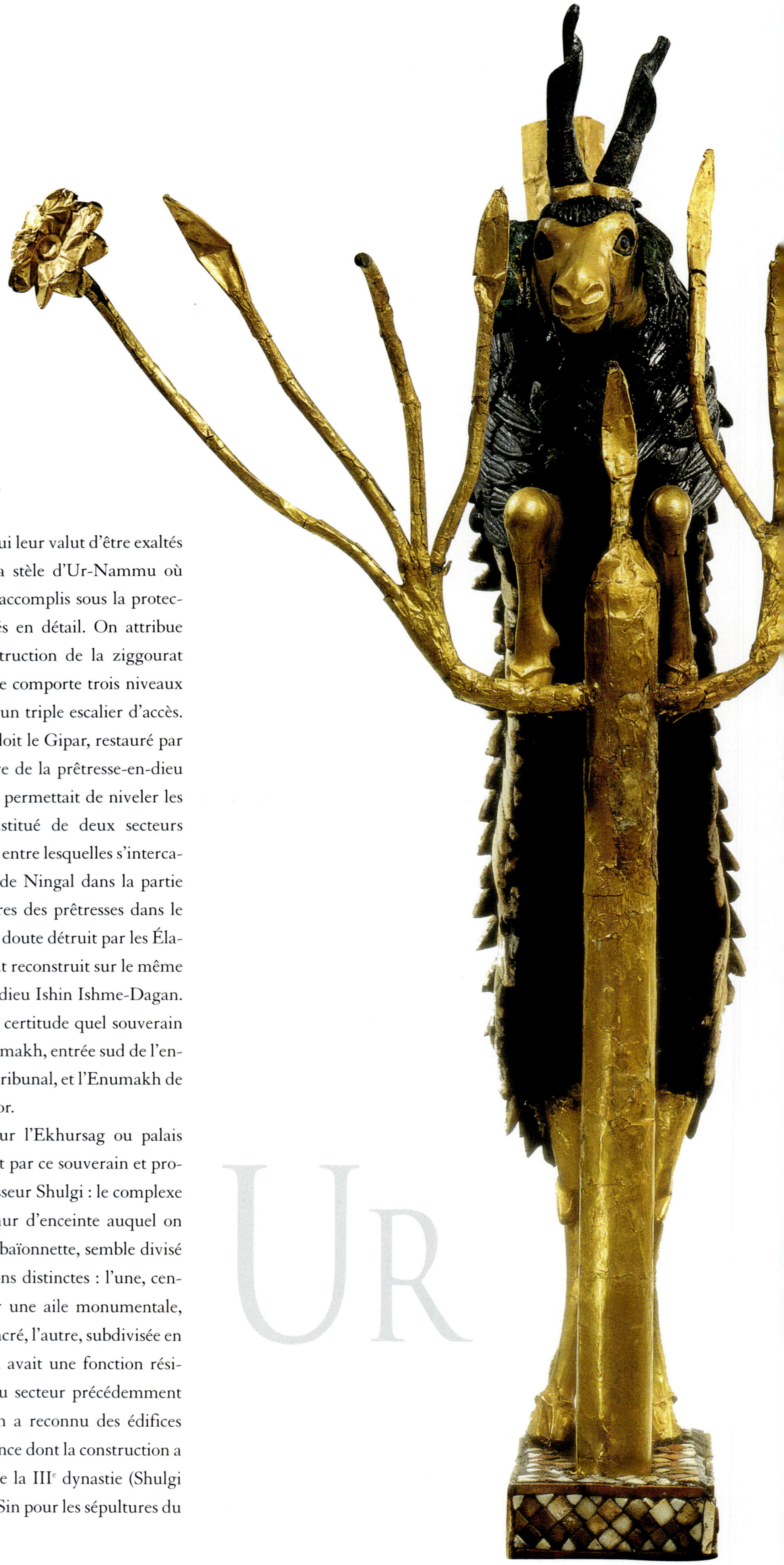

grande activité constructrice, ce qui leur valut d'être exaltés et glorifiés, comme le montre la stèle d'Ur-Nammu où certains travaux de construction accomplis sous la protection de divinités sont représentés en détail. On attribue à Ur-Nammu la première construction de la ziggourat dans le sanctuaire de Nanna. Elle comporte trois niveaux en dégradé, des murs inclinés et un triple escalier d'accès. C'est au même souverain qu'on doit le Gipar, restauré par la suite par Amar-Sin et demeure de la prêtresse-en-dieu Nanna. Bâti sur une terrasse qui permettait de niveler les ruines précédentes, il était constitué de deux secteurs comportant des groupes de pièces entre lesquelles s'intercalaient des zones sacrées (temple de Ningal dans la partie sud-ouest) et funéraires (sépultures des prêtresses dans le quartier nord-est). Le Gipar, sans doute détruit par les Élamites au cours du sac de la cité, fut reconstruit sur le même plan par Enanatuna, fille du roi-dieu Ishin Ishme-Dagan. Il est plus difficile de savoir avec certitude quel souverain de la IIIe dynastie a érigé l'Edublamakh, entrée sud de l'enceinte de la ziggourat et siège du tribunal, et l'Enumakh de Ningal, entrepôt ou siège du trésor.

Le même problème se pose pour l'Ekhursag ou palais d'Ur-Nammu, peut-être construit par ce souverain et probablement terminé par son successeur Shulgi : le complexe architectural, enserré dans un mur d'enceinte auquel on accédait par une unique entrée à baïonnette, semble divisé en deux parties ayant des fonctions distinctes : l'une, centrée sur deux cours séparées par une aile monumentale, possédait peut-être un caractère sacré, l'autre, subdivisée en deux quartiers de plan similaire, avait une fonction résidentielle. Enfin, aux alentours du secteur précédemment occupé par le cimetière royal, on a reconnu des édifices funéraires d'une certaine importance dont la construction a été attribuée aux premiers rois de la IIIe dynastie (Shulgi pour la sépulture centrale, Amar-Sin pour les sépultures du

UR

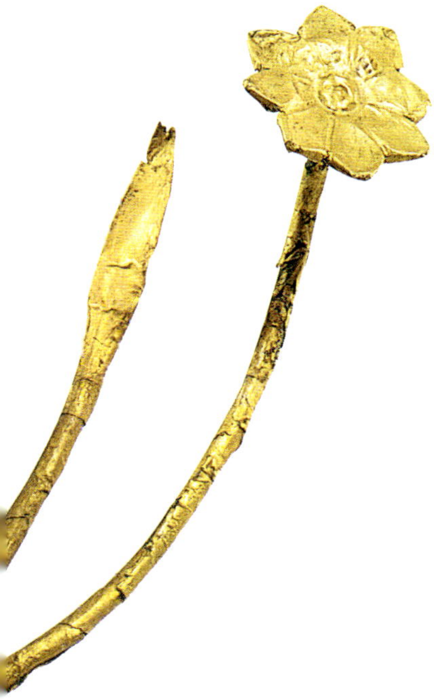

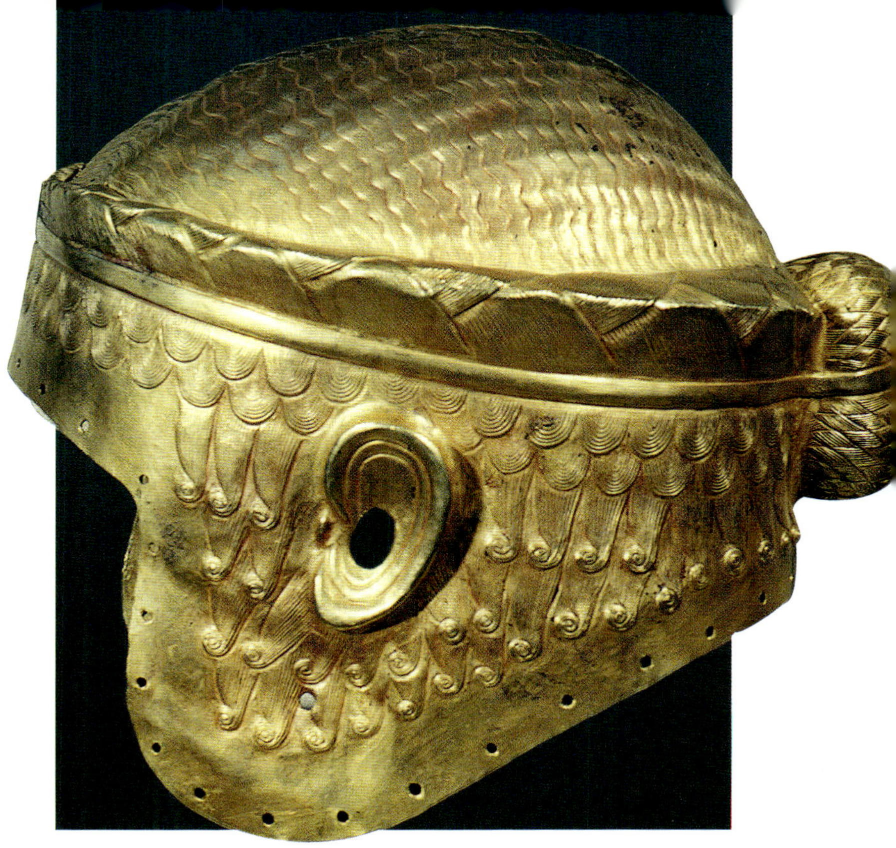

155 Ci-contre : Sur le casque en feuilles d'or de la tombe de Meskalamdug, PG 755 du cimetière royal, la chevelure à boucles ondulées, retenue par un ruban et rassemblée sur la nuque par un nœud, est reproduite avec beaucoup de finesse.

155 Ci-dessous : L'étendard d'Ur, de la tombe PG 779 du cimetière royal, est une sorte de petite caisse en bois, avec revêtement de bitume, lapis-lazuli et marqueterie de coquillages. Sur l'un des grands côtés, des scènes de paix sur trois registres superposés ; de l'autre côté, des sujets guerriers.

nord et du sud-est) : il s'agit de mausolées souterrains auxquels on accédait par un escalier monumental recouvert d'un toit composé de sections de pseudo-voûtes ; au fond s'ouvraient des chambres couvertes de pseudo-coupoles, qui abritaient des sépultures diverses. Après sa destruction par les Élamites (vers 2000 av. J.-C.), la ville d'Ur passa sous la domination des rois d'Isin et de Larsa, qui s'employèrent à reconstruire certaines infrastructures du sanctuaire, comme le Gipar, et furent probablement aussi les promoteurs de la construction de quartiers résidentiels : l'un d'entre eux, justement appelé « quartier Isin-Larsa », est parcouru de rues étroites et irrégulières qui se croisent dans un petit espace central. Les habitations y sont souvent disposées autour d'une cour sur laquelle donnent la plus grande partie des pièces, dont certaines peuvent être interprétées comme des chapelles familiales et d'autres, comme des cuisines. Les habitations semblent posséder un deuxième niveau qui reproduit le plan du niveau inférieur. Les défunts étaient inhumés sous le sol.

Ur commença à péricliter à cause du rôle de plus en plus important joué par Babylone et du déclin progressif de la région méridionale de Sumer. À l'époque kassite, le roi Kurigalzu restaura la ziggourat et reconstruisit le Gipar, en l'étendant vers le sud et en disloquant le temple de Ningal à l'intérieur de l'enceinte. Il reconstruisit l'Edublamakh en briques cuites, valorisant sa fonction de tribunal aux dépens de son rôle d'entrée et y adossa de nouvelles constructions qui établirent un lien y compris structurel entre l'Enunmakh et l'enceinte de la ziggourat.

À l'époque néobabylonienne, enfin, Nabuchodonosor et Nabonide engagèrent à Ur d'importants travaux : on doit au premier la construction du mur qui entoure l'aire sacrée, et au second la rénovation de la ziggourat, la reconstruction du temple de Ningal, l'ajout d'édifices dans l'enceinte de la tour et la réédification de l'Enunmakh qu'il transforma en temple, tout comme l'Edublamakh, situé devant le Gipar. Cependant, malgré ces travaux, la gloire d'Ur était passée, et la ville fut abandonnée vers l'an 400 av. J.-C.

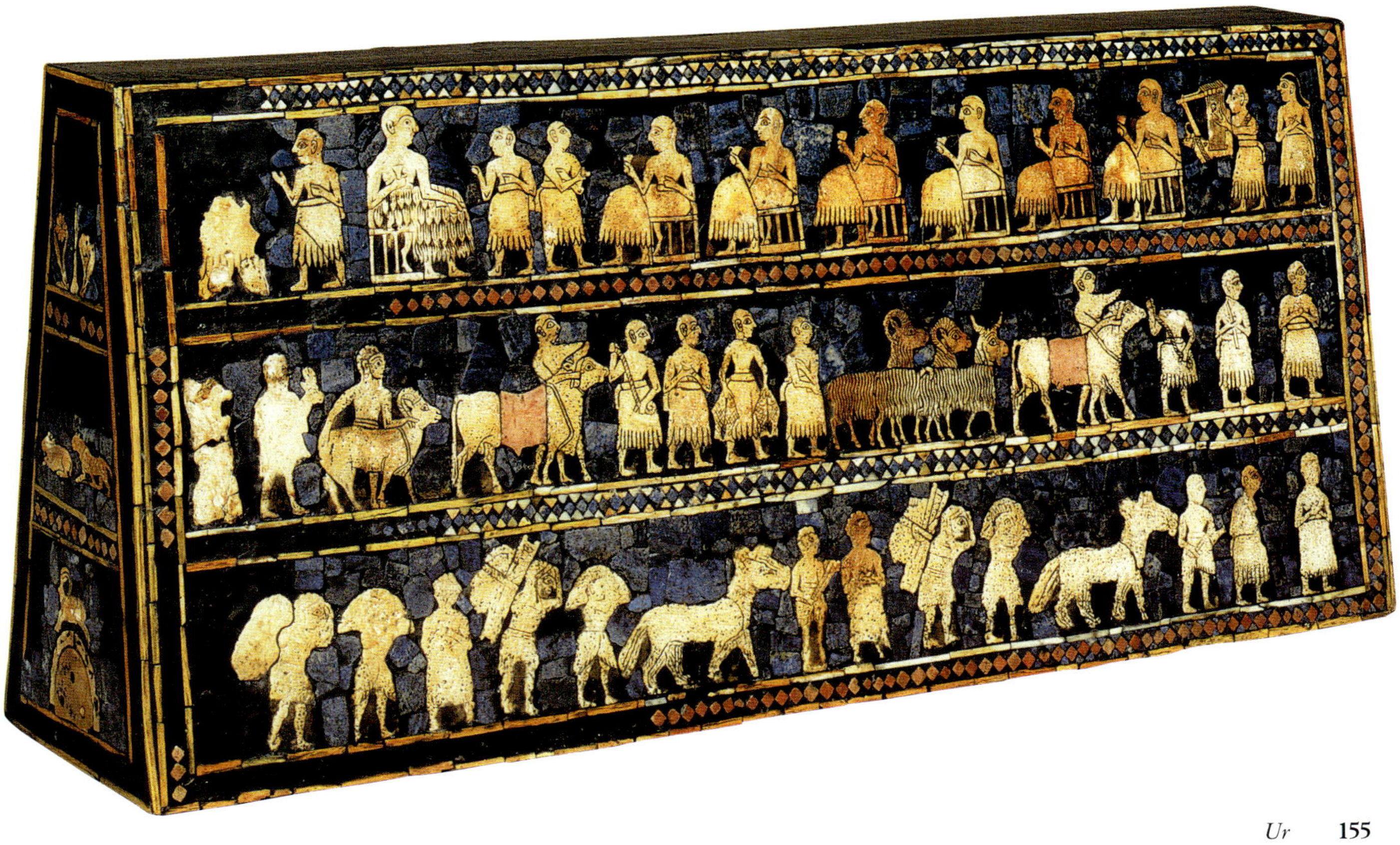

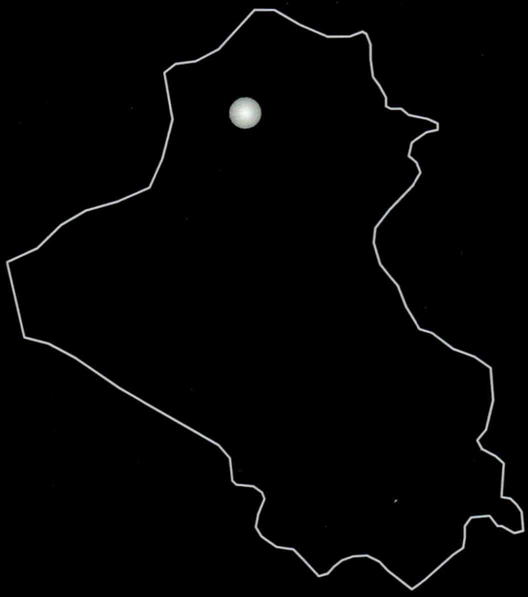

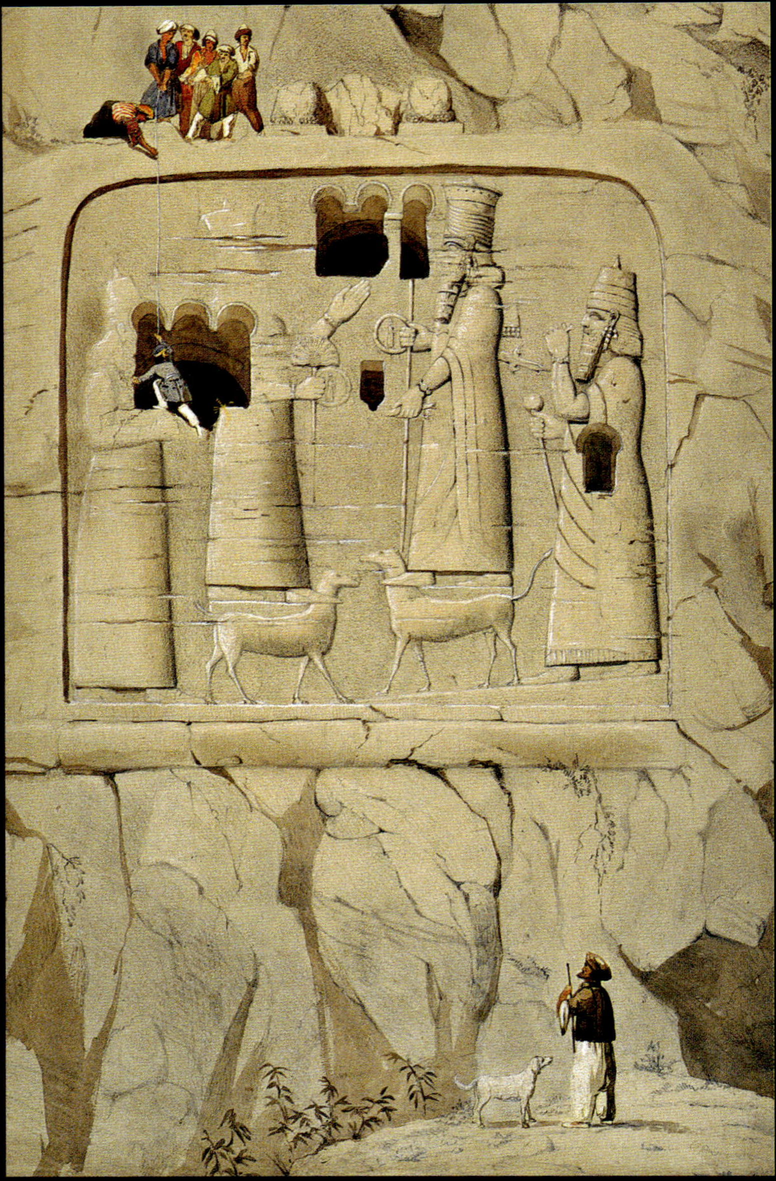

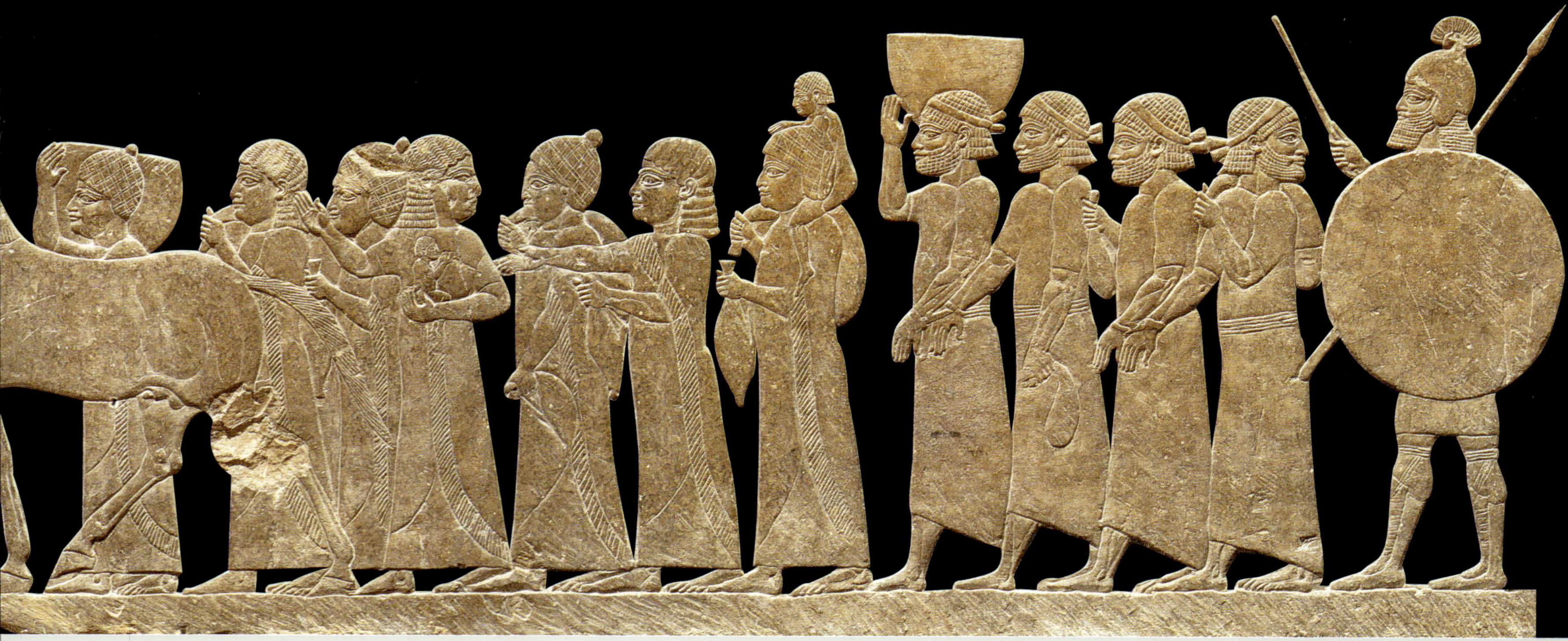

156 En haut : Cette aquarelle de F.C. Cooper (1850) témoigne des recherches d'A.H. Layard à Bawian, aux environs de Ninive.

156 En bas : Ce relief, fragment d'une plaque d'albâtre de la salle V'/T' du palais nord de Kuyunjik (milieu du VIIe siècle av. J.-C.), représente des prisonniers élamites capturés pendant la campagne de 653 av. J.-C. et escortés de guerriers assyriens.

157 En haut : Des ouvriers travaillent à un profond sondage ouvert sur la colline de Kuyunjik au cours de la campagne de fouilles de 1931-1932 ; M.E.L. Mallowan, assistant du directeur des fouilles R. Campbell Thomson, relève des traces d'habitat très anciennes.

157 En bas : Cette estampe anglaise de 1849 rapporte la découverte d'une tête d'homme colossale.

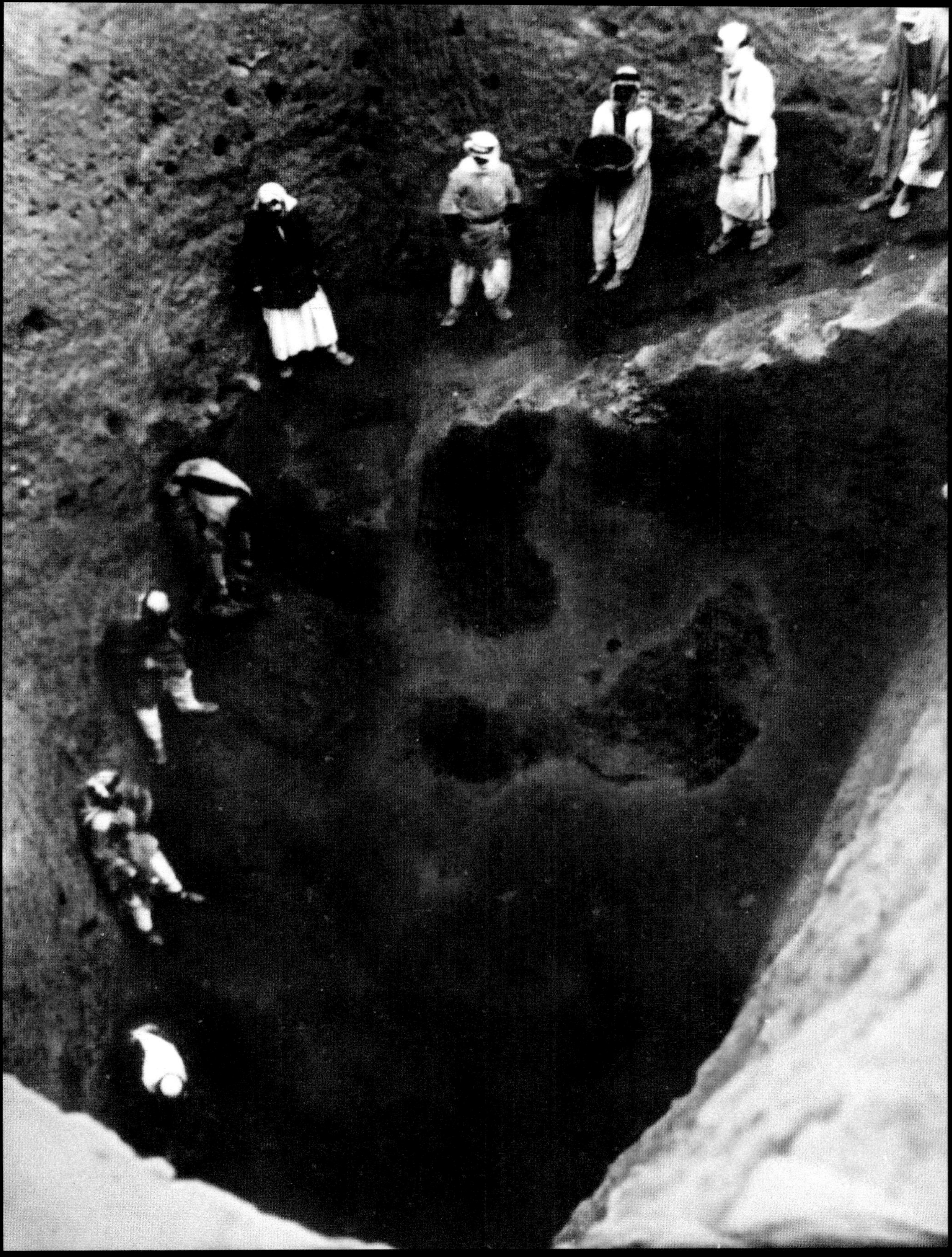

NINIVE

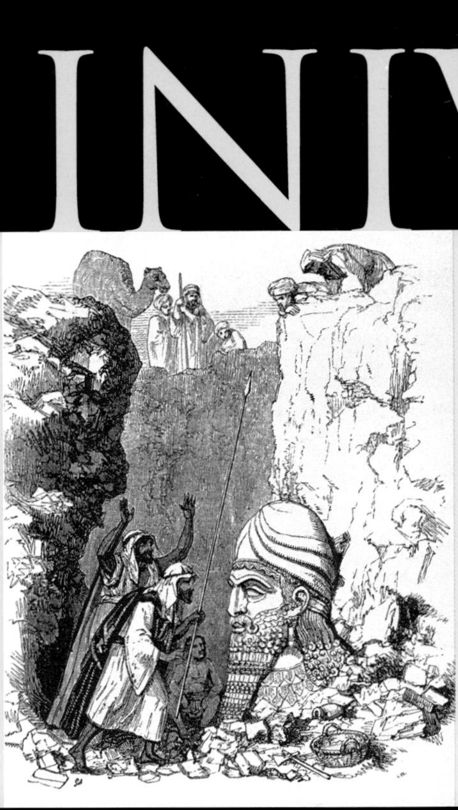

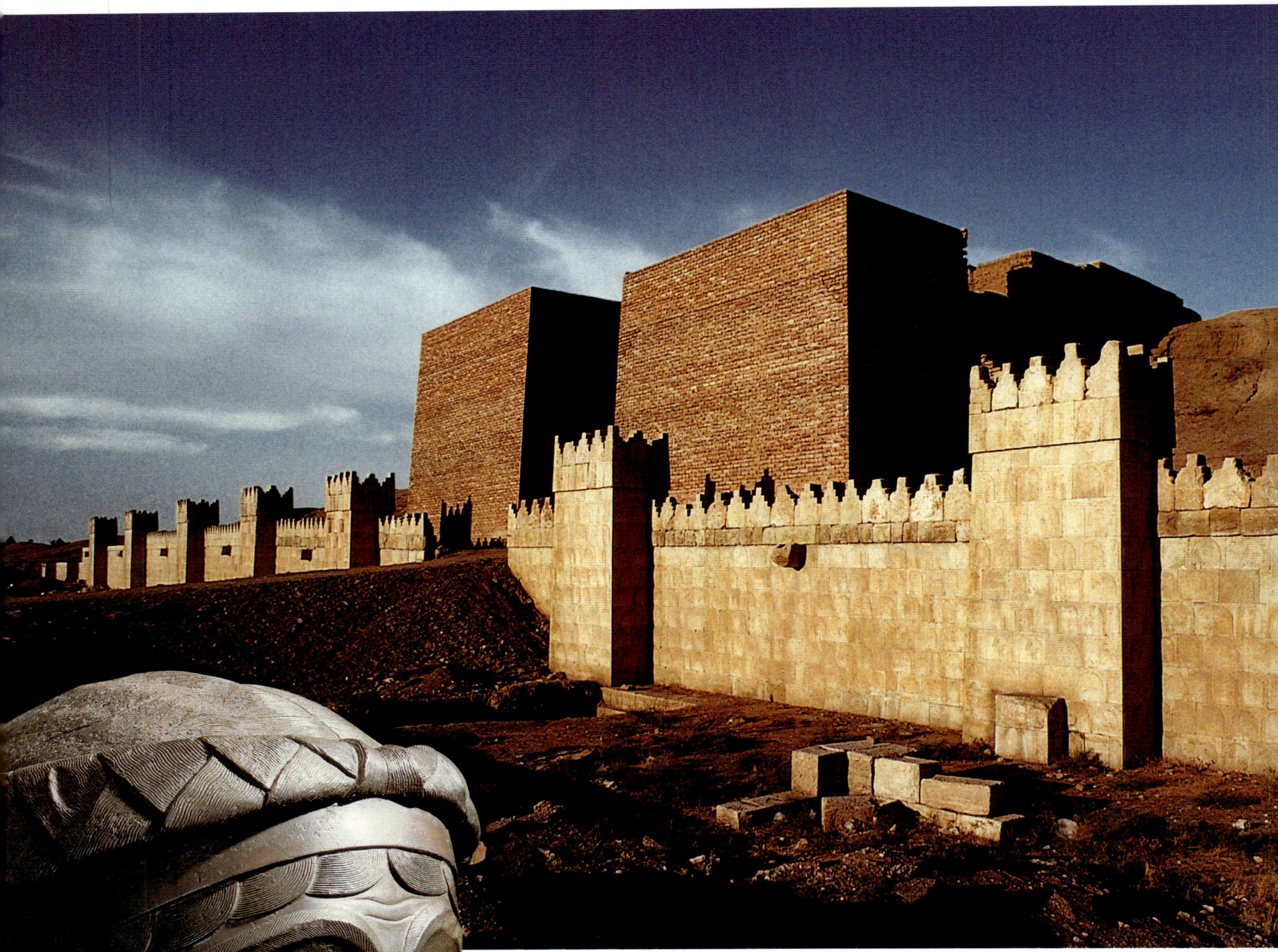
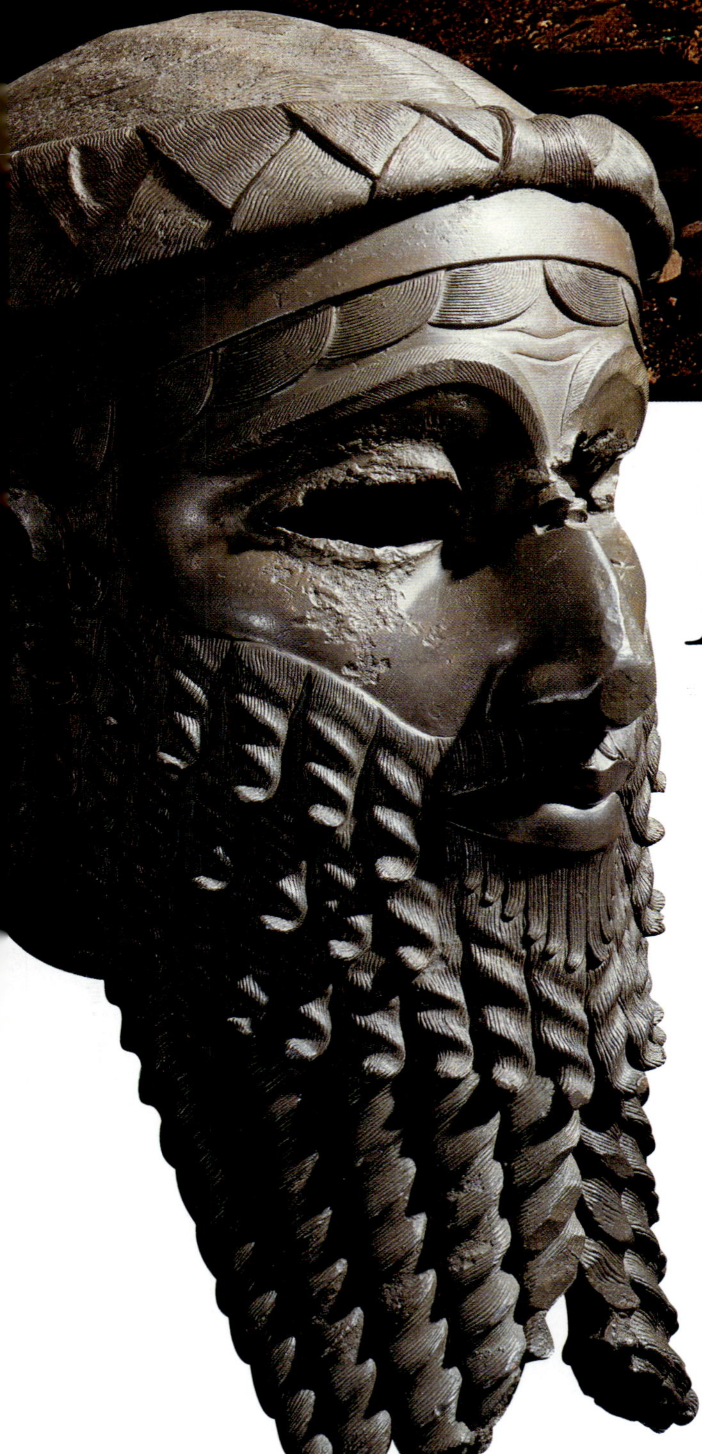

NINIVE

Par ANTONELLA MEZZOLANI

Ninive, « ville aimée d'Ishtar » dont Sennachérib voulut faire sa capitale, s'élève sur la rive est du Tigre, en face de la cité de Mossoul. De nos jours, elle est entourée par la banlieue de cette dernière. Les premières indications sur les ruines de Ninive nous viennent du rabbin espagnol Benjamin de Tudèle, qui visita le site entre 1160 et 1173, de Pietro Della Valle, au début du XVIIe siècle, et de J. Otter qui, en 1748, recueillit deux traditions orales différentes selon lesquelles l'ancien site était situé soit en face de Mossoul, soit plus au nord, sur la rive droite du Tigre, à l'emplacement de la localité dénommée Mossoul antique. Niebuhr, dans la seconde moitié du XVIIIe siècle,

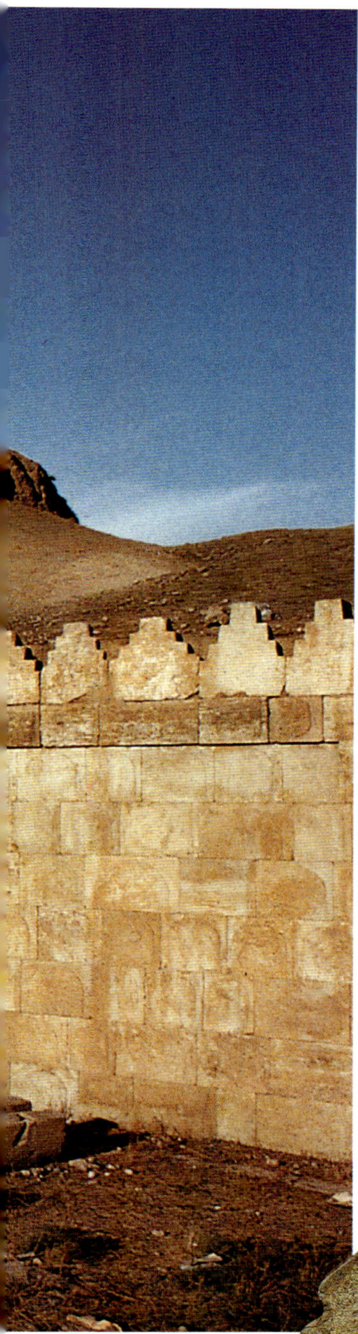

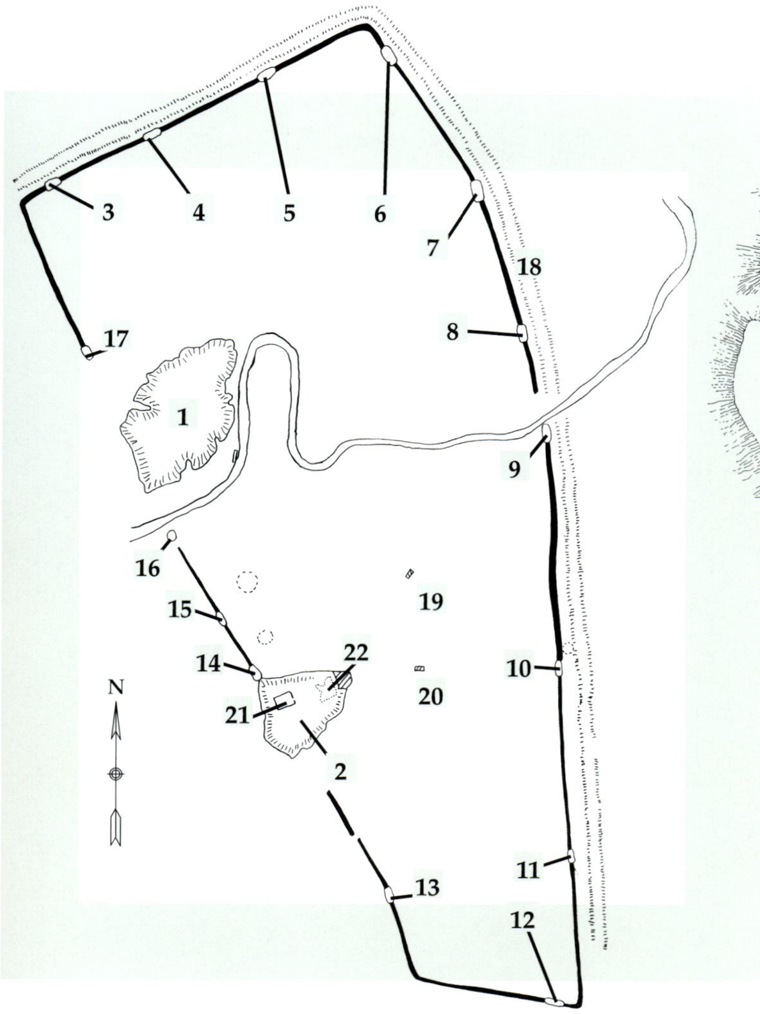

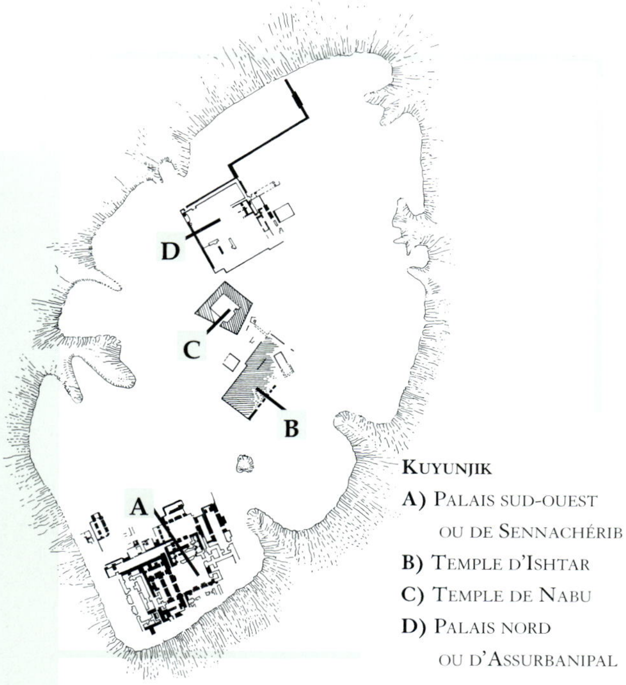

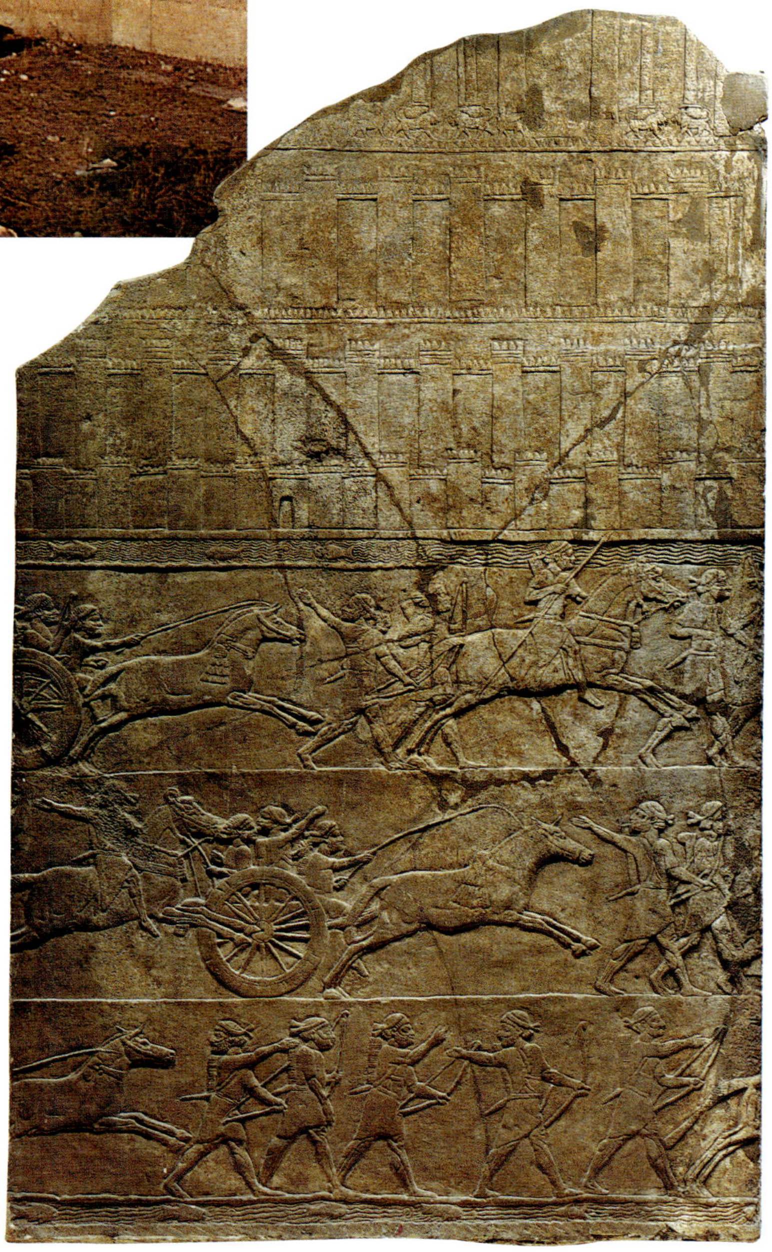

158-159 Les murailles de la cité, réaménagée par Sennachérib entre 700 et 696 av. J.-C., comprenaient un mur extérieur constitué de tours et de crénelures en blocs calcaires et un mur intérieur de briques crues sur une base en pierre.

158 En bas : Cette tête en cuivre du temple d'Ishtar à Kuyunjik (fin du IIIe millénaire) a été souvent interprétée comme un portrait de Sargon d'Akkad, mais il est beaucoup plus probable qu'il s'agisse de Manishtushu ou de Naram-Sin.

159 Ci-contre : Ce relief sur plaque d'albâtre provient de la salle M du palais nord de Kuyunjik (milieu du VIIe siècle av. J.-C.) : on reconnaît Ninive en haut, avec sa double enceinte de murailles, et un palais, peut-être celui de Sennachérib.

confirma la position de Ninive sur la rive gauche du Tigre, grâce aux sources antiques relatives au personnage biblique du prophète Jonas. Mais ce ne fut qu'en 1820 que C.J. Rich identifia clairement les infrastructures de la vieille cité sur les petites collines de Kuyunjik et Nebi Yunus.

Des premiers travaux de fouilles ont suivi cette phase de controverses et d'hypothèses sur la localisation de Ninive. En 1842, ce fut d'abord P.E. Botta, consul de France à Mossoul, qui ouvrit certaines tranchées. Mais la rareté de ses découvertes le dissuada bien vite de poursuivre ses recherches, qui furent reprises plus assidûment en 1846 par A.H. Layard. Celui-ci mettait au jour dès l'année suivante la dalle de fondation du palais de Sennachérib. Grâce à ces résultats prometteurs, c'est à Layard que le British Museum confia la charge d'une deuxième campagne, qui se déroula de 1849 à 1851 ; ses très intéressantes découvertes, comme une partie de la bibliothèque d'Assurbanipal, encouragèrent le British Museum à continuer les fouilles, d'abord par une brève campagne dirigée par J.F. Jones au printemps de 1852, puis avec une plus grande ampleur de la fin de 1852 au printemps de 1854, sous la direction de H. Rassam ; parmi les autres campagnes de fouilles qui se sont déroulées à Ninive, on peut rappeler en particulier l'heureuse mission de G. Smith qui, en 1873, réussit à retrouver les parties manquantes de la tablette racontant le déluge universel (XIe chant du poème de Gilgamesh), qu'il avait repérée parmi le matériel épigraphique déposé au British Museum. Entre 1927 et 1932, ce fut au tour de R. Campbell Thomson de reprendre les fouilles sur la colline de Kuyunjik, avec l'aide de R.W. Hutchinson, R.W. Hamilton et M.E.L. Mallowan. Pendant les années suivantes, particulièrement de 1960 jusqu'à la fin des années 1970, des travaux de restauration et de valorisation du site remplacèrent les campagnes de fouilles. Réalisés par le départe-

160 Au centre : Divers épisodes d'une campagne contre les Arabes (650 ou 644 av. J.-C.), que l'on reconnaît à leurs dromadaires, entourés de fantassins et de cavaliers assyriens, sont représentés sur les différents registres de ce relief, qui provient de la salle L du palais nord de Kuyunjik.

160 En bas : Ce fragment de plaque d'albâtre du palais nord de Kuyunjik (milieu du VIIe siècle av. J.-C.) représente en haut relief une file d'archers, que certains interprètent comme des Élamites, d'autres comme des Perses.

160-161 Cette plaque d'albâtre en relief de la salle du trône M du palais nord de Kuyunjik (milieu du VIIe siècle av. J.-C.) montre l'assaut par l'armée assyrienne d'une ville d'Égypte, peut-être Memphis, pendant la campagne égyptienne de 645 av. J.-C.

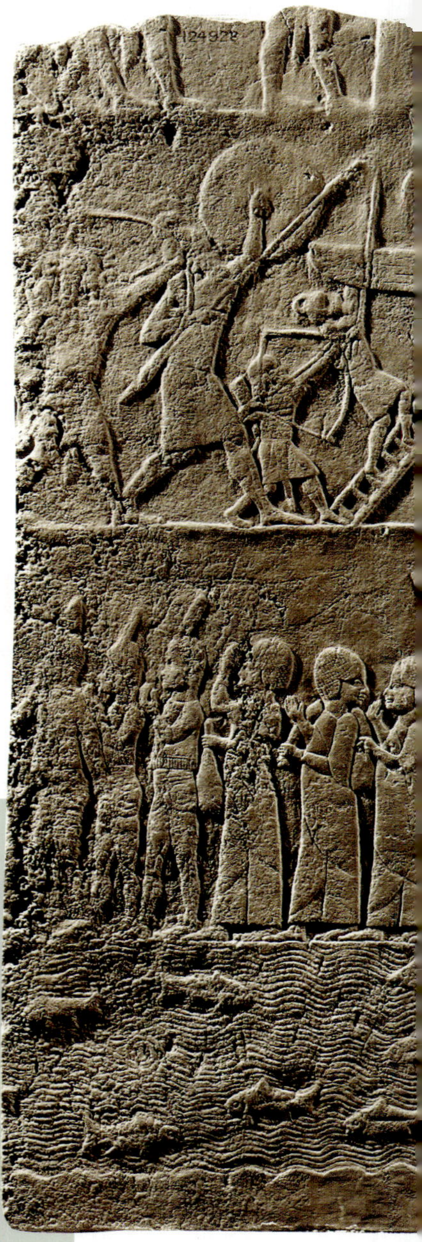

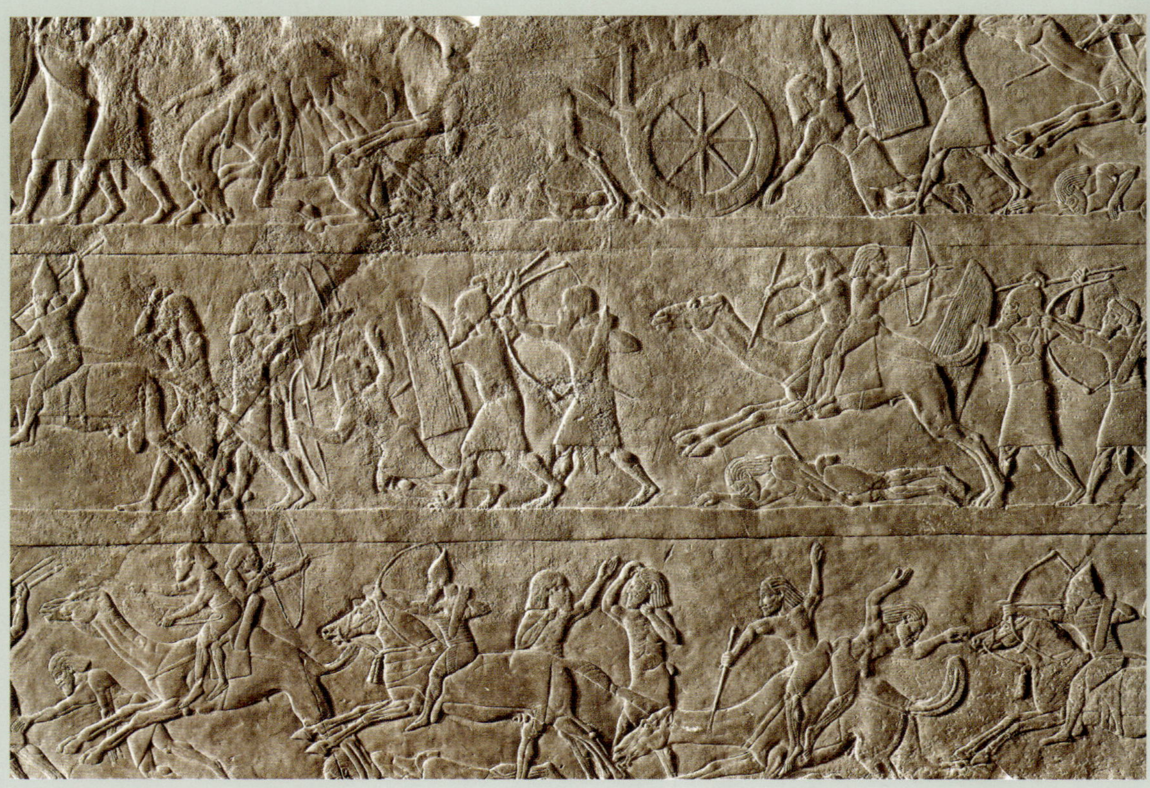

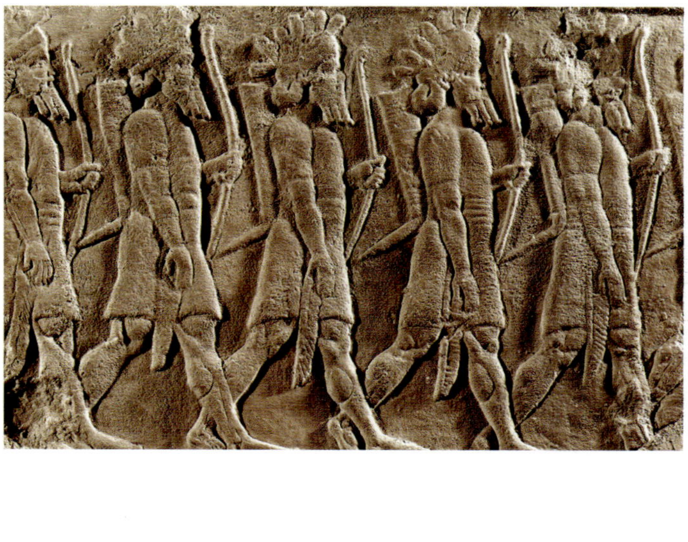

ment des Antiquités irakien, ils se focalisèrent sur certains tracés des fortifications et sur la zone de la salle du trône I du palais sud-ouest, ou de Sennachérib. Enfin, plus récemment (1987-1990), l'université de Californie à Berkeley a mandaté une exploration archéologique dirigée par D. Stronach, qui s'est concentrée sur le secteur nord-est, ainsi que sur le noyau de la ville basse, plus ancienne.

Les phases les plus anciennes du site de Ninive couvrent toute la période qui va du néolithique jusqu'au dynastique

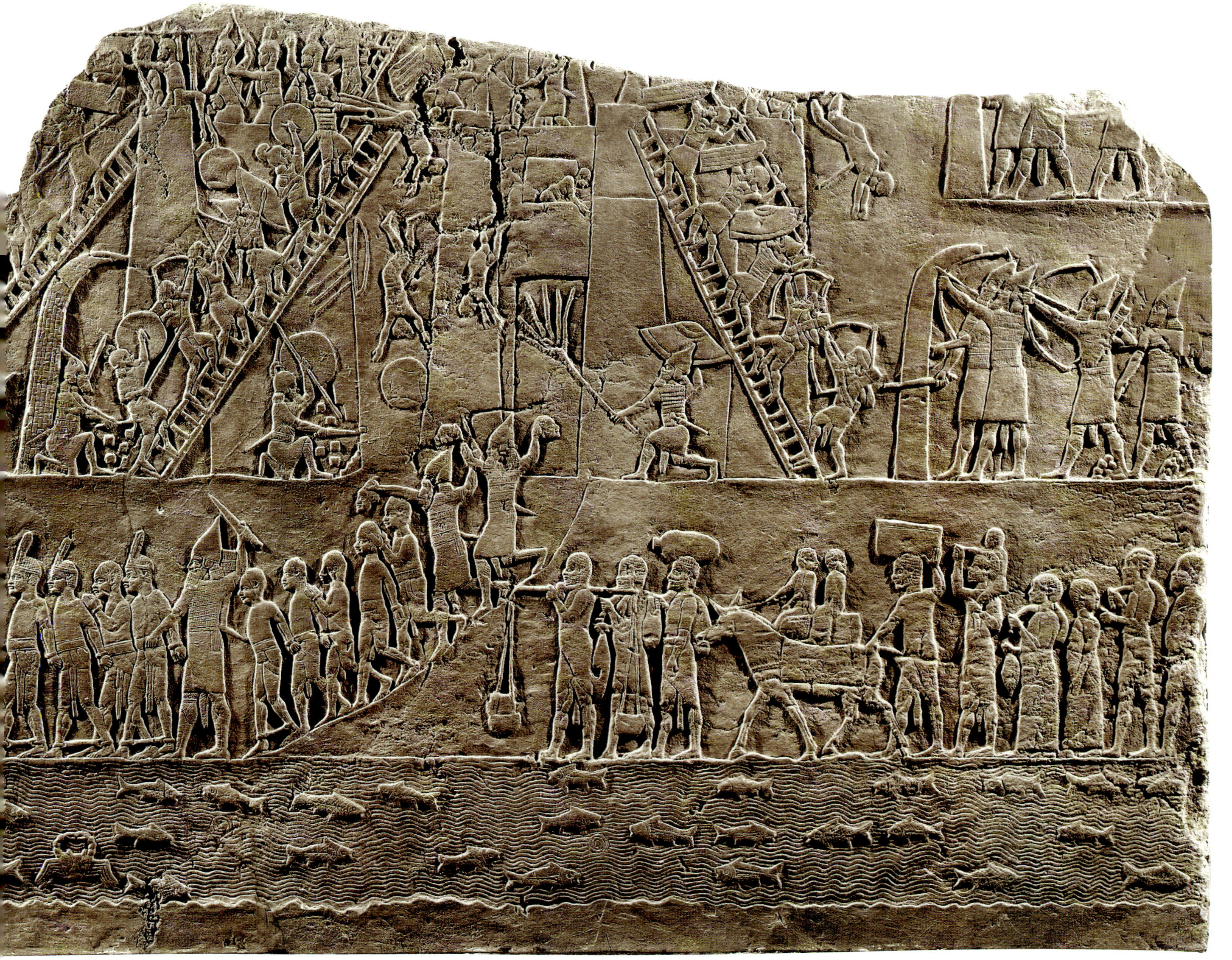

archaïque. C'est ce que montrent la suite de céramiques mises au jour par M.E.L. Mallowan dans un grand sondage effectué à Kuyunjik, ainsi que des découvertes faites dans d'autres zones de l'agglomération. Il semble que ce soit pourtant à l'époque d'Akkad (2350-2193 av. J.-C.) que Ninive s'enorgueillit de l'enceinte fortifiée édifiée sur les pentes de la citadelle de Kuyunjik et du sanctuaire d'Ishtar, sa patronne, construit ou reconstruit par Manishtushu d'Akkad, selon le témoignage d'une inscription de Shamshi-Adad. C'est de cette période que date la splendide tête en cuivre de souverain akkadien retrouvée dans la zone centrale de Kuyunjik, traditionnellement interprétée comme l'effigie de Sargon mais qui doit plus probablement être rapportée à l'un de ses successeurs.

Pendant les périodes paléo-assyrienne et médio-assyrienne, les travaux de construction et de restauration entrepris par les rois assyriens furent constants. Ils se manifestèrent entre autres par la restauration du sanctuaire d'Ishtar, la reconstruction de l'enceinte fortifiée et des portes de la ville, l'érection de nouvelles dépendances du palais et la réalisation d'œuvres hydrauliques ; cette importante activité constructrice sur le site de Ninive continua à l'époque néoassyrienne, et prit un tournant décisif avec Sennachérib qui, après son accession au trône en 704 av. J.-C., décida de faire de Ninive la capitale de son royaume. Les travaux du souverain assyrien furent importants (creusement de canaux, redoublement du périmètre urbain, création des quinze portes de la ville, travaux sur la muraille, extension des places, agrandissement de la voie royale) et atteignirent leur apogée avec la construction des complexes palatiaux : on peut attribuer à Sennachérib les ruines d'un important édifice situé dans le secteur oriental de la ville basse, au sud du Khusur, l'arsenal sur la colline de Nebi Yunus, agrandi et rénové par Asarhaddon, le « palais de la succession » pour le prince héréditaire, mentionné par Assurbanipal dans le passage où il décrit les travaux de construction du palais nord et peut-être situé à l'ouest du temple d'Ishtar, et, surtout, l'œuvre la plus monumentale et la plus remarquable, le palais Sud-ouest, que Sennachérib lui-même nomma le « palais sans égal ». Nous avons la chance de posséder des informations sur le début et la fin de la construction de ce palais (703-691/690 av. J.-C.) grâce aux relations scrupuleuses de la chancellerie royale. Elles mentionnent le nom des peuples vaincus ayant participé aux travaux, la grande dalle de fondation, les riches ornements de métal, les terres cuites vitrifiées et les figurines de bronze, et l'intervention du dieu apprenant au roi les secrets de la métallurgie la plus perfectionnée et lui indiquant dans quelles carrières chercher les matériaux de construction. L'exploration archéologique du XIXe siècle a mis au jour une très grande partie de l'intérieur du complexe architectural, mais n'a pu accéder aux limites du site – qui ne furent atteintes pour la première fois qu'en 1905, sans pourtant être soigneusement décrites. Bien que les ruines des infrastructures soient incomplètes, on peut cependant remarquer le caractère très novateur du palais de Sennachérib par rapport aux réalisations des souverains assyriens précédents. Il se manifeste par un plan original qui tend à annuler la distinction entre intérieur et extérieur ; les deux secteurs principaux du complexe, destinés d'une part à la représentation, de l'autre à l'habitation, devaient être alignés le long d'un axe nord-est/sud-est. La décoration du palais, qui comporte en particulier des orthostates en relief, offre elle aussi des éléments nouveaux : premièrement, les récits célébrant la royauté – que l'on retrouvait déjà auparavant à Ninive, par exemple sur les plaques d'argile peintes de scènes militaires puis vitrifiées, ou sur l'Obélisque blanc, orné de thèmes traditionnels religieux, cynégétiques et guerriers, que l'on peut probablement attribuer à Assurnasirpal II –, privilégient les sujets guerriers, comme la fameuse prise de Laschish dans la salle XXXVI, la construction du palais ou les représentations de dignitaires, de fonctionnaires, de gardes et de serviteurs ; deuxièmement, un lien entre le cadre architectural et l'événement représenté établit une singulière unité d'espace et de lieu, dans une structure fermée sauf la salle du trône ; troisièmement, une perspective dilatée permet au champ décoratif d'être entièrement recouvert de représentations d'événements se détachant sur une toile de fond, même si une partition en registres schématise parfois la composition ; enfin, l'environnement naturel est pris comme élément de l'espace réel.

Par la suite, les successeurs de Sennachérib se référèrent constamment à la structure architecturale et aux thèmes narratifs du « palais sans égal » pour leurs réalisations monumentales ; Assurbanipal (668-627 av. J.-C.) en particulier, neveu de Sennachérib, nous en fournit un témoignage. Non content de rénover le « palais de la succession » et d'enrichir le décor sculpté du palais sans égal, il entreprit d'ériger une nouvelle infrastructure palatiale, toujours sur la citadelle de Kuyunjik, que l'on appelle en général le palais nord. Malgré le caractère très sommaire des relevés qui ont été faits du complexe, mis au jour au XIXe siècle, on y retrouve un plan classique ; même l'ornementation en relief semble montrer une récupération de thèmes tradi-

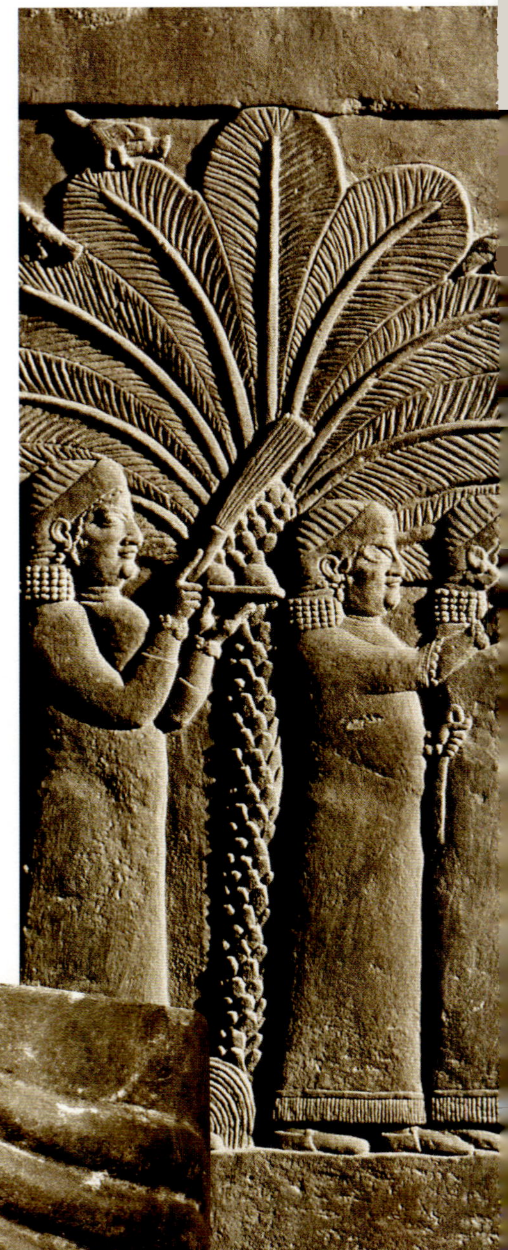

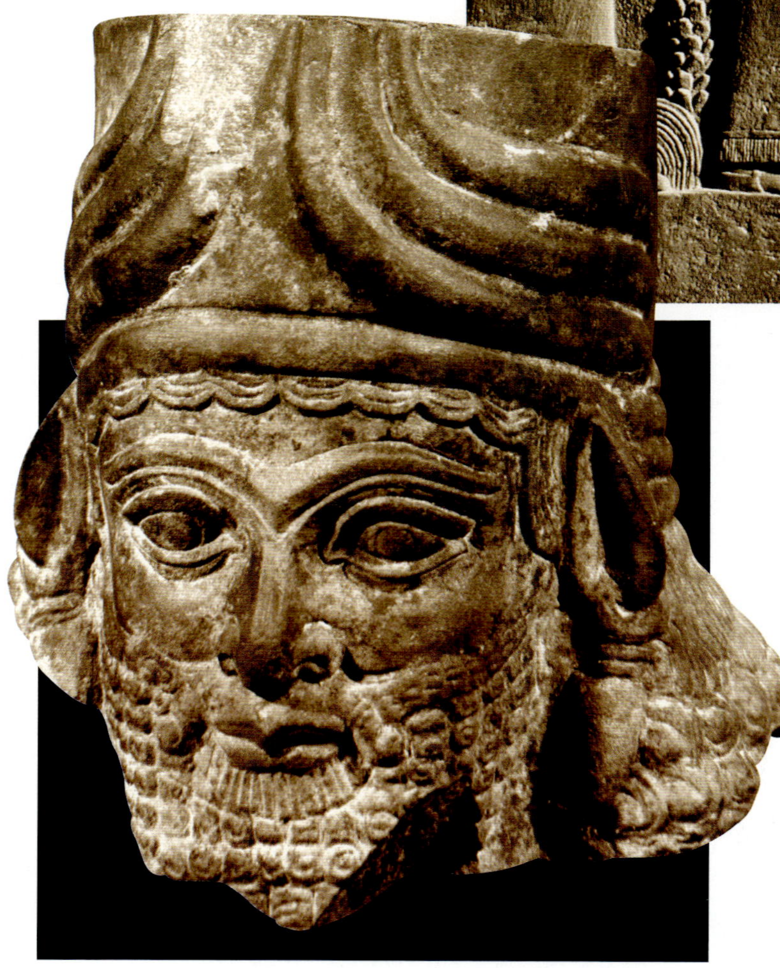

162 En bas : Ce fragment d'une tête de génie, probablement un garde des portes, faisait partie d'une statue de taureau ou de lion ailé androcéphale, à Ninive (époque de Sennachérib).

162-163 Sur ce relief, découvert dans la salle S' du palais nord de Kuyunjik (milieu du VIIe siècle av. J.-C.), on voit Assurbanipal et la reine au cours d'un banquet dans le parc royal, entourés de musiciens et de serviteurs. La scène, très novatrice par rapport aux sujets traditionnels, décore les appartements résidentiels royaux.

163 En bas : Ce relief sur plaque d'albâtre retrouvé dans la zone située entre le palais sud-ouest et le temple d'Ishtar de Kuyunjik (début du VIIe siècle av. J.-C.) représente deux gardes de Sennachérib, peut-être un Araméen et un Hébreu.

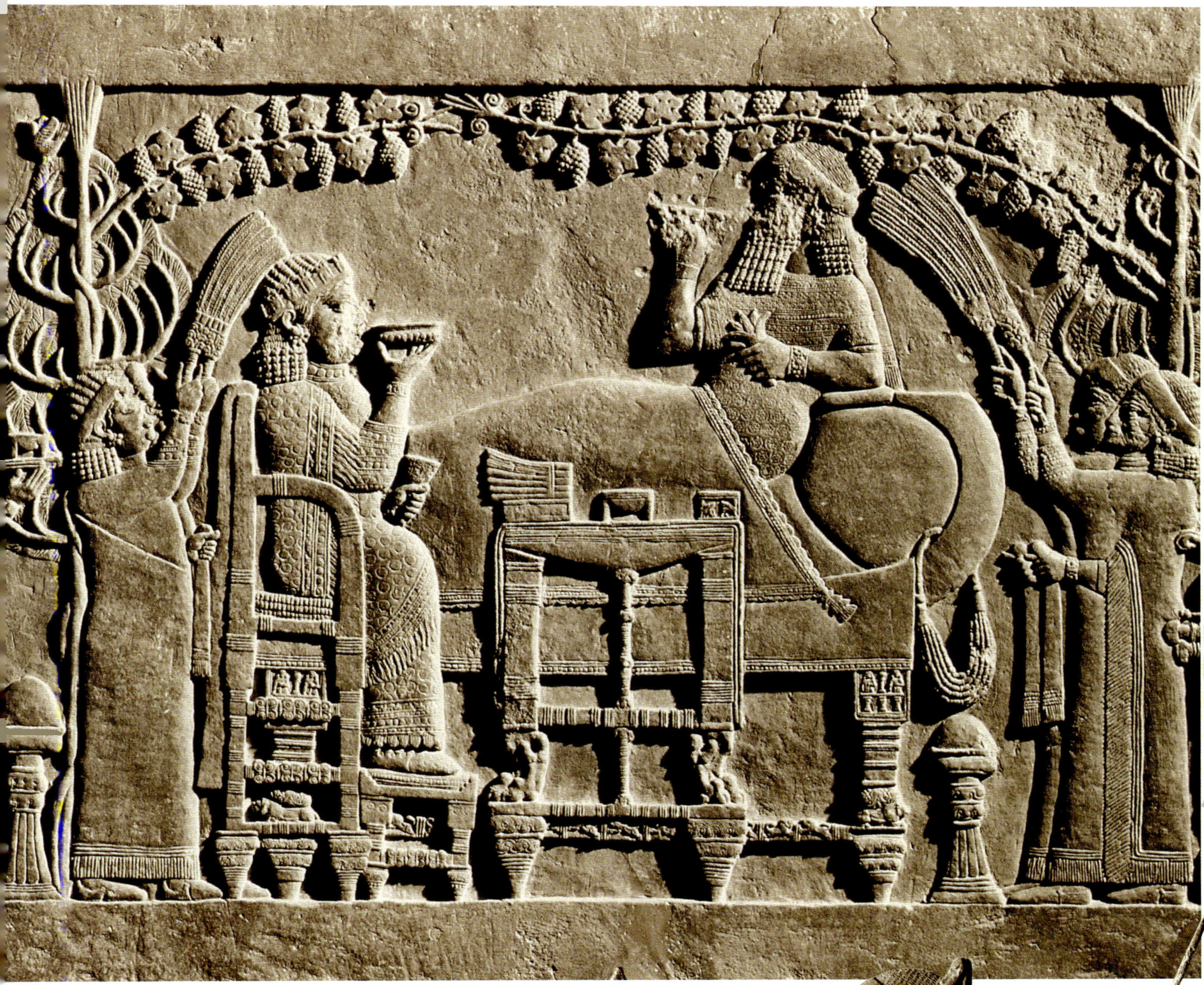

tionnels, retravaillés selon un langage nouveau : les reliefs représentent des scènes de chasse et de guerre dont le protagoniste absolu est le souverain, parfois accompagné à la chasse au lion par le prince héréditaire ; un sujet jusqu'alors ignoré des récits figuratifs vient s'ajouter à ces thèmes, celui de la vie quotidienne du roi et de la reine. Parfois, la composition de ces scènes trouve des solutions originales, comme des esquisses couvrant toute la surface disponible ou des divisions en registres. Le champ d'action, quant à lui, est soit totalement abstrait et sans références à un paysage, dans le cas des chasses, soit harmonieusement orné d'éléments végétaux qui correspondent de façon linéaire aux figures humaines, dans les représentations du parc royal. Si les thèmes de la chasse et de la vie quotidienne sont réservés aux appartements résidentiels, on retrouve des sujets guerriers, comme dans le palais de Sennachérib, dans les salles officielles.

Après cette époque de primauté politique et de splendeur architecturale, Ninive déclina rapidement, à tel point qu'en 612 av. J.-C. elle subit l'assaut des armées des Mèdes, des Babyloniens et des Scythes, qui en précipitèrent la chute.

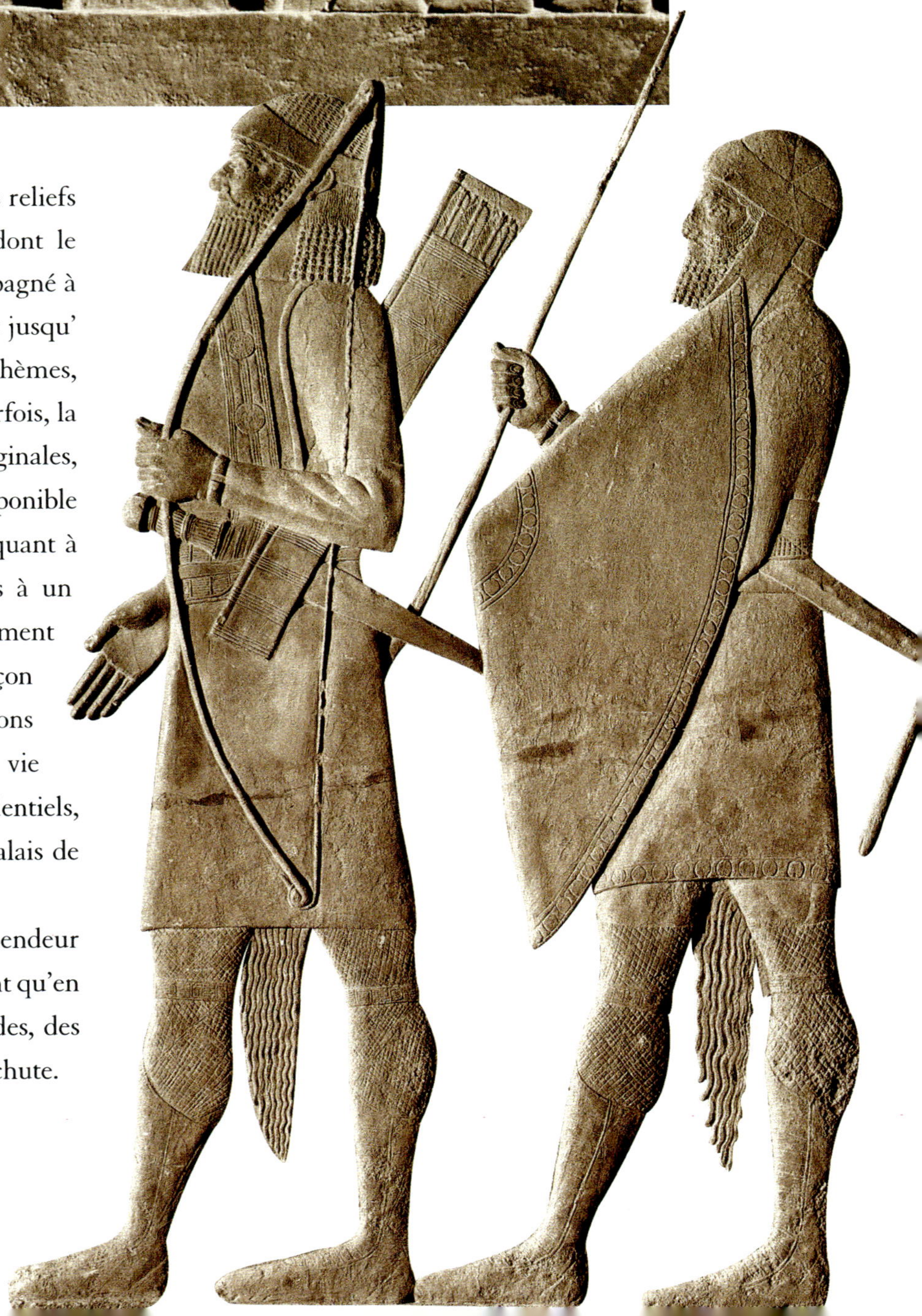

BABYLONE

Par ANTONELLA MEZZOLANI

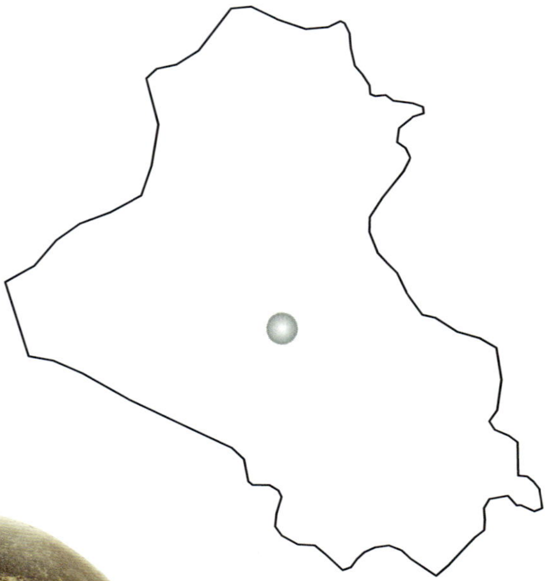

La vieille cité de Babylone, important foyer de spiritualité et de culture de l'Antiquité, était située à cheval sur un bras de l'Euphrate, qui la divisait en deux parties reliées par un pont. Elle fut visitée par des voyageurs illustres, comme Ibn Hawqal au Xe siècle et Benjamin de Tudèle au XIIe siècle, qui décrivirent ses ruines ou qui tentèrent, comme l'abbé de Beauchamp ou H.J. Bridge, d'acquérir auprès des habitants du lieu les matériaux abondamment pillés du site antique ; ce n'est qu'en 1811 que C.J. Rich, résident de la Compagnie des Indes orientales, entreprit une première investigation systématique de la zone, qui précéda une description des ruines des collines et une série de relevés de plans. Nombreux furent les savants ayant mené des fouilles archéologiques dans d'autres villes mésopotamiennes qui travaillèrent à Babylone, comme W.K. Loftus en 1849 et A.H. Layard en 1850. Mais ce ne fut qu'en 1852 que la mission de F. Fresnel et J. Oppert reconnut le pont sur l'Euphrate, identifié grâce aux inscriptions de Nabonide ; cette découverte entraîna l'année suivante la publication du premier plan détaillé des ruines sous la direction d'Oppert.

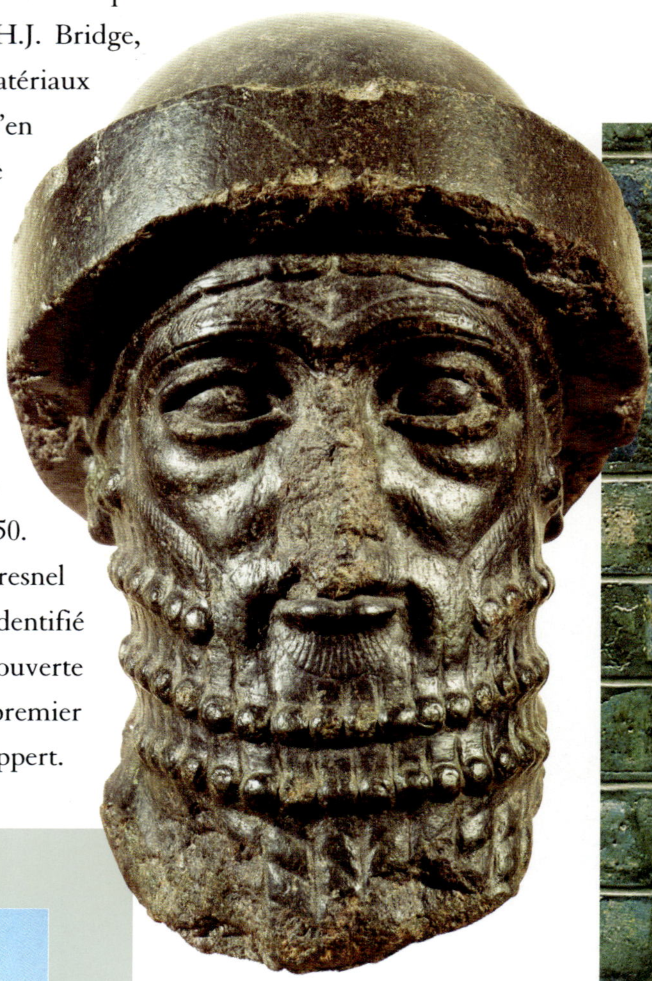

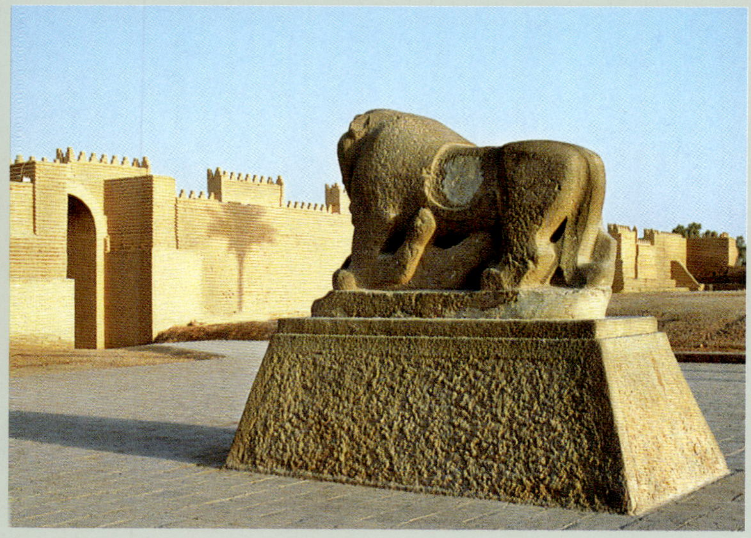

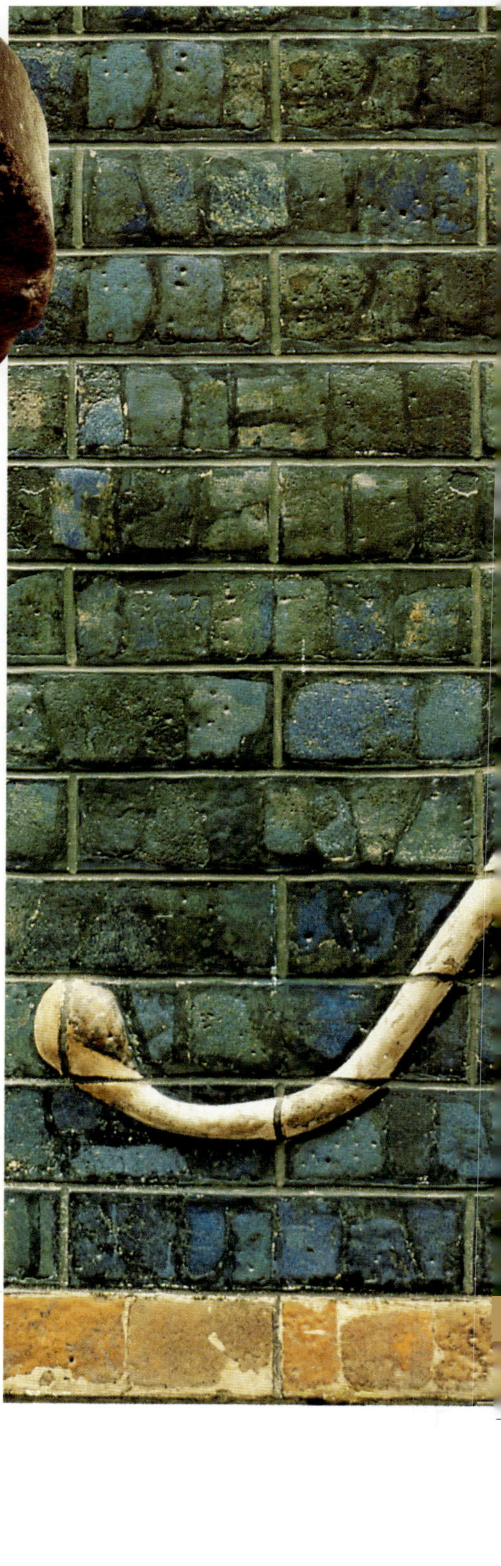

164 Ci-dessus : Conservée au Louvre, cette tête de statuette en diorite, retrouvée à Suse mais provenant peut-être de Babylone, représente un souverain paléobabylonien. On l'a souvent identifiée avec Hammurabi, mais rien n'est moins sûr.

164 À gauche : Ce « lion de Babylone » en basalte, de l'école nord-syriaque, a été retrouvé dans le palais nord, secteur qui, par l'abondance des trésors sculptés antiques provenant pour la plupart de victoires militaires, fut à l'origine considéré comme un véritable musée.

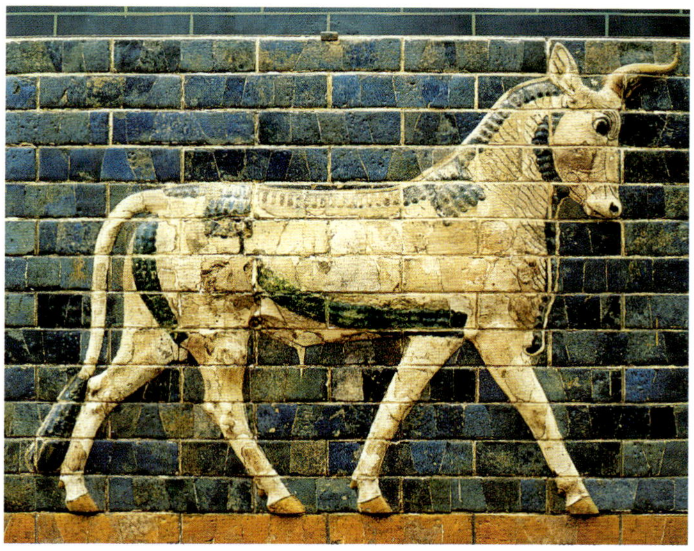

165 Ci-dessus : Figuré en relief sur des briques émaillées, ce taureau en marche décorait la porte d'Ishtar.

164-165 Ce lion, qui ornait les murs de la voie processionnelle, peut être attribué à la période d'intense activité constructrice de Nabuchodonosor.

Les années suivantes, le British Museum travailla activement sur le site antique, ce qui lui permit de s'enrichir de tablettes cunéiformes, de cylindres et de sceaux grâce en particulier à H. Rassam en 1876 et W. Budge en 1887. Les résultats les plus significatifs ne furent cependant obtenus qu'avec les missions de R. Koldewey de 1899 à 1914, auxquelles participèrent des savants de la carrure de W. Andrae, F. Wetzel, O. Reuter et G. Buddensieg. Nous savons, grâce à certaines inscriptions, que Sargon d'Akkad détruisit Babylone en 2340 av. J.-C. et que Shulgi d'Ur (2094-2047 av. J.-C.) saccagea le complexe d'Esagila au cours de ses conquêtes. Mais nous ignorons presque tout de la ville pendant le règne d'Hammurabi (1792-1750 av. J.-C.) – resté célèbre dans l'Histoire pour son fameux Code –, qui éleva la ville au rang de capitale ; on sait peu de chose, d'un point de vue archéologique, sur l'époque kassite. C'est probablement pendant la période assyrienne que furent cons-

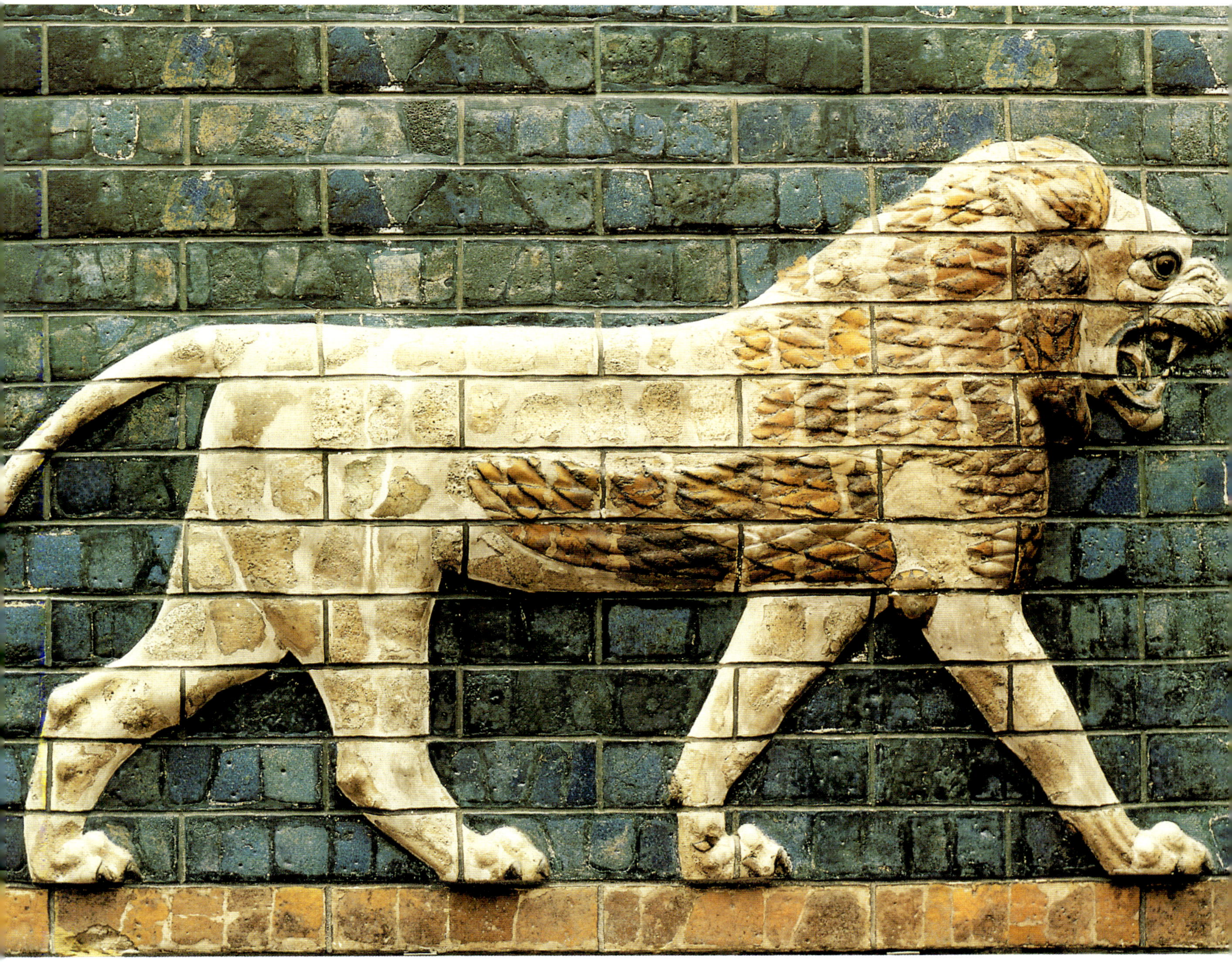

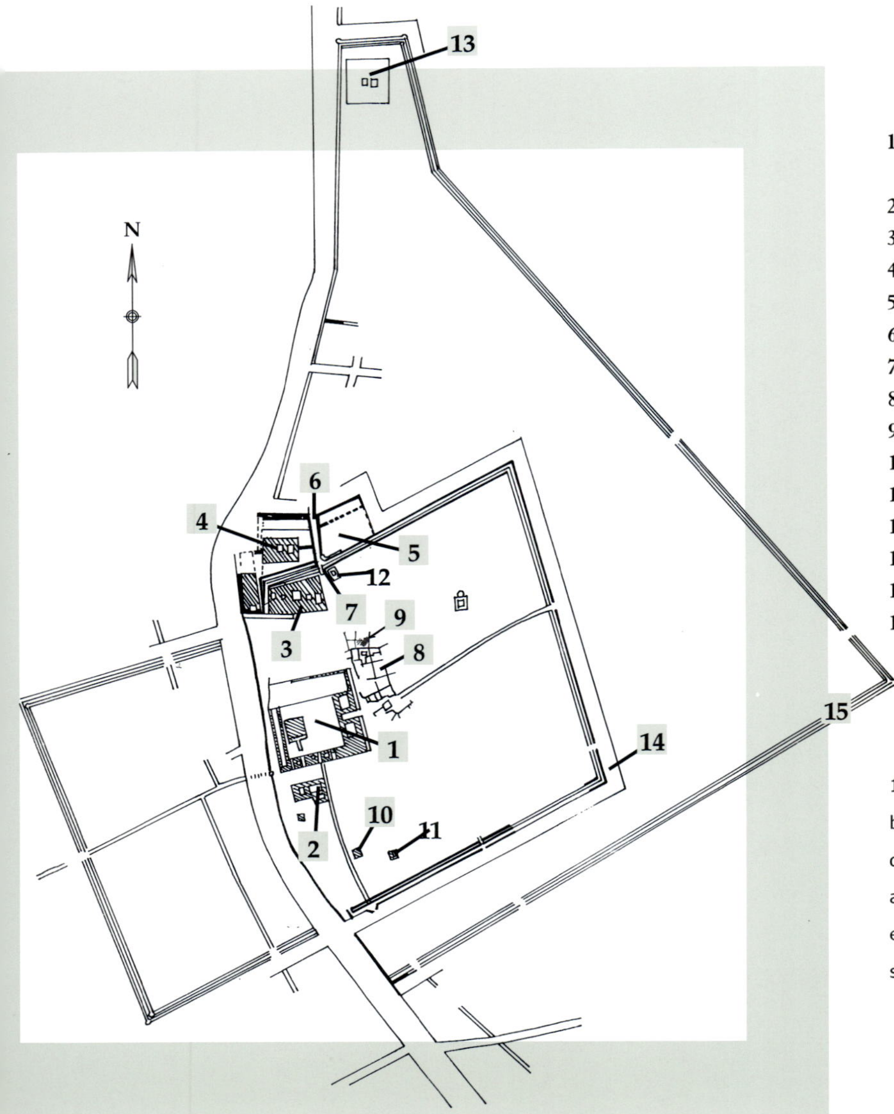

1) Enceinte de la ziggourat Etémenanki
2) Esagila, temple de Marduk
3) Palais sud
4) Palais nord
5) Avant-poste
6) Voie processionnelle
7) Porte d'Ishtar
8) Quartier résidentiel de Merkès
9) Temple d'Ishtar d'Akkad
10) Temple Z
11) Temple de Ninurta
12) Temple de Ninmakh
13) Palais d'Été
14) Enceinte fortifiée intérieure
15) Enceinte fortifiée extérieure

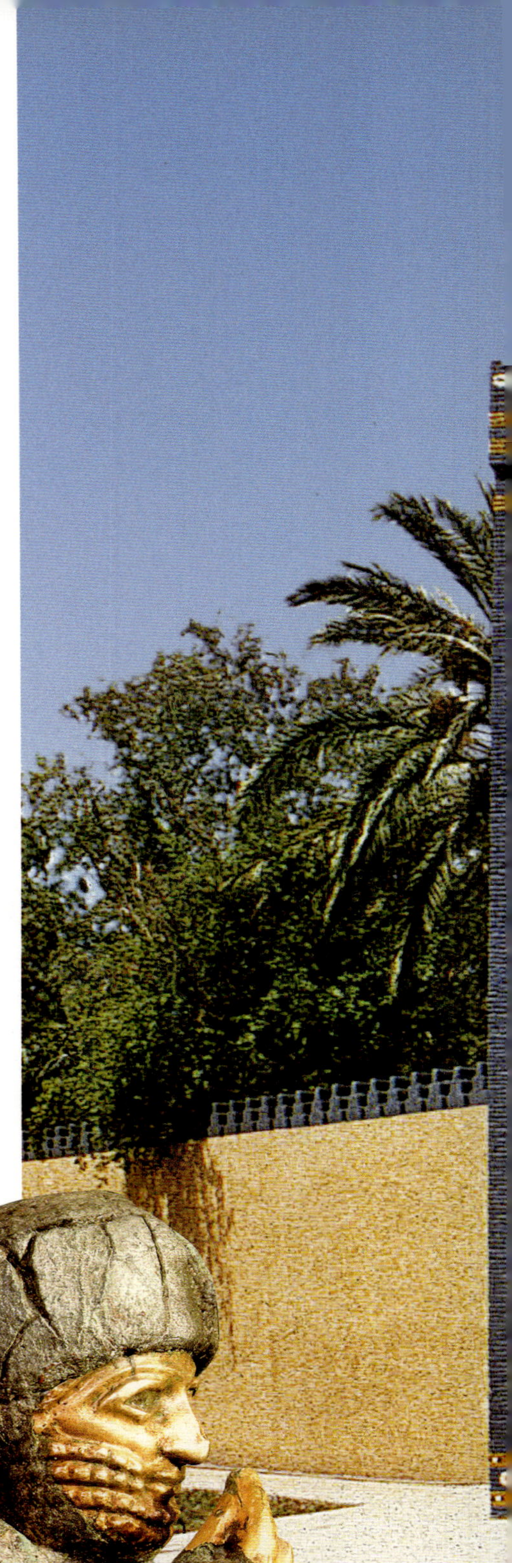

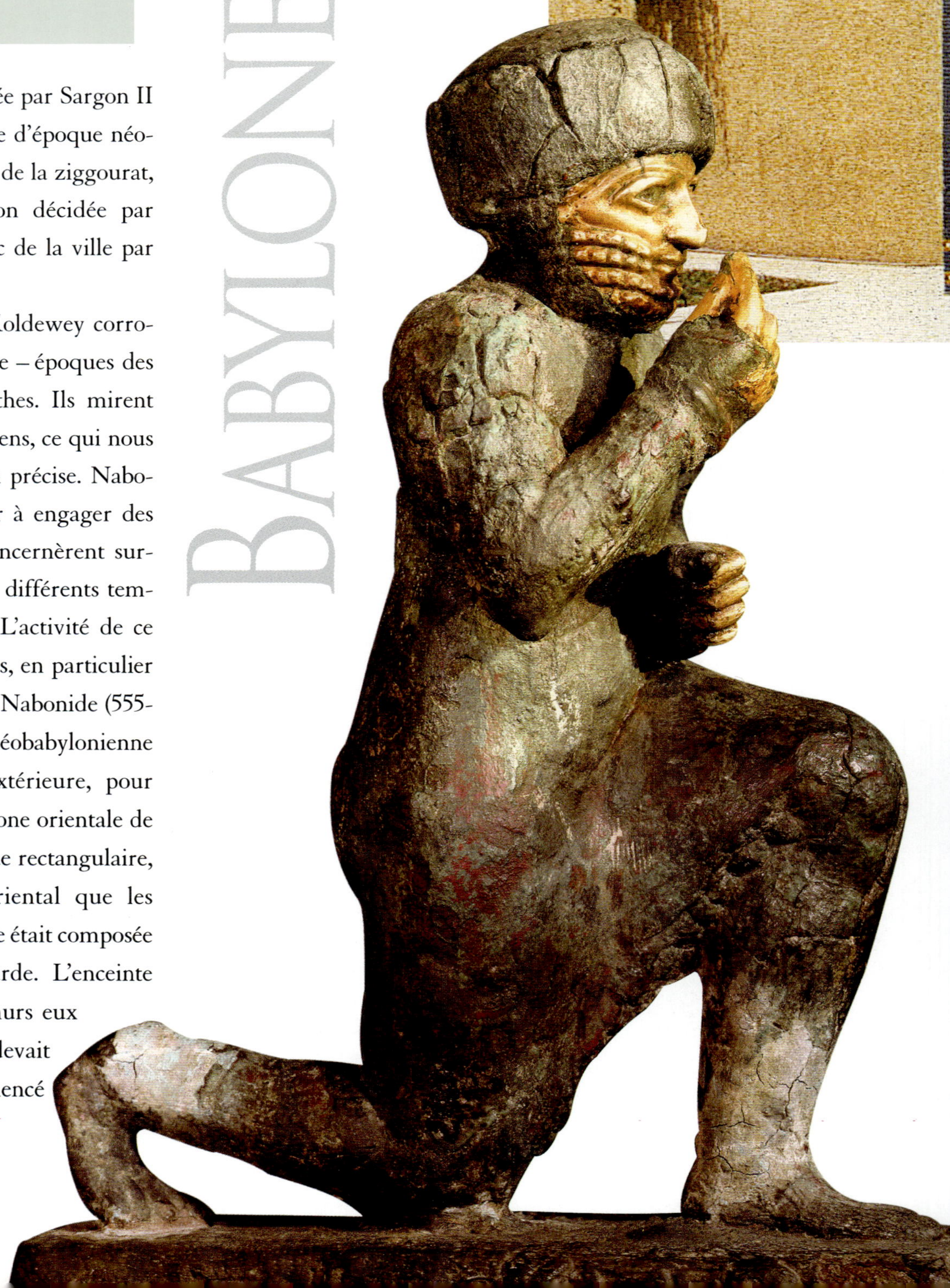

166 Ci-dessous : Cette statuette votive en bronze et or de Larsa, de la première moitié du XIXe siècle av. J.-C., représente un orant agenouillé, peut-être le prêtre Lu-Nanna, et non le roi Hammurabi comme on le croit souvent.

BABYLONE

truits une muraille fortifiée, peut-être érigée par Sargon II et située en dessous de l'enceinte intérieure d'époque néobabylonienne, et le noyau en briques crues de la ziggourat, vraisemblablement lié à la reconstruction décidée par Asarhaddon (680-669 av. J.-C) après le sac de la ville par Sennachérib en 689 av. J.-C.

Les travaux de fouilles conduits par R. Koldewey corroborèrent les phases les plus tardives du site – époques des Achéménides, des Séleucides et des Parthes. Ils mirent également au jour les niveaux néobabyloniens, ce qui nous permet de lire le plan de la ville de façon précise. Nabopolassar (625-605 av. J.-C.) fut le premier à engager des travaux de restructuration globale qui concernèrent surtout les fortifications, la reconstruction de différents temples de la ville et l'édification de palais. L'activité de ce souverain fut complétée par ses successeurs, en particulier par Nabuchodonosor (604-562 av. J.-C.) et Nabonide (555-539 av. J.-C.). Les fortifications d'époque néobabylonienne consistaient en deux enceintes, l'une extérieure, pour laquelle on n'a de certitudes que dans la zone orientale de la ville, l'autre intérieure, de forme presque rectangulaire, qui protégeait aussi bien le secteur oriental que les quartiers occidentaux. L'enceinte extérieure était composée de trois murs ponctués de tours de garde. L'enceinte intérieure, quant à elle, possédait deux murs eux aussi à tours alternées. Il est probable qu'il devait exister un troisième mur extérieur, commencé

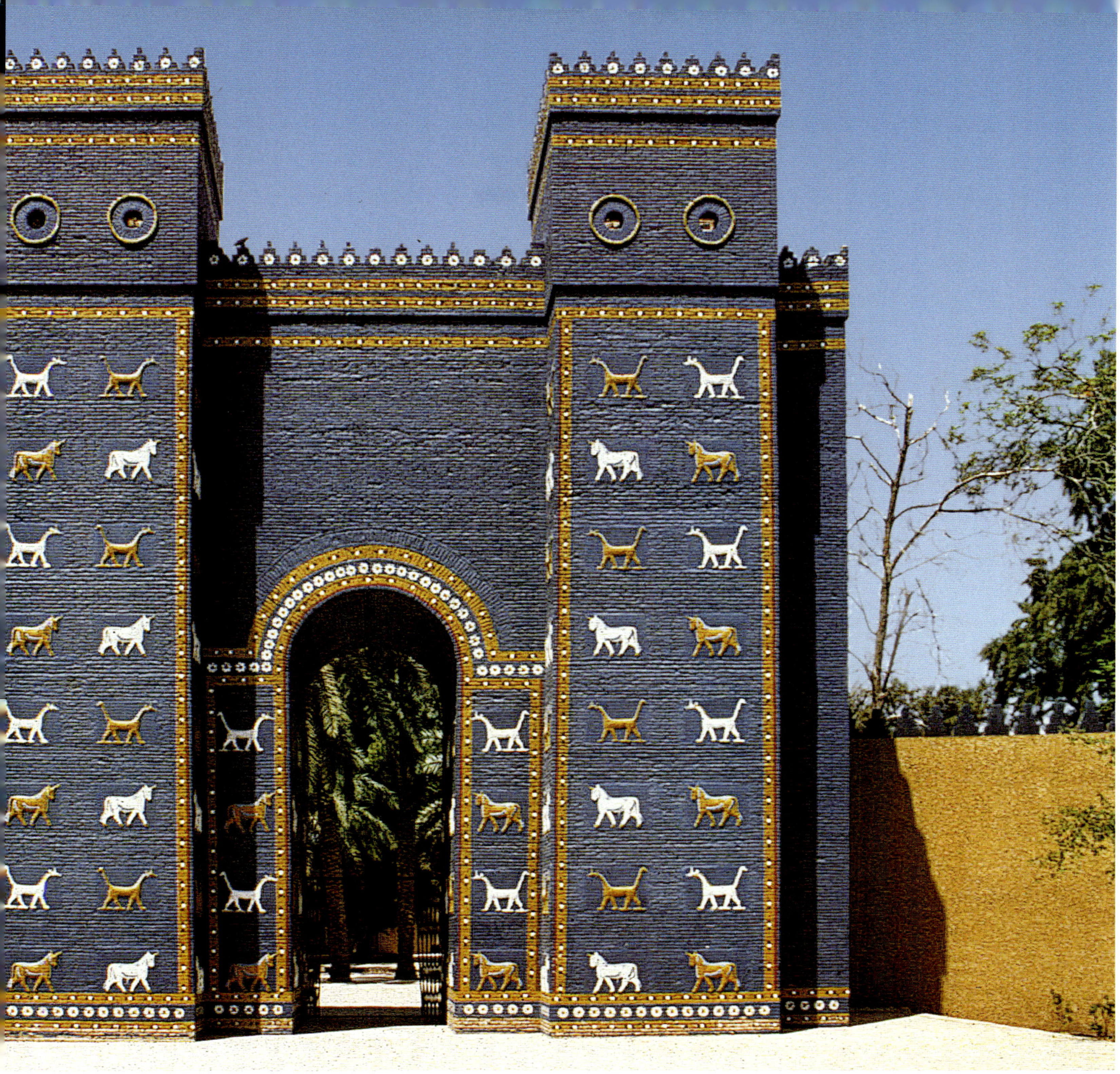

par Nabopolassar et complété par Nabonide, comportant un large fossé. Un mur occidental, sur la rive du fleuve, plusieurs fois reconstruit par Nabopolassar sur une ligne de fortifications de l'époque de Sargon II, fut repris en briques crues par Nabuchodonosor et Nabonide. Une série de portes s'ouvrait sur le pourtour de l'enceinte intérieure. La plus célèbre était la porte d'Ishtar, un grand arc entouré de tours fortifiées, ornée d'un splendide décor en briques émaillées polychromes à figures de dragons et de taureaux. D'après les techniques de décoration, on a pu y repérer trois phases différentes, se rapportant toutes à la période néobabylonienne : dans la première phase, les figures des animaux sont modelées en relief sur des briques non émaillées ; dans la seconde, les animaux sont peints sur des briques émaillées ; enfin, dans la troisième, dragons et taureaux ressortent en relief sur des briques émaillées. Au nord, une voie processionnelle, dont le registre inférieur était décoré de figures de lions couchés et de rosettes en relief sur des briques émaillées, passait à travers la porte

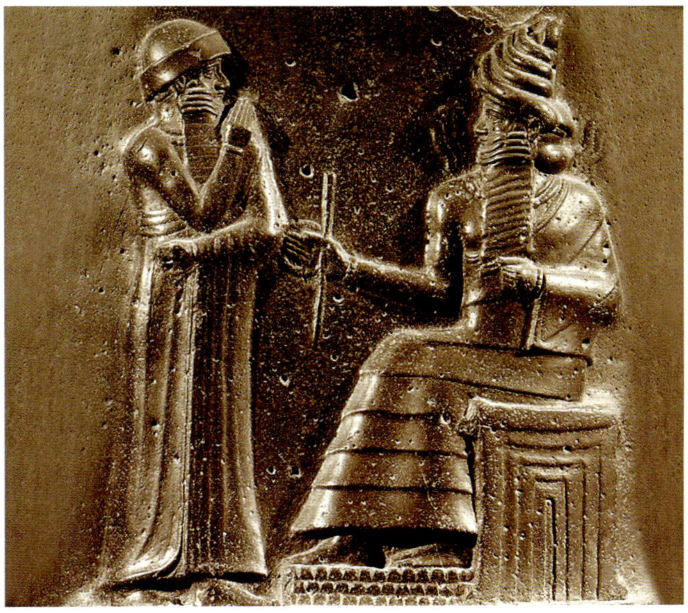

167 Ci-dessus : La lunette en demi-lune du Code d'Hammurabi en diorite, daté de la première moitié du XVIIIe siècle av. J.-C., montre le roi Hammurabi de face, rendant hommage au dieu Shamash assis sur son trône. Le prologue, les 282 articles et l'épilogue de ce célèbre Code se succèdent sur les sections médianes.

166-167 La fameuse porte d'Ishtar : les briques émaillées sont ornées de représentations de taureaux et de *mushkhush*, les dragons de Marduk.

d'Ishtar et continuait vers le centre-ville. Après avoir rejoint le côté sud d'Etémenanki, elle s'infléchissait vers l'ouest et atteignait le fleuve, à la hauteur du pont réunissant les deux secteurs de la cité.

Le palais nord de Nabuchodonosor, situé hors de l'enceinte interne et adossé à celle-ci, s'articulait autour de deux cours et reprenait le schéma du secteur occidental du palais Sud, comme d'ailleurs le palais d'Été, érigé dans l'angle nord-est des fortifications externes. Le palais sud, situé immédiatement à l'intérieur de l'enceinte interne au nord et à l'ouest de la voie processionnelle, fut bâti par Nabopolassar et remanié par son fils Nabuchodonosor. Il s'organisait autour de cinq cours qui commandaient des salles de différentes tailles et des groupes de pièces plus petites.

La zone située à l'extrémité ouest, dominée par la salle du trône, était réservée à des fonctions publiques et administratives, tandis que la partie est avait vraisemblablement un rôle résidentiel. Au centre de la ville se dressait la vaste enceinte d'Etémenanki, la ziggourat qui a donné naissance à l'image de la tour de Babel : en réalité, il ne reste que très peu de ruines de la tour. Ce que nous en savons nous vient principalement des sources écrites, en particulier d'Hérodote et de la table d'Esagila, un texte cunéiforme d'époque séleucide. La ziggourat, construite par Nabopolassar et Nabuchodonosor, devait avoir sept niveaux, dont le dernier formait le temple de Marduk, divinité de la ville. L'enclos qu'il dominait possédait une entrée monumentale sur la voie processionnelle et des entrées annexes plus petites du côté sud. Esagila, le temple de Marduk, était bâti immédiatement au sud d'Etémenanki. Son plan s'articulait autour d'une cour à laquelle on accédait par des entrées monumentales et dont les murs extérieurs étaient richement décorés de pilastres et de tours profilées ; à l'est, une dépendance à ciel ouvert précédait le temple. On a retrouvé dans la ville d'autres temples mineurs, comme celui d'Ishtar d'Akkad, qui reprenaient le schéma typique mis en évidence dans l'Esagila, c'est-à-dire une cour avec des parois à contreforts, une antichambre et une *cella* dotée d'une niche peu profonde pour la statue cultuelle, des dégagements autour de la cour, des couloirs autour du bloc de la *cella*, enfin une entrée secondaire sur un des longs côtés. On a également mis en évidence dans le secteur est de la ville un quartier résidentiel, Merkès, qui montre à quoi ressemblaient les habitations, centrées autour d'une cour intérieure sur laquelle donnait souvent une salle de réception. Après la phase néobabylonienne, particulièrement prospère pour Babylone, la cité fut conquise par Cyrus II en 539 av. J.-C. puis par Artaxerxès II (409-359 av. J.-C.). Un bâtiment à pilastres, d'un type semblable à celui de l'*apadana*, vint s'ajouter aux palais. En 331 av. J.-C., Alexandre le Grand entra dans Babylone et en fit la capitale de son empire, s'employant à restaurer les vieux édifices et à construire un théâtre grec. Dans le même temps, le palais d'Été était transformé en complexe fortifié et des maisons résidentielles construites dans la zone des anciens palais. Le déclin de Babylone commença avec la fondation de Séleucie, tant et si bien que lors de leur visite , Trajan, en 115, et Septime Sévère, en 199, la trouvèrent désertée.

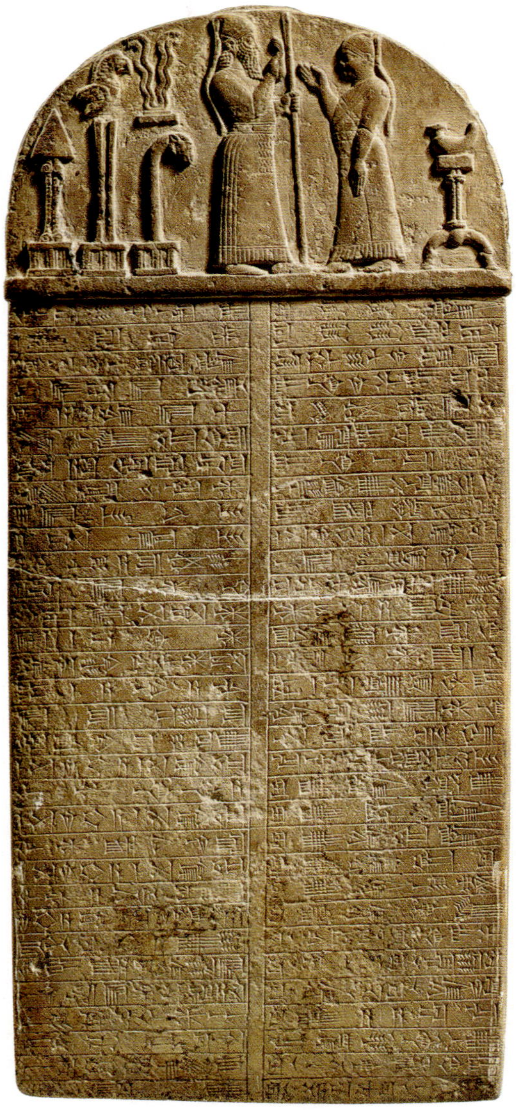

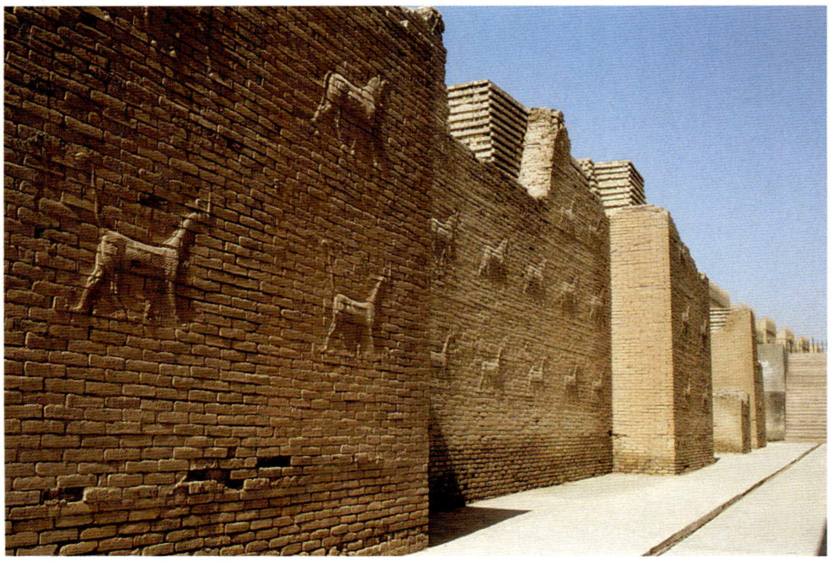

168 Ci-dessus : La stèle en calcaire de Marduk-zakir-shumi, du xe siècle av. J.-C., est conservée au Louvre : la lunette supérieure représente un entretien entre le souverain et un dignitaire. On remarque au fond les symboles de la divinité du pays, placés sur des autels.

168 Ci-contre : De l'intérieur de la porte d'Ishtar, on peut admirer les tours et les dragons *mushkhush* représentés sur des briques en relief non émaillées.

169 L'entrée du palais sud de Nabuchodonosor, reconstruit à l'époque moderne, est située sur la voie processionnelle. Elle se présente sous la forme d'une porte en arc flanquée de deux tours, enserrée des deux côtés par le mur fortifié qui entourait l'ensemble du complexe architectural.

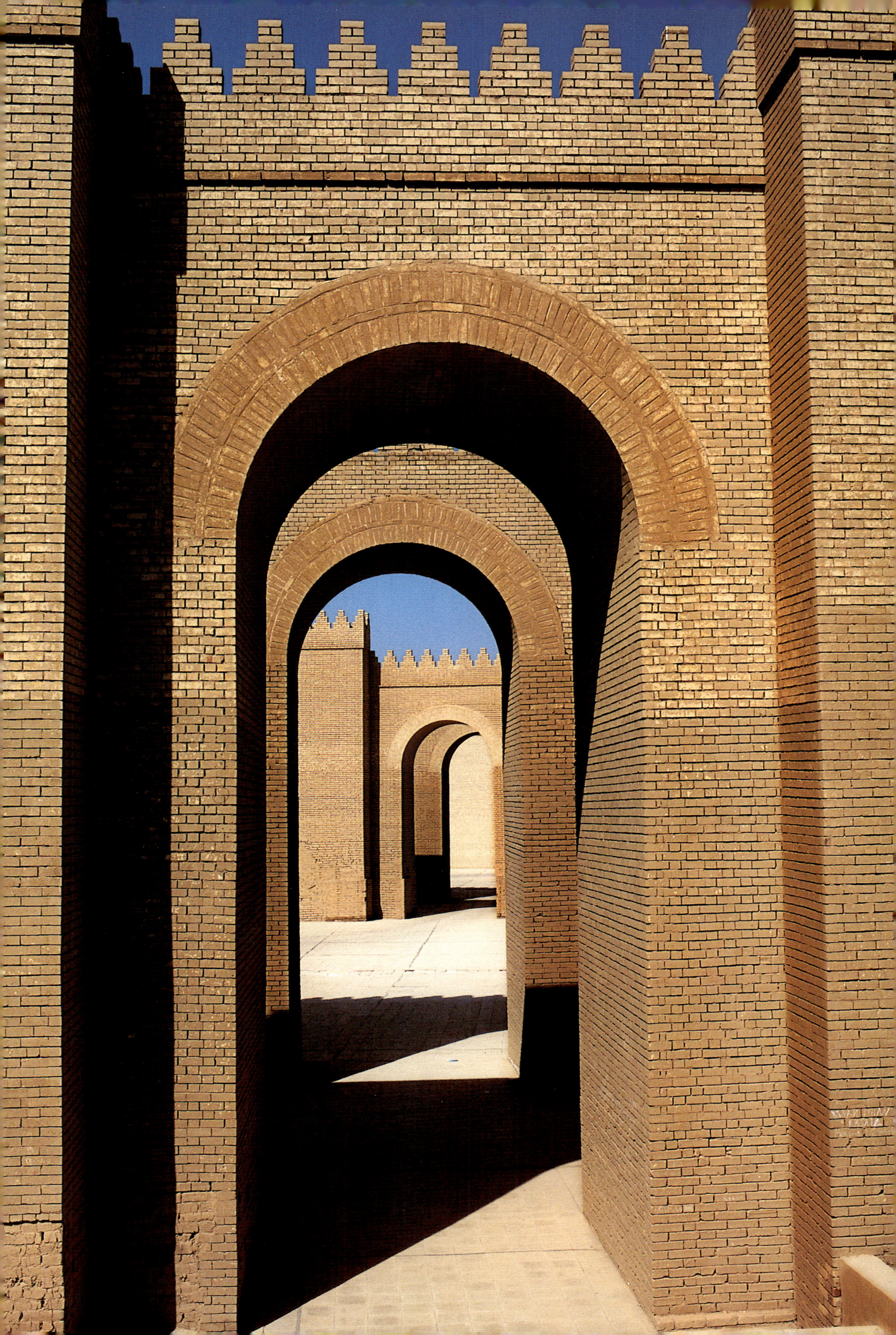

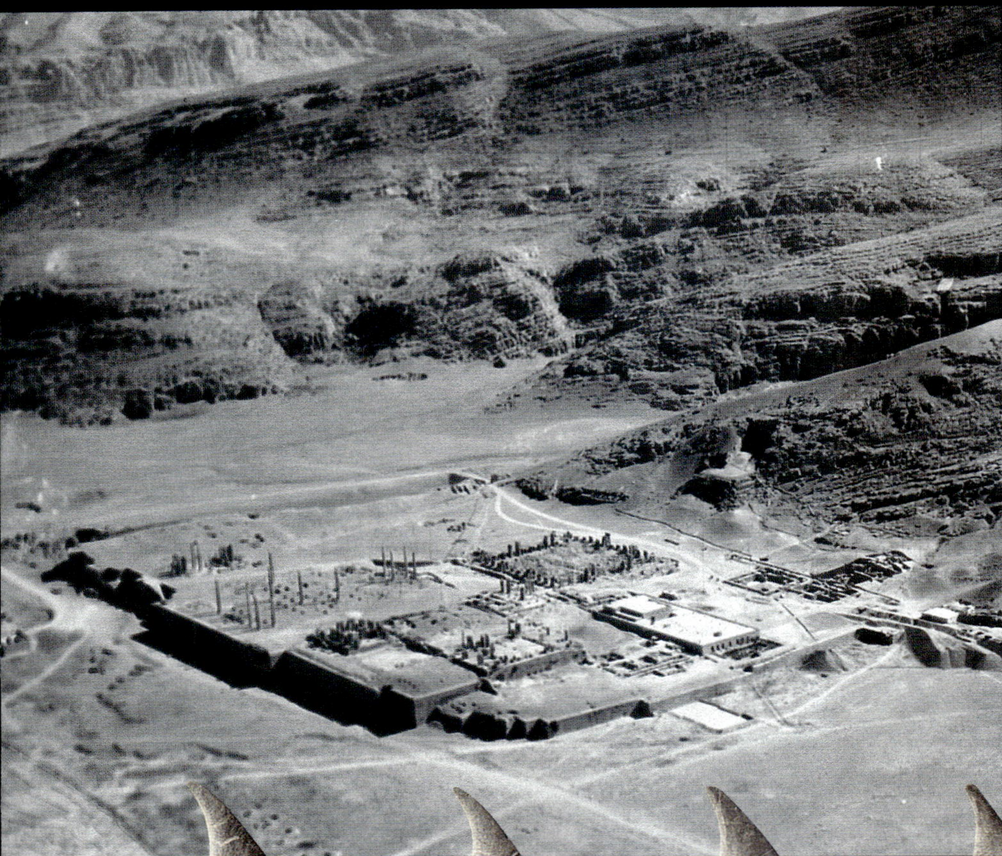

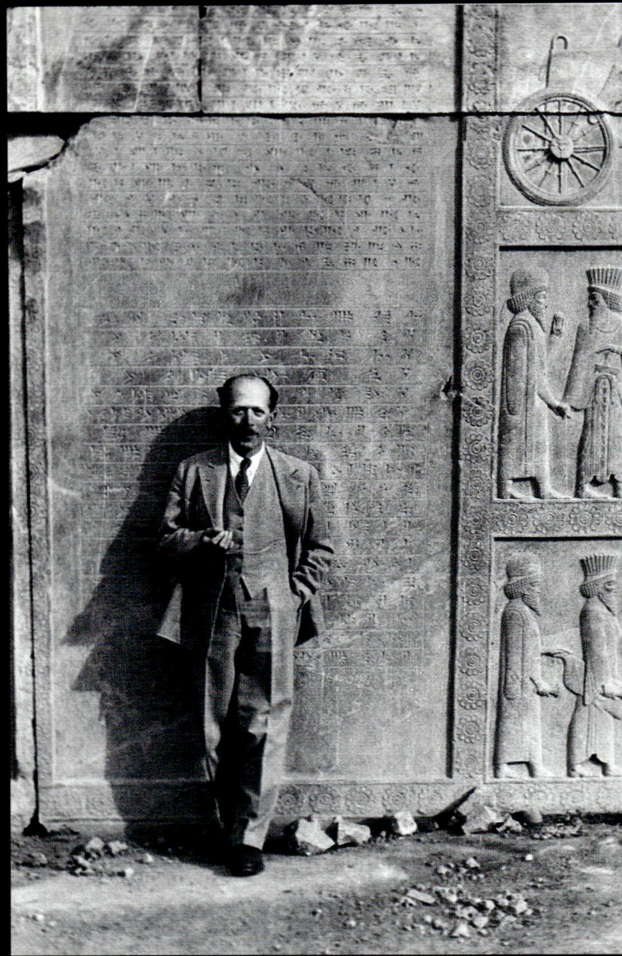

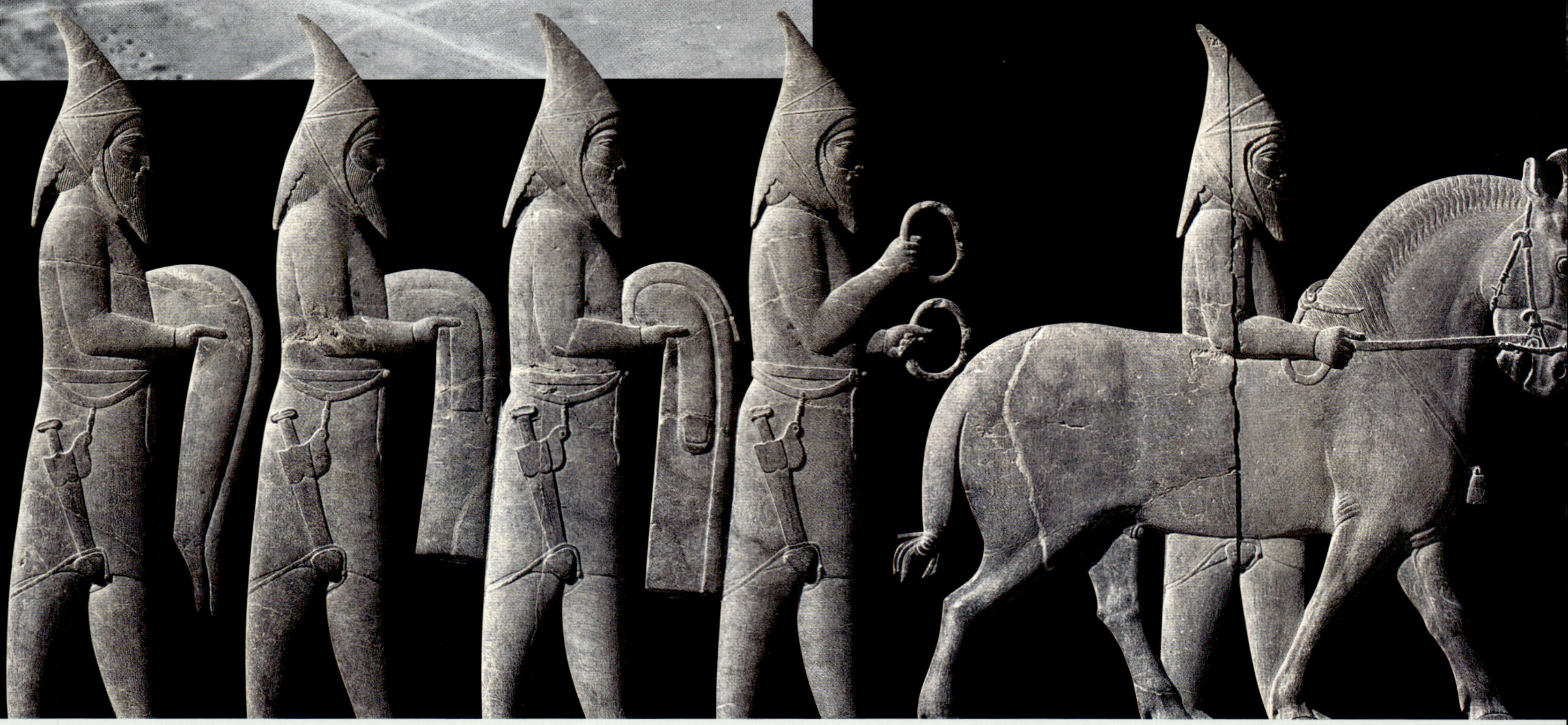

170 En haut à gauche : Cette vue aérienne prise en 1933 montre Persépolis avec, au fond, le mont Kuh-i Rahmat.

170 En haut à droite : Cette photographie prise le 13 février 1933 représente E. Herzfeld, directeur de la mission archéologique de l'Institut oriental de l'université de Chicago de 1931 à 1934.

170-171 Détail d'un relief : la délégation de Saka Tigraxauda apporte en tribut au roi des chevaux, des bijoux et des vêtements.

171 Cette photographie a été prise en 1933 au cours de la restauration de l'escalier oriental de l'*apadana* sous la direction de l'Institut oriental de l'université de Chicago.

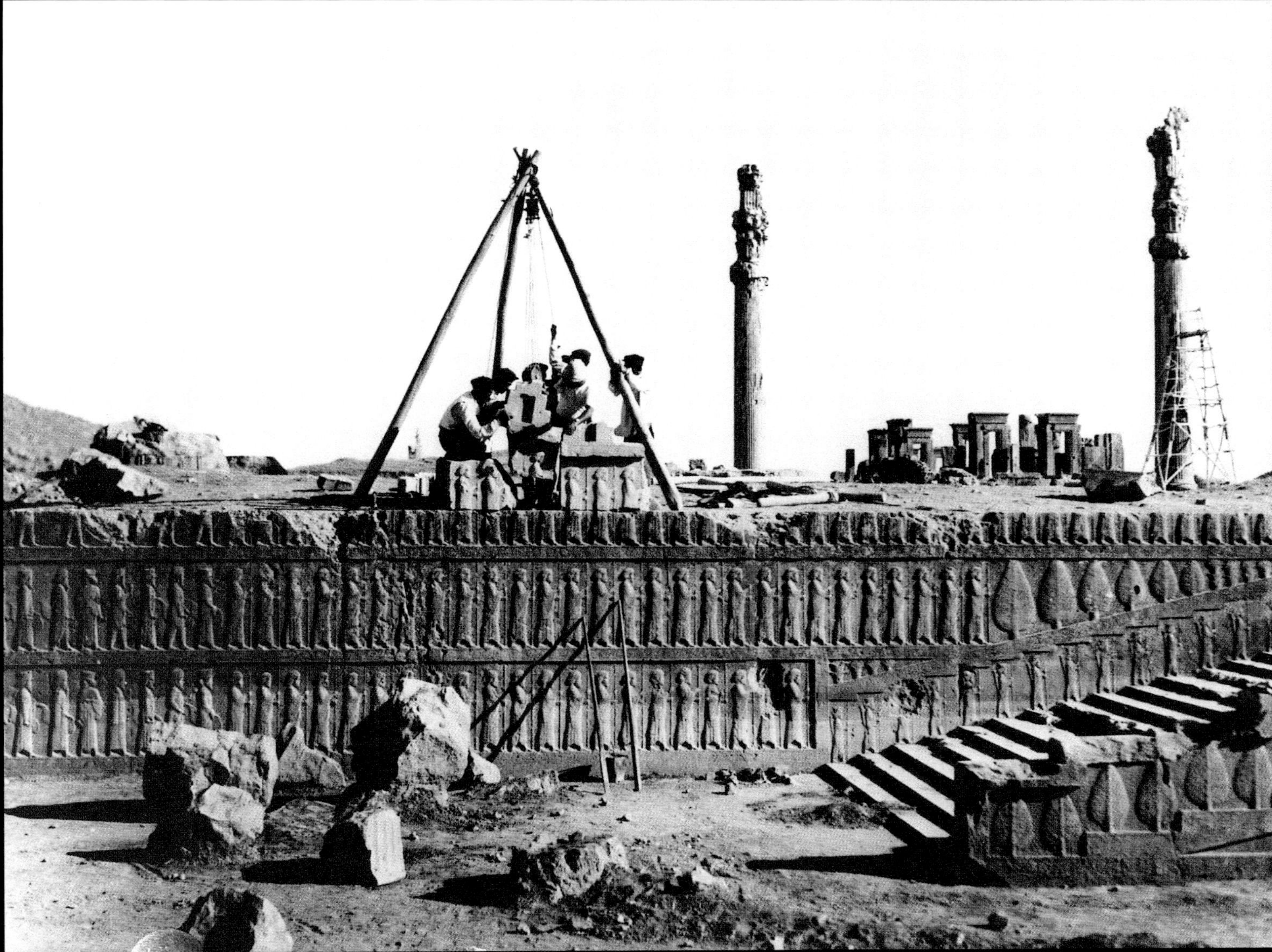

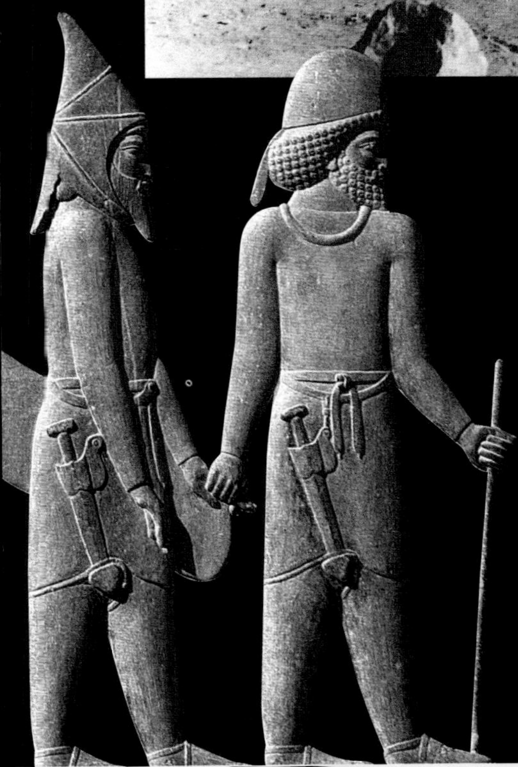

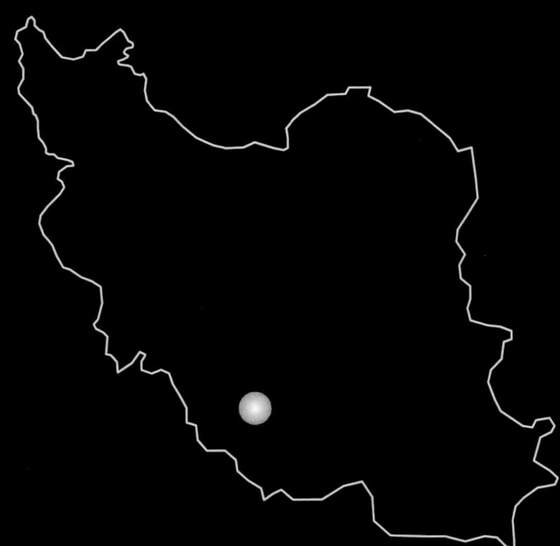

PERSÉPOLIS

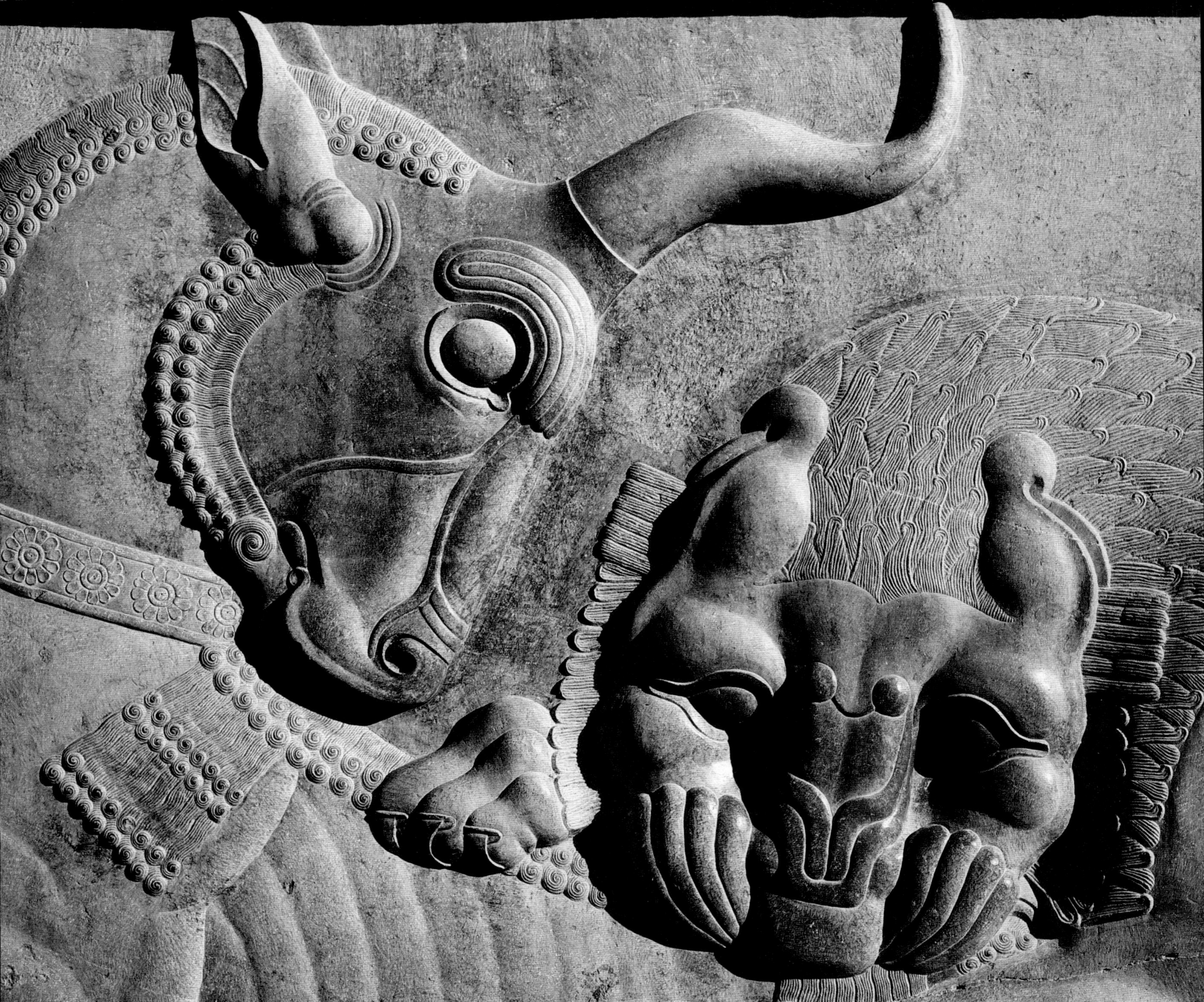

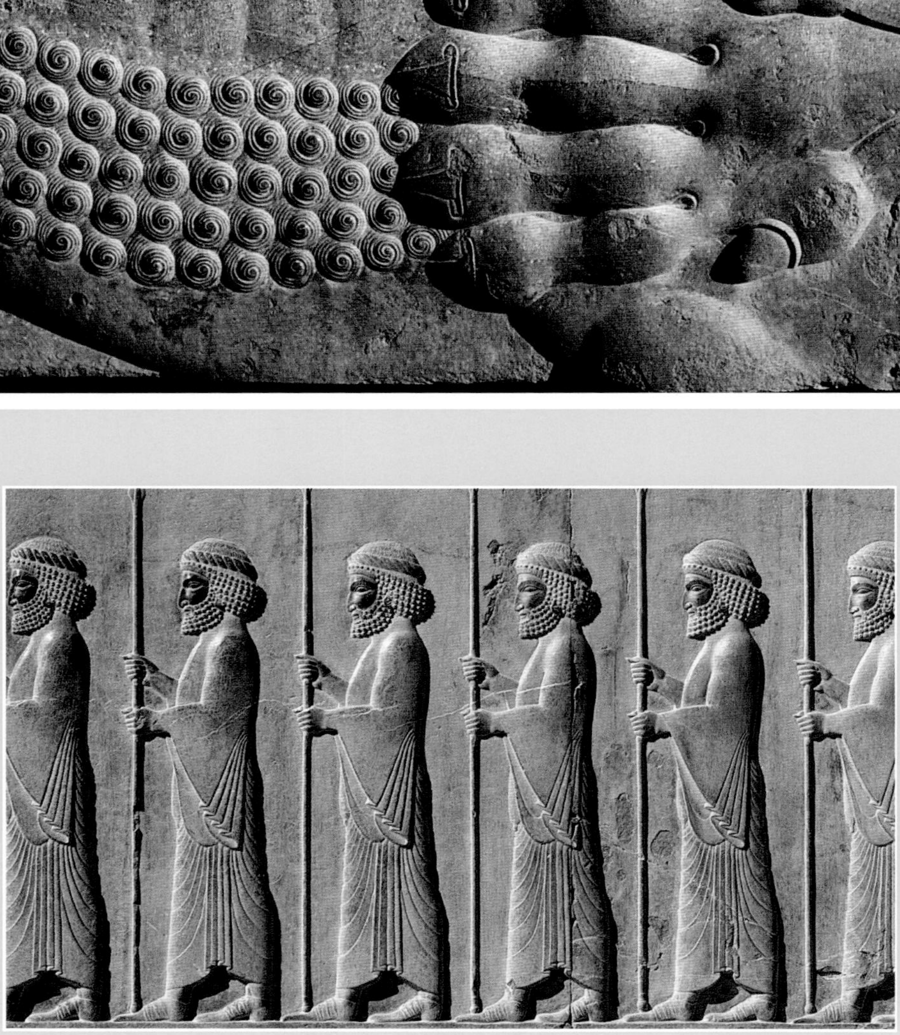

PERSÉPOLIS

Par ANTONELLA MEZZOLANI

La ville de Persépolis prenait place dans la localité qui porte aujourd'hui le nom de Takht-i Jamshid (Iran, province de Fars). Fondée en 500 av. J.-C. par Darius Ier, qui voulait en faire un lieu de résidence de la dynastie et un centre cérémoniel, elle fut détruite par un incendie en 331 av. J.-C., après sa conquête par Alexandre le Grand. Le seul vestige de la ville mis au jour est la citadelle monumentale, que décrivaient déjà les chroniques antiques. Depuis le XVIIe siècle, de nombreux voyageurs étaient convaincus que ces ruines devaient être identifiées comme celles de la capitale de Darius Ier. Mais cette hypothèse ne fut confirmée que lorsque G.F. Grotefend déchiffra des textes cunéiformes paléoperses trouvés sur le site, à partir des noms de Darius et de certains de ses successeurs. Si, en 1878, le gouverneur de la province de Fars, Farhad Mirza, mit bien en œuvre des fouilles à grande échelle, aucun document ne nous est resté de cette entreprise. Ce n'est qu'en 1924 que le gouvernement iranien invita E. Herzfeld à entamer un relevé de la zone et à lancer un plan d'intervention. Les fouilles furent financées par l'Institut oriental de l'université de Chicago, sous la direction de E. Herzfeld (1931 à 1934), puis de E.F. Schmidt (1935 à 1939) ; les travaux suivants, menés par A. Godard, M.T. Mostafavi et A. Sami pour le compte de l'Iranian Archeological Service, mirent au jour des infrastructures jusqu'alors inexplorées. Dans les dernières décennies, les interventions se limitèrent à des activités de restauration et de conservation des monuments.

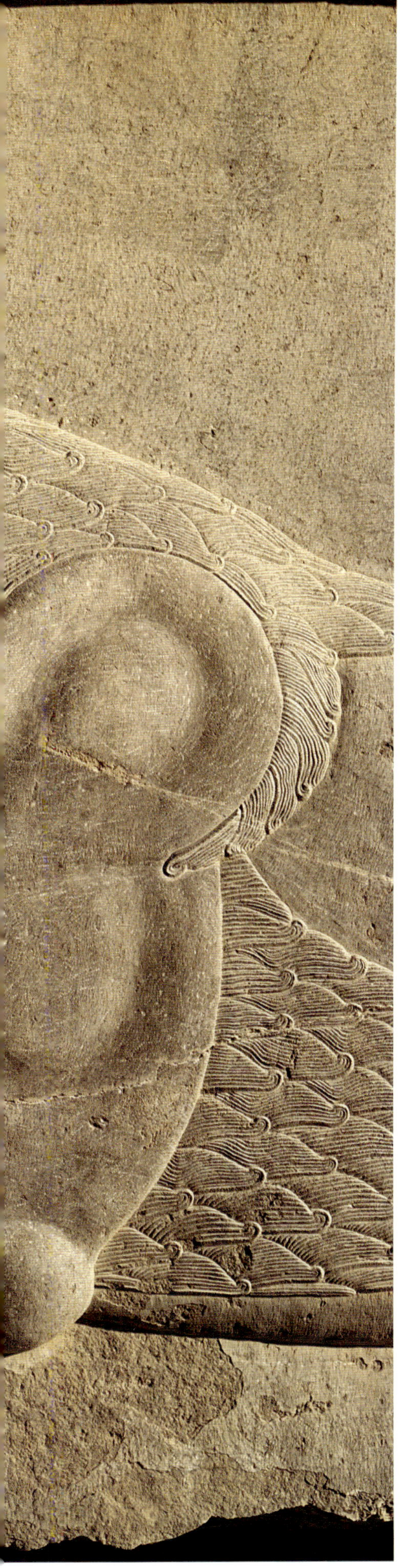

172-173 Ce relief sur pierre figure un lion abattant un taureau, c'est-à-dire la victoire des forces du bien sur celles du mal. On retrouve ce motif sur l'escalier oriental de l'*apadana*, sur celui du Tripylon (salle du Conseil) et sur celui du palais de Darius Ier.

172 En bas : L'escalier oriental de l'*apadana* est décoré de reliefs sur pierre raffinés qui représentent des cortèges de gardes. On peut admirer sur cette illustration une partie de la frise des archers de Suse armés de lances qui escortent les courtisans perses et mèdes.

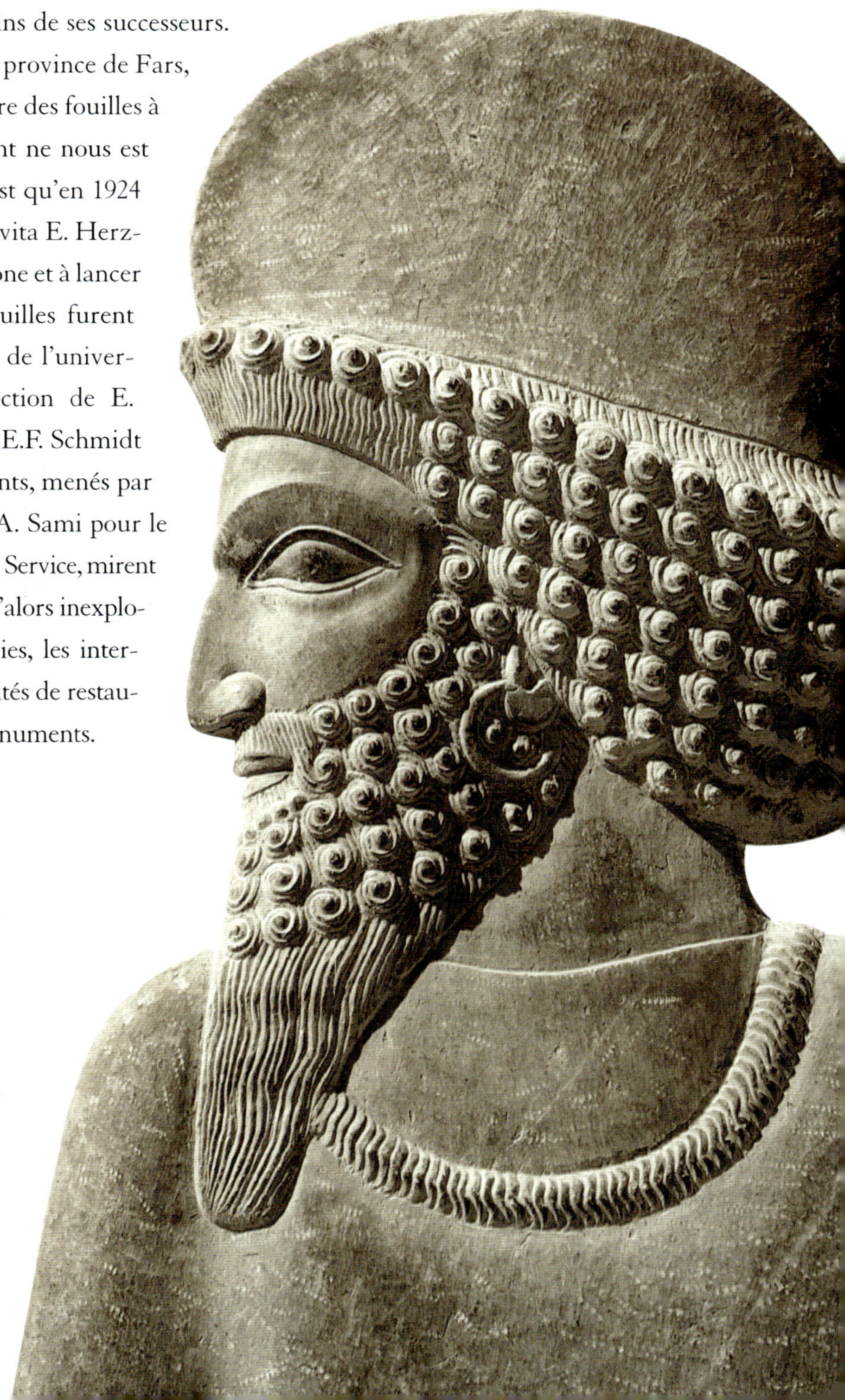

173 Ci-dessous : La coiffure de ce garde ou noble d'origine mède, qui porte un couvre-chef à bulbe, est très finement détaillée et soignée. D'une façon générale, une grande virtuosité préside au décor en bas relief des édifices de Persépolis.

174 Ci-contre : Provenant de l'escalier septentrional de l'*apadana*, ce relief sur pierre montre une file d'archers perses portant une longue veste et un couvre-chef cylindrique et cannelé qui rappelle probablement les couronnes à plumes.

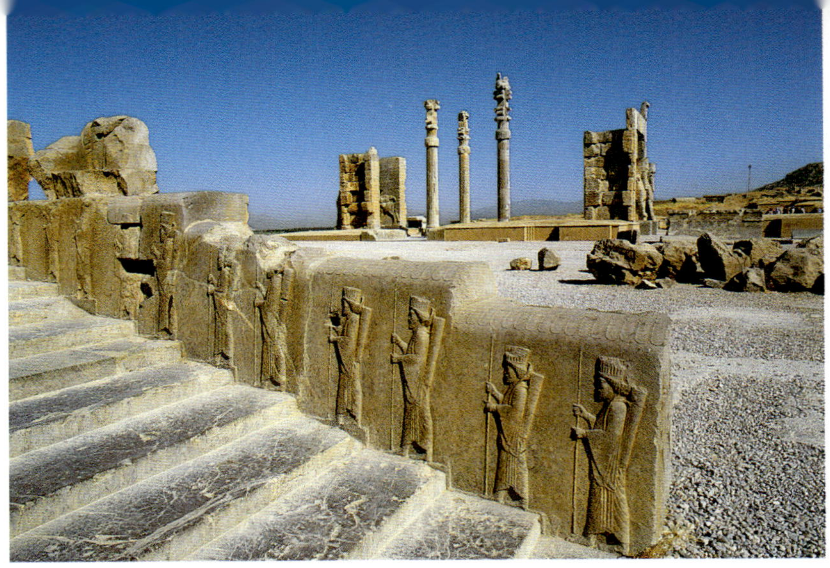

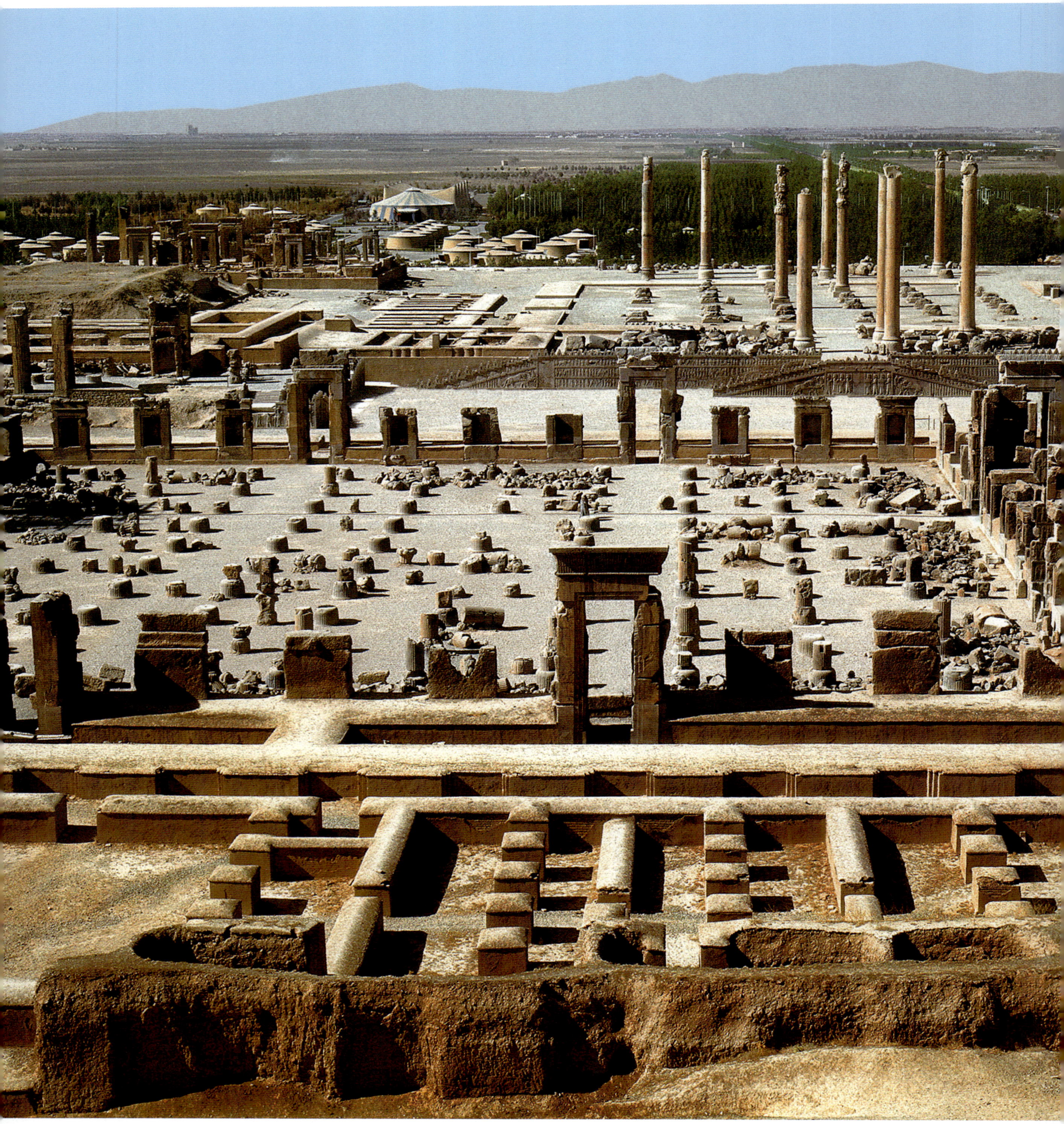

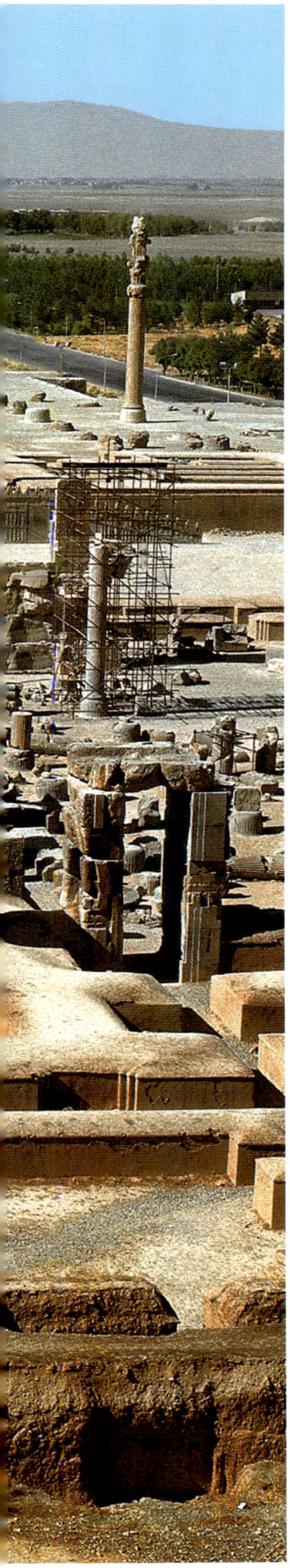

La citadelle de Persépolis faisait partie d'un ensemble plus vaste qui comprenait des édifices au pied de la terrasse, ce qu'on pense être une ville basse non identifiée, et les tombes royales des dynasties achéménides, creusées dans la roche à Nasq-i Rustam, auxquelles s'ajoutent celles d'Artaxerxès II, Artaxerxès III et Darius III, édifiées sur la colline située derrière la citadelle.

Le caractère cérémoniel de la citadelle de Persépolis, lié à la fête du nouvel an, explique la complexité de l'organisation des édifices. Les palais, qui devaient remplir également des fonctions d'habitation, semblent tous jouer un rôle public dans le déroulement de la fête. Le plus imposant des édifices de la citadelle de Persépolis, l'*apadana*, fut édifié par Darius Ier entre 515 et 490 av. J.-C., et complété par son fils Xerxès Ier, qui y adjoignit des bâtiments d'angle et des entrées monumentales. Édifié sur un très haut podium

174-175 Vue panoramique de Persépolis depuis l'est. Au premier plan, on reconnaît des quartiers militaires, au centre la salle du trône, dite aussi des Cent-Colonnes et, au fond, les restes de l'*apadana*, avec ses hautes colonnes couronnées de protomé de taureaux.

175 Ci-dessous : Ce chapiteau, remarquablement conçu et exécuté, fut sculpté en forme de protomé de griffon. En général à double protomé animal, les chapiteaux étaient placés horizontalement par rapport à l'axe vertical des colonnes.

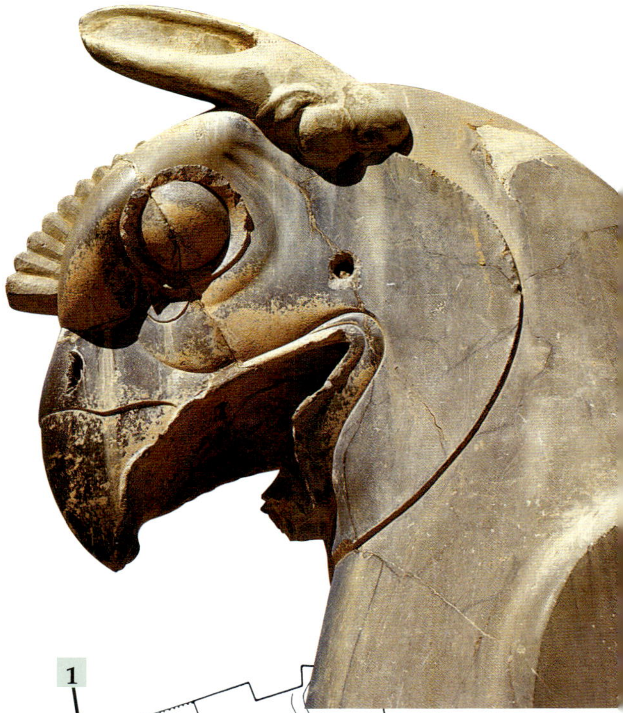

1) Escalier d'entrée
2) Porte de Xerxès
3) Porte non terminée
4) *Apadana*
5) Salle du Trône ou des Cent-Colonnes
6) Palais de Darius
7) Tripylon ou salle du Conseil
8) Harem de Xerxès
9) Palais H
10) Palais de Xerxès
11) Trésor
12) Restes de la fortification orientale
13) Restes de la fortification septentrionale
14) Tombe d'Artaxerxès II

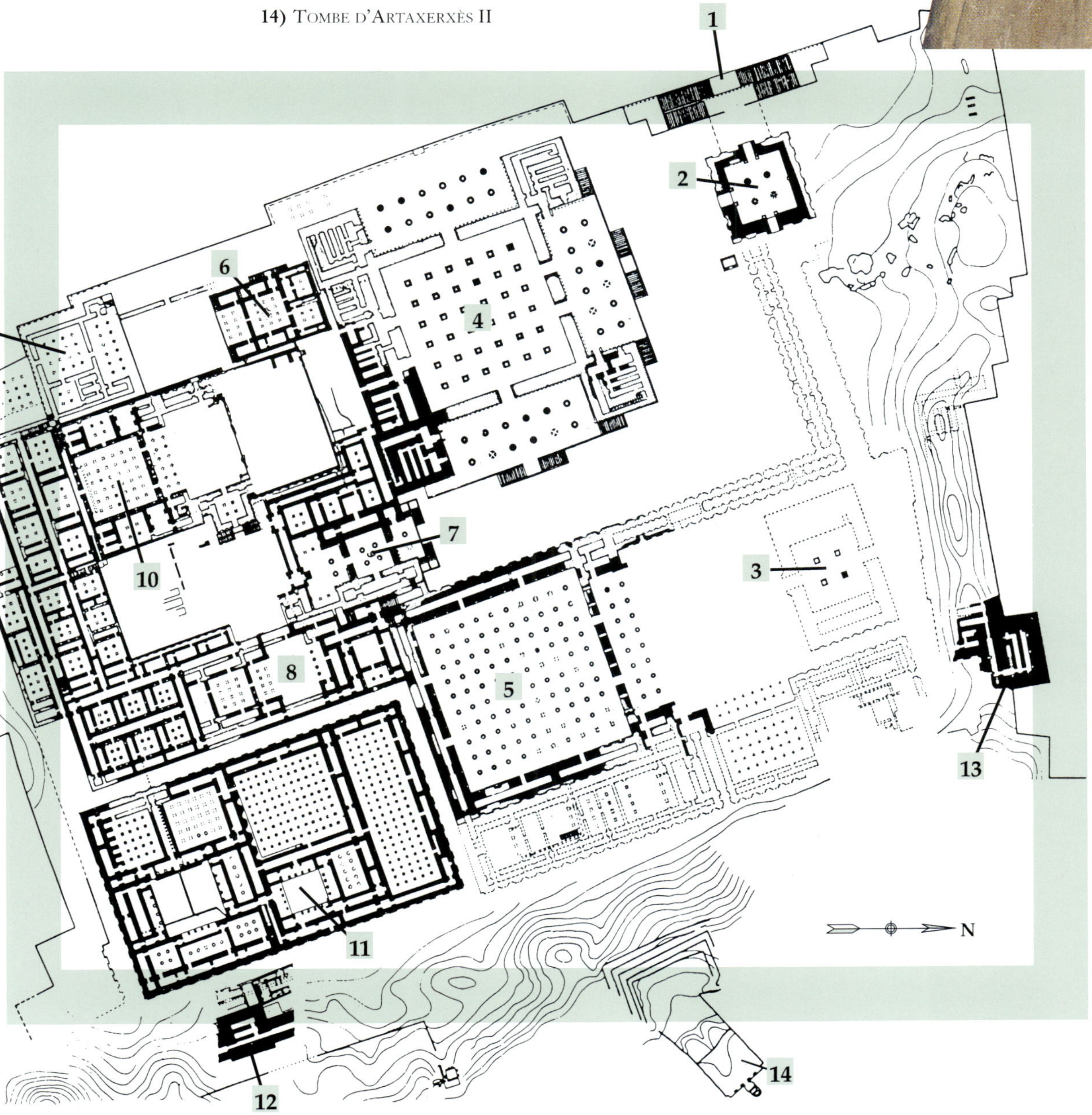

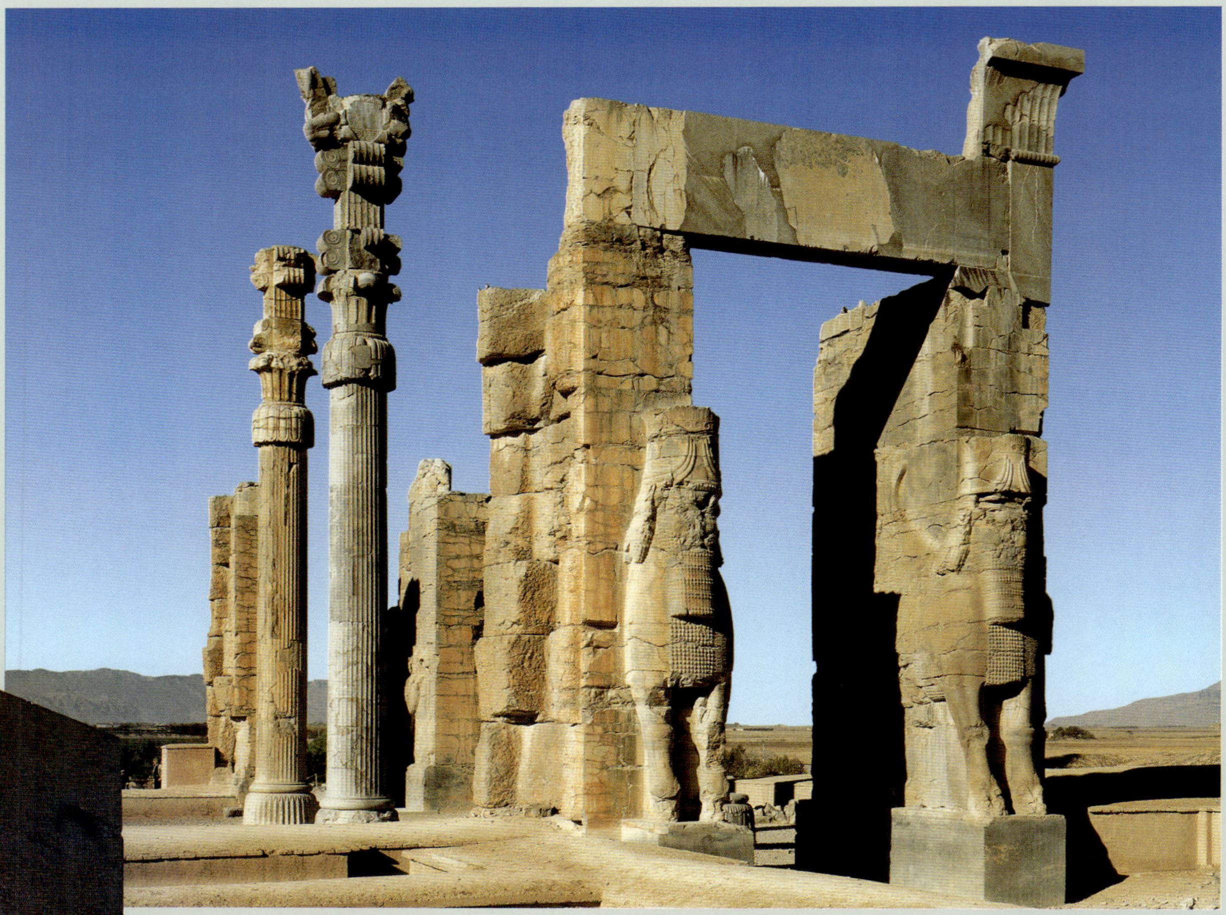

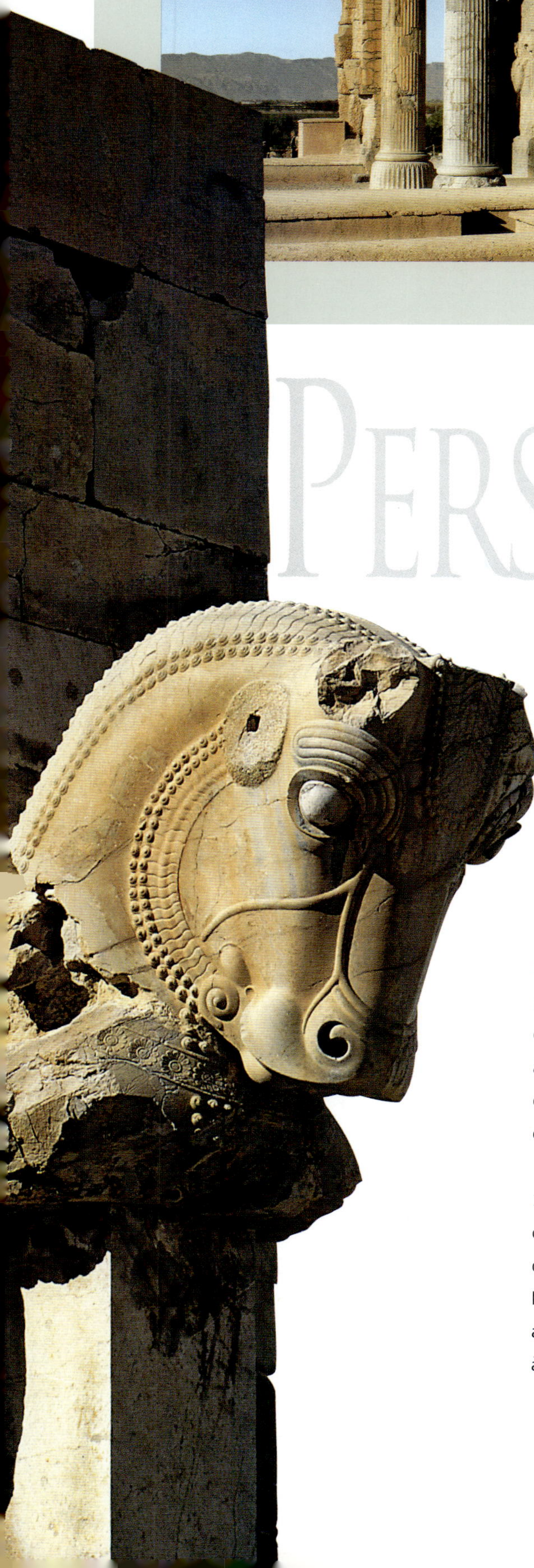

PERSÉPOLIS

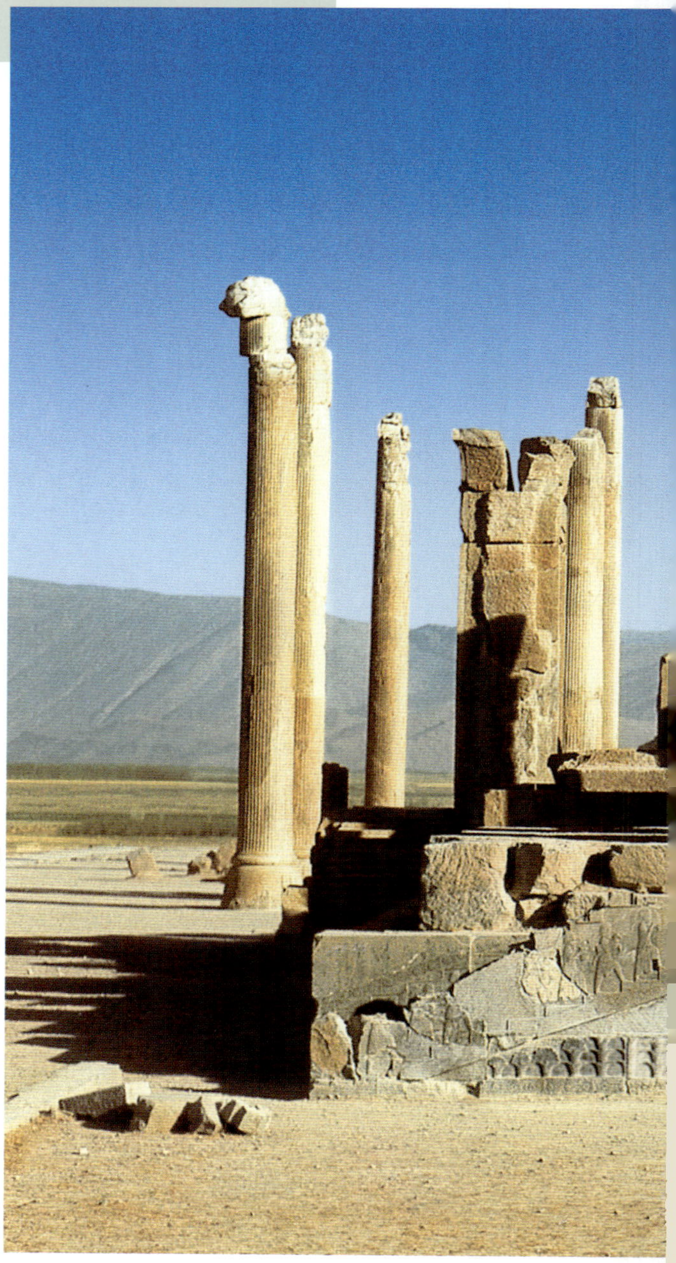

176 Ci-dessus : Sur l'élément oriental de la porte de Xerxès, des taureaux ailés androcéphales protègent les montants et surplombent la doucine égyptienne. Au second plan, des colonnes cannelées, terminées par des corolles campaniformes, reposent sur des bases campaniformes à nervures.

176 Ci-contre : Ce chapiteau à protomé de taureau fait preuve d'un remarquable rendu volumétrique, enrichi d'un certain graphisme dans les détails. Les chapiteaux à double protomé animal sont souvent reliés aux colonnes grâce à un unique nœud constitué d'une corolle campaniforme et de quatre grandes volutes.

176-177 À l'entrée du palais de Darius, l'escalier, composé de deux rampes indépendantes, était décoré de reliefs représentant la lutte entre le lion et le taureau ainsi que la file des gardes. Il donnait accès au portique, duquel on passait à la salle centrale à douze colonnes.

(2,60 m), il se compose principalement d'une vaste salle centrale à trente-six colonnes, entourée d'un périmètre à quatre bâtiments d'angle qui délimitent trois vestibules externes à colonnes ; les harmonieux reliefs peints qui revêtent les murs de soutien du podium et des escaliers à l'est et au nord semblent évoquer les phases de la cérémonie : dans la partie centrale, huit gardes présentent une inscription se rapportant au roi des rois, avec, aux extrémités, une scène de lutte entre un taureau et un lion. Sur la face interne de la rampe, des files de gardes persans forment une double aile. Sur le mur de revêtement du podium, enfin, apparaît une procession composée des délégations des vingt-huit nations sujettes de l'empereur et des courtisans perses et mèdes, escortés par des cavaliers, des chars royaux et des gardes de Suse.

L'originalité de conception qui prévalut pendant la civilisation achéménide, surtout pendant le règne de Darius Ier, s'exprime non seulement dans le plan, mais aussi dans la structure et la composition des colonnes : des bases quadrangulaires ou campaniformes soutiennent des fûts cannelés très élancés, liés avec virtuosité à des éléments horizontaux et des protomés d'animaux ; l'articulation entre l'élément vertical circulaire et le chapiteau horizontal se fait parfois grâce à un nœud constitué par une corolle campaniforme sur laquelle s'appuie un élément quadrangulaire à quatre paires de volutes. Un édifice central, appelé communément Tripylon ou salle du Conseil, fut érigé entre l'*apadana* et la salle du Trône ou salle des Cent colonnes. Il était constitué d'une entrée à double escalier, d'un portique à deux colonnes et d'une salle centrale à quatre colonnes, complétée à l'arrière par un portique postérieur ; il n'est pas exclu que cette structure, souvent considérée comme établissant un lien entre l'apadana, le palais de Darius et la salle du trône, ait eu d'autres fonctions, par exemple de salle de banquet ou de conseil. Parmi les scènes en relief qui ornent l'édifice, mentionnons celle de la porte orientale qui représente Darius Ier sur son trône accompagné de son fils, la divinité principale du

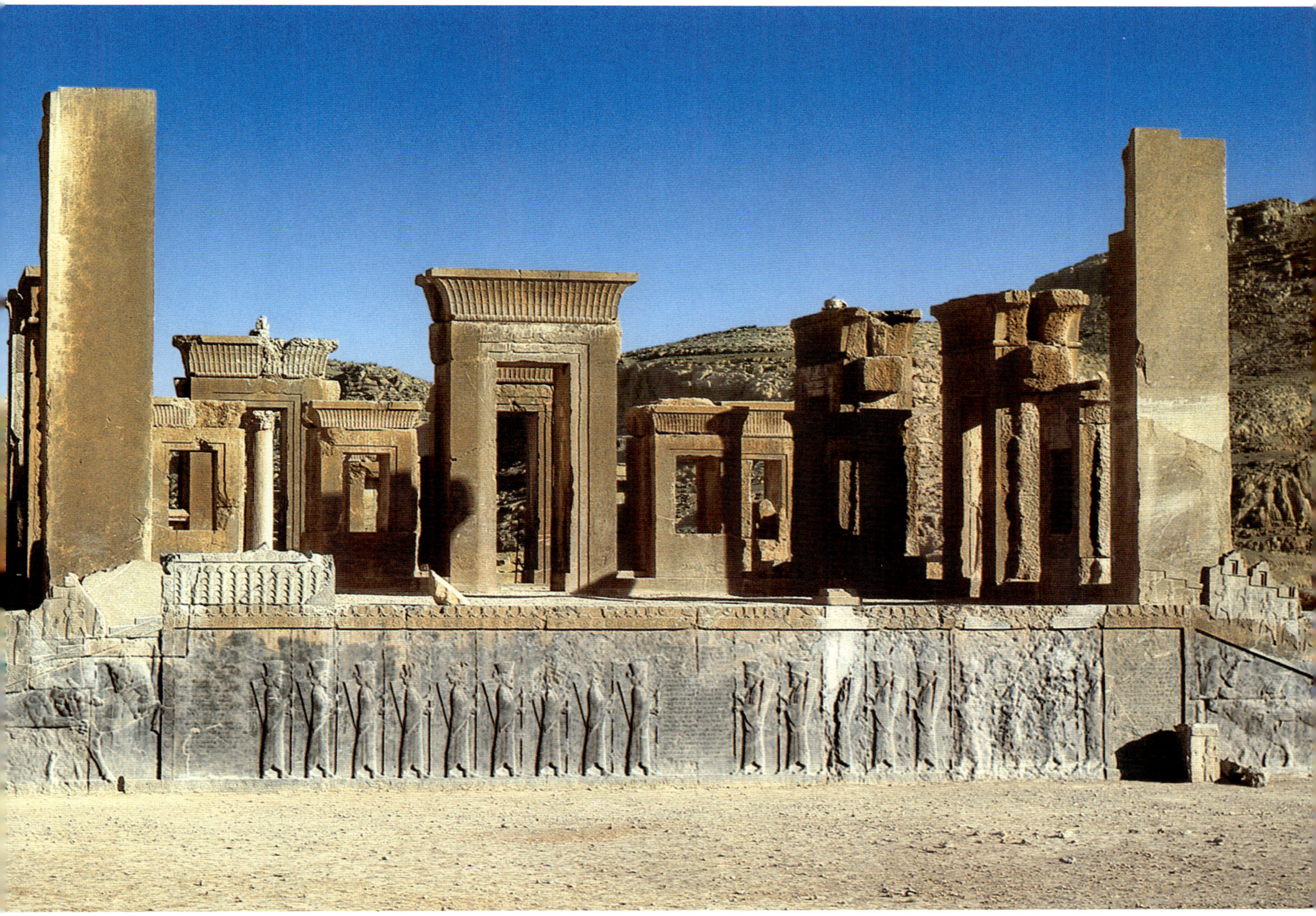

PERSÉPOLIS

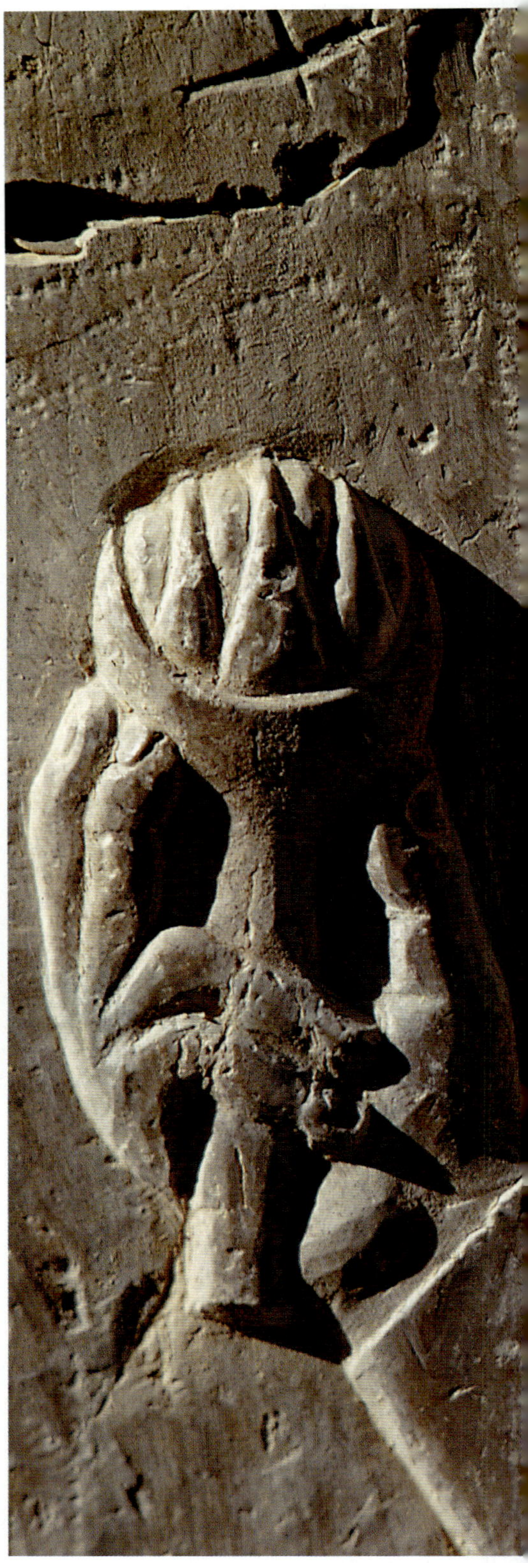

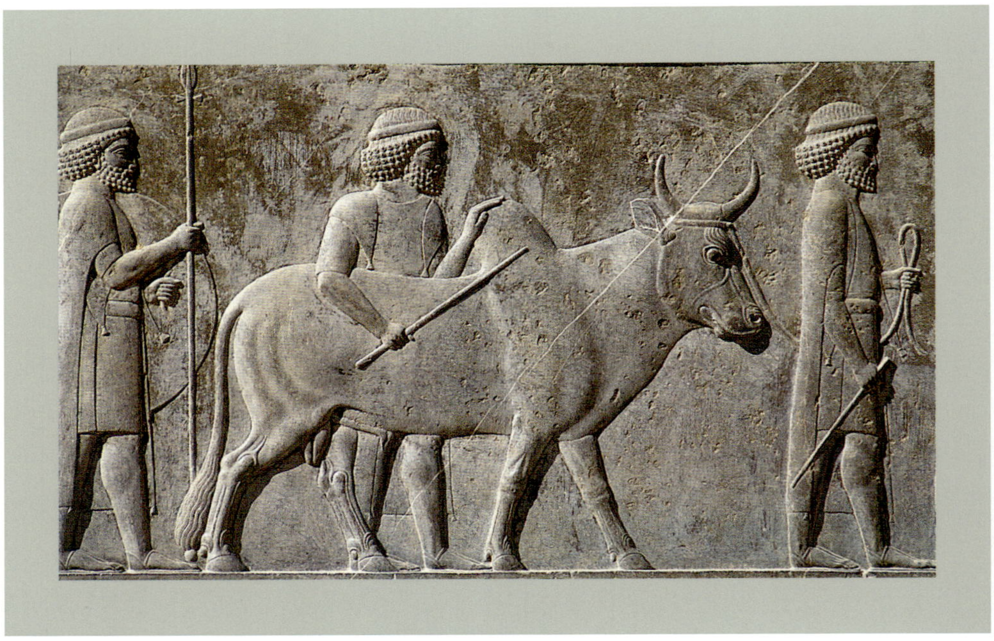

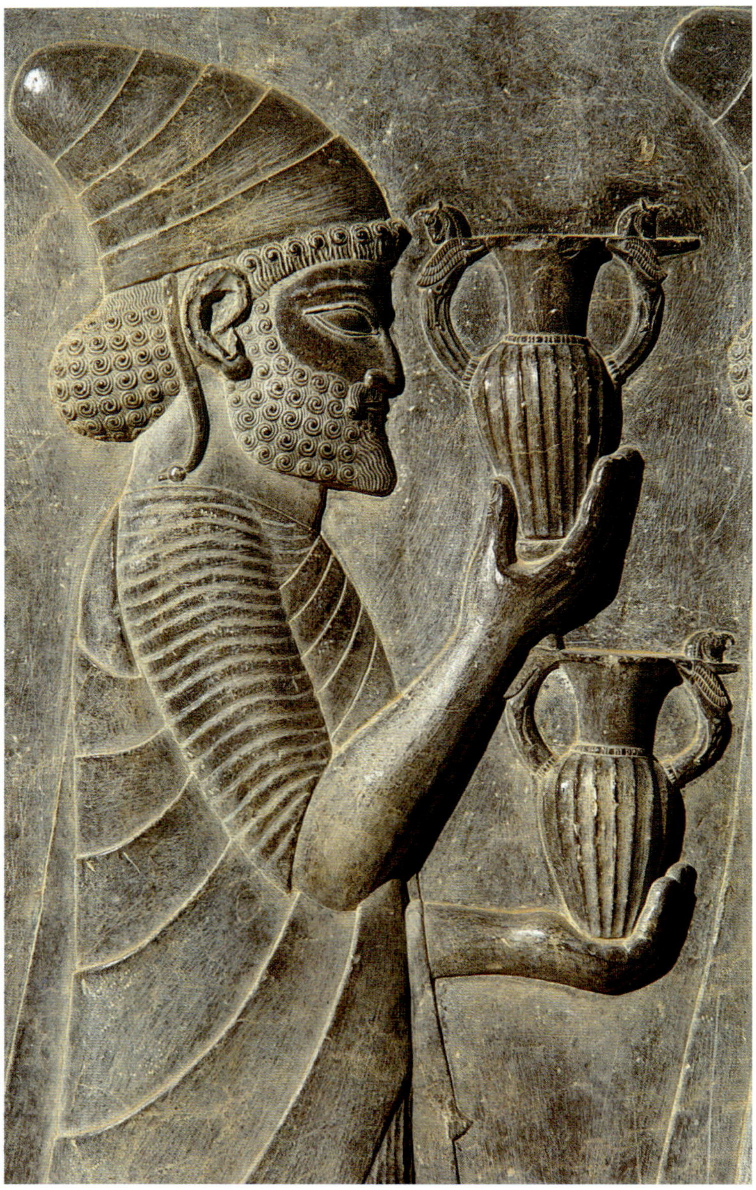

178 Ci-dessus : Le long de l'escalier oriental de l'*apadana*, un relief sur pierre représente certains des tributaires de la délégation de la région du Gandhara, qui portent une veste courte et un manteau plus long.

178 Ci-contre : Toujours le long de l'escalier oriental de l'*apadana*, un autre relief sur pierre montre ce tributaire de la délégation lydienne, avec un couvre-chef à haut turban et un manteau drapé, qui apporte en cadeau deux vases de métal à panse nervurée dont les anses sont ornées d'animaux.

178-179 Ce détail d'un relief sur pierre du Tripylon figure deux dignitaires persans, des fleurs à la main.

179 En bas : Encore un relief que l'on peut voir dans l'escalier oriental du palais de Darius. Représentant un serviteur portant un agneau, il accrédite l'idée du banquet qui devait se tenir dans le palais.

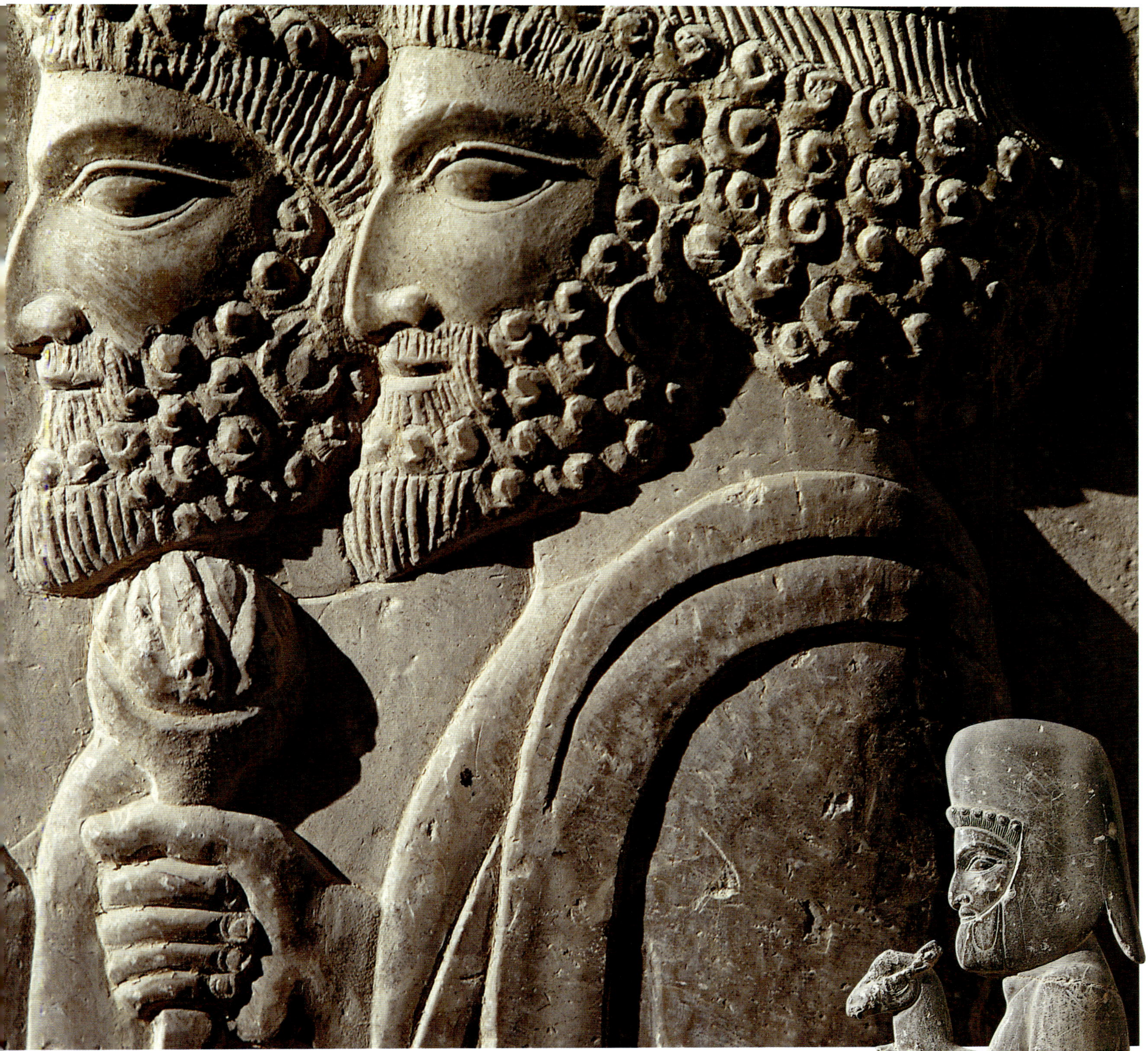

panthéon achéménide, Ahura Mazda, figurant au-dessus du baldaquin. La salle des Cent-Colonnes, ou salle du Trône, due à Xerxès Ier mais achevée par Artaxerxès Ier, offre une dilatation spatiale presque infinie, très différente de l'atmosphère plus équilibrée que dégage l'*apadana* de Darius Ier : la grande salle quadrangulaire, précédée d'un ample vestibule à portique, voit se multiplier les supports verticaux. Ils reprennent le type des chapiteaux à protomés d'animaux, mais de façon beaucoup plus fine. Les reliefs des portails nord et sud reproduisent, avec quelques variantes, l'image du roi trônant assis sur un baldaquin soutenu par des porteurs, tandis qu'aux entrées latérales est représenté le souverain ou le héros royal abattant un animal. Le palais de Darius, situé immédiatement au sud de l'*apadana*, servira constamment de point de référence

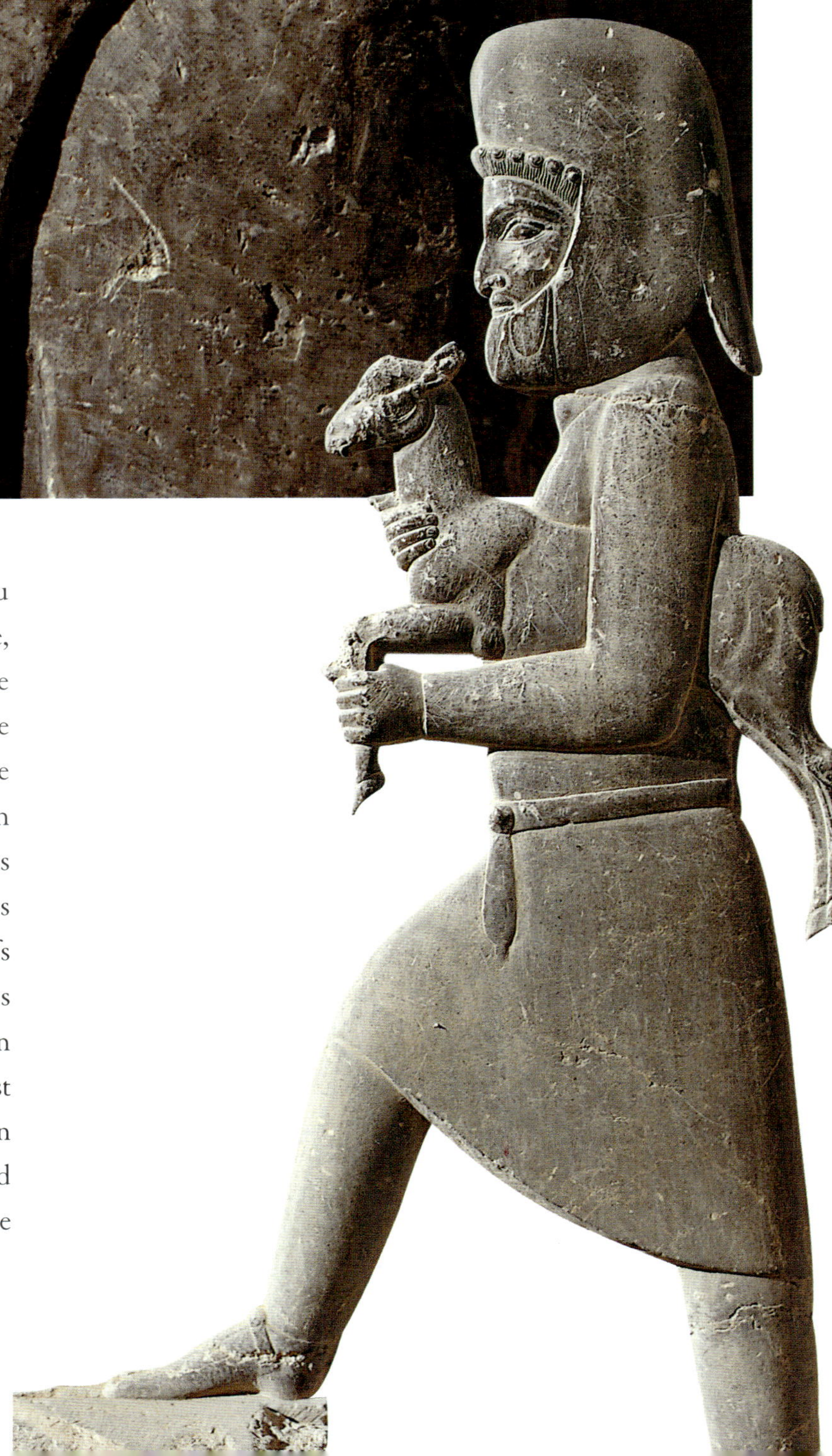

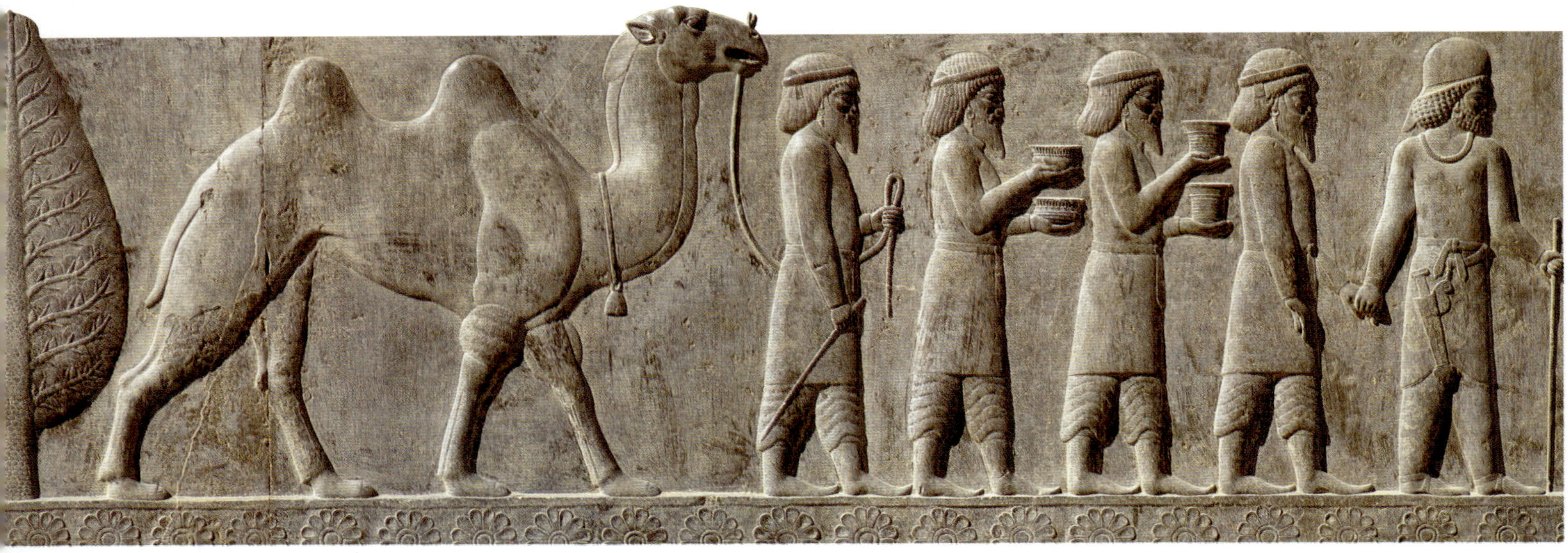

pour les palais construits par la suite à Persépolis. Son infrastructure rectangulaire est divisée en une zone antérieure (vestibule à portique, salle centrale carrée à douze colonnes et ailes symétriques composées de petites pièces) et une zone postérieure (deux salles carrées à colonnes et trois ailes de pièces secondaires) ; le double rôle du complexe, à la fois lieu de cérémonie et d'habitat, semble suggéré par des ornements en relief, par la scène représentant le héros abattant un lion dans les pièces adjacentes à la salle centrale, ainsi que par les cortèges de serviteurs suivant leur souverain représentés sur les montants des portes qui conduisent aux salles postérieures. Ce qu'on appelle le harem semble se conformer à un schéma similaire. Situé entre le trésor et le Tripylon, on peut probablement l'attribuer au règne de Xerxès Ier. Le palais de Xerxès semble lui aussi s'inspirer du précédent paternel, mais avec des variantes qui prévoient une salle centrale plus grande, parfaitement carrée et dotée de trente-six colonnes, et le déplacement des petites pièces à colonnes sur les côtés, et non plus sur l'avant. On peut remarquer des variations encore plus notables dans le plan des palais suivants – comme le palais H, résidence d'Artaxerxès Ier –, inspirés pourtant par le palais de Darius. Durant le dernier siècle de la domination achéménide, Persépolis s'enrichit de bâtiments de moindre importance, de restaurations et de nouvelles sculptures.

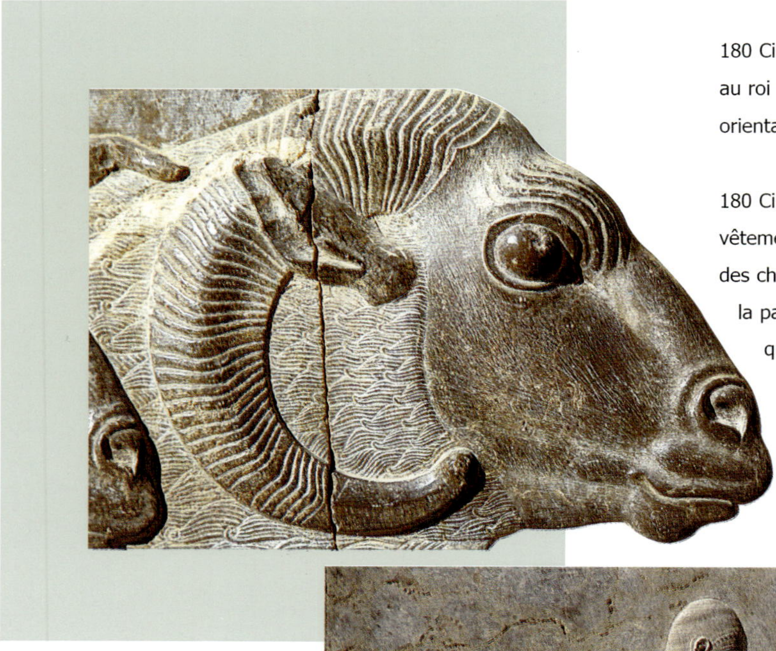

180 Ci-contre : Cette file de tributaires offrant des béliers et des tissus au roi des rois a elle aussi été sculptée sur pierre pour décorer l'escalier oriental de l'*apadana*.

180 Ci-dessous et 181 : Une délégation de tributaires lydiens, avec leur long vêtement, leur manteau drapé et leur haut turban, apporte en hommage des chevaux, des bijoux et des vases en métal précieux. Le décor de la partie orientale de l'*apadana* est riche en reliefs comme celui-ci qui ont survécu aux outrages du temps.

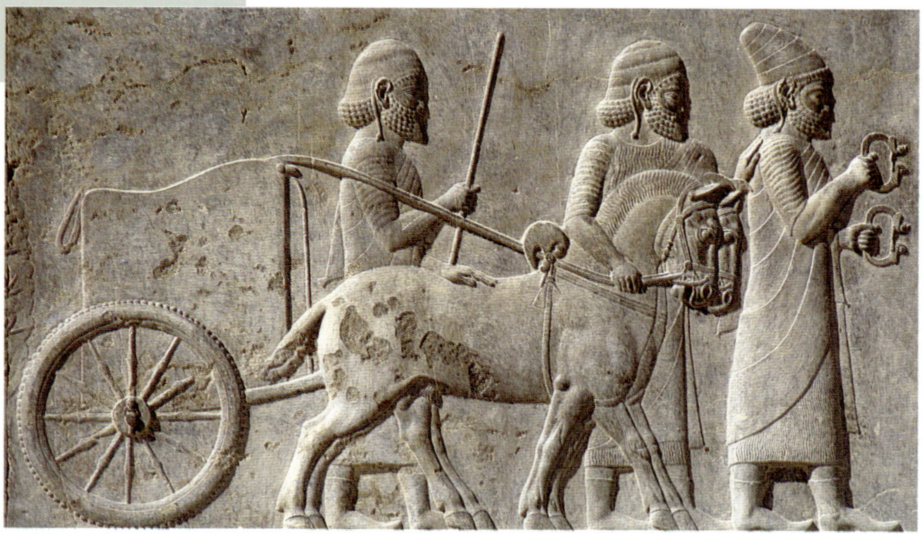

180 En haut : Ce relief sur pierre figure une délégation de Bactriens, reconnaissables à leurs larges pantalons. Précédés de gardes mèdes, ils apportent des chameaux et des vases de métal précieux en tribut au roi des rois.

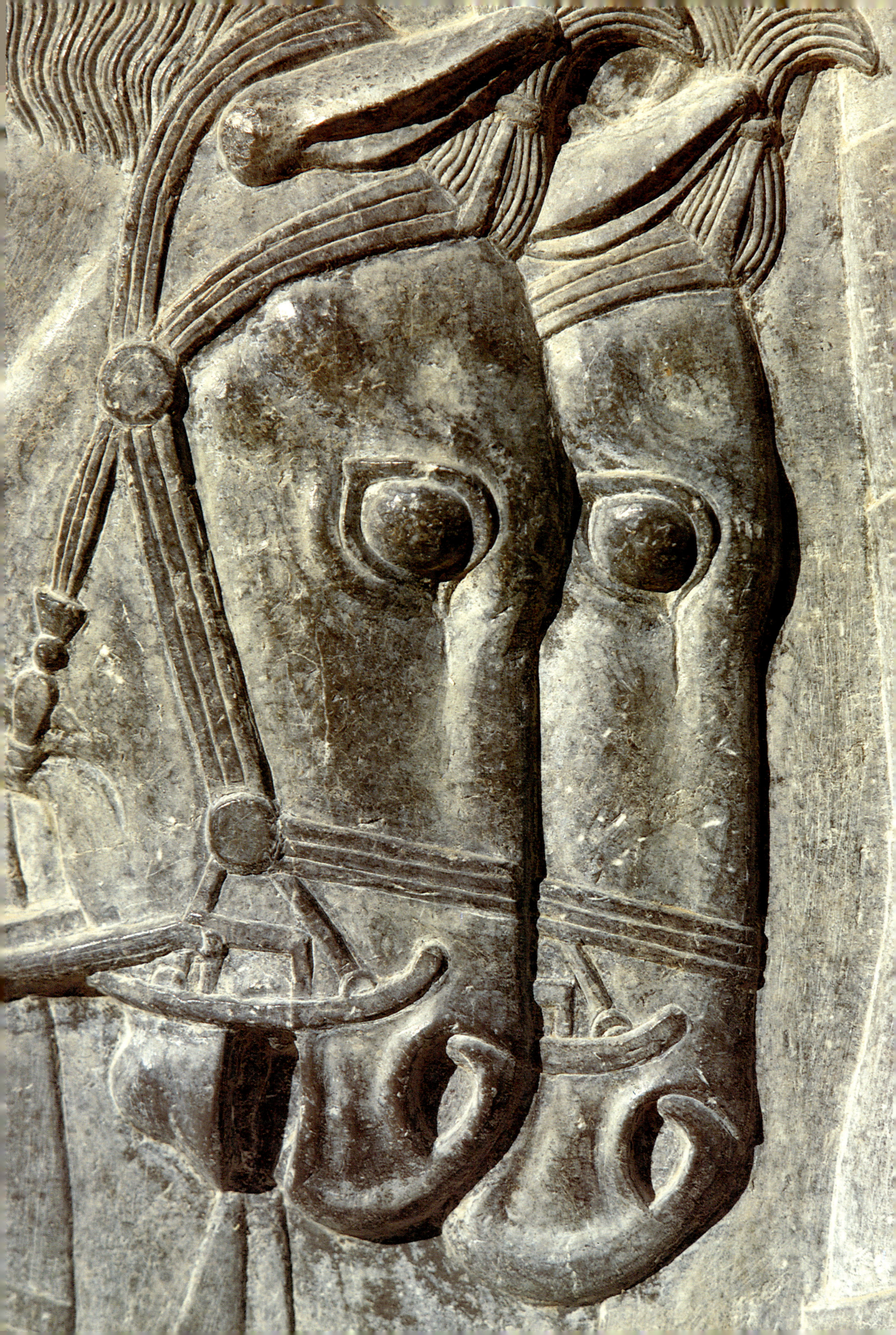

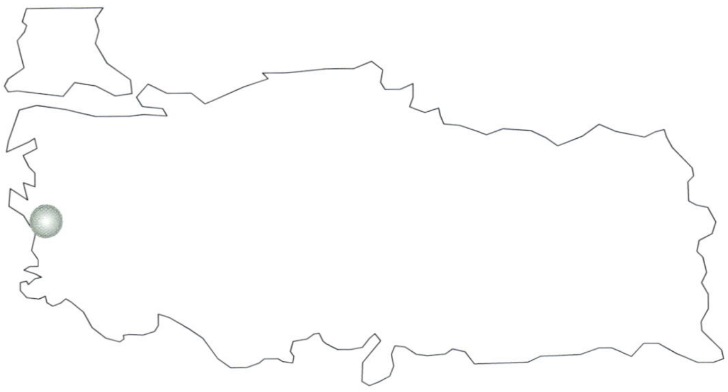

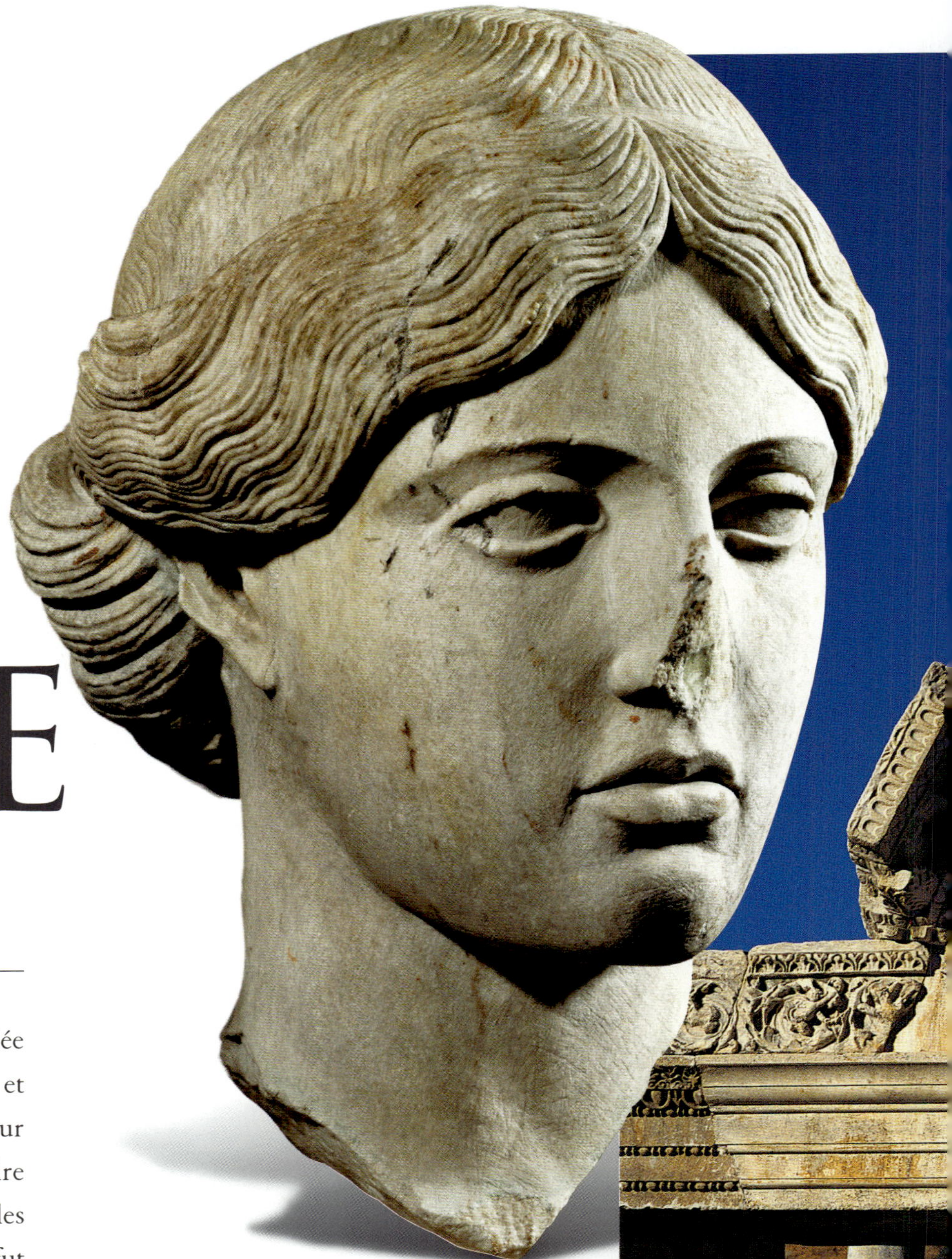

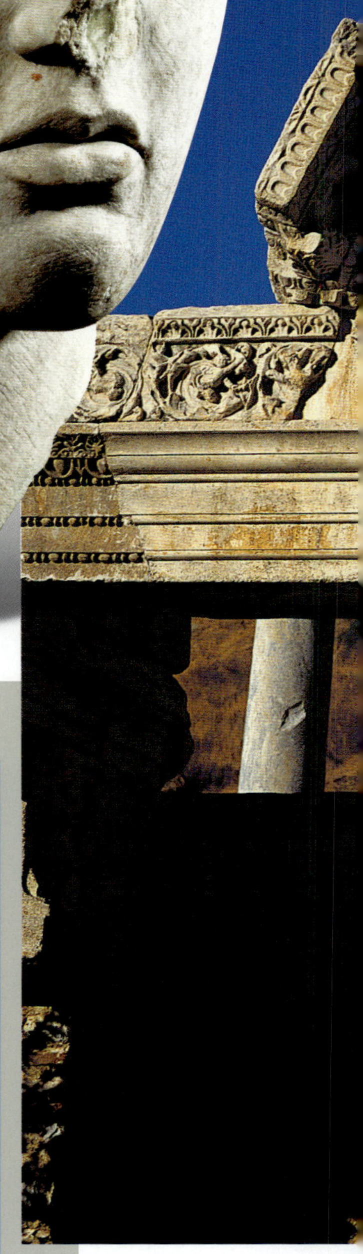

ÉPHÈSE

Par RICCARDO VILLICICH

La tradition rapporte que la ville d'Éphèse fut fondée par les Amazones ou par les mythiques Éphèse et Koressos. Elle se développa dans le golfe de Koressos, sur la côte occidentale de l'Anatolie, près d'un vieux sanctuaire où était vénérée une déesse locale de la fécondité, que les Grecs assimilèrent par la suite à Artémis. La région fut concernée au premier chef par le phénomène de la colonisation grecque, auquel on doit les premiers noyaux urbains, entre le IXe et le VIIIe siècle av. J.-C. La ville, lovée dans une enceinte longue de plus de 8 km, occupait une vaste plaine côtière comprise entre les fleuves Marnas et Kaystros et les deux collines de Bulbul et Panayr. Cette grande cité, l'une des plus riches et des plus peuplées du monde antique, fut mise au jour de façon systématique grâce aux recherches archéologiques menées à partir du milieu du XIXe siècle, après une longue période pendant laquelle on en avait pratiquement perdu toute trace. Éphèse avait été en effet précipitée dans une sorte d'oubli dû à une désaffection progressive à l'époque de la domination ottomane. C'est à l'archéologue anglais J.T. Wood et aux recherches postérieures menées par D.G. Hogart que l'on doit la localisation et les fouilles de

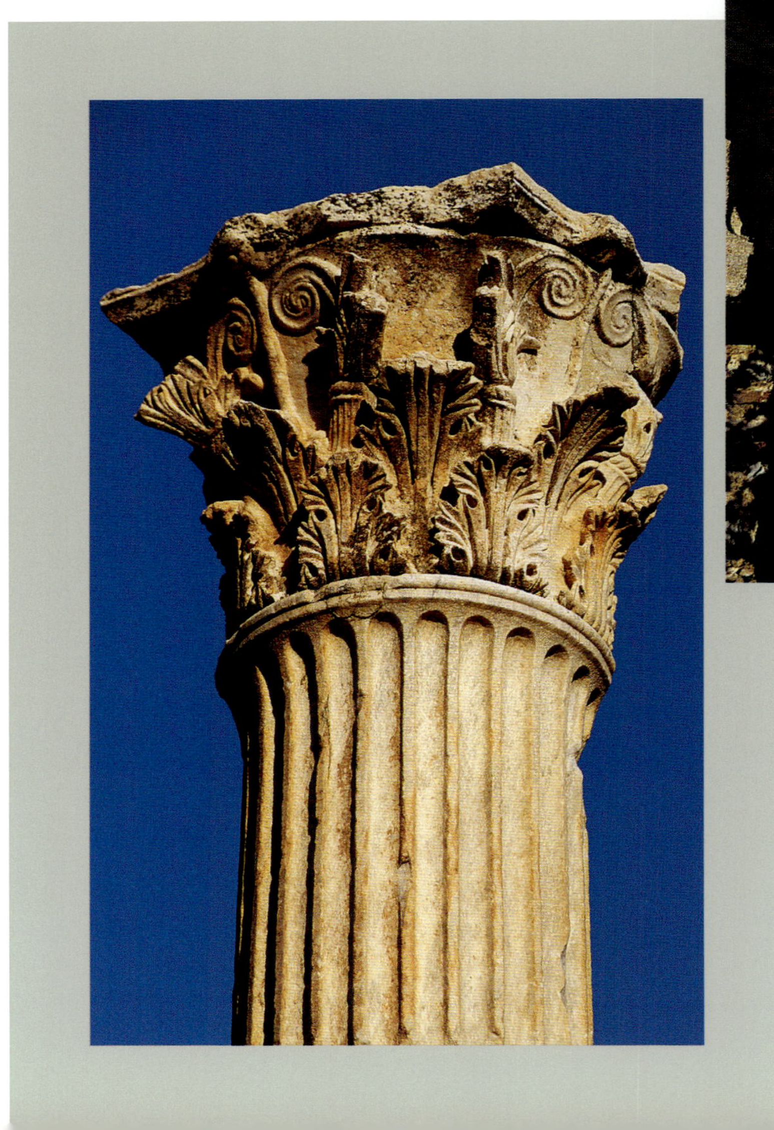

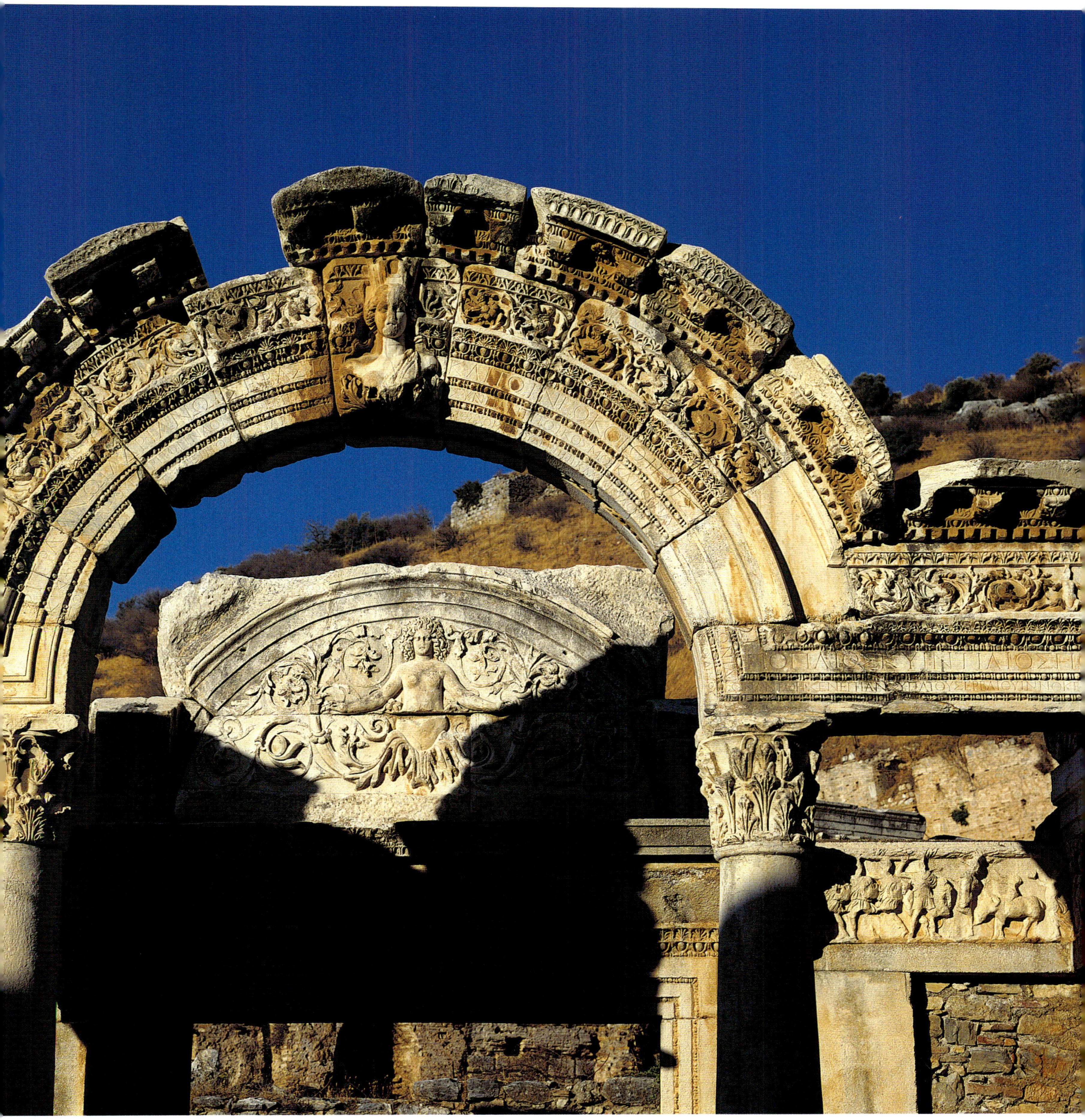

182 En haut : On voit traditionnellement dans cette tête de marbre un portrait de la déesse Artémis. Copie d'un original grec de 460 av. J.-C., cette sculpture, qui date de la seconde moitié du Ier siècle apr. J.-C., a été retrouvée dans le grand gymnase de la ville.

182 En bas : Des chapiteaux corinthiens de marbre comme celui-ci ornent le sommet des colonnes doriques de la basilique. L'édifice fut construit à l'époque d'Auguste sur le côté septentrional de l'agora civile.

182-183 L'arc d'entrée du pronaos du temple d'Hadrien le long de la rue des Courètes, décoré avec finesse et orné en son centre du buste de Tyché (déesse protectrice de la ville), est tout ce qui reste du tympan triangulaire qui couronnait la façade de l'édifice.

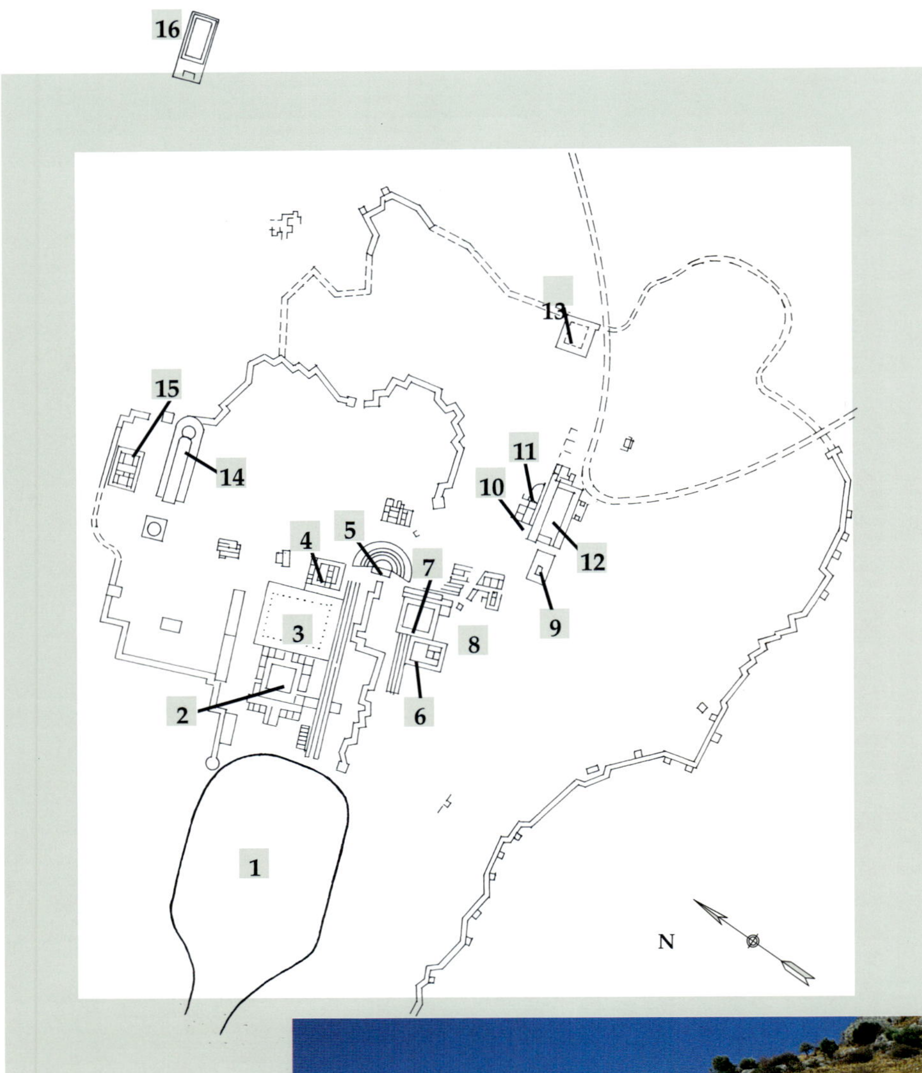

1) Port
2) Thermes et gymnase du port
3) Place de Verulanus
4) Gymnase du théâtre
5) Théâtre
6) Serapeion (Temple de Sérapis)
7) Agora carrée
8) Bibliothèque de Celsus
9) Temple de Domitien
10) Prytanée et temple double
11) Bouleuterion
12) Agora civile
13) Gymnase oriental
14) Stade
15) Gymnase de Vedius
16) Artemision (Temple d'Artémis)

ÉPHÈSE

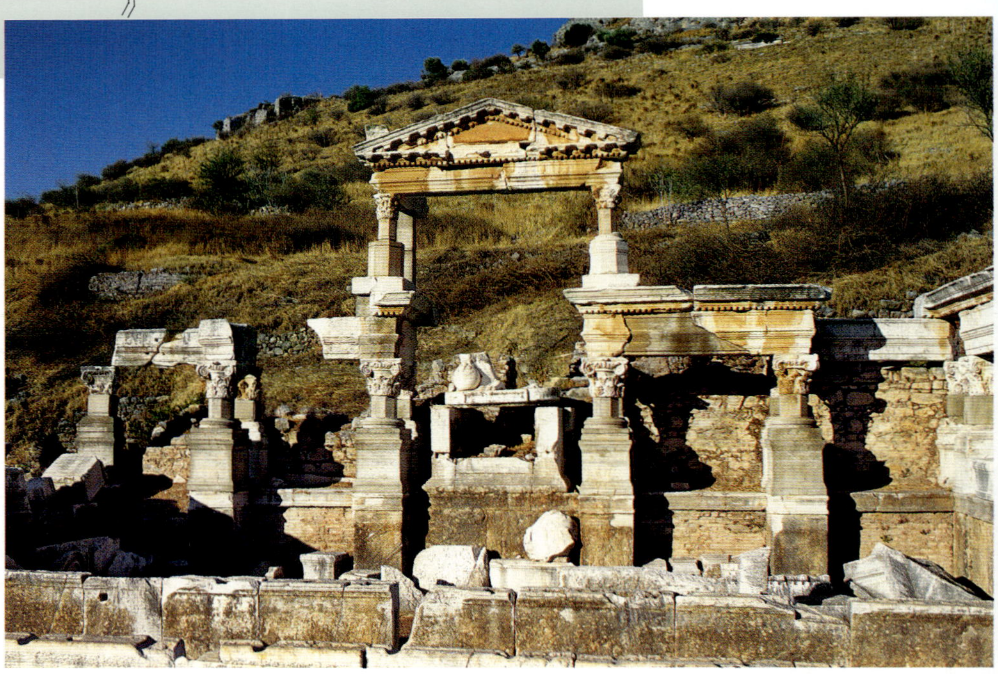

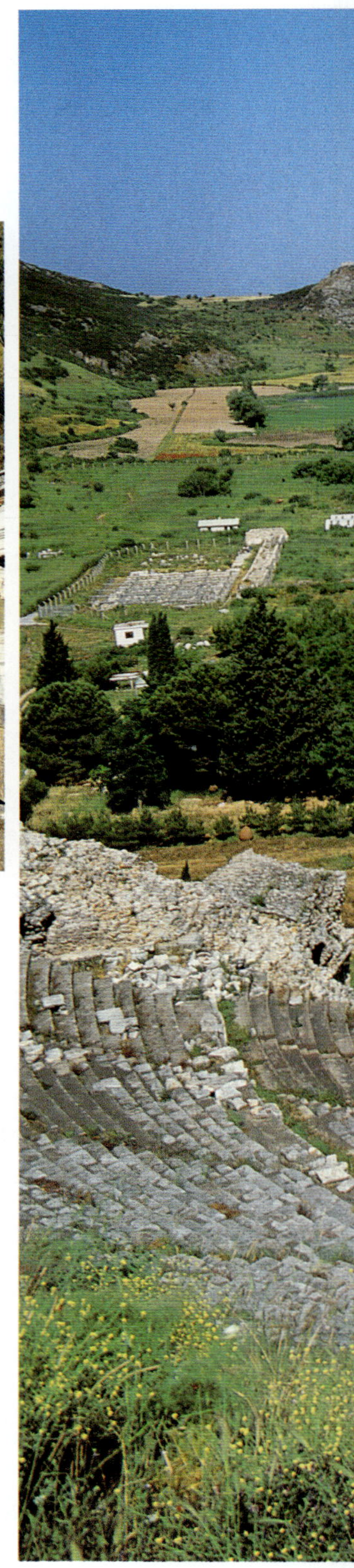

184 Au centre : La fontaine de Trajan érigée entre 102 et 104 apr. J.-C. le long de la rue des Courètes et (comme le rapporte une inscription) dédiée à l'empereur Trajan, a été reconstruite à échelle réduite. La hauteur de l'original devait en effet dépasser les 12 m.

184-185 Le théâtre, que l'on voit ici à partir de la voie Arcadienne, est l'un des monuments les mieux conservés de la zone archéologique. On en date la première phase de la période hellénistique. À l'époque romaine, on refit plusieurs fois la scène et les gradins.

185 En haut : On peut dater cette divinité fluviale portant une couronne et une corne d'abondance de l'époque des Antonins. Sculptée dans le marbre, elle provient de la *natatio* du gymnase de Vedius.

l'Artemision, le grand sanctuaire dédié à Artémis, qui, selon Strabon, aurait été détruit et reconstruit au moins sept fois. Les importantes campagnes de fouilles postérieures, engagées à plusieurs reprises par l'Institut archéologique autrichien, ont permis de jeter une nouvelle lumière sur une grande partie du plan de la ville et sur ses principaux monuments. La cité primitive se développa principalement autour de deux pôles : une agglomération urbaine de modestes dimensions près de la zone portuaire, et le sanctuaire de la divinité locale, plus tard assimilée à Artémis. On date en général les deux premières phases du temple archaïque d'Artémis des VIIIe-VIIe siècles av. J.-C. On peut attribuer à cette période un autel et les restes d'un temple *in antis*. Le sanctuaire adopta sa forme monumentale au cours du VIe siècle av. J.-C., quand la ville, devenue l'un des principaux centres du monde grec, subit l'influence politique et culturelle du royaume de Lydie. Le milieu du VIe siècle vit l'édification d'un nouveau temple d'ordre ionique, de dimensions imposantes, dédié à Artémis, entièrement construit en marbre et entouré de 126 colonnes placées sur deux rangées. Après l'incendie de 356 av. J.-C. commença la construction de ce qui est resté dans l'Histoire comme la septième merveille du monde antique : un temple grandiose, tout de marbre, qui fit l'admiration d'Alexandre le Grand lui-même et à la réalisation duquel semblent avoir travaillé entre autres Scopas et Praxitèle. La statue cultuelle de

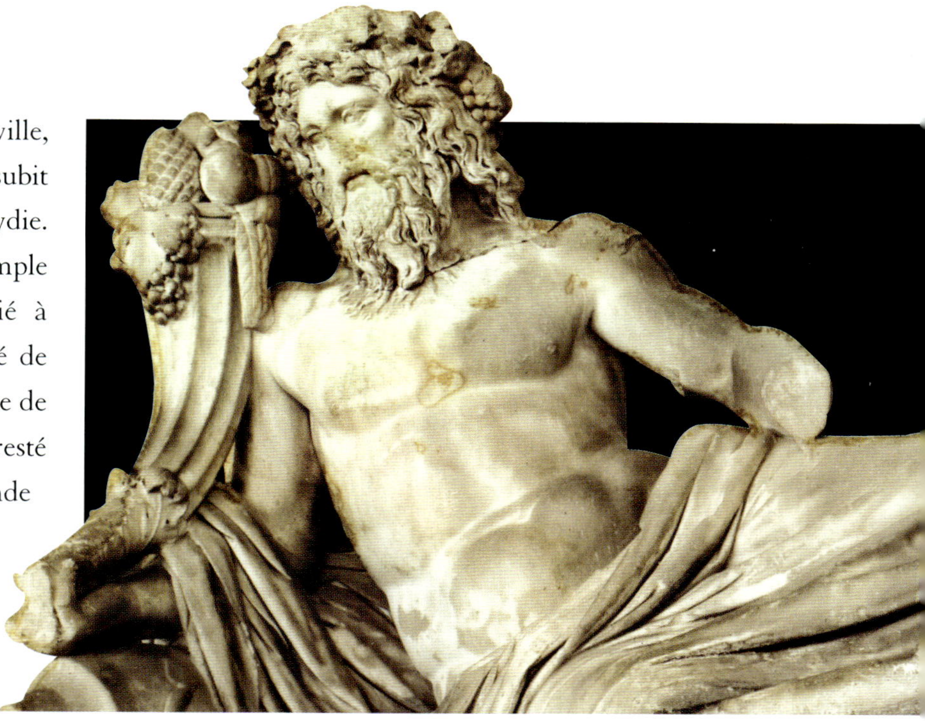

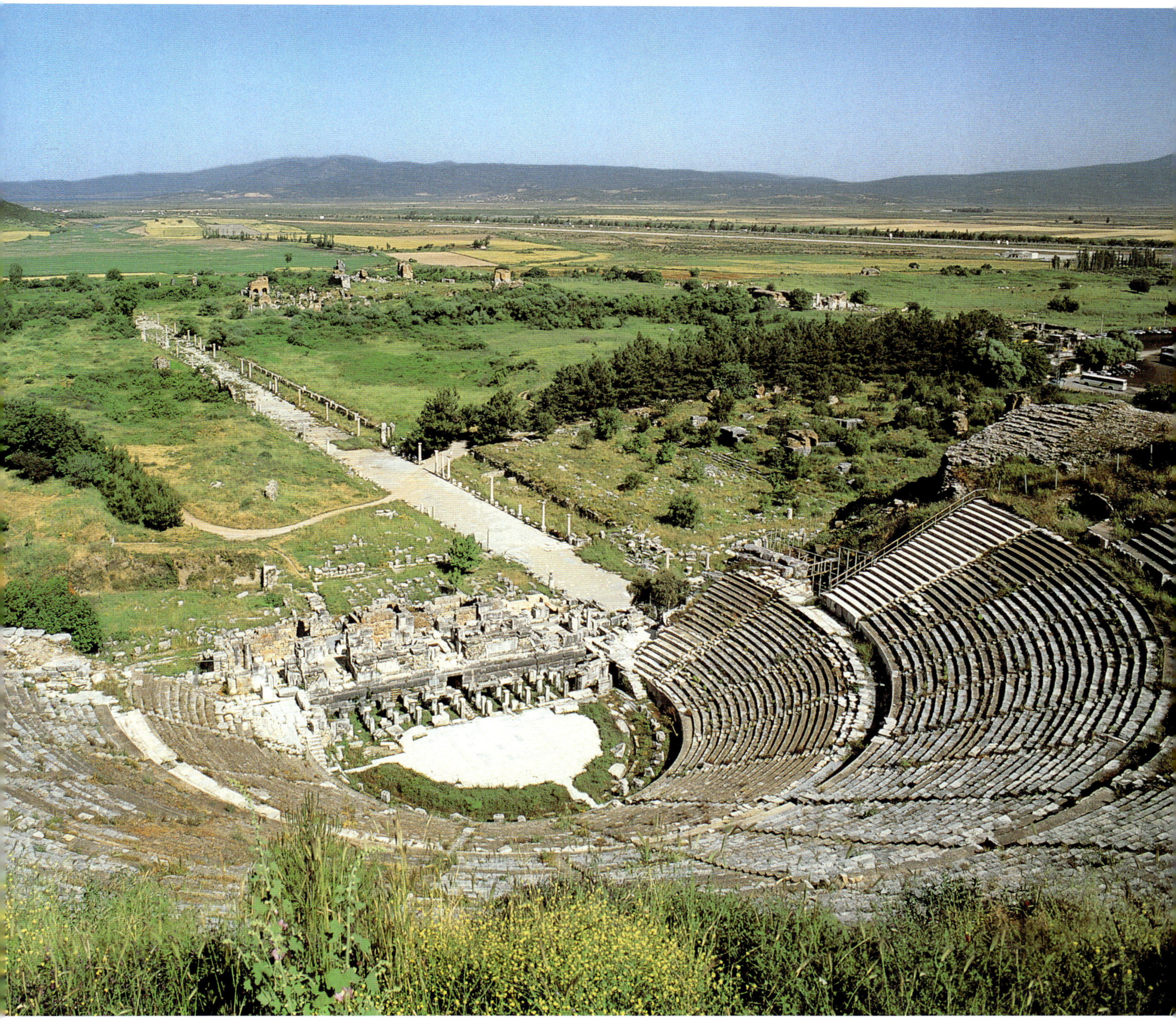

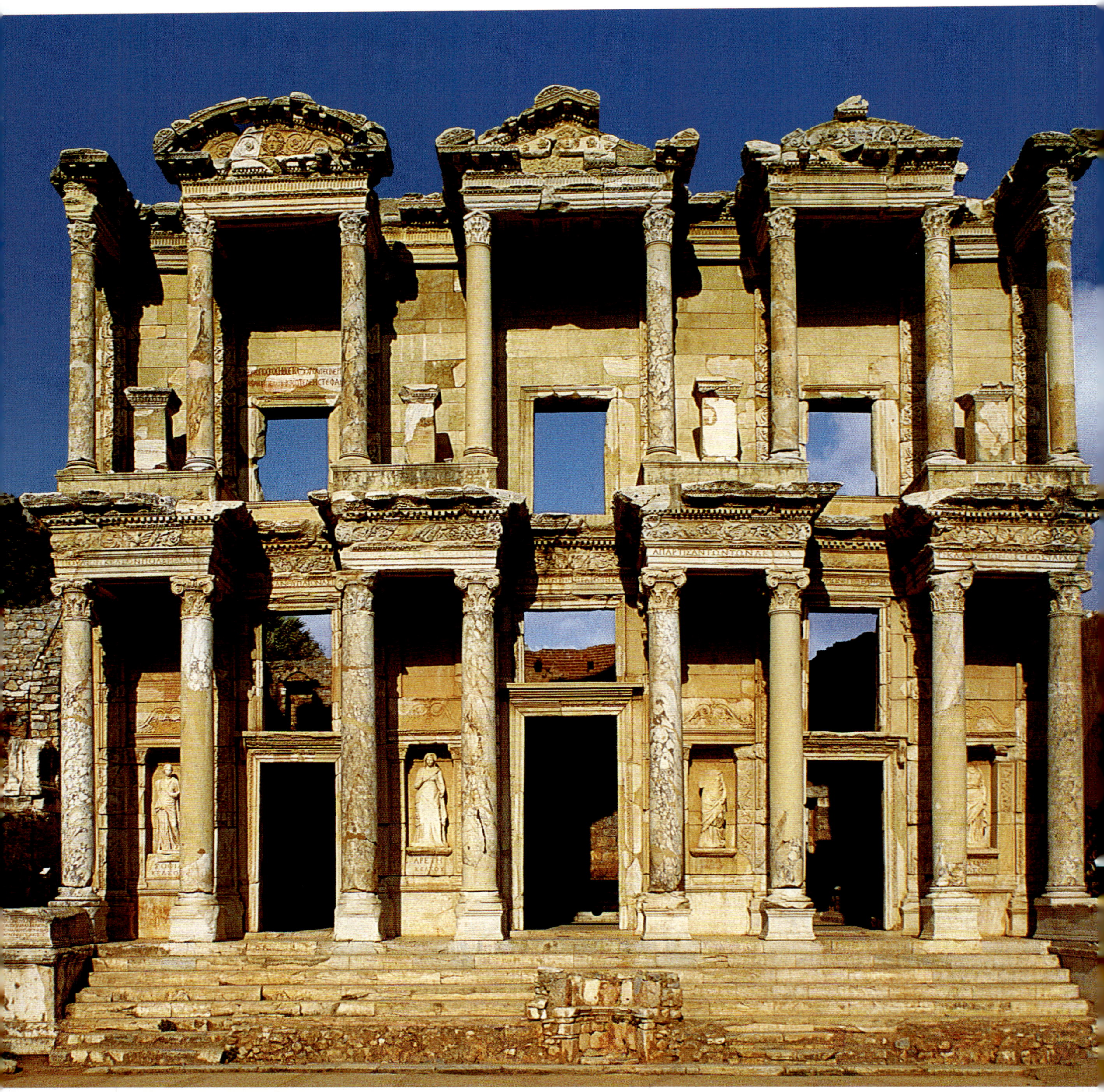

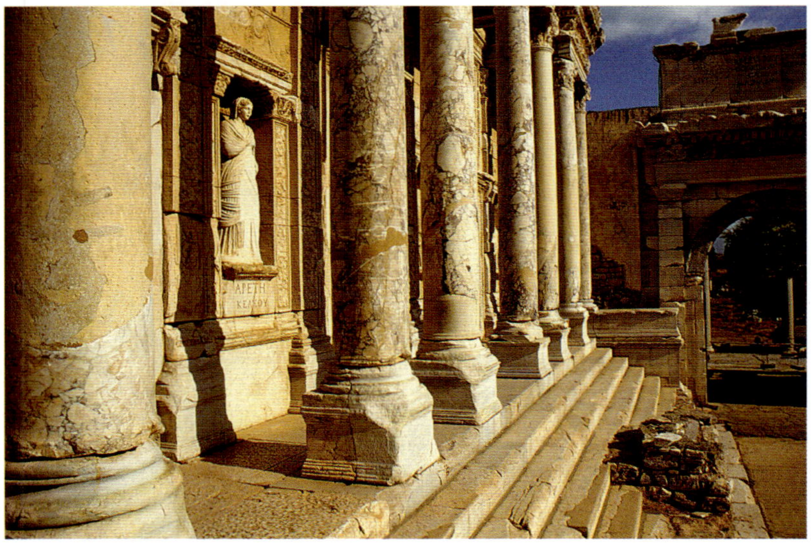

EPHÈSE

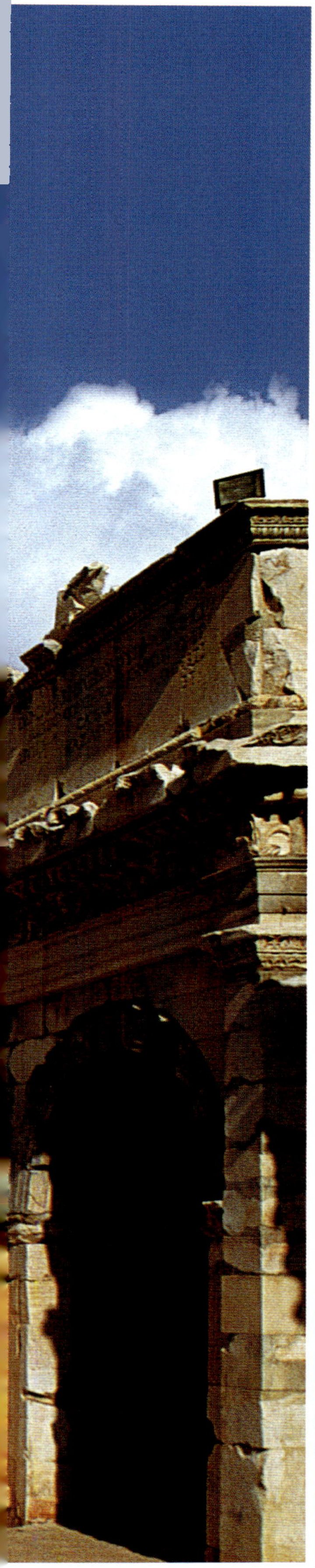

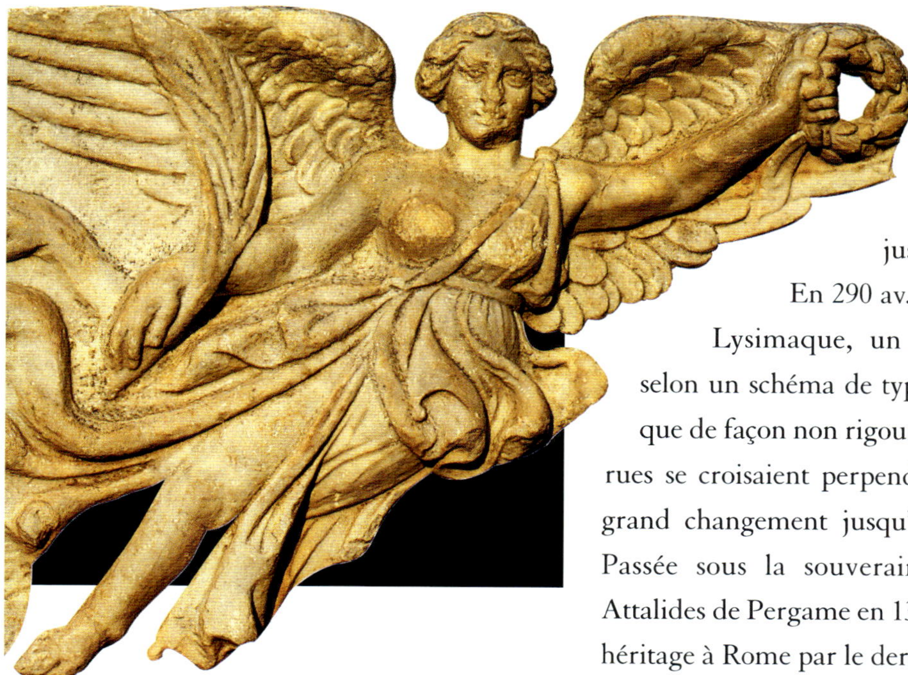

l'Artémis d'Éphèse qui y était conservée fut vénérée jusqu'à l'époque romaine tardive. En 290 av. J.-C., la ville fut redessinée par Lysimaque, un des diadoques d'Alexandrie, selon un schéma de type hippodamien, constitué, bien que de façon non rigoureuse, d'un damier sur lequel les rues se croisaient perpendiculairement, et qui resta sans grand changement jusqu'à la fin de l'époque romaine. Passée sous la souveraineté des Séleucides puis des Attalides de Pergame en 133 av. J.-C., Éphèse fut laissée en héritage à Rome par le dernier souverain de cette dynastie, Attale III, ainsi que toute la partie occidentale de la péninsule Anatolienne. Après les guerres de Mithridate, la ville fut sous la coupe d'Antoine. Sous Auguste, à partir de 29 av. J.-C., elle fut élevée au rang de capitale de la province d'Asie. Les interventions de cette époque ne modifièrent pas en profondeur l'organisation spatiale de la ville, mais entraînèrent d'importants bouleversements dans la hiérarchie des espaces publics. De toute évidence, le prince voulut transformer les vieux bâtiments affectés aux centres du pouvoir de la ville autonome en monuments affirmant la domination de l'empereur, grâce à des symboles de culte dynastique. Après une série de travaux destinés à améliorer la voirie et l'approvisionnement en eau par la construction de nouveaux aqueducs, l'attention d'Auguste se porta sur la zone centrale de la ville. Au cœur de la cité se trouvaient une agora carrée à portique, le théâtre, relié au port par une grande voie dite Arcadienne – du nom de l'empereur

186-187 La construction de la bibliothèque de Celsus a été entreprise par Tiberius Julius Aquila en 114 apr. J.-C. en l'honneur de son père, Celsus Polaemeanus. Le monument fut achevé une vingtaine d'années plus tard.

186 En bas : Vue latérale de la façade de la bibliothèque d'Éphèse. On aperçoit une des quatre niches destinées à accueillir les statues allégoriques représentant les qualités de Celsus (valeur, savoir et sagesse). Au fond, la porte de Mazio et de Mithridate (époque augustinienne).

187 Ci-dessus : Ce relief sculpté en marbre, provenant de la place attenante au temple dit de Domitien, représente une victoire ailée tenant de la main gauche une couronne de laurier.

187 Ci-dessous : L'agora carrée, avec, au fond, l'étage supérieur de la bibliothèque. Au premier plan, les restes du portique à colonnades entrepris par Néron, qui menait de l'agora au théâtre.

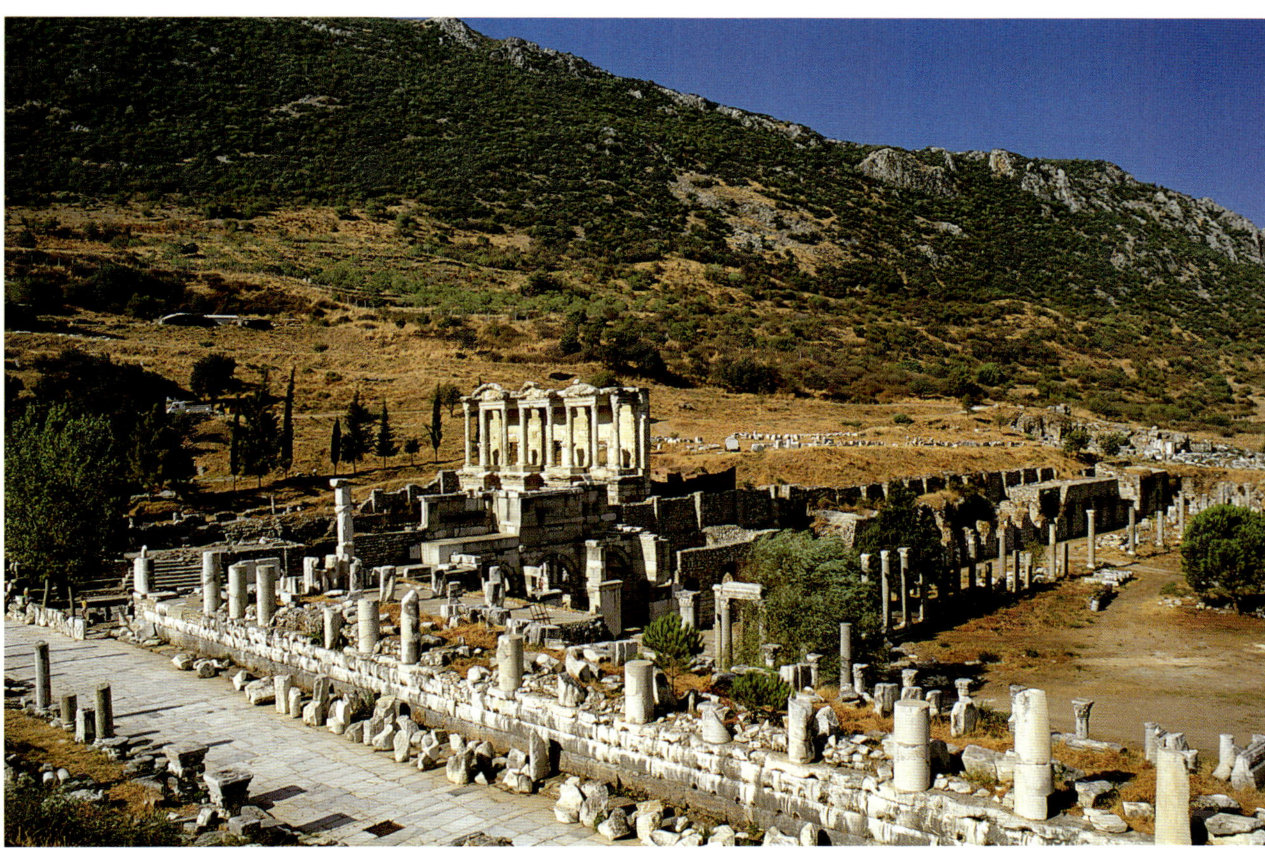

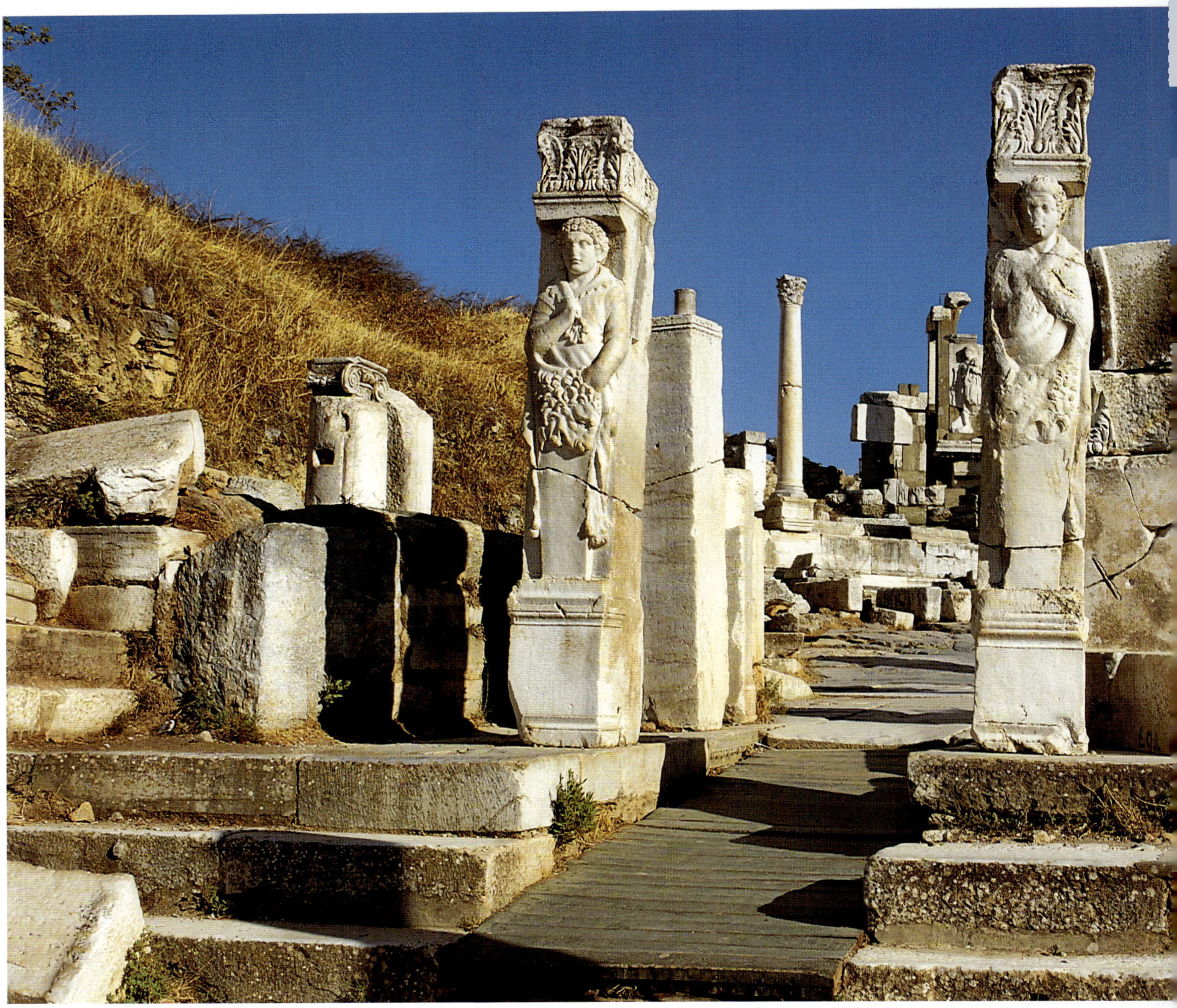

Arcadien, qui l'avait fait reconstruire –, et une seconde agora au sud-ouest, dédiée à des fonctions civiles, à laquelle on arrivait par la rue des Courètes, une très ancienne route qui, continuant vers l'ouest, conduisait au sanctuaire d'Artémis. Les travaux de l'époque d'Auguste sur l'agora civile furent considérables : le site fut complètement réorganisé selon le programme idéologique de l'empereur grâce à la construction, sur le côté nord, d'une longue et étroite basilique dédiée au prince par un bienfaiteur local, Sestilius Pollione, de deux petits temples dynastiques jumeaux consacrés à Rome et au divin César, situés entre le prytanée – entièrement reconstruit – et le bouleuterion, et d'un temple érigé au centre de la place, plus tard dédié à Auguste divinisé. C'est aussi de cette époque que date l'entrée monumentale sud-est de l'agora carrée, dont la construction fut entreprise par deux citoyens, Mazeo et Mithridate, en l'honneur d'Auguste, de Livia, d'Agrippa et de Julia. Domitien érigea ensuite un temple périptère entouré d'un grand péribole à l'est de l'agora civile. Après la *damnatio memoriae* de cet empereur, ce temple fut consacré à son père, Vespasien, divinisé. Entre le Ier et le IIe siècle apr. J.-C., Éphèse devint l'une des toutes premières villes de l'empire pour la richesse et l'importance de ses ensembles monumentaux. Les solutions urbanistiques grecques s'y associaient à des réalisations grandioses typiquement romaines. On construisit de nouveaux quartiers résidentiels, des thermes, des gymnases. Entre le milieu du Ier siècle et le milieu du IIe siècle, le théâtre fut agrandi, doté de rangées supplémentaires de gradins et d'un nouvel édifice scénique particulièrement imposant. Tous ces monuments, qui font preuve d'un gigantisme typiquement oriental, proposent des solutions décoratives et architecturales à la fois fortes et raffinées. On date du IIe siècle quelques-uns des bâtiments les plus prestigieux de la ville, dont la bibliothèque de Celsus, près de l'agora carrée, le temple d'Hadrien, le long de la rue des Courètes – petit temple *in antis* à la décoration architecturale riche et délicate –, la grande place de Verulanus et les thermes de

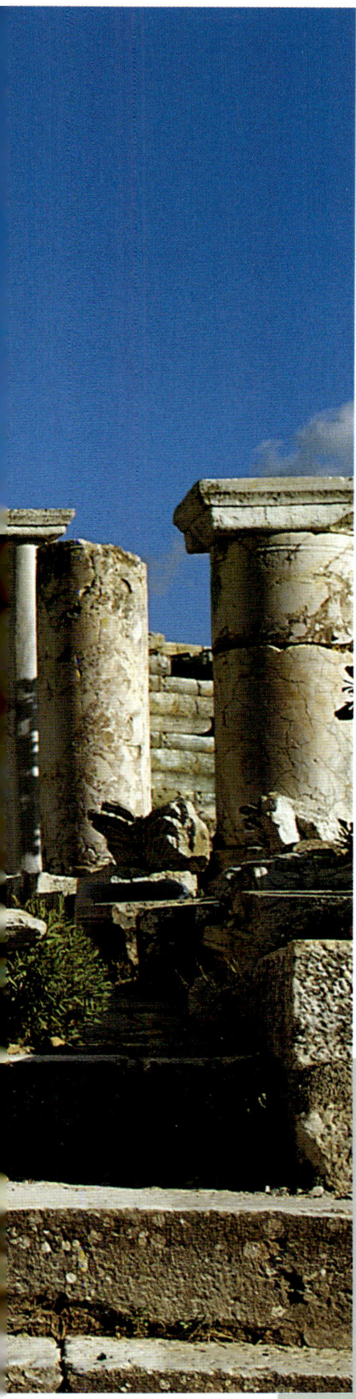

Vedius. La construction de la bibliothèque, dont la façade est conçue comme une scène de théâtre, est l'œuvre du consul Gaius Julius Aquila, qui voulait en faire à la fois un lieu de sagesse et un monument funèbre à la mémoire de son père, Gaius Julius Celsus Polemaeanus, qui y était enterré. Un remarquable autel monumental, connu sous le nom d'arc d'Éphèse, appartient quant à lui à l'époque antonienne ; son cycle figuratif, qui commémore les victoires de Marc Aurèle et de Lucius Verus sur les Parthes, rend parfaitement compte de l'excellent niveau atteint par les sculpteurs d'Éphèse, déjà évident dans leur art du portrait. Les ruines de l'autel montrent la fusion opérée entre l'héritage classique et le réalisme minutieux du relief romain historique.

Le rôle d'Éphèse à l'époque chrétienne ne fut pas moins important, comme le prouve la construction de l'église Sainte-Marie au IVe siècle et celle de la grande basilique Saint-Jean sur la colline d'Ayasoluk, décidée par Justinien, but de pèlerinage jusqu'à la conquête turque du XIe siècle.

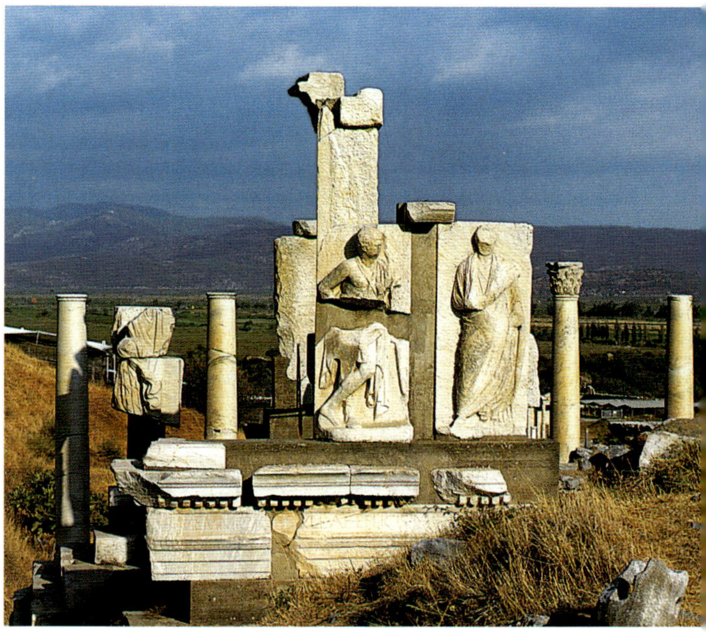

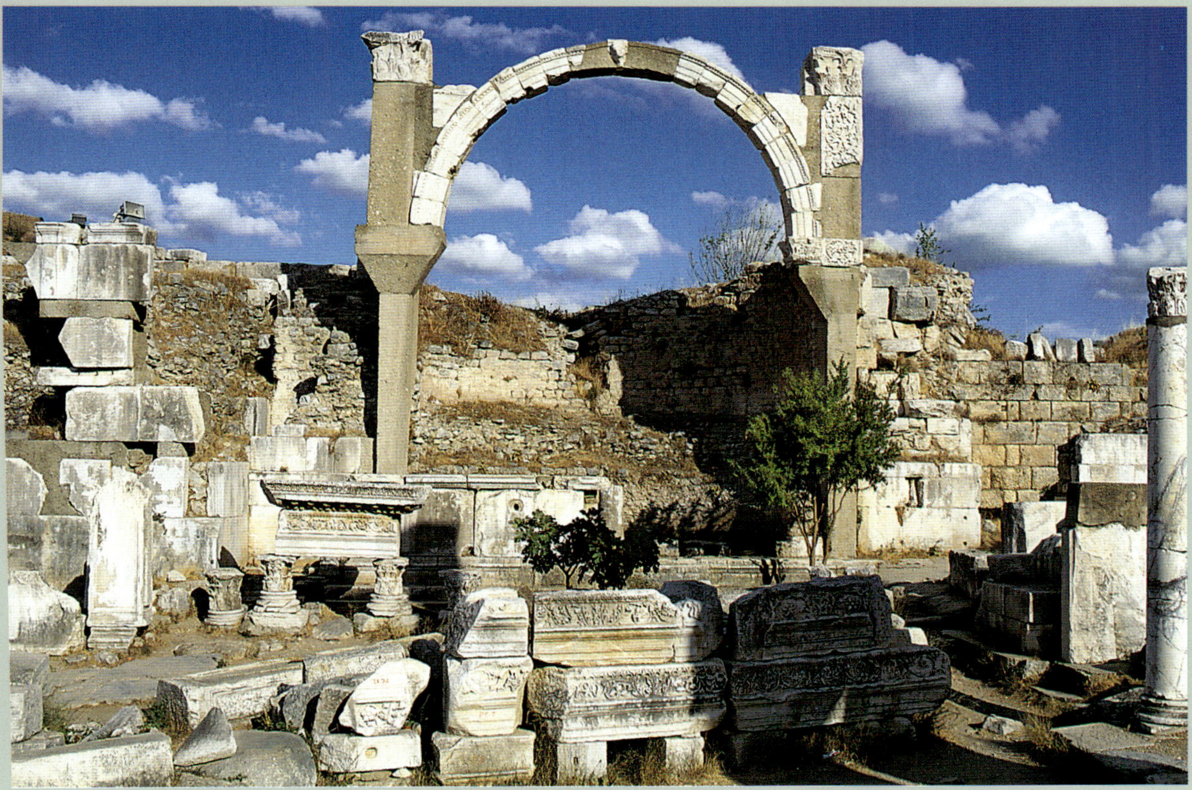

188-189 Ces deux pilastres caractéristiques, ornés de sculptures anthropomorphes, au premier plan, sont un exemple des éléments décoratifs de la rue des Courètes. Cette antique route conduisait jusqu'au cœur de la vieille ville.

189 En haut : Le monument érigé au Ier siècle av. J.-C. en l'honneur de Caius Memmius, neveu de Sylla, se composait d'une succession d'arcs de triomphe soutenus par des cariatides. Il rappelait la soumission de la ville au pouvoir romain.

189 En bas : La plupart des monuments de la ville, ici un arc dans la rue des Courètes, sont ornés d'un décor de grande qualité : les ouvriers et les tailleurs de pierre éphésiens étaient renommés et rivalisaient en notoriété avec ceux d'Aphrodisia.

GERASA

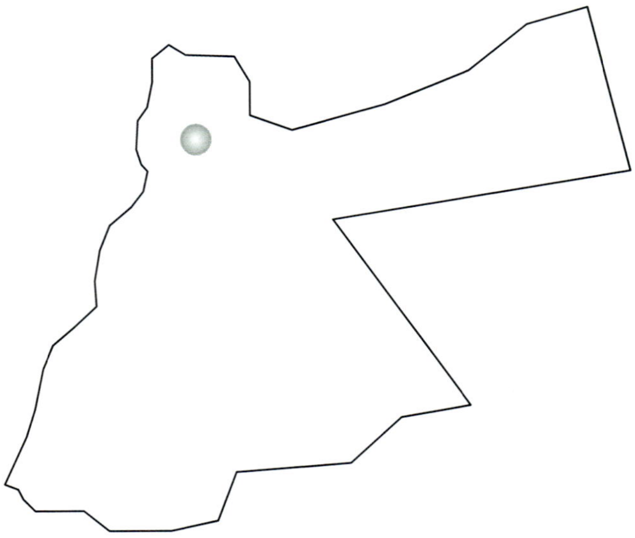

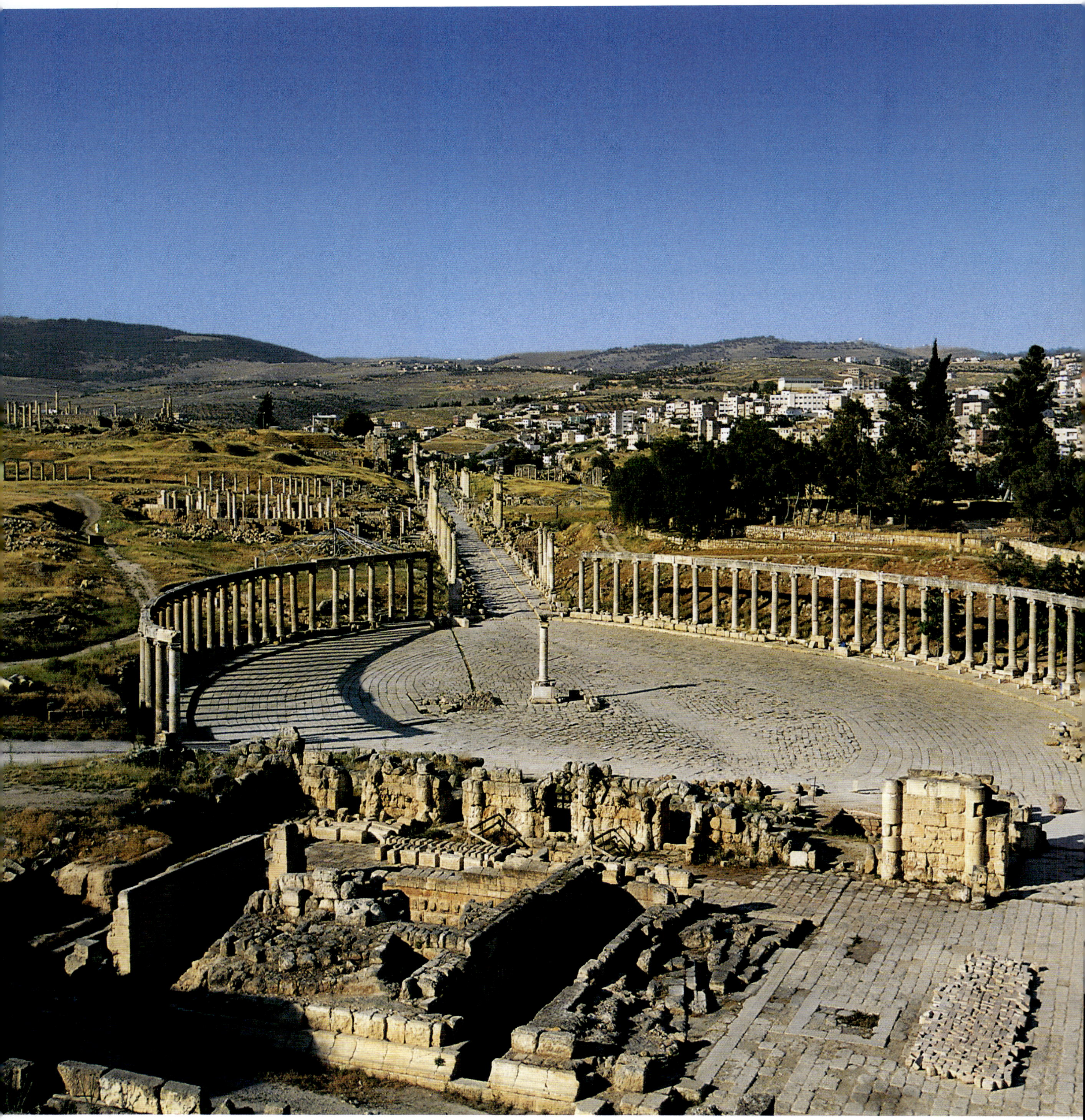

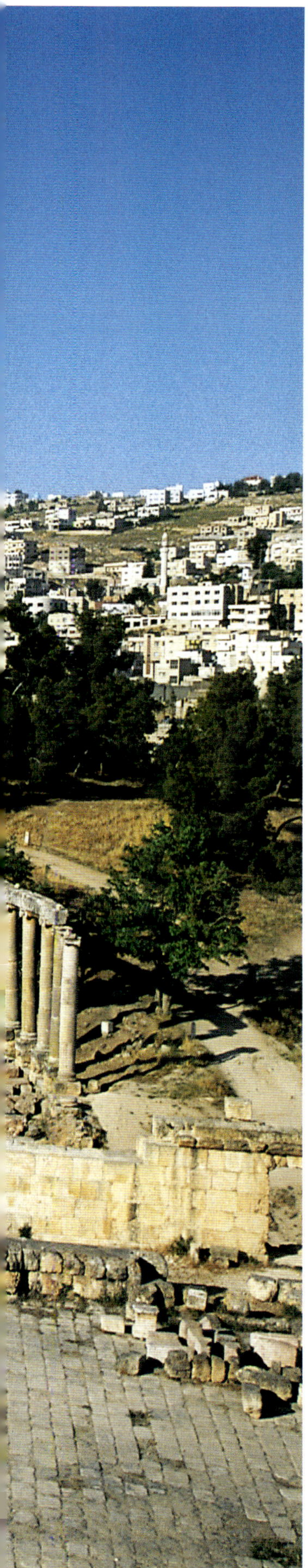

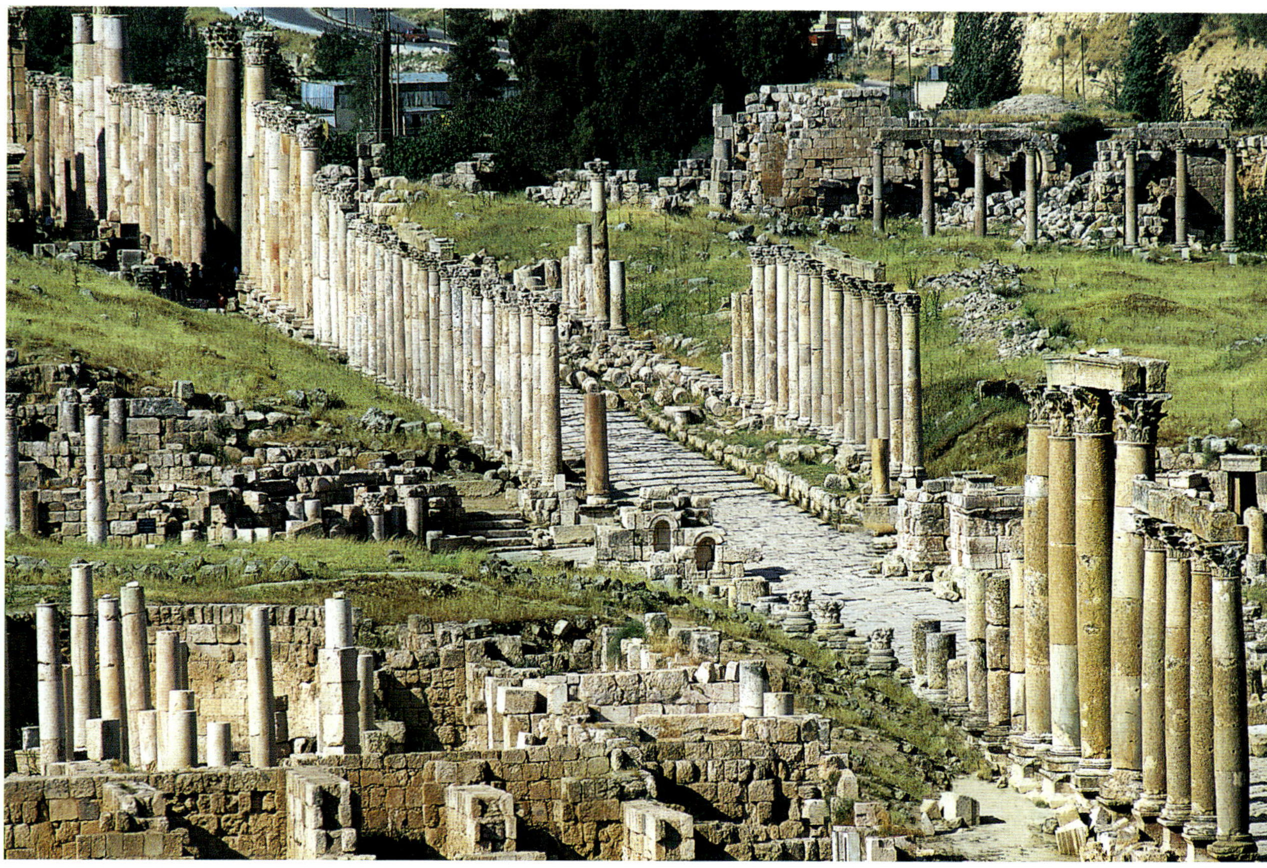

Par RICCARDO VILLICICH

La ville de Gerasa, également connue à l'époque hellénistique sous le nom d'Antioche sur le Chrysorrhoas, fut fondée par Antiochos IV Épiphane (qui régna de 175 à 164 av. J.-C.) sur les rives du fleuve Chrysorrhoas, à 49 km au nord d'Amman, dans la Jordanie actuelle. Au Ier siècle av. J.-C., cette agglomération fondée par les Séleucides fut annexée par Alexandre Jannée à la Judée, avant de faire partie quelque temps plus tard de la nouvelle province romaine de Syrie, dans le cadre de la réorganisation des territoires orientaux opérée par Pompée en 63 av. J.-C. Gerasa connut une grande prospérité économique à partir de la deuxième moitié du Ier siècle apr. J.-C., quand elle devint un important centre caravanier, pôle d'attraction d'un territoire extrêmement riche du point de vue agricole et minier. Sa période d'expansion maximale se situe au IIe siècle, après son annexion à la nouvelle province d'Arabie décidée en 106 par Trajan. Cette époque coïncide avec la construction des édifices publics les plus impressionnants. Au IIIe siècle, Gerasa obtint le titre honorifique de colonie. Pourtant, à partir de cette période, la ville entra dans une phase de décadence économique progressive qui en précipita le déclin, si l'on excepte une brève parenthèse d'apparente

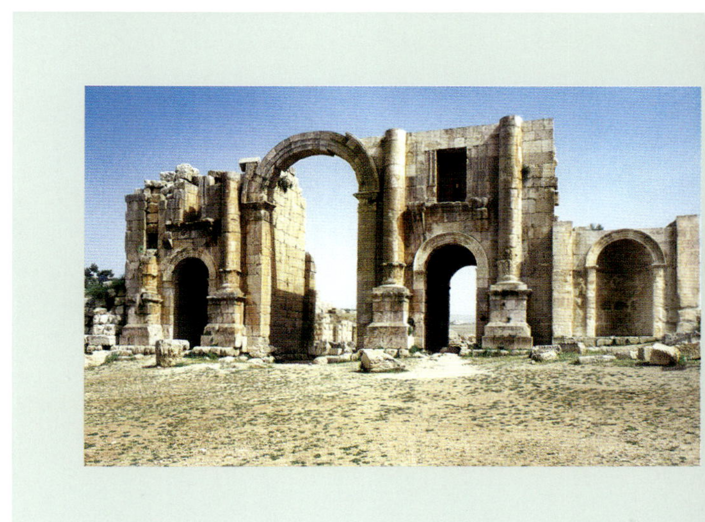

190-191 La grande voie à colonnades qui faisait fonction de *cardo maximus* de la ville prenait naissance sur l'agora ovale, vue ici du sud.

191 En haut : On aperçoit, parmi les ruines de la grande voie à colonnades, les colonnes monumentales, couronnées de splendides chapiteaux corinthiens.

191 En bas : Cet arc monumental à trois arcades fut élevé en l'honneur de l'empereur Hadrien, qui visita la ville en 129-130 de notre ère. Quatre demi-colonnes érigées sur de hautes plinthes encadrent les deux arcades latérales et l'arc central, doté d'une grande arcade donnant à l'ensemble une impression d'espace.

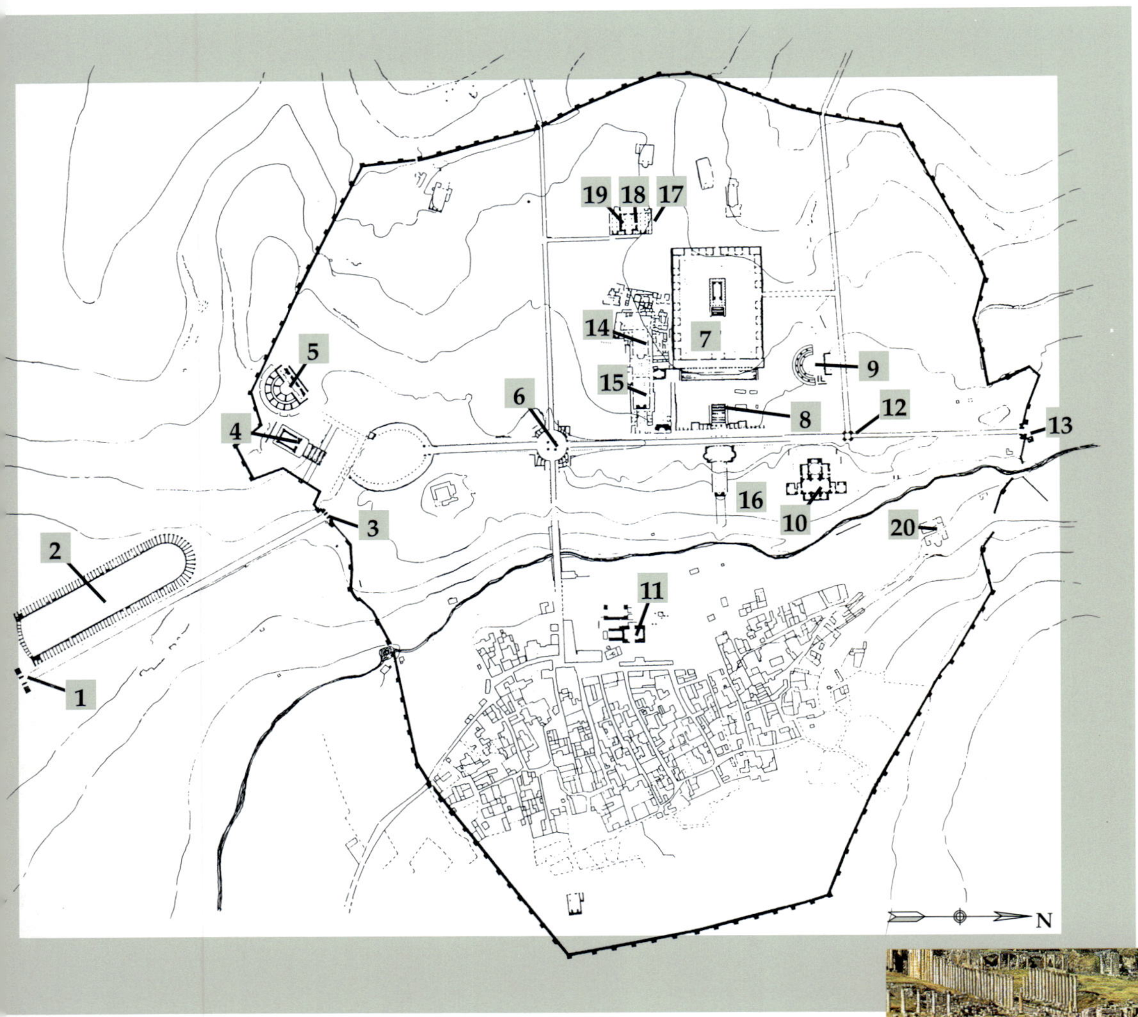

1) Arc
2) Hippodrome
3) Porte méridionale
4) Temple de Zeus
5) Théâtre méridional
6) Tétrapyle méridional
7) Temple d'Artémis
8) Propylée
9) Théâtre nord
10) Thermes ouest
11) Thermes est
12) Tétrapyle nord
13) Porte nord
14) Cathédrale
15) Saint-Théodore
16) Nymphée
17) Sts-Côme-et-Damien
18) Saint-Jean
19) Saint-Georges
20) Église des Prophètes-et-Martyrs

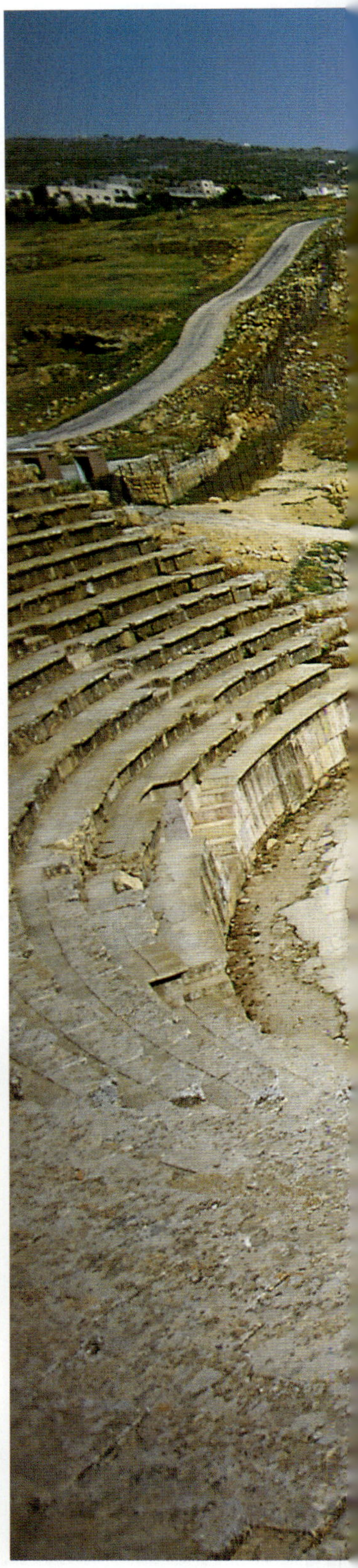

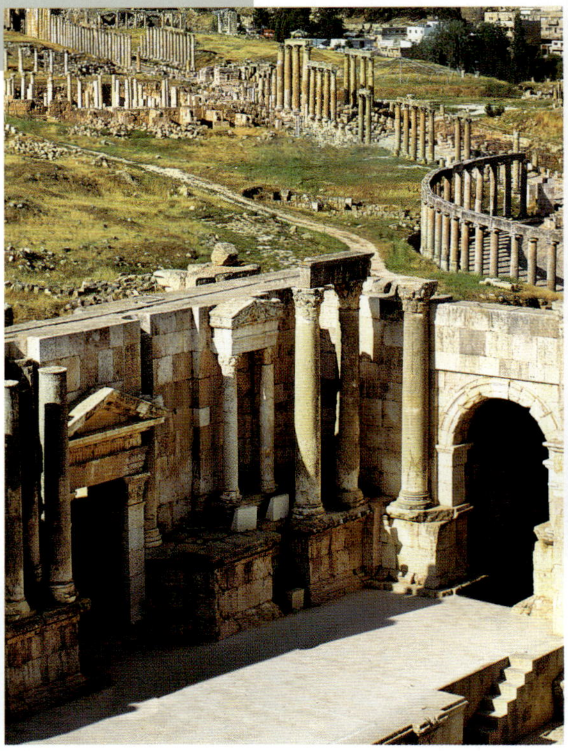

192 Ci-dessous : Le temple de Zeus prit son aspect définitif en 163 apr. J.-C. Sur la photo, on peut observer, éparses, des ruines de colonnes et d'autres éléments architecturaux provenant de l'édifice sacré.

192 Ci-contre : Selon la tradition romaine, le front de scène du théâtre était « mouvementé » grâce à des solutions architecturales extrêmement élaborées.

192-193 Le théâtre sud de la ville, que l'on peut dater du IIe siècle apr. J.-C. et qui pouvait accueillir plus de 3 000 spectateurs, est encore très bien conservé. On remarque la *cavea* et l'orchestre et, au fond, la scène.

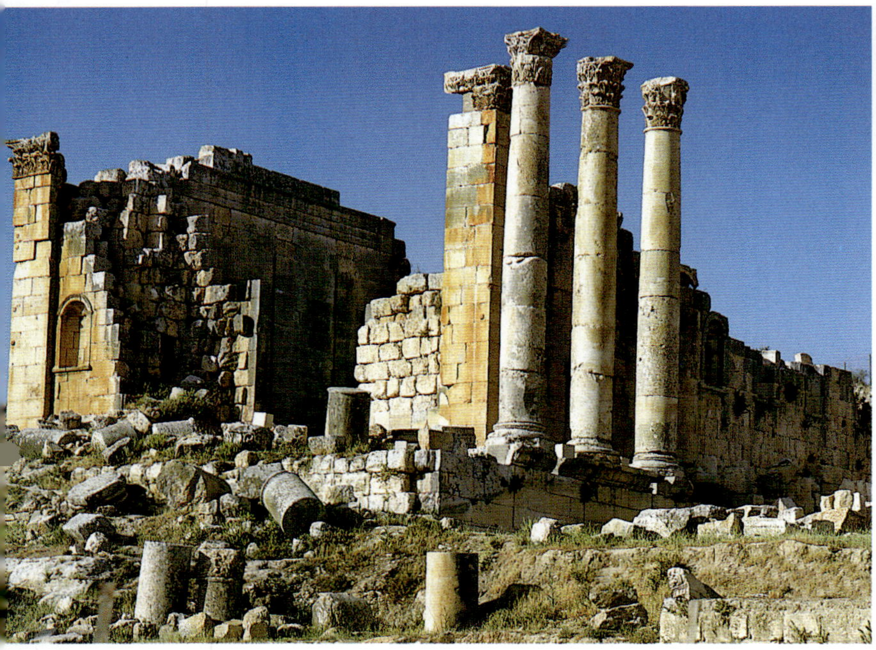

reprise à l'époque de Justinien. Malgré le déclin économique qu'elle avait connu pendant les siècles précédents, Gerasa devint une importante courroie de transmission de la culture et de la foi chrétiennes : ainsi, en un peu plus de deux siècles, entre 400 et 600, plus de treize églises y furent construites. L'abandon progressif de la ville commença avec la conquête arabe, et fut semble-t-il précipité en 746 par un tremblement de terre dévastateur. Pendant la période d'occupation par les croisés, dans la

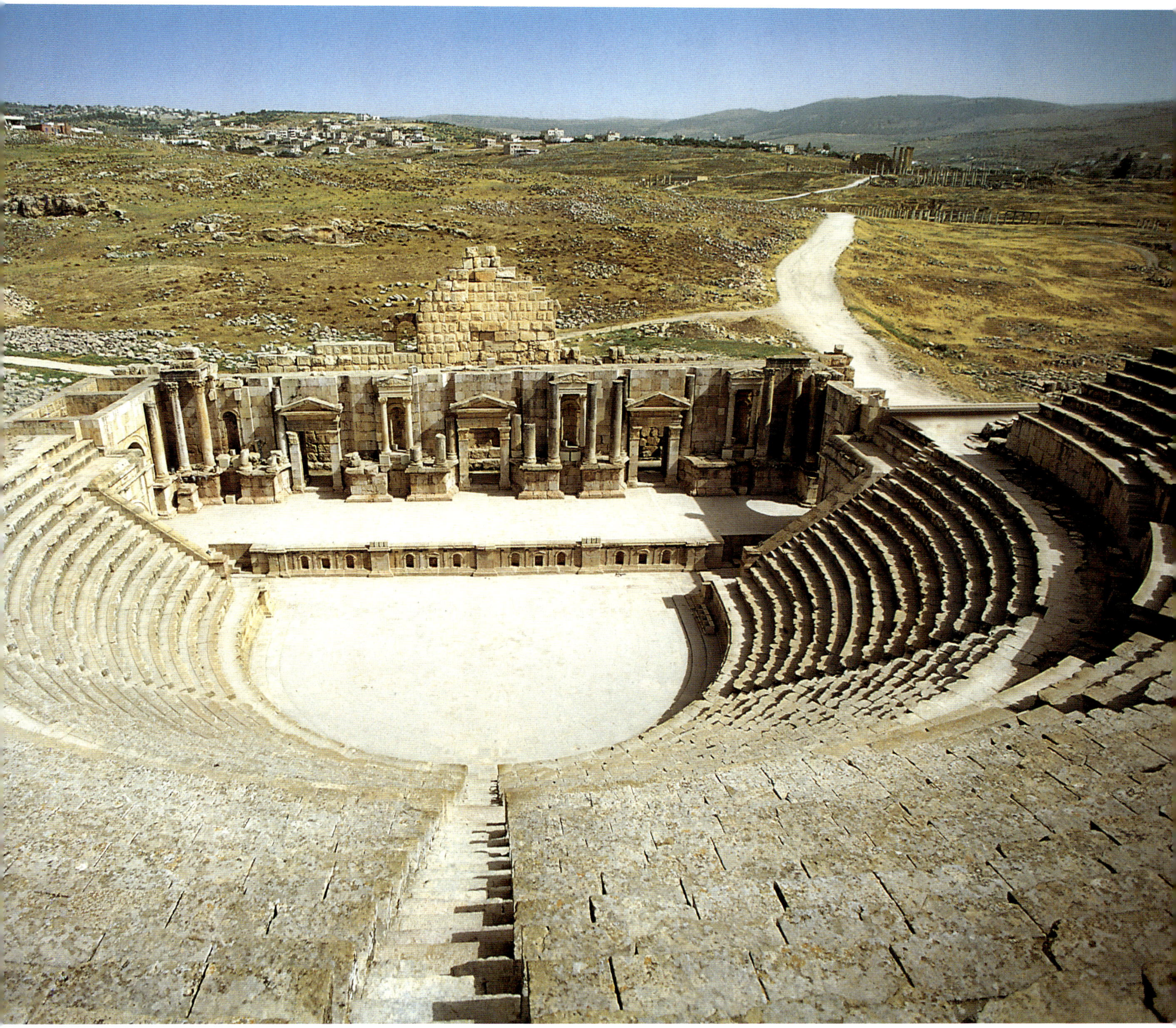

première moitié du XIIe siècle, quelques-uns des monuments de la ville, y compris le grand temple d'Artémis, furent transformés en forteresses. C'est à cet abandon presque total de la ville, qui ne fut repeuplée, et en partie seulement, qu'à partir de 1878 par un groupe de Circassiens, que l'on doit l'excellent état de conservation des ruines, progressivement mises au jour au cours des campagnes de fouilles – menées pour la plupart par des missions anglaises – qui se sont succédé sur le site à partir des années 1920.

La ville de Gerasa est subdivisée en deux parties séparées par le lit du fleuve Chrysorrhoas, qui la traverse de part en part. La moitié est, qu'il est pratiquement impossible de distinguer de nos jours à cause des habitations modernes, correspondait à la zone résidentielle. Son plan n'était régulier qu'en partie seulement, à cause des caractéristiques géomorphologiques du site ; la zone monumentale, avec ses superbes édifices publics, était concentrée dans la moitié ouest, qui était semble-t-il le véritable cœur de la ville, dominé par le gigantesque sanctuaire d'Artémis. À Gerasa, comme à Apamée, Palmyre, Bosra et de nombreuses autres villes d'Orient, une grande voie à colonnades traversait l'agglomération d'un bout à l'autre et ordonnait le tissu urbain ; il s'agissait d'une véritable artère directrice le long de laquelle étaient distribués les plus grands monuments de la ville. Dans le cas de Gerasa, cette grande avenue, qui prend naissance au sud d'une place ovale vaste et originale, comporte, aux croisements avec les

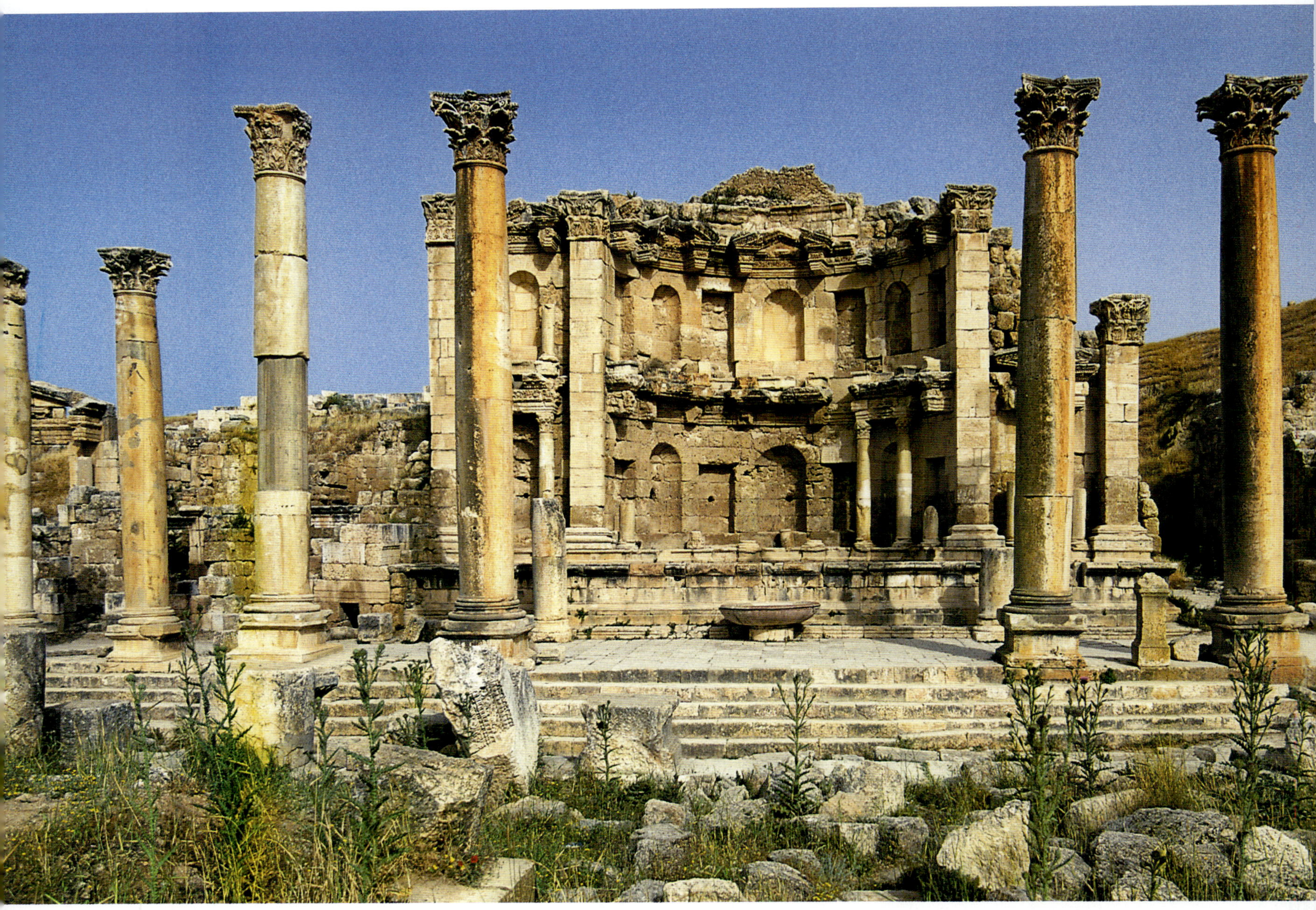

deux *decumanus* principaux, deux tétrapyles de grandes dimensions – celui du Sud est particulièrement imposant. Ces monuments, constitués de quatre groupes de quatre colonnes chacun, que l'on retrouve souvent aux carrefours des villes orientales, représentent une solution architecturale originale de régularisation du réseau des rues et de dissimulation des inclinaisons des axes des voies, parfois imparfaitement perpendiculaires. Comme nous l'avons vu, il faut dater du IIe siècle apr. J.-C. l'édification *ex novo* ou la reconstruction, sous la forme qui nous est parvenue, de la plus grande partie des monuments prestigieux de la ville, souvent dus aux largesses des citoyens aisés de la communauté. C'est à l'époque d'Hadrien que remonte par exemple l'arc de triomphe construit au sud de la cité, érigé afin de célébrer la visite

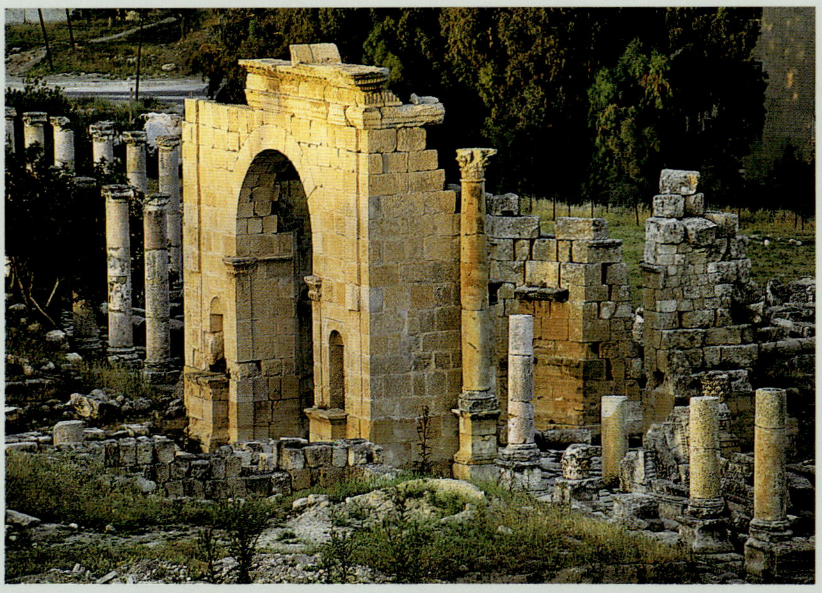

194-195 Le nymphée (IIe siècle apr. J.-C.) qui donne sur la voie à colonnades, présente une façade dessinée comme celle d'une scène de théâtre, avec un double niveau de niches encadrées à l'origine de colonnes en saillie.

194 En bas : Le grand tétrapyle nord, en forme d'arc à quatre façades, avec une arcade centrale et deux arcades latérales, était situé au croisement du *decumanus* nord et du *cardo*, et ponctuait la route venant de la porte nord.

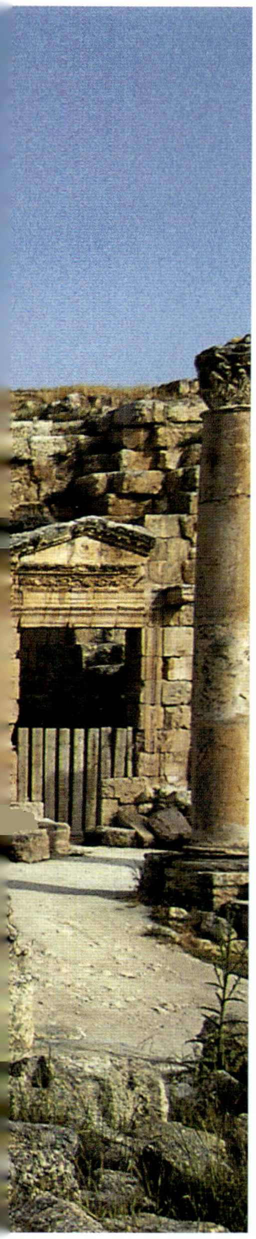

195 Ci-dessous : L'entrée monumentale de la cathédrale, première église construite à Gerasa, que l'on peut dater du IVᵉ siècle apr. J.-C. L'édifice basilical, qui suit le schéma classique à trois nefs, était orné de colonnes de type corinthien et, comme les autres églises, se dressait au centre de la ville, autour d'une fontaine que l'on croyait miraculeuse.

195 Ci-contre : Le grandiose temple d'Artémis – sanctuaire principal de la ville – est un périptère hexastyle à colonnes corinthiennes construit sur un podium. Il s'élevait au centre de la grande enceinte sacrée à portiques (*temenos*) et remonte à l'époque antonienne.

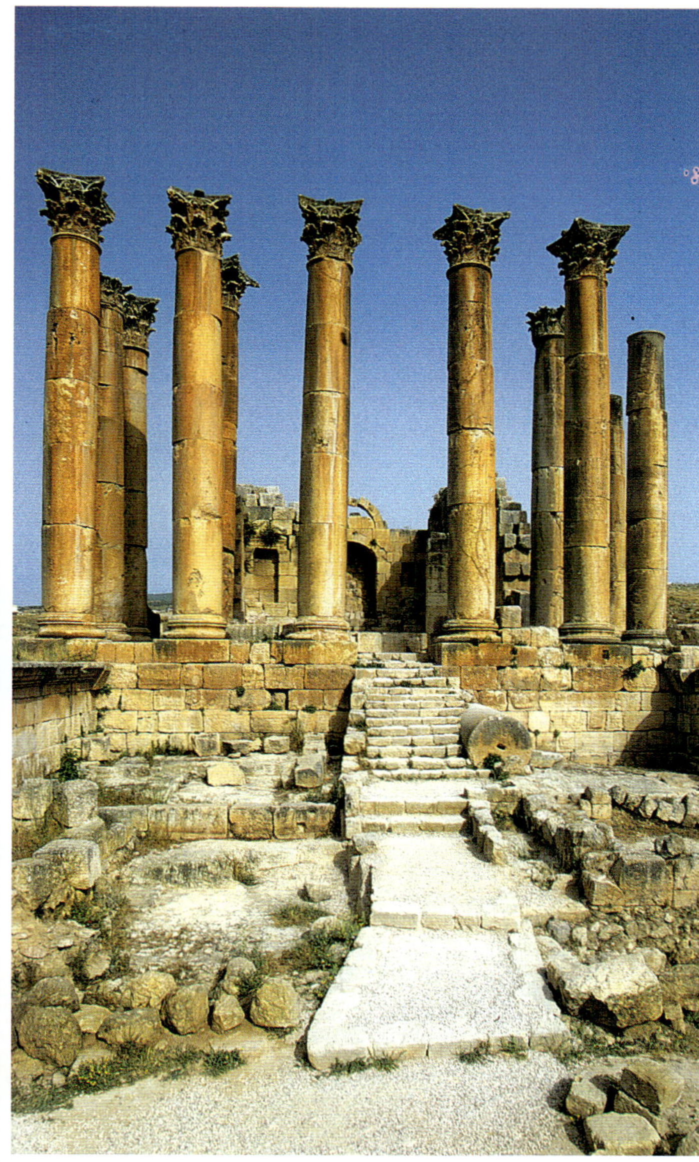

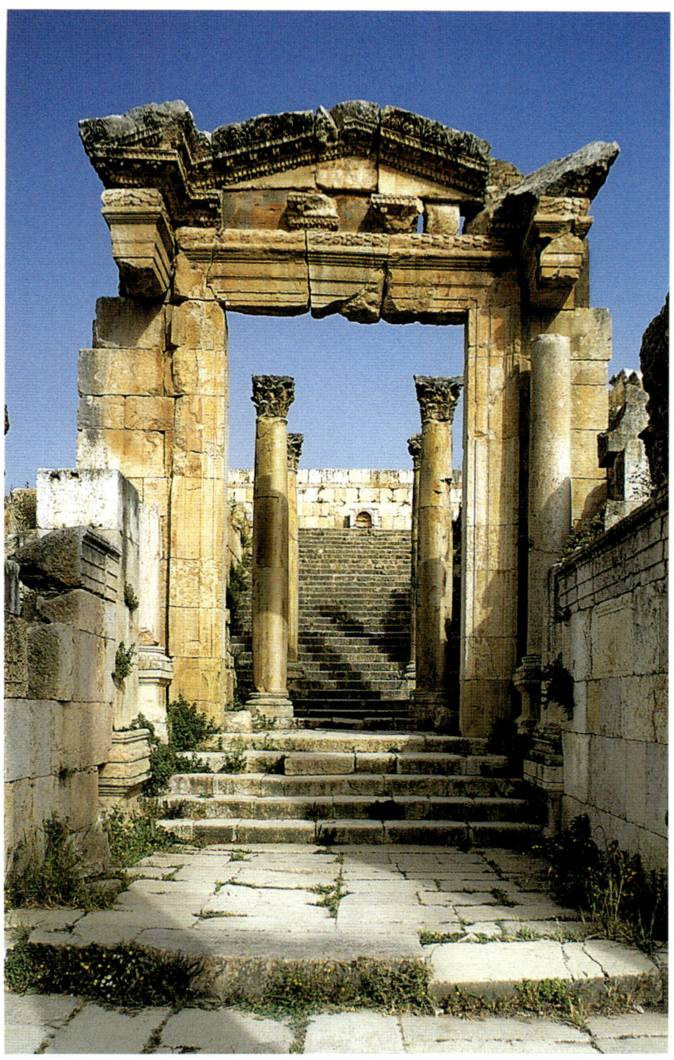

que l'empereur fit à la ville en 129-130 apr. J.-C. Il est situé en dehors de l'enceinte de la muraille, dans une zone proche de celle du grand hippodrome (244 m x 51 m, pour une capacité de plus de 15 000 places). À l'intérieur de l'enceinte de la ville, on trouve dans le secteur méridional une première grande zone publique, constituée d'un forum circulaire d'où partait la grande voie à colonnades, de l'un des deux théâtres de la ville (de type romain, doté de quatorze rangées de sièges, de quatre entrées et de 3 000 places) et du temple de Zeus, reconstruit en 163 apr. J.-C. sous sa forme définitive, un périptère octostyle dont les colonnes étaient hautes de 14 m. Si ce dernier est déjà un remarquable exemple d'édifice de culte, le temple dédié à Artémis, déesse protectrice de la ville, est quant à lui véritablement spectaculaire. Il était construit sur la voie à colonnades, dans sa partie centrale. Il s'agit d'un des plus grands complexes religieux de l'Orient romain, que l'on peut dater lui aussi du IIᵉ siècle apr. J.-C : ainsi le *temenos* à portiques délimitant l'aire sacrée mesurait-il 240 x 120 m. À travers d'immenses propylées, dont la façade donne directement sur le *cardo*, on arrivait à un escalier imposant, large de 19 m, qui conduisait au *temenos*. Au centre s'élevait le temple d'Artémis, un édifice périptère hexastyle entouré de onze colonnes sur chacun des côtés. L'ensemble des édifices du sanctuaire était complété par un nymphée, donnant lui aussi sur le *cardo*. À l'époque d'Antoine, un second théâtre fut construit au nord du sanctuaire d'Artémis. En face, de l'autre côté de la voie à colonnades, prenaient place les grandioses thermes septentrionaux. Parmi les nombreuses églises construites à l'ère chrétienne – pour la plupart des basiliques à trois nefs –, celle des saints Côme et Damien se distingue par ses mosaïques, très bien conservées.

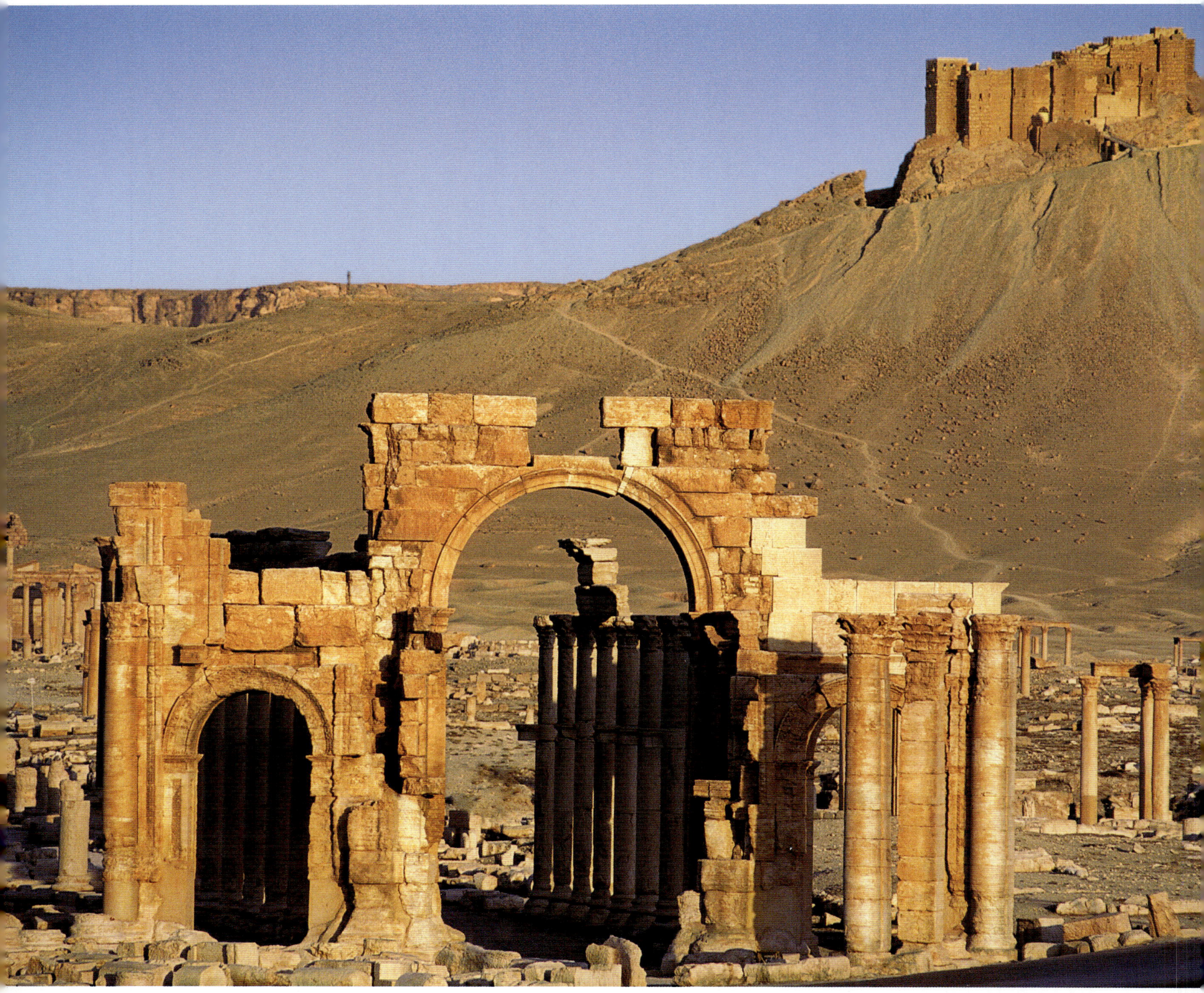

PALMYRE

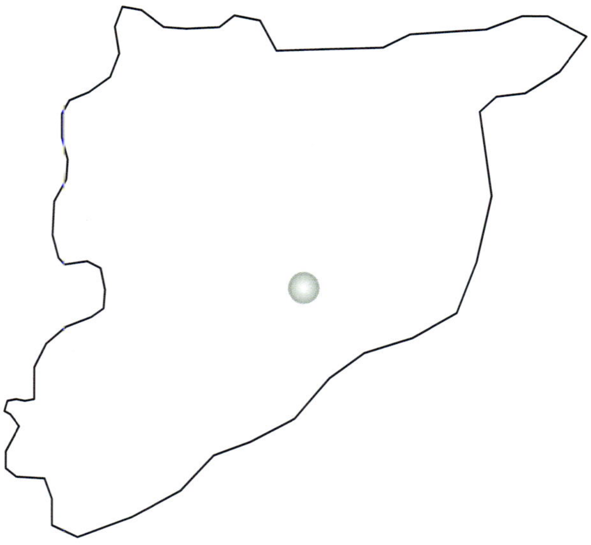

Par RICCARDO VILLICICH

Palmyre, vieille cité caravanière de Syrie, s'élève dans une oasis située à mi-chemin entre Homs et Abu Kermal, sur l'Euphrate, près d'une importante voie commerciale qui parcourait le désert des territoires mésopotamiens jusqu'à la Méditerranée. Le nom de Palmyre date de la période gréco-romaine, mais la ville ancienne, dont le noyau remonte à l'aube du IIe millénaire, était connue sous le nom de Tadmor et habitée par une

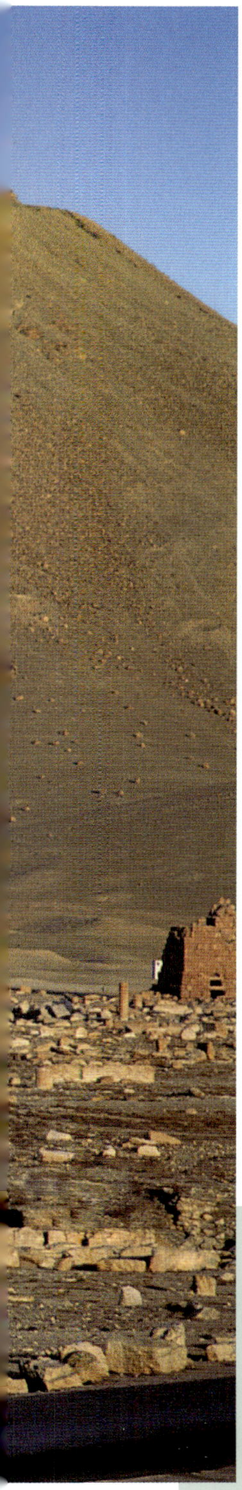

196-197 L'arc monumental à trois arcades de l'époque des Sévères, érigé en 220, présente au-dessus des entrées des corbeaux supportant des statues de personnages importants. Au fond, la forteresse due à l'émir ayyubide Al-Malik Shirkuh en 1230.

197 Ci-dessous : Sur cette vue des ruines de Palmyre, on remarque la voie à colonnades qui traverse la ville dans toute sa longueur en unissant les différents quartiers. Au sud, l'imposante silhouette du sanctuaire de Bêl.

197 En bas à gauche : L'angle nord-est de la façade du temple de Nebo (milieu du IIe siècle apr. J.-C.) fut coupé afin de permettre l'alignement du tronçon central de la voie à colonnades avec le front de scène du théâtre.

197 En bas à droite : Cette stèle funéraire représente la reine Zénobie ornée de bijoux dont une lunule, un pendant caractéristique en forme de demi-lune. À sa droite est représentée la Tyché (la Fortune), portant une couronne en forme de tour et une branche de palmier.

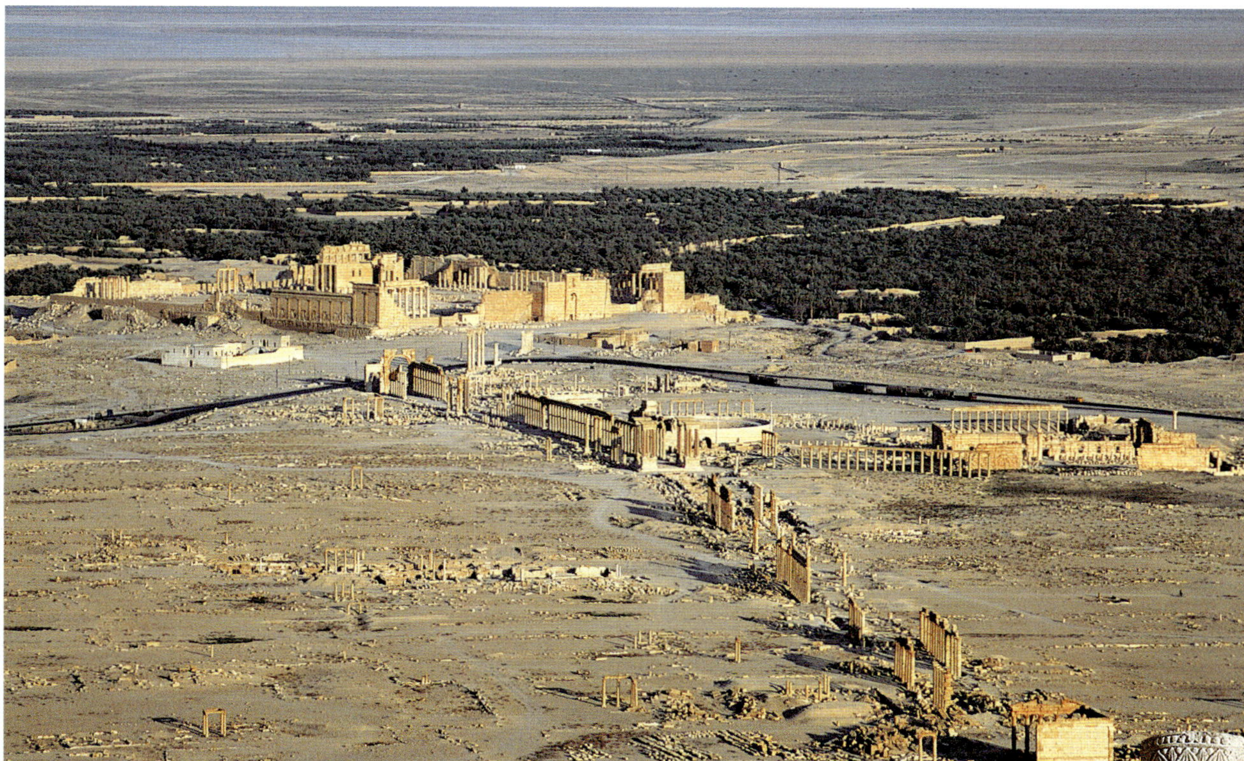

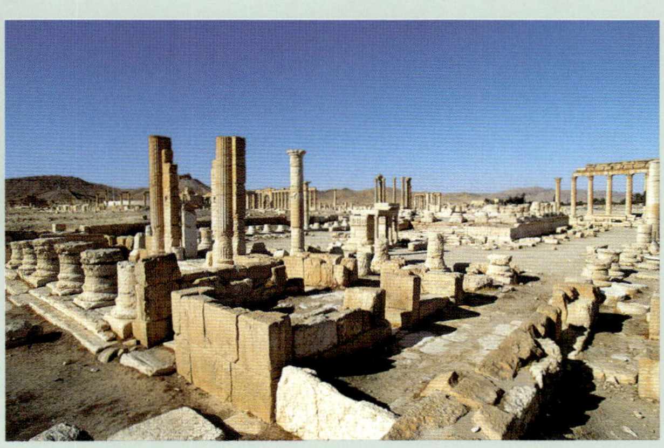

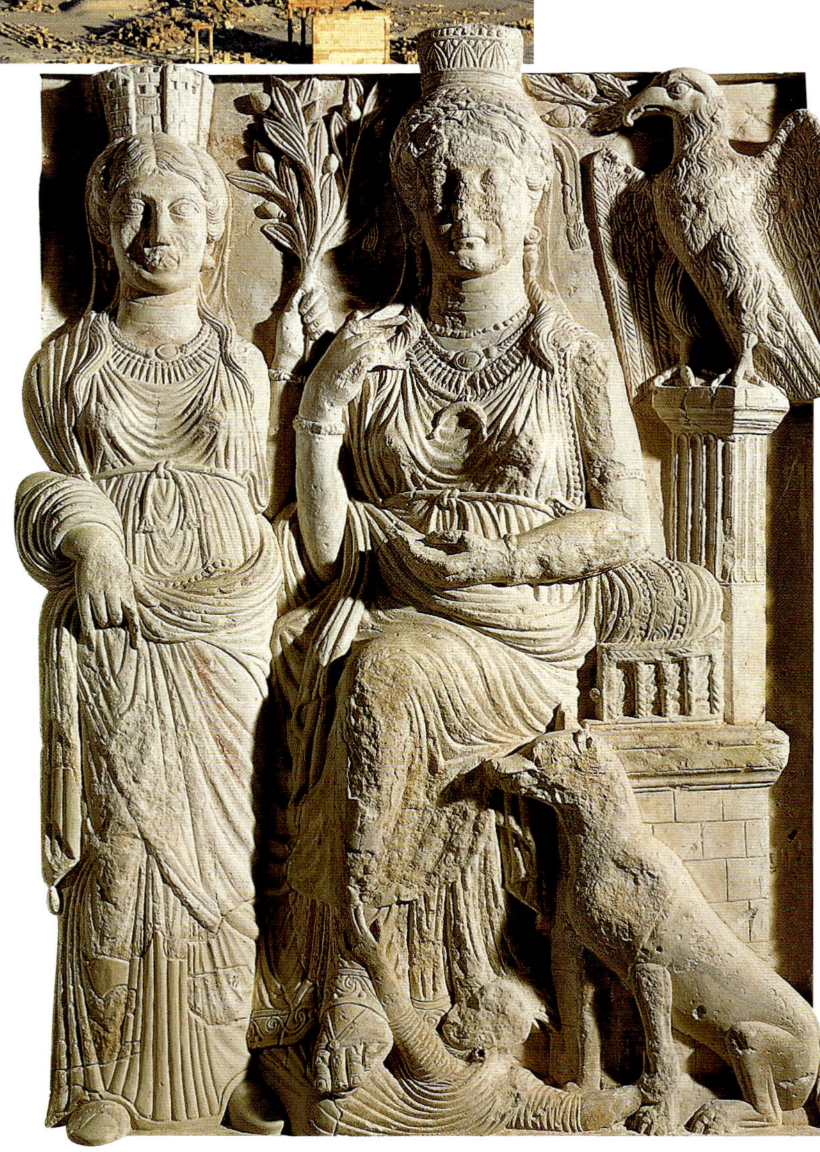

population d'Amorrhéens, puis d'Araméens. C'est à l'époque romaine que Palmyre connut cette extraordinaire prospérité économique qui en fit l'une des agglomérations les plus riches de la partie orientale de l'empire. Le premier contact des Romains avec cette métropole du désert eut lieu en 41 av. J.-C., quand Antonin, comme le rappelle un passage d'Appien, tenta de saccager cette ville d'opulents marchands. À partir du Ier siècle apr. J.-C., après avoir été autonome, la ville fit partie de la province romaine de Syrie, et acquit un rôle de première importance sur l'échiquier romain de cette région, le long du limes oriental de

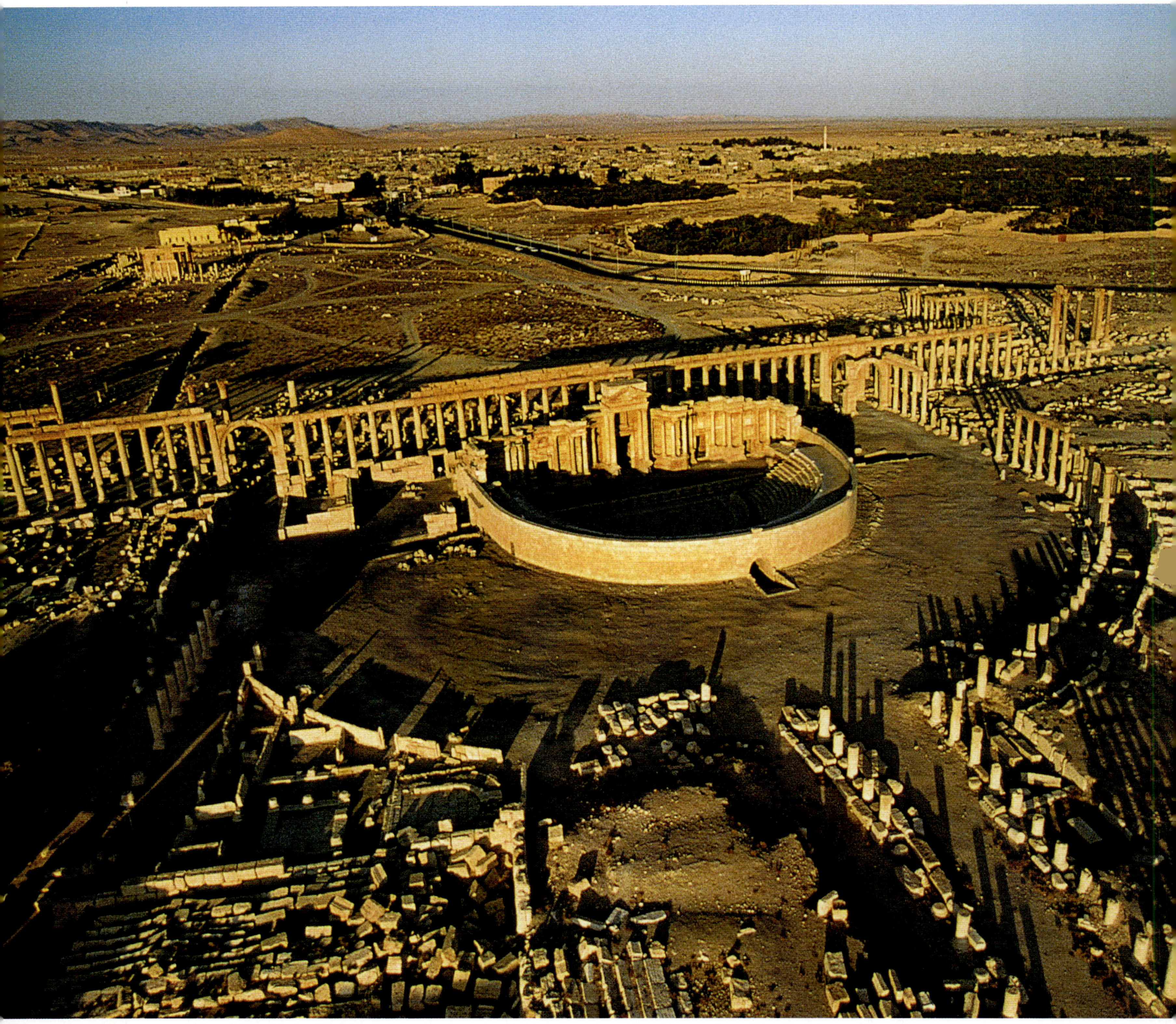

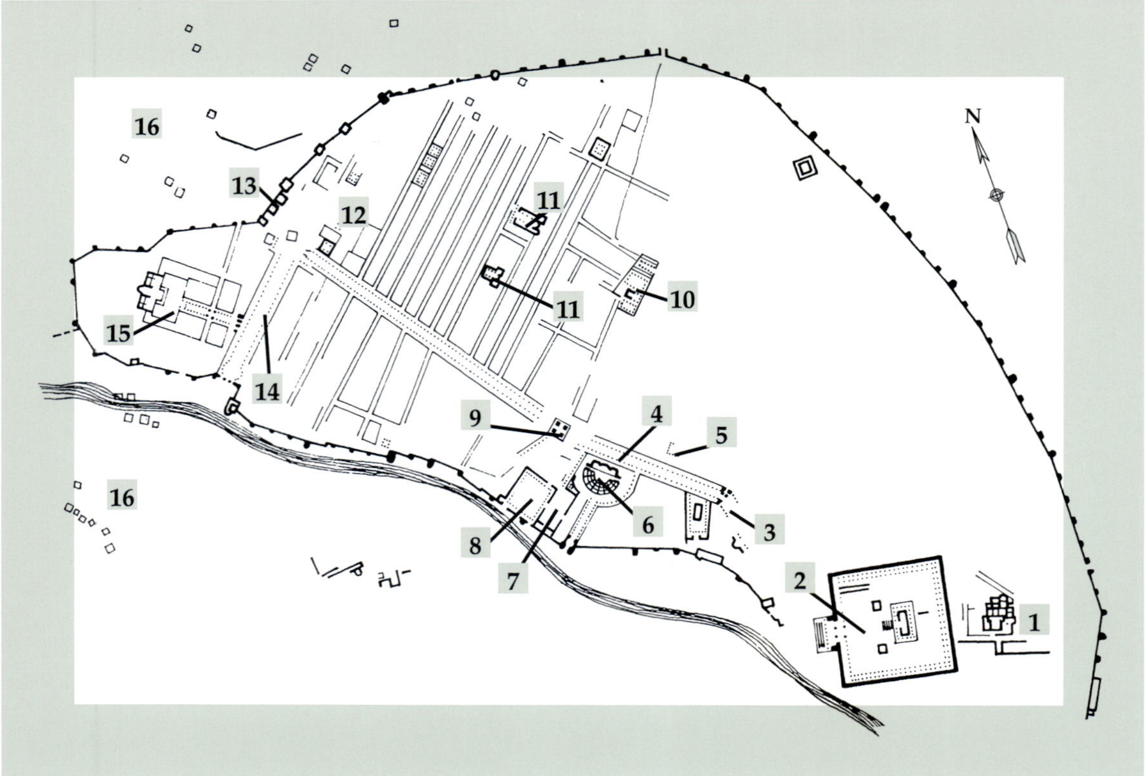

1) Maisons antiques
2) Sanctuaire de Bêl
3) Arc des Sévères
4) Voie à colonnades
5) Thermes de Dioclétien
6) Théâtre
7) Sérail
8) Agora
9) Tétrapyle
10) Sanctuaire de Baalshamin
11) Basiliques chrétiennes
12) Zone résidentielle
13) Tombes réintégrées dans les bastions
14) Portique transversal et place
15) Camp de Dioclétien et sanctuaire d'Athéna-Allat
16) Nécropoles

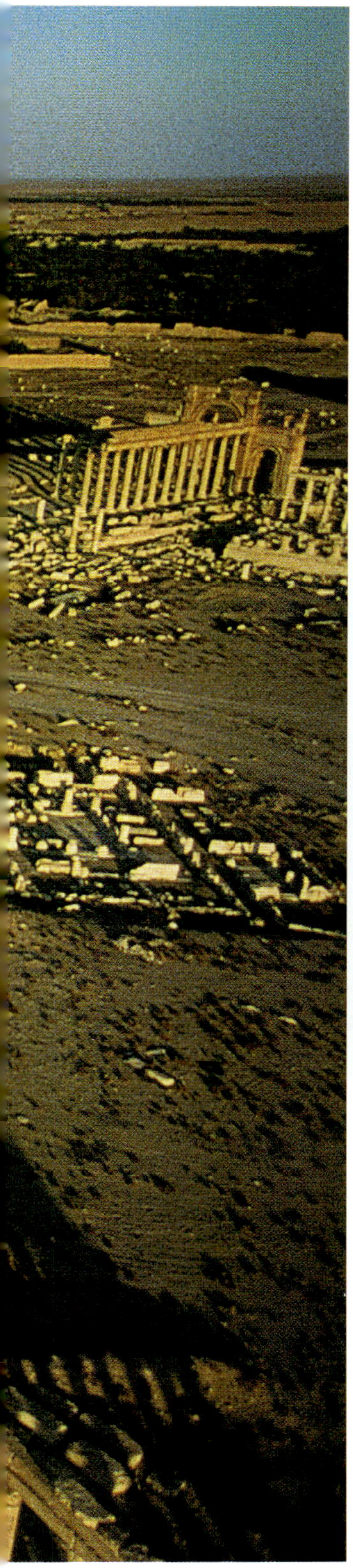

198-199 Le théâtre, dont la scène donnait directement sur la voie à colonnades, était entouré d'une place originale semi-circulaire à portiques qui reprenait la forme architecturale de la *cavea*.

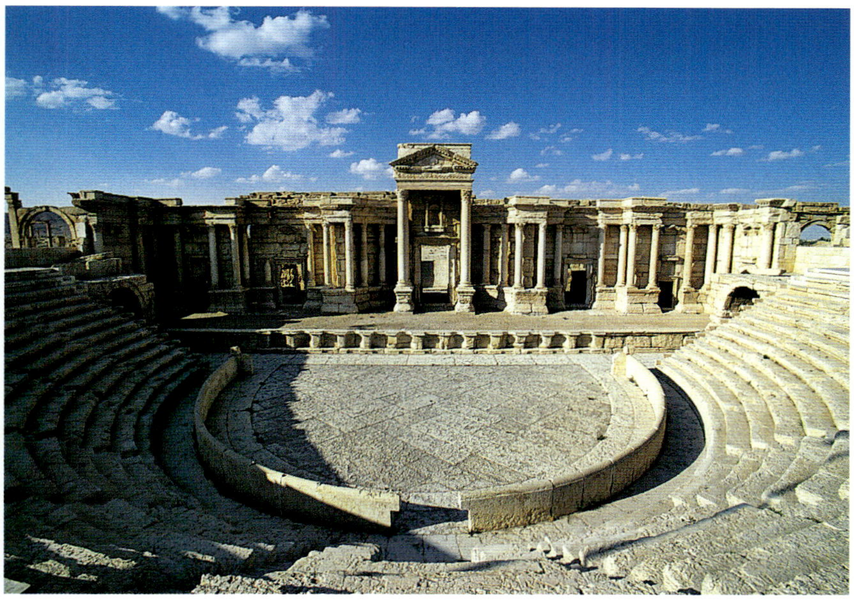

199 Ci-dessus : Le front de scène, selon le modèle romain, présente une façade très articulée, constituée de niches et d'avant-corps encadrés de colonnes. Une architrave couronnée d'un fronton distingue l'accès principal des entrées secondaires.

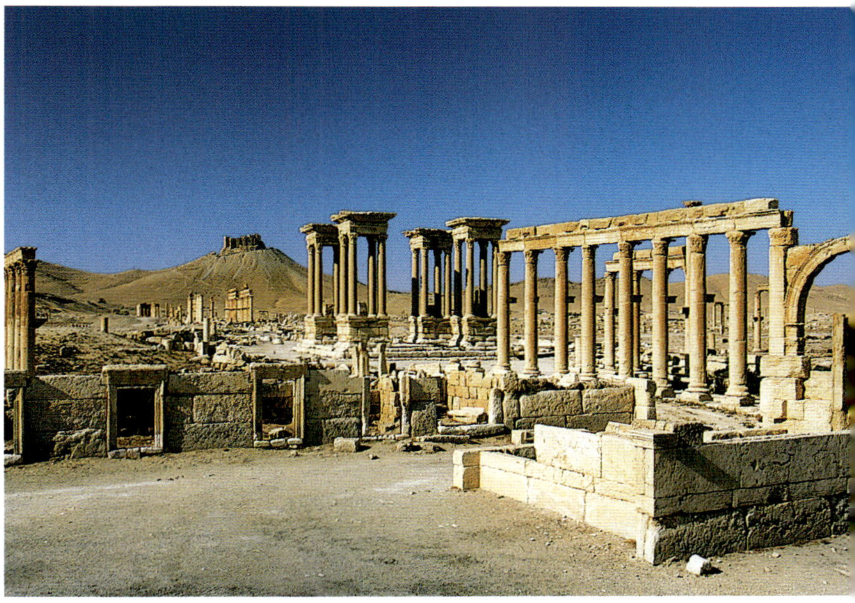

199 Ci-contre : L'avenue à colonnades rejoint ici le monumental tétrapyle de la ville. Au premier plan, on remarque la partie occidentale de la place externe du théâtre. Sur la droite, un des accès à la voie à colonnades.

l'empire, aussi bien comme barrière pour contenir les incursions des Parthes que comme centre incontesté du commerce caravanier. En un flot continuel de l'Orient vers l'Occident, et vice versa, les longues caravanes parcouraient, à partir du golfe Persique, la route qui remontait l'Euphrate, passait à Doura Europos, puis à Palmyre, pour rejoindre Émèse et la Méditerranée. Les marchands de Palmyre faisaient commerce de toutes sortes de produits raffinés et exotiques : de l'Inde arrivaient les pierres dures, le coton et les aromates ; de la Chine, la soie ; de l'Arabie, la myrrhe, l'encens et les pierres précieuses ; de la Phénicie, la laine teintée de pourpre et les verres polychromes. En 129 apr. J.-C., l'empereur Hadrien, lors de l'une de ses visites à la ville, lui reconnut une pleine autonomie fiscale : en son honneur, la cité prit le nom de Hadriana Tadmor. Après une période de grande prospérité sous les Sévères – Caracalla donna à Palmyre le statut juridique de colonie romaine –, une durable anarchie suivit la mort d'Alexandre Sévère. Le prince Odenath, gouverneur de la province et auteur d'une victoire décisive sur les Perses qui lui valut le titre – qu'il se décerna lui-même – de roi des rois, fit de Palmyre la capitale d'un véritable royaume oriental, politiquement autonome. Après la mort d'Odenath, la reine Zénobie, sa veuve, et son fils Wahbâllat, profitant de ce que l'Empire connaissait une crise, cherchèrent à étendre les limites du nouveau royaume aux dépens des Romains, en envahissant l'Égypte, la Syrie et une partie de l'Anatolie. La défaite de Zénobie par Aurélien en 273 apr. J.-C. et la chute de la ville qui suivit marquèrent le début d'un réel déclin de ce qui avait été l'une des plus riches villes d'Orient. Malgré certaines interventions de Dioclétien, qui renforça les murailles, restreignit le périmètre urbain et installa entre les murs un camp militaire, la cité ne retrouva plus jamais sa suprématie commerciale. Le renouveau qui lui avait été insufflé par la nouvelle culture chrétienne s'éteignit lui aussi en 634, avec la conquête définitive par les Arabes.

La ville, qui a fait l'objet de fouilles archéologiques depuis le début du XXe siècle (signalons les fouilles de la mission turque de 1902 à 1917, puis les missions françaises,

PALMYRE

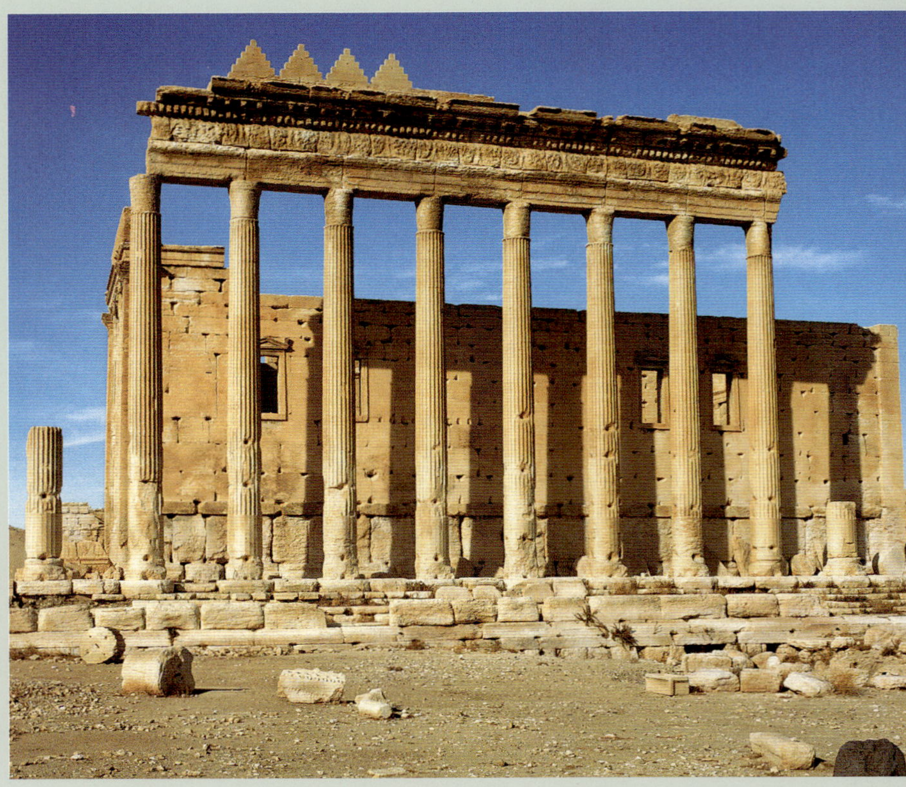

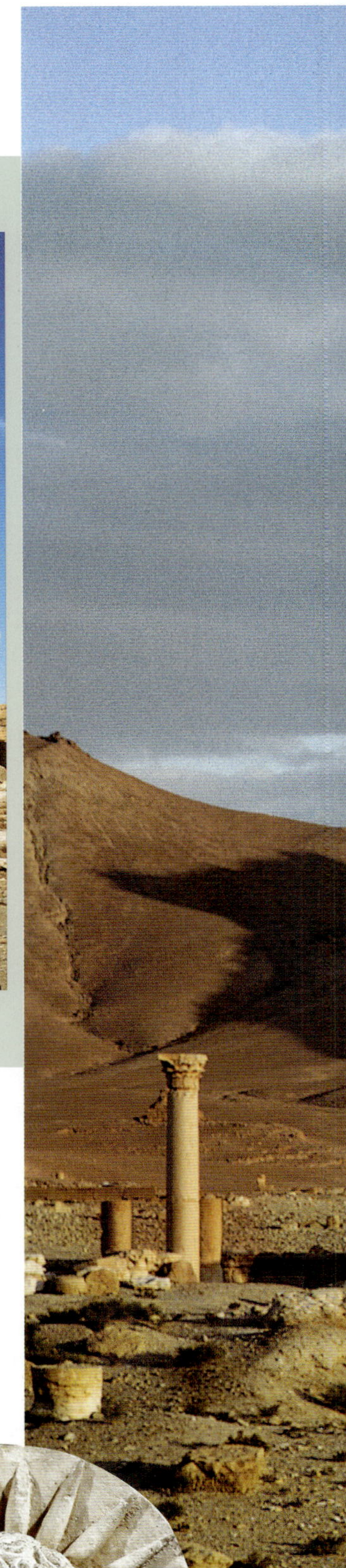

200 En haut : Les colonnes du périptère du temple de Belsor soutenaient une architrave couronnée de pinacles triangulaires originaux.

200 En bas : Ce relief, qui provient du temple de Bêl, figure les trois divinités principales du panthéon de Palmyre : au centre, le dieu Bêl, à sa droite Agibal, la Lune, et à gauche Yarhibal, le Soleil. Les trois dieux sont vêtus de tenues militaires de type romain.

200-201 Le petit temple de Baalshamin fut construit à l'époque d'Hadrien dans le secteur nord-est de la ville. L'édifice présente en façade quatre colonnes, dotées, comme celles de la voie à colonnades, d'autant de corbeaux destinés à soutenir des statues.

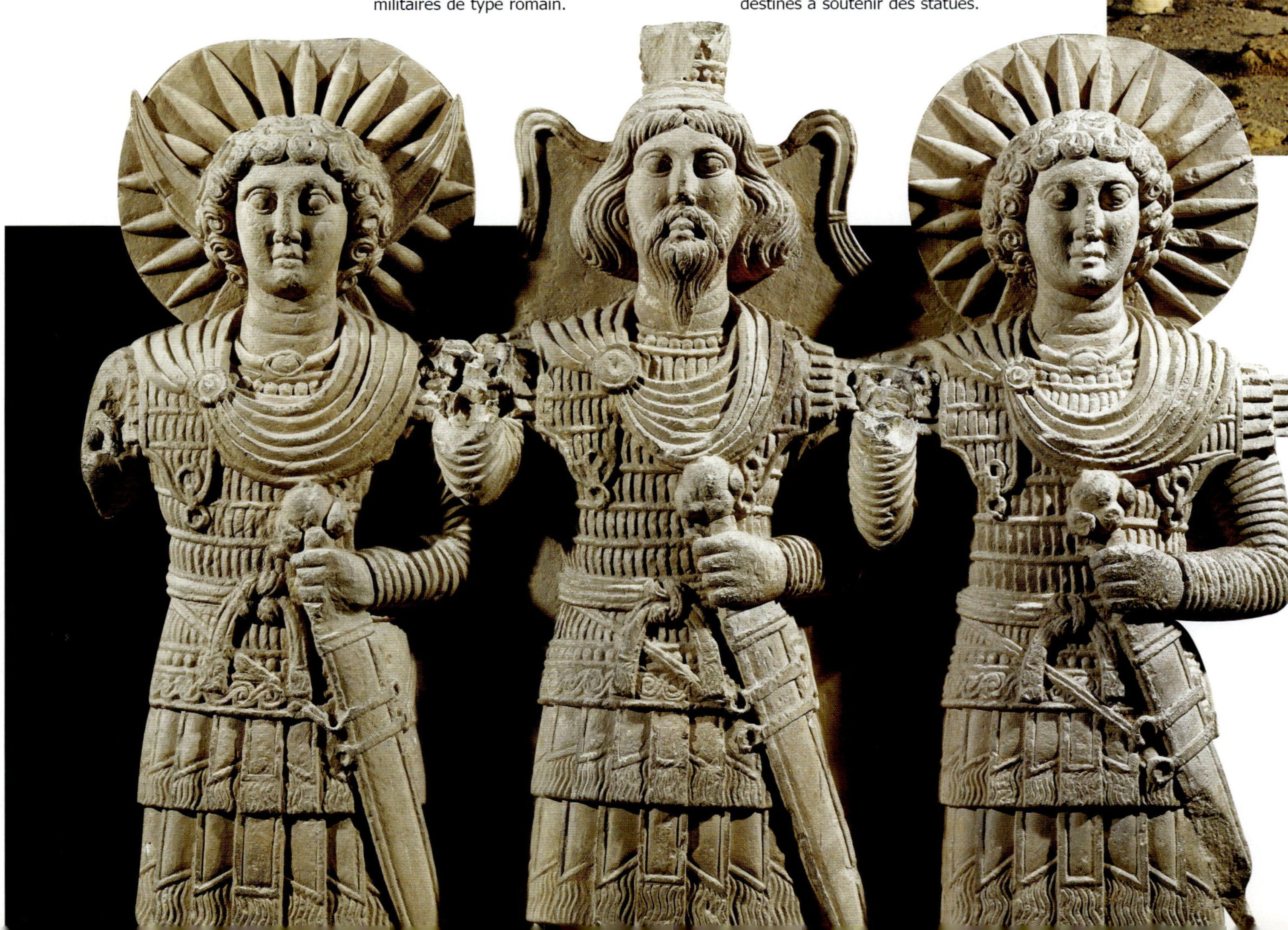

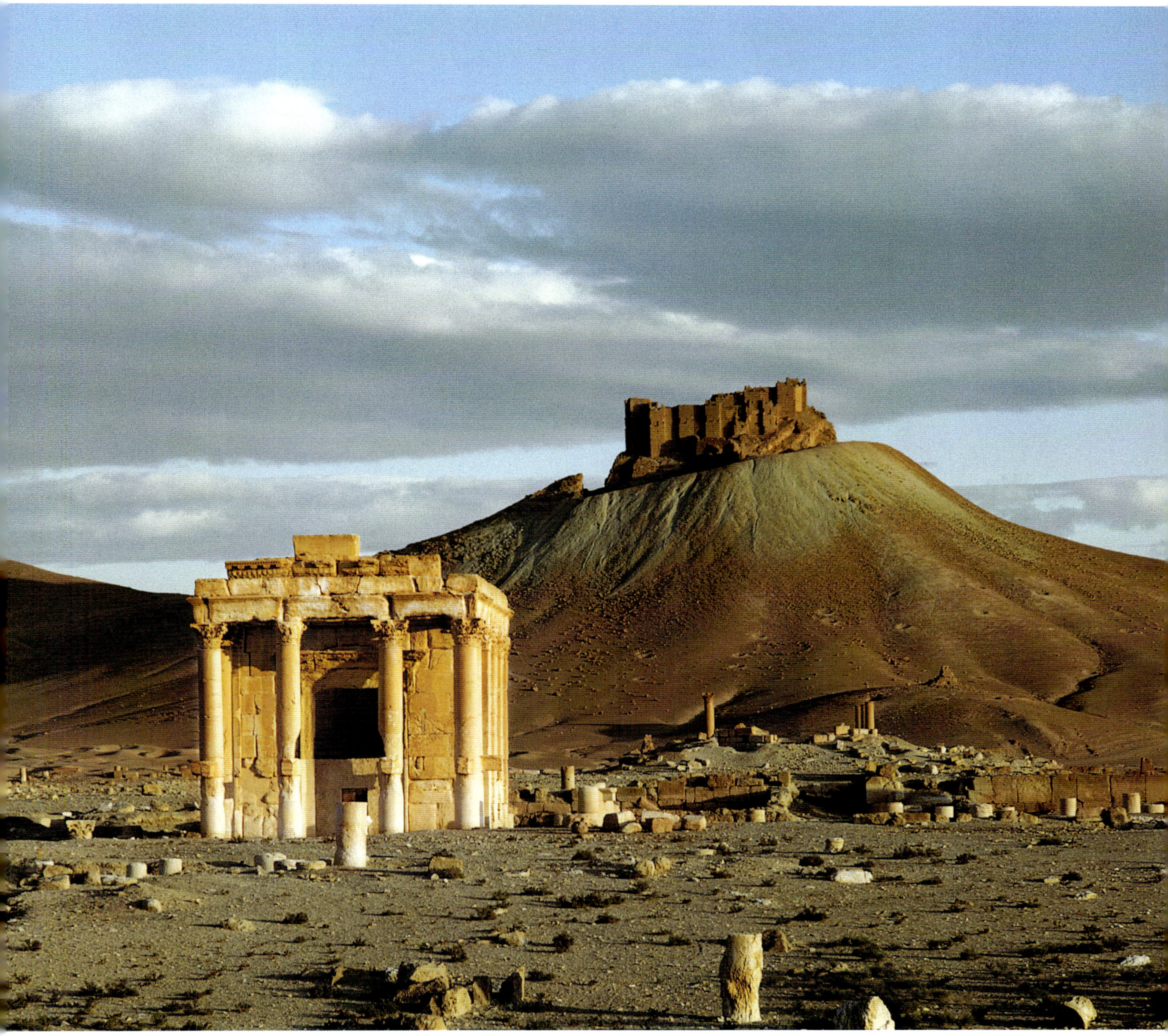

syriennes, suisses et, à partir de 1959, les fouilles de la mission polonaise dirigée par K. Michalowski), présente un tissu urbain irrégulier, caractérisé par des noyaux et des quartiers qui se sont développés pendant des phases chronologiques successives selon des orientations extrêmement différentes. La grande voie à colonnades constitue une tentative de régulariser un ensemble par ailleurs très disparate et instaure une continuité entre les monuments juxtaposés de façon désordonnée tout au long de son parcours. Cette avenue (longue de 1 100 m, et dont la chaussée est large de 11 m), caractérisée par deux rangées de colonnes étayant des consoles destinées à supporter des statues de personnages illustres, n'adopte pas un tracé rectiligne mais se subdivise en au moins trois embranchements assez nets, marqués par deux monuments, un tétrapyle et un arc à plan triangulaire, qui font office de charnière. La fonction du tétrapyle, un monument à quatre faces comportant seize colonnes en granite s'appuyant sur seize pilastres carrés, était essentiellement décorative. Le plan triangulaire de l'arc monumental à trois arcades, construit à l'époque des Sévères, représentait une solution géniale : il permettait au monument de présenter une façade perpendiculaire aux deux tronçons divergents de la voie à colonnades. Le long du parcours médian de celle-ci, compris entre le tétrapyle et l'arc, étaient répartis les édifices publics les plus importants de la ville : l'agora carrée, le théâtre, le temple de Nebo – divinité du panthéon babylonien assimilée à Apollon – et les thermes de Dioclétien.

202 Ci-contre : Cette tombe à temple, un hexastyle corinthien, présentait une architrave et un fronton, tout comme un véritable édifice de culte.

202 Ci-dessous : Une des imposantes tombes à tour de la nécropole ouest exhibe sur sa façade des corbeaux probablement destinés à soutenir des statues.

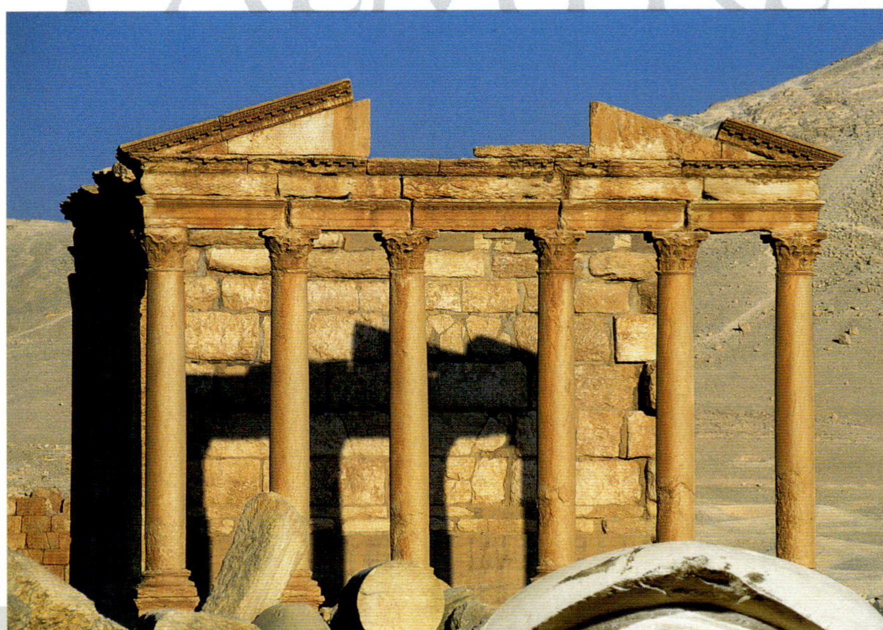

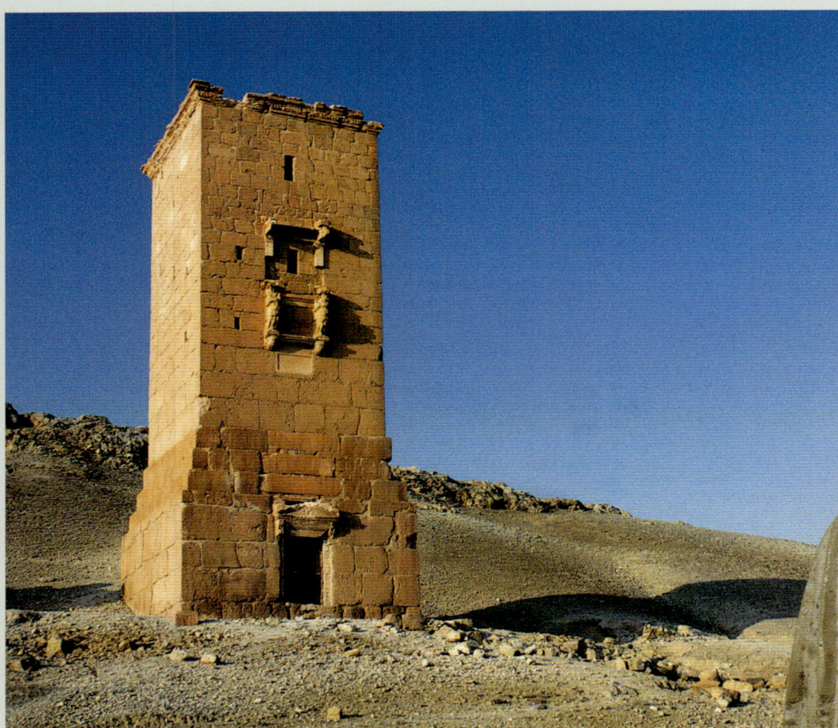

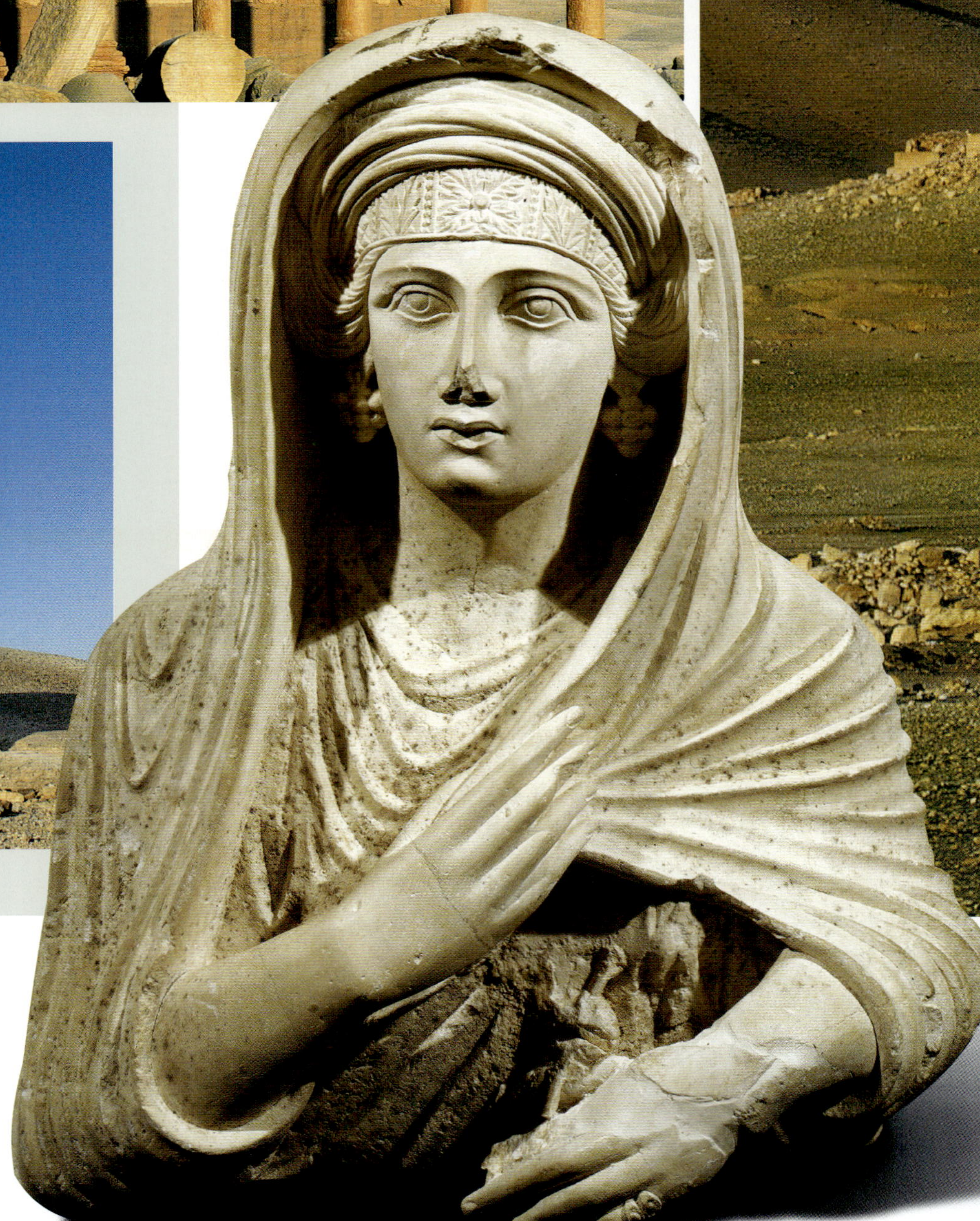

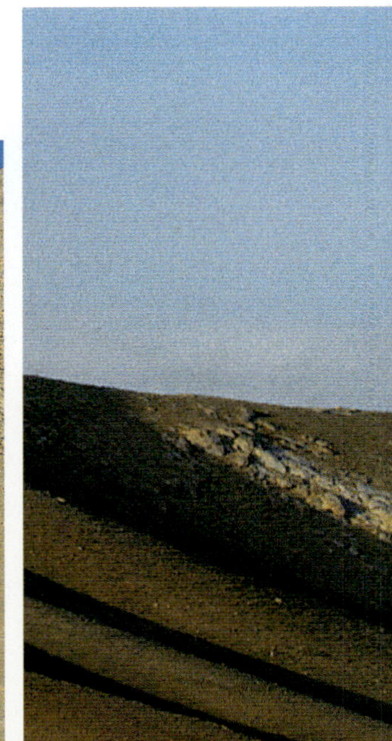

En suivant le tracé sud-ouest de la voie à colonnades – remaniée à partir de 200 apr. J.-C. et peut-être jamais achevée – depuis l'arc des Sévères, on arrivait au sanctuaire de Bêl, constitué d'un grand *temenos* de forme presque carrée (205 x 210 m) qui renfermait en son centre un temple périptère à huit colonnes en façade. Le temple, daté de 32 apr. J.-C. et dédié au dieu suprême Bêl (plus tard assimilé à Zeus), constituait un très intéressant hybride où coexistaient des éléments architecturaux de type classique, comme les colonnes corinthiennes et les deux frontons, et des réinterprétations d'antiques traditions mésopotamiennes. Les frontons eux-mêmes, qui ont en architecture classique une fonction

202 Ci-dessus : Le buste funéraire d'Aqmat, fille d'Hairan, provient de l'hypogée de Shalamatt, nécropole occidentale. On peut la dater de la deuxième moitié du IIe siècle apr. J.-C.

202-203 Sur cette vue d'une des nécropoles de Palmyre se dressent dans le lointain les tombes à tour très caractéristiques de la ville, avec ce qu'on appelle les tombes à temple et celles à hypogée.

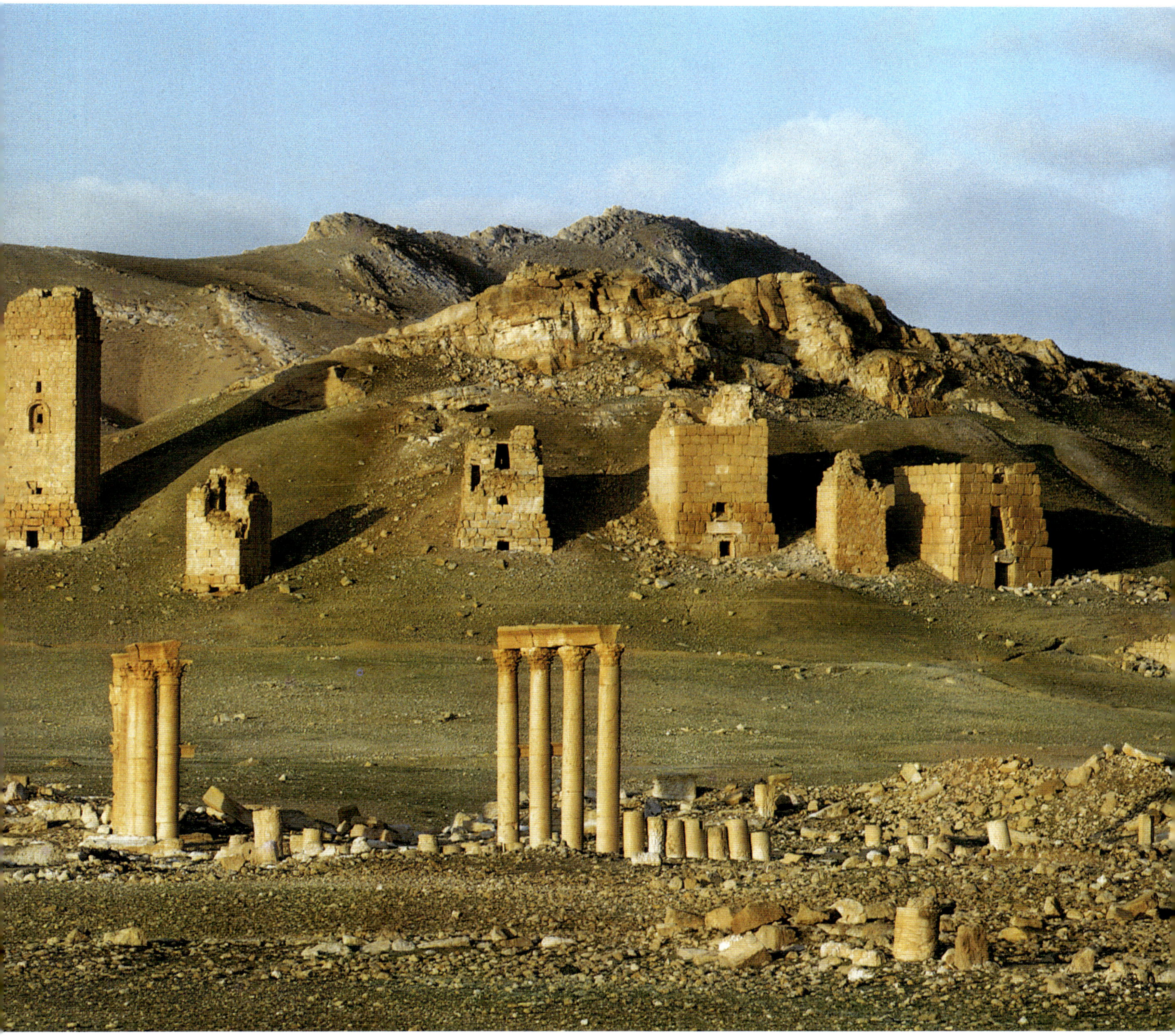

structurelle de soutien du toit à pente, jouent ici un rôle exclusivement ornemental, puisque le temple était recouvert d'une terrasse. On accédait à cette dernière, sur laquelle étaient célébrés certains rites cultuels, grâce à une série d'escaliers en colimaçon partant de l'intérieur de la *cella*. Certains motifs architecturaux ultérieurs sont d'inspiration orientale. C'est le cas à l'entrée de la *cella*, située non sur l'un des petits côtés, comme c'est l'habitude, mais sur l'un des longs côtés du temple, ainsi que sur l'entablement original surplombé par une file de merlons dentés, ou encore des deux tabernacles opposés à l'intérieur de la *cella*.

Le temple de Baalshamin, enfermé dans un sanctuaire précédent de type oriental, date quant à lui de l'époque d'Hadrien. Le temple d'Athéna-Allat, situé dans le secteur occidental de la ville, à l'endroit où s'élevait le camp militaire de Dioclétien, propose un énième exemple d'assimilation d'une divinité d'origine orientale avec une déesse du panthéon gréco-romain. D'autres monuments caractéristiques de Palmyre sont liés au culte des morts et à l'art figuratif : dans les tombes à temple, à tour ou à hypogée étaient creusées de nombreuses niches funéraires, fermées pour la plupart par des plaques sculptées, les fameuses stèles de Palmyre ; on y voit souvent des scènes de banquets funèbres où figure le défunt parmi ses proches. Les représentations de défunts vêtus à la romaine sont fréquentes, mais l'artiste a généralement doté ses personnages, surtout les femmes, de coiffures et de vêtements orientaux.

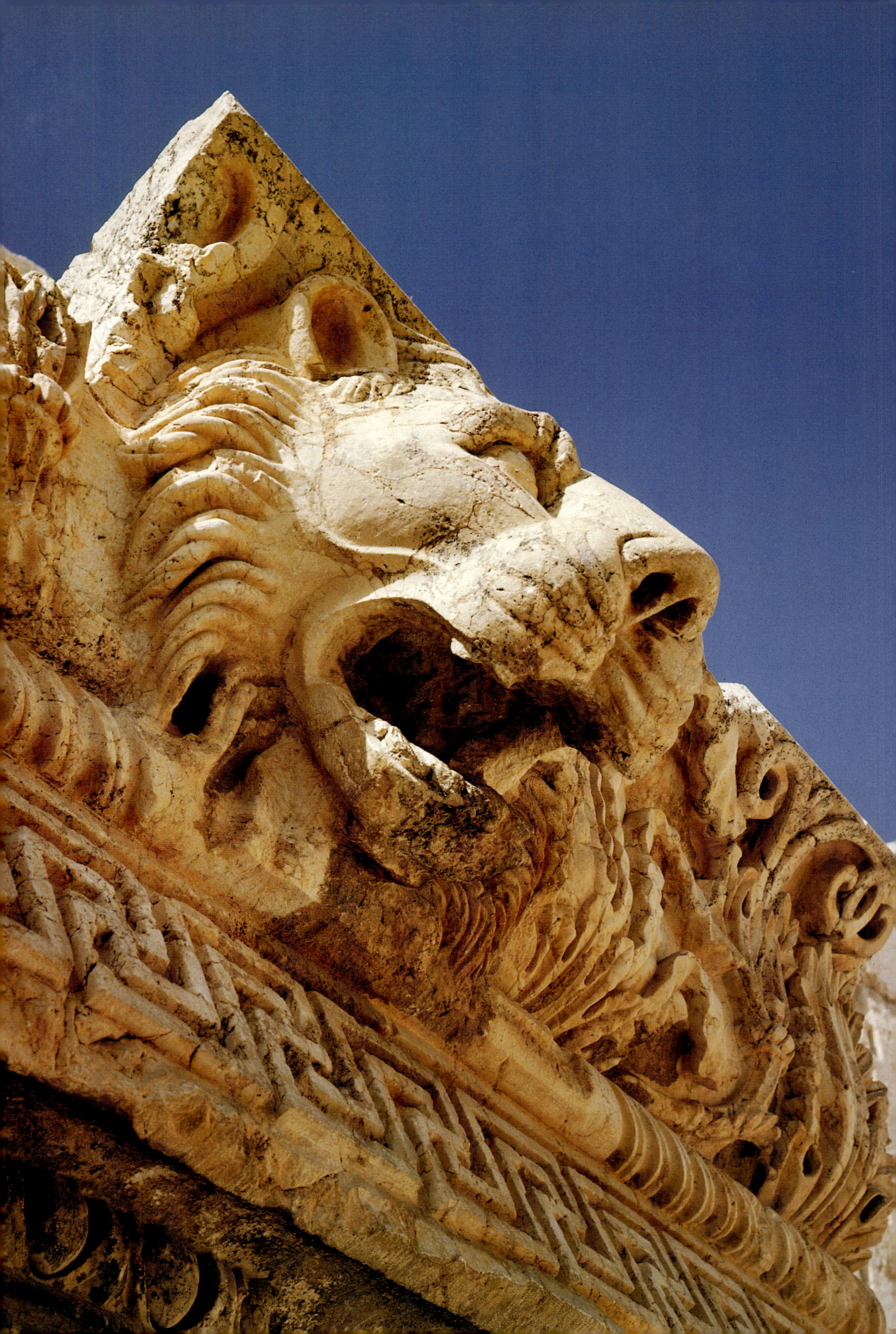

Par RICCARDO VILLICICH

Cette ville de Syrie qui surgit dans la vallée entre Liban et Anti-Liban, à 1 170 m au-dessus du niveau de la mer, doit son nom actuel de Baalbek, mentionné dans les documents à partir de 400 apr. J.-C., au culte du dieu Baal, la plus grande divinité du panthéon oriental, souvent assimilé à Jupiter. À l'époque hellénistique et romaine, la cité était pourtant connue sous le nom d'Héliopolis. L'origine de ce nom peut également s'expliquer par les traditions religieuses de la ville. Il semble en effet que le culte de Hadad, identifié à l'époque hellénistique avec le Soleil, y ait été fortement enraciné. C'est donc à un évident phénomène de syncrétisme religieux que l'on doit le culte de Jupiter héliopolitain, explicitement formulé comme tel à l'époque romaine, et que l'on peut évidemment comprendre comme une transposition du culte local du Soleil. Le nom de la ville est également cité de façon lapidaire dans certaines sources antiques. Héliopolis est en effet mentionnée par Flavius Josèphe à propos de l'expédition menée par Pompée en 64 av. J.-C., et par Strabon, qui la situe près d'Apamée, ville de Syrie fondée par les Séleucides. À l'époque julio-claudienne, Héliopolis devint une colonie romaine avec le titre de colonie Julia Augusta Felix Heliopolitana – titulature que l'on retrouve sur les pièces de monnaie et les bornes militaires. À cause de sa position géographique, la ville ne fut jamais un grand centre de commerce et n'eut

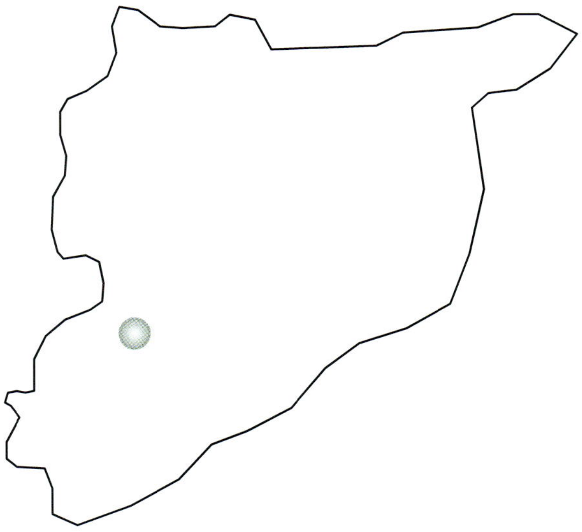

BAALBEK

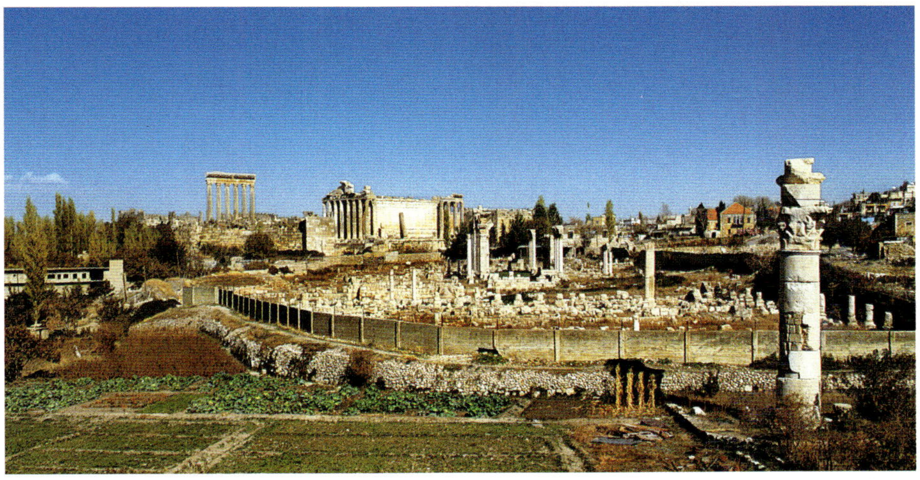

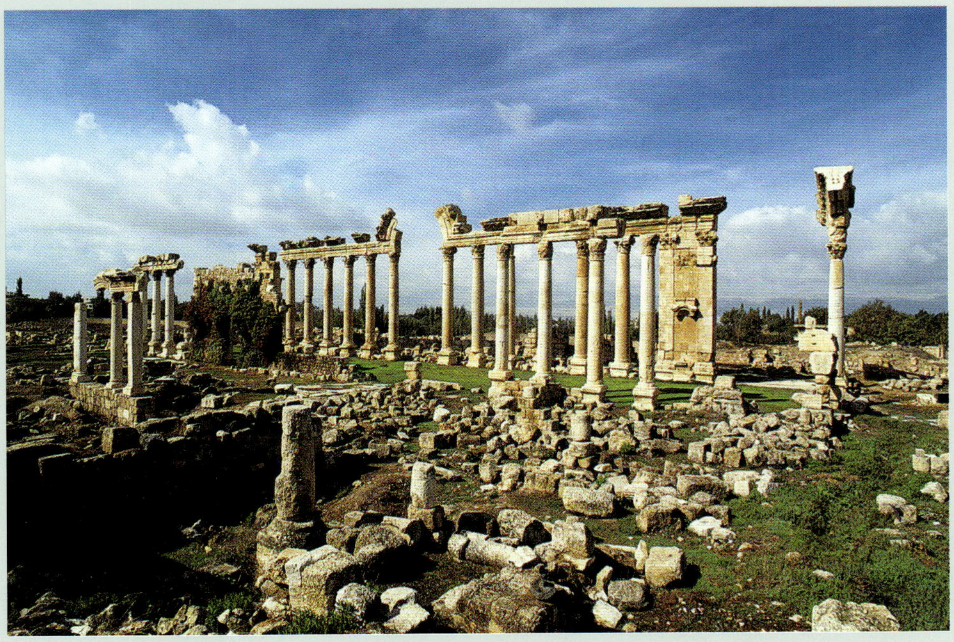

204 La fonction de cette tête de lion, qui se détache de l'entablement du temple de Jupiter Héliopolitain, n'était pas uniquement décorative : la bouche laissait en effet s'écouler l'eau de pluie.

205 Ci-dessus : Sur cette vue panoramique générale de la zone archéologique, on reconnaît, au fond, la silhouette du grand sanctuaire de Jupiter Héliopolitain.

205 Ci-contre : La zone archéologique est recouverte en grande partie d'éléments architecturaux épars. Au fond, encore en place, on remarque les ruines d'un portique à colonnes. L'entrée centrale se distingue par sa grande arcade.

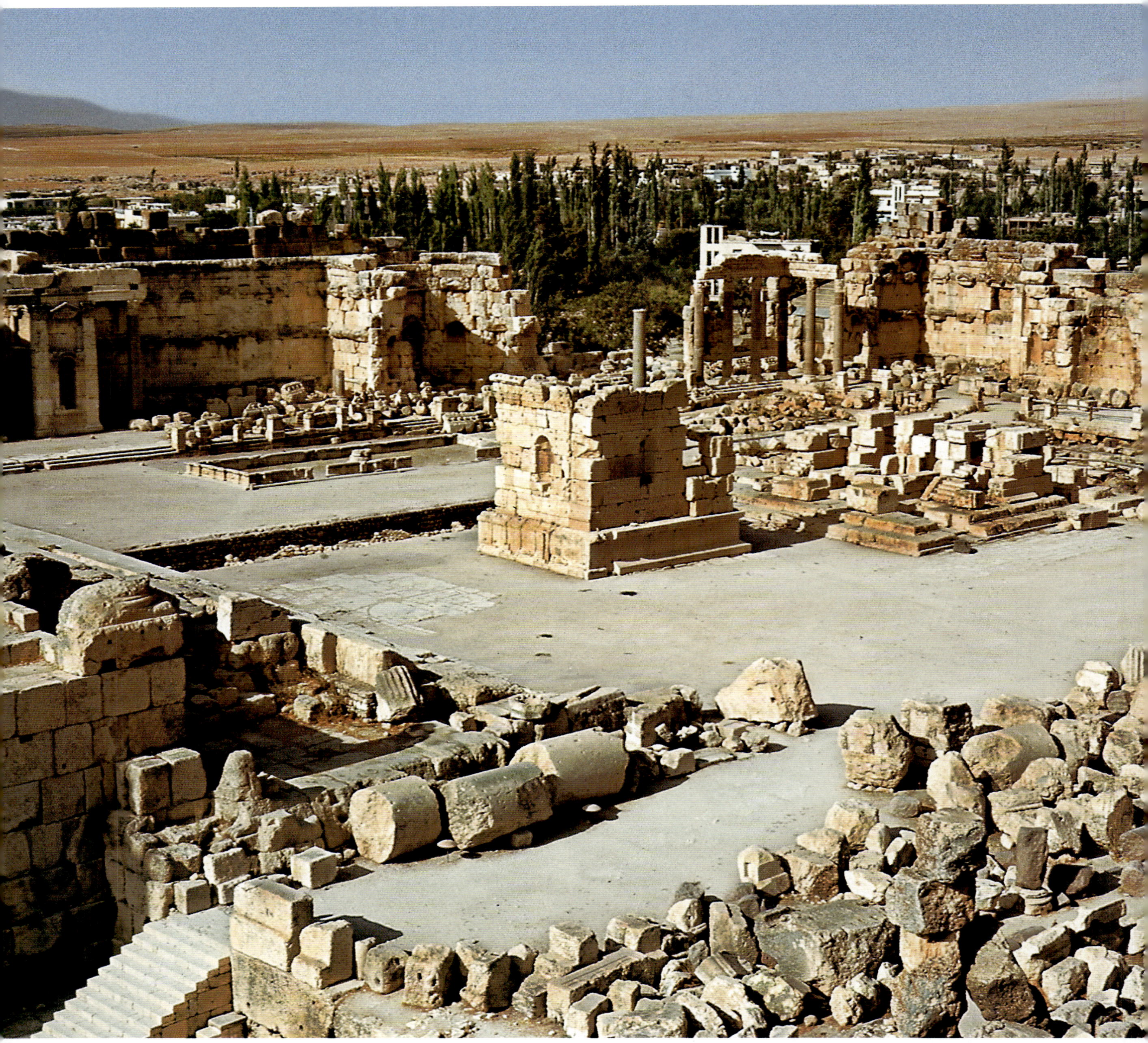

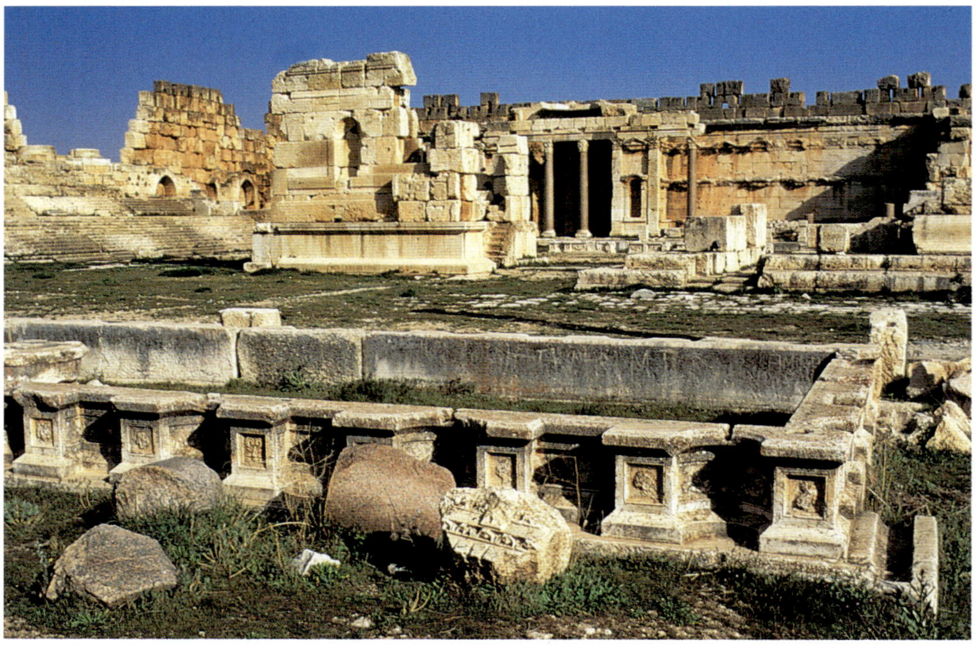

206-207 On accédait au temple de Jupiter par une grande cour centrale. Au centre de la place à portiques se trouvent les ruines de l'autel et d'un monument surmonté d'une tour.

206 Ci-contre : Au premier plan, on reconnaît l'un des deux bassins de forme allongée placés à la périphérie de la cour centrale du sanctuaire ; au fond, à gauche, le grand escalier qui conduisait au temple de Jupiter.

207 Le temple rond, dit de Vénus, de dimensions peu importantes, présente une péristase en forme de fer à cheval, avec un pronaos tétrastyle en façade et quatre colonnes dans la partie postérieure de la *cella* circulaire. Quelques statues ont trouvé refuge dans les niches.

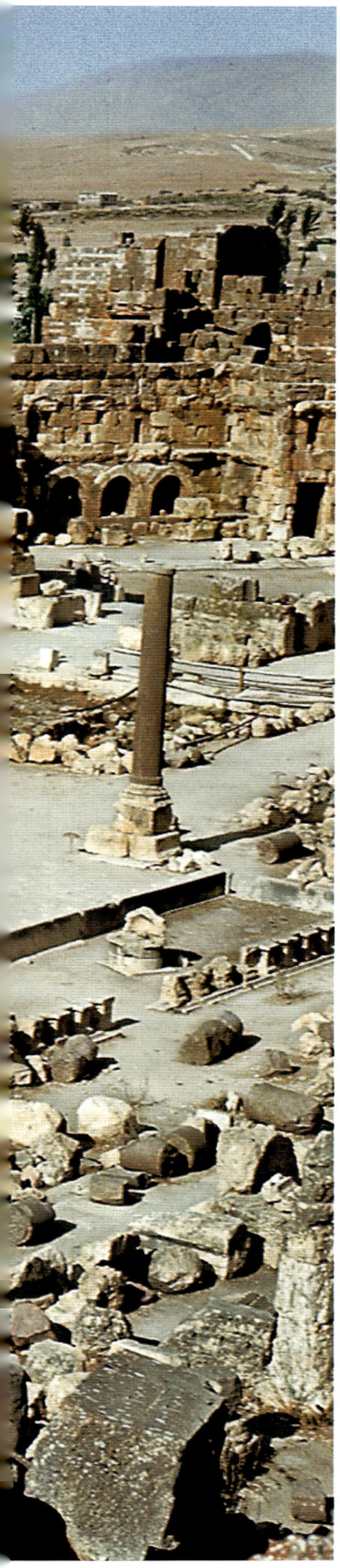

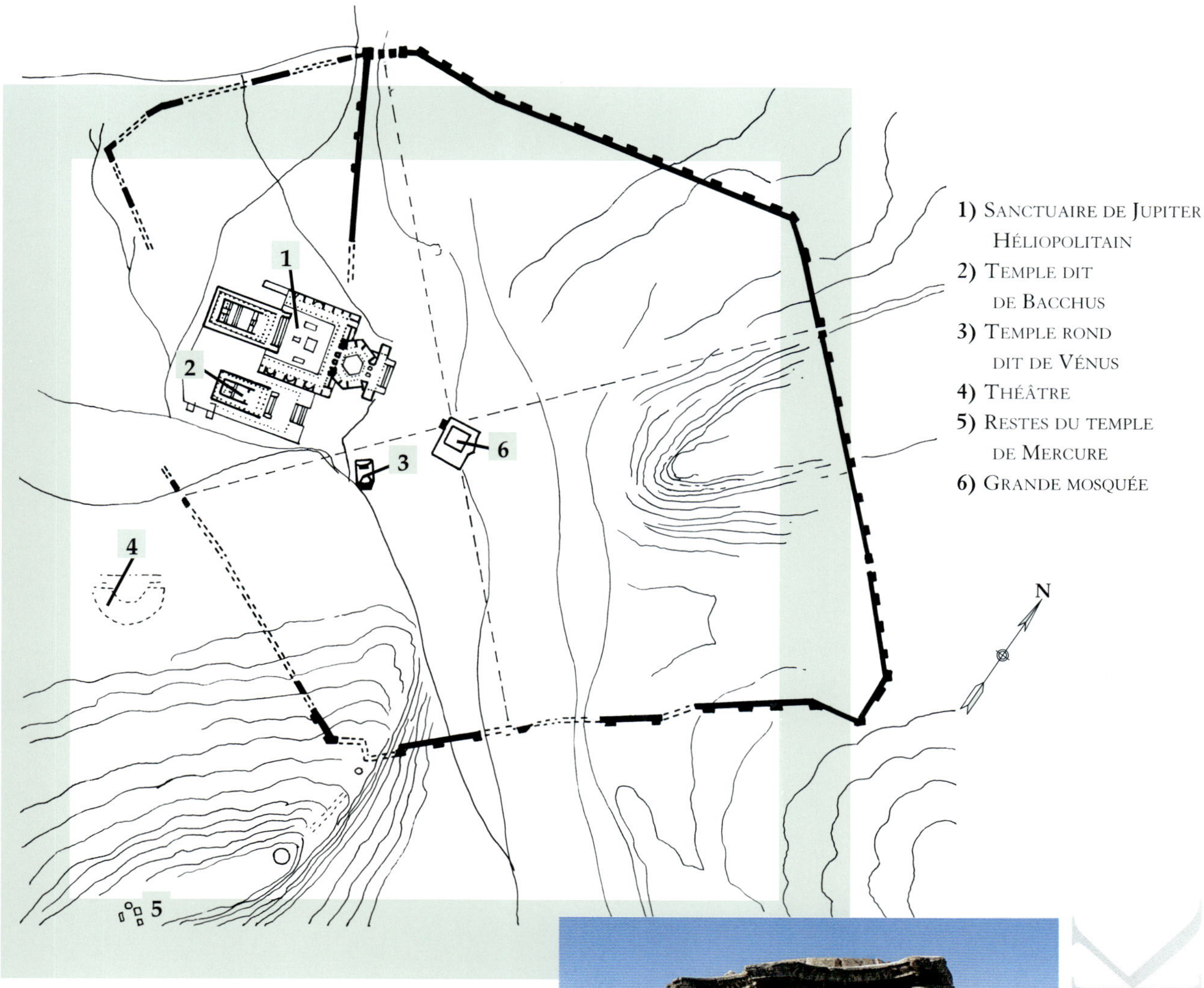

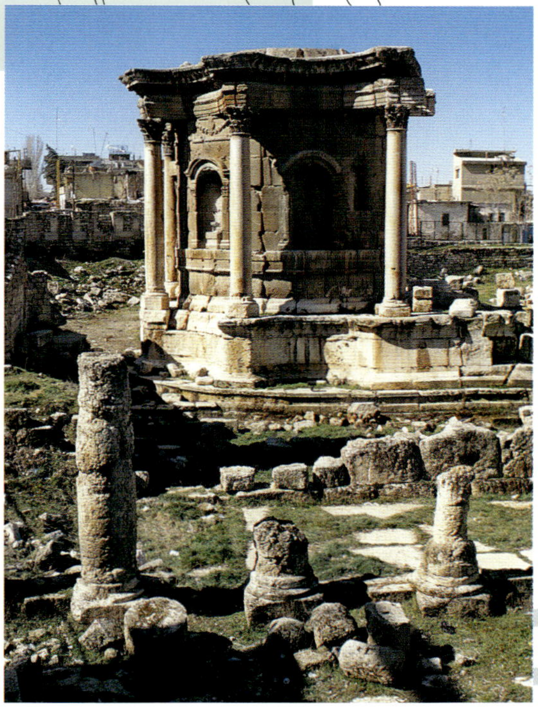

BAALBEK

pas d'importance politique ou économique particulière ; il semble cependant qu'on lui ait reconnu un rôle essentiel comme centre religieux. La réputation du sanctuaire de Jupiter Héliopolitain, dont les travaux de construction ont duré plusieurs siècles, est attestée par la diffusion du culte dans de nombreuses provinces de l'empire, et jusqu'à Rome, sur le Janicule, où fut érigé un temple dédié à la triade héliopolitaine. Sous Septime Sévère, la colonie obtint le *ius italicum*. De célèbres jeux en l'honneur de Jupiter Capitolin furent institués pendant le règne de son fils Caracalla. La première communauté chrétienne naît probablement au temps de Constantin, auquel on doit l'édification d'une église, détruite trente ans plus tard par l'empereur païen Julien l'Apostat. La population de Baalbek opposa une plus grande résistance à la pénétration de la nouvelle religion chrétienne que d'autres villes d'Orient. Bien que la ville ait été un siège épiscopal, le paganisme continua à y occuper une place prééminente jusqu'à la sanglante répression de 579, ordonnée par l'empereur byzantin Tibère pour éliminer de façon définitive la pratique des rites païens. En 637, la ville fut conquise par les Arabes et, en 1175, prise par Saladin, qui l'arracha aux croisés. En 1260, ce qui restait de la cité fut rasé par le chef de guerre mongol Hulagu. La Baalbek actuelle, libanaise depuis 1920, n'occupe que la partie orientale de la ville ancienne.

Notre connaissance du schéma de la cité est loin d'être exhaustive. La ville n'a été mise au jour que partiellement, grâce à une série de campagnes de fouilles organisées sur le site à partir des premières années du XXe siècle. Il semble cependant que le tissu urbain n'était pas parfaitement régulier, à cause de certaines constructions datant d'avant la ville romaine. La ville de Baalbek en elle-même n'était pas particulièrement remarquable malgré la présence d'une série de monuments que l'on peut situer pour la plupart entre le Ier et le IIIe siècle apr. J.-C., dont un bouleuterion, un temple de plan circulaire de l'époque des Sévères, un hippodrome et un théâtre, ainsi que quelques habitations privées ornées de remarquables revêtements de sol en mosaïque.

208 Ci-dessous : Pronaos du temple dit de Bacchus. Au premier plan, l'un des chapiteaux corinthiens qui étaient placés au sommet des colonnes de la péristase.

208 Au centre : Le temple de Bacchus, dont on voit ici une vue du petit côté postérieur. On pense qu'il était en réalité dédié à Vénus-Atargatis.

BAALBEK

Si la cité et ses monuments semblent sans grand relief d'un point de vue architectural, la partie occidentale de la ville est par contre littéralement dominée, par son étendue comme par ses qualités architecturales, par le sanctuaire de Jupiter Héliopolitain. Par ses dimensions (270 x 120 m) et sa hauteur (le temple seul mesure 46 m), il surplombe la cité tout entière. À partir du début du Ier siècle apr. J.-C. jusqu'au IIIe siècle au moins, de multiples bâtiments vinrent peu à peu s'ajouter au gigantesque temple dédié à Jupiter-Baal – assimilation entre le plus grand dieu romain et le principal dieu oriental –, qui finit par former un ensemble composite saisissant, étagé sur plusieurs niveaux et animé par la présence de nombreux monuments accessoires et d'un décor architectural exubérant. La façade du grand temple (90 x 54 m), un décastyle périptère posé sur un podium colossal, que l'on peut dater de la seconde moitié du Ier siècle apr. J.-C., donne sur une grande place à portiques, probablement de l'époque antonienne. Tout autour de cette place s'ordonnent des espaces ouverts et des , une haute tour, d'immenses bassins et un autel érigé dans la partie centrale à l'air libre de la cour. On accède au complexe par un propylée monumental – de l'époque des Sévères –, présentant lui aussi dix colonnes en façade érigées sur un grand escalier, relié à la place entourée de

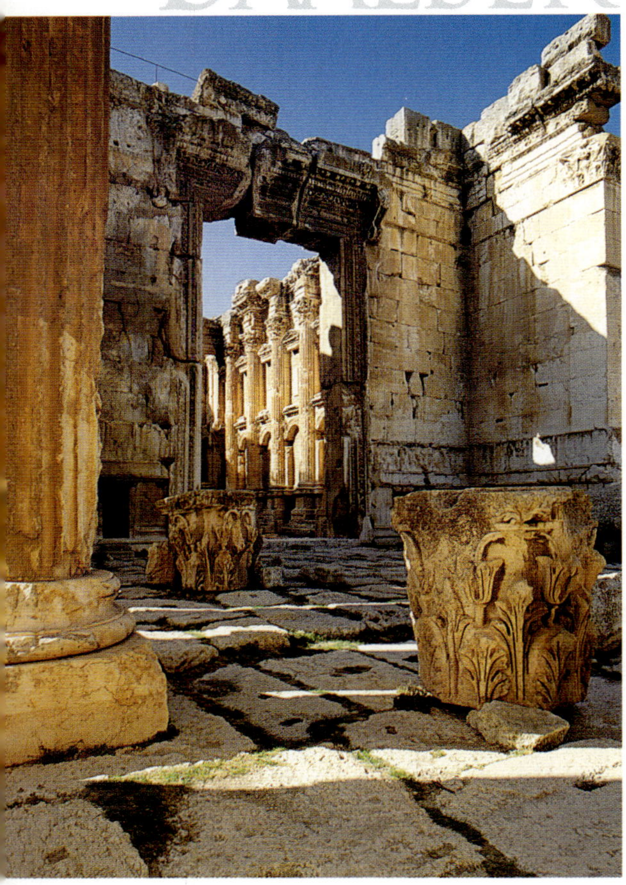

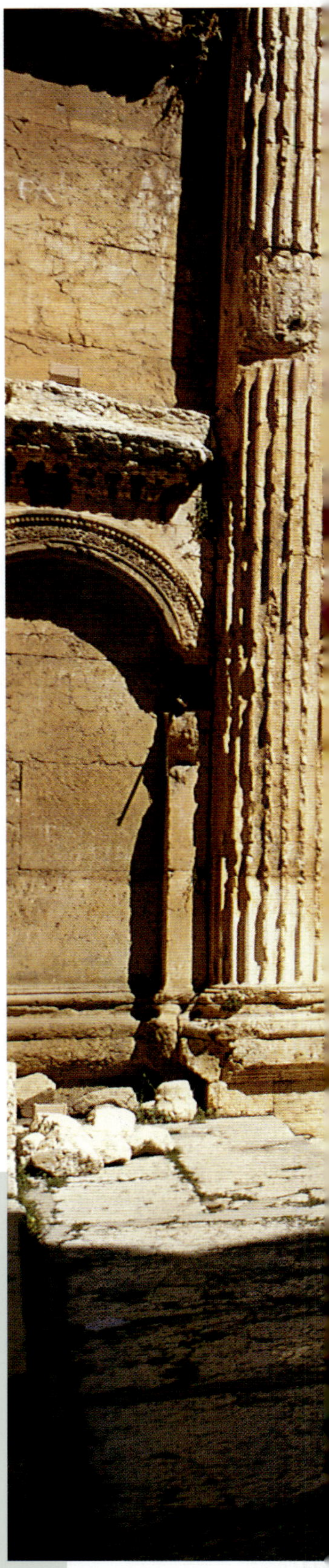

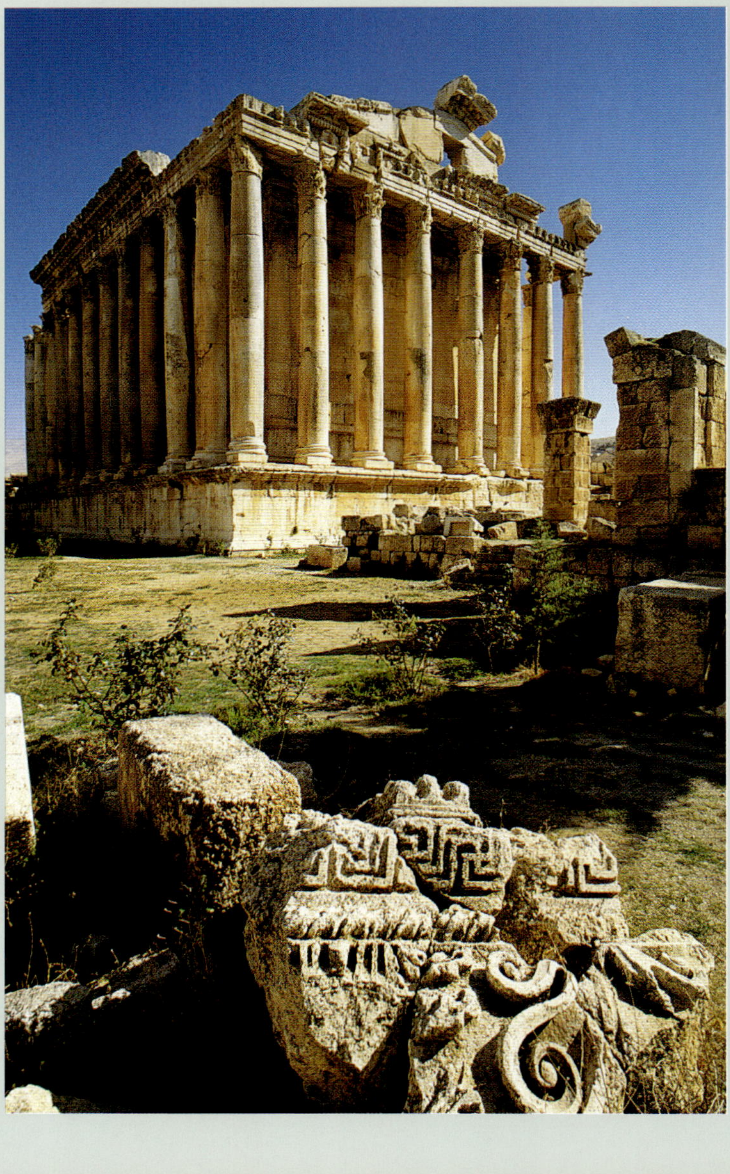

208-209 Les murs internes de la *cella* du temple de Bacchus sont caractérisés par des demi-colonnes encadrant des niches surmontées de frontons au niveau supérieur et d'arcatures au niveau inférieur.

209 En bas : Une décoration architecturale raffinée à motifs végétaux orne les montants du portail de la *cella* du temple de Bacchus.

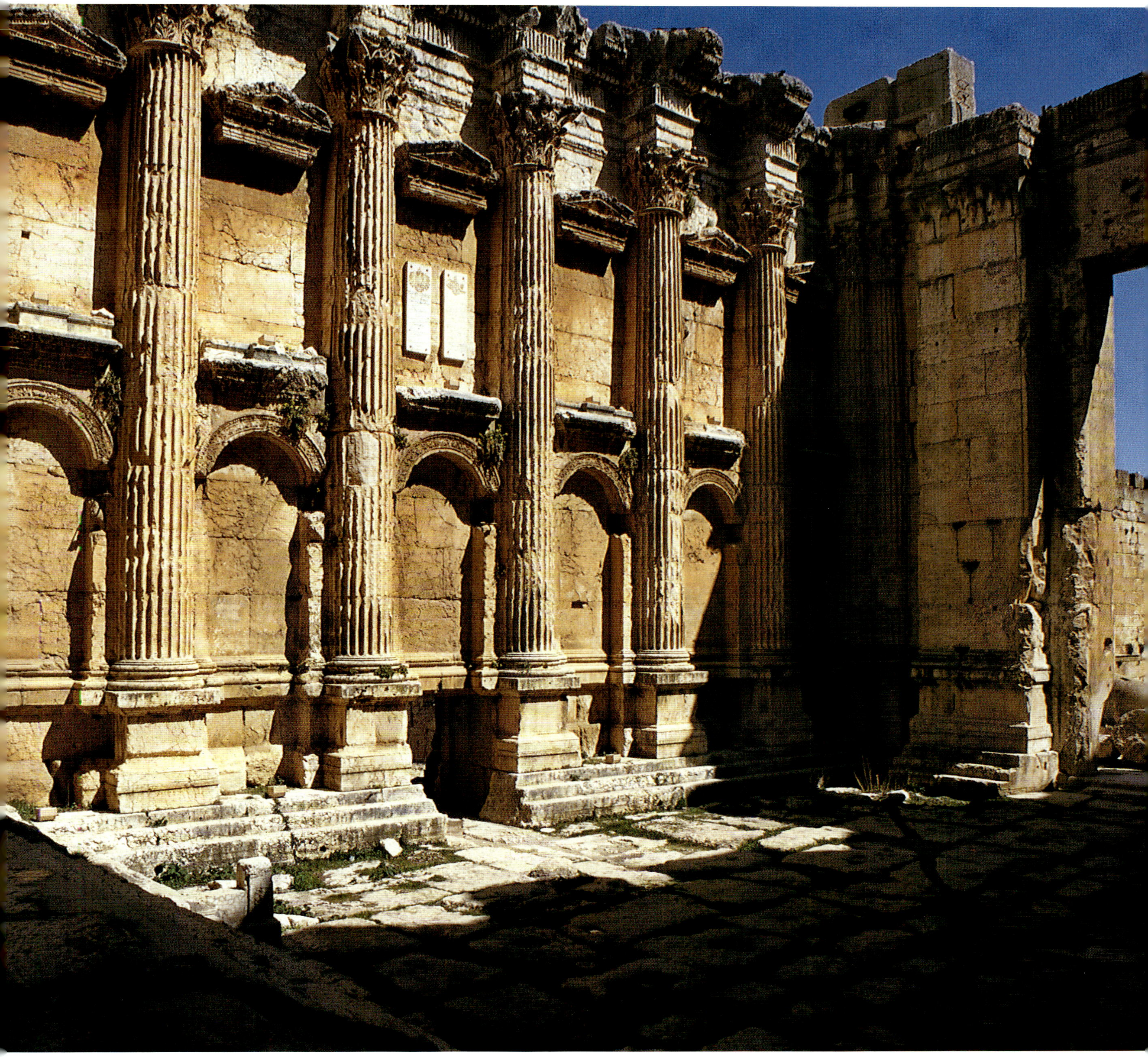

portiques par une cour octogonale (milieu du IIIe siècle apr. J.-C.). Un peu plus au sud du grand temple, enclos dans une cour à portiques de forme étroite et allongée, fut érigé ce qu'on appelle le temple de Bacchus (dédié en réalité à Vénus-Atargatis), daté, d'après son style, du milieu du IIe siècle apr. J.-C. Il s'agit d'un temple périptère, octostyle, corinthien. Malgré des dimensions bien inférieures à celles du colossal temple de Jupiter, ses données métriques sont plus que respectables : il est long de 65,30 m pour une largeur de 33,50 m, avec un podium haut de 4,76 m précédé d'un escalier de trente-quatre marches. La cella était composée d'une pièce recouverte d'une voûte en berceau et d'un adyton à trois nefs, que l'on pouvait rejoindre grâce à un escalier de neuf marches.

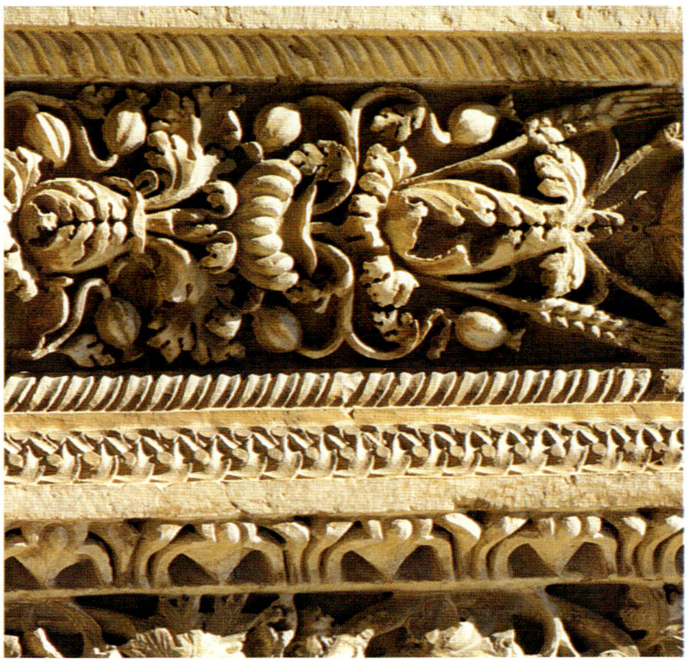

EXTRÊME-ORIENT

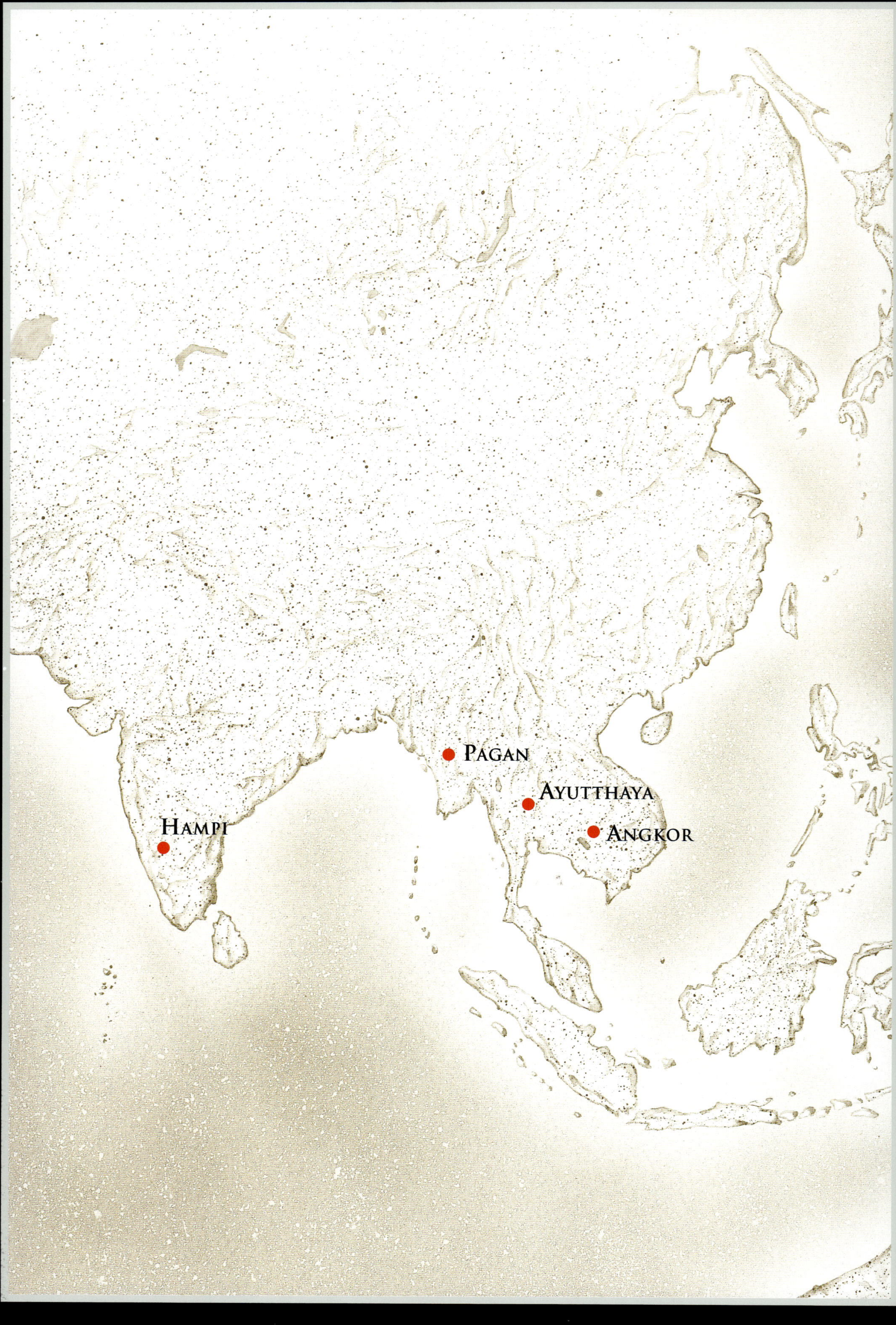

INTRODUCTION

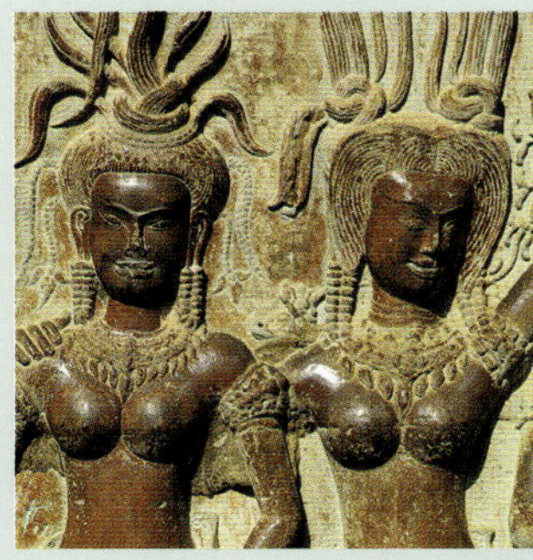

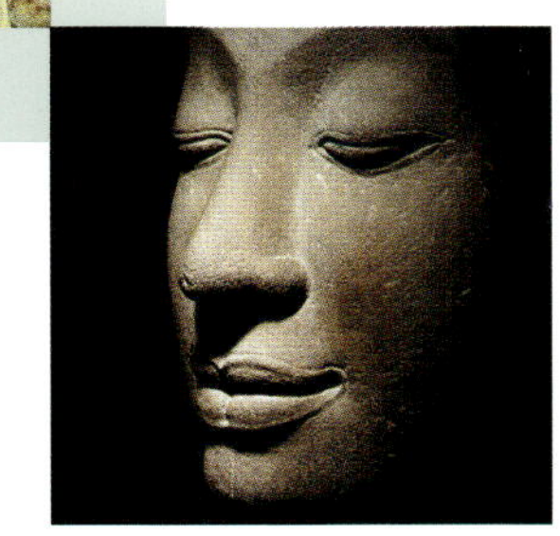

211 Ci-contre, à gauche : Danseuses sacrées. Détail de bas-reliefs d'Angkor Vat.

211 Ci-contre, à droite : Profil recueilli de Bouddha dans le style typique d'Ayutthaya.

LE DIVIN ET L'HUMAIN DANS LES CITÉS D'ASIE DU SUD-EST

Par

MARCO CERESA

Depuis les temps les plus reculés, la notion d'Orient revêt, dans la culture européenne, des connotations qui dépassent très largement la connaissance empirique des Occidentaux. Déjà, chez Eschyle et Euripide, l'Orient est une terre d'ennemis acharnés et de cultes obscurs, potentiellement subversifs pour l'ordre et la stabilité de l'Occident. Les images d'un Orient faible, décadent et corrompu sont les « glorieux mensonges » qui servent à masquer les doutes et les angoisses de l'Occident. Il est vrai qu'à l'époque l'expérience directe de l'« altérité » demeure extrêmement limitée. L'Orient apparaît dès lors comme un univers lointain, abstrait, difficile à appréhender rationnellement – un univers sur lequel les Occidentaux projettent leurs peurs et leurs fantasmes. Mille fables vantent ses richesses infinies, ses cités extraordinaires aux charmes aventureux, gouvernées par des souverains sanguinaires. L'Occident ne connaît alors de l'Orient que les franges extrêmes, qu'il s'efforce tant bien que mal de tenir en respect. Le reste appartient au domaine de l'imagination. En jetant une lumière partielle sur les arcanes de cet Orient rêvé, la Bible, les *Histoires* d'Hérodote et les rares nouvelles de voyageurs et de marchands ne font en réalité qu'éveiller et alimenter les légendes. Peu à

EXTRÊME-ORIENT

INTRODUCTION

peu, cependant, s'élabore une classification qui se décline en trois zones : Proche-Orient, Moyen-Orient et Extrême-Orient. Tout ce qu'ont vu et raconté les premiers voyageurs est considéré comme acquis ; chacun de leurs successeurs s'efforce de le confirmer et de le réinterpréter, légitimant ainsi les mirages et les affabulations. La Terre sainte et l'Égypte, fractions les plus proches et les plus connues de l'Orient, font déjà partie de l'imaginaire collectif occidental. Par antonomase, l'Orient est assimilé à l'Islam.

En revanche, l'Extrême-Orient, région la plus lointaine, reste un monde à part, considéré jusqu'à l'époque de l'expansion coloniale comme le *finis terrae*, l'ultime frontière – le dernier terrain vague de la mémoire et de l'imaginaire.

Au-delà de son éloignement géographique et de la relation antithétique qu'il entretient avec l'Occident, l'Extrême-Orient est également séparé du reste du monde par une série de barrières naturelles qui ont préservé leur force d'isolement à travers l'Histoire. La chaîne – difficilement franchissable – de l'Himalaya, les déserts d'Asie centrale au nord et les vastes forêts des bassins fluviaux au sud ont toujours fait barrage aux tentatives d'invasion par terre. À ces contraintes majeures il convient d'ajouter les moussons d'été et d'hiver, qui rendent la navigation sur l'océan Indien particulièrement hasardeuse. Ces conditions naturelles spécifiques ont longtemps limité les échanges entre Occident et Extrême-Orient à des contacts sporadiques. Un cap est franchi en 1498, lorsque Vasco de Gama atteint Calicut – la ville actuelle de Kozhikode, en Inde. L'arrivée du navigateur marque en effet le début de l'aventure coloniale.

Cette situation historique et géographique contribue à l'émergence de deux grandes aires culturelles, l'aire chinoise et l'aire indienne, séparées par la péninsule indochinoise et par l'archipel indonésien, qui recevront de larges apports des deux premières. Plus à l'est, la ceinture des îles japonaises constitue le point de débouché extrême des courants économiques et culturels occidentaux. Au-delà s'étend l'océan Pacifique, l'autre grand élément naturel de rupture entre Occident et Extrême-Orient.

Dans ce monde lointain et hétérogène, la terre se divise entre les montagnes hostiles du nord, peuplées par des tribus nomades, et les plaines fluviales du sud, favorables aux grandes implantations. Dans un tel milieu physique, la genèse et l'essor des grands États reposent sur deux facteurs déterminants : l'efficacité des efforts visant à contenir les menaces d'invasion des populations septentrionales et la capacité à réguler et exploiter les ressources hydriques affectées à l'agriculture, principale source de subsistance des habitants des plaines.

Dans un tel contexte, la fondation et l'organisation des villes ne procèdent pas d'une autonomie locale, mais constituent une manifestation tangible du pouvoir central – la marque

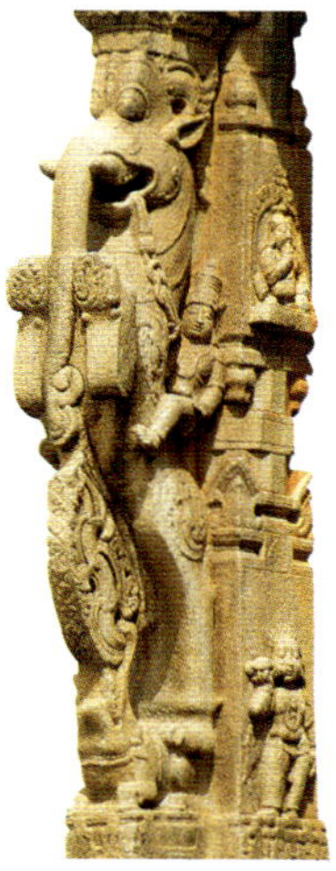

213 Ci-contre : Un vyala, animal composite et fantastique. Détail d'une colonne du temple de Vitthalasrami, situé à Hampi.

que celui-ci imprime sur le territoire. À l'instar du pouvoir central (le Devaraja, Dieu-Roi, dans le culte bouddhiste), émanation humaine d'un ordre cosmique et religieux, la ville reflète dans son architecture les principes cosmologiques de la civilisation qui l'a engendrée. Le plan urbanistique de la cité et la disposition des édifices en témoignent : murs, portes, rues et axes de symétrie sont orientés en fonction des points cardinaux, des cinq éléments, des constellations, etc. Au sein même de la ville, la hiérarchie des bâtiments et la diversité de leurs fonctions révèlent la minutie et la spécificité des rites civils et religieux qui garantissent le bon fonctionnement de la vie sociale.

Cet Orient que les Occidentaux ont rêvé, redouté, dénigré et, dans l'ensemble, bien peu connu, a été pendant des siècles le berceau de civilisations largement plus avancées, sur un plan scientifique et technique, que celles de leurs contempteurs. Dans ces domaines, la prééminence du monde oriental n'a été abolie qu'à l'issue de la révolution scientifique européenne, entre le XVIIe et le XIXe siècle. Par ailleurs, l'Extrême-Orient a vu naître une grande religion, le bouddhisme, vecteur d'unification et de civilisation de toutes les cultures de l'Inde au Japon, et inspirateur d'un système politique et éthique, le confucianisme, qui a régi pendant plus de deux mille ans l'un des plus vastes empires de la planète.

Pourtant, comme le rappelle Italo Calvino dans *les Villes invisibles*, tout empire est voué à s'effondrer car il porte en soi, dès sa fondation, les germes de sa disparition. Ce sens de l'éphémère et de la vanité de toute chose, cette mélancolie qui saisit Kubilaï Khan dans le roman de l'écrivain italien, « un soir où flotte l'odeur des éléphants après la pluie et de la cendre de santal qui refroidit dans les braseros », n'a sans doute pas épargné Jayavarman VII, Narai et Anawratha. Durant leur règne, leurs capitales, Angkor, Ayutthaya, Lopburi et Pagan, sont certes plus riches et plus somptueuses que n'importe quelle cité décrite par Marco Polo. Mais une fois leur souverain déchu, le déclin condamne ces métropoles à une fin tragique. Ayutthaya sera brûlée, Lopburi abandonnée, Pagan transformée en repaire de voleurs et de fantômes, Angkor étouffée par la jungle. Autant de villes créées à partir du néant, par la volonté d'un seul roi, et rendues au néant, ou vouées à l'oubli, par la volonté d'autres rois, d'autres hommes, d'autres armées. Des villes livrées à elles-mêmes, refoulées dans les limbes de la mémoire, voire perdues, comme Angkor, qui sera entièrement redécouverte. Pour ces cités, point de Marco Polo dressant l'inventaire des prodiges et des trésors. C'est à nous qu'il revient aujourd'hui de distinguer, dans l'harmonie troublée de leurs proportions, dans le profond silence de leurs immenses cours, dans la grâce quelque peu ternie de leurs sculptures, dans la fierté tronquée de leurs tours et de leurs coupoles que le temps et les ennemis n'ont pu abattre complètement, le filigrane d'un dessein subtil.

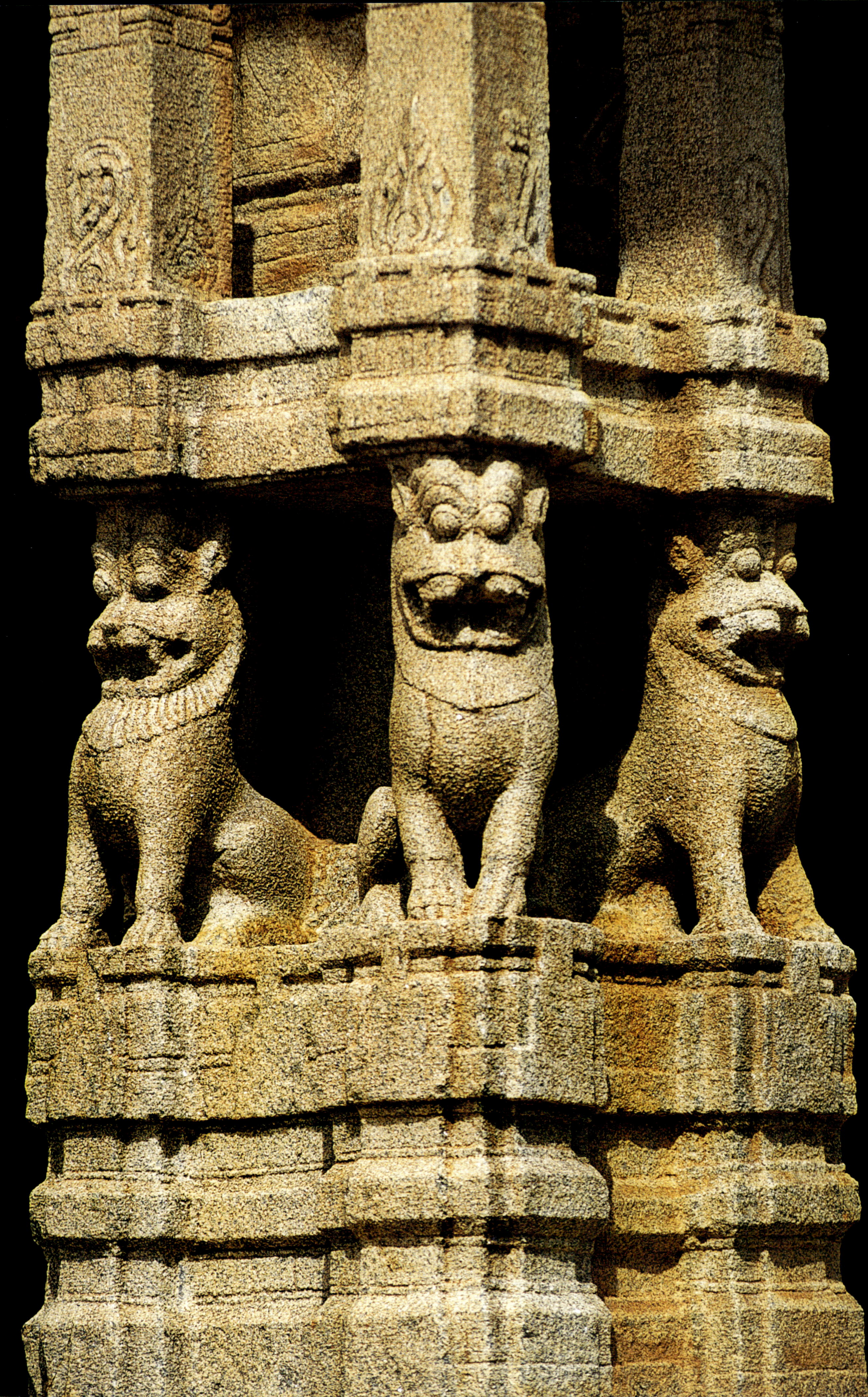

Par CINZIA PIERUCCINI

Le paysage naturel qui sert d'écrin à Hampi est l'un des plus spectaculaires de toute l'Inde méridionale. Tout autour du site s'étendent des collines rocheuses. Leurs blocs de pierre, qui semblent avoir été amoncelés par quelque caprice divin, dessinent des formes fantastiques. Ici et là prolifèrent des îlots de végétation luxuriante. À quelques pas, le ruban éclatant du fleuve Tungabhadra serpente en de larges méandres. Hampi – appellation locale ancienne et encore en vigueur –, est également connue sous le nom de Vijayanagar (« Cité de la victoire »). Ainsi désignée à l'époque de son apogée, la ville a légué de nombreux vestiges d'un intérêt exceptionnel. Fondée en 1336 par deux frères, Harihara et Bukka, Vijayanagar fut la capitale du royaume du même nom. Selon toute probabilité, les fondateurs étaient les fils d'un souverain déposé par les conquérants musulmans. Hindouistes à l'origine, les deux princes se convertirent à l'islam, obtinrent des fonctions importantes, puis se révoltèrent pour recouvrir leur première religion et créer un royaume indépendant dans les territoires qui leur furent concédés. Au cours des deux siècles suivants, la cité devint l'un des derniers empires hindous de l'Inde – ultime bastion résistant à l'hégémonie musulmane au sud du pays. À son apogée, Vijayanagar occupait une zone d'au moins 26 km². Les voyageurs d'Occident décrivirent avec exaltation sa splendeur et son opulence. Au XVe siècle, l'ambassadeur perse Abdul Razak notait : « Tous les habitants du pays, nobles ou humbles, même les artisans du bazar, portent des bijoux et des parures en or aux oreilles, au cou, aux bras, aux poignets et aux doigts. » Au début du siècle suivant, Paes compara la cité à Rome et s'émerveilla à la vue d'une salle du palais entièrement couverte d'ivoire. Mais, en 1565, la défaite de Vijayanagar à Talikota marqua la fin de

214 Sur cette colonne du temple de Vitthalasrami, la base est ornée de figures léonines, symboles anciens de la royauté. Chaque colonne de l'édifice constitue une sculpture élégante et sophistiquée.

215 Ci-contre : Les colonnes des édifices religieux d'Hampi (ici le temple de Vitthalasrami), portent souvent des sculptures de vyala (ou yali), animal hybride et fantastique, majoritairement représenté en position rampante (dressé) et monté par un personnage humain.

215 Ci-dessous : Fine reproduction d'un char processionnel (*ratha*), ce petit monument est l'un des plus célèbres du site d'Hampi. L'imitation est si réaliste que certains s'attendent à voir tourner ses roues.

HAMPI

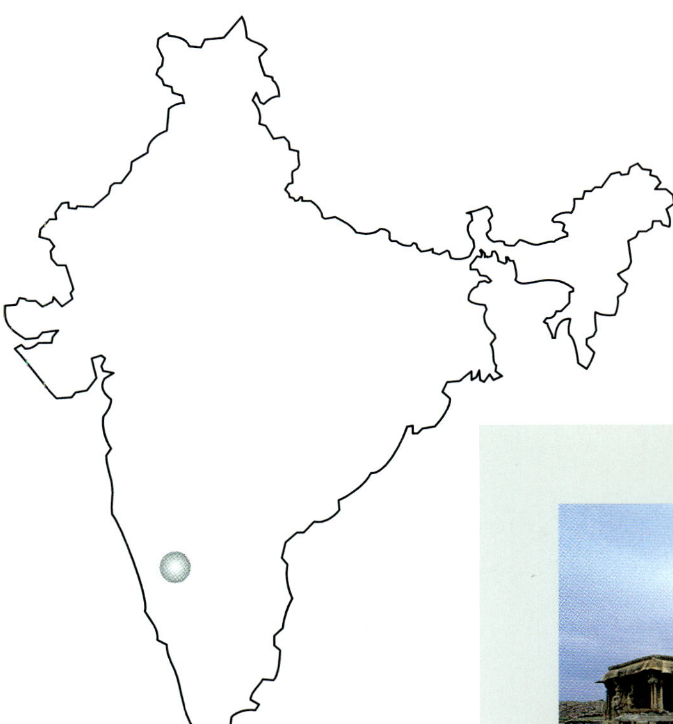

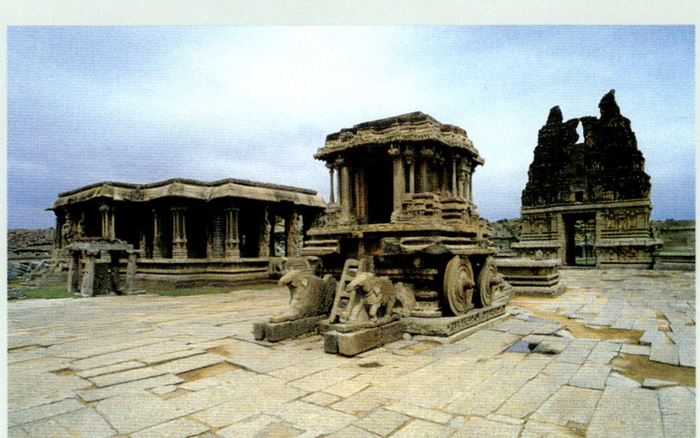

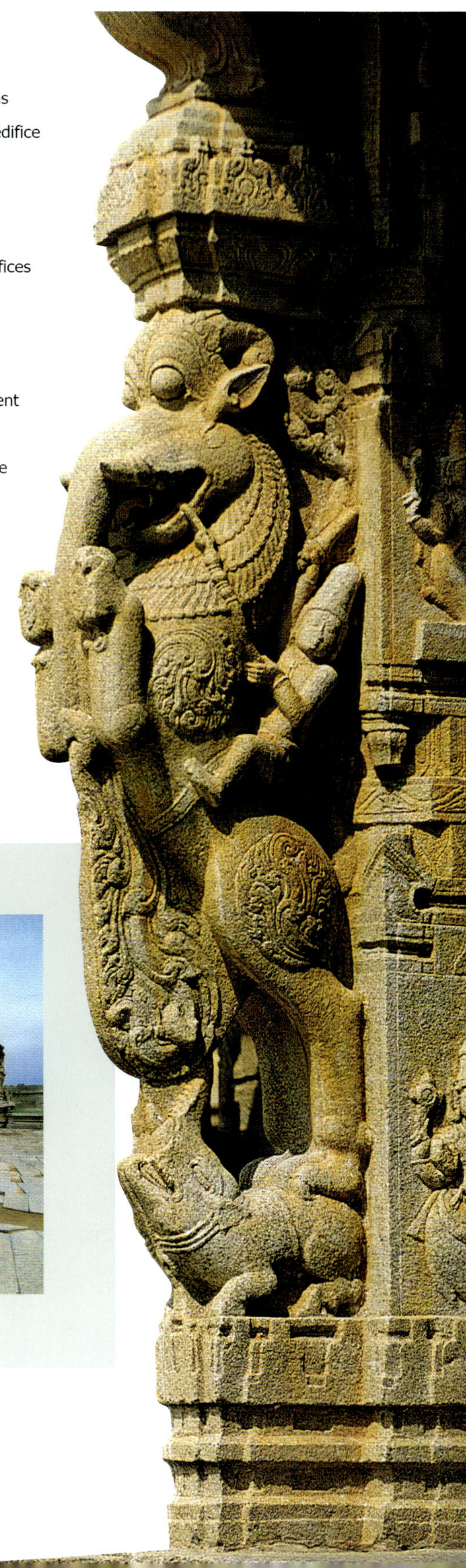

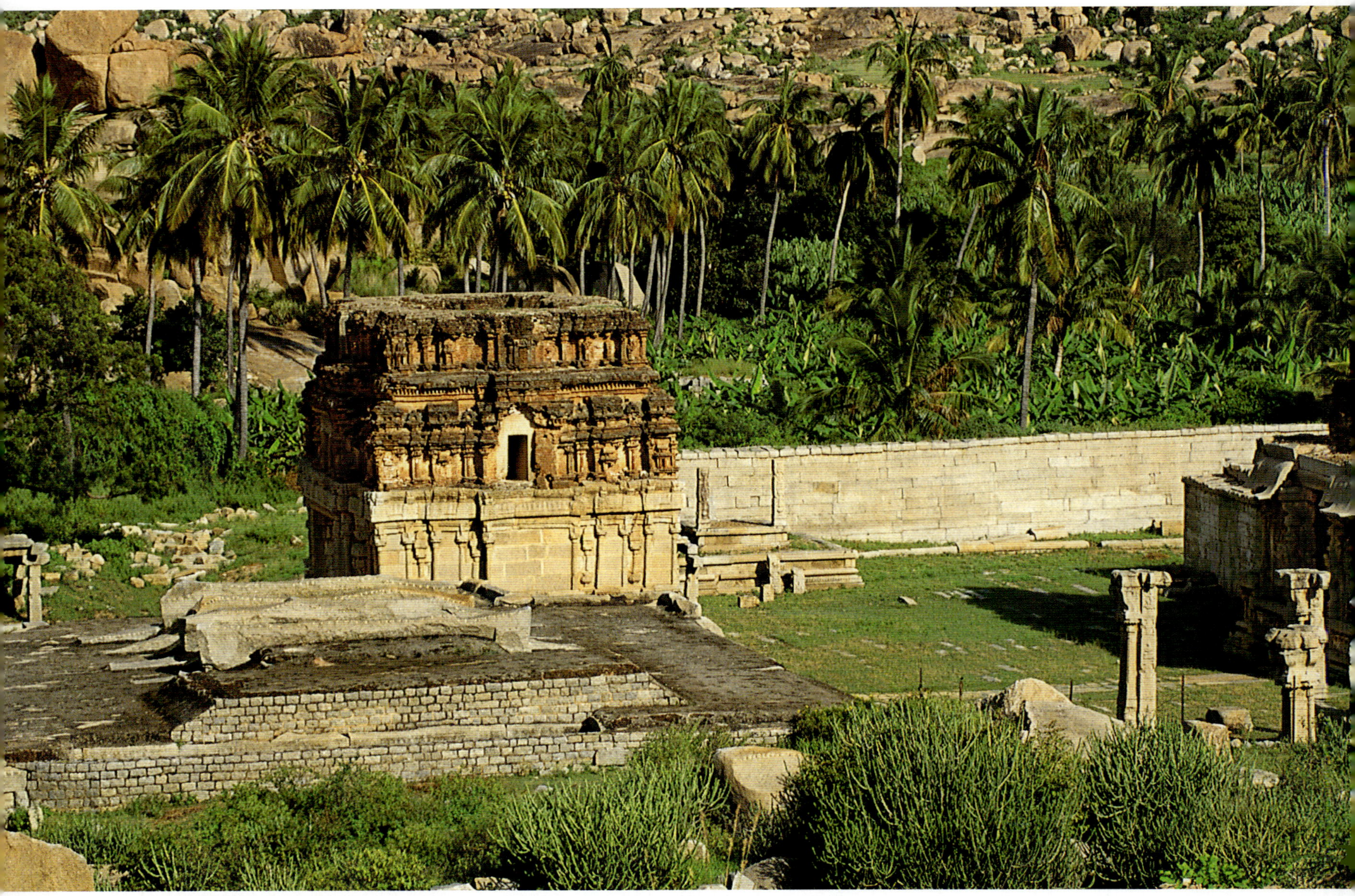

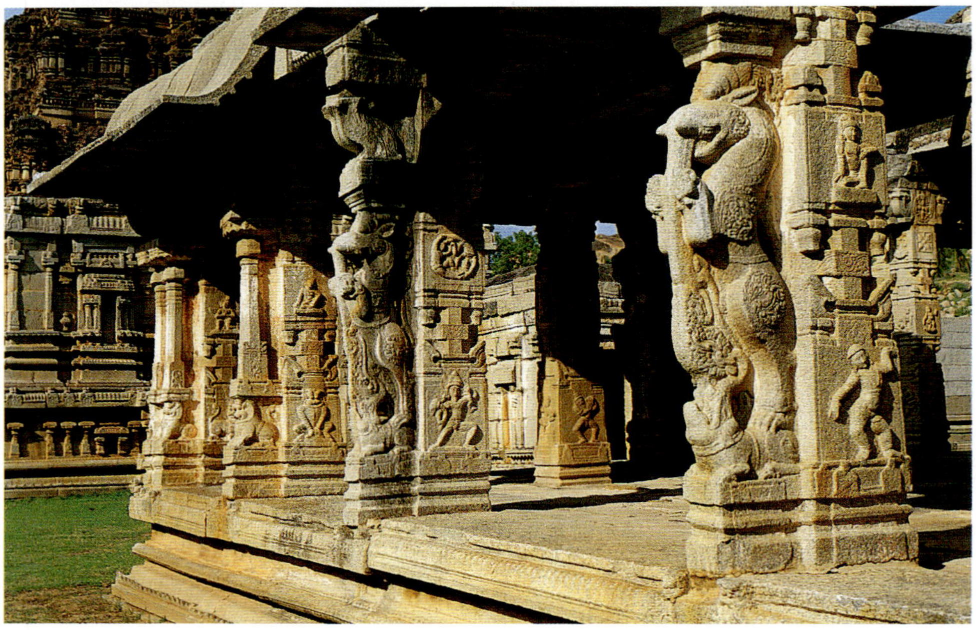

216-217 Le temple d'Achyuta Raya constituait l'un des plus importants lieux de culte de la cité. L'édifice se dresse dans un cadre naturel impressionnant.

216 Ci-contre : Le pavillon (*mandapa*) du temple d'Achyuta Raya illustre la virtuosité et le raffinement des sculpteurs de Vijayanagar.

216 Ci-dessous : Le temple d'Hazara Rama comprend deux monuments. La partie supérieure de chaque structure – un assemblage d'édifices en réduction formant une sorte de pyramide à gradins – est caractéristique des temples de l'Inde méridionale.

son vaste empire. Soumise au sac des musulmans pendant plus de six mois, la cité-capitale fut presque entièrement détruite. Dès lors, elle demeura définitivement inhabitée. Pourtant, divers édifices ont survécu. Ces vestiges font d'Hampi l'unique cité antique indienne dont le visiteur peut aujourd'hui admirer à ciel ouvert la structure. La ville possédait une vaste enceinte sacrée, une zone destinée au roi et à la cour, et des quartiers résidentiels. Plusieurs remparts de murailles – au moins sept selon les archéologues – proté-

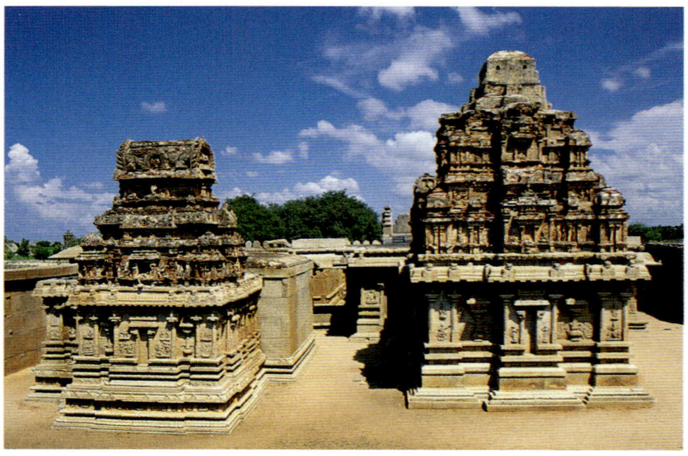

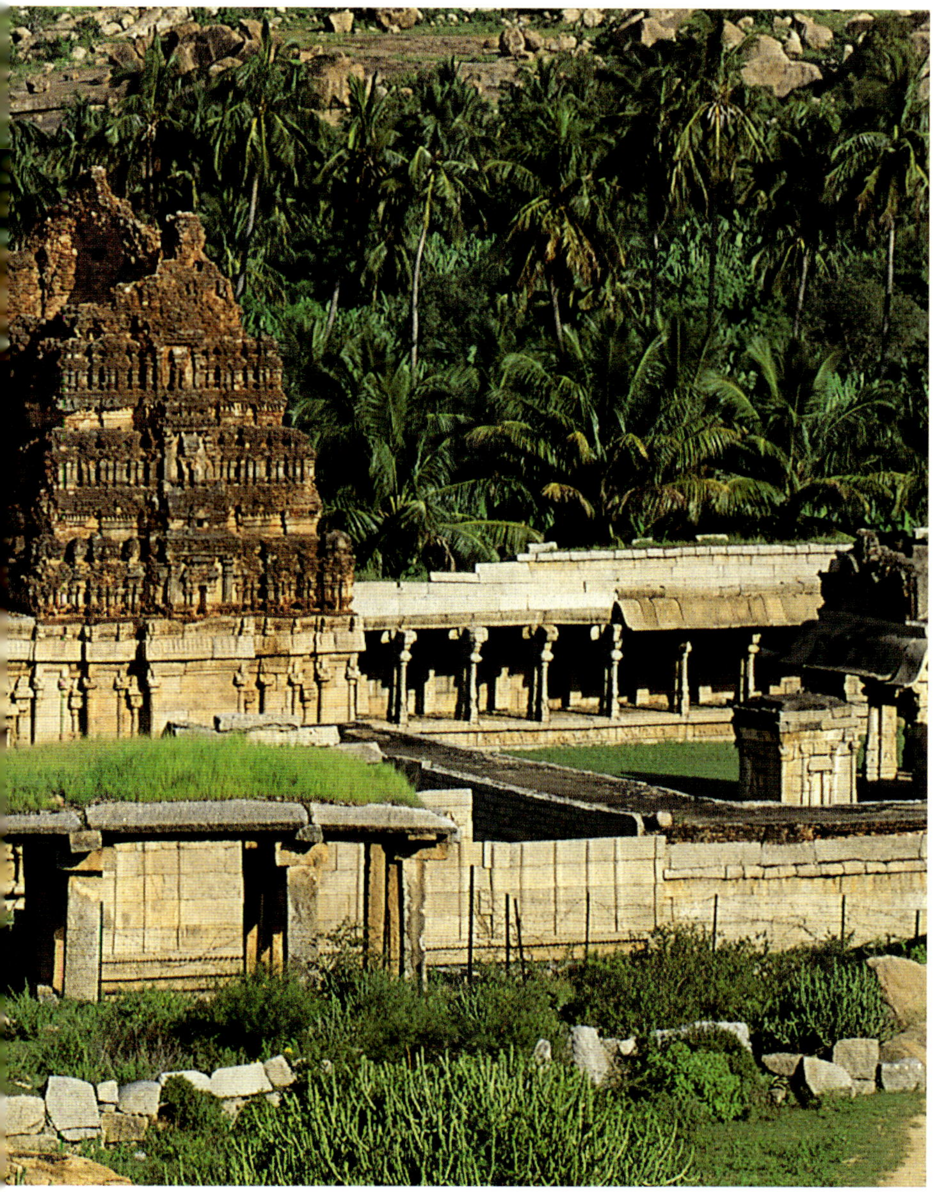

geaient la cité. Les trois plus périphériques encerclaient les terres cultivables ; les autres encadraient l'agglomération urbaine. Quelques tronçons sont encore visibles sur le site. Certains atteignent plus de 10 m de haut. De même, on peut encore reconnaître le large chemin de procession qui, depuis le temple de Virupaksa, accueillait les chars des divinités lors de fêtes majestueuses. La zone urbaine semble avoir été bien pourvue en canaux et bassins destinés à stocker les réserves d'eau. Le recours massif aux matériaux périssables, tels que le bois, les mélanges de pierres et d'enduit et la paille pour les toitures, n'a pas permis la conservation des anciennes habitations particulières. Selon l'usage en Inde, les édifices les plus importants sont en revanche construits en pierre – en l'occurrence un granite à la texture plutôt grossière. Dans la capitale comme dans le reste de l'empire, les nombreuses constructions religieuses édifiées par les souverains de Vijayanagar représentent une des étapes majeures de l'histoire de l'art indien. L'architecture sacrée de l'époque se traduit par des formes toujours plus imposantes. Le temple n'est plus constitué d'un édifice unique mais d'un vaste ensemble de structures. L'enceinte sacrée, généralement rectangulaire, est encadrée de murailles dans lesquelles, aux points cardinaux, sont ménagées des

HAMPI

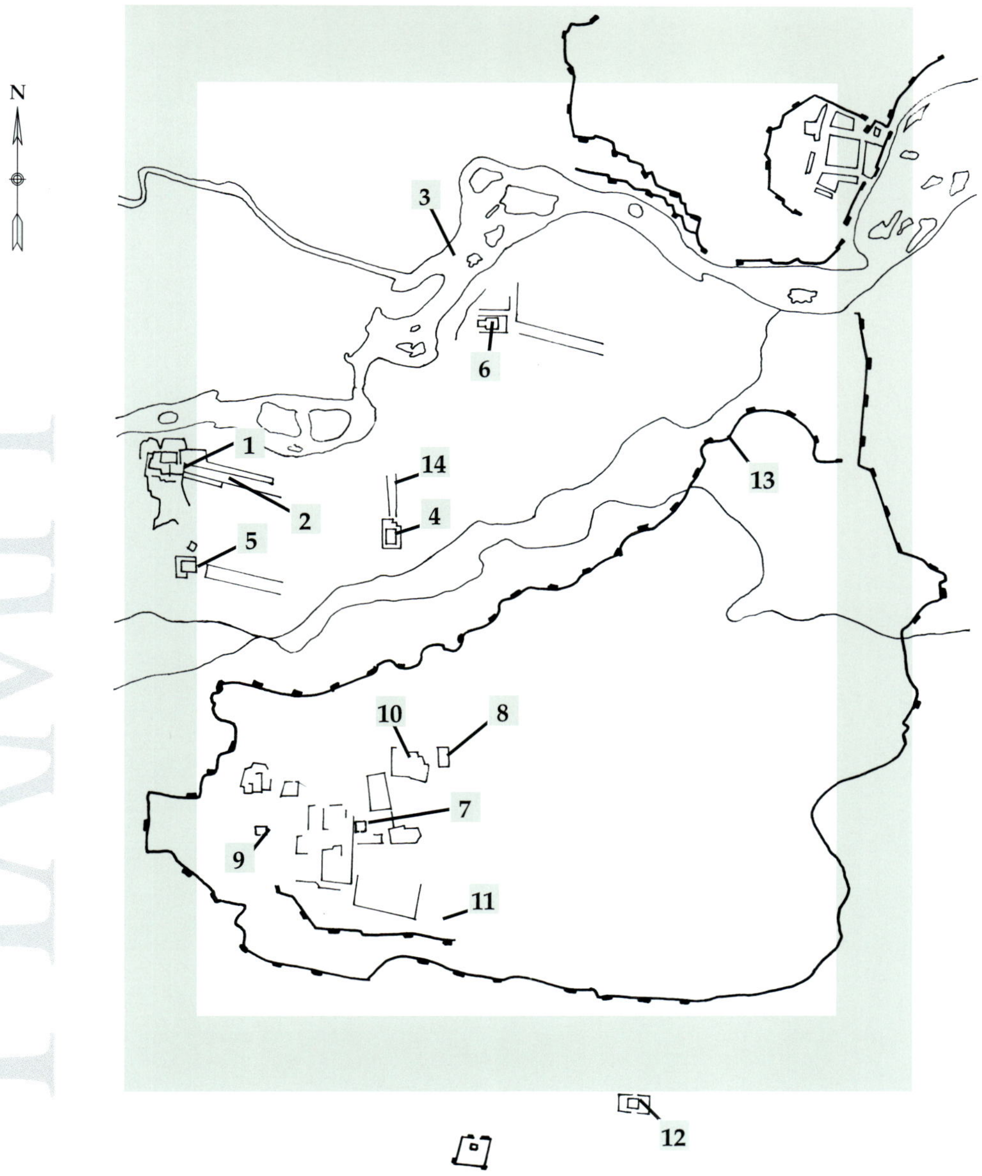

1) Temple de Virupaksa ou Pampapati
2) Ancien chemin de procession
3) Fleuve Tungabhadra
4) Temple d'Achyuta Raya
5) Temple de Krishna
6) Temple de Vitthalasrami
7) Temple d'Hazara Rama
8) « Étables dites des Éléphants »
9) Temple souterrain
10) Appartements des femmes (Zenana) et Lotus Mahal
11) Bains de la Reine
12) Temple de Pattabhirama
13) Porte de Talarigattu
14) Sule Bazar

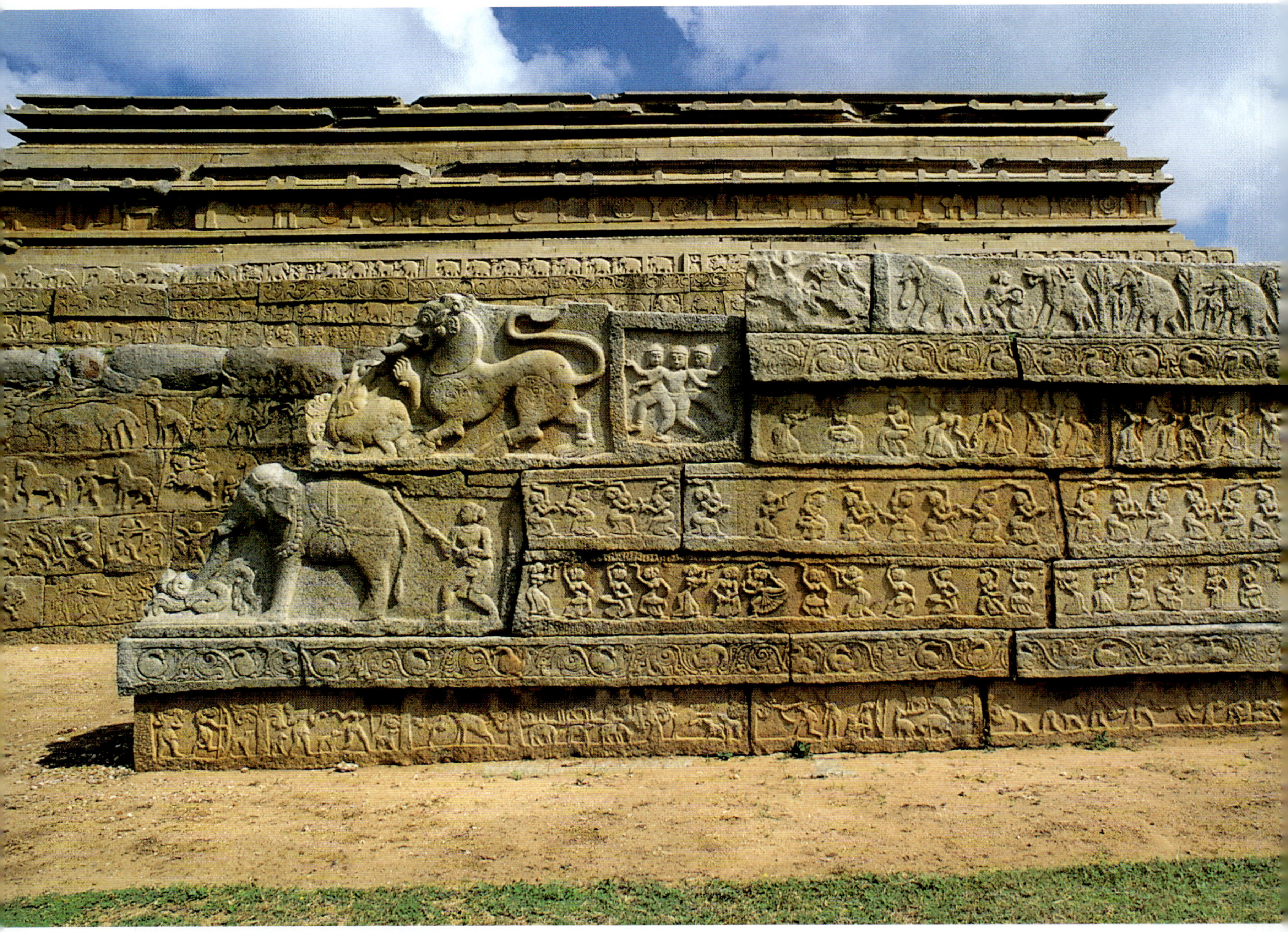

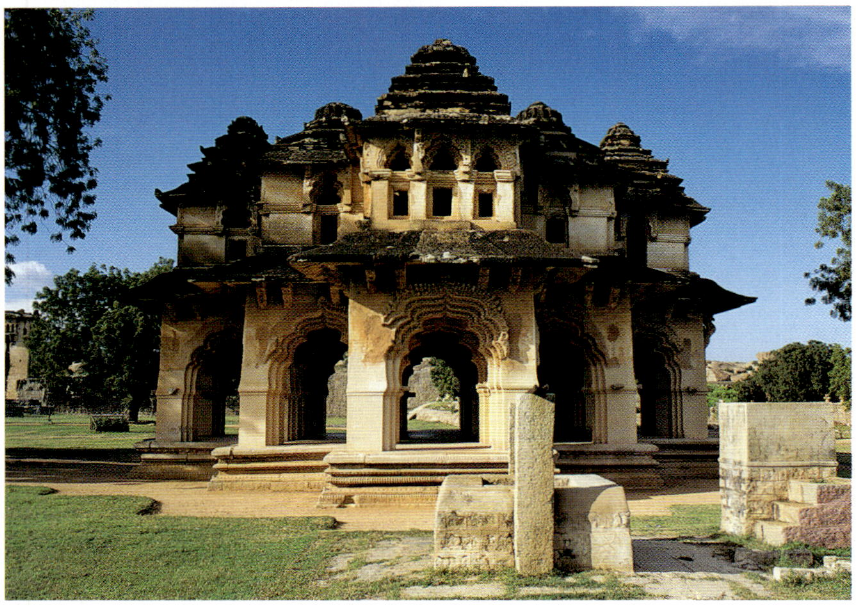

Vitthalasrami, voué à Vitthala, ou Vithoba, une incarnation du grand Dieu Vishnu qui fait l'objet d'un culte fervent dans le sud de l'Inde. Sa construction remonte au règne de Krishna Deva Raya (1509-1529), le plus grand souverain de Vijayanagar, auquel on attribue l'édification de nombreux autres lieux de culte dans l'empire. À l'intérieur de l'enceinte sacrée se trouve d'abord un petit temple en forme de char, élégante reproduction en pierre des chars processionnels en bois. Érigé au milieu d'une cour, le temple de Vitthalasrami se compose de salles à colonnades (*mandapa*) et d'une *cella*. L'une des

entrées surmontées de tours sculptées monumentales – les gopuras aux formes caractéristiques. De plus en plus nombreuses, les salles à colonnades forment un réseau dense. Les colonnes elles-mêmes sont devenues de véritables sculptures élaborées, qui reproduisent souvent des animaux fantastiques ou des chevaux rampants montés par des cavaliers. L'édifice religieux le plus célèbre d'Hampi est le temple de

salles abrite des colonnes « musicales », appelées ainsi parce qu'elles émettent différentes notes lorsqu'on les frappe. D'autres édifices sont des éléments incontournables des principaux temples du sud de l'Inde : le sanctuaire d'Amman (la Mère), déesse épouse de Vitthala, ainsi que le fameux Kalyana *mandapa*, le « pavillon des mariages », qui se distingue par le raffinement de ses formes et de ses décors

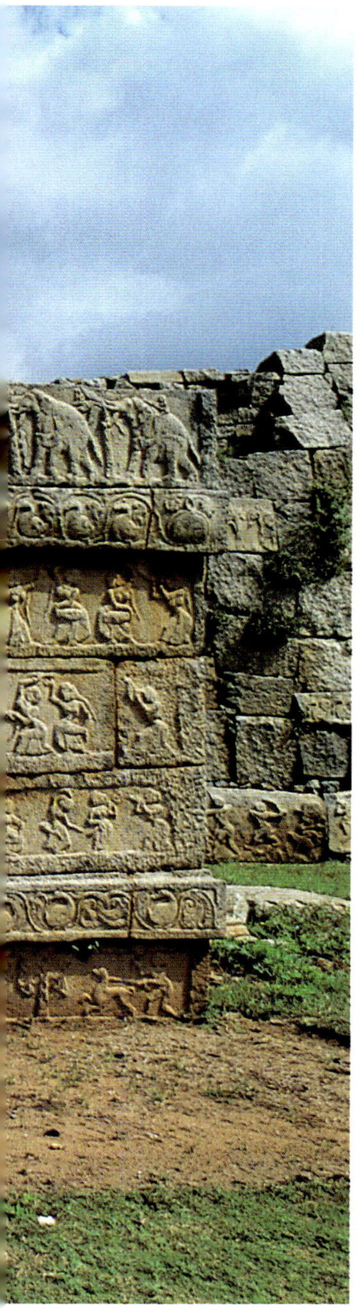

218-219 : Des plates-formes en pierre servaient sans doute de base à certains édifices. Construits avec des matériaux périssables, ces bâtiments ont aujourd'hui disparu.

218 En bas : Joyau de l'architecture résidentielle de Vijayanagar, le Lotus Mahal (palais du Lotus) tire son nom de sa forme, qui évoque la fleur aux pétales ouverts.

219 Ci-dessous : Érigé à proximité de la citadelle royale, ce vaste édifice est connu comme les « étables des Éléphants ».

219 En bas : Parmi les bas-reliefs de la plus grande plate-forme, des éléphants et des danseuses finement sculptés, malgré la texture grossière du granite local.

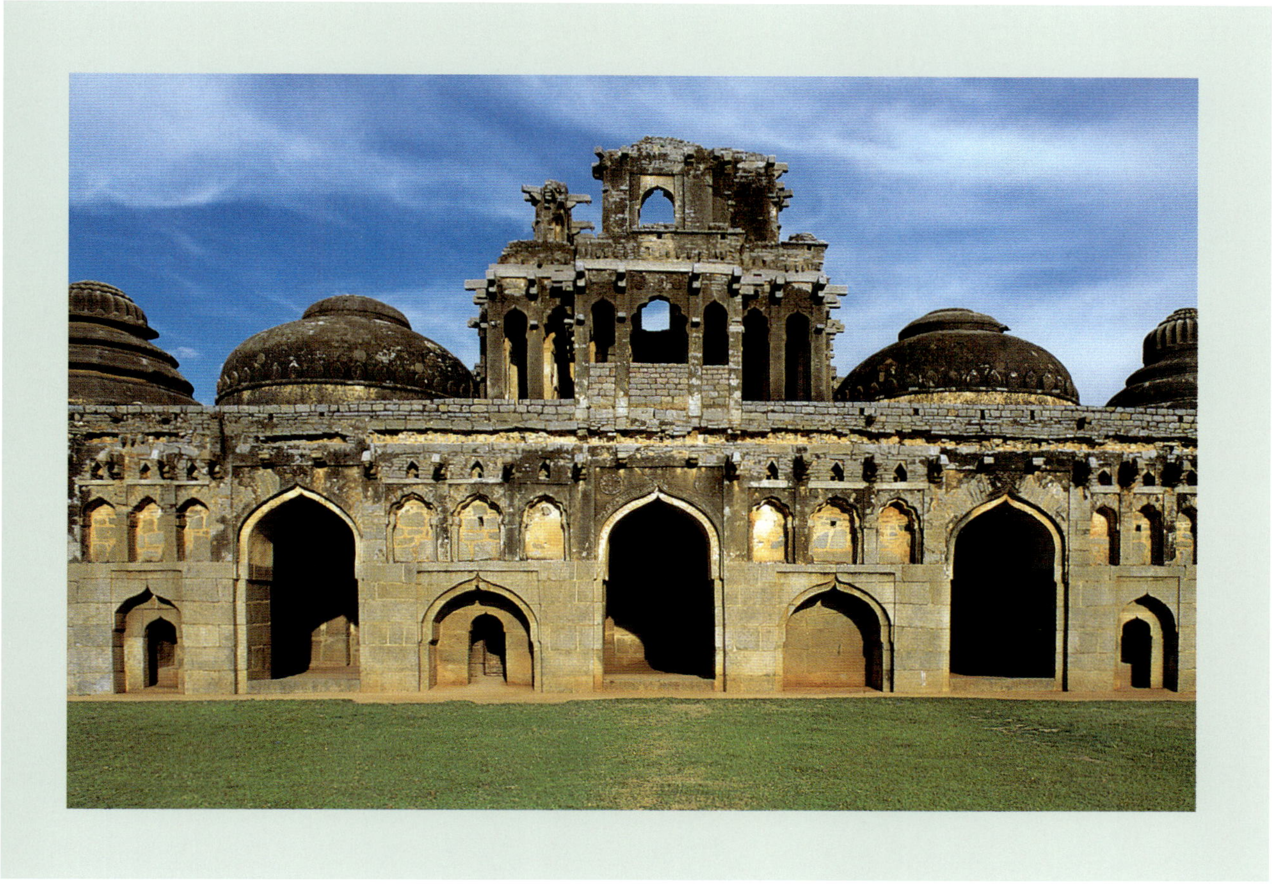

sculptés. Les autres sanctuaires importants du site d'Hampi sont le temple de Virupaksa, ou Pampapati, le temple d'Hazara Rama et celui d'Achyuta Raya. Le premier, dédié au dieu Shiva, abrite sur ses plafonds des peintures remarquablement conservées. Le deuxième, situé au cœur de la citadelle royale, était probablement destiné aux dévotions privées du souverain. Dans cette partie de la cité, certains monuments n'ont pas encore livré la clé de leur mystère. C'est le cas de certaines plates-formes, sur lesquelles s'élevaient autrefois des structures aujourd'hui disparues. La plus majestueuse possède sur ses côtés de longues frises en bas-relief, qui représentent des batailles, des montures et des danseuses dans un style relativement populaire. D'autres édifices témoignent d'une importante influence islamique. Dans l'architecture au moins, Vijayanagar n'a pu résister au modèle imposé par les royaumes musulmans qui provoqueront sa chute. Ainsi, de grandes coupoles coiffent le bâtiment connu comme les « étables des Éléphants », mais aussi un remarquable pavillon appelé Lotus Mahal (palais du Lotus), encadré par d'élégants arcs en ogive. Dans la cité, d'imposantes statues représentent les divinités de l'hindouisme (Vishnu Narasimha, Ganesh, le taureau Nandi).

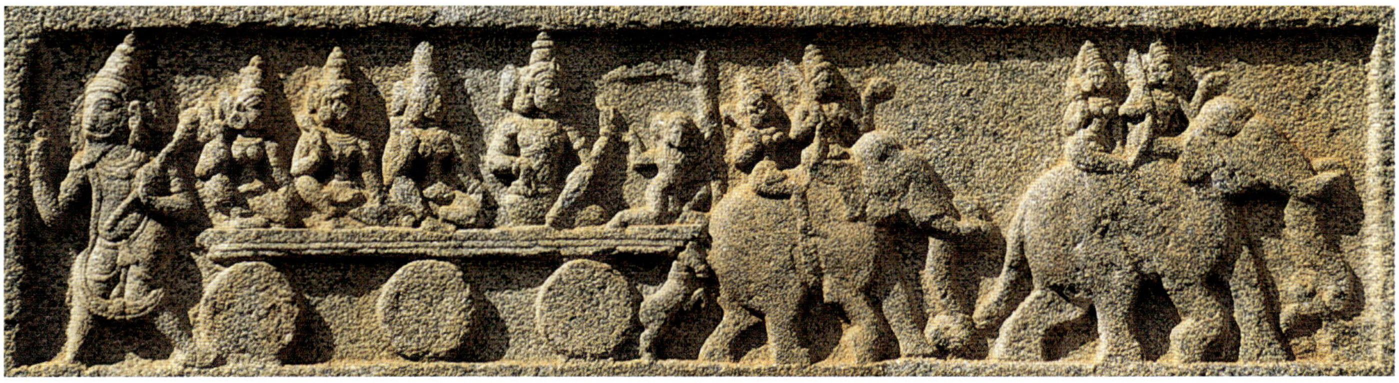

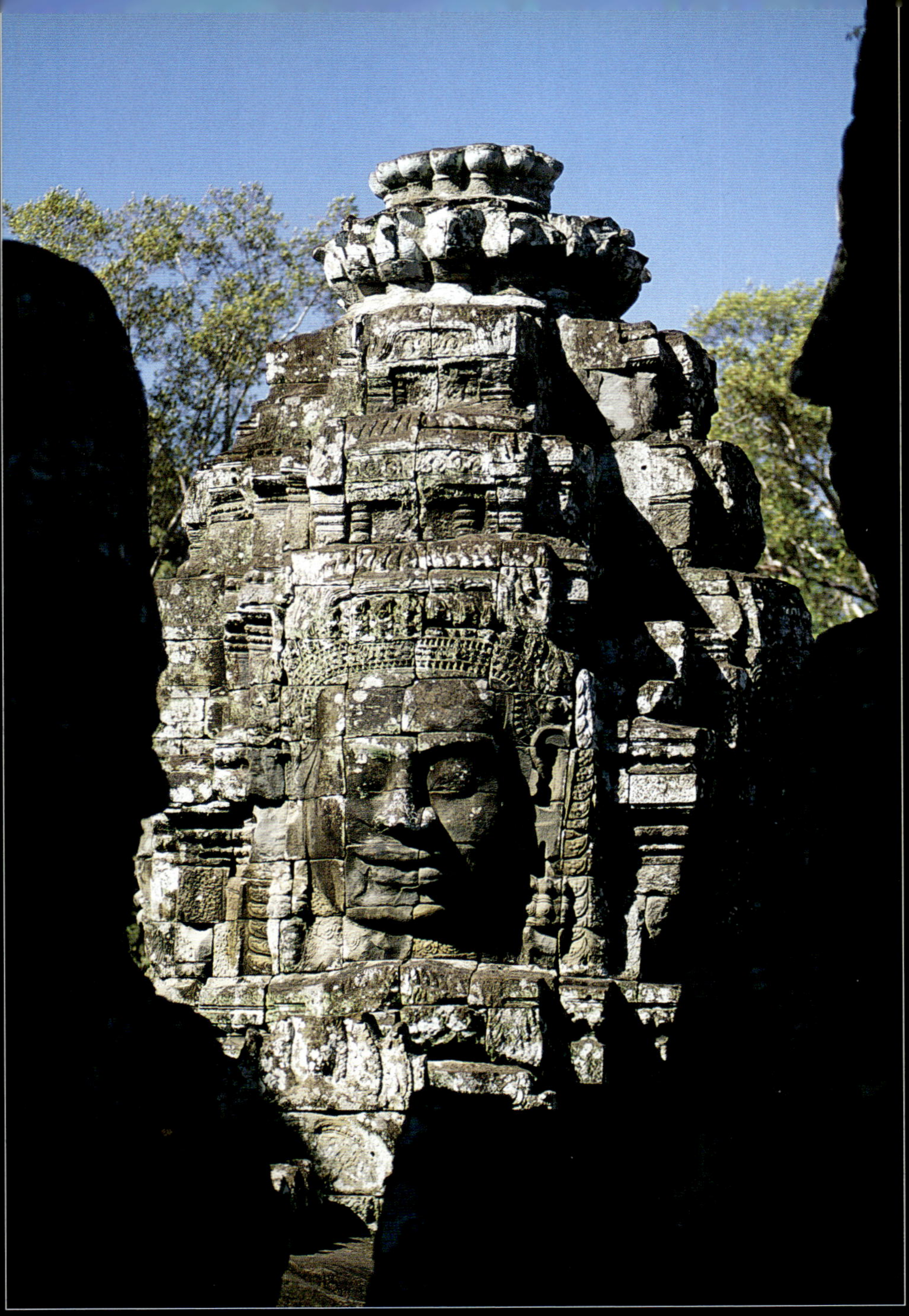

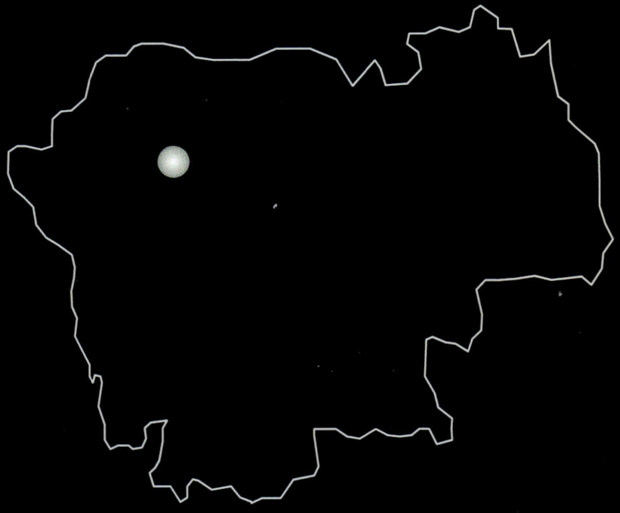

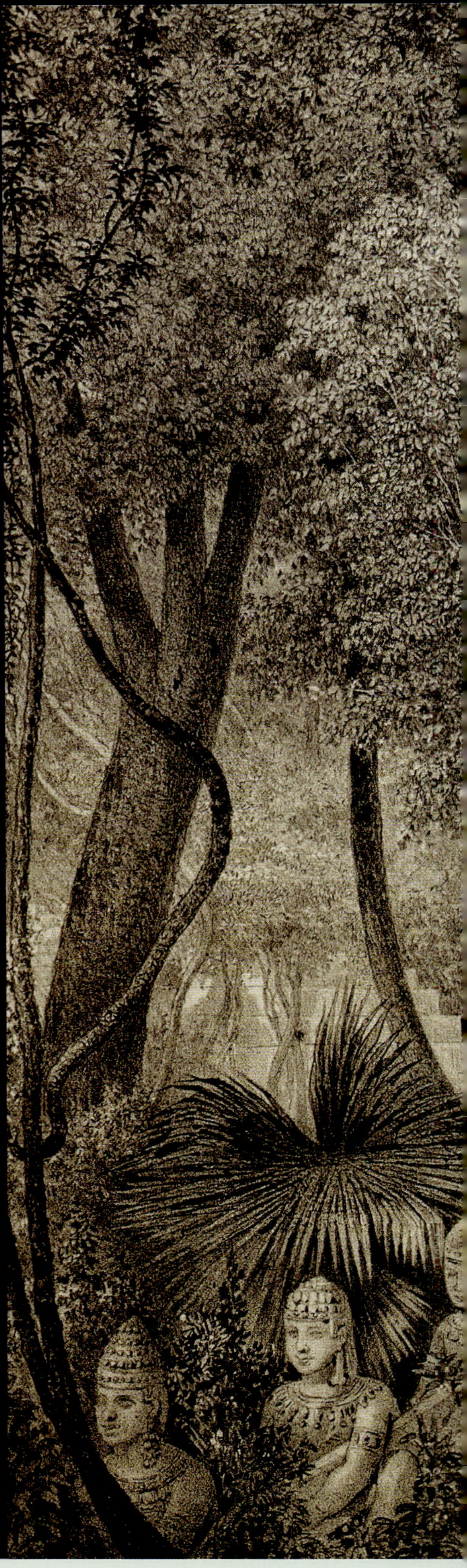

ANGKOR

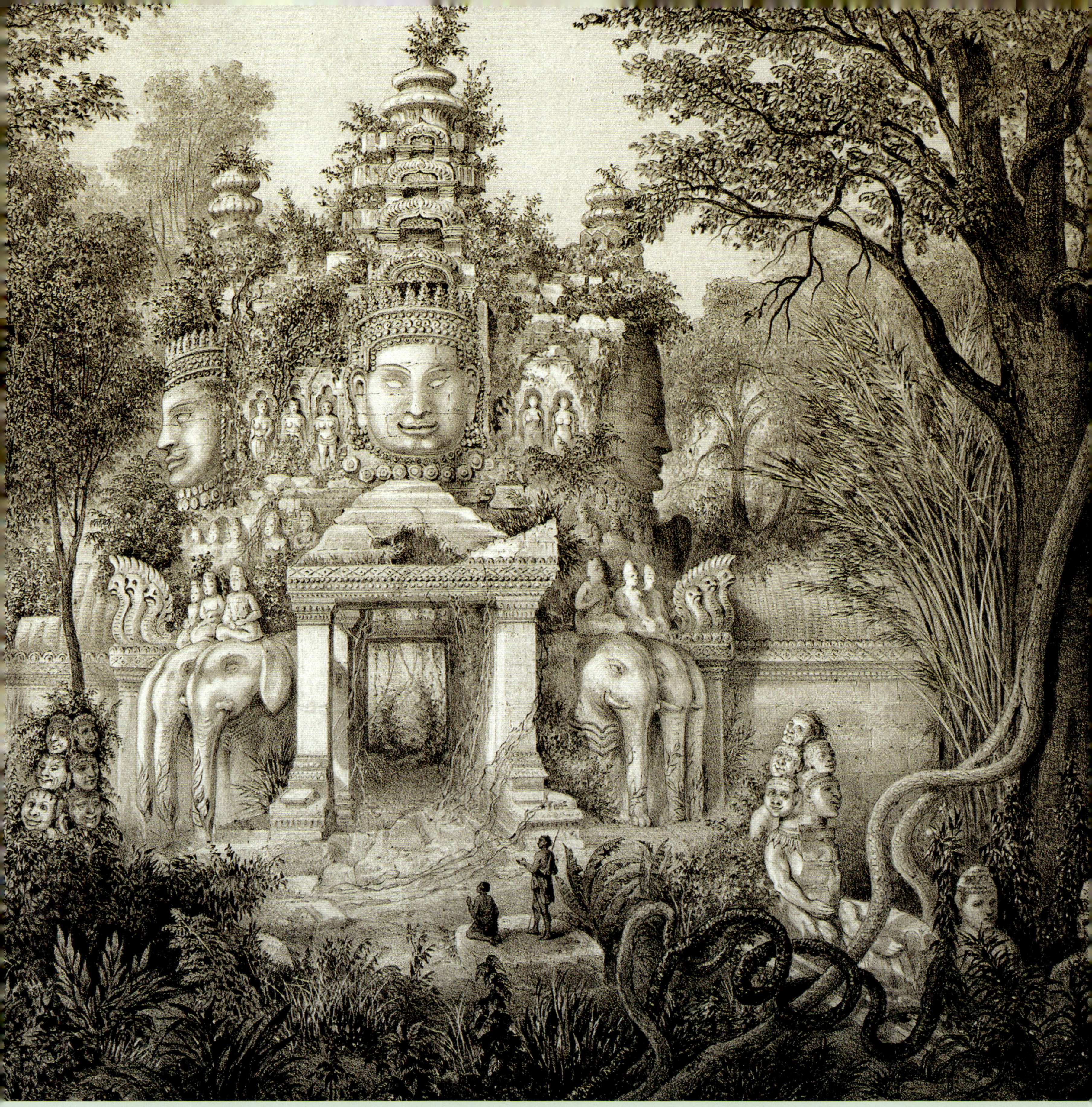

220 En haut : Les tours du Bayon constituent une structure à quatre niveaux reposant sur une base carrée. L'ensemble est couronné par une fleur de lotus. Chaque face porte un visage sculpté de 1,75 à 2,40 m de haut.

220-221 : Les gravures de l'artiste français Louis Delaporte, recueillies dans le volume *Voyage au Cambodge : l'architecture khmère* (1880), rendent compte de l'état des vestiges d'Angkor à l'époque de leur découverte par les voyageurs occidentaux.

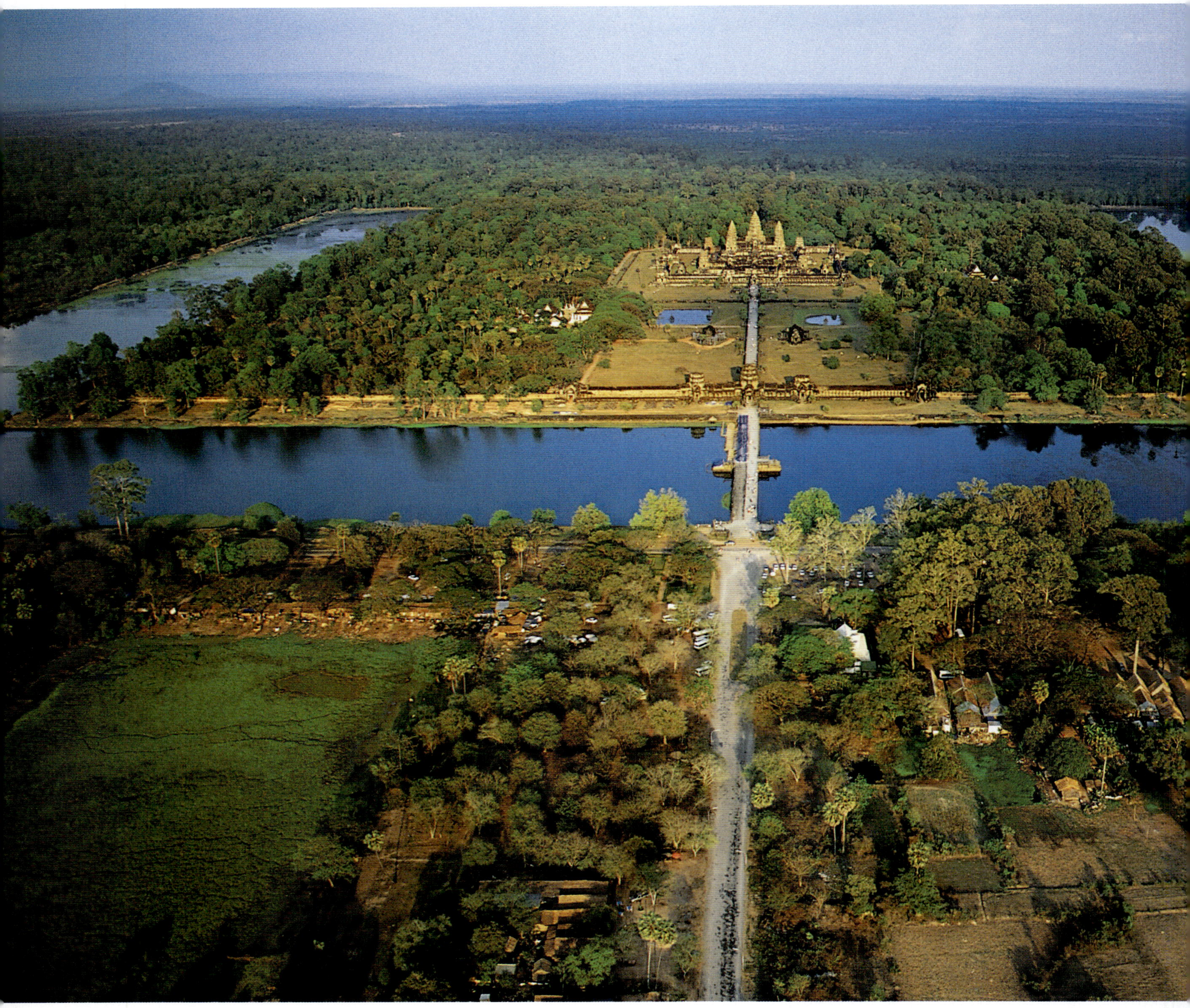

ANGKOR

Par MARCO CERESA

Angkor évoque en Occident des images de temples grandioses et partiellement délabrés, de forêts luxuriantes et perfides, d'énigmes archéologiques irrésolues. En réalité, ce nom désigne une zone du Cambodge qui fut, pendant plus de cinq cents ans, le centre politique de l'Empire khmer. Situé dans une vaste cuvette bordée, au sud, par le grand lac de Tonlé Sap et, au nord, par les monts Kulen, le site d'Angkor se trouve à près de 320 km de Phnom Penh, l'actuelle capitale du pays.

La période angkorienne (802-1432), la plus glorieuse de toute l'histoire khmère, débuta par la cérémonie rituelle qui conféra à Jayavarman II (802-850) le titre de Devaraja (Dieu-Roi), et s'acheva par le transfert de la capitale à Phnom Penh, dans le sud du Cambodge.

Après avoir été retenu en captivité par la cour royale de Java, le futur roi Jayavarman II revint au Cambodge vers 790, où il consolida son pouvoir par une série de campagnes militaires. À l'origine, il établit sa capitale à Indrapura,

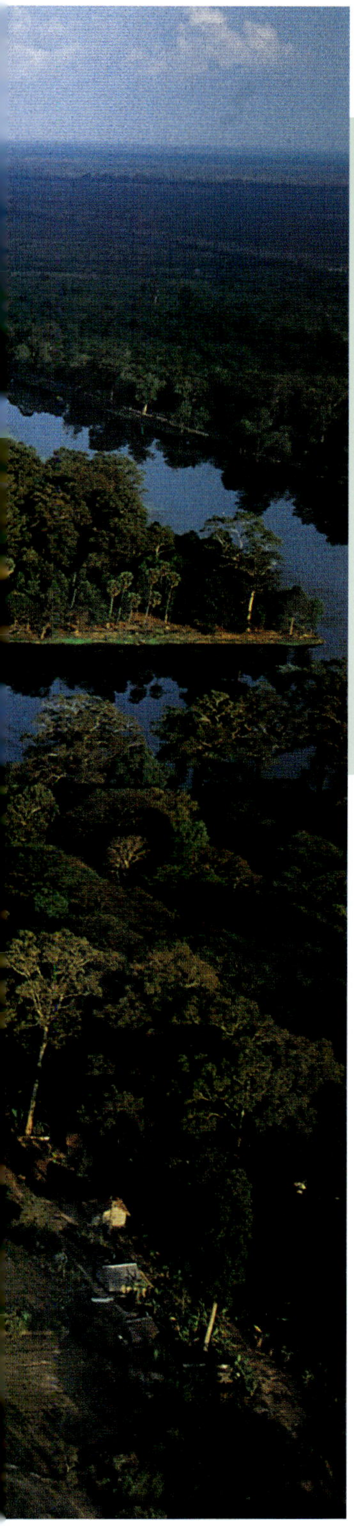

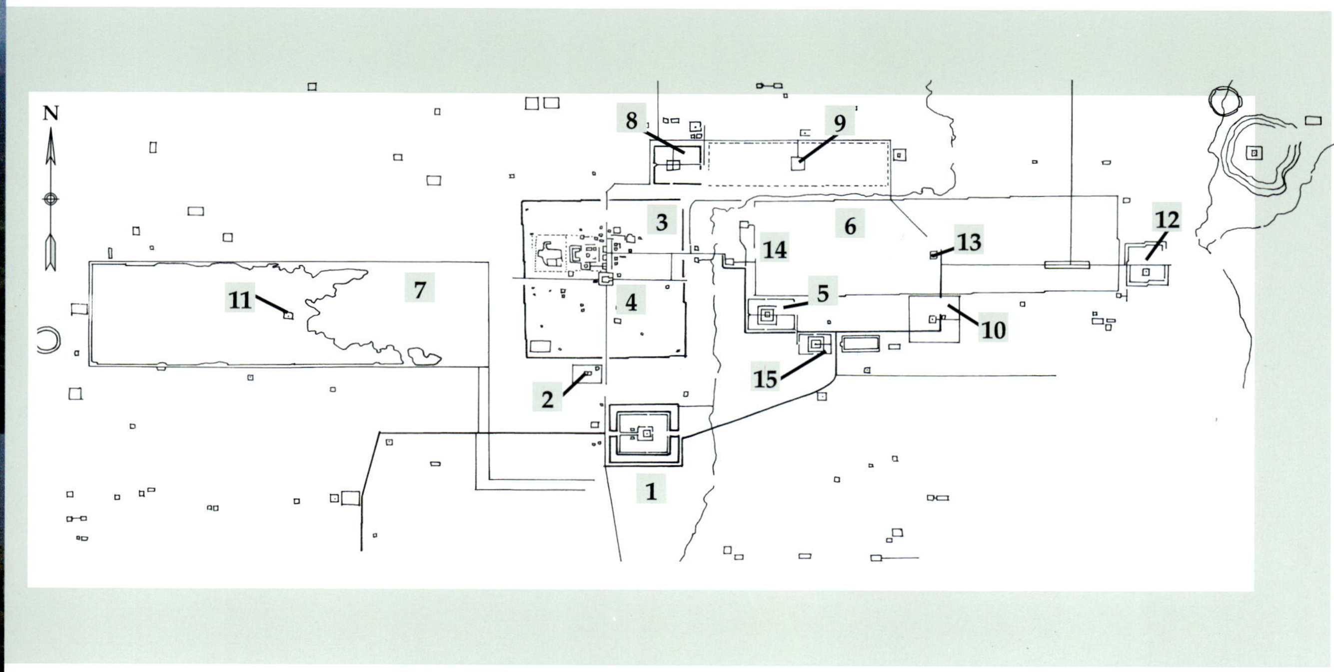

1) Angkor Vat
2) Phnom Bakheng
3) Angkor Thom
4) Bayon
5) Ta Phrom
6) Baray oriental
7) Baray occidental
8) Preah Khan
9) Neak Pean
10) Pré Rup
11) Mébon occidental
12) Banteay Samre
13) Mébon oriental
14) Takéo
15) Banteay Kdei

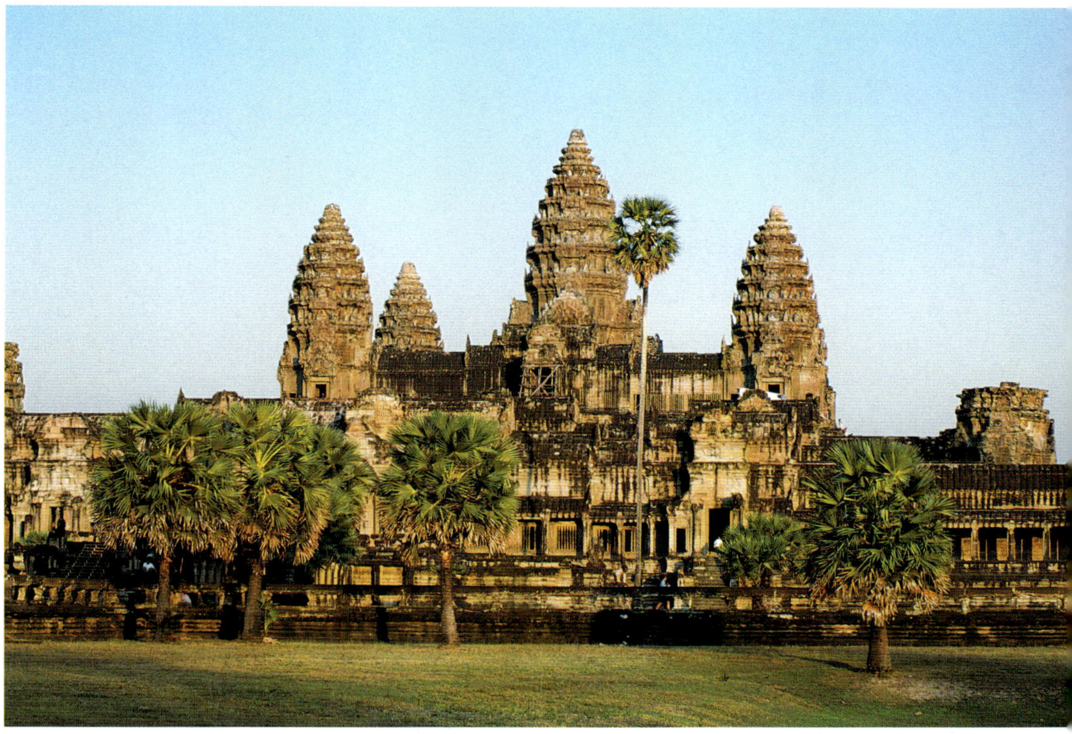

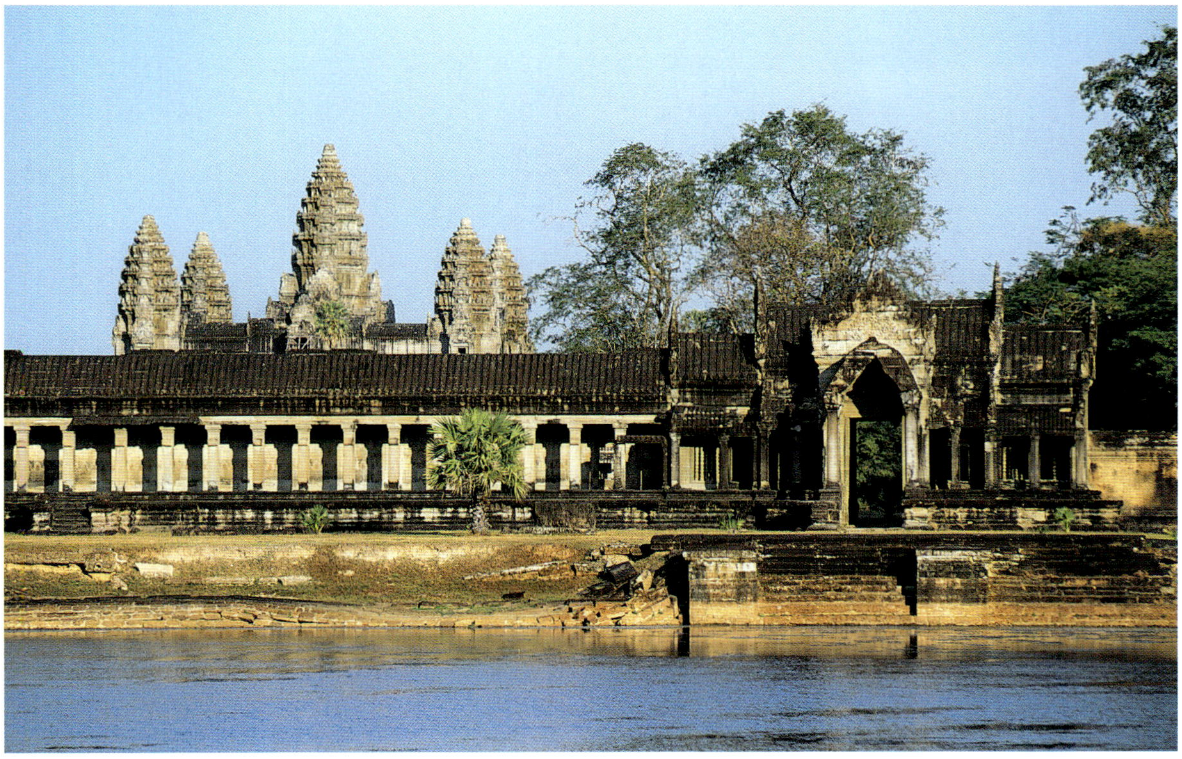

222-223 : D'une longueur de 5,5 km, la douve qui encadre Angkor Vat est traversée sur le côté occidental par un long pont dallé de grès et, sur le côté oriental, par une simple chaussée d'accès en terre.

223 Ci-dessus : Le temple d'Angkor Vat s'élève, à l'intérieur de la première enceinte fortifiée, sur une vaste terrasse entourée de palmiers et de manguiers.

223 Ci-contre : La façade externe d'Angkor Vat est constituée d'une haute muraille en latérite, interrompue au centre par un gopura articulé en trois corps. Une colonnade relie également le gopura aux tours situées à chaque extrémité du mur.

avant de la transférer, vers le début du IXe siècle, à Mahendra Parvata, dans la zone de l'actuel Phnom Kulen, située à 40 km au nord-est d'Angkor Thom. C'est au sommet de ce modeste massif montagneux que Jayavarman II se fit sacrer Devaraja, instituant une nouvelle doctrine religieuse, reposant sur le culte du Dieu-Roi. L'année 802 marqua l'unification de l'État khmer, la libération de la tutelle de Java et le début de l'Empire angkorien, qui connaîtra quelque trente-neuf souverains.

224 Ci-dessous : Les innombrables danseuses sacrées devata qui ornent les parois des porches et des salles d'Angkor Vat, sont toujours représentées de face. Chacune porte dans ses mains une fleur de lotus ou une guirlande.

224 En bas : Dans les bas-reliefs d'Angkor Vat, les danseuses sacrées sont représentées individuellement, à l'intérieur de niches, ou en groupe, sur un fond qui était initialement décoré.

225 : Les danseuses sacrées des bas-reliefs d'Angkor Vat se distinguent, selon les périodes, par le drapé du sarong – jupe longue – et par la grande variété des coiffures et des ornements.

Le successeur de Jayavarman II, Indravarman I (877-889) inaugura la grande tradition architecturale angkorienne en faisant construire le fameux « temple-montagne » de Bakong, un second temple en hommage aux ancêtres, et l'un des deux grands réservoirs – les baray – dans les environs de Roluos. À partir de cette période, ces trois types d'ouvrages publics devinrent des symboles de légitimation de la royauté de droit divin. Yasovarman (889-890) fixa définitivement la capitale à Yasodharapura, qui sera ensuite connue sous le nom d'Angkor.

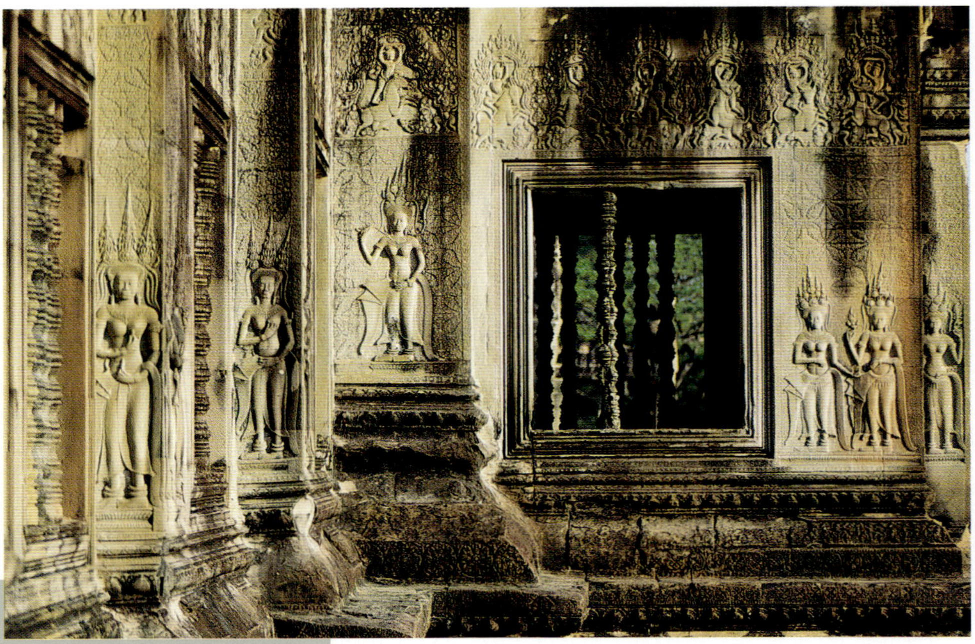

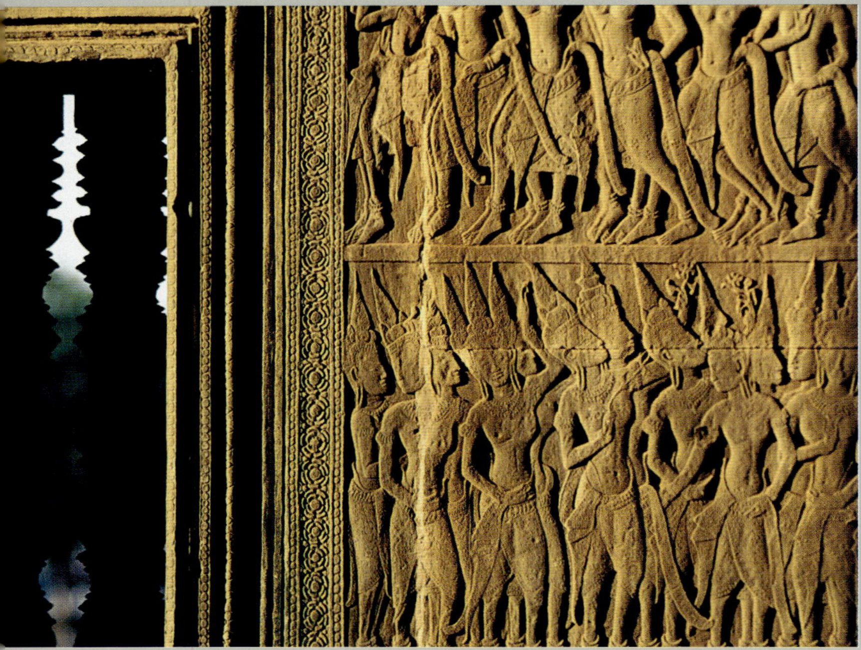

ANGKOR

Parmi les souverains ayant régné durant l'âge d'or d'Angkor, Suryavarman II (1113-1150) fonda le temple d'Angkor Vat, et Jayavarman VII (1181-vers 1218) passa à la postérité comme le plus grand roi khmer. Infatigable bâtisseur, Jayavarman VII fit édifier plus de monuments, de ponts et de routes que n'importe quel autre monarque. Par ailleurs, il fonda entièrement son règne sur les principes du bouddhisme Mahayana, dont il fut un fervent adepte. À sa mort commence le lent déclin d'Angkor. Sous le règne d'Indravarman III (1295-1308), le bouddhisme Theravada devient la religion d'État. Issu du Sri Lanka, ce courant religieux s'opposait à la doctrine du Devaraja, qui avait largement contribué à la consolidation du pouvoir monarchique à Angkor. Le déclin de l'autorité royale, les difficultés économiques causées par les grands travaux de construction de Jayavarman VII et la menace des pays limitrophes – le Champa et le jeune royaume thaï d'Ayutthaya – précipitèrent la chute de l'Empire khmer.

Après un long siège, qui prit fin en 1431, la cité impériale d'Angkor tomba aux mains des Thaïs d'Ayutthaya, qui l'occupèrent pendant une courte période. Après le départ des envahisseurs, les Khmers décidèrent de déplacer leur

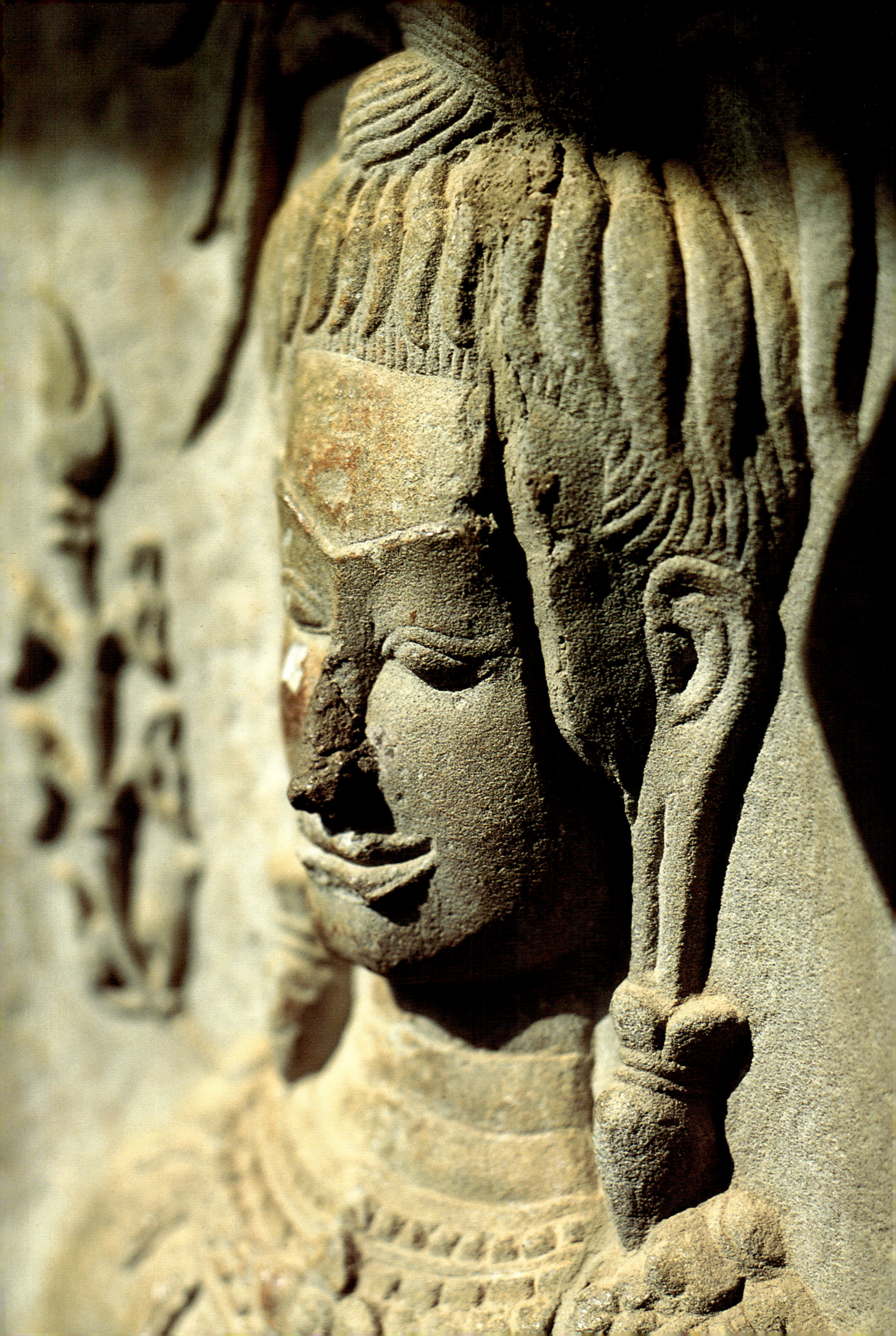

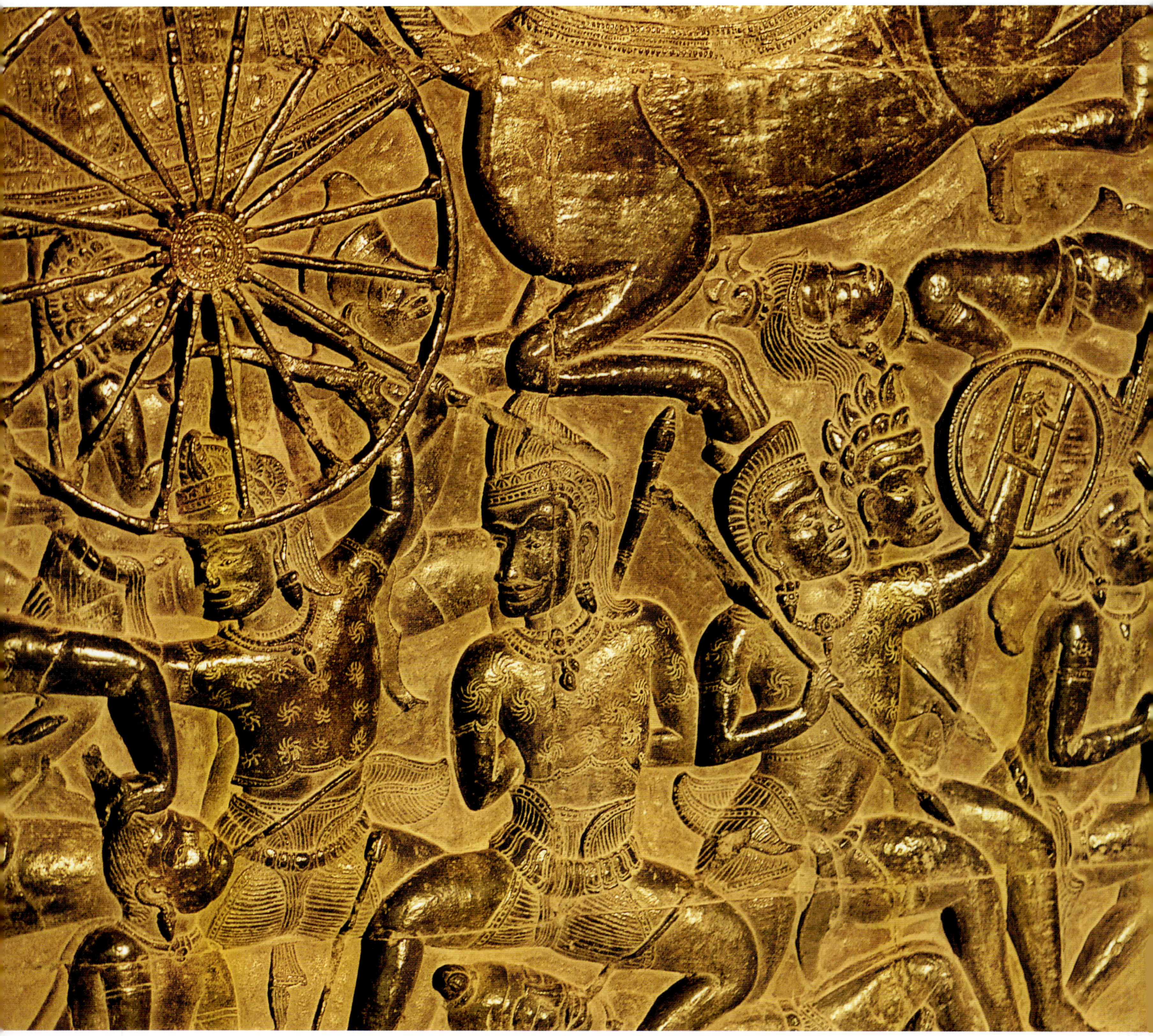

capitale plus au sud. Désormais abandonnée, la ville fut peu à peu investie par la jungle. L'existence de vestiges monumentaux au milieu de la forêt luxuriante est attestée par les carnets de voyageurs portugais, espagnols et japonais dès le XIVe siècle. Mais il fallut attendre le XIXe siècle pour voir l'Occident s'intéresser au sort d'Angkor, notamment après la publication posthume des carnets d'Henri Mouhot, explorateur et naturaliste français qui avait effectué des expéditions au Siam, au Laos et en Indochine entre 1858 et 1861. Les premiers visiteurs furent attirés par l'exotisme et le romantisme de ces ruines endormies sous la végétation tropicale. Ensuite, grâce aux efforts des archéologues dépêchés par l'École française d'Extrême-Orient, les temples d'Angkor furent peu à peu reconnus comme de véritables chefs-d'œuvre de l'architecture mondiale. Les monuments d'Angkor sont disséminés dans un rayon de plusieurs dizaines de kilomètres. Depuis Siem Reap, la localité urbaine la plus proche, et en allant vers le nord, le premier temple est Angkor Vat. Au nord de ce dernier se dresse la cité fortifiée d'Angkor Thom, bordée à l'est et à l'ouest par les deux baray, les grands réservoirs qui alimentaient en eau toute la capitale. À l'est d'Angkor Thom s'élèvent de nombreux autres temples, parmi lesquels le célèbre Ta Phrom, le Preah Khan au nord et, plus loin, vers le nord-est, Banteay Srei. À l'est de Siem Reap se dressent par ailleurs les temples du groupe de Roluos, qui remontent aux premières années de la période angkorienne. Parmi tous les temples khmers, Angkor Vat est le plus impo-

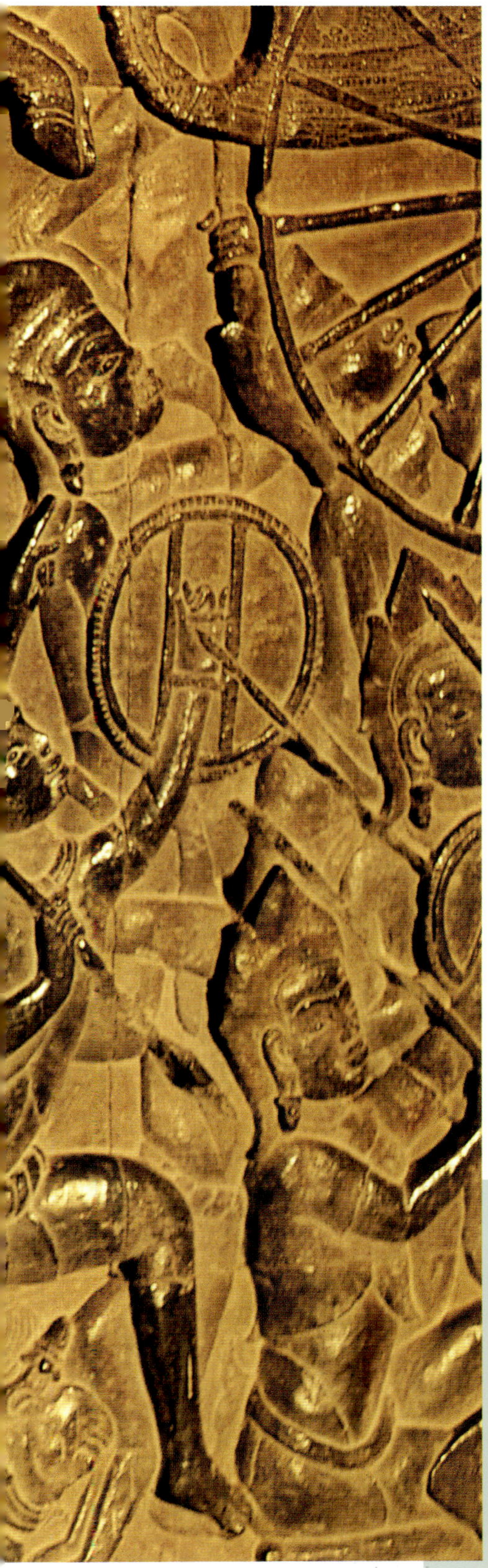

sant et le mieux conservé. De forme rectangulaire, couvrant une superficie d'environ 200 ha, le complexe est entouré d'une douve de 200 m de large. Un pont de 250 m de long permet d'accéder à l'entrée principale. Le temple est orienté vers l'ouest, contrairement à tous les autres édifices d'Angkor, qui sont tournés vers l'est. Cette disposition particulière a fait naître de nombreuses hypothèses sur sa fonction. Des études récentes ont démontré qu'il s'agissait d'un monument funéraire destiné à abriter les cendres de Suryavarman II. À l'époque de ce souverain, les cortèges funèbres brahmaniques progressaient en effet d'ouest en est. Haut de 65 m, le temple constitue une structure pyramidale à trois niveaux, surmontée de cinq tours – quatre angulaires et une centrale –, qui caractérisent la « silhouette » d'Angkor Vat. Selon les experts, le temple est une réplique en pierre de l'Univers tel qu'il s'articulait dans la cosmogonie khmère. Le complexe central représente le mythique mont Méru, situé au centre de l'Univers, et les cinq tours matérialisent ses cinq pics. Le mur d'enceinte externe symbolise la chaîne montagneuse aux confins de la Terre et la douve qui l'entoure figure les océans.

Le temple lui-même est bâti sur une terrasse de 340 m sur 215 m. Tout autour, la première enceinte est précédée de galeries aux murs décorés de fantastiques bas-reliefs.

226-227 : Les bas-reliefs de l'aile sud de la galerie occidentale représentent la bataille de Kurukshetra, qui opposa les Kauras et les Pandavas. Cet épisode est décrit dans le Mahabharata, grand poème épique indien.

227 Ci-dessous : Les bas-reliefs de l'aile nord de la galerie occidentale représentent la bataille de Lanka, durant laquelle Rama, aidé par les singes alliés, délivra son épouse Sita, enlevée par Ravana, roi des démons.

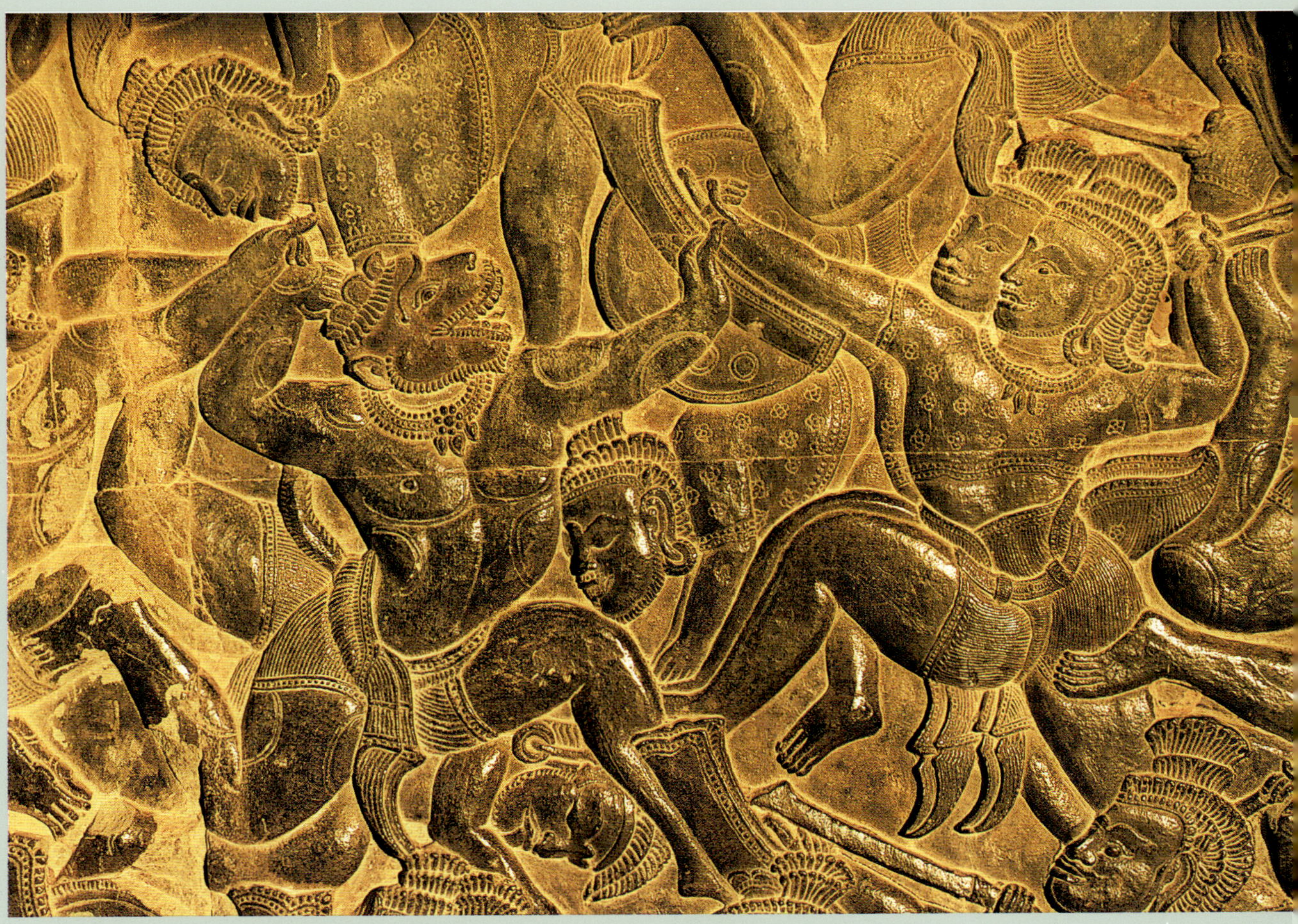

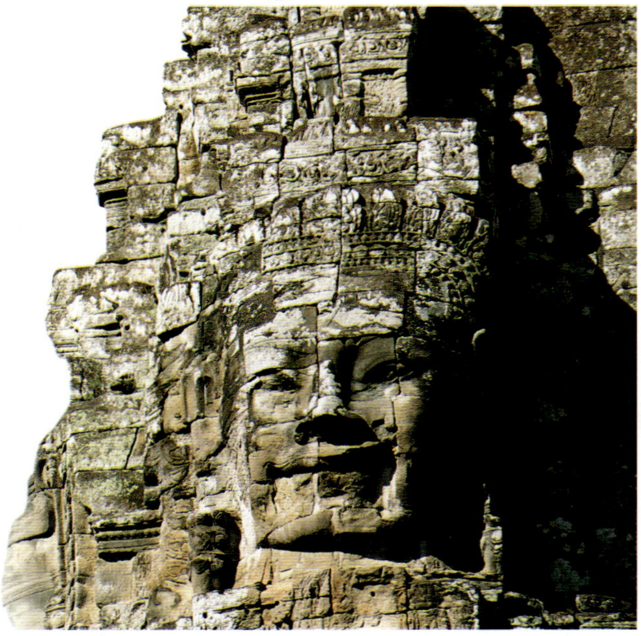

Ainsi la galerie occidentale présente-t-elle des épisodes mythiques de la bataille de Kurukshetra, célébrée dans le Mahabharata, le grand poème épique indien. Sur le côté méridional s'étend la galerie historique, qui ne présente pas de scènes mythiques mais la parade de l'armée de Suryavarman II. Les bas-reliefs de la galerie orientale illustrent l'un des thèmes les plus récurrents de l'art khmer : le barattage de l'Océan de lait, au cours duquel dieux et démons s'efforcent d'agiter l'Océan de lait pour en extraire la liqueur d'immortalité (*amrita* ou *dutsi*). La galerie septentrionale montre la victoire de Krishna sur le démon Bana. Enfin, dans la partie de la galerie occidentale située à gauche de l'entrée principale, figure la représentation d'une autre bataille tirée du Ramayana, grande épopée indienne : la lutte de Rama contre Ravana, le roi des démons, dans le royaume de Lanka. Édifiée par Jayavarman VII, la cité d'Angkor Thom, située à environ 1,7 km au nord de l'entrée principale d'Angkor

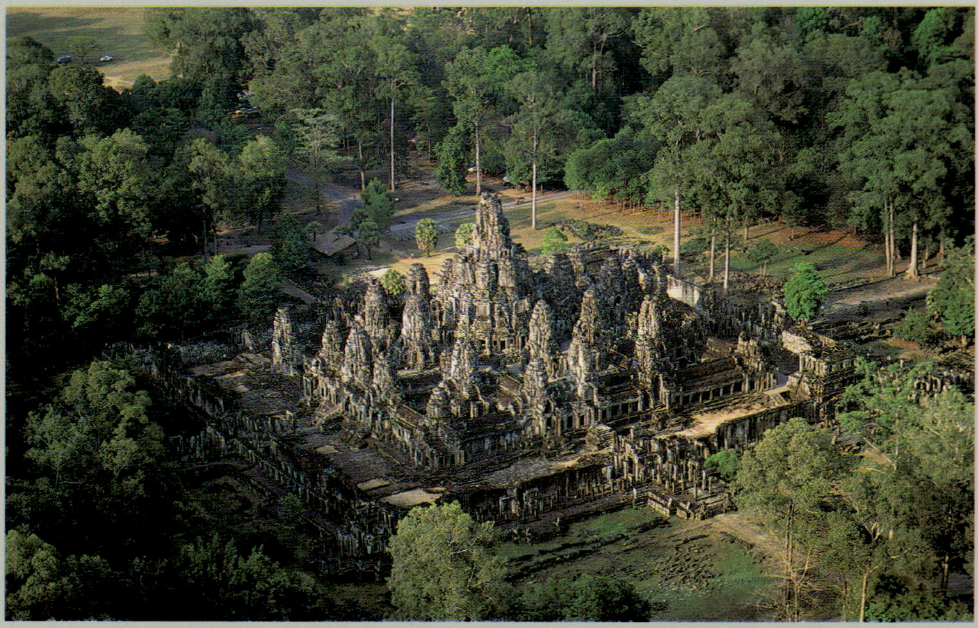

228 En bas : Le périmètre externe du Bayon est délimité par quatre gopuras et quatre pavillons d'angle. À gauche du gopura oriental se trouve le point de départ de la galerie des bas-reliefs, qui court tout autour de l'édifice, très endommagée en de nombreux endroits.

229 Le visage de pierre du roi divinisé du Bayon, avec son léger plissement des lèvres et ses paupières abaissées, exprime le célèbre « sourire d'Angkor ».

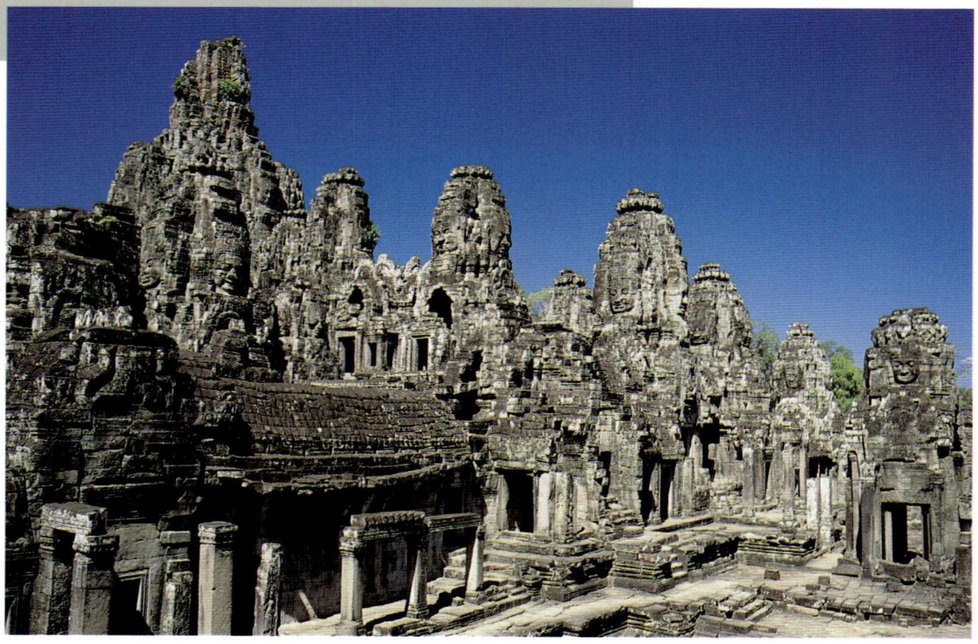

228 Ci-dessus, en haut : Les visages de pierre qui ornent les 54 statues du Bayon – chacun tourné vers un point cardinal différent – symbolisent l'omniprésence du bodhisattva Avalokiteshvara, *alter ego* du roi Jayavarman VII.

228 Ci-dessus, au centre : La complexité architecturale du Bayon et l'imbrication de ses édifices résultent des nombreuses modifications apportées dès le règne de Jayavarman VII.

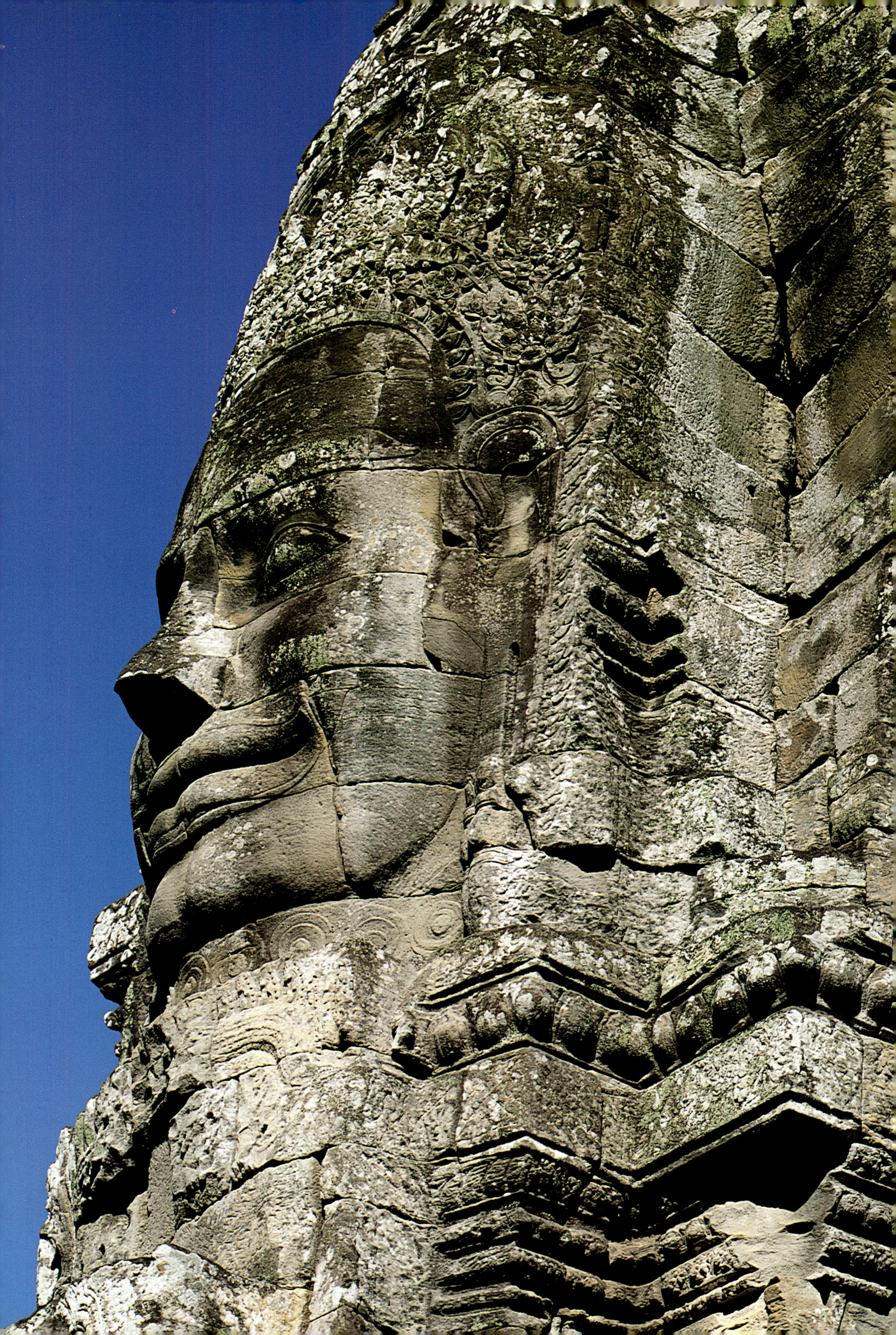

230 Ci-dessous : Au centre du bassin principal du temple de Neak Pean (seconde moitié du XIIe siècle), un petit îlot circulaire abrite le sanctuaire d'Avalokiteshvara.

230 En bas : Divisés en trois panneaux, les bas-reliefs qui ornent l'aile sud de la galerie orientale du Bayon figurent une parade militaire sur un fond boisé.

230-231 : La plate-forme méridionale de la terrasse des Éléphants est délimitée de chaque côté par trois têtes d'éléphants en pierre. Les trompes, posées sur une fleur de lotus, se détachent nettement des pilastres.

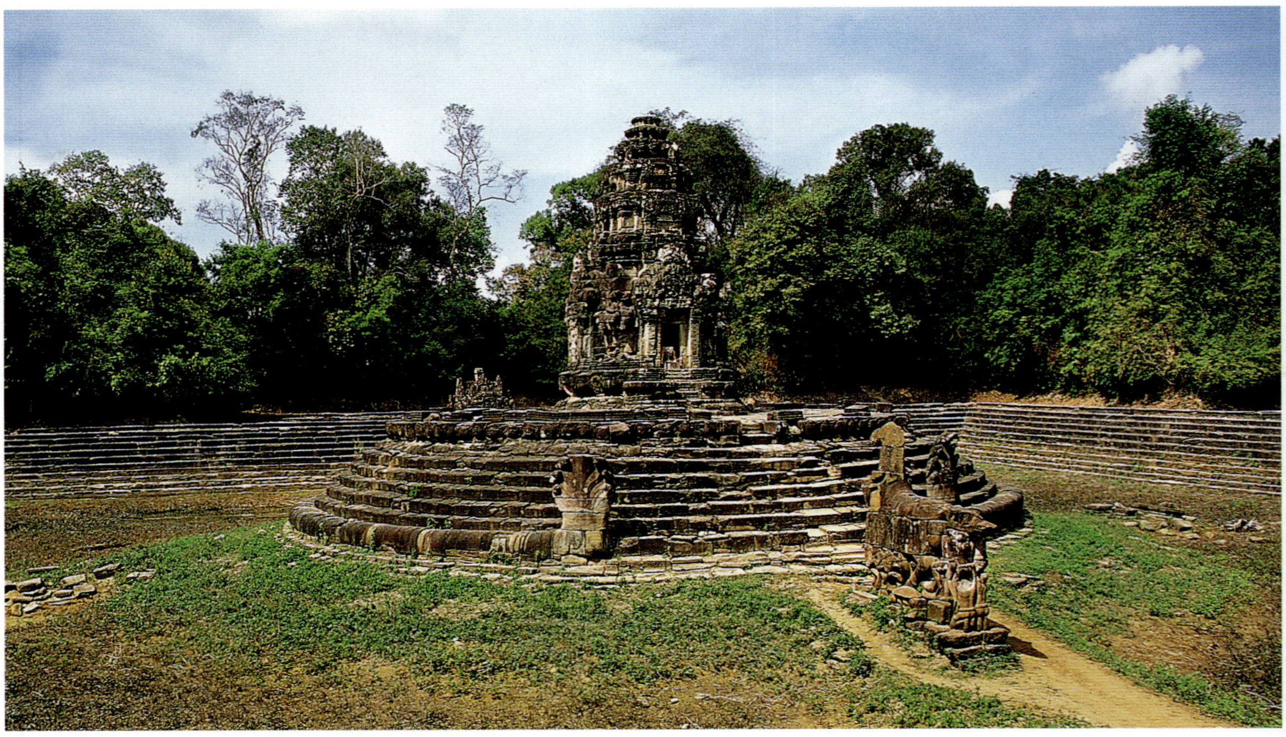

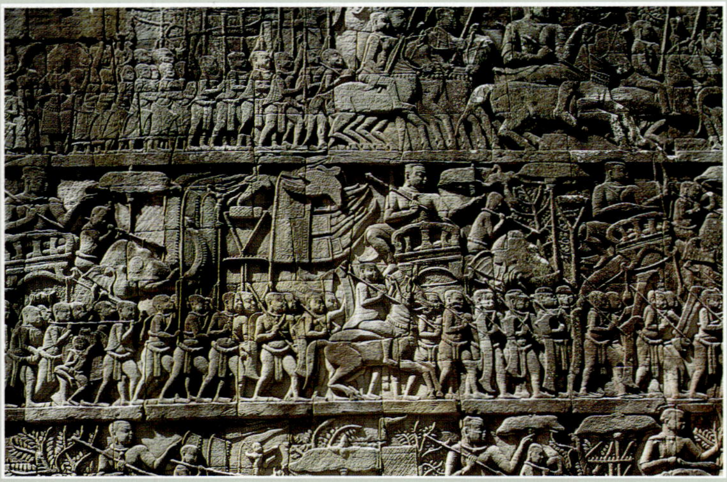

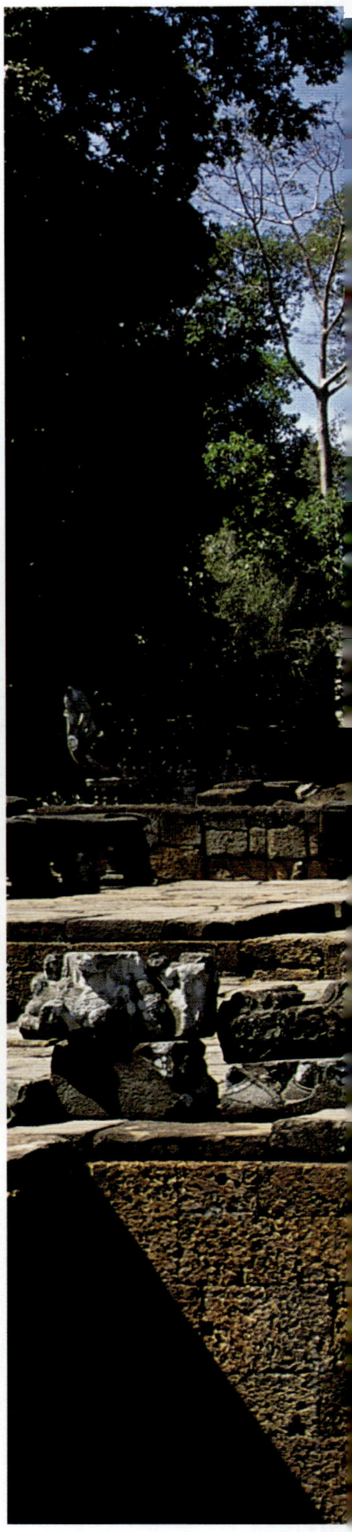

Vat et d'une superficie de 10 km², est encadrée par un haut mur d'enceinte formant un carré d'environ 3 km de côté, bordé par une douve de près de 100 m de large. Des digues flanquées de gigantesques statues de démons et de divinités traversent la douve, donnant accès aux cinq portes monumentales de la cité, chacune ornée de deux immenses visages taillés dans la pierre.

Au centre de la cité se dresse le temple du Bayon, le plus important monument d'Angkor après Angkor Vat. Compris dans un rectangle de 140 m par 160, l'édifice projette ses 54 tours vers le ciel comme des coulées de lave ascendantes qui se seraient solidifiées au contact de l'air. À mesure que l'on s'approche, sa curiosité la plus célèbre se dévoile de manière spectaculaire : du haut des tours, 216 visages de pierre – un par face – regardent le visiteur avec un sourire serein et énigmatique. C'est le fameux « sourire d'Angkor », un léger plissement des lèvres qui constitue le trait saillant des sculptures du Bayon. Ces visages pourraient représenter le bodhisattva Avalokiteshvara ou sa manifestation terrestre, Jayavarman VII.

Édifié par un grand roi bâtisseur et un fervent religieux, le temple du Bayon est à la fois le symbole du pouvoir monarchique et l'aboutissement de sa vision mystique.

Au nord de l'édifice se trouve la place Royale, encadrée par deux routes parallèles et destinée aux parades et aux processions royales qui pouvaient être observées depuis deux terrasses. À l'ouest de la place Royale s'élèvent de célèbres monuments, tels que le temple du Baphuon, le palais Royal, le Phimeanakas, la terrasse des Éléphants et la terrasse du Roi-Lépreux, identifié comme Yama, le dieu des morts, et symbolisé par la sculpture d'un homme assis.

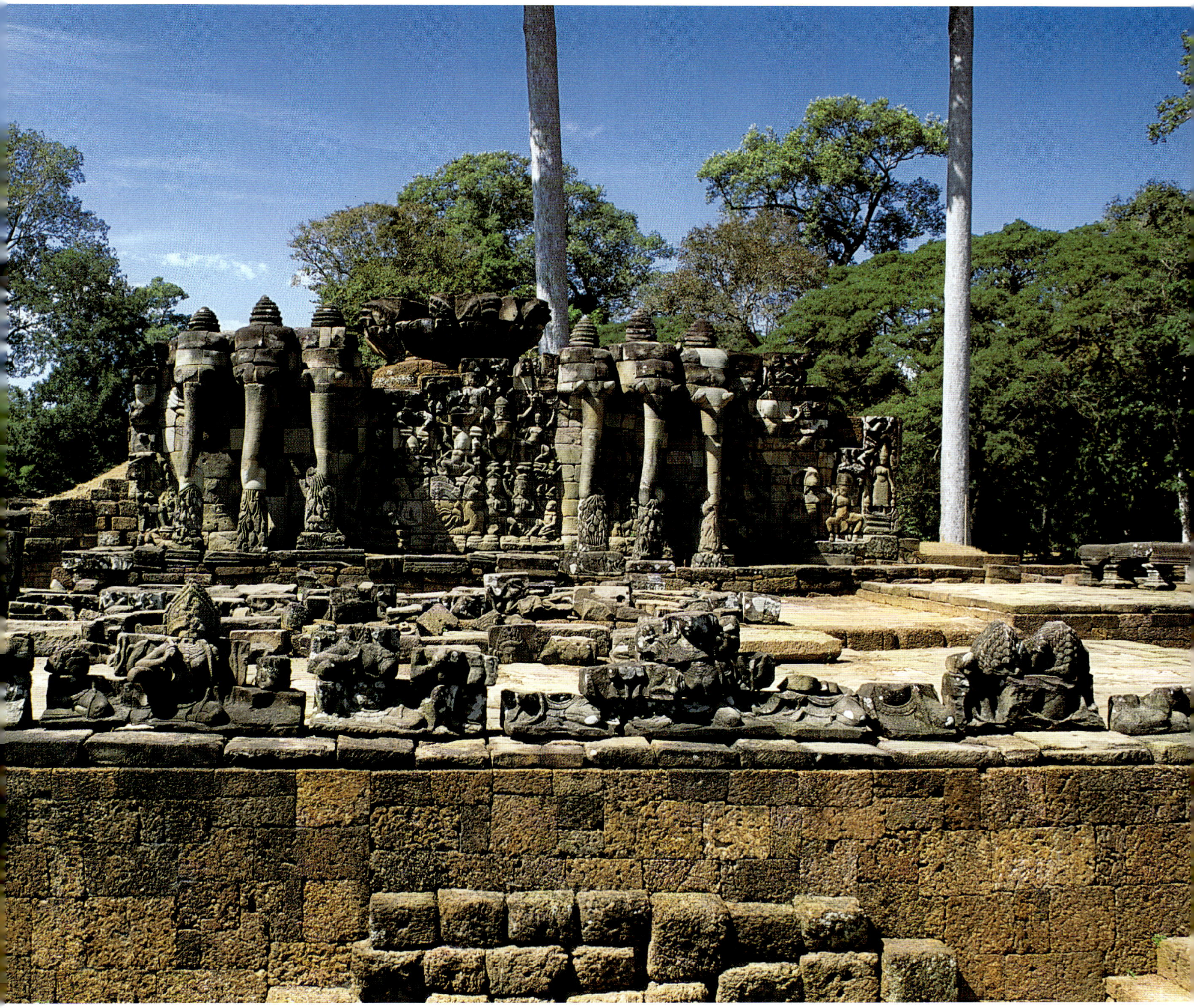

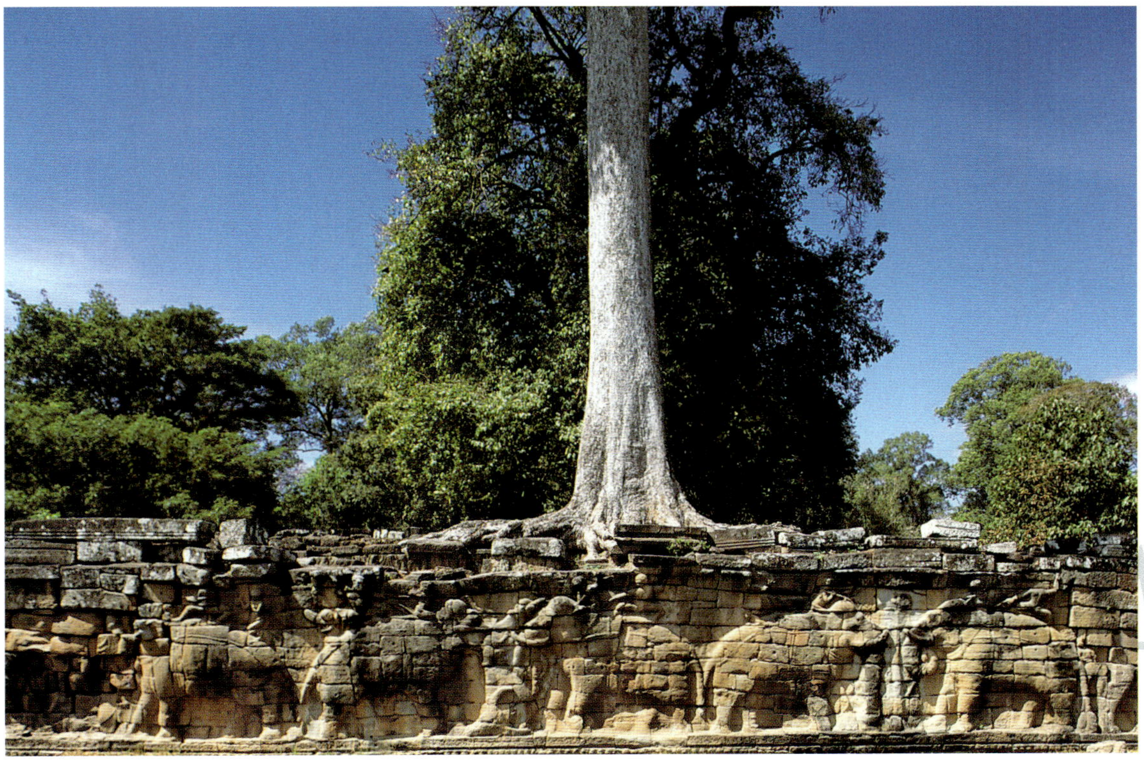

231 Ci-contre : La façade orientale de la terrasse des Éléphants est décorée de bas-reliefs représentant un défilé d'éléphants. Les pachydermes, qui apparaissent de profil, sont sculptés à l'échelle grandeur nature. Le réalisme de la composition est saisissant.

ANGKOR

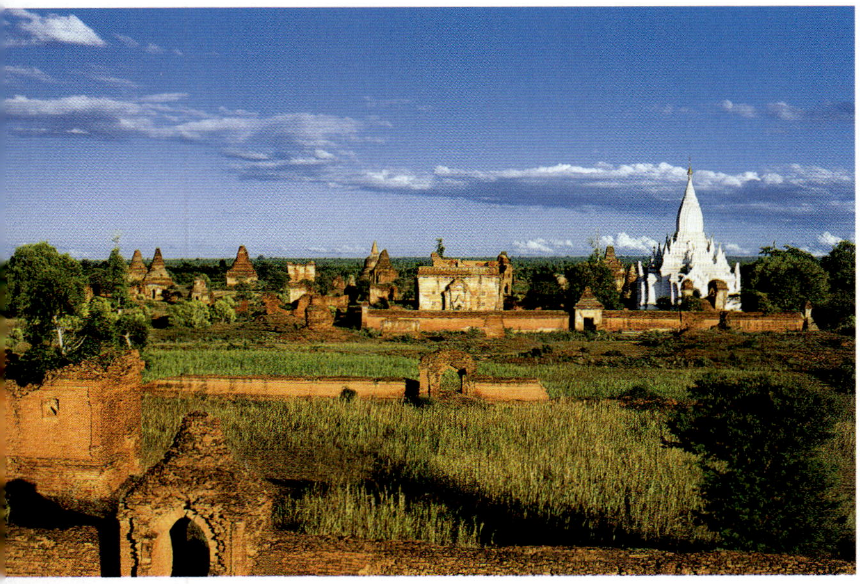

Par MARCO CERESA

PAGAN

Le Sud-Est asiatique compte deux anciennes capitales religieuses : Pagan, en Birmanie, et Angkor, au Cambodge. Universellement célèbres pour le nombre et la magnificence de leurs temples, les deux cités ont connu une évolution urbanistique radicalement différente. Si Angkor demeure cachée au milieu de la jungle, les vestiges de Pagan s'élèvent dans une plaine aride et nue. La cité birmane compte des milliers de temples, ou pagodes, parfaitement visibles d'un monument à l'autre, qui s'étendent à perte de vue sur plus de 40 km^2. Située à près de 480 km au nord de Yangon (Rangoon) et à 193 km au sud de Mandalay, Pagan s'étale sur la rive orientale du fleuve Irrawaddy et domine la plaine centrale de la Birmanie.

Traditionnellement, la fondation de la ville est fixée à l'année 849 apr. J.-C. Pourtant, des archéologues ont démontré qu'à l'époque Pagan constituait déjà une implantation de taille considérable, créée par les Pyus, groupe ethnique issu des hauts plateaux tibéto-birmans et de l'Inde.

Au Xe siècle, lorsque les Pyus furent dispersés ou absorbés par des peuplades chinoises venues du Yunnan, leur disparition laissa le centre de la Birmanie sans autorité politique. Le sud du pays, notamment la zone située dans le delta de l'Irrawaddy, vivait dès le VIe siècle sous la domination des Môns, une peuplade venue de l'est de l'Inde ou, selon une autre hypothèse, du Sud-Est de l'Asie.

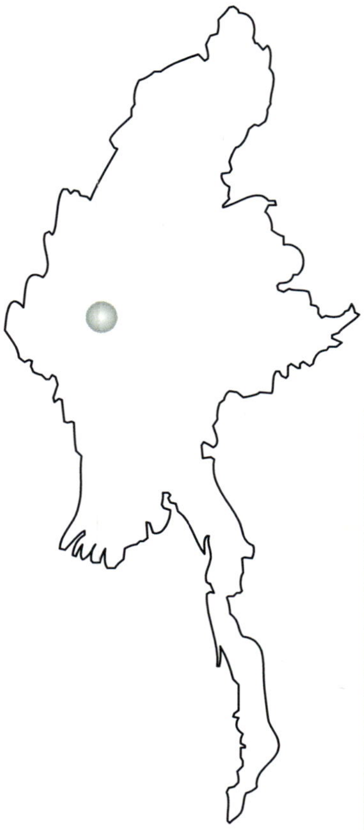

232 Ci-dessus : Tout autour de Minnanthu, l'une des principales localités de la zone de Pagan, se dressent des temples majeurs du XIIIe siècle.

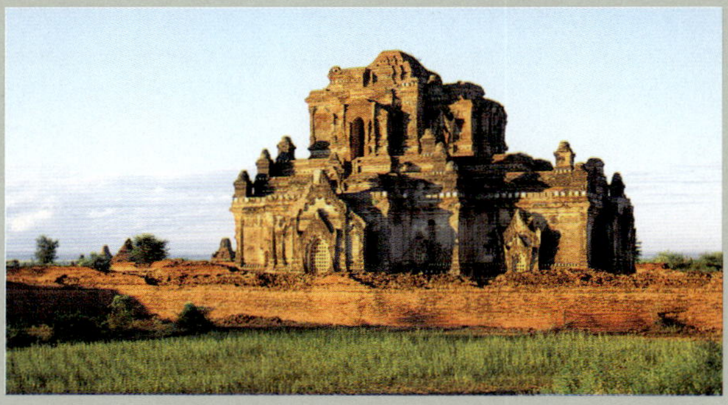

233 Édifié vers 1060 par Anawratha, le Shwesandaw est le premier monument de Pagan dont l'accès à la base circulaire est rendu possible par des escaliers externes. Depuis la terrasse supérieure, le visiteur bénéficie d'une vue imprenable sur tout le site de Pagan.

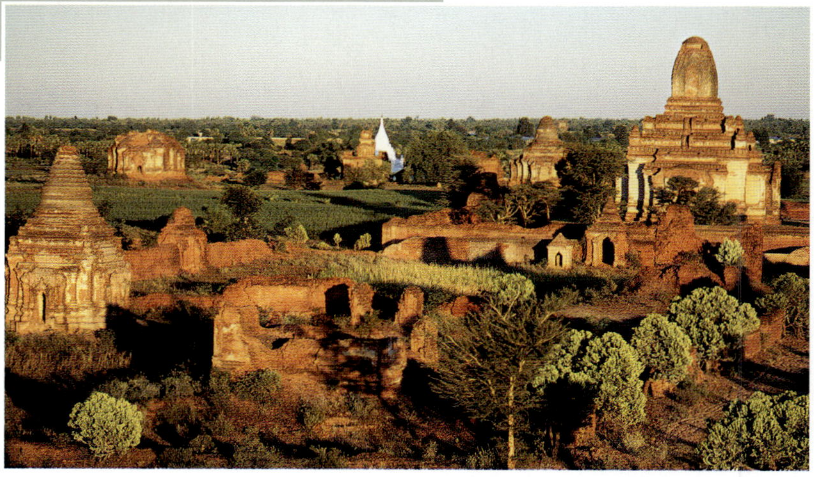

232 Au centre : La façade du temple Tayok Pye est ornée de nombreux stucs représentant des personnages très détaillés.

232 Ci-contre : La zone de Minnanthu compte de nombreux temples de première importance : Lemyethna (1222), Thambula (1255), Nandamannya (moitié du XIIIe siècle), Tayok Pye (XIIIe siècle) et le complexe de Payathonzu (début du XIIIe siècle).

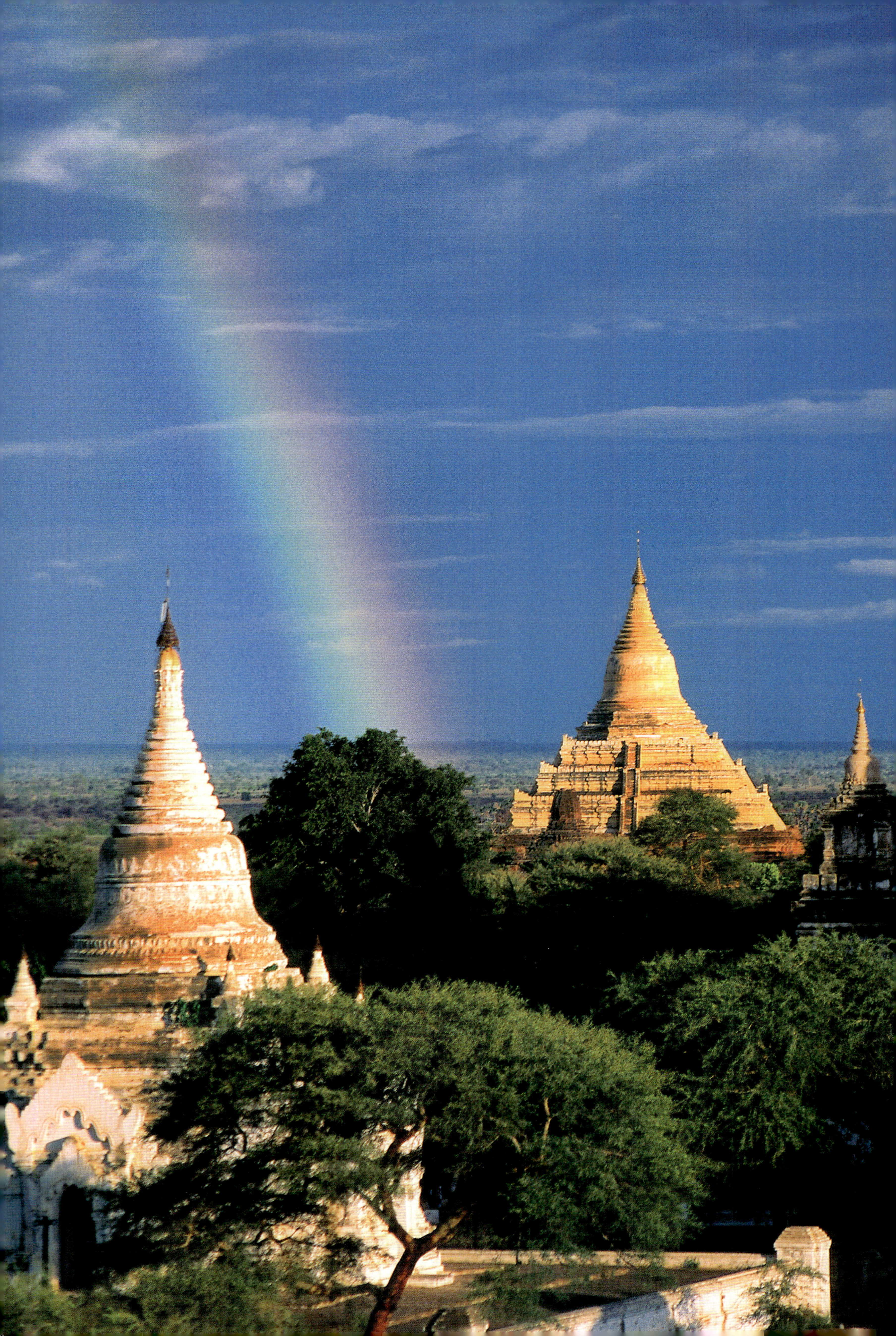

PAGAN

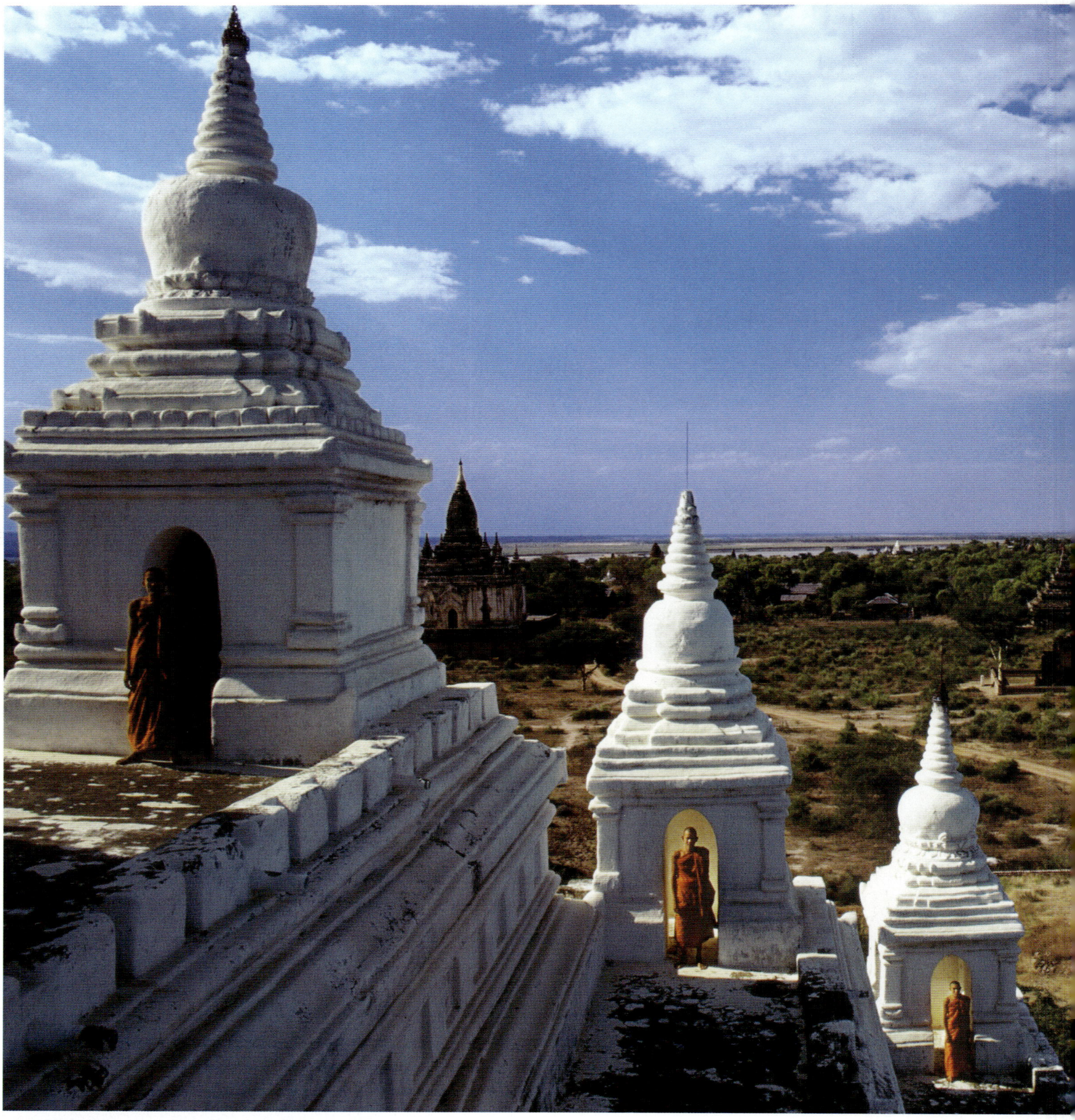

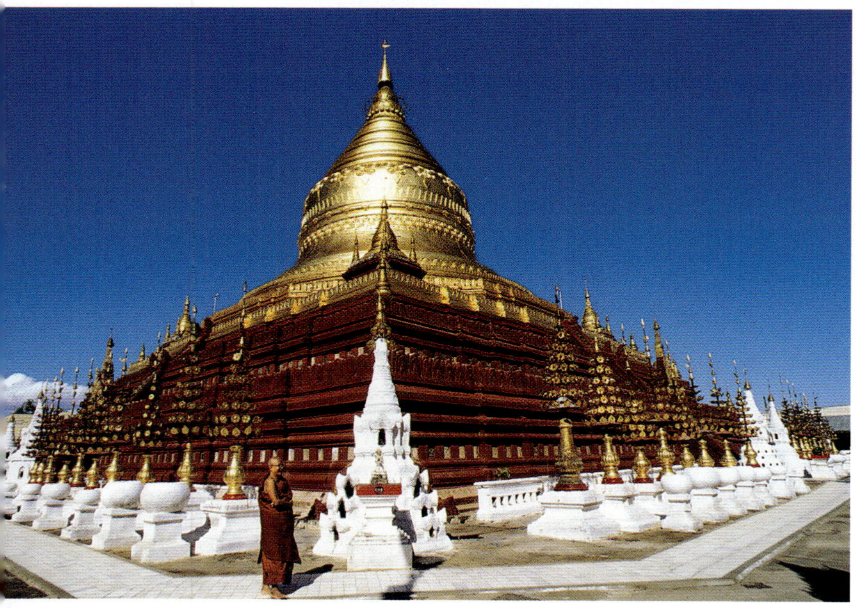

Entre le VIIIe et le IXe siècle, les Bamars, ou Birmans, tribus originaires de l'est de l'Himalaya, vinrent combler le vide politique qui caractérisait la Birmanie centrale. Ils occupèrent la zone correspondant à l'actuelle Pagan, qu'ils établirent comme capitale.

La période d'influence de Pagan débuta avec l'accession au trône du roi Anawratha. À cette époque, les Bamars, qui pratiquaient à l'origine une religion mêlant tantrisme et bouddhisme Mahayana, adoptaient progressivement la doctrine du bouddhisme Theravada. Manuha, roi môn de Thaton, parvint à convertir le souverain Anawratha. Cependant, lorsque celui-ci exigea que lui soient livrées les

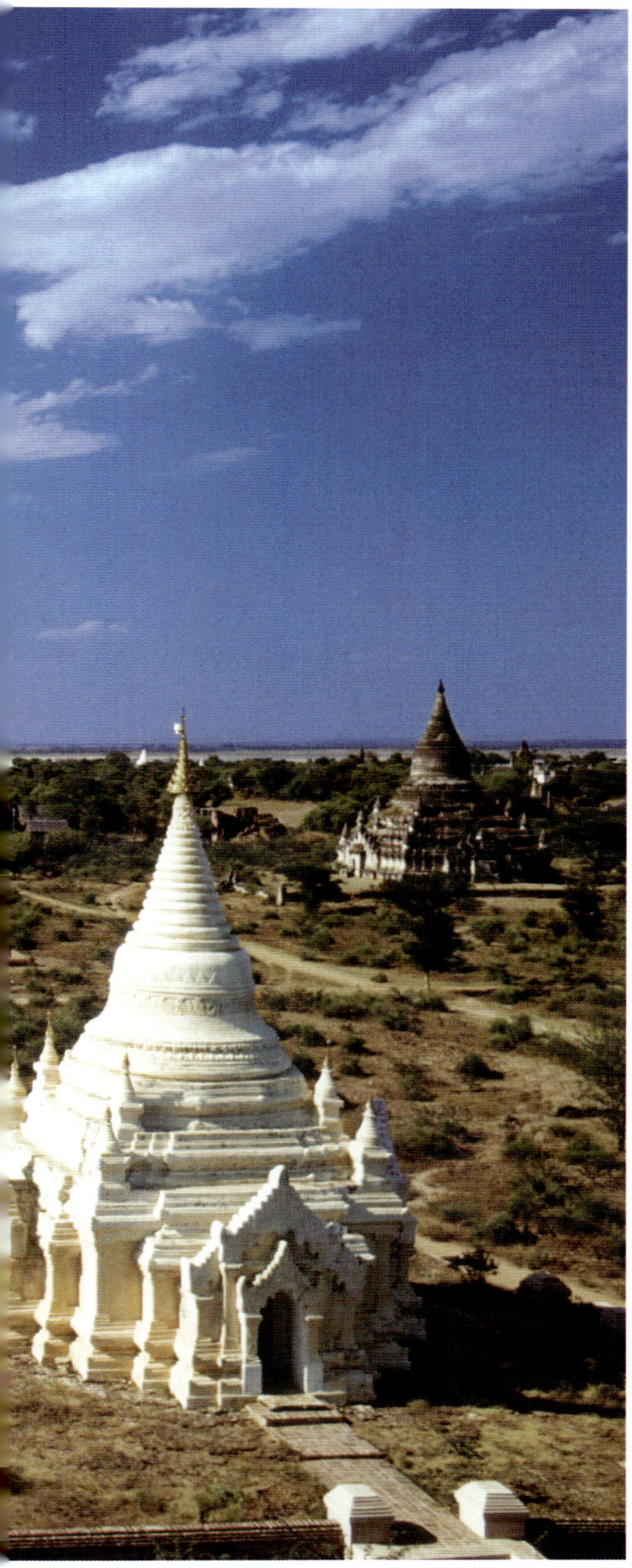

1) Shwezigon
2) Kyanzittha
3) Gubyaugyi
4) Htilominlo
5) Ananda
6) Sulamani
7) Dhammayangyi
8) Shwesandaw
9) Gubyaukgyi
10) Manuhà
11) Apeyadana
12) Dhammayazika
13) Lokonanda

A) Nyaung-U
B) Wetkki-In
C) Minnathu
D) Nouveau Pagan
E) Fleuve Irrawaddy

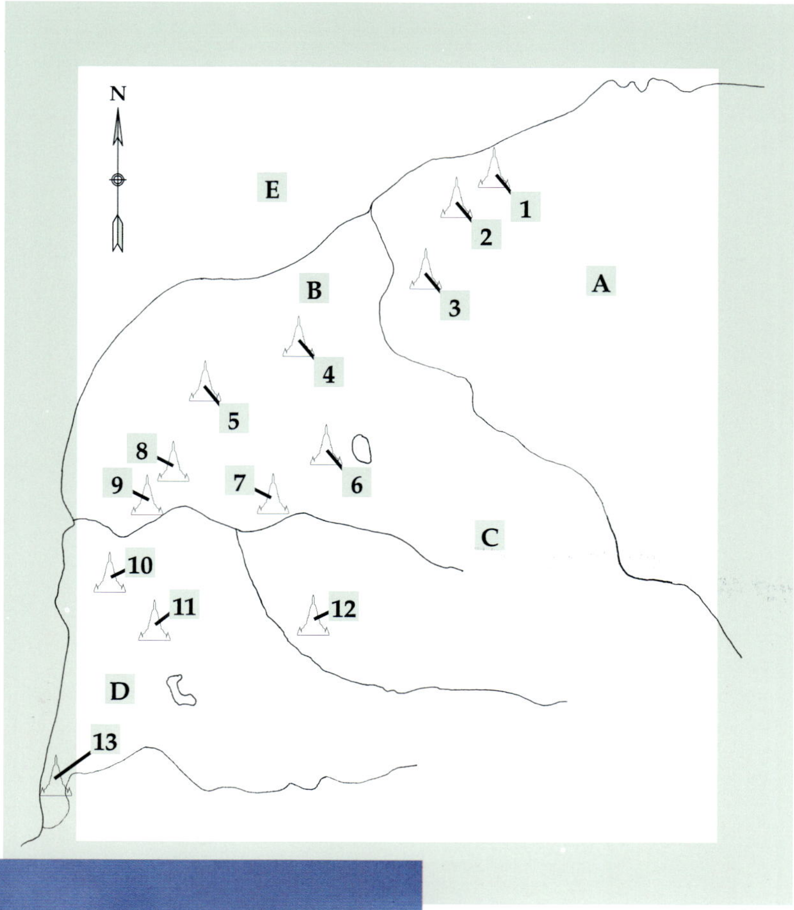

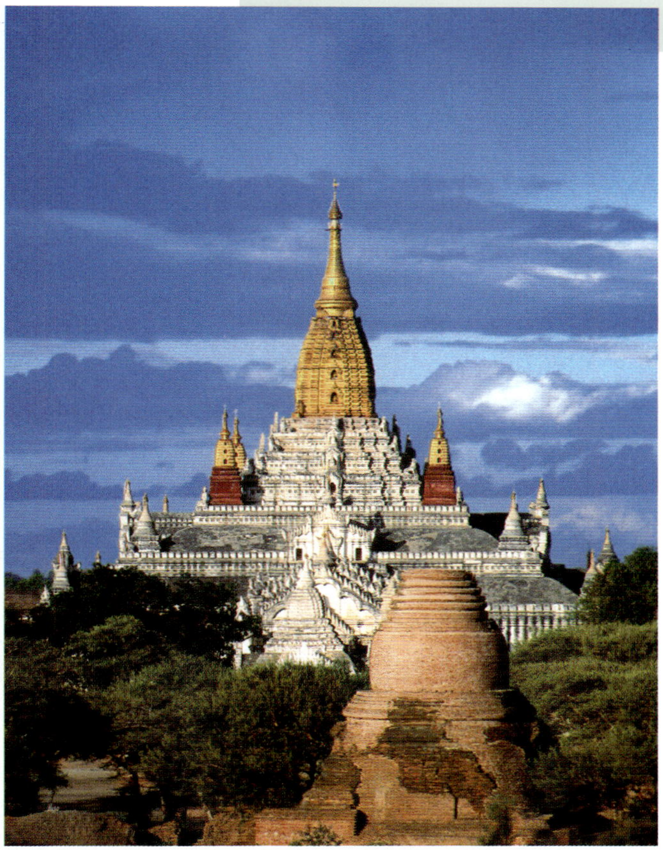

234-235 Érigé en 1090, le temple Ananda marque la transition du style architectural de la première époque à celui de l'époque intermédiaire de Pagan.

234 En bas : Construit vers 1086-1090 par le roi Kyanzittha, le Shwezigon était destiné à recevoir deux dents de Bouddha conservées à Kandy, au Sri Lanka.

235 Ci-contre : Les pinacles et les stupas du temple Ananda ont été dorés en 1990 pour commémorer le neuf centième anniversaire de sa fondation. Les murs d'enceinte de l'édifice sont régulièrement blanchis.

écritures et les reliques bouddhistes conservées à Thathon, Manuha douta de la ferveur du néophyte et lui opposa un refus catégorique. La réponse d'Anawratha ne tarda pas : il s'empara de Thaton et emprisonna son roi en 1057. Le retour triomphal du souverain birman Anawratha et la défaite de Manuha marqua le début du premier empire birman et de l'époque glorieuse de Pagan.

L'empire de Pagan bénéficia de trois siècles de paix et de prospérité, durant lesquels la civilisation birmane connut un épanouissement culturel et religieux sans précédent. Le nombre extraordinaire de temples et l'exceptionnelle qualité des sculptures et des peintures restées intactes font de cette période la plus importante de l'art birman. Le déclin de Pagan coïncida avec l'ascension de Kubilaï Khan dans le nord de la Chine. En 1287, les Mongols traversèrent le Yunnan et envahirent la Birmanie.

Ainsi apparut le royaume de Pagan aux yeux de Marco Polo, qui le visita en 1298 : « Il est vrai que jadis fut en cette ville [Mien] un riche et puissant roi que tout le monde aimait ; quand il vint à mourir, il commanda que sur sa tombe, c'est-à-dire sur son monument, fussent faites deux tours rondes, l'une d'or et l'autre d'argent, en telle manière comme je vous dirai : car l'un était de belles pierres, puis couverte partout en dehors de plaques d'or épaisses d'un

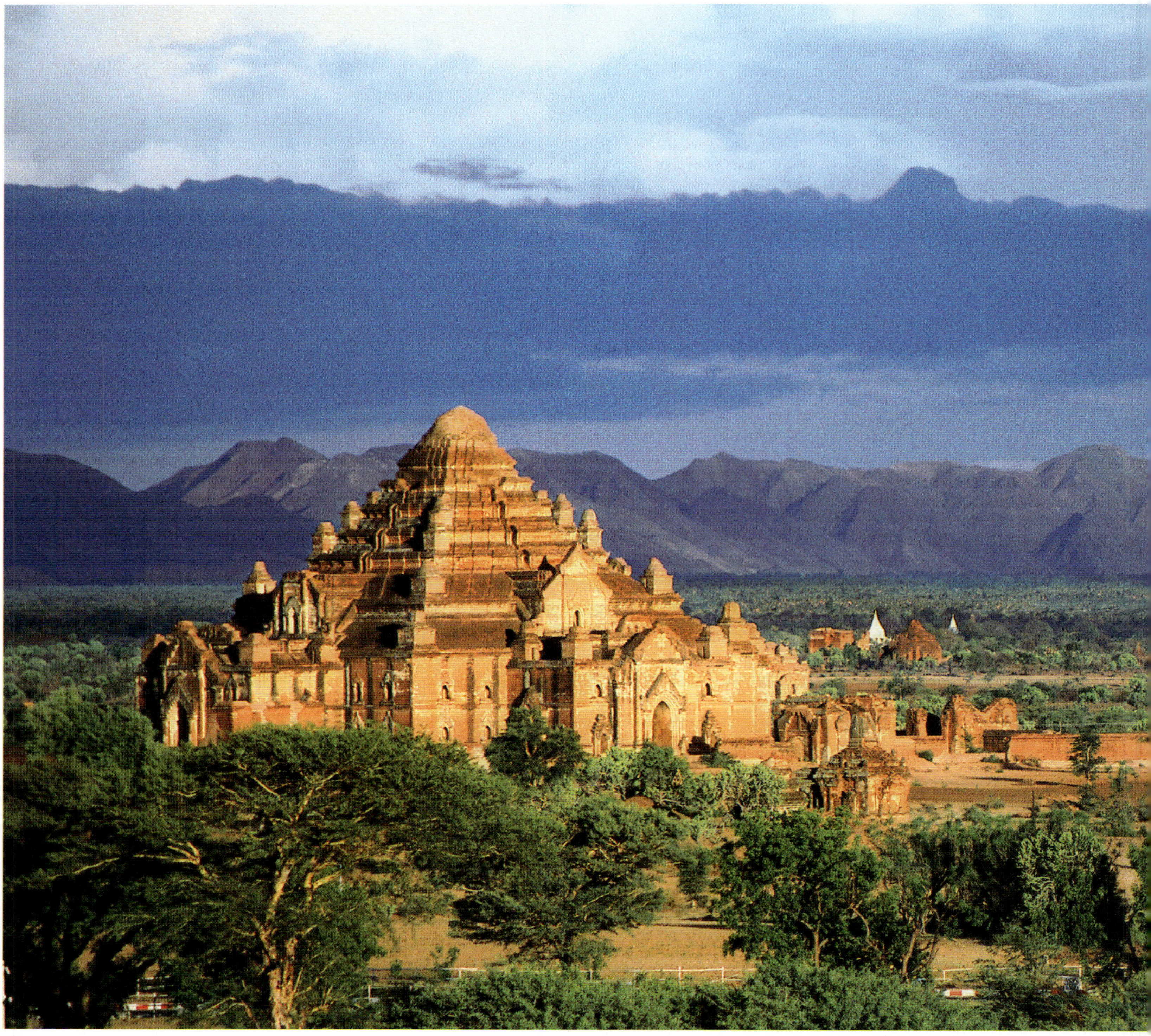

doigt. La tour en était si bien recouverte qu'il semblait qu'elle fût d'or seulement. Elle était haute de bien dix pas, et grosse juste comme il convenait à la hauteur dont elle était. Le haut était une coupole, autour de laquelle étaient tout plein de clochettes dorées qui sonnaient chaque fois que le vent passait en elles ; et c'est un grand triomphe à voir et à entendre. L'autre tour, elle, était d'argent, et toute semblable et en telle manière faite comme celle d'or, de la même grosseur et de la même façon, tout pareillement avec des clochettes d'argent. Entre ces tours il fit faire son tombeau, où il est sépulturé aujourd'hui. (*In Le Devisement du monde, le livre des merveilles*, tome II, « Ci devise de la cité de Mien ».) Les raisons du déclin de Pagan divisent encore archéologues et historiens. Selon l'historiographie birmane, la cité impériale aurait succombé aux dévastations des envahisseurs tartares. D'autres sources suggèrent que l'empire portait en lui-même les germes de sa destruction. Quoi qu'il en soit, les spécialistes s'accordent à reconnaître qu'à partir de la fin du XIIIe siècle l'expansion de la cité connut une brusque interruption. De nombreux temples furent démolis, laissant la place à des fortifications, tandis que d'autres furent mis à sac. Largement dépeuplée, Pagan devint pendant trois siècles une véritable ville fantôme, livrée aux voleurs et aux profanateurs d'édifices sacrés. À la fin du XIXe siècle, durant l'occupation britannique de la Birmanie, les troupes de Sa Majesté tinrent la zone en garnison pour sauvegarder les temples. À cette époque, la cité commença peu à peu à se repeupler.

D'après un inventaire officiel, la zone de Pagan compte quelque 2 217 temples identifiables et demeurés en bon état. Si l'on y ajoute les groupes de ruines non identifiables, le nombre de sites archéologiques s'élève à environ 4 000.

Les édifices conservés appartiennent à deux grandes catégories architecturales : le zedi (ou stupa) et le pahtos (tem-

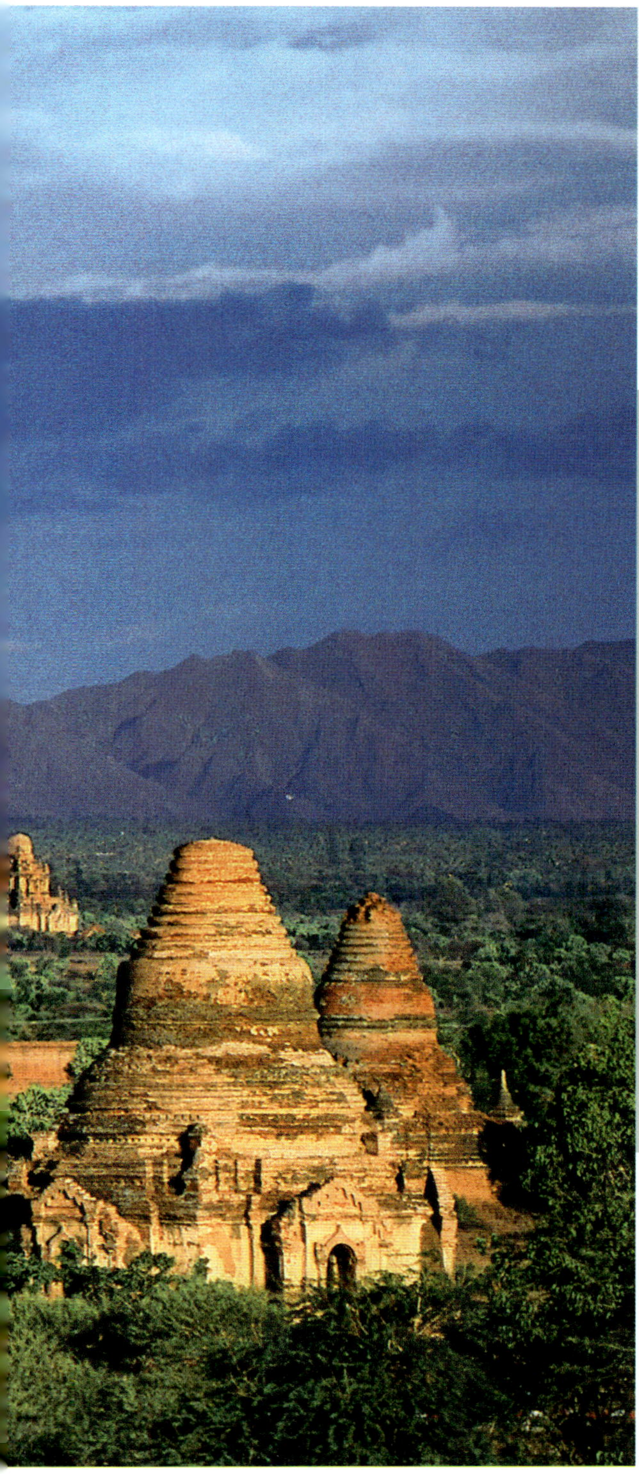

PAGAN

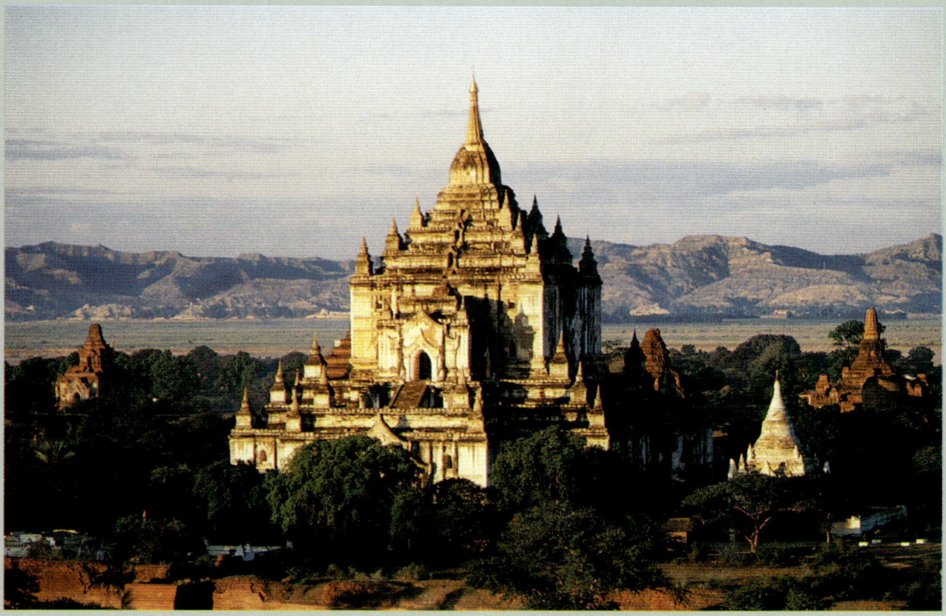

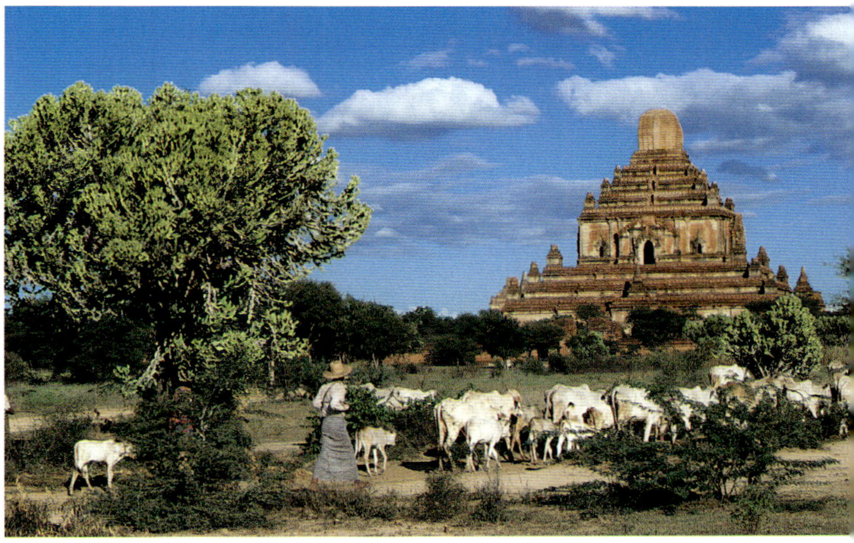

ple ou pagode). Le zedi est une structure pleine, constituée d'un édifice en brique en forme de cloche. Il repose sur une base à gradins et le sommet de sa coupole est couronné. Le pahtos, qui constitue la forme architecturale dominante, se décline en plusieurs variantes – à une ou à quatre entrées. Le temple à entrée unique possède un couloir principal, ou un vestibule, qui conduit à un sanctuaire central, dans lequel est conservée une représentation de Bouddha. Le temple à quatre entrées présente autant de couloirs convergeant vers une salle centrale. De chaque côté de cette cellule se trouve une chapelle recelant des statues de Bouddha.

Le zedi le plus célèbre de Pagan est le Shwezigon. Voulu par le roi Anawratha pour abriter les reliques de Bouddha, l'édifice fut achevé vers 1086-1090, sous le règne de Kyanzittha. Malgré les nombreuses restaurations, le Shwezigon a conservé sa forme originelle. Le monument servit de modèle aux zedis construits plus tard.

236-237 Le Dhammayangyi, attribué au roi Narathu (1167-1170), est considéré comme le plus bel ouvrage de maçonnerie sèche de Pagan.

237 Ci-dessus, en haut : Édifié au milieu du XIIe siècle par Alaungsithu, le Thatbyinnyu constitue, par sa forme élancée et son caractère monumental, un exemple typique du style architectural qui prévalait durant la période intermédiaire de Pagan. L'absence de plaques représentant des scènes de la vie de Bouddha suggère que le temple n'a jamais été consacré.

237 Ci-dessus, en bas : Les frises en stuc sculpté du temple Sulamani, érigé par Nantaungmya (1211-1234), représente l'un des sommets de l'art ornemental de Pagan. L'état de conservation de ces décors est remarquable.

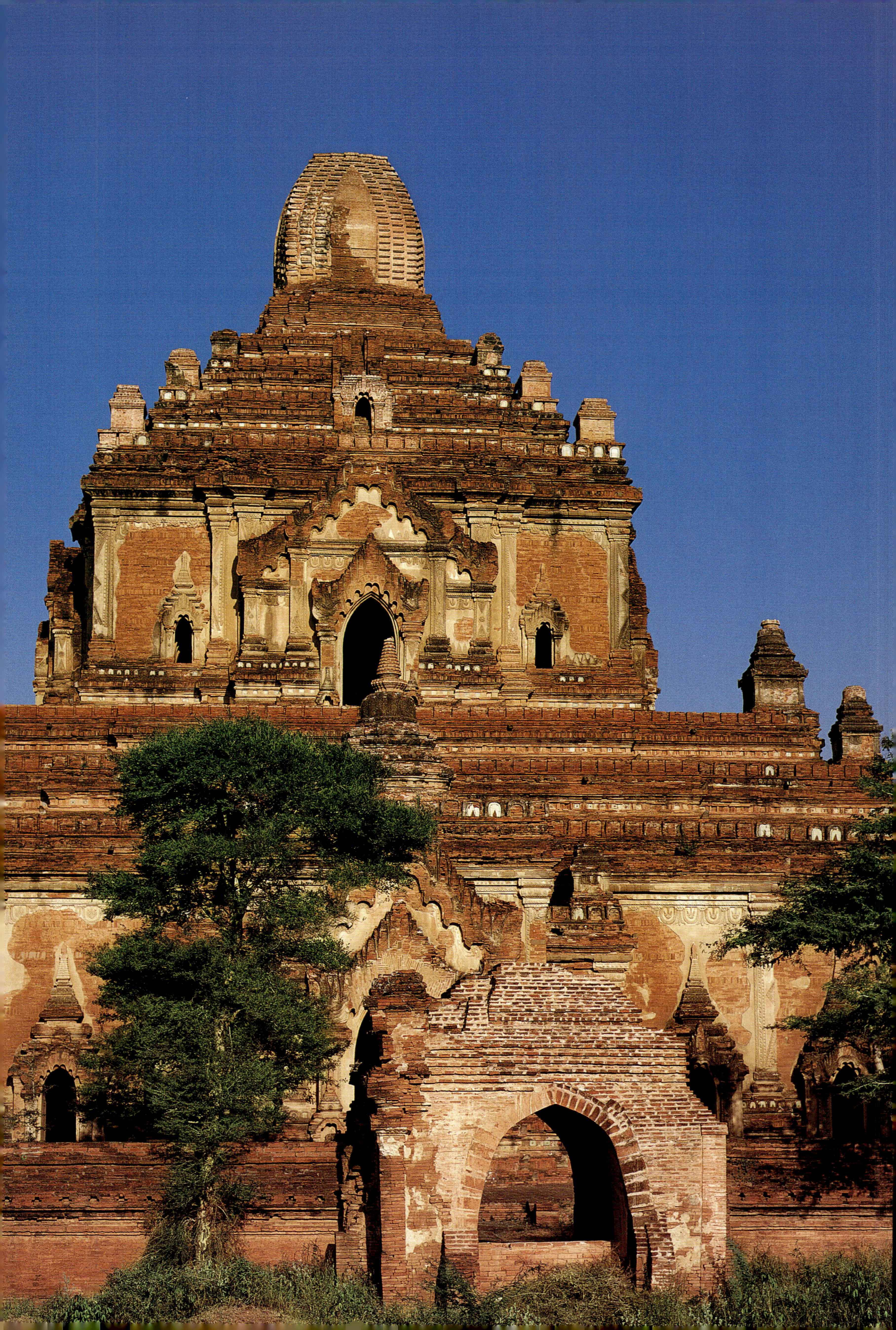

Caractéristique des temples à quatre entrées, l'Ananda fut érigé en 1090 par Kyanzittha. C'est la pagode la mieux conservée de Pagan. Analogue au précédent, mais beaucoup plus massif, le Dhammayangyi est attribué au roi Narathu (1167-1170). Ce temple renferme une énigme architecturale irrésolue à ce jour : l'un des couloirs situés dans la partie centrale de l'édifice est entièrement rempli de détritus, qui masquent la plupart de ses stucs et de ses fresques. Selon la légende, les esclaves employés à la construction du sanctuaire auraient entassé des fragments de briques dans la galerie pour se venger des mauvais traitements infligés par le roi durant les travaux. Les temples Patothamya, Abeyadana et Gubyaugyi, illustrent à merveille le style des petits temples en vogue dans la période antérieure aux grandes innovations architecturales du XIIe siècle.

Les temples Shwegugyi et Thatbyinnyu, tous deux édifiés par Alaungsithu (1113-1155/1160), représentent une nouvelle étape architecturale : ces édifices marquent en effet le passage d'une structure massive, sombre et fermée, à une construction plus aérée et plus claire. Ces deux pahtos sont caractéristiques de l'architecture qui prévalut dans la période intermédiaire de Pagan.

De leur côté, le temple Sulamani, construit en 1183 par le roi Narapatisithu, et Htilominlo, voulu par Nantaungmya (1211-1234), illustrent le style tardif de Pagan. Ils concilient en effet l'implantation horizontale des temples de la première époque et la tendance à la verticalité de la période intermédiaire. Cette évolution vers les lignes verticales trouvera son aboutissement dans le temple de Gawdawpalin, achevé sous le règne de Nantaungmya.

En 1059, durant ses années de détention à Pagan, le roi môn Manuha obtint le droit de faire construire le temple qui porte son nom. De taille modeste, le temple Manuha contient trois grandes représentations de Bouddha assis et un immense Bouddha couché. La disproportion entre la taille des statues et l'espace qui les abrite crée une impression de claustration et d'étouffement qui devait refléter l'état d'esprit du roi durant sa réclusion. L'unique note de sérénité du lieu réside dans le sourire de Bouddha gisant, aux portes du Nirvana.

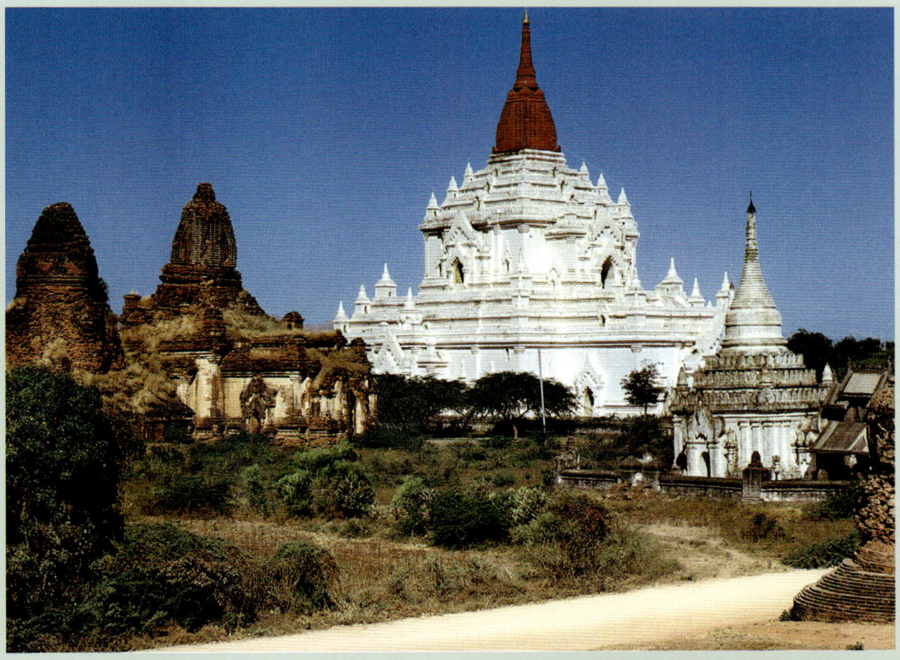

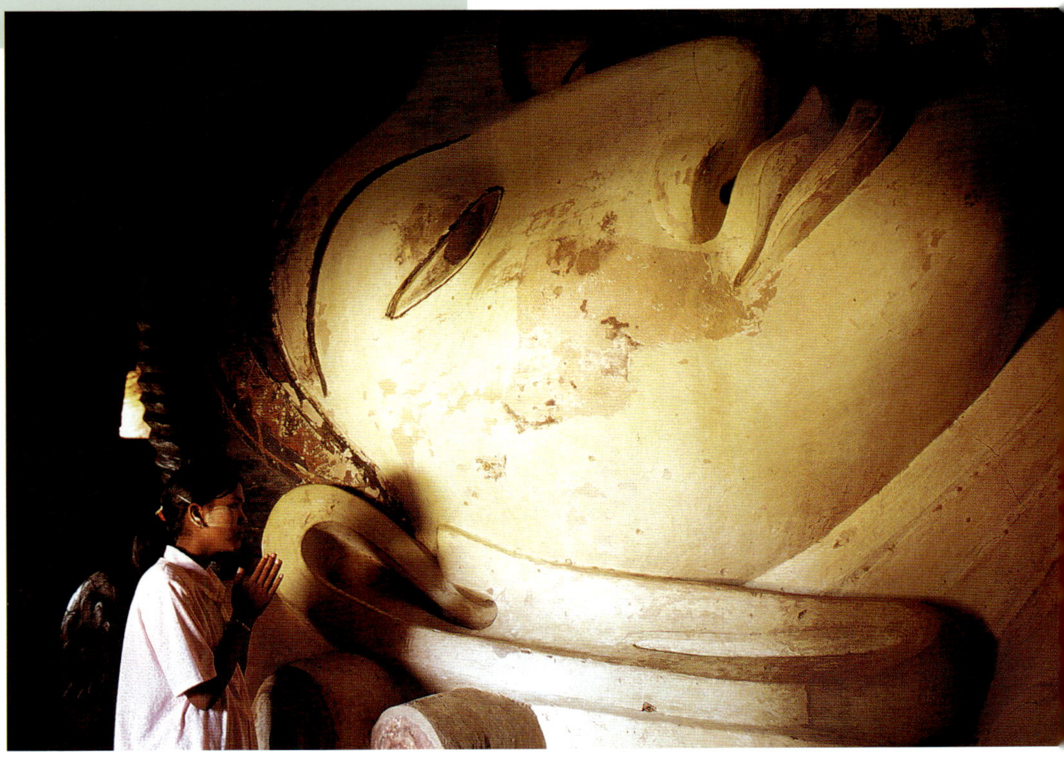

238 Le temple Htilominlo fut édifié vers 1211 par le roi Nantaungmya, à l'endroit où, peu avant, il fut choisi parmi cinq frères pour devenir prince héritier.

239 Ci-dessus : Le Gawdawpalin est l'un des temples les plus imposants de Pagan. Sa construction débuta durant le règne de Narapatisithu et s'acheva sous Nantaungmya (1211-1234). L'édifice fut gravement endommagé lors du tremblement de terre de 1975.

239 Ci-contre : Un pèlerin se recueille devant un Bouddha gisant. La statue impressionne par ses proportions monumentales.

Ayutthaya

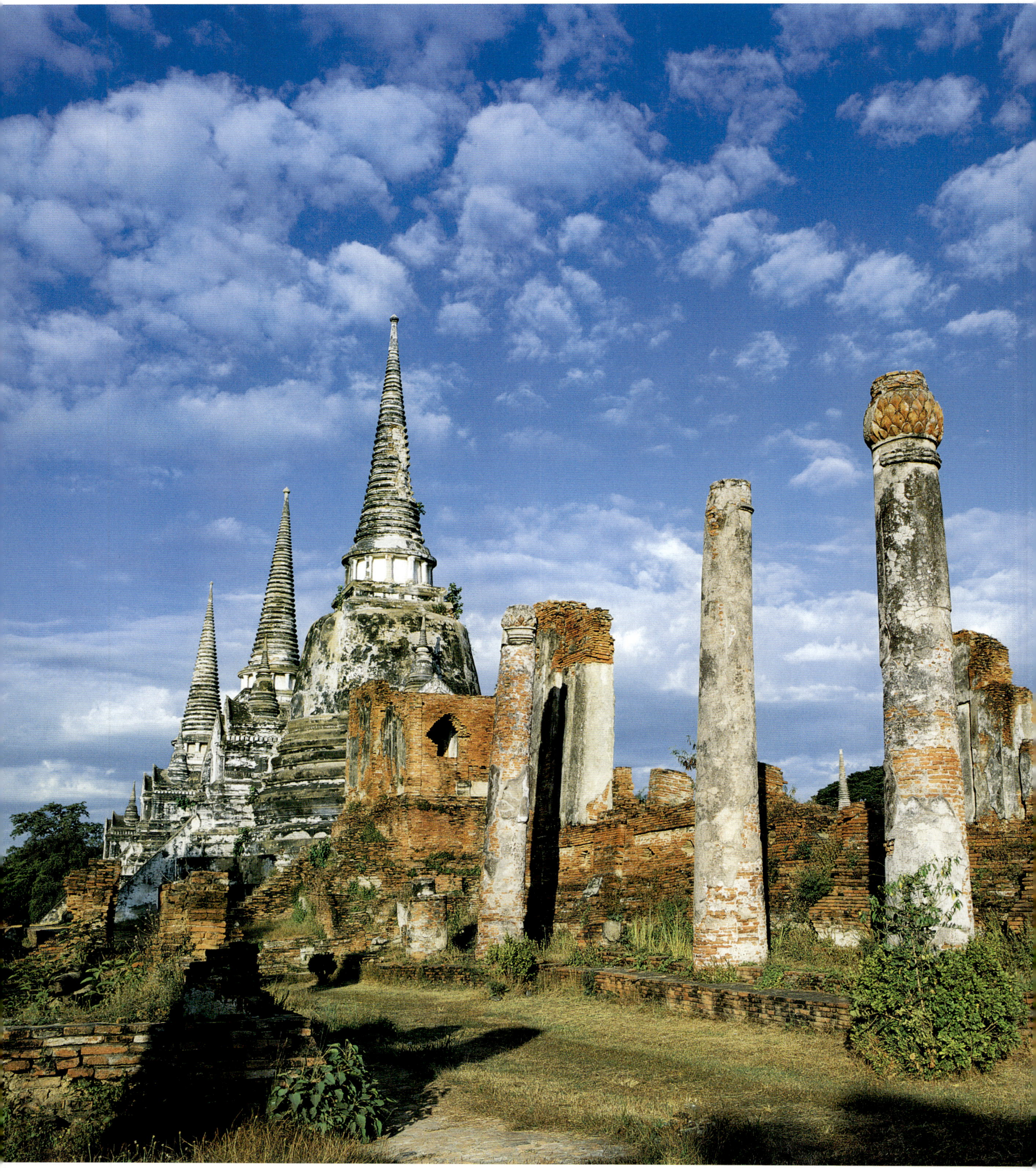

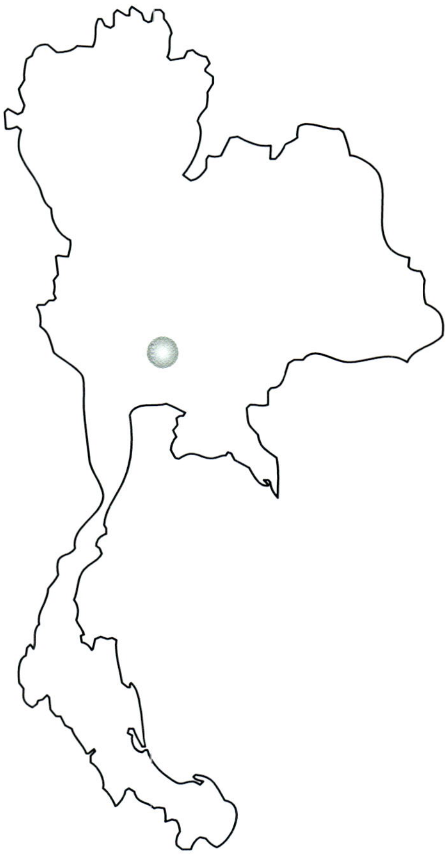

Par MARCO CERESA

La cité d'Ayutthaya, située à 86 km de Bangkok, fut la capitale du royaume homonyme de 1350 à 1767. Pendant 417 ans, cet État constitua la principale puissance dans le bassin du fleuve Chao Phraya. À son apogée, la cité impériale d'Ayutthaya comptait plus d'un million d'habitants et était considérée comme l'une des plus riches et fastueuses cités de toute l'Asie. En comparaison, selon les témoignages des ambassadeurs étrangers du XVIIe siècle, Paris et Londres ressemblaient à l'époque à de modestes bourgades. Aujourd'hui devenue parc archéologique, la zone a été inscrite au patrimoine mondial de l'UNESCO le 13 décembre 1991.

Le nom d'Ayutthaya vient du sanskrit Ayodhya (l'Invincible), ville natale de Rama, célèbre personnage du Ramayana, grande épopée indienne. Si la zone fut occupée avant 1350, l'entrée d'Ayutthaya dans l'histoire thaï intervient lorsqu'une épidémie de choléra contraint Phya U-Thong, prince d'U-Thong (l'actuelle Suphan Buri), à évacuer sa population vers une localité plus salubre. Le choix de la nouvelle implantation se porta sur l'actuelle Ayutthaya, qui présentait de multiples avantages sur le plan stratégique et commercial. La cité s'étend

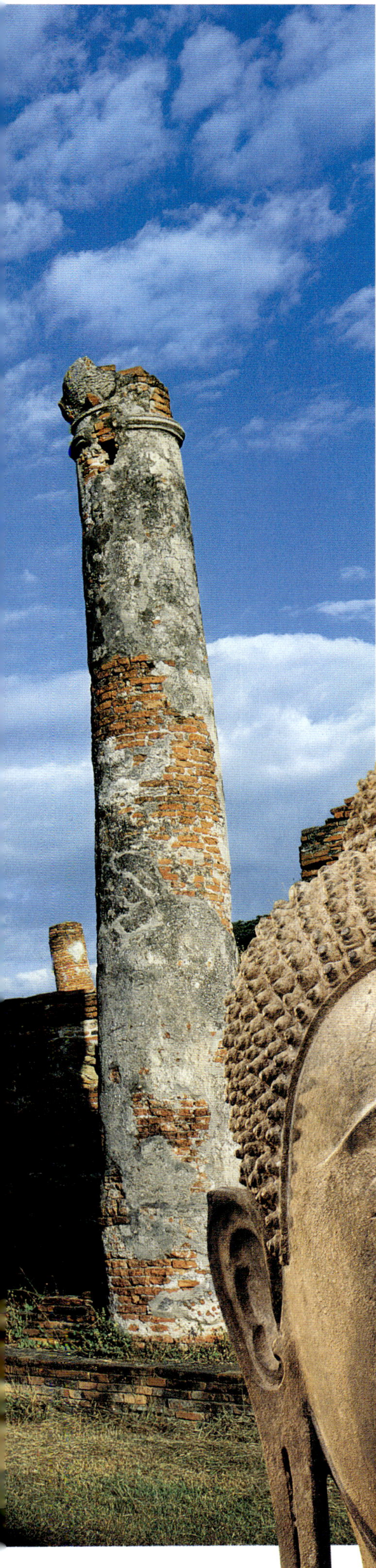

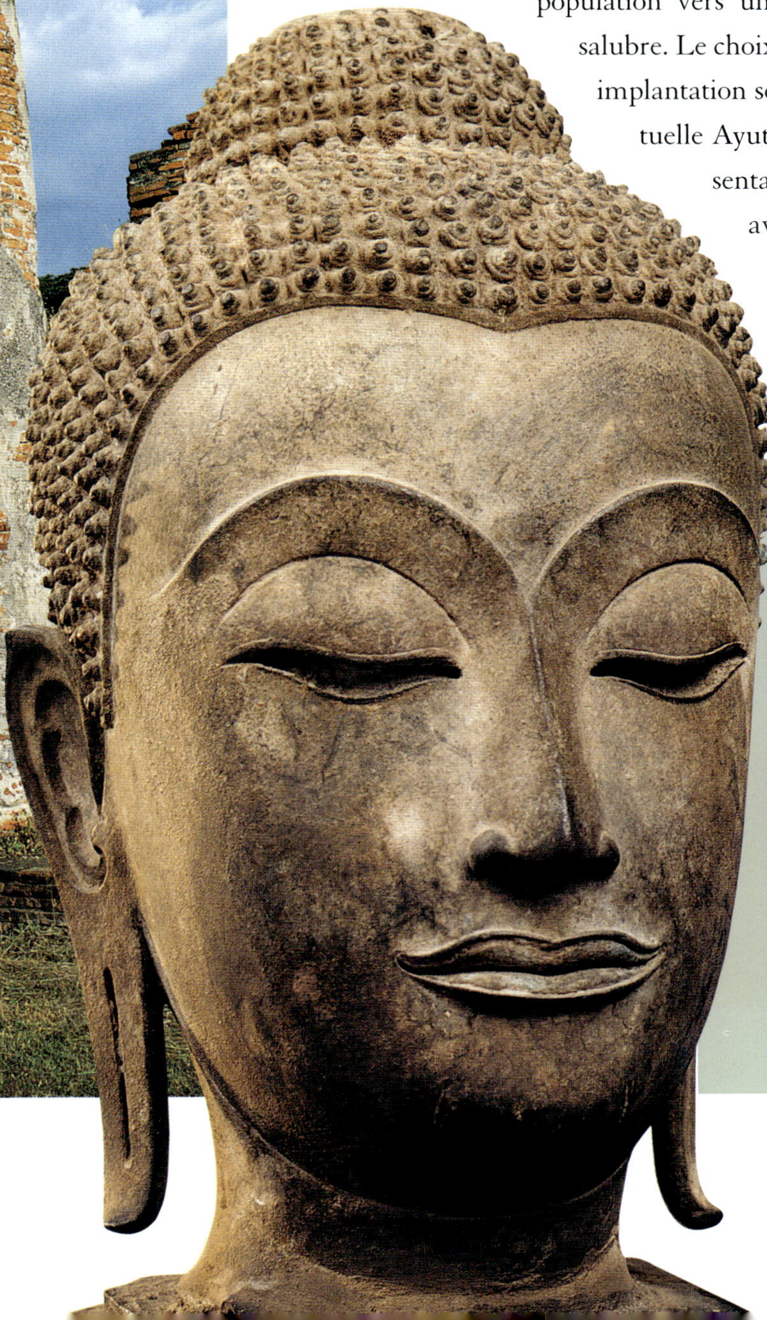

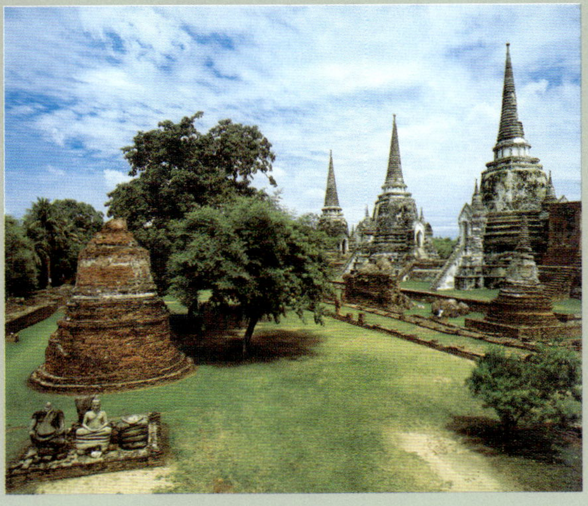

240-241 La destruction du vihara (monastère) du Wat Phra Mahathat n'a épargné que ses imposants pilastres.

241 Ci-dessous, à gauche : Ce Bouddha en granite ornant le Wat Phra Si Sanphet, illustre l'influence du style de Sukhotaï sur les artistes d'Ayutthaya, d'abord inspirés par les cultures môn et khmère.

241 Ci-dessous, à droite : Le Wat Phra Si Sanphet constitue le plus grand temple de la cité. Il fut utilisé comme chapelle royale et comme résidence par de nombreux souverains d'Ayutthaya. L'édifice se caractérise par la présence de deux *chedi* (stupa thaïs), érigés au XVe siècle pour recevoir les cendres royales.

en effet au croisement des fleuves Lopburi, Pasak et Chao Phraya – une position idéale pour le transport fluvial et les échanges commerciaux. Par ailleurs, les rizières situées dans les environs immédiats, fournissaient un moyen essentiel de subsistance à la population et constituaient, durant la saison des pluies, une barrière naturelle qui rendait la cité quasiment imprenable. En 1350, Phya U-Thong s'installa officiellement dans la nouvelle capitale, donnant ainsi naissance au royaume d'Ayutthaya, qui connaîtra trente-trois souverains avant sa destruction par les Birmans. Le commerce fit bientôt d'Ayutthaya l'un des plus riches empires de tout le Sud-Est asiatique, encourageant l'implantation d'étrangers. Les premiers à s'implanter furent les Orientaux – Chinois, Japonais et Perses –, suivis par les Portugais, qui atteignirent la capitale en 1511. Vinrent ensuite les Espagnols, vers la fin du XVIe siècle, puis au début du XVIIe siècle, les Hollandais et les Anglais de la Compagnie des Indes Orientales.

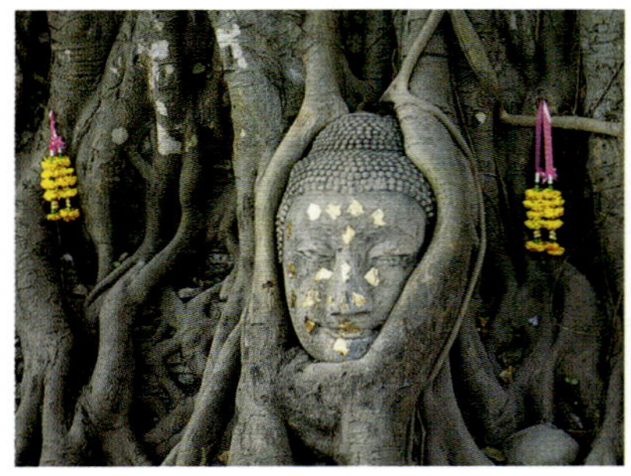

242 Ci-contre : Dans le mur d'enceinte du Wat Phra Mahathat, une tête de Bouddha est restée prisonnière des racines d'un figuier des pagodes, l'arbre sous lequel, selon la légende, Gautama reçut l'illumination.

Le règne de Narai (1667-1688), le plus cosmopolite de tous les souverains d'Ayutthaya, vit l'arrivée des Français, d'abord missionnaires et marchands, puis diplomates dépêchés par la cour de Louis XIV. Les Français tentèrent, en vain, de convertir le roi thaï au christianisme et d'établir un avant-poste militaire en Thaïlande sous le prétexte de protéger le pays des visées expansionnistes de l'Angleterre et de la Hollande. Ils trouvèrent un appui en la personne de Constantin Phaulkon, aventurier grec devenu le bras droit du roi Narai. Son ascendant sur le monarque et sa partialité à l'égard des Français suscitèrent pourtant

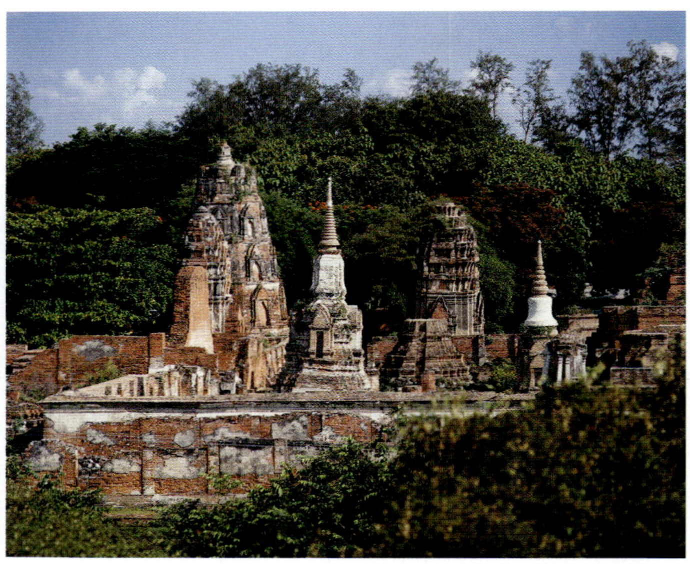

242 Ci-contre : Le mur d'enceinte du Wat Phra Mahathat est surmonté de 185 chedi de forme et de taille variables.

243 Le Wat Phra Mahathat, édifié en 1384, et le Wat Ratchaburana (moitié du XVe siècle), qui possède un haut prang, sont considérés comme les deux plus importants complexes architecturaux d'Ayutthaya.

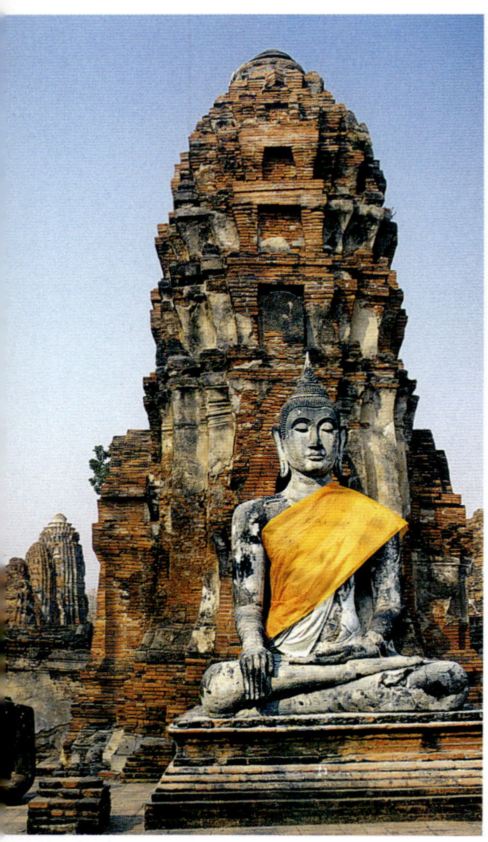

242 Ci-contre : L'imposant prang (tour-sanctuaire) représente l'unique vestige du Wat Phra Mahathat, l'un des plus anciens et importants temples d'Ayutthaya.

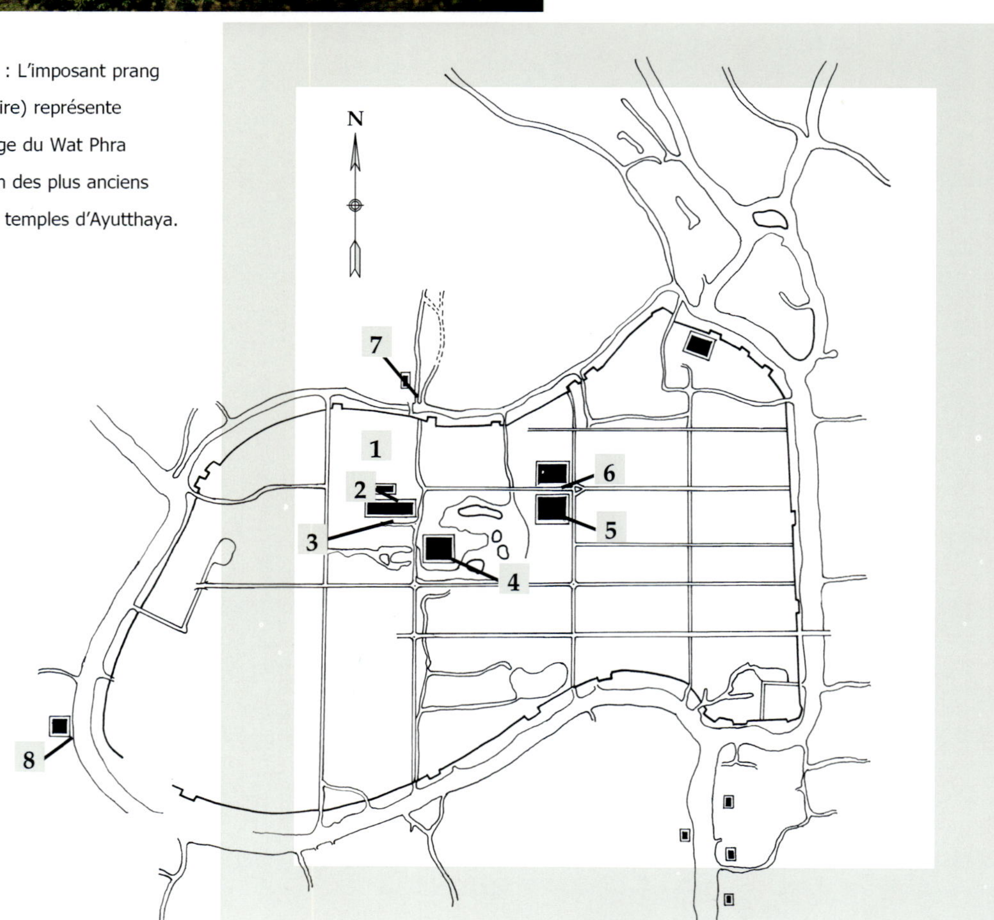

1) Palais royal d'Ayutthaya
2) Wat Phra Si Sanphet
3) Wat Mongkhon Bophit
4) Wat Phra Ram
5) Wat Phra Mahathat
6) Wat Ratchaburana
7) Wat Na Phra Men (ou Wat Phra Meru)
8) Wat Chai Wattanaram

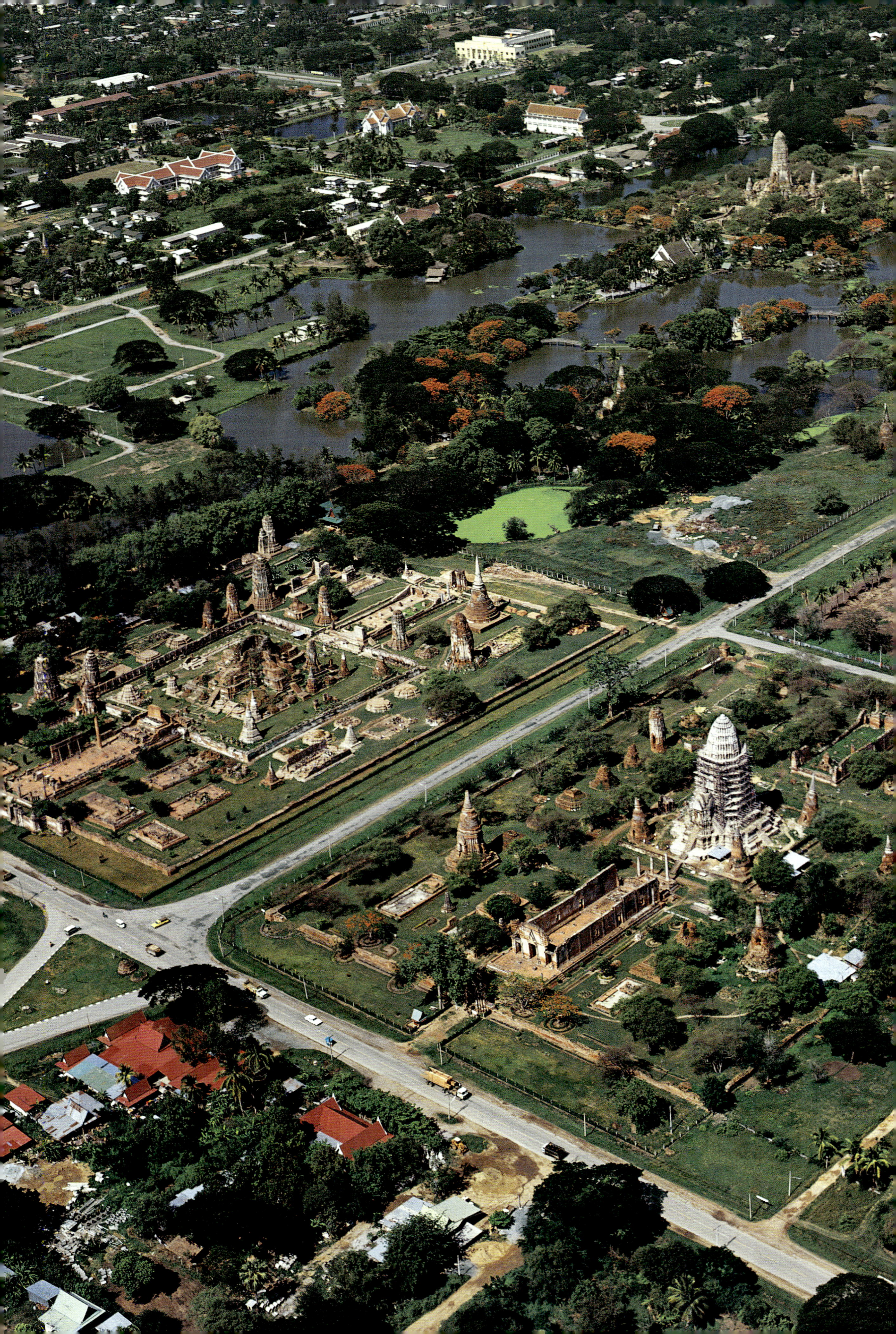

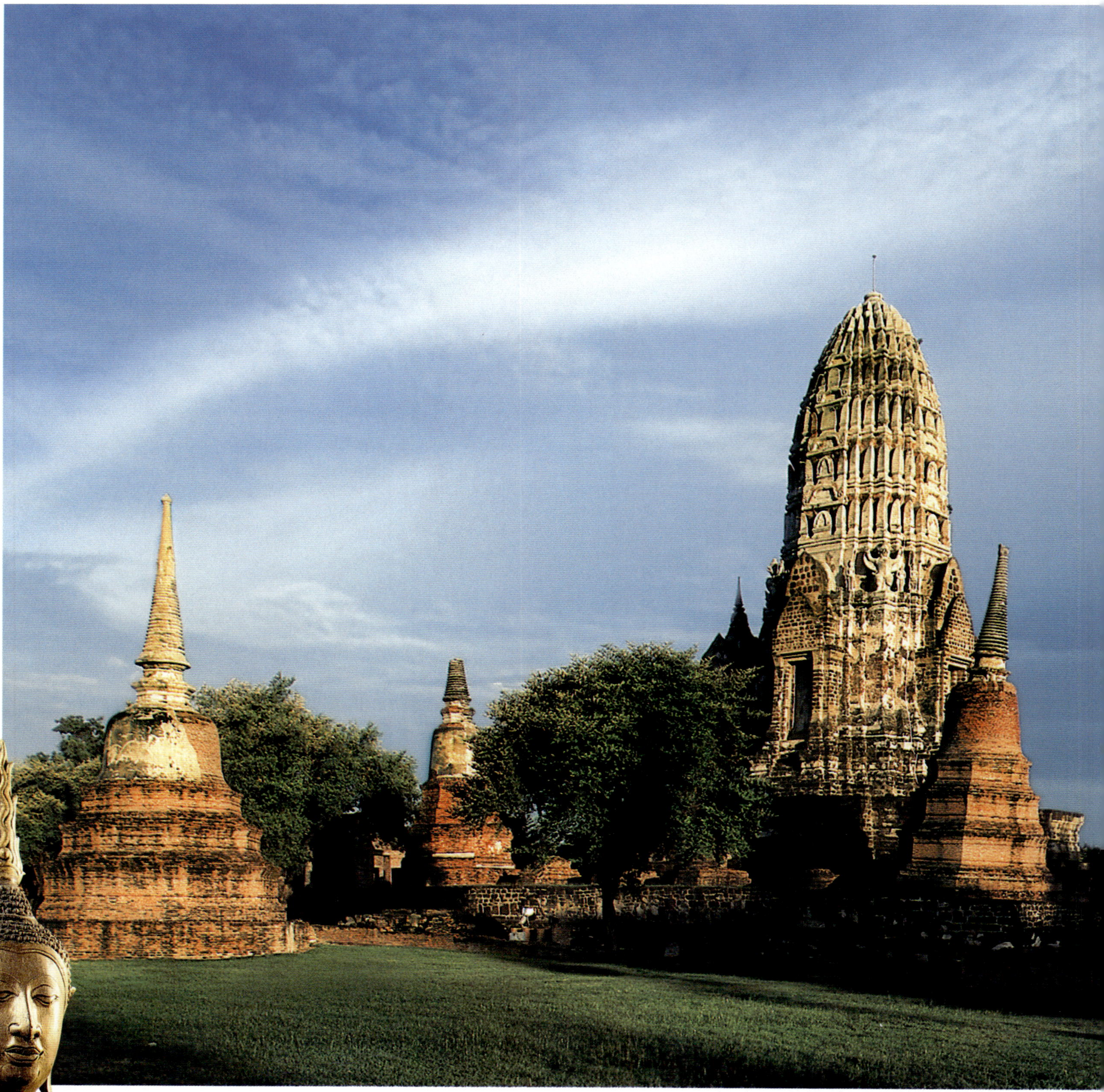

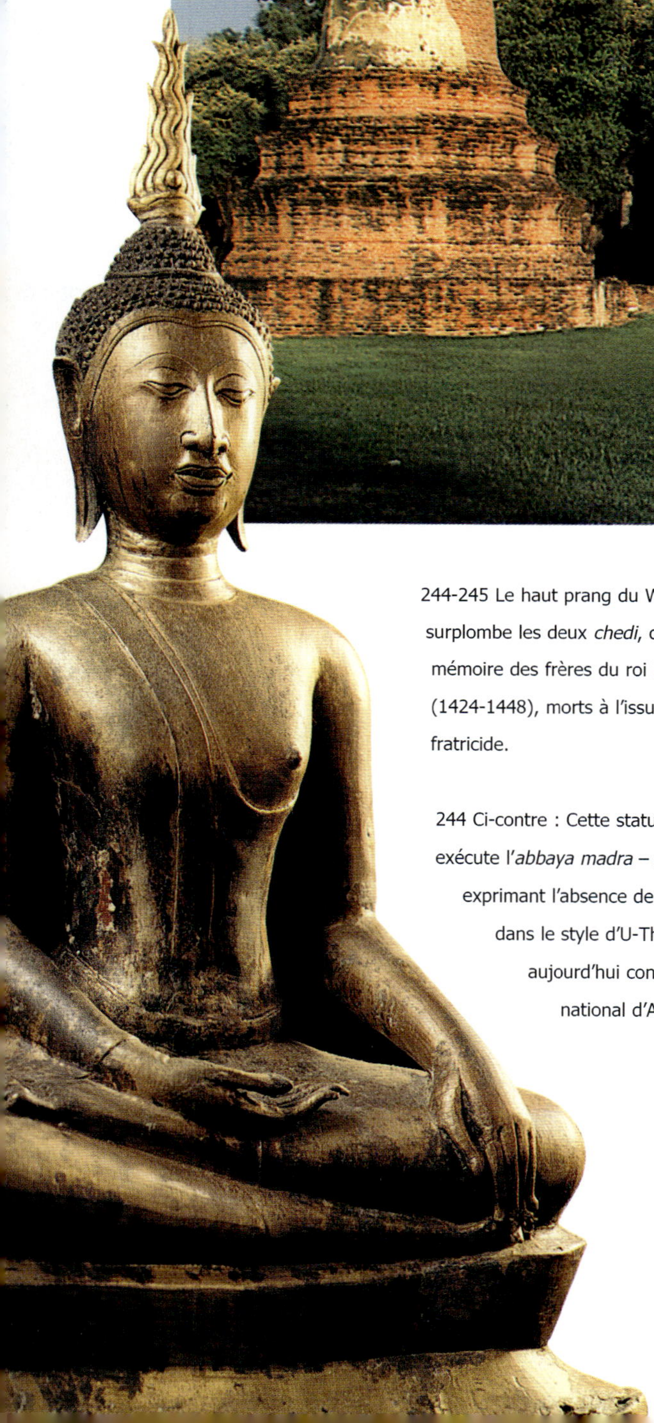

244-245 Le haut prang du Wat Ratchburana surplombe les deux *chedi*, qui honorent la mémoire des frères du roi Borom Rachathirat II (1424-1448), morts à l'issue d'un combat fratricide.

244 Ci-contre : Cette statue de Bouddha, qui exécute l'*abbaya madra* – geste caractéristique exprimant l'absence de crainte –, fut sculptée dans le style d'U-Thong. L'œuvre est aujourd'hui conservée au musée national d'Ayutthaya.

la méfiance des nobles de la cour. L'un d'entre eux, Phra Phetracha, commandant du régiment royal des éléphants, exploita une vague de sentiments antifrançais et antichrétiens parmi l'entourage du souverain. En 1688, il profita d'une grave maladie de Narai pour arrêter et mettre à mort Phaulkon avant de s'emparer du trône. Après l'accession au pouvoir de Phetracha et l'expulsion des Français, les échanges entre Ayutthaya et les pays occidentaux diminuèrent sensiblement.

En 1569, le roi Bayinnaung s'empara d'Ayutthaya, inaugurant une décennie d'hégémonie birmane. Le royaume thaï reconquit son indépendance dans le sillage de la bataille de Nong Sarai (1592), mais après un siècle de tranquillité les Birmans reprirent les hostilités. En avril 1767, à l'issue d'un long siège, les troupes birmanes dévastèrent et incendièrent la cité, mettant ainsi fin à l'une des plus riches périodes culturelles et artistiques de l'histoire thaï. Aujourd'hui, peu de traces subsistent de la magnificence d'Ayutthaya telle qu'elle fut décrite au XVIIe siècle par les visiteurs étrangers. L'ancien palais royal fut presque totalement détruit par l'incendie provoqué par les Birmans. Des édifices qui constituent ce complexe architectural ne subsiste que le Wat Phra Si Sanphet, caractérisé par trois grands *chedi* (stupas thaï) érigés au XVe siècle pour recevoir les cendres royales.

Le Wat Phra Mahathat, construit en 1384 durant le règne de Ramesuan, compte parmi les temples les plus célèbres et anciens de la cité. Le sac birman n'a cependant épargné qu'un seul prang (tour-sanctuaire), de taille impressionnante. Face au Wat Phra Mahathat se trouvent les deux *chedi* du temple Wat Ratchaburana, édifié par le roi Borom Ratchathirat II (1424-1448) pour commémorer la mort de ses deux frères, tombés sur le site lors d'un combat à dos d'éléphant. Un seul temple a échappé aux dévastations des Birmans : le Wat Na Phra Men (également connu sous le nom de Wat Phra Meru), qui remonterait au XVIe siècle mais dont la datation demeure incertaine. L'édifice doit sa survie à son emplacement privilégié, en face de l'ancien palais royal, dont il est séparé par un canal. Le roi birman Chao Along Phaya y plaça en effet ses pièces d'artillerie afin de frapper la résidence du souverain thaï. Mais, l'offensive se retourna contre l'assaillant : un canon explosa, tuant le roi birman et mettant fin à la destruction de la ville.

AYUTTHAYA

245 Ci-dessous, à gauche : Depuis la porte du *bot* (chapelle) du Wat Ratchaburana, le visiteur aperçoit l'escalier abrupt qui mène à l'entrée principale du *prang*, où sont conservées les images de Bouddha.

245 Ci-dessous, à droite : Édifié en 1357, le complexe du Wat Yai Chai Mongkon tire son nom du grand *chedi* – littéralement, *yai* signifie grand –, qui s'élève à l'intérieur de son enceinte.

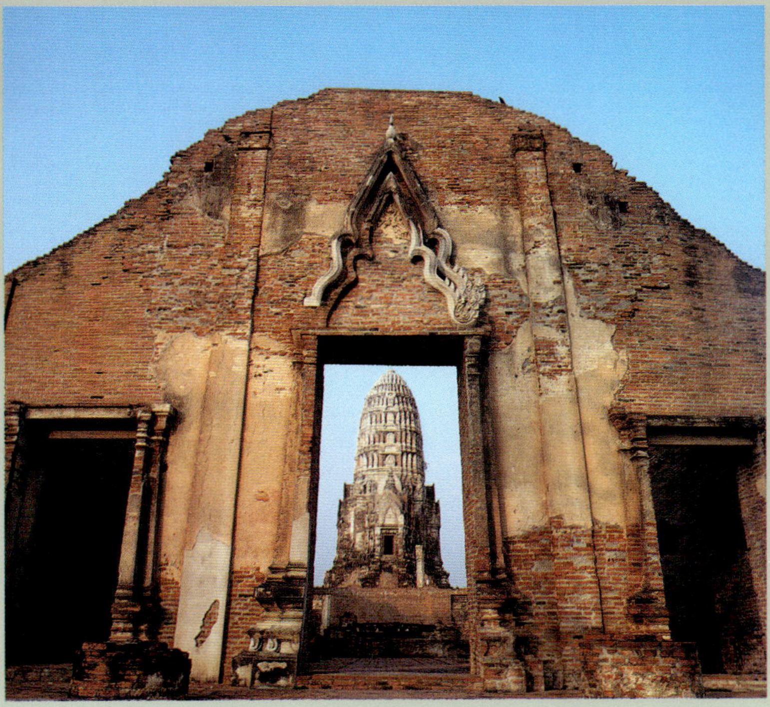

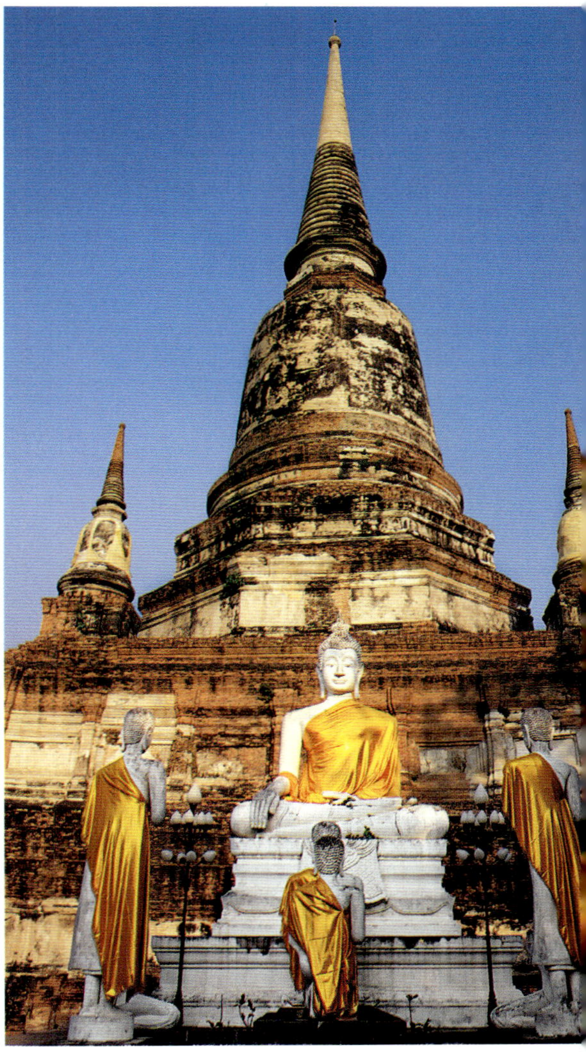

AMÉRIQUE

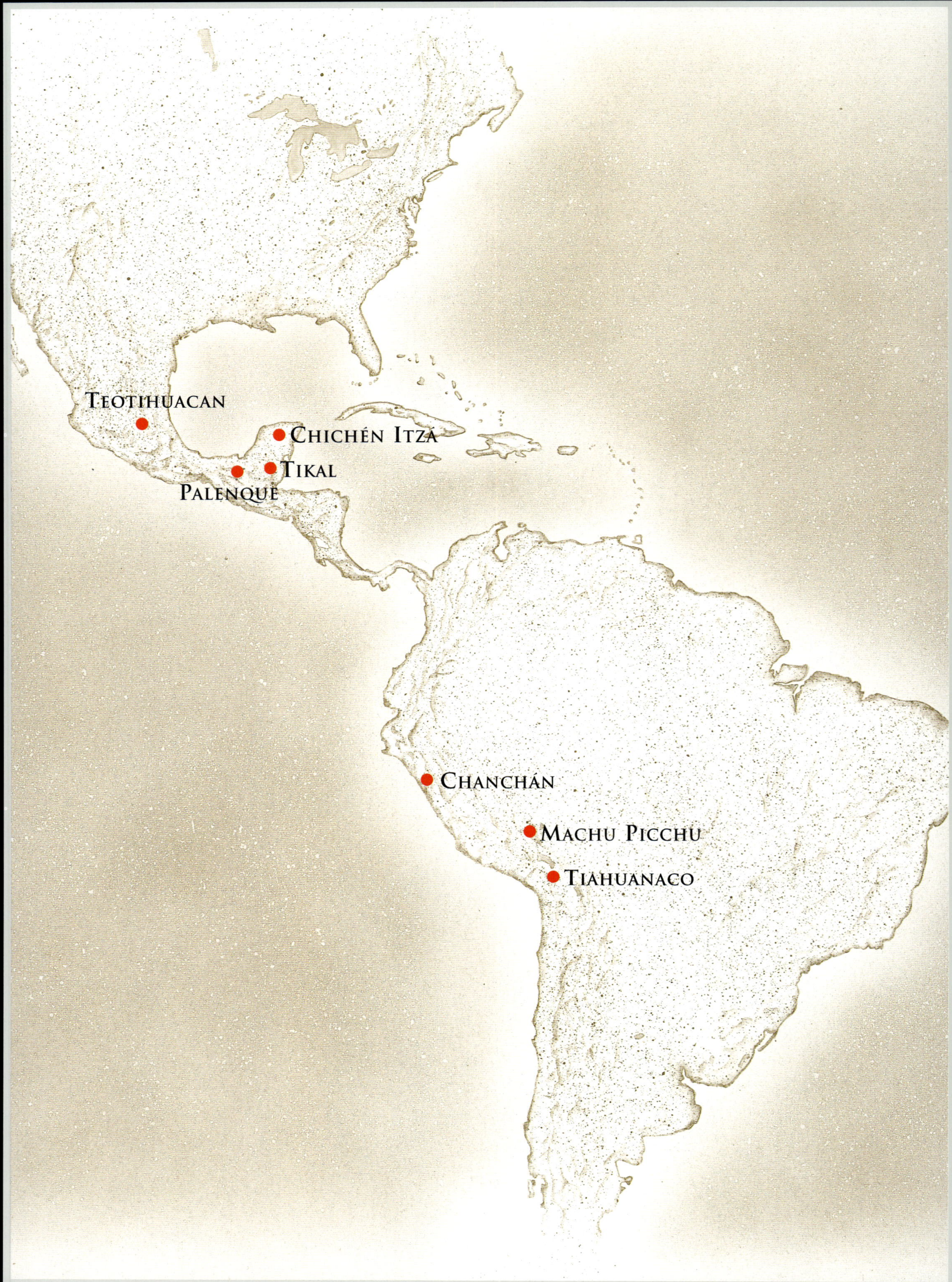

TEOTIHUACAN
CHICHÉN ITZÁ
TIKAL
PALENQUE
CHANCHÁN
MACHU PICCHU
TIAHUANACO

INTRODUCTION

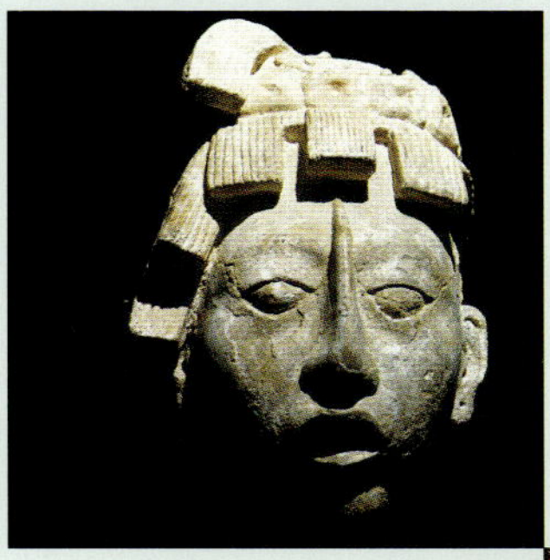

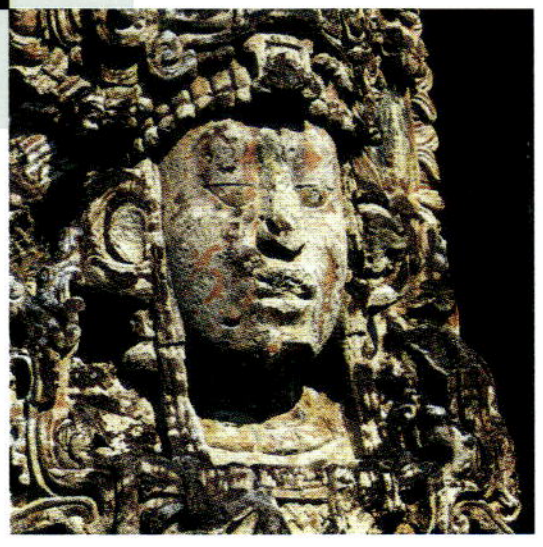

247 Ci-contre : Palenque, tête modelée en stuc représentant l'épouse de Pacal.

247 Ci-dessous : Copan, détail de la stèle H.

L'URBANISME DANS L'AMÉRIQUE INDIGÈNE

Par

DAVIDE DOMENICI

Les cités de l'Amérique indigène présentent des caractéristiques qui les distinguent nettement des cités du Vieux Monde. Dans de nombreux cas, les différenciations internes y sont peu marquées et la densité de population y est relativement basse : partant de ce constat, certains des principaux sites américains se sont parfois vu nier le statut de centre urbain. La difficulté d'appliquer une définition universelle de la cité aux cités américaines repose bien évidemment sur la profonde singularité du monde indigène, dont les trajectoires culturelles ont suivi des cours différents de celles des autres zones de la planète. Les cités américaines deviennent ainsi des miroirs qui nous permettent – après avoir abandonné tout préjugé à caractère ethnocentrique – d'apprécier la radicale altérité du monde américain et, simultanément, de repenser la définition même de cité, qui, dans son aspiration à l'universalité, doit nécessairement « s'ouvrir » afin d'intégrer les cités issues des deux centres d'urbanisation originaire du continent américain, la Mésoamérique et le monde andin. S'il est vrai que les cités sont en quelque sorte les émanations d'institutions plus vastes et plus complexes (États, royaumes ou empires), alors la nature profonde de la cité américaine doit être cherchée dans ses fonctions sociales, politiques et économiques plutôt qu'au travers de ses formes extérieures. En effet, selon Richard Blanton, la cité est « une manifestation de la croissance d'institutions capables d'organiser de vastes régions en systèmes intégrés ». La distinction entre cité et village réside donc dans la fonction assumée par le site : contrairement au village, la cité offre en effet des services non productifs, notamment d'ordre politico-social et religieux. Mais, hormis cet aspect, les critères généralement retenus pour définir une cité (taille, densité, différenciation interne qui témoigne de la division en classes, artisanat spécialisé, organisation politique non dynastique, écriture...) doivent être considérés comme des tendances communes, mais non nécessaires, du développement urbain. La fonction fondamentale des cités américaines est sans aucun doute d'ordre politique et religieux. De nombreux centres urbains des Amériques rentrent donc, selon la classification de Richard Fox, dans la catégorie des « cités rituelles-royales ». Résidences privilégiées des élites politico-religieuses et des groupes familiaux qui leur sont liés, les cités rituelles-royales sont, en règle générale, constituées d'un centre cérémoniel composé de temples et de palais ; vient ensuite une ceinture d'édifices résidentiels de moindres dimensions qui se fondent progressivement dans le monde rural alentour, souvent sans nette séparation. Le centre monumental est une sorte de modèle cosmique, dont la forme constitue la légitimation de l'ordre politique de la cité, qui n'est autre que le correspondant, sur terre, d'un ordre surnaturel en tous points semblable. Ce type de cité est également la résidence habituelle d'administrateurs et de producteurs de biens de luxe, mais leurs fonctions restent secondaires au regard de celles de la classe politico-religieuse, ce qui se reflète dans la faible différenciation interne des structures citadines. Bien que la définition de cité rituelle-royale ait le mérite d'inclure une grande partie des centres qui, trop souvent, se sont vu refuser le statut de site urbain, elle ne permet cependant pas de faire la distinction entre, d'une part, les premiers centres monumentaux de taille modeste qui ont fait leur apparition dès les premières phases agricoles, et d'autre part les grandes cités qui se sont développées dans un cadre étatique. Si la différence entre ces deux formes extrêmes du processus d'urbanisation est, comme tout porte à le croire, strictement quantitative et non qualitative, il est alors probable que nous soyons confrontés à un *continuum* dont le découpage en phases se révélerait, hélas, nécessairement conventionnel. La seconde catégorie établie par Fox est celles des « cités administratives ». Leur fonction première est d'ordre politico-administratif, s'agissant la plupart du temps de capitales ou de centres administratifs intégrés dans un système politique constitué de plusieurs cités. Bien entendu, cela ne signifie pas que la fonction idéologico-religieuse en soit absente, mais plutôt que l'importance accrue de la fonction administrative – ce qui entraîne la présence d'un nombre considérable de fonctionnaires, d'administrateurs et de soldats résidant en ville – conduit à plus de différenciation, de stratification et d'hétérogénéité des structures citadines : édifices administratifs, sièges d'ordres militaires et dépôts d'armes font donc leur apparition au côté des temples, des palais et des complexes résidentiels. Les cités de ce type, dont la ligne de démarcation avec le monde rural est nette, sont en général de potentielles Bourses de commerce ou de troc de produits artisanaux (surtout de biens de luxe), mais la fonction économique reste toutefois secondaire par rapport à la fonction politique. La plupart des grandes cités américaines font probablement partie de cette catégorie : Tenochtitlan, Teotihuacan, Monte Albán, Tula, Cholula, Chan Chan, Cuzco et Machu Picchu. Il est important de souligner que le développement des fonctions administratives ne vient pas en remplacement de la fonction idéologico-religieuse de la cité ; celle-ci – étant donné les liens étroits qui unissent le pouvoir politique et la religion dans le monde américain – reste un élément de tout premier plan. Les grandes capitales impériales américaines, qui se considéraient comme des « cités au centre du monde », ne se départirent jamais des caractères symboliques traditionnels des cités rituelles-royales : une monumentalité remarquable, la présence de zones destinées aux rituels collectifs, une orientation astronomique bien spécifique qui rattachait les structures citadines à l'ordre céleste et surnaturel, etc.

AMÉRIQUE

INTRODUCTION

Les autres catégories de cités telles que Fox les a définies semblent absentes du monde indigène américain. Si cette observation est évidente pour ce qui concerne les « cités coloniales » et les « cités industrielles », le cas des « cités marchandes » est plus intéressant. Chez ces dernières, le volume des biens produits par les transactions commerciales ou le stockage dépasse le volume des biens dérivés du contrôle du monde rural. Les grands ports maritimes ou fluviaux, les centres de triage situés à la croisée des routes sont peu représentés en Amérique. Les quelques cas répertoriés sont constitués de centres de petites dimensions dont l'activité n'a rien de comparable, par exemple, avec celles de certaines cités de l'Europe médiévale ou moderne. Les limites technologiques du monde américain – l'absence d'animaux de trait, et donc de transports sur roues – à elles seules ne permettent pas d'expliquer ce phénomène ; l'autre élément de réponse doit être cherché dans le contrôle drastique que l'État exerça sur les activités commerciales, entravant ainsi considérablement cette « liberté administrative » qui semble être une des conditions nécessaires à la floraison des cités marchandes. La relation intime entre les pouvoirs politique et religieux, caractéristique de l'ensemble du monde indigène, fut donc le vrai moteur de l'urbanisme américain. L'histoire des cités indigènes de la Mésoamérique et du monde andin nous offre avant tout une histoire du pouvoir, de son organisation administrative, de ses stratégies de communication et de propagande.

LA MÉSOAMÉRIQUE

La Mésoamérique était une vaste zone culturelle qui s'étendait du Mexique septentrional au Costa Rica. Ses premiers centres monumentaux datent de la phase préclassique moyenne (env. 1200-300 av. J.-C.), lorsque, dans le cadre de la culture olmèque et d'autres cultures affines, la naissance de centres cérémoniels tels que San Lorenzo (Veracruz) ou La Venta (Tabasco) témoigne de l'essor de nouvelles formes de regroupement politique. Il s'agit de centres monumentaux organisés en fonction de modèles cosmologiques, au sein desquels les monuments étaient soigneusement disséminés sur un territoire artificiellement modifié par l'érection de pyramides et de structures de terre. Selon toute vraisemblance, la population résidente n'était pas très importante et de tels centres servaient de lieux de résidence à une élite privilégiée. La concentration de nombreux individus ne s'y observait qu'en de rares occasions, cérémonies ou pèlerinages. Le développement et la différenciation régionale qui caractérisèrent la phase préclassique récente (env. 300 av. J.-C.-300 apr. J.-C.) dans l'ensemble de la Mésoamérique donnèrent lieu à l'édification de centres monumentaux plus vastes et plus complexes et de cités administratives. Cette époque marque également l'apparition, au sein de la tradition urbanistique, de divergences destinées à s'affirmer au cours des siècles. En effet, sur le plateau central du Mexique et dans la vallée d'Oaxaca, l'urbanisme s'affirme avec la naissance de cités telles que Teotihuacan et Monte Albán. Il s'agit de grands centres urbains extrêmement différenciés, dotés d'une population fort dense et – du moins dans le premier cas – d'un système organisationnel apparemment fondé sur des critères territoriaux qui se superposent aux critères dynastiques et qui, peut-être, les remplacent. En revanche, dans le sud-est de la Mésoamérique, et surtout chez les Mayas, le centre monumental est considéré comme le siège d'un pouvoir politique d'ordre dynastico-parental. Cette ancienne tradition, qui ne cessa jamais de se développer au cours

des siècles, atteignit son apogée avec les grands centres mayas que sont Tikal ou Copán. Au centre de vastes zones de regroupement rural, ces sites se distinguent par une faible densité d'habitations et par une structure organisationnelle qui semble refléter l'organisation de la société selon des schémas fondés sur la famille et le lignage. Ces caractéristiques ont conduit certains chercheurs à parler, dans le cas des Mayas, de « civilisation sans cité ». Il est probable que les différences entre les traditions urbanistiques de ces deux zones ne reposent pas uniquement sur des raisons culturelles : au regard des vallées semi-arides du Mexique central, la forêt tropicale disposait en effet d'un potentiel moins important, notamment en termes d'intensification de la production. L'urbanisme maya a souvent été incomplet et interprété comme le reflet d'une société encore insuffisamment étatisée, ce qui revient à imposer des critères évolutifs – et autant de jugements de valeur implicites – à une réalité qui n'est, somme toute, que différente et non en retard vis-à-vis d'une séquence de développement idéale. Il n'en reste pas moins que l'urbanisme du Mexique central a fortement influencé le reste de la Mésoamérique. Teotihuacan jouissait vraisemblablement, dès le début de la période classique (env. 300-900), d'un statut de cité sainte supérieur à celui de toute autre cité méso-américaine. Durant la période postclassique (900-1521), la tradition urbanistique du Mexique central donna naissance à l'idée d'une cité par excellence, généralement appelée Tollan (le Lieu des Cannes), qui allait s'imposer comme le modèle idéal de nombreuses cités mésoaméricaines : Tula, Cholula et Chichén Itzá elle-même, la cité qui domina le monde maya durant trois siècles.
Les premiers Espagnols ont fort bien témoigné de la splendeur des cités mésoaméricaines lorsque, franchissant un dernier col montagneux, ils purent enfin embrasser du regard le bassin de Mexico : sur un îlot au cœur du lac se dressait Tenochtitlan, la capitale de l'Empire aztèque et ses quelque 300 000 habitants, répartis en quartiers (les *calpulli*) où résidaient différents groupes familiaux. La cité aquatique, unie à la terre ferme par de grandes chaussées surélevées, fut aussitôt baptisée la Venise d'Occident. Aujourd'hui encore, et bien qu'elle ait été presque entièrement recouverte par la ville de Mexico, elle rappelle aux observateurs du Vieux Monde que d'autres peuples surent, eux aussi, bâtir des cités tout aussi extraordinaires que les leurs.

LE MONDE ANDIN

Dès les premières phases du développement de l'agriculture, la construction d'imposants centres monumentaux sur la côte péruvienne – citons ceux d'Aspero (env. 2500 av. J.-C.) et de Sechín Alto (env. 1400 av. J.-C.) – montre comment différentes communautés d'agriculteurs se sont réunies autour d'un centre dont la fonction première devait être d'assurer une médiation entre la communauté humaine et le monde surnaturel. Il s'agissait probablement de lieux qui faisaient ensuite l'objet de grands pèlerinages et qui devenaient le théâtre de rituels collectifs lors de festivités bien précises, au cours desquelles les rapports sociaux de réciprocité qui étaient à la base de l'organisation sociale andine étaient raffermis. Les monuments qui constituaient le cœur de ces prototypes de cités rituelles-royales étaient des *wakas* (ou *huacas*), des lieux de culte sacrés autour desquels les communautés venaient se réunir et où les naissantes élites politico-religieuses andines finissaient par s'établir. Ces élites géraient la récolte des biens – un tribut qui prenait la forme d'une offrande –

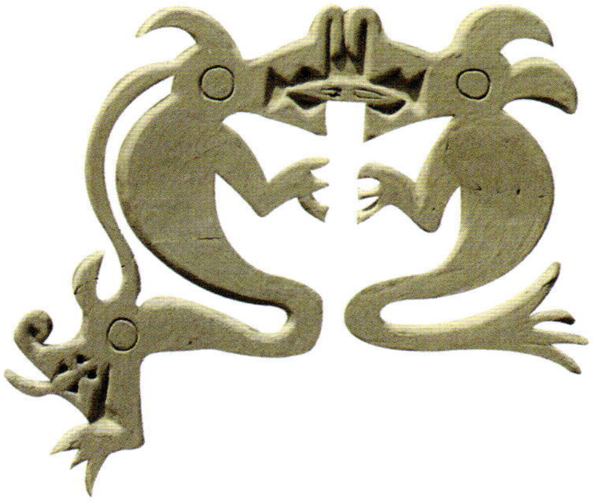

251 Ci-contre : Détail de la décoration de la Waka del Dragón (environs de Chanchán).

ainsi que leur redistribution cérémonielle, selon un mécanisme où l'aspect politico-religieux prime sur l'aspect économique. C'est au sein de cette tradition que naquirent les principales cités rituelles-royales andines comme Chavín de Huantar, Pachacamac et Cahuachi ; ces villes allaient dominer la scène politico-religieuse jusqu'à la fin de la première période intermédiaire (100 av. J.-C.-600 apr. J.-C.).

La naissance de Tiahuanaco – à près de 3 900 m sur les hauteurs du lac Titicaca – et son développement en tant que capitale d'un grand empire agro-pastoral, à partir du IIe siècle de notre ère, représentent une étape majeure dans l'histoire de l'urbanisme andin. Tiahuanaco fut peut-être la première grande cité administrative des Andes et sa floraison eut de vastes répercussions. En effet, c'est grâce à ses liens avec Tiahuanaco et à sa rencontre avec les règnes Mochica et Sicán de la côte septentrionale du Pérou – où devaient s'implanter d'autres centres d'importance tels que Moche, Galindo et Pampa Grande –, que Wari (ou Huari), capitale de l'empire du même nom qui domina une grande partie de la zone archéologique péruvienne entre 600 et 800, connut un essor administratif considérable. À Wari, les palais, les zones résidentielles, les magasins et les routes constituaient le cœur d'une cité qui compta probablement plus de 50 000 habitants. Mais la vraie nouveauté urbanistique de Wari était son rôle de carrefour d'un réseau routier reliant un grand nombre de centres administratifs planifiés – Viracocha, Azángaro, Jincamocco e Pikillakta –, dont les riches magasins, moyennant la perception d'un tribut, regorgeaient de produits en provenance de différentes provinces, ensuite destinés à prendre le chemin de la capitale impériale. Cette sorte de « Network urbain » composé de la capitale et de ses centres satellites deviendra l'un des traits fondamentaux de l'urbanisme incaïque. Le fait qu'une grande partie des principaux centres administratifs des Amériques se soient développés dans la zone andine – où l'écriture ne fut jamais utilisée et où l'on calculait en se servant de cordelettes de différentes couleurs portant des nœuds, les *quipus* (ou *kipus*) – est une preuve supplémentaire de la singularité de la trajectoire urbanistique américaine. Avec l'effritement progressif de l'Empire wari, les innovations urbaines qui s'y étaient développées confluèrent dans la construction de la plus flamboyante cité du monde andin : Chan Chan, la capitale du royaume Chimú (env. 900-1470), dont l'admirable stratification interne mêlant édifices publics et complexes résidentiels est sans aucun doute le meilleur exemple de tissu urbain andin.

L'expansion de l'empire inca du XIVe au XVIe siècle fit évoluer ce Network urbain. Plus de 40 000 km de routes reliaient une série de centres administratifs planifiés, de Huánuco Viejo à Vilcaswaman, de Hatun Jauja à Cuzco, capitale d'un empire qui s'étendait sur plus de 4 000 km^2, de l'Équateur à l'Argentine. Mais malgré l'immensité de son empire, Cuzco était une petite cité dont la fonction principale était probablement du type rituel-royal et dont la population était comprise entre 40 000 et 100 000 habitants. De sa place centrale, qui divisait la cité en deux moitiés traditionnelles, *hanan* (haut) et *hurin* (bas), partaient les quatre routes qui divisaient l'empire en autant de secteurs, ainsi que les *ceques*, les 42 lignes idéales qui reliaient 328 *wakas* au Coricancha (ou Qorikancha), le temple du Soleil de Cuzco. Cuzco était la résidence de l'empereur, de la noblesse citadine et d'une partie de la noblesse provinciale, enfermée dans une sorte de prison dorée, comme l'étaient par ailleurs les principales idoles des régions conquises. Elle représentait donc le centre physique et symbolique de tout l'empire incaïque, ce qui ne l'empêcha pas de continuer à assumer, même au sein d'un empire andin des plus rigides et des mieux organisés, une fonction essentiellement rituelle et royale.

TEOTIHUACAN

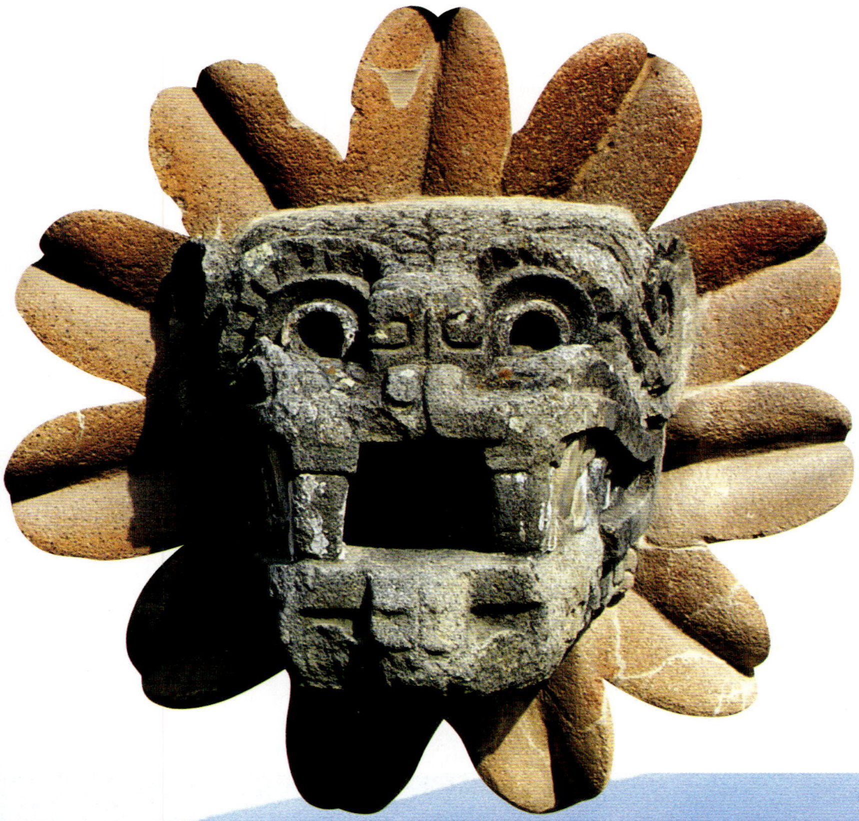

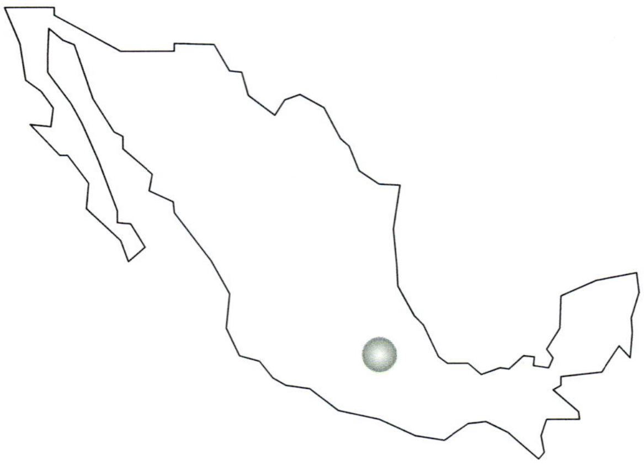

252 Ci-contre : Une des têtes du Serpent à plumes ornant les paliers du temple de Quetzalcóatl.

252-253 L'allée des Morts, le grand axe urbain de Teotihuacan, vue du haut de la pyramide de la Lune. Au premier plan, la place de la Lune et, sur la gauche, la pyramide du Soleil.

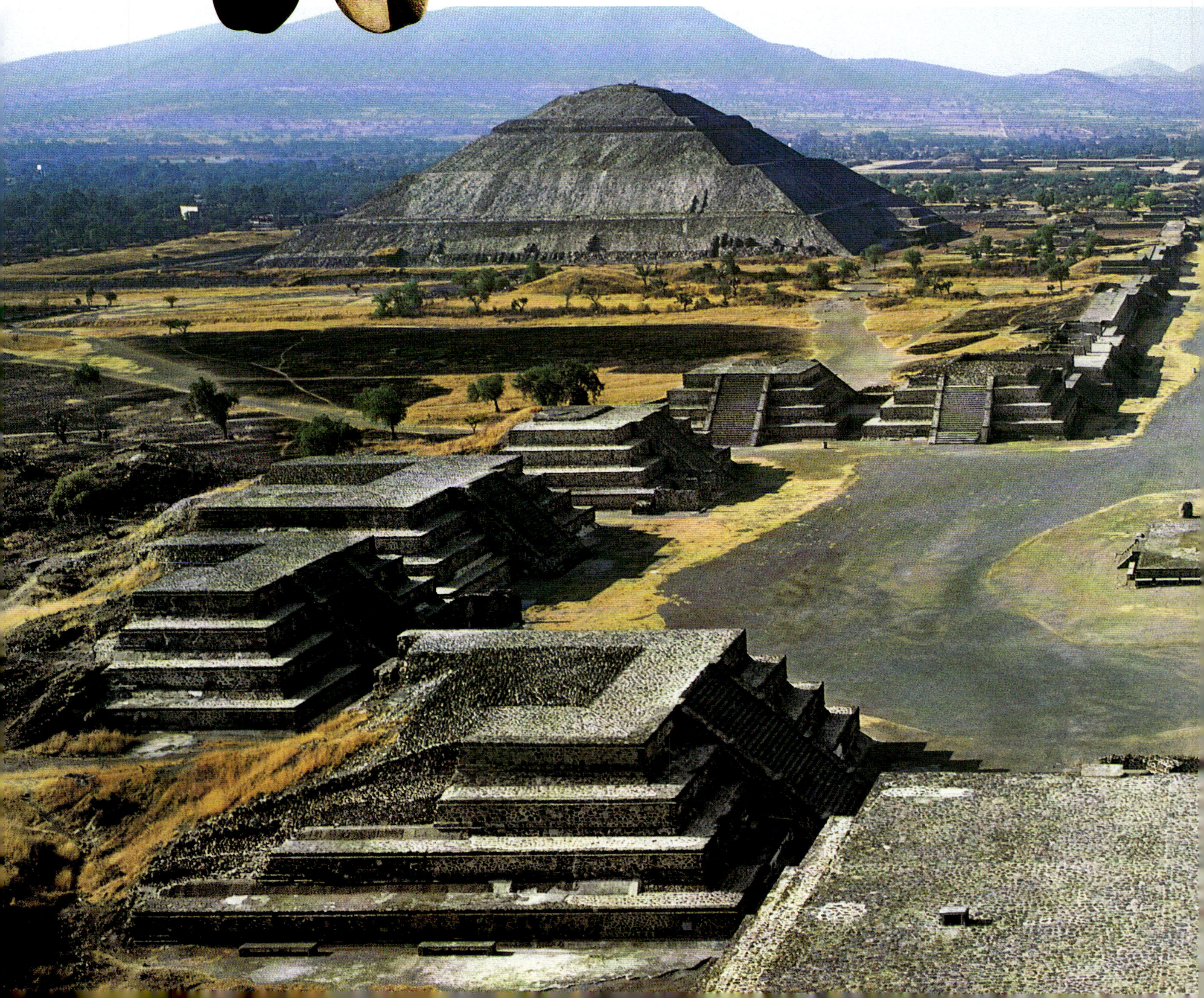

Par DAVIDE DOMENICI

Teotihuacan fut sans aucun doute le plus remarquable phénomène urbain des Amériques précolombiennes. Ses ruines monumentales constituent aujourd'hui l'indiscutable témoignage d'un passé glorieux, d'une époque – du début de l'ère chrétienne au VIIe siècle – au cours de laquelle Teotihuacan s'est affirmée comme le principal centre politique, économique et religieux de l'ensemble de la Mésoamérique classique. En l'an 500, la métropole du Mexique central s'étendait sur plus de 20 km^2 et ses 125 000 habitants la plaçaient au sixième rang des cités les plus peuplées de la planète. Plus de 80 % de la population du bassin de Mexico vivait à Teotihuacan ou dans ses environs, à la suite d'un exode rural qui n'a pas son pareil dans l'histoire mésoaméricaine. Teotihuacan fut probablement la cité du Mexique antique où furent élaborés, en un peu plus de six siècles, une grande partie des éléments de base de l'urbanisme mésoaméricain et de ses connotations mythiques et cosmologiques. Au sein du panorama politique de la Mésoamérique classique – qui comptait par ailleurs de nombreux centres urbains –, le statut de Teotihuacan fut sans équivalent. Elle fut sans aucun doute à l'origine d'un concept de cité et d'une organisation politique citadine qui allaient imprégner une grande partie de la culture mésoaméricaine contemporaine et postérieure à son propre déclin. Hélas, de nombreux aspects du passé de Teotihuacan restent à découvrir : nous ignorons, par exemple, le nom que la cité portait à l'origine, la langue qu'on y parlait, ou encore l'identité ethnique de ses habitants. C'est d'ailleurs pour cette raison que nous utilisons le nom que les Aztèques lui donnèrent des siècles plus tard, tout comme nous

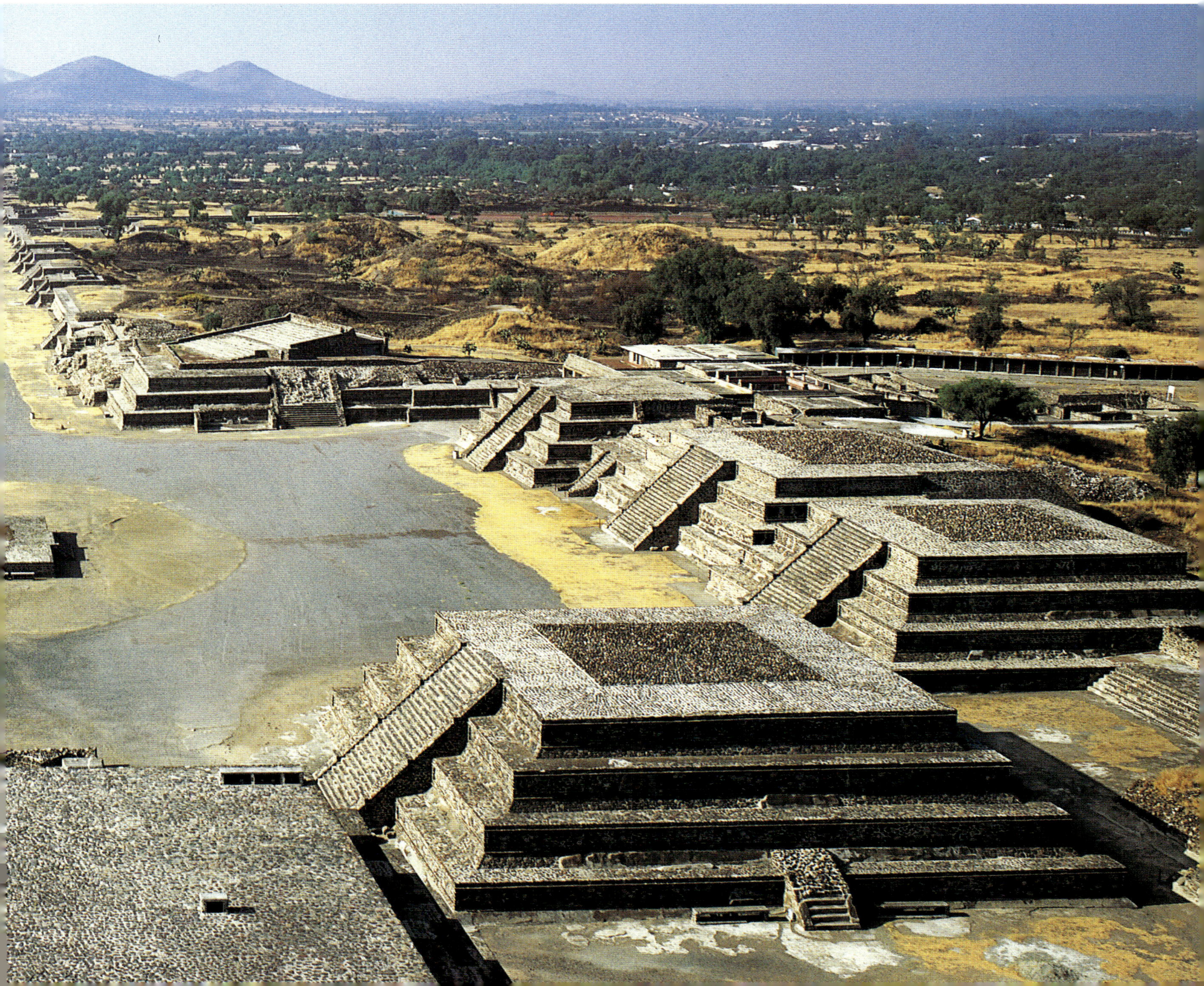

1) Allée des Morts
2) Grand Complexe
3) Citadelle
4) Temple du Serpent à plumes
(Quetzalcoatl)
5) Complexe de l'allée des Morts
6) Pyramide du Soleil
7) Place des Colonnes
8) Complexe Xala
9) Palais de Quetzalpapalotl
Palais des Coquillages à plumes
Palais des Jaguars
10) Pyramide de la Lune
11) Tepantitla
12) Yayahuala
13) Zacuala
14) Tetitla
15) Atetelco

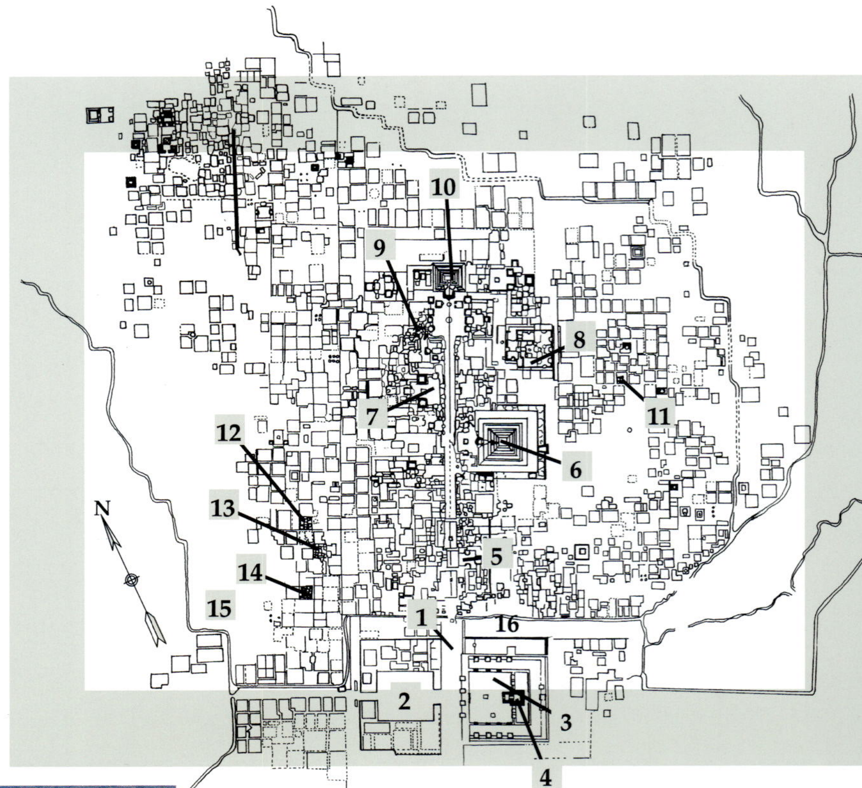

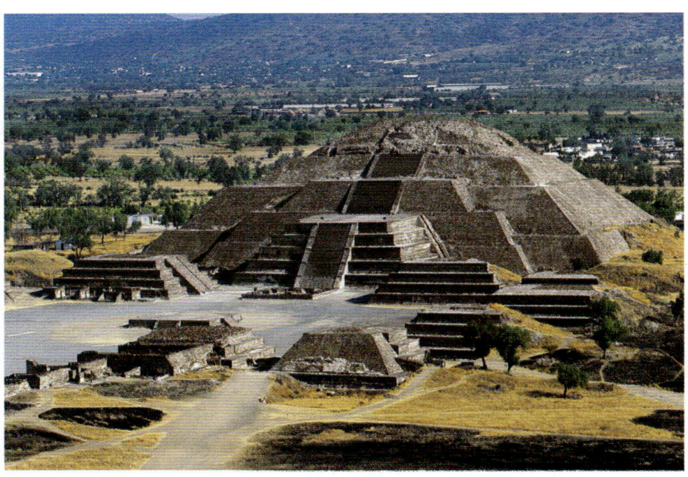

254 Ci-dessus : La pyramide de la Lune, peut-être la plus ancienne structure de Teotihuacan, était un monument dédié à une divinité aquatique féminine antérieure à la Chalchiuhtlicue aztèque, une statue de cette divinité ayant été découverte sur la place qui précède la pyramide.

254 En bas : L'alternance, sur chaque gradin, d'un parement incliné (*talud*) et d'un élément vertical à encadrement quadrangulaire (*tablero*) est une sorte de marque de fabrique de l'architecture de Teotihuacan.

254-255 La présence d'une grotte-sanctuaire et la découverte de corps d'enfants nous incitent à penser que la pyramide du Soleil était dédiée à une divinité aquatique correspondant au Tláloc aztèque.

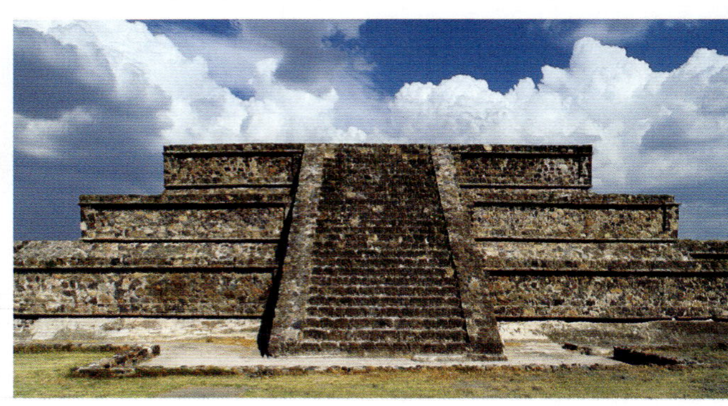

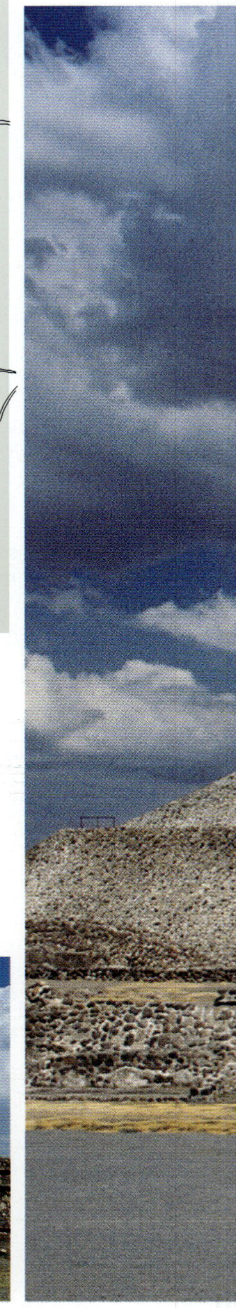

attribuons à ses habitants le nom conventionnel de Teotihuacanos, toute caractérisation ethnico-linguistique s'avérant impossible, contrairement à ce que nous faisons pour les Mayas, les Zapotèques et les Nahuas.

Au début du Ier siècle av. J.-C., Teotihuacan n'était qu'un simple village d'agriculteurs situé dans la partie nord-orientale du bassin de Mexico. En moins de deux siècles, ce village devint le site le plus important de la région, grâce à un développement extraordinaire de l'agriculture des terres irriguées. À la fin du IIe siècle, la cité comptait déjà 50 000 habitants et son centre cérémoniel commençait à prendre forme avec l'édification des pyramides de la Lune et du Soleil, les deux principales structures sacrées de la cité. Du IIe au IVe siècle, on traça l'axe urbain principal – l'allée des Morts – et la cité fut divisée en quatre quartiers grâce au détournement du cours du fleuve San Juan. L'activité des bâtisseurs entra alors dans une période intense : édification du Grand Complexe et du temple du Serpent à plumes au sud du fleuve, construction de vastes complexes publics et administratifs le long de l'allée des Morts, tandis qu'au-delà du centre cultuel commençaient de s'élever les typiques complexes résidentiels fortifiés qui constituent l'un des traits les plus singuliers de l'architecture citadine. Du IVe au VIe siècle, Teotihuacan fut au faîte de sa splendeur : le centre monumental que nous admirons aujourd'hui était alors entouré de plus de 2 000 complexes résidentiels, et la cité était dix fois plus grande que les centres secondaires du bassin de Mexico.

L'économie de Teotihuacan n'était pas seulement fondée sur l'exploitation intensive des ressources agricoles du bassin ; elle savait aussi tirer profit des ressources végétales et fauniques des zones marécageuses, des fleuves, des lacs d'eau douce et d'eau salée et des vastes zones boisées. Les gisements de minerais étaient également d'une importance

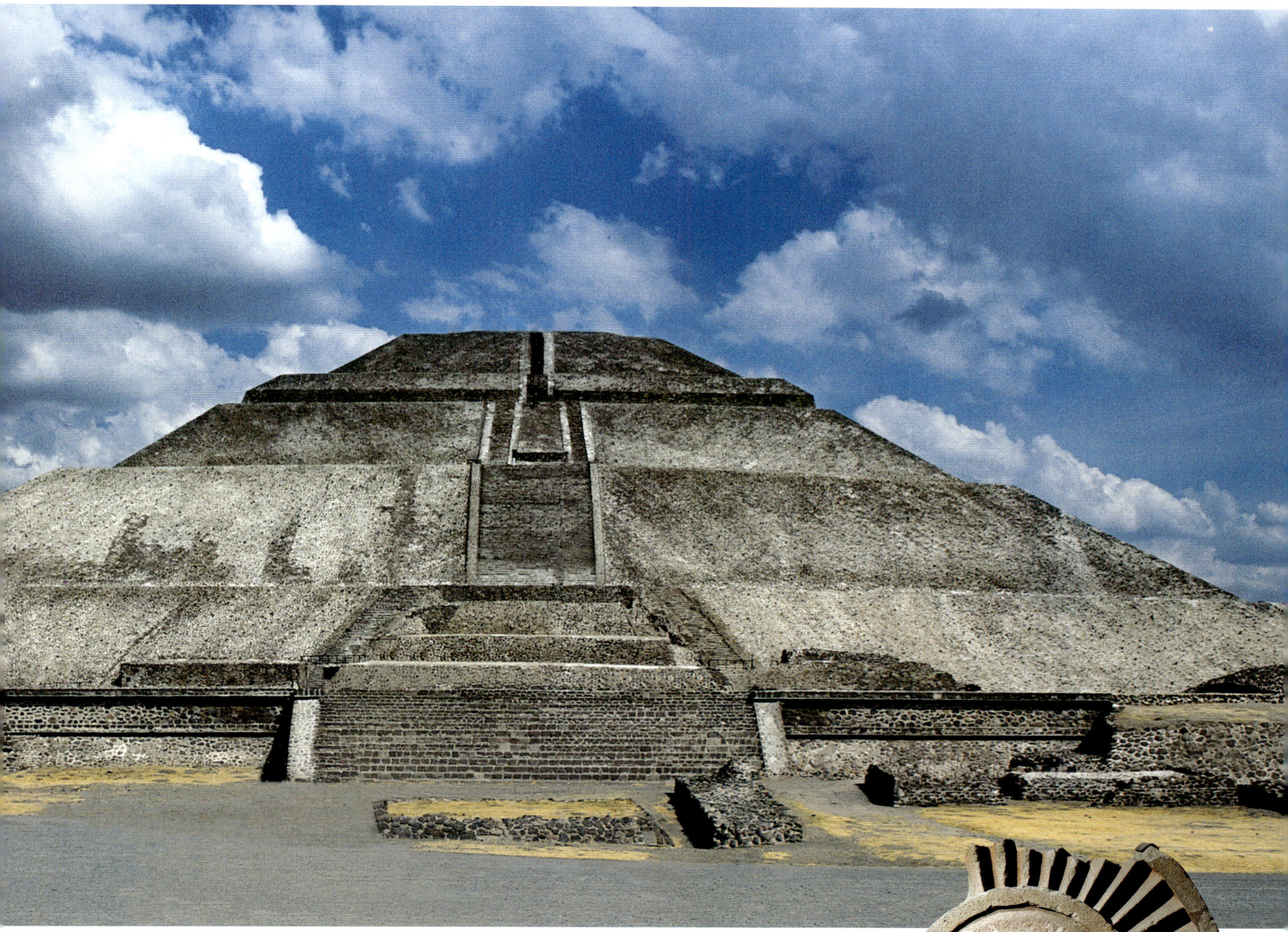

fondamentale ; l'obsidienne, par ailleurs, devint l'un des biens les plus prisés au sein du vaste réseau d'échanges mésoaméricain. En effet, par sa situation géographique, la cité jouissait d'un accès privilégié aux voies de communication reliant le bassin de Mexico à la région de Puebla-Tlaxacala, puis à la vallée d'Oaxaca, au golfe du Mexique et à la zone maya.

On considère néanmoins que près des deux tiers de la population citadine exerçait un travail agricole, tandis que le tiers restant se consacrait à des activités religieuses, politico-administratives et surtout artisanales, parmi lesquelles le travail de l'obsidienne et la production de céramique. Nous pouvons aisément imaginer quel avantage énorme, par rapport à la vie agricole, l'exode rural, la spécialisation du travail et l'insertion au sein du Network économique de Teotihuacan a pu représenter pour les habitants du bassin de Mexico. Ce processus entraîna la prolifération des

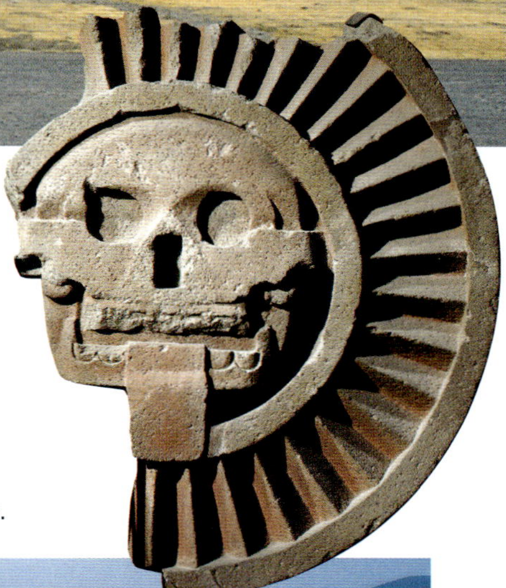

255 Ci-contre : Un Soleil défunt, découvert sur la place du Soleil de Teotihuacan.

255 Ci-dessous : Au nord de Teotihuacan, les deux grandes pyramides dominent l'allée des Morts.

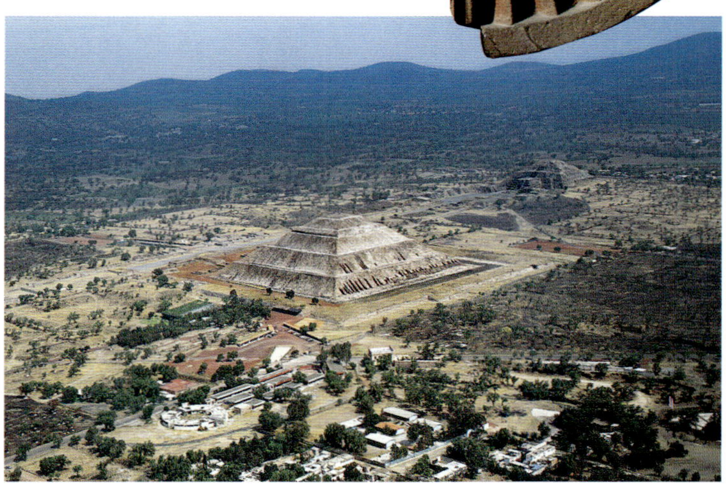

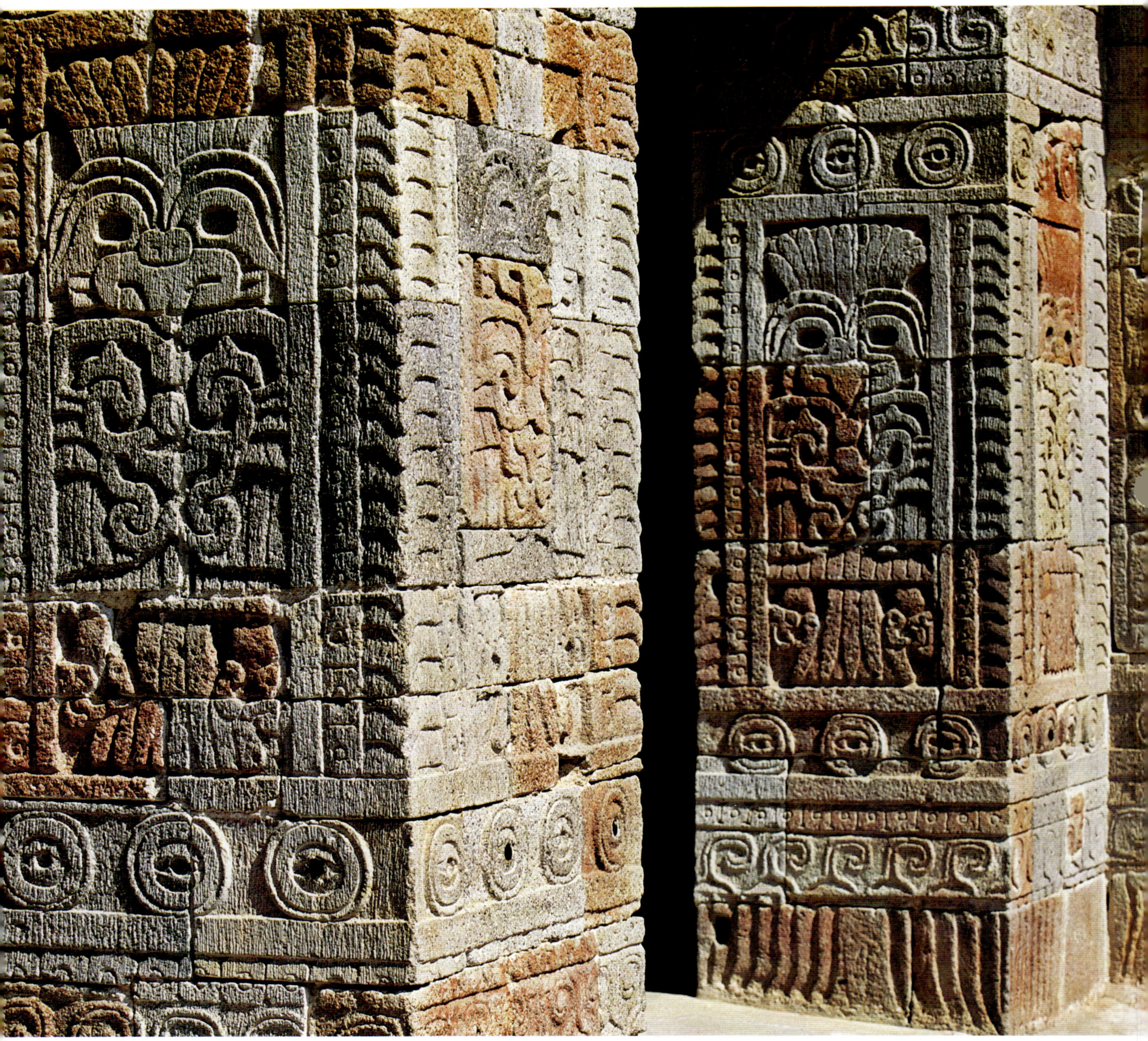

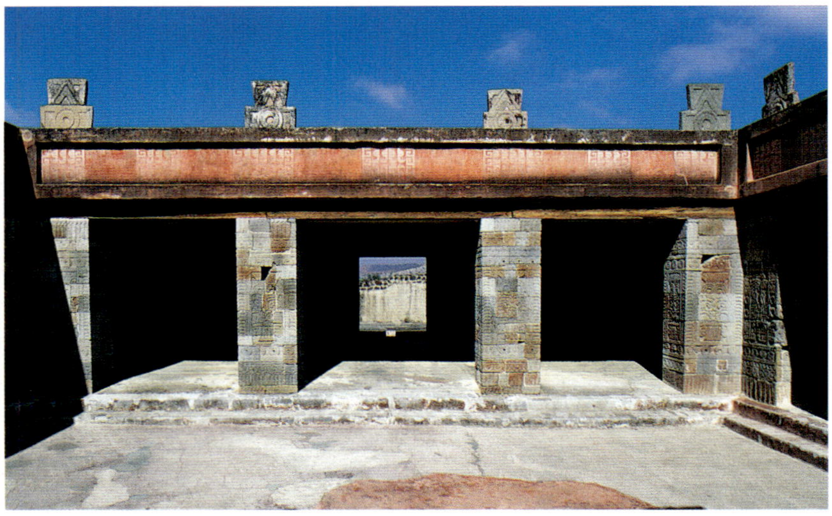

256-257 Les piliers du patio central du palais de Quetzalpapálotl sont ornés de bas-reliefs représentant des rapaces (l'oiseau quetzal) entourés de symboles aquatiques (plumes, volutes).

256 Ci-contre : Le patio central du palais de Quetzalpapálotl a fait l'objet d'une vigoureuse restauration ; on remarque les décorations picturales du fronton, surmonté des *almenas*, des merlons décoratifs qui représentent le symbole mésoaméricain de l'année.

257 En bas à gauche : Le temple de Quetzalcóatl, une pyramide qui s'érige au centre de la Citadelle, fut bâti vers 150 et orné de décorations qui font allusion au rôle du Serpent à plumes lors de la création du temps ; des reptiles alternent avec des coiffures à l'image du dieu crocodile, que les aztèques nommaient Cipactli, nom correspondant au premier jour du calendrier rituel.

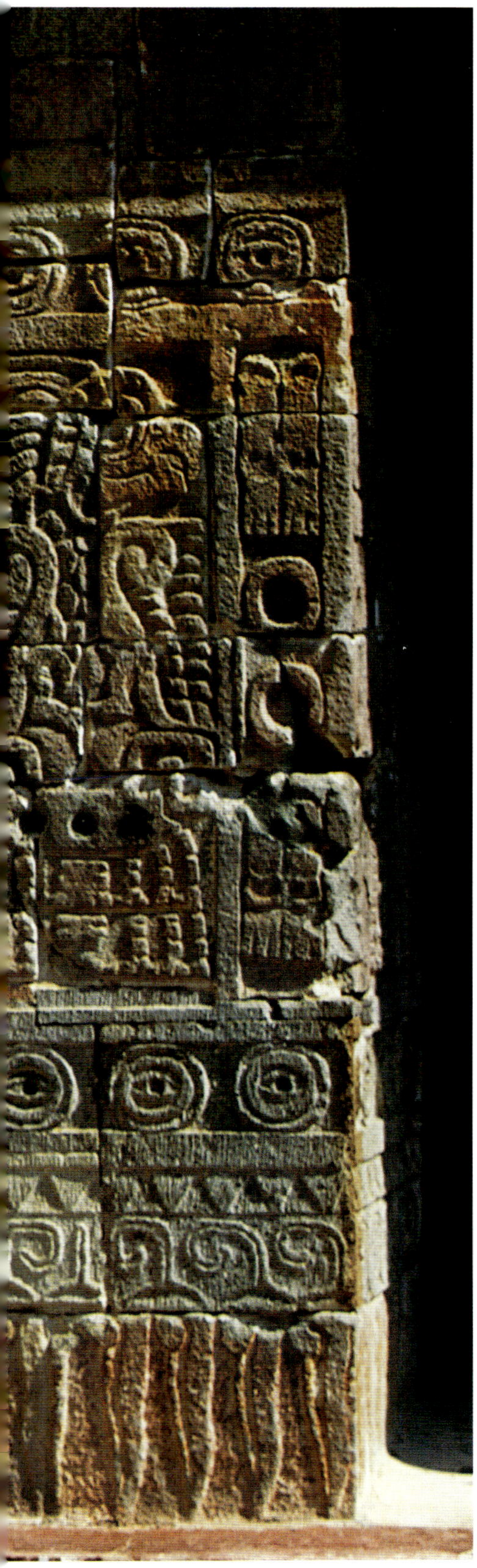

typiques complexes résidentiels teotihuacans, résidence probable de groupes familiaux partageant la même activité économique et une même divinité tutélaire. Le développement impressionnant de Teotihuacan conduisit également à une forte caractérisation sacrale de la cité. Le long de l'allée des Morts, les monuments teotihuacans sont disposés selon un ordre qui renvoie bien évidemment à un ordre cosmique parallèle. Le secteur septentrional de la cité est dominé par les deux pyramides principales et par de grands complexes composés de temples, d'édifices administratifs et résidentiels. Au cœur de la « scénographie » du centre monumental, avec l'allée des Morts à l'arrière-plan, la silhouette de la pyramide de la Lune est encadrée par celle du Cerro Gordo, la montagne d'où coulaient les sources qui alimentaient la cité en eau, plus connue sous le nom de Tenan, « la Mère des Eaux ». Le temple qui surmontait la pyramide était vraisemblablement dédié à une déesse des eaux terrestres, sorte de prototype de la Chalchiuhtlicue aztèque. À l'est de l'allée des Morts, l'imposante pyramide du Soleil se dresse au-dessus d'une grotte, probablement artificielle, qui devait être l'un des lieux sacrés les plus importants du Mexique central. Car en Mésoamérique les grottes étaient considérées comme des voies d'accès au monde infra-terrestre, siège des divinités aquatiques et des germes de la vie, qui devenait ainsi une sorte de lieu originel symbolique. La grotte-sanctuaire de Teotihuacan devait être perçue comme l'accès au cœur de la montagne sacrée, représentée par la pyramide du Soleil, probablement associée au règne d'une puissante divinité aquatique comparable au Tláloc aztèque. Autour de ces monuments, un nombre considérable de temples, de complexes administratifs et résidentiels s'étalent en respectant scrupuleusement le quadrillage urbain, rattachés à l'ordre cosmique selon une orientation astronomique bien précise. Teotihuacan était manifestement une « cité au centre du monde » qui tirait son énergie et sa légitimation de son statut cosmologique.

Les monuments qui se dressent au sud du fleuve San Juan, dans les quartiers inférieurs de la cité, semblent liés au gouvernement et à la politique citadine. Au centre de la citadelle, le temple du Serpent à plumes est orné de sculptures polychromes (serpents à plumes et coiffures), probablement à l'effigie d'une divinité terrestre aux apparences de crocodile, le dieu Cipactli de l'époque aztèque. La symbolique de la décoration du temple tout comme les sépultures sacrificielles (plus de 200) qui se trouvent sous sa base semblent renvoyer au mythe originel de la division du temps et à la guerre sacrée. Selon certains auteurs, le temple serait une manifestation des prétentions idéologiques d'un groupe de pouvoir, uni sous la protection du Serpent à plumes. Si nous

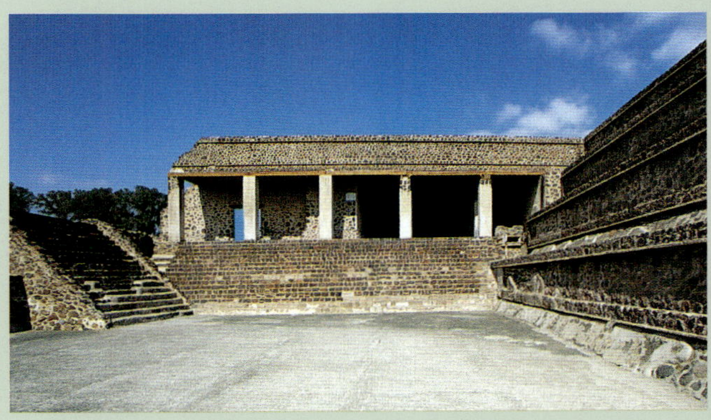

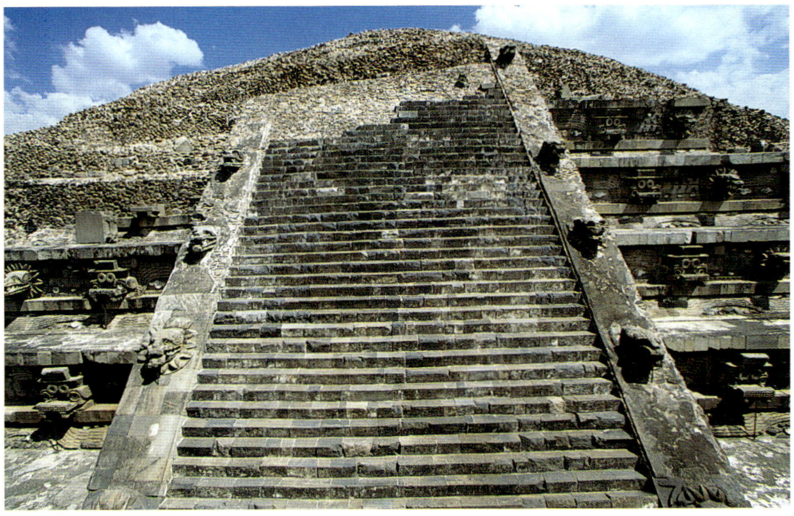

257 Ci-dessus : Une vue de l'accès au palais de Quetzalpapálotl, à l'angle sud-ouest de la place de la Lune. Cet édifice, bâti sur l'ancien palais des Coquillages à plumes, fut probablement la résidence privilégiée de l'un des groupes de pouvoir parmi les plus influents de Teotihuacan.

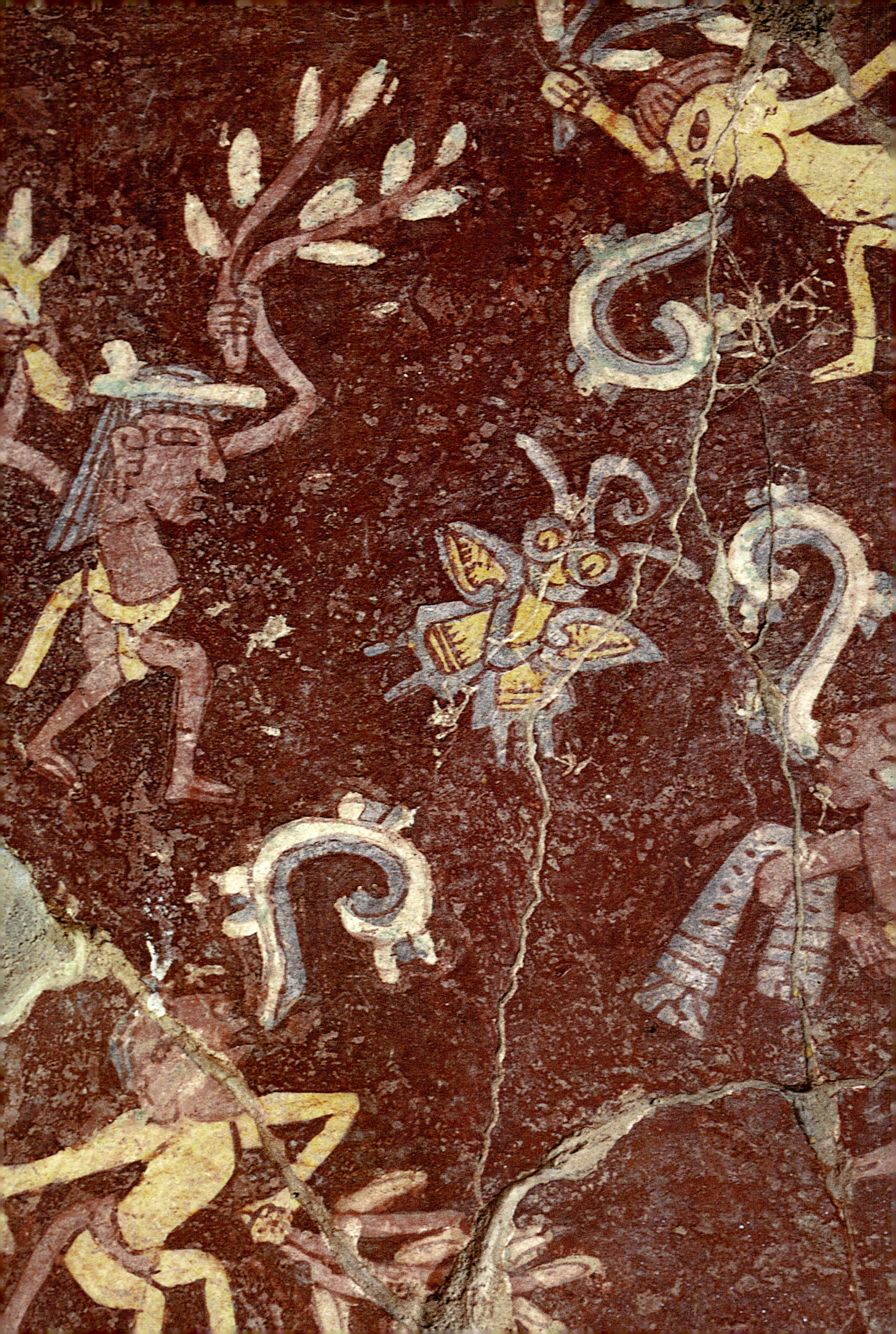

acceptons cette hypothèse, le fait que le temple ait été recouvert – un peu plus d'un siècle après sa construction – pourrait indiquer la chute du groupe sacerdotal alors au sommet du pouvoir, survenue aux alentours du IIIe siècle. Les difficultés que soulève l'interprétation de l'organisation politique teotihuacane sont étroitement liées au caractère singulier du langage public du pouvoir citadin. Ici, les représentations individuelles de souverains ou de leurs ancêtres, tout comme les inscriptions qui en narrent les exploits, sont absentes. À Teotihuacan, les cycles picturaux sont constitués d'images impersonnelles et d'éléments – probablement des toponymes ou des emblèmes – qui font allusion à l'origine ou à la fonction de groupes spécifiques installés dans la cité. Il est possible qu'à une structure politique originellement fondée sur des rapports de parenté se soit substituée une structure organisée en classes, d'où l'augmentation des différences de statut entre les citadins et l'émergence d'une classe dominante fortement bureaucratisée. Le pouvoir politique teotihuacan se montre donc sous la forme d'une succession de prêtres indifférenciés, parés d'éléments qui renvoient à des divinités protectrices, ce qui laisse penser que la cité était gouvernée par des groupes de prêtres exerçant un pouvoir probablement territorial, non dynastique, justifié par l'association à des divinités protectrices particulières. Nous pensons aujourd'hui qu'en vertu de ce pouvoir la classe sacerdotale prélevait l'excédent des communautés agricoles du bassin de Mexico – sous la forme d'offrandes versées aux temples –, et le réutilisait de manière à ce qu'une vaste partie de la population continue d'exercer une activité artisanale. Le produit de ce travail – des instruments en obsidienne et différentes sortes de céramiques rituelles – était ensuite exporté vers d'autres territoires en échange de biens somptuaires : minéraux, plumes, cacao, coton, etc. La classe sacerdotale aurait donc eu la responsabilité de gérer un système de redistribution qui se manifestait probablement sous la forme de grandes distributions publiques et collectives de nourriture et de produits divers. Selon les défenseurs de cette thèse, le Grand Complexe qui se dresse face à la citadelle ne serait donc pas le siège d'un marché, mais plutôt le lieu où se déroulaient ces grandes redistributions cérémonielles. Le pouvoir politique, économique et religieux de Teotihuacan influença énormément l'ensemble de la Mésoamérique. Si le bassin de Mexico et peut-être la vallée de Toluca étaient effectivement des territoires sous la domination directe de la métropole, on retrouve des traces de son influence jusqu'au golfe du Mexique, la vallée d'Oaxaca, l'Isthme, la côte pacifique du Chiapas et du Guatemala, l'aire maya. Dans quelques zones, il semble que Teotihuacan ait installé de véritables colonies destinées au contrôle des routes commerciales ou de certaines ressources spécifiques, comme dans le cas de Matacapan

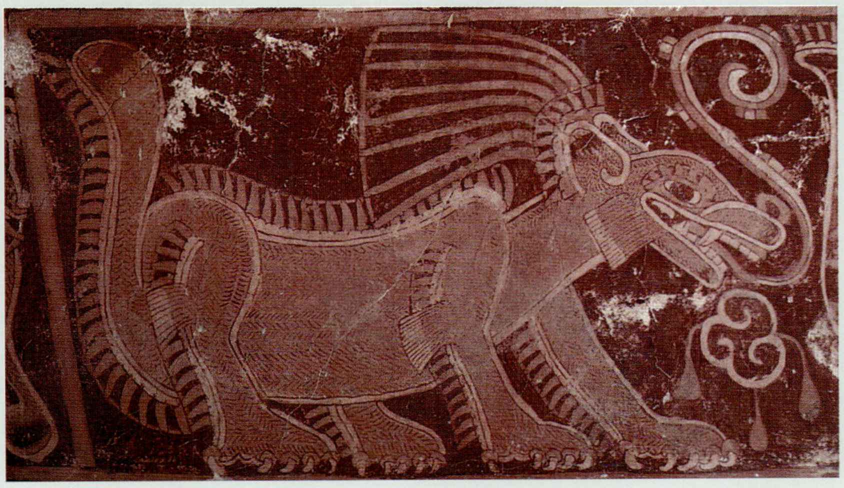

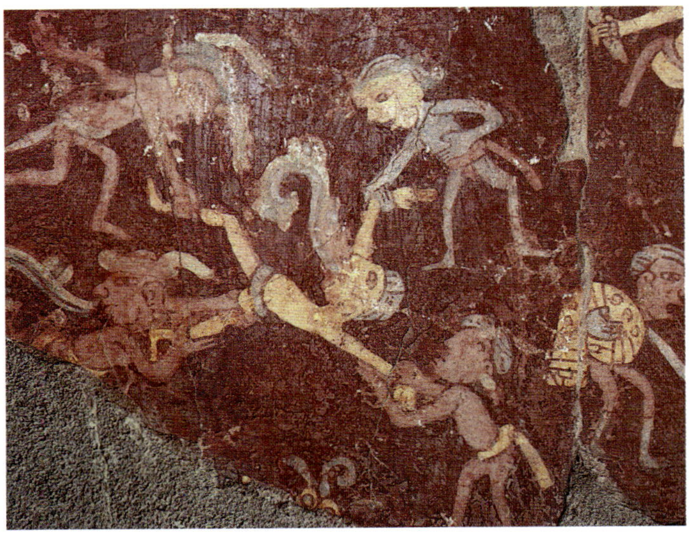

258 et 259 en bas : Détails de la fresque murale désignée sous le nom de Tlalocan, à l'intérieur du complexe résidentiel de Tepantitla ; on remarque l'attitude joueuse des hommes et les représentations de papillons. On a longtemps considéré que cette fresque représentait le paradis de Tláloc, un lieu extraterrestre réservé à ceux dont la mort, d'une manière ou d'une autre, était liée à l'eau. Cette interprétation est aujourd'hui controversée. Élément fondamental de celle-ci, la divinité qui domine la scène ne serait pas le dieu de l'eau mais la Grande Déesse, un éventuel alter ego féminin.

259 En haut : Jaguars réticulés et coyotes alternent sur le *talud* du Patio Bianco d'Atetelco. Les animaux, dotés de plumes et de coiffures, sont représentés alors qu'ils dévorent un cœur sanguinolent d'où jaillit une « virgule de la parole ». Le jaguar réticulé est peut-être le symbole d'un des groupes de pouvoir dominant à Teotihuacan au moment de son apogée.

(Veracruz), de Chingú (Oaxaca), d'Escuintla (côte guatémaltèque) et de Kaminaljuyú (Guatemala). En revanche, dans certains centres importants comme la capitale zapotèque de Monte Albán, ou chez les Mayas, avec Tikal ou Copán, l'influence de Teotihuacan semble avoir revêtu un caractère beaucoup plus cérémoniel et prestigieux : on y trouve des représentations d'ambassadeurs teotihuacans et, parfois, les souverains locaux arborent ostensiblement leurs liens, réels ou supposés, avec la grande métropole. Ces relations intenses avec l'ensemble de la Mésoamérique n'allaient pas manquer d'influencer la composition ethnique de la cité, qui attira les populations de diverses régions : Teotihuacan comptait en effet un quartier zapotèque, un quartier veracruzien et probablement un quartier michoacanos. Après plusieurs siècles de splendeur, on vit hélas apparaître les prémices d'une crise qui, de la fin du VIe au début du VIIe siècle, allait entraîner la cité vers un déclin inéluctable. Vers l'an 650, une grande partie du centre monumental fut incendié et détruit, tandis que la plupart des habitants abandonnaient la cité pour le bassin de Mexico. Malgré un repeuplement quasi immédiat, peut-être dû à l'arrivée de populations septentrionales, et bien qu'elle soit longtemps restée le centre le plus peuplé du bassin de Mexico, Teotihuacan ne retrouva jamais sa splendeur passée. Sa chute précipita la crise de l'ensemble du système politique et économique mésoaméricain : en moins de trois siècles, la majeure partie des grandes capitales classiques connurent un sort identique. Parmi les nombreux facteurs qui pourraient expliquer son déclin, citons une bureaucratisation excessive, la rigidité croissante du sys-

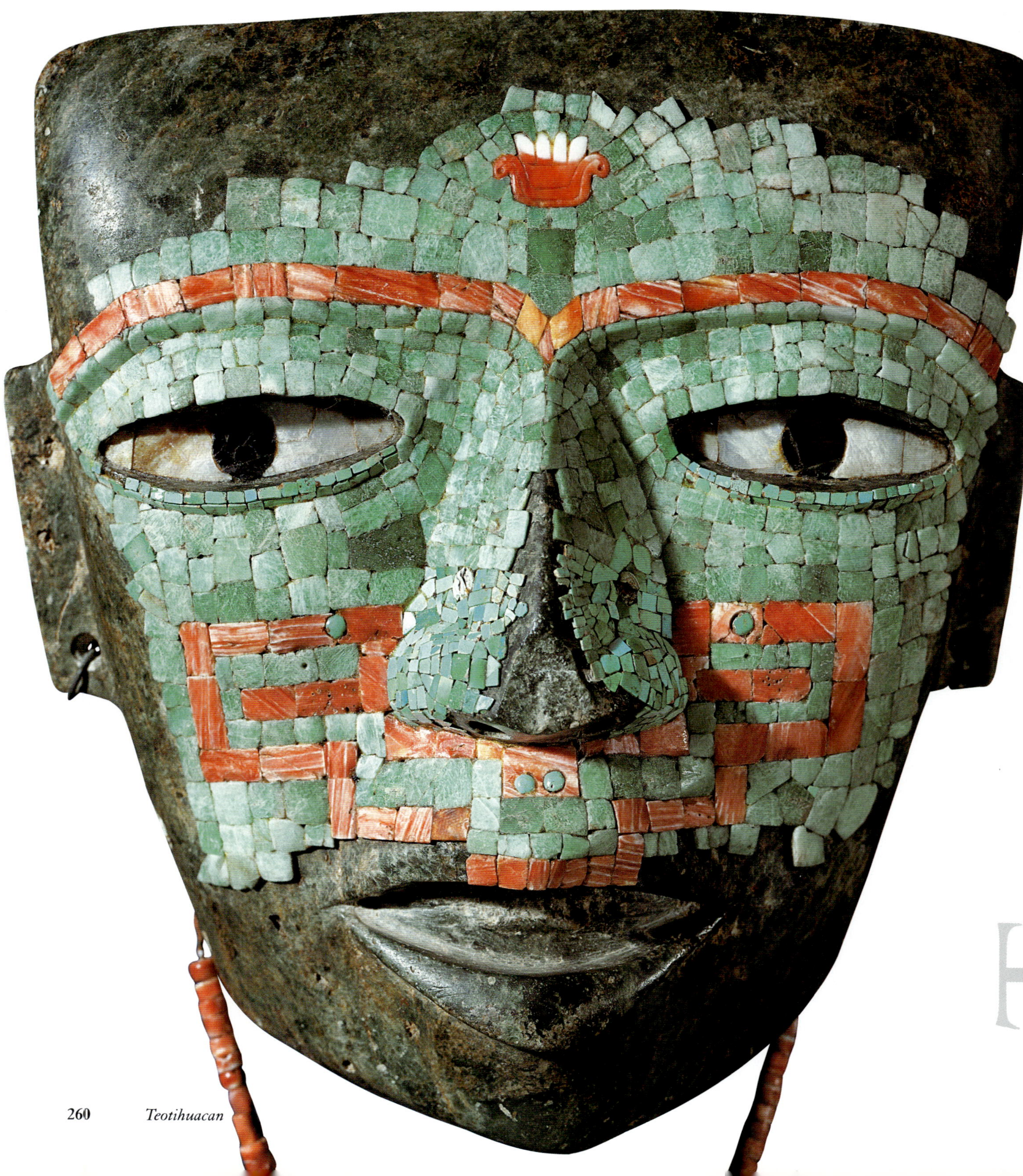

TEOTIHUACAN

tème politique, la déforestation et l'érosion des sols, l'invasion de peuples barbares en provenance du nord et la fermeture des voies commerciales par les centres qui étaient autrefois les alliés de la cité. Ces facteurs sont-ils la cause ou le résultat de l'effondrement du monde mésoaméricain ? Difficile à dire. Une crise est un phénomène complexe, et, dans le cas présent, nous n'en saurons peut-être jamais davantage. Mais malgré sa fin peu glorieuse, Teotihuacan a incontestablement marqué son époque. Certains aspects de son organisation sociale et politique, comme la multi-ethnicité et le gouvernement collectif à caractère territorial, deviendront des traits caractéristiques de la période postclassique d'une grande partie du monde mésoaméricain. En outre, le souvenir de la grande cité sacrée, siège du Serpent à plumes, continua à se perpétuer grâce au mythe de Tollan et aux nombreuses cités postclassiques qui revendiquèrent la fonction de Tollan terrestres. Près de neuf cents ans après sa chute, les Aztèques, nouveaux maîtres du bassin de Mexico, allaient y accomplir des pèlerinages et fouiller ses ruines, auxquelles ils donnèrent justement le nom de Teotihuacan, la cité des Dieux : ils narrent ainsi comment les dieux s'y étaient réunis pour la création du Soleil, qui marque le premier jour de la cinquième ère cosmique. Teotihuacan était encore appelée la Cité où le temps prit naissance.

261 Ci-dessous : Ce masque funéraire fut réalisé en pierre verte, l'un des matériaux les plus prisés dans la Mésoamérique ancienne. La valeur de la pierre verte (nom donné à de nombreux minerais très différents les uns des l'autres était liée à son association symbolique avec l'eau.

261 En bas : Ce masque de terre cuite constituait l'élément central de l'un des célèbres braséros à encens, sorte d'autels pour l'incinération du copal, composés de plusieurs éléments de céramique assemblés. Les grandes boucles d'oreilles et l'ornement nasal, peut-être une allusion au dieu Papillon, sont des symboles de rang.

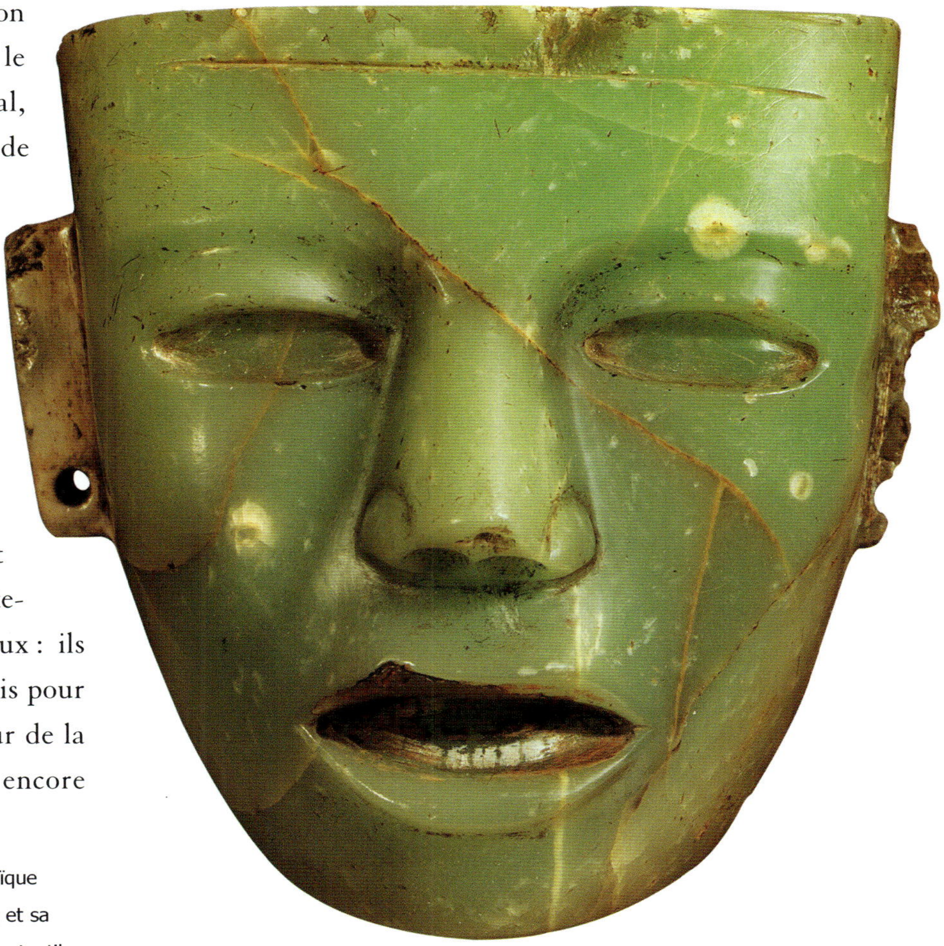

260 Ce masque funéraire en pierre verte est recouvert d'une mosaïque de turquoise, de coquillage et d'obsidienne. Malgré son appellation et sa ressemblance avec d'autres pièces mésoaméricaines, aucun masque teotihuacan n'a été retrouvé dans un contexte funéraire : la vraie fonction de ces objets reste donc un mystère.

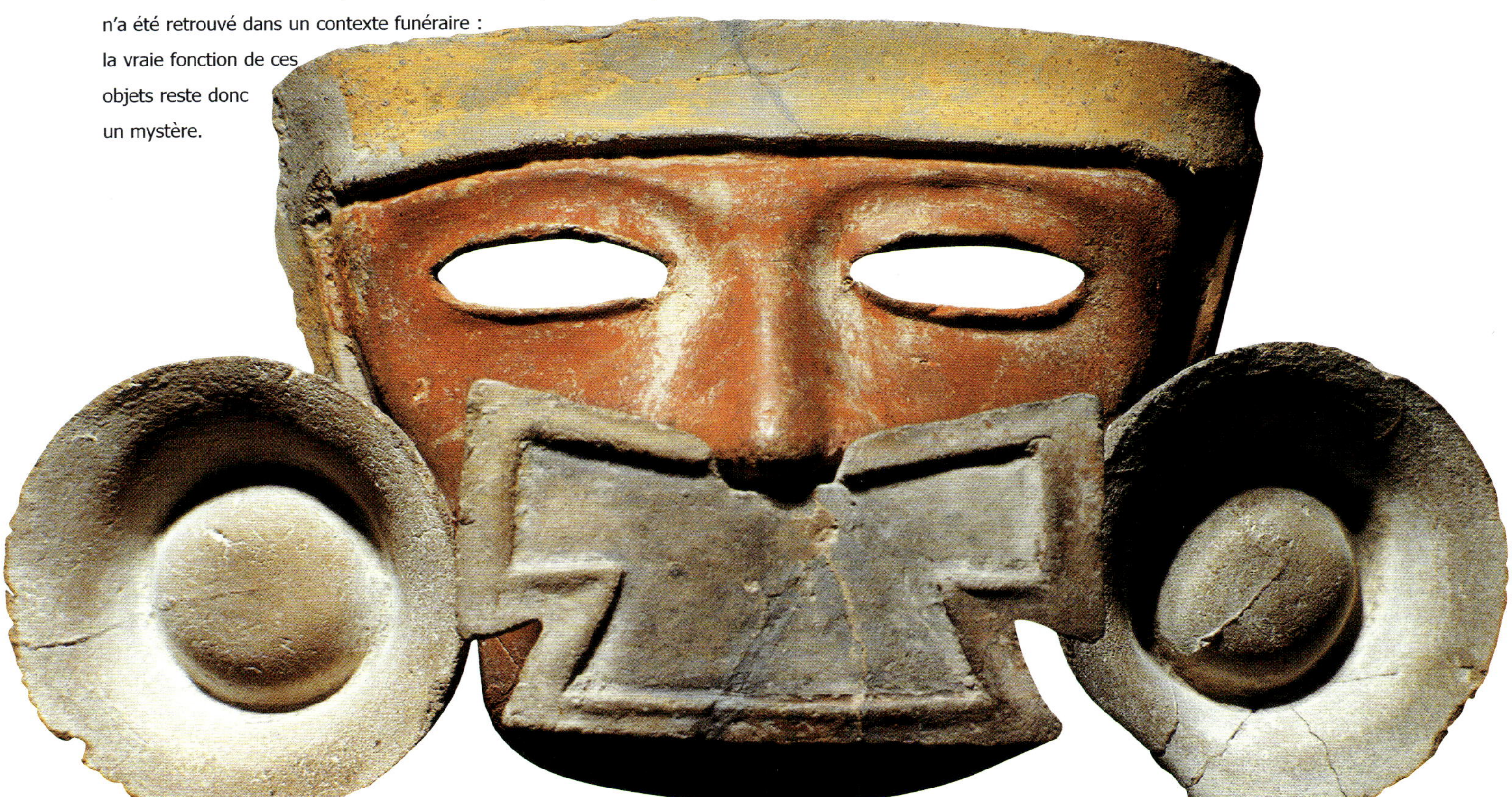

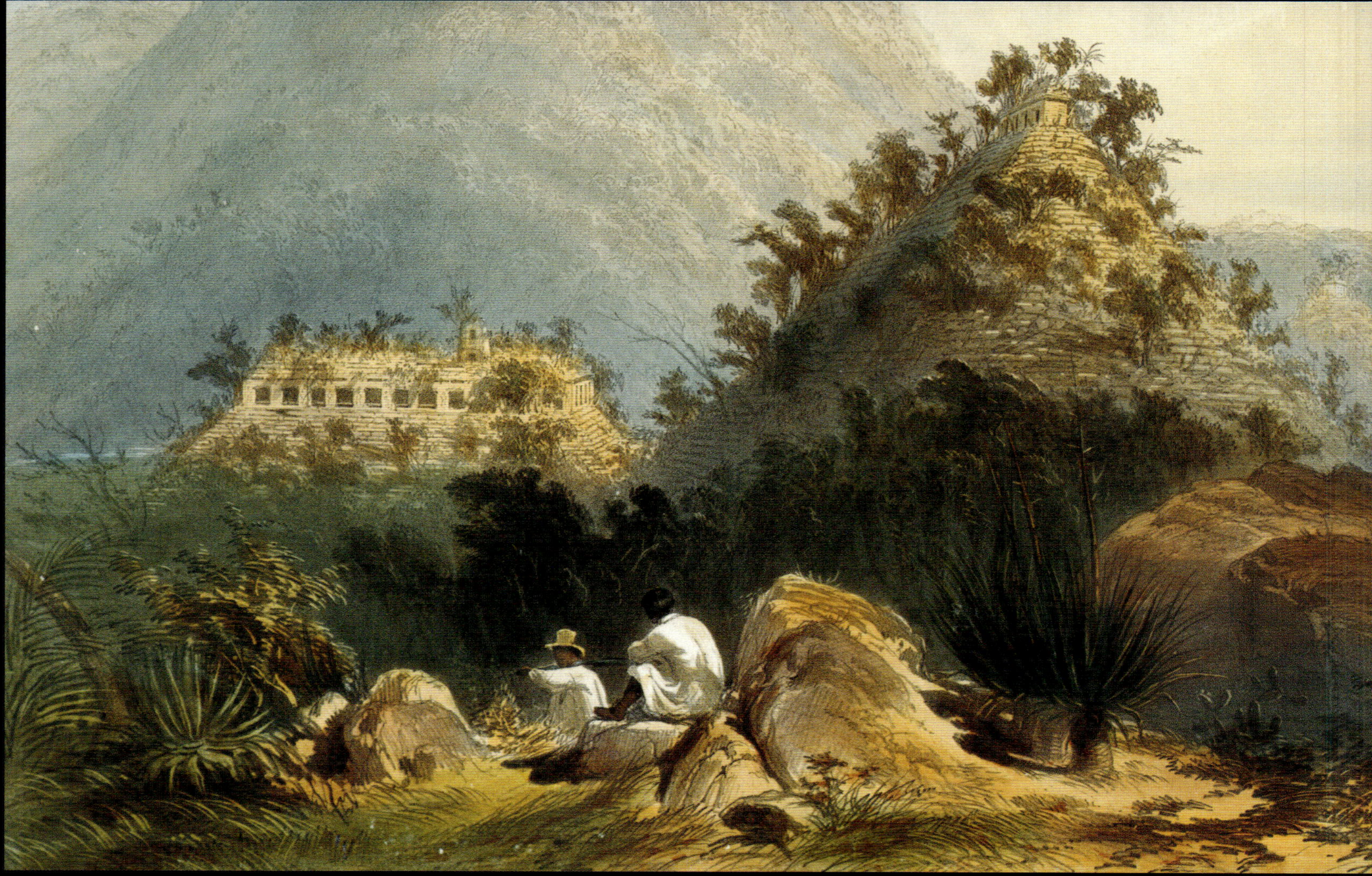

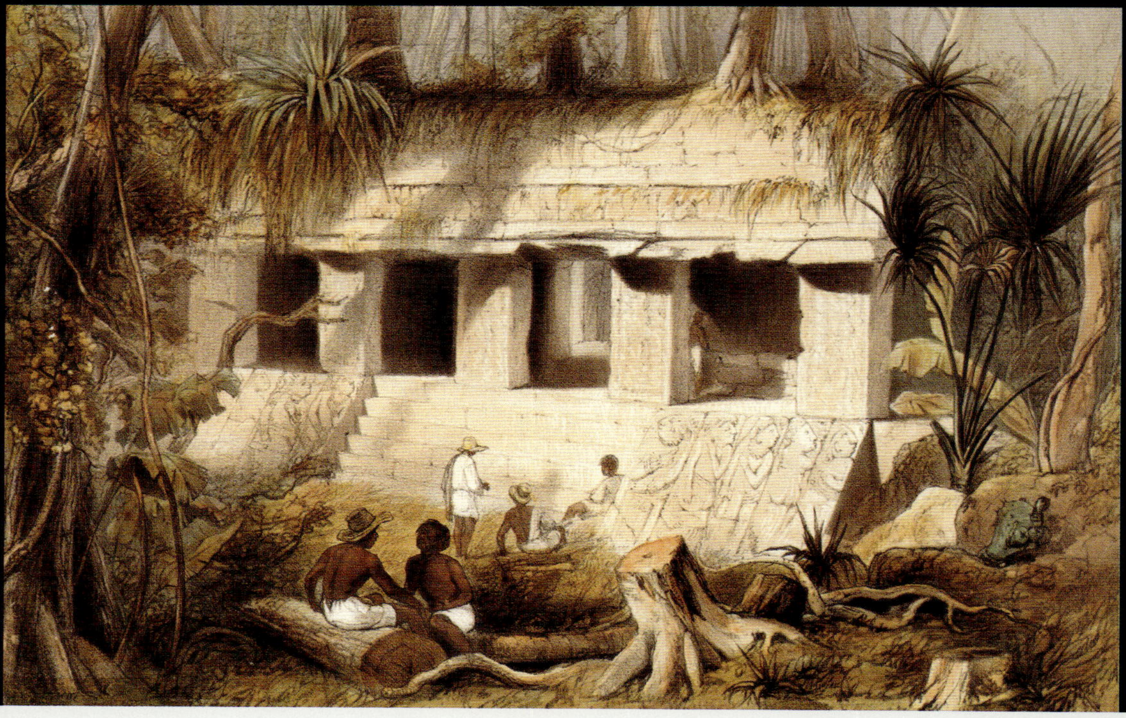

262-263 et 262 en bas : Les voyages de John Lloyd Stephens et Frederick Catherwood, réalisés de 1839 à 1842, ont révolutionné notre connaissance du monde maya. Les illustrations de Catherwood sont en partie à l'origine de ce succès. Sur ces dessins de Palenque, nous reconnaissons, en haut, le temple des Inscriptions et le Palais ; en bas, le patio de la maison C du Palais.

263 En haut : Cette planche de 1786 reproduit les plans et les sections du temple de la Croix et du temple du Soleil.

263 En bas : Sur cette représentation d'un bas-relief de Palenque, le « Beau Relief » dessiné par Waldeck, nous constatons la présence d'éléments inconséquents comme un bonnet phrygien, une flûte de Pan et des signes cunéiformes. Ce style néoclassique est un bon exemple de l'état d'esprit des premiers explorateurs du monde maya, qui associèrent les centres mayas aux cités de la Grèce antique.

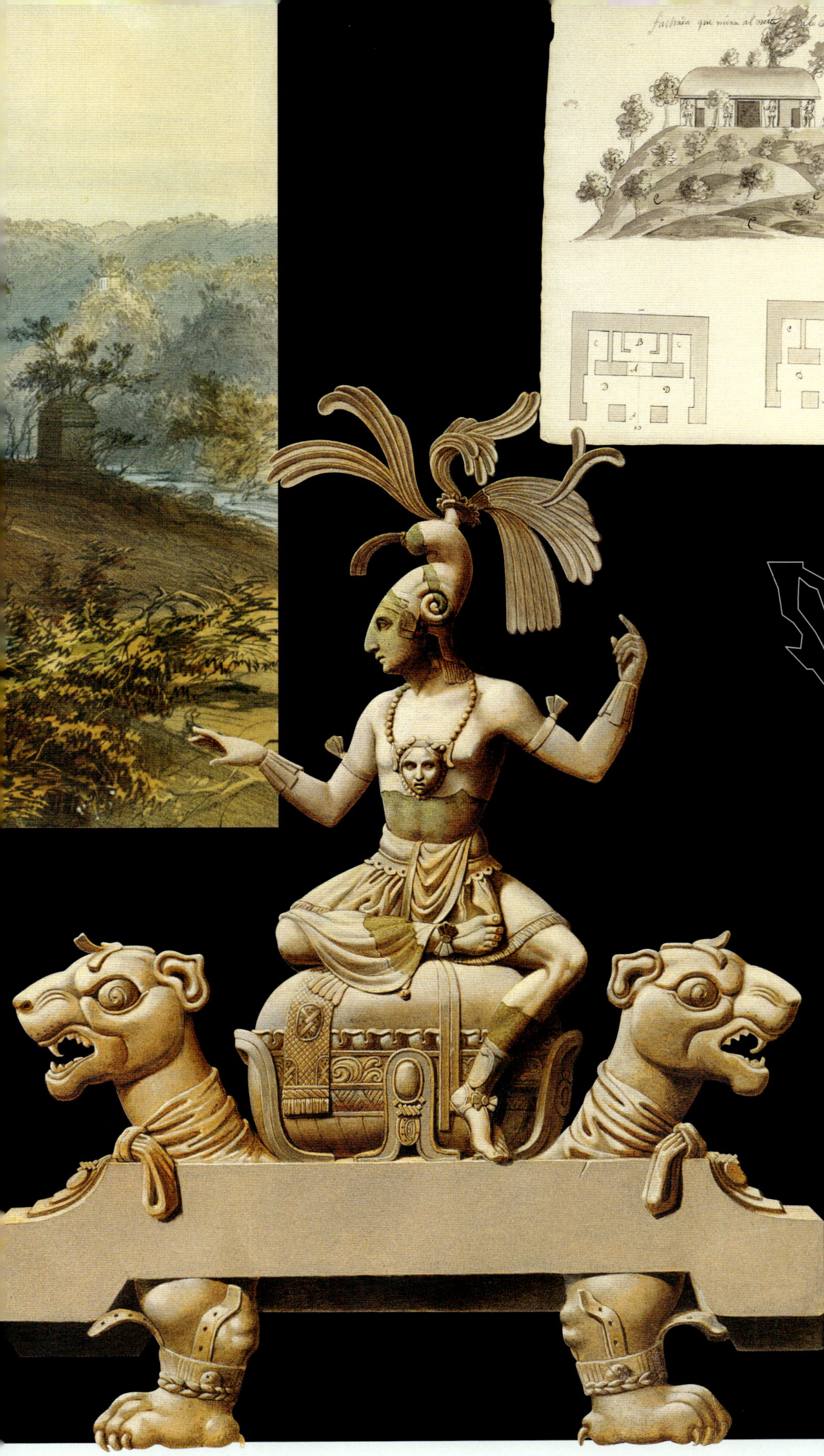

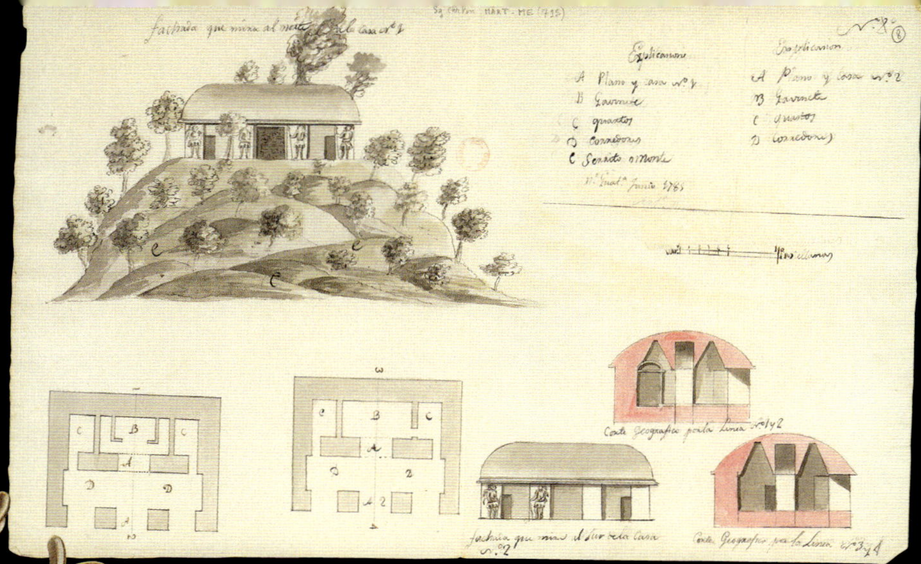

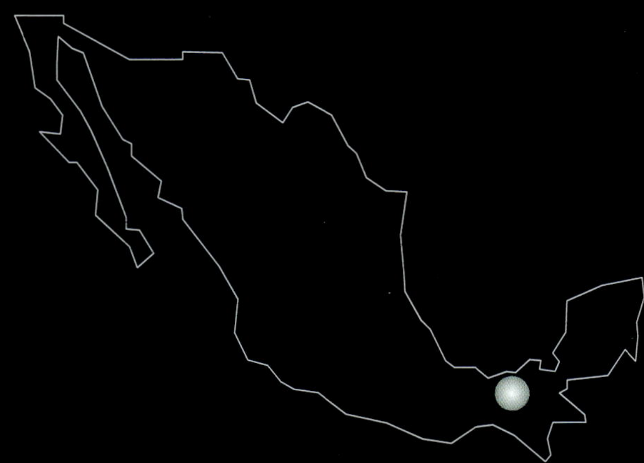

PALENQUE

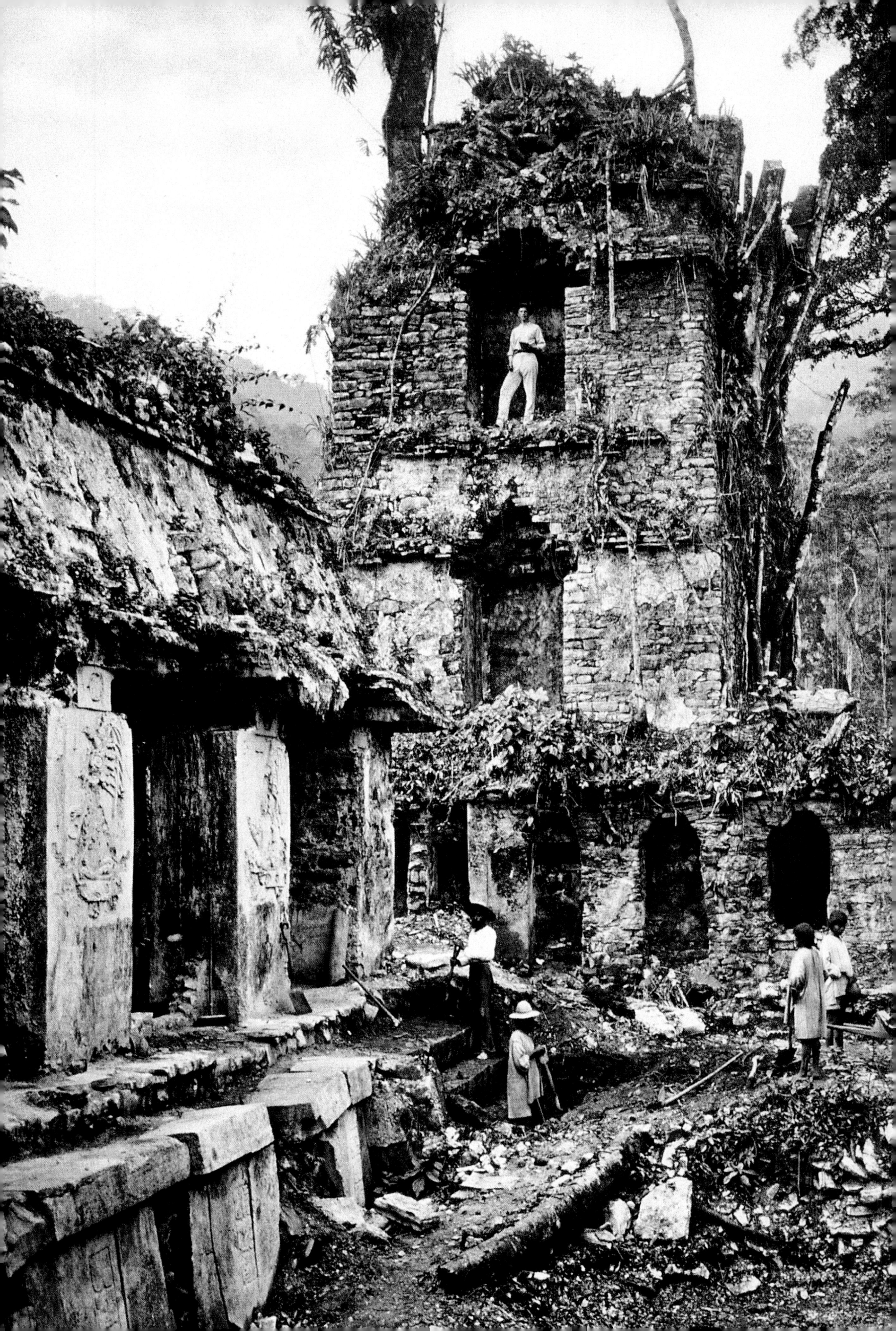

PALENQUE

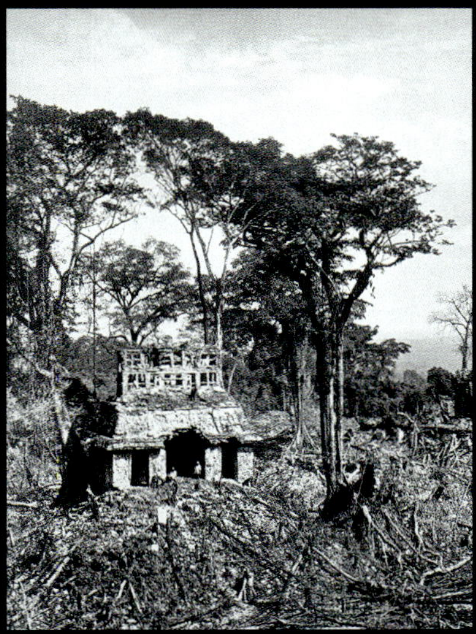

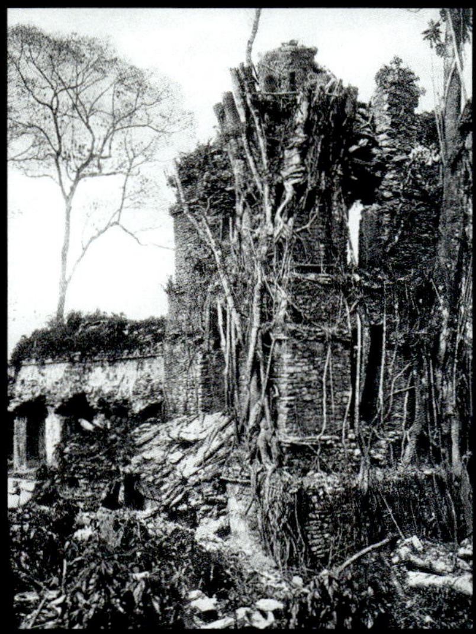

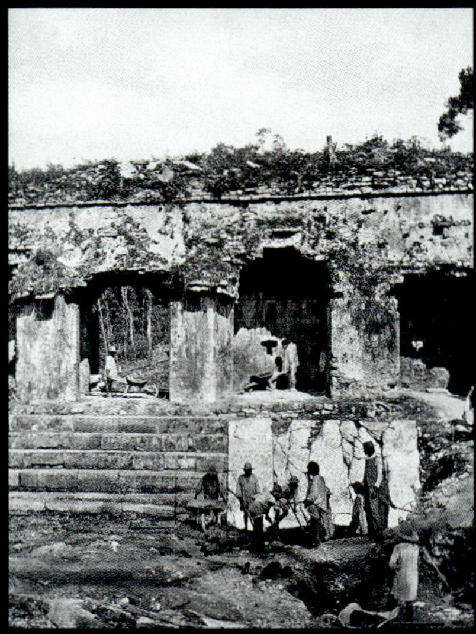

265 Ci-dessus : Le temple du Soleil de Palenque, photographié par Maudslay au cours de ses voyages. Il développa ses planches dans les chambres mêmes des monuments mayas.

265 Ci-dessus : Ce cliché de la tour du Palais est l'œuvre de Maudslay. Les photographies permettent de se rendre compte de l'état de nombreux monuments mayas avant qu'ils soient restaurés.

265 Ci-dessus : Le patio du Palais sur un cliché de Maudslay. Les recherches de l'explorateur furent publiées dans « Biologia Centrali-Americana » (1889-1902).

Par DAVIDE DOMENICI

De tous les centres monumentaux des cités classiques des Basses-Terres mayas, celui de Palenque permet, mieux que tout autre, de déchiffrer l'histoire et les aspirations idéologiques et propagandistes des dynasties royales. Si les chercheurs ont longtemps privilégié l'étude du centre cérémoniel, et en particulier des monuments érigés sous le règne des deux plus grands souverains de Palenque, les fouilles récemment conduites dans la cité révèlent de nouveaux aspects qui enrichissent notre vision de l'urbanisme de Palenque.

En effet, les explorations menées tout autour du centre cultuel ont démontré que la cité antique s'étendait sur une superficie d'environ 350 ha recouverte d'une multitude de complexes résidentiels, d'édifices publics et de temples, pratiquement invisibles aux yeux de l'observateur moderne.

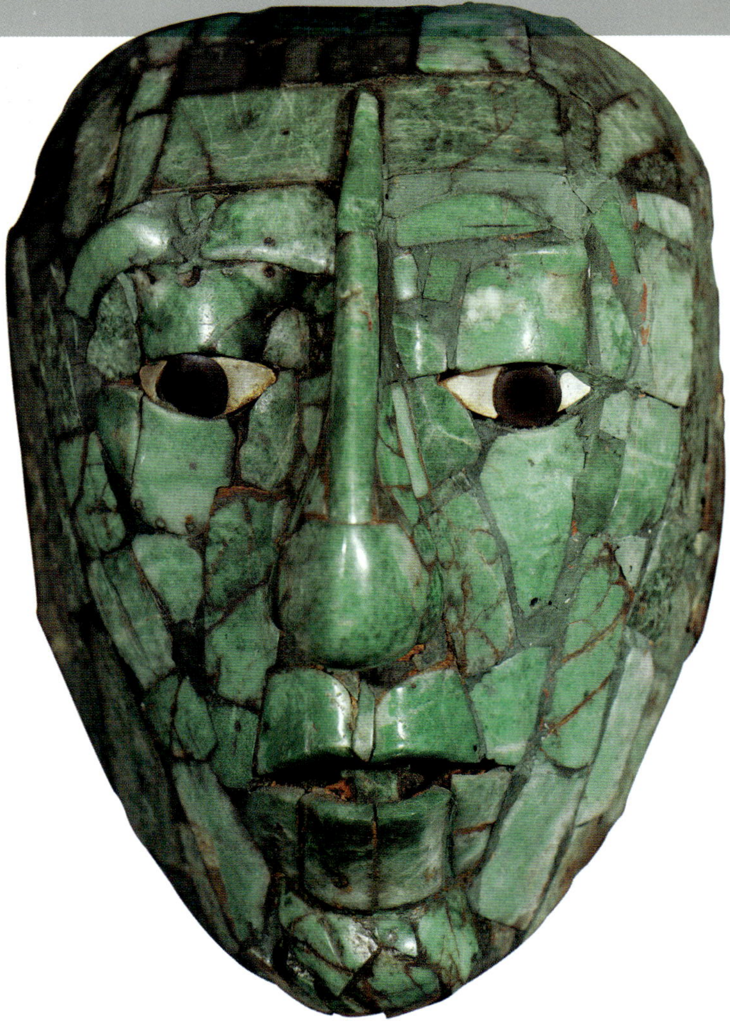

264 Enthousiasmé par la lecture des ouvrages de Stephens et de Catherwood, le grand explorateur Alfred Percival Maudslay fit de nombreux voyages en terre maya de 1881 à 1894. Ce cliché le montre debout, à l'intérieur de la tour du Palais de Palenque.

265 Ci-dessus : Le masque funéraire qui couvrait le visage de Pacal fut réalisé dans une mosaïque de pierre verte, de coquillage et d'obsidienne. Les masques de ce genre sont assez communs dans les sépultures royales du monde maya classique.

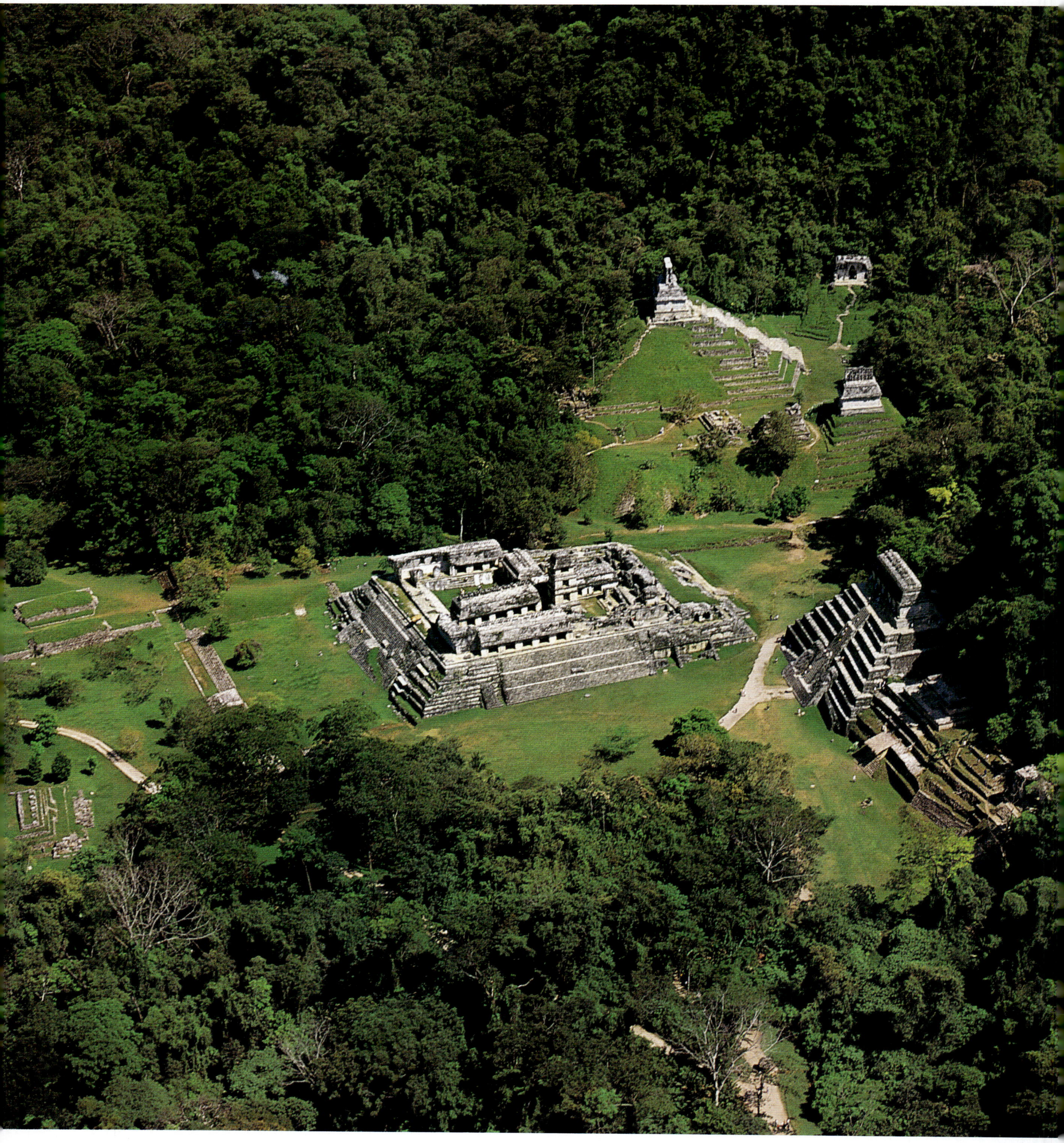

266-267 Cette vue du centre monumental de Palenque nous montre le Palais, le temple des Inscriptions et le temple de la Croix. Cet ensemble, tout comme la zone ouverte au public moderne, ne constitue qu'une petite partie de la cité antique.

267 en haut : Le Palais et le temple des Inscriptions forment le cœur du centre monumental de Palenque. Les exigences de Pacal, le plus célèbre souverain de la cité, sont en grande partie à l'origine de leur construction.

267 Au centre : Cette tête en stuc, peut-être à l'effigie de Pacal, fut retrouvée sous le sarcophage qui hébergeait la dépouille du grand souverain. Elle était accompagné d'un portrait, peut-être celui de son épouse.

267 En bas : Depuis l'écroulement de sa façade, les intérieurs du temple de la Croix-Feuillue, dans le groupe des Croix de Palenque, sont à découvert. Le nom du temple provient de la forme de la plante de maïs (une croix avec des feuilles) qui représente l'*axis mundi* dans le bas-relief central.

Palenque se distingue, dès l'origine, par une tendance à la concentration de sa population, du reste assez insolite dans le monde maya. La cité, fondée vers l'an 150 aux confins d'une plaine fertile traversée de multiples cours d'eau, au nord de l'actuel État mexicain du Chiapas, occupe une position stratégique entre le bassin de l'Usumacinta et la côte du golfe du Mexique. Palenque attira très tôt une population considérable, devenant ainsi un centre d'importance régionale ; son ascension, dans le panorama politique maya de l'époque classique fut favorisée par la fondation d'une dynastie locale, survenue en 431 avec K'uk Bahlum (Jaguar Quetzal).
Lorsqu'en 615 un jeune garçon de douze ans appelé K'inich Janahb' Pacal (Grand Bouclier Soleil) accéda au trône, Palenque – dont le nom originel était Lakamha (« Eau large ») –, était déjà le centre politique majeur de la région du bas Usumacinta. Durant les règnes de Pacal (615-683) et de son fils Chan Bahlum (684-702), Palenque devint une cité maya de tout premier plan dont l'influence politique rivalisait avec celles de Tikal, Calakmul ou Copán. Les stratégies politiques de ces deux souverains de génie se concrétisèrent en un projet urbanistique qui bouleversa le visage de la cité ; on vit alors apparaître, dans les inscriptions et les splendides bas-reliefs qui caractérisent l'art de Palenque, un enchevêtrement inextricable mêlant le mythe, la réalité historique et la propagande politique.

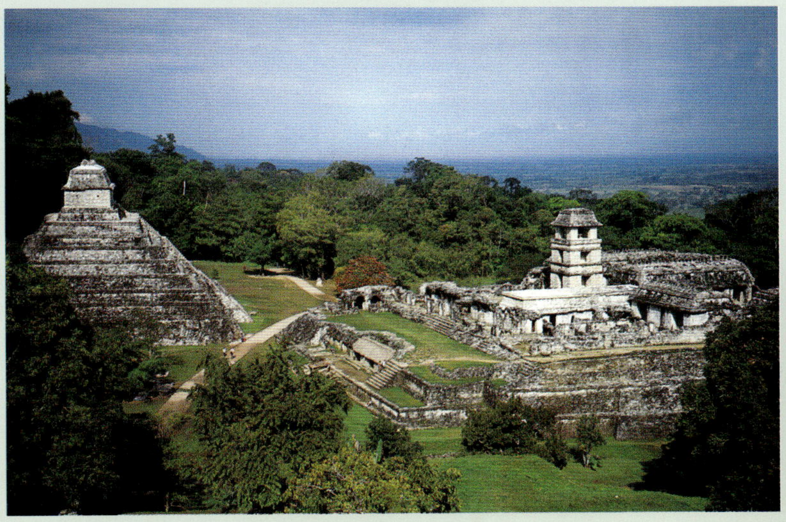

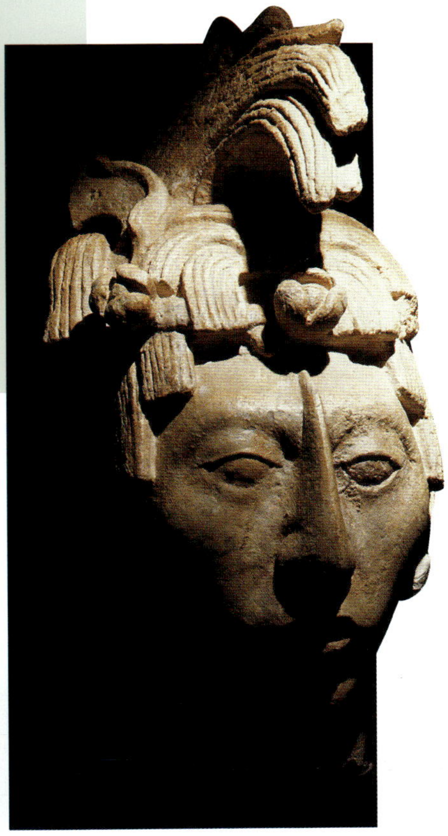

PALENQUE

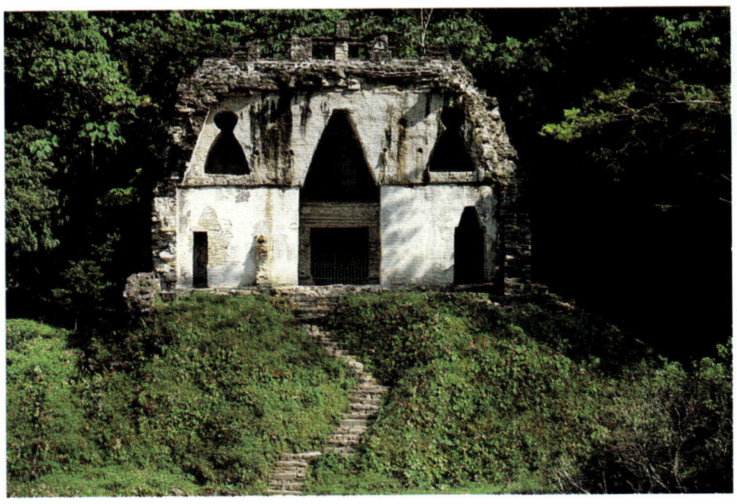

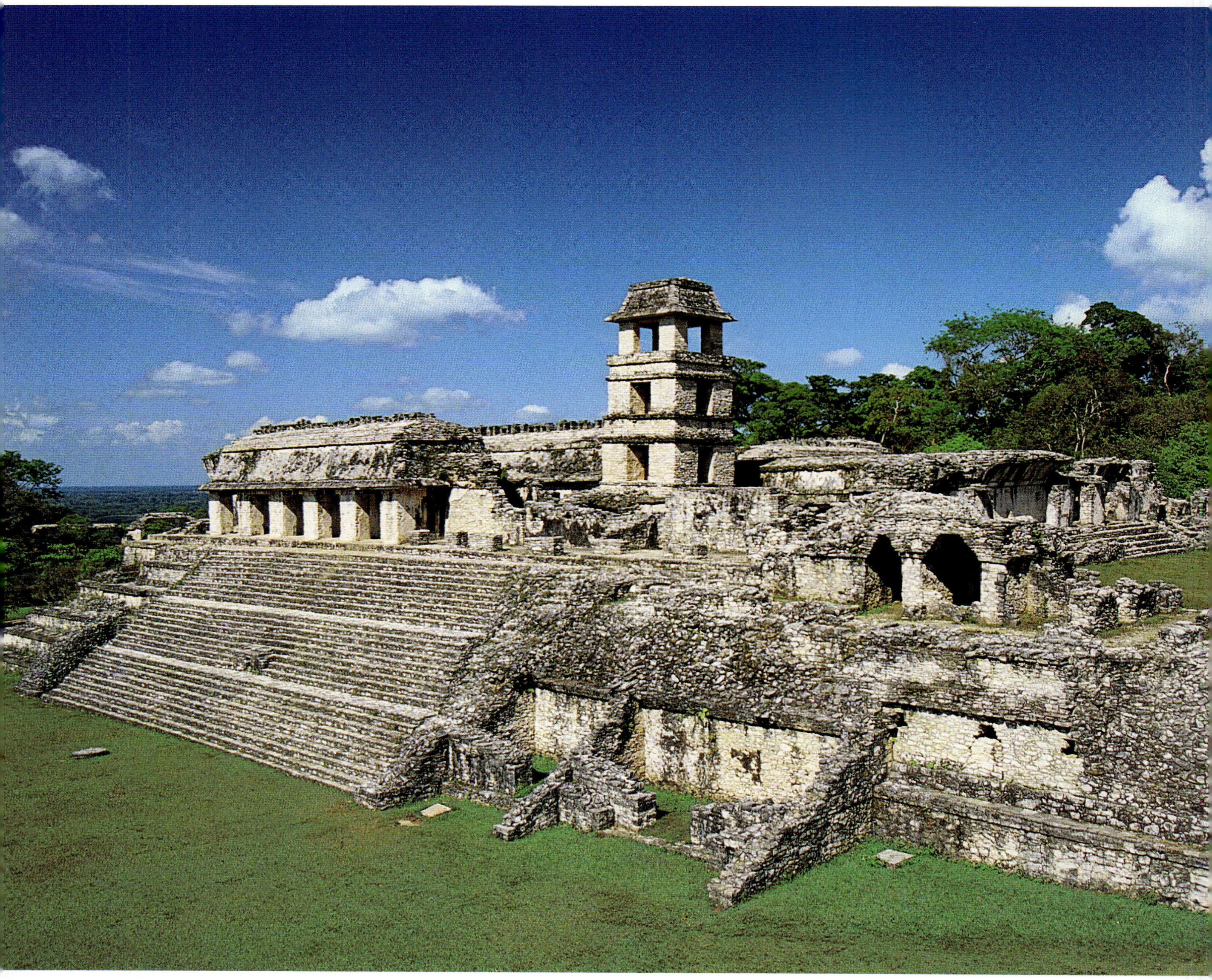

L'extraordinaire beauté des monuments de Palenque nous dévoile ainsi la fonction principale des cités mayas, véritables manifestations du pouvoir politique et de sa nature prétendument surnaturelle.

Pacal fit construire le temple du Comte, le temple Oublié et fit embellir le Palais, le grand complexe de chambres, de couloirs et de patios qui constituait le cœur de la cité et qui tenait lieu de résidence à la famille royale, dont les membres sont représentés dans les bas-reliefs en stuc des piliers. Les bas-reliefs de la maison C du Palais narrent les événements politico-religieux (guerres, sacrifices et observations d'éclipses) auxquels le souverain participa aux côtés de souverains et de nobles de Tikal et de Yaxchilán, les deux grandes alliées de Palenque dans le turbulent panorama politique maya. La scène de l'intronisation de Pacal, qui reçoit la coiffure royale des mains de sa mère Sak Kuk (Quetzal Blanc), est représentée dans la célèbre tablette Ovale qui orne l'un des couloirs du Palais.

Le joyau du programme urbanistique de Pacal fut probablement le temple des Inscriptions, la pyramide que le souverain fit ériger pour recueillir sa dépouille. À l'intérieur du temple qui domine la pyramide, Pacal fit ordonner de grands panneaux ornés d'une longue inscription qui retrace l'histoire de la dynastie locale, dont l'origine, par le biais d'ingénieux mécanismes calendaires, est mise en relation avec un passé mythique peuplé de divinités. Selon certains auteurs, cette opération de propagande est l'œuvre de Pacal, qui voulait justifier son droit au trône, remis en cause par le fait qu'il avait hérité du pouvoir par sa mère et non par son père, comme le voulait la tradition royale maya.

L'escalier qui traverse les neuf gradins de la pyramide – allusion évidente aux neuf niveaux du royaume des

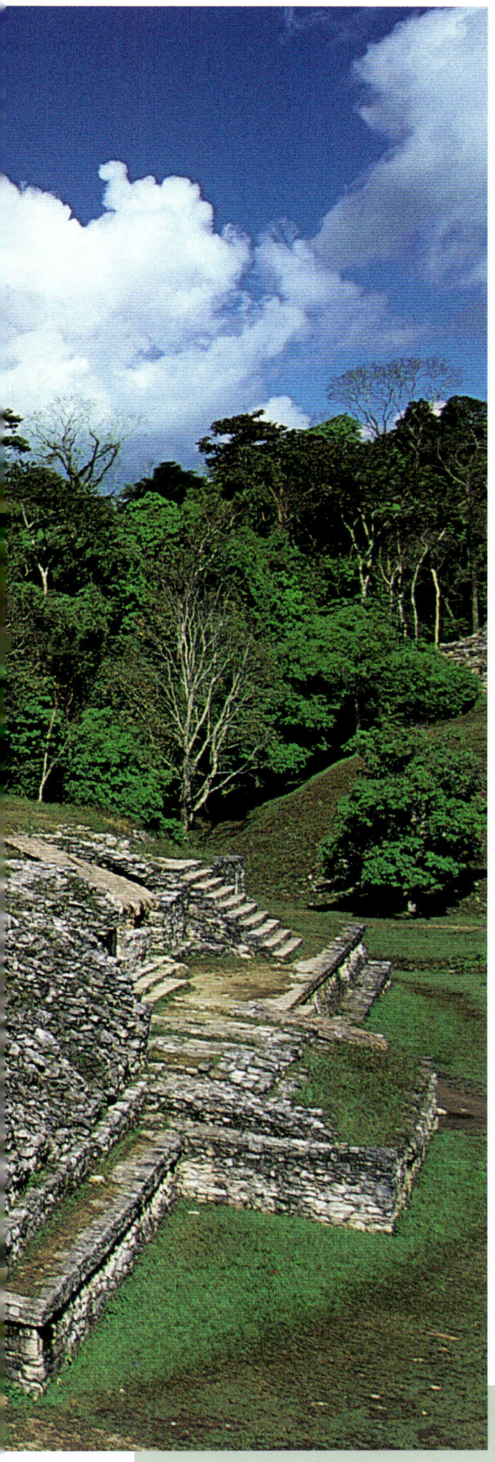

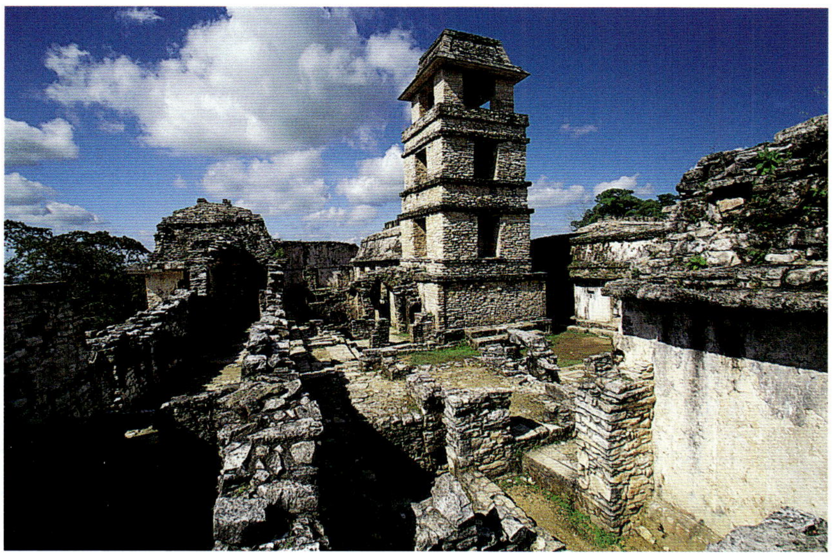

269 Ci-contre : La tour du Palais servait peut-être d'observatoire astronomique, d'où l'on pouvait voir des phénomènes qui assumaient alors une fonction politique et religieuse. Par exemple, une inscription du Palais rappelle que le 7 août 659 Pacal observa une éclipse lunaire en compagnie du souverain de Tikal et du prince héritier de Yaxchilán.

268-269 : Le Palais se dresse sur la place centrale de la cité ; il fut la résidence de la famille royale de Palenque durant de nombreux siècles.

269 Ci-contre : Le dédale de chambres, de couloirs et de patios qui forme le Palais est le fruit de différentes réélaborations. Les deux patios étaient peut-être le théâtre de cérémonies civiques et religieuses, comme en témoignent plusieurs inscriptions glyphiques.

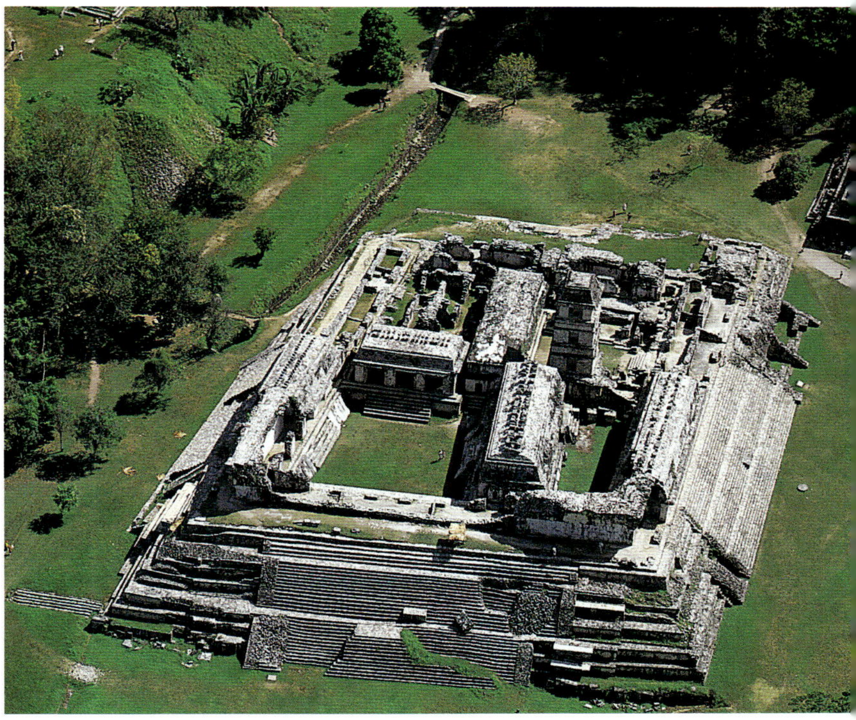

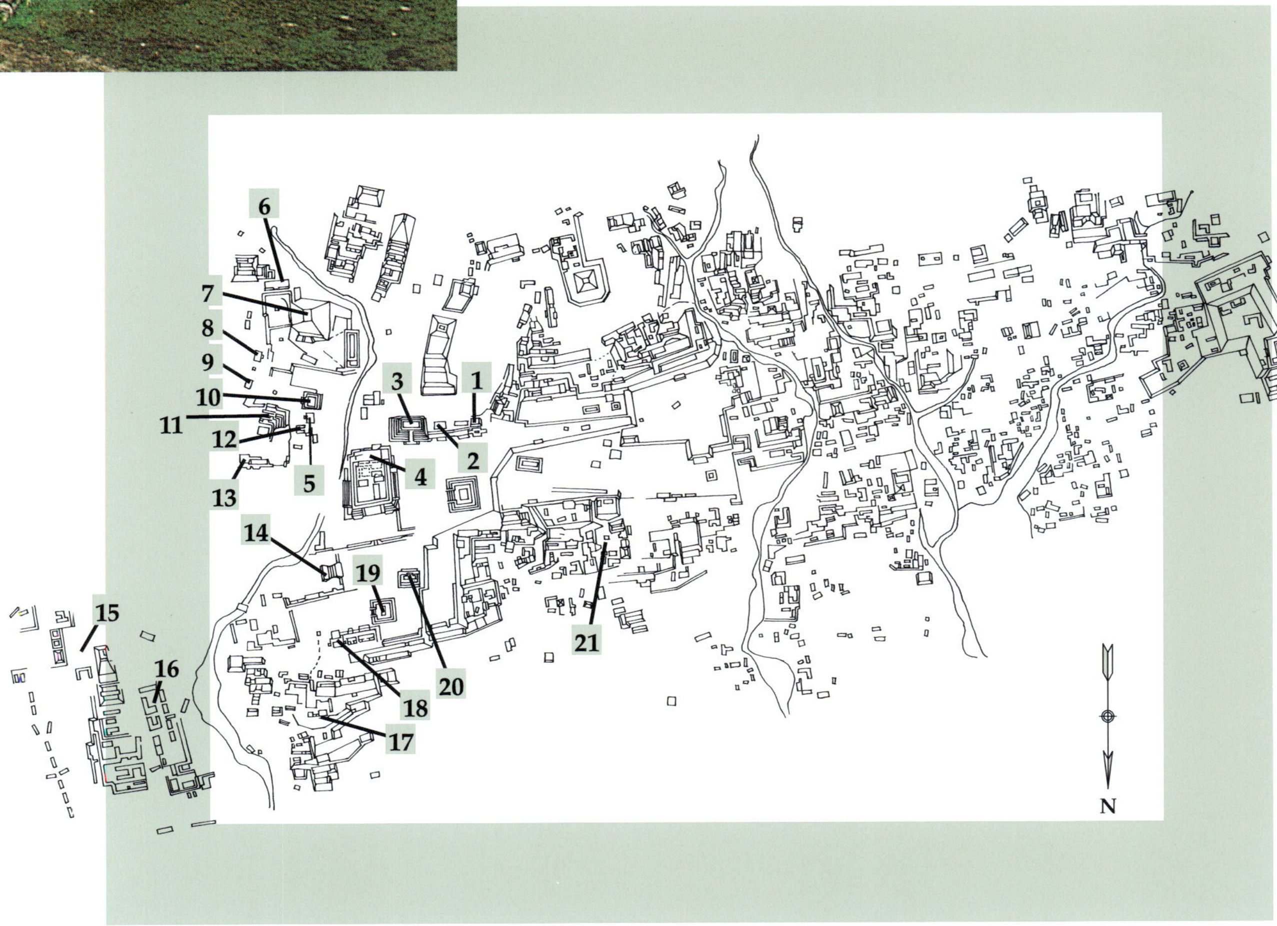

1) Temple XII
2) Temple XIII
3) Temple des Inscriptions
4) Palais
5) Temple XIV
6) Temple XIX
7) Temple XX
8) Temple XVII
9) Temple de la Croix-Feuillue
10) Temple du Soleil
11) Temple de la Croix
12) Groupe XV
13) Groupe XVI
14) Jeu de pelote
15) Groupe C
16) Groupe B
17) Groupe I et II
18) Groupe Nord
19) Temple du Comte
20) Temple X
21) Groupe IV

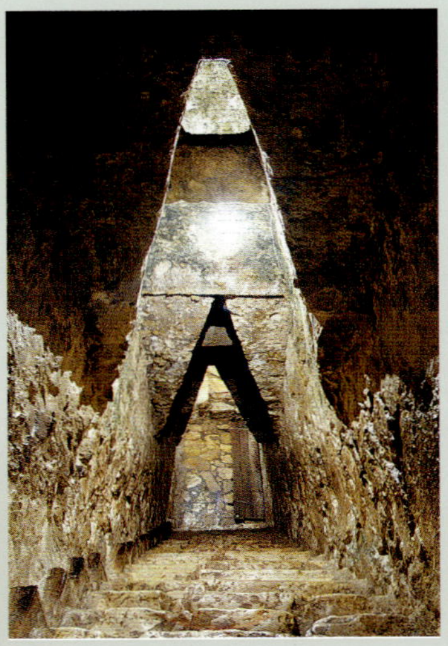

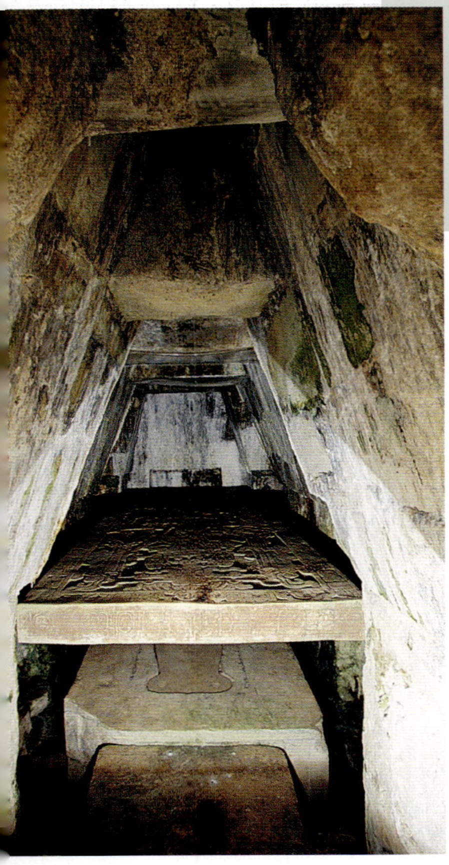

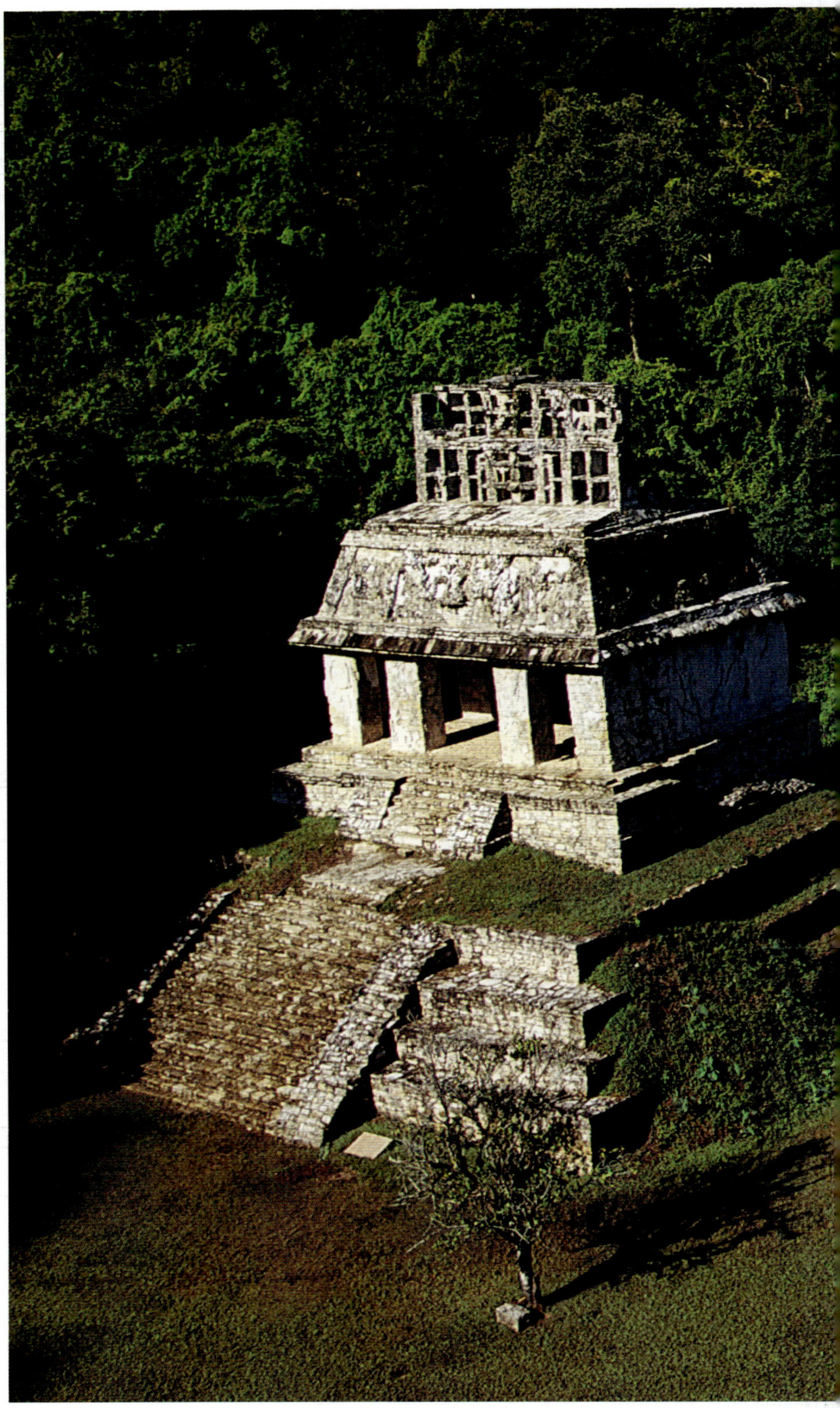

270 Ci-dessus : Cet escalier descend dans le temple des Inscriptions pour conduire à la crypte de Pacal. On remarque à gauche des marches le fameux conduit d'air, un canal creux qui relie la chambre funéraire à l'extérieur du temple.

270 Ci-contre : Dans la chambre funéraire de Pacal se trouve le sarcophage avec son couvercle monolithique partiellement soulevé.

270-271 Le groupe des Croix, avec, au fond, le temple des Inscriptions. Le groupe fut construit par Chan Bahlum et représente le pivot de sa stratégie de propagande, liée à celle qu'avait inaugurée son père Pacal.

270 Ci-dessous : Le temple des Inscriptions fut construit pour accueillir la tombe de Pacal. Le sarcophage monolithique fut placé *in situ* avant la construction du temple. Les neufs gradins de la pyramide symbolisent les neufs niveaux du royaume des morts.

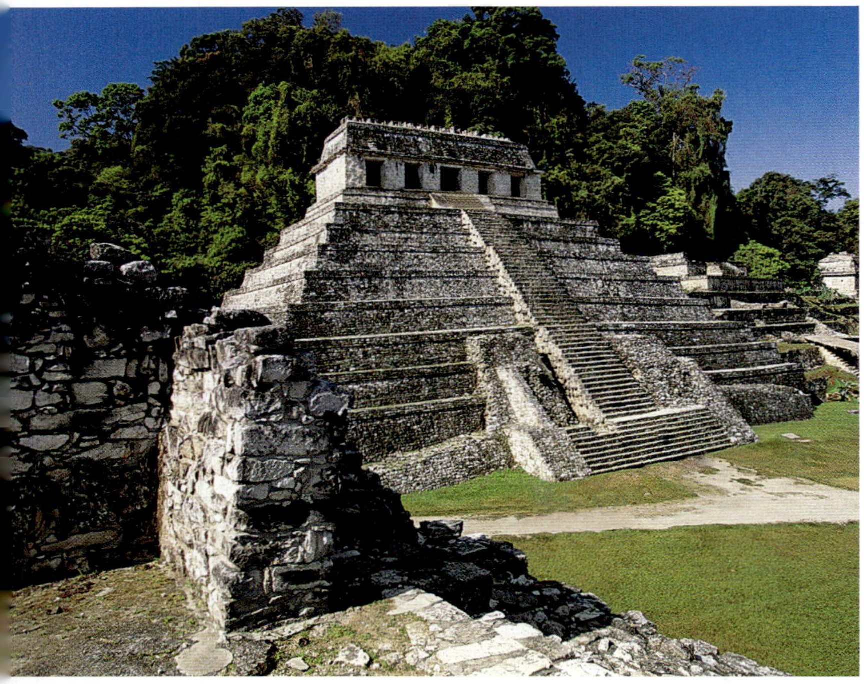

morts – conduit à la chambre funéraire de Pacal proprement dite, où l'on a retrouvé, à l'intérieur d'un grand sarcophage monolithique, le corps du souverain ainsi qu'un somptueux trésor funéraire composé de centaines d'objets de jade. Sur les murs de la crypte et sur les côtés du sarcophage, une série de bas-reliefs figurent les ancêtres de Pacal, tandis que le couvercle monolithique est orné de l'effigie du souverain – identifié au dieu du maïs – lors de sa descente dans le royaume des morts.

Après le décès de Pacal, Chan Bahlum entama un nouveau programme architectural dont l'aboutissement est le groupe des Croix, le complexe dominé par le temple de la Croix, le temple de la Croix-Feuillue et le temple du Soleil. Les bas-reliefs de ces trois temples offrent

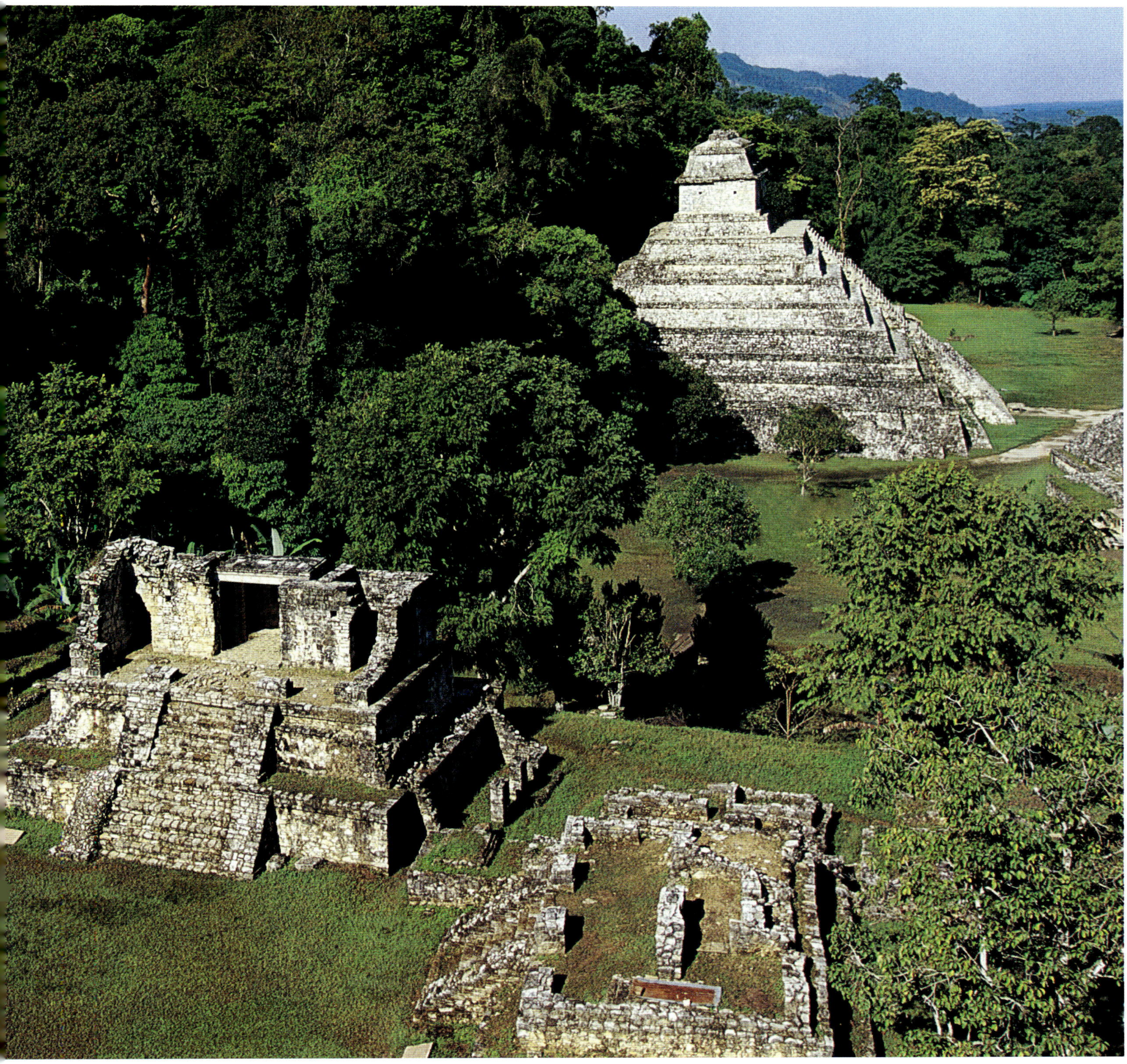

plusieurs représentations de Chan Bahlum recevant les insignes du pouvoir des mains de son défunt père, ainsi qu'une véritable glorification du pouvoir royal et de ses implications célestes, terrestres et guerrières.

Les récentes fouilles archéologiques ont mis au jour de nouveaux trésors de l'art de Palenque, comme la tombe de la Reine rouge (près du temple des Inscriptions) ou les édifices XIX et XX du groupe des Croix, décorés de panneaux en bas-reliefs dont les thèmes sont encore une fois liés au pouvoir politique.

Une autre découverte est particulièrement intéressante, celle du groupe XVI, considéré comme la résidence temporaire des « gouverneurs provinciaux », administrateurs de centres gravitant dans l'orbite politique de Palenque, comme Tortuguero ou Jonuta. Ces nobles, apparentés à la dynastie régnante, avaient donc leur propre résidence dans la cité, ce qui nous confirme que Palenque était le siège, à la fois royal et symbolique, du pouvoir politique de la région.

Mais selon certains auteurs, la présence de nobles de rang mineur dans les ornements de la cité constitue un signe de l'affaiblissement progressif de la dynastie de Palenque. Après la mort de Chan Bahlum, le nouveau souverain Kan Xul II fut fait prisonnier et sacrifié sur les autels de Toniná, une cité ennemie. Les souverains successifs gouvernèrent un royaume voué à disparaître et, à la fin du VIIIe siècle, la cité fut abandonnée. Celle qui était sans aucun doute la plus subtile manifestation du pouvoir sacré des souverains mayas fut alors envahie par la jungle tropicale.

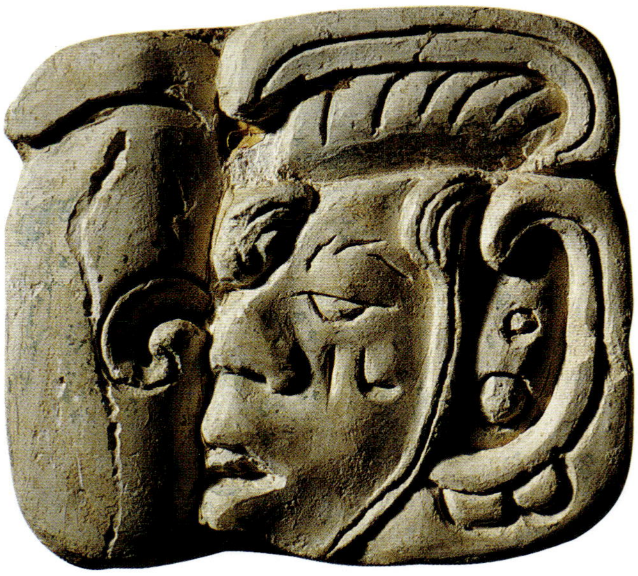

Palenque

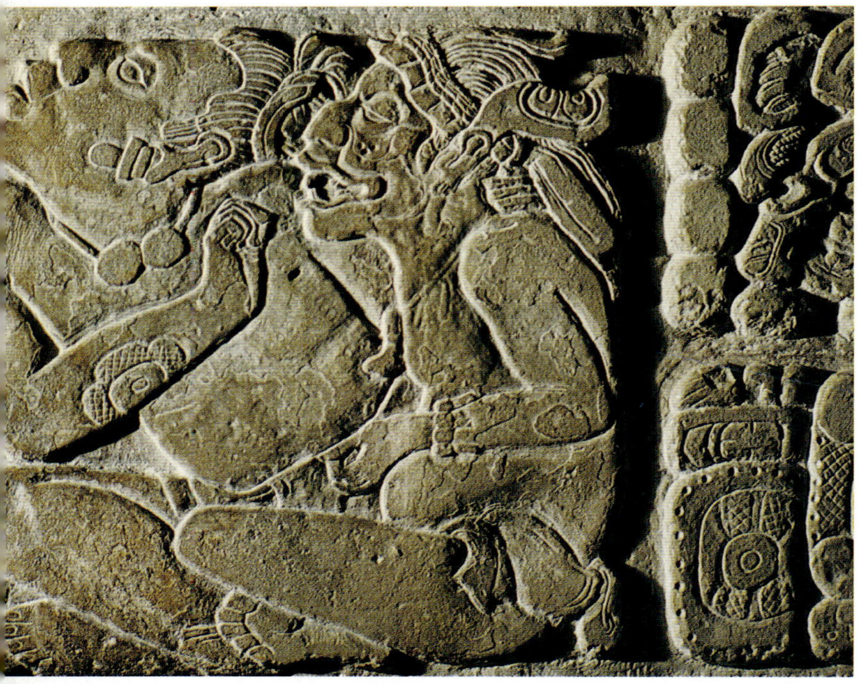

272 Ci-dessus : La composition de textes monumentaux, obtenus par l'assemblage de glyphes en stuc, est un trait distinctif de l'art de Palenque.

272 Ci-contre : Ce couple de personnages signifie « zéro jour »: le personnage de gauche représente le zéro, comme l'indique les fleurs sur son bras, tandis que celui de droite est un singe qui indique « jour ». La méthode utilisée pour l'écriture des dates et des nombres, appelée « à personnage entier », était la plus noble et la plus complexe parmi celles que les scribes mayas avaient à leur disposition. En bas à droite, on aperçoit une partie du glyphe nominatif de Pacal.

273 Détail de la tablette des Esclaves (730), où est représenté le visage de la mère de Chak Zutz' (Chauve-souris rouge) au moment où elle lui tend un bouclier-silex, un insigne traditionnel du pouvoir.

272 Ci-contre : La partie gauche de ce détail du Panneau du Palais, daté de 721, représente Kan Xul, le deuxième fils de Pacal, alors que ses parents défunts lui remettent les insignes du pouvoir ; dans la partie droite se tient sa mère, Dame Ahpo Hel. Le personnage central est entouré de colonnes de texte.

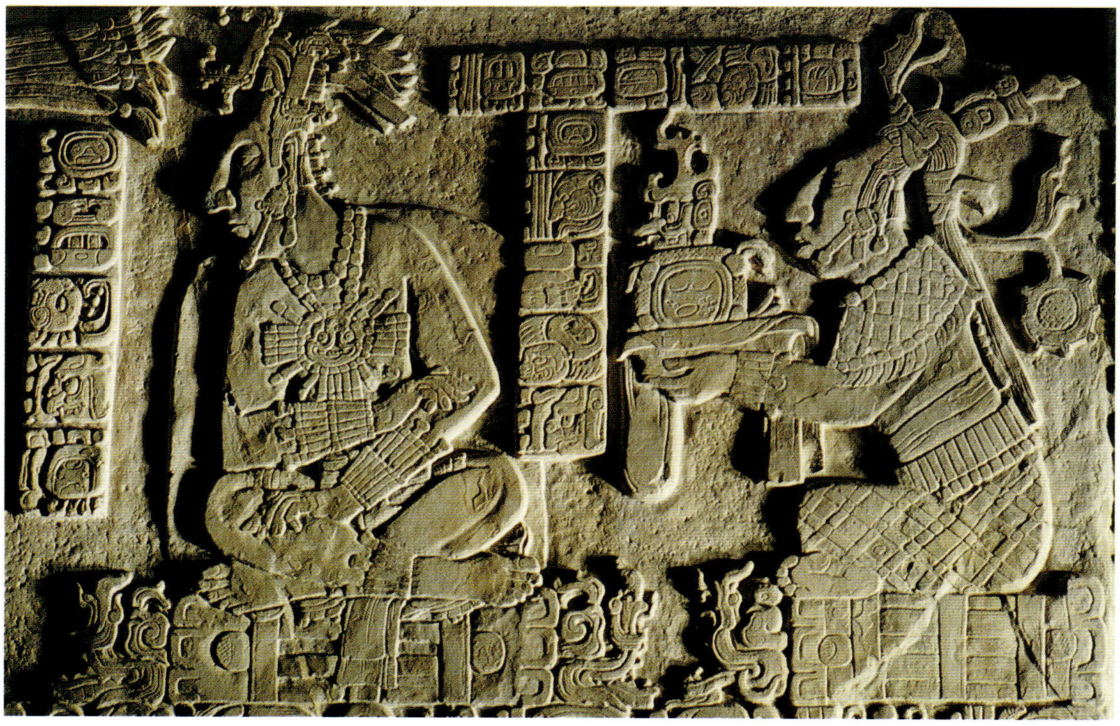

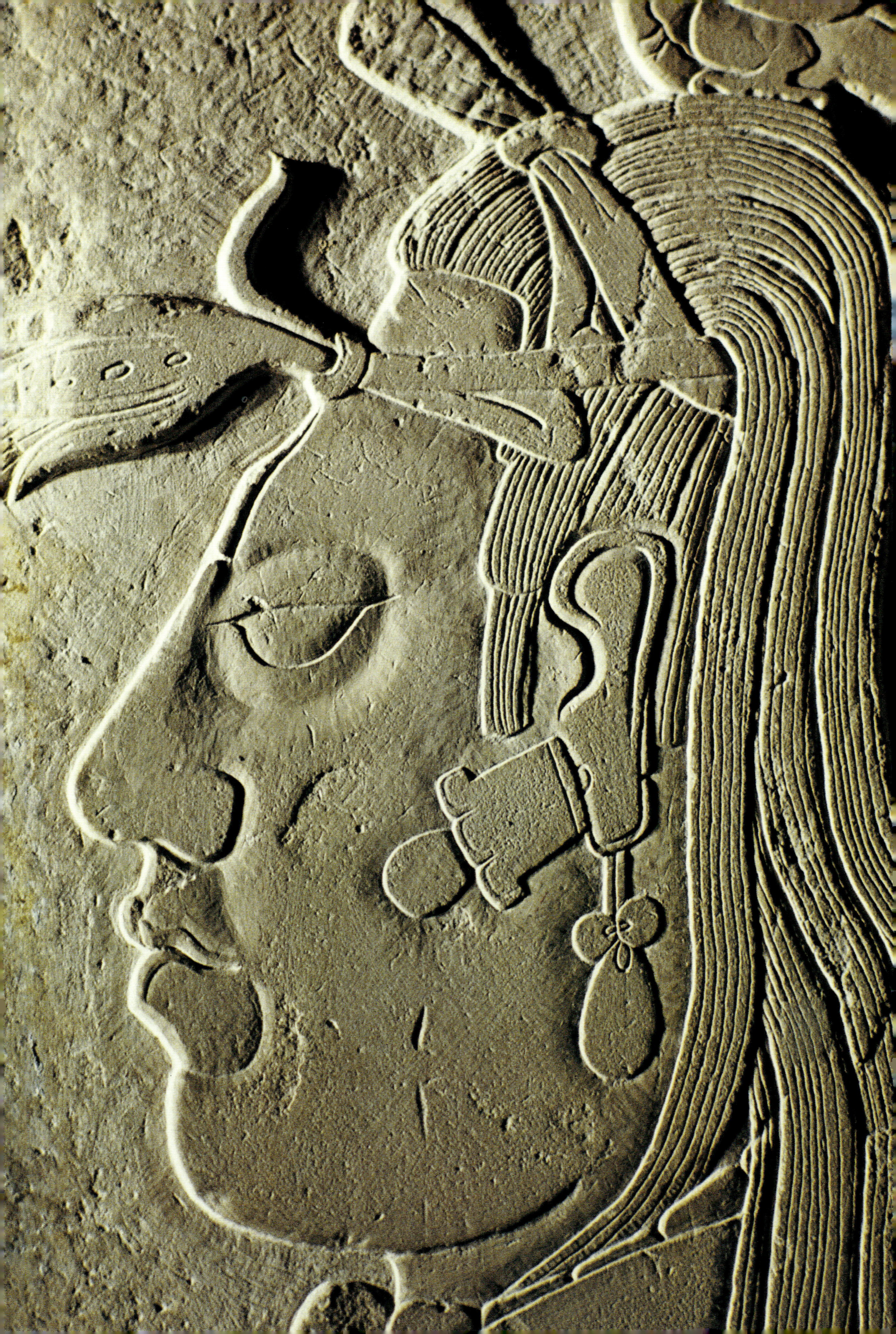

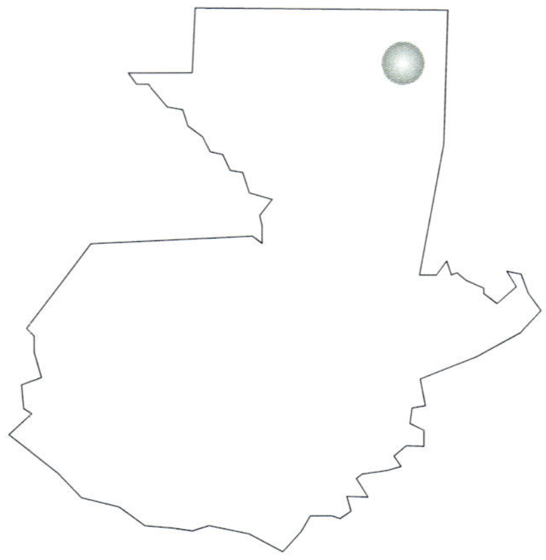

TIKAL

Par DAVIDE DOMENICI

L'urbanisme des centres mayas a longtemps fait l'objet d'un débat controversé. À cet égard, Tikal est probablement, de tous les sites, celui qui a suscité la plus vive polémique. Si, en termes d'habitations, la densité de Tikal était effectivement fort basse – caractéristique typique de ce qu'il est convenu d'appeler l'urbanisme maya –, ses dimensions, sa monumentalité et sa population en font néanmoins un cas exemplaire, où nous lisons, à travers son histoire, les dynamiques de formation et de croissance de la plus importante des cités mayas. L'incomparable place centrale de l'antique Motul (« Cheveux relevés en chignon »), dont les hautes pyramides surplombent la jungle, fut le théâtre principal d'une grande partie de la vie politique et religieuse des mayas de la période classique. Les souverains qui la bâtirent s'illustrèrent au cours de nombreux siècles d'alliances et de guerres qui conduisirent Tikal à exercer une domination écrasante qu'aucune autre cité maya ne parvint jamais à égaler.

274 Ci-dessous : Un masque funéraire en pierre verte, coquillage et pyrite, retrouvé dans une sépulture royale de Tikal. Ces précieuses matières premières étaient importées de régions lointaines pour confectionner ce genre d'objets, véritables symboles de statut social et de pouvoir.

275 C'est dans la zone comprise entre la pyramide du Monde Perdu de Tikal et le temple IV que les premières phases architectoniques de la cité ont été mises au jour.

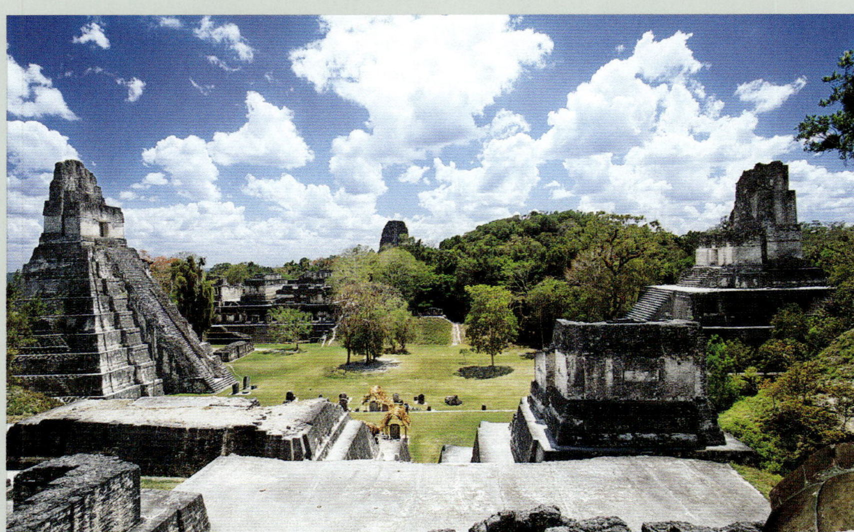

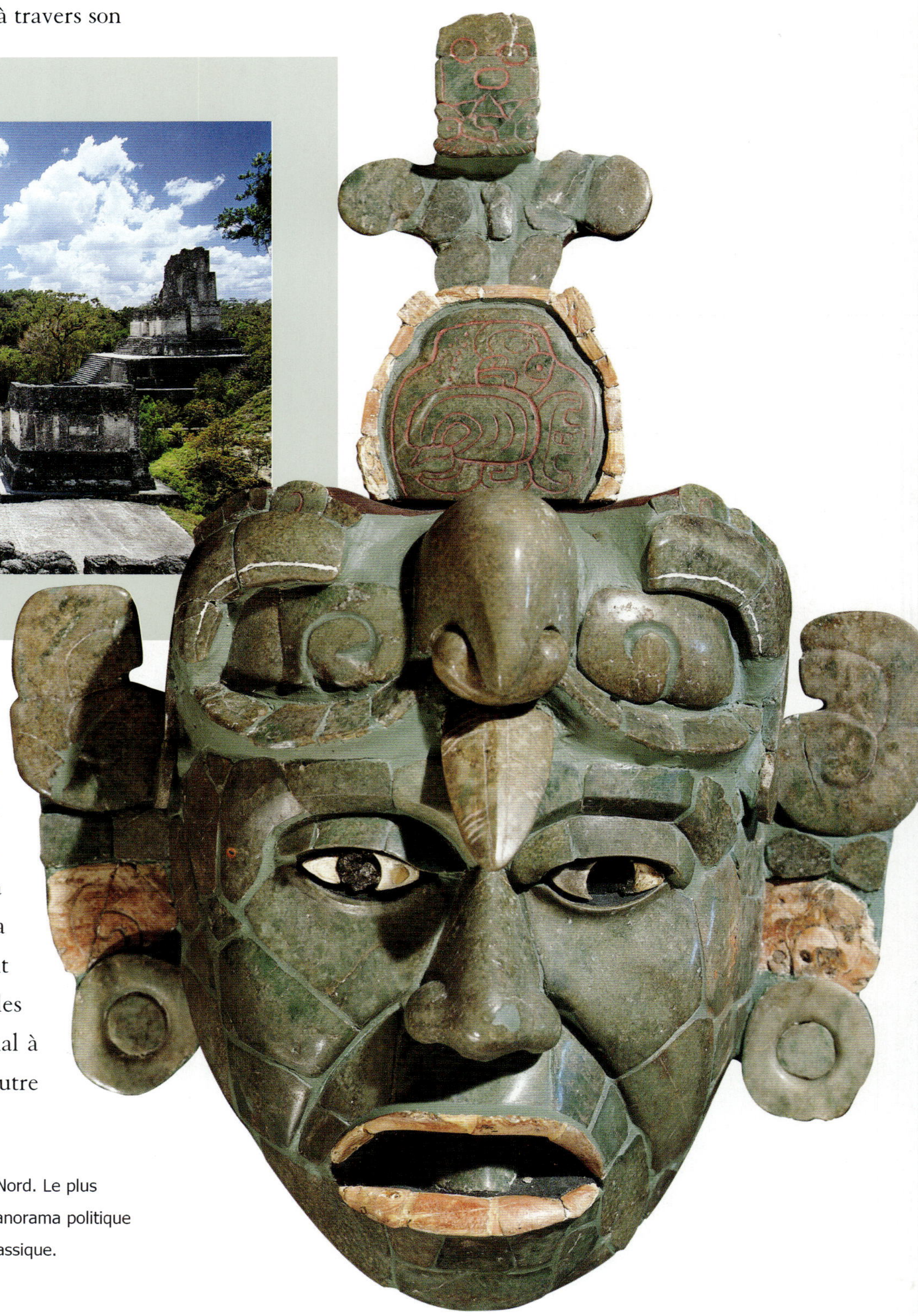

274 Ci-dessus : La place centrale de Tikal vue de l'acropole Nord. Le plus imposant et le plus puissant des centres mayas domina le panorama politique des Basses-Terres durant une grande partie de la période classique.

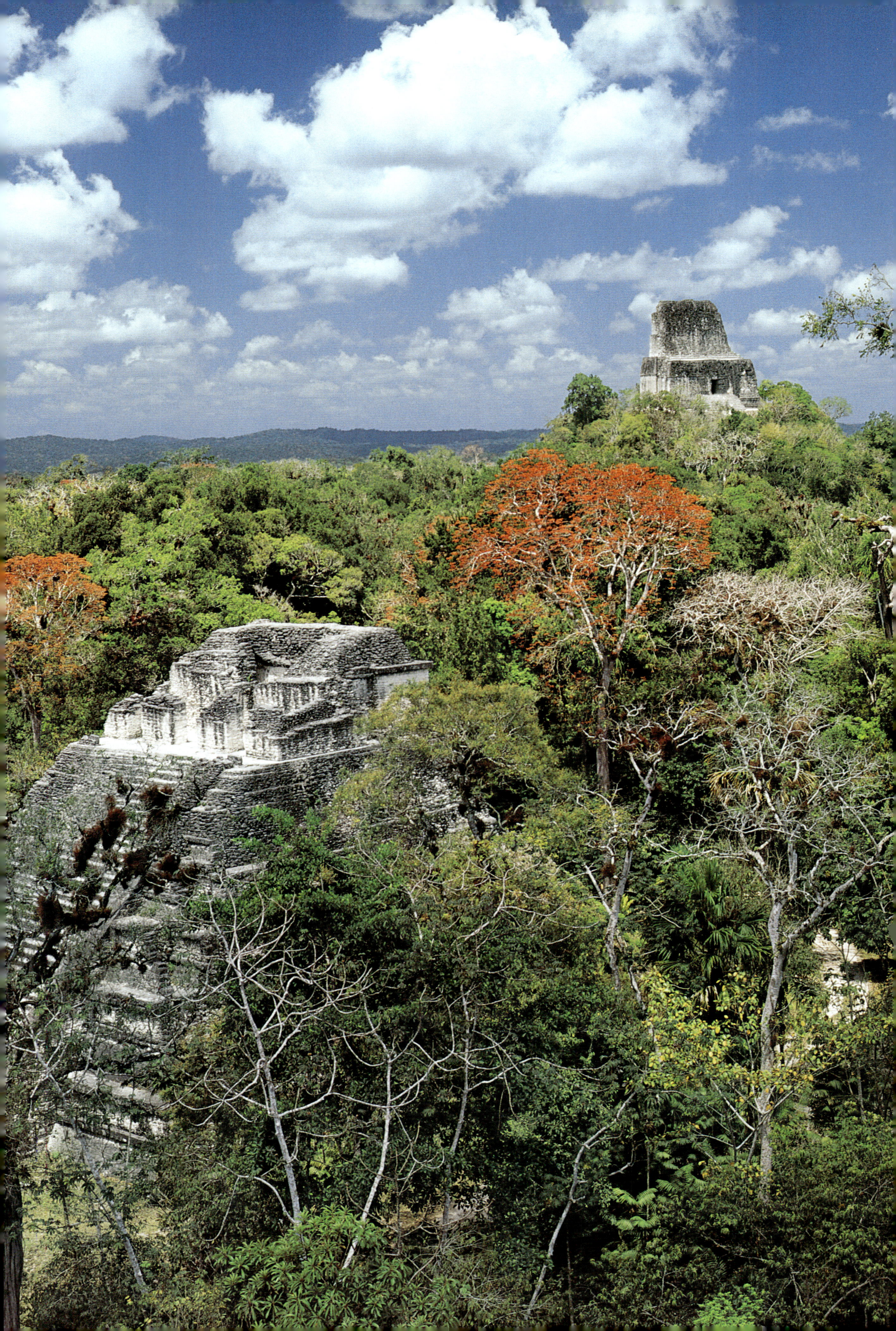

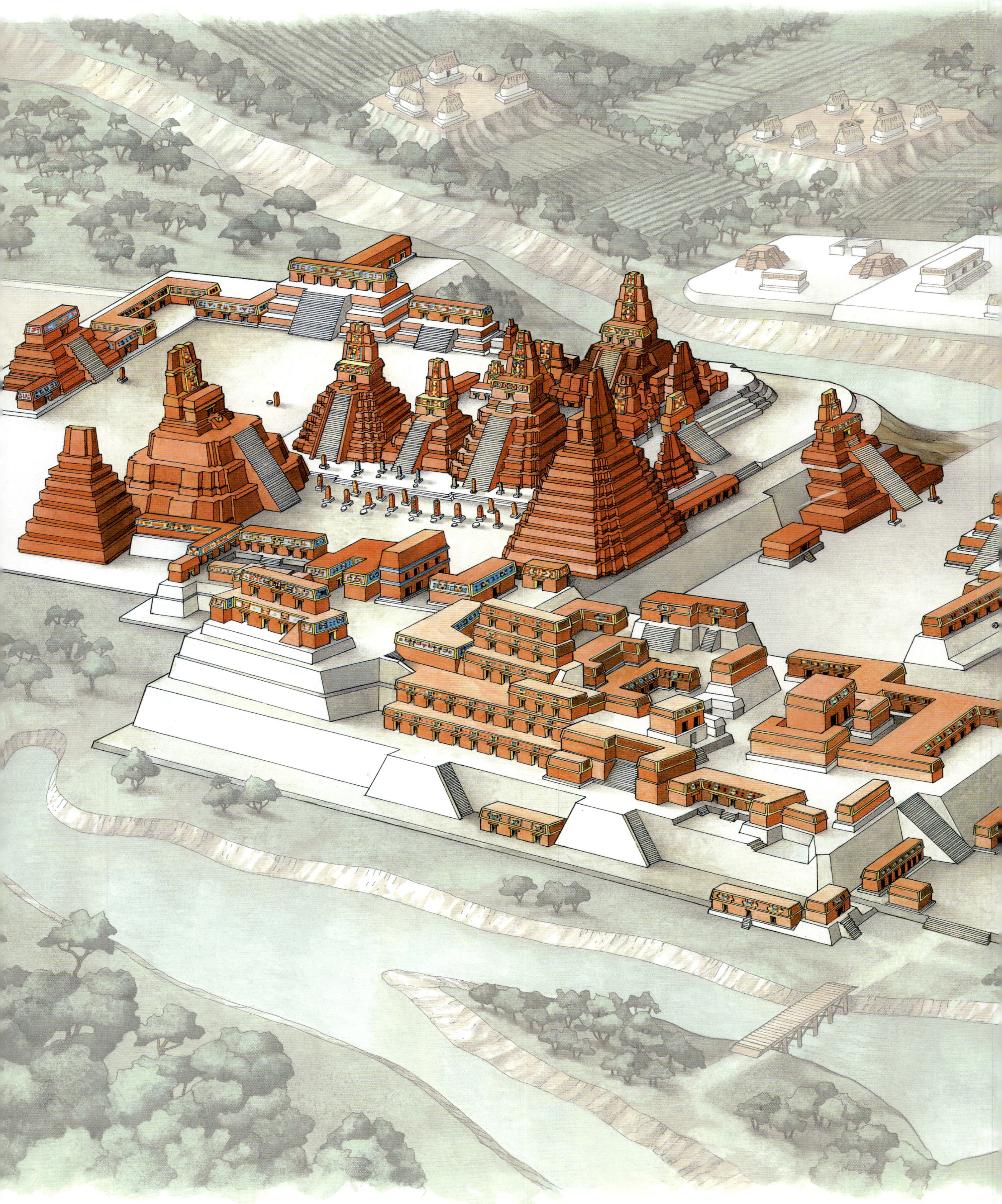

276-277 Le centre monumental de Tikal, dont les principaux édifices remontent à la période comprise entre 600 et 800, constituait le cœur d'un site aux proportions réellement considérables.

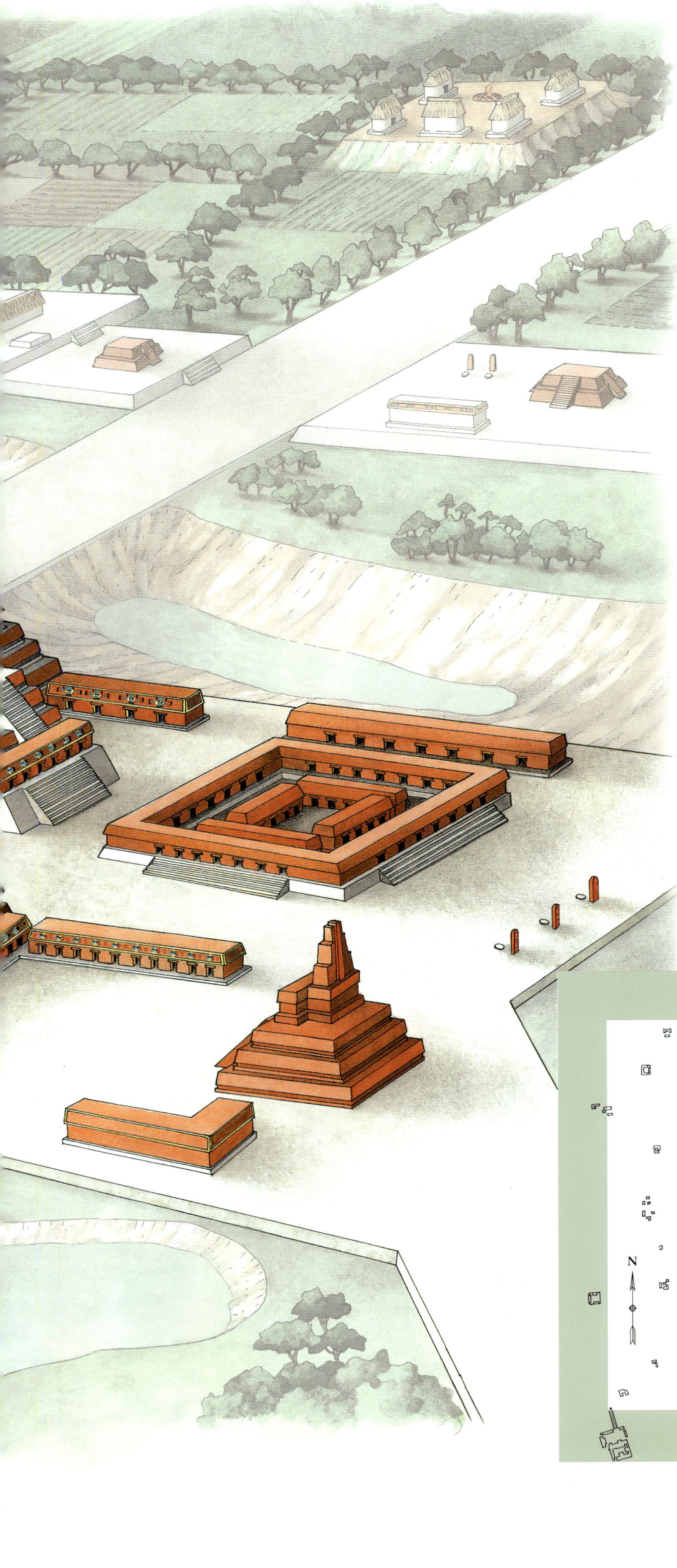

TIKAL

1) Temple I
2) Temple II
3) Acropole Nord
4) Acropole centrale
5) Groupe G
6) Temple V
7) Acropole Sud
8) Place des Sept-Temples
9) Place du Monde-Perdu
10) Temple III
11) Complexe N
12) Temple IV
13) Groupe H
14) Complexe O
15) Complexe R
16) Complexe Q
17) Groupe F
18) Temple des Inscriptions

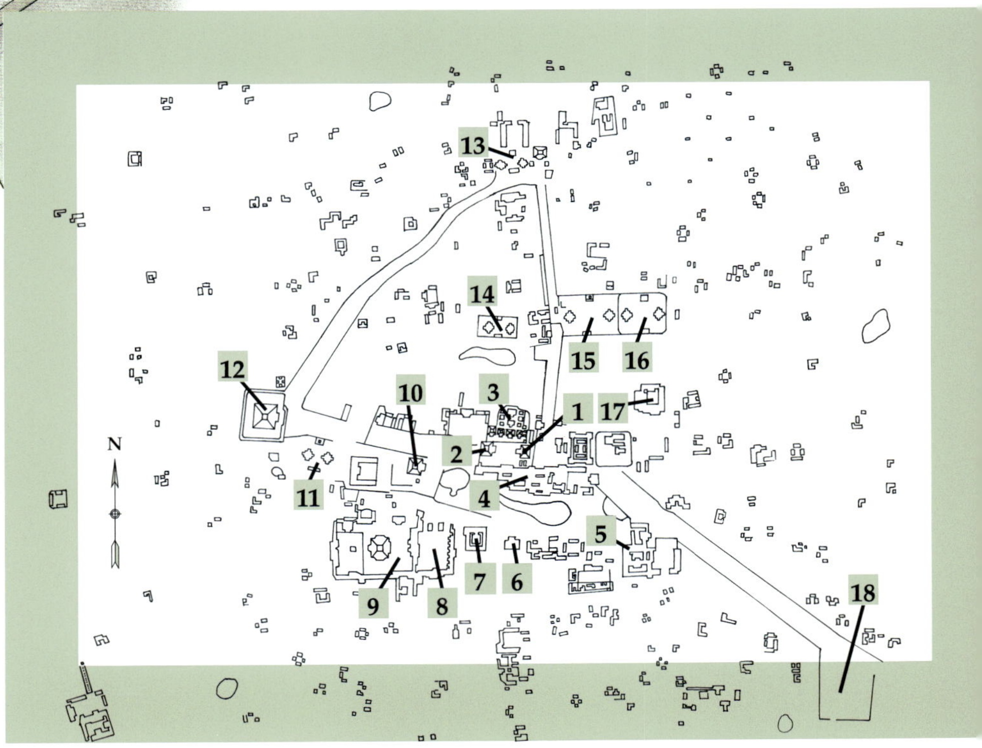

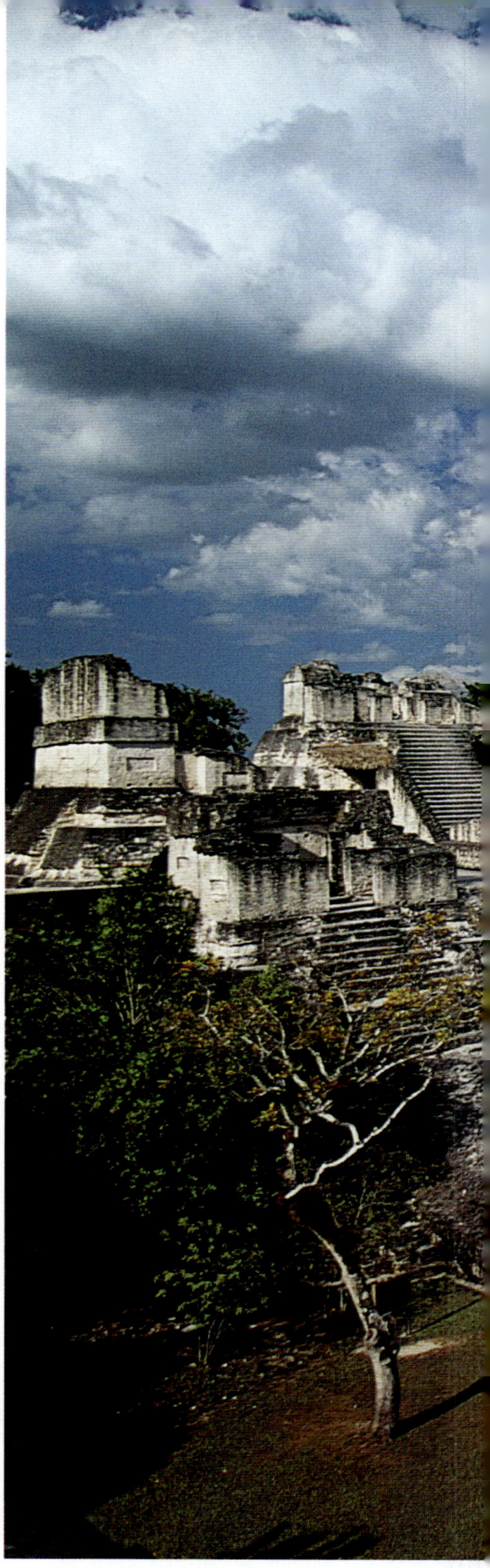

278-279 : Cette photo de la place centrale montre le temple I et, à gauche, l'acropole Nord. Ce complexe monumental, fruit de onze siècles d'activité architectonique, constituait le cœur de la cité ; il était destiné à recueillir les dépouilles des souverains et des nobles. Hasaw Chan K'awil mit un terme à cette tradition millénaire en construisant la structure 5D-33-Ist, la première pyramide « élancée » de Tikal, érigée par-dessus la tombe de son père Crâne-Bouclier et celle du grand souverain Siyah Chan K'awil.

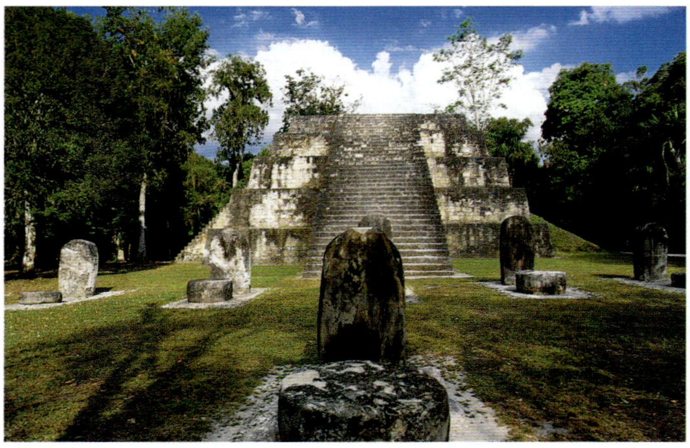

278 Ci-dessus : Les pyramides jumelles font partie du complexe Q, inauguré le 20 janvier 771, sous le règne de Yax Ain II, pour commémorer la fin d'un cycle calendaire de vingt ans, selon une tradition inaugurée durant le règne de Hasaw Chan K'awil. Au premier plan, des stèles-autels.

278 Ci-dessous à gauche : Le temple I de l'acropole Nord fut érigé par Hasaw Chan K'awil pour recueillir sa dépouille. Il s'agit du premier exemple de sépulture royale située hors de l'acropole Nord. Les neufs gradins du temple symbolisent les neufs niveaux du royaume des morts. Sur la crête qui domine le temple sommital se trouvait une immense représentation du souverain sur son trône.

278 Ci-dessous à droite : Le temple II, situé face au temple I sur la place de Tikal, date également du règne de Hasaw Chan K'awil, qui le fit peut-être construire pour recueillir la dépouille de son épouse, Dame Douze-Perroquets. La pyramide a une forme moins élancée que celle du temple I et ses angles sont « encaissés », selon les canons de l'architecture de Tikal en vigueur avant la révolution de Hasaw Chan K'awil.

La centralité politique de Tikal peut également s'expliquer par sa situation géographique : en effet, la cité est née sur la ligne de partage des eaux qui sépare le bassin de l'Usumacinta du versant des Caraïbes, en plein cœur des Basses-Terres mayas. C'est sur ce terrain favorable, bordés par deux grandes zones marécageuses (les bajos) que s'implantèrent, dès 800 av. J.-C., de nombreux villages agricoles ; cinq siècles plus tard, on y érigeait les premiers édifices monumentaux de l'acropole Nord, le somptueux complexe funéraire de la Grand-Place, destiné à recueillir, durant plus d'un millénaire, les sépultures des souverains de Tikal.

Vers la fin du IIe siècle de notre ère, Yax Ch'aktel Xoc fonda une dynastie locale promise à un grand avenir. Les souverains résidaient alors dans les édifices de l'Acropole centrale, nom donné à l'imposant complexe architectonique qui fait face à l'acropole Nord, de l'autre côté de la Grand-Place. Durant le règne de Chak Toh Ich'ak

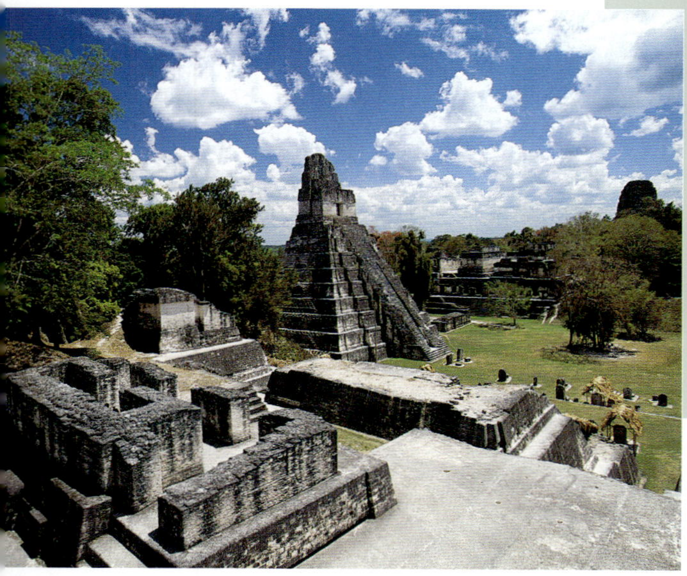

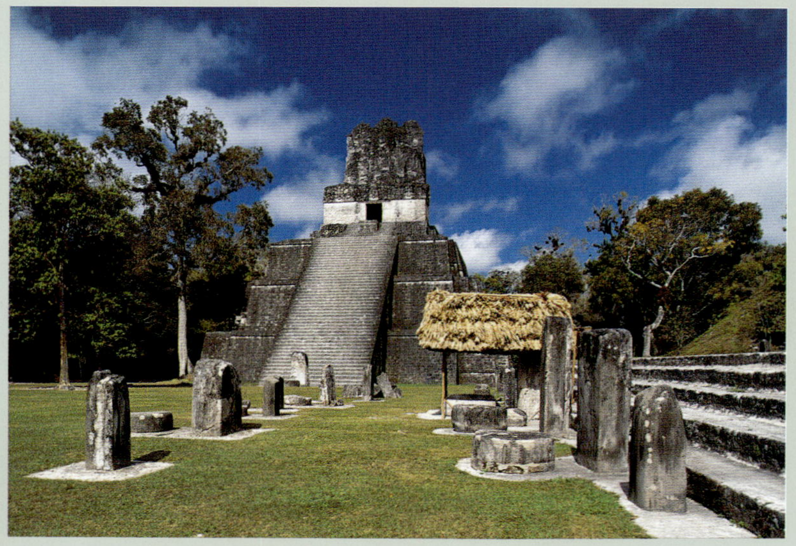

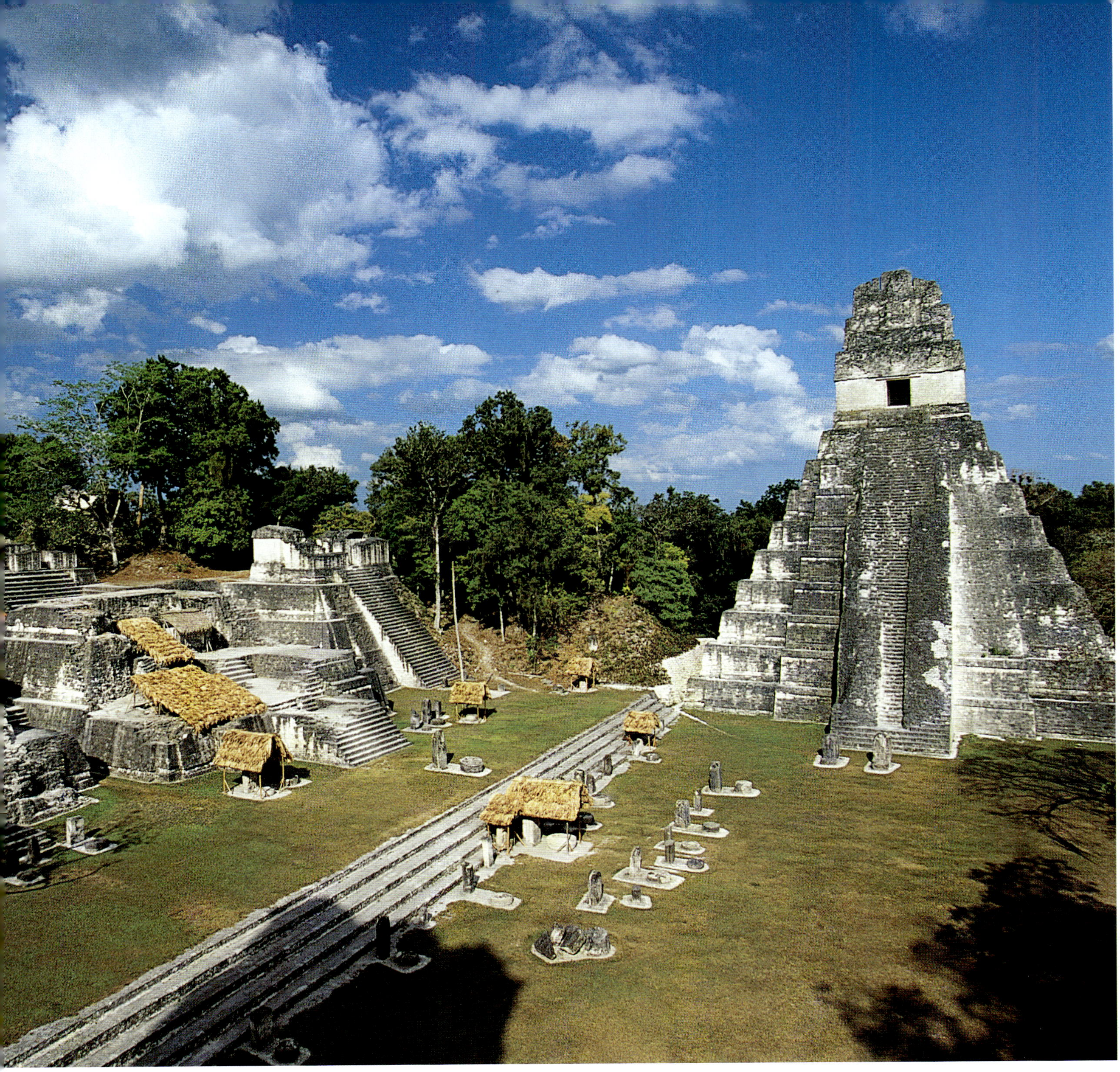

(« Griffe de jaguar »), en 378, Tikal parvint à défaire et à imposer sa domination politique sur sa voisine Uaxactún, plaçant ensuite sur le trône de la cité vaincue, le condottiere militaire qui avait mené les combats. Cet homme, K'ak' Sih (« Né du feu »), plus connu sous le nom de Grenouille-Fumante, était un énigmatique personnage originaire de l'Ouest, et peut-être s'agissait-il même d'un Teotihuacano. Mais, quelle que soit son origine, son prestige avait partie liée avec la métropole des Hautes-Terres. Au cours des siècles suivants, les gouvernants de Tikal firent en sorte que les monuments de la cité témoignent de leurs relations avec Teotihuacan, tout en restant fidèles aux canons de l'art et de la propagande politique maya. Il est difficile de mesurer l'influence de Teotihuacan sur les dynasties de Tikal (même si, bien des décennies plus tard, des souverains issus du lignage de Griffe de jaguar la gouvernaient encore), mais les emprunts incessants à l'iconographie teotihuacane participaient probablement d'une volonté de légitimer leur pouvoir politique en s'appuyant sur son statut de « cité sainte ». Cette filiation conférait ainsi à Tikal un statut exceptionnel dans le panorama politique maya. Les principaux souverains « teotihuacanisants » de Tikal furent Yax Ain I (« Premier Crocodile ») – dont l'accession au trône suit de peu le premier anniversaire de la conquête de Uaxactún – et son fils Siyah Chan K'awil, surnommé Ciel Ombrageux. Durant les quarante-cinq ans de son règne (411-457), et alors qu'elle menait une complexe et belliqueuse activité politico-militaire dans les Basses-Terres, Tikal atteignit l'un des nombreux apogées de sa splendeur. À sa mort, selon une tradition désormais millénaire, le souverain fut enseveli sous l'un des édifices de l'acropole Nord.

Ce fut précisément au cours de l'un de ces âpres conflits entre les cités du Petén qu'un siècle plus tard, grâce à l'appui de Calakmul, son historique et puissant adversaire, Tikal fut battue par Caracol. La défaite militaire, survenue en 557, bouleversa le visage urbanistique de la cité : en effet, durant plus de cent vingt-cinq ans, il semble qu'aucun

TIKAL

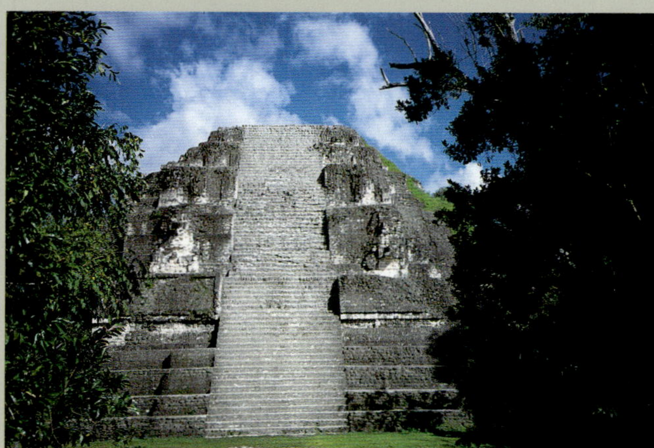

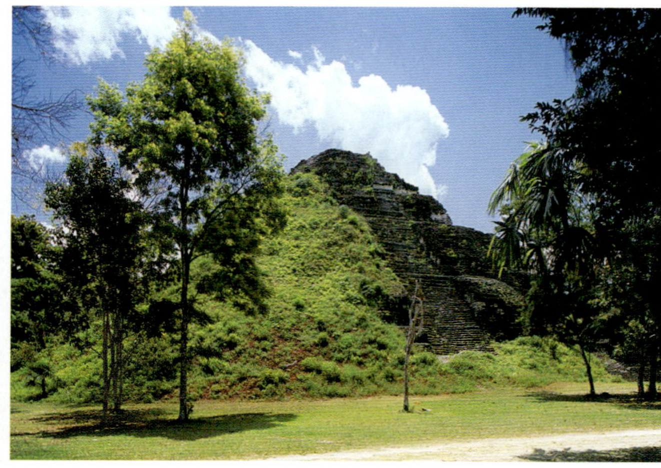

280 Ci-contre : Le Monde-Perdu garde des traces évidentes de l'influence teotihuacane à Tikal durant la période classique ancienne. Cette pyramide en est un bon exemple, avec ses gradins où alternent plans inclinés (talus) et plans droits (tableros).

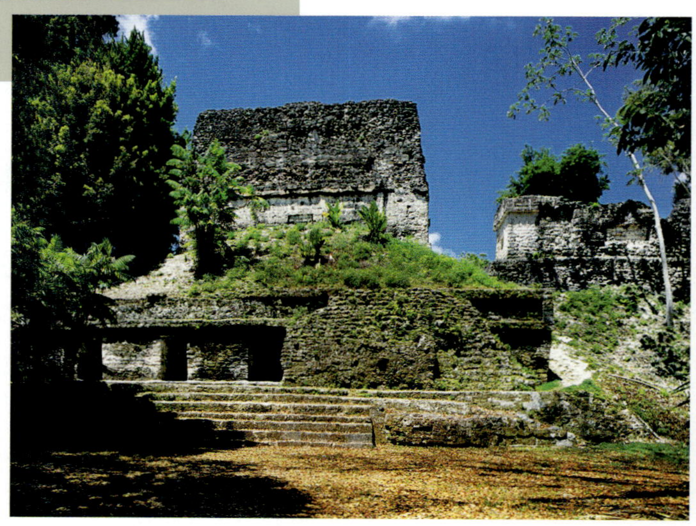

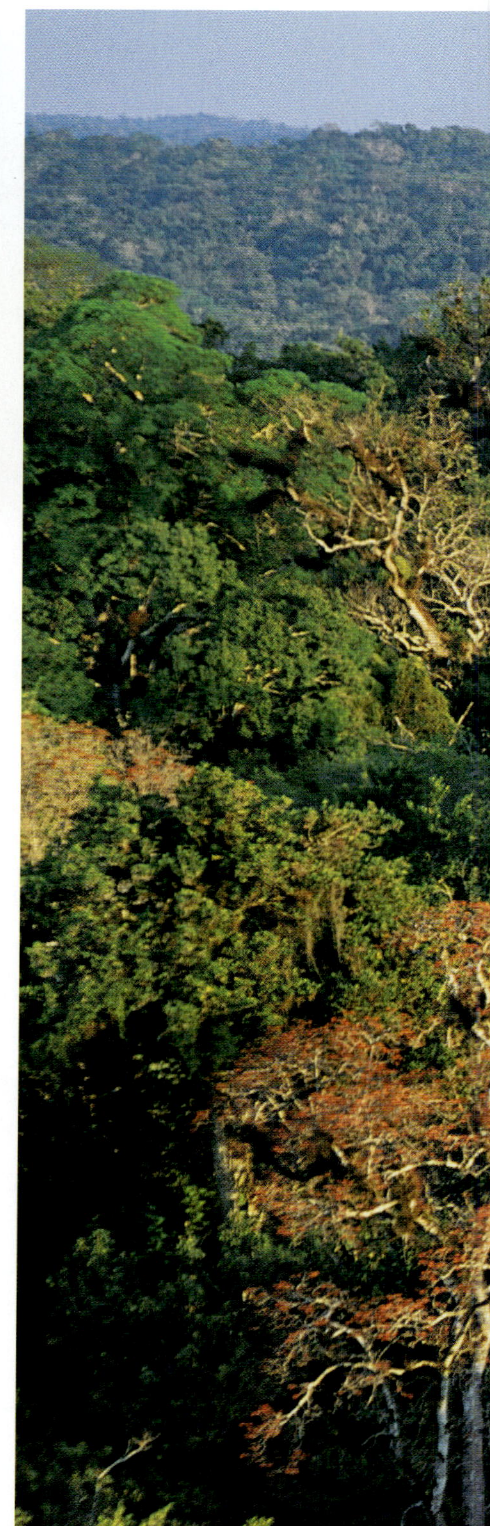

monument ni aucune inscription n'aient vu le jour à Tikal, tandis que les rares événements connus (parmi lesquels la guerre qui l'opposa à Caracol) faisaient l'objet d'inscriptions sur les monuments des cités victorieuses. Le hiatus de Tikal – qui épargne singulièrement les autres cités mayas – représenta néanmoins une étape importante dans l'évolution politique et culturelle des Basses-Terres, caractérisée, au cours de la phase classique récente (600-900 env.), par l'absence d'éléments inspirés de Teotihuacan et par le plein essor du système dynastique maya. Il n'est donc pas étonnant que cette période de « silence » architectural soit rompue par Hasaw Chan K'awil, plus connu sous le nom de Ah Cacaw, le plus grand souverain de l'histoire de la cité. Durant son règne (682-734), alors que Tikal est sans conteste la plus puissante cité maya des Basses-Terres, on assiste à un renouveau extraordinaire de l'activité constructrice. En 695, Hasaw Chan K'awil prenait sa revanche sur Calakmul en capturant son souverain ; simultanément, on relançait l'édification de monuments cérémoniels et l'on entreprenait la construction d'ensembles à pyramides jumelles, destinés à célébrer la fin des cycles calendaires vicennaux.

Mais le plus grand témoignage de l'activité du souverain nous est offert par le cœur architectural de la cité. Hasaw Chan K'awil fit ériger un temple monumental au-dessus de l'ancienne tombe de Ciel Ombrageux, de manière à établir un lien direct entre son propre règne et celui de son illustre

280 En haut à droite : Avec ses 32 m de hauteur, la grande pyramide du Monde-Perdu était, jusqu'au VIIe siècle, la plus haute structure de Tikal. Les origines de sa construction remontent à l'an 500 av. J.-C., date à laquelle on érigea une plate-forme pour l'observation astronomique ; elle continua ensuite de se développer jusqu'à atteindre sa forme actuelle.

280 Au centre : On a retrouvé, sous les édifices du classique récent qui constituent le côté est du Monde-Perdu, les trois plates-formes qui formaient, avec la version initiale de la grande pyramide, le complexe destiné à l'observation astronomique.

280-281 La grande structure C5-54 domine le Monde-Perdu, un complexe qui fut, dès le préclassique moyen, parmi les plus importants de Tikal, à tel point qu'il rivalisait avec l'acropole Nord.

prédécesseur. Après avoir marqué l'acropole Nord de son empreinte – qui cessa dès lors d'être un lieu de sépulture –, le souverain entreprit la construction des deux grands temples I et II qui dominent aujourd'hui la Grand-Place. Si le temple II était probablement destiné à recueillir la dépouille de son épouse, le temple I ou temple du Grand Jaguar – un splendide exemple du nouveau style architectonique « vertical » de la cité – devait recueillir celle du souverain : mise au jour en 1962, la chambre funéraire contenait le corps du roi ainsi qu'un somptueux trésor funéraire. Durant le règne de Hasaw Chan K'awil, l'expansion de Tikal atteignit son apogée et la cité devint un véritable colosse urbain : tout autour de cet ensemble monumental, l'un des plus complexes et des plus structurés du monde maya, l'aire urbaine de Tikal s'étendait sur 16 km^2, encerclée par une ceinture de résidences d'élite et de zones habitées de plus de 65 km^2. Nous en concluons ainsi qu'en l'an 700 la grande Tikal était un centre de plus de 20 000 personnes. Durant plus d'un siècle, les successeurs de Hasaw Chan K'awil poursuivirent le programme architectural qu'il avait inauguré en construisant des ensembles de pyramides jumelles et des temples « verticaux » (temples III, IV et V), qui constituent, aujourd'hui encore, le principal trait distinctif de l'architecture de la cité. Mais Tikal n'allait pas être épargnée par la grande crise des Basses-Terres et l'an 869 vit la construction de son dernier monument daté : pour des raisons qui ne sont pas encore parfaitement élucidées, la cité fut abandonnée et laissée à la merci de la jungle du Petén.

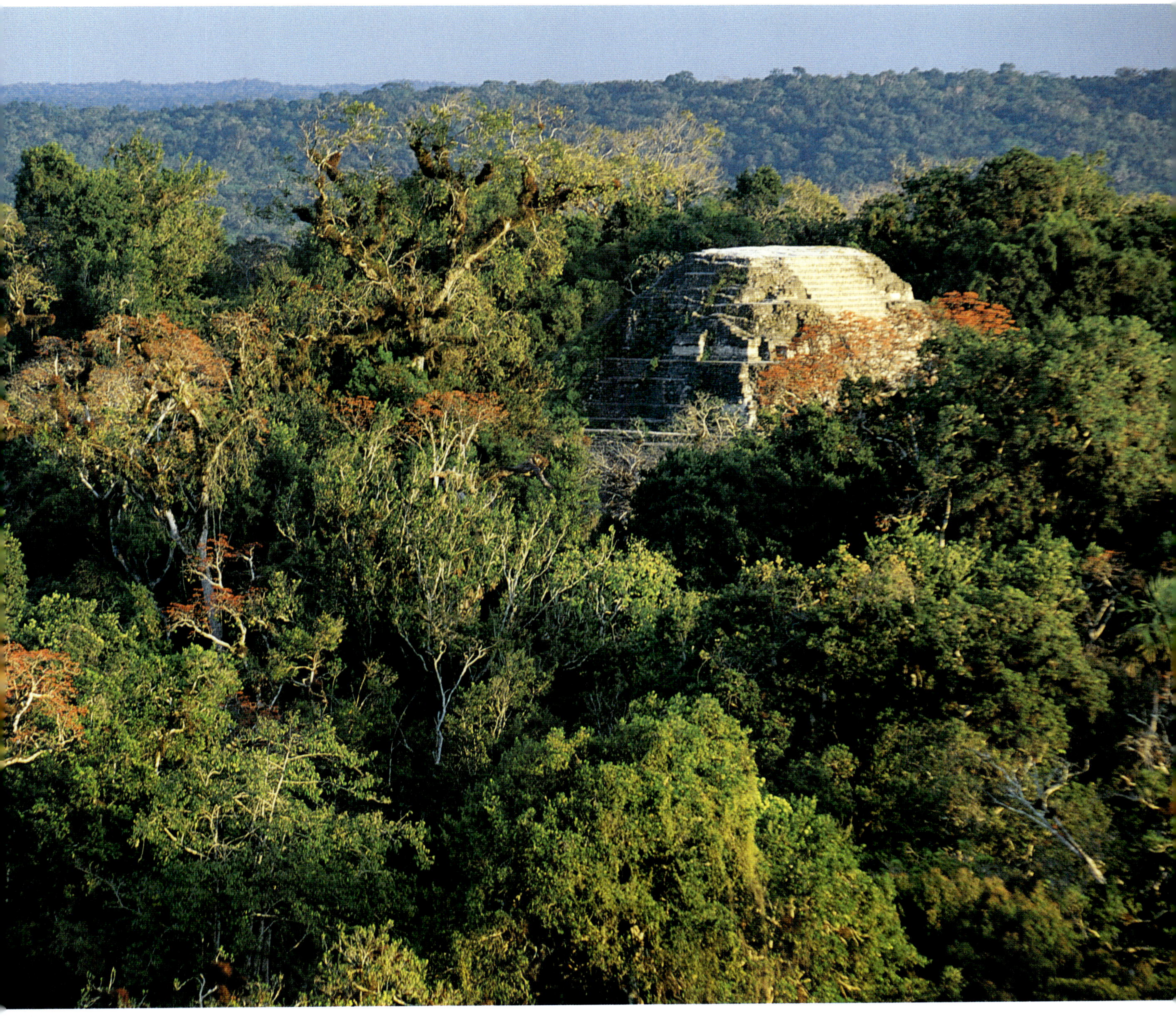

CHICHÉN ITZÁ

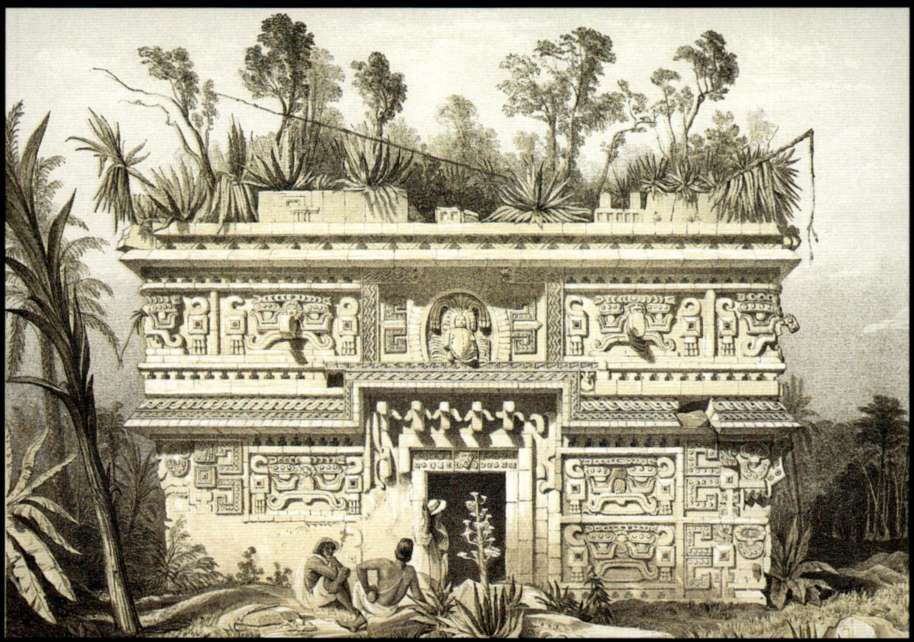

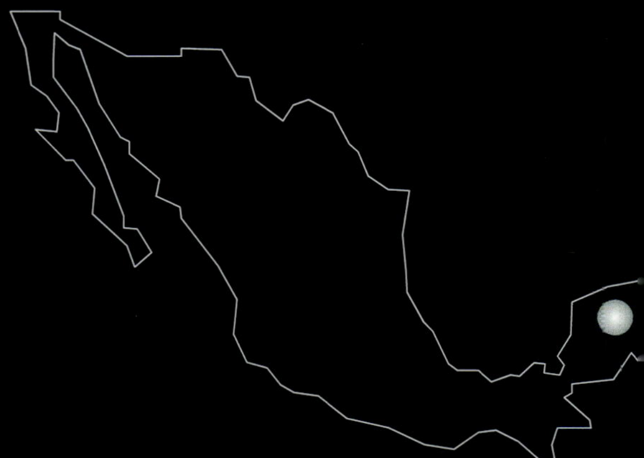

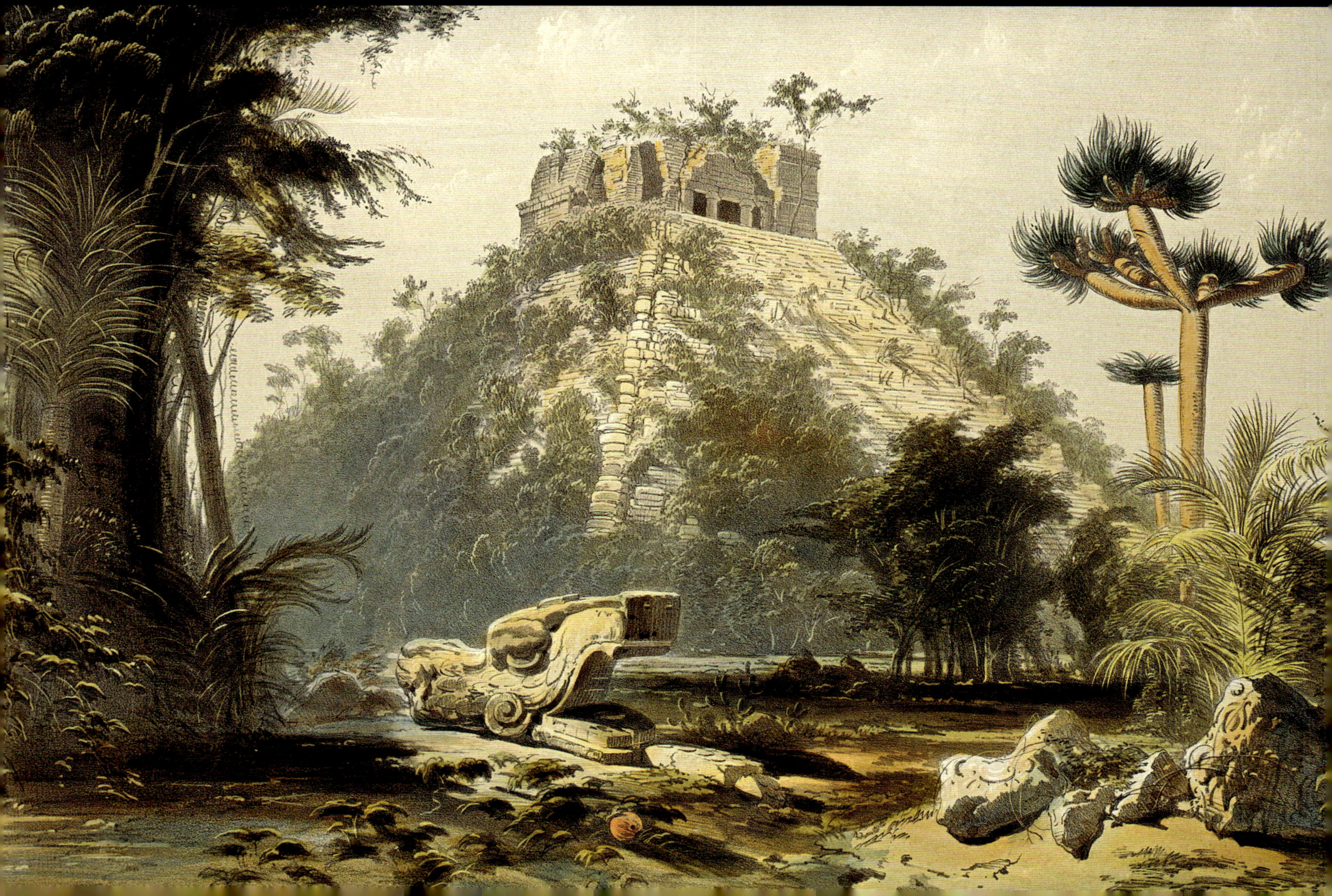

282 Ces illustrations de Frederick Catherwood reproduisent la maison des Nonnes (en haut) et le Castillo (en bas).

283 En haut et au centre à droite : Catherwood a également reproduit une série de peintures murales, comme celles du temple supérieur des Jaguars.

283 Au centre à gauche : Le célèbre autoportrait d'Alfred Percival Maudsley dans son « cabinet de travail » – aménagé dans l'un des édifices de Chichén Itzá – est représentatif du travail de pionnier des premiers explorateurs du monde maya.

283 En bas : L'église, l'un des plus élégants édifices puucs de Chichén Itzá, ici sur un cliché de Maudslay.

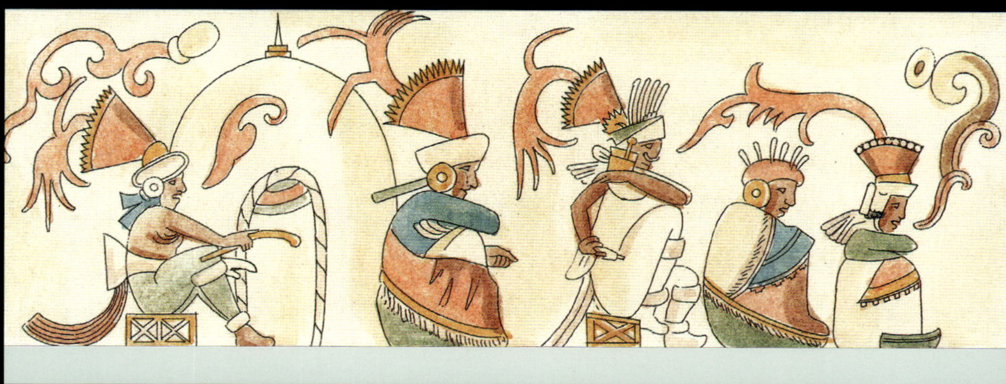

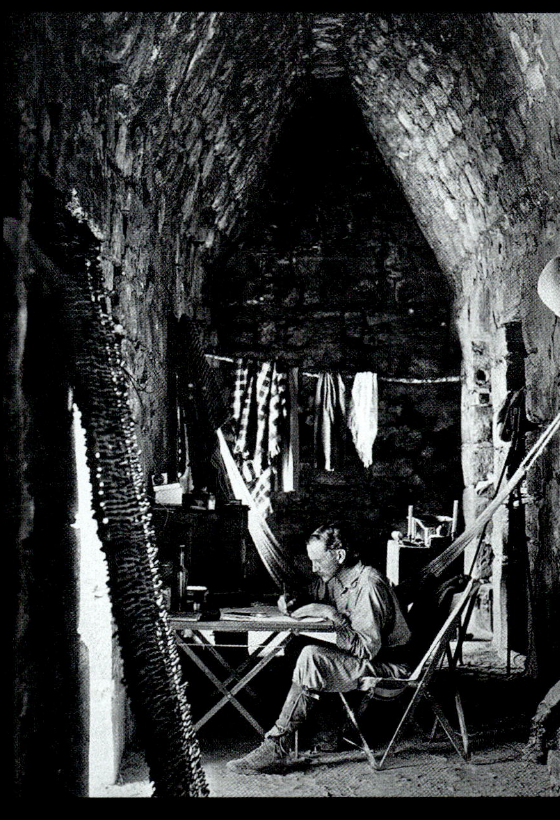

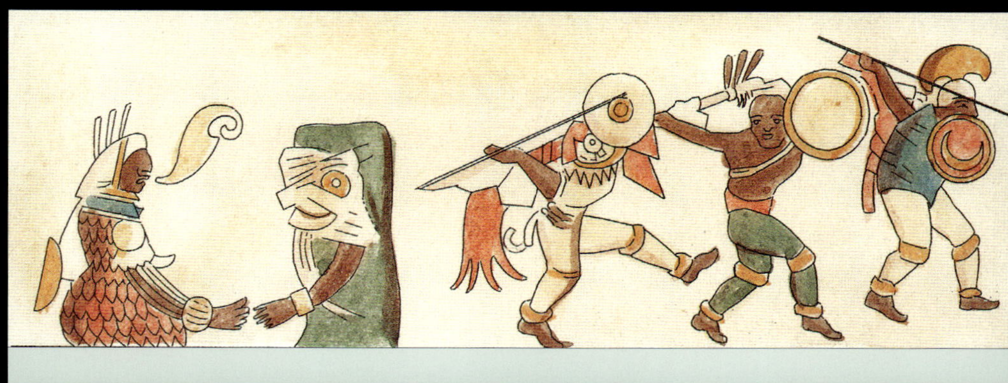

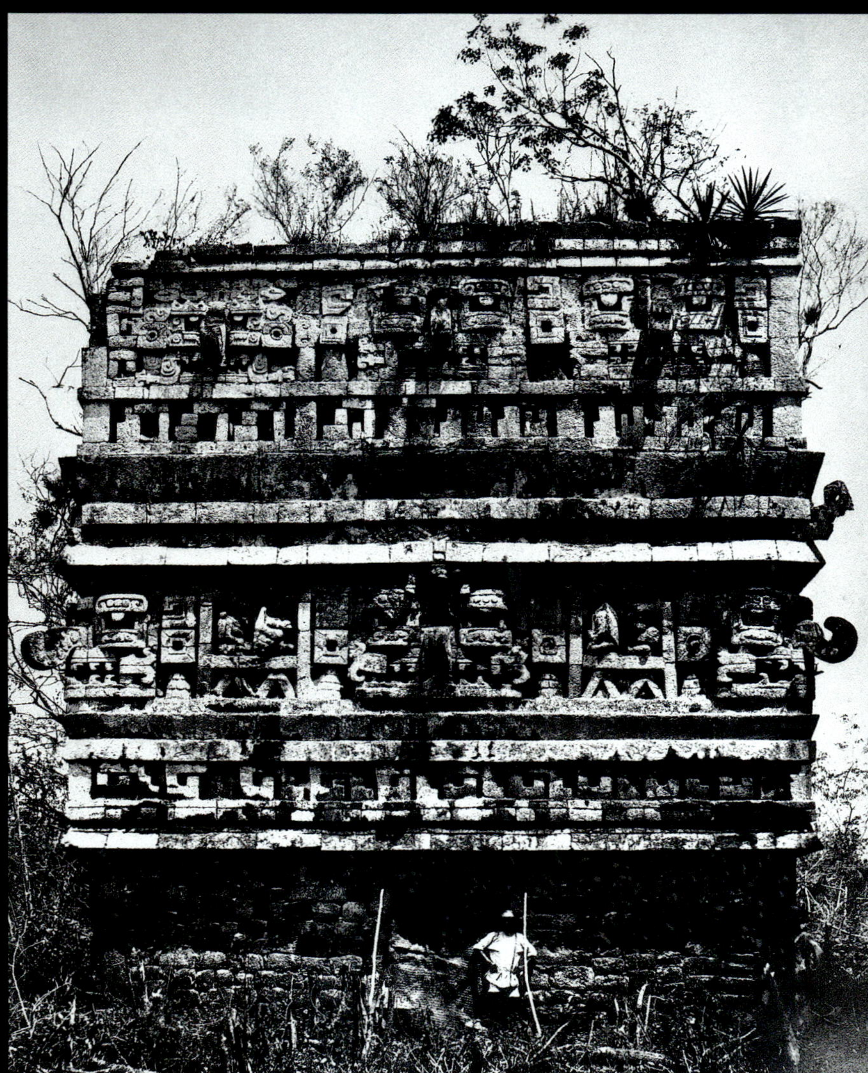

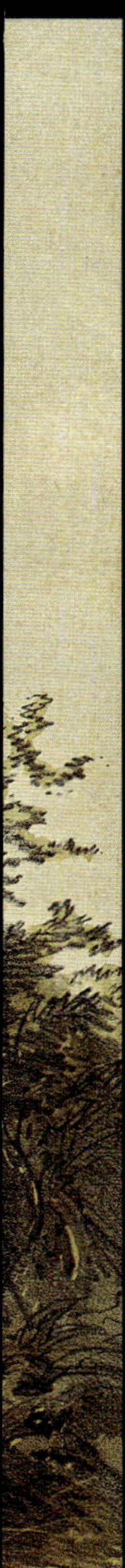

CHICHÉN ITZÁ

Par DAVIDE DOMENICI

Après l'effondrement de la période classique, les cités royales mayas subirent d'importantes transformations. Le centre monumental de Chichén Itzá en est un très bon exemple : il témoigne aussi bien de la floraison régionale du style puuc que de la naissance d'un nouvel ordre politico-religieux dans le Yucatán et la Mésoamérique postclassique, quand Chichén Itzá devint l'une des principales cités sacrées du monde américain.
Les cités mayas yucatèques de cette période se caractérisent par la rareté des inscriptions historiques ; nous ne connaissons donc pas son histoire politique dans le détail, bien que les documents de la première époque coloniale puissent en partie suppléer à ce manque. Nous savons que Chichén Itzá fut le siège d'un groupe de Mayas Itzás, qui, de la fin du VIIe siècle au début du Xe, partagea sa suprématie sur le nord de la péninsule du Yucatán avec d'autres centres mayas comme Sayil, Kabah ou la puissante Uxmal des Mayas Xius. Le style puuc traditionnel se caractérise par des édifices ornés de complexes panneaux en mosaïque figurant très souvent des masques de divinités, comme dans la maison des Nonnes, l'Akab' Dzib et le groupe de la Maison rouge.

284 En bas à droite : Ce disque en mosaïque de turquoise, avec quatre têtes de serpents à plumes, appartient à une famille d'objets, dits « tezcacuitlapilli », souvent associés à l'iconographie guerrière, tant à Chichén Itzá qu'à Tula, la capitale toltèque.

285 Les grands masques de divinités à long nez (le cliché en reproduit un détail) qui ornent la maison des Nonnes sont caractéristiques de l'architecture puuc dans la péninsule du Yucatán.

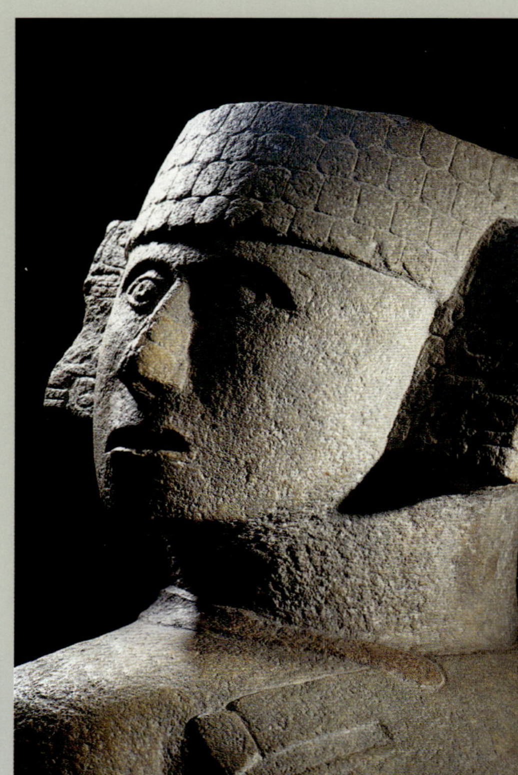

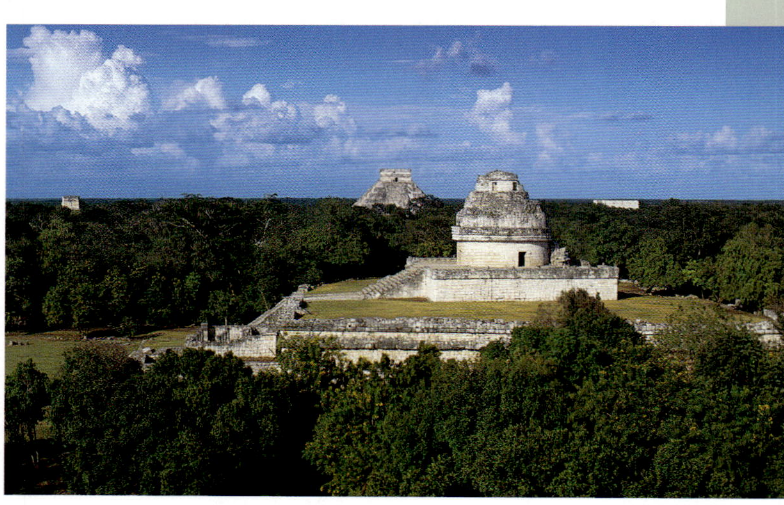

284 Ci-dessus : Vue du centre monumental de Chichén Itzá avec, au premier plan, le Caracol, c'est-à-dire l'observatoire astronomique.

284 En haut à droite : Détail du visage d'un Chac Mool. Ce type de statues, destinées à recevoir des offrandes, date de la période classique. Elles furent créées dans le cadre de la culture chalchihuiteña de Zacatecas et Durango (Mexique septentrional), avant de passer dans la tradition toltèque et enfin dans la tradition maya postclassique.

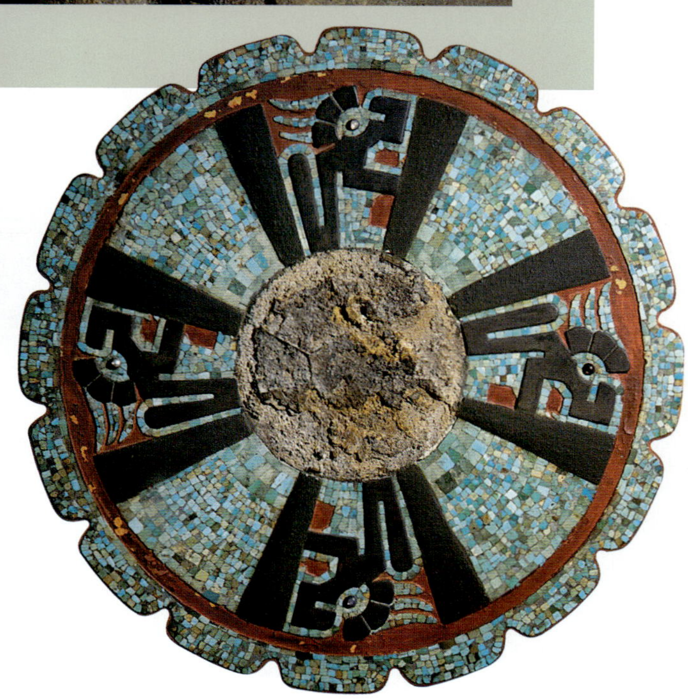

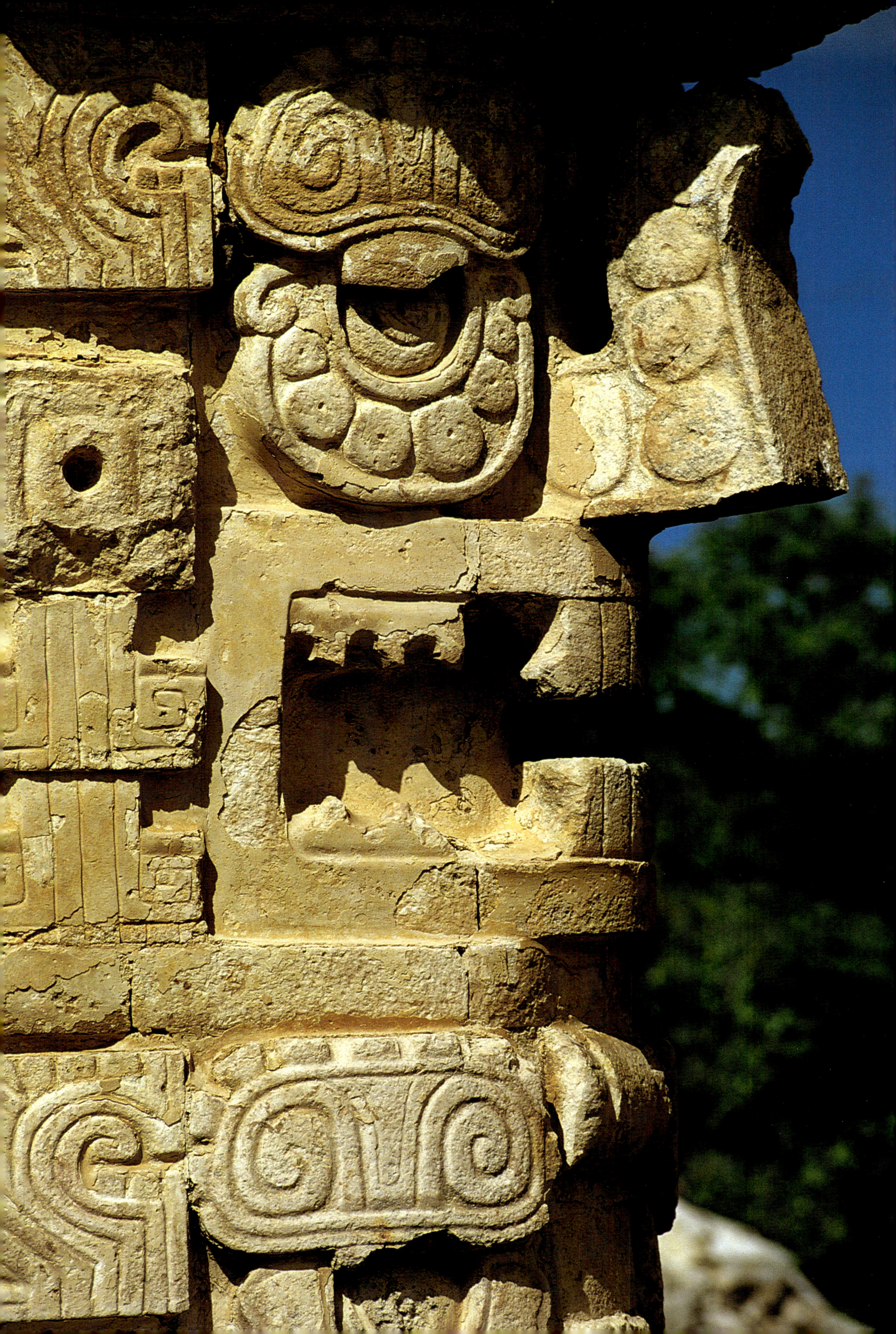

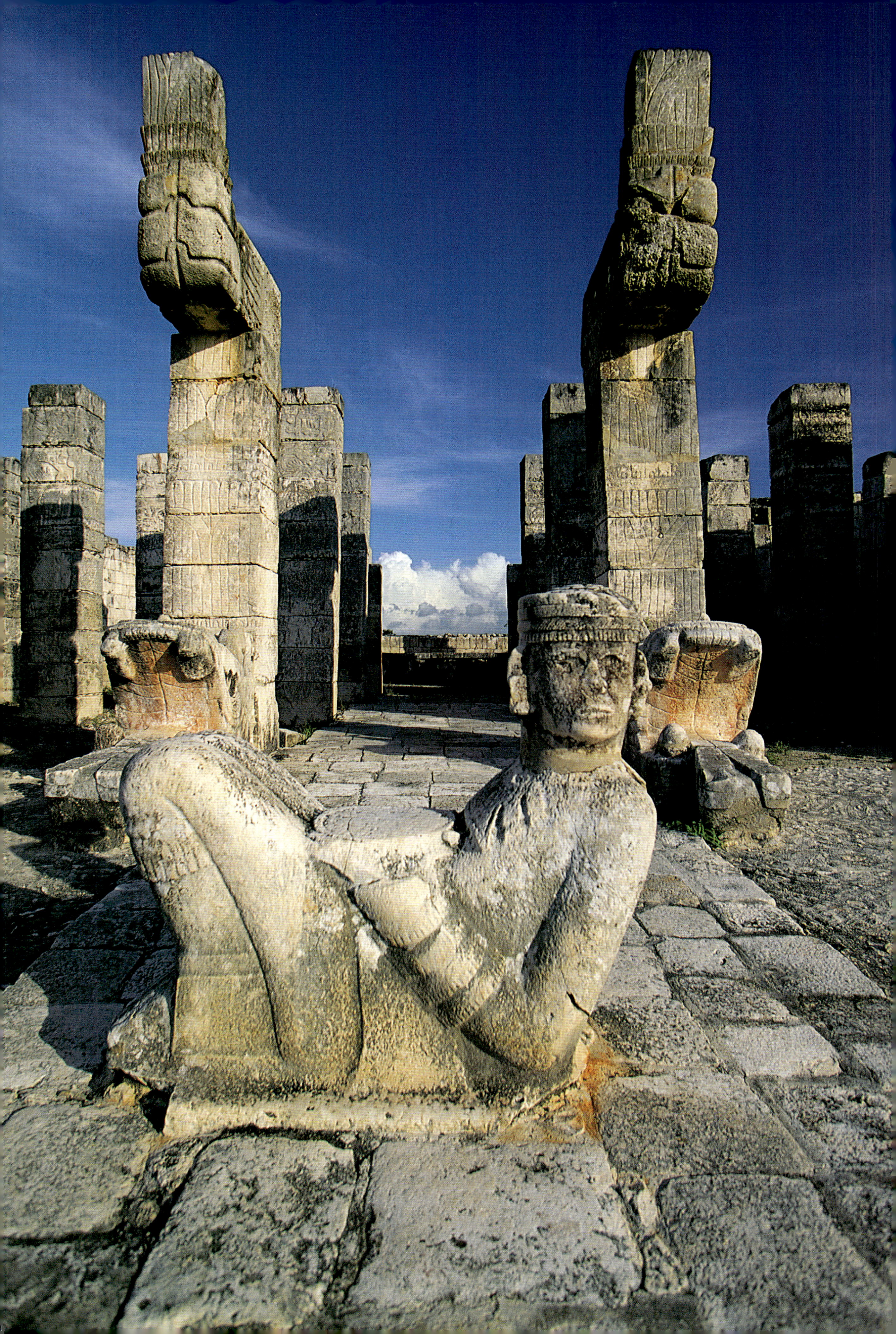

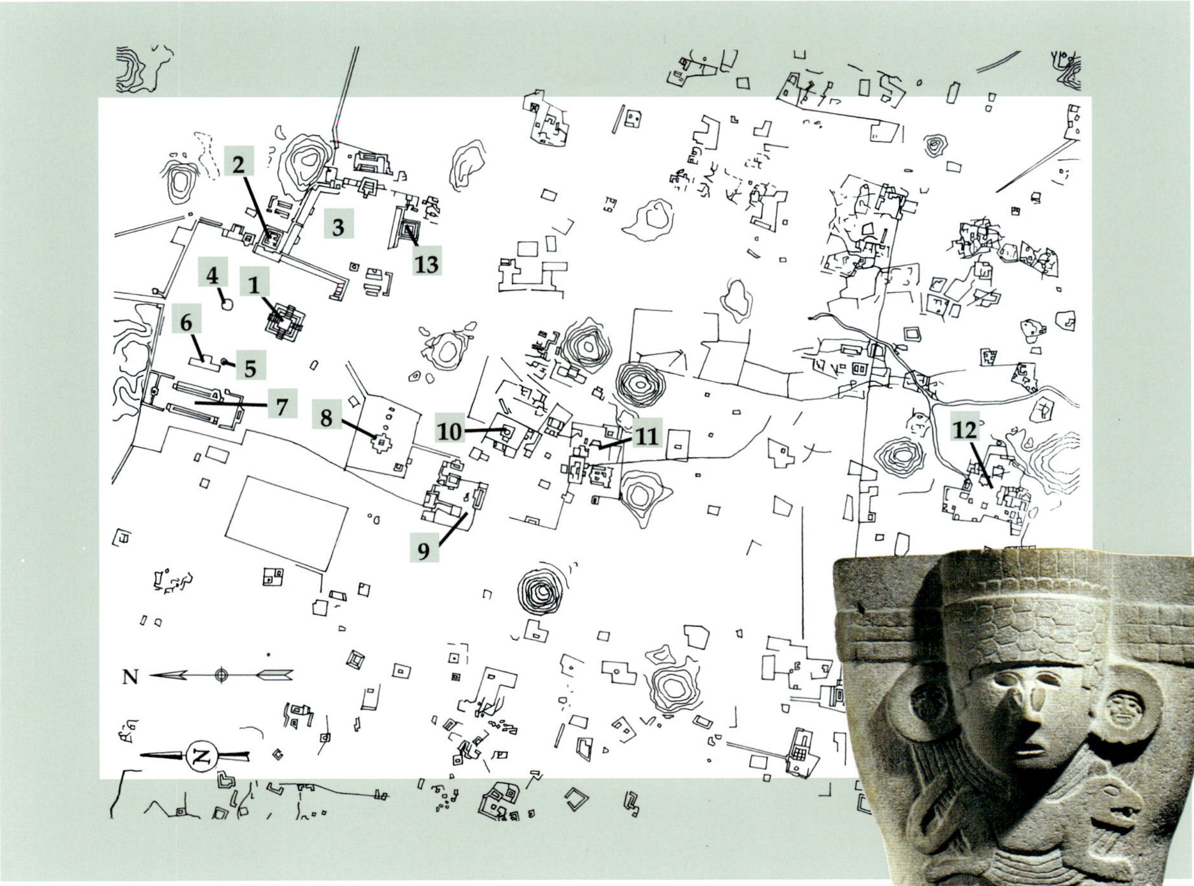

1) Castillo
2) Temple des Guerriers
3) Groupe des Mille Colonnes
4) Plate-forme des Aigles et des Jaguars
5) Plate-forme de Vénus
6) Tzompantli
7) Cour du jeu de pelote
8) Ossuaire
9) Groupe de la Maison rouge
10) Caracol
11) Maison des Nonnes
12) Groupe de la Série initiale
13) Marché

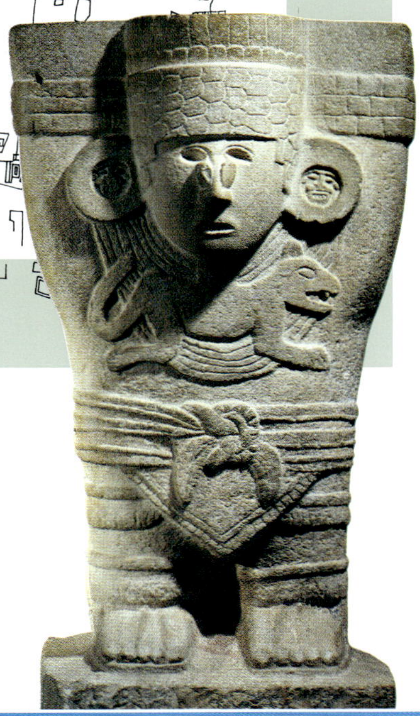

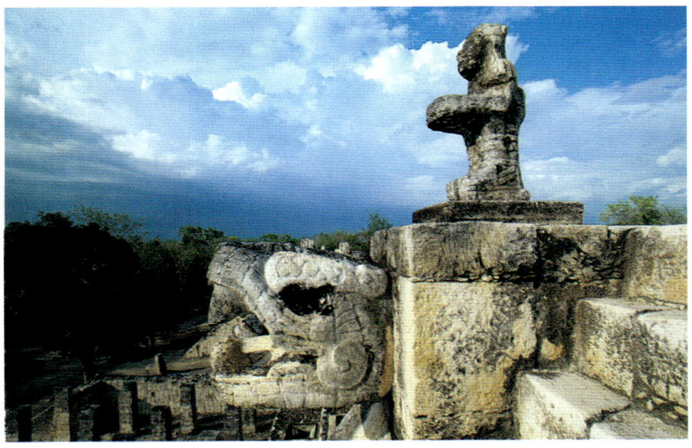

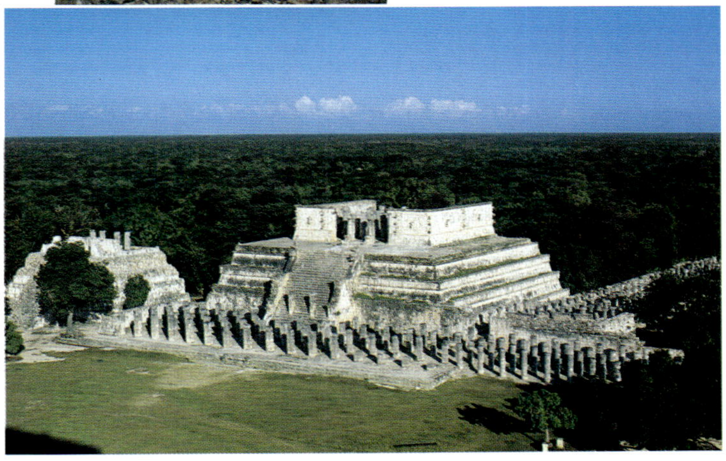

Le style monumental de Chichén Itzá au cours du postclassique ancien (900-1250) – sa période de floraison – est radicalement différent du style puuc, bien qu'il ne lui soit pas chronologiquement postérieur. Si l'économie de la cité ne différait pas énormément de celle des cités classiques antérieures, puisqu'elle était fondée sur le contrôle de la production d'un vaste arrière-pays rural de plus de 30 km^2, son système politique avait quant à lui profondément évolué, comme on peut le voir dans les monuments de la majestueuse place centrale. On y retrouve en effet l'influence évidente de modèles et de styles originaires de l'altiplano central, et en particulier du monde toltèque de Tula. Le thème le plus récurrent dans les monuments de Chichén Itzá – où les portraits de souverains sont quasiment absents – est le Serpent à plumes, la grande divinité protectrice des gouvernants de Teotihuacan, de Xochicalco et de Tula. C'est en effet à Kukulkan (« Serpent Quetzal »), version yucatèque du Quetzalcóatl toltèque, qu'était dédiée le Castillo, la principale pyramide de la cité, bâtie au centre de la place. Elle se

286 Un Chac Mool se trouve à l'entrée du temple des Guerriers. Il est flanqué de deux grandes colonnes en forme de serpent à plumes à la gueule ouverte. Chac Mool signifie « griffe rouge », mais ce nom est une invention moderne qui n'a rien à voir avec le personnage de la statue.

287 À gauche : Le sommet de l'escalier du temple des Guerriers est orné de têtes de serpents à plumes. Des étendards ou des bannières étaient probablement placés entre les mains du personnage anthropomorphe supérieur.

287 En haut à droite : Il est probable que le jaguar qui se trouve sur la poitrine de cette sculpture d'atlante figurant un soldat soit le symbole d'un ordre guerrier semblable à celui que les sources historiques nous décrivent pour les dernières phases du monde aztèque.

287 En bas à droite : Les piliers quadrangulaires du temple des Guerriers sont décorés de guerriers.

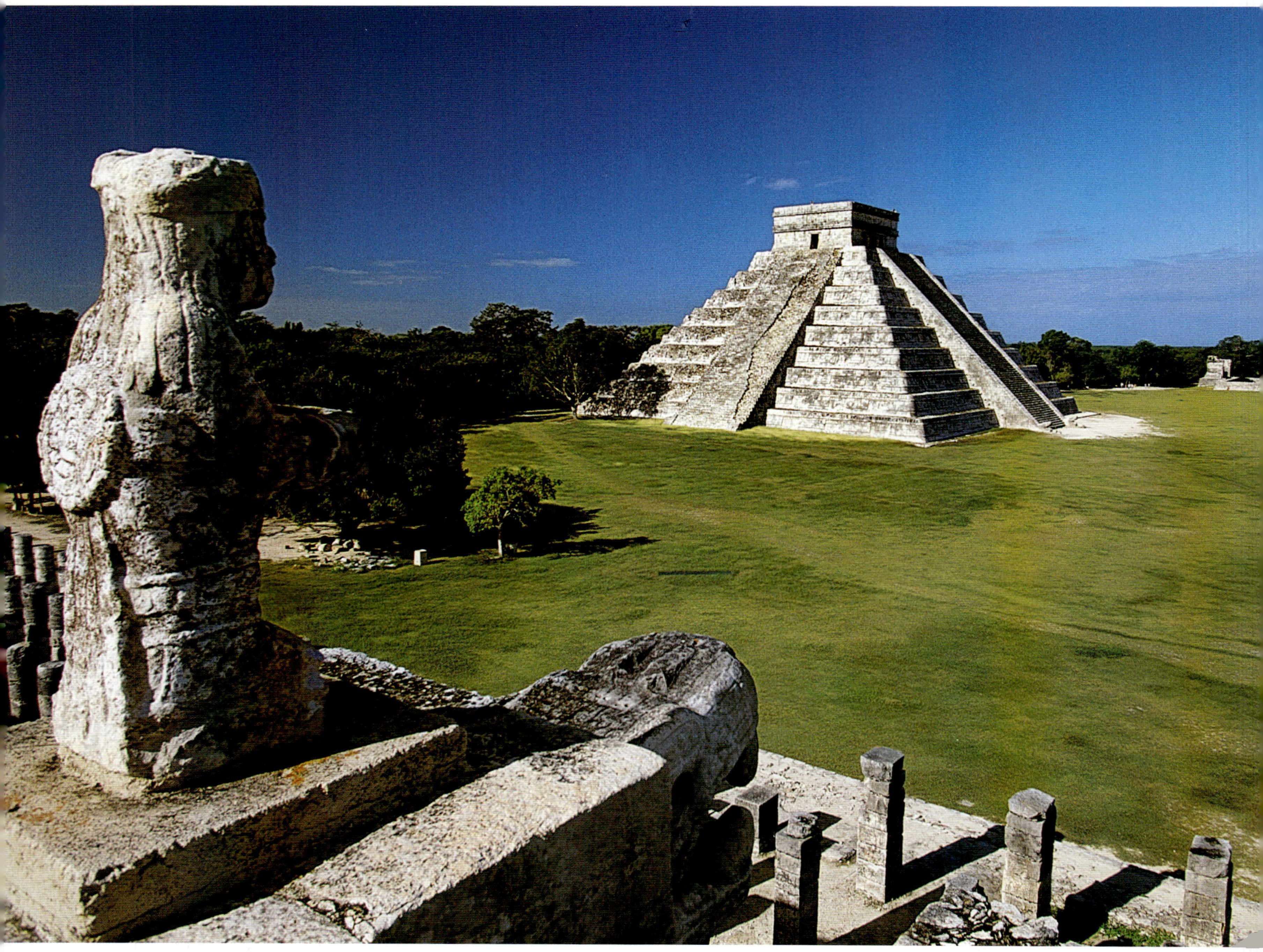

distingue par ses escaliers monumentaux flanqués d'imposants serpents à plumes qui, les jours d'équinoxe, grâce à un jeu d'ombres provoqué par un ingénieux mécanisme, semblent littéralement descendre de la pyramide. La même divinité fait l'objet d'une exécution magistrale sur les colonnes qui se trouvent à l'entrée du temple des Guerriers, l'édifice sacré qui rappelle le célèbre temple B de Tula, preuve s'il en est qu'une iconographie guerrière originaire du nord s'est répandue dans le monde maya. Il est probable que le temple ait été dédié, ainsi que son homologue toltèque, à Tlahuizcalpantecuhtli, Vénus Étoile du matin, une des manifestations du Serpent à plumes. Cette divinité apparaît aussi sur la toute proche plate-forme de Vénus, tandis que la plate-forme des Aigles est ornée d'aigles et de jaguars dévorant des cœurs humains, selon un motif assez fréquent dans l'altiplano central. Le tzompantli est tout aussi macabre ; il s'agit d'une plate-forme où étaient exposés, sur de grands râteliers en bois, les crânes des ennemis tués au combat ou sacrifiés. Sur sa base, une succession de crânes en bas-relief fait clairement allusion à la fonction de la structure. Les complexes bas-reliefs qui décorent les parements du jeu de pelote renvoient également à ce type de rituels à caractère sacrificiel. On y voit deux équipes se faire face, séparées par une scène figurant la décapitation d'un joueur. Mais le principal lieu sacré de la cité était sans aucun doute le Cenote sacré, un grand puits karstique naturel où les premiers habitants de Chichén Itzá – dont le nom signifie précisément « près du puits des Itzá » – précipitaient, en l'honneur des divinités aquatiques du monde souterrain, des victimes sacrificielles et des offrandes en provenance de tout le continent américain.

Le style indéniablement toltèque des monuments de Chichén Itzá a longtemps fait penser que la cité avait été conquise par des armées septentrionales. Celles-ci y auraient importé le culte du Serpent à plumes ainsi qu'une intense pratique guerrière – manifeste dans l'iconographie à la fois religieuse et militaire. Nous consi-

dérons aujourd'hui que les Mayas Itzás de Chichén partageaient avec les Toltèques de Tula et avec d'autres peuples postclassiques mésoaméricains une même idéologie politico-militaire, fondée sur le personnage du Serpent à plumes. Les gouvernements expansionnistes et multi-ethniques qui se superposèrent à l'ancien système dynastico-parental en appelaient en effet à lui pour justifier leur existence. Un des éléments centraux de cette idéologie, que certains qualifient de zuyuane, était la mythique Tollan, la cité sacrée par excellence, siège du gouvernement suprême – sous l'égide du Serpent à plumes – et résidence de puissants guerriers et d'artisans chevronnés. Bien qu'une grande partie des auteurs identifient la Tollan du mythe à la Tula des Toltèques, il est probable que de nombreuses cités postclassiques aient revendiqué le rôle de réplique terrestre de cette cité mythique, dont les origines doivent peut-être faire l'objet d'un rapprochement avec la prestigieuse Teotihuacan. Tula, Chichén Itzá et Cholula furent ainsi des Tollan à part entière, des sites qui jouissaient d'un statut urbain

CHICHÉN ITZÁ

288-289 Le Castillo, la grande pyramide de Chichén Itzá, était dédié au Serpent à plumes Kukulkan, alter ego maya yucatèque du Quetzalcóatl toltèque et aztèque.

289 Ci-dessous : Les côtés de la plate-forme de Vénus, sur la place principale de Chichén Itzá, sont ornés de bas-reliefs figurant le personnage de Tlahuizcalpantecuhtli, Vénus Étoile du matin.

289 Ci-contre : Une version plus ancienne de la pyramide a été retrouvée sous le Castillo. À l'intérieur de son temple sommital se trouve un Chac Mool et un trône-autel en forme de jaguar avec des incrustations de pierre verte et de coquillage, sur lequel était posé un disque à mosaïque de turquoise.

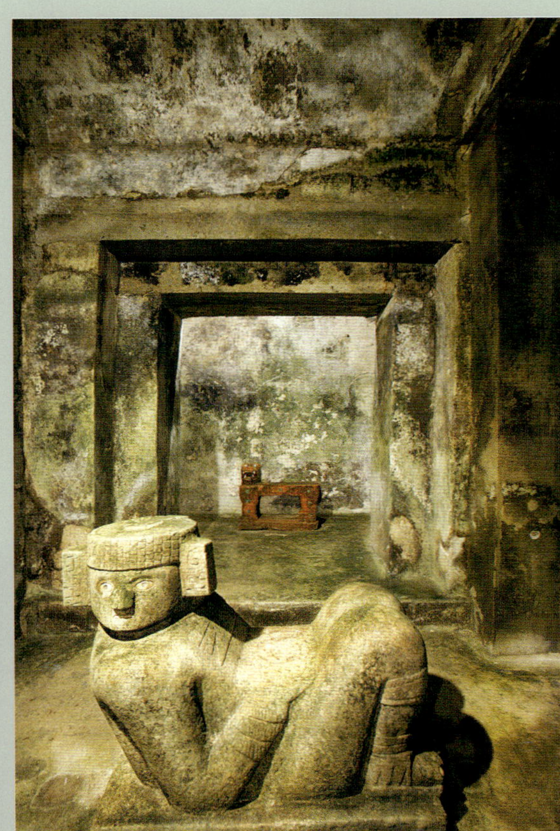

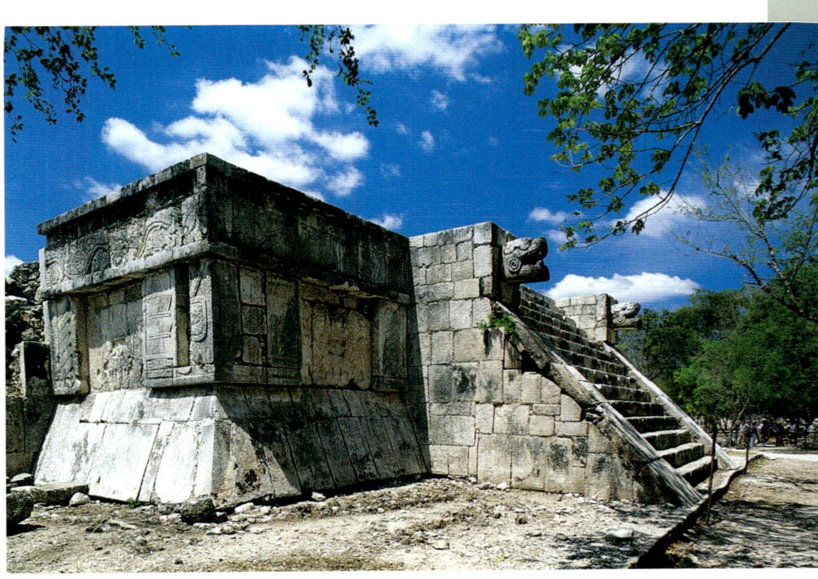

289 Ci-contre : Colonnade du marché de Chichén Itzá ; ce nom moderne n'a rien à voir avec la fonction originelle de la structure, probablement destinée à être le théâtre de grands rituels collectifs liés à la guerre sacrée.

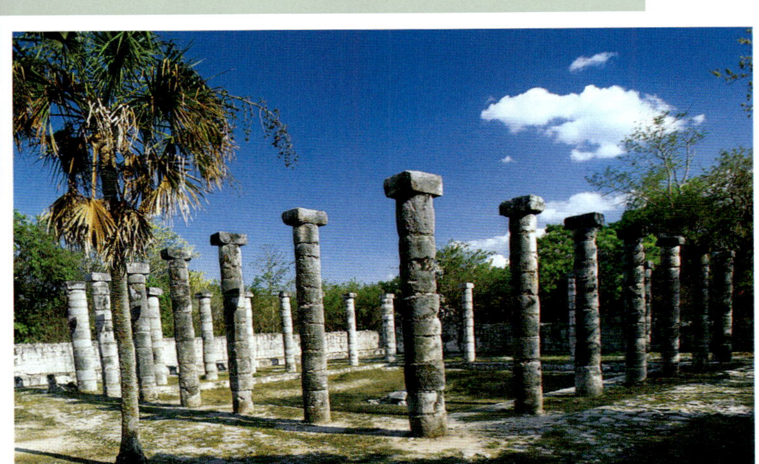

290 Ci-dessous à gauche : Le temple des Jaguars vu du haut de la plate-forme des Aigles et des Jaguars, décorée de tête de Serpents à plumes.

290 Ci-dessous à droite : Le jeu de pelote de Chichén Itzá est le plus vaste terrain de jeu de toute la Mésoamérique. Au centre, le temple des Jaguars. Le jeu de pelote était un jeu rituel qui faisait allusion à la descente du Soleil et de Vénus aux enfers. Ces deux divinités étaient identifiées à un couple mythique de héros jumeaux.

290 En bas : Les jaguars et les aigles de la plate-forme homonyme sont représentés dévorant des cœurs humains. Plus tard, ces deux animaux devinrent les symboles des deux principaux ordres guerriers aztèques ; ils avaient probablement la même fonction à Chichén Itzá.

exceptionnel offrant certaines prérogatives : c'est là, par exemple, que les souverains de différentes régions allaient se faire percer le nez avec l'ornement de turquoise qui légitimait leur pouvoir, en lui conférant une autorité plus grande que ne le faisait l'aspect dynastico-parental.
Les Itzás de Chichén vivaient donc dans une cité sainte, près d'un cenote qui était sans aucun doute le plus important sanctuaire du sud-est mésoaméricain, éléments dont le prestige s'avérait fort utile dans leurs relations politiques et militaires avec les autres lignages mayas des centres d'Izamal, d'Edzná ou de Mayapán. Selon la tradition, ce fut Hunac Ceel, le souverain maya cocom de Mayapán, qui conquit Chichén Itzá en 1221. Bien que nous ignorions ce qui, dans cette tradition historique, participe de la réalité ou de la légende, nous savons que Chichén Itzá fut abandonnée vers 1200-1250. La domination du panorama politique yucatèque fut alors assurée par Mayapán, nouvel avatar de Chichén Itzá et de la mythique Tollan.

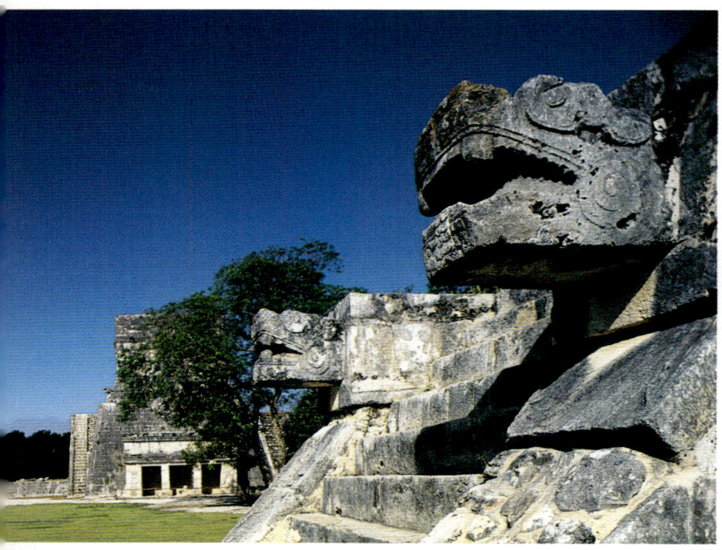

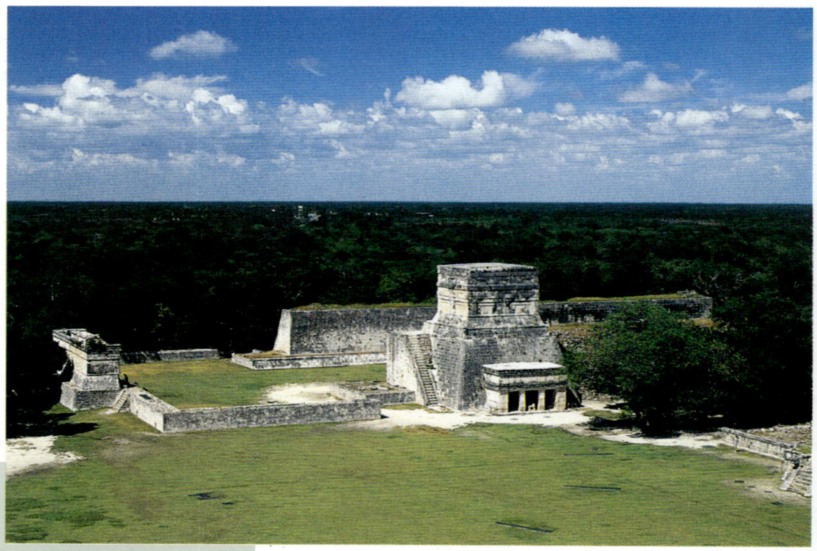

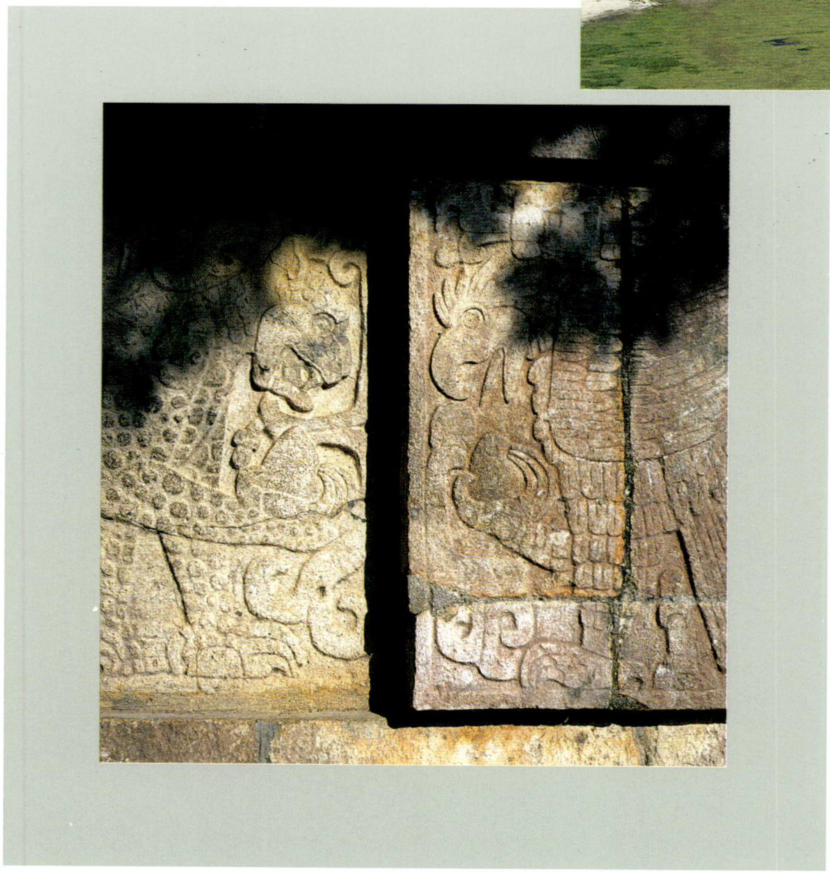

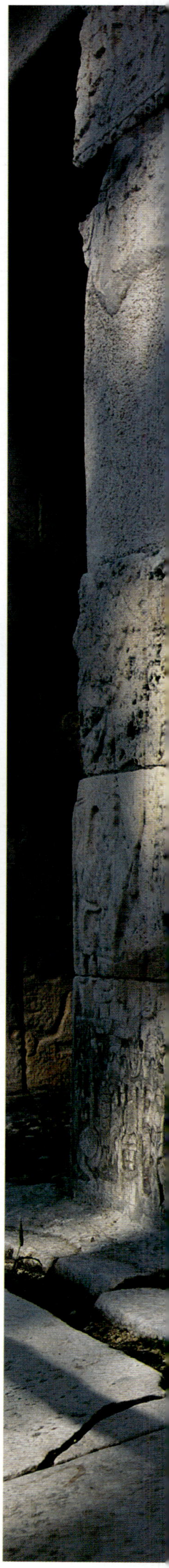

290-291 Ce trône-autel en forme de jaguar se trouve à l'entrée du temple inférieur des Jaguars. Les murs et les piliers sont décorés de complexes bas-reliefs où l'on distingue un des guerriers dessinés par Frederick Catherwood.

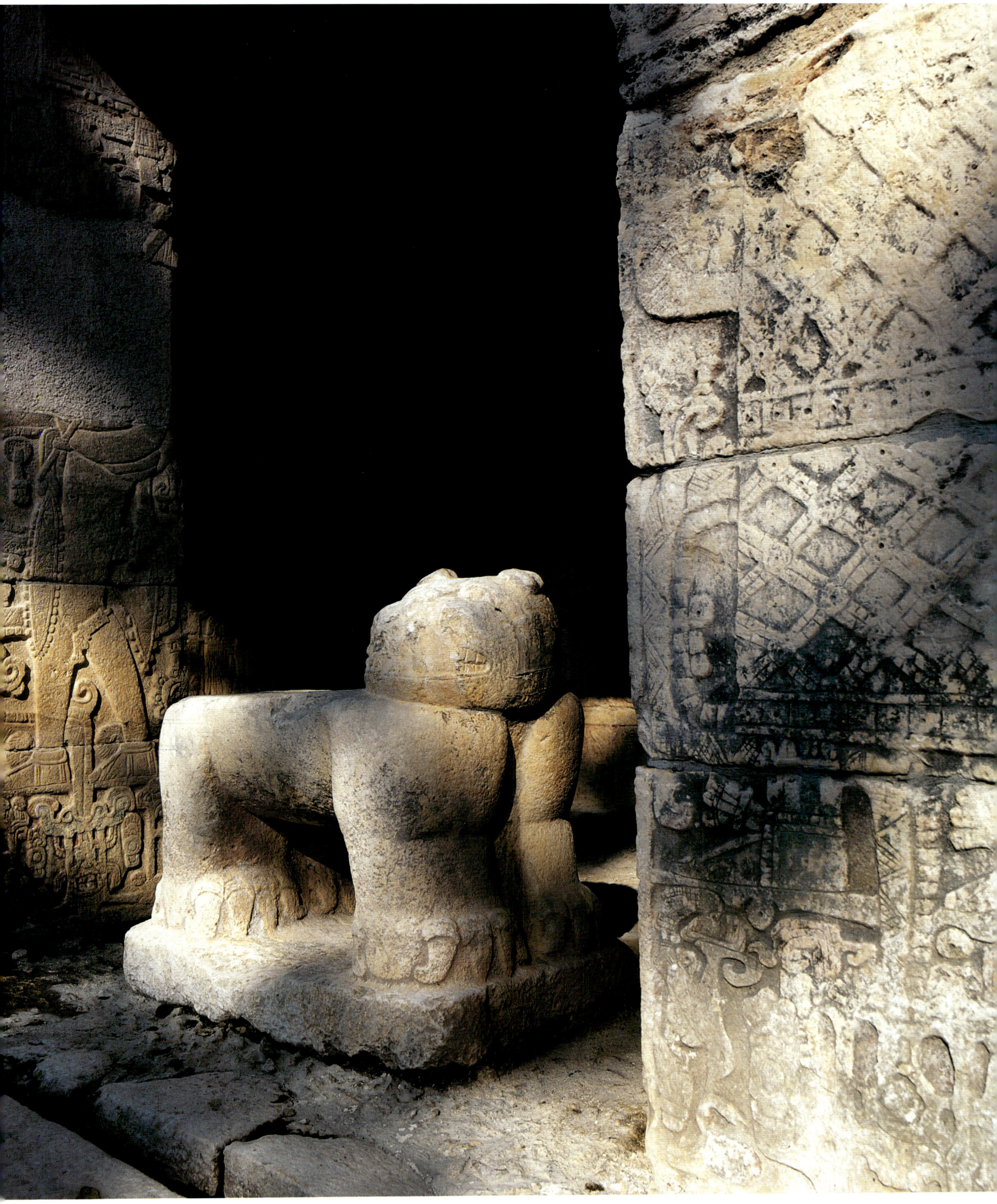

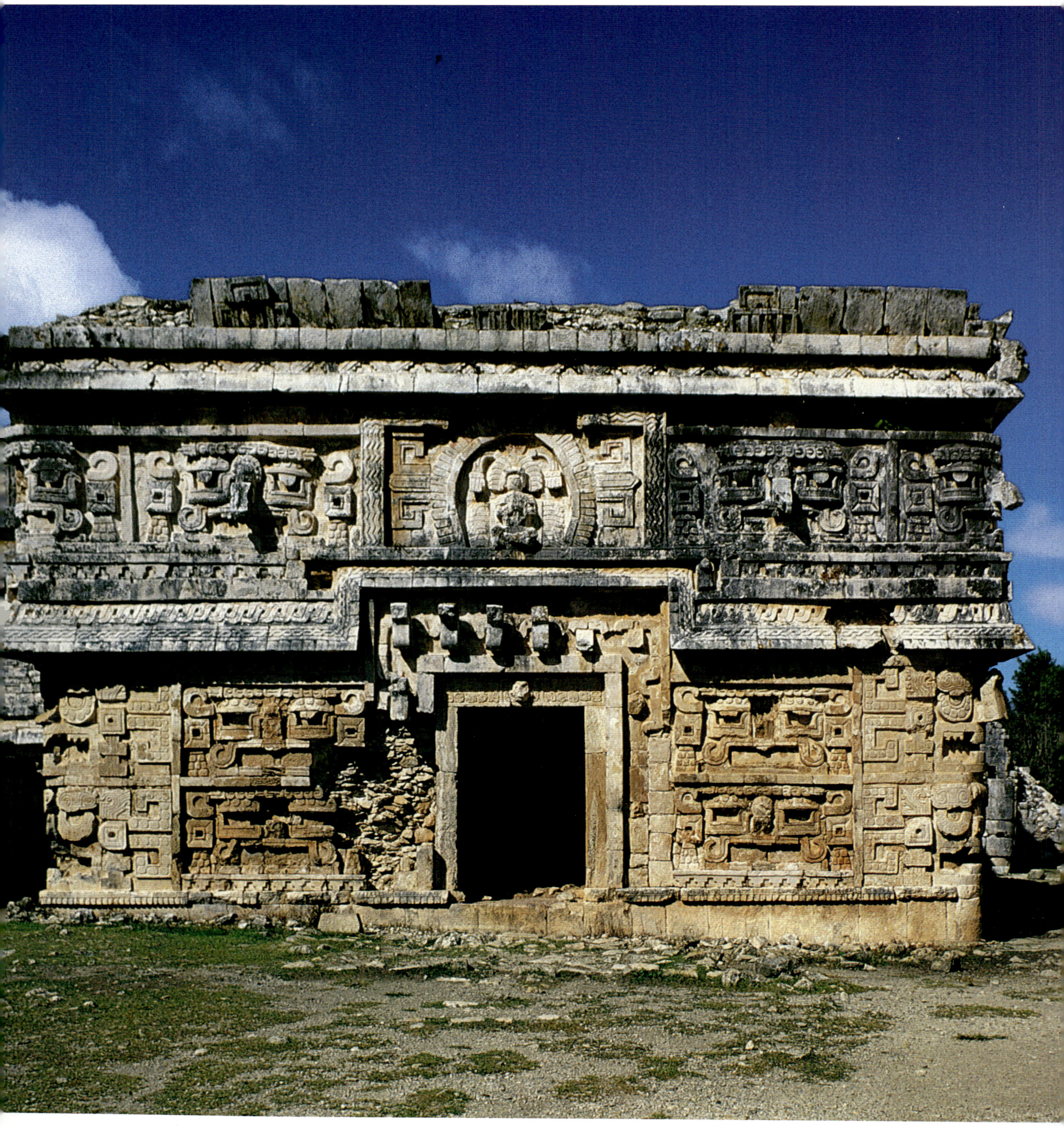

CHICHÉN ITZÁ

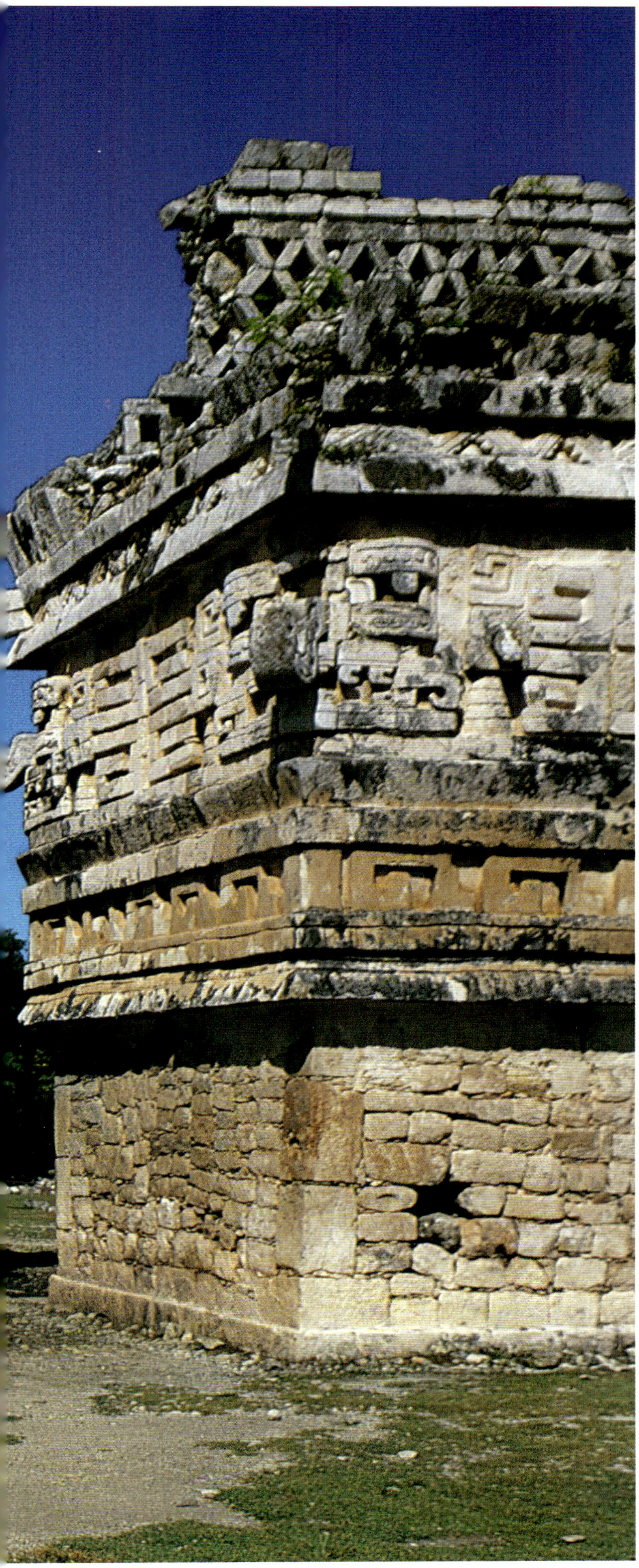

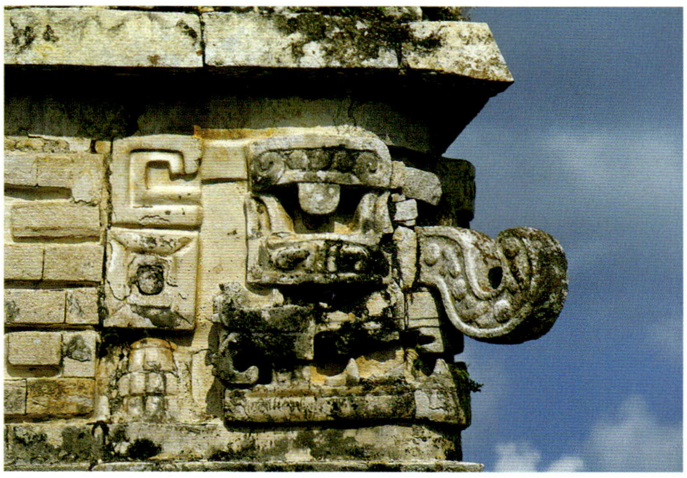

292-293 La maison des Nonnes et une partie de l'église, deux des édifices puuc de Chichén Itzá. À l'origine, la cité était l'un des nombreux centres puuc du Yucatán septentrional, mais elle s'affirma rapidement comme une des plus importantes Tollan terrestres de l'ensemble de la Mésoamérique.

293 Ci-dessus : Le long nez des masques puuc est à la fois une représentation hyperbolique de la protubérance de la tête du serpent et un attribut traditionnel de divinité. Par le passé, ces masques étaient considérés comme une représentation du dieu de la pluie Chak, mais nous savons aujourd'hui qu'il s'agit d'autres divinités.

293 Ci-dessous : Le Caracol vu du haut des escaliers du temple des Panneaux-Gravés.

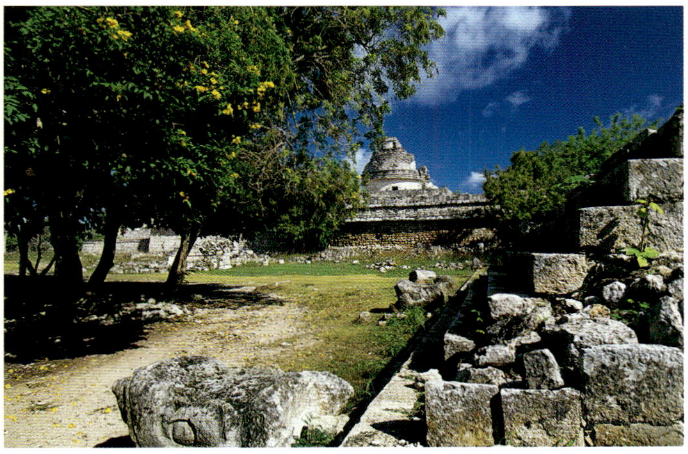

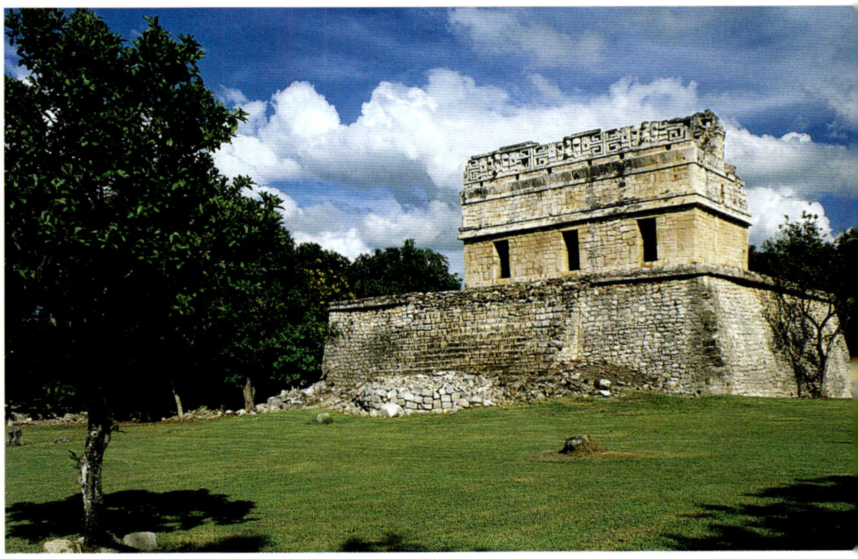

293 Ci-contre : Bien qu'elle soit moins décorée que d'autres édifices de Chichén Itzá, la Maison rouge, avec sa frise sommitale, est un bon exemple de l'architecture puuc.

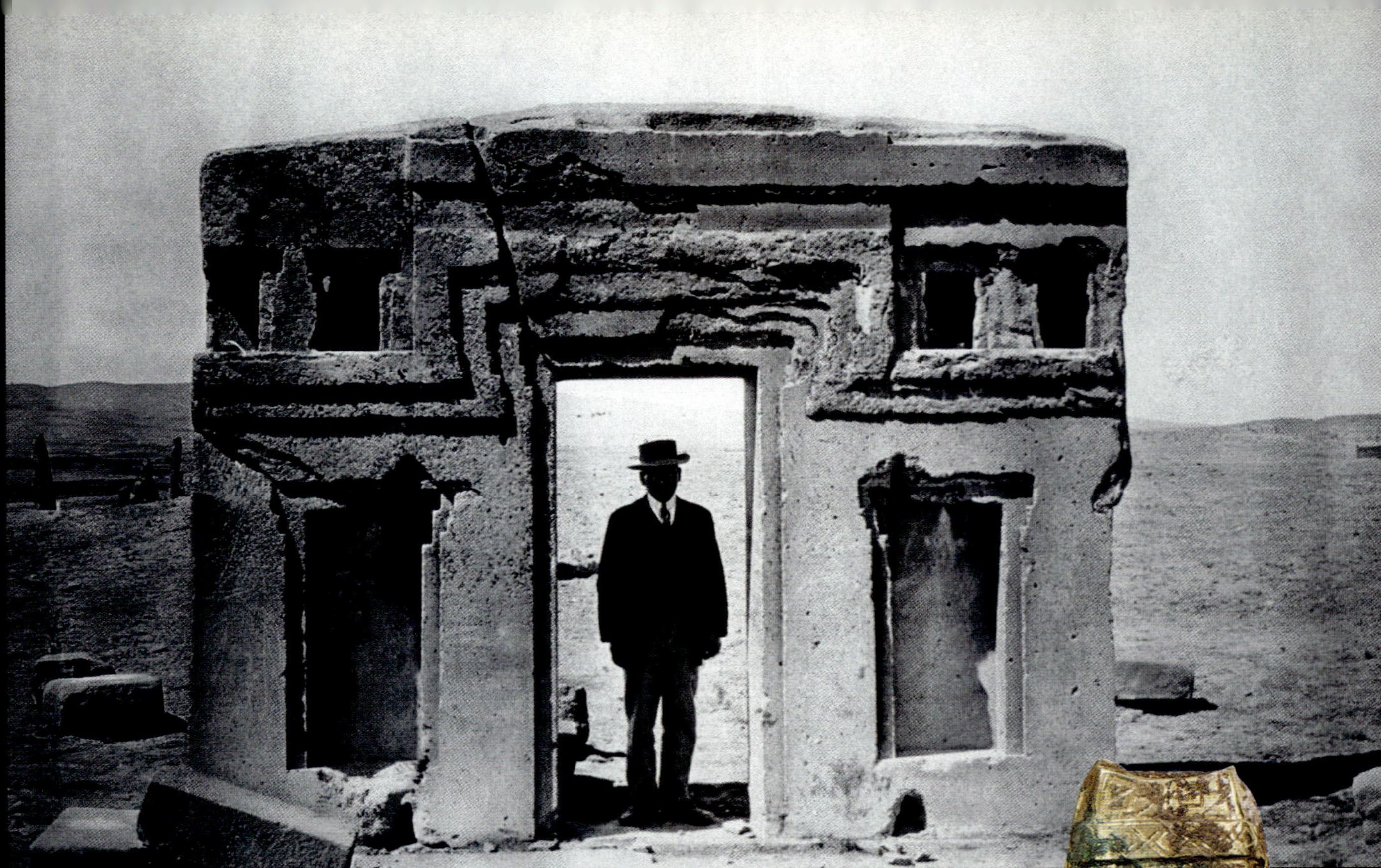

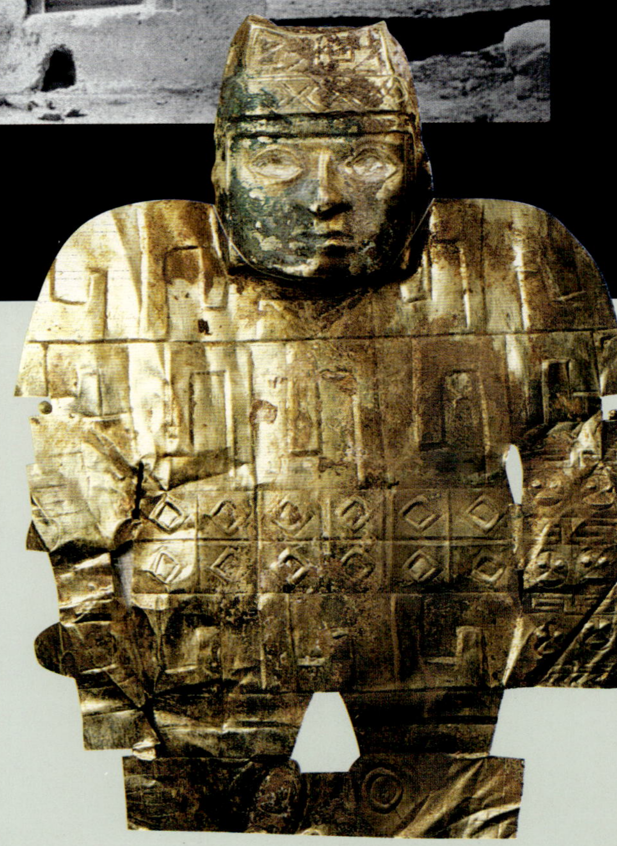

294 Ci-dessus : Ce cliché du début du XXe siècle montre Osgood Hardy, l'interprète indigène de l'expédition d'Hiram Bingham, sous l'une des portes monolithiques du Puma Punku.

294 Ci-contre : Cet objet de cuivre doré et martelé représente un individu vêtu du costume traditionnel andin en laine de camélidé : un bonnet qui recouvre les oreilles et une tunique décorée de motifs géométriques.

295 La porte du Soleil est le plus célèbre monument de Tiahuanaco. Ce détail montre quelques-uns des « soldats » ailés qui convergent vers le personnage central du dieu des bâtons.

TIAHUANACO

Par DAVIDE DOMENICI

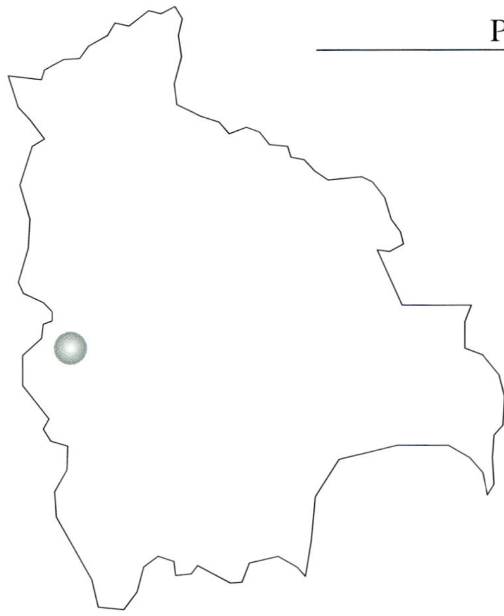

Durant près d'un millénaire, Tiahuanaco fut la plus grande et la plus importante cité indigène du monde andin. Située à 3 840 m d'altitude (plus haut que Lhasa et Katmandou), entre le lac Titicaca et les sommets enneigés de l'Illimani, Tiahuanaco était un véritable « centre » symbolique de la géographie sacrée de l'altiplano, « rattaché » à l'ordre céleste par l'orientation astronomique de ses constructions. Les splendides monuments de l'antique Taypikala (la « pierre du centre », nom aymara de Tiahuanaco) constituaient le cœur d'une cité qui régna sur l'un des plus vastes et des plus durables États andins.

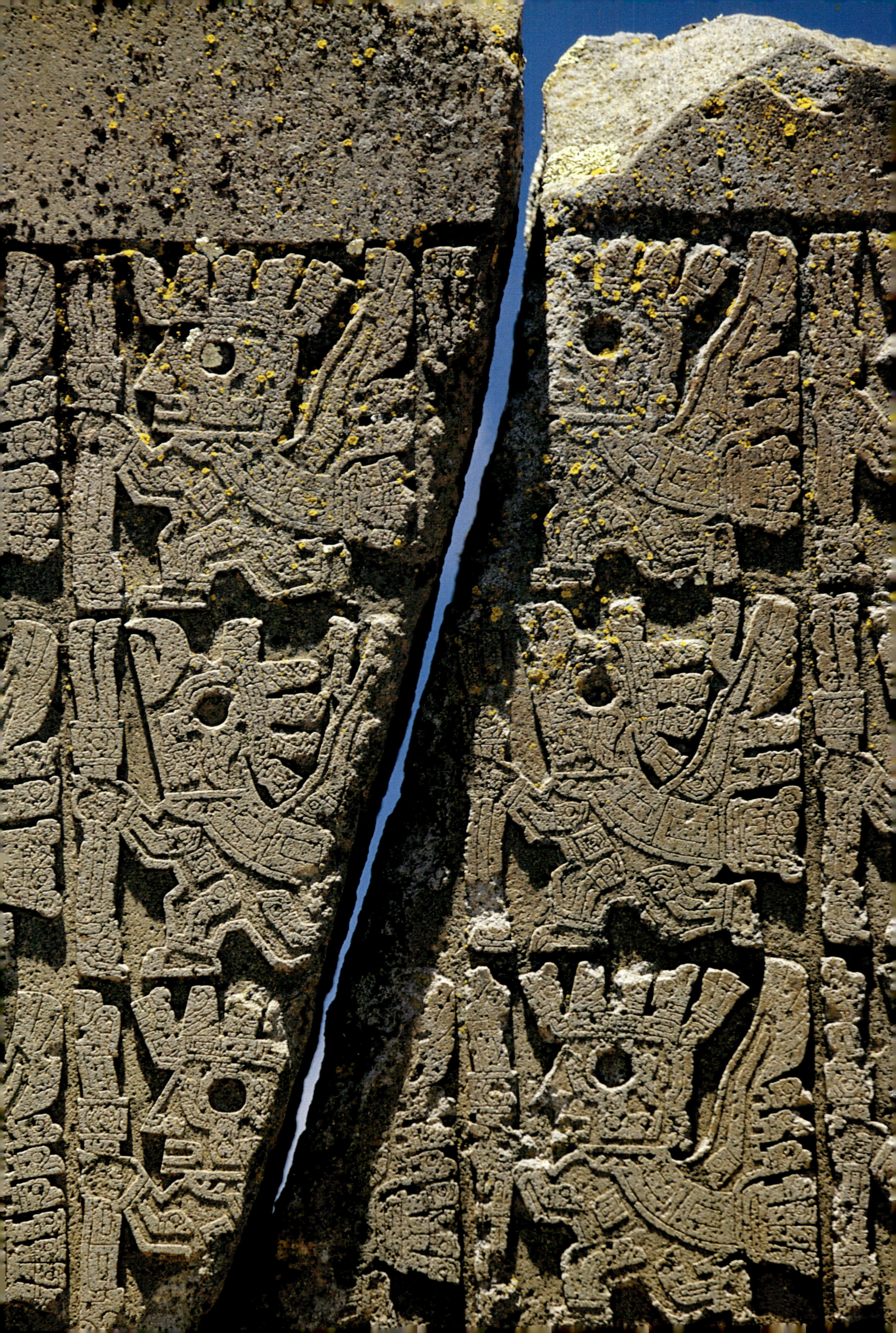

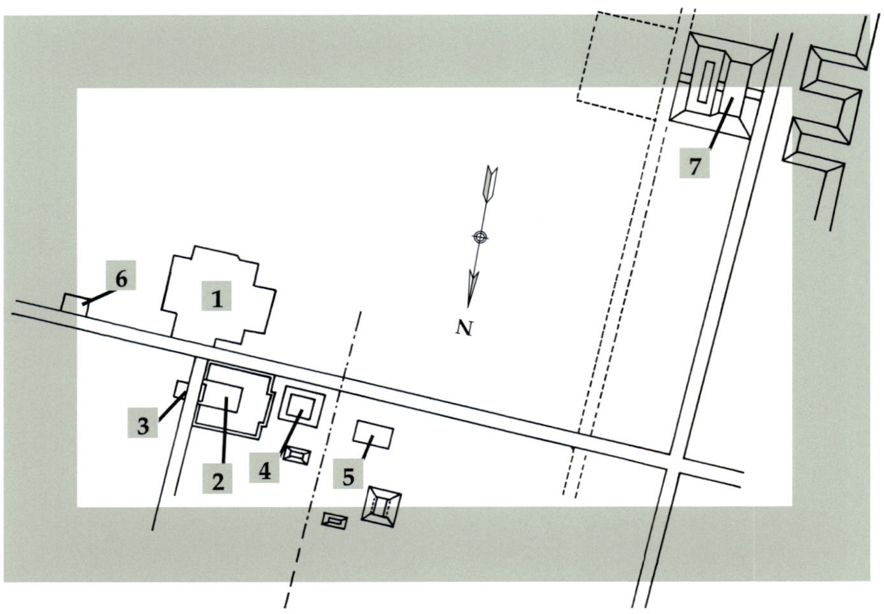

1) Acapana
2) Kalasasaya
3) Temple semi-souterrain
4) Putuni
5) Kerikala
6) Puma punku
7) Kantatayita

Tiahuanaco naquit aux alentours de l'an 400 av. J.-C. C'était alors un village agricole spécialisé dans la culture de la pomme de terre et de la quinua. Après avoir subi l'influence des cultures chiripa et pucara, Tiahuanaco connut, dès le IIe siècle de notre ère, un essor prodigieux qui la transforma en une splendide cité dont le centre monumental (400 ha environ) était entouré de structures résidentielles couvrant un rayon d'une dizaine de kilomètres. Il s'agissait probablement d'une « cité patricienne » où résidaient quelque 40 000 habitants (vraisemblablement de langue aymara), aristocrates, bureaucrates et domestiques pour la plupart. Dès 550, une nouvelle phase d'expansion allait faire de Tiahuanaco la capitale d'un véritable « empire agro-pastoral ».

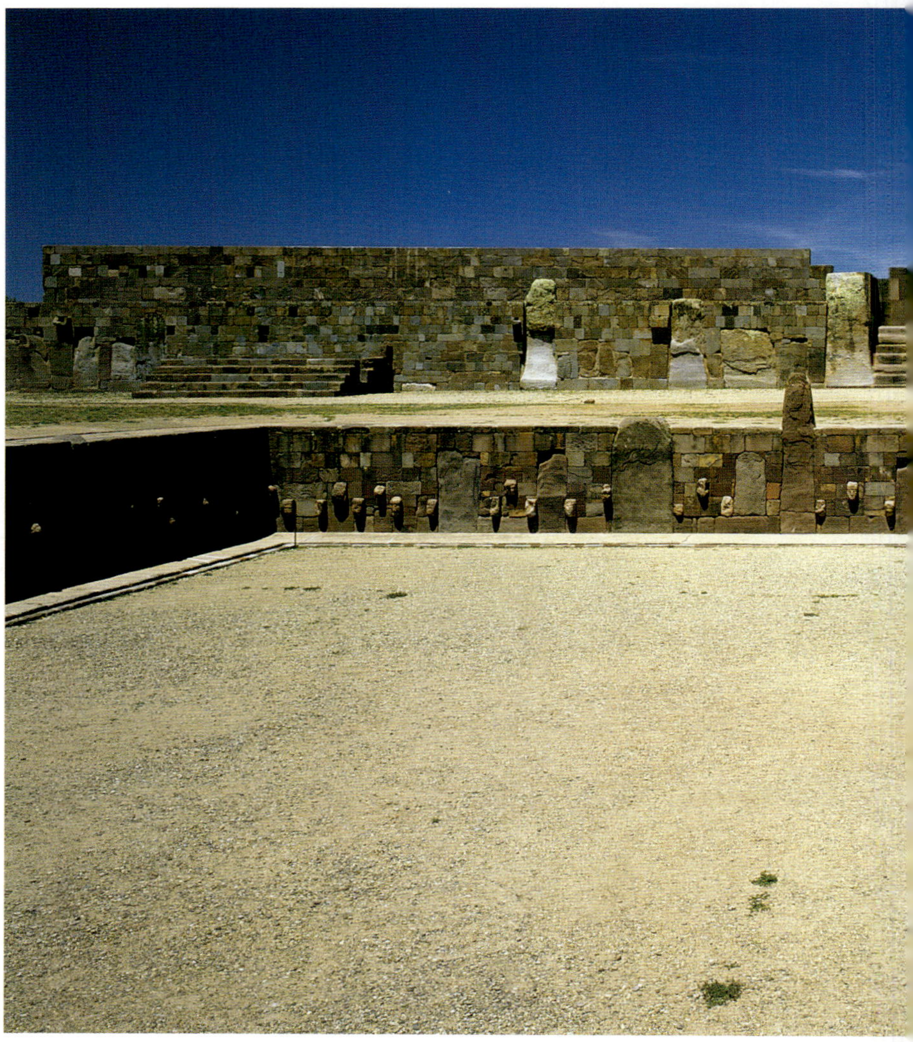

Car Tiahuanaco doit sa remarquable floraison à l'exploitation rigoureuse des ressources agricoles et pastorales de l'altiplano. Les terres bordant le lac Titicaca furent transformées en un « paysage productif » grâce à la construction de milliers de waru-waru, des plates-formes artificielles offrant un excellent rendement de la culture de la quinua, de la pomme de terre et d'autres tubercules comme l'ulluco et l'oca. La laine et la nourriture étaient fournies par les troupeaux de camélidés des pâturages des punas, qui servaient aussi de moyen de transport. Les caravanes de lamas acheminaient en effet vers la cité les produits des terres exotiques (vallées inter-andines, forêt amazonienne, etc.), dont le maïs, la coca et les piments.

Tiahuanaco devint ainsi l'élément central d'un remarquable réseau d'échanges géré par le biais de centres administratifs coloniaux, dont Luqurmata. Si la domination directe de la cité se limitait probablement aux abords du lac Titicaca (et, par conséquent, à une population d'environ 250 000 personnes), sa sphère économique s'étendait en revanche du sud du Pérou (Urubamba, Moquegua) à la côte chilienne (Atacama) et aux Andes boliviennes (Cochabamba). Aux confins de l'empire, en échange de produits agricoles fort prisés, les émissaires de Tiahuanaco offraient des tissus, des tablettes pour l'inhalation de substances hallucinogènes, des *keros* (sorte de verres cultuels) et des objets de bois, de bronze et d'or qui allaient enrichir les élites locales en les attirant dans l'orbite culturelle de la cité.

Tout au long de son essor, Tiahuanaco entretint d'étroites relations avec le grand centre urbain de Huari (Pérou), dont la politique d'expansion militaire, engagée dès le VIIe siècle, avait abouti à la naissance de l'empire du même nom. Les rapports entre les deux cités ont longtemps fait l'objet de controverses : Huari, par exemple, était autrefois considérée comme le « bras armé » du centre religieux de Tiahuanaco, mais nous pensons aujourd'hui qu'il s'agissait de deux formations politiques absolument indépendantes et parfois adversaires, malgré les profondes affinités artistiques, religieuses, économiques et administratives qui les unissaient.

Le système de redistribution économique tiahuanacain était probablement entre les mains d'une classe nobiliaire qui, en vertu d'un caractère prétendument sacré, gérait les offrandes et les tribus, tout en affectant une main-d'œuvre considérable à la construction des grands édifices publics. Le centre monumental était ainsi le théâtre d'importants rituels collectifs tenus le long des parcours sacrés reliant les différents huacas (lieux sacrés, temples), ce qui impliquait probablement différents « passages d'état » dont les nombreuses portes monumentales, éléments caractéristiques de l'architecture de la cité, sont le témoignage. Les grands rituels collectifs étaient sans doute menés par des prêtres qui, après inhalation d'hallucinogènes (l'abondance de tablettes, de tubes à inhaler et de spatules vomitives témoigne de cet usage), tombaient dans un état extatique propice à la divination et à la thaumaturgie. Le motif des yeux écarquillés, présent dans de nombreuses sculptures monumentales de la cité, fait peut-être allusion à ces rituels. À Tiahuanaco, le principal édifice sacré était l'Acapana, la grande pyramide à demi-croix andine constituée de sept terrasses et mesurant 17 m de haut sur plus de 200 de long. À son sommet se trouvaient plusieurs structures résidentielles en pierres et une grande cour en contrebas destinée à recueillir l'eau de pluie ; celle-ci coulait ensuite, *via* un système de canalisations, le long des flancs de la pyra-

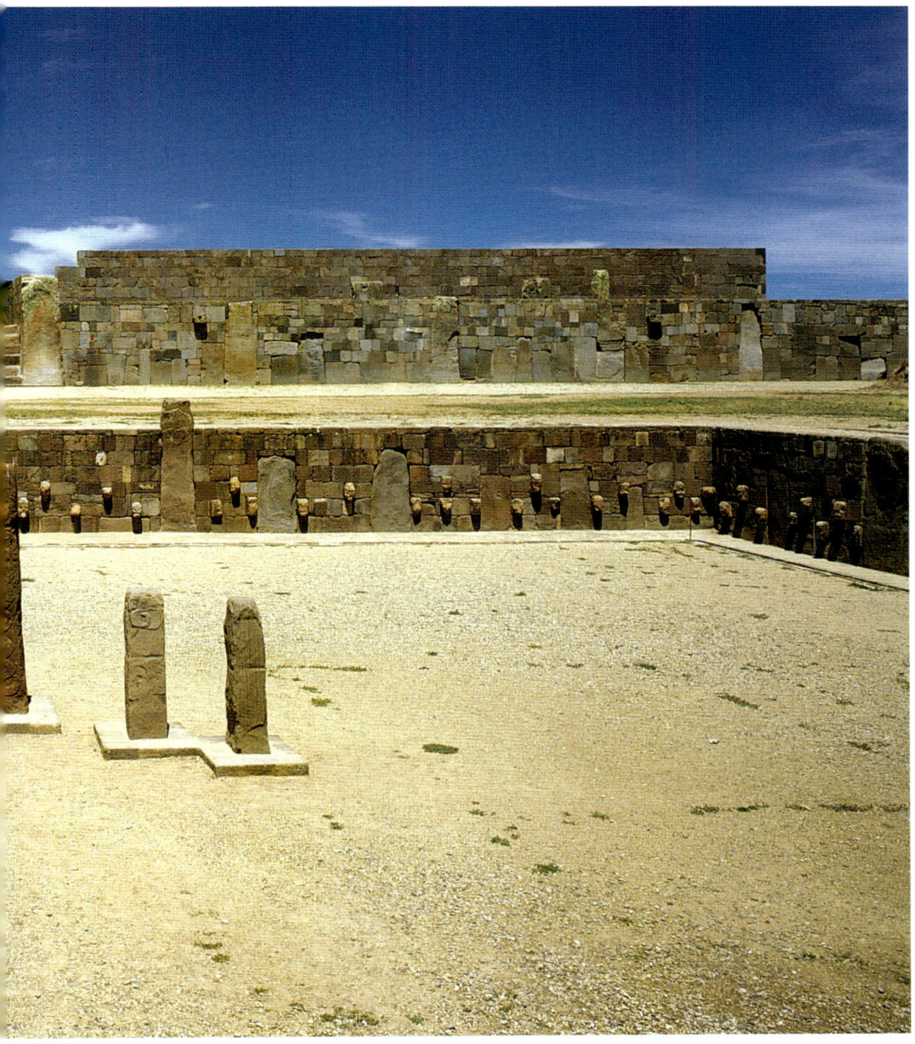

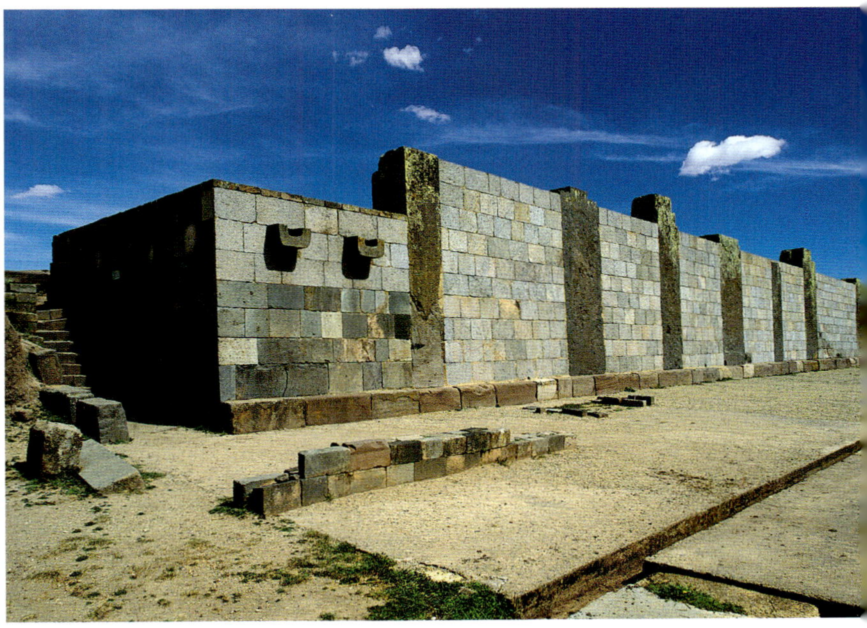

296-297 Le grand monolithe de Bennet, aujourd'hui à La Paz, se dressait à l'origine dans la grande cour du temple semi-souterrain.

297 Au centre : La splendide enceinte du Kalasasaya, caractérisée par l'alternance de grands piliers monolithiques et de pans de murs composés de blocs parfaitement carrés, est un témoignage évident de la remarquable habileté des bâtisseurs de Tiahuanaco.

297 Ci-contre : Le Kalasasaya était un immense espace rituel réservé aux cérémonies à caractère astronomique. Au centre de l'enceinte se dresse le célèbre monolithe Ponce.

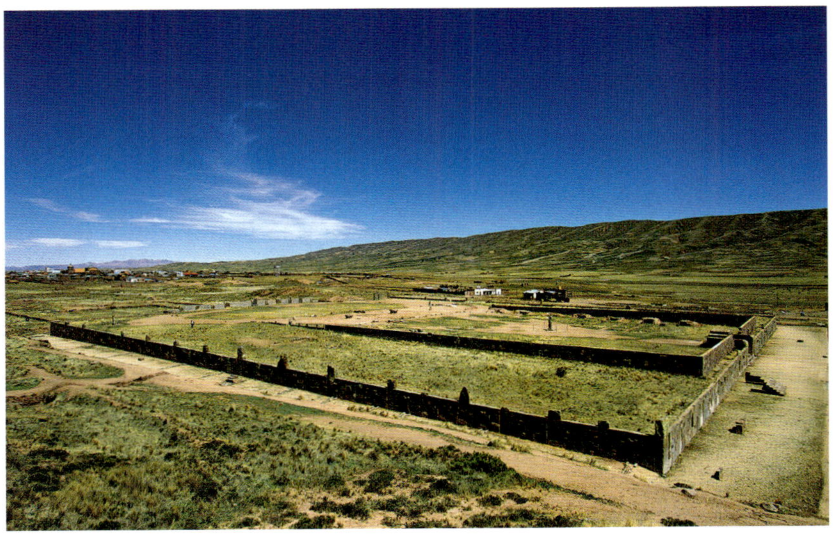

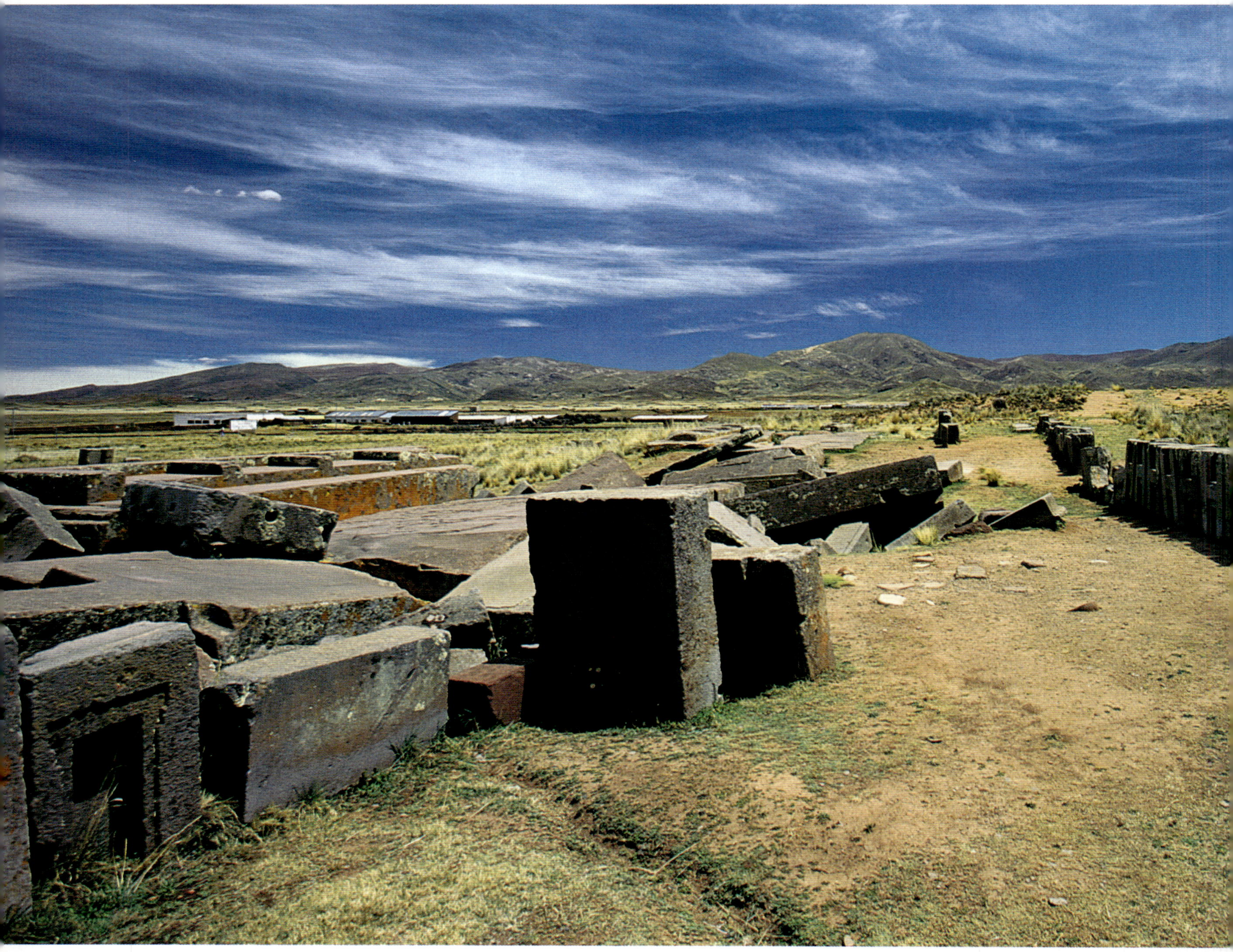

mide. Il s'agissait bien évidemment d'une sorte de « montagne céleste », source des eaux et centre des cultes de la fertilité. Il est probable que l'Acapana ait été dédiée à une divinité céleste de l'eau et de la foudre assimilée au Tonupa des époques successives.

L'iconographie des monuments retrouvés sur la pyramide semble renvoyer à la dualité de cette divinité, représentée par des pumas et des condors, qui, à leur tour, étaient peut-être les symboles sacrés d'un système politique lui aussi dual.

Au nord de l'Acapana se trouve le Kalasasaya, une grande plate-forme rectangulaire de 130 m sur 120 dotée d'un escalier reliant le majestueux portail à la cour en contrebas, où se dresse, au centre, le monolithe Ponce. Les cérémonies collectives qu'on y célébrait avaient probablement un caractère astronomique et calendaire : le Kalasasaya est en effet orienté de telle façon que le soleil se lève, les jours de solstice, dans l'axe des angles de la structure. C'est dans le Kalasasaya que se dresse aujourd'hui le plus célèbre monument de Tiahuanaco, la porte du Soleil. Cet arc, probablement un élément originel du Puma Punku, est décoré d'un splendide bas-relief figurant une grande divinité – le dieu de l'arc ou dieu des bâtons, correspondant, nous l'avons vu, au dieu Tonupa des Aymaras –, entourée de soldats ailés.

À l'est du Kalasasaya se trouve une structure de moindres dimensions, le temple semi-souterrain, dont les murs sont ornés de tenons en forme de têtes humaines aux yeux écarquillés ; en son centre se dressaient autrefois de nombreuses sculptures, dont le monolithe de Bennet, une statue de plus de 7 m, aujourd'hui à La Paz. Selon certains auteurs, cet espace sacré serait une représentation symbolique du « monde d'en-bas » et une grande partie des stèles centrales pourrait constituer le butin de conquêtes militaires qui se sont terminées, comme cela se produira plus tard avec les Incas, par « l'enlèvement » d'éléments sacrés ensuite rapportés dans la cité victorieuse. Parmi les autres monuments de Tiahuanaco, citons le

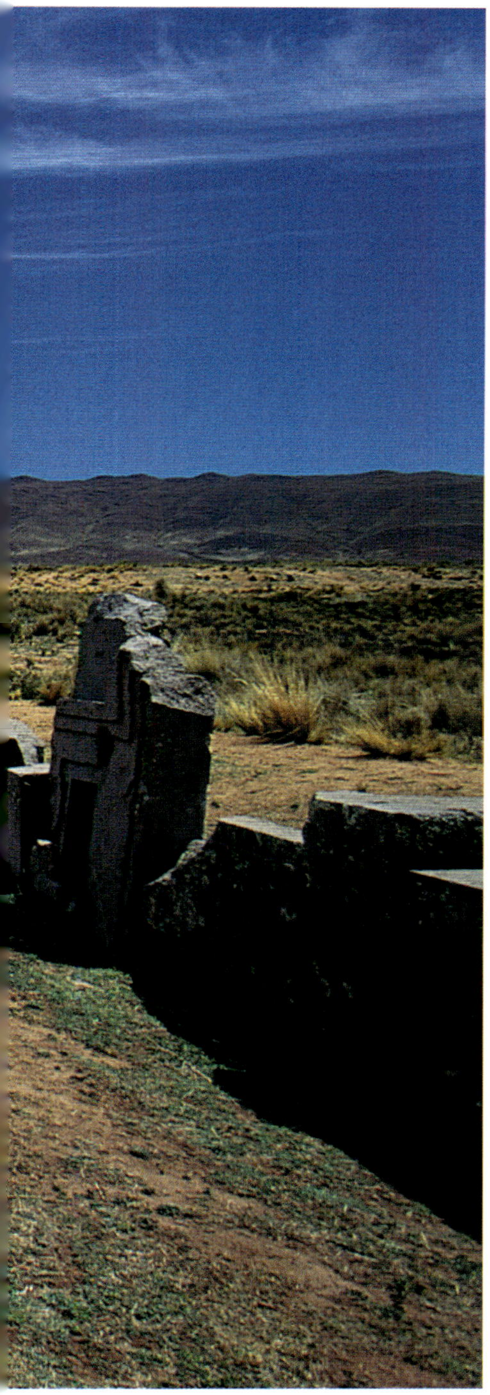

298-299 Le Puma Punku est une vaste plate-forme en T. Elle est composée de trois terrasses délimitées par des murs de pierre et d'une grande cour intérieure.

Kantatayita, un petit édifice doté d'une belle architrave sculptée, le Putuni, où résidait probablement l'élite politique et religieuse de la cité, le Kerikala, que certains considèrent comme le théâtre des redistributions cérémonielles, et le Puma Punku, une grande plate-forme en T composée d'une cour centrale semi-souterraine, d'escaliers et de portails monolithiques – la porte du Soleil pourrait être l'un d'entre eux. Ces édifices étaient entourés de structures monumentales de moindre importance et de complexes résidentiels en boue séchée dont la majeure partie n'a pas résisté aux assauts du temps.

À partir du VIIIe siècle, Tiahuanaco fut au faîte de sa splendeur, tout en subissant de grandes transformations qui semblent préluder à son déclin. Sa population résidente, qui atteignit probablement 100 000 habitants, se consacrait surtout à l'artisanat – travail de la céramique, du tissu et du métal. À la même époque, Tiahuanaco se confronta militairement aux armées huaris dans la vallée de Moquegua, où elle devait perdre, vers l'an 800, le centre administratif d'Omo. Certains auteurs prétendent qu'aux difficultés d'ordre politique vinrent s'ajouter des désordres climatiques, comme la sécheresse qui semble avoir frappé la région de Tiahuanaco à la fin du Ier millénaire. On déposa alors au sommet de l'Acapana des dizaines de corps humains et autant de lamas : peut-être s'agissait-il d'un sacrifice afin de conjurer le désastre. Bien que les causes de la crise de Tiahuanaco ne soient pas encore élucidées, nous savons néanmoins que la cité fut totalement abandonnée entre l'an 1000 et l'an 1100 ; elle devint alors un lieu sacré, faisant l'objet de pèlerinages et de rituels sacrificiels. Quelques centaines d'années plus tard, les Incas croyaient encore que Viracocha, le dieu créateur né dans les eaux sacrées du Titicaca, était passé par Tiahuanaco – d'où ses nombreuses ressemblances avec Tonupa. La cité, qui aurait également vu naître Manco Copac, le légendaire fondateur de l'Empire inca, continua ainsi d'être considérée, à l'instar du lac Titicaca, comme le plus sacré des lieux originels du monde andin.

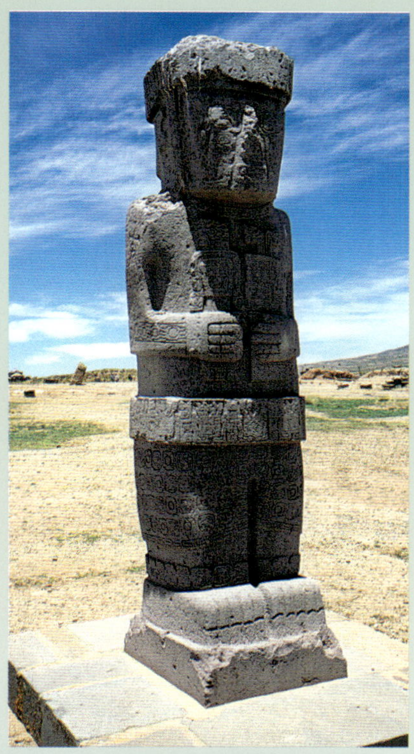

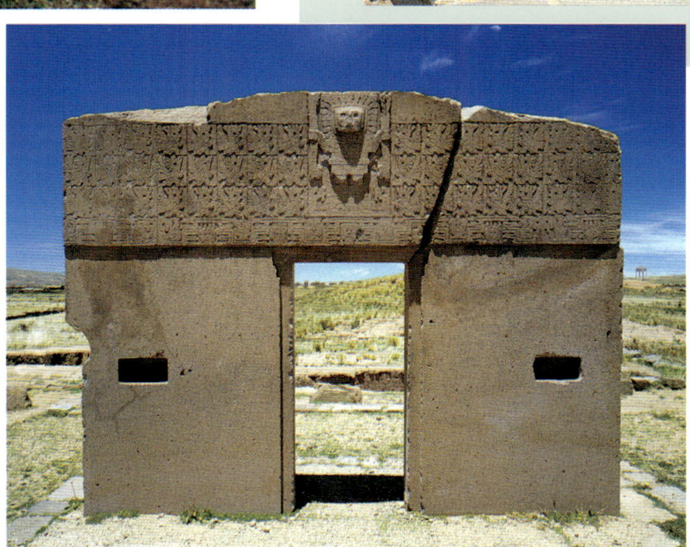

299 Ci-dessus : La porte du Soleil se trouve aujourd'hui près du Kalasasaya. La divinité centrale est désormais considérée comme un ancêtre de Tonupa, le dieu de la foudre, du feu céleste, des volcans et de la pluie des Aymaras de l'époque de la conquête.

299 Au centre : Le monolithe Ponce du Kalasasaya représente un personnage dont le corps est orné de fines ciselures ; il tient un *kero* à la main ainsi qu'un autre objet, probablement un sceptre.

CHANCHÁN

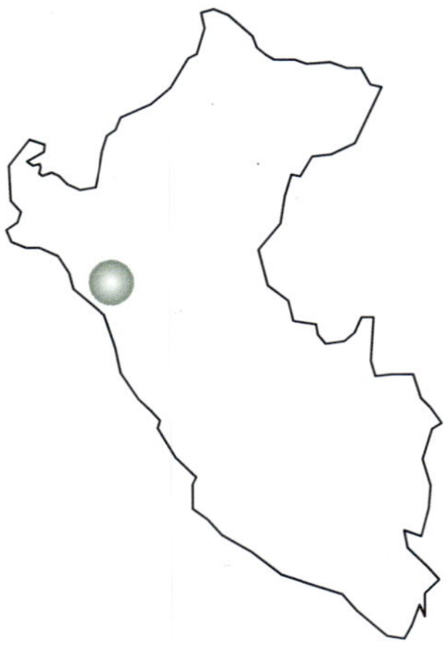

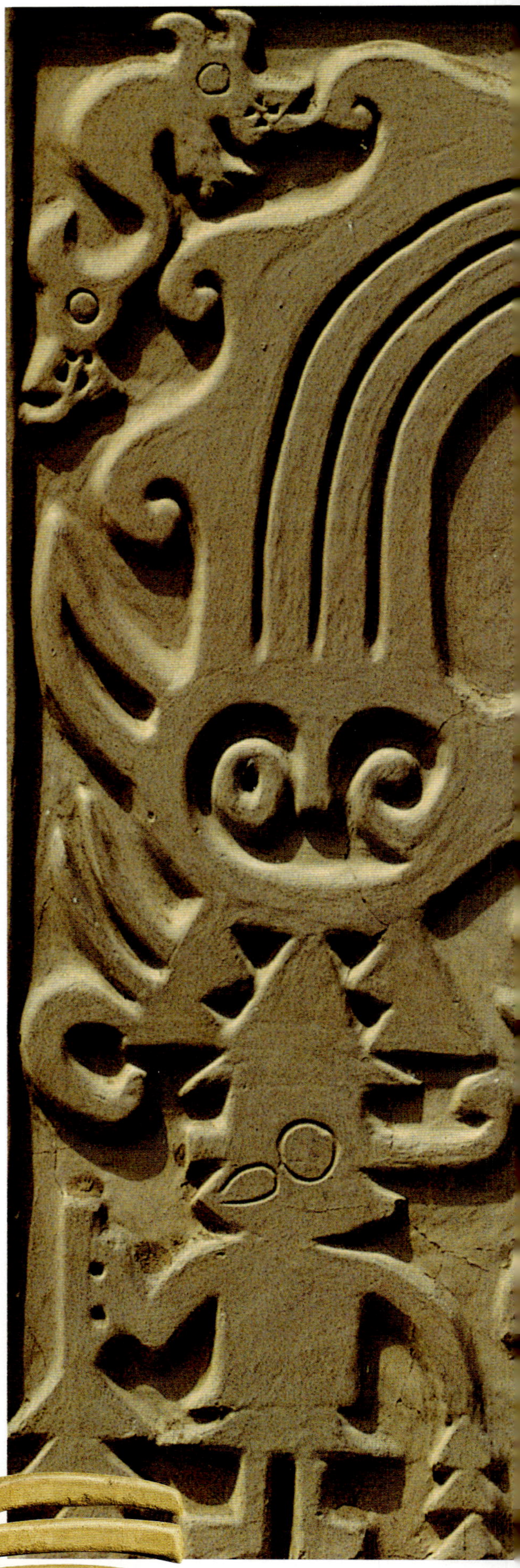

Par DAVIDE DOMENICI

Véritable labyrinthe de terre séchée se dressant dans le désert, la cité de Chanchán fut probablement l'un des centres urbains les plus impressionnants et les plus fastueux du Pérou précolombien. Siège des souverains du royaume de Chimor, Chanchán fut la puissante capitale d'un véritable empire qui, à son apogée, couvrait plus de 1 300 km sur la côte septentrionale du Pérou. On estime que la ville aurait abrité de 20 000 à 50 000 personnes. Située dans la vallée du Moche, Chanchán fut fondée vers la fin du IXe siècle de notre ère. Dès l'origine, la cité fut probablement conçue pour être le centre politique et administratif de l'empire, caractère qu'elle conserva jusqu'à sa chute. Si, dans la cité et ses alentours, plusieurs huacas (édifice cérémoniel et funéraire) pyramidales furent érigées, comme la huaca del Dragón ou la huaca Esmeralda, une grande partie des bâtiments de la ville étaient néanmoins de type résidentiel et administratif.

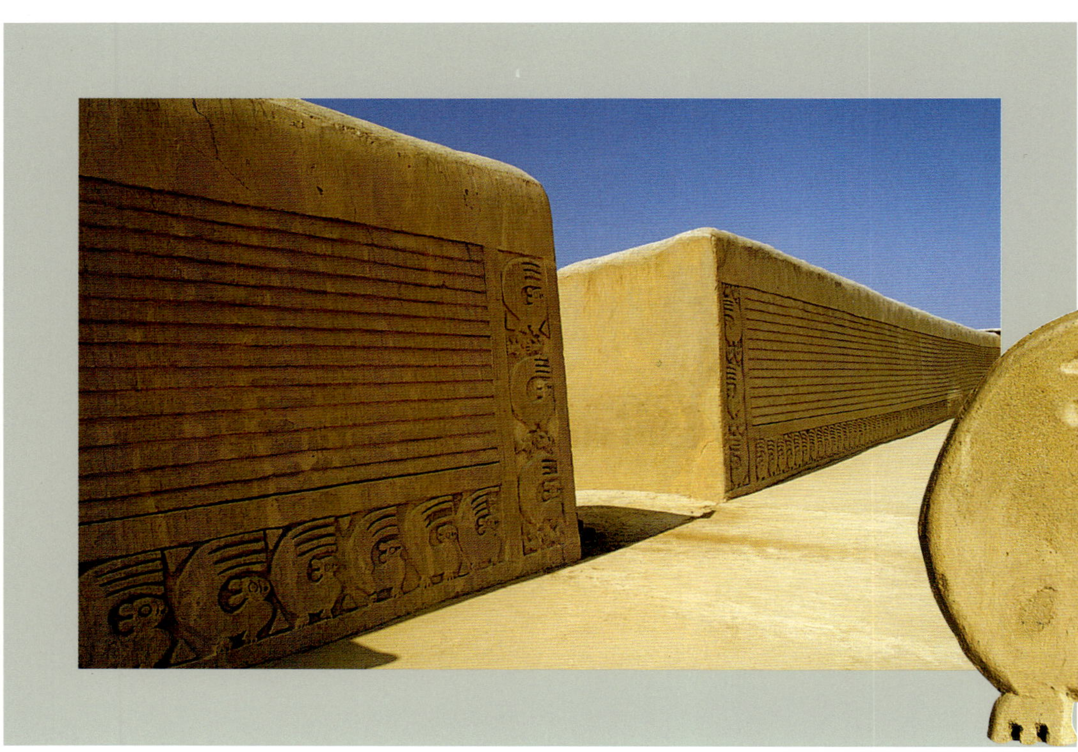

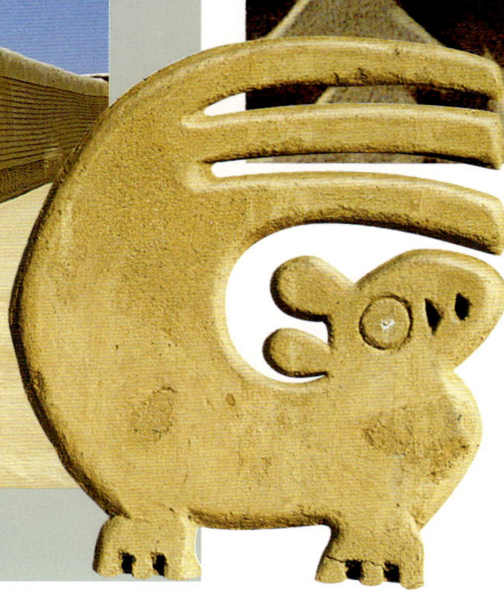

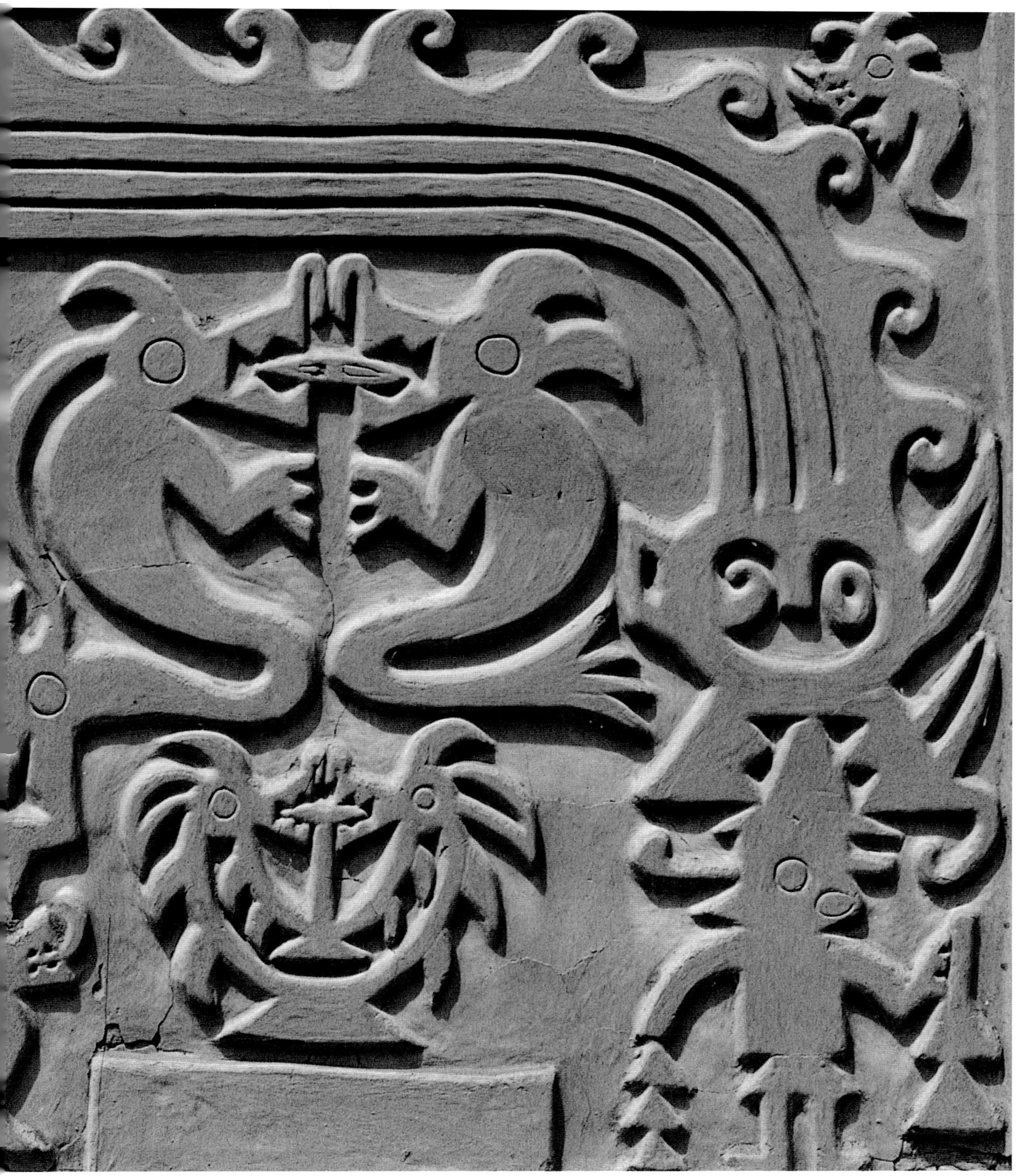

L'architecture et l'agencement interne de Chanchán permettent de déchiffrer le modèle d'organisation de l'État chimú ainsi que sa hiérarchie administrative. Une grande partie des quelque 25 km^2 sur lesquels s'étendait la cité étaient occupés par des quartiers d'habitation de rang social peu élevé : maisons de pisé où logeaient paysans et artisans spécialisés dans l'orfèvrerie et la métallurgie, le tissage et la

300 En bas : Des animaux énigmatiques, mi-quadrupèdes, mi-oiseaux, ornent les murs de l'entrée sud de la grande place de la citadelle Tschudi. Ces grands espaces étaient probablement le théâtre de cérémonies collectives présidant à la distribution des ressources, telles que la chicha, l'alcool de maïs le plus répandu du monde andin.

300-301 : Détail décoratif de la huaca del Dragón, mystérieux temple pyramidal qui se dresse près de Chanchán, la capitale chimú.

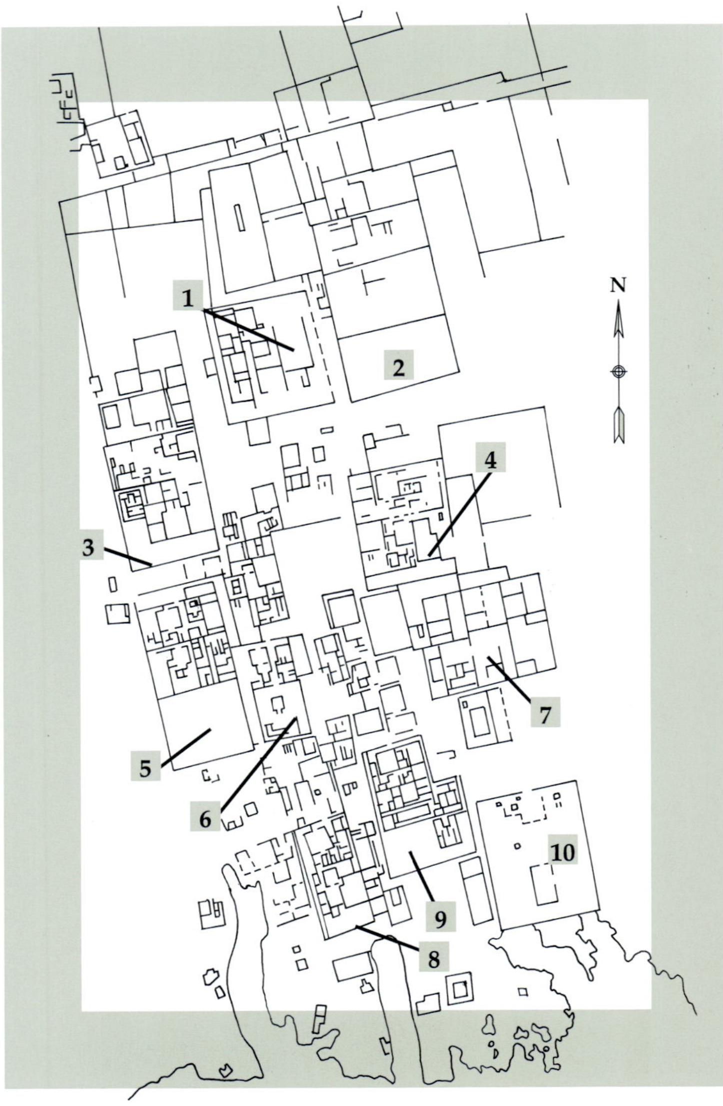

1) Squier
2) Gran Chimù
3) Velarde
4) Bandelier
5) Labyrinthe
6) Tello
7) Uhle
8) Rivero
9) Tschudi
10) Chayhuac

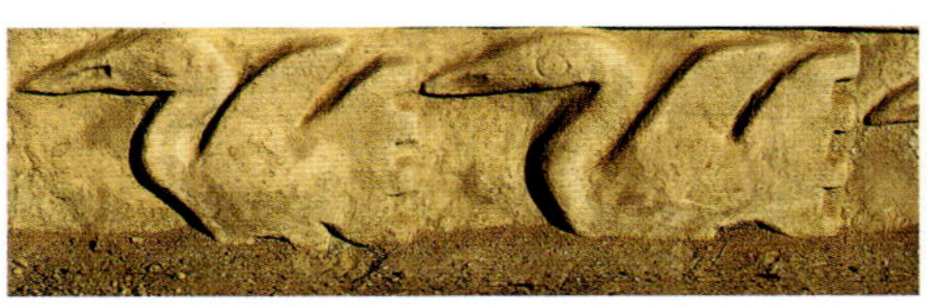

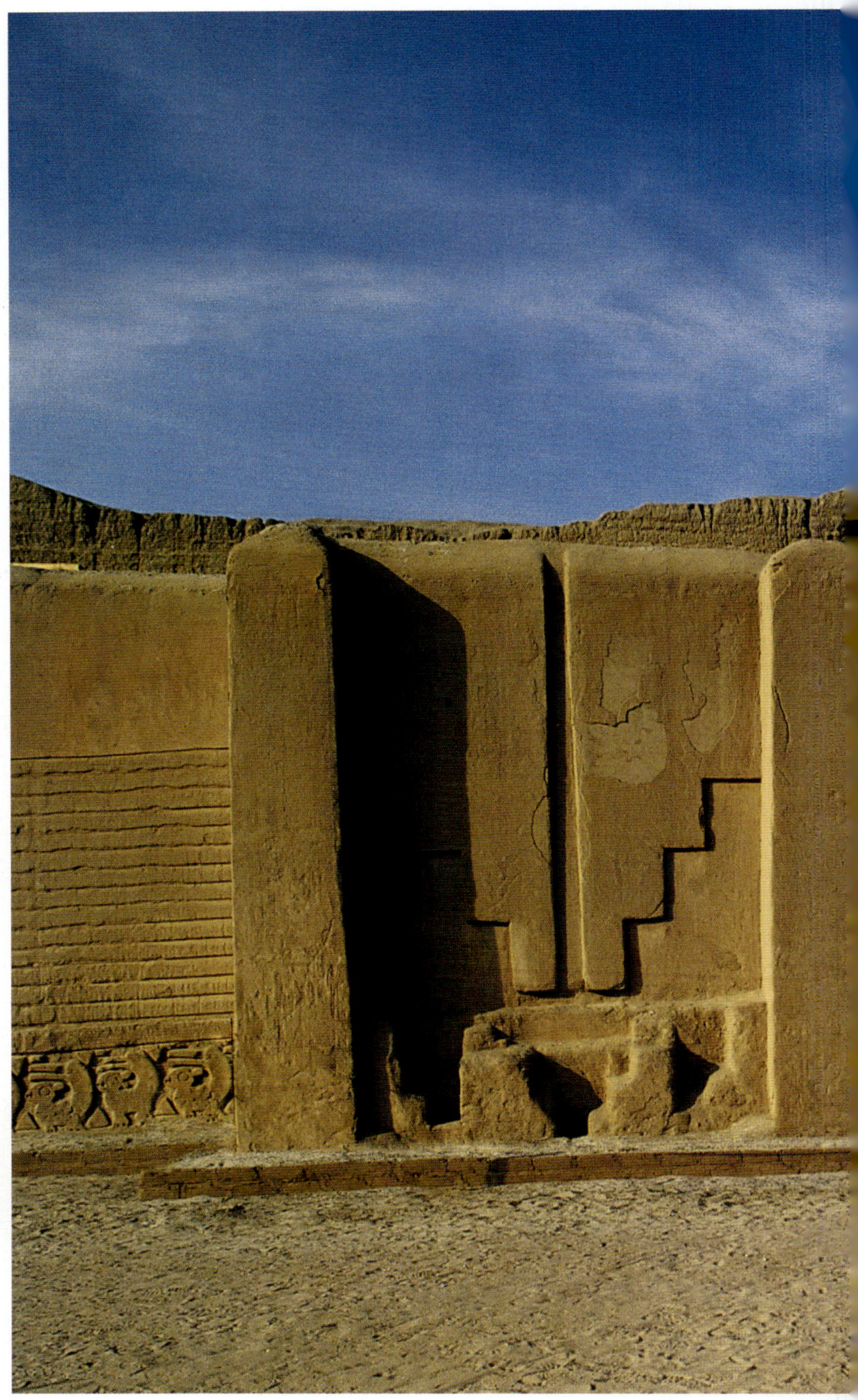

302 Ci-dessus : Une théorie de cormorans orne la partie inférieure d'un mur d'enceinte de la citadelle Tschudi. À l'origine, nombre de décorations étaient sans doute peintes de couleurs vives.

céramique. Aux alentours du centre monumental, les bâtiments qui abritaient les notables affichent avec ostentation leurs fonctions politiques et administratives : il s'agit là de trente-quatre complexes élitaires, tous faits d'adobe et offrant des zones résidentielles, des magasins et des *audiencias* – bâtiments typiques en forme de U qui faisaient office de bureaux où l'on percevait les impôts et où l'on redistribuait les différentes richesses. Quant au véritable centre monumental de la ville, qui s'étend sur près de 6 km², il est presque exclusivement constitué d'une série de complexes palatiaux (neuf ou dix, selon les critères de décompte) connus sous le nom de citadelles. Ce sont en effet de véritables palais fortifiés, généralement divisés en trois secteurs principaux : au nord, une vaste cour publique entourée de bancs, ouvrant sur de multiples entrepôts et *audiencias* ; dans la partie centrale, au milieu des habituels patios, magasins et *audiencias*, se dresse un grand édifice funéraire ; au sud, on trouve généralement un large bassin servant à recueillir l'eau et un ensemble d'habitations modestes, probablement destinées aux domestiques de la cour.

D'après les dernières recherches, les citadelles auraient été les résidences des empereurs ; ainsi, leur ordre de construction devrait refléter la chronologie dynastique chimú. Malheureusement, la difficulté de dater avec certitude les différents ensembles monumentaux de Chanchán n'a jamais permis d'attester cette hypothèse. Si les souverains chimús observaient des coutumes analogues à celles des

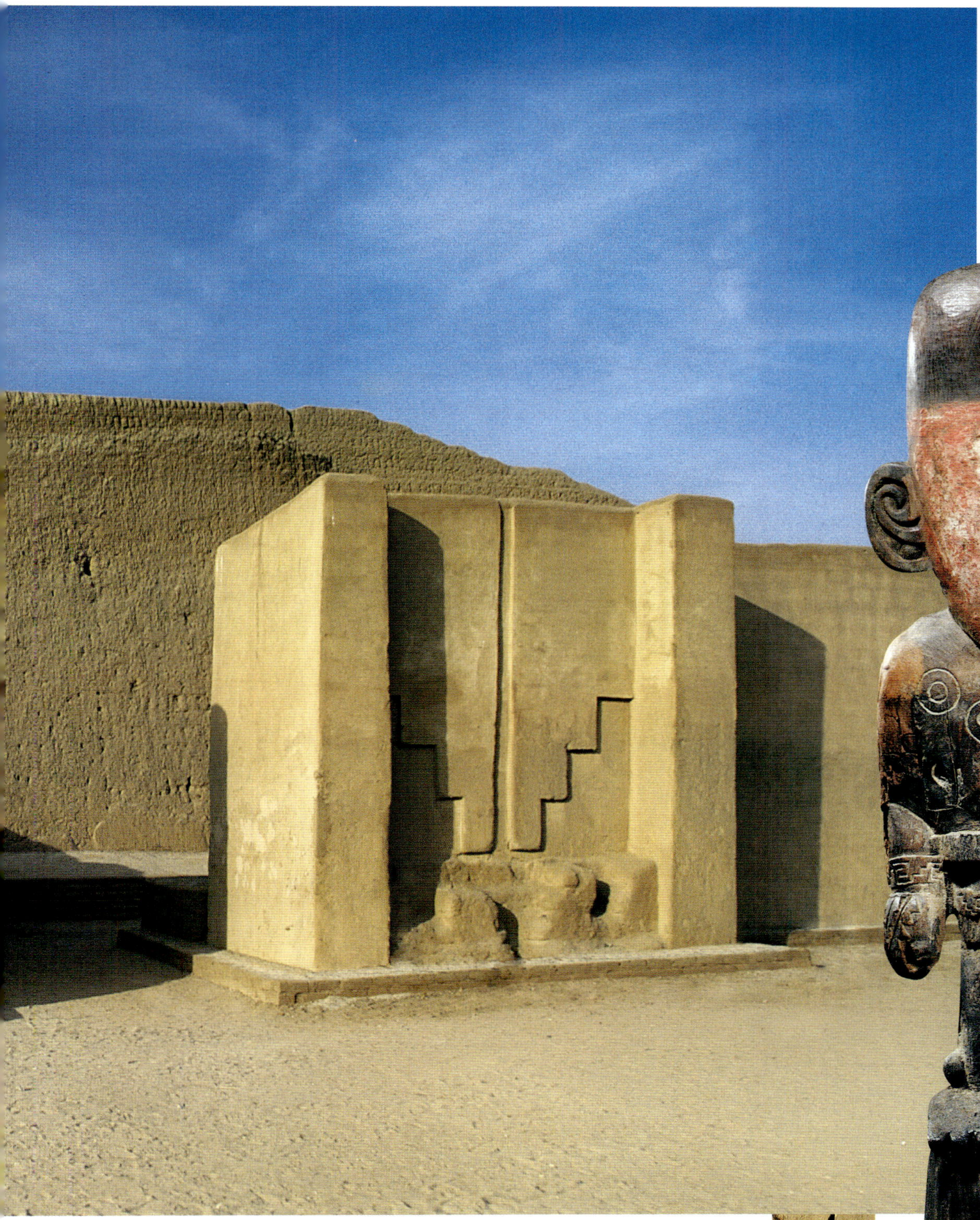

302-303 Grâce à une restauration complète, on peut aujourd'hui admirer les décors muraux de l'entrée de la place centrale de la citadelle Tschudi. La cité de Chanchán est entièrement construite en adobes (briques crues séchées au soleil).

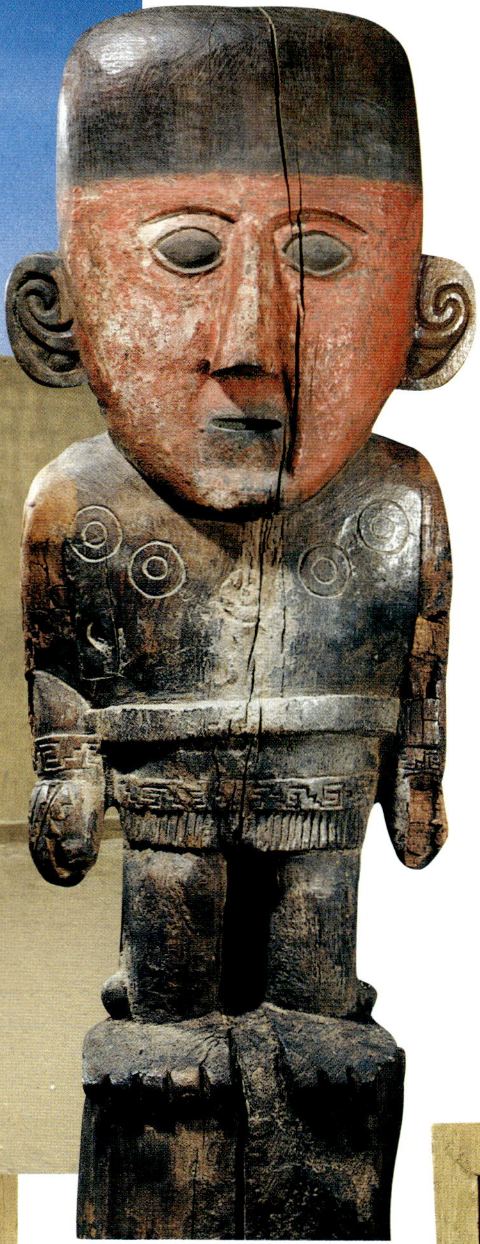

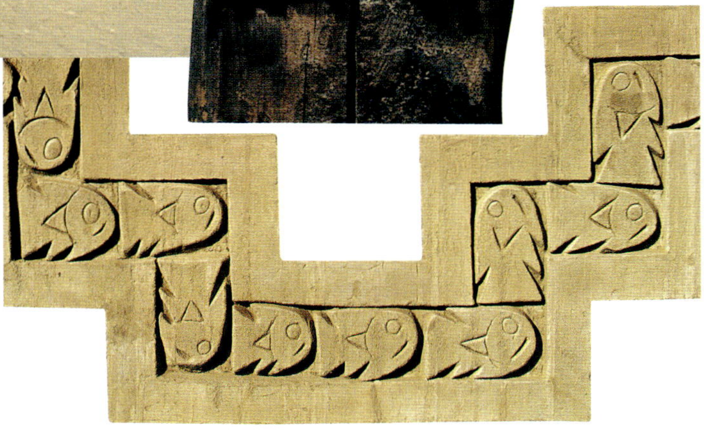

empereurs incas qui leur succédèrent, chaque nouveau roi abandonnait le palais paternel pour en construire un nouveau et donner vie à sa propre « lignée » – que les Incas nommaient *panaca*. Après la mort du souverain, sa lignée continuait à résider dans le palais, constituant un important groupe de pouvoir d'où émergeaient les personnalités destinées aux plus hautes charges religieuses, politiques et administratives.

Les vastes patios princiers des citadelles, aux murs ornés de superbes bas-reliefs en adobe, étaient le théâtre de grandes cérémonies publiques où les liens réciproques entre le souverain et ses sujets étaient célébrés par la distribution de chicha (boisson alcoolisée obtenue par fermentation du maïs) et d'objets précieux (étoffes, manteaux de plume,

303 En haut : Cette sculpture anthropomorphe en bois ornait l'extrémité d'un bâton ou d'un sceptre.

303 En bas : Les poissons, ici à l'intérieur d'une frise en escalier, constituent un motif andin de tradition ancienne.

bijoux et céramiques). Non loin des citadelles vivaient également les meilleurs artisans, dont les produits étaient destinés aux rois, à leur famille et à la grande noblesse. L'importance du culte de l'ancêtre fondateur de chaque *panaca*, qui dans le monde inca se reflétait dans la conservation de sa momie, est attestée à Chanchán par les grands tumuli funéraires qui dominent les citadelles. Malheureusement, dès l'époque préhispanique puis tout au long de la *conquista*, la ville n'a cessé de subir de nombreux pillages : il nous est donc impossible de connaître le contenu de ces sépultures, qui devaient être les tombes royales les plus somptueuses du Pérou précolombien.

La structure urbaine de Chanchán reflète la grande complexité administrative de la civilisation chimú. Une administration tentaculaire était indispensable à la gestion de l'important flux de tous les biens qui passaient par la capitale avant d'être redistribués dans l'immense territoire. Une grande partie des moyens de subsistance immédiats reposait sur les récoltes des champs « encaissés » qui s'étendaient au sud de la ville. Il s'agissait de parcelles creusées dans le désert jusqu'à atteindre le niveau de la nappe aquifère. D'autres produits encore provenaient des vallées voisines, de même que l'eau, qui était acheminée jusqu'à la cité par un imposant réseau de canalisations. C'est à des réalisations de ce type que le royaume de Chimor semble devoir sa première phase d'expansion militaire. À partir d'environ 1200, l'empire englobait toute la côte entre les vallées de Zaña et de Santa. Les matières premières provenant de ces vallées convergeaient dans des centres administratifs régionaux tels que Farfán, centre de la vallée du Jequetepeque, dotés de magasins, d'*audiencias* et même de structures similaires aux citadelles. De Farfán, les biens étaient ensuite transportés à Chanchán par des caravanes de lamas qui ralliaient les deux caravansérails avoisinants pourvus de cuisines, de salles de repos, d'étables… et même de cimetières de lamas. Vers 1350, une deuxième phase d'expansion accrût encore la superficie du royaume de Chimor, qui finit par s'étendre du río Tumbes (au nord) au río Chillón (au sud). Dans cette seconde phase, le Chimor conquit et absorba l'État de Sipán, situé dans les vallées septentrionales du pays. La découverte des merveilleux orfèvres de Sipán, ensuite déplacés pour exercer ailleurs, semble avoir métamorphosé le système de production du royaume : de nouveaux centres administratifs, tels que Manchán (Casma), devinrent alors des lieux de production d'objets fastueux, sous le contrôle direct de l'État. D'énormes quantités de produits artisanaux parmi les plus raffinés du Pérou précolombien empruntèrent alors les longs réseaux d'échange du royaume.

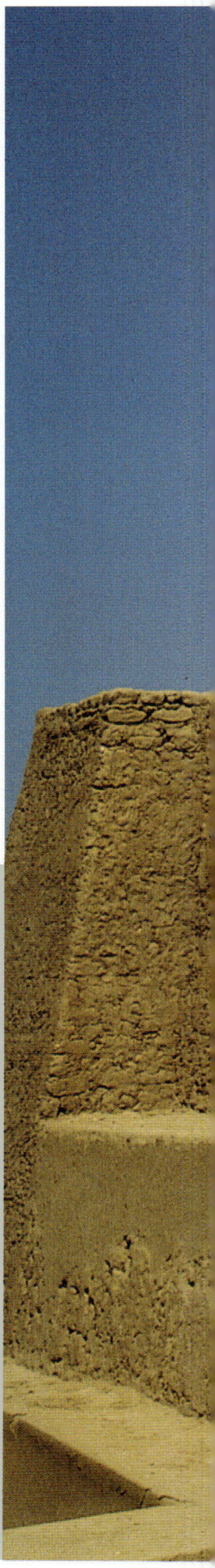

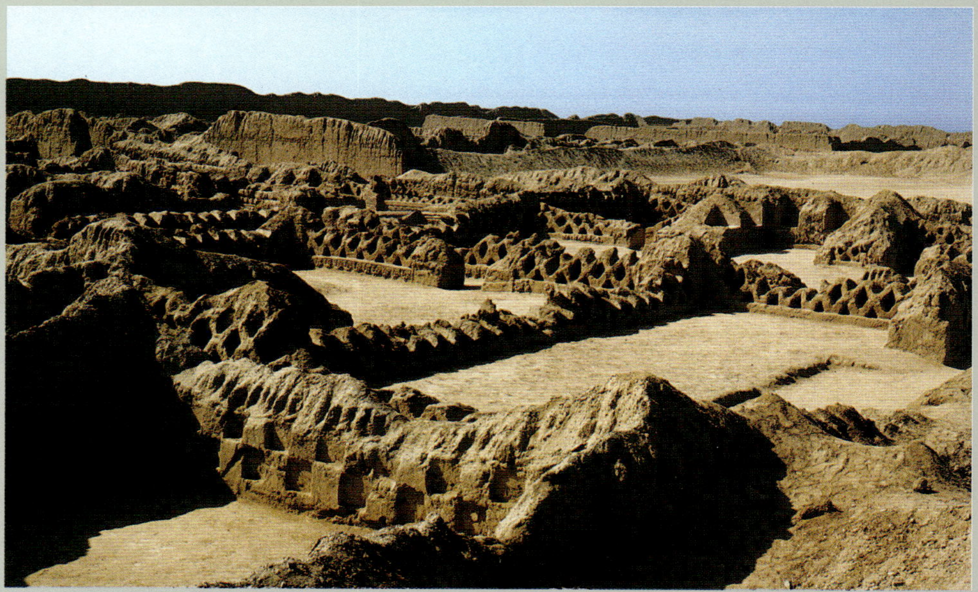

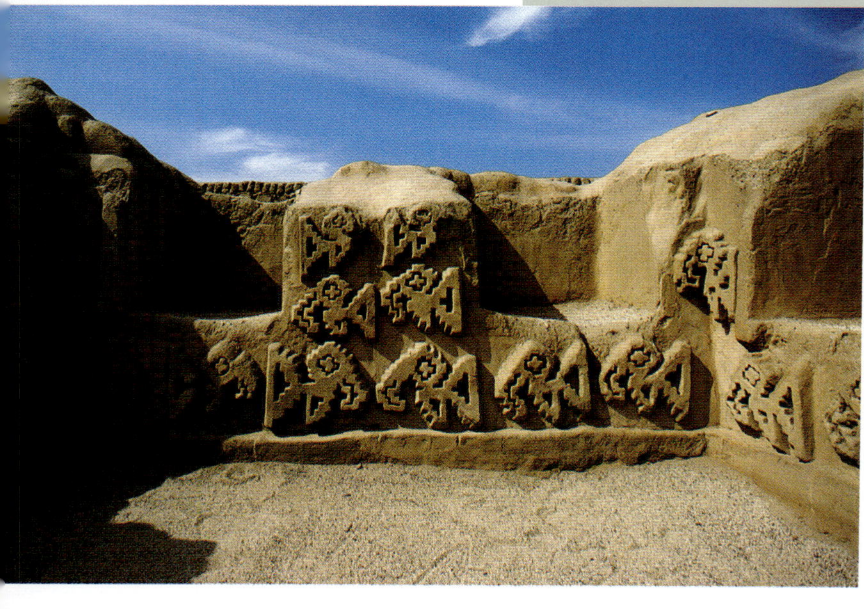

Gouvernée par l'empereur Minchancaman, Chanchán était à l'apogée de sa splendeur lorsque, vers 1470, elle se heurta aux aspirations expansionnistes d'un Empire

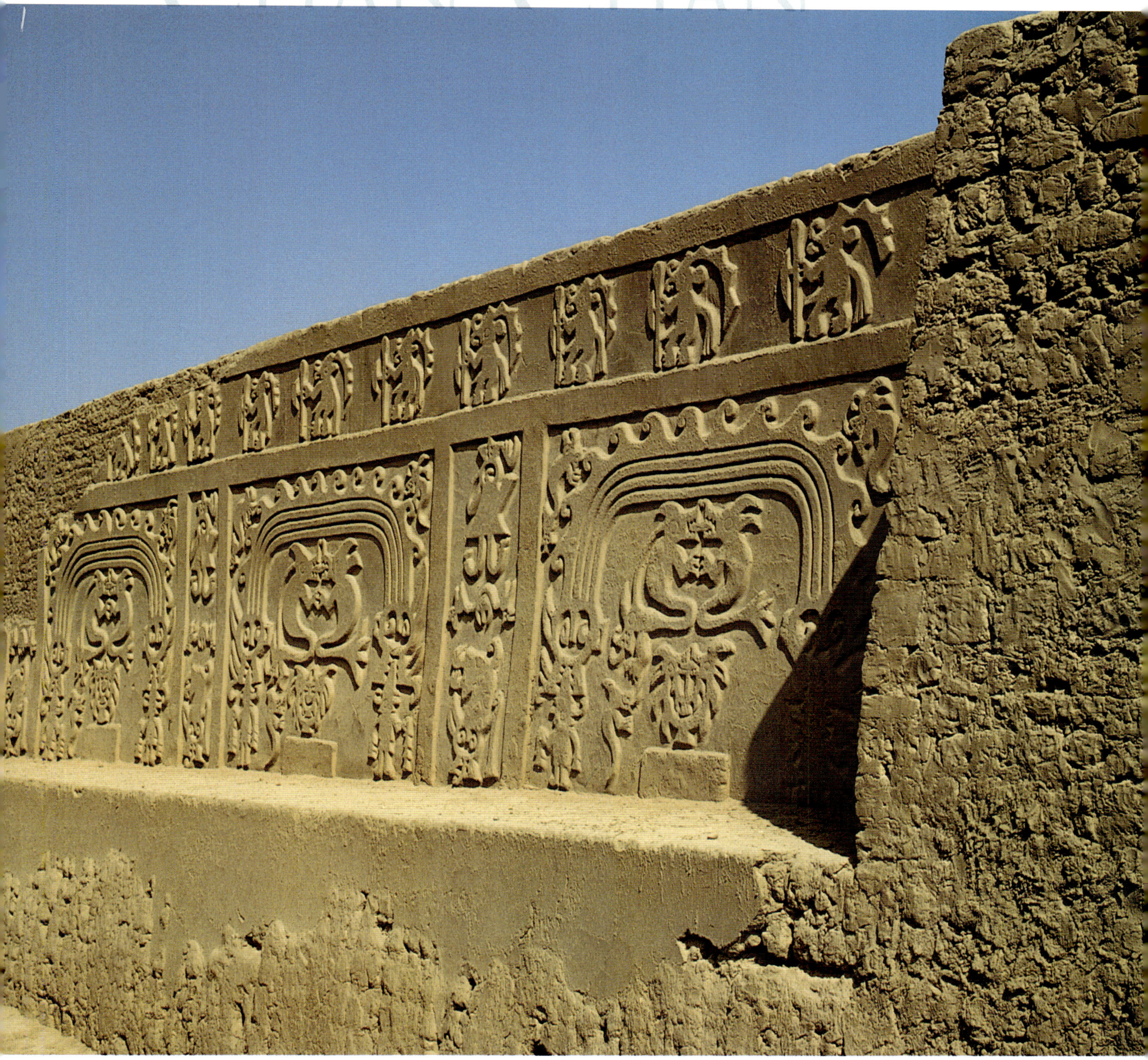

inca en plein essor. Après un long siège, le prince et futur Inca Túpac Yupanqui parvint à défaire la cité en lui coupant tout approvisionnement en eau. Chanchán fut alors saccagée, ses tombes profanées et la plupart de ses célèbres artisans déportés à Cuzco, où ils travaillèrent au service des nouveaux empereurs incas. Paradoxalement, lorsque, quelques décennies plus tard, les conquistadores à la peau blanche débarquèrent, ce fut précisément le travail de ces artistes prisonniers qui donna naissance à l'impérissable mythe de l'or des Incas.

304 Au centre : Vue partielle de la citadelle Tschudi. La conservation des structures murales de Chanchán, qui se dissolvent littéralement lors des rares pluies de la région, pose un problème encore quasiment irrésolu.

304 En bas : La forme géométrique de ces oiseaux moulés sur les murs d'une audiencia de la citadelle Tschudi laissent deviner l'origine textile du motif.

304-305 : Les décorations murales de la huaca del Dragón représentent deux êtres surnaturels au-dessus desquels s'étire un long serpent bicéphale, probablement une divinité céleste.

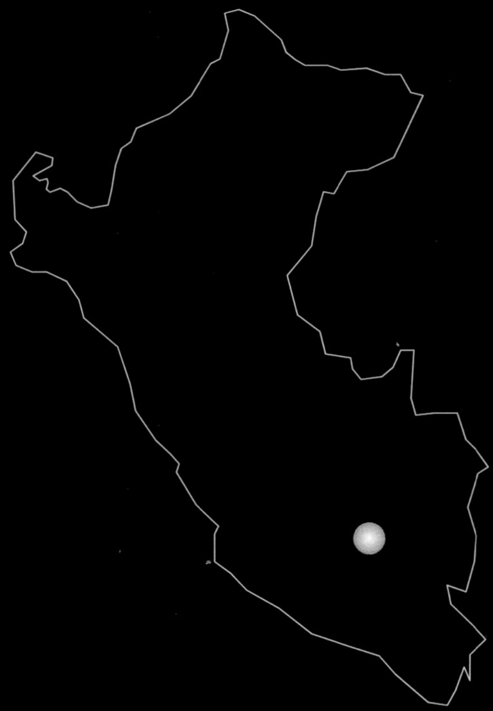

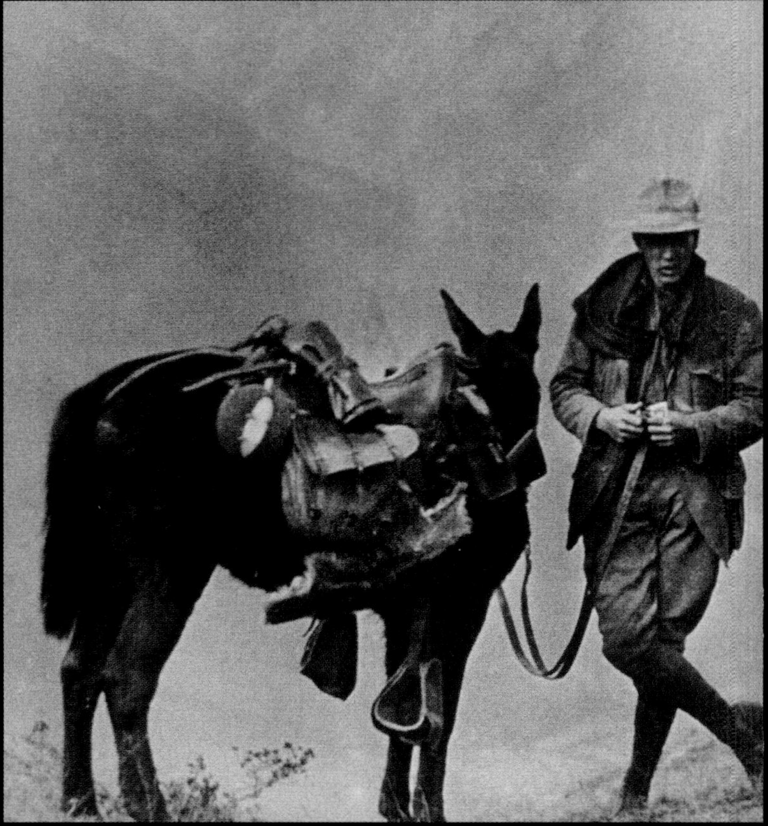

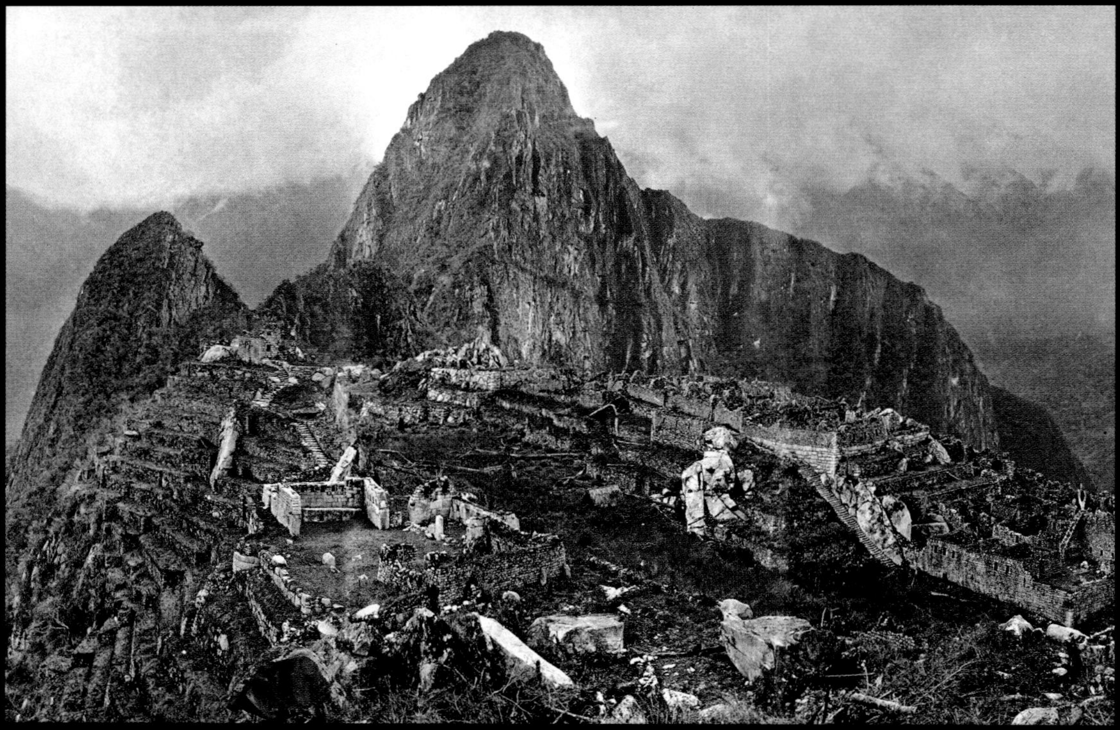

MACHU PICCHU

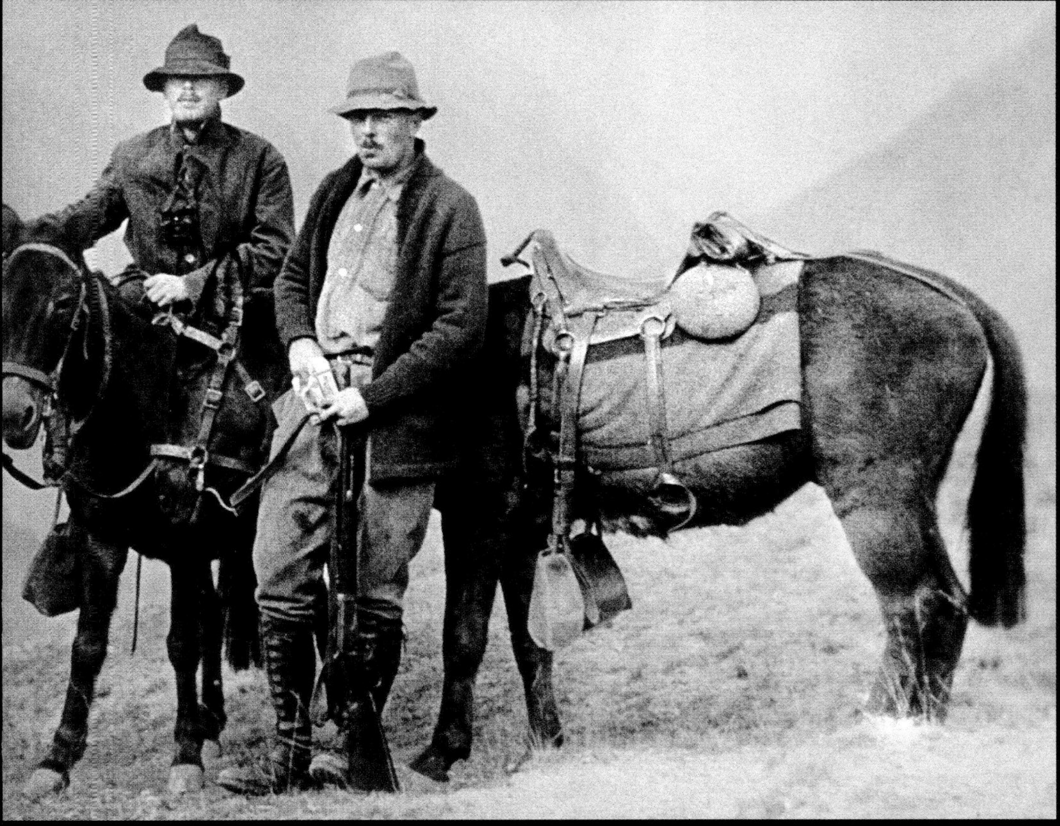

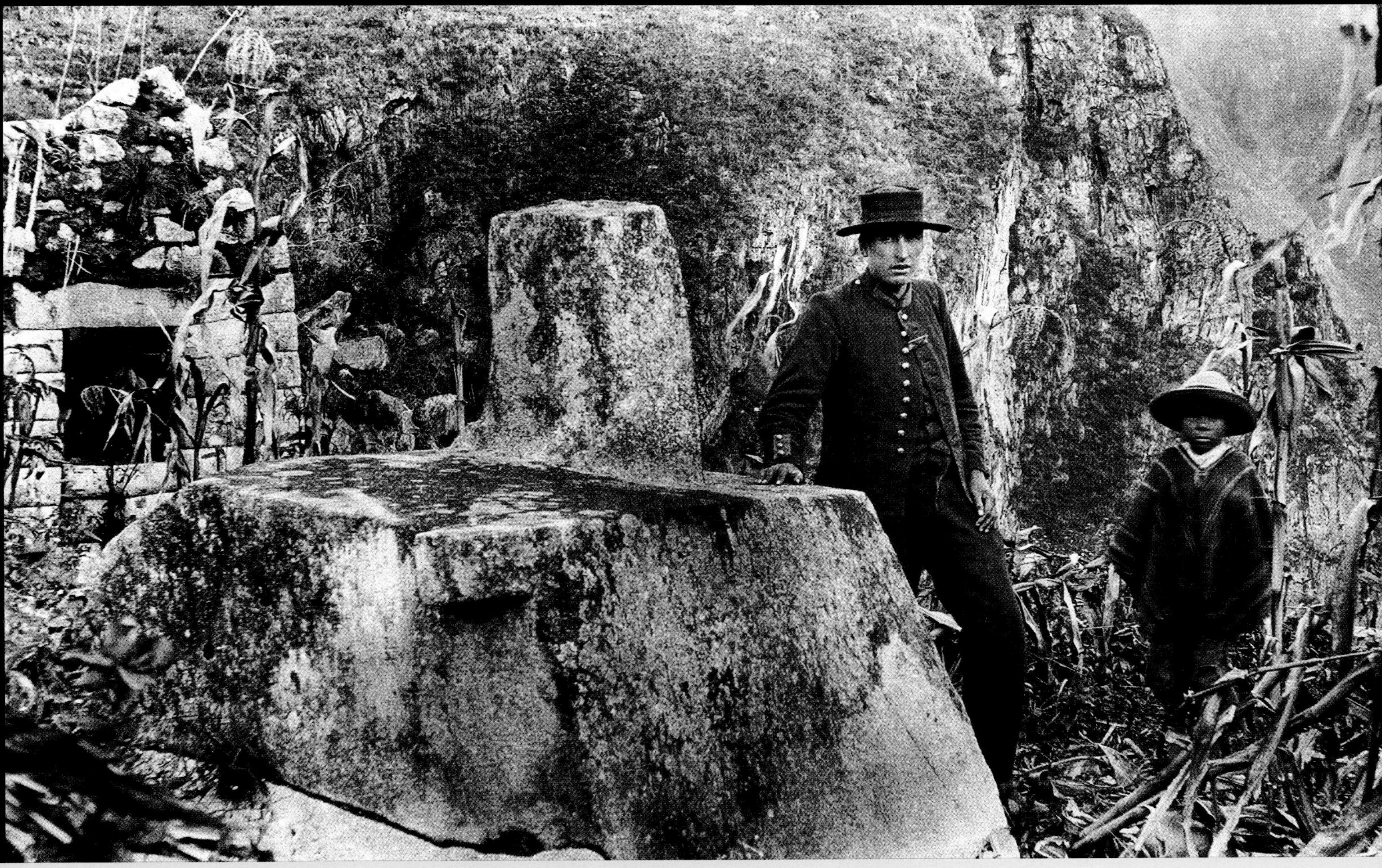

306-307 En 1911, Hiram Bingham, ici en compagnie d'un sergent de l'armée péruvienne, découvre le Machu Picchu.

306 Ce cliché d'Hiram Bingham nous fait admirer la cité de Machu Picchu peu après sa découverte, au début du siècle dernier.

307 Le sergent Carrasco pose pour Bingham devant l'Intihuatana (observatoire astronomique) de Machu Picchu.

Par DAVIDE DOMENICI

La plus célèbre des cités incas se dresse majestueusement sur une croupe montagneuse des Andes, à quelque 2 400 m d'altitude. Lovée entre les hauts sommets du Huayna Picchu et du Machu Picchu, elle surplombe les gorges vertigineuses de l'Urubamba, qui s'écoule près de 400 m plus bas. Ainsi protégée, dissimulée par la forêt tropicale en contrebas, Machu Picchu parvint à se préserver de tout, y compris des velléités expansionnistes des conquistadores espagnols.

Oubliée après son abandon, Machu Picchu ne fut redécouverte qu'en 1911, de manière totalement fortuite, par l'archéologue américain Hiram Bingham. À la tête d'une expédition de l'université de Yale, Bingham cherchait la ville de Vilcabamba, qui selon la tradition aurait été l'ultime refuge des partisans du dernier Inca, l'insurgé Manco Cápac II, fuyant la domination espagnole.

308 Au centre à gauche : À l'origine, la citadelle de Machu Picchu était accessible par un sentier partant de Choquesuysuy, sur lequel se trouvait un poste de contrôle.

308 Au centre à droite : Le quartier des mortiers était l'une des zones les plus importantes du secteur civil de la cité, vraisemblablement consacré à la production textile.

308 En bas : Les bâtiments du secteur civil se distinguent par des murs moins raffinés que ceux des édifices sacrés. La toiture se composait d'une charpente de bois reposant sur une ferme et recouverte d'une couche d'ichu (plante graminée), elle-même attachée aux piliers de pierre saillant des murs.

309 Machu Picchu est ici encadrée par la corniche naturelle que forment les versants orientaux de la cordillère. Le souci paysagiste des architectes incas, qui surent harmoniser la cité avec son environnement, est ici évident.

MACHU PICCHU

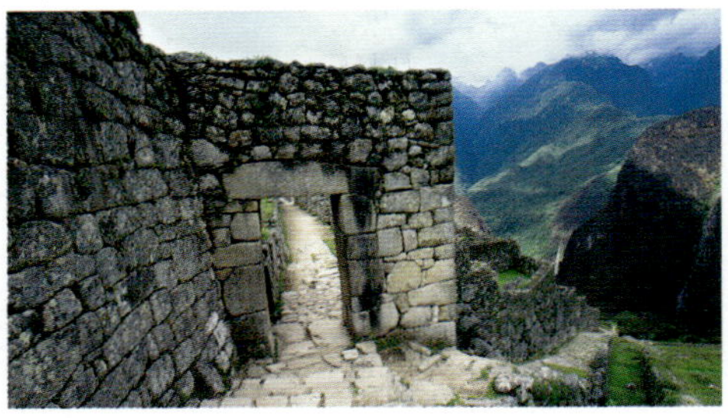

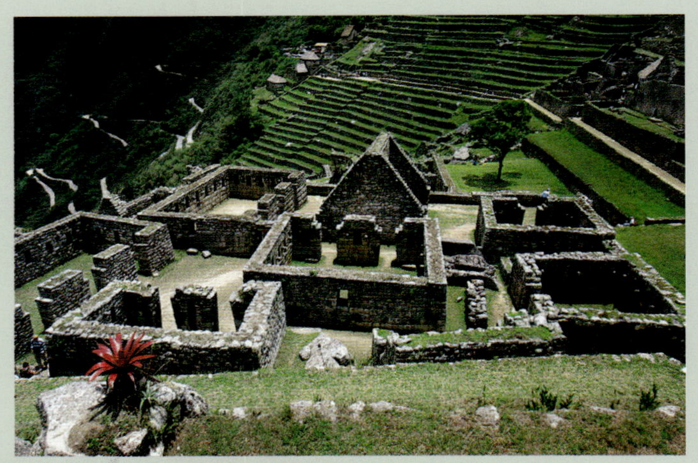

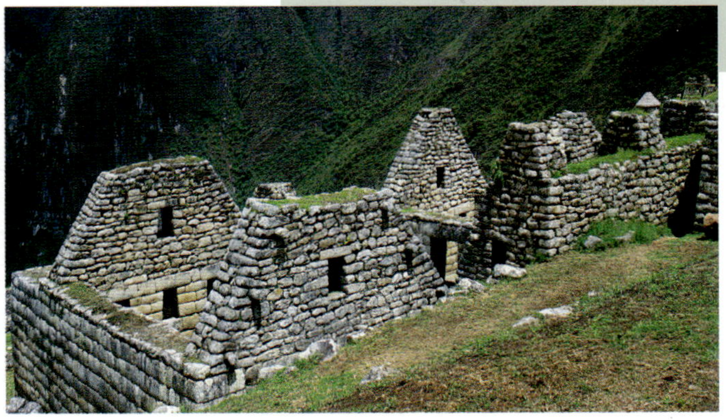

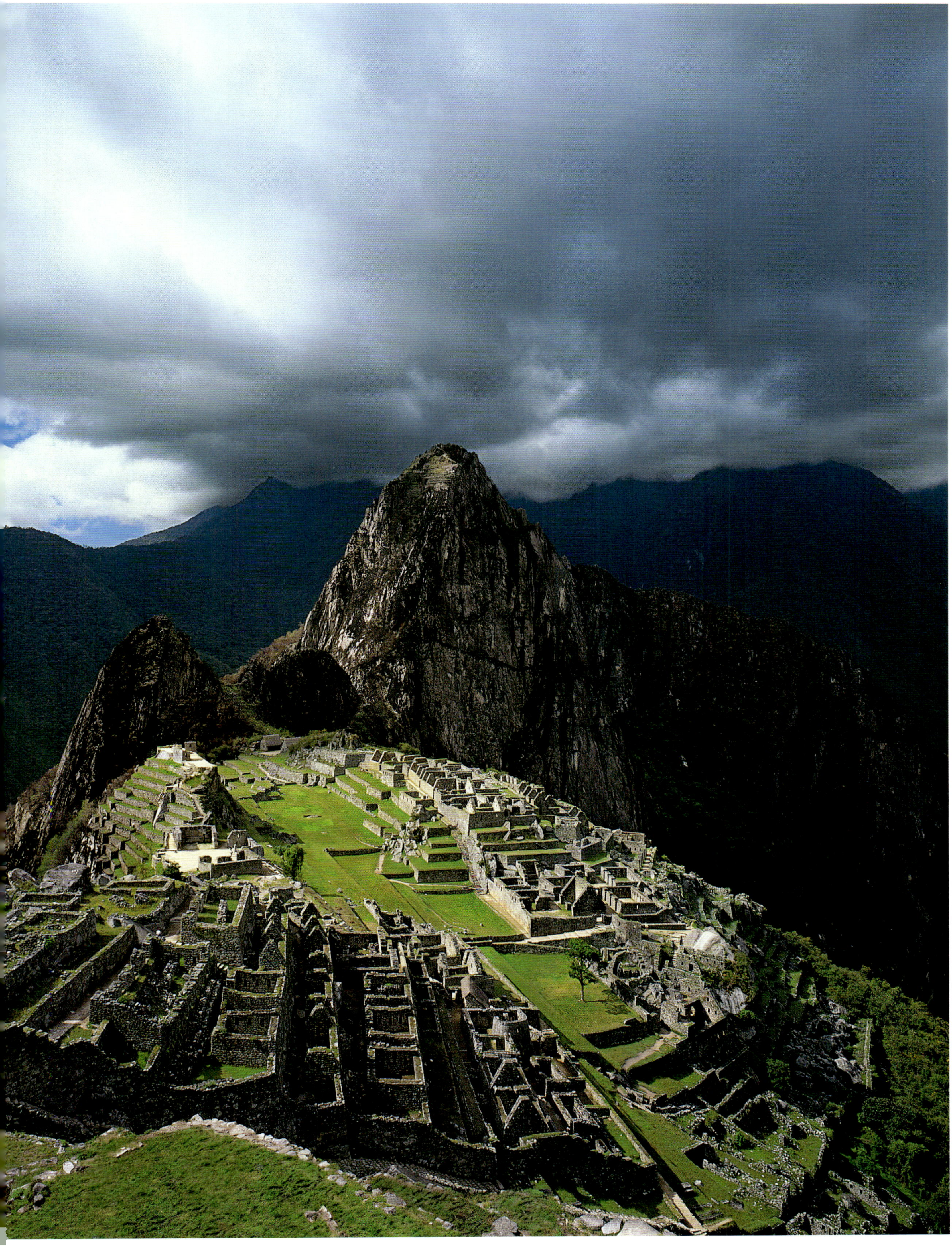

Depuis lors, l'extraordinaire paysage qui entoure Machu Picchu tout comme les circonstances de sa découverte n'ont cessé d'alimenter une foule d'hypothèses fantaisistes et fascinantes sur son identité et sa fonction : tout d'abord prise pour Vilcabamba elle-même, elle a ensuite été alternativement considérée comme la forteresse de Vitcos, la mythique Tamputoco – berceau supposé des Incas – et une retraite des « Vierges du Soleil ».

En réalité, Machu Picchu fut probablement construite à la fin du XIVe siècle comme « domaine » de la *panaca* de l'Inca Pachacuti. Si la proximité de la forêt amazonienne faisait d'elle un important point de collecte de produits de valeur, comme la coca et les plumes d'oiseaux tropicaux, l'activité principale de la ville était sans doute la culture du

310 Ci-dessous : Les traditionnelles terrasses du secteur agricole de la ville (*andenes*) permettaient de cultiver le maïs sur les versants abrupts de la cordillère ; cette culture constituant probablement l'activité principale des habitants de Machu Picchu.

310-311 Dans une pièce du quartier dit des mortiers, on a retrouvé des mortiers de pierre probablement destinés à la préparation des pigments pour la coloration des étoffes.

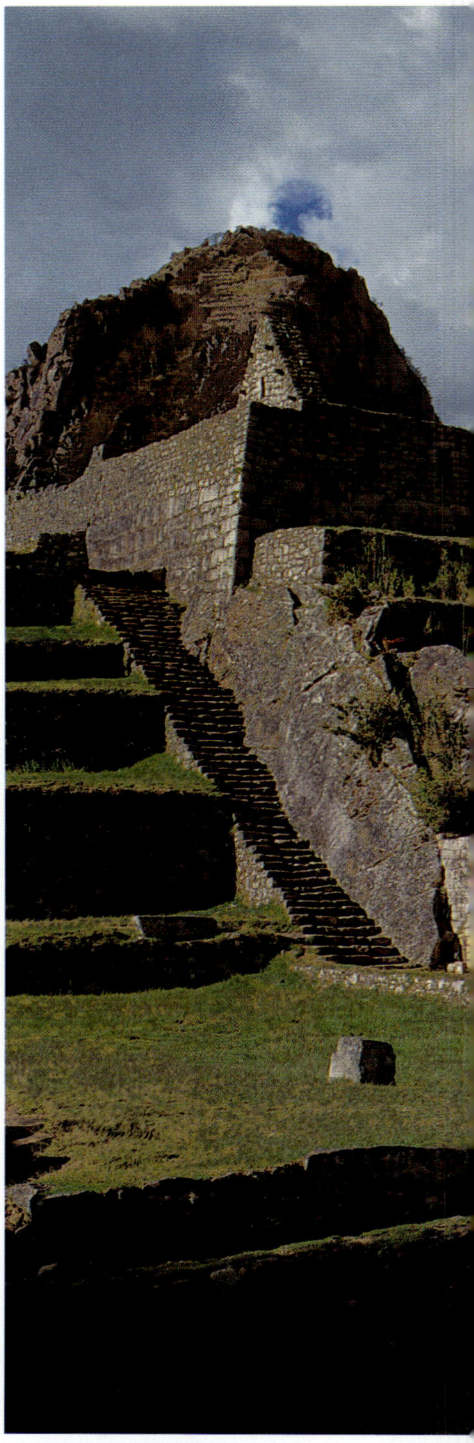

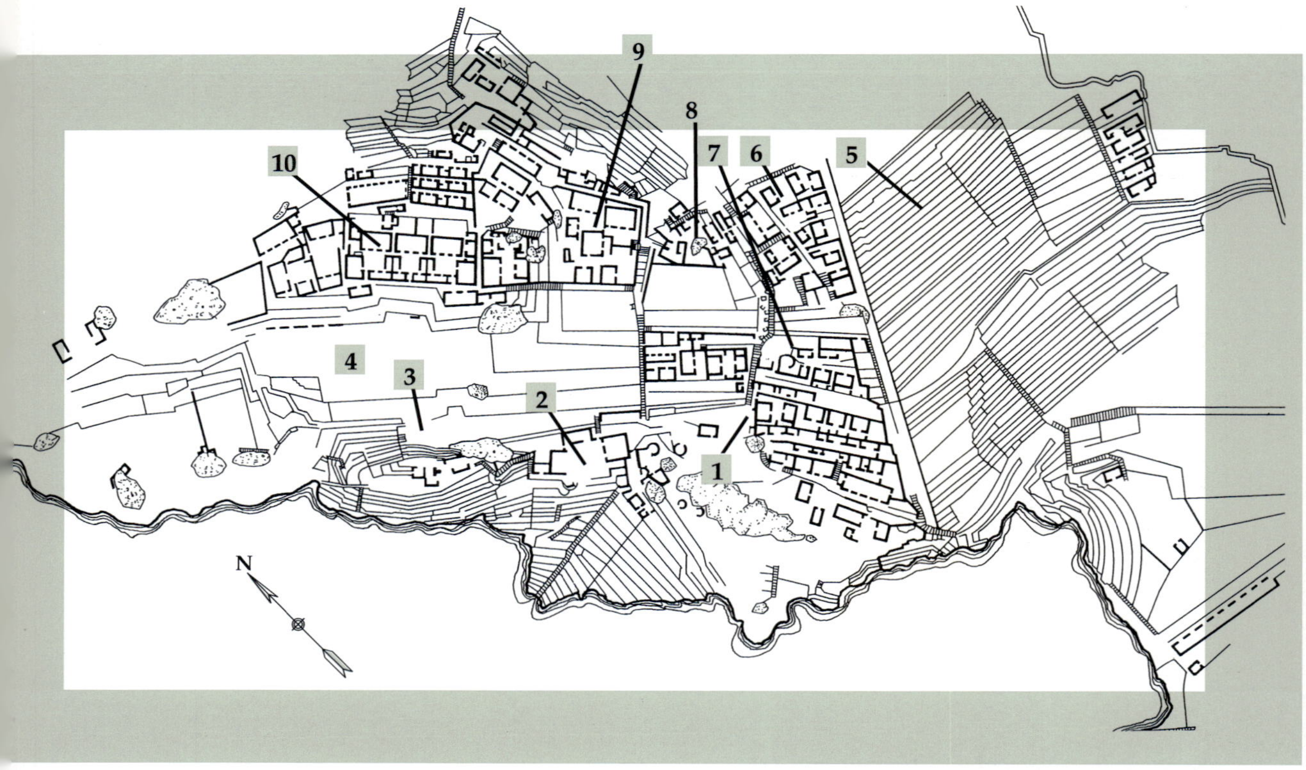

1) Escalier des Fontaines
2) Temple des Trois-Fenêtres
3) Intihuatana
4) Place principale
5) Terrasses de culture (*andenes*)
6) Quartier industriel
7) Grande tour
8) Quartier des prisons
9) Quartier des mortiers
10) Temple des Trois-Portes

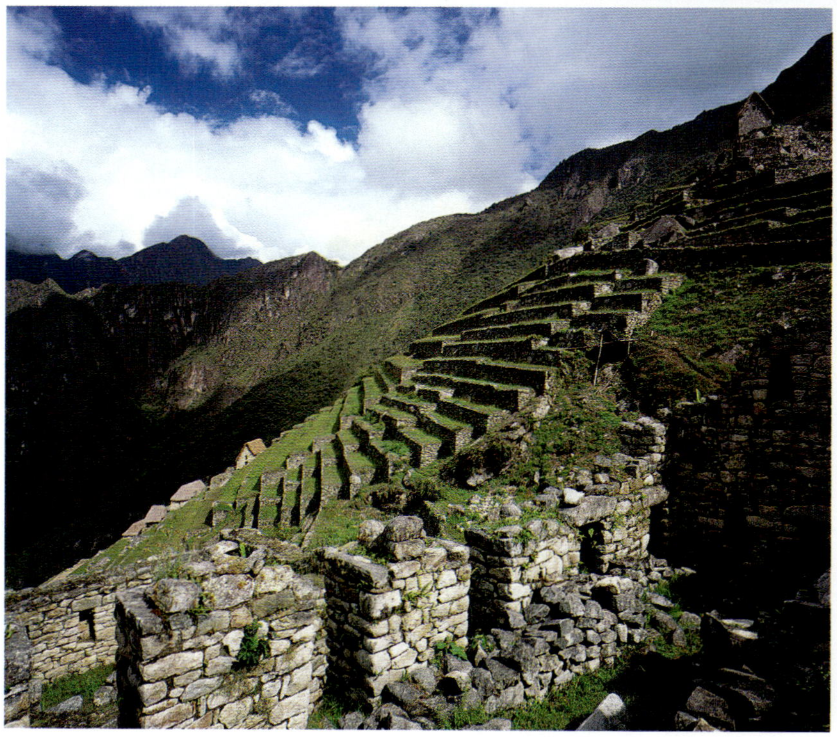

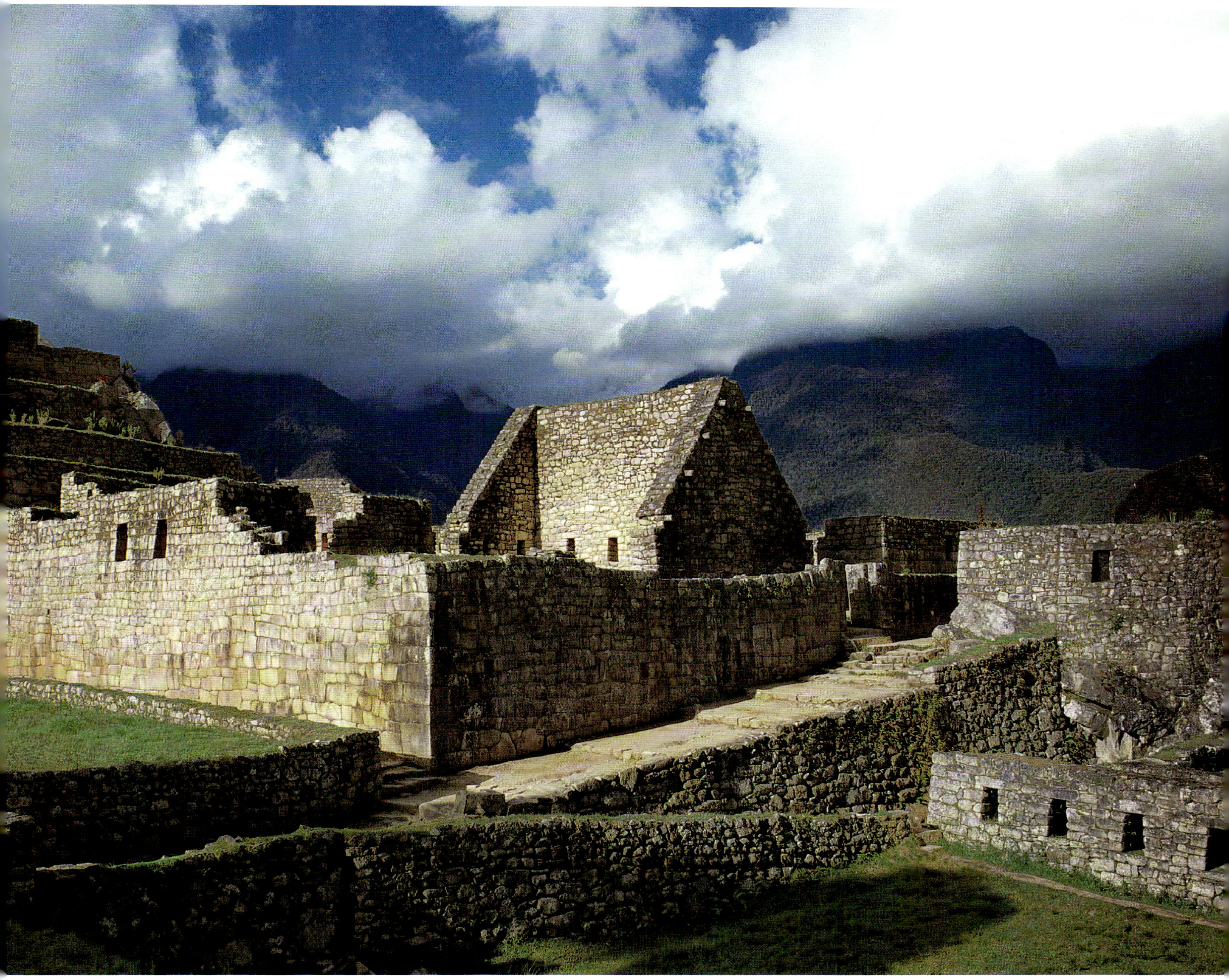

maïs. En effet, un vaste système de terrasses cultivables (*andenes*) se trouve accolé au versant sud de l'agglomération urbaine. Quant à celle-ci, sa structure est divisée en deux parties, les traditionnelles Hanan (partie haute) et Hurin (partie basse) à partir de la place centrale.

L'entrée d'origine de la cité se trouvait à son extrémité sud-ouest, où une porte connue sous le nom d'Intipunku (porte du Soleil) introduisait dans l'enceinte fortifiée qui protégeait le centre urbain. De là, une voie longeant le secteur agricole conduisait jusqu'à la pointe sud de la grande place centrale. À l'ouest s'étend la moitié Hurin de la cité, occupée par des quartiers résidentiels de différents rangs sociaux – aujourd'hui connus sous les noms un peu fantaisistes de quartier des mortiers, quartier des prisons, quartier industriel et Acclawasi, ou quartier des Vierges. C'est probablement dans cette partie que vivait la majorité de la population de la ville, abritant par ailleurs les zones de production de textile et de céramique. De grands mortiers de pierre y ont été retrouvés, servant probablement à préparer les pigments pour teindre la laine. À l'extrémité nord de la moitié Hurin s'étend en revanche un important complexe cultuel au centre duquel se dresse une éminence naturelle, une huaca dédiée au culte de la Pacha-Mama, la Terre-Mère. Mais c'est le secteur Hanan de la cité qui abrite les monuments les plus beaux et les plus importants. En progressant du sud au nord, on découvre un vaste complexe à l'avant duquel se trouvent une grande tour semi-circulaire probablement à caractère militaire (Sunturwasi) et un système de rigoles vouées au culte de l'eau. Au-dessous de la tour, la roche est magistralement sculptée en gradins, avec de multiples niches et un autel recevant les offrandes des fidèles. La fonction de cette structure n'avait donc rien à voir avec ce que suggère son nom populaire de « tombeau royal ».

Immédiatement au nord, la maison de l'Inca représente le palais le plus important de Machu Picchu. Selon toute probabilité, ce complexe accueillait l'élite politique et religieuse de la ville. Au-delà de la maison dite du Prêtre, on rejoint le temple des Trois-Fenêtres, constitué d'énormes blocs de pierre et orné des fenêtres trapézoïdales typiques de l'architecture inca. Juste à côté trône un autre édifice cultuel, aux murs ornés de niches elles aussi trapézoïdales : c'est le temple principal. Au point le plus haut de la cité, juché au sommet d'un escalier de 78 marches, s'élève le monument le plus sacré et le plus mystérieux de Machu Picchu, véritable cœur sacral de la cité : l'Intihuatana (« Là où s'ancre le Soleil »), bloc monolithique à pilier central faisant office d'autel mais aussi de gnomon pour les observations astronomiques. Au nord-est de la place, jaillissant des flancs du Huayna Picchu, se dresse le temple de la Lune, structure faite de grands blocs de pierre intégrés à la roche naturelle pour former des grottes en trompe l'œil. Le centre monumental de Machu Picchu présente donc une variété de constructions outrepassant les simples exigences d'une communauté urbaine vouée à la production de maïs. Comme toutes les autres agglomérations incas, Machu Picchu renferme en elle-même les principaux traits distinctifs de toute ville inca. Même s'il ne s'agissait certes pas d'un haut lieu de l'empire, son état de conservation, l'intégrité du tissu urbain et l'aura de mythe qui l'a toujours entourée en font à nos yeux le meilleur exemple d'une ancienne cité inca.

Avec la conquête espagnole, Machu Picchu fut peu à peu désertée ; mais il est probable que des groupes indigènes insoumis l'aient occupée jusqu'à la fin du XVIe siècle. Après son abandon définitif, il fallut attendre plus de trois cents ans pour que ce véritable joyau, enchâssé dans l'extraordinaire environnement de la vallée de l'Urubamba, soit enfin révélé aux yeux du monde par l'expédition de Bingham.

312 Ci-dessous : La grande tour semi-circulaire, ou Sunturwasi, avait peut-être une fonction militaire ou cultuelle.

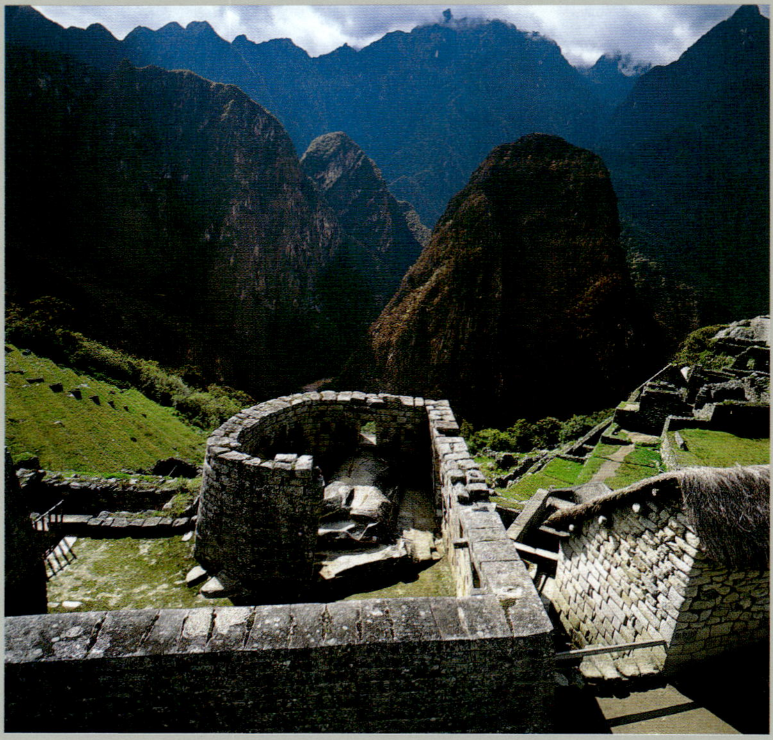

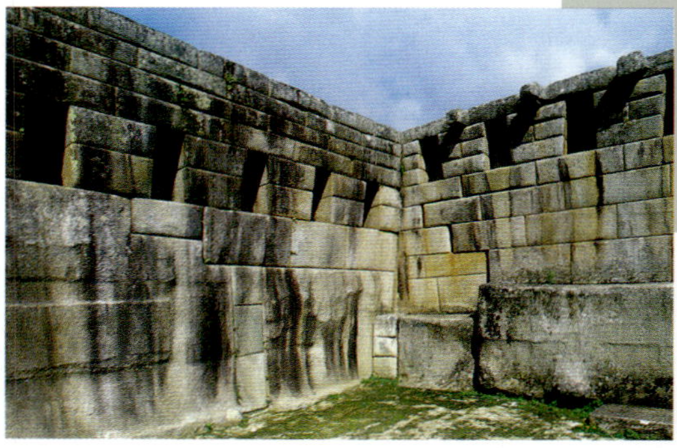

312 Ci-dessus : Les bâtiments du secteur haut (ou Hanan) de Machu Picchu présentent pour la plupart une technique de construction élaborée, caractérisée par un ajustement précis des blocs de pierre : c'est le cas du grand temple central.

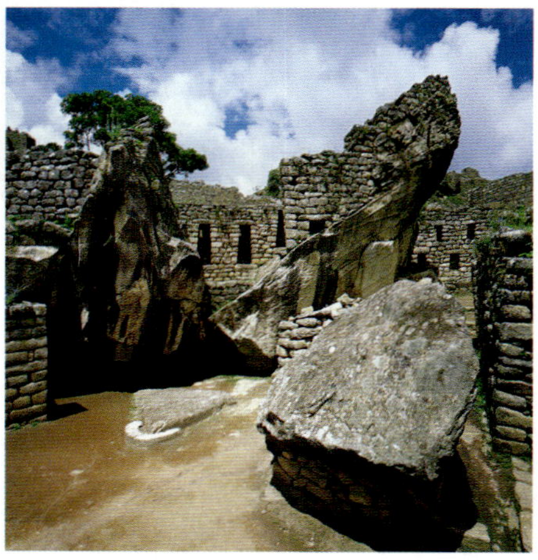

312 Ci-contre : Les architectes incas étaient de véritables maîtres pour harmoniser les décors muraux aux formations rocheuses naturelles.

313 Un escalier, partant du grand temple central, monte au point le plus haut et le plus sacré du Machu Picchu, où se dresse l'Intihuatana.

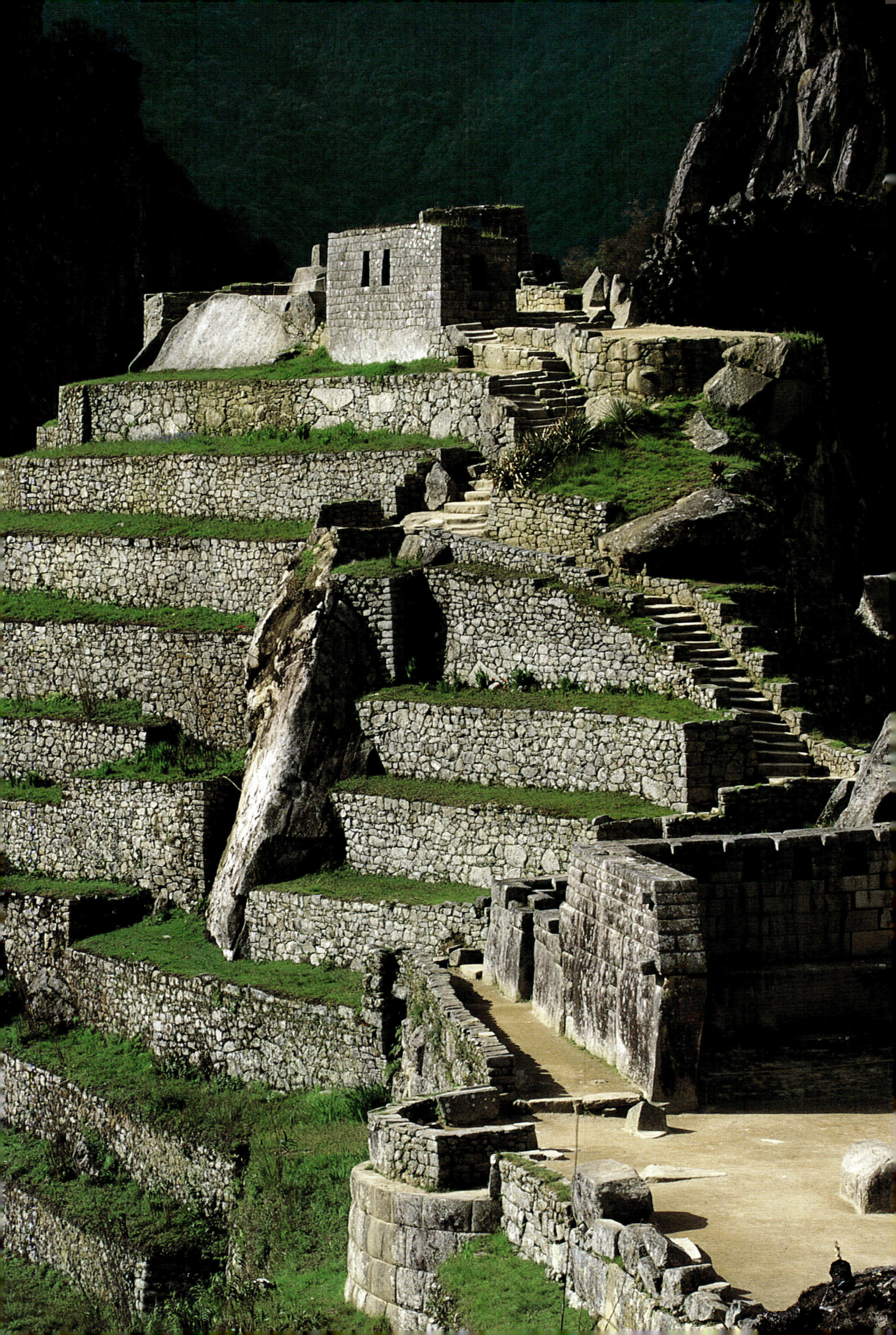

INDEX

A
Abdul Razak, 215
Abeyadana, 239
Abu Kermal, 196
Acapana, 297, 298, 299
Acclawasi, 311
Achéménides, 146, 166
Achyuta Raya, 216d, 219
Acropole, 48d, 50, 51d, 52, 53, 55d, 56, 56d, 58, 59d, 60, 61
Afrique, 10, 21, 25, 31, 43, 100, 101, 120, 130, 135, 138, 139
Agamemnon, 43, 44, 45d
Agibal, 200d
Agora, musée de l' 57
Agrippa, 59, 77d, 79, 188
Ah Cacaw, 280
Ahpo Hel, 272d
Ahura Mazda, 177
Akkad, 159d, 161, 165, 168
Al-Malik Shirkuh, 197d
Alaungsithu, 237d, 239
Alexandre Jannée, 191
Alexandre le Grand, 20, 92, 147, 167, 173, 184, 187
Alexandre Sévère, 80, 199
Algérie, 98
Allat, 203
Amar-Sin, 154
Amarna, 100
Amazones, 182
Aménophis II, 110
Aménophis III, 105, 104d, 107, 107d
Amérique, 10, 21, 247, 249, 251, 252
Amman, 191
Amon, 104, 107, 108, 108d, 110
Amorrhéens, 197
Anatolie, 25, 34, 182, 199
Ananda, 235d, 239
Anawratha, 213, 233d, 234, 235, 237
Andes, 251, 296, 308
Andrae, W., 164
Andronicos, 58
Angkor, 232
Angkor Thom, 224, 226
Angkor Vat, 211d, 225d, 226, 227, 228, 230
Angkor Vat, temple d', 8d, 223d, 224, 224d
Annobal Tapapius Rufus, 113
Anti-Liban, 205
Antioche, 147, 191
Antiochos IV Epiphane, 191
Antonins, 60, 120, 185d
Antonin le Pieux, 60, 64d, 116, 132, 132d
Antonin le Pieux et Faustine, temple d', 79
Antoine, 187, 197
Apamée, 147, 193, 205
Aphrodisia, 189d
Apollon, 11d, 53d, 56, 201
Apollon, temple d', 82d, 84, 86d
Appien, 197
Ara Pacis, 68, 70d, 77d
Arabes, 118, 120, 138, 160d
Arabie, 199
Araméens, 197
Arcadien, 187
Argos, 42
Ariane, 31, 128d
Artaxerxès I, 179, 180
Artaxerxès II, 168, 175,
Artaxerxès III, 175
Artémis, 52d, 182, 183d, 184, 185, 188, 193, 195, 195d
Artémis d'Éphèse, 8d, 185
Asarhaddon, 161, 166
Asie, 31, 187, 241
Asie Mineure, 147
Aspero, 250
Assyrie, 145
Assurbanipal, 159, 161, 162, 166
Assurbanipal II, 162
Atacama, 296
Athanadore, 80d
Atargatis, 113d, 208d, 209
Ateban, 130, 131d
Athéna, 48d, 50, 51, 52, 53, 56d, 57, 85, 203
Athènes, 10, 20, 25, 27, 30, 49-61
Athènes, musée national d', 43d
Atetelco, 259d
Atrée, 43d, 45d, 47
Attalides, 147, 187
Attale, 56
Attale II, 57
Attale III, 187
Auguste, 25, 58, 63d, 68, 69, 69d, 77d, 79d, 88, 101, 113, 130, 187, 188
Auguste, forum d', 67d, 70d, 76, 77, 91
Auguste, mausolée d', 70d
Aurélien, 80, 147, 199
Aurunces, 84
Austuriens, 118, 120
Avalokiteshvara, 228d, 230, 230d
Ayasoluk, 189
Aymara, 299d
Ayutthaya, 212d, 213, 224, 240-245
Ayutthaya, musée national d', 244d
Azangáro, 251
Aztèques, 252, 261

B
Baal Hammon, 134
Baalbek, 145d, 205-209
Baalshamin, temple de, 200d, 203
Babel, 168
Babylone, 10, 14, 146, 147d, 155, 164-168
Babyloniens, 163
Bacchus, 84d, 92, 114, 208, 209
Bagan, 213
Bakong, 224,
Bamars, 234
Bana, 228
Bangkok, 241
Banteay Srei, 226
Basilique Fulvia-Aemilia, 67
Basilique Porcia, 67
Basilique Sempronia (puis Julia), 69
Basilique Ulpia, 67d, 68, 78
Bassora, 150
Bawian, 156d
Bayinnaung, 244
Bayon, 221d, 228d, 230, 230d
Beauchamp, Abbé de, 164
Bêl, sanctuaire de, 197d, 200d, 202
Belsor, temple de, 200d
Benjamin de Tudèle, 158, 164
Bentanta, 110d
Berkeley, 160
Bingham, Hiram, 294d, 306d, 307d, 308, 312
Birmanie, 232, 234, 235, 236
Birmans, 234, 235, 241, 242
Blanton, Richard, 247
Bocchus, 100, 101
Borom Rachathirat II, 244d, 245
Bosra, 193
Botta, P.E., 159
Bridge, H.J., 164
British Museum, 56d, 148d, 150, 150d, 154d, 155d, 159, 160, 165
Buddensieg, G., 165
Bouddha, 211d, 237, 237d, 239, 239d, 241d, 242d, 244d
Budge, W., 164
Bukka, 215
Bulbul, 182

C
Caecilia Metella, mausolée de, 81d
Caecilius Jucundus, 97
Caelestis, 134
Cahuachi, 251
Caius Memmius, 189d
Calakmul, 267, 279, 280
Calicut, 212
Caligula, 90d, 101
Callicrate, 50
Callimaque, 53
Calvino, Italo, 213
Cambodge, 222, 226, 232
Campbell Thompson, R., 150, 156d, 160
Capitole, 65, 67, 75d, 77, 79, 82d
Caracalla, 21, 80, 117, 118, 124, 125d, 139, 139d, 141d, 199, 207
Caracalla, temple de, 70d
Caracalla, thermes de, 80d
Caracol, 279, 280
Carya, 50d, 147
Carrasco, 307d
Casma, 304
Cassandre, 44
Castors, temple des, 75
Catherwood, Frederick, 262d, 265d, 283d, 290d
Caton l'Utique, 141
Cécrops, 50d, 53
Celsus, 187d, 188
Celsus Polaemeanus, 187d, 189
Cérès Augusta, 114
Cerro Gordo, 257
Chak, 293d
Chak Toh Ich'ak, 278
Chak zutz', 272d
Chalchiuhtlicue, 254d, 257
Chan Bahlum, 267, 270, 270d, 271
Chan Chan, 248, 251, 252d, 300-305
Chao Phraya, 241, 242
Chavin de Huantar, 250
Chiapas, 259, 267
Chicago, Université de, 170d, 173
Chichen Itza, 250, 282-293
Cifflot, J.L., 82d, 193
Chillon, 304
Chimor, 300, 304
Chine, 199
Chinois, 242
Chiripa, 296
Cholula, 248, 250, 289
Choquesuysuy, 308d
Champ de Mars, 67, 68, 70d, 75, 77, 79
Château Saint-Ange, 78
Cipactli, 257d
Cirque Flaminius, 67, 70d
Cirque, Grand, 65, 70d
Claude, 59, 101, 138
Clytemnestre, 47
Cloaca Maxima, 65
Cnossos, 10, 21d, 27, 29-39
Cochabamba, 296
Colisée, 63d, 70d, 75d, 76
Constantin, 68d, 74d, 80, 207
Conti Niccolò, 215
Cooper, F.C., 156d
Copan, 249, 260, 267
Cordillère, 309d
Corinthe, 42
C. Quinctius Valgus, 88
Crassus, 62d
Crète, 25, 27, 30, 31, 34, 39, 139d
Critios, 57
Cuzco, 248, 251, 305
Cyclopes, 42, 44
Cyrus le Grand, 147

D
Dacie, 79
Darius, 92d, 147, 173, 173d, 176d, 177, 178d, 179, 180
Darius III, 175
Dédale, 30
Deir el-Medineh, 11, 19, 100
Della Valle, Pietro, 158
Delaporte, Louis, 221d
Dhammayangyi Pahto, 237, 237d
Diane, 143d
Dioclétien, 80, 101, 199, 202, 203
Dioclétien, thermes de, 70d
Dionysos, 56, 59d, 60, 136d, 143d
D. Octavius Quarto, 84d
Doll, 28d
Domitien, 69d, 77, 187, 188
Domitien, stade de, 70d
Domus Augustana, 70d, 77
Domus Aurea, 63d, 69, 76
Domus Flavia, 70d, 77
Doura Europos, 147, 199
Durango, 284d

E
École française d'Extrême-Orient, 226
Edublamakh, 154, 155
Edzna, 290
Égisthe, 45d, 47
Égypte, 10, 11, 19, 25, 38, 100, 104, 147, 199, 212
Égyptiens, 100
Ekhursag, 154, 154d
Élamites, 154
Émèse, 199
Emporium, 26
Énée, 91
Enunmakh, 154, 155
Éphèse, 147, 182-189
Érechtéion, 50
Éros, 136d
Esagila, 165, 168
Eschyle, 211
Escuintla, 259
Etémenanki, 167, 168
Étrusques, 26, 196
Euphrate, 146, 150, 164, 196, 199
Eumachia, 82d, 86d, 91
Euripide, 211
Europe, 10, 25, 27, 31, 31d, 249
Evans, Arthur, sir, 28d, 29d, 30, 31d, 38
Extrême-Orient, 10, 210-245

F
Farfan, 304
Fars, 173
Faustine, 64d
Fayoum, 100
Firmus, 138
Flavius Josèphe, 205

Forum Boarium, 67, 70d, 75
Forum Holitorium, 67, 70d, 75
Forum Transitorium, 70d
Fox, Richard, 274
Fresnel, F., 164
Fyfe, Theodore, 29d

G
Galatée, 8d
Galindo, 251
Gallien, 135
Gandhara, 178d
Ganesh, 219
Gautama, 242d
Gaule, 26
Gawdawpalin, 239, 239d
Gerasa, 147, 190-195
Geta, 117
Gildon, 138
Gilgamesh, 160
Gipar, 154
Gismondi, Italo, 75d
Godard, A., 173
Golfe persique, 199
Grâces, 123
Grèce, 25, 27, 42, 262d
Grecs, 26
Grotenfend, G.F., 173
Guatemala, 259
Gubyaugyi, 235, 239

H
Habuba Kebira, 145
Hadad, 205
Hadriana Tadmor, 199
Hadrien, 60, 61, 77d, 78, 79, 183d, 191d, 199
Hadrien, mausolée d', 70d, 79d
Hadrien, thermes d', 12d, 114d, 116, 117
Hagésandre, 80d
Hairan, 202d
Hamilton, R.W., 160
Hammurabi, 146, 165, 166d, 167d
Hampi, 213d, 214-219
Hardy, Osgood, 294d
Hasaw Chan K'awil, 278d, 280, 281
Hannibal, 100
Hatshepsout, 108d, 110
Hatun Jauja, 251
Hazara Rama, temple de, 216d, 219
Héliogabale, 80
Héliopolis, 205
Hélios, 76
Hellespont, 147
Héphaïstos, 57
Héraklion, 37d
Hercule, 67, 85, 94, 95d, 114, 116, 139d
Hermodoros de Salamine, 67
Hérodote, 168, 211
Hérules, 60
Herzfeld, E., 170d, 173
Himalaya, 212, 234
Hittites, 107
Hogart, D.G., 182
Homs, 196
Horemheb, 110, 110d
Horrea Galbana, 70d
Huaca del Dragon, 300, 301d, 305d
Huaca Esmeralda, 300
Huanuco Viejo, 251
Hulagu, 207
Hunac Ceel, 290
Htchinson, R.W., 160

I
Ibn Hawqal, 164
Ictinos, 50
Iddibal Caphada Aemilius, 113
Illissos, 60
Illimani, 294
Inca, 305
Inde, 199, 213, 215, 216, 232, 234
Indes Orientales, Compagnie des, 242
Indonésie, 224
Indrapura, 224
Indravarman I, 224
Indravarman III, 224
Institut archéologique autrichien, 184
Intihuatana, 307d, 312, 312d
Intipunku, 311
Iol, 100
Irak, 152d
Iran, 145, 173
Iranian Archeological Service, 173
Irrawaddy, 232
Ishme-Dagan, 154
Ishtar, 158, 159d, 161, 162d, 167, 167d, 168
Islam, 215
Itzá, 290
Izamal, 290

J
Janicule, 207
Jaussely, L., 82d
Jayavarman II, 224
Jayavarman VII, 213, 222, 224, 228, 230
Jemdet Nasr, 146
Jincamocco, 251
Jonas, 159
Jones, J.F., 160
Jonuta, 271
Jordanie, 191
Juba I, 101
Juba II, 101, 138
Judée, 191
Julia, 188
Julien l'Apostat, 207
Jules César, 59, 65d, 67, 68, 69, 69d, 101, 130
Julius Antiochos, 59d
Jupiter, 88, 120d, 202, 205, 206d, 207, 209
Jupiter Héliopolitain, 205
Jupiter Héliopolitain, temple de, 205d, 207, 208
Jupiter Maximus, temple de, 65, 70d, 86, 86d, 88
Jupiter Stator, temple de, 67
Justinien, 189

K
Kabah, 284
Kahoun, 100
K'ak'Sih, 279
Kalasasaya, 297d, 298, 299d
Kaminaljuyú, 259
Kan Xul II, 271, 272d
Kandy, 235d
Kanta Taytu, 299
Karnak, 108d, 110, 110d
Karnak, temple de, 102d
Kerikala, 299
Khmer, 224
Khonsou, 108
Koressos, 182
Krishna, 228
Khusur, 161
King, L., 150
K'inich Janahb'Pakal, 267
Koldewey, R., 164, 166
Kolonós Agoràios, colline de, 56
Koressos, 182
Krishna Deva Raya, 218
K'uk Bahlum, 267
Kukulkan, 289d
Kulen, 222, 224
Kurigalzu, 155
Kurukshetra, bataille de, 227, 227d
Kuyunjik, 156d, 159, 159d, 160, 160d, 161, 162, 162d
Kyanzittha, 253d, 237

L
La Paz, 297d, 298
La Venta, 249
Lakamha, 267
Lanka, 228
Lanka, bataille de, 227d
Laocoon, 80d
Laodicée, 147
Larsa, 155, 166d
Laschish, 162
Latins, 26
Layard, A.H., 156d, 159, 164
Leptis Magna, 8d, 12d, 19d, 21d, 98d, 101, 112-119
Lhasa, 294
Liban, 205, 207
Licie, 147
Livia, 188
Lloyd Stephens, John, 262d, 265d
Loftus, W.K., 164
Lopburi, 213, 242
Lotus Mahal, 219, 219d
Louis XIV, 242
Louvre, 164, 168d
Louxor, 8d, 98d, 102d, 105, 105d, 107, 107d, 110
Lu-Nanna, 166d
Lucius Verus, 123, 189
Luqurmata, 296
Lybie, 98
Lycurgue, 56, 118d
Lydie, 147, 185
Lysimaque, 187

M
Machu Picchu, 248, 306-312
Mackenzie, Duncan, 29d
Mallowan, M.E.L., 156d, 160, 161
Manchan, 304
Manco Capac, 299
Manco Inca, 308
Mandalay, 232
Manishtushu, 159d, 161
Manuha, 234, 235, 239
Marc Aurèle, 77d, 116, 123, 132, 189
Marc Aurèle, colonne de, 77d
Marcellus, théâtre de, 79d
Marcus Porcius, 67, 88
Marduk, 167d, 168
Marnas, 182
Maroc, 98, 138
Mars Ultor, temple de, 67d
Massalia, 26
Maxence, 63d, 80, 81d
Maxence, basilique de, 70d
Matacapan, 259
Maudslay, Alfred Percival, 265d, 283d
Mauritanie, 101, 138
Mayapan, 290
Mazeo, 187d, 188
Mèdes, 163, 177
Méditerranée, mer, 26, 27, 39, 122d, 147, 196, 199
Memphis, 98, 108, 160d
Ménélas, 43
Mer Noire, 26, 147
Mercure, 134, 145
Merkès, 168
Méru, mont, 227
Meskalamdug, 155d
Mésopotamie, 10, 20, 146, 150
Messapiens, 26
Mexico, ville de, 250
Mexique, 249, 250, 253, 254, 255, 257, 259, 260, 261, 284d, 290
Mexique, golfe du, 255, 259, 267
Michalowski, K., 201
Micon, 57
Milet, 147
Milk'ashtart, 113, 114
Minchancamon, 304
Minerve, 88
Minnanthu, 232d
Minoens, 34, 38
Minos, 30, 31, 39
Mirza, Farad, 173
Mithridate I, 168, 187, 188
M. Minucius Rufus, 67
Mnésiclès, 53
Moche, 251, 300
Mochica, 251
Mongols, 235
Monte Alban, 248, 249, 260
Montu, 110
Moquegua, 296, 299
Mossoul, 158, 159
Mostafavi, M.T., 173
Motul, 274
Mouhot, Henri, 226
Moyen-Orient, 10, 144-209
Muses, 122
Mout, 108, 108d, 110
Moyen-Orient, 10, 144-209
Mycènes, 10, 40d, 41-47
Mycéniens, 27, 39

N
Nabatéens, 147
Nabonide, 155, 164, 166, 167
Nabopolassar, 166, 167, 168
Nabuchodonosor, 155, 165d, 166, 167, 168, 168d
Nantaungmya, 237d, 239, 239d
Nahuas, 254
Nandin, 219
Nanna, 154
Narai, 213, 242
Naram-Sin, 159d
Narapatisithu, 239, 239d
Narathu, 237d, 239
Nasq-i Rustam, 175
Neak Pean, 230d
Nebi Yunus, 159, 161
Nebo, temple de, 197d, 201
Nectanebo I, 107d
Néron, 59, 69, 76, 187d
Nerva, 77
Nésiotès, 57
Nieburh, 159
Nil, 98, 100, 104, 105, 105d, 110, 117
Ningal, 154, 155
Ninive, 10, 156d, 157-163
Niobides, 86d
Nong Sarai, bataille de, 244
N. Popidius Ampliatus, 88d, 97
Nubie, 104
Numidie, 101, 130
Nuniz, Ferñao, 215

O
Oaxaca, 249, 257, 259
Oaxaca, vallée de, 255
Obeid, el-,145
Occident, 25, 27, 211, 212, 222
Océan Atlantique, 98
Océan Indien, 212
Océan Pacifique, 212
Octavie, portique d' 70d
Odenath, 199
Odyssée, 137d
Oea, 120
Olympe, 51, 52d
Omo, 299
Oppert, J., 164
Orient, 19, 21, 25, 26, 67, 193, 195, 199, 211, 212, 213
Orphée, 117
Osques, 26
Osiris, 110d
Otter, J., 158
Oued Lebda, 112, 116, 117

P
Pachacamac, 251
Pa Sak, 242
Pachamama, 311
Paes, Domingos, 215
Pagan, 232-239
Pakal, 247d, 265d, 266d, 268, 269d, 270, 270d, 272d
Palatin, 62, 69d, 77, 79
Palenque, 247d, 262-273
Palmyre, 196-203
Pampa, 251
Pampapati, 219
Panayr, 182
Pantanios, 59
Paris, 122
Parthénon, 25d, 48d, 50, 51d, 52, 52d, 58, 60, 61
Parthes, 63d, 64d, 166
Pasiphae, 30
Patio Bianco, 259d
Pausanias, 11, 19, 42, 43d, 44, 56
Péloponnèse, 39
Péninsule Chalcidique, 26
Pennsylvanie, université de, 150
Penthée, 95d
Pergame, 147, 187
Périclès, 48d, 50, 52, 56
Persépolis, 10, 19d, 21d, 145d, 170d, 171-181
Perses, 51, 57, 147, 304
Petén, 279, 281
Pétra, 147
Phaulkon, Costantino, 242, 244
Phénicie, 199
Phidias, 51, 51d, 52, 52d, 55d
Philopappos, 59d, 60
Phnom Penh, 222
Phra Phetracha, 244
Phrygie, 147
Phya U-Thong, 241, 242
Pikillakta, 251
Polydore, 80d
Polygnote, 57
Polo, Marco, 213, 235
Pompéi, 8d, 27, 83-97
Pompée, 67, 101, 114, 191, 205
Pompée, théâtre de, 70d
Portique Aemilia, 70d
Portunus, temple de, 79d
Poséidon, 52, 52d, 53
Praxitèle, 185
Preah Khan, 226
Proche-Orient, 10, 144-209
Prytanes, 57
Ptah, 108
Ptolémée, 101
Ptolémées, 147
Puebla-Tlaxacala, 255
Pukara, 296
Puma Punku, 294d, 298, 299
Putuni, 299
Pyus, 232, 234

Q
Qadesh, 107
Queztalcoatl, 252d, 289d
Quetzalpapalotl, 256d, 257
Quirinal, 77
Qorikancha, 251, 304

R
Rabirius, 69d
Rama, 227d, 228, 241
Ramsès II, 98d, 105, 105d, 107, 107d, 108, 110, 110d
Ramsès III, 110d
Ramesuan, 245
Rangoon, 232
Rassam, H., 160, 165
Ravana, 228
Reuter, O., 165
Rich, C.J., 159, 164
Rome, 8d, 10, 20, 21, 26, 27, 27d, 58, 59, 61, 62-81, 85, 86, 100, 101, 113, 114, 114d, 116, 117, 124, 125d, 187, 207, 215
Romain, forum, 8d, 62, 63d, 70d
Romulus, 62, 91
Roluos, 224, 226

S
Sabratha, 8d, 101, 101d, 120-129
Sais, 98
Saka Tigraxauda, 170d
Sak Kuk, 268
Saladin, 207
Sami, A., 173
San Juan, 254, 257
Santa, 304
Sapa Inca, 251
Sardes, 147
Sargon, 159d, 161, 165
Sargon II, 165, 167
Sarno, 84, 86
Saturne, temple de, 63d, 75
Sayil, 284
Schliemann, Heinrich, 40d, 42, 45d
Schmidt, E.F., 173
Scythes, 163
Scopas, 185
Sechin Alto, 250
Séleucie, 168
Séleucides, 147, 166, 187
Sennachérib, 158, 159, 159d, 160, 161, 162, 162d, 163, 166
Septime Sévère, 12d, 19d, 79, 113d, 116, 117, 118, 124, 125d, 132d, 168, 207
Septime Sévère, arc de, 64d, 70d, 114d
Septime Sévère, basilique de, 8d, 12d, 21d
Sérapis, 123
Servius Tullius, 65
Sestilius Pollione, 188
Séthi I, 108, 110, 110d
Sévères, 120, 199
Sévère Alexandre, 80
Shadrapa, 113, 121
Shalamatt, 202d
Shamash, 167d
Shamshi-Adad, 161
Shiva, 219
Shulgi, 153, 154, 165
Shwegugy, 239
Shwesandaw, 232d
Shwezigon Paya, 235d, 237
Sican, 251
Sicanes, 26
Sicile, 25, 26, 43, 100
Sicules, 26
Siem Reap, 226
Silè, 98
Silin, 118d
Sirènes, 137d
Sita, 227d
Siyah Chan K'awil, 278d, 279
Smith, G., 160
Sri Lanka, 224, 235d
Stronach, D., 160
Suez, 98
Sulamani, 237d, 239
Sumer, 150, 155
Suphan Buri, 241
Suryavarman II, 224, 227
Sylla, 57, 67, 86, 189d
Syracuse, 100
Syrie, 25, 43, 147, 191, 196, 199, 205

T
Ta Prohm, 223, 226
Tabasco, 249
Tadmor, 196
Tahkt-i Jamshid, 173
Talikota, 215
Tamputoco, 310
Tanger, 101
Tanit, 134
Tarquin l'Ancien, 65
Tarquin le Superbe, 65
Tarquins, 75
Tartares, 236
Taylor, J.E., 150
Tayok Pye, 232d
Taypikala, 294
Tell el-Muqayyar, 150, 150d
Tenan, 257
Tenochtitlan, 248, 250
Teotihuacan, 248, 249, 250, 252-261, 279, 287, 289
Terre Sainte, 212
Thaï, 224
Thaïlande, 242
Thamugadi, 101, 134
Thatbyinnyu, 237d, 239
Thaton, 234, 235
Thèbes, 10, 11, 19, 20, 95d, 98, 100, 101, 103-111
Thugga, 130, 131d
Thoutmosis I, 110
Thoutmosis II, 110
Thugga, 101, 130-137
Tiahuanaco, 251, 294-299
Tibère, 115, 207
Tiberius Julius Aquila, 187d, 189
Tibre, 67, 68
Tigre, 158, 159
Tikal, 249, 260, 267, 268, 269d, 274-281
Tingis, 101
Tirynthe, 42, 43d
Titicaca, 251, 294, 296, 299
Titus, 63d, 80d
Titus, arc de, 70d, 77
Tivoli, 67
Tlahuizcalpantecuhtli, 288, 289d
Tlaloc, 254, 257
Tollan, 261, 289, 290, 293d
Toltèques, 289
Tonina, 271
Tonle Sap, 222
Tortuguero, 271
Trajan, 67d, 77, 78, 114d, 116, 168, 184d, 191
Trajan, colonne de 67d
Trajan, forum de, 70d, 77
Trajan, thermes de, 70d
Trétos, 42
Tripoli, musée de, 12d, 98d
Tripolitaine, 101, 112, 120
Troie, 42, 51
Tschudi, 301d, 302d, 303d, 305d
Tula, 248, 250, 284d, 287, 289
Tumbes, 304
Tungabhadra, 215
Tunupa, 298, 299, 299d
Tupac Yupanqui, 305

U
U-Thong, 241
Uaxactun, 279
Ulysse, 137d
Université de Pennsylvanie, musée de l', 150
Ur, 10, 146, 149-155, 165
Ur-Nammu, 150d, 153, 154
Urubamba, 296
Urubamba, vallée de l', 312
Uruk, 145
Usumacinta, 267, 278
Utique, 100
Uxmal, 284

V
Vandales, 118, 120
Vasco de Gama, 212
Vedius, 184d
Vedius, thermes de, 189
Vénus, 86, 89d, 93d, 97, 140, 141, 206d, 208d, 288
Vénus Genitrix, temple de, 65d
Veracruz, 249, 259
Verulanus, place de, 189
Vespasien, 63d, 76, 86d, 188
Vespasien, temple de, 88
Vestales, 65d
Vésuve, 84, 84d, 92, 94
Vettii, maison des, 8d
Vijayanagar, 215, 217, 218, 219
Vilcabamba, 308, 310
Vilcaswaman, 251
Viracocha, 299
Viracochapampa, 251
Virupaksa, 217, 219
Vitcos, 310
Vithoba, 218
Vitthala, 218
Vitthalasvami, temple du, 213d, 215d, 218
Volubilis, 101, 138-143

W
Wahbâllat, 199
Waldeck, 262d
Wari (ou Huari), 251, 296
Wat Na Phra Men, 245
Wat Phra Mahathat, 241d, 242d, 245
Wat Phra Si Sanphet, 241d, 245
Wat Ratchaburana, 242d, 244d, 245, 245d
Wayna Picchu, 308
Wetzel, F., 164
Wood, J.T., 182
Woolley, C.L., 148d, 150

X
Xerxès I, 175, 175d, 179, 180
Xochicalco, 287

Y
Yale, Université de, 308
Yama, 230
Yangon (Rangoon), 232
Yarhibal, 200d
Yasodharapura, 224
Yasovarman I, 224
Yax Ain I, 279
Yax Ain II, 278d
Yaxchilán, 268, 269d
Yucatan, 284, 284d, 293d
Yunnan, 232, 235

Z
Zacatecas, 284d
Zaña, 304
Zapothèques, 254
Zénobie, 197d, 199
Zeus, 30, 51, 52d, 56, 59d, 60, 61, 192d, 195

BIOGRAPHIE DES AUTEURS, BIBLIOGRAPHIE ET CRÉDITS PHOTOGRAPHIQUES

PRÉFACE
par Maria Teresa Guaitoli

Maria Teresa Guaitoli, diplômée en archéologie de l'École doctorale de l'université de Bologne, est aujourd'hui responsable technique du département d'Archéologie de cette même université. Elle a codirigé, sous le patronage de la Direction archéologique d'Émilie-Romagne, de Vénétie et des Pouilles, des fouilles dans des domaines aussi variés que la préprotohistoire ou le Moyen Âge. Avec l'université de Bologne, elle a participé en qualité de responsable scientifique à la mission sur l'*oppidum* celtique de Bibracte (Bourgogne) et aux recherches sur les phases préconventuelles du complexe monumental de San Giovanni in Monte (Bologne). Elle a tenu des séminaires sur l'étude des structures fortifiées médiévales et sur l'archéologie sous-marine auprès de l'université de Parme, faculté de Conservation des biens culturels. Elle s'occupe d'expositions et de congrès organisés par le département d'Archéologie et participe à la rédaction de la revue *Ocnus – Cahiers de l'École doctorale d'archéologie*. Ses publications traitent du rapport entre les sources littéraires antiques et les données archéologiques et ornementales dans l'Antiquité.

Crédits photographiques
1 en haut Anne Conway / Archives White Star ;
1 en bas Marcello Bertinetti / Archives White Star ;
2 au centre Anne Conway / Archives White Star ;
3 Afredo Foglia et Pio / Archives Photographiques Foglia Sas ;
4-5 Concession SMA n° 316 du 18.08.95 Marcello Bertinotti / Archives White Star ;
6-7 Concession SMA n° 316 du 18.08.95 Marcello Bertinotti / Archives White Star ;
8 en haut Araldo De Luca ;
8 en bas Araldo De Luca / Archives White Star ;
9 Livio Bourbon / Archives White Star ;
10 Araldo De Luca / Archives White Star ;
11 Araldo De Luca / Archives White Star ;
12-17 Araldo De Luca / Archives White Star ;
18 Araldo De Luca / Archives White Star ;
19 Araldo De Luca / Archives White Star.

INTRODUCTION GÉNÉRALE
par Maria Teresa Guaitoli
et Simone Rambaldi

Simone Rambaldi, diplômé en archéologie de l'École doctorale de l'université de Bologne, a soutenu une thèse intitulée *Structure et emploi du monopteros dans l'architecture romaine*. Il effectue aujourd'hui un doctorat de recherche en archéologie (archéologie romaine, antique et médiévale) et participe activement, depuis plusieurs années, aux fouilles organisées par le département d'Archéologie de l'université de Bologne, notamment à la mission dans la cité gréco-héllénistique de Phoinike (Albanie) et aux fouilles du palais de Théodoric de Galeata. Il collabore également aux activités pédagogiques du département d'Archéologie de l'université de Bologne, dans le domaine de l'archéologie classique.

Crédits photographiques
20 en haut Araldo De Luca / Archives White Star ;
21 Corbis ;
22-23 Aisa.

EUROPE
par Marco Podini

Marco Podini est diplômé en archéologie de l'Ecole doctorale de l'université de Bologne. Il a participé à différentes campagnes de fouilles organisées par le département d'Archéologie de cette même université : *domus* des Coiedii à Suasa Senonum (Ancône), palais de Théodoric et complexe thermal de Galeata. Il a également pris part à la mission italienne dans la cité héllénistique de Phoinike (Albanie) et s'est occupé des mosaïques romaines de Suasa et de la VIe Regio augustea.

Bibliographie

Greco E., *la Grande-Grèce : histoire et archéologie*, Paris, Hachette, 1996.
Greco E., Torelli M., *Storia dell'urbanistica. Il mondo greco*, Rome-Bari, 1983.
Gros P., Torelli M., *Storia dell'urbanistica. Il mondo romano*, Rome-Bari, 1988.
Mansuelli G.A., *Architettura e città. Problemi del mondo classico,* Bologne, 1970.

Crédits photographiques
25 en haut Archives Scala ;
25 en bas Araldo De Luca ;
27 en haut Double's.

CNOSSOS
par Marco Podini

Bibliographie

Banti, L., s.v. *Cnosso*, in *Enciclopedia dell'Arte Antica classica e orientale*, vol. II, Rome, 1959.
Demargne P., *Arte egea*, Milan, 1964.
Demargne P., *Naissance de l'art grec*, Paris, Gallimard, 1985.
Di Vita A., La Rosa V., Rizzo M.A. (sous la direction de), *Creta antica. Cento anni di archeologia italiana (1884-1984)*, catalogue de l'exposition, Rome, 1985.
Farnoux A., *Cnossos : l'archéologie d'un rêve*, Paris, Gallimard, 1993.
Glotz G., *la Civilisation égéenne*, nouvelle édition mise à jour par C. Picard et P. Demargne, Paris, Albin Michel, 1952.
Godart L., *I Minoici*, dossier, *« Archeo »* n° 4 (86), avril 1992.
Greco E., Torelli M., *Storia dell'urbanistica. Il mondo greco*, Rome-Bari, 1983.
Palmer L.R., *Minoici e Micenei*, Turin, 1969.

Crédits photographiques
28 en haut The Ashmolean Museum, Oxford ;
28 en bas Alfio Garozzo / Archives White Star ;
28-29 The Ashmolean Museum, Oxford ;
29 en haut à droite The Ashmolean Museum, Oxford ;
29 en bas The Ashmolean Museum, Oxford ;
30 à gauche Antonio Attini / Archives White Star ;
30 au centre Alfio Garozzo / Archives White Star ;
30 à droite Antonio Attini / Archives White Star ;
30-31 Antonio Attini / Archives White Star ;
33 en haut Antonio Attini / Archives White Star ;
34-35 Antonio Attini / Archives White Star ;
35 en haut à gauche Antonio Attini / Archives White Star ;
35 en haut à droite Antonio Attini / Archives White Star ;
35 en bas Alfio Garozzo / Archives White Star ;
36-37 Alfio Garozzo / Archives White Star ;
37 en haut Livio Bourbon / Archives White Star ;
37 au centre Alfio Garozzo / Archives White Star ;
37 en bas à gauche Antonio Attini / Archives White Star ;
37 en bas à droite Giovanni Dagli Orti ;
38-39 en haut Agence Ricciarini, Milan ;
38-39 en bas Giovanni Dagli Orti.

MYCÈNES
par Marco Podini

Bibliographie

AA.VV., s.v. *Micene*, in *Enciclopedia dell'Arte Antica classica e orientale*, vol. IV, p. 1005 ss ; Supplément I 1970, pp. 486-487 ; Supplément II 1971-1994, pp. 650-653.
Greco E., Torelli M., *Storia dell'urbanistica. Il mondo greco*, Rome-Bari, 1983.
Gualandi G., *il Mondo egeo e la civiltà greca*, in *Archeologia*, Milan, 1978, pp. 215-250.
Guglielmino R., *Micene*, in *Atlante di Archeologia*, Turin, 1996, pp. 378-381.
Ozanne I., *les Mycéniens : pillards, paysans et poètes*, Paris, A. Colin, 1990.
Palmer L.R., *Minoici e Micenei*, Turin, 1969.
Schliemann, H., *Mycènes*, Paris, 1879.

Crédits photographiques
40 en haut Deutsche Archäologisches Institut, Athènes ;
40-41 en haut Deutsche Archäologisches Institut, Athènes ;
40-41 en bas Photo Nimatallah / Agence Ricciarini ;
41 en haut Bibliothèque nationale de France ;
41 au centre British Architectural Library / Londres ;
41 en bas The Artarchive ;
42-43 Livio Bourbon / Archives White Star ;
43 en haut Giulio Veggi / Archives White Star ;
43 en bas à gauche Livio Bourbon / Archives White Star ;
43 en bas à droite Giovanni Dagli Orti ;
44-45 Giulio Veggi / Archives White Star ;
45 en haut AKG Photo ;
45 en bas à gauche Livio Bourbon / Archives White Star ;
45 en bas à droite Livio Bourbon / Archives White Star ;
46 Aisa ;
47 Henri Stierlin.

ATHÈNES
par Marco Podini

Bibliographie

AA.VV., s.v. *Atene*, in *Enciclopedia dell'Arte Antica classica e orientale*, vol. I, pp. 767-863 ; Supplément I 1970, pp. 90-97 ; Supplément II 1971-1994, I, pp. 496-518.
Bianchi Bandinelli R., Paribeni E., *Grecia*, Turin, 1976.
Adely E., *Athènes*, Paris, Éd. Autrement, 1997.
Bonnet C., *Athènes : des origines à 338 av. J.-C.*, Paris, Presses universitaires de France, 1997.
Charbonneaux J., Martin R., Villard F., *Grèce classique, 480-330 av. J. C.*, Paris, Gallimard, 1983.
Charbonneaux J., Martin R., Villard F., *Grèce archaïque : 620-480 av. J. C.*, Paris, Gallimard, 1984.
Charbonneaux J., Martin R., Villard F., *Grèce hellénistique : 330-50 av. J.-C.*, Paris, Gallimard, 1987.
Greco E., Torelli M., *Storia dell'urbanistica. Il mondo greco*, Rome-Bari, 1983.

Gros P., Torelli M., *Storia dell'urbanistica. Il mondo romano*, Rome-Bari, 1988.
Habicht C., *Athènes hellénistique : histoire de la cité d'Alexandre le Grand à Marc Antoine*, Paris, Les Belles Lettres, 2000.
Lloyd S., Müller H.W., Martin R., *Architecture de l'Antiquité : Proche- et Moyen-Orient, Égypte, Crète et Grèce*, Paris, Berger-Levrault, 1980.
Mansuelli G.A., *Roma e il mondo romano*, 2 vol. Turin, 1981.
Martin R., *la Grecia e il mondo greco*, 2 vol. Turin, 1984.
Martin R., *l'Urbanisme dans la Grèce antique*, Paris, 1974.
Martin R., *l'Acropole d'Athènes : histoire, sauvegarde et restauration d'un patrimoine*, BNP, 1982.
Martin R., *Architecture et urbanisme*, Paris, 1987.
Martin R., *Architecture grecque*, Paris, Gallimard, 1993.
Paoletti M., *Atene : l'Acropoli*, in *Atlante di Archeologia*, Turin, 1996, pp. 250-253.
Paoletti M., *Atene : l'Agorà*, in *Atlante di Archeologia*, Turin, 1996, pp. 254-257.
Prévélakis G., *Athènes : urbanisme, culture et politique*, Paris, l'Harmattan, 2000.
Rocchetti L., *Atene al tempo di Pericle*, in *«Archeo»* n° 78, août 1991, pp. 58-103.
Ward Perkins J.B., *Architecture romaine*, Paris, Gallimard/Electa, 1994.

Crédits photographiques
48-49 École nationale supérieure des beaux-arts, Paris ;
49 en haut École nationale supérieure des beaux-arts, Paris ;
49 en bas Agence Ricciarini, Milan ;
50 en haut à gauche Livio Bourbon / Archives White Star ;
50 en bas à gauche Antonio Attini / Archives White Star ;
50 à droite Photo Nimatallah / Agence Ricciarini ;
50-51 Aisa ;
52-53 Marcello Bertinetti / Archives White Star ;
52 en bas The British Museum ;
53 en bas Aisa ;
55 Photo Nimatallah / Agence Ricciarini ;
56 en haut Henri Stierlin ;
56 en bas Aisa ;
56-57 Livio Bourbon / Archives White Star ;
58-59 Antonio Attini / Archives White Star ;
58 en bas Antonio Attini / Archives White Star ;
59 en haut Livio Bourbon / Archives White Star ;
59 en bas Livio Bourbon / Archives White Star ;
60 en haut Livio Bourbon / Archives White Star ;
60 en bas à gauche Livio Bourbon / Archives White Star ;
60 en bas à droite Antonio Attini / Archives White Star ;
60-61 Alfio Garozzo / Archives White Star.

ROME
par Marco Podini

Bibliographie
AA.VV., s.v. *Roma*, in *Enciclopedia dell'Arte Antica classica e orientale*, vol. VI, pp. 764 ss ;Supplément I 1970, p. 660 ss ; Supplément II 1971-1994, pp. 784-996.
Bianchi Bandinelli R., *Rome, le centre du pouvoir*, Paris, Gallimard, 1969.
Bianchi Bandinelli R., *Rome, la fin de l'art antique*, Paris, Gallimard, 1970.
Bianchi Bandinelli R., Torelli M., *Etruria*. Rome, Turin, 1976.
Bianchi Bandinelli R., *les Étrusques et l'Italie avant Rome*, Paris, Gallimard, 1973.
Coarelli F., *Roma : il Foro romano e il Palatino*, in *Atlante di Archeologia*, Turin, 1996, pp. 432-433.
Duret L., *Urbanisme et métamorphoses de la Rome antique*, Paris, les Belles Lettres, 2001.
Ghedini F.E., *I Fori imperiali*, in *Atlante di Archeologia*, Turin, 1996, pp. 434-435.
Gros P., *Architecture et société à Rome et en Italie centro-méridionale aux deux derniers siècles de la République*, Bruxelles, Latomus, 1978.
Gros P., *L'Architecture romaine du début du IIIe siècle av. J.-C. à la fin du Haut-Empire*, Paris, Picard, 1996.
Gros P., Torelli M., *Storia dell'urbanistica. Il mondo romano*, Rome-Bari, 1988.
Mansuelli G.A., *Roma e il mondo romano*, 2 vol. Turin, 1981.
Martinelli M., *Toute la Rome antique : hier et aujourd'hui*, Paris, Bonechi, 1988.
Stierlin H., *Hadrien et l'architecture romaine*, Paris, Payot, 1984.
Stierlin H., *Empire romain. Vol. I, Des Étrusques au déclin de l'Empire*, Paris, Taschen, 1996.
Ward Perkins J.B., *Roman Imperial Architecture*, Londres, 1994.
Ward Perkins J.B., *Architecture romaine*, Paris, Gallimard/Electa, 1994.
Wheeler M., *l'Art romain*, Paris, Thames & Hudson, 1992.

Crédits photographiques
62 en bas à gauche Giulio Veggi / Archives White Star ;
62 à droite Araldo De Luca ;
62-63 Concession SMA n° 316 du 18.08.95, Marcello Bertinetti / Archives White Star ;
64 en bas à gauche Giulio Veggi / Archives White Star ;
64 en bas à droite Giulio Veggi / Archives White Star ;
65 en haut Giulio Veggi / Archives White Star ;
65 en bas Concession SMA n° 316 du 18.08.95, Marcello Bertinetti / Archives White Star ;
66 Giulio Veggi / Archives White Star ;
67 à gauche Concession SMA n° 316 du 18.08.95, Marcello Bertinetti / Archives White Star ;
67 à droite Concession SMA n° 316 du 18.08.95, Marcello Bertinetti / Archives White Star ;
68 en haut Giulio Veggi / Archives White Star ;
68 en bas Concession SMA n° 316 du 18.08.95, Marcello Bertinetti / Archives White Star ;
68-69 Concession SMA n° 316 du 18.08.95, Marcello Bertinetti / Archives White Star ;
69 Henri Stierlin ;
71-74 Archives White Star ;
75 Giovanni Dagli Orti ;
76-77 Concession SMA n° 316 du 18.08.95, Marcello Bertinetti / Archives White Star ;
76 en bas Concession SMA n° 316 du 18.08.95, Marcello Bertinetti / Archives White Star ;
77 en haut Marcello Bertinetti / Archives White Star ;
77 au centre G. Tomsich / Marka ;
77 en bas Concession SMA n° 316 du 18.08.95, Marcello Bertinetti / Archives White Star ;
78-79 Giulio Veggi / Archives White Star ;
78 en bas Giulio Veggi / Archives White Star ;
79 en haut à gauche J. Huber / Simephoto ;
79 en haut à droite Giulio Veggi / Archives White Star ;
79 en bas Giulio Veggi / Archives White Star ;
80 à gauche Concession SMA n° 316 du 18.08.95, Marcello Bertinetti / Archives White Star ;
80 à droite Araldo De Luca ;
80-81 Concession SMA n° 316 du 18.08.95 Marcello Bertinetti / Archives White Star ;
81 en bas à gauche Giulio Veggi / Archives White Star ;
81 en bas à droite Concession SMA n° 316 du 18.08.95, Marcello Bertinetti / Archives White Star.

POMPÉI
par Antonella Coralini

Antonella Coralini est chargée de recherche auprès du département d'Archéologie et d'Histoire de l'art romain de l'université de Bologne. Elle a pris part, en tant que responsable scientifique, au « Progetto Pompei. Insula del Centenario », fruit d'une collaboration entre l'université de Bologne et la Direction archéologique de Pompéi. Elle est membre de l'Association internationale pour la peinture murale (AIPMA) et de l'Association internationale pour l'étude de la mosaïque antique (AIEMA). Publications : *l'Alma Mater à Pompéi. Les peintures de l'Insula del Centenario*. Exposition didactique, avec Scagliarini Corlaita D., Bologne 2001 ; *Hercules Domesticus. Représentations d'Hercule dans l'habitat de la région du Vésuve (Ier siècle av. J.-C.-79 apr. J.-C.)*, Naples, 2001.

Bibliographie
AA. VV., *Un Piano per Pompei. Piano programma per la conservazione e la gestione del patrimonio storico-archeologico della città antica. Prima fase* (ministère du Patrimoine et de la Culture, Direction archéologique de Pompéi, World Monuments Fund), Rome, 1997.
Cebeillac-Gervasoni M., (sous la direction de), *les Élites municipales de l'Italie péninsulaire de la mort de César à la mort de Domitien entre continuité et rupture. Classes sociales dirigeantes et pourvoir central*, Rome, 2000.
Allemandi U., et autres, *Pompei. Picta Fragmenta. Decorazioni parietali dalle città sepolte*, Turin-Londres, 1997.
Aziza C., *Pompéi, le rêve sous les ruines*, Paris, France Loisirs, 1997.
Berengo-Gardin G., *Pompéi*, Arles, Actes Sud ; Milan-Motta, 1998.
Borriello M. et autres (sous la direction de), *Pompei. Abitare sotto il Vesuvio*, catalogue de l'exposition (Ferrare, 29 septembre 1996-19 janvier 1997), Ferrare, 1996.
Bouquillard J., *la Résurrection de Pompéi : dessins d'archéologues des XVIIIe et XIXe siècles*, Arcueil, Anthèse, 2000.
Cantarella E., *Pompéi*, Paris, le Grand Livre du mois, 2000.
Cerulli Irelli G., (sous la direction de), *la Pittura di Pompei. Testimonianze dell'arte romana nella zona sepolta dal Vesuvio nel 79 d.C.*, Milan, 1991.
Ciarallo A., De Carolis E., (sous la direction de), *Homo Faber. Natura, scienza e tecnica nell'antica Pompei*, catalogue de l'exposition (Naples, Musée archéologique national, 27 mars-18 juillet 1999), Milan, 1999.
Corti E.C., *Vie, mort et résurrection d'Herculanum et de Pompéi*, Paris, Payot & Rivages, 1995.
De Franciscis A., Schefold K., Laidlaw A. et autres, *la Peinture de Pompéi : témoignages de l'art romain dans la zone ensevelie par le Vésuve en 79 apr. J.-C.*, Paris, Hazan, 1993.
Dobbins J.J., *Problems of Chronology, Decoration and Urban Desugn in the Forum at Pompei*, in *« America Journal of Archaeology »*, 98, 1994, pp. 629-694.
Étienne R., *Pompéi, la cité ensevelie*, Paris, Gallimard, 1987.
Étienne R., *La Vie quotidienne à Pompéi*, Paris, le Grand Livre du mois, 1998.
Guzzo P.G., D'Ambrosio A., *Pompei*, Naples, 1998.
Guzzo P.G., Scarano Ussani V., *Figurae Veneris*, Naples, 2000.
Guzzo P.G., (sous la direction de), *Pompei. Scienza e Società*, actes du colloque international pour le 250e anniversaire des fouilles de Pompéi (Naples, 25-27 novembre 1998), Milan 2001.
Nappo S., *Pompéi, guide de la cité antique*, Paris, Gründ, 1999.
Pesando F., *Domus. Edilizia privata e società pompeiana far III e I secolo a.C.*, ministère du Patrimoine et de la Culture, Direction archéologique de Pompéi, Monographies, 12, Rome, 1997.
Varone A., *Pompéi*, Paris, Terrail, 1995.
Zanker P., *Pompei. Società, immagini urbane e forme dell'abitare*, Turin, 1993.
Zevi F., (sous la direction de), *Pompei 79.*

Raccolta di studi per il decimonono centenario dell'eruzione vesuviana, Naples, 1979.
Zevi F., (sous la direction de), *Pompei*, I, Naples, 1991.
Zevi F., (sous la direction de), *Pompei*, II, Naples, 1992.

Crédits photographiques
82-83 en haut École nationale supérieure des beaux-arts, Paris ;
82-83 en bas École nationale supérieure des beaux-arts, Paris ;
83 au centre Mary Evans Picture Library ;
84 en haut Roger-Viollet / Contrasto ;
84 en haut Erich Lessing / Contrasto ;
84 en bas à gauche Erich Lessing / Contrasto ;
84 en bas à drote Alfredo et Pio Foglia / Archives photographiques Foglia ;
84-85 Guido Cozzi / Atlantide ;
86 à gauche Giulio Veggi / Archives White Star ;
86 à droite Giulio Veggi / Archives White Star ;
87 Anne Conway / Archives White Star ;
88-89 Anne Conway / Archives White Star ;
89 en haut Anne Conway / Archives White Star ;
89 à droite Erich Lessing / Contrasto ;
89 en bas Anne Conway / Archives White Star ;
90 en haut Anne Conway / Archives White Star ;
90 au centre Anne Conway / Archives White Star ;
90 en bas Giulio Veggi / Archives White Star ;
90-91 Giulio Veggi / Archives White Star ;
92 en haut Erich Lessing / Contrasto ;
92 au centre Alfredo et Pio Foglia / Archives photographiques Foglia ;
92-93 Alfredo et Pio Foglia / Archives photographiques Foglia ;
93 en haut Alfredo et Pio Foglia / Archives photographiques Foglia ;
94 en haut Giulio Veggi / Archives White Star ;
94 en bas Giulio Veggi / Archives White Star ;
95 en haut Anne Conway / Archives White Star ;
95 en bas Giulio Veggi / Archives White Star ;
96 en haut Alfredo et Pio Foglia / Archives photographiques Foglia ;
96 au centre Anne Conway / Archives White Star ;
96-97 Archives Scala ;
97 en haut Giulio Veggi / Archives White Star.

AFRIQUE

par Simone Rambaldi et Marco Zecchi

Marco Zecchi est détenteur d'un doctorat de recherche en antiquités africaines et d'un M. Phil en égyptologie (School of Archaeology and Oriental Studies de l'université de Liverpool). Il est également boursier de la Brown University de Providence (Rhode Island, États-Unis). Il participe aux fouilles de la mission organisée par les universités de Bologne et de Lecce à Komm Umm el-Atl (Bakchias, Fayoum, Égypte), et dispense, au sein du département d'Égyptologie de l'université de Bologne, des cours de langue et de littérature coptes. Ses publications traitent, entre autres, de l'aspect religieux de la civilisation égyptienne jusqu'à l'époque gréco-romaine.

Bibliographie
Decret F., Fantar M., *l'Afrique du Nord dans l'Antiquité : histoire et civilisation des origines au Ve siècle*, Paris, 1981.
Di Vita A., *Gli Emporia di Tripolitania dall'età di Massinissa a Diocleziano : un profilo storico-istituzionale*, in *Aufstieg und Niedergang der römischen Welt*, vol. II.10.2, Berlin-New York, 1982, pp. 515-595.
Lepelley C., *les Cités de l'Afrique romaine au Bas-Empire*, 2 vol., Paris, 1979-1981.
Février P.A., *Urbanisation et urbanisme de l'Afrique romaine*, in *Aufstieg und Niedergang der römischen Welt*, vol. II.10.2, Berlin-New York, 1982, pp. 321-396.
Picard Ch. G., *la Civilisation de l'Afrique antique*, Paris, 1990.
Romanelli P., *Storia delle province romane dell'Africa*, Rome, 1959.
Romanelli P., *Topografia e archeologia dell'Africa romana*, in *Enciclopedia Classica*, section III, vol. X, t. VII, Turin, 1970.

Crédits photographiques
98 en haut Alfio Garozzo / Archives White Star ;
98 en bas Araldo De Luca / Archives White Star ;
101 en haut Araldo De Luca / Archives White Star.

THÈBES

par Marco Zecchi

Bibliographie
Baines J.- Malek J., *Atlas de l'Égypte ancienne*, Paris, Nathan, 1981.
Davoli P., *Città e villaggi dell'antico Egitto*, Imola, 1994.
Donadoni S., *Tebe*, Milan, 1999.
Kemp B.J., *Ancient Egypt. Anatomy of a Civilization*, Londres, 1989.
Robin J., *Thèbes : Temples et dieux du Nil*, Paris, Laffont, 1986.

Crédits photographiques
102 en haut Archives White Star ;
102 en bas Roger-Viollet / Contrasto ;
103 en haut Harlingue-Viollet / Contrasto ;
103 en bas à gauche Archives White Star ;
103 en bas à droite Archives P. Lacau ;
104 à gauche Alfio Garozzo / Archives White Star ;
104 en bas à gauche Marcello Bertinetti / Archives White Star ;
104 à droite Giulio Veggi / Archives White Star ;
104-105 Marcello Bertinetti / Archives White Star ;
106-107 Alfio Garozzo / Archives White Star ;
106 en bas Giulio Veggi / Archives White Star ;
107 Antonio Attini / Archives White Star ;
108 à gauche Marcello Bertinetti / Archives White Star ;
108 en haut à droite Alfio Garozzo / Archives White Star ;
108 en bas à droite Marcello Bertinetti / Archives White Star ;
108-109 Marcello Bertinetti / Archives White Star ;
110 en haut Alfio Garozzo / Archives White Star ;
110 en bas à gauche Antonio Attini / Archives White Star ;
110 en bas à droite Alfio Garozzo / Archives White Star ;
111 Marcello Bertinetti / Archives White Star.

LEPTIS MAGNA

par Simone Rambaldi

Bibliographie
Bacchielli L., *la Libye antique : cités perdues de l'Empire romain*, Paris, Mengès, 1998.
Bianchi Bandinelli R., Caputo G., Vergara Caffarelli E., *Leptis Magna*, Milan, 1964.
Di Vita A., *il Progetto originario del forum novum Severianum a Leptis Magna*, in *« 150-Jahr-Feier Deutsches Archäologisches Institut Rom »* (Mitteilungen des Deutschen Archäologischen Instituts, Römische Abteilung, suppl. 25), pp. 84-106, Rome, 1982.
Floriani Squaciapino M., *Le Sculture del Foro Severiano di Leptis Magna*, Rome, 1974.
Ward Perkins J.B. (sous la direction de Kenrick Ph.), *The Severan Buildings of Lepcis Magna : An Archaeological Survey*, Tripoli-Londres, 1993.
Ward Perkins J.B., *Town Planning in North Africa during the first two centuries of the Empire, with special reference to Lepcis and Sabratha : character and sources*, in *«150-Jahr-Feier Deutsches Archäologisches Institut Rom»* (Mitteilungen des Deutschen Archäologischen Instituts, Römische Abteilung, suppl. 25), pp. 29-49, Rome, 1982.

Crédits photographiques
112 en bas à gauche Marcello Bertinetti / Archives White Star ;
112 en bas à droite Marcello Bertinetti / Archives White Star ;
112-113 Araldo De Luca / Archives White Star ;
114 en haut à gauche Marcello Bertinetti / Archives White Star ;
114 en haut à droite Araldo De Luca / Archives White Star ;
114-115 Marcello Bertinetti / Archives White Star ;
115 Araldo De Luca / Archives White Star ;
116-117 Araldo De Luca / Archives White Star ;
117 en haut à gauche Araldo De Luca / Archives White Star ;
117 en bas à gauche Araldo De Luca / Archives White Star ;
117 à droite Araldo De Luca / Archives White Star ;
118 en haut à gauche Marcello Bertinetti / Archives White Star ;
118 en haut à droite Araldo De Luca / Archives White Star ;
118 en bas Araldo De Luca / Archives White Star ;
119 Araldo De Luca / Archives White Star.

SABRATHA

par Simone Rambaldi

Bibliographie
Caputo G., *il Teatro di Sabratha e l'architettura teatrale africana*, Rome, 1959.
Pesce G., *il Tempio di Iside in Sabratha*, Rome, 1953.

Crédits photographiques
120 à gauche Araldo De Luca / Archives White Star ;
120 à droite Araldo De Luca / Archives White Star ;
120-121 Araldo De Luca / Archives White Star ;
122 à gauche Marcello Bertinetti / Archives White Star ;
122 à droite Araldo De Luca / Archives White Star ;
122-123 Marcello Bertinetti / Archives White Star ;
123 en bas Araldo De Luca / Archives White Star ;
124-125 Marcello Bertinetti / Archives White Star ;
125 en haut Araldo De Luca / Archives White Star ;
125 au centre Araldo De Luca / Archives White Star ;
125 en bas à gauche Araldo De Luca / Archives White Star ;
125 en bas à droite Araldo De Luca / Archives White Star ;
126 en haut Marcello Bertinetti / Archives White Star ;
126 en bas Marcello Bertinetti / Archives White Star ;
126-127 Araldo De Luca / Archives White Star ;
127 à gauche Araldo De Luca / Archives White Star ;
128 en haut Araldo De Luca / Archives White Star ;
128 en bas Araldo De Luca / Archives White Star ;
128-129 Araldo De Luca / Archives White Star ;
129 en bas à gauche Araldo De Luca / Archives White Star ;
129 en bas à droite Araldo De Luca / Archives White Star.

THUGGA
par Simone Rambaldi

Bibliographie

Poinssot C., *les Ruines de Thugga*, Tunis, 1983.
Golfetto A., *Dougga. Die Geschichte einer Stadt im Schatten Karthagos*, Bâle, 1961.

Crédits photographiques

130-131 Yann Arthus-Bertrand / Corbis / Grazia Neri ;
131 en haut Alfio Garozzo / Archives White Star ;
131 en bas à gauche Alfio Garozzo / Archives White Star ;
131 en bas à droite Alfio Garozzo / Archives White Star ;
132 en haut Alfio Garozzo / Archives White Star ;
132 en bas Antonio Attini / Archives White Star ;
133 Alfio Garozzo / Archives White Star ;
134-135 Alfio Garozzo / Archives White Star ;
135 à gauche Alfio Garozzo / Archives White Star ;
135 en haut à droite Antonio Attini / Archives White Star ;
135 en bas à droite Alfio Garozzo / Archives White Star ;
136-137 Henri Stierlin ;
136 en bas Giovanni Dagli Orti ;
137 en bas Giovanni Dagli Orti ;
137 en haut Giovanni Dagli Orti.

VOLUBILIS
par Simone Rambaldi

Bibliographie

Étienne R., *Le Quartier nord-est de Volubilis*, Paris, 1960.
Jodin A., *Volubilis regia Iubae. Contribution à l'étude des civilisations du Maroc antique préclaudien*, Paris, 1987.
Lenoir M. et E., Akerraz A., *le Forum de Volubilis. Eléments du dossier archéologique*, in *los Foros romanos de las provincias occidentales*. Actas de la Mesa redonda, Valence, 1986, Madrid, 1987, pp. 203-219.
Limane H., *Volubilis: de mosaïque à mosaïque*, Aix-en-Provence, Edisud, 1998.
Morestin H., *le Temple B de Volubilis*, Paris, Éditions du CNRS, 1980.
Thouvenot R., *Volubilis*, Paris, Belles Lettres, 1949.

Crédits photographiques

138-139 Antonio Attini / Archives White Star ;
139 à gauche Antonio Attini / Archives White Star ;
139 en haut à droite Antonio Attini / Archives White Star ;
139 en bas à droite Giobanni Simeone / Simephoto ;
140 G. Tomsich / Marka ;
140-141 Antonio Attini / Archives White Star ;
141 Antonio Attini / Archives White Star ;
142 Antonio Attini / Archives White Star ;
143 en haut Antonio Attini / Archives White Star ;
143 au centre Antonio Attini / Archives White Star ;
143 en bas Antonio Attini / Archives White Star.

PROCHE-ET MOYEN-ORIENT
par Antonella Mezzolani
et Riccardo Villicich

Antonella Mezzolani, détentrice d'un doctorat de recherche en archéologie de l'Afrique et du Proche-Orient antique, a enseigné au département d'Archéologie phénicienne et punique et au département d'Archéologie et d'histoire de l'art du Proche-Orient antique (faculté de Conservation des biens culturels, université de Bologne, centre de Ravenne). Elle a réalisé des fouilles à Tharros et à Carthage, dans le cadre d'une mission des universités d'Amsterdam et de Cambridge. Elle s'est également occupée de l'iconographie d'Océan dans les mosaïques de l'époque romaine et d'Afrique du Nord.
Ses publications traitent de l'urbanisme des cités puniques et des matériaux céramiques gréco-romains.

Riccardo Villicich, détenteur d'un doctorat de recherche en archéologie romaine, est enseignant au département d'Archéologie des provinces romaines (faculté de Lettres et de Philosophie, faculté de Conservation des biens culturels, université de Bologne).
Il est codirecteur des fouilles menées dans les cités romaines de Suasa, Galeata (palais de Théodoric et complexe thermal) et de la mission italienne dans la cité héllenistique de Phoinike (Albanie), du département d'Archéologie de l'université de Bologne. Il s'est également occupé de numismatique antique (il étudie les monnaies en provenance de Suasa), des installations urbanistiques et architectoniques des provinces romaines, et supervise la restauration des objets métalliques antiques.

Bibliographie

Jones H.M., *the Cities of the Eastern Roman Provinces*, Oxford, 1971.
Giuliano A., *le Città dell'Apocalisse*, Rome, 1978.
Macro D., *the Cities of Asia Minor under the Roman Imperium*, in *Aufstieg und Niedergang der Römischen Welt II*, 7, 2, 1980, pp. 658-697.
Rinaldi Tufi S., *Archeologia delle province romane*, Rome, 2000.

Crédits photographiques

145 en haut Henri Stierlin ;
145 en bas Diaf / Marka ;
147 Henri Stierlin.

UR
par Antonella Mezzolani

Bibliographie

Brinkman J.A., *Ur : the Kassite Period and the Period of the Assyrian Kings*, in *«Orientalia»* 38, 1969, pp. 310-348.
Moorey P.R.S., *Where did they bury the kings of the IIIrd Dynasty of Ur ?*, in *«Iraq»* 46/1, 1984, pp. 1-18.
Pollock S., *Chronology of the Royal Cemetery of Ur*, in *«Iraq»* 47, 1985, pp. 128-158.
Pollock S., *Of Priestesses, Princes, and Poor Relation : The Dead in the Royal Cemetery of Ur*, in *«Cambridge Archaeological Journal»*, 1, 1991, pp. 171-89.
Weadock P., *The Giparu at Ur*, in *«Iraq»* 37, 1975, pp. 101-128.
Woolley C.L., *Ur en Chaldée, ou Sept Années de fouilles*, Paris, Payot, 1949.
Woolley C.L., *Ur, histoire d'une découverte*, Paris, Guillot, 1957.

Crédits photographiques

148 en haut The British Museum ;
148-149 en haut The British Museum ;
148-149 en bas The British Museum ;
149 en bas The British Museum ;
150 en bas Wheeler Nik / Corbis / Grazia Neri ;
150 en haut The British Museum ;
151 Wheeler Nik / Corbis / Grazia Neri ;
152-153 Wheeler Nik / Corbis / Grazia Neri ;
152 en bas Dean Conger / Corbis / Grazia Neri ;
153 en bas Dean Conger / Corbis / Grazia Neri ;
154-155 The British Museum ;
155 en haut Henri Stierlin ;
155 en bas The British Museum.

NINIVE
par Antonella Mezzolani

Bibliographie

Barnett R.D., *Scultures from the North Palace of Ashurbanipal at Nineveh, 668-627 B.C.*, Londres, 1976.
Bleibtreu E. et autres, *the Southwest Palace of Sennacherib at Nineveh*, Londres, 1996.
Campbell Thompson R. – Hutchinson R.W., *A Century of Exploitation at Nineveh*, Londres, 1929.
Mallowan M.L.E., *the Prehistoric Sondage of Nineveh*, 1931-32, in *«Annals of Archaeology and Anthropology, University of Liverpool»*, 20, 1933, pp. 127-186.
Matthiae P., *Ninive*, Milan, 1998.
Russel J.H., *Sennarcherib'sPalace without Rival at Nineveh*, Chicago, 1991.
Scott M.L.-Macginnis J., *Notes on Nineveh*, in *«Iraq»* 52, 1990, pp. 63-73.

Crédits photographiques

156 en haut The British Museum ;
156 en bas Hervé Lewandowsky / RMN ;
157 en haut The British Museum ;
157 en bas Giovanni Dagli Orti ;
158-159 Henri Stierlin ;
158 en bas Erich Lessing / Contrasto ;
159 en bas The British Museum ;
160 en haut The British Museum ;
160 en bas Erich Lessing / Contrasto ;
160-161 Erich Lessing / Contrasto ;
162 en bas Erich Lessing / Contrasto ;
162-163 Giovanni Dagli Orti ;
163 en bas The British Museum.

BABYLONE
par Antonella Mezzolani

Bibliographie

André-Salvini B., *Babylone*, Paris, Presses universitaires de France, 2001.
Bergamini G., *Levels of Babylon Reconsidered*, in *«Mesopotamia»* 12, 1977, pp. 111-152.
George A.R., *the Topography of Babylon Reconsidered*, in *«Sumer»* 44, 1986, pp. 7-24.
George A.R., *Babylon Revisited : Archaeology and Philology in harness*, in *«Antiquity»* 67, 1993, pp. 734-746.
Koldewey R., *das Ischtar-Tor in Babylon*, Leipzig, 1918.
Koldewey R., *die Königsburgen von Babylon*, 2 vol., Leipzig, 1931-1932.
Matthiae P., *la Storia dell'arte dell'Oriente Antico. I grandi imperi. 1000-330 a.C.*, Milan, 1996, pp. 150-160.
Ruffieux J-M., *À Babylone : la Mésopotamie au temps de Nabuchodonosor II*, Paris, Hachette, 1988.
Wetzel F.- Weissbach F.H., *das Hauptheiligtum des Marduk in Babylon : Esagila und Etemenanki*, Leipzig, 1938.

Crédits photographiques

164 à gauche Thouvenin / Farabolafoto ;
164 à droite Erich Lessing / Contrasto ;
165 en haut Giovanni Dagli Orti ;
164-165 Giovanni Dagli Orti ;
166-167 Françoise de Mulder / Roger-Viollet / Contrasto ;
166 en bas Erich Lessing / Contrasto ;
167 en bas Erich Lessing / Contrasto ;
168 à gauche Thouvenin / Farabolafoto ;
168 à droite Giovanni Dagli Orti ;
169 G. Mereghetti / Marka.

PERSÉPOLIS
par Antonella Mezzolani

Bibliographie

Cahill N., *the Treasury at Persepolis*, in *«American Journal of Archaeology»* 89, 1985, pp. 373-389.
Calmeyer P., *Textual Sources for Interpretation of Achaemenian Palace Decoration*, in *«Iran»* 18, 1980, pp. 55-63.
De Francovich G., *Problems of Achaemenid Architecture*, in *«East and West»* 16, 1966, p. 201-260.
Ghirshman R., *Arte persiana. Protoiranici, Medi e Achemenidi*, Milan, 1982, pp. 154-223.
Matthiae P., *la Storia dell'arte dell'Oriente Antico. I grandi imperi, 1000-330 a.C.*, Milan, 1996, pp. 225-240.

Porada E., *Classical Achaemenian Architecture and Sculpture*, in *The Cambridge History of Iran*, 2, Cambridge, 1985, pp. 793-827.
Stierlin H., *Persépolis : Iran*, Paris, Hachette, 1981.

Crédits photographiques
170 en haut à gauche Oriental Institute University, Chicago ;
170 en haut à droite Oriental Institute University, Chicago ;
170-171 Henri Stierlin ;
171 Oriental Institute University, Chicago ;
172-173 Double's ;
172 en bas Henri Stierlin ;
173 en bas Henri Stierlin ;
174 en haut J. Fuste Raga / Marka ;
174-175 Aisa ;
175 en haut à droite Double's ;
176 en haut Aisa ;
176 en bas Christophe Boisvieux ;
176/177 Aisa ;
178 en haut Henri Stierlin ;
178 en bas Henri Stierlin ;
179 Henri Stierlin ;
180 en haut Henri Stierlin ;
180 au centre Henri Stierlin ;
180 en bas Henri Stierlin ;
181 Henri Stierlin.

ÉPHÈSE
par Riccardo Villicich

Bibliographie
AA.VV., *Forschungen in Ephesos*, 1-12, Vienne, 1906-1989.
Alzinger W., *Augusteiche Arkitektur in Ephesos*, in *«Sondnummer der Österreichisches Archäeologisches Institut in Wien»* XIV, 1974.
Oberleitner W., (sous la direction de), *Funde aus Ephesos und Samothrake*, Vienne, 1978.
Stierlin H., *Éphèse*, Paris, 1993.

Crédits photographiques
182 en haut Erich Lessing / Contrasto ;
182 en bas Livio Bourbon / Archives White Star ;
182-183 Livio Bourbon / Archives White Star ;
184 au centre Livio Bourbon / Archives White Star ;
184/185 J. Fuste Raga / Marka ;
185 en haut Erich Lessing / Contrasto ;
186 Livio Bourbon / Archives White Star ;
186-187 Livio Bourbon / Archives White Star ;
187 en haut Livio Bourbon / Archives White Star ;
187 en bas Livio Bourbon / Archives White Star ;
188-189 Livio Bourbon / Archives White Star ;
189 en haut Livio Bourbon / Archives White Star ;
189 en bas Livio Bourbon / Archives White Star.

GERASA
par Riccardo Villicich

Bibliographie
Browning I., *Jerash and the Decapolis*, Londres, 1982.
Kraeling C.H., *Gerasa, city of the Decapolis*, New Haven, 1938.

Crédits photographiques
190-191 Massimo Borchi / Archives White Star ;
191 en haut Massimo Borchi / Archives White Star ;
191 en bas Massimo Borchi / Archives White Star ;
192 en bas Henri Stierlin ;
192 au centre Massimo Borchi / Archives White Star ;
192-193 Massimo Borchi / Archives White Star ;
194-195 Massimo Borchi / Archives White Star ;
194 en bas Massimo Borchi / Archives White Star ;
194 à gauche Massimo Borchi / Archives White Star ;
194 à droite Massimo Borchi / Archives White Star.

PALMYRE
par Riccardo Villicich

Bibliographie
Amy R., Seyrig E., Will E., *le Temple de Bel à Palmyre*, 2 vol., Paris, 1975.
Bounni A., *Palmyre : histoire, monuments et musée*, Paris, De Boccard, 1987.
Degeorge G., *Palmyre : métropole caravanière*, Paris, Impr. nationale éd., 2001.
M.A.R. Colledge, *The Art of Palmyra*, Londres, 1976.
Sadurska A., Bounni A., *les Sculptures funéraires de Palmyre*, Rome, G. Bretschneider, 1994.
Starcky J., Gawlikowski M., *Palmyre*, Paris, 1985.
Stierlin H., *Cités du désert : Pétra, Palmyre, Hatra*, Paris, Seuil, 1987.
Wiegand T., *Palmyra*, 2 vol., Berlin, 1932.
Will E., *les Palmyréniens : la Venise des sables, Ier siècle av.-IIIe siècle apr. J.-C.*, Paris, A. Colin, 1992.

Crédits photographiques
196-197 Giovanni Rinaldi / Il Dagherrotipo ;
197 en haut Felipe Alcoceba ;
197 en bas à gauche Giovanni Rinaldi / Il Dagherrotipo ;
197 en bas à droite Aisa ;
198-199 Franck Lechenet / Hémisphères ;
199 en haut Felipe Alcoceba ;
199 en bas Giovanni Rinaldi / Il Dagherrotipo ;
200 en haut Double's ;
200 en bas Erich Lessing / Contrasto ;
200-201 Henri Stierlin ;
202 en haut Giovanni Rinaldi / Il Dagherrotipo ;
202 en bas à gauche Charles Lénars ;
202 en bas à droite Erich Lessing / Contrasto ;
202-203 Henri Stierlin.

BAALBECK
par Riccardo Villicich

Bibliographie
Coupel P., *l'Autel monumental de Baalbeck*, Paris, 1951.
Dussaud R., *Temples et cultes de la triade héliopolitaine à Baalbeck*, in *«Syria»* XXIII-XXIV, 1942-1943, pp. 33-77.
Seyrig H., *Questions héliopolitaines*, in *«Syria»*, XXXI, 1954, pp. 33-77.
Wiegand T., *Baalbeck*, 3 vol., Berlin, 1921-1925.

Crédits photographiques
204 Double's ;
205 en haut Antonio Attini / Archives White Star ;
205 en bas Cozzi G./ Atlantide / Agence ANA ;
206 en bas Diaf / Marka ;
207 Henri Stierlin ;
206-207 Aisa ;
208 à gauche Antonio Attini / Archives White Star ;
208 à droite Antonio Attini / Archives White Star ;
208-209 Henri Stierlin ;
209 Henri Stierlin.

EXTRÊME-ORIENT
par Marco Ceresa

Marco Ceresa, né à Lodi en 1959, est diplômé en langue et littérature chinoise de l'université Ca' Foscari de Venise (1984). En 1992, il obtient un doctorat de recherche en orientalisme à l'Institut universitaire oriental de Naples. De 1986 à 1991, il séjourne au Japon et à Taiwan, où il effectue des recherches pour le Centre for Chinese Studies de la National Central Library de Taipei et pour le Research Institute for Humanistic Studies de l'université de Kyoto. Il est actuellement professeur associé de littérature chinoise au Département d'études sur l'Asie orientale de l'université Ca' Foscari de Venise. Marco Ceresa a également tenu une série de conférences et de séminaires à l'université de Marbourg (Allemagne), l'université Eotvos Lorand de Budapest (Hongrie), l'université de Lund (Suède) et l'université de Munich (Allemagne). Il s'occupe de littérature et de culture matérielle de la Chine et des pays du Sud-Est asiatique, et tout particulièrement du Cambodge. Marco Ceresa vit et travaille à Venise.

Bibliographie
Benevolo L., *Storia della città orientale*, Rome, 1988.
Calvino I., *les Villes invisibles*, Paris, Seuil, 1984.
Polo M., *le Livre de Marco Polo*, Paris, Livre club du libraire, 1961.

Crédits photographiques
211 en haut Livio Bourbon / Archives White Star ;
211 en bas Luca Tettoni ;
213 Livio Bourbon / Archives White Star.

HAMPI
par Cinzia Pieruccini

Cinzia Pieruccini a obtenu, après une maîtrise de lettres classiques et une thèse sur le sanskrit à l'université de Milan (1981), un doctorat de recherche en histoire de l'art de l'Inde et de l'Asie orientale (1994), pays où elle a effectué plusieurs séjours d'étude et de recherche. Elle a publié de nombreux articles scientifiques sur la littérature d'art indienne classique et sur l'iconographie et l'architecture de l'Inde. Elle a traduit du sanskrit et du prâkrit certaines œuvres fondamentales telles que le *Dasakumaracarita* de Dandin (Dandin, *I dieci principi, Paideia*, Brescia, 1986) et le *Kamasutra* de Vatsyayana (Vatsyayana, *Kamasutra*, Venise, 1990, sixième édition 2001). Professeur sous contrat des universités de Trente et de Milan, elle est actuellement chargée de recherche en indologie à l'université de Milan.

Bibliographie
Clausel J., Amic A., *Hampi : Vijayanagara*, Paris-Pondichéry, Éd. Kailash, 1995.
Dallapiccola A.L. , Verghese A., *Sculpture at Vijayanagara : Iconography and Style*, New Dehli, 1998.
Filliozat V., *le Temple de Tirumanakaiyalvar à Hampi*, Paris, J. Maisonneuve, 1976.
Fritz J.M. Michell G., (sous la direction de), *New Light on Hampi : Recent Research at Vijayanagara*, Mumbay, 2001.
Michell G., Fritz J., *City of Victory. Vijayanagara. The Medieval Hindu Capital of Southern India*, New York, 1991.
Michell G., *les Palais de l'Inde*, Paris, Mengès, 1994.
Michell G., *the New Cambridge History of India, VI.1 : Architecture and Art of Southern India : Vijayanagara and the Successor States, 1350-1750*, Cambridge, 1995.
Michell G., Wagoner P.B., *Vijayanagara : Architectural Inventory of the Sacred Centre*, 3 vol., New Dehli, 2001.
Paes D., Nuniz F., sous la direction de Filliozat V., *The Vijayanagara Empire*, trad. de Sewell R., New Dehli, 1997.
Sewell R., *A Forgotten Empire (Vijayanagara), A Contribution to the History of India*, Londres, 1900, réédition Shannon, Irlande, 1972.
Stein B., *The New Cambridge History of India, I. 2 : Vijayanagara*, Cambridge, 1989.

Crédits photographiques
214 Livio Bourbon / Archives White Star ;
215 en bas à gauche Livio Bourbon / Archives White Star ;
215 en bas à droite Livio Bourbon / Archives White Star ;

216 au centre Livio Bourbon / Archives White Star ;
216 en bas Livio Bourbon / Archives White Star ;
216-217 Livio Bourbon / Archives White Star ;
218 en bas Livio Bourbon / Archives White Star ;
219 en haut Livio Bourbon / Archives White Star ;
219 en bas Livio Bourbon / Archives White Star ;
218-219 Livio Bourbon / Archives White Star.

ANGKOR

par Marco Ceresa

Bibliographie

Boisselier J., *le Cambodge. Manuel d'archéologie d'Extrême-Orient, première partie*, vol. I, Paris, 1966.
Chandler D., *A History of Cambodia*, Boulder, Californie, 1983.
Coèdes G., *Angkor : an introduction*, trad. de Floyd Gardiner E., New York et Hong-Kong, 1963.
Coèdes G., *Histoire des États hindouisés d'Indochine et d'Indonésie*, Paris, 1964.
Dagens B., *Angkor, la forêt de pierre*, Paris, Gallimard, 1989.
Dagens B., Giteau M. et autres, *Angkor, dix siècles d'art khmer*, Paris, Société française de promotion artistique, 1997.
Delaporte L., *Voyage au Cambodge. L'architecture khmère*, Paris, Maisonneuve et Larose, 1999.
Finot L., Goloubew V., Coèdes G., *le Temple d'Angkor Vat*, 5 vol., Paris, 1929-1932.
Freeman M., Warner R., *Angkor : the hidden glories*, Boston, 1990.
Geoffroy-Schneiter B., Jacques C., Zéphir T., *L'ABCdaire d'Angkor et de l'art khmer*, Paris, Flammarion, 1997.
Giteau M., *Histoire du Cambodge*, Paris, 1957.
Giteau M., *Khmer sculpture and the Angkor civilization*, New York-Londres, 1965.
Giteau M., *Regards sur Angkor*, Paris, Ed. Chapitre douze, 1994.
Giteau M., *Histoire d'Angkor*, Paris ; Pondichéry, Éd. Kailash, 1996.
Glaize M., *les Monuments du groupe d'Angkor*, Paris, J. Maisonneuve, 1993.
Gras P., Butor M., Narang N., *Angkor silencieux*, Paris, Ed. Sous-le-Vent, 1988.
Groslier P., Arthaud J., *Angkor, art and civilization*, New York-Londres, 1966.
Held S., *Angkor : vision de palais divins*, Paris, Hermé, 1997.
Jacques C., *Angkor*, Paris, Bordas, 1990.
Mouhot M.H., *Travels in the central parts of Indochina (Siam), Cambodia, and Laos, during the years 1858, 1859 and 1860*, Londres, 1864.
Rawson P.S., *l'Art de l'Asie du Sud-Est : Cambodge, Viêt-nam, Thaïlande, Laos, Birmanie, Java, Bali*, Londres-Paris, Thames & Hudson, 1995.
Stierlin H., *le Monde d'Angkor*, Évreux, 1982.
Zéphir T., *l'Empire des rois khmers*, Paris, Gallimard-Réunion des musées nationaux, 1997.
Zhoi D., *the Customs of Cambodia*, Bangkok, 1992.

Crédits photographiques

220 Livio Bourbon / Archives White Star ;
220-221 Archives White Star ;
222-223 Livio Bourbon / Archives White Star ;
223 au centre Livio Bourbon / Archives White Star ;
223 en bas Livio Bourbon / Archives White Star ;
224 en haut Livio Bourbon / Archives White Star ;
224 en bas Livio Bourbon / Archives White Star ;
225 Livio Bourbon / Archives White Star ;
226-227 Livio Bourbon / Archives White Star ;
228 en haut Livio Bourbon / Archives White Star ;
228 au centre Livio Bourbon / Archives White Star ;
228 en bas Livio Bourbon / Archives White Star ;
229 Livio Bourbon / Archives White Star ;
230 en haut Livio Bourbon / Archives White Star ;
230 en bas Livio Bourbon / Archives White Star ;
230-231 Livio Bourbon / Archives White Star ;
231 Livio Bourbon / Archives White Star.

PAGAN

par Marco Ceresa

Bibliographie

Lubeigt G., *Pagan : histoires et légendes : contribution à la géographie historique d'une capitale médiévale indochinoise*, Paris ; Pondichéry, Éd. Kailash, 1998.
Luce G.H., *Old Burma-Early Pagan*, New York, 1970.
Pichard P., *Inventory of monuments at Pagan*, vol. I-IV, Paris, 1992-1994.
Strachan P., *Pagan : art & architecture of old Burma*, Whiting Bay, Arran (Écosse), 1989.
Taylor K.W., *«The Early Kingdoms», The Cambridge History of South East Asia. Vol.I, From Early Times to c. 1800*, Cambridge, 1992, pp. 137-82.

Crédits photographiques

232 en haut Christophe Boisvieux ;
232 au centre Christophe Boisvieux ;
232 en bas Christophe Boisvieux ;
233 Bernard Naphtine / LPI ;
234 en bas Christophe Boisvieux ;
234-235 Aarons Slim / Hulton-Archive ;
236-237 Aarons Slim / Hulton-Archive ;
237 en haut Christophe Boisvieux ;
237 en bas Christophe Boisvieux ;
238 Luca Tettoni ;
239 en haut Charles Lénars ;
239 en bas Christophe Lepetit / Hémisphères.

AYUTTHAYA

par Marco Ceresa

Bibliographie

Coedès G., *les États hindouisés d'Indochine et d'Indonésie*, Paris, E. de Boccard, 1964.
Coedès G., *the Making of South East Asia*, Berkeley-Los Angeles, 1969.
Kasetsiri C., *the Rise of Ayudhya : a history of Siam in the fourteenth and fifteenth centuies*, Kuala Lumpur, 1976.
Smith D., *Thailand*, nouvelle édition, Oxford (G.B.)-Santa Barbara (Californie), 1998.
Vincent F., *the Land of the White Elephant : Sights and Scenes in South East Asia 1871-1872*, Bangkok, 1988.
Wyatt D.K., *Thailand : A Short History*, New Haven, 1986.

Crédits photographiques

240-241 V. Pcholkin / Marka ;
241 en bas à gauche Luca Tettoni ;
241 en bas à droite Aisa ;
242 en haut Christophe Boisvieux ;
242 au centre à gauche Christophe Boisvieux ;
242 au centre à droite Luca Tettoni ;
243 Luca Tettoni ;
244-245 Aisa ;
245 en bas à gauche V. Pcholkin / Marka ;
245 en bas à droite Christophe Boisvieux.

AMÉRIQUE

par Davide Domenici

Davide Domenici, né à Rome en 1968, a soutenu une thèse sur l'histoire et la civilisation précolombienne de l'Amérique. Organisateur de séminaires académiques sur les peuples antiques de la Mésoamérique, il est actuellement titulaire d'une bourse de recherche du département de Paléographie et de Médiévisme de l'université de Bologne. Depuis 1997, il participe à des expéditions d'exploration archéologique dans le Chiapas et codirige, depuis 1998, le projet archéologique Rio La Venta. Conseiller éditorial de Sperling & Kupfer et de l'Editoriale Jaca Book, il a non seulement publié de nombreux articles dans des revues spécialisées en archéologie de la Mésoamérique précolombienne, mais également plusieurs livres : *i Naufraghi del Pacifico* (in *Rapa Nui, gli ultimi argonauti*, 1995), *Rio la Venta, tesoro del Chiapas* (1999), *Guida archeologica del Mediterraneo* (2000). Son dernier ouvrage, *Messico. Guida ai siti archeologici*, est paru en 2001 chez White Star.

Bibliographie

Blanton Richard E., *«The Rise of Cities»*, in Sabloff J., (sous la direction de), *Handbook of Middle American Indians*, Supplément 1, Archaeology, Austin, 1981, pp. 392-400.
Braidwood R.J. et Willey G., *Courses Toward Urban Life*, Chicago, 1962.
Fox R., *Urban Anthropology*, Englewood Cliffs, 1977.
Hardoy J. et E., *Pre-columbian Cities*, New York, 1964.
López A.A., López L.L., *el Pasado indigena*, Mexico, 1997.
Lumbreras L.G., *Childe y la tesis de la revolución urbana : la experiencia central andina*, in Manzanilla L., *Coloquio V. Gordon Childe. Estudios sobre las revoluciones neolitica y urbana*, Mexico, 1988, pp. 349-366.
McAdams C R., *the Evolution of Urban Society. Early Mesopotamia and Prehispanic Mexico*, Chicago, 1966.
Manzanilla L., *el Surgimiento de la sociedad urbana y la formación del Estado : consideraciones*, in Manzanilla L., *Coloquio V. Gordon Childe. Estudios sobre las revoluciones neolitica y urbana*, Mexico, 1988, pp. 293-308.
Joyce M., *On the nature of the Mesoamerican City*, in Vogt E. et Leventhal R., (sous la direction de), *Prehistoric Settlement Patterns*, Albuquerque, 1983, pp. 195-242.
Craig M., Von Hagen A., *the Inka Empire and its andean origins*, New York, 1993.
Moseley M.E., *the Incas and their Ancestors. The Archaeology of Perú*, Londres-New York, 1992.
Nalda E., *«La città maya»*, in Schmidt P., De la Garza M et Nalda E., *i Maya*, Milan, 1998, pp. 102-129.
Rowe J.H., *«Urban Settlements in Ancient Perú»*, Nawpa Pacha, n° 1, 1963.
Sanders W.T., Price B.J., *Mesoamerica. The Evolution of a Civilization*, New York, 1968.
Sanders W.T., Webster D., *The Mesoamerican Urban Tradition, «American Anthropologist»*, vol. 90, 1988, pp. 521-546.
Scarduelli P., *«La città nell'America pre-colombiana»*, in Rossi P., *Modelli di città. Strutture e funzioni politiche*, Turin, 1987, pp. 273-295.
Schaedel et autres, *Urbanization in the Americas from the Beginnings to the Present*, Chacago, 1978.
Von Hagen A., Craig M., *the Cities of the Ancient Andes*, Londres, 1998.
Wheatley P., *the Concept of urbanism*, in Ucko P.J., Tringham R., Dimbleby G.W. *Man, Settlement and Urbanism*, Londres, 1972, pp. 601-637.
Willey G., *Precolumbian Urbanism : the Central Mexican Highlands and the Lowland Maya*, in Lamberg-Karlowsky C.C., Sabloff J., *the Rise and Fall of Civilizations. Modern Archaeological Approaches to the Ancient Cultures. Selected Readings*, Menlo Park, 1974, pp. 134-156.

Sur les Mayas (Tikal, Palenque, Chichén Itzá) :

Arellano Hernández A., Ayala Falcón M., de la Fuente B., *les Mayas classiques*, Paris, Gründ, 1998.
Baudez C-L., *les Cités perdues des Mayas*, Paris, Gallimard, 1987.

Baudez C-F., *Jean-Frédéric Waldeck, peintre : le premier explorateur des ruines mayas*, Paris, Hazan, 1993.
Baudouin B., *les Mayas : du sacrifice à la renaissance*, Paris, De Vecchi, 1999.
Bingham H., *la Fabuleuse découverte de la cité perdue des Incas : la découverte de Machu Picchu*, Paris, le Grand Livre du mois, 1999.
Breton A., Arnauld J. et M-C., *Mayas*, Paris, Autrement, 1997.
Catherwood F., Mongne P., Babo P., *les Cités mayas : un monde perdu et retrouvé*, Paris, Bibliothèque de l'image, 1993.
Coe M.D., *les Mayas : mille ans de splendeur d'un peuple*, Paris, A. Colin, 1987.
Durand-Forest J., Baudot G., *Mille Ans de civilisations mésoaméricaines. 1, Danse avec les dieux : des Mayas aux Aztèques : mélanges en l'honneur de Jacques Soustelle*, Paris, l'Harmattan, 1995.
Gendrop P., *les Mayas*, Paris, Presses universitaires de France, 1992.
Laughton T., *les Mayas*, Paris, Gründ, 1999.
Pierrebourg F., *l'Espace domestique maya : une approche ethnoarchéologique au Yucatán (Mexique)*, Oxford, Archaeopress, 1999.
Soustelle J., *l'Art du Mexique ancien*, Paris, 1966.
Soustelle J., *les Mayas*, Paris, Flammarion, 1985.
Stephens J.L., *Aventures de voyage en pays maya. 1, Copán, 1839*, avec 32 gravures exécutées d'après les dessins de Frederick Catherwood, préf. et notes de Claude Baudez, Paris, Pygmalion, 1991.
Stephens J.L., *Aventures de voyage en pays maya. 2, Palenque, 1840*, avec 46 gravures exécutées d'après les dessins de Frederick Catherwood ; éd. annotée par Claude Baudez, Paris, Pygmalion, Ed. Unesco, 1993.
Stierlin H., *Maya : Guatemala, Honduras et Yucatán*, Paris, l'Équerre, 1980.
Stierlin H., *Mayas : palais et pyramides de la forêt vierge*, Paris, Taschen, 1997.
Thompson J.E.S., *Grandeur et décadence de la civilisation maya*, Paris, Payot, 1993.

Sur les Incas (Tiahuanaco, Chan Chan, Machu Picchu) :
Les Incas, maîtres des Andes, Paris, Sélection du Reader's Digest, 2000.
Aziz P. et autres, *les Incas*, Courtabeuf, Éd. Dioro, 2001.
Bernand C., *les Incas, peuple du Soleil*, Paris, Gallimard, 1988.
Bouchard J-F., *Contribution à l'étude de l'architecture inca : établissements de la vallée du Rio Vilcanota-Urubamba*, Paris, Éditions de la Maison des sciences de l'homme, 1983.
Daniel AB., *la Vie quotidienne à Cuzco au temps des Incas*, Paris, XO éd., 2001.
Favre H., *les Incas*, Paris, Presses universitaires de France, 1997.
Humboldt A. von, *Sites des cordillères et monuments des peuples indigènes de l'Amérique*, Paris, J.-M. Place, 1989.
Karsten R., *la Civilisation de l'Empire inca : un État totalitaire du passé*, Paris, Payot, 1993.
Longhena M., Alva W., *les Incas : les civilisations andines, des origines aux Incas*, Paris, Gründ, 1999.
Prescott WH., *Aztèques et Incas : grandeur et décadence de deux empires fabuleux*, Paris, Pygmalion, 1999 (le Grand Livre du mois, 1999).
Stierlin H., *l'Art inca et ses origines : de Valdivia à Machu Picchu*, Paris, Éditions du Seuil, 1983.
Stone Miller R., *l'Art des Andes*, Paris, 1995.
Wood T., *les Incas*, Paris, Gründ, 1996.

Crédits photographiques
247 en haut Antonio Attini / Archives White Star ;
247 en bas Massimo Borchi / Archives White Star ;
251 Henri Stierlin.

TEOTIHUACAN
par Davide Domenici

Bibliographie
Angulo J., *Teotihuacan, cité des dieux*, Florence, Bonechi, 1996.
Berrin K., Paztory E., *Teotihuacan. Art from the City of the Gods*, Londres, 1993.
Evans S., Berlo J.C., *Teotihuacan : An Introduction*, in Berlo J.C., *Art, Ideology and The City of Teotihuacan*, Washington D.C., 1992, pp. 1-26.
Favole P., *Le Machu-Picchu : Pérou ; les Pyramides de Teotihuacán : Mexique*, Paris, Hachette, 1980.
Manzanilla L., *the Economic Organization of the Teotihuacan Priesthood : Hypotesis and Considerations*, in Berlo J.C., *Art, Ideology and The City of Teotihuacan*, Washington D.C., 1992, pp. 321-338.
Manzanilla L., *la Zona del Altiplano Central en el Clásico*, in Manzanilla L. et López L.L., *Historia Antigua de México, vol. II : El horizonte clásico*, Mexico D.F., 2001, pp. 203-239.
Matos Moctezuma E., *Teotihuacan : la cité des dieux*, Paris, CNRS éd., 1993.
Milon R., *Teotihuacan : City, State and Civilization*, in Sabloff J.A., supplément du *Handbook of Middle American Indians*, vol. I : *«Archaeology»*, Austin, 1981, pp. 198-243.
López A.A., *la Historia de Teotihuacan*, in *Teotihuacán*, Mexico D.F., 1989, pp. 13-35.

Crédits photographiques
252 en haut Antonio Attini / Archives White Star ;
252/253 Antonio Attini / Archives White Star ;
254 à gauche Antonio Attini / Archives White Star ;
254 à droite Antonio Attini / Archives White Star ;
254/255 Antonio Attini / Archives White Star ;
255 au centre Jorge Pérez de Lara ;
255 en bas Antonio Attini / Archives White Star ;
256/257 Antonio Attini / Archives White Star ;
256 en bas Antonio Attini / Archives White Star ;
257 en bas à gauche Antonio Attini / Archives White Star ;
257 en bas à droite Antonio Attini / Archives White Star ;
258 Charles Lénars ;
259 en haut Charles Lénars ;
259 en bas Charles Lénars ;
260 Giovanni Dagli Orti ;
261 en haut Archives Scala ;
262 en bas Henri Stierlin.

PALENQUE
par Davide Domenici

Bibliographie
AA.VV., *Palenque. Trabajos recientes, nuevas interpretaciones*, in *Arqueología Mexicana*, vol. VIII, n° 45, Mexico, 2000.
Schele L., et Freidel D., *A Forest of Kings : The Untold Story of the Ancient Maya*, New York, 1990.
Schele L. et Mathews P., *the Code of Kings. The Language of Seven Sacred Maya Temples and Tombs*, New York, 1998.
Sharer R.J., *the Ancient Maya*, Stanford, 1994.

Crédits photographiques
262 en bas Archives White Star ;
262/263 Archives White Star ;
263 en haut Bibliothèque nationale de France ;
263 en bas Bibliothèque nationale de France ;
264 Bibliothèque de l'Homme / BNP ;
265 en haut à gauche Bibliothèque de l'Homme / BNP ;
265 en haut au centre Bibliothèque de l'Homme / BNP ;
265 en haut à droite Bibliothèque de l'Homme / BNP ;
265 en bas Giovanni Dagli Orti ;
266-267 Massimo Borchi / Archives White Star ;
267 en haut Laura Accomazzo / Archives White Star ;
267 au centre Massimo Borchi / Archives White Star ;
267 en bas Massimo Borchi / Archives White Star ;
268-269 Massimo Borchi / Archives White Star ;
269 en haut Massimo Borchi / Archives White Star ;
269 au centre Massimo Borchi / Archives White Star ;
270 en haut Massimo Borchi / Archives White Star ;
270 au centre Massimo Borchi / Archives White Star ;
270 en bas Massimo Borchi / Archives White Star ;
270-271 Massimo Borchi / Archives White Star ;
272 en haut Henri Stierlin ;
272 au centre Henri Stierlin ;
272 en bas Henri Stierlin ;
273 Henri Stierlin.

TIKAL
par Davide Domenici

Bibliographie
Coe W.R., *Tikal. A Handbook of the Ancient Maya Ruins*, Philadelphie, 1988.
Coe W.R., *Excavations in the Great Plaza, North terrace and North Acropolis of Tikal*, Tikal Report n° 14, monographie de l'université du Pennsylvania Museum, Philadelphie, 1990.
Harrison P.D., *the Lords of Tikal. Rulers of an Ancient Maya City*, Londres, 1999.
Schele L. et Freidel D., *A Forest of Kings : The Untold Story of the Ancient Maya*, New York, 1990.
Sharer R.J., *the Ancient Maya*, Stanford, 1994.

Crédits photographiques
274 à gauche Massimo Borchi / Archives White Star ;
274 à droite Giovanni Dagli Orti ;
275 Massimo Borchi / Archives White Star ;
278 en haut Massimo Borchi / Archives White Star ;
278 en bas Massimo Borchi / Archives White Star ;
278-279 Massimo Borchi / Archives White Star ;
280 en haut à gauche Laura Accomazzo / Archives White Star ;
280 en haut à droite Massimo Borchi / Archives White Star ;
280 en bas Massimo Borchi / Archives White Star ;
280-281 Massimo Borchi / Archives White Star.

CHICHÉN ITZÁ
par Davide Domenici

Bibliographie
López A.A., López L.L., *Mito y realidad de Zuyuá*, Mexico, 1999.
Nalda E., Benavides A., De la Garza M., Staines L., Matos Moctezuma E., *gli Ultimi Regni maya*, Corpus Precolombiano, Milan, 1998.
Piña Chan R., *Chichén Itzá. La ciudad de los brujos del agua*, Mexico, 1993.
Schele L., Freidel D., *A Forest of Kings : The Untold Story of the Ancient Maya*, New York, 1990.
Sharer R.J., *The Ancient Maya*, Stanford, 1994.

Crédits photographiques
282 en haut Archives White Star ;
282-283 Archives White Star ;
283 en haut Archives White Star ;
283 à gauche Archives White Star ;
283 à droite Bibliothèque de l'Homme / BNP ;
283 en bas Bibliothèque nationale de France ;
284 à gauche Massimo Borchi / Archives White Star ;
284 en haut à droite Henri Stierlin ;
284 en bas à droite Henri Stierlin ;
285 Massimo Borchi / Archives White Star ;

286 Massimo Borchi / Archives White Star ;
287 à gauche Massimo Borchi / Archives White Star ;
287 en haut à droite Henri Stierlin ;
287 en bas à droite Massimo Borchi / Archives White Star ;
288-289 Massimo Borchi / Archives White Star ;
289 à gauche Massimo Borchi / Archives White Star ;
289 en haut à droite Massimo Borchi / Archives White Star ;
289 en bas à droite Massimo Borchi / Archives White Star ;
290 en haut à gauche Massimo Borchi / Archives White Star ;
290 en haut à droite Massimo Borchi / Archives White Star ;
290 en bas J. Huber / Simephoto ;
290-291 J. Huber / Simephoto ;
292-293 Massimo Borchi / Archives White Star ;
293 en haut Massimo Borchi / Archives White Star ;
293 au centre Massimo Borchi / Archives White Star ;
293 en bas Massimo Borchi / Archives White Star.

TIAHUANACO

par Davide Domenici

Bibliographie

Arellano J.L., *«the New Cultural Contexts of Tiahuanaco»*, in Isbell W.H., MCEwan G., *Huari Administrative Structure ; Prehistoric Monumental Architecture and State Government*, Washington, 1991, pp. 259-280.
Browman D., *«New Light on Andean Tiwanaku»*, American Scientist, n. 69, 1980, pp. 408-419.
Craig M., Von Hagen A., *the Inka Empire and its Andean Origins*, New York, 1993.
Kolata A.L., *the Tiwanaku : Portrait of an Andean Civilization*, Cambridge-Oxford, 1993.
Ponce Sanginés C., *Tiwanaku : Espacio, tiempo y cultura, Academia nacional de ciencias de Bolivia*, La Paz, 1972.
Von Hagen A., Craig M., *the Cities of the Ancient Andes*, Londres, 1998.

Crédits photographiques

294 en haut National Geographic ;
294 en bas Henri Stierlin ;
295 Antonio Attini / Archives White Star ;
296-297 Antonio Attini / Archives White Star ;
297 en haut Antonio Attini / Archives White Star ;
297 en bas Antonio Attini / Archives White Star ;
298-299 Antonio Attini / Archives White Star ;
299 en haut Antonio Attini / Archives White Star ;
299 en bas Antonio Attini / Archives White Star.

CHAN CHAN

par Davide Domenici

Bibliographie

Day Kent C., *Urban Planning at Chan Chan, Perú*, in Ucko P.J., Tringham R., Dimblely G.W., *Man, Settlement and Urbanism*, Londres, 1972, pp. 927-930.
Klymyshyn A.M.U., *«The Development of Chimu Administration in Chan Chan»*, in Haas J., Pozorsky S., Pozorsky T., *the Origins and development of the Andean state*, Cambridge, 1987, pp. 97-100.
Moseley M.E., Day K.C., *Chan Chan, Andean Desert City*, Albuquerque, 1982.
Moseley M.E., Cordy-Collins A., *the Northern Dynasties : Kingship and Statecraft in Chimor*, Washington D.C., 1990.
Ravines R., *Chan Chan metrópoli chimú*, Lima, 1980.

Crédits photographiques

300 en bas à gauche Massimo Borchi / Archives White Star ;
300 en bas à droite Massimo Borchi / Archives White Star ;
300-301 Henri Stierlin ;
302 au centre Massimo Borchi / Archives White Star ;
302-303 Massimo Borchi / Archives White Star ;
303 en haut à droite Henri Stierlin ;
303 en bas à droite Massimo Borchi / Archives White Star ;
304 en haut ICP ;
304 en bas Henri Stierlin ;
304-305 Charles Lénars.

MACHU PICCHU

par Davide Domenici

Bibliographie

Angles Vargas V., *Machupicchu*, Lima, 1972.
Bingham H., *Machu Picchu*, Yale-Oxford, 1930.
Bingham H., *la Fabuleuse Découverte de la cité perdue des Incas : la découverte de Machu Picchu*, Paris, le Grand Livre du mois, 1999.
Favole P., *Le Machu-Picchu : Pérou ; les Pyramides de Teotihuacán : Mexique*, Paris, Hachette, 1980.
Gasparini G., Margolies L., *Inca Architecture*, Bloomington, 1980.
Hyslop J., *Inka Settlement planning*, Austin, 1990.
Kauffmann Doig F., *Manual de arqueología peruana*, Lima, 1983.
Craig M., Von Hagen A., *the Inka Empire and its andean origins*, New York, 1993.
Protzen J., *Architettura Inca*, in Laurencich Minelli L., *i Regni preincaici e il mondo inca*, Corpus Precolombiano, Milan, 1982, pp. 193-218.
Von Hagen A., Craig M., *the Cities of the Ancient Andes*, Londres, 1998.

Crédits photographiques

306/307 National Geographic ;
306 en bas National Geographic ;
307 en bas National Geographic ;
308 en haut à gauche Antonio Attini / Archives White Star ;
308 en haut à droite Antonio Attini / Archives White Star ;
308 en bas Antonio Attini / Archives White Star ;
308-309 Antonio Attini / Archives White Star ;
310 en bas Antonio Attini / Archives White Star ;
310-311 Antonio Attini / Archives White Star ;
312 en haut à droite Antonio Attini / Archives White Star ;
312 en bas à droite Antonio Attini / Archives White Star ;
312 à gauche Antonio Attini / Archives White Star ;
313 Antonio Attini / Archives White Star.

Les plans des pages 24 / 99 / 144 / 210 / 246 sont d'Elisabetta Ferrero / Archives White Star.
Les dessins des pages 32-33 / 54-55 / 71-74 / 276-277 sont de Monica Falcone et Roberta Vigone / Archives White Star.
Les plans au trait des pages 70 / 107 / 109 / 153 / 159 / 166 / 207 / 217 / 223 / 235 / 242 / 254 / 269 / 277 / 287 / 296 sont de Michela Auricchio / Archives White Star.
Les plans au trait des pages 33 / 45 / 52 / 114 / 122-132 / 140 / 175 / 184 / 192 / 198 / 302 / 310 appartiennent aux archives White Star.

Crédits photographiques
Première et quatrième de couverture
Bruno Barbey / Magnum ;
Quatrième de couverture
Antonio Attini / Archives White Star.

Achevé d'imprimer : septembre 2002
Dépôt légal en France : octobre 2002
Dépôt légal en Belgique : D-2002-0621-62
Imprimé en Italie
Printed in Italy